JN412169

WBC 성경주석

욥기

솔로몬

욥기(상)

■ 2016년 11월 10일 초판 3쇄 발행
■ 지은이: 데이빗 J. A. 클린스
■ 옮긴이: 한영성
■ 펴낸이: 박영호
■ 펴낸곳: 도서출판 솔로몬
■ 등록일: 1990년 7월 31일
■ 등록번호: 제 16-24호
■ 주소: 서울시 동작구 사당로 155 신주빌딩 B1
■ 전화: 599-1482
■ 팩스: 592-2104
■ 직영서점: 596-5225

ISBN 978-89-8255-387-5
ISBN 978-89-8255-267-0(세트)

WORD BIBLICAL COMMENTARY

Volume 17

Job 1–20

DAVID J. A. CLINES

WORD BOOKS, PUBLISHER · DALLAS, TEXAS

목 차

본문 및 주석

편집자 서문

본 성경 주석 전집(WBC: Word Biblical Commentary)이 세상에 나오기까지는 수 년 간의 기획 과정이 필요했다. 1977년에 본 전집의 편집위원회 위원들은 발행인들과 회합한 자리에서 몇 가지 뚜렷한 특징을 지닌 새로운 성경 주석의 발간 가능성을 면밀하게 검토했다. 그러한 특징이 무엇인지는 독자들이 이 주석서들을 진지한 자세로 읽어 내려가는 과정에서 금방 알게 될 것이다. 하지만 본 성경 주석이 당초에 목표로 삼은 것이 과연 얼마나 완벽하게 성취되었는지는 오로지 시간만이 말해 줄 수 있을 것이다.

우선, 우리는 우리와 뜻을 같이하면서 세계 도처의 대학교, 신학교 등에서 가르침의 사역에 종사하고 있는 학자들을 되도록 폭 넓게 선발하여 본 성경 주석의 기고자로 삼기 위해 많은 노력을 기울여 왔다. 매우 다양한 교단적 배경을 지닌 본서 기고자들의 폭 넓은 시야는 가히 "복음주의적"－성경을 하나님의 계시로 받아들이고 기독교 복음의 진리와 능력을 자신의 생명처럼 여긴다는 적극적이고 역사적인 의미에서－이라 불려지는 것이 마땅하다.

다음으로, 본 전집에 포함된 주석서들은 처음부터 『WBC 성경주석』의 일환으로 쓰여진 책들이다. 오늘날 성경 주석 분야에서 상당한 호평을 받고 있는 몇몇 전집들이 영어 이외의 언어로 쓰여진 저작들을 영어로 번역한 것에 비하여, 본 성경 주석은 오로지 처음부터 영어로 쓰여진 책들만이 포함되어 있다. 또한 본 전집의 주석가들은 성경 원문을 각자 나름대로 영어로 번역한 다음, 그 번역된 성경 본문을 자신들의 주해와 주석의 바탕으로 삼는 것을 원칙으로 삼았다. 나아가서 본 전집의 대표적인 특징으로는, 그 내용이 어디까지나 성경적인 언어를 바탕으로 하면서도 각계 각층의 독자들－공부하는 학생들, 현재 목회 사역에 종사하고 있는 교역자들 그리고 이 분야를 전공하는 학자들이나 교수들－이 성경에 대한 신학적 이해를 학문적이면서도 실제적으로 쌓아 나갈 수 있고, 또 그들에게 현실적인 도움이 될 수 있도록 구성되어 있다는 점을 들 수 있다.

마지막으로, 본 성경 주석의 구성 양식에 관하여 몇 마디 말을 덧붙이고자 한다. 우리는 여러 계층의－그리고 상이한 수준의－독자들을 의식하여, 확실하게 구분되는 몇 개의 단락으로 나누어 책의 내용을 구성했다. 예를 들어, 번역된 성경 본문의 바탕을 이루는 히브리어와 헬라어 원문에 관하여 좀더 깊이 있게 공부하려는 독자들은 본 성경 본문의 "원문주해"를 살펴보고, 현대 신학자들이 어떠한 해석을 내리고 있는지에 관심이 있다면 "참고문헌" 및 "양식/구조/배경"을 참조하면 될 것이다. 또한 어떤 성경 본문의 의미 및 그 본문에 포함된 성경적 계시를 좀더 폭 넓은 관점에서 이해하려면 "주석"과 "해설"을 보면 된다. 그러므로 본 성경 주석을 펼쳐 든 사람이라면 누구나 자신에게 유익한 자료들을 얻을 수 있으리라 믿어 의심치 않는다.

이상과 같은 우리의 목표가 상당히 만족스러운 수준까지 달성될 때, 우리 편집자들이 당초에 의도했던 것들이 구체적으로 실현됨과 아울러 본 전집의 기고자들이 흘린 땀방울도 충분한 보상을 받을 수 있게 될 것이다.

책임 편집자 : 데이비드 허바드(David A. Hubbard)
글렌 바커(Glenn Barker)
구약 편집자 : 존 와츠(John D. W. Watts)
신약 편집자 : 랠프 마틴(Ralph P. Martin)

증언들(Testimonia)

욥기는 하나의 불덩이다. 이스라엘 종교 수호자들이 어려운 질문들을 거부하도록 고안한 산뜻한 배열을 깨부순다. 신의 계획에 관한 성서 가르침의 조화를 교란시키고, 우연과 불합리에 자리를 내준다. 다른 모든 사람이 통제하려고 하는 고난과 불행을 부드럽게 하기를 거부한다. 그것은 도덕 질서의 역사 법칙으로서의 명쾌함에 반대한다.

C. Duquoc and C. Floristán, *Job and the Silence of God*

욥이 잿더미 위에 꼴사납게 쭈그려 있는 곳,
벌거벗은 싸움터 위에 홀로,
뭉툭한 오캄의 면도날로 긁으며
절대를 한 번 깎아 보려 날카로워졌다…
엘리바스, 소발, 빌닷이 함께 일어나,
어설픈 사라반드를 삐걱삐걱 울리기 시작한다.
"하나님께 영광을"이라고 외치며, 그의 이름을 찬양한다,
웅얼거림 속에 사라지는 경구들로.
유쾌한 죽음이 헨델의 카덴차처럼 마지막으로 다가온다,
그리고 그들의 사지를 무릎 위에서 나무 가지들처럼 꺾어버린다,
실레노스가 끄덕인다, 손가락을 코에 대고.

W. H. Auden, *Thomas Epilogises*

어떤 위로자들은 부를 노래가 단 하나뿐인데, 그들은 그 노래를 불러 주는 이에 대한 관심, 존경 혹은 애정이 전혀 없다.

John Calvin

욥기 저자는 사람들이 무엇을 생각하며, 또 무엇을 속삭이는지 안다 – 그리고 그것은 단지 이스라엘 안에서만이 아니다.

Christian Duquoc, "Demonism and the Unexpectedness of God"

구약의 모든 책 가운데 욥기가 가장 장엄하고, 가장 날카롭고, 가장 대담하고, 가장 불가사의하고, 가장 현혹적이고, 가장 저항적이다.

Paul Claudel

[**사후에, 신이 욥에게**]
너는 이제 네가 했던 역할을 깨달을 것이다
신명기 작자를 바보로 만드는 것
그리고 종교적 사상의 행로를 바꾸는 것.

Robert Frost, *A Masque of Reason*

욥기는 회의(懷疑) 노래 중의 노래이며, 무서운 뱀들이 그 안에서 쉬 소리를 내며 끝없는 질문을 한다. 왜?

Heinrich Heine

그대는 대단한 말꾼임을 인정하라.

Voltaire, *Dictionnaire Philosophique*

저자 서문

"내가 만일 더 멀리 보았다면, 그것은 거인들의 어깨 위에 서 있기 때문이다." 아이작 뉴톤은 자신이 거인들의 어깨 위에 선 난쟁이인지 혹은 그 자신도 거인들 위에 선 또 하나의 거인인지에 관한 질문을 결론 없이 하고 있다. 다행히도 거인 문제는 욥기 주석을 하는 현 상황에서는 발생하지 않는다. 나 자신이 욥기 저자의 그 위대한 위업으로 계속 작아지기 때문이다. "내가 만일 더 (멀리) 보았다면"이라는 말은 이 책들 속에 담긴 독창성에 관한 나의 주저함을 아주 잘 나타내는 표현으로, 내가 독창적이냐는 거리낌 없이 독자가 결정할 문제다: *caveat emptor*(let the buyer beware를 뜻하는 라틴어 – 역자주). 그리고 독자가 이해하게 하라. 주석하는 텍스트에 대해 더 새롭고 나은 해석을 만났다고 믿을 때마다 텍스트 저자를 바르게 이해한 유일한 사람이 이천오백 년 동안 내가 처음일 가능성은 거의 없고, 또 결과적으로 옳기보다 틀릴 가능성이 훨씬 더 많다는 생각이 성경의 한 책에 대한 주석가인 본인의 가장 큰 고민이라는 사실을 알면 일부 독자들은 의외로 여길 것이다.

욥기에 관해서는 기라성 같은 주석가들이 있어 왔다. 욥기가 지닌 본질적 특성뿐만 아니라 위대한 학자들의 지적 예민성, 독창성 그리고 까다로움으로 욥기 주석은 큰 전쟁터가 되어 왔다. 나는 그 중에서도 포어러의 주석이 가장 정교하다고 생각한다. 역시 우수한 도름의 작품보다 상상력과 신학적 예민성 면에서 한 수 위다(때로 도름의 작품은 성경의 모든 책들에 관한 최고의 주석서로 과대 평가된다). 그 다음으로는 덤, 드라이버 그리고 그레이, 고디스와 하벨을 꼽고 싶다. 앤더슨, 포프, 테리앙, 피크, 데이빗슨, 휠셔, 바이저, 델리취, 호르스트 그리고 부드 등도 모두 그들 각각의 독특한 기여가 있고, 신중한 주석가라면 그들의 주석서를 모두 (말하자면, 거의) 잘 읽어 보아야 할 것이다. 텍스트에 관해서는 (쉐켈의 주석에 있는) 드빌드와 시크레 디아즈를 높이 평가했다. 유감스럽게도 나의 작업 리듬 때문에 딜만, 힛지히, 슐로트만과 같은 보다 앞선 시대의 위대한 학자들의 글을 광범위하게 읽지 못했다. 물론 약 열여덟 명으로 된 내 탁상 동료들이나 나의 상상력이 만족스런 주석을 제공하지 않을 때는 그들과 다른 이들의 저서를 충분히 참고했다.

어느 주석서보다 나에게 유익하고 그만큼 더 많이 다루어진 두 종류의 책이 있다: 렉시콘과 콘코던스(각각 히브리어와 그리스 사전, 주제별 성구 모음). 이 사실이 간텍스트성 이론의 위대성을 반영하는지 혹은 나의 실용적 습관을 반영하는지는 나 자신도 잘 모른다. 그러나 내가 아는 것은 단어들 자체에 대한 체계적인 연구만으로 매우 정확하고 확실하고 더 좋은 해석들이 저절로 나타난다는 사실로 필자가 계속 놀라움을 금치 못했다는 것이다. 주석서가 단어의 수준에 머물러야 한다는 말이 아니다. 단어에만 편중하는 것은 도름의 작품의 강점이자 약점이다. 나의 의도는 책 전체의 상황 속에서 세부적인 것을 이해하는 것이었으며, 부분과 전체가 계속적으로 상호 작용하도록 하는 것이 가장 큰 지적 즐거움이었다고 증거할 수 있다.

친애하는 독자여, 나는 항상 하나의 가상 독자(implied reader)를 염두에 두고 있었는데 아마도 당신은 아닐 것이다. 왜냐하면 나의 가상 독자란 내가 굳이 이름을 밝히고 싶지는 않은 실제 인물들의 복합체이기 때문이다. 그 가운데는 다음과 같은 사람들이 있다. 나의 문헌학적 정확성에 도전을 주는 열성 히브리 학자, 사회, 심리 그리고 신의 문제와 연결된 단어는 모두 골라내는 헌신적인 구약 신학자, 자신과 자기의 종교적 감수성을 향한 말이지만 『더 타임즈』의 사설 칼럼 난에 오른 메시지들처럼 자유롭게 출판된 문장들이라는 것을 금방 알아차릴 친구, 여기저기 탐닉하며 사소한 것들을 꼬집어 내지만 계속 읽어 나가기를 (내가) 소망하는 사람, 내가 한 말보다는 그의 머리 속에 계속 달리도록 해준 토끼들에게 더 많이 감사할 열성적인 사람 등이다. 추가된 **수수께끼 변주**(*Enigma Variations*)와 같은 이 가상의 독자는 물론 이상적인 독자(ideal reader)다. 왜냐하면 내 친구들(혹은 내 적들) 중 누구에게도 이 책을 끝까지 읽는 짐을 부과하고 싶지 않기 때문이다. 정확히 말해서 이 책들을 **읽을** 가상, 이상 혹은 실제 독자들과 함께 그것들을 **사용할** 더 광범위한 독자들이 있을 텐데, 나는 그들 역시 염두에 두었다.

"원문주해"에서 여러 영어 번역본들을 계속하여 표기한 것은 이 주석서를 보는 사람들이 보다 편하게 사용하도록 하기 위한 것이다. 나는 사람들이 욥기에 관한 주석을 찾는 이유 중에 하나가 연구하고 있는 본문에 대한 표준 영어 번역본들이 왜 그토록 현저하게 다른지, 어느 특정의 경우에 하나의 번역문이 다른 번역문들보다 더 잘되었다고 주장할 수 있는지를 알아보기 위함일 것이라고 생각했다. (모든 행에 대해 15개의 영역본들의 서로 다른 번역문들을 대조해 보는 것은 히브리 비평가인 나에게 아주 큰 도움이 되는 과정이었고, 그로 인해 때론 아무것도 결정할 수 없는 마비 상태가 되기도 했지만 더 많은 경우 본문을 더 잘 이해하도록 도움을 받는다는 것을 알았다.) 매 구절에 대한 "주석"의 시작 부분에서 나의 생각에 그 구절이 일반적으로 무엇에 관한 것이고 또한 그 구절 앞부분과 어떻게 연결되는지를 최대한 말하려고 한 것도 사용자의 편의를 위한 것이다. 그러나 때때로, 특별히 어렵기로 유명한 부분에 이를 때면, 마치 탐정 소설처럼 나는 해당 문제로부터 시작해서 내가 선호하는 해결점으로 단계적으로 가는 방식으로 썼다. 다만 나는 헷갈리게 하는 정보를 흘리지 않는다는 것만은 제외하고 말이다. 사용자가 고마워할 마지막 한 가지 특징, 즉 매 장 마지막 부분에 "해설 " 부분을 둔 것에 대해서는 나에게 고마워할 것이 없고, 나 자신도 고마워하는 편집자들의 고안물이다. 그 부분에서는 본문과 다소 거리를 두고 무엇이 진행되고 있고 그것들 모두가 의미하는 것이 무엇인지를 질문하려고 했다. "해설"만 읽으면 본 주석서에서 채택된 관점의 요점만은 얻게 될 것이다.

욥기 주석을 쓰는 것은 제9번 교향곡을 작곡하는 것만큼이나 위험하다. 대부분의 주석가들이 집필 과정 동안 견뎌야 했던 실제적 고통과 상실을 자신들의 서문에서 밝힌다. 물론 그들 대부분이 욥기의 경우처럼 그 과정에서 실제로 죽은 것은 아니지만 말이다. 그러나 비록 평범한 성서 주석가나 혹은 보통 사람보다 객관적으로 더 고생하는 것은 아닐지라도, 고난과 고난의 의미에 대한 강력하고 지속적이고 상상력 가득한 묘사와 함께 지내는 것은 주석가로 하여금 자신의 경험과 세계 도처에서 일어나는 고난의 징후들에 민감하게 한다.

그럼에도 불구하고, 친구들과 친척들 그리고 아는 분들이 내게 가장 많이 한 코멘트, 즉 "끝없이 어둡고 침침한 책인 욥기와 함께 보내니 참 울적하겠군!"이라는 말에 거의 동의하고 싶지 않았다는 사실을 말하게 되어 나로서는 기쁘다. 사실은 그리고 이 주석서와 함께 반 시간 이상을 보내는 사람 가운데 어느 누구도 알게 되면 그리 많이 놀라지 않을 것은, 나의 반응이 그것과 정반대라는 것이다. 욥기는 신에게조차 그리고 특별히 신학자들에게 굴하기를 거부하는 인간 영혼의 생명력을 대표한다. 구약에서 신학적으로 그리고 지성적으로 가장 강렬한 책인 욥기를 읽는 일, 그것도 자세히 읽는 일은 오래도록 정신을 고양시키는 드물지 않게 즐거운 경험이었다. 아주 정교한 세부 묘사, 쏟아지는 은유, 절대 모자라지 않는 시인의 상상력으로 나타난 솜씨는 오로시 다양하고 섬세한 신학적 차상들과 독자로 하여금 모든 대답에 새로운 두 가지 질문을 대면하게끔 하는 매우 개방적인 이 본문들의 빈틈없음에 의해서 능가될 뿐이다.

주석서들 안에 그리고 주석 집필 시에 무슨 일이 진행되는가? 이것은 나 자신에게 항상 하는 질문이다. 어느 날 몽테뉴를 읽으면서 다음 구절을 우연히 만났다(플로리오〈Florio〉의 번역).

> 다들 실체를 해석하기보다 해석들을 다시 해석하느라 야단법석이다. 또한 어떤 주제에 대한 책보다는 책들에 대한 책들로 가득하다. 우리는 단지 우리 자신들을 주해한다. 온통 주석서들로 가득하다. 저자들에 관한 한 아주 궁핍한 상태다. 현자들을 이해하는 방법을 아는 것이 우리 시대의 가장 주요하고 유명한 지식이 아닌가? [가장 최근 것은] 마지막에서 두 번째의 어깨 위로 단지 일 인치 높은 모방이다(bk 3, ch 13; Everyman ed, 3:327).

위의 구절은 꽤 충격적인 말로, 마지막 문장에서는 본 서문이 말문을 연 경구를 측면 강타하고 있다(그렇지 않았으면 존중되었을, 그리고 세세한 머튼(Robert K. Merton)의 저서 *On the Shoulders of Giants: A Shandean Postscript*[New York: Free Press, 1965]는 몽테뉴의 이 구절에 대해 아무것도 모르는 것 같다). 몽테뉴의 말은 주석가를 잠시 동안 부끄럽게 한다. 그리고 그를(즉 나를) 원 작가의 창조성과 비교하여 비평가의 기생성에 대해 냉정하게 반성해 보게 한다. 그러나 마지막으로 생각하게 하는 물음은, 본문(텍스트)과 주석(코멘트) 사이에 그렇게 큰 차이가 있는지, 비평가의 일과 예술가의 일은 어쩌면 본질적으로 같은 것이 아닌지, 예술작품은 매 새로운 세대로 존속되기 위해 주석가를 필요로 하는 것이 아닌지, 그리고 종교적으로 말해서 저자뿐만 아니라 독자도 영감을 받아야 하는 것이 아닌지 등이다. 나의 믿음대로 뜻이 본문과 독자의 상호작용 속에 창출되는 것이라면, 본문이 뜻을 지니기 위해서는 독자를 필요로 한다. 뜻이 있다는 것은 항상 누군가에게 뜻이 된다는 의미이기 때문이다. 욥기, 단테 그리고 셰익스피어와 같은 고전 텍스트들은 해설가들이 있어야 본래의 모습을 갖는다. 만일 그들이 해설을 받을 수 있는 텍스트들이라면, 그들은 어떤 면에서 그들 안에 주석서들도 포함한다. 그것은 한때 아일랜드 신학자 스코투스 에리게나가 성경은 그 자체 안에 무한수의 의미들을 내포한다는 주장을 할 때 언급한 것처럼 공작의 무지개 빛 깃털들과 같다. 따라서 하나의 주석서가 원 작품의 확장, 텍스트의 잔광, 텍스트의 잔상 혹은 그것의 내세라면, 주석서는 어려운 단어들이나 낯선 관습을 단순히 실용적, 기능적으로 설명하는 것이 아니라 (휠셔나 드 빌드의 책들이 그런 경우) 텍스트 안으로 파고들어가 텍스트를 재연하고, 텍스트의 젖을 짜고, 그것을 흔들어야 한다−이 표상들은 모두 텍스트의 형상, 구조, 사상과의 친밀하고 완전한 만남을 가리킨다. 이런 말로써 욥기 주석서 가운데 그레고리 대제 이후로 가장 긴 본 주석서의 많은 분량에 대해 정당화해 본다. 대부분의 사람들은 욥기가 이미 충분히 길다고 느끼며, 많은 사람들이 욥기는 쓸데없고 사소한 말들로 가득하다고 생각한다. 물론 나는 그 왕자가 모차르트에게 말한 것에도 불구하고 *Il Seraglio*가 정확히 맞는 수의 음표를 가진 것처럼, 욥기도 가져야 할 길이를 정확하게 가졌다고 믿는다. 또한 나는 당연히 이 주석서는 군더더기를 갖고 있지 않으며, 욥기 정신에 충실한 주석서는 욥기처럼 풍부하고, 충만하고, 방대할 것이라고 믿는다.

이 책을 준비하고 있던 지난 10년 동안 저자에게 도움을 준 많은 사람들에게 고마움을 표하고 싶다. 이 책의 가장 중요한 배경은 아마도 내가 1964년부터 일해 왔고, 또 모험적이고 창조적인 동료들이 있어 헤아릴 수 없는 혜택을 누린 쉐필드 성서 연구 학부일 것이다. 그들의 이름을 모두 언급하고자 하는 것은 그들 각자가 이 책에 여러 모양으로 기여했을 것이기 때문이다. 그들의 이름은 다음과 같다: 러브데이 알렉산더, 제임스 앗킨슨, 피터 사우스웰 그리고 토니 시슬톤. 쉐필드 대학 당국은 나에게 세 학기의 연구 기간을 허락해 주었고, 그 기간은 집필에 사용되었다. 또한 대학 연구 자금에서 연구 비용의 일부를 재정적으로 후원해 주었다. 나를 1986년 1월에서 4월 동안 방문 회원으로 선발해 주고 내가 가진 가장 일관된 집필 기간의 환경을 제공해 준 케임브리지 대학 성 에드문드 하우스(지금은 칼리지)에 깊이 감사한다. 나 자신의 대학인 성 요한 칼리지는 내가 케임브리지 대학 도서관에서 작업할 때 여러 모로 큰 도움을 주었다. 케임브리지 틴데일 하우스의 거주자들과 독자들은 종종 하나의 자극 혹은 자문 위원회가 되어 주었다. 특별히 틴데일이 그것으로 유명한 **만헤 테파우젠**(*manche Teepausen*: 쉬며 차를 마시는 여러 시간들)에 말이다.

이 저서의 텍스트에 공헌해 준 사람들에게 특별히 감사한다. 휴 윌리엄슨은 구약성경 텍스트에 관한 광범위한 도서 목록을 쉽게 얻도록 도와주었다. 헬렌 오차드는 서론의 도서 목록을 위해 일해 주었다. 필립 치아는 성구 인용이 일관성 있게 되도록 해주었다. 헤더 멕카이는 책의 상당 부분을 읽어 주었고, 소중한 개선점을 많이 제안해 주었다. 데이비드 드보이즈는 특별히 칠십인경과 관련된 문제들을 해결하는 일을 도와주었다.

그리고 폴라인 베잇츠, 로드마리 코소브, 제인 홀덴, 앤디 데이빗슨, 마르시아 크루키스, 베티 숄리, 수잔 할펀, 그 외에도 이름은 잘 기억나지 않지만 여러분이 원고의 타이핑을 위해 도와주었다. 이들은 간결하지만 어려운 내 원고에 그들의 소중한 시간들을 쏟아 주었다.

본 시리즈의 구약 편집자인 존 왓츠는 나에게 적절한 자유와 독려를 해주었다. 그와 출판사의 파트 비난트가 크고 작은 여러 문제들에 배려와 관심을 보여 준 것에 대해 감사한다.

욥기에 관한 하나 이상의 아주 방대한 주석서는 아직 이 첫 번째 책을 넘어 진행되지 않았다. 나는 독자들을 실망시키고 싶지 않고, 첫 권보다 더 짧은 시일 안에 두 번째 책을 제공하고 싶다. 두 번째 책이 데이빗슨(A. B. Davidson)이 그의 첫 욥기 주석 이후 결코 이루지 못했다고 피크(A. S. Peake)가 말하는 "그 멋진 첫 번째 환희를 다시 잡을 수 있을지"는 두고 볼 일이다. 아무튼 나는 자신의 책이 최초로 영어로 출판되도록 한 욥기의 주석가 데오도르 베자와 같은 마음으로 서문을 마치며, 같은 맥락에서 1587년 1월 23일로 기록된 그의 서문에서 다음 구절을 인용한다.

> 이 시대의 문제들과 이 사회가 처해 있는 위험들을 보면서…나는…성서의 다른 책들에서처럼 난해하고 어려운 부분들이 많은 **욥기**의 역사를 자세히 설명하려 한다. 따라서 그만큼 암초 사이를 항해해 가야 할 때가 있을 것이다. 그러나 나는 좌초되지 않기를 희망한다.

데이빗 J. A. 클린스
1989년 2월 28일

약어표

정기 간행물, 연속 간행물 및 참고 자료

AASOR	*Annual of the American Schools of Oriental Research*
AB	Anchor Bible
AcOr	*Acta orientalia*
ACR	*Australian Catholic Record*
AER	*American Ecclesiastical Review*
AION	*Annali dell'istituto orientali di Napoli*
Aistleitner	Aistleitner, J., *Wörterbuch der ugaritischen Sprache* (Berlin: Akademie Verlag, 1963)
AJBA	*Australian Journal of Biblical Archeology*
AJSL	*American Journal of Semitic Languages and Literature*
Alonso Schökel	Alonso Schökel, L., and J. L. Sicre Díaz, *Job, comentario teológico y literario* (Madrid: Cristiandad, 1983)
ALUOS	*Annual of the Leeds University Oriental Society*
AmCl	*Ami du Clergé*
AnatSt	*Anatolian Studies*
AnBib	Analecta Biblica
AnBoll	*Analecta Bollandiana*
Andersen	Andersen, F. I., *Job: An Introduction and Commentary* (TOTC; Leicester: Inter-Varsity Press, 1976)
Ang	*Angelicum*
AnnInternMed	*Annals of Internal Medicine*
AnOr	Analecta Orientalia
ANEP	*Ancient Near East in Pictures*, ed. J. B. Pritchard (Princeton: Princeton UP, 1954)
ANET	*Ancient Near Eastern Texts*, ed. J. B. Pritchard, 3d ed. (Princeton: Princeton UP, 1969)
Ang	*Angelicum*
AnStEbr	*Annuario di studi ebraici*
Ant	*Antonianum*
AOAT	Alter Orient und Altes Testament

AOS	American Oriental Series
ASTI	*Annual of the Swedish Theological Institute*
ATAbh	Alttestamentliche Abhandlungen
ATANT	Abhandlungen zur Theologie des Alten und Neuen Testaments
ATD	Das Alte Testament Deutsch
ATR	*Anglican Theological Review*
AULLA	*Australasian Universities Language and Literature Association*
AUSS	*Andrews University Seminary Studies*
BA	*Biblical Archaeologist*
BAC	Biblioteca de autores cristianos
Ball	Ball, C. J., *The Book of Job: A Revised Text and Version* (Oxford: Clarendon, 1922)
BASOR	*Bulletin of the American Schools of Oriental Research*
Bauer-Leander	Bauer, H., and P. Leander, *Historische Grammatik der hebräischen Spraches des Alten Testaments* (Halle: Niemeyer, 1922)
BBB	Bonner Biblische Beiträge
BDB	Brown, F., S. R. Driver, and C. A. Briggs, *A Hebrew and English Lexicon of the Old Testament* (Oxford: Clarendon, 1907)
BCPE	*Bulletin du entre protestant d'études*
Beer	Beer, G., textual notes to Job in *BHK*, 1105-54
BeO	*Bibbia e oriente*
BETL	*Bibliotheca ephemeridum theologicarum lovaniensium*
BHK	*Biblia Hebraica*, ed. R. Kittel (3d ed.; Stuttgart: Württembургische Bibelanstalt, 1937)
BHS	*Biblia Hebraica Stuttgartensia*, ed. K. Elliger and W. Rudolph (Stuttgart: Deutsche Bibelstiftung, 1966-67)
BHT	Beiträge zur historischen Theologie
Bib	*Biblica*
BibB	Biblische Beiträge
BibFe	*Biblia y Fe*
BibOr	Biblica et orientalia
BibRes	*Biblical Research*
BibReview	*Bible Review*
Bickell	Bickell, G., *Das Buch Job nach Anleitung der Strophik und der Septuaginta auf seine ursprüngliche Form zurückgeführt und in*

Versmasse des Urtextes übersetzt (Vienna: Karl Gerold's Sohn, 1894)

BIFAO	*Bulletin de l'Institut Français d'Archéologie Orientale*
BIJS	*Bulletin of the Institute of Jewish Studies*
BiKi	*Bibel und Kirche*
BiLit	*Bibel und Liturgie*
BiTrans	*Bible Translator*
BJ	*Bible de Jérusalem*
BJRL	*Bulletin of the John Rylands University Library of Manchester*
BKAT	Biblischer Kommentar: Altes Testament
Blommerde	Blommerde, A. C. M., *Northwest Semitic Grammar and Job* (BibOr 22; Rome: Pontifical Biblical Institute, 1969)
BMik	*Meth Mkira*
BN	*Biblische Notizen*
BO	*Bibliotheca Orientalis*
BOT	De Boeken van het Oude Testament
BotAT	Die Botschaft des Alten Testaments
BSac	*Bibliotheca Sacra*
BTB	*Biblical Theology Bulletin*
Brockelmann	Brockelmann, C., *Lexicon Syriacum* (Berlin: Reuter & Reichard, 1895; 2d ed., Halle: M. Niemeyer)
Brockington	Brockington, L. H., *The Hebrew Text of the Old Testament: The Readings Adopted by the Translators of the New English Bible* (Oxford: Clarendon, 1973)
BSOAS	*Bulletin of the School of Oriental and African Studies*
BTS	*Bible et terre sainte*
BulMusBeyrouth	*Bulletin du musée de Beyrouth*
BurHist	*Buried History*
BWANT	Beiträge zur Wissenschaft vom Alten und Neuen Testament
BZ	*Biblische Zeitschrift*
BZAW	Beihefte zur ZAW
BZAW	*Beihefte zur ZAW* (when book title is not also cited)
CAD	[Chicago] *Assyrian Dictionary* (Chicago: Chicago UP, 1956-)
CahArch	*Cahiers Archéologiques*
CalTJ	*Calvin Theological Journal*

CamB	Cambridge Bible
CB	Century Bible
CBQ	*Catholic Biblical Quarterly*
CBQMS	CBQ Monograph Series
CCARJ	*CCAR Journal*
CCSL	Corpus Christianorum, Series Latina
CenB	Century Bible
Charles	Charles, R. H. *The Apocrypha and Pseudepigrapha of the Old Testament* (2 vols.; Oxford: Clarendon, 1913)
Cheyne	Cheyne, T. K., *Job and Solomon, or the Wisdom of the Old Testament* (London: Kegan Paul, Trench & Co., 1887)
ChrPädBl	*Christliche Pädagogische Blätter*
CiTom	*Ciencia Tomista*
CiuD	*Ciudad de Dios*
CiVit	*Città di Vita*
CJT	*Canadian Journal of Theology*
CleR	*Clergy Review*
ColBG	*Collationes Brugenses et Gandavenses*
ColcTFu	*Collectanea Theologica Universitatis Fujen*
ColctMech	*Collectanea Mechliniensia*
CommSpok	*Communio* (Spokane)
ConB	Coniectanea biblica
Conc	*Concilium*
ConcRev	*Concilium-Revue*, French edition of *Concilium*
ConsJud	*Conservative Judaism*
Cox	Cox, D., *The Triumph of Impotence: Job and the Tradition of the Absurd* (Analecta Gregoriana 212; Rome: Università Gregoriana Editrice, 1978)
CQ	*Church Quarterly*
CSCO	Corpus scriptorum christianorum orientalium
CSRBull	*Council for the Study of Religion Bulletin*
CT	*Cuneiform Texts from Babylonian Tablets in the British Museum*
CTA	Herdner, Andrée, *Corpus des tablettes en cunéiformes alphabé tiques découvertes à Ras-Shamra-Ugarit* (Paris: Imprimerie Nationale, 1963)

CTM	*Concordia Theological Monthly*
CuadTe	*Cuadernos de Teología*
CurTM	*Currents in Theology and Mission*
Dahood, Psalms I	Dahood, M., *Psalms I:1-50* (Garden City, NY: Doubleday, 1966)
Dahood, Psalms II	Dahood, M., *Psalms I:51-100* (Garden City, NY: Doubleday, 1968)
Dahood, Psalms III	Dahood, M., *Psalms I:101-150* (Garden City, NY: Doubleday, 1970)
Davidson	Davidson, A. B., *The Book of Job, with Notes, Introduction and Appendix* (CamB: Cambridge: CUP, 1884)
DB	*Dictionnaire de la Bible*, ed. F. Vigouroux (Paris: Letouzey & An é, 1895-1912)
DBSup	*Dictionnaire de la Bible, Supplément*, ed. L. Pirot and A. Robert (Paris: Letouzey & Ané, 1928-)
Delitzsch	Delitzsch, Franz J., *Biblical Commentary on the Book of Job*, tr. F. Bolton (2 vols.: Edinburgh: T. & T. Clark, 1866)
Delitzsch, Friedrich	Delitzsch, Friedrich, *Das Buch Hiob, neu übersetzt und kurz erklä rt* (Leipzig: J. C. Hinrichs, 1902)
de Wilde	Wilde, A. de, *Das Buch Hiob eingeleitet, übersetzt und erläutert* (OTS 22: Leiden: E. J. Brill, 1981)
Dhorme	Dhorme, E. *Le livre de Job* (Paris: Gabalda, 1926), tr. H. Knight, *A Commentary on the Book of Job* (London: Thomas Nelson & Sons, 1967)
DictSpir	*Dictionnaire de spiritualité ascétique et mystique*, ed. M. Viller (Paris: Beauchesne, 1932-)
Dillmann	Dillmann, A. *Hiob*, 1869 (3d ed.: Leipzig: S. Hirzel, 1891)
DJD	Discoveries in the Judean Desert
Doederlein	Doederlein, J. C., *Scholia in libros Veteris Testamenti poeticos Jobum, Psalmos et tres Salomonis* (Halle, 1779)
Driver	See Driver-Gray
Driver-Gray	Driver, S. R., and G. B. Gray, *A Critical and Exegetical Commentary on the Book of Job together with a New Translation* (ICC: Edinburgh: T. & T. Clark, 1921)
Driver, *Tenses*	Driver, S. R. *A Treatise on the Use of the Tenses in Hebrew and Some Other Syntactical Questions*, 2d ed. (Oxford: Clarendon,

1881)

DTT *Dansk teologisk tidsskrift*

Duhm Duhm, B., *Das Buch Hiob erklärt* (KHC: Tübingen: J. C. B. Mohr, 1897)

EB *Encyclopaedia Biblica*, ed. T. K. Cheyne and J. Black (4 vols.: London: A. and C. Black, 1899-1903)

EBB אנציקלופדיה מקראית, *Encyclopedia Miqrait* (Jerusalem: Bialik Institute)

EchB Echter-Bibel

EC *Enciclopedia Cattolica* (Vatican City, 1949-)

EHAT Exegetisches Handbuch zum Alten Testament

Ehrlich Ehrlich, A. B., *Randglossen zur hebräischen Bibel*, Vol. 6: *Psalmen, Sprüche, und Hiob* (Leipzig: J. C. Hinrichs, 1918)

EI *Eretz Israel*

Eitan Eitan, I., *A Contribution to Biblical Lexicography* (New York: Columbia UP, 1924)

Enc *Encounter*

EncJud *Encyclopaedia Judaica* (Jerusalem: Macmillan, 1972)

EncMiq *See EBB*

EQ *Evangelical Quarterly*

ErbAuf *Erbe und Auftrag*

ERE *Encyclopaedia of Religion and Ethics*, ed. J. Hastings (13 vols.: Edinburgh: T. & T. Clark, 1908-26)

EstBíb *Estudios bíblicos*

EstEcl *Estudios Eclesiásticos*

EstFranc *Estudios Franciscanos*

ETL *Ephemerides Theologicae Lovanienses*

EuntDoc *Euntes Docete*

EvT *Evangelische Theologie*

EvErz *Evangelische Erzieher*

Exp *Expositor*

ExpB Expositor's Bible

ExpT *Expository Times*

Fedrizzi Fedrizzi, P., *Giobbe: La Sacra Bibbia, traduta dai testi originali illustrata con note critiche e commentata* (Turin: Marietti,

	1972)
FF	*Forschungen und Fortschritte*
Fohrer	Fohrer, G., *Das Buch Hiob* (KAT 16; Gütersloh: Gütersloher Verlagshaus Gerd Mohn, 1963)
FoiTemps	*La Foi et le Temps*
FolOr	*Folia Orientalia*
FOTL	The Forms of the Old Testament Literature
FreibRu	*Freiburger Rundbrief*
FRLANT	Forschungen zur Religion un Literatur des Alten und Neuen Testaments
Galling, *Reallexikon*	Galling, K., *Biblisches Reallexidon* (2d ed.; Tübingen: Mohr, 1977)
Gard	Gard, D. H. *The Exegetical Method of the Greek Translator of the Book of Job* (SBLMS 8; Philadelphia: Society of Biblical Literature, 1952)
GerefTTs	*Gereformeerd Theologisch Tijdschrift*
Gerleman	Gerleman, G., textual notes to Job in *BHS*
Gesenius-Buhl	Gesenius, W., and F. Buhl, *Hebräisches und aramäisches Handwö isches Handwörterbuch zum alten Testament* (17th ed.; Leipzig: Vogel, 1915)
Gibson	Gibson, J. C. L., *Canaanite Myths and Legends* (Edinburgh: T. & T. Clark, 1978)
Gibson, E. C. S.	Gibson, E. C. S., *The Book of Job* (WC; London: Methuen, 1899)
GJ	*Grace Journal*
GKC	*Gesenius' Hebrew Grammar*, ed. E. Kautzsch and A. E. Cowley (2d ed. Oxford: Clarendon Press, 1910)
Gordis	Gordis, R., *The Book of Job: Commentary, New Translation, and Special Notes* (New York: Jewish Theological Seminary of America, 1978)
Grabbe	Grabbe, L. L., *Comparative Philology and the Text of Job: A Study in Methodology* (SBLDS 34; Chico, CA: Scholars Press, 1977)
Graetz	Graetz, H., *Emendationes in plerosque Sacrae Scripturae Veteris Testa menti libros* (Breslau: Schlesische Buchdruckerei, 1892)
Gray	See Driver-Gray

Greg	*Gregorianum*
Guillaume	Guillaume, A., *Studies in the Book of Job with a New Translation* (ALUOS Supp. 2; Leiden: Brill, 1968)
GuL	*Geist und Leben*
Habel	Habel, N. C., *The Book of Job* (London: SCM, 1985)
Hahn	Hahn, H. A., *Commentar über das Buch Hiob* (Berlin: J. A. Wohlgemuth, 1850)
HAR	*Hebrew Annual Review*
HAT	Handbuch zum Alten Testament
HDB	*A Dictionary of the Bible*, ed. J. Hastings (5 vols.; Edinburgh: T. & T. Clark, 1899)
Hen	*Henoch*
HervTS	*Hervormde Teologiese Studies*
Hesse	Hesse, F., *Hiob* (Zürcher Bibelkommentar; Zurich: Theologischer Verlag, 1978)
HibJ	*Hibbert Journal*
Hitzig	Hitzig, F., *Das Buch Hiob übersetzt und ausgelegt* (Leipzig: C. F. Winter, 1874)
HKAT	Handkommentar zum Alten Testament
Hölscher	Hölscher, G., *Das Buch Hiob* (HAT; Tübingen: J. C. B. Mohr [Paul Siebeck], 1937)
Hoffmann	Hoffmann, J. G. E., *Hiob* (Kiel: C. F. Haeseler, 1891)
Horst	Horst, F., *Hiob* (BKAT 1; Neukirchen: Neukirchener Verlag, 1960-63)
Houbigant	Houbigant, C. F., *Biblia Hebraica cum notis criticis* (Paris, 1753)
Houtsma	Houtsma, M. T., *Textkritische Studien zum Alten Testament:* I. *Das Buch Hiob* (Leiden: Brill, 1925)
HS	*Hebrew Studies*
HSAT	Die Heilige Schrift des Alten Testaments (4th ed.; Tübingen, 1922-23)
HSM	Harvard Semitic Museum; Harvard Semitic Monographs
HTR	*Harvard Theological Review*
HUCA	*Hebrew Union College Annual*
Hupfeld	Hupfeld, H., *Quaestionum in Jobeidos locos vexatos specimen: Commentatio* (Halle: E. Anton, 1853)

IB	*The Interpreter's Bible*, ed. G. A. Buttrick (12 vols.; Nashville: Abingdon, 1951-57)
IBD	*Illustrated Bible Dictionary*, ed. J. D. Douglas et al. (3vols.; Leicester: Inter-Varsity, 1980)
ICC	International Critical Commentary
IDB	*Interpreter's Dictionary of the Bible*, 4 vols., ed. G. A. Buttrick (Nashville: Abingdon, 1962)
IDBS	*IDB, Supplementary volume*, ed. K. Crim (Nashville: Abingdon, 1976)
IEJ	*Israel Exploration Journal*
IndJT	*Indian Journal of Theology*
Int	*Interpretation*
Interp	*Interpreter*
ISBE	*The International Standard Bible Encyclopedia*, ed. G. W. Bromiley (4 vols., rev. ed.; Grand Rapids: Eerdmans, 1979-)
ITQ	*Irish Theological Quarterly*
IZT	*Internationale Zeitschrift für Theologie*, German edition of *Concilium*
JAAR	*Journal of the American Academy of Religion*
JANESCU	*Journal of the Ancient Near Eastern Society of Columbia University*
Janzen	Janzen, J. G., *Job* (Interpretation; Atlanta: John Knox, 1985)
JAOS	*Journal of the American Oriental Society*
JBC	*The Jerome Bible Commentary*, ed. R. E. Brown et al. (London: Geoffrey Chapman, 1968)
JBL	*Journal of Biblical Literature*
JBLMS	*Journal of Biblical Literature* Monograph Series
JBR	*Journal of Bible and Religion*
JCS	*Journal of Cuneiform Studies*
JDTh	*Jahrbücher für deutsche Theologie*
JETS	*Journal of the Evangelical Theological Society*
JewEnc	*Jewish Encyclopedia*
JHI	*Journal of the History of Ideas*
JMEOS	*Journal of the Manchester Egyptian and Oriental Society*
JNES	*Journal of Near Eastern Studies*

Joüon	Joüon, P., *Grammaire de l'hébreu biblique* (Rome: Pontifical Biblical Institute, 1947)
JPOS	*Journal of the Palestine Oriental Society*
JPsychJud	*Journal of Psychology and Judaism*
JPsychTheol	*Journal of Psychology and Theology*
JQR	*Jewish Quarterly Review*
JPTh	*Jahrbücher für protestantische Theologie*
JR	*Journal of Religion*
JSJ	*Journal for the Study of Judaism*
JSOT	*Journal for the Study of the Old Testament*
JSOTSup	*Journal for the Study of the Old Testament*, Supplement Series
JSP	*Journal for the Study of the Pseudepigrapha*
JSS	*Journal of Semitic Studies*
JTS	*Journal of Theological Studies*
Jud	*Judaica*
JüdSHRZ	*Jüdische Schriften aus hellenistischer und römischer Zeit* (Gütersloh)
KAT	Kommentar zum Alten Testament, ed. E. Sellin
KatBl	*Katachetische Blätter*
KB	Koehler, L., and W. Baumgartner, *Lexicon in Veteris Testamenti libros* (Leiden: Brill, 1953)
KB^3	Koehler, L., and W. Baumgartner, *Hebräisches und aramäisches Lexikon zum Alten Testament* (Leiden: E. J. Brill, 1967-)
KEH	Kurzgefasstes exegetisches Handbuch zum Alten Testament
KHC(AT)	Kurzer Hand-Commentar (zum Alten Testament)
King	King, E. G., *The Poem of Job: Translated in the Metre of the Original* (Cambridge: CUP, 1914)
Kissane	Kissane, E. J., *The Book of Job Translated from a Critically Revised Hebrew Text with Commentary* (Dublin: Browne & Nolan, 1939)
KKAT	Kurzgefasster Kommentar zu den Heiligen Schriften Alten und Neuen Testaments
Knox	[Knox, R.], *The Holy Bible: A Translation from the Latin Vulgate in the Light of the Hebrew and Greek Originals* (London: Burns, Oates & Washbourne, 1945-49)

König	König, E., *Historisch-kritisches Lehrgebäude der hebräischen Sprache: 3. Historisch-Comparative Syntax der hebräischen Sprache* (Leipzig: Hinrichs, 1897)
KTU	Dietrich, M., O. Loretz, and J. Sanmartin, *Keilalphabetische Texte aus Ugarit* (AOAT 24; Kevelaer and Neukirchen: Butzon & Bercker, 1976)
KuD	*Kerygma und Dogma*
KV	Korte Verklaring
Lamparter	Lamparter, H., *Das Buch der Anfechtung, übersetzt und ausgelegt* (BotAT; Stuttgart: Calwer, 1951)
Lane	Lane, E. W., *An Arabic-English Lexicon* (London: Williams & Norgate, 1863-93)
Larcher	Larcher, C., *Le Livre de Job* (BJ; Paris: Cerf, 1950)
LCQ	*Lutheran Church Quarterly*
Leš	*Lešonenu*
Lévêque	Lévêque, J., *Job et son Dieu: Essai d'exégèse et de théologie biblique* (Paris: Gabalda, 1970)
Levy	Levy, J., *Neuhebräisches und chaldäisches Wärterbuch über die Talmudim und Midraschim* (4 vols.; Leipzig: Brockhaus, 1876-89)
LingBib	*Linguistica Biblica*
LTP	*Laval théologique et philosophique*
LTQ	*Lexington Theological Quarterly*
LTR	*Lexington Theological Review*
LUÅ	Lunds Universitets Årsskrift
MAA	*Medelelingen der koninklijke nederlandse Akademie van Wetenschappen*, Amsterdam
Merx	Merx, A., *Das Gedicht von Hiob: Hebräischer Text, kritisch bearbeitet und übersetzt, nebst sachlicher und kritischer Einleitung* (Jena: Mauke's Verlag, 1871)
MethQR	*Methodist Quarterly Review*
MGWJ	*Monatsschrift für Geschichte und Wissenschaft des Judentums*
Michaelis	Michaelis, J. D., "Varianten im Buch Hiob" (in his *Orientalische und exegetische Bibliothek* 7 [1774] 217-47; 8 [1775] 179-224)

Michel	W. L. Michel, *Job in the Light of Northwest Semitic*, Vol. 1 (Rome: Pontifical Biblical Institute, 1987)
MittSeptU	Mitteilungen des Septuaginta-Unternehmens
Moffatt	Moffatt, J., *A New Translation of the Bible* (London: Hodder & Stoughton, 1926)
MP	*Monatsschrift für Pastoraltheologie*
MTZ	*Münchener Theologische Studien*
Murphy	Murphy, R. E., *Wisdom Literature: Job, Proverbs, Ruth, Canticles, Ecclesiastes and Esther* (FOTL 13; Grand Rapids: Eerdmans, 1981)
Muss-Arnoldt	Muss-Arnoldt, W., *A Concise Dictionary of the Assyrian Languages* (Berlin: Reuther & Reichard, 1905)
MVAG	Mitteilungen der vorderasiatisch-ägyptischen Gesellschaft
NCB	New Century Bible
NBD	*The New Bible Dictionary*, ed. J. D. Douglas (London: IVF, 1962)
NedGTT	*Nederduitse Gereformeerd Theologiese Tydskrif*
NedTTs	*Nederlands Theologisch Tijdschrift*
NICOT	New International Commentary on the Old Testament
NIDNTT	*The New International Dictionary of New Testament Theology*, ed. C. Brown (2 vols.; Grand Rapids: Eerdmans, 1979)
NJDTh	*Neue Jahrbücher für deutsche Theologie*
NRT	*Nouvelle Revue Théologique*
NTT	*Norsk Teologisk Tidsskrift*
OBO	Orbis Biblicus et Orientalis
OED	Murray, J. A. H., *New English Dictionary on Historical Principles* (Oxford, 1888-1928)
OLP	*Orientalia Lovaniensia Periodica*
Olshausen	Olshausen, J., *Hiob erklärt* (KEH; Leipzig: S. Hirzel, 1852)
OLZ	*Orientalische Literaturzeitung*
Or	*Orientalia*
OrChr	*Oriens Christianus*
OrdKor	*Ordens-Korrespondenz*
OTL	Old Testament Library
OTS	*Oudtestamentische Studiën*
OTWSA	*Die Ou Testamentiese Werkgemeenskap in Suid-Afrika*

PalCl	*Palestra del Clero*
Payne Smith	Payne Smith, R., *Thesaurus Syriacus* (2 vols.: Oxford: Clarendon, 1879-1901)
Peake	Peake, A. S., *Job, Introduction, Revised Version with Notes, and Index* (CB: Edinburgh: T. C. & E. C. Jack, 1905)
PEFQS	*Palestine Exploration Fund, Quarterly Statement*
PEQ	*Palestine Exploration Quarterly*
Perles II	Perles, F., *Analekten zur Textkritik des Alten Testaments* (N.F.: Leipzig: Engel, 1922)
PerspRelSt	*Perspectives in Religious Studies*
PerspT	*Perspectiva Teológica*
Peters	Peters, N., *Das Buch Hiob übersetzt und erklärt* (Münster: Aschendorff, 1928)
PG	*Patrologiae Cursus Completus, Series Graeca*, ed. J. P. Migne (Paris, 1857-66, 1894)
PL	*Patrologiae Cursus Completus, Series Latina*, ed. J. P. Migne (Paris, 1844-80)
PO	Patrologia Orientalis
Pope	Pope, M., *Job* (AB: Garden City, NY: Doubleday, 1965; 3d ed., 1973)
POTT	*Peoples of Old Testament Times*, ed. D. J. Wiseman (London: OUP, 1973)
PrAmAcJewRes	*Proceedings of the American Academy of Jewish Research*
Prot	*Protestantesimo*
QDAP	*Quarterly of the Department of Antiquities in Palestine*
RA	*Revue d'Assyriologie*
Ravisi	Ravasi, G., *Giobbe, traduzione e commento* (Rome: Borla, 1979-84)
RazF	*Razón y Fe*
RB	*Revue biblique*
RBibArg	*Revista Biblica*, Buenos Aires
RBibIt	*Rivista biblica italiana*
RCatalT	*Revista Catalana de Teologia*
RE	*Realencyklopädie für protestantische Theologie und Kirche*, ed. J. J. Herzog (3d ed.: Leipzig: J. c. Hinrichs, 1896-1913)

RÉArmén	*Revue des Études Arméniennes*
RÉJ	*Revue des Études Juives*
Reiske	Reiske, J. J., *Coniectuare in Jobum et Proverbia Salomonis* (Leipzig, 1779)
Renan	Renan, E., *Le livre de Job, traduit de l'hébreu* (Paris: Calmann Lévy, 1860)
Reuss	Reuss, E., *Hiob* (Braunschweig: Schwetschke, 1888)
RevApol	*Revue Apologétique*
RevArch	*Revue Archéologique*
RevEcclLiège	*Revue ecclésiastique de Liège*
RevÉtIs	*Revue des études islamiques*
RevExp	*Review and Expositor*
RevNouv	*Revue Nouvelle*
RevQ	*Revue de Qumran*
RGG	*Die Religion in Geschichte und Gegenwart*, ed. K. Galling (6 vols.; Tübingen: J. C. B. Mohr, 1957-65)
RHE	*Revue d'histoire ecclésiastique*
RHPR	*Revue d'histoire et de philosophie religieuses*
RHR	*Revue de l'histoire des religions*
Richter	Richter, H. *Studien zu Hiob: Der Aufbau des Hiobbuches dargestellt an den Gattungen des Rechtslebens* (Berlin: Evangelische Verlagsanstalt, 1959)
RicR	*Ricerche Religiose*
RivB	*Rivista Biblica*
Rosenmüller	Rosenmüller, E. F. C., *Scholia in Vetus Testamentum: Editio secunda auctior et emendatior*, Pars V: Jobus (Leipzig: J. A. Barth, 1824)
Rowley	Rowley, H. H., *Job* (NCB: Thomas Nelson & Sons, 1970)
RQ	*Restoration Quarterly*
RR	*Review of Religion*
RRel	*Review for Religious*
RS	Ras Shamra
RSPT	*Revue des sciences philosophiques et théologiques*
RSO	*Rivista degli studi orientali*
RTAM	*Recherches de théologie ancienne et médiévale*

RTL	*Revue théologique de Louvain*
RUO	*Revue de l'Université d'Ottawa*
SAB	*Sitzungsberichte der Deutschen Akademie der Wissenschaften zu Berlin*
SacDoc	*Sacra Doctrina*
SANT	Studien zum Alten und Neuen Testament
SBFLA	*Studii Biblici Franciscani Liber Annuus*
SBL	Society of Biblical Literature
SBLDS	Society of Biblical Literature Dissertation Series
SBLMS	Society of Biblical Literature Monograph Series
SBLSCS	Society of Biblical Literature Septuagint and Cognate Studies
SBOT	Sacred Books of the Old Testament
SBT	Studies in Biblical Theology
ScEs	*Science et esprit*
Schultens	Schultens, A., *Liber Iobi cum nova versione ad hebraeum fontem et commentario perpetuo* (Leiden: J. Luzac, 1787)
SchwTZ	*Schweizerische Theologische Zeitschrift*
ScrHieros	*Scripta Hierosolymitana*
SEÅ	*Svensk Exegetisk Årsbok*
Sef	*Sefarad*
Sem	*Semitica*
Sicre Diaz	Alonso Schökel, L., and J. L. Sicre Díaz, *Job, comentario teológico y literario* (Madrid: Cristiandad, 1983)
Siegfried	Siegfried, C. [G. A.], *The Book of Job: Critical Edition of the Hebrew Text* (SBOT: Baltimore: Johns Hopkins UP, 1893)
SJT	*Scottish Journal of Theology*
Skehan	Skehan, P. W., "Strophic Patterns in the Book of Job," *CBQ* 23 (1961) 125-42 (=*Studies in Israelite Poetry and Wisdom*, CBQMS 1 [1971] 96-113)
Snaith	Snaith, N. H., *The Book of Job: Its Origin and Purpose* (SBT 2/11: London: SCM, 1968)
SOTSMS	Society for Old Testament Study Monograph Series
SR	*Studies in Religion/Sciences religieuses*
SSEA	Society for the Study of Egyptian Antiquities
ST	*Studia theologica*

StAns	*Studia Anselmiana*
StANT	Studien zum Alten und Neuen Testament
STDJ	Studies on the Texts of the Desert of Judah
Stevenson	Stevenson, W. B., *The Poem of Job: A Literary Study with a New Translation* (London: OUP, 1947)
Stier	Stier, F., *Das Buch Ijjob hebräisch und deutsch: Uebertragen ausgelegt und mit Text- und Sacherläuterungen versehen* (Munich: Kösel, 1954)
StLuke	*St Luke's Journal of Theology*
Strahan	Strahan, J., *The Book of Job Interpreted* (Edinburgh: T. & T. Clark, 1913)
StSemNed	*Studia Semitica Nederlandica*
SWJT	*Southwestern Journal of Theology*
Szczygiel	Szczygiel, P., *Das Buch Job, übersetzt und erklärt* (HSAT; Bonn: Hanstein, 1931)
Tarb	*Tarbiz*
TBT	*The Bible Today*
TBü	Theologische Bücherei
TDig	*Theology Digest*
TDNT	*Theological Dictionary of the New Testament*, ed. G. Kittel and G. Friedrich, tr. G. W. Bromiley (10 vols.; Grand Rapids: Eerdmans, 1964-76)
TDOT	*Theological Dictionary of the Old Testament*, ed. G. J. Botterweck and H. Ringgren (Grand Rapids: Eerdmans, 1974-)
Terrien	Terrien, S. L., *Job* (Commentaire de l'Ancien Testament 13; Neuchâtel: Delachaux et Niestlé, 1963)
Textual Notes	*Textual Notes on the New American Bible* (Paterson, NJ: St. Anthony's Guild, n.d. [pp. 325-451 of some editions])
TGl	*Theologie und Glaube*
TGUOS	*Transactions of the Glasgow University Oriental Society*
ThB	Theologische Bücherei
ThBl	*Theologische Blätter*
Theol	*Theology*
THWAT	*Theologisches Handwörterbuch zum Alten Testament*, ed. E. Jenni and C. Westermann (Munich: Kaiser, 1971)

ThEx	*Theologische Existenz Heute*
ThZ	*Theologische Zeitschrift*
TLZ	*Theologische Literaturzeitung*
TOTC	Tyndale Old Testament Commentaries
TPM	*Theologische-Praktische Monatsschrift*
TPQ	*Theologische-Praktische Quartalschrift*
TQ	*Theologische Quartalschrift*
TRev	*Theologische Revue*
TRu	*Theologische Rundschau*
TS	*Theological Studies*
TSK	*Theologische Studien und Kritiken*
TTijd	*Theologische Tijdschrift*
TTki	*Tidskrift for Teologi og Kirche*
TTod	*Theology Today*
TTQ	*Tübinger Theologischer Quartalschrift*
TTZ	*Trierer theologische Zeitschrift*
TU	Texte und Untersuchungen
Tur-Sinai	Tur-Sinai, N. H., *The Book of Job: A New Commentary* (Jerusalem: Kiryath-Sepher, 1957)
TV(ers)	*Theologische Versuche*
TZ	*Theologische Zeitschrift*
UF	*Ugarit Forschungen*
USQR	*Union Seminary Quarterly Review*
Van Selms	Van Selms, A., *Job: Die Prediking van het OT* (2 vols.; Nijkerk: Callenbach, 1982-83)
VD	*Verbum Domini*
VF	*Verkündigung und Forschung*
VigChr	*Vigiliae Christianae*
Voigt	Voigt, C., *Einige Stellen des Buches Hiob* (Leipzig: W. Drugulin, 1895)
Volz	Volz, P. *Weisheit (Das Buch Hiob, Sprüche und Jesus Sirach, Prediger)* (Göttingen: Vandenhoeck & Ruprecht, 1911; 2d ed., 1921)
von Soden	Soden, W. von, *Akkadisches Handwörterbuch* (Wiesbaden: Harrassowitz, 1965-71)

VS	*Vie spirituelle*
VT	*Vetus Testamentum*
VTSup	VT Supplements
Watson	Watson, W. G. E. *Classical Hebrew Poetry: A Guide to Its Techniques* (JSOTSup 26; Sheffield: JSOT, 1984)
WC	Westminster Commentaries
Webster	Webster, E. C. "Strophic Patterns in Job 3-28," *JSOT* 26 (1983) 33-60
Weiser	Weiser, A., *Das Buch Hiob übersetzt und erklärt* (ATD; Göttingen: Vandenhoeck & Ruprecht, 1951)
Westermann	Westermann, C., *The Structure of the Book of Job: A Form-Critical Analysis*, tr. C. A. Muenchow (Philadelphia: Fortress, 1981)
WMANT	Wissenschaftliche Monographien zum Alten und Neuen Testament
WO	*Die Welt des Orients*
Wor	*Worship* (Collegeville, Minn.)
Wright	Wright, G. H. B., *The Book of Job* (London: Williams and Norgate, 1883)
WTJ	*Westminster Theological Journal*
WuD	*Wort und Dienst*
WZ	*Wissenschaftliche Zeitschrift…*
WZKM	*Wiener Zeitschrift für die Kunde des Morgenlandes*
Yellin	Yellin, D., חקרי מקרא איוב (Jerusalem, 1927)
ZA	*Zeitschrift für Assyriologie*
ZAW	*Zeitschrift für die alttestamentliche Wissenschaft*
ZDMG	*Zeitschrift der deutschen morgenländischen Gesellschaft*
ZDPV	*Zeitschrift des deutschen Palästina-Vereins*
ZeichZt	*Die Zeichen der Zeit*
ZKT	*Zeitschrift für katholische Theologie*
ZRGG	*Zeitschrift für Religions- und Geistesgeschichte*
ZST	*Zeitschrift für die systematische Theologie*
ZTK	*Zeitschrift für Theologie und Kirche*
ZZ	*Zwischen den Zeiten*

성경 (외경 포함)

Gen	Genesis	Zeph	Zephaniah
Exod	Exodus	Hag	Haggai
Lev	Leviticus	Zech	Zechariah
Num	Numbers	Mal	Malachi
Deut	Deuteronomy	Tob	Tobit
Josh	Joshua	Jdt	Judith
Judg	Judges	Wisd	Wisdom of Solomon
Ruth	Ruth	Ecclus	Ecclesiasticus or The Wisdom of Jesus son of Sirach
1-2 Sam	1-2 Samuel		
1-2 Kgs	1-2 Kings	Bar	Baruch
1-2 Chr	1-2 Chronicles	1-2 Macc	1-2 Maccabees
Ezra	Ezra	Matt	Matthew
Neh	Nehemiah	Mark	Mark
Esth	Esther	Luke	Luke
Job	Job	John	John
Ps	Psalm	Acts	Acts
Prov	Proverbs	Rom	Romans
Eccl	Ecclesiastes	1-2 Cor	1-2 Corinthians
Cant	Canticles	Gal	Galatians
Isa	Isaiah	Eph	Ephesians
Jer	Jeremiah	Phil	Philippians
Lam	Lamentations	Col	Colossians
Ezek	Ezekiel	1-2 Thess	1-2 Thessalonians
Dan	Daniel	1-2 Tim	1-2 Timothy
Hos	Hosea	Titus	Titus
Joel	Joel	Phlm	Philemon
Amos	Amos	Heb	Hebrews
Obad	Obadiah	James	James
Jonah	Jonah	1-2 Pet	1-2 Peter
Mic	Micah	1-2-3 John	1-2-3 John
Nah	Nahum	Jude	Jude
Hab	Habakkuk	Rev	Revelation

쿰란과 랍비들의 저서

1QH	Hymn Scroll from Qumran	b. Bat.	Baba Bathra
1QM	War Scroll from Qumran	Gen. Rabb.	Genesis Rabbah
1QS	Manual of Discipline	Midr.	Midrash
11QtgJob	Targum of Job from Qumran, Cave 11	Mo'ed Qat.	Mo'ed Qatan
		Pss. Sol.	Psalms of Solomon
b.	Babylonian Talmud	T. Job	Testament of Job

성경 번역본

ASV	American Standard Version	NEB	New English Bible
AV	Authorized Version, King James Version	NIV	New International Version
		NJB	New Jerusalem Bible
BJ	Bible de Jérusalem	NJPS	New Jewish Publication Society Version
GNB	Good News Bible, TEV		
JB	Jerusalem Bible	RSV	Revised Standard Version
JPS	Jewish Publication Society version of the Bible	RV	Revised Version
		TEV	Today's English Version, GNB
KJV	King James Version, Authorized Version	TOB	Traduction Oecuménique de la Bible
NAB	New American Bible		

히브리어 문법

abs	absolute	hithp	hithpael
acc	accusative	hithpo	hithpolal
consec	consecutive	hoph	hophal
coh	cohortative	impf	imperfect
constr	construct	impv	imperative
fem	feminine	inf	infinitive
fut	future	intrans	intransitive
gen	genitive	juss	jussive
haplog	haplography	masc	masculine
hiph	hiphil	niph	niphal

pass	passive	sg	singular
perf	perfect	subj	subject
pers	person	suff	suffix
pl	plural	vb	verb
ptcp	participle		

원문주해

Akk.	Akkadian	MT	Masoretic Text
Aq	Aquila	OG	Old Greek
Arab.	Arabic	OL	Old Latin
Aram.	Aramaic	Pesh	Peshitta, Syriac version of the OT
Ass.	Assyrian	Q	Qere, Masoretic vocalized Hebrew text of OT
Eg.	Egyptian	Rashi	Commentary printed in Rabbinic Bibles
G	Greek translation of the OT, Septuagint, LXX	Symm	Symmachus
Germ.	German	Syr	Syriac version of the OT, Peshitta
Heb.	Hebrew	Tg	Targum
Hitt.	Hittite	Theod	Theodotion
K	Kethibh, consonantal Hebrew text of OT	Ugar.	Ugaritic
Lat.	Latin	Vg	Vulgate
LXX	Septuagint, Greek translation of the OT		
MH	Mishnaic Hebrew		

기타

ANE	Ancient Near East	ed(s).	edition: edited by: editor(s)
cf.	compare	ET	English Translation
chap(s).	chapter(s)	EVV	English versions
col(s).	column(s)	frag.	fragment
ct.	contrast	*frt*	*forte*, perhaps
CUP	Cambridge University Press	FS	Festschrift
dittogr	dittograph(y)	lit.	literally

mg	margin
ms(s)	manuscript(s)
n.	note
n.d.	no date
N.F.	Neue Folge, new series
N.R.	Nieuwe Reeks, new series
ns	new series
NT	New Testament
OT	Old Testament
OUP	Oxford University Press
opp.	opposite (to)
orig.	original, originally
p.	page
pl.	plate
postbib.	postbiblical
prp	*propositum*, suggested (of a textual emendation)
q.v.	*quod vide*, which see
repr.	reprinted
sc.	scilicet, that is to say
si v.l.	*si vera lectio*, if the reading is correct
s.v.	*sub verbo*, under that word
tr.	translate(d); translator
UP	University Press
v(v)	verse(s)
v.l.	*varia lectio*, alternative reading
vols(s).	volume(s)

서 론

I. 본서 개관

메가 비블리온, 메가 카콘(*mega biblion, mega kakon*): 두꺼운 책은 큰 악이다. 이 경구는 작가에게만큼 독자에게 해당되는 말이다. 이 처음 페이지들은 독자들로 하여금 책이 두껍다고 읽기를 그만두지 말고 그들이 책을 각각의 목적에 맞게 사용할 수 있도록 도우려는 목적을 가지고 있다.

본 주석서 자체를 개관한 후, 서론의 형식을 빌어 "욥기가 무엇에 관한" 것인지 알 수 있도록 욥기 개관을 짧게 두었다. 그러므로 욥기 전체의 "요지"에 대한 나의 생각을 아는 데 굳이 주석서 전체를 읽을 필요는 없다. 어떤 것이 말할 가치가 있다면, 그것은 간략히 말할 가치가 있다.

그러나 욥기가 무엇에 관한 것인지 아는 데는 두 가지 장애가 있다. 첫째는, 무한대의 시간과 공간이 주어진다 해도 욥기가 무엇에 관한 것인지 그 누구도 말할 수 없고, 분명히 나 자신도 마찬가지라는 것이다. 왜냐하면 이 책의 위대함 중에 하나는, 우리가 욥기를 완전히 이해했다고 생각할 때마다 욥기는 우리가 아직 제대로 고려하지 않은 새로운 각도로 우리를 놀라게 하기 때문이다. 두 번째 장애는, "이 책은 무엇에 관한 것인가", 바꾸어 말해 욥기의 의미는 독자마다 다르다는 것이다. 왜냐하면 의미는 책에 속한 성질이 아니라 책을 읽는 독자의 정신 세계에서 만들어지는 해석이기 때문이다. 따라서 독자의 수만큼 해석들이 있다. 나의 말은 욥기를 이해하려는 것을 포기하거나 더 나은 혹은 더 설득력 있는 의미를 추구하는 것을 그만두어야 한다는 것이 아니라, 독자와 독자의 관심을 관례적인 곳보다 훨씬 더 두드러진 위치에 둔다는 것이다. 독자에게 강조를 두는 것과 같은 맥락에서, 이 개관의 두 번째 부분은 특별한 입장과 특정 방향의 헌신을 가진 일군의 독자들 – 가령, 페미니스트, 유물론자, 채식주의자 그리고 기독교인들 – 이 만들어 내는 특별한 독법들을 개괄한다.

이 개관에는 보통 주석서들 서론에서 다루어지는 질문들 – 연대, 저자, 자료 등에 관한 것 – 이 많지 않다. 그 이유는 이런 질문들은 대부분 욥기 자체에 비본질적이며, 따라서 내게 항상 가장 주요한 물음인 의미와 해석의 문제에도 비본질적이기 때문이다. 물론 욥기가 어떻게 현재의 형태로 발전했는지에 관해 말해질 흥미로운 것들이 많다. 그러나 나는 욥기가 어떻게 현재 형태가 되었는지 그리 많이 생각하지 않고, 현재 있는 모습 그대로의 욥기에 나의 대부분의 시간을 보냈음을 고백한다. 저자나 혹은 저작 연대에 대해서는 솔직히 말해 아무것도 모르며, 나의 추측도 이미 발표된 많은 추측들보다 더 가치가 있을 것 같지는 않다. 그러나 이런 질문들을 완전히 배제하는 것도 교조적일 수 있다는 것을 인정하며, 욥기를 현재 형태로 읽는 나의 독법도 욥기가 기독교 시대 수 세기 앞서 히브리인 혹은 유대인에 의해 기록되었다는 가정들과 같은 사료적 판단을 한다는 것에 동의한다. 따라서 그런 문제들에 관심이 있는 독자는 이 서론에는 엄격히 역사적이거나 기원 발생적인 문제들에 관한 말들이 적다는 것을 알게 될 것이다.

서론의 세 번째 부분은 욥기에 관한 저서들에 대한 개관이다－즉 참고문헌. 이것은 대부분의 주석서들에 있는 목록들과는 달리, 심지어 WBC 시리즈에 있는 목록들과는 달리 무리 없는 선에서 광범위한 목록이 되도록 의도되었다. 비록 나는 쉐필드, 케임브리지 대학 도서관, 혹은 런던 대영 박물관 내 영국 도서관에 있는 대부분의 것들을 보았다고 생각하지만, 내가 읽거나 본 것들만 포함하는 것은 아니다. 내가 익숙하지 않은 언어로 된 저서들은 포함되지 않았다. 이렇게 목록을 수집하기로 한 데는 몇 가지 이유가 있다.

1. 그와 같은 목록이 출판되어 있지 않다.

2. 욥기에 의해서 영감을 받아 온 저서들의 양－그리고 범위－을 고려하는 것이 중요하다고 생각했다. 시편에 대해서는 분명히 더 많이 있지만, 구약성경의 다른 어떤 책에 대해서 더 많이 있다면 나는 놀랄 것이다. 이런 작품들의 존재 그 자체가 욥기에 대한 하나의 주석이다.

3. 나는 소위 학문적 저서들에 내 지평을 제한하는 것에 점차적으로 불만을 갖게 되었다. 학자들은 학자들을 인용하고 욥기에 관한 그들 자신만의 승인된 문헌 규범을 만든다. 주석가들이 곧 인용하지 않는 저서들은 그 다음 주석가들에 의해서도 인용되지 않는 것이 일반적인 현상이다. 욥기에 관해 뭔가를 기록한 작가가 죽은 지 백 년이 넘었거나, 혹은 영어, 불어, 독일어가 아닌 언어로 썼거나, 혹은 학자들이 아닌 사람들을 대상으로 했다면, 또는 특정 종교적 관점에 치우친 출판사에 의해 출판되었다면, 그 저자의 관점을 학문적 주석서를 쓰는 사람이 고려할 가능성은 희박하다. 물론 문헌학과 같은 전문적인 문제에 관한 것이라면, 비-학문적 의견은 안전하게 무시될 수 있다. 그러나 비중이 큰 해석의 문제이거나, 단순히 특정 단어

나 구가 아니라 책 전체의 의미의 문제라면, 값진 통찰력을 갖는 데 꼭 전문적으로 훈련된 학자일 필요는 없다. 따라서 전문적이고 방대한 저서들과 함께 대중 신앙적인 설교와 저서들을 포함하는 나의 "비-차별적" 도서 목록은 다른 주석서들에 지배적인 학자적 차별 원칙에 대한 일종의 속죄로 의도되었다.

4. 욥기에 관해서 기독교 교회 교부들과 가장 오래된 유대 해석가들을 포함하는 보다 오래된 주석가들이 쓴 저서들도 일부러 목록에 넣었다. 왜냐하면 "해석"과 "해석사" 사이에 그렇게 큰 차이점이 있을 수 없다는 것을 깨닫게 되었기 때문이다. 본 주석서는 출판되는 순간 "해석사"의 일부가 되고, 크리소스톰, 라쉬, 외콜람파디우스, 슐텐즈 그리고 다른 사람들의 것과 내용이나 질에 있어서 아무리 다르다 해도 본질상 전혀 다르지 않다. 하루는 세바스티안 슈미트의 1,500페이지짜리 주석서(1670)를 띄엄띄엄 읽고 있었는데, 욥기의 마지막 구절에 대해 아주 먼 옛날 주석가들에게만 알려졌을 실망과 안도의 독특한 배합, 즉 *Nihil in hoc v. difficultatis*, "이 구절에는 난점이 전혀 없음"이라는 진심에서 우러난 비평을 읽게 되었다. 그때 나는 그 사람 그리고 그와 같은 수백 명의 정직한 일꾼들을 내 목록에서 뺀다면 그에 대한 모독이며 동시에 나 자신의 편협함을 드러내는 것임을 알았다. 한 작품의 "수용"의 역사는 그 작품의 의미의 한 부분임을 우리는 뒤늦게 깨달아 가고 있다.

주석 본론(the commentary proper) 부분에서 선택된 구조는 물론 편집자들의 것이며, 그들 역시 Biblischer Kommentar 시리즈 전통에 서 있다. 제일 먼저, 각 섹션에 대한 "참고문헌"(*Bibliography*)이 나온다. 욥기의 대화부의 경우, 매 연설이 하나의 섹션이 된다. 그러면 왜 도서 목록이 제일 먼저 나오는지를 나 자신에게 물었다. 독자에게 주석가가 숙제를 얼마나 많이 했는지 감동을 주기 위해서일까? 아니면 독자가 본 텍스트의 의미에 대해 자신의 문장을 말할 자격을 얻기 전에 얼마나 많이 일해야 하는지를 알려 주기 위해서일까? 나는 그렇지 않기를 바란다. 나는 결국 그것을 주석가의 한계를 드러내는 고백으로 간주하게 되었다: 본 주석가가 서 있는 전통, 즉 저자가 참고한 학문적, 문헌적, 언어적, 동양적 그리고 기독교-신학적(대부분의 경우) 근거들을 나타낼 때, 암묵적으로 인정되고 있는 것은 수사학, 시학, 문학, 심리학, 철학으로부터 받는 영향의 상대적 부재와, 그리고 공통의 "객관적" 담론 언어의 유익을 위한 저자 개인성의 상대적 예속이다. 그럼에도 불구하고 "고백"이라는 문학 장르가 유용하게 될 수 있으며, 나는 그러기를 바란다. 보다 실제적인 측면에서 말해야 할 것이 있다. 대체로 책 전체에서 주변 목록에 속하는 것들은 **서론**의 전체 목록에서는 발견되지 않을 것이고, 그 반대도 마찬가지다. 세부 주석에서 단 한 번만 언급되는 항목은 언급되는 그 자리에서 완전 인용 형식을 갖게 될 것이며, 한 항목이 한 번 이상 언급되는 경우에만 도서 목록에 나올 것이다.

그 다음에 "번역"(*Translation*)이 나온다. 번역은 무리 없는 한 문자적이려고 의도되었다. 운율 표시는 전혀 하지 않았다. 히브리 운율 주제 자체가 워낙 논쟁이 많기에 간단하게 결정하는 것이 쉽지 않고, 어떤 경우라도 운율 표기에서 어떤 해석적 중요성을 찾기가 어렵기 때문이다. 번역에서 포괄 언어를 사용하지는 못했다. 비록 나 자신의 저서에서는 그렇게 하려 하고, 또 주석 부분에서 포괄 언어가 사용되지만, 남의 저서를 중성(gender-free) 스타일로 맞추는 것은 경험상 항상 가능하지는 않다. 예를 들면, 18장에 나오는 "악인"(악한 남자)의 묘사를 볼 때, 이 단어들이 남성만 가리킨다고 볼 이유가 전혀 없다. 반면에 저자가 그렇게 의도하지 않았다고 의심할 이유도 전혀 없다. 내가 택하지 않은 한 가지 선택 사항은 "악한 남자"를 가리키는 말들을 모두 복수형으로 전환하는 것이다. 그렇게 하면 악인의 시적 이미지가 약화될 것이기 때문이다.

나의 연 분석에 관해 말할 차례다. 시의 일정 행들 사이에 한 줄의 공간을 둠으로써, 내가 그 시의 구조를 어떻게 보는지에 관해 하나의 해석적 결정을 제시할 것이다. 그렇다고 시인이 그 구조를 의도했다거나 혹은 그런 연들을 염두에 두고 구성했다고 단언하는 것은 아니다. 때때로, 특별히 여러 연들이 연속으로 같은 수의 행들을 가진 경우에, 저자가 의식적으로 시를 구성하고 있다고 가정할 이유는 있다. 그러나 대체적으로 연 분석은 우리가 느끼는 일관성과 차이점을 표현하는 우리 자신의 구성 도구에 지나지 않는다.

"원문주해"(*Notes*)에서 나는 두 가지 목적을 내 앞에 두었다. 첫째는, 내가 어느 부분에서 본문 수정을 택했는지, 혹은 어느 부분에서 히브리어 단어의 의미에 대한 새로운 제안을 받아들였는지 말하면서 히브리어 텍스트에 대한 나 자신의 번역을 정당화하는 것이다. 둘째는, 내 앞에 항상 열어 놓은 흠정역(KJV)으로부터 새 국제번역(NIV) 그리고 유대 출판협회 번역본에 이르는 십여 개의 영어 번역본들이 제시하는 번역들을 설명하고 평가하는 것이다. 번역본들 간에 상당히 다르기 때문에, 번역에 있어 이렇게 막대한 다양성이 어떻게 가능했는지 영어 독자들에게 설명하고 각각의 번역들의 상대적 타당성을 평가하는 것이 히브리 본문에 대한 주석가의 책임 중에 하나라고 생각했다. "원문주해"에서 다루어진 모든 주제들에 대한 것과 마찬가지로, 이 문제에 대해서도 나는 항상 다른 사람들의 의견을 단순히 기록하기보다는 결정을 하고 의견을 제시하려고 했다. 아무런 평가의 말이 제시되지 않는 비교적 적은 몇몇 경우에, 하나의 특정 견해를 단순히 기록하는 것은 내가 그것을 받아들이지는 않았지만 그렇다고 말하기에는 너무 귀찮았다는 뜻이다. 고대 역본들에 관해서는 영어 번역본들을 대하는 것과 같은 방식으로 설명하거나 평가하려고 하지 않았다. 부분적으로는 그들이 그 자체로 충분히 연구되었기 때문이며(도서 목록 §5를 보라), 다른 한편으로는 그 역본들의 번역문들은 영어 독자에게 관심이 덜하기 때문이다. 그래서 히브리어 본문 이해에 도움의 빛을 비춰 줄 경우에만 그것들을 언급했다. 고대 역본들을 이와 같이 단편적으로 사용하는 것은 본문-비평적 관점에서 보면 이론적으로 부적당하다는 것을 알지만, 그렇게 심각하게 잘못된 것이 아니었기를 바란다.

"주석"(*Comment*)은 부분과 전체 사이가 계속된 긴장 속에 있다. 나는 절-대-절 번역은 본문 학대일 수 있다는 것과, 여러 주석서들에서 꽤 철저하고 자세한 해석처럼 보이는 것이 실상은 최우선적인 의미 질문들에 대한 불변적이고 고의적인 거부일 수 있다는 것을 믿기에, 세부 사항들과 좀더 큰 전체들 사이를 계속 왕래해야 했다. 나의 표준 방식은 장이든 연이든 혹은 절이든 먼저 큰 단락에 대한 나의 해석을 제시하고, 그 다음에 개별 문장과 단어들을 구체적으로 다룸으로써 그 해석을 뒷받침하는 것이었다. 모든 곳에서 책을 전체적으로 그리고 해당 문장이 어떻게 전체에 기여하는지를 의식하려고 했다. 역시 모든 곳에서 이 문장이 이전 문장들과 사상적으로 어떻게 연결되는지, 그리고 화자의 주장이 어떻게 발전하고 있는지를 물었다.

주석서를 읽는 독자들은 다른 요구들을 가지고 주석서에 접근하기에, 개별 단어나 구에 대한 자세한 설명이든 혹은 하나의 연설의 의미에 대한 전체적 설명이든 독자가 필요로 하는 것을 찾기 쉽도록 해설 구조를 짰다.

본 주석서의 대부분은 본문 내용을 말하는 등장 인물의 관점에서 쓰여진다. 나는 엘리바스, 빌닷 그리고 그 나머지 등장 인물들과 공감하려고 노력하는 것이 가치 있는 일이라 생각하는데, 그들을 그럴듯한 인물들로 재현하기 위해서가 아니라, 그들의 주장의 무게를 올바르게 인식하기 위해서다. 그러나 나는 본 주석서 자체에서 때때로 욥의 목소리로, 혹은 가상 저자(implied author)의 목소리로, 혹은 나 자신의 목소리로 말한다.

나 자신의 소리로 말하는 것이 마지막 단락 "해설"(*Explanation*)의 의도된 목적이라고 이해한다. 나는 여기서 연설에서 오고 가는 내용을 차근히 살피고, 그것을 가능한 한 따뜻하고 정중하게 평가하며, 그 다음에 나 자신이 생각하는 바를 숨김없이 말하려고 한다. 물론 욥기 자체는 어느 정도 주석가 – 혹은 독자 – 편에서의 개인적 참여에 맡겨진다. 왜냐하면 그것은 서로 충돌하는 많은 생각들을 제시하고 있고, 그렇게 함으로써 독자들로 하여금 개인적 평가를 하도록 하기 때문이다. 우주의 도덕 질서에 관하여 욥과 소발이 모두 옳을 수는 없다. 따라서 욥기는 독자에게 소위 로마서가 하지 않는 중요한 요구를 한다.

이 책이 계속적으로 무엇을 말하는지 간략하게 알아보는 것 외에 이 주석서로부터 더 원하는 것이 없는 독자는 매 섹션 마지막에 있는 "해설"을 읽음으로써 그 목적을 이룰 수 있을 것이다. 책을 개괄하는 또 다른 방법은 서론에 있는 욥기 개관에서 제시된다. 그 곳에서는 책 자체에 나오는 순서대로가 아니라, (내레이터를 포함하여) 책의 개별 등장 인물들의 관점에서 욥기의 요지를 자세히 살펴본다. 개관과 해설을 함께 읽는 것은 욥기 전체에 대한 입체경의 전망을 제공해 줄 것이다. 나머지는 현미경을 위한 일이다.

서 론
II. 욥기 개관

영문 저서 발췌 목록

주석서:

Andersen, F. I. *Job.* TOTC Leicester: Tyndale, 1976. **Clines, D. J.** A. "Job." In *A Bible Commentary for Today*, ed. G. C. D. Howley. London: Pickering & Inglis, 1979. 559-592[2d ed. in *The International Bible Commentary*, ed. F. F. Bruce. Basingstoke, Hants: Marshall Pickering, 1986. 520-51.] **Dhorme, E.** *A Commentary on the Book of Job.* London: Thomas Nelson & Sons, 1967. **Gotdis, R.** *The Book of Job: Commentary, New Translation, and Special Notes.* New York: Jewish Theological Seminary of America, 1978. **Habel, N. C.** *The Book of Job.* OTL London: SCM 1985. **Pope, M. H.** Job ab 3d ed. Garden City, NY: Doubleday, 1973. **Rowley, H. H.** Job NCB. Thomas Nelson & Sons, 1970. **Terrien, S.** "The Book of Job: Introduction and Exegesis." In *The Interpreter's Bible.* New York and Nashville: Abingdon, 1954. 3:877-1198.

그 외의 저서:

Barr, J. "The Book of Job and Its Modern Interpreters." *BJRL* 54(1971-72) 28-46. **Clines, D. J. A.** "The Arguments of Job's Three Friends." In *Art and Meaning: Rhetoric in Biblical Literature*, ed. D. J. A. Clines, D. M. Gunn, and A. J. Hauser. *JSOTSup* 19. Sheffield: *JSOT*, 1982. 199-214. **Gordis, R.** *The Book of God and Man: A Study of Job.* Chicago: University of Chicago Press, 1965. **Tsevat, M.** "The Meaning of the Book of Job." In *The Meaning of the Book of Job and Other Biblical Studies.* New York: Ktav, 1980. 1-37. **Westermann, C.** *The Structure of the Book of Job: A Form-Critical Analysis*, tr. C. A. Muenchow. Philadelphia: Fortress, 1981.

앞에서 말했듯이, 나는 욥기를 일관된 전체로 이해하려고 하면서 현재 형태로서의 욥기에 대한 개관을 먼저 제시하려고 한다. 그리고 욥기의 기원이나 현재 형태로 구성되는 발전 과정에 대한 문제들은 이 단락 뒷 부분에서 다루려고 한다. 현재 형태의 욥기의 의미에 대한 우리의 판단이 아무리 실험적이라고 하더라도, 적어도 우리는 실제로 존재하는 한 편의 문학을 다루고 있는 것이다. 반면에 기원, 영향, 저작권, 연대 그리고 목적에 관한 연구는 아무리 전문적으로 완성되었다고 하더라도 대부분은 추론적이기 마련이다.

A. 현재 형태로서의 욥기

1. 구조(shape)

첫 구절에서 시작하거나 혹은 무작위로 열어서 점진적으로 욥기를 이해하기 시작할 수는 없다. 다른 책들보다도 더 이 책을 대하는 데 필요한 것은 먼저 그 구조를 확인하고 친숙해지는 것이다.

다른 것들과는 달리, 책의 구조는 책 자체의 본질적 속성이 아니라 관찰자의 정신 속 도안이다. 어떤 자의나 독단 없이, 여러 독자들이 다양한 각도에서 이 부분 혹은 저 부분에 중점을 두고 강조하며 읽는 책에서 서로 다른 구조들을 구별해 낼 수 있다.

a. 구성과 내용(Framework and Core)

하나의 그림이 프레임으로 틀이 잡히는 이미지를 사용하여 책의 구조와 핵심 혹은 중심 내용을 구분해 볼 수 있다. 욥기 자체는 **산문**과 **운문**을 사용하는 구조를 보여 준다. 책의 뼈대 **구성**은 **산문**이고, 핵심 **내용**은 **운문**이다. 그리고 구성은 단순하고 내용은 복잡하기에, 상대적으로 싸고 덜 중요한 그림 틀과 그림 자체의 구별이 설득력 있는 유비로 들린다. 우리는 또한 욥기의 구조물은 **내러티브**이고 핵심은 **교훈적 운문**이라고 봄으로써 구성과 내용을 구분할 수도 있다. 따라서 전체적으로 볼 때 욥기는 **내러티브**이며 **논증**이다. 혹은 보다 정확하게 말해서 **내러티브** 테두리 안에 놓인 **논증**이다. 그것을 아래와 같이 도식적으로 나타내 볼 수 있다.

1:1-2:13	구성:	산문	내러티브
3:1-42:6	내용:	운문	논증
42:7-17	구성:	산문	내러티브

b. 발단, 전개, 결말(Exposition, Complication, Resolution)

책 전체에 흐르는 내러티브 맥락에 좀더 주의를 기울이면 또 다른 구조가 드러난다. 위에 제시된 구조 분석은 일반적으로는 타당하다고 하더라도 운문 안에 일정의 산문 내러티브가 있다는 사실을 간과했고, 따라서 내러티브의 내용에 별로 주의를 기울이지 않았다. 특별히 내러티브 안에 들어 있는 종결 기호들을 주목하면서, 우리가 내러티브 요소들을 강조하면 또 다른 구조를 찾아낼 수 있다.

욥기 내러티브는 하나님이 욥의 경건이 오로지 그의 번영에만 의존된 것인지를 알아내기 위해 욥을 괴롭히시는 이야기로 시작된다. 하나님이 욥에게서 그의 모든 소유를 빼앗아도 욥이 변함없이 하나님을 예배할 것인가? 2:10은 욥이 그의 경건에서 전혀 흔들리지 않는다는 것을 말한다. "이 모든 일에 욥이 입술로 죄를 범하지 않았다"고 내레이터가 말한다. 따라서 사실상 이야기가 끝난 것이다. 스토리 전개상 더 이상의 줄거리 발전은 요구되지 않고, 이미 종결점에 다다랐다.

그럼에도 불구하고 내러티브는 계속된다. 우리는 곧 욥은 자신이 말한 것보다 더 많이 느끼고 있다는 것을 알며, 그리고 욥이 "자신의 생일날을 저주하는" 모습을 발견하게 된다(3:1). 보다 공격적인 욥의 이 행동은 여러 장에 걸쳐서 계속되며, 욥은 하나님이 자신을 불합리하게 다루는 것을 멈추시라고 요구한다. 그런 후에 욥은 하나님을 소송에 건다. 즉 하나님 자신의 행동을 법적으로 정당화해 보시라고 도전한다. 욥이 그의 항의를, 그리고 하나님이 자신을 그 때문에 벌하고 계신 것 같은 어떤 이유에 대해서도 자신은 절대 무고하다는 맹세를 모두 다 전달했을 때, 내레이터의 말 "욥의 말이 그치니라"(31:40)로 우리는 두 번째 종결점에 다다른다.

책의 세 번째 부분에서는 네 번째 친구인 엘리후가 욥이 대답할 기회가 전혀 없는 말들로 욥에게 설교한다. 그런 다음에 내러티브 내에서 하나의 극적 반전이 생긴다. 욥의 항의에 응답함으로써가 아니라, 오히려 자기 자신의 도전장을 욥에게 던짐으로써 하나님 자신이 욥에게 대답하신다. 우주를 어떻게 운행하실지에 관해 욥이 어떤 권한을 가지고 있는가? 욥은 결국 자신이 하나님의 행동에 이의를 제기할 아무런 권리가 없음을 인정하고 하나님께 건 소송을 취하한다(42:3). 하나님은 자신이 자신의 의지에 따라 고통을 줄 수도, 혹은 욥에게 재물을 쏟아 붓거나 그의 생명을 연장해 줌으로써 축복할 수도 있다는 것을 보여 주신다.

줄거리와 종결 기호들로부터 찾아낸 이 세 부분은 모든 스토리에서 발견될 수 있는 세 가지 기본 요소들로 여겨질 수 있다: 발단, 전개, 결말. **발단**에서는 무대가 설정되고, 등장 인물들이 소개되며, 플롯을 위해 필요한 모든 조건들이 설정된다.

전개에서는 등장 인물들이 어려움과 위기를 만나며, 그것들이 어떻게 해결될지에 관한 궁금증을 독자에게 유발하는 긴장 상황들이 발생한다. **결말**은 스토리를 따라 제기된 내러티브 문제가 어떻게 해결되는지를 묘사한다.

이 세 부분은 또 다른 내러티브 장치에 의해서 한 번 더 구별된다: 각 부분의 시작점에서 새로운 등장 인물이 소개된다. 첫 번째로 욥이 소개된다(1:1-3). 두 번째로는 욥을 위로하기 위해 온 세 친구(2:11-13)가 소개된다. 그리고 세 번째로는 다른 친구들의 말에 화가 난 네 번째 친구 엘리후(32:1-5)와 38:1에서 무대에 등장하는 하나님 자신이 소개된다.

이런 관점에서 보는 욥기의 구조는 아래와 같다고 할 수 있다.

1:1-2:10	하나님이 욥을 괴롭히심	발단	새 등장 인물: 욥
2:11-31:40	욥이 하나님께 도전함	전개	새 등장 인물: 세 친구
32:1-42:17	하나님이 욥에게 도전하심	결말	새 등장 인물: 엘리후, 하나님

c. 전언, 대화, 종언(Prologue, Dialogue, Epilogue)

욥기의 구조를 보는 또 다른 방식이 있는데, 이는 책 자체가 화자들에 관해 제공하는 표시들을 따른다. 책 전체를 일련의 연설들로 볼 수 있다. 즉 **내레이터**는 전언과 종언에서 말하고, **등장 인물들**은 대화에서 말하고 있다. 따라서 다음과 같이 분석해 볼 수 있다.

I 전언(1:1-2:13)
　　내레이터
II 대화(3:1-42:6)
　　1 욥과 세 친구, 첫 번째 주기(cycle)
　　　　욥(3:1-26)
　　　　　　엘리바스(4:1-5:27)
　　　　욥(6:1-7:21)
　　　　　　빌닷(8:1-22)
　　　　욥(9:1-10:22)
　　　　　　소발(11:1-20)
　　2 욥과 세 친구, 두 번째 주기
　　　　욥(12:1-14:22)
　　　　　　엘리바스(15:1-35)

욥(16:1-17:16)

빌닷(18:1-21)

욥(19:1-29)

소발(20:1-29)

3 욥과 세 친구, 세 번째 주기

욥(21:1-34)

엘리바스(22:1-30)

욥(23:1-24:25)

빌닷(25:1-6)

욥(26:1-14)

욥(27:1-28:28)

욥(29:1-31:40)

4 엘리후

엘리후(32:1-33:33)

엘리후(34:1-37)

엘리후(35:1-16)

엘리후(36:1-37:24)

5 야훼와 욥

야훼(38:1-40:2)

욥(40:3-5)

야훼(40:6-41:34)

욥(42:1-6)

III 종언(42:7-17)

내레이터

이 분석은 우리의 주의를 욥기 안에 있는 색다른 것들로 환기시킨다. 첫째로, 내레이터의 말은 모든 등장 인물들의 말들을 둘러싸고 있어, 먼저 독자들이 프롤로그 화자들의 말을 어떻게 들어야 하는지 방향을 미리 잡아 놓고, 마지막에는 내레이터의 관점을 독자들의 생각 제일 위에 둔다. 두 번째로, 대부분의 경우 대화를 시작하는 인물은 욥이다. 그가 말하고, 친구들이 그에게 대답한다. 사실상, 빌닷의 세 번째 연설 이후 친구들은 다시는 말하지 않고 욥은 그들의 간섭 없이 세 번이나 말하는데, 마치 친구들은 지치고 욥은 새로운 힘을 얻은 것 같다. 욥이 더 이상 듣고 있지 않는 것인 양, 엘리후는 욥으로부터 아무런 응답도 듣지 못한 채로 네 번 말한다.

욥은 누군가 다른 이가 말하기를 기다리고 있는 것인가? 야훼가 말할 때, 주도권을 잡은 이는 욥이 아니라 야훼다. 비록 욥이 야훼를 불러들였지만, 야훼의 연설은 대답이라기보다는 새로운 접근이다. 세 번째로, 말하기가 모두 침묵으로 향한다: 가장 많이 말한 욥은 결국 그의 손을 입에 올려놓는다(40:4-5). 친구들은 기력이 다해 연설의 세 번째 주기를 마무리하지도 않는다. 다음 질문이 제기되어야 했다: 이 모든 말들이 결국 무엇을 이루었는가? 욥기의 문제에 대한 참 해답은 언어적인 것인가, 아니면 그것은 야훼 자신도 말하기를 멈추고 "욥의 상황을 회복시키시는 것"으로(42:10) 욥의 고난에 대해 무엇인가를 실제적으로 할 때 주어지는 해결인가?

2. 논증(Argument)

앞에서 욥기 구조로서의 내러티브와 욥기의 내용을 구성하는 운문의 논증을 구별했다. 그러나 이 구분이 전적으로 타당한 것은 아님은 책 전체의 내러티브, 즉 욥기의 틀만 잡고 있는 것이 아니라 욥기를 관통하고 있는 내러티브에 관해 우리가 말할 수 있었기 때문이다. 그리고 이제는 그것들로 등장 인물들이 명백히 서로 논쟁하는 **연설**들의 논증에 대해서 뿐만 아니라, 내러티브와 연설이 함께 포함된 **책 전체**의 논증에 대해서 말할 수 있기 때문이다.

책의 "논증"이란 무엇인가? 그것은 책이 제기하는 주된 논점에 대해 책이 취하는 관점이다. 우리는 대부분의 욥기 독자들과 함께 욥기의 주된 논쟁점이 고난의 문제라고 가정할 수 있다. 혹은 세계 도덕 질서, 즉 세계가 운영되는 원리들의 문제가 주된 이슈라고 제안할 수도 있다. 이들 각각의 논점은 욥기를 고려하는 서로 다른 시각을 우리에게 제공해 줄 것이다.

a. 고난의 문제(The Problem of Suffering)

욥기를 제대로 잘 이해하기 위해서는 무엇보다도 욥기에서 말하는 고난의 문제가 정확하게 무엇인지를 아는 것이 중요하다.

많은 사람들이 생각하는 고난에 관한 본질적 물음은 왜 고난인가, 다시 말해서 고난의 기원과 원인이 무엇인가, 혹은 좀더 개인적으로 왜 이 같은 고난이 내게 일어났는가이다. 이런 질문들도 중요한 것들이지만, 욥기는 이 질문들에 만족스런 대답을 전혀 주지 않는다. 고난의 기원 혹은 원인에 관한 물음이 욥기에서도 제기되고 그에 대한 부분적인 대답들이 친구들에 의해서 주어지는 것은 사실이다. 그들은 고난이 때로는 죄에 대한 벌로, 때로는 미래에 죄를 범할 것을 대비한 경고로, 그리고 때로는 욥의 경우처럼 이 땅에는 이유가 전혀 없고 헤아릴 수 없는 신적인 이유로 발생한다고 한다. 그러나 결국 독자들은 욥기에서 그들 자신이 겪는 특수한 고난에 대한 이유가 무엇인지에 관해 명확한 해답을 발견할 수 없고, 또 인간의 고난 일반에 대한 이유에 대해 어떤 진술도 얻지 못한다. 왜냐하면 욥기는 전적으로 한 특별한 그리고 고유한 개인이 겪는 고난에 관한 것이기 때문이다.

고난에 관한 두 번째 문제는 무고한 고난 같은 것이 과연 있느냐는 것이다. 욥기의 지적 배경은 분명히 그 안에 죄와 벌 같은 진부하고 틀에 박힌 신학들이 만연하는 상황이다. 왜냐하면 욥의 모든 친구들이 서로 다른 방식으로 욥이 고난을 당하고 있다면 일면 그가 그러란 고난을 받을 만하다고 주장하기 때문이다. 오늘날에도 여전히 사람들이 고난을 당하면 "내가 이 고난을 당할 만한 무슨 일을 했는가?"라고 묻는 것은 자연스런 경향이다. 욥기는 물론 그것이 때때로 고난은 고난자에 의해 충분히 당할 만하다는 가능성을 부인하지는 않지만, 항상 그런 것은 아님을 분명하게 주장한다. 욥은 무고한 고난자이며, 그의 무고함은 자기 자신에 의해 주장될 뿐만 아니라(6:30; 9:15), 내레이터에 의해서도 입증되고(1:1), 그리고 무엇보다도 하나님에 의해서 증명된다(1:8; 2:3; 42:7-8). 그럼에도 불구하고, 무고한 고난의 가능성에 관한 이 물음과 욥기에 의해 주어지는 그에 대한 대답조차도 고난을 대하는 욥기의 관심에서 주된 논점은 아니다.

욥기에서 고난의 세 번째 본질적인 문제는 보다 실존적인 것이라고 말할 수 있겠다. 즉 내가 어떤 방식으로 고난을 당해야 하는가, 혹은 내가 고난당할 때 무엇을 해야 하는가와 같은 질문들이다. 이에 대해 욥기는 두 가지 서로 다른, 그렇지만 상보적인 대답을 제시한다. 첫째는 처음 두 장에 표현되어 있다. 여기서 자신에게 다가오는 재앙들에 대한 욥의 반응은 하나님의 뜻을 조용히 받아들이는 것이다. 그는 하나님이 주신 것에 대해서 뿐만 아니라 그분이 가져가신 것으로 인해서도 하나님을 찬양할 수 있다(1:21; 2:10). 과거로 달아남으로 고난의 현실을 무시하지도 않고, 과거의 축복을 잊을 만큼 현재의 슬픔에 사로잡히지도 않고 자신의 고난을 받아들이는 욥과 같은 자세를 가질 수 있는 고난자들은 정말로 다행이다. 서언의 인내하는 욥은 고난자의 모범이다. 그러나 욥은 그 수용의 자세에 머물지 않는다. 우리가 그의 시적 연설들로 옮겨 가면, 3장에서부터 계속 혼돈 속에 있는 정신, 비통과 분노, 혹은 하나님으로부터의 소외 그리고 심지어 하나님에 의한 박해의 느낌마저 만나게 된다. 욥은 자기에게 일어난 일에 대해서 하나님을 향해 갖는 그의 적대감을 억누르려고 하지도 않는다. 그는 "[그의] 마음의 아픔을 인하여 말하며", "[그의] 영혼의 괴로움을 인하여 원망하리라"고 한다(7:11). 이 저항하는 욥을 다른 고난자들의 모범이 되게 하는 것은, 욥은 항상 자신의 고통에 직접적으로 그리고 궁극적으로 책임이 있다고 여기는 하나님을 향해 있다는 것이다. 하나님이 욥과의 대화 속으로 들어오시는 것은 오로지 욥이 하나님으로부터 응답을 요구하기 때문이다. 그의 고난의 정당성에 관한 욥의 지적 질문들이 충분히 대답되지 않는다 할지라도, 고난자로서 욥 자신은 결국 하나님과의 직접 대면으로 인해 만족한다.

고난의 문제에 대한 하나의 대답으로 본다면, 욥기의 논증은 다음과 같다: 어떻게든 가능한 한 인내하는 욥이 당신의 모범이 되도록 하라. 그렇지만 평정이 깨지면 인내심을 잃은 욥의 비통함과 분노가 그 자체와 당신으로 하여금 하나님을 향하게 하라. 왜냐하면 오로지 그분과의 직접적인 만남에서만 고난으로 생긴 긴장이 해소될 것이기 때문이다.

b. 세계 도덕 질서(The Moral Order of the World)

욥기의 논증을 정하는 또 다른 길은 욥기를 세계에 어떤 도덕 질서가 있느냐는 질문을 다루는 것으로 보는 것이다. 다른 말로 하면, 그것으로 인해 선함이 상을 받고 악함이 벌을 받는 어떤 규칙이 있느냐는 것이다. 사람의 행동과 사람의 운명 사이에 정확한 상관관계가 있다는 신념은 응보 교리로 알려져 있다. 그것은 대부분의 사람들이 어린 시절에 받는 교육의 기초이기 때문에 굳이 종교인들이 아니더라도 대부분의 사람들이 이런저런 모양으로 함께 공유하는 신념이다. 즉 어떤 행동은 당신에게 상을 줄 것이고, 어떤 행동은 고통이나 재앙을 가져다 줄 것이다. 사실 우리가 이런저런 형태로 세상이 일관성을 갖도록 요구하는 이 원리에는 짝이 맞지 않는 불일치가 있고, 이 원리와 충돌하는 현실들이 있다. 그리고 욥기의 내레이터와 등장 인물들은 이 불일치에 우리의 주의를 모으며, 그들 각각은 이 응보 혹은 도덕 질서 문제에 관해 서로 다른 견해를 가지고 있다.

(1) 내레이터. 내레이터는 사실상 욥기 전체의 이야기를 응보 교리 위에 세운다. 동양에서 가장 부자인 욥은 그에 맞게 가장 경건하다. 여기에는 우연의 일치가 전혀 없다고 내레이터는 말하는 것 같다. "그 사람은 순전하고 정직하여 하나님을 경외하며 악에서 떠난 자더라"(1:1) - 이는 행위다. 그리고 여기에 그에 따른 결과가 있다: "그 소생은 남자가 일곱이요 여자가 셋이며 그 소유물은 양이 칠천이요 약대가 삼천이요 소가 오백 겨리요 암나귀가 오백이며"(1:2). 욥기의 처음 두 문장인 여기

서 우리는 응보 교리가 보다 용인될 듯한 외관을 띠고 명시되는 것을 본다: 경건은 번영을 가져온다. 그런데 어느 날 그 번영 속으로 가장 끔찍한 재앙이 들어온다: 욥이 가진 것을 모두 잃는다-그의 자녀들과 그의 재산뿐만 아니라, 그것보다 더 나쁜 것으로 그의 사회적 지위, 훨씬 더 나쁜 것으로 경건한 사람으로서의 그의 세평을 모두 잃는다. 왜냐하면 세상 질서에 대한 이 원리의 또 다른 부정적 측면은 고난이 죄에서 기인한다는 것이기 때문이다.

이 시점까지는 욥 자신도 응보 원리를 믿었지만, 이제는 자신이 당한 불행을 받을 만한 일을 아무것도 하지 않았다고 확신하면서 다른 도덕 질서를 향한 탐구에 착수한다. 그 교리는 현실, 즉 그가 경험하는 현실의 검증에 실패했다. 욥의 세 친구 역시 욥의 경험으로 그들의 교리가 도전 받는 것을 발견한다. 왜냐하면 그들은 항상 욥을 경건한 사람으로 여겼기 때문이다. 어쨌든, 욥은 그 교리의 타당성에 대한 뚜렷한 증거다: 그의 특별한 경건성은 그의 특별한 부를 가져왔다. 그렇지 않은가? 그러나 그들은 비록 각자가 그 교리를 다르게 말하지만, 욥을 대항하고 교리를 옹호하기로 결정하는 데는 얼마 걸리지 않는다.

친구들이 공통적으로 가진 것은 고난이 죄의 결과라는 확고한 신념이다. 죄가 벌을 낳는다는 그들의 응보 교리는 역으로 적용될 수 있다: 고난받는 사람을 보라. 그러면 당신은 그가 그 고난을 받을 만하다고 확신할 수 있다. 질서에 대한 그들의 생각에는 전혀 의심이 없다. 욥의 불행은 법칙에 따른 것이다. 그러나 욥의 고난들이 정확하게 무엇을 의미하는지에 대해서는 견해 차이의 여지가 있다.

(2) **엘리바스.** 첫 번째 친구 엘리바스는 죄 없는 사람은 결코 고생하지 않는다는 가정에서 출발한다: "죄 없이 망한 자가 누구인가, 정직한 자의 끊어짐이 어디 있는가"(4:7). 그에게는 욥이 본래 흠 없는 사람이며, 따라서 욥이 무엇을 잘못했든 그것은 사소한 것일 것이고, 따라서 그의 고난도 곧 끝날 것이라는 확신이 있었다.

> 네 의뢰가 경외함에 있지 아니하냐?
> 네 소망이 네 행위를 완전히 함에 있지 아니하냐?(4:6)

그는 묻는다. 욥은 대체적으로 흠이 없고 일반적으로 경건하다. 엘리바스의 체계 추구는 그로 하여금 결백 개념이 이런 식으로 뉘앙스를 갖도록 한다. 그것이 이론과 경험 사이의 불일치를 설명할 수 있는 방법이다. 욥과 같이 가장 흠 없는 사람조차도 때로 마땅히 고생할 것을 예상해야 한다.

(3) **빌닷.** 두 번째 친구 빌닷은 응보 교리를 훨씬 더 확신하고 있는 것 같다.

왜냐하면 그에 대한 강한 예증을 방금 목도했기 때문이다. 욥의 자녀들이 그들의 절정기에 끊겨 죽었다. 이는 악인의 운명에 대한 고전적인 그림이다.

네 자녀들이 그분에게 죄를 범하였으므로,
　그분이 그들을 그들의 죄의 세력에 내버리셨다(8:4).

욥이 아직 살아 있다는 사실은 그가 그의 자녀들과 같은 큰 죄인은 아니라는 증거다. 그의 고난이 아무리 중하다고 하더라도 그렇게 나쁜 것은 아니다. 따라서 그의 죄는 그가 두려워할 만큼 심각하지는 않다.

(4) 소발. 엘리바스는 욥의 고난을 그의 생애 전체의 맥락 속에 두고(욥의 고난은 단지 일시적인 일이다), 또한 빌닷은 그것을 욥 가족의 운명 맥락 속에 두는 반면(자녀들은 죽었지만, 욥은 그렇지 않다), 세 번째 친구 소발은 욥의 고통에 대해 그런 상황을 전혀 인정하지 않는다. 사실은 욥이 고난을 받고 있다는 것이고, 고난은 반드시 죄의 결과라고 그는 말한다. 욥의 고난을 상황화시키고 그것을 비율화하는 것은 그것을 축소시키는 것이다. 소발에게는 비율보다는 원칙이 중요하다. 핵심은 욥이 그의 죄로 인해 이 시점에서 심하게 고생하는 죄인이라는 것이다.

욥이 다음과 같이 항변하며 자신의 죄를 인정하기를 거부하기 때문에 그가 은밀한 죄인이라는 결론이 나온다.

…나의 도는 정결하고,
　나는 당신의 목전에 깨끗합니다. [오 하나님](11:4).

사실상 진실만 알려진다면, 의심의 여지없이 욥은 다른 사람이 생각하는 것보다 훨씬 더 나쁜 죄인이라는 것이 분명해질 것이다.

하나님이 말씀만 하시면
　너를 향하여 입을 여시기만 하면
지혜의 비밀들을 네게 말씀해 주시기만 하면
　너는 알리라 하나님이 너를 벌하심을
　　네 죄가 받을 것보다 경하게(11:5-6).

"하늘보다 높으시니 네가 어찌 하겠으며 음부보다 깊으시니 네가 어찌 알겠느냐"(11:8)와 같은 신적 비밀들에 대한 그의 모든 말들에도 불구하고, 소발은 신에 대한 본질적인 인식 가능성 신학을 견지한다. 신의 지혜는 인간의 지혜와 다른 것이 아니다. 단지 누구보다도 인간에 대해 더 많이 안다는 뜻이며, 따라서 그들의 죄에 대해서도 더 많이 안다는 뜻이다. 고난이 있고 가시적 이유가 없다면, 신의 지혜가 그 이유를 가지고 있다고 우리는 확신할 수 있다고 소발은 말한다. 더욱이 그것은 어떤 신비스럽고 말로 표현할 수 없는 초월적 이유가 아니라, "하나님이 그의 입술을 열기만 하면" 어떤 인간도 쉽게 이해할 수 있는 이유다. 따라서 신이 인간들을 왜 벌 주는지 항상 확신할 수는 없지만, 그들이 고생하고 있는 것은 아무 원인이나 이유가 없는 것이 아니라 신이 이런저런 이유로 벌하고 있다고 확신할 수는 있다.

여기에 더해 소발은 한 가지 더 독특한 기여를 한다. 그것은 응보 원리의 실현에 있어서 하나님의 자비의 역할과 관련된다. 욥은 응보 원리의 작용에서 벗어날 길이 전혀 없지만, 그래도 그 타격을 완화시켜 달라고 자비를 요청할 수 있을 것이라는 생각에 빠져들 수도 있다. 그러나 당신이 알아야 할 것은 "하나님의 벌하심이 네 죄보다 경하니라"(11:6)고 소발은 말한다. 하나님이 처벌을 누그러뜨리기 위해 허락하실 자비는 응보의 법이 실행될 때 이미 고려되었다. 자비로 베푸는 디스카운트는 이미 당신이 지불하는 값에 포함되어 있다.

(5) 엘리후. 처음 세 친구가 그들이 해야 할 말을 모두 마친 후에 또 다른 대화의 참여자가 등장한다. 젊은 사람인 엘리후는 처음에는 "감히 [자기] 의견을 진술하기를 두려워했다"(32:6). 하지만 "노인이라고 지혜로운 것이 아니라" 오히려 "사람의 속에는 심령이 있고 전능자의 기운이 사람에게 총명을 주시는 것"(32:8-9)임을 깨닫고 결국 대화에 참여한다. 응보에 관한 그의 요점은 다음과 같다. 응보 원리는 우주에서 잔혹하고 불가피하게 작용하는 어떤 균형 장치가 아니라, 하나님이 인간에게 말씀하시는 통로다. 고난은 신비라기보다는 계시다.

하나님은 때때로 예를 들면 사람들의 죄 범함을 경고하기 위해 밤의 환상 가운데, 무서운 악몽 가운데 말씀하신다. 또 다른 때에는 욥과 같을 수 있다.

> 그의 침상 위에서 고통으로 시달리고…
> 그의 뼈 속에서는 쑤심이 계속된다(33:19).

그런 고통의 목적은 응보가 아니라 죄인으로 하여금 죄를 고백하게 하고, 하나님이 그를 회복시키시고, 그리고 그로 하여금 하나님을 공적으로 찬양하게 하는 것이다(33:27). 다른 친구들과 욥은 편협하게도 응보를 보복 과정 정도로 보았다. 그 모양을 보라. 그러면 그것이 신의 의사 소통 도구임을 알게 될 것이라고 엘리후는 말한다.

이 네 명의 신학자에게 응보 원리는 욥의 경험 앞에서 흔들리지 않는다. 엘리바스는 "결백한"을 "거의 악하지 않은"이라고 다시 정의했고, 빌닷은 응보 법칙이 어떤 민감성(sensitivity)을 가지고 있음을 강조했고(당신이 아주 악하지 않으면 죽지는 않을 것), 반면에 소발은 당신에게 닥칠 형벌의 일정 비율이 자비로 인해 이미 감해졌기 때문에 응보 원리는 절대로 엄격한 보복이 아니라고 했다. 엘리후조차도 엄격한 응보보다 더 중요한 신학적 진리들이 있음을 인정하면서도 여전히 그것의 타당성을 확언한다.

(6) 욥. 다른 친구들의 한결같고 요지부동한 입장들과는 대조적으로, 욥의 정신은 혼란스럽고, 자유롭고, 실험적이다. 그의 열한 개의 연설들의 매 경우마다 욥은 심리적, 신학적으로 다른 태도를 취한다. 결국에는 그 자신의 무고함에 대한 확신 외에는 아무것도, 심지어 하나님조차도 의지할 것이 없다고 한다.

그의 첫 번째 종교적 본능은 자신에게 일어난 일을 하나님의 일로 받아들이고 재앙에도 불구하고 하나님을 찬양하는 것이다. "주신 자도 여호와시요, 취하신 자도 여호와시니, 여호와의 이름이 찬송을 받으실지니이다"(1:21; 참조. 2:10). 그러나 그에 관해서는 질서가 붕괴되었기에, 그의 두 번째 생각은 보다 반성적이고 신학적이다. 3장에서 그는 자신이 결코 태어나지 않았기를 바라는데, 그것은 그가 육체적 질병과 상실의 아픔으로 고생하고 있기 때문만은 아니다. 그는 무질서 혹은 혼돈에 대해 하나의 정신적 반응을 표현하고 있는 것이다. 그의 생일날을 달력에서 없애기에는 너무 늦었기 때문에 – 이는 그에게 제일 먼저 든 생각이다(3:6) – 그의 두 번째 연설에서는 자신을 죽여서 방향을 잃은 자신의 현 상황을 끝장내 달라고 하나님께 부르짖는다.

> 오, 나를 박멸하는 것이 그분을 기쁘게 하였으면,
> 그분이 손을 들어 나를 끊어 버렸으면 좋겠다(6:8)!

더 이상 아무것도 말이 되지 않고, 특별히 모든 것 가운데 가장 근본적인 도덕 질서, 즉 응보 원리가 뒤집히고 불균형이 성행할 때 헌신하여 살 만한 것은 아무것도 없다.

> 내가 바다니이까 용이니이까?…
> 나는 나의 삶을 혐오하며, 더 이상 살지 않으리라(7:12, 16).

그렇다고 하더라도, 헌신하여 살 만한 것을 하나도 가지지 않고 아무런 질서 없이 사는 것이 욥에게는 아무런 바람도 가질 수 없다는 것을 뜻하지는 않는다. 그의 세 번째 연설에서 욥은 자신에게 필요한 것을 공개적으로 바란다. 그것은 그가 결백하다는 선언이다. 이는 실현 불가능한 바람이지만 변함없는 그의 바람이다.

> 사람이 어떻게 하나님에 의해 결백하다고 선언될 수 있겠는가?
> 설령 [자신의 결백을 입증하기 위해] 그분을 법정으로 끌어온다 해도
> 천 마디 질문에 한 마디 대답도 못하리라(9:2-3).

하나님의 문제는 단순히 그분이 아주 지혜롭고 강하시다는 것이 아니다(9:19). 오히려 그분은 그의 창조물에 아주 고의적으로 적대적이시라는 것이다. 욥이 냉소적으로 말하듯이 말이다: "하나님이 진노를 돌이키지 아니하시나니"(9:13). 욥은 하나님이 제일 먼저 하신 일은 원시적 공격 행위로 혼돈 괴물을 죽임으로써 세상을 창조하신 것이라고 말하는 옛 신화들이 옳았다고 생각한다(9:13). 일반적으로 만물을 향해서 뿐만 아니라 구체적으로 욥을 향해서 하나님의 태도는 욥의 잉태 이후로 겉모양만 부드러운 관심으로 변장한, 끝없는 적개심과 잔인성의 태도였다.

> 당신의 손이 나를 만들었거늘
> 이제 돌이켜 나를 멸하려 한다(9:8).

결백하다는 선언을 구하는 것은 가망이 없다고 욥은 말한다. 그래서 그렇게 하지 않을 것이다. 그러나 "당신에게 내가 받아야 할 것을 요구하는 것이 가망 없다"라고 하나님에게 말하는 바로 그 행위 속에서, 욥은 사실상 그가 받아야 할 것이라고 믿는 것을 요구하고 있는 것이다.

그의 절망감을 표현하는 데 있어 욥에게 어떤 일이 일어났다. 욥이 그의 다음 연설(12-14장)에서 하나의 결단을 했기 때문이다: 그럼에도 불구하고, 나는 나의 문제를 하나님께 제시하리라.

> 그가 나를 죽이시리니 내게 소망이 없노라
> 그러나 그의 앞에서 내 행위를 변백하리라(13:15).

그러나 그의 결단은 그보다 더 놀라운 것이다. 그는 하나님이 그에게 가하는 고통에 대항하여 자신을 방어할 수가 없다. 그는 단지 **말로만** 자신을 방어할 수 있다. 그러나 하나님이 아무것도 말하고 계시지 않기 때문에, 욥이 말로 자신을 방어할 수 있는 것은 오로지 그와 하나님 모두 각각 자기 자신을 변호하여 말을 해야 하는

시나리오를 만듦으로써 뿐이다. 간단히 말해서, 욥은 하나님을 소송에 건다! 그는 하나님에게 스스로에 대한 해명을 하시라고 도전한다. 즉 욥이 그런 고난을 받을 만한 무슨 잘못을 했는지를 설명하시라는 것이다. 그러나 욥은 자신이 아무런 잘못을 하지 않았다고 믿고 있기에, 암시적으로 하나님에게 자신이 아니라 하나님이 범인이라는 것을 고백하시라고 도전하는 것이다.

이는 즉각적으로 처리되어야 할 사건이다. 왜냐하면 욥은 하나님이 자기를 치고 계시는 현 상황을 고려해 볼 때, 자신이 그렇게 오래 살 것이라고 믿지 않기 때문이다. 욥의 이름은 지금 회복되지 않으면 앞으로 결단코 그렇게 되지 않을 것이고, 죽은 다음에도 분명히 그렇게 되지 않을 것이다.

나무에게는 소망이 있나니
  찍힐지라도 다시 움이 나서
  연한 가지가 끊이지 않을 것이다.
뿌리가 땅에서 늙고
  줄기가 흙 속에서 죽기 시작할지라도
물 냄새를 맡으면 새로 심긴 묘목처럼
  움이 나고 가지를 뻗는다.

그러나 사람은 죽으면 모든 힘을 잃는다.
  그가 마지막 숨을 쉬면, 그는 어디 있느뇨?
사라진 호수의 가버린 물처럼
  줄어들어 메말라 버린 시내같이
사람은 누우면 다시 일어나지 못하고
  하늘이 없어지기까지는 눈을 뜨지 못하며
  잠에서 깨어지지 않는다(14:7-12).

그를 둘러싸고 있는 모든 불확실성에도 불구하고, 이제 한 가지 확실한 것은 하나님을 향한 그의 항의가 입 밖으로 표현되었다는 것이다 – 그리고 그 말은 취소될 수 없다는 것이다. 그 말은 하늘 기록물에 기록되었고, 하늘에서 그 자신에 대한 증인으로 서 있다. 그의 다섯 번째 연설에서 그가 언급하는 것은 그의 결백에 대한 자기 자신의 주장이다(16-17장).

지금이라도 나의 증인이 하늘에 있고
  나의 지지자가 높은 데 있느니라.

나의 대변자는 바로 나의 외침이라.
　나는 잠 못 이루며 하나님의 대답을 기다린다(16:19-20).

또한 그의 여섯 번째 연설(19장)에서 그가 자신의 "대변자"로 언급하는 것도 동일하게 결백하다는 자신의 확언이다.

나는 나의 지지자가 살아 있음을 안다(19:25).

여기서 욥은 하나님 앞에서 자신의 주장을 변호해 줄 천상 인물을 염두에 두고 있지 않다. 아무도 없기 때문이다–그리고 그의 적 외에 아무것도 아닌 것으로 판명된 하나님도 아니다. 그는 자기 자신을 변호할 수밖에 없고, 그 자신의 진술이 그를 대신하여 말하게 할 수밖에 없다.

자신의 결백에 대한 욥의 변호와 하나님이 욥을 괴롭게 하시는 이유에 대해 설명하라는 그의 요청의 절정이 욥의 마지막 연설에서 나타난다(29-31장). 여기서 욥은 자신이 겪고 있는 고난에 대해 자기 안에 어떤 원인이 있는지 발견해 보려는 마지막 시도로 과거의 삶을 다시 돌아본다. 자신의 생의 어떤 부분을 생각해 보아도, 그는 자신이 흠이 없다고 판단할 수 있다. 그는 자신의 의를 확언하는 강한 맹세로서 그의 연설을 마친다. 여전히 법적 소송의 은유적 각본 테두리 안에서 하나의 선언을 노래하는 자신을 상상해 본다.

[나의 무죄 맹세에 대한] 나의 서명이 여기 있으니
　전능자가 내게 대답하시게 하라!
오, 나의 대적이 기록한 소송장이 내게 있었으면(31:35)!

욥을 대적한 고발장이 너무나 간단하고, 그리고 그에게 퍼부어질 수 있는 결점들이 너무나 하찮은 것들이어서, 욥은 그가 하나님을 대항하여 잘못을 범한 것이 거의 없다는 것과 그가 인간 경건의 이상을 얼마나 잘 이룩했는지를 온 세상이 볼 것이라고 자부한다.

참으로 나는 [그 고소장을] 내 어깨에 메고 가리라.
　그것을 면류관처럼 내 위에 매달리라.
그에게 내가 걸어온 모든 길에 대해 설명하리라.
　황태자처럼 내가 그에게 다가가리라(31:36-37)!

그러나 죄 없다는 욥의 인상적이고 설득력 있는 항변은 세계의 도덕 질서에 심각한 문제를 제기한다. 왜냐하면 욥이 죄가 없다면, 응보 교리는 틀린 것이기 때문이다. 그리고 그것을 대체할 다른 원리도 전혀 없다.

(7) 하나님. 오직 하나님만이 이 문제에 대해 말씀하실 수 있다. 욥의 법적 소송 은유와 저자의 내러티브 논리에 의해 하나님은 대화에 들어오시도록 강요받는다. 그러나 신의 어떤 말이 욥의 결백 - 1장에서 하나님이 이것을 말함 - 을 변호하며 동시에 세상 안에는 하나의 도덕 질서가 작용하고 있다고 확증할 수 있을까?

사실상, 하나님의 연설들(38-41장)은 그것들이 포함하고 있는 것만큼 빠뜨리고 있는 것에 대해서도 주목할 만하다. 우선, 여기에는 응보 원리에 대해서는 한마디도 없다. 이는 분명 그 원리가 세상을 이해하는 데 있어 앞에 나온 모든 등장 인물들이 생각했던 것만큼 근본적이지 않다는 것을 의미할 것이다. 그러나 동시에 그 원리가 완전히 틀린 것이 아님도 의미할 것이다. 만일 하나님이 열정적으로 그것을 옹호하거나 격렬하게 그것에 대항하신다면, 그것에 대해 언급하셨어야 하지 않을까?

두 번째로, 신의 연설들은 대답을 주기보다는 집요하게 질문을 하는 것으로 유명하다. 표면적으로 볼 때 그 질문들은 욥기의 근본적 이슈들과 거의 무관해 보이는 것을 차치하더라도 말이다.

> 너는 어디에 있었느냐 내가 땅의 기초를 놓을 때에?…
> 네가 바다의 샘들에 들어가 보기라도 했느냐?…
> 너는 산 염소가 새끼 치는 때를 아느냐?…
> 매의 치솟아 오름이 네 지혜로 말미암음이냐?…(38:4, 16; 39:1, 26)

이와 같이 우주론과 자연사로 벗어난 물음들이 사실 신의 연설들의 실질적인 내용이다. 하나님이 자연계의 알려지지 않고 알 수 없는 특징들을 나열하시는 목적이 그분의 능력과 지혜를 눈이 부시도록 전시함으로써 욥을 위압하시려는 것일 리는 없다. 왜냐하면 욥은 하나님이 지혜롭고 강하시다는 것, 정말로 인간을 위로하기에 충분히 지혜롭고 강하시며 그리고 자기 자신을 위해서도 그러하시다는 것을 한 순간도 의심해 본 적이 없다. 오히려, 하나님은 욥에게 하나님이 창조하신 세계의 신비함과 복잡성을 - 그리고 헤아릴 수 없는 심오함을 - 다시 생각해 보도록 권하시고 있다.

하나님이 욥에게 하신 질문들은 눈에 띄는 세 가지 순서로 정리되어 있다. 첫 번째로, 욥이 창조 과정에 참여하지 않음에 초점을 맞추는 것들이 있다. "바다를 누가 문으로 막았느냐?"(38:8). 이는 우주의 성격에 관해서는 욥이 개인적 의견을 지닐 자격이 없음을 의미한다. 두 번째로, 세상을 다스리심에 관한 물음들이 있는데, 그 가운데 다음 구절이 있다.

> 너의 평생에 아침에게 나오라고 명한 적이 있느냐?…
> 네가 묘성의 띠를 맬 수 있느냐
> 　아니면 오리온의 띠를 풀겠느냐?(38:12, 31)

욥은 한 번도 새로운 날의 출현을 조직하지 않았는데, 그가 어떻게 우주의 통치에 대해 말할 수 있을까? 세 번째로, 동물들, 즉 사자, 까마귀, 염소, 암사슴, 들나귀, 타조, 전마(戰馬), 매 그리고 독수리에 관한 일련의 질문들이 있다. 이런 질문들을 통해 인간 조직에 아무런 용도가 없고, 사실 인간들에게 쓸모없고, 그들의 습관이 우리에게 신비일 뿐인 동물들에게로 욥의 시선이 고정된다. 이 장들에는 욥이 많이 소유했고 그 습관들에 대해서도 아는 가축들, 즉 양이나 나귀, 낙타에 대한 언급은 전혀 없다. 여기서 주제는 야생 동물들이며, 인간은 그들의 존재 목적을 모른다. 신의 연설 두 번째 끝 부분(40:7-41:34)에서는 초점이 두 동물, 즉 태곳적 혼돈의 상징이며 모든 동물 가운데 가장 야생적이고 무시무시한 동물 베헤못과 리워야단, 하마와 악어에게로 초점이 모아진다.

요점은 하마와 악어가 아무리 놀랍다고 하더라도 하나님의 창조물의 일부라는 것임에 틀림없다는 것이다. 하나님은 욥이 깨닫기를 기대하시고, 욥은 자연 질서 – 세상이 창조된 원리 – 가 정신 질서 – 세상이 다스려지는 원리 – 와 유사하다는 요점을 파악하는 데 느리지 않다. 그 두 가지 체계 안에는 인간이 이해할 수 없고 심지어 인간 존재를 위협하는 것이 많이 있지만, 그 모든 것은 인간이 헤아릴 수 없는 목적으로 세상을 그 모습대로 창조하신 지혜로우신 하나님의 작품이다. 무고한 고난은 하마다. 이 말이 지니는 유일한 의미는 하나님에게만 통한다. 그것은 인간의 합리성에 부합하지 않기 때문이다.

욥은 악어의 목적을 자신에게 설명해 달라고 할 권리가 없듯이, 자신의 고난에 대해 설명을 요청할 권리도 없다. 자신이 범한 어떤 잘못에 대해 벌을 받고 있는 것인지, 혹은 그가 믿는 대로 정말로 무고한 고난자인지 들어야 할 자격도 없다. 창조 질서가 우주 정신 질서의 표준이 된다. 즉 하나님은 자신이 하고 있는 것을 안다고 인정하셔야 하며, 그 자신에 대해 어떤 설명을 해야 하는 책임이 전혀 없으시다.

등장 인물 하나님이 드러내신 이 관점이 응보 교리와 어떤 관계가 있는가? 그것은 그것을 인정하지도 부정하지도 않고, 그것을 주변화한다. 욥의 경우, 적어도 응보 교리는 요점에서 벗어나 있다. 독자인 우리는 욥기의 시작부터 욥이 죄가 없다는 것을 안다. 내레이터와 하나님이 그것을 인정하셨기 때문이다(1:1, 8; 2:3). 욥 자신은 비록 그가 마치 악한 사람인 것처럼 고생하고 있지만, 그의 결백에 대한 확신은 흔들림이 없다.

그러므로 우리와 욥은 응보 교리가 전적으로 옳은 것이 아님을 안다. 그러나 하나님은 욥에게 자신이 욥의 죄 없음을 받아들인다고 말씀하시지 않는다. 따라서 욥은 그 교리에 대한 하나님의 관점이 무엇인지 결코 알지 못한다. 욥이 하나님으로부터 배우는 전부는 응보가 이슈가 아니라, 하나님이 세상을 운행하실 수 있는 분으로 신뢰할 수 있느냐는 문제라는 것이다.

욥은 저항하기를 그만둔다. 그가 당한 불행을 받아들이도록 했던 경외에 대한 그의 종교적 본능(1:21; 2:10)은 의미를 향한 그의 보다 지적이고 신학적인 탐구에 의해 압도되었었다. 그러나 이제 그의 종교와 그의 신학이 갑작스럽게 조리가 설 수 있다. 그는 하나님에게 대답한다.

> "무지한 말로 [신의] 이치를 가리우는 [이] 자가 누구냐?"
> [당신이 그렇게 말한 것은 옳습니다, 야훼여]
> 당신이 옳습니다: 내가 잘못 말하였고, 나의 한계를 넘었습니다…
> 내가 귀로 들음으로써만 당신에 대하여 들었었습니다.
> 그러나 이제는 나의 눈이 당신을 봅니다…(42:3, 5).

이 말이 뜻하는 바는 이러하다: 내가 당신을 알았지만, 당신을 알지 못했습니다. 내가 (응보 원리를 통해) 당신의 일에 대해서 안 것은 실제 지식이었으나, 그것은 당신에 관한 온전한 진리는 아니었습니다. 온전한 진리는 당신은 궁극적으로 알 수 없는 분이며, 그리고 당신의 이유들은 결국 이해 불가능하다는 것입니다.

> 그러므로 나는 당신 앞에서 경외 가운데 녹아들고,
> 그리고 나로서는 나의 위로를 받았나이다.
> 비록 티끌과 재 가운데서일지라도(42:6).

종교적으로, 욥은 다음 자세를 받아들일 만한 것으로, 심지어 실제로 위로가 되는 것으로 본다: 그가 "그 행사의 변두리"만 이해할 뿐(26:14), 완전히 이해할 수는 없는 신비의 하나님 앞에서 경외하며 엎드리는 것. 이는 서언의 그 욥이지만 차이점을 가지고 있다: 종교적 본능이 이제 신학적 재정비로 떠받쳐진다. 이제 욥은 하나님이 인간 이성에 전적으로 부합되어야 하는 것이 아니라는 말이 의미가 통하는 것임을 느낄 뿐만 아니라 믿게 되었다. 자연 질서 전 영역을 이해하는 것의 불가능성, 인류에게 무용함에도 불구하고 하나님이 창조하신 생물들의 명백한 무의미성을 욥에게 확신시킨 것은 들짐승 신학이었다. 이제 욥은 그것이 모든 신지식의 패러다임이었음을 안다.

(8) 내레이터. 그러나 책은 이 시점에서 종결되지 않는다. 욥의 운명의 반전에 관해 내레이터는 우리에게 아직 할 말이 있다. 욥기의 이 같은 행복한 결말에는 언뜻 드러나는 것보다 더 많은 의미가 있다. 왜냐하면 세계의 도덕적 다스림과 응보 교리의 문제들이 아직 미결 상태이기 때문이다. 이 결말 에피소드가 이들 문제들에 관해 하는 것은, 놀랍게도 응보 교리를 그에 따라 세계가 운영되는 원리로 복귀시키는 것이다. 왜냐하면 처음에 그랬던 것처럼, 이야기의 결말에서도 의로운 사람 욥이 가장 큰 부자임을 드러내고 있기 때문이다. 욥은 여기서 친구들과는 다르게 하나님에 관하여 "제대로 맞는 것"을 말한 주의 "종"으로 서술되며(42:7-8), 그리고 친구들의 "어리석음"에 대한 용서를 빌었을 때 그는 이전에 가졌던 소유의 갑절을 상으로 받는다(42:10).

욥기의 결말은 38-41장의 신의 연설을 어느 정도는 축소시키고 있다는 것이 인정되어야 한다. 왜냐하면 주께서 정의와 응보의 문제들은 핵심적인 것들이 아님을 암시했을지라도, 결국 욥의 경험으로 인해서도 응보 교리는 거의 상처를 입지 않는다는 것이 내레이터의 결론이기 때문이다. 그 원리에 따르면, 죄 없는 욥은 당연히 고난을 겪지 말았어야 한다. 따라서 그 원리는 부분적으로 결함이 있다. 그럼에도 불구하고 결국에는 그 원리가 욥의 역사에 남아 있고, 욥은 그 원리의 보편적 타당성에 대한 주요 증인으로 일한다. 그 원리가 비록 모든 경우에 인간의 운명을 설명하지는 않지만, 대체적으로는 도덕적 우주에 관한 진리임을 욥기는 긍정한다.

3. 독법

다른 텍스트들의 경우처럼, 성경 텍스트를 읽는 모든 독자들은 그들 자신의 관심, 편견, 선입견들을 가지고 온다. 그들이 원하는 것을 성경이 말해야 한다고 주장하면 틀린 것이지만, 성경을 읽는 데 있어 그들 자신이 이미 믿는 것이 문제가 되지 않는다고 생각하는 것도 동일하게 틀린 것이리라. 왜냐하면 독자 자신의 관심, 가치 그리고 헌신이 결합되어 그(녀)는 정체성과 정직성을 지닌 하나의 인격이 되기 때문이다. 어떠한 인생 활동에서도, 그리고 성경을 읽는 것에서도, 아무도 자기 자신의 정직성에 폭력을 가함이 없이 자신의 가치 체계를 숨기거나 포기할 수는 없다. 예를 들어, 독자가 여성 평화 채식주의자라면 – 이는 비록 유행을 타지만 꽤 중요한 것들이다 – 이들 이슈들에 관하여 텍스트가 무엇을 말할 수 있고 혹은 말하지 못하는지 자신에게 물어 보는 것이 중요할 것이다. 텍스트가 그런 문제들에 별 관심이 없을 수 있지만, 만일 그 문제들이 독자의 중대한 관심이라면 당연히 텍스트와 독자 간의 상호 활동, 즉 해석을 위한 안건으로 올려질 수 있다.

텍스트가 논점을 정한다고 항상 주장하는 대신 우리가 **우리의** 물음들을 텍스트로 가져올 때 흔히 발생하는 일은, 텍스트가 예측할 수 없는 방식들로 조명된다는 것이다. 이는 독자가 비록 여성주의자나 기독교인이 되지 않아도, 이들 관점에서 비롯된 독법들을 흥미롭다고 볼 수 있다는 말이다. 독법들이 많을수록 욥기에 대한 우리의 그림은 그만큼 더 입체적으로 된다.

a. 페미니스트의 독법

성경이든 혹은 다른 것이든, 텍스트에 대한 페미니스트의 독법은 문명사에서 여자들이 남자들보다 열등하다고 여겨져 왔고 그들이 권세의 자리에서 배제되어 왔다는 전제에서 출발한다. 우리가 이런 태도를 거부하는 것이 옳다고 가정하면, 우리는 여성에 대한 억압이 문학에 어떤 영향을 미쳤는지, 문학은 여자들의 복종을 어느 정도까지 부추겼는지, 혹은 문학이 여성들에게 불의한 사회 질서를 타도하는 요소들을 얼마나 포함하는지 살펴볼 위치에 있는 것이다. 성경 텍스트들은 물론 남성 지배 사회들로부터 기원하며 남성들의 관심을 반영한다. 페미니스트의 독법에 있어서 관심이 되는 바는, 여자들이 텍스트들 안에 나타나는 그들의 존재와 그들이 나타나야 할 것으로 우리가 기대했을 곳에 나타나지 않는 그들의 부재 모두에 초점을 맞추는 것이다.

욥기의 페미니스트 독자는 우선 이 위대한 문학 작품에 등장하는 다섯 명의 모든 인물들(하나님 포함!)이 남성이라는 사실에 주목한다. 따라서 놀랍지 않게 욥기는 이지적이고 신학적인 연구와 같은 중대한 문제들은 남성들의 영역이며, 여자들은 그런 논의에 설 자리가 없다는 남성-지배 문화관을 촉진한다. 세계 문학 가운데 눈에 띄는 욥기의 위치가 여자들에 대한 욥기의 관점의 영향력을 더욱 증대한다.

한 여성 등장 인물의 욥기 내에서의 역할은 전체 구성과 정확하게 맞는다. 욥의 아내는 내러티브에서 거의 전적으로 남성 친구들을 부각시키는 역할을 한다. 그래도 친구들은 형식을 갖추고 합리적으로 논증된 말들을 하는데, 그녀는 감정적으로 터져 다음의 질문과 명령을 한다: "당신이 그래도 자기의 온전함을 굳게 지키느냐? 하나님을 욕하고 죽어라"(2:9). 이런 말들은 이전에 사탄의 입에서 나온 것이다. 사탄은 욥이 자기 재산을 잃으면 "주를 향하여 욕할 것"이라고 하나님에게 예언했다(1:11). 최소한 사탄이 하나님과 대립적인 관계에 있는 것과 같이, 그녀는 욥과 대립적 관계에 있다는 인상이 든다. 그런데 누군가 다른 이에게 하나님을 "저주하라"고 독촉하는 것이 더 심한 것이 아닌가. 그리고 그녀는 도대체 무엇을 생각하고 있기에 자신의 남편으로 하여금 그의 죽음만을 초래할 행동을 하라고 하는가? 욥의 아내가 종종 "유혹하는 여자"의 조상 격인 하와와 비교된 것도 놀라운 일은 아니다. 욥 자신은 그의 경건을 확증하는 말로 그녀에게 대답하고, 내레이터는 이 말을 타당한 것으로 인증한다: "이 모든 일에 욥이 입술로 범죄하지 아니하니라"(2:10). 욥은 침착하고, 이성적으로 행동하며, 그의 아내를 책망할 때 놀랍도록 온후한 태도를 보인다. 하나님을 저주하라는 그녀의 요청을 신에 대한 모독이라고 하여 거절하지는 않고, 다만 그녀의 제안을 "어리석은 여자들"의 말과 같다고 평하면서 그녀의 품위를 세워 준다. 그녀는 대답할 수 없는 수사적 질문으로 다시 자기 자리에 놓인다: "우리가 하나님께 복을 받았은즉 화도 받지 아니하겠느냐?"(2:10).

그러나 이것이 그녀의 참여에 관해 말할 수 있는 것의 전부는 아니다. 그녀의 말의 두 번째 부분에서 그녀가 사탄의 말을 되풀이하고 있다면, 처음 부분에서는 하나님의 말을 사용하고 있다: 그녀의 남편 욥은 "자기의 온전함을 굳게 지키고 있다"(참조. 2:3). 결백하다는 욥의 주장의 진실성을 그녀가 의심하는 것인지 확실하지는 않지만, 그들에게 닥친 그 큰 재앙들이 하나님은 욥을 극악한 죄인으로 여기신다는 것을 증거하는 마당에 욥이 그것을 지키는 지혜는 분명히 문제 삼고 있다. 그녀와 욥 자신 그리고 모든 친구들이 응보 교리를 무비판적으로 믿는 신자들이었기 때문에, 그녀가 최근 사건들로부터 그와 같이 뻔한 결론을 내리는 것은 전혀 이상한 일이 아니다.

페미니스트적 접근은 그녀의 태도의 또 다른 측면을 우리에게 알려 준다. 남성중심적 내레이터로 인해 그녀가 정당하게 속한 곳들, 가령 "그에게 아들 일곱과 딸 셋이 태어나니라"(1:2)와 같은 구절에서도 그녀는 배제되었지만 – 마치 그녀 없이도 그게 가능한 것처럼 – 내레이터는 아주 사소한 등장 인물로라도 그녀를 등장시킴으로써 우리로 하여금 이 내러티브 전체를 그녀의 관점에서 읽을 수 있는 길을 열어 준다. 그녀의 입장에서 볼 때, 다음과 같이 말할 수 있겠다. 남편의 다소 지나친 꼼꼼함, 즉 그의 자녀들의 생일 축제가 끝난 후 그들이 부지중에 하나님을 모독했을 수 있는 경우를 생각해서 아침 일찍 일어나 제사를 드리는 것과 같은 면밀성에도 불구하고(1:5), 그의 인생 길의 최종 결과는 그녀가 열 명의 자녀, 수입, 그녀의 사회적 지위를 모두 빼앗기고, 그리고 장래에는 온몸이 "메스꺼운 종기들"로 뒤덮인 남편과 살아야 한다는 것이다(2:7). 그녀가 말하는 시점에는 아무도, 욥조차도 그가 그 집안에 임한 재앙들에 책임이 있다는 것에 이의를 제기하지 않는다. 그 재앙을 보낸 것은 하나님이지만, 그것을 초래한 것은 그 남편이다. 따라서 욥의 아내는 그녀가 아는 한 남편에 의해 아주 심하게 해를 당한 것이고, 연계적으로 이제 그녀에게 달라붙는 죄에도 불구하고 그에 대한 그녀의 충절을 계속 지켜야 한다. 또 가정의 수입이 전혀 없게 되었음에도 불구하고, 그녀는 집안을 경영하고, 남편을 "위로하기" 위해 왔지만, 그녀와 그녀의 상대적 고통은 무시하는(2:11-12) 남편의 한가한 친구들을 대접해야 하는 책임으로부터 면제받지도 못한다. 가난과 치욕의 삶으로부터 벗어날 그녀의 유일한 소망은 남편의 죽음과 든든한 그녀의 부모에게로 돌아가는 것이다. 욥의 아내는 욥기에서 다시는 명시적으로 언급되지 않는다. 이로 인해 많은 비-페미니스트 독자들은 그녀가 2장의 잘못된 개입으로 인해 그 이후 주변화되었다고 가정한다. 그러나 42장의 욥의 운명의 반전 내러티브에서 그녀의 존재는 필수 불가결하다. 거기서 욥은 일곱 명의 아들과 세 명의 딸로 된 새로운 가족을 얻는데, 비록 내레이터가 언급하지 않지만 그 아내의 협조가 없지 않았음을 우리는 가정할 수 있다(다른 아내나 첩은 이야기에 없다). 그러므로 우리는 욥과 그 아내의 화해와, 그 남편의 것보다 전혀 덜 중요하지 않은 그녀의 지적 성장, 즉 응보 교리의 맹목적 신앙으로부터 무고한 고난 가능성의 수용으로의 발전에 대해 말할 수 있다.

욥기에는 페미니스트 독자의 주목을 끌 여러 가지 다른 요점들이 있다. 예를 들어, 욥기의 시작 부분에 나타나는 행복한 가족의 모습에서 욥의 딸들이 정기적으로 그 형제들의 생일 파티에 초대를 받아 "그들과 함께 먹고 마신다"(1:4). 이는 남자들이 여자들을 인정하는 표시인데, 고대 세계에서 항상 만나는 모습은 아니다. 그러나 여자들이 그 형제들을 초대할 자신들의 파티를 갖지 않는다는 점은 주목할 만하다. 이보다 더 인상적으로, 두 번째 딸들이 그 형제들"처럼" 기업을 받았다는 내용을 담고 있는 42:15의 페미니스트의 지적(히브리 성경의 내러티브 세계에서 유일한 경우)은 바로 앞에 나오는 말, 즉 "모든 땅에서 욥의 딸들처럼 아리따운 여자가 없었더라"에 의해서 다소 그 효력을 잃는다. 그들의 상속은 그들이 그 형제들과 동등한 욥의 자손이어서가 아니라 주로 그들이 미인들이기 때문이라는 것이 뚜렷하게 밖으로 명시되어 있지는 않지만 암시적으로 내포되어 있다.

그러나 이 책에 대한 가장 중요한 페미니스트적 물음은 욥기의 주된 관심이 어떤 식으로든 성(性)-결정된 것인가이다. 만일 현 욥기의 대안으로 모든 주인공들이 여자들이고 동시에 가족, 사회적 지위와 명예의 상실에서 비롯되는 주요 논제가 응보교리와 하나님의 정의가 되는 다른 판을 상상하는 것이 매우 어렵다면, 그만큼 욥기는 아무리 뛰어난 문학 작품이라고 하더라도 무비판적 남성 중심성의 또 다른 표현으로서 결함이 있는 것이리라.

b. 채식주의자의 독법

페미니스트처럼 채식주의도 다양한 태도와 실천으로 나타나는 하나의 이데올로기다. 단순 채식주의는 순전히 심미적인 이유에서 혹은 취향이나 선호도의 문제로 육식을 피할지 모르지만, 보다 숙고된 채식주의는 생명체로서의 동물의 성격을 그 출발점으로 삼고 지구에 사는 동료 거주자들에 대한 인간의 책임 철학을 개진한다. 채식주의는 일상의 식이요법 문제들을 일단의 윤리적 결정들로 환원시키고, 인간의 환경과의 관계에 대한 보다 큰 물음들과 연계되는 경향이 있기 때문에 그 추종자들에게 독법을 포함하여 그들 삶의 모든 측면에 영향을 미치는 강력한 철학이다. 채식주의자인 독자는 고려중인 텍스트가 동물들에 대해 육식 문화의 태도를 채택하는지 혹은 어쨌든 동물들을 보다 긍정적으로 평가하는 태도들을 텍스트가 약화시키는지 살펴보는 데 관심이 있을 것이다.

욥기에는 동물들이 중요한 의미를 갖는 곳이 세 군데 있다. 첫째로, 욥은 양 칠천 마리, 낙타 삼천 마리, 소 500겨리 그리고 암나귀 500마리 등 많은 동물들의 소유자이며 보호자로 묘사된다(1:3). 그의 재산이 회복된 후에는 각각의 종류의 정확히 두 배를 얻는다(42:12). 그의 부는 거의 배타적으로 그의 동물과의 관계에서 계산된다. 따라서 비록 동물들이 그들 자신들을 위해서가 아니라 욥이 종사하는 농업경제의 이유들로 유지됨이 분명하나 하더라도, 욥은 동물들과 기리를 둔 관계에 있는 것이 아니라 그들과 상호 의존 관계에 있다. 본문은 우리로 하여금 욥을 관계네트워크의 중심으로 보도록 한다. 즉 가족인 아내와 자녀들이 그를 직접적으로 둘러싸고 있고, 그의 "아주 많은 종들"이 그와 그들이 돌보는 동물들 사이에 서 있으며, 그리고 가장자리에 그 많은 동물들이 있다. 욥에게 임한 재난은 이 네트워크의 끝자락에서 시작된다. 그의 자녀들이 죽임을 당하기 전에 소, 나귀, 양 그리고 낙타들이 점차적으로 재난에 쓰러진다(1:14-19). 또한 이 동물들을 기르는 목적들도 마찬가지로 교훈적이다. 양 떼와 염소 떼들은 털과 젖 때문에 기르고, 소들은 경작을 위해서 기른다(그들은 "쌍"이나 "겨리"로 열거된다). 낙타는 사람이 타거나 짐을 나르기 위해서 기르며, 암나귀들은 사람이 타거나 젖을 먹기 위해서 그리고 여러 농장 일을 위해서 기른다. 욥기의 내러티브 세계에는 고기 혹은 "살"을 먹는 내용이 없다. 그것은 저자가 채식주의를 선포하거나 그러한 태도를 지니고 있다는 뜻은 물론 아니며, 동물들에 대한 긍정적인 태도가 욥기 전체에 베어 있다는 뜻이다.

다음에 동물들이 제사 재료로 나타난다. 그의 자녀들의 모든 생일 잔치 후에 욥은 소, 양 혹은 염소의 "온전한 번제"를 바친다. 그는 그의 자녀들이 파티의 즐거움 가운데 부지중에 하나님에 대해 가볍게 말했을까 두려워하여 그들이 실제로 죄를 범했다면 했어야 할 제사를 드린다(1:5). 책의 초반부에 있는 이 동물 제사와 상응하여 책 후반부에는 하나님이 엘리바스에게 그와 그의 두 친구를 대신하여 드리라고 명한 수송아지 일곱, 숫양 일곱의 번제가 있다. 이 친구들은 "[하나님]에 대해 옳게 말하지 않았다." 그러므로 "우매하게" 처신했다(42:8). 따라서 그들의 잘못을 보상하기 위해 그들은 속죄 제물을 드릴 필요가 있다. 대부분의 다른 동물 제사들과는 달리, 속죄 제물은 불로 전소되고 그 제사 동물의 어떤 부분도 제사드리는 사람이 먹지 않는다. 이는 상징적으로 도살된 동물의 불태움이 그 동물의 구성 요소를 땅으로부터 신이 사는 하늘로 옮기는 수단이 된, 인간의 영역에서 신의 영역으로의 속성의 전가를 의미했다. 물론 동물 제사 개념은 그들이 채식주의자이건 아니건 간에, 오늘날 대부분의 사람들에게 종교적으로까지는 아닐지라도 심미적으로 거슬린다. 그러나 최소한 욥기의 문화 규범의 테두리 안에서는 그 행위로 인해 동물이 낮게 평가되고 있는 것이 아니라 땅의 세계와 하늘의 세계 사이를 연결하는 의사소통 기구로 존중되고 있다는 사실을 우리는 인정해야 할지 모른다. 그러나 채식주의자의 관점에서 가장 흥미로운 점은 욥기 안에서도 당연시되는 동물 제사 관습이 그 책 자체에 의해 문제 제기를 받는다는 것이다. 왜냐하면 욥의 자녀들을 대신하여 드린 욥의 제사들의 순 효과가 제로이기 때문이다. 그 제사들에도 불구하고 그들은 젊은 나이에 폭풍에 의해 죽임을 당하는데, 이는 욥의 시각에서 볼 때 하나님의 불만의 뚜렷한 징표다. 따라서 42장에 나오는 친구들의 제사가 1장의 욥의 제사들보다 더 나은 효능이 있을지 함축적으로 의문이 제기되며, 또한 아마도 그들의 용서받음을 보증하는 것은 그들이 드리는 제사라기보다 그의 친구들을 대신하여 드리는 욥의 기도가 아닐까 하는 문제도 제기된다(42:8, 10).

동물에 대한 세 번째 주된 언급이 가장 중요한 것이다. 38-41장에 나오는 신의 연설에서, 동물들의 존재는 우주의 의미에 중요한 실마리로 드러난다. 여기서 말해지는 것은 1-2장의 가축 동물들이 아니라 인간 경제에 아무런 유용이 없는 야생 동물들이다. 그들의 존재는 세상에 대한 전적인 인간 중심관을 배제시키며, 인간들에게 세상은 인류의 유익만을 위해 존재하는 것이 아님을 확증해 준다. 일면 야생 동물들은 인간에게 가축들보다 훨씬 더 귀하다. 왜냐하면 길들여진 동물들은 인간들 자신의 중요성과 그들의 환경에 대한 지배력에 관한 느낌을 증대시킬지 모르지만, 야생 동물들은 인간들에게 창조된 세상의 근원적 불가해성으로 강한 인상을 주는 데 기여하기 때문이다. 그러나 야생 동물들의 중요성은 신의 연설들의 문맥 상황에서 훨씬 더 강조된다. 왜냐하면 그들은 거기서 동일하게 불가해한 세계 도덕 질서 요소들의 존재, 즉 무고한 고난의 존재와 응보 원리가 완전히 타당한 것은 아니라는 증거에 대한 유비로 작용하기 때문이다. 하나님은 우리가 측량할 수 없는 자신의 목적을 위하는 방식으로 세상을 창조하셨다. 우리는 **그분이** 자기가 하고 있는 일을 아신다고 추측할 수 있을 뿐이다. 왜냐하면 우리가 경험하는 이 세상에는 **우리에게** 전혀 이해가 되지 않는 많은 일들이 있기 때문이다. 요컨대, 욥기의 안목으로 보면 동물들에 대한 바른 평가는 인간 존재의 일부 수수께끼들을 극복하는 데 필수적이다. 이는 음식이나 인간 애완동물로서 외에는 동물들을 무시하는 태도와는 크게 다른 것이다.

c. 유물론적 독법

어느 텍스트에서든 유물론적 독법은 전형적으로 이중 초점을 갖는다: 첫째는 물질 혹은 그것을 생산한 사회·경제적 조건들, 특히 모든 사회에 가정될 수 있는 억압된 사회 계층들의 조건에 초점을 둔다. 둘째 초점은 텍스트의 내러티브 세계에 의해 전제되고 유지되는 물질 현실들에 있다. 전자는 물론 역사적 고려 사항이고, 이 장의 두 번째 섹션에서 논의될 욥기의 기원 문제들에 어느 정도 의존한다.

만일 우리가 욥기가 탄생한 사회는 부유한 사람들과 가난한 사람들로 구성되었다, 혹은 그 사회에서 어떤 그룹은 권력을 가졌고 다른 그룹은 상대적으로 권력이 없었다, 혹은 어떤 사람들은 그들의 자본에서 생기는 이익으로 살고 다른 사람들은 매일의 노동에서 버는 임금으로 살았다는 단순하고 논쟁의 여지가 없는 가정들을 한다면, 우리는 고대 이스라엘 내에 두 부류의 사회·경제 그룹과 그에 따라 욥기의 두 가지 가능한 사회·경제적 위치들을 설정하는 것이다. 우리가 이 책이 기원한 장소로 어떤 위치를 택하든 간에, 그것은 책의 언어적 의미보다는 그것의 전체 의미를 이해하는 데 중요한 해석적 열쇠를 제공할 것이다.

욥기가 부자들 사이에서 탄생했을까? 물론 가난한 사람들이 종종 부자들에 관한 이야기를 한다고 해서, 욥이 부자라는 사실이 욥기가 특권층에서 생겼다는 증거는 아니다. 그러나 그가 부자이며 **또한** 경건하다, 정말로 가장 부유하며 **또한** 가장 경건하다는 사실은 그것을 강하게 제시한다. 왜냐하면 가난한 사람들의 관점에서는, 부자들이 부유할 자격이 있다거나 혹은 그들이 정직하기도 하며 동시에 부자일 수 있다는 것을 대체로 믿기 어렵기 때문이다. 동일하게, 부자들의 세계에서는 가난한 사람들이 부정직하거나 혹은 그들이 당연히 가난할 만하다고 가정된다. 만일 "그녀는 가난하지만 정직했다"라고 말할 수 있다면, 그것은 아주 흥미로운 이례적인 경우다. 사실상, 욥기의 본 문제인 응보의 교리의 진실성은 한 부유한 사람의 문제라고 말해질 수 있다. 가난한 사람들은 성공을 초래하지 않는 경건성의 수많은 경우들을 잘 알고 있기 때문에 응보 교리를 믿을 수 없다. 반면에, 부자들은 경건하다는 그들의 평판이 그것을 증거하는 번영만큼이나 부서질까 봐 두려워한다.

더욱이, 욥기가 고대 이스라엘의 "지혜" 문학의 일부를 형성하며, 그런 문학은 왕실 사회 혹은 왕실이나 종교 중심지에 부속된 교육 기관들에서 나타났다는 학자들의 여론이 받아들여지면, 욥기를 사회의 힘없는 사람들보다 힘있는 사람들과 연결시킬 수 있는 역사적 증거들이 있다.

유물론적 접근은 문학이 대체로 그 저자가 속한 사회 계층의 이익을 대변하기 위해 기록된다고 주장한다. 만일 우리가 욥기를 문학성을 지닌 하나의 작품으로 읽지 않거나 혹은 단순히 신학자들 간의 논쟁으로 보지 않고, 특권층의 위치를 증진시키는 것으로 읽는다면, 우리의 욥기 이해에 큰 차이가 생긴다. 이런 독법에서는 욥기가 일시적으로 가난해지거나 혹은 권력을 잃은 부유한 계급의 사람들을 돕거나, 혹은 만일 그들이 일단 특권층의 위치에 있었으면 그 위치는 계속 그들의 것으로 남을 것임을 그들에게 확신시켜 주는 역할을 한다. 동시에 그것은 현재 재난의 우려가 없는 위치에 있는 사람들을 안심시킨다. 욥의 이야기는 결국 그의 부를 받을 만하며, 그리고 비록 자신의 잘못이 아닌 것을 통해 그 재산을 잃지만 결국에는 그것을 되찾되 두 배로 받는 한 부자의 이야기다. 만일 독자들이 부자라면, 그들은 자신들이 그들의 부를 받을 만하다고 믿기가 쉬울 것이고, 따라서 욥과 동일시할 것이다. 만일 독자들이 빈자이며 한 번도 부유해 보지 않았다면, 그들은 욥이 가난에 빠졌을 때조차도 욥과 동일시하기가 힘들다고 볼 것이다. 왜냐하면 욥은 이전에 부자였고, 그런 면에서 가난한 사람들보다 더 혜택을 받았으며, 또한 욥은 결국 다시 부자가 될 운명인데, 이는 가난한 사람이 일반적으로 기대할 수 있는 것 이상이기 때문이다.

이제 두 번째 초점, 즉 텍스트가 그 안에서 만들어진 외부 세계와 구별된 것으로서 텍스트 세계를 보게 되면, 텍스트에 의해 지지되고 조장되는 물질 현실에 관한 몇몇 관찰을 할 수 있다. 제일 먼저 욥기가 가난의 현실에 대한 의식을 거의 보이지 않는 것을 볼 수 있다. 욥과 그의 아내, 그리고 그의 종들이 지금 그들의 생계 수단인 가축들을 잃은 상황에서 어떻게 생존하는가에 대한 물음은 거의 제기되지 않는다. 재난이 닥치기 전날에는 잔치가 많았고(1:4, 13, 18), 또한 욥이 재산을 회복한 후에 또다시 잔치가 있을 것이지만(42:11), 욥이 재난을 당하는 기간에조차 아무도 배고프게 되지 않는다. 비록 저자가 언급하지는 않지만, 욥과 함께 말없이 일 주일 동안 앉아 있다가(2:13) 그 후 그와 긴 논쟁에 들어가는 그의 방문객들이 섭식을 필요로 한다는 것을 우리는 잘 안다. 그에게 속한 사람들, 돕는 여인들, 개인적인 남종 그리고 아직도 그에게 의존하고 있는 아내도 마찬가지다(19:15-17). 욥이 과거의 특권을 누리던 자신의 생활(29장)과 현재의 불행한 상태(30장)를 비교할 때, 마치 생활 수단이 종식된 것으로부터는 전혀 고난을 받지 않는 것처럼, 그 두 군데 모두에서의 주된 관심이 그의 **위신(威信, status)**에 있다는 사실은 놀랍다. 그는 한 번 집 없는 가난한 사람들을 "그들은 곧 궁핍과 기근으로 인하여…마른 흙을 씹으며", 몸을 따뜻하게 하기 위해 곁가지들을 모으고 굴에서 사는 무리로 묘사한다(30:3-7). 그러나 그는 그들과 자신을 동일시하지 않고, 오히려 놀랍게도 부자들의 오만한 자세로 그들을 "미련하고, 더러운 종족"(30:8)으로 간주하기를 주장하고, 그들조차도 자기를 조롱한다고 불평한다. 등장 인물 욥이 생존보다 위신에 보이는 압도적인 관심은 진짜 가난에 대해 아무것도 모르며, 따라서 가난을 부에 대한 윤리적 비판으로 직시할 수도 없는 한 내레이터(그리고 분명히 그 내레이터 뒤에 있는 저자)를 드러낸다. 욥의 고난은 정신적이든 육체적이든 충분히 "사실"이며 그리고 사실적으로 묘사된다. 부자들도 가난한 사람들처럼 심하게 고통을 당할 수 있기 때문이다. 그러나 부유한 저자는 가난을 진정으로 상상할 수 없고, 결과적으로 욥의 가난에 대한 묘사는 그의 고난에 대한 묘사와 비교할 때 비현실적이고 설득력이 없다.

우리가 욥기 텍스트 세계에서 물질 현실에 대한 하나의 흥미로운 태도를 발견할 수 있는 또 다른 부분은 욥의 회복의 내러티브다. 가난의 때를 지난 후에 욥이 그의 모든 재산을 다시 얻는다거나 혹은 그의 원래 재산의 두 배를 얻는다는 것을 42장에서 알게 된다. 그런데 가난에서 벗어나는 일에 관심을 갖지 않을 수 없기에, 가난한 욥과 동일시할 수 있는 어느 누구에게도 중요한 질문으로 어떻게 이런 일이 생기냐고 우리가 묻는다면, "여호와께서 욥의 곤경을 돌이키시고…여호와께서 욥에게 이전 모든 소유보다 갑절이나 주셨다"는 내용을 알게 되는 것(42:10)은 완전히 놀랍지는 않더라도 실망스러운 것이다. 가난한 사람들에게는 이것이 물론 누구든지 하나님에 의해 부자가 될 수 있다는 뜻**일 수** 있지만, 그보다는 다음을 의미하기가 쉽다: 당신이 가난하다면, **기적 없이는** 가난에서 벗어날 길이 없다. 일반적으로 신이 부자가 되게 해주는 기적은 희박하기에, 욥의 이야기는 다음을 의미한다: 만일 당신이 욥이라면 가난에서 빠져 나오는 길이 없으며, 그것에 대해 당신이 할 수 있는 일은 아무것도 없다. 그 이야기는 욥의 도난당한 소와 죽은 양들을 다시 얻을 수 있는 어떠한 절차에 대해서도 모른다. 그것은 우리가 42:11로 계속 읽어 나갈 때 다만 다음 사실을 상기시키는 데 이바지한다: 하나님이 욥의 재산을 회복시켜 주신 **이후**, 즉 욥이 그의 재산을 이루는 새로운 소 떼를 얻었을 때 그의 모든 친구들과 친척들이 찾아와 그에게 돈을 준다. 있는 그에게 주어진다. 그가 필요할 때는 부유한 지인들조차 알고 싶어하지 않는다. 욥기 내레이터는 그의 계급을 잘 알며, 아무도 실패자를 돕지 않는다는 것을 당연히 여긴다. 여기에는 잃은 자들에게는 주는 위로가 많지 않다.

유물론적 관점이 욥기 해석에 중요한 결과를 초래하는 마지막 요점은 욥의 물질적 회복 내러티브로 된 욥기 이야기의 결말에 있다. 많은 욥기 독자들이 그것을 소위 단순한 해피엔딩으로 잘못 읽어 왔다. 날카로운 지적 논쟁과 대화의 심리적 묘사 이후 그것은 책의 어조를 낮추어 주인공이 새로 얻은 재산의 외면화된 묘사로 돌아가는 것 같다. 욥은 42:2-6에서 자신이 하나님의 대답으로 만족한다고 선언했다. 그는 하나님이 자신을 해명하셔야 한다는 그의 요구를 취소했고, 비록 아직 먼지와 재 가운데서지만 자신은 "위로를 얻었다"고 선포한다(42:6의 두 번째 동사는 아마도 그렇게 이해되어야 한다). 그렇지만 내레이터에게는 이야기가 끝났을 리 없고, 욥이 그의 잿더미에서 들려지고 무고하게 빼앗긴 것들을 회복하기 전까지는 정의는 만족되지 않을 것이다. 보다 관념론적인 언어로 바꾸어 말하면, 그런 플롯은 하나님의 정의와 인간 고난의 문제들은 지적 수준에서는 충분히 대답될 수 없고 확정적인 행동을 요구한다는 것을 함축한다. 욥에게는 자신이 하는 일을 하나님이 아신다는 정신적 확신만이 아니라, 그 증거에도 불구하고 그는 의로운 사람이라는 공개적 증명을 하나님으로부터 요구한다. 응보 교리가 만연하고 물질적 번영이 오랫동안 신적 인정의 가장 확실한 표시로 여겨져 온 문화에서, 욥은 자기 자신과 하나님을 위해서 그의 재산을 되돌려받아야 한다. 이 지점에서 부자와 빈자의 이해 관계가 가장 근접하게 일치한다. 왜냐하면 두 그룹 모두 물질의 소유가 정신적 혹은 종교적 의미를 전혀 갖지 않는 문제라고 보지 않을 것이며, 또한 부가 사람들 간에 불공평하게 분배될 때 신의 정의는 완전하고 온전하게 드러날 수 없다고 주장할 것이기 때문이다. 따라서 욥기는 순전히 실존적이거나 신학적인 해석은 거부한다. 그 주인공이 잃었던 소유물을 회복하는 것은 책의 결말에서 신의 연설만큼이나 필요하다.

d. 기독교적 독법

물론 기독교 전 시대에 걸쳐 구약성경에 대한 기독교적 독법들이 많이 있었고, 그들 대부분은 구약이 본질적으로 신약과 똑같은 가르침을 전한다는 가정을 토대로 한다. 가령, 구약에 대한 기독교의 전통적 해석에서는 종종 메시아에 대한 예언들이나 암시적 언급들에, 심지어 표면상으로 메시아에 대해서 말하지 않는데 그리스도와 관련하여 읽힐 수 있는 본문들에 주의가 모아졌다. 욥은 일반적으로 그리스도의 고난 혹은 교회의 시련을 예표하는 것으로 읽혀졌다. 그리고 중세의 주석이나 특별히 성상에서는 욥이라는 인물이 본질적으로 기독교의 덕목인 인내의 상징이었다.

배타적으로 기독교적인 독법을 버리고, 구약과 신약이 서로 대면하도록 하여 그들이 중요한 문제들에 대해 서로 충돌할 가능성을 지니도록 하는 것이 분명 구약에 대한 더 적절한 기독교적 접근일 것이다. 그러면 기독교적 독법의 적법성이 페미니스트의 독법이나 유물론적 독법의 것과 유사한 발판 위에 설 것이다: 그런 독법은 많은 독자들의 개인 이데올로기적 입장을 대변하며, 그들의 관심사들이 텍스트 읽기에 어떻게 영향을 미치는지 물음으로써 그것들을 진지하게 대한다.

욥기에 대한 기독교적 관점은 먼저 욥을 "흠 없고 정직한"이라고 묘사하는 책의 첫 문장에 주목하는데, 이 두 형용어구 중 앞의 것은 전통적으로 "완전한"으로 번역된다. 기독교 독자에게 이런 언어는, 만일 글자 그대로 진지하게 말하면, 어떤 사람에게도 부적절하다. 기독교 신학과 문화는 어떤 사람도 완전하지 않으며, 최고의 사람들도 죄에서 완전히 자유로울 수 없다는 것을 당연하게 여긴다. 이 관점은 "의인은 없나니 하나도 없으며" 그리고 "모든 사람이 죄를 범하였다"는 바울의 확신에 의해 야기된(롬 3:10, 23) "서구의 자기 성찰 양심"이라 불리는 것의 일부다. 예수님 자신도 "하나님 한 분 외에는 선한 이가 없다"는 이유로(눅 18:19 RSV) 자신에 대해 "선하다"라는 묘사를 사용하는 것을 거절하셨다고 한다. 요점은 어떤 사소한 단어가 아니다. 왜냐하면 욥기 이야기에서 근본적인 것은 욥이 그에게 일어나는 일들 중 아무것도 당하지 말아야 하는 완전히 결백한 사람이어야 하기 때문이다. 만일 독자가 그런 사람은 절대로 존재하지 않았다고 믿는다면, 그 독자에게 욥은 단순히 비역사적인 인물이 될 뿐만 아니라, 그는 그의 경험들이 일상의 인간 경험 영역 바깥에 놓여 있는 꾸며내고 가공된 캐릭터가 된다. 그러면 욥기는 그 무엇에 관한 것도 아니다.

아무도 욥기를 공상 과학 소설 같은 것으로 여기고 싶지 않기에, 기독교인 독자는 욥의 의를 도덕적 완전함이 아니라 욥이 당한 것보다는 더 나은 대우를 받을 만한 결백으로 수정하지 않을 수 없다. 그럼에도 불구하고 기독교적 양심은 어떤 식으로든 자기의 불행에 대해 책임이 있을 수 있는 가능성에 대한 욥의 완전한 거부에 불만족하고, 죄로 향하는 자신의 성향을 모르는 사람이 과연 의인으로 간주될 수 있는지를 묻는다. 욥은 자신이 절대로 죄를 짓지 않았다고 그렇게 강하게 주장하는 면에서 얼마간 죄인이 아닌가? 요약하면, 기독교적 독법은 욥기의 문제가 제기된 조건들을 상대화시킨다.

기독교 이데올로기가 욥기와 다소 충돌하는 두 번째 주요 요점은 **의미**를 향한 욥의 추구가 **구원**을 향한 기독교의 추구와 다르다는 점이다. 만일 인간 조건에 관한 근본 진리가 사람은 하나님으로부터 멀어진 죄인들이며, 따라서 그 상태로부터의 구원을 필요로 한다는 것이라면, 하나님의 우주 통치 내 질서를 향한 욥의 관심은 매우 부차적인 문제다. 만일 욥이 그 자신의 것이든 다른 사람의 것이든 인간의 죄성이 그의 문제에 최우선 과제라는 것을 볼 수 없다면, 그는 우주가 운행되는 방식에 대해 문제를 제기할 권리가 전혀 없다고 주장될 수 있다. 그렇다면 욥기는 이렇게 가정되는 "기독교적" 관점에서 볼 때 고난에 대한 진짜 물음, 즉 인간의 고난에 대한 인간의 책임 문제를 회피하려는 욥의 시도에 대한 긴 설명으로 읽힐 수 있다. 반면에 좀더 관대한 기독교적 독법은 욥기의 방향과 다름을 인정하고, 죄와 책임의 문제는 아무리 주요한 것이라 할지라도 유일한 문제가 아니며, 신정론의 문제도 정당하게 제기될 수 있다는 것을 인정할 수 있을 것이다. 그러나 기독교의 지향(志向)과 욥기의 지향 사이에 생기는 균열을 어떻게 다루든 간에, 기독교의 관점은 욥기의 증명되지 않은 일부 주장들에 이의를 제기하고 욥기의 의미에 대해 그것 나름대로 독특한 평가를 제시하고 있음이 분명하다.

그러나 기독교적 독법이 항상 욥기와 긴장 상태에 있는 것은 결코 아닐 것이다.

예를 들어, 기독교인 독자는 욥기가 무고한 고난의 문제를 다룰 때 기독교 신학에 없어서는 안 될 필수 조건을 세우고 있다는 것을 알아차릴 것이다. 왜냐하면 만일 기독교인 독자가 자기-무비판적 욥에 만족하지 않는다면, 그런 독자는 오로지 죄와 고난 사이의 인과관계를 깨뜨리는 욥기의 방식에 의해서만 만족할 수 있기 때문이다. 만일 욥의 친구들이 주장하는 전통적 응보 교리로 예수를 판단한다면, 그는 죄인 중에 가장 큰 죄인이다. 예수의 죽음에 어떤 신학적 의미가 귀속될 수 있는 것은 오로지 욥기 전체에 의해 제시되는 무고한 고난이라는 개념을 끌어들일 수 있을 때뿐이다. 더욱이, 기독교의 관점에서 볼 때 욥의 고난과 관련된 구원의 암시들은 이중적으로 흥미롭다: 욥은 자신의 경험 때문에 친구들을 대신하여 기도할 수 있는 것 같고(42:8-9), 그의 재산 회복은 세 친구를 위해 드린 그의 간청의 결과는 아니라 하더라도 그것과 관련되어 있다(42:10).

기독교적 욥기 독법이 비춰 주는 마지막 논점은 하나님이 세상을 다스리시는 원리의 문제에 관한 것이다. 기독교의 관점은 이것을 예수 선포의 중심 주제인 하나님 나라 원리에 관한 문제로 본다. 비록 하나님 나라의 성격이 현대 기독교에서 그렇게 중요한 문제는 아니라 하더라도, 예수의 비유들이 하나님의 통치가 항상 인간의 합리성에 따르지는 않는다는 것을 보여 주려고 애쓰고 있다는 사실은 욥기 독자에게 흥미로운 점이다. 예수님은 결코 하나님이 부당하게 행하신다고 말하고 싶어 하지 않지만, 그 나라의 운행 방식은 인간의 여러 정의 원칙들을 좌절시킨다고 분명히 주장하신다: 가령, 포도원 일꾼 비유에서 어떤 사람들은 다른 사람들보다 훨씬 더 오랜 시간 일을 했음에도 불구하고 모두가 똑같은 임금을 받는다(마 20:1-16). 다른 비유들에서는 스스로-자라는 씨 비유에서처럼(막 4:26-29) 그 나라의 성장이 감추어져 있고 신비로운데, 마치 욥기에서 하나님의 통치 원리들이 인간 세계로부터 감추어져 있는 것과 같다. 외적인 모습에도 불구하고 하나님 나라의 현존에 대한 예수의 확신과, 부분적으로 불가지하고 또 부분적으로 스스로-의사 소통하는 하나님을 믿으라는 그분의 요구가 욥기와 함께 공명한다. 기독교의 관점은 어떤 면에서 이 히브리 책과 조화되지 않지만, 독자들을 비판적이지만 연합적인 사고 속으로 끌어들이며 그 책에 새로운 의미들을 열어 준다.

B. 역사적 관점에서의 욥기

당연히 어떤 문학 작품을 제대로 이해하기 위해서는 그것의 배경, 저자 그리고 저작 상황들에 관해 알려진 모든 것을 고려할 필요가 있다. 불행히도, 욥기의 경우에는 이런 종류의 자료가 거의 없기에 주로 지적 추론에 의존해야 한다.

1. 기원

오늘날 대부분의 학자들은 욥기의 저작 연대를 기원전 7세기와 2세기 사이의 어느 시점으로 보며, 대체로 운문체 성격인 욥기 그 자체가 기록되기 오래 전에 한 경건한 고난자에 관한 산문체의 설화가 존재했을 가능성을 둔다.

욥기 이야기는 창세기에 묘사된 족장 시대를 배경으로 한다: 가령, 아브라함처럼 욥의 재산은 그의 동물들과 종들로 되어 있고(1:3; 42:12; 참조. 창 12:16), 그 자신은 가장으로서 제사장의 개입 없이 제사를 드린다(1:5; 참조. 창 15:9-10). 175년, 180년, 147년, 100년을 사는 창세기의 족장들처럼(창 25:7; 35:28; 47:28; 50:26) 욥은 140년을 산다(42:16). 내레이터는 분명히 고대 시대를 묘사하고 있지 그 자신의 시대에 관해 쓰고 있지 않다.

책의 저작 연대를 찾는 과정에서 많은 이들이 흠 없는 사람의 고난이라는 주제가 6세기에 발생한 예레미야서와 두 번째 이사야의 고난 받는 종에 관한 시들에서도 나타난다는 것을 발견했다. 어떤 사람들은 욥의 설명 불가능한 고난은 바벨론 포로기 유대인들의 고난을 상징적으로 나타내도록 의도되었을 것이고, 따라서 대략 그 시대에 저작되었을 것으로 생각했다. 그러나 저자는 그의 내러티브를 아주 확실하게 족장 세계에 정치(定置)시켰기 때문에 저자가 사는 시대를 암시하는 것은 사실 하나도 없다.

욥기 외에 가장 이른 시대의 욥에 대한 언급은 에스겔 14:14, 20에서 발견되며, 거기서 욥이 노아와 다넬(다니엘이 아닐 것이라 생각됨)과 함께 고대의 한 영웅으로서 언급된다. 그러나 이 6세기의 언급은 현 욥기가 아니라 그보다 오래된 설화일 가능성이 크다. 따라서 욥기의 연대에 관해서는 어떤 단정도 내릴 수 없다.

욥기의 저자가 이스라엘인이었다는 데는 의심의 여지가 있을 수 없다. 욥의 고향이 북 아라비아 혹은 아마 에돔이라 기술되고, 욥기의 대부분에서 욥 자신이 하나님을 이스라엘 이름 야훼로는 알지 못한다는 것은 사실이며, 또한 욥기는 히브리 사람들의 특정한 역사 전통에 대해서도 전혀 언급하지 않는다. 그러나 이러한 사실들은 단지 저자가 자신의 주인공 인물을 만들어 낼 때 자신의 시대와 배경을 아주 성공적으로 잘 감추었다는 것을 의미할 뿐이다.

2. 욥기의 역사

욥기가 단번에 기록된 것이 아니라 형성 과정을 거쳤음을 알려 주는 것들은 매우 많다. 욥기의 본체보다 이전 혹은 이후로 여겨지는 몇 가지 중요한 요소들은 아래와 같다.

a. 전언과 종언(The Prologue and Epilogue)

전언(1-2장)과 종언(42:7-17)이 상당히 일관된 산문 내러티브를 이루고, 욥에 관한 설화가 우리의 욥기 형성에 앞서 이미 존재했다는 몇몇 증거들이 있기 때문에, 종종 욥기의 산문체로 된 바깥 구조는 운문체 연설들이 저작되기 전에 얼마간 문서로 존재했었다고 주장되었다. 욥기의 산문 부분과 운문 부분을 각각 다른 저자들의 것으로 여기면, 그들 사이의 일부 차이점들이 좀더 쉽게 설명될 수 있을 것이라고 생각되었다. 예를 들면 욥은 프롤로그에서는 인내의 고난자로 묘사되는데, 다이얼로그에서는 하나님에 대한 격렬한 비난자로 그려진다. 프롤로그에서는(그리고 에필로그에서도) 하나님이 야훼라는 이름으로 알려지지만, 대화에서는 그렇지 않다. 또 욥이 당한 불행의 원인이 전언에서는 서술되지만 대화에서는 알려지지 않는다.

그러나 욥기의 운문과 산문 사이의 이런 차이점들은 문학적 이유들로 더 잘 설명될 수 있다. 따라서 욥이 자신에게 임한 고난을 받아들이는 초기 입장에서 그것을 격렬히 문제 삼는 사람으로 바뀌어야 한다는 것은 극적으로 볼 때 충분히 만족스럽다. 그리고 욥의 친구들은 야훼-숭배자들로 제시되지 않기 때문에, 대화에서 야훼의 이름이 지양되는 것은 아주 자연스럽다. 또한 욥의 고난의 궁극적 이유가 알려지면 친구들이 토론할 문제가 전혀 없을 것이기 때문에, 대화가 욥의 고통을 야기한 천상의 일들을 모르는 상태에서 진행되어야 함은 당연히 놀라운 일이 아니다. 더욱이, 운문체 내러티브들이 독립체를 이루었다는 가정은 가능성이 적다. 왜냐하면 2:11-13에서 세 친구가 도착하는 내러티브는 그 다음 연설들에 앞서 나오도록 고안되었음이 분명하고, 하나님에 의해 책망 받는 그 말들을 친구들이 하지 않았다면 세 친구에게 하는 야훼의 마지막 연설은 의미가 통하지 않기 때문이다(42:7-8). 그들이 산문 내러티브에 나오는 모습 그대로 동정의 마음으로 침묵 가운데 욥과 함께 단순히 앉아 있기만 했다면(2:13), 그들이 했던 어리석은 말들을 보상하기 위해 제사를 드릴 필요는 없었을 것이다(42:8). 이들 내러티브 단락들을 단순히 산문과 운문 사이의 편집자적 연결 고리들로 간주한다고 하더라도, 욥에 관한 어떤 산문 이야기가 중간에 아무런 매개 사건 없이 고난을 인내로 받아들이는 욥의 자세로부터(2:10) 그의 재산을 되돌려 주시는 야훼의 회복으로(42:10) 곧바로 옮겨 갈 수 있을 것이라고 믿기는 어렵다. 그러므로 전언과 종언을 쓴 저자가 또한 대화를 지은 시인이며, 그가 산문 구조 틀을 신중하게 욥기의 현재 위치에 기록했다고 생각하는 것이 더 개연성이 높다. 물론 이렇게 말한다고 해서 욥 **이야기**가 그 **책**보다 훨씬 더 오래되었을 것임을 부인하는 것은 아니다.

b. 엘리후의 연설

아주 많은 비평가들이 엘리후의 네 연설(32-37장)을 욥기가 먼저 저작된 이후 나중에 추가된 것으로 본다. 이렇게 판단하는 주된 이유는 전언과 종언에 엘리후가 나타나지 않기 때문이다. 욥과 친구들의 대화가 끝난 것 같은 때에 새로운 대화 상대자를 등장시키는 것이 저자에게 극적으로 더 낫게 보일 수 있었을 것이라고 대답할 수는 있겠지만(참조. 31:40 "욥의 말이 그치니라"), 그러면 종언에서는 엘리후가 왜 언급되지 말아야 하는지를 설명하기가 어렵다. 처음 세 친구는 하나님에 관해 "어리석은 말"을 하고 욥은 "정당한 것"을 말했지만(42:7), 엘리후의 말에 대해서는 어떤 평가도 없다. 엘리후의 연설들이 욥의 것들과 하나님의 것들 사이에 오는데도, 하나님이 욥에게 말할 때 엘리후에 대해 전혀 언급하지 않으시는 것도 이상하다. 엘리후의 연설들이 이차적이라는 증거는 매우 강하지만, 그럼에도 불구하고 욥기의 부피를 늘리고 싶어하는 저자가 엘리후의 연설들은 32-37장에 걸쳐 삽입하면서 42장에 그의 이름을 삽입하는 데는 왜 실패했는지 이해하기가 다소 어렵다. 엘리후 자료의 기원이 무엇이든지 간에, 욥기 해석가는 당연히 욥기를 우리가 전해받은 모습대로 인정해야 하고, 그리고 가능하다면 엘리후 개재의 의미 혹은 중요성을 설명해야 한다(앞의 논증 아래 있는 해설을 보라).

c. 지혜 송가

28장의 시(28:1-28)는 지혜가 사람들에게 숨겨져 있고 사람들은 신의 계명을 따라 사는 것으로 자족해야 한다는 주제를 담고 있는데(28:28), 역시 후대에 첨가된 것이라고 일반적으로 생각되었다. 이 시가 욥의 입에 올려진 것이 다소 이상하게 느껴지는 것은, 욥이 그와 비슷한 입장을 갖게 되는 것은 오직 나중에 하나님의 긴 논증에 의해서이기 때문이다. 사실 세 번째 연설 주기(21-31장)는 필사 전승 과정에서 약간의 전위를 겪은 것 같다. 왜냐하면 현재 텍스트가 보여 주는 대로 볼 때 빌닷은 26:1-6에서 이상하리만큼 짧은 연설을 하고, 소발은 전혀 말하지 않기 때문이다. 그러나 지혜 송가는 원래 소발이 말한 것이고, 또 소발은 11:7-20에서 좀더 단조롭기는 하지만 이미 유사한 주장을 했다는 것이 흥미롭다는 몇몇 학자들의 제안을 받아들인다고 하더라도, 지혜 송가는 여전히 하나님의 연설의 효과를 약화시키는 것 같다. 그런 경우라면, 문제에 대한 유일한 해결책은 소발은 단지 어떤 특정한 불행에 대한 특별한 이유를 알 수 없다는 것을 말하고 있고, 반면에 하나님은 불행이 인간의 원인에서 기인하는 것인지 아닌지를 인간이 전혀 알 수 없다고 말씀하시는 것으로 보는 것이리라. 문제를 어떻게 해결하든지, 우리는 욥기가 여러 시대에 걸쳐 확대되었을 가능성을 인정해야 한다.

3. 욥기와 고대 근동 문학

발췌 도서 목록

The Legend of King Keret: **Gibson, J. C. L.** *Canaanite Myths and Legends.* Edinburgh: T. & T. Clark, 1978. 82-102(previous ed.[1956] by G. R. Driver). **Pritchard, J. B.,** ed. *Ancient Near Eastern Texts relating to the Old Testament*[=*ANET* 3d ed., 1969]. 142-49.

A Dispute over Suicide: ANET 405-407.

The Protests of the Eloquent Peasant: ANET 407-10.

I Will Praise the Lord of Wisdom: ANET 434-37. **Lambert, W. G.** *Babylonian Wisdom Literature.* 1960.

The Babylonian Job: ANET 589-91.

현 세기에 고대 근동 문학의 여러 작품들이 발견됨으로써 우리는 욥기를 히브리 성경의 것보다 더 넓은 상황에서 조망해 볼 수 있다. 욥기의 많은 모티프들이 이 비-성경 문학에서도 발견되지만, 어느 텍스트도 욥기의 자료 혹은 원조로 여겨질 가능성이 없다.

가나안 문화 영역에서는 케렛 서사시(the epic of Keret)가 있다. 케렛은 일련의 자연 재해로 인해 아내뿐만 아니라 그의 모든 가족을 잃는다. 그 자신도 죽음의 위기에 있지만 엘(El) 신의 명령으로 새로운 아내를 얻고, 욥처럼 새로운 가족을 본다.

이집트로부터는 욥기와 유사한 문헌으로 한 남자의 자기 영혼과의 대화(Dialogue of a Man with His Soul)로도 알려진 자살에 대한 논쟁(the Dispute over Suicide)이 있다. 거기서 한 남자가 그의 현재 불행 가운데 자살하는 것이 사는 것보다 좋은 것이 아닌지 자기 자신과 논쟁한다. "오늘 내가 누구에게 말할 수 있으랴? 나는 친한 벗이 없어 아주 비참하다…죽음이 몰약 향기처럼, 산들바람 부는 날 차일 아래 앉아 있듯이 오늘 내 면전에 있다." 욥처럼 이 사람도 천상 의회에서 자신의 문제를 처리해 줄 누군가를 향한 간절한 소망을 표현한다. 또 다른 이집트 문헌인 유창한 농부의 저항(Protests of the Eloquent Peasant)은 자신의 부정이 집사장에 의해 고침을 받아야 하는 사회적 불의를 겪는 한 사람의 호소를 담고 있다. 그도 욥처럼 불의에 억눌리기보다 죽기를 원하지만, 욥과는 달리 하늘에 호소하지는 않는다.

바빌로니아에서는 욥기와 가장 흥미롭게 유사한 "나는 지혜의 주님을 찬양하리라"(I Will Praise the Lord of Wisdom〈*Ludlul bēl nēmeqi*〉)로 알려진 작품에서 한 경건한 사람이 질병으로 쓰러진다. 그는 죄를 범한 사람이라고 친구들로부터 조롱을 받고, 그의 가족도 그에게 적대적으로 변한다. 그 자신은 비록 부지중이지만 하나님에 의해 벌 받을 만한 어떤 죄를 범했을 것이라고 믿는다. 그는 신들을 이해할 수 없는 인간의 무능력으로 인해 괴로워한다: "사람에게 선하게 보이는 것이 신에게는 악한 것 같다…인류는 신의 길을 어디에서 배웠는가?" 그는 자신의 고난을 아주 자세하게 묘사하고, 그것으로부터 구원받게 해 달라고 호소한다. 결국 그는 건강을 회복한다. 수메르에서 내려온, 사람과 그의 하나님(Man and His God)으로 알려진 좀더 오래된 문헌은 몇몇 근본적인 점에서 욥기와 다르다. 그러나 욥기와 공통되는 많은 요소들을 가지고 있고, 특히 표현에서 그렇다. 거기서 고난자는 자신이 하나님에 의해 고난당하게 되었고 그의 친구들에 의해 멸시당하고 있다고 불평한다: "당신은 나에게 매번 새로운 고난을 주십니다…나의 친구는 나의 정직한 말을 거짓이라고 비방합니다." 그는 하나님에게 자비를 구한다. "나의 신이여, 나를 낳은 내 아버지여, 내 얼굴을 들어 주소서." 욥과는 달리, 이 사람은 자신이 죄를 지었음을 인정한다. 그 결과 그 신은 "그 사람의 고난을 기쁨으로 바꾸어 주었다."

욥기가 생기기 전에 이미 존재했을 것이라 가정되는 히브리 욥 설화는 이와 같은 문헌들에 혹은 적어도 그 문헌들조차도 의존하고 있는 전승 이야기에 빚을 지고 있을지 모르지만, 욥기 그 자체는 아주 새롭고 독립적인 창작인 듯하다. 그렇다 하더라도, 다른 고대 근동 문헌들은 우리에게 욥기에 의해 제기된 논점들이 이스라엘에만 독특한 것이 아니었음을 상기시켜 준다.

4. 욥기와 성경 지혜 문학

히브리 성경의 현대 학생들 사이에서는 욥기가 소위 지혜 문학으로 알려진 일군의 책들에 속하는 것으로 여겨진다. 그것들은 잠언서, 전도서 그리고 욥기이며, 여기에 칠십인경에만 나오고 지금은 외경이나 혹은 제2정경서들 가운데 포함된 두 지혜서를 추가할 수 있을 것이다: 지혜서(혹은 솔로몬의 지혜) 그리고 집회서 혹은 교회서(혹은, 시락서). 그것들이 그렇게 불리는 이유는 그것들의 교훈적인 내용들 때문이다. 그것들은 의도적으로 바르게 살기 혹은 바르게 생각하기에 관해 교육하는 일에 착수한다.

이 책들은 일반적으로 이스라엘 내의 "현인"(賢人) 무리 가운데서 생겨난 것으로 생각되며, 그들은 지식인들 혹은 관료들로 여겨진다. 이 "현인" 중 일부는 젊은이 교육에 참여했을 것이고, 다른 현인들은 정치 행정에 관여했을 것이다. 잠언서에서는 내레이터가 고대 학교 선생이 자기 학생들을 부르는 것과 똑같은 방식으로 독자를 "내 아들"이라고 부른다. 따라서 잠언은 서기관 학교에서 학생들이 사용하는 교과서로 쉽게 이해될 수 있다. 그러나 "현인"이라는 용어를 지혜 전문가들에 국한시키는 것은 잘못이다 – 이스라엘 내에서 그렇고, 오늘날 어느 사회에서나 마찬가지다. 따라서 우리는 욥기나 전도서가 어떤 지혜 전문인들의 작품이거나 혹은 그것 중 어느 것이 특별한 계급이나 집단의 관점을 반영한다고 가정할 수는 없다. 욥기에 관한 모든 것은, 전도서의 경우처럼 저자는 독창적이고 다소 비정통적인 한 개인으로서 집필하고 있음을 암시한다. 욥기는 아주 열정적인 지적 작품이기에, 현대 독자들보다는 고대 독자들에게 훨씬 더 광범위한 호소력을 지녔을 것이라고 생각하기가 어렵다. 욥기가 히브리 성경 정경 내에 자리잡고 있는 것은 그것이 대변한 지식인 혹은 지도층 계급에 의한 의도적 보존으로 인한 만큼 뜻밖에 좋은 일 때문일 것이다.

잠언, 욥기 그리고 전도서의 공통된 사회적 배경이 없다고 하더라도, 잠언과 전도서가 지적으로 욥기에 가장 가까운 이웃이기에 그것들을 신학적으로 비교하는 것은 유익하다. 잠언은 신명기 다음으로 히브리 성경에서 응보 교리의 가장 충실한 수호자다. 잠언의 제일 원리는 바르게 사는 길에 대한 지식을 뜻하는 지혜는 생명으로 통하고 어리석음은 죽음으로 통한다는 것이다(예를 들어, 잠 1:32; 3:1-2, 13-18; 8:36). 모든 곳에서 의는 상 받고 죄는 벌 받는다고 주장되거나 혹은 그것이 당연하게 여겨진다(예를 들어, 11:5-6). 그리고 인간 세계는 두 그룹으로 나뉜다: 의인(혹은 지혜로운 사람) 그리고 악인(혹은 어리석은 사람). 한 특정 개인이 어느 그룹에 속하느냐는 양육과 교육에 의해 결정되는 것 같고, 한 사람이 한 그룹에서 다른 그룹으로 옮겨 갈 희망이나 두려움은 거의 없다. 따라서 잠언에는 결정론이 있고, 원인과 결과라는 다소 엄격한 사고가 있는데, 이는 젊은이들을 교육하도록 고안된 자료에서는 충분히 그럴 만하지만, 지적 정교성이 부족하고, 솔직히 말해 현실성이 없다.

욥기와 전도서는 잠언의 가르침의 보편적 타당성에 이의를 제기하면서, 지혜서 철학 안으로 그 필요한 요소인 정교성과 현실성을 끌어들인다. 전도서는 지혜를 향한 추구의 가치를 의심하지는 않는다. "빛이 어둠을 이김같이 지혜가 어리석음을 이기느니라"(전 2:13). 그러나 저자는 사람이 죽으면 그의 지혜는 어떻게 되느냐는 질문을 제기하기를 원한다. 죽음은 모든 가치들을 무효화시키며 지혜도 예외가 아니기 때문에, 만일 결국에 잃게 될 것을 얻는 것으로 삶이 이루어져야 한다면, 인생은 의미로울 수 없다. 지혜를 추구하는 것이 아무리 가치 있는 일이라 하더라도, 사람은 인생을 즐기는 기회로 여기는 것이 훨씬 더 낫다. "사람이 먹고 마시고 그 하는 모든 일에서 즐거움을 찾는 것보다 더 좋은 것은 아무것도 없다"(2:24, 필자의 번역). 왜냐하면 즐기는 것은 축적되는 소유가 아니며, 결국 사라질 목표로 가는 과정도 아니기 때문이다. 즐김은 그것을 만들어 내는 활동을 따라 사는 과정에 존재하기에 잃을 수 없다. 그것은 이미 얻었고 소모되었다. 따라서 전도서는 잠언의 끝자락에 매우 도전적인 물음표를 새겨 넣는다.

욥기는 잠언의 이데올로기와 다른 면에서 대립한다. 우리가 이미 살펴보았듯이, 욥기는 응보 교리의 보편 타당성에 대한 강한 공격이다. 잠언의 사상적 테두리 안에서는, 인간 욥은 불가능이다. 그가 참으로 의롭다면, 그는 생명, 부, 건강을 발견한다. 그가 고통에 처한다면, 그는 악인들과 어리석은 사람들 가운데 한 명이다. 물론 종국에는 욥이 경건하고 **그리고** 부자로 끝나기 때문에, 욥기가 응보 원리를 완전히 손상시키는 것은 아니지만, 욥기의 경우에서처럼 단 한 경우에라도 그 원리가 성공적으로 도전 받는 한 그것의 교훈 효과는 상당히 약화된다. 왜냐하면 일단 욥의 경우가 알려지면, 그동안 바르게 산다는 평판을 받은 사람이 잠언에서 악인들에 대해 예언되는 그런 운명을 당할 경우에 어느 누구도 그 사람에게 비난의 손가락질을 할 수 없기 때문이다. 욥기는 사람들이 경건한지 그렇지 않은지를 결정하는 바른 기준은 그들 삶의 정신적 질이지 우연한 물질 생활 환경이 아니라는 것을 확고히 한다. 동시에, 욥기는 진정한 종교적 태도는 불행에 대한 수동적 체념으로 되어 있지 않고 하나님과 대결하는 용기도 포함한다고 주장한다. 욥기는 응보 문제에서 선도하는 잠언의 신학 성명들과 다르지만, 사람이 고난을 당할 때 어떻게 바르게 살 것인가에 대한 그것의 암시적 교훈 때문에 "지혜" 문학 내에서 잠언 옆에 자리를 얻는다.

서 론
III. 욥기에 관한 도서 개관

이 부분은 무리 없는 한 포괄적 도서 목록이 되도록 의도했다. 쉐필드 대학 도서관, 케임브리지 대학 도서관 혹은 런던 대영 박물관 내 영국 도서관에 있는 것들은 대부분 보았다고 생각되지만, 아래 목록은 내가 읽거나 본 것들만 포함하지는 않는다. 내게 친숙하지 않은 언어로 된 것들은 포함하지 않는다. 이 도서 목록 뒤에 담긴 의도들에 관한 다른 말들은 서론의 처음 부분인 본서의 개관에서 볼 수 있다.

책들은 다음 순서로 배열된다.

1. 욥기에 관한 도서 목록
2. 주석과 번역
   a. 교부
      i. 그리스
      ii. 라틴
      iii. 시리아
   b. 19세기 이전의 유대교
   c. 중세-16세기 초반, 기독교
   d. 16-17세기 기독교
   e. 19-20세기 기독교
3. 책 전반에 관하여
4. 문헌학, 본문 비평
5. 고대 역본
   a. 칠십인경 및 다른 그리스 역본
   b. 탈굼
   c. 불가타 및 그 외의 라틴 역
   d. 페쉬타 및 그 외의 시리아 역
   e. 아라비아 역
   f. 에디오피아 역
   g. 콥트 역

6. 문학적 관점
7. 모티프, 신학적 요소
8. 욥기와 그 영향
   a. 일반
   b. 초대 유대교
   c. 현대 유대교
   d. 이슬람 및 그 외의 종교
   e. 초대 기독교
   f. 서구 사상가 및 작가
   g. 욥기에 의해서 영감을 받은 문학 작품
   h. 욥기와 미술
   i. 욥기와 음악
   j. 욥기와 춤
   k. 욥기와 영화
9. 자료 및 저작
10. 연대 및 저자
11. 히브리 성경을 포함한 고대 문헌의 상황

규모가 큰 책들의 일부를 이루는 욥기 연구 목록은 거의 고려되지 않았다. 예를 들어, 성경 전체를 다루는 주석들이나 지혜서를 다루는 책들이 그런 것처럼, 모든 구약 서론은 욥기를 다룬다. 따라서 실수로 누락된 것들은 차치하고, 이 도서 목록이 그 길이에도 불구하고 욥기에 관해 쓰여진 것들의 완전한 목록은 아니다. 그러나 그것은 욥기가 지금까지 여러 시대에 걸쳐 초래했던 저술들을 충분히 나타내고 있다고 여겨질 것이다.

1. 욥기에 관한 도서 목록

Baker, J. A. "Commentaries on Job." Theol 66(1963) 179-85. Barr, J. "The Book of Job and Its Modern Interpreters." *BJRL* 54(1971-72) 28-46. **Conte, G.** "Letture di Giobbe." *Prot* 39(1984) 93-96. **Glatzer, N. H.**, ed. *The Dimensions of Job: A Study and Selected Readings.* New York: Schocken Books, 1969. **Hausen, A.** *Hiob in der-französischen Literatur: Zur Rezeption eines alttestamentlichen Buches.* Europaäische Hochschulschriften 13/17. Frankfurt: Peter Lang, 1972. 212-60. **Kaminka, A.** "Neueste Literatur zu den Hagiographen." *MGWJ* 71(1927) 289-306. **Kegler, J.** "Hauptlinien der Hiobforschung seit 1956." In C. Westermann, *Der Aufbau des Buches Hiob*. 2d ed. Stuttgart: Calwer, 1977. 9-25. **Kinet, D.** "Der Vorwurf an Gott: Neuere Literatur zum Ijobbuch." *BiKi* 36(1981) 255-59. **Kuhl, C.** "Neuere Literarkritik des Buches Hiob." *TRu* N.F. 21(1953) 163-205, 257-317. ______. "Vom Hiobbuche und seinen Problemen." *TRu* N.F. 22(1954) 261-316. **Lang, B.** "Neue Literatur zum Buch Ijob." *TTQ* 160(1980) 40-42. **Lods, A.** "Recherches récentes sur le livre de Job." *RHPR* 14(1934) 501-33. **Mika'el, M.** "ספר איוב באספקלריה של כתבי־עת משנת 1921 עד שנת 1950."[The Book of Job in Periodical Review 1921-1950]; *BMik* 76(1978-79) 106-15; 77, 229-40; 78, 336-46. **Müller, H. P.** "Altes und Neues zum Buch Hiob." *EvT* 37(1977) 284-304. ______. *Das Hiobproblem*. Darmstadt: Wissenschaftliche Buchgesellschaft, 1978. **Robinson, T. R.** "The Ten Best Books on the Book of Job." *Exp* 9/4(1925) 357-77. **Sanders, P.S.** *Twentieth-Century Interpretations of the Book of Job: A Collection of Critical Essays*. Englewood Cliffs, NJ: Prentice-Hall, 1968. **Tebbe, W.** "Predigthilfe aus Kommentaren: Neuere Literatur zum Buche Hiob." *MP* 43(1954) 156-67. **Vold, K.** "Jobbokens problemer: Litteratur om Jobboken." *TTKi* 3(1932) 41-56. **Waldow, H. E. von.** "Studien zum Buche Hiob." *VF* 20(1960-62) 215-27. **Williams, R. J.** "Current Trends in the Study of the Book of Job." In *Studies in the Book of Job*, ed. W. E. Aufrecht. *SR* Supplements 16. Waterloo: Wilfrid Laurier UP, 1985. 1-27.

2. 주석 및 번역

주석서들과 번역서들은 여기서 주로 시대별로 배열되었다: 교부, 19세기 전 유대교, 중세 기독교, 16-18세기 기독교, 19-20세기 유대교와 기독교.

르네상스 이전에는 욥기는 구약에서 좀더 명백하게 그리스도론적인 부분들보다 적은 관심을 받았다. 16세기 이후 쏟아진 욥기에 대한 두드러진 관심은 인문주의의 발전과 교회의 제재로부터 상대적으로 자유로워진 성경 연구와 관련된다.

욥기의 위대함은 여러 시대의 필요와 이해에 부합하는 적응성이었다. 르네상스 시대에는 중세 시대처럼 욥이 종종 윤리적 모델, 즉 견인과 인내의 모범으로 여겨졌다. 계몽 시대에는 욥이 교리에 대항하여 이성과 경험의 편에서 투쟁하는 합리적인 인간이 되었다. 낭만주의 시대의 욥은 조물주를 향한 끝없는 열망으로 가득하며, 인간의 슬픔의 무게에 짓눌리는 인물이었다. 20세기에는 욥이 부조리한 존재로 선고된 인류의 대표가 된다. 욥기와 그것의 핵심에 대한 이들 독법들 중 어느 것도 잘못된 것이 아니다. 오히려 각 시대의 확신과 관심들이 이전에 충분히 발견되지 않은 욥기의 새로운 차원을 하나씩 드러내었다. 욥기의 해석 역사가 단순히 우리가 성경에서 보고 싶어하는 것만을 본다는 사실을 가르쳐 준다고 가정하는 것은 잘못이리라. 오히려 욥기에 관한 책들은 역사 기념물 방명록에 기록된 논평들로, 피아노, 플룻 혹은 첼로를 위한 오케스트라 협연 편곡들로, 혹은 우리가 아는 사람의 많이 사랑받지만 다소 어색한 특징에 대한 뒷말이라 생각하는 것이 더 나으리라.

a. 교부

교부 시대에 욥기를 좋아한 사람들은 분명히 그리스 작가들이었다. 크리소스톰, 아타나시우스 그리고 다른 교부들의 주석 단편들 외에 24명의 그리스 교부들의 주석 모음집인 그리스(어) 카테나(Catena)도 있는데, 이 모음집이 없었다면 그들의 주석은 대부분 잔존하지 못했을 것이다. 라틴 교부들은 중세 때 성경 연구뿐만 아니라 기독교 윤리학과 신학에 전반적으로 막대한 영향을 미친 그레고리 대제의 『모랄리아』(*Moralia*, 욥기 주해)에 의해 압도된 것 같다.

Dhorme, E. *A Commentary on the Book of Job*. Tr. H. Knight. London: Thomas Nelson, 1967. ccxxi-ccxxiv. **Guillaumin, Marie-Louise.** "Recherches sur l'exégèse patristique de Job." *Studia Patristica* 12/1. Ed. Elizabeth A. Livingstone. Texte und Untersuchungen 115. Berlin: Akademie, 1975. 304-8.

i. 그리스

Anon.[Ps.-Origen]. In Job commentarius. *PG* 17:371-522[only known in Latin].

Athanasius(c. 296-373). *Fragmenta in Job*(excerpts from the Greek catena). *PG* 27:1343-48.

Chrysostom(c. 347-407). Fragmenta in beatum Job(excerpts from the Greek catena). *PG* 64:506-635. ______. *Synopsis scripturae sacrae, Job. PG* 56:361-68. ______. *In Job homilias IV. PG* 56:563-82. See also **Dieu, L.** "Le 'commentaire de S. Jean Chrysostome sur Job.'" *RHE* 13(1912) 640-58. **Haidacher, S.** "Chrysostomus-Fragmente. A: Chrysostomus-fragmente zum Buche Hiob." *Χρυσοστομικα. Studi e richerche a S. Giovanni Crisostomo*. Rome, 1908. 1:217-34. **Samir, K.**, and **J. L. Scharpé.** "Les sermons sur Job du Pseudo-Chrysostome(CPG 4564=BHG 939d-g) dans la version paléo-russe." OLP 9. Ed. M. Heltzer, 1978. 167-73. **Samir, K.** "Les sermons sur Job du Pseudo-Chrysostome(CPG 4564=BHG 939d-g) retrouvés en arabe." OLP 8. Ed. H. Sauren et al. 1977. 205-16.

Didymus the Blind(c. 313-98). Fragmenta ex catenis in Job. *PG* 39:1119-54. Eds.: **Hagedorn, D., U. Hagedorn**, and **L. Koenen**. *Didymus der Blinde: Kommentar zu Hiob(TuraPapyrus)*. Vol(s). 3, 4. Bonn: R. Habelt, 1985. **Henrichs, A.** *Didymos der Blinde: Kommentar zu Hiob(Tura-Papyrus)*. Papyrologische Texte und Abhandlungen 1, 2. 2 vol(s). Bonn: R. Habelt, 1968. See also **Marchal, G. W.** *Didyme de blinde en zijn interpretatie van het boek Job.* Sneek: Doevendans, 1977.

Greek Catena. Eds.: **Comitolus, P.**, ed. *Catena in Beatissimum Job absolutissima, e quatuor et viginti Graeciae Doctorum explanationibus contexta, a Paulo Comitolo e graeco in latinum conversa.* Venice, 1587. **Junius, P.**, ed. *Catena Graecorum Patrum in beatum Job collectore Niceta Heracleae Metropolita ex duobus mss. Bibliothecae Bodleianae codicibus, graece, nunc primum in lucem edita et latine versa, opera et studio Patricii Junii Bibliothecarii Regii.* London, 1637[=*PG* 64:505-635]. See also **Bertini, U.** "La catena greca in Giobbe." *Bib* 4(1923) 129-42.

Hesychius of Jerusalem(fl. c. 300). Eds.: **Tscherakian, C.**, ed. *Commentary on Job* [Armenian]. Venice, 1913. **Renoux, C.** *Hesychius de Jérusalem, Homélies sur Job: Version arménienne.* PO 42/1-2. Turnhout: Brepols, 1983. See also **Renoux, C.** "L'Église de Sion dans les Homélies sur Job d'Hésychius de Jérusalem." *RÉArmén* 18(1984) 135-46. **Julian of Halicarnassus**(d. after 518)(attrib.). See Julian the Arian.

Julian the Arian(4th cent.). Eds.: **Hagedorn, D.** *Der Hiobkommentar des Arianers Julian.* Patristische Texte und Studien 14. Berlin: de Gruyter, 1973. See also **Ferhat, P.** "Der Jobprolog des Julianos von Halicarnassos in einer armenischen Bearbeitung." *OrChr* 1(1911) 26-31. **Olympiodorus of Alexandria**(6th cent.). *Commentarium in beatum Job*(excerpts from the Greek catena). *PG* 93:11-409. Eds.: **Hagedorn, U., and D. Hagedorn.** *Olympiodor, Diakon von Alexandria: Kommentar zu Hiob.* Patristische Texte und Studien 24. Berlin: de Gruyter, 1984. **Origen**(c. 185-c. 254). *Ex Origene selecta in Job. PG* 12:1031-50. ______. *Hexaplorum quae supersunt* … Job. *PG* 16/1:287-570. ______. *Ennarrationes in Job. PG* 17:57-106. **Theodore of Mopsuestia**(c. 350-428). *In Jobum*(excerpts from the Greek catena). *PG* 66:697-98. **Draguet, R.** "Un commentaire grec arien sur Job." *RHE* 24(1924) 38-65. See also

Osieczkowska, C. "Note sur un manuscrit grec du livre de Job, no 62 du Musée byzantin d'Athènes." *Byzantion* 6(1931) 223-28.

ii. 라틴

Anon.[Ps.-Origen]. *In Job commentarius. PG* 17:371-522.

Ambrose(c. 339-97). *Liber de Interpellatione Job et David. PL* 14:793-850. See also **Baskin, J. R.** "Job as Moral Exemplar in Ambrose." *VigChr* 35(1981) 222-31.

Augustine(354-430). *Adnotationum in Job liber unus. PL* 34:825-86. ______. Sermo de eo quod scriptum est in Job, cap. 1,6. *PL* 38:100-106. See also **Jackson, M. G. StA.** "Formica Dei: Augustine's Enarratio in Psalmum 66:3(Job as 'God's Ant')." *VigChr* 40(1986) 153-68.

Gregory the Great(c. 540-604). *Libri XXXV Moralium. PL* 75:515-1162; 76:9-782. ______. *Excerpta ex commentario in Jobum*(attrib. Bede). *PL* 23:1470-80. Eds.: **Adriaen, M.**, ed. *S. Gregorii Magni Moralia in Iob.* CCSL 143, 143A, 143B. 3 vol(s). Turnhout: Brepols, 1979-85. *Morals on the Book of Job, Translated with Notes and Indices.* 3 vol(s). Oxford: H. Parker, 1844-50. **Gillet, R., A. de Gaudemaris**, and **A. Bocagnano.** *Grégoire le Grand, Morales sur Job: Texte latin, introduction et notes.* 4 vol(s). Sources chrétiennes 32, 32b, 212, 221. Paris: Cerf, 1950-75. See also **Castaldelli, F.** "Il meccanismo psicologico del peccato nei 'Moralia in Job' di San Gregorio Magno." *Salesianum* 27(1965) 563-605. **De Ayala, L.** *Las flores de los 'Morales de Job': Introduzione, testo critico e note.* Florence: Le Monnier, 1963. **Salmon, P.** "Le texte de Job utilisé par S. Grégoire dans les 'Moralia.'" *Miscellanea Biblica et Orientalia…A. A. Miller.* 1951. 187-94. **Wasselynck, R.** *L'influence des Moralia in Job de S. Grégoire le Grand sur la théologie morale entre le VIIe et le XIIe siècle.* Diss. Lille, 1956. ______. "Le compilations des Moralia in Job du VIIe au XIIe siècle." *RTAM* 29 (1962) 5-33. ______. "Les Moralia in Job dans les ouvrages de morale du haut moyen âge latin." *RTAM* 31(1964) 5-31. See also Lathcen; Odo of Cluny; Peter of Waltham.

Hilary(c. 315-67). *Tractatus in Job*[frag.]. *PL* 10:723-24.

Jerome(c. 342-420). *Commentarii in librum Job. PL* 26:619-802. ______. *Liber Job* [a translation]. *PL* 28:1079-1122. ______. *Liber Job. Altera versio. PL* 29:61-114. ______.(attrib.: Ps.-Philip the Presbyter). *Expositio interlinearis libri Job. PL* 23:1402-70. See also *Fransen, I. Le commentaire au livre de Job du diacre Philippe.*

Diss. Lyon, Maredsous, 1949. **Lagarde, P. de.** "Des Hieronymus Übertragung der griechischen Übersetzung des Iob." *Mittheilungen.* Göttingen, 1887. 2:189-237.

Julian of Eclana(c. 386-454). *Expositio libri Jobi. PL* Suppl. 1/1:1573-1679. Eds.: **Amelli, A.** *PL* Suppl. 1:1573-1679. **De Conink, L.** *Iuliani Aeclanensis Expositio libri Iob.* CCSL 88. Turnhout: Brepols, 1977. See also **Vaccari, A.** *Un commento a Giobbe di Giuliano di Eclana.* Rome, 1915. **Weyman, C.** "Der Hiobkommentar des Julianus von Aeclanum." *TRev*(1916) 241-48.

Lathcen(Laidcend, Laidgen)(d. 661). *Egloga quam scripsit Lathcen filius Baith de Moralibus Job quas Gregorius fecit.* Ed. M. Adriaen. CCSL 145. Turnhout: Brepols, 1969. **Walafrid Strabo**(c. 808-49)(attrib.). *Glossa ordinaria···In librum Job. PL* 113: 747-840. See also **Datema, C.** "A Supposed Narratio on Job." AnBoll 103(1985) 303-304. **Stiglmayr, H.** "Der Jobkommentar von Monte Cassino." *ZTK* 43(1919) 269-88.

iii. 시리아

Bar Hebraeus(1226-86). Eds.: **Bernstein, G. H.** *Gregorius bar Hebraeus: Scholia in librum Iobi: ex codd.* mss. *emendata, denuo edidit, difficiliorum locorum interpretatione illustravit, notis criticis instruxit.* Breslau: Typis Universitatis, 1858. *Scholia in Jobum.* In **Kirsch, G. G.** "Bar Hebraei scholia in Jobum ex ejus Horreo Mysteriorum, sec. cod. Bodl. A." In *Chrestomathie syriaque.* Leipzig: K. Knobloch, 1836. 186-210.

Ephrem(c. 306-73). **Benedictus, P.** *Scholies sur Job: Edition syriaque et traduction latine.* Opera Syriaca. Rome, 1740. 2:1-20.

Ishodad of Merv(9th cent.). **Schliebitz, J.** *Išodadh's Kommentar zum Buche Hiob.* BZAW 11. Giessen, 1907. See also **Vosté, J. M.** "Mar Išoʿdad de Merw sur Job." *Bib* 30(1949) 305-13. **Van den Eynde, C.** *Commentaire d'Iso'dad de Merv sur l'Ancien Testament. 3: Livre des sessions.* CSCO 229-30. Scriptores Syriaci 96-97. Louvain: Secrétariat du CSCO, 1962-63.

b. 19세기 이전의 유대교

Anon. *Bruchstücke eines rabbinischen Hiob-Commentars: Als Manuscript in einigen Exemplaren*(from 1295). Bonn: C. Georgi, 1874. ______. *A Commentary on the Book of Job, from a Hebrew Manuscript in the University Library, Cambridge.* Ed. W. A.

Wright. London, 1905.

Abraham, Israel ben. ספר איוב: עם העתקה אשנזית ובאור[Yiddish translation]. Prague, 1791. **Abraham, Zeeb Wolf ben.** זה ספר פשר דבר על מקרא איוב. Berlin, 1777. **Alshech, M.** איוב חלקת מחוקק: ביאור ספר. Venice, 1603. **Arama, Meir b. Isaac.** איוב ספר מאיר Venice, 1567.

Duran, Simon. ספר אוהב משפט, and **Sforno, Obadiah b. Jacob**. ספר משפט צדק. Venice, 1589[the two commentaries in parallel columns].

Gersonides[Ralbag](1288-1344). **Lassen, A. L.** *The Commentary of Levi ben Gersom(Gersonides) on the Book of Job: Translated with Introduction and Notes.* New York: Bloch Publishing Co., 1946.

Ibn Ezra, A.(d. 1167). In *Biblia Rabbinica* of Buxtorf. See also **Galliner, J.** *Abraham ibn Esra s Hiobkommentar auf seine Quellen untersucht.* Berlin: H. Itzkowski, 1901. **Masnuth, Samuel b. Nissim**(12th cent.). מעין גנים. In **Buber, S.** *Commentar zu Job von Rabbi Samuel ben Nissim Masnuth.* Berlin, 1889. **Meldola, J. H.** ספר איוב [Hebrew text with Spanish version by Jacob Lombroso]. Livorno, 1778. **Menahem, Jacob U. S. F.** בית יעקב אש: באיור נחמד ונעים על ספדא דאיוב. Frankfurt an der Oder, 1765. **Mendelssohn, M.** *Bible Commentary on Job.* Berlin, 1789. **Midrash.** מדרש איוב. Ed. S. A. Wertheimer. 2d ed. Jerusalem, 1953.

Nahmanides[Ramban](1194-1270). **Chavel, C. D.** כתבי רבנו משה בן נחמן. Jerusalem, 1963. 1:19-28. See also **Silver, D.J.** "Nachmanides' Commentary on the Book of Job." *JQR* 60(1969-70) 9-26.

Qara, David. See Ahrend, M. M. *Le commentaire sur Job de Rabbi Yoséph Qara: Étude de méthodes philologiques et exégétiques.* Hildesheim: Gerstenberger, 1978. See also **Arend[Ahrend], M.** "The Commentary of R. Joseph Kara on Job and Its Relationship to Rashi's Commentary." *Studies in Bible and Exegesis···A. Toeg.* 1980. 183-207[Heb.]. **Rashi[Itzhaki, R. Samuel]**(1040-1105). In *Biblia Rabbinica* of Buxtorf.

Saadia b. Joseph Gaon(882-942). Eds.: **Goodman, L. E.** *The Book of Theodicy: Translation and Commentary on the Book of Job by Saadiah ben Joseph al-Fayyūmī, Translated from the Arabic with a Philosophic Commentary.* New Haven: Yale UP, 1988. **Qapah, J.** *Sepher Iyyob im Targum Uperuš Rabbi Sa'adia Ga'on.* Jerusalem, 1970. See also **Rosenthal, E. I. J.** "Saadya's Exegesis of the Book of Job." In his *Saadya*

Studies. Manchester: Manchester UP, 1943. 177-205. **Vajda, G.** "Quelques remarques en marge de la seconde rédaction du Commentaire de Saadia Gaon sur le livre de Job." *RÉJ* 135(1976) 157-68. See also under Ancient Versions, Arabic(sect. 4e below). **Shoeib, Joel ibn**, and **Abraham b. Mordecai Galante.** ספר כל בכים c. Christian, Medieval and Pre-Sixteenth-Century

c. 중세와 16세기 초의 기독교

Albert the Great(c. 1200-1280). *Postilla super Iob.* Eds.: **Weiss, M.** *Commentarii in Job: Postillae super Job.* Freiburg i. Breisgau, 1904. See also **Goggi, R.** "Il significato del libro di Giobbe secondo S. Alberto Magno." *SacDoc* 26(1981) 105-22. **Jutras, A.-M.** "Le Commentarius in Job d'Albert le Grand et la Disputatio." *Études et Recherches* 9(1955) 9-20.

Anon. *Der mitteldeutsche poetische Paraphrase des Buches Hiob.* Ed. T. E. Karsten. Deutsche Texte des Mittelalters 21. Berlin, 1910. ______. *Mystere de la Pacience de Job.* 15th cent. See **Meiller, A.**, ed. *La Pacience de Job, mystêre anonyme du XVe Siècle*(ms *fr. 1774*). Paris, 1971.

Aquinas, Thomas(c. 1225-74). *Expositio in librum beati Job.* Eds.: *Sancti Thomae Aquitanis Doctoris angelici O.P. expositio in aliquot Veteris Testamenti libros et in Psalmos adjectis brevibus adnotationibus.* Parma: Fiaccadori, 1863. 1-145. ______. *Expositio super Job ad litteram cura et studio Fratrum Praedicatorum.* Opera omnia 26. Rome: Ad Sanctae Sabinae, 1965. See also **Coggi, R.** "L'insegnamento del libro di Giobbe. i. Sintesi dell'Expositio super Iob di S. Tommaso: ii. Validità perenne." *SacDoc* 27(1982) 215-310. **Manzanedo, M. F.** "La antropologia filosòfica en el comentario tomaista al libro de Job." *Ang* 62(1985) 419-71. **Michaud-Quantin, P.** "L'édition critique de l'Expositio super Job de S. Thomas d'Aquin." *RSPT* 50(1966) 407-10. **Kreit, J.** *St. Thomas d'Aquin, Job un homme pour notre temps.* Paris: Téqui, 1982.

Bede(673-735). See Gregory the Great. See also **Vaccari, A.** "Scripsitne Beda commentarium in Job?" *Bib* 5(1924) 369-73.

Bruno d'Asti(Bruno of Segni)(c. 1048-1123). *Expositio in Job. PL* 164:551-696.

Denis the Carthusian[Denys van Leeuwen, Denys Ryckel](1402-71). *Enarratio in librum Job.* In *Doctoris ecstatici D. Dionysii cartusiani opera omnia.* Monstrolii, 1847.

4:293-696. ______. *De causa diversitatis eventorum humanorum: Enarrationes in libros Job, Tobiae, Judith, Esther, Esdrae, Nehemiae, Machabaeorum.* Cologne, 1534.

Francocordia, J. de. *Commentarius super librum Job.* 1441.

Marquard von Lindau. See **Greifenstein, E.** *Der Hiob-Traktat des Marquard von Lindau: Überlieferung, Untersuchung und kritische Ausgabe.* Munich: Artemis, 1979. **Stammler, W.** *Der Job-Traktat des Marquard von Lindau.* 1965-66. **Palmer, N. P.** "Der Hiob-Traktat Marquards von Lindau in lateinischer Überlieferung." *Beiträge zur Geschichte der deutschen Sprache* 104(1982) 48-83.

Nicholas of Lyra(c. 1270-1340). *Postillae perpetuae in Vetus et Novum Testamentum.* Cologne, 1478.

Odo of Cluny(879-942). *Epitome moralium S. Gregorii in Job. PL* 133:105-512.

Peter of Blois(c. 1130-c. 1203). *Compendium in Job. PL* 207:795-826. See also **Gildea, J.** *L Hystore Job, an Old French Verse Adaptation of Compendium in Job by Peter of Blois II: Introduction, Notes, Glossary.* Liège: Vaillant, 1979.

Peter of Waltham(12th cent.). **Gildea, J.,** ed. *Peter of Waltham, Archdeacon of London(c. 1190-1196), Remediarium conversorum: A synthesis in Latin of* Moralia in Job *by Gregory the Great.* Villanova, PA: Villanova UP, 1984.

Philip the Presbyter. Sichardus[Sickart], J., ed. *Philippi Presbyteri viri longe eruditissimi in historiam Iob commentariorum libri tres.* Basel, 1527.

Roland of Cremona(13th cent.). See **Dondaine, A.** "*Un commentaire scripturaire de Roland de Cremone: Le livre de Job.*" *Archivum Fratrum Praedicatorum* 11(1941)109-37.

Rolle, Richard, of Hampole(c. 1290-1349). *Explanationes in Job.* Oxford, 1483.

Rupert de Deutz(c. 1070-1129). *Super Job commentarius. PL* 168:963-1196.

d. 16-18세기의 기독교

욥기에 관한 이렇게 놀랍도록 광범위한 목록 가운데(150항목이 넘는데, 이는 욥기에 관해 평균 18개월에 새로운 책 한 권이 나온 것이다) 두 가지가 눈에 띈다. 첫째는, 히브리어 원어로부터의 번역들이라 공언하는 번역서들의 분량이다. 이들 대부분은 운문으로 되어 있다(특히 영어와 불어가 그렇고, 또 독일어, 그리스어, 이탈리아어도 그렇다. 휴 브로튼의 타이틀이 증거하듯이 이런 번역은 한 달 내에 이루

어질 수 있었다: Hugh Broughton, *Iob. To the King. A Colon-Agrippina studie of one moneth, for the metricall translation: but of many yeres, for Ebrew difficulties,* 1610). 흠정역의 번역가 가운데 한 사람으로 욥기를 호머 언어의 서사 운문으로 바꾼 존 듀포의 역작도 언급할 가치가 있다(John Duport, *ΘΡΗΝΟΘΡΙΑΜΒΟΣ. Sive Liber Job Graeco carmine redditus,* 1637). 그렇게 많은 역본들의 출판은 지식인들 사이에 있었던 광범위한 히브리어 지식의 증거이며, 그런 책들을 향한 독자들의 끝없는 욕구에 대해서 놀라워할 만한 이유를 제공한다. 둘째는, "비판적" 주석서들의 숫자로, 이들은 특히 유대 작가들에 근거한 세세한 문헌학적 주해와 아라비아어 지식에 대한 충분한 증거를 담고 있다.

욥기에 대한 16세기 영국 도서관의 카탈로그에서 초창기 목록을 보는 것은 흥미롭기도 하고 욥기가 그 당시에 어떻게 사용되었는지를 아는 데도 유익하다. 심지어 맨 앞에 나오는 제목들에서 민족적 특징의 반영들을 식별해 보고도 싶을 것이다. 영어로 된 최초의 작품은 독립 작품이 아니고 개혁가 데오도르 베자가 쓴 주석의 번역이다. 스코틀랜드에서 출판된 최초의 책은 조지 헛취슨이 에딘버러에서 지치지 않고 들어주는 그의 회중에게 316회가 넘도록 했던 위압적인 욥기 강의 시리즈였다: George Hutcheson, *An Exposition of the Book of Job: Being the sum of cccxvi lectures preached in the City of Edinburgh,* 1669). 불어로 된 최초의 작품은 히브리어로부터 번역된 것으로, 자신을 르 비아뛰르(Le Viateur)라는 필명으로만 서명하는 작가 장 펠르랭(Pélerin)의 간단한 주석을 담고 있다. 두 번째 것은 이번에는 "불어-시"로 된 또 다른 번역으로(d Albiac을 보라), 즉 라신(Racine)과 그의 시대에 사랑받은 알렉산더 격 시가다. 독일어로 된 최초의 작품은 『유용한 기독교 설교로서 설명된 욥기의 역사』라는 설교 모음집이다(J. Wildt, *Iobi historia Christlich und nützlich Predig weyss aussgelegt…Durch Johan Wildt…geprediget …1552,* 1558).

해석의 모든 시대와 마찬가지로 이 시대에도 파생적인 작품들이 많았고, 상세 표제 목록들에서 종종 인정된다. 그러나 두드러진 인상은 오히려 활발하고 전문적으로 우수한 학식이다. 이 시대는 비평적, **역사적** 학문성이 발흥하기 전이다. 그러나 참신하게도 교리, 알레고리 그리고 교회의 영향을 보이지 않는 언어학적이고 비평적인 연구의 좋은 예들이 아주 많다. 뒤구에(J. J. Duguet)와 비델 다스펠트(J. V. Bidel d'Asfeld)의 작품 *Explication du livre de Job où, selon la méthode des saints Pères, l'on s attache àa découvrir les mystères de Jésus-Christ et les règles des* *moeurs renfermées dans la lettre même de l Écriture*(1732), 즉 『교부들의 방법을 따라 관심을 성경 문자에 담긴 그리스도의 비밀과 정신 원리를 발견하는 데 두는 욥기 해설』은 규칙이 있음을 보여 주는 예외다.

최고의 낙관적 표제 상은 *Hiob cum piis et eruditis Iohannis Brentii commentariis ad Hebraicam veritatem ita translatus, ut nulla porro obscuritas lectorem possit offendere*(1527), 즉 『진짜 히브리어 원문을 따라 번역되고, 존 브렌츠의 경건하고 박식한 주해로 불분명한 것이 하나도 없어 어떤 독자도 실수하지 않을 욥기』(*Job so translated according to the true Hebrew original, with the pious and learned comments of John Brentz, that no obscurity should any further cause the reader to stumble*)를 쓴 비텐베르그 신학자 존 브렌티우스에게 수여되어야 한다.

끝으로, 위로의 상은 당연히 피터스(C. Peters)의 욥기에 관한 비평적 논문이 받을 만하다: *A Critical Dissertation on the Book of Job, wherein the account given of that book by the author of The Divine Legation of Moses Demonstrated,* & c. *is particularly considered: the antiquity of the book vindicated: the great text* 〈*Chap. xix.25*〉 *explained: and a future state shewn to have been the popular belief of the ancient Jews or Hebrews*〈2d ed., 1757〉). 이후 학계에서는 그의 주요한 주장들 각각에 대해 그가 틀렸다고 선언했다.

이 시기에 가장 중요한 학문적 주석들은 연대순으로 다음 저자들에 의한 것들을 언급할 수 있다.

1527	Brentius	1600	Pineda	1720	Michaelis, J. H.
1528	Bucer	1612	Piscator	1734	Hoffmann
1528	Titelmann	1625	Sanctius	1737	Schultens
1573	Mercerus	1629	Bolducius	1753	Houbigant
1582	Huerga	1644	Cocceius	1779	Reiske
1584	Zúñiga	1663	Terentius	1779	Döderlein
1599	Merlin	1670	Schmidt	1789	Dathe

Abbott, G. *The whole booke of Job paraphrased, or made easie for any to understand.* London, 1640. **Anon.** *Hijr begynt dat boeck Iob.* Augsburg, 1480. ______. *Büchlein von dem heiligen Job.* Argentorati, 1498. ______. *Liber beati Job. Si patientiam, si modestiam, si constantiam in tribulationibus, infirmitatibus et adversis, si denique celibem ac beatam vitam ducere cupis librum beati Job ydumie sive Arabiā legito.*

Paris, 1508.[The Lat. text preceded by Jerome s prologue.] ______. *Das Buch Hiob, nach der Hebreischen Grundsprache gottsfürchtiger und gelehrter Lehrer Auslegung: In zwölf vnd dreyzehen silbige deutsche Reime gesetzt, Sampt … einer kurtzen erzehlung wer dieser heilige Mann gewesen und zu welcher Zeitt ere gelebet.* Wittenberg, 1638. ______. *Jesu Christi Festum Natalitium … Insunt observationes ad librum Jobi.* Tübingen, 1826. ______. *Job, un drama engiadinais del 16. secul. Nouvamaing publicho da Jakob Ulrich.* Chur, 1896. **Aurelius, A.** *Iobus, sive de patientia liber, poetica metaphrasi explicatus.* London, 1632.

Barbauld, Anna Laetitia. *Devotional pieces, compiled from the Psalms and the Book of Job: to which are prefixed, thoughts on the devotional taste, on sects, and on establishments.* London, 1775. **Bellamy, D.** *A Paraphrase on the sacred history, or Book of Job, with observations from various authors.* London, 1748. **Belleau, R.** *Traduction en vers du livre de Job.* 1576. **Benserradde, I. de.** *Paraphrases sur les IX. leçons de lob.* Paris, 1637. **Beza, T. de.** *Jobus commentario et paraphrasi illustratus.* Geneva, 1583. ______. *Iob expounded by Theodore Beza, partly in manner of a commentary, partly in manner of a paraphrase. Faithfully translated out of Latine into English.* Cambridge, 1589(?). See also **Raitt, J.** "Beza, Guide for the Faithful Life (Lectures on Job, Sermons on Song of Songs, 1587)." *SJT* 39(1986) 83-107. **Blackmore, R.** *A Paraphrase on the Book of Job: as likewise on the Songs of Moses, Deborah, David: on four select Psalms: some chapters of Isaiah, and the third chapter of Habakkuk.*[In verse.] London, 1700. **Bolducius[Bolduc], P.** *Commentaria in librum Job.* 2 vol(s). Paris, 1629, 1637. **Boullier, D. R.** *Observationes miscellaneae in librum Job.* Amsterdam, 1758. **Bravi, B. A.** *Parafrasi del sacro libro di Giobbe fatta in versi italiani.* Verona, 1763. **Brentius[Brentz], J.** *Hiob cum piis et eruditis Iohannis Brentii commentariis ad Hebraicam veritatem ita translatus, ut nulla porto obscuritas lectorem possit offendere.* Haganoae, 1527. **Brett, A.** *Patientia Victrix: or, the Book of Job, in lyrick verse.* London, 1661. **Broughton, H.** *lob. To the King. A Colon-Agrippina studie of one moneth, for the metricall translation: but of many yeres, for Ebrew difficulties.* In his *The Works of the Great Albionean Divine, renown d in many nations for rare skill in Salems and Athens tongues, and familiar acquaintance with all rabbinical learning.* London, 1662. 2:247-94. **Brucioli, A.** *Il libro di lob, tradotto dalla ebraica verita, in lingua italiana, & con nuovo commento dichiarato.* Vinegia, 1534.

Bucer, M. *Commentarii in librum Jobi.* Strasbourg, 1528. **Bugenhagen, J.** *Adnotationes in Joburn.* Strasbourg, 1526.

Cajetan, T. de V. *In librum lob commentarii.* Rome, 1535. **Calmet, A.** *Commentaire littéral sur le livre de Job.* 1722. **Calvin, J.** *Sermons sur le livre de Job, recueillis fidèlement de sa bouche selon qu'il les preschoit.* 1554. Eds.: *Calvini Opera.* Ed. G. Baum, E. Cunitz, and E. Reuss. Vol(s). 33-34. Braunschweig, 1887. ______. *Sermons upon the booke of Job, translated out of French.* Tr. A. Golding. London, 1584. ______. *Sermons from Job.* Tr. L. Nixon, 1952. See also **Schreiner, Susan E.** "'Through a mirror darkly': Calvin's sermons on Job." *CalTJ* 21(1986) 175-93. **Smid, T. D.** "Some Bibliographical Observations on Calvin's Sermons sur le livre de Job." *Free University Quarterly*(1960) 51-56. **Woudstra, M. H.** "The use of 'example' in Calvin's sermons on Job." *Bezield verband.* FS J. Kamphuis. Ed. M. Arntzen et al. 1984. 344-51. **Cappel[lus], L.** *Critica sacra, sive de variis quae in sacris Veteris Testamenti libris occurrunt lectionibus libri sex.* Paris, 1650. ______. *Commentarii et notae criticae in Vetus Testamentum.* Amsterdam, 1689. **Carpenter, W.** *A Poetical Paraphrase on the Book of Job.* Rutland, 1796. **Caryl, J.** *An Exposition with practicall Observations upon …the Booke of Job.* 12 vol(s). London, 1643-66. **Cermelli, A.** *Catena in Job ex SS. Patrum Scriptorumque ecclesiasticorum sententiis concinnata.* Gê nes, 1636. **Cerutti [Ceruti], G.** *Il Libro di Giobbe recato dal testo Ebreo in versi italiani dal sacerdote G. Cerutti.* Turin, 1759. **Chapelow[Chappelow], L.** *A Commentary on the Book of Job, in which is inserted the Hebrew text and English translation; with a paraphrase from the third verse of the third chapter, where it is supposed the metre begins; to the seventh verse of the forty-second chapter, where it ends.* 2 vol(s). Cambridge, 1752. **Chassignet, J.-B.** *Job ou de la Fermeté*[verse paraphrase]. Bibliothèque Nationale, Ms. *fr.* 2381, 1592. See also **Müller, A.** *Un poète religieux du XVI.e siècle: Jean Baptiste Chassignet, 1578(?)-1635(?).* Paris: R. Foulon, 1951. 45-67. **Chasteignier de la Roche-Posai, H. L.** *Exercitationes in librum Job.* Poitiers, 1628. **Clericus [Le Clerc], J.** *Veteris Testamenti Libri Hagiographi. Jobus, Davidis Psalmi, Salomonis Proverbia, Concionatrix et Canticum Canticorum.* Amsterdam, 1731. **Clodius, J. C.** *Theoria et praxis linguae arabicae. Liber H. De usu linguae arabicae in libri Jobi seorsim.* Leipzig, 1729. 68-230. **Codurcus, P.** *Libri lob versio nova ex hebraeo cum scholiis.* Paris, 1651.[=**Codercus, P.** *Scholia seu adnotationes in Jobum ad sermonem* *sacrum Ebreum adornata.* Paris, 1651.] **Corderius[Cordier], B.** *Job elucidatus.* Antwerp, 1646. **Cocceius[Coch], J.** *Commentarius in librum Ijobi.* Franeker, 1644. **Crommius, A.** *In Jobi historiam.* Louvain, 1632. **Cube, J. D.** *Poetische und prosaische Uebersetzung des Buches Hiob.* 3 vol(s). Berlin, 1769-71.

d'Albiac, A.[A. du Piessis]. *Le livre de Iob: traduit en poésie françoise, selon la verité Hébraïque.* Geneva, 1552. **Dathe, J. A.** *Jobus, Proverbia Salomonis, Ecclesiastes, Canticum Canticorum ex recensione textus hebraei et versionum antiquarum latine versi notisque philologicis et criticis iUustrati.* Halle, 1789. **Devens, R.** *A Paraphrase on some parts of the Book of Job.* Boston, 1795. **Didacus a Stunica.** *In Iob commentaria, quibus triplex eius editio vulgata Latina, Hebraea, et Graeca septuaginta interpretum, necnon et Chaldaea explicantur et inter se cum diferre hae editiones videntur, conciliantur, et praecepta vitae cum virtute colendae literaliter deducuntur.* Toledo, 1584. **Döderlein, J. C.** *Scholia in libros Veteris Testamenti poeticos Jobum, Psalmos et tres Salomonis.* Halle, 1779. **Drusius[Van der Driesche], J.** *Nova versio et scholia in Iobum.* Amsterdam, 1636. **Duguet, J. J.,** and **J. V. Bidel d'Asfeld.** *Explication du livre de Job où, selon la méthode des saints Pères, l'on s'attache à découvrir les mystières de Jésus-Christ et les règles des moeurs renfermées dans la lettre même de l'Écriture.* Paris, 1732. ______. *Préface sur le livre de Job.* Amsterdam, 1734.[**Du Piessis, A.**] See d'Albiac, A. **Duport, J.** *ΘΡΗΝΟΘΡΙΑΜΒΟΣ. Sive Liber Job Graeco carmine redditus.* Cambridge, 1637. **Eckermann, J. C. R.** *Versuch einer neuen poetischen Uebersetzung des Buches Hiob, nebst einigen Vorerinnerungen und einer nachstehenden Umschreibung.* Leipzig, 1778. **Erskine, R.** *Job's hymns: or, a book of songs upon the Book of Job.* Glasgow, 1753. **Estius, G.** *Annotationes in praecipua ac difficiliora Sacrae Scripturae loca. Annotationes in librum Job.* Douai, 1620. **Fernandez de Pidazuelos, A.** *La divina providencia o historia sacra poetica de Job. Versio de un filopatro expatriado, dedicada al principe de la paz.* Venice, 1795. **Fer, J.** *Jobi historiae docta et catholica explicatio in CXIIII conciones eleganter distributa.* Cologne, 1558. **Forerius, F.** *Commentarius in Job.* Antwerp, 1563.

Gallo, J. *Historia y diálogos de Job, con explicación literal y moral, según las versiones de Vatablo, Pagnino, el Parafrastes y los Setenta.* Burgos, 1644. **Garcia, J.** *Job evangélico.* Zaragoza, 1644. **Garden, C.** *An Improved Version attempted of the Book of Job: a poem … with a preliminary dissertation and notes.* Oxford, 1796. **Garnett,**

J. A. *A Dissertation on the Book of Job, its nature, argument, age and author.* London, 1749. **Gordon, J.** In *Biblia Sacra cum commentariis ad sensum literae.* Paris, 1632. **Grey, R.** *Liber Jobi in versiculos metrice divisus, cum versione latina Alberti Schultens, notisque ex ejus commentario excerptis, quotquot ad Divinum plane poema illustrandum … necessariae videbantur. Edidit, atque annotationes suas, ad metrum praecipue spectantes, adjecit Ricardus Grey.* London, 1742. **Grotius[De Groot], H.** *Annotationes in Vetus Testamentum.* Paris, 1644. **Grynaeus, S.** *Das Buch Hiob in einer poetischer Uebersetzung nach des Prof. Schultens Erklärung mit Anmerkungen von Simon Grynäus.* Basel, 1767.

Hardouin, J. *Le livre de Job selon la Vulgate paraphrasé avec des remarques.* Paris, 1729. **Hatcher, R.** *Jobi peroratio, pro triplici status sui colore, tribus capitulis distincta.* In his *Funus corporis.* London, 1646. 89-112. **Heath, T.** *An Essay toward a new English version of the Book of Job from the original Hebrew, with a commentary, and some account of his life.* London, 1756. *Henry, M. An Exposition of the Five Poetical Books of the Old Testament: viz. Job, Psalms, Proverbs, Ecclesiastes, and Solomon s Song.* London, 1710. **Hoffmann, J. A.** *Neue Erklärung des Buches Hiob, darin das Buch selbst aus der Grundsprache mit den darin liegenden Nachdruck ins Teutsche übersetzt: hienäichst aus denen Altherümern und der morgenländischen Philosophie erläutert: überhaupt aber die darin verborgene tiefie Wiesheit geseiget wird. Jetzo nach des Verfassers seel. Abschiede mit Fliess ubersehen, und reit einer Paraphrasi, wie auch Vorbericht von Hiobs Person, Buche und dessen Auslegern vermehret.* Hamburg, 1734. **Hog[Hogaeus Scotus], W.** *Paraphrasis in Jobum poetica. Auctore Gulielmo Hogaeo Scoto.* London, 1682. **Holden, L.** *A Paraphrase on the Books of Job, Psalms, Proverbs, and Ecclesiastes, with notes critical, historical and practical.* 4 vol(s). London, 1763. **Hotfinger, J. H.** *Liber Ijobh post textum hebraeum et versionem verbalem latinurn, analysis simplex, sed accurata, omniurn radicum.* Zurich, 1689. **Houbigant, C. F.** *Biblia Hebraica cum notis criticis et versione latina ad notas criticas facta.* 4 vol(s). Paris, 1753[Unvocalized Heb. text, Latin translation, and notes]. ______. *Notae criticae in universos Veteris Testamenti libros cum hebraice, tum graecae scriptos cum integris ejusdem prolegomenis.* 2 vol(s). Frankfurt, 1777.[The notes only, the same as in the work above]. **Huelga[Huerga], C. de la.** *Commentaria in librum beatiJob et in Cantica Canticorum Salomonis regis.* Complutum, Alcala, 1582. **Hufnagel, W. F.** *Hiob* *neu übersetzt mit Anmerkungen.* Erlangen, 1781. **Hutcheson, G.** *An Exposition of the Book of Job. Being the sum of cccxvi lectures preached in the City of Edenburgh.* London, 1669.

Ilgen, K. D. *Jobi antiquissimi carminis Hebraici natura atque virtutes.* Leipzig, 1789. **Isham, Z.** *Divine Philosophy: containing the Books of Job, Proverbs, and Wisdom, with explanatory notes.* London, 1706.

Janssonius, J. *In propheticum librum Job enarratio.* Louvain, 1623. **Járava, F. de.** *Liciones de Job en castellano.* Antwerp, 1550. **Johannes a Jesu-Maria.** *Liber Job paraphrastice explicatus.* Rome, 1611. **Jonghen, H. de.** *Brevis elucidatio litteralis libri Jobi.* Antwerp, 1661. **Joubert, F.** *Éclaircissements sur les discours de Job.* Paris, 1741. **Kessler, C. D.** *Hiob aus dem hebräiischen Original neu übersetzt und mit erklärenden Anmerkungen versehen zum allgemeinen Gebrauche.* Tüibingen, 1784. **Kortum, R. A.** *Das Buch Hiob, aus dem hebräischen Grund-text auffs neue getreulich ins Teutsche iibersetzt, nebst einer paraphrasi.* Leipzig, 1708.

Langhorne, W. *Job. A poem, in three books.* London, 1760. **Lausana, J. de.** *Moralitates in lob.* Limoges, 1528. **Lavater, L.** *Liber Iobi, homiliis CXLI ··· Germanica lingua explicatus ··· ac recens ··· Latinitate donatus.* Zurich, 1585. ______. *Beati Iobi fides et confessio de resurrectione mortuorum, novissime iudicio, et vita aeterna, homilia L. Lauerteri ··· illustrata: nunc primum ex Germanico ··· conversa.* Zurich, 1587.[**Le Maistre, I. L.**] *Job traduit en françois, avec une explication tirée des saints pères, & des auteurs ecclésiastiques.* Paris, 1687. **Leon, Francisco de.** *Sobre el parce mihi.* Pamplona, 1622. **León, Luis Ponce de.** *Exposición de Job*(1576). First published as *Exposición del iibro de Job. Obra posthuma del Padre Fr. L. de León.* Ed. D. T. Gonzalez. Madrid, 1779. Also in *Obras completas castelianas de Fray Luis de León.* Ed.. F. Garcia. Madrid: BAC, 1951. 791-1287. See also **Baruzi, J.** *Luis de León, interprète du livre de Job.* Cahiers de la *RHPR.* Paris: Presses Universitaires de France, 1966. **Arkin, A. Ḥ.** *La influencia de la exégesis hebrea en los comentarios bíblicos de Fray Luis de León.* Madrid: Instituto 'Arias Montano,' 1966. 65-182. **Lowth, R.** *De sacra poesi hebraeorum. Praelectiones Academicae.* Oxford: Clarendon, 1753. Praelectio 37. De poemati Jobi argumento et fine.[=*Lectures on the Sacred Poetry of the Hebrews.* Tr. G. Gregory. London, 1789.] **Lutz, R.** *Commentariorum, quibus beati viri lob historia ··· breviter explicatur, libri II.* Basel, 1559.

Manlcy, T. *The Affliction and Deliverance of the Saints: or, the whole booke of Iob, composed into English heroicall verse, metaphrastically.* London, 1652. **Mercerus [Mercier], J.** *Commentarii in librum Iob.* Geneva, 1573. **Merlin, P.** *Iiob Petri Merlini commentariis illustratus. Analytico methodo in gratiam studiosae iuventutis conscriptus.* Geneva, 1599. **Michaelis, J. D.** *Deutsche Übersetzung des Alten Testaments mit Anmerkungen für Ungelehrte. Das Buch Hiob.* Göttingen, 1765. ______. "Anzeige der Varianten im Buch Hiob." In his *Orientalische und exegetische Bibliothek* 7(1774) 217-47; 8(1775) 179-224. **Michaelis, J. H.** *Notae in Jobum.* Halle, 1720. **Moldenhawer, D. G.** *Hiob. Übersetzt.* 2 vol(s). Leipzig, 1780-81. **Montano, Arias.** *Liber Ijob Chaldaice et Latine, cum notis.* Paris. 1632. **Morgan, W.** *Llyvyr Job*[First Welsh translation]. London, 1588. Repr. Oxford: J. G. Evans, 1888. **Morillon, G. de.** *Paraphrase sur le livre de Iob, en vers françois.* Paris, 1668.

Narhamer, J. *Historia Jobs 1546.* Ed. Barbara Könneker and W. F. Michael. Arbeiten zur mittleren deutschen Literatur 12. Frankfurt: Lang, 1983. **Nebiensis, A. J.** *Liber beati Job: quem nuper hebraice veritati restituit.* Paris, 1520.

Oecolampadius, J. *In librum lob exegemata. Opus admodum eruditum, ac omnibus divinae Scripturae studiosis utile.* Basel, 1532. **Osorio, H. de.** *Paraphraseon in Job libri III.* Cologne, 1579.

P., R., minister of the gospel. *The Book of Job in meeter, as to several of those excellent things contain'd therein, the better to familiarize them, and to bring them the more into use, for peoples benefit, to be sung after the ordinary, and usual tunes.* London, 1700. **Patrick, S.** *The Book of Job Paraphras d.* London, 1679. ______. *The Books of Job, Psalms, Proverbs, Ecclesiastes, and the song of Solomon, paraphras d: with arguments to each chapter, and annotations thereupon.* London, 1710. **Pélerin, J.[Le Viateur]** *Texte de Hiob, translate selon la verite hebraique. Et bref commentaire du Viateur[Jean Pélerin] sur icelluy.* Paris, 1530. **Peters, C.** *A Critical Dissertation on the Book of Job, whereto the account given of that book by the author of The Divine Legation of Moses Demonstrated, is particularly considered: the antiquity of the book vindicated: the great text(Chap. xix.25) explained: and a future state shewn to have been the popular belief of the ancient Jews or Hebrews.* 2d ed. London, 1757. **Pineda, J. de.** *Commentariorum in Iob libri tredecim, adiuncta singulis capitibus sua paraphrasi, quae et longioris commentarii continet.* Madrid, 1600[usually printed in editions of the biblical commentaries of Cornelius a Lapide]. See also **García Moreno, A.** *El sentido del dolor en el libro de Job según Juan de Pineda.* Diss. Gregorian University, 1977. ______. "Juan de Pineda y el libro de Job." *Est Bib* 35(1976) 23-47, 165-85. **Piscator, J.** *In librum Jobi commentarius. In quo, praeter novato versionera, versioni Tremellio-Junianae e regione adjectam, ordine & distincte proponuntur I. Analysis logica singulorum capitum. II. Scholia in singula capita. III. Observationes locorum doctrinae e singulis capitibus depromtae.* Herborn, 1612. **Poix, L. de.** *Essai sur le livre de Job.* Paris, 1768. **Pole, M.** *Synopsis criticorum aliorumque scripturae interpreturn.* London, 1671. 2:1-498. **Presbyter of the Church of England, A.** *A Short Paraphrase on the Book of Job with arguments to each chapter.* London, 1716.

Quevedo y Villegas, F. G. de. *La constancia y paciencia del Santo Job en sus peridas endermedades y persecuciones*(1641). First published 1713. Also in *Obras Completas.* Madrid, 1969. 1:1322-86. ______. *La providencia de Dios, padecida de los que la hiegan y gozada de los que la confiesan. Doctrina estudiada en los gusanos y persecuciones de Job.* Zaragoza, 1700. See also **Piero, R. A. del.** "Quevedo y Juan de Pineda." *Modern Philology* 56(1958) 82-91. ______. "Two Notes on Quevedo's Job." *Romanic Review* 50(1959) 9-24.

Reiske, J. J. *Coniecturae in Jobum et Proverbia Salomonis.* Leipzig, 1779. **Rezzano, F.** *Il Libro di Giobbe, esposto in Italiana poesia, con annotazioni, dall Abate Francesco Rezzano.* Nizza, 1781.

Saneflus[Sanchez], G. *In librum lob commentarii cum paraphrasi.* Lyon, 1625. **Sander, H.** *Das Buch Hiob zum allgemeinen Gebrauche.* Frankfurt, 1780. **Sandys, G.** *A Paraphrase upon the Divine Poems. A Paraphrase upon Job.* ··· London, 1638. **Savonarola, G.** *Prediche sopra Giobbe.* In *Edizione Nationale delle Opere di G. Savonarola.* III/1-2. Rome: A. Belardetti, 1957. **Schmidt, S.** *In librum Ijobi commentarius, in quo, cum optimis quibusque commentatoribus, tum Hebraeis tum Christianis, cohaerentia et vocabula diligenter expenduntur, et sensus studiose eruitur.* Strasbourg, 1670. **Schnurrer, C. F.** *Animadversiones ad quaedam loca Iobi.* Tübingen, 1781. **Schultens, A.** *Animadversiones philologicae in Jobum, in quibus plurima ··· ope linguae Arabicae et affinium illustrantur.* Utrecht, 1708. ______. *Liber Iobi cum nova versione ad Hebraeum fontem et commentario perpetuo, in quo Veterum et Recentionum Interpretum cogitata praecipua expenduntur: genuinus sensus ad priscum linguae genium* *indagatur, atque ex filo, et nexu universo, argumenti nodus intricatissimus evolvitur.* Leiden, 1737. ______. *Commentarius in Librum Iobi. In compendium redegit et observationes criticas atque exegeticas adspersit G. I. L. Vogel.* Halle, 1773-74. **Schultz, J. C. F.** *Scholia in Vetus Testamenturn.* Vol. 6. Nuremburg, 1792. **Scott, T.** *The Book of Job in English verse: translated from the original Hebrew: with remarks, historical, critical, and explanatory.* London, 1771. **Senault, J.-F.** *Paraphrase sur Job.* Paris, 1637. ______. *A Paraphrase upon Job: written in French.* London, 1648. ______. *The Pattern of Patience, in the example of holy Job: a paraphrase upon the whole book.* London, 1657. **Società Clementina, Paris.** *Saggio sopra il Libro di Giobbbe secondo la nuova versione fatta su l ebreo da PP. della Società Clementina di Parigi.* Milan, 1774. **Sotomayor[Sotomaior], L. de.** Paris, 1610. **Sousa, J. de Mello de.** *In librum Job paraphrasis poetica.* Lyon, 1615. **Spanheimius[Spanhelm], F.** *Historia Jobi, sive de obscuris historiae commentatio.* Leiden, 1670. **Steuchus, A.** *Enarrationes in librum Jobi.* Venice, 1567. **Strigelius, V.** *Liber lob, ad Ebraicam veritatem recognitus et argumentis atque scholiis illustrata.* Leipzig, 1571. **Sylvester, J.** *A divine and true tragicomedy, lob Triumphant in his Triall: or, The Historie of his Heroicall patience, in a measured Metaphrase.* In *The second session of the parliament of vertues royall (continued by prorogation) for better propagation of all true pietie and utter extirpation of atheisme and hypocrisie, avarice and crueltie, pride and luxurie.* In his *Du Bartas: his diuine weekes, and workes.* London, 1633. 886-950.

Talleoni, M. *Volgarizzamento in terza rima del sacro libro di Giob.* Osimo, 1764. **Terentius, J.** *Liber ljobi, Chaldaice et Latine, cum notis, item Graece στιχηρως, cum variantibus lectionibus.* Franeker, 1663. **Thompson, W.** *A poetical paraphrase on part of the Book of Job*[chaps. 40-42] *in imitation of the style of Milton.* Dublin, 1726. **[Thou, J. A. de.]** *Iobus, sive de constantia libri IIII. poetica metaphrasi explicati.* Paris, 1587. **Titelmann, F.** *Elucidatio paraphrastica in Jobum.* Antwerp, 1547.[= *Paraphrastica Elucidatio in librum D. lob, priore aeditione multo castigatior, adiectis annotationibus in loca difficiliora.* Paris, 1550]. **Tuccius Lucensis.** *Lectiones in Job.* Rome, 1617.

Vavassor, F. *Jobus brevi commentario et metaphrasi poetica illustratus.* Paris, 1638. **Weidenbach, K. F.** *Das Buch Hiob aus dem hebräischen mit Anmerkungen von H. A. Schultens nach dessen Tode hrsg. und vollendet von H. Muntinghe. Aus dem* *holländischen mit Zusätzen und Anmerkungen des Herrn D. und Professor I. P. Berg.* Leipzig, 1797. **Wesley, S.** *Dissertationes in librum Jobi.* London, 1736. **Wildt, J.** *Iobi historia Christlich vnd nützlich Predig weyss aussgelegt … Durch Johan Wildt … geprediget … 1552.* Mainz, 1558. **Worthington, W.** *A Dissertation on the Design and Argumentation of the Book of Job.* In his *An Essay on the Scheme and Conduct, Procedure and Extent of Man's Redemption.* London, 1743. 463-527.

Young, E. *A Paraphrase on Part of the Book of Job.* London, 1719.

Zampieri, C. *Giobbe esposto in ottava rima. Poema del Conte Cammillo Zampieri.* Piacenza, 1763 **Zúñiga, D. de.** *Commentaria in librum Job, quibus triplex eius editio Vulgata Latina, Hebraica et Graeca* LXX *Interpretum, necnon in Chaldaea explicantur et inter se conciliantur.* Toledo, 1584.

e. 19-20세기 기독교와 유대교

여기에 포함된 대부분의 책들은 전통적인 주석서들이다. 또한 욥기의 내용 순서대로 다루면서 장별로 주해하는 책들도 일부 있다. 대부분의 주석서들이 주석자가 새롭게 번역한 것을 포함하기 때문에, 주석을 동반하지 않는 욥기 번역들도 얼마 되지는 않지만 여기에 언급했다. 성경 전체 역본의 일부를 이루거나 혹은 큰 부분을 이루는 욥기 번역들은 전혀 고려되지 않았다.

다음은 보존 가치가 가장 크다고 판단되는 주석서들에 대해 개인적으로 선별하여 출판 연대별로 배열한 것이다—그들이 반드시 가장 중요하다는 것을 뜻하지는 않는다.

1851	Schlottmann	1897	Duhm	1963	Terrien
1864	Delitzsch	1904	Peake	1965	Pope
1871	Merx	1921	Driver-Gray	1970	Rowley
1874	Hitzig	1926	Dhorme	1976	Andersen
1884	Davidson	1937	Hölscher	1978	Gordis
1891	Dillmann(3d ed.)	1960-63	Horst	1981	De Wilde
1896	Budde	1963	Fohrer	1985	Habel

Abraham, Israel ben. ספר איוב עם באתר ותרגום אשכנזי. Oftenbach, 1807. **Adams, H. W.** *The Book of Job in poetry: or, a Song in the night.* New York: R. Craighead, 1864. **Alonso Schökel, L., and J. L. Ojeda.** *Job* Los Libros Sagrados 16. Madrid:

Ediciones Cristiandad, 1971.[Translation by Alonso Schökel and Ojeda, commentary by Alonso Schökel]. **Alonso Schökel, L., and Sicre Díaz, J. L.** *Job, comentario teológico y literario.* Nueva Biblia Española. Madrid: Cristiandad, 1983. **Andersen, F. I.** *Job. An Introduction and Commentary.* TOTC Leicester: Tyndale Press, 1976. **Anderson, H.** "The Book of Job." In *The Interpreter's One-Volume Commentary on the Bible*, ed. C. M. Laymon. Nashville: Abingdon, 1972. 238-52. **Andreä, H. V.** *Hiob: Classisches Gedicht der Hebräer, Aus dem Grundtexte neu übersetzt und mit Andeutungen zum tieferen Verständniss versehen.* Barmen, 1870. **Anon.** *The Book of Job, illustrated with fifty engravings from drawings by John Gilbert, and with explanatory notes and poetical parallels.* London: J. Nisbet & Co., 1857. **Arnheim, H.** *Das Buch Hiob übersetzt und vollständig commentirt.* Glogau: H. Prausnitz, 1836. **Artom, E. S.** ספר איוב: מפרש. Tel Aviv: Yavneh, 1954. **Augé, R.** *Job.* La Biblia. Versió … i Comentari.(Montserrat) 9. Monestir de Montserrat, 1959. **Avronin, A.** See Rabinowitz, A. Z.

Baethgen, F. *Hiob deutsch, mit kurzen Anmerkungen für Ungelehrte.* Göttingen: Vandenhoeck & Ruprecht, 1898. **Ball, C. J.** *The Book of Job: A Revised Text and Version.* Oxford: Clarendon, 1922. **Baour Lormian, L. F.** *Le Livre de Job, traduit en vers français.* Paris: Lallemand-Lépine, 1847. **Barbaresi, P.** *Il Libro di Giobbe: Versione poetica.* Milan, 1894. **Barelli, V.** *Il Libro di Giobbe: Recato in versi italiani.* Como: F. Ostinelli, 1891. **Barnes, A.** *Notes, critical, explanatory, and practical, on the Book of Job, with a new translation, and an introductory dissertation.* Glasgow, 1847. **Barton, G. A.** *Commentary on the Book of Job.* New York: Macmillan, 1911. **Ben Meir, E.** *Menschenleid und Sünde? Das Buch Hiob im Lichte neuer Kommentare übersetzt und bearbeitet.* Frankfurt, 1930.[Chaps. 1-4.] **Bergant, Dianne.** *Job, Ecclesiastes.* OT Message 18. Wilmington: Glazier, 1982. **Berkholz, C. A.** *Das Buch Hiob: Ein Versuch.* Riga: E. Götschel, 1859.[Translation]. **Bernard, H. H.** ספר איוב: *The Book of Job, as expounded to his Cambridge pupils by the late H. H. Bernard … Edited, with a translation and additional notes, by … Frank Chance.* Vol. 1 London: Hamilton, Adams & Co., 1864. **Bernard, V. L.** *A Sacred Poem in four books: Being a paraphrase on the Book of Job.* Norwich, 1800. **Bertie, P.** *Le Poème de Job, traduction nouvelle, introduction et notes.* Paris: Rieder, 1929. **Bickell, G.** *Das Buch Job nach Anleitung der Strophik und der Septuaginta auf seine ursprüngliche Form* *zurückgefürht und in Versmasse des Urtextes übersetzt.* Vienna: Karl Gerold's Sohn, 1894. **Bleeker, L. H. K.** *Job. Tekst en Uitleg.* Praktische Bijbelverklaring. Groningen: Wolters, 1926. **Blei, K.** *Job: Verklaring ven een Bijbelgedeelte.* Kampen: Kok, 1978. **Blumenfeld, B.** ובאור ספר איוב עם תרגום אשכנזי. Vienna, 1826. **Böckel, E. G. A.** *Das Buch Hiob, übersetzt und … kurz erläutert … mit einer Zugabe philologischer und exegetischer Anmerkungen.* Hamburg, 1830. **Böttcher, V.** *Das Buch Hiob nach Luther und der Probebibel aus dem Grundtext bearbeitet und mit Bemerkungen versehen.* Leipzig: J. Lehmann, 1885. **Boileau, M. J.** *Le Livre inspiré de Job: Discours de ce prince d Idumée, des princes ses amis et de Dieu lui-même sur l origine des souffrances et de la douleur ou du mal physique dans la vie terrestre.* Paraphrase. Paris: V. Retaux et Fils, 1893. **Bourke, M. M.** *The Book of Job: Parts 1 & 2, with a Commentary.* New York: Paulist Press, 1962-63. **Bradley, G. G.** *Lectures on the Book of Job delivered in Westminster Abbey.* Oxford: Clarendon, 1887. **Brates, J.** *Job. Traducción y comentario.* BAC 287. Madrid: BAC, 1969. 435-739. **Bridel, J. L.** *Le livre de Job, nouvellement traduit d après le texte original non ponctué et les anciennes versions, notamment l arabe et la syriaque; avec un commentaire.* Paris: F. Didot, 1818. **Bruges, W. E.** *Book of Job.* Bognor Regis: New Horizon, 1983.[A translation in iambic pentameters.] **Bruno, A.** *Das Hohelied: Das Buch Hiob. Eine rhythmische und textkritische Untersuchung.* Stockholm: Almqvist & Wiksell, 1956. **Buber, M.** *Ijob verdeutscht.* Frankfurt: Insel-Verlag, 1965. **Bückers, H.** *Die Makkabäerbücher, Das Buch Job, übersetzt und erklärt.* Freiburg im Breisgau: Herder, 1939. **Budde, K. F. R.** *Das Buch Hiob, übersetzt und erkliirt.* HAT Göttingen: Vandenhoeck & Ruprecht, 1896. 2d ed., 1913. **Bullinger, E. W.** *Book of Job: Part 1, The Oldest Lesson in the World. Part 2, A Rhythmical Translation*[in iambic pentameters] *with The Structure; and brief, explanatory, and critical notes.* London: Eyre and Spottiswoode, 1904. **Busch, K. A.** *Hiob: Ein Lehrgedicht in Wechselgespriichen aus dem Alten Testament in neuen deutschen Rhythmen.* Dresden: Sturm, 1935. **Buskes, J. J.** *Job.* Berne: Bosch & Keuning, 1935. **Buttenwieser, M.** *The Book of Job.* London: Hodder & Stoughton, 1922.

Caminero, F. J. *El libro de Job: Versión directa del hebreo e introducción crítica.* Madrid: Voluntad, 1924. **Carey, C. P.** *The Book of Job translated … on the basis of the Authorized Version: explained in a large body of notes … and illustrated by* *extracts from various works … and a map, with six preliminary, dissertations, an analytical paraphrase, and Meisner's and Doederlein's selection of the various readings of the Hebrew text.* London: Wertheim, Macintosh & Hunt, 1858. **Carlisle, T. J.** *Journey with Job.* Grand Rapids: Eerdmans, 1976.[Versified commentary.] **Cary, O.** *The Man who feared God for Nought, being a rhythmical version of the Book of Job.* London: Elliot Stock, 1898. **Castelli, D.** *Il Poema semitico del pessimismo. Il libro di Job. Tradotto e commentato.* Florence, 1897. **Chouraqui, A.** *Iyov. La Bible traduite et présentée 15.* Paris: Desclée de Brouwer, 1974. **Clarke, H. J.** *The Book of Job: A Metrical Translation with introduction and notes.* London: Hodder & Stoughton, 1880. **Clines, D. J. A.** "Job." In *A Bible Commentary for Today*, ed. G. C. D. Howley. London: Pickering & Inglis, 1979. 559-92. 2d ed. in *The International Bible Commentary*, ed. F. F. Bruce. Basingstoke, Hants.: Marshall Pickering, 1986. 520-51. **Clow, W. McC.**, and **W. G. Jordan**. *Job: A Little Library of Exposition, with New Studies.* London: Cassell, 1928. **Coleman, J. N.** *The Book of Job, translated from the Hebrew with notes explanatory, illustrative, and critical.* London: J. Nisbet & Co., 1869.[**Conant, T. J.**] *Book of Job: The common English version, the Hebrew text, and the revised version, with critical and philological notes.* London: Trübner, 1856. **Consolo, B.** *Volgarizzamento del libro di Job, con spiegazione e commenti.* Florence, 1874. **Coutts, F.[B. T. M.][Goutts-Nevill, F. B. T.].** *The Heresy of Job, with the inventions of William Blake.* London: John Lane, 1907. **Cowles, H.** *The Book of Job, with notes, critical, explanatory, and practical … With a new translation appended.* New York: D. Appleton & Co., 1877. **Cox, S.** *A Commentary on the Book of Job, with a translation.* London: Kegan, Paul & Co., 1880. **Crampon, A.** *Job.* In *La Sainte Bible.* Paris, 1952. **Curry, D.** *The Book of Job, according to the version of 1885, with an expository and practical commentary.* New York: Phillips & Hunt, 1887. **Davidson, A. B.** *A Commentary, grammatical and exegetical, on the Book of Job, with a translation.* Vol. 1[chaps. 1-14]. London: Williams and Norgate, 1862. ______. *The Book of Job, with notes, introduction and appendix.* CamB. Cambridge: CUP, 1884. **Davidson, A. B.**, and **H. C. O. Lanchester.** *The Book of Job, with Notes, Introduction and Appendix, Adapted to the Text of the Revised Version with Some Supplementary Notes.* CamB Cambridge: CUP, 1926. **Dawidowicz, D.** *Hebräisches Kommentar zum Ijob- Buche: Mite einer deutschen Beilage: 'Zur Auslegung des Ijob-Buches' von Prof. A. Berliner.* Berlin: L.

Lamm, 1913. ______. ספר איוב. *Das Buch Hiob: Mit Uebersetzung und Erläuterung. Deutsche Bearbeitung des* חידות מני קדם*(Rätsel aus dem Morgenlande)*. Berlin: A. Schwetschke & Sohn, 1919. **Delebecque, Edmée.** *Le Livre de Job: Traduitde l'hébreu.* Paris: E. Leroux, 1914. **Delitzsch, Franz J.** *Das Buch Iob: Mit Beiträgen von Prof. Dr. Fleischer und Consul Dr. Wetzstein, nebst einer Karte und Inschrift.* Leipzig, 1864. ______. *Biblical Commentary on the Book of Job.* Trans. F. Bolton. 2 vol(s). Edinburgh: T. & T. Clark, 1866. **Delitzsch, Friedrich.** *Das Buch Hiob, neu übersetzt und kurz erklärt: Ausgabe mit sprachlichem Kommentar.* Leipzig: J. C. Hinrichs, 1902. **De Rossi, G. B.** *Il Libro di Giobbe tradotto dal testo originale.* Parma, 1812. **Dhorme, E.** *Le livre de Job.* Paris: Gabalda, 1926. Tr. H. Knight. *A Commentary on the Book of Job.* London: Thomas Nelson & Sons, 1967. ______. "Job." In *La Bible de la Pléiade.* Paris: Gallimard, 1959. **Dillmann, A.** *Hiob,* 1869.3d ed. Leipzig: S. Hirzel, 1891. **Dillon, E. J.** *The Sceptics of the Old Testament, Job, Koheleth, Agur, with English text translated for the first time from the primitive Hebrew as restored on the basis of recent philological discoveries.* London: Isbister & Co., 1895. ______. *The Original Poem of Job, translated from the restored text.* London: T. Fisher Unwin, 1905. **Dimnaler, E.** *Job übersetzt, eingeleitet und erklärt.* Müinchen Gladbach: Volkvereins-Verlag, 1922. **Dimnent, E. D.** *The Book of Job: The Poem, an Epic Version in English.* New York: Fleming H. Revell, 1937. **Donn, T. M.** *The Divine Challenge, Being a Metrical Paraphrase of the Book of Job in Four-Line Stanzas of Anapaestic Tetrameters in Rhyme.* Inverness: Robt. Carruthers and Sons, 1963. **Driver, S. R.** *The Book of Job in the Revised Version, Edited with Introductions and Brief Annotations.* Oxford: Clarendon Press, 1906. **Driver, S. R.**, and **Gray, G. B.** *A Critical and Exegetical Commentary on the Book of Job together with a New Translation.* ICC. Edinburgh: T. & T. Clark, 1921. See also **Conapston, H. F. B.** "Marginal Notes on DriverGray's 'Job.'" *ExpT* 42(1930-31) 92-93. **Duhna, B.** *Das Buch Hiob erklärt.* KHC Tübingen: J. C. B. Mohr, 1897.

Ebrard,[J. H.] A. *Das Buch Hiob als poetische Kunstwerk übersetzt und erläutert für Gebildete.* London, 1858. **Edel, R.-F.** *Hebräisch-Deutsche Präparation zum Buch Hiob.* LüdernscheidLobetal: Oekumenischer-Verlag, 1984. **Eerdnaans, B. D.** *Studies in Job.* 2 vols. Leiden: Burgersdijk & Niermans, 1939. **Ehrlich, A. B.** *Randglossen zur hebräischen Bibel.* VI. *Psalmen, Sprüche, und Hiob.* Leipzig: J. C. Hinrichs, 1918.

[Rept. Hildesheim: Georg Olms.] 180-344. **Eichhorn, J. G.** *Hiob.* Leipzig: Weidmann, 1800. **Ellison, H. L.** *From Tragedy to Triumph: The Message of the Book of Job.* London: Paternoster Press, 1958.[=*A Study of Job: From Tragedy to Triumph.* Grand Rapids: Zondervan, 1971.] **Elzas, A.** *The Book of Job, translated fram the Hebrew text, with an introduction and notes, critical and explanatory.* London: Trübner & Co., 1872. **Epping, W.**, and **J. T. Nelis.** *Job.* Roermond: Romen, 1968. **Ewald, G. H. A. von.** *Das Buch Ijob übersetzt und erklärt. Die Dichter des Alten Testaments.* Göttingen: Vandenhoeck, 1836. ______. *Commentary on the Book of Job with translation.* Tr. J. F. Smith. London: Williams and Norgate, 1882.

Fedrizzi, P. *Giobbe: La Sacra Bibbia, traduta dai testi originali illustrata con note critiche e commentata.* Turin: Marietti, 1972. **Fenton, F.** *The Book of Job: Translated direct from the Hebrew text into English ··· Rendered into the same metre as the original Hebrew word by word and line by line.* London: Elliot Stock, 1898. **Fielding, G. H.** *The Book of Job: A revised text, with introduction and notes.* London: Elliot Stock, 1898. **Figueiredo, C. de.** *O Livro de Job em versos portuguezes.* Lisbon: Livraria Ferreira, 1894.[**Finch Hatton, G. J.**] **Winchilsea, Earl of** *The Poem of the Book of Job done into English verse.* London: Smith. Elder & Co., 1860. **Fischel, S. A. ben Ephraim.** מחוקק ספר איוב מהכתובים: זאת חלקת. Lemberg, 1833. **Fischmann, N. I.** איוב עם פירוש הנקרא שפה לנאמנים. Lemberg, 1854. **Fohrer, G.** *Das Buch Hiob übertragen und herausgegeben.* Krefeld: ScherpeVerlag, 1948. ______. *Das Buch Hiob. KAT* 16. Gütersloh: Güitersloher Verlagshaus Gerd Mohn, 1963. **Fox, S. H.** *A Metrical Version of the Book of Job.* Part 1[chaps. 1-20]. London: C. Gilpin, 1852. **Freehof, S. B.** *The Book of Job A Commentary.* New York: Union of American Hebrew Congregations, 1958. **Fry, J.** *A New Translation and Exposition of the very ancient Book of Job: with notes, explanatory and philological.* London: James Duncan, 1827. **Gaab, J. F.** *Das Buch Hiob.* Tübingen: J. G. Cotta, 1809. **Gans, A.** *Job vertaald en ingeleid.* Leiden, 1952. **Garcia Cordero, M.**, and **G. Perez Rodriguez.** "Job." In *Biblia comentada: Libros Sapiencales.* Madrid: BAC, 1962. 16-167. ______. *Libro de Job: Introducción y comentario.* Madrid: BAC, 1972. **Garland, D. D.** *Job: A Study Guide.* Grand Rapids: Zondervan, 1971. **Genung, J. F.** *The Epic of the Inner Life: Being the Book of Job, translated anew, and accompanied with notes and an introductory essay.* Boston, 1892. **Gibson, E. C. S.** *The Book of Job.* WC. London: Methuen,

1899. **Gibson, J. C. L.** *Job.* Daily Study Bible. Edinburgh: St Andrews Press, 1985. **Gilbert, G. H.** *The Book of Job os Poesy.* Rutland: Tuttle Co., 1886.[Translation into English verse.] ______. *The Poetry of Job. Part I: A rhythmical translation of Job. Part II: Interpretation of the poem.* Chicago: A. C. McClurg, 1889. **Glotzbach, A.** *Het Boek Job: Het Hooglied.* Arnhem: Van Loghum Slaterus, 1938. **Good, E. M.** "Job." In *Harper's Bible Commentary.* Ed. J. L. Mays. San Francisco: Harper & Row, 1988. 407-32. **Good, J. M.** *The Book of Job, literally tra,lated from the original Hebrew, and restored to its natural arrangement: with notes critical and illustrative; and an introductory dissertation on its scene, scope, language, author, and object.* London: Black, Parry and Co., 1812. **Gordis, R.** *The Book of Job: Commentary, New Translation, and Special Notes.* New York: Jewish Theological Seminary of America, 1978. See also his "Observations on Problems and Methods in Biblical Research. Writing a Commentary on Job." *PrAmAcJewRes* 41-42(1973-74) 105-35. **Graetz, H. H.** *Emendationes in plerosque Sacrae Scripturae Veteris Testamenti libros.* Breslau, 1892-94. **Greenberg, M., J. C. Greenfield**, and **N. M. Sarna**. *The Book of Job, A New Translation according to the Traditional Hebrew Text with Introductions.* Philadelphia: Jewish Publication Society, 1980. **Greene, W. B.** *The Book of Job.* Boston: G. C. Rand & Avery, 1866.[A translation.] **Gualandi, D.** *Giobbe, nuova versione critics.* Rome: Gregorian University, 1976. **Guillaume, A.** "Job." In *A New Commentary on Holy Scripture,* ed. C. Gore, H. L. Goudge, and A. Guillaume. London: SPCK, 1951. ______. *Studies in the Book of Job with a New Translation.* ALUOS Suppl. 2. Leiden: Brill, 1968.

Habel, N. *The Book of Job: Commentary.* CamB. Cambridge: CUP, 1975. ______. *Job.* Knox Preaching Guides. Atlanta: Knox, 1981. ______. *The Book of Job.* OTL London: SCM, 1985. **Haghebaert, P.** *Het Boek Job, vertaald en uitgelegd.* New ed. Bruges: Bayaert, 1929. **Hahn, H. A.** *Commentar über das Buch Hiob.* Berlin, 1850. **Hakam, A.** איוב: מפורש ספר[*The Book of Job, a commentary*]. Jerusalem: Kook, 1970. **Halsted, O. S.** *The Book Called Job, from the Hebrew, with footnotes.* Newark: author's own ed., 1875. **Hamblen, E. S.** *The Book of Job Interpreted: Illustrated with the Designs of William Blake.* New York: Delphic Studios, 1933.[Commentary.] **Hanson, A. T.**, and **Miriam Hanson**. *The Book of Job: Introduction and Commentary.* Torch Bible. London: SCM, 1953. **Hartlcy, J. E.** *The Book of Job. NICOT.* Grand

Rapids: Eerdmans, 1988. **Hartore, E. S.** See Artom, E. S. **Haupt,[J.] L.** *Hiob: Ein Gespräch über die göttliche. Vorsehung. Ins dos Deutsche übertragen.* Leipzig, 1847. **Hauser, O.** *Das Buch Hiob: In der Übertragung von Otto Hauser.* Berlin, 1909. **Hayal, H.** *Das Buch Hiob, in gereimten Versmasse übersetzt und mit … Erklärungen versehen.* Munich, 1859. **Heavenor, E. S. P.** "Job." In *New Bible Commentary Revised*, ed. D. Guthrie et al. London: IVP, 1970. 421-45. **Heiligstedt, A.** *Commentarius im Jobum.* Halle, 1847. ______. *Praeparation zum Buche Hiob mit den nöthigen, die Uebersetzung und dos Verstäindnis des Textes erleichternden Anmerkungen.* Halle, 1869. **Hengstenberg, E. W.** *Das Buch Hiob erläutert.* Berlin, 1870. **Herrmann, J.** *Das Buch Hiob. Aus dem Grundtext übersetzt und mit Erläuterungen versehen.* Leipzig: P. Reclam, 1900. **Hertzberg, H. W.** *Das Buch Hiob übersetzt und ausgelegt.* Bibelhilfe für die Gemeinde. Stuttgart: J. G. Oncken, 1949. **Hesse, F.** *Hiob.* Zürcher Bibelkommentar. Zürich: Theologischer Verlag, 1978. **Hirzel, L.** *Hiob, erklärt.* KEH. 2d ed. Leipzig: Wiedmann, 1852. **Hitzig, F.** *Das Buch Hiob übersetzt und ausgelegt.* Leipzig and Heidelberg: C. F. Winter, 1874. **Hoffmann, J. G. E.** *Hiob.* Kiel: C. F. Haeseler, 1891. **Hölscher, G.** *Das Buch Hiob.* HAT. Tübingen: J. C. B. Mohr(Paul Siebeck), 1937. ______. *Das Gedicht von Hiob und seinen drei Freunden übersetzt.* Wiesbaden: Insel-Verlag, 1948. **Hontheim, J.** *Das Buch Hiob als strophisches Kunstwerk nachgewiesen, übersetzt und erklärt.* Freiburg, 1904. **Horst, F.** *Hiob.* BKAT Vol. I(chaps. 1-19). Neukirchen: Neukirchener Verlag, 1960-63. **Hulme, W. E.** *Dialogue in Despair: Pastoral Commentary on the Book of Job.* Nashville: Abingdon, 1968. **Hunt, G.** *The Book of Job: Translated from the Hebrew.* Bath, 1825. **Hupfeld, H.** *Quaestionum in Jobeidos locos vexatos specimen. Commentatio. …* Halle: E. Anton, 1853. **Hurwitz (Gurvits), N.** *The Immortal Drama of Life(The Book of Job): The Mystery Book of More than 3000 Years, Translated from the Original.* Cape Town, 1944. **Hutchinson, R. F.** *Thoughts on the Book of Job.* London: S. Bagster & Sons, 1875.

Irwin, W. A. "Job." In *Peake's Commentary on the Bible*, ed. M. Black and H. H. Rowley. London: Thomas Nelson & Sons, 1962. 391-408.

Janzen, J. G. *Job.* Interpretation. Atlanta: John Knox, 1985. **Jastrow, M.** *The Book of Job: Its Origin, Growth and Interpretation, together with a New Translation Based on a Revised Text.* Philadelphia: Lippincott, 1920. **Jennings, W.** *The Dramatic Poem of Job: A Close Metrical Translation, with Critical and Explanatory Notes.* London:

Methuen, 1912. **Jones, G. T.** *Sylwadan eglurhaol ac ymarferol: neu, esponiad byr ar Lyfr Job.* Caerfyddin, 1818. **Junker, H.** *Das Buch Hiob.* EchB. Würzburg: Echter Verlag, 1951. **Justi, K. W.** *Das Buch Hiob, neu übersetzt und erläutert.* Kassel: J. J. Bohné 1840.

Kahana, A. *Commentary on Job*[Heb]. Tel Aviv: Mekorot, 1928. **Kalt, E.** *Das Buch Job übersetzt und erläutert.* Steyl: Missionsdrückerei, 1924. **Kaplan, J.** ספר איוב: מבוא ופירוש[*The Book of Job: Introduction and Commentary*]. Tel Aviv: Mahbarot Lisparot, 1951. **Kelly, W.** *Notes on the Book of Job, with a new version.* London: G. Morrish, 1879. **Kernruler, G.** *Hiob oder die Weisheit der Urzeit.* Cannstatt: L. Bosheuner, 1858.[Verse translation with some notes.] ______. *Hiob: oder, Kampf und Sieg im Leiden, In dichterischen Form wiedergegeben.* Calw: Verlag der Vereinsbuchhandlung, 1877. **King, E. G.** *The Poem of Job: Translated in the Metre of the Original.* Cambridge: CUP, 1914. **Kissane, E. J.** *The Book of Job Translated from a Critically Revised Hebrew Text with Commentary.* Dublin: Browne & Nolan, 1939. **Kline, M. E.** "Job." *Wycliffe Commentary.* **Knabenbauer, J.** *Commentarius in Librum Iob.* Paris: P. Lethielleux, 1886. **König, E.** *Das Buch Hiob eingeleitet, übersetzt und erklärt.* Gütersloh: C. Bertelsmann, 1929. **Königsberger, B.** *Hiobstudien: Exegetische Untersuchungen zum Buche Hiob nebst einer Einleitung zum Buche.* Breslau: W. Koebner, 1896. **Köster, F. B.** *Das Buch Hiob und der Prediger Salomo's nach ihrer strophischen Anordnung übersetzt: Nebst Abhandlungen über den strophischen Character dieser Bücher, Zum Gebrauche bey akademischen Vorlesungen.* Schleswig: Königliches Taubstummen-Institut, 1831. **Kroeze, J. H.** *Paraphrase van het boek Job.* Franeker: Wever, 1946. ______. *Het Boek Job.* Korte Verklaring. Kampen: J. H. Kok, 1960. ______. *Het Boek Job.* Commentaar op her OT. Kampen: J. H. Kok, 1962. **Kunz, U.** *Hiob.* 1958.

Lambert, F. A. *Das Buch Hiob übertragen und herausgegeben.* Berlin: Furche-Verlag, 1919. **Lamparter, H.** *Das Buch der Anfechtung, übersetzt und ausgelegt.* Die Botschaft des ATs. Stuttgart: Calwer, 1951. **Langer, J.** *Das Buch Job in neuer und treuer Uebersetzung nach der Vulgata, mit fortwährender Berücksichtigung des Urtextes.* Luxembourg, 1884. **Larcher, C.** *Le Livre de Job, traduit.* BJ La Sainte Bible. Paris: Cerf, 1950. **Laurens, H.** *Job et les Psaumes: Traduction nouveue d'après l'hébreu, les anciennes versions et les plus habiles interprètes, précédées de deux discours prélimi-*

naires et accompagnée d'arguments et de notes. Paris: Gaume Frères, 1839. **Le Blanc d'Ambonne, M. P.** *Le Livre de Job allégoriquement expliqué: La grande tribulation de l'Église.* … Nantes: E. Grimaud, 1893.[Vulgate and allegorical explanation in parallel columns.] **Lee, C.** *The trial of virtue, a sacred poem; being a paraphrase of the whole book of Job … interspersed with critical notes upon a variety of its passages.* Hartford: Lincoln & Gleason, 1806. **Lee, S.** *The Book of the Patriarch Job, translated from the original Hebrew … [with] an introduction, on the history, times, country, friends and book of the patriarch.* London: James Duncan, 1837. **Le Hit, A. M.** *Le Livre de Job: Traduction sur l'Hébreu et commentaire.* Paris: Jouby & Roger, 1873. **Leimbach, A.** *Das Buch Job, übersetzt und kurz erklärt.* Fulda: Fuldaer Aktiendruckerei, 1911. **Leroux, P.** *Job, drame en cinq actes, avec prologue et épilogue, par le Prophète Isaie, retrouvé, rétabli dans son integrité, et traduit littéralement sur le texte hébreu.* With Appendix, "Le Job des Églises, et le Job de M. Renan"(pp. 201-389). Grasse, 1866. **Lesêtre, H.** *Le livre de Job traduit et commenté.* Paris: Lethielleux, 1886. **Levavasseur, B. M. F.** *Le livre de Job, traduit en vers français avec le texte de la Vulgate en regard; suivi de notes explicatives, ainsi que des variantes tirées des plus célèbres interprates de la Bible, et de quelques poésies françaises du traducteur.* Paris: P. Delaunay et G. Dentu, 1826. **Levi, B. G.** *Commentary on the Book of Job.* New York: Bloch, 1946. **Lewis, T.** *The Book of Job: A Rhythmical Version with introduction and annotations,* with O. Zöckler, *A Commentary.* Lange's Commentary 7. Tr. L. J. Evans. Edinburgh: T. & T. Clark, 1875. **Ley, J.** *Das Buch Hiob nach seinem Inhalt, seiner Kunstgestaltung und religiösen Bedeutung. Für gebildete Leser dargestellt.* Halle: Verlag der Buchhandlung des Waisenhauses, 1903.[Commentary.] **Lods, A.**, and **L. Randon**. "Job." *La Bible du Centenaire.* Vol. 3. Paris, 1947. **Lofthouse, W. F.** "Book of Job." In *Abingdon Bible Commentary.* New York: Abingdon-Cokesbury, 1929. 483-508. **Loiay, A.** *Le livre de Job, traduit de l'hébreu, avec une introduction.* Amiens: Imprimerie RousseauLeroy, 1892. **Löwenthal, M.** איוב. *Hiob: Praktische Philosophie oder klare Darstellung der im Buche Hiob obwaltenden Ideen; nebst wortgetreuer, rhythmisch gegeliederter Uebersetzung und fortlaufenden Commentar.* Frankfurt, 1846. **Lubaczyk, H.** *Das Buch Ijob erläutert.* Düsseldorf: Patmos, 1969. **Luzzatto, S. D.** *Il Libro di Giobbe volgarizzato ad uso degli Israeliti.* Trieste: F. Marenigh, 1853.[Translation.] **Luzzi, G.** *Giobbe tradotto dall ebraico e annotato.* Florence, 1918.

MacBeath, A. *The Book of Job: A Study Manual.* Glasgow: Pickering and Inglis, 1967. **MacKenzie, R. A. F.** "Job." In *Jerome Bible Commentary*, 1968. 511-33. **Maizel, S.** ספר איוב ספר על באור הוא: שבים דברי ספר עם: איוב. Warsaw, 1899. **Malet, A.** *The Book of Job in*[2146 lines of] *blank verse.* Ashcott, 1880. **Margolfo, P.** *Lamentazioni di Giobbe e di Geremia.* Naples: Banzoli, 1840. **Marinellius, P. P.** *Job, Apocalypsis, et Moysis Cantica.* Ancona, 1846. **Marshall, J. T.** *The Book of Job.* An American Commentary on the Old Testament. Philadelphia: American Baptist Publication Society, 1904. **Matinez, J. M.** *Job, la fe en conflicto: comentario y reflectiones sobre el libro de Job.* Barcelona: CLIE, 1982. **Matthes, J. C.** *Het Boek Job vertaald en verklaard.* Utrecht, 1865. **McCarthy, C.**, and **V. Huonder.** *The Book of Job/Le livre de Job. Preliminary Report on the Hebrew Old Testament Project.* Vol. 3. Stuttgart: United Bible Societies, 1977. **McKenna, D. L.** *Job.* Communicator's Commentary. Waco, TX: Word, 1986. **Meikle, W.** *The Book of Job in metre, according to the most approved commentaries.* Falkirk, 1869. **Merx, A.** *Das Gedicht von Hiob: Hebräischer Text, kritisch bearbeitet und übersetzt, nebst sachlicher und kritischer Einleitung.* Jena: Mauke's Verlag, 1871. **Millet, A.** *Le Livre de Job traduit en vers.* Lyon: Ville & Perrussel, 1887. **Minn, H. R.** *The Burden of This Unintelligible World, or, The Mystery of Suffering: Being a Rhythmical Version of the Book of Job, Annotated.* Auckland: Whitcombe and Tombs, 1942. ______. *The Book of Job: A Translation with Introduction and Short Notes.* Auckland: University of Auckland Press, 1965. **Mitchell, S.** *Into the Whirlwind: A Translation of the Book of Job.* Garden City, NY: Doubleday, 1979. **Montet, E.** "Job." *La Bible du Centenaire.* Paris: Société Biblique, 1932. 3:215-72. **Montvaillant, A. de.** *Poètes bibliques. Le livre de Job mis en vers français.* Paris: Fischbacher, 1897. **Moaner, H.** *Hiob ins Deutsche übersetzt und reit hebräischen Anmerkungen versehen.* Halle, 1858.[Chaps. 1-11:8.] **Moulton, R. G.** *The Book of Job, Edited with an Introduction and Notes.* The Modern Reader s Bible. New York: Macmillan, 1906. **Mowinckel, S.** *Diktet om Ijōb og hans tu venner.* Kristiania: H. Aschehough, 1924. ______. "Diktet om Job." *Det gamle Testamentet.* 1955. 293-384. **Mumford, A. H.** *The Book of Job: A Metrical Version, with an Introductory Essay: "The Significance of the Book of Job" by A. S. Peake.* London: Hodder & Stoughton, 1922. **Murphy, R. E.** *Wisdom Literature: Job, Proverbs, Ruth, Cantides, Ecclesiastes and Esther.* FOTL 13. Grand Rapids: Eerdmans,

1981.

Nairne, A. *The Book of Job, edited with an introduction.* Cambridge: CUP, 1935. **Neiman, D.** *The Book of Job. A Presentation of the Book with Selected Portions Translated from the Original Hebrew Text.* Jerusalem: Masada, 1972. **Nesfield, V.** *Let Cockle Grow Instead of Barley.* London: A. J. David. n. d. **Neumann, R.** *The Book of Job: A Metrical Translation, with a Critical Introduction.* Burlington, IA: Lutheran Literary Board, 1934. **Noyes, G. A.** *Job. A Translation in the Hebrew Rhythm.* London: Luzac, 1915. ______. *A New Translation of the Book of Job.* 2d ed., Boston: J. Monroe & Co., 1838. **Noyes, G. R.** *An Amended Version of the Book of Job, with an introduction and notes chiefly explanatory.* Cambridge, MA: Hilliard & Brown, 1827.

Odiosus, *pseud.* ספר איוב. *Das Buch Ijob im engeren Anschluss an den masoretischen Urtext deutsch übersetzt und mit Erläuterungen versehen von Odiosus.* Lieferung 1 [chaps. 1-14]. Berlin, 1863. **Oettli, S.** *Das Buch Hiob erläutert für Bibelleser.* Stuttgart: Calwer, 1908. **Olshausen, J.** *Hiob erklärt.* KEH. Leipzig: S. Hirzel, 1852. **Osty, E.,** and **J. Trinquet.** *Livre de Job—L'Ecclésiaste—Livre de la sagesse.* Paris: Rencontre, 1971. **Ottensosser, D.** כתובים: ספר איוב [Hebrew text, Yiddish translation, Hebrew commentary by Israel b. Abraham of Lissa]. Fürth, 1805. **Ottoni, J. E.** *Job, traduzido em verso … Precedido primeiro, d'um discurso sobre a poesia em geral, e em particular no Brasil … Terceiro d um prefacio extrahido de versão da Biblia por de Genoude.* Rio de Janeiro: F. M. Ferreira, 1852. **Owens, J. J.** See Watts, J. D. W.

Patrick, D. *Arguing with God: The Angry Poem of Job.* St. Louis: Bethany, 1977. [With translation.] **Peake, A. S.** *Job.* CB. London: T. C. & E. C. Jack, 1904. **Peters, N.** *Das Buch Hiob übersetzt und erklärt.* EHAT. Münster: Aschendorff, 1928. **Philips, T. W.** *Job, A New Interpretation.* London: Murby, 1937. **Pixley, J.** *El libro de Job: comentario bíblico latino-americano.* San José, Costa Rica: Sebila, 1982. See also **Stadelmann, L.** "O livro de Jó: a propósito de um 'comentário bíblico latino-americano.'" *PerspT* 15(1983) 407-12. **Polotak, P. ben Judah.** ספר איוב … גבעת פנחס. Vilna, 1808. **Pope, M.** *Job.* ab. Garden City, NY: Doubleday, 1965. 3d ed., 1973. **Porteous, M.** *Job paraphrased: a poem.* Maybole, 1854. **Potter, R.** "Job." In *A New Catholic Commentary on Holy Scripture,* ed. R. C. Fuller et al., London: Nelson, 1969. 417-38. **Pritchard, M.** *The Poem of Job, A Version … with Introduction and Notes.* London:

Kegan Paul, Trench, Trübner & Co., 1903.

Rabinowitz[Obronin, Avronin], A. Z. איוב. Jaffa, 1916. **Ratner, I.** אמת ספר איוב עם פירוש ··· בשם דברי. Warsaw, 1893. **Ravasi, G.** *Giobbe, traduzione e commento.* 2 vol(s). Rome: Borla, 1979-84. **Raymond, R. W.** *The Book of Job: Essays, and a Metrical Paraphrase.* New York: Appleton & Co., 1878. **Reichert, V. E.** *Job with Hebrew Text and English Translation, Commentary.* Soncino Books of the Bible. Hindhead, Surrey: Soncino Press, 1946. **Renan, E.** *Le Livre de Job, traduit de l'hébreu.* [with] *Etude sur l'age et le caractère du poème.* Paris: Calmann Lévy, 1860. ______. *The Book of Job translated from the Hebrew with a Study upon the Age and Character of the Poem.* Tr. A. F. G.[H. F. Gibbons] and W. M. T[homson]. London: W. M. Thomson, 1899. See also **Crelier, H. J.** *Le livre de Job vengé des interprétations fausses et impies de M. E. Renan.* Douniol, 1860. **Reuss, E.** *Hiob.* Braunschweig: C. A. Schwetschke & Sohn, 1888.[Introduction and translation.] **Ricciotti, G.** *Il libro di Giobbe. Versione critica dal testo ebraico con introduzione e commento.* Turin: Marietti, 1924. **Richardson, J. W.** *Out of the Whirlwind: A dramatized version of the Book of Job Based on Dr. James Moffatt's Translation.* London: Epworth, 1936. **Robin, E.** "Job traduit et commenté." *La Sainte Bible.* Paris: Pirot-Clamer, 1949. 4: 797-868. **Rocholl, C.** *Das Buch Hiob, neu gedichtet.* Stuttgart: Steinkopf, 1922. **Rodwell, J. M.** איוב. *The Book of Job, translated from the Hebrew.* London: Williams & Norgate, 1864. **Rosenfeld, M.** ספר איוב: עם פירוש נחלק לשנים. Lemberg, 1875. **Rosenmüller, E. F. K.** *Scholia in Vetus Testamentum: Editio secunda auctior et emendatior.* Pars V: *Jobus latine vertit et annotatione perpetua illustravit.* Leipzig: J. A. Barth, 1824. **Rowley, A.** *Ten Chapters of the Book of Job, rendered from the common translation, into verse.* Boston: J. H. A. Frost, 1825. **Rowley, H. H.** *Job.* NCB. Thomas Nelson & Sons, 1970. **Rozelaar, M.** *Het Boek Job in Nederlandse verzen.* Kampen: Kok, 1984.

Sadler, R. *The Book of Ayub: known in the West as Job.* London: Sheppard & St John, 1897.[A translation with notes.] **Saithwell, P.** *Ezra—Job.* London: Scripture Union, 1982. **Saint-Maur, H. de.** *Le Livre de Job: Traduction en vers.* Paris, 1861. **Sarão, A.** *Giobbe, poema eroico.* Messina: Pappalardo, 1831. **Schärer, J. R.** *Das Buch Hiob, aus dem Grundtext metrisch übersetzt und erklärt.* Bern: L. R. Walthard, 1818. **Schlögl, N.** *Das Buch Hiob, aus dem kritisch hergestellten hebräisch Urtext ins*

Deutsche metrisch übersetzt und erläutert. Vienna: Orionverlag, 1916. **Schiottmann, K.** *Das Buch Hiob verdeutscht und erläutert.* Berlin: Wiegandt & Brieben, 1851. **Schmidt, H.** *Hiob, das Buch vom Sinn des Leidens … gekürzt und verdeutscht.* Tübingen: J. C. B. Mohr, 1927. **Schmidt, N.** *The Messages of the Poets: The Books of Job and Canticles and Some Minor Poems in the Old Testament, with Introductions, Metrical Translations, and Paraphrases.* New York: Scribners, 1911. **Schröder, R. A.** *Das Buch Hiob mit Randbemerkungen.* Munich: R. Piper, 1948. **Schubert, L.** *Das Buch Hiob. Dichterische Übersetzung mit einer Erklärung.* Leipzig: Klein, 1927. **Schwarz, F. W. S.** *Das Buch Hiob. Ein Kreuz- und Trostbuch: Nach dem Holländischen des ten Kate unter Vergleichung des biblischen Textes deutsch bearbeitet.* Bremen: C. E. Müller, 1868. **Schwarz, I.** תקות אנוש: ספר איוב. Berlin, 1868. **Schweitzer, R.** *Job.* La Bible et la vie. Paris: Ligel, 1966. **Seitz, O.** *Hiob.* Berlin, 1931. **Sekine, M.** *Yob-ki chūkai*[A Commentary on the Book of Job]. [Japanese]. Tokyo: Kyō bunkan, 1970. **Siegfried, C.** *The Book of Job: Critical Edition of the Hebrew Text.* SBOT. Baltimore: Johns Hopkins UP, 1893. **Simon, M.** *Hiob übersetzt und herausgegeben.* Munich: Chr Kaiser, 1925. **Smith, Elizabeth.** *The Book of Job: translated from the Hebrew…With a preface and annotations.* Bath, 1810. **Snaith, N. H.** *Notes on the Hebrew Text of Job I-VI.* London: Epworth, 1945. **Solomon[Baba-Jan].** בלשון פארסי ספר איוב עם עתקה[*The Book of Job with Persian translation*]. Jerusalem, 1895. **Speyr, A. von.** *Job(Kommentar).* Einsiedeln: Johannes-Verlag, 1972. **Spiess, M.** *Hiob metrisch uebersetzt.* Buchholz: G. Adler, 1852. **Sprague, H. B.** *The Book of Job: The Poetic Portion Versified, with Due Regard to the Language of the Authorized Version, A Closer Adherence to the Sense of the Revised Versions, and a More Literal Translation of the Hebrew Original, with an Introductory Essay Advancing New Views and Explanatory Notes Quoting Many Eminent Authorities.* Boston: Sherman, French & Co., 1913. **Stather, W. C.** *The Book of Job in English Verse. Translated from the original Hebrew: with notes, critical and explanatory.* Bath: Binns & Godwin, 1860. **Steinmann, J.** *Job.* Témoins de Dieu. Paris: Cerf, 1946. ______. *Le Livre de Job.* Lectio Divina. Paris: Cerf, 1955. ______. *Job. Texte français, introduction et commentaire.* Connaître la Bible. Bruges: Desclée de Brouwer, 1961. **Sternberg, S. Z.** באור חקר שדי ספר איוב: עם. 1872. **Steuernagel, C.** "Das Buch Hiob." *Die Heilige Schrift des Alten Testaments.* Tübingen: J. C. B. Mohr, 1923. 2:323-89. **Stevenson, W. B.** *The Poem* *of Job: A Literary Study with a New Translation.* London: OUP, 1947. **Stickel, J. G.** *Das Buch Hiob rhythmisch gegliedert und übersetzt, mit exegetischen und kritischen Bemerkungen.* Leipzig: Weldmann, 1842. **Stier, F.** *Das Buch Ijjob hebräisch und deutsch. Uebertragen ausgelegt und mit Text-und Sacherläuterungen versehen.* Munich: Kösel, 1954. **Stock, J.** *The Book of Job: metrically arranged according to the Masora, and newly translated into English. With notes critical and explanatory.* Bath, 1805. **Strahan, J.** *The Book of Job Interpreted.* Edinburgh: T. & T. Clark, 1913. **Strashun, A. D.** תורת אדם: באור על ספר איוב. Vilna, 1888. ______. נבוכים: והוא באור על ספר איוב עם מבוא מישר. Vilna, 1897. **Studer, G. L.** *Das Buch Hiob für geistliche und gebildete Laien übersetzt und kritisch erläutert.* Bremen: M. Heinsius, 1881. **Stuhlmann, M. H.** *Hiob, ein religiöses Gedicht. Aus dem Hebräischen neu übersetzt, geprüft und erläutert.* Hamburg: F. Perthes, 1804. **Sutcliffe, E. F** "Job." In *A Catholic Commentary on Holy Scripture.* Ed. B. Orchard et al.. London: Thos. Nelson & Sons, 1953. 417-41. **Sydenstricker, H. M.** *The Epic of the Orient: an original poetical rendering of the book of Job.* Hartford: Student Publishing Co, 1894. **Szczygiel, P.** *Das Buch Job, übersetzt und erklärt.* HSAT. Bonn: Hanstein, 1931. **Szold, B.** ספר איוב: מבואר מחדש. *Das Buch Hiob, nebst einem neuen Kommentar.* Baltimore: H. F. Siemers, 1886. **Takamini, A. V.** *Il Libro di Giobbe: Versione poetica.* Venice, 1871. **Talmid.** *The Book of Job and the Song of Solomon: Translated into English metre.* Edinburgh, 1890. **Tattersall, J.** *The Poem of Job, rendered in English metre.* London: B. Quaritch, 1897. **Telles, B.** *O Livro de Job. Traducção em verso.* Porto: Lello & Irmão, 1912. **Terrien, S. L., and P. Scherer.** "Job." *IB.* New York and Nashville: Abingdon, 1954. 3:877-1198. **Terrien, S. L.** *Job.* Commentaire de l'Ancien Testament. Neuchâ tel: Delachaux et Niestlé, 1963. **Thilo, M.** *Das Buch Hiob neu übersetzt und aufgefasst.* Bonn: A. Marcus & E. Weber, 1925. **Thomas, D.** *Problemata Mundi: The Book of Job, exegetically and practically considered. Critically revised, with an introduction, by Samuel Davidson.* London: Smith, Elder, & Co., 1878. **Torczyner, H.** *Das Buch Hiob: Eine kritische Analyse des überlieferten Hiobtextes.* Vienna: Löqit, 1920. ______. ספר איוב מפורש. *The Book of Job Interpreted.* Jerusalem: Hebrew UP, 1941. See also Tur-Sinai, N. H. **Trentepohl, K.** *Das Buch Hiob, übersetzt und mettisch bearbeitet.* Vechta, 1860. **Turoldo, D. M.** *Da una casa di fango*(Job). Brescia: La Scuola, 1951.[Commentary, with translation of A. Vaccari.] **Tur-Sinai[Torczyner],**

N. H. ספר איוב עם פירוש חדש. Tel Aviv: Yavneh, 1954. ______. *The Book of Job, A New Commentary.* Jerusalem: Kiryath Sepher, 1957.

Umbreit, F. W. C. *Das Buch Hiob, Übersetzung und Auslegung.* Heidelberg, 1824. ______. *A New Version of the Book of Job with expository notes, and an introduction, on the spirit, composition, and author of the book.* Tr. J. H. Gray. 2 vols. Edinburgh: Thomas Clark, 1836-37.

Vaccari, A. *Il Libro di Giobbe e i Salmi, tradotti dai testi originali e annotati.* 2d ed. Rome: Pontifical Biblical Institute, 1927. **Vaihinger, J. G.** *Das Buch Hiob, der Urschrift gemäss metrisch übersetzt und erläutert.* Stuttgart, 1842. **Van Calcar, J. D.** *Job. Bijbels Lekespel.* Assen: Van Gorcum, 1934. **Van Hagen, Mrs Henry**. *Evenings in the Land of Uz: Short Expositions of the Book of Job: arranged for family reading.* 2d ed. London: W. W. Robinson, 1845. **Van Prosdij, A. C. G.** *Het Boek Job.* Amsterdam: S. J. B. Bakker, 1948. **Van Selms, A.** *Job.* Prediking OT. 2 vols. Nijkerk: Callenbach, 1982-83. ______. *Job*: een praktische bijbelverklaring. Tekst en Toelichting. Kampen: J. H. Kok, 1984.[Tr. J. Vriend. *Job, A Practical Commentary.* Grand Rapids: Eerdmans, 1985]. **Viani, B.** *Il Libro di Giobbe, recato in versi italiani e corredato di note.* Rome: Osservatore Romano, 1865. **Vignolo, G. M.** *Il Libro di Giobbe tradotto in versi scioiti.* Turin, 1902. **Villa, E.** *Antico teatro ebraico: Giobbe, Cantico dei cantici.* Milan: Poligono, 1947. **Virgulin, S.** *Giobbe … introduzione,* note. Nuovissima Versione 17. Rome: Paoline, 1980. **Voigt, C.** *Einige Stellen des Buches Hiob.* Leipzig: W. Drugulin, 1895. **Volck, W.** "Das Buch Hiob." In *Die poetischen Hagiographa(Buch Hiob, Prediger Salomo, Hohelied und Klagelied) ausgelegt.* Ed. W. Volck and S. Oettli. Kurzgefasster Kommentar zu Heiligen Schriften Alten und Neuen Testaments. Nördlingen: C. H. Beck, 1889. **Volz, P.** *Hiob und Weisheit.* Göttingen, 1911. ______. *Weisheit(Das Buch Hiob, Sprüche und Jesus Sirach, Prediger).* Göttingen: Vandenhoeck & Ruprecht, 1911. **Vuilleumier, H.** *Le livre de Job.* Lausanne, 1894.

Walls, A. *The Oldest Drama in the World: the Book of Job, arranged in dramatic form, with elucidation.* New York: Hunt & Eaton, 1891. **Warren, C. B.** *A Paraphrase of Job's Dark Days.* New York: H. Harrison, 1941. **Watson, R. A.** *The Book of Job.* ExpB. London: Hodder & Stoughton, 1892. **Watts, J. D. W., J. J. Owens,** and **M. E. Tate.** "Job." In *Broadman Bible Commentary.* Nashville: Broadman, 1971. 22-151. **Weber, J.-J.** *Le'Livre de Job. L Ecclésiaste. Texte et commentaire.* Paris: Desclée,

1947. **Weiser, Artur.** *Das Buch Hiob übersetzt und erklärt.* ATD. Göttingen: Vandenhoeck & Ruprecht, 1951. **Weiser, Asher.** ספר איוב מפרש. Tel Aviv: Yehuda, 1950-51. **Weiser, L.** *Das ungekürzte Buch Hiob: Deutsch von Lazarus Weiser. Jetzt ein Buch für jede Seele, die Kraft trinken kann vom alten starken Geiste Hiobs, früher bei dem gekürzten Urtext ein unverstandenes Buch.* Vienna: Ta'nach-Selbstverlag, 1931. **Weitzner, E.** *The Book of Job: A Paraphrase.* New York, 1960. **Welte, B.** *Das Buch Hiob, übersetzt und erklärt.* Freiburg im Breisgau, 1849. **Wemyss, T.** *Job and his Times, or a Picture of the patriarchal age … a new version of that … poem, accompanied with notes and dissertations.* London: Jackson & Walford, 1839. **White, G. C.** *The Discipline of Suffering: Nine short readings on the history of Job.[Part 2. The Conversation*[i.e., the text of Job] *in blank verse].* London: W. Skeffington & Son, 1880. **Wilde, A. de.** *Het boek Job, ingeleid en vertaald.* Wageningen: Veenman, 1974. ______. *Das Buch Hiob eingeleitet, übersetzt und erläutert.* OTS 22. Leiden: E. J. Brill, 1981. **Wilkinson, F. H.** *The Book of Job: Translated and Annotated.* London: Skeffington & Son, 1901. **Wilson, P.** *The Book of Job Translated into English Verse* [of various meters]. Edinburgh: James Thin, 1912. **Winterfield, von.** *Kommentar über das Buch Iob.* Leipzig: H. Walter, 1898. **Wolff, C.** *Job, traduit et commenté.* Colmar: C. Decker, 1873. **Wolfson, J.** איוב. *Das Buch Hiob: Mit Beziehung auf Psychologie und Philosophie der alten Hebräer neu übersetzt und kritisch erläutert.* Breslau, 1843. **Wray, N.** *The Book of Job: A Biblical Masterpiece Interpreted and Explained.* Boston: Hamilton Bors, 1929. **Wright, G. H. Bateson.** *The Book of Job: A new, critically revised translation, with essays on scansion, date etc.* London: Williams and Norgate, 1883. **Wutz, F. X.** Das Buch Job. In *Eichstätter Studien.* 3. Stuttgart: Kohlhammer, 1939[Translation and Commentary]. See also **Schilcher, K.** "Das Buch Job und Prof. Wutz." *Klerus Bl* 21(1940) 67-68, 76-77.

Yellin, D. חקרי מקרא בארים חדשים במקראות: איוב. Jerusalem, 1927. **Yerushalmi, E.** ספר איוב: הקפה מדעת. Jerusalem: Eretz-Israel, 1927.

3. 책 전체적으로

이 단락에는 욥기 전체에 대한 해석들을 제공하지만 욥기 자체의 순서대로 배열되지는 않은 작품들이 열거된다. **도서 목록**의 다른 부분들처럼, 여기서도 책과 논문, 전문적 그리고 비전문적인 연구들이 모두 포함되어 있다. 특히 이 특별한 성경 문헌, 즉 욥기의 경우에 주제에 대한 작품의 전문성 정도는 욥기를 이해하는 데 있어서 그 작품의 가치를 가늠하는 척도가 되지 않는다.

욥기의 일부분과 관련된 작품들은 해당 장들의 도서 목록에서 열거되고 여기서는 언급되지 않는다.

Aalders, W. *Wet, tragedie, evangelie: een andere benadering van het boek Job.* The Hague: Voorhoeve, 1979. **Aked, C. F.** *The Divine Drama of Job.* Edinburgh: T. & T. Clark, 1913. **Allen, F. E.** *Practical Lectures on the Book of Job.* New York: Revell, 1923. **Alonso Schökel, L.** "Toward a Dramatic Reading of the Book of Job." *Semeia* 7(1977) 45-61. See also **Crenshaw, J. L.** "The Twofold Search: A Response to Luis Alonso Schökel." *Semeia* 7(1977) 63-69. ______. "God's Answer to Job." *Conc* 169 (1983) 45-51. **Archer, G. L.** *The Book of Job: God's Answer to the Problem of Undeserved Suffering.* Grand Rapids: Baker, 1982. **Anderson, H.** "Another Perspective on the Book of Job." *TGUOS* 18(1961) 43-46. **Aufrecht, W. E.**, ed. *Studies in the Book of Job. SR* Supplements 16. Waterloo: Wilfrid Laurier University, 1985. **Augé, R.** "Job." *EncBib* 4(1965) 569-78. **Baab, O.** "The Book of Job." *Int* 5(1951) 329-43. **Badè, W. F.** *The Book of Job and the Solution of the Problem of Suffering It Offers.* 2d ed. 1914. **Baker, J. A.** "The Book of Job: Unity and Meaning." In *Studia Biblica 1978. I. JSOTSup* 11. Sheffield: *JSOT*, 1978. 17-26. **Barth, K.** Hiob. Biblische Studien 49. Neukirchen-Vluyn: Neukirchener Verlag, 1966[= *Kirchliche Dogmatik* 4/3, 1]. **Barthélemy, D.** "Dieu méconnu par le vieil homme: Job." *VS* 105(1961) 445-63. **Baryiko, J.** *Job.* Buenos Aires: Ejucativo Sudamericano del Congreso Judio Mondial, 1970. **Batten, L. W.** "The Epilogue of the Book of Job." *ATR* 15(1933) 125-28. **Baumer, L.** "Das Buch Hiob, Versuch einer psychopathologischen Deutung." *Der Nervenarzt* 28(1957) 546-50. **Baumgärtel, F.** *Der Hiobdialog. Aufriss und Deutung.* BZAW 4/9. Stuttgart: Kohlhammer, 1933. **Baumgartner, F.** "Das Buch Job im Religionsunterricht." *ChrPädBl* 54(1931) 87-88. **Beet, W. E.** "The Message of the Book of Job." *Exp* 48(1922) 111-20. **Bennett, T. M.** "When a Righteous Man Suffers: A Teaching Outline of the Book of Job." SWJT 14(1971) 57-64. ______. *When Human Wisdom Fails: An Exposition of the Book of Job.* Grand Rapids: Baker, 1971. **Bergant, Dianne.** "Why Do I Suffer?" *TBT* 20(1982) 341-46. **Bickell, G.** *Job, Dialog über das*

Leiden des Gerechten. Innsbruck, 1885. **Bigot, L.** "Job(Livre de)." *Dictionnaire de théologie catholique.* 1925. 8:1458-86. **Billheimer, P. E.** *Adventure in Adversity.* Alresford: Christian Literature Crusade, 1984. **Bishop, E. F. F.** *Job, The Patriarch of East Palestine: The Epic that Transjordan Gave to the Scriptures of the World.* Reigate, Surrey: George J. Hieatt and Son, 1973. **Blake, B.** *The Book of Job and the Problem of Suffering.* London: Hodder and Stoughton, 1911. **Bonnard, P. E.** "Job ou l'homme enfin exstasié." *LumVie* 13(1964) 15-33. **Bonora, A.** *Il contestatore di Dio: Giobbe.* Turin: Marietti, 1978. **Bovey, W.** "The Unjust God? Job's Problem and Ours." *HibJ* 36(1937-38) 353-64. **Bradley, G. G.** *Lectures on the Book of Job Delivered in Westminster Abbey.* 2d ed. Oxford: Clarendon, 1888. **Brandenburg, H.** *Das Buch Hiob: Der Mensch in der Anfechtung.* Giessen: Brunnen, 1969. **Brandon, S. G. F.** "The Book of Job: Its Significance for the History of Religions." *History Today* 2(1961) 547-54. **Breakstone, R.** *Job: A Case Study.* New York: Bookman Associates, 1964. **Brenner, Athalya.** "God's Answer to Job." *VT* 31(1981) 129-37. **Brook, Peggy.** *Job: An Interpretation.* London: Foundational Book Co., 1967. **Brunner, R.** *Der Gottesknecht: Eine Auslegung des Buches Hiob.* 3d ed. Basel: J. F. Reinhardt.

Camhy, O. *Une trilogie biblique sur le drame de la vie: un sujet, trois conceptions: Job, Qohéleth … Isaïe.* Paris: Grassin, 1973. **Cantalausa, J. de.** *Lo libre de Jòb(presentacion e causidas).* … Rodés. Cultura d oc, 1983. **Ceuppens, F.** *De libro Iob quaestiones selectae.* Rome: Collegium Angelicum, 1932. **Cheyne, T. K.** *Job and Solomon or the Wisdom of the Old Testament.* London: Kegan Paul, Trench & Co., 1887. ______. "Job." *EB* 1901. 2:2465-91. **Claudel, P.** *Le'livre de Job.* Paris: Plon, 1946. **Clines, D. J. A.** "The Arguments of Job's Three Friends." In *Art and Meaning: Rhetoric in Biblical Literature*, ed. D. J. A. Chines, D. M. Gunn, and A. J. Hauser. *JSOTSup* 19. Sheffield: *JSOT* Press, 1982. 199-214. ______. "Job." *The Books of the Bible.* Ed. B. W. Anderson. New York: Scribners, 1989. ______. *Oxford Companion to the Bible.* Ed. B.M. Metzger. New York: OUP(forth-coming). ______. "Deconstructing the Book of Job." In *The Bible as Rhetoric: Studies in Biblical Persuasion and Credibility*, ed. M. Warner. London: Routledge, 1989. 65-80. ______. "The Wisdom Books." In *Creating the Old Testament*, ed. S. Bigger. Oxford: Blackwell, 1989. 269-91. **Cocagnoc, A. M.** "Job sans beauté ni éclat." *VS* 422(1956) 355-71. **Conder, C. R.** "Illustrations of the Book of Job." *PEFQS*(1898) 254-61. **Cook, A.** *The Root of the*

Thing: A Study of Job and the Song of Songs. Bloomington: Indiana UP, 1968. **Cook, E. D.** *The Man Who Had Everything: Job.* Glasgow: Church Pastoral Aid, 1978. **Cooper, B. Z.** "Why, God: A Tale of Two Sufferers." *TTod* 42(1986) 423-24. **Corrado da Arienzo.** "Il dolore di Giobbe." *PalCl* 37(1958) 735-39. **Cox, D.** "Reason in Revolt: The Poetic Dialogues in the Book of Job." *SBFLA* 24(1974) 317-28. ______. *The Triumph of Impotence: Job and the Tradition of the Absurd.* Analecta Gregoriana 212. Rome: Università Gregoriana Editrice, 1978. ______. "A Rational Inquiry into God: Chapters 4-27 of the Book of Job." *Greg* 67(1986) 621-58. **Craigie, P. C.** "Biblical Wisdom in the Modern World. III. Job." *Crux* 16(1980) 7-10. **Cranfield, C. E. B.** "An Interpretation of the Book of Job." *ExpT* 54(1943) 295-98. **Crook, M. B.** *The Cruel God: Job's Search for the Meaning of Suffering.* Boston, 1959. ______, and **S. A. Eliot.** "Tracing Job's Story." *HibJ* 60(1962) 323-29. **Cruveilhier, P.** "Pour une connaissance plus parfaite du livre de Job." *RevApol* 53(1931) 641-67; 54(1932) 5-27. **Dalzell, S.H.** *Lessons in the Book of Job.* London: Stockwell, 1922. **Daniélou, J.** "Les quatre visages de Job." *Études*(September 1955) 145-56. ______. *Les saints païens de l Ancien Testament.* Paris: Le Seuil. 109-28[= *Holy Pagans of the Old Testament.* Tr. F. Faber. London: Longmans, Green & Co., 1957. 86-102]. **Davis, H. G.** "The Message of the Book of Job for Today." *LCQ* 6(1933) 131-46. **Davison, W. T.** "Job." *HDB* 2:660-71. **Devine, M.** *The Story of Job: A Sympathetic Study of the Book of Job in the Light of History and Literature.* London: Macmillan, 1921. **Drucker, A. P.** "The Book of Job." *The Open Court* 49(1935) 65-78. **Duhm, B.** "The Book of Job." *The New Worm*(1894) 328-44.

Eaton, J. H. *Job.* Old Testament Guides 5. Sheffield: *JSOT,* 1985. **Eerdmans, B. D.** *Studies in Job.* 2 vol(s). Leiden: Burgersdijk & Niermans, 1939. **Ehrenberg, H.** *Hiob der Existentialist.* Heidelberg: Lambert Schneider, 1952. **Epp, T. H.** *Job a Man Tried as Gold.* Lincoln, NE: Back to the Bible Publications, 1967. **Ewing, W.** *Some Critical Observations on the Book of Job.* London, 1844. **Ewing, W. B.** *Job: A Vision of God.* New York: Seabury, 1976.

Feinberg, C. L. "The Book of Job." *BSac* 91(1934) 78-86. **Ferguson, J.** *Job.* London: Epworth, 1961. **Festorazzi, F.** *Gli "Scritti" dell'Antico Testamento.* Il Messaggio della Salvezza 5. Turin-Leumann: LDC, 1985. 14-28, 52-182. **Fichtner, J.** "Hiob in der Verkündigung unserer Zeit." WuD 2(1950) 71-89. **Fohrer, G.** "Nun aber hat mein

Auge dich geschaut. Der innere Aufbau des Buches Hiob." *TZ* 15(1959) 1-21[="Der innere Aufbau des Buches Hiob." *Studien zum Buche Hiob(1956-1979)*. BZAW 159. Gütersloh: Gerd Mohn, 1963. 1-18]. ______. "Das Hiobproblem und seine Lösung." *WZ der Martin-Luther-Universität* 12(1963) 249-58. ______. *Studien zum Buche Hiob.* BZAW 159. Gütersloh: Gerd Mohn, 1963[2d ed. *Studien zum Buche Hiob (1956-1979)*. Berlin: de Gruyter, 1983]. **Foote, G. W.** "Poor Job." In *Bible Heroes.* London: Freethought Publishing Co., 1900. 37-44. **Ford, L. S.** "The Whirlwind Addresses Job." *StLuke* 24(1980-81) 217-21. **Francisco, C. T.** "A Teaching Outline of the Book of Job." *RevExp* 68(1971) 511-20. **Freedman, D. N.** "Is It Possible to Understand the Book of Job?" *BibReview* 4/2(April 1988) 26ff. **Frost, G. E.** *The Color of the Night: Reflections on the Book of Job.* Minneapolis: Augsburg, 1977. **Froude, J. A.** *The Book of Job.* London: J. Chapman, 1854.[=*The Westminster Review* ns 8 October 1853.]

Gemüsch, G. *Das Rätsel Hiob:Gemeinfassliche Gedanken über das Buch Hiob.* Karlsruhe: C. F. Müller, 1958. **Gerber, I. J.** *job on Trial: A Book for Our Times.* Gastonia, NC: EP, 1982. ______. *The Psychology of the Suffering Mind.* New York: Jonathan David, 1951. **Gese, H.** "Die Frage nach dem Lebenssinn: Hiob und die Folgen." *ZTK* 79(1982) 161-79. **Gibbs, P. T.** *Job and the Mysteries of Wisdom.* Nashville: Southern Publishing, 1967. **Ginsberg, H. L.** "Job the Patient and Job the Impatient." *ConsJud*(1967) 12-28. ______. "עיונים בספר איוב: Studies in the Book of Job." *Leš* 21(1956-57) 259-64. ______, **T. Friedman, B. Bayer** et al. "Job, the Book of." *EncJud* 10:111-29. **Girard, R.** *La route antique des hommes pervers.* Paris: Bernard Grasser, 1985. Tr. *Job, The Victim of His People.* London: Athlone, 1988. ______. "The Ancient Trail Trodden by the Wicked: Job as Scapegoat." *Semeia* 33 (1985) 13-41. **Glazner, A.** "Introduction to the Book of Job"[Heb.]. *BMik* 23(1978) 189-202. **Godet, F.** "The Book of Job." In *Godet's Biblical Studies on the Old Testament,* ed. W. H. Lyttleton. Oxford: James Parker, 1875. 183-240. **Goldschmidt, H. L.** "Hiob einst und immer." *Israel hat dennoch Gott zum Trost,* FS S. Ben-Chorin, ed. G. Müller. Trier: Paulinus, 1978. 20-30. **González, Á.** "Giobbe, il malato." *Conc* 12 (1976) 1475-82. **Good, E. M.** "Job and the Literary Task: A Response[to David Robertson]." *Soundings* 56(1973) 470-84. **Gordis, R.** "'All Men's Book': A New Introduction to Job." *Menorah Journal* 37(1949) 329-58.[=*Poets, Prophets and Sages.*

Bloomington, IN, 1971. 280-84.]. ______. *The Book of God and Man: A Study of Job.* Chicago: University of Chicago Press, 1965. ______. "The Temptation of Job Tradition versus Experience in Religion." *Judaism* 4(1955) 195-208.[=*Poets, Prophets and Sages.* Bloomington, IN, 1971. 305-24.] ______. "The Conflict of Tradition and Experience." In *Great Moral Dilemmas in Literature, Past and Present,* ed. R. M. McIver. New York: Institute for Religious and Social Studies, 1956. 155-78. ______. "The Lord out of the Whirlwind: The Climax and Meaning of 'Job.'" *Judaism* 13(1964) 48-63. **Gray, G. B.** "The Purpose and Method of the Writer." In *Twentieth-Century Interpretations of the Book of Job: A Collection of Critical Essays,* ed. P.S. Sanders. Englewood Cliffs, NJ: Prentice-Hall, 1968. 36-45.[=Driver-Gray, x-xv-l.] **Green, W. H.** *The Argument of the Book of Job Unfolded.* New York: Hurst & Co., 1873. **Guillaume, A.** "The Unity of the Book of Job." ALUOS 4(1965) 26-46. **Gunkel, H.** "Hiobbuch." *RGG2* 3:1924-30. **Gutiérrez, G.** *On Job: God-Talk and the Suffering of the Innocent.* Maryknoll, NY: Orbis, 1987. Tr. by M. J. O Connell from *Hablar de Dios desde el sufrimiento del inocente.* Lima: Centro de Estudios y Publicaciones, 1986. ______. "But Why Lord: On Job and the Suffering of the Innocent." *Other Side* 23(1987) 18-23. **Hackmann, H.** "Das wahre Gesicht des Buches Hiob." *NedTTs* 19(1930) 25-35. **Hamblen, E. J.** *The Book of Job Interpreted: Illustrated with the Designs of William Blake.* New York, 1939. **Hartley, J. E.** "Job." *ISBE* 2:1064-76. **Hauptmann, G.** *Buch der Leidenschaft.* Gütersloh: C. Bertelsmann, 1953. **Hawthorne, R. R.** "Joban Theology." *BSac* 101(1944) 64-75, 173-86, 290-303, 417-33; 102(1945) 37-54. **Heinen, K.** *Der unverfügbare Gott: Das Buch Ijob.* Stuttgart: Katholisches Bibelwerk, 1979. **Hempel, J.** "Das theologische Problem des Hiob." *Apoxysmata: Vorarbeitungen zu einer Religionsgeschichte und Theologie des Alten Testaments.* BZAW 81. Berlin: A. Töpelmann, 1961. 114-74. **Hengstenberg, E. W.** "Interpreting the Book of Job." In *Classical Evangelical Essays in Old Testament Interpretation,* ed. W. C. Kaiser. Grand Rapids: Baker, 1973. 91-112. **Hirsch, N. D.** "The Architecture of the Book of Job." CCAR *Journal* 16(1969) 22-32. **Hölscher, G.** *Das Gedicht von Hiob und seine drei Freunden.* Wiesbaden: Insel, 1948. **Höffken, P.** "Hiob in exegetischer Sicht." *EvErz* 36(1984) 509-26. **Hoffman, Y.** "The Relation between the Prologue and the Speech Cycles in Job: A Reconsideration." *VT* 31(1981) 160-70. ______. "The Mutual Relation between the Prologue and the Dialogues in the Book of Job." *Proceedings of the*

7th World Congress of Jewish Studies(1981) 53-61[Heb.]. **Holmgren, F.** "Barking Dogs Never Bite, Except Now and Then: Proverbs and Job." *ATR* 61(1969) 341-53. **Howard, D. M.** *Understanding God's Plan.* London: Scripture Union, 1973. **Humbert, P.** "Le modernisme de Job." *VTSup* 3(1955) 150-61. ______. "A propos du livre de Job." In his *Opuscules d'un hébraïsant.* Neuchâtel: Université de Neuchâtel, 1958. 204-19.

Inch, M. *My Servant Job.* Grand Rapids: Baker, 1979. **Irwin, W. H.** "An Examination of the Progress of Thought in the Dialogue of Job." *JR* 13(1933) 150-64. ______. "Job." *Dictionary of the Bible*[New Hastings]. 2d ed. Edinburgh: T. & T. Clark, 1963. 501-5.

Jastrow, M. *The Gentle Cynic.* Philadelphia: Lippincott, 1920. **Jepsen, A.** *Das Buch Hiob und seine Deutung.* Aufsäitze und Vorträge zur Theologie und Religionswissenschaft 28. Berlin: Evangelische Verlagsanstalt, 1963.[=Arbeiten zur Theologie 1,14. Stuttgart: Calwer Verlag, 1964.] **Job, J.** *Where Is My Father? Studies in the Book of Job.* London: Epworth, 1977.[=*Job Speaks to Us Today.* Atlanta: Knox, 1980.] **Johnson, L. D.** *Out of the Whirlwind: The Major Message of Job.* Nashville: Broadman, 1971. **Johnstone, C. K.** "Poetic Statement in 'Job.'" *RUO* 32(1962) 45-59. **Jones, E.** *The Triumph of Job.* London: SCM, 1966. **Jordan, W. G.** *The Book of Job: Its Substance and Spirit.* New York: Macmillan, 1929. **Jung, C. G.** *Answer to Job: Researches into the Relation between Psychology and Religion.* Tr. R. F. C. Hull. London: Routledge, 1954. **Junker, H.** *Jobs Leid, Streit und Sieg: oder Ein Mensch ringt mit dem Schicksal und mit Gott.* Freiburg im Breisgau: Herder, 1948. **Kahn, J.** *Job's Illness: Loss, Grief and Integration, A Psychological Interpretation.* Oxford: Pergamon, 1975. **Kaminka, A.** "Principles for Understanding the Speeches in the Book of Job."[Heb.] *Moznaim* 1(1945). **Kapelrud, A. S.** *Job og hans problem—i fortid og i dag.* Oslo: Land og Kirche, 1976. **Karary, E.** "ספר איוב[The Book of Job]." *BMik* 51(1972) 416-27, 530-31. **Kellett, E. E.** "'Job': An Allegory?" *ExpT* 51(1939-40) 250-51. **Kent, H. H.** *Job, Our Contemporary.* Grand Rapids: Eerdmans, 1968. **Kidnee, D.** *Wisdom to Live By: An Introduction to the Old Testament's Wisdom Books of Proverbs, Job and Ecclesiastes.* Leicester: IVP, 1985. **King, H. M.** *Songs in the Night: A Study of the Book of Job, With Illustrations by William Blake.* Gerrards Cross: Colin Smythe, 1968. **Klostermann, A.** "Hiob." *RE* 3d ed. 1900. 8:97-126. **Kiine, M. G.**

"Trial by Ordeal." *Through Christ's Word: A Festschrift for Dr. Philip E. Hughes.* Phillipsburg, NJ: Presbyterian & Reformed Publishing Co., 1985. 81-93. **Knietsehke, M.** *Kultur-und Geisteswelt des Buches Hiobs.* Berlin-Lichterfelde: Runge, 1925. **Knight, H.** "Job." Considered as a Contribution to Hebrew Theology." *SJT* 9(1956) 63-76. **Knobel, A. W.** *De carminis Jobi argumento, fine ac dispositione.* 1835. **Köberle, J.** *Das Rätsel des Leidens: Eine Einführung in das Buch Hiob.* Berlin-Lichterfelde: E. Runge, 1905. **Kraeling, E. G. H.** *The Book of the Ways of God.* London: SPCK, 1938. **Krinetski, L.** "Ich weiss, mein Anwalt lebt: Die Botschaft des Buches Job." *BiKi* 20(1965) 8-12. **Kuhl, C.** "Hiobbuch." *RGG*3 3:355-61. **Kuhn, J.** *Warum bist du so, Gott? Hiob der Fragende.* Stuttgart: Quell, 1978.

Lacoque, A. "Est-ce gratuitement que Job craint Dieu?" *Mélanges A. Neher.* Paris: Librairie d Amérique et d Orient, Adrien-Maisonneuve, 1975. 175-79. **Lang, B.** "Ein kranker sieht sein Gott; das Buch Ijob." In *Wie wird man Prophet in Israel? Aufsätze zum Alten Testament.* Düsseldorf: Patmos, 1980. 137-48. **Larcher, C.** "Job(Le Livre de)." *Catholicisme* 6,25(1965) 899-907. **Latch, E. B.** *Indications of the Book of Job.* Philadelphia: J. B. Lippincott, 1889. **Laurin, R.** "The Theological Structure of Job." *ZAW* 84(1972) 86-89. **Lefèvre, A.** "Job." *DBSup* 4:1073-98. **Levenson, J. D.** *The Book of Job in Its Time and in the Twentieth Century.* Cambridge, MA: Harvard UP, 1972. **Lévêque, J.** *Job et son Dieu: Essai d exégèse et de théologie biblique.* 2 vols. Paris: Gabalda, 1970. ______. "Le sens de la souffrance d'après le livre de Job." *RTL* 6(1975) 438-59. ______. "Sofferenza e metamorfosi: Una lettura del libro di Giobbe." *Communio* 33(1977) 4-16. ______. "Tradition and Betrayal in the Speeches of the Friends." *Conc* 169(1983) 39-44. ______. *Job, le livre et le message.* Paris: Cerf, 1985. ______, and **C. Kamnengiesser**. "Job(Le Livre de)." *DictSpir* 8:1201-25. **Levine, B.** "René Girard on Job: The Question of the Scapegoat." *Semeia* 33(1985) 125-33. **Lewin, M.** "Job." *JewEnc* 7:193-95. **Ley, J.** "Characteristik der drei Freunde Hiobs und der Wandlungen in Hiobs religiösen Anmerkungen." *TSK*(1900) 331-63. **Lichtenstein, A.** "Toward a Literary Understanding of the Book of Job." HS 20/21(1979-80) 34. **Lindblom, J.** *Boken om Job och hans Lidande.* Lund: Gleerup, 1940. **Lipiń ski, E.** "Le juste souffrant." *FoiTemps* 1(1968) 329-42. **Loader, J. A.** "Job Answer or Enigma?" In *Old Testament Studies*, ed. J. A. Loader and J. Le Roux. Pretoria, 1984. 2:1-38. **Long, T. G.** "Job: Second Thoughts in the Land of Uz." "*TTod* 45(1988)"

5-20. **Lovelock, R. T.** *Job: A Study of the Book and Its Message.* Birmingham: Christadelphian, 1957. **Lusseau, H.** "Job." In *Introduction à la Bible*, ed. A. Robert and A. Feuillet. 2d ed. 1959. 1:642-54.

Maag, V. *Hiob: Wandlung und Verarbeitung des Problems in Novelle, Dialogdichtung und Spiitfassungen.* FRLANT 128. Göttingen: Vandenhoeck & Ruprecht, 1982. **Mac-Donald, D. B.** *The Hebrew Philosophic Genius.* Princeton: Princeton UP, 1936. **McKeating, H.** "The Central Issue of the Book of Job." *ExpT* 82(1971) 244-47. **Mac-Kechnie, J.** *Job, Moral Hero, Religious Egoist and Mystic.* Greenock: McKelvie & Sons, 1925. **MacKenzie, R. A. F.** "The Transformation of Job." *BTB* 9(1979) 51-57. ______. "The Cultural and Religious Background of the Book of Job." *Conc* 169(1983) 3-7. **Maillot, A.** "Job: livre païen." *FoiVie* 69(1970) 2-15. ______. "L'apologétique du livre de Job." *RHPR* 59(1979) 567-76. **Marböck, J.** *Das Buch Hiob.* Klosterneuberg: Österreichisches Katholisches Bibelwerk, 1980. **Marshall, J. T.** *The Book of Job.* Philadelphia: American Baptist Publication Society, 1904. **Martin, A. D.** "The Book of Job." *ExpT* 26(1914) 75-81. **Matheney, M. P.** "Major Purposes of the Book of Job." SWJT 14(1971) 17-42. **Michel, D.** "Hiob: Wegen Gott gegen Gott." In his *Israels Glaube im Wandel.* Berlin, 1968. 252-77. **Miles, J. J.** "Gagging on Job, or the Comedy of Religious Exhaustion." *Semeia* 7(1977) 71-126. See also **Polzin, R.** "John A. Miles on the Book of Job: A Response." *Semeia* 7(1977) 127-33. **Miskotte, K. H.** *Antwoord uit het Onweer.* Amsterdam: Uitgevers-Maatschappij Holland, 1936. See also Ridderbos, J. **Mitchell, S.** "The Book of Job." *Tikkun* 1(1986) 56-64. **Möller, H.** *Sinn und Aufbau des Buches Hiob.* Berlin: Evangelische Verlagsanstalt, 1955. **Moore, T. W.** "The Book of Job Revised Version Old Testament." *MethQR* 23(1986) 261-71. **Morgan, G. C.** *The Answers of Jesus to Job.* London: Marshall, Morgan and Scott, 1934. **Müller, H. P.** *Hiob und seine Freunde.* Zurich, 1970. ______. *Das Hiobproblem: Seine Stellung und Entstehung im Alten Orient und im Alten Testament.* Erträge der Forschung 84. Darmstadt: Wissenschaftliche Buchgesellschaft, 1978. **Murphy, R. E.** "Job in the New Confraternity Version." *AER* 133(1955) 16-29.

Nash, J. "Images of Job." *RRel* 42(1983) 28-33. **Nelson, C.** "Job: The Confessions of a Suffering Person." In *Spinning a Sacred Yarn*, ed. A. Abernethy, C. Carlson, P. Carque et al.& New York: Pilgrim, 1982. 144-48. **Nola, A. M. di.** "Giobbe, Libro de." *EncRel* 3(1971) 212-22.

Orelli, A. von. "Hiob. Deutung eines biblischen Mythos." *Reform* 25(1976) 74-82, 148-58. **Obbink, H. T.** *Over her Boek Job.* Amsterdam, 1935.

Parisi, R. *La divino libro di Giobbe esposto in lezioni teologico-critico-morali.* Palermo, 1843. **Paterson, J.** *The Wisdom of Israel:Job and Proverbs.* Bible Guides 11. London: Lutterworth, 1961. **Patrick, D.** "Job's Address of God." *ZAW* 91(1979) 268-82. **Paulsen, A.** *Hiob: Ein Buch der Bibel für unsere Zeit gedeutet.* Hamburg: Wittig, 1947. **Peake, A. S.** "The Art of the Book." In *Twentieth-Century Interpretations of the Book of Job: A Collection of Critical Essays,* ed. P. S. Sanders. Englewood Cliffs, NJ: Prentice-Hall, 1968. 109-13. **Phillips, T. W.** *Job: A New Interpretation.* London: Murby, 1937. **Plank, K. A.** "Raging Wisdom: A Banner of Defiance Unfurled." *Judaism* 36(1987) 323-30. **Polzin, R.,** and **D. Robertson,** eds. *Studies in the Book of Job.* Semeia 7. Missoula: Scholars Press, 1977. **Pope, M. H.** "Job, Book of." *IDB* 2:911-24. **Popma, K. J.** *De boodschap van het boek Job.* Goes: Oosterbaan, 1957. **Prat, F.** "Job(Livre de)." *DB* 3:1560-78. **Pury, R. de.** *Job ou l'homme révolté.* Geneva: Labor et Fides, 1955.

Quintens, W. "De boodschap van het boek Job." *ColBG* 15(1969) 17-33.

Reid, S. A. "The Book of Job." *Psychoanalytic Review* 60(1973) 373-91. **Retief, G. J.** *Hy her die geloof behou: Oordenkinge oor Job.* Kaapstad, Pretoria, 1957. **Rexroth, K.** "The Book of Job." *Twentieth-Century Interpretations of the Book of Job: A Collection of Critical Essays,* ed. P. S. Sanders. Englewood Cliffs, NJ: Prentice-Hall, 1968. 107-109.[=*Saturday Review,* 23 April 1966, 21.] **Reynierse, J. H.** "A Behavioristic Analysis of the Book of Job." *JPsychTheol* 3(1975) 75-81. **Richter, H.** *Studien zu Hiob: Der Aufbau des Hiobbuches, dargestellt an den Gattungen des Rechtslebens.* Berlin: Evangelische Verlagsanstalt, 1959. **Ridderbos, J.** "Dr Miskotte over het boek Job." *GerefTTs* 38(1937) 57-72. **Riehl, Maria**. *In Krise und Hoffnung, Arbeitsheft zum Buch Ijob.* Klosterneuberg: Österreichisches Katholisches Bibelwerk, 1981. **Robertson, D.** "The Book of Job: A Literary Study." *Soundings* 56(1973) 446-69. See also E. M. Good. ______. "The Book of Job." In his *The Old Testament and the Literary Critic.* Guides to Biblical Scholarship. Philadelphia: Fortress, 1977. 33-54. **Robinson, T. H.** *The Cross of Job.* London, 1916.[=*The Cross in the Old Testament.* Part 1. London: SCM, 1955.] **Rolla, A.** *Job and His Friends.* London: SCM, 1954. ______. "Il libro di Giobbe." In *Il messaggio della salvezza.* 3:535-57. **Rongy, H.** "Le dialogue poétique du livre de Job: Le prologue du livre de Job. *RevEcclLiége* 25(1933-34) 96-101, 168-71. **Rosenberg, D. W.** *Job Speaks: Interpreted from the Original Hebrew Book of Job: A Poet's Bible.* New York: Harper & Row, 1977. **Rowley, H. H.** "The Book of Job and Its Meaning." *BJRL* 41(1958-59) 167-207.[=*From Moses to Qumran: Studies in the Old Testament.* London: Lutterworth, 1963. 139-83.] **Ruckman, P. S.** *The Book of Job.* Pensacola, FL: Pensacola Bible Institute, 1978. **Ryckmans, G.** "De scopo auctoris sacri in libro Job." *ColctMech* 17(1928) 674ff.

Schapiro, D. S. "A Study of the Book of Job." *Tradition* 13(1972) 81-99. **Seafella, F.** "A Reading of Job." *JSOT* 14(1979) 63-67. **Segal, M. H.** "ספר איוב[The Book of Job]." *Tarb* 13(1941-42) 73-91. **Sellin, E.** *Das Problem des Hiobbuches.* Leipzig: A. Deichert, 1919. ______. *Das Hiobproblem: Rede.* Berlin: Preussische Druckerei, 1931. **Seltz, O.** *Hiob: Eine Betrachtung über das Leiden.* Berlin. **Sewell, R. B.** "The Book of Job." In *Twentieth-Century Interpretations of the Book of Job: A Collection of Critical Essays*, ed. P.S. Sanders. Englewood Cliffs, NJ: Prentice-Hall, 1968. 21-35. [=*The Vision of Tragedy.* New Haven: Yale UP, 1959. 9-24.] **Sicre, J. L.** "El libro de Job(entrevista con su autor)." *Raz F* 211(1985) 621-29. **Simon, M.** "Hiob." *Zeitwende* 7(1931) 159-74. **Singer, R. E.** *Job's Encounter.* New York: Bookman Associates, 1963. **Skehan, P.** "Job, Book of." *New Catholic Encyclopedia* 7(1967) 999-1001. [=*Studies in Israelite Poetry and Wisdom.* CBQMS 1, 1971. 78-82.] **Smick, E. B.** "Semeiological Interpretation of the Book of Job." *WTJ* 48(1986) 135-49. **Smith, R. L.** "Introduction to the Book of Job." SWJT 14(1971) 5-16. **Snaith, N. H.** *The Book of Job.* London: Epworth, 1945. ______. *The Book of Job: Its Origin and Purpose.* SBT 2/11. London: SCM, 1968. **Snell, P.** "A Journey of Faith." *TBT* 20(1982) 334-37. **Snoep, H.** *Job, aanklager en gedaagde.* The Hague: Boekencentrum, 1980. **Spadafora, F.** "Giobbe." *EC* 6(1951) 407-13. **Spalding, P. A.** "The Poem of Job." *Congregational Quarterly* 18(1940) 290-99. **Sperka, J. S.** *The Book of Job: Mankind on Trial, A Modern Interpretation of the Most Perplexing Problem of All Ages.* New York: Bloch, 1979. **Stange, C.** "Das Problem Hiob's und seine Lösung." *ZST* 24(1955) 342-55. **Stedman, R. C.** *Expository Studies in Job: Behind Suffering.* Waco, TX: Word, 1981. **Steinberg, M.** "Job Answers God: Being the Religious Perplexities of an Obscure Pharisee." *JR* 12(1932) 159-76. **Steinmann, J.** *Job.* Témoins de Dieu 8. Paris: Cerf, 1946. ______. *Job, témoin de la souffrance humaine.* Foi Vivante 120. Paris: Cerf,

1969. **Stewart, Irma.** *Job. His Spiritual Value.* 2d ed. New York: North River Press, 1943. **Stewart, J.** *The Message of Job.* London: Independent Press, 1959. **Stockhammer, M.** *Das Buch Hiob: Versuch einer Theodizee.* Vienna: Europäischer Verlag, 1963. **Stockhammer, S. E.** "Job's Problem: Faith and Reason." In *Essays in Judaism,* ed. R. Gordis et al. New York: Ktav, 1973. 54-60. **Strahan, J.** *The Book of Job Interpreted.* Edinburgh: T. & T. Clark, 1913. **Straubinger, J.** *Job, el libro del consuelo.* Buenos Aires: Guadalupe, 1945. [=*Job: Ein Trostbuch in schwerer Zeit. Betrachtungen über das Geheimnis des Übels und des Leidens.* Stuttgart: Katholisches Bibelwerk, 1949.] **Strauss, J. D.** *The Shattering of Silence: Job Our Contemporary.* Joplin, MO: College Press, 1976. **Strolz, W.** *Hiobs Auflehnung gegen Gott.* Opuscula aus Glaube und Dichtung 30. Pfullingen: Neske, 1967. **Studer, G.** *Gott redet in Wettersturm: Eine Auslegung des Buches Hiob.* Witten: Bundes-Verlag, 1954. **Sullivan, K.** "The Book of Job." *Wor* 29(1954-55) 449-61.

Terrien, S. *Job: Poet of Existence.* Indianapolis: Bobbs Merrill Co., 1958. **Thompson, K. T.** "Out of the Whirlwind: The Sense of Alienation in the Book of Job." *Int* 14(1960) 51-63. **Torczyner, H.** "Job." *EncJud* 8:63-73. **Tournay, R.** "Le procès de Job ou l'innocent devant Dieu." *VS* 422(1956) 339-50. **Tsevat, M.** "The Meaning of the Book of Job." *HUCA* 37(1966) 73-106. [=*Studies in Ancient Israelite Wisdom,* ed. J. L. Crenshaw. New York: Ktav, 1976. 341-74; *The Meaning of the Book of Job and Other Biblical Studies.* New York: Ktav, 1980. 1-37; also *The Fourth Worm Congress of Jewish Studies.* 1967. 1:177-80.] **Tur-Sinai, N. H.** "איוב." *EBB* 1:241-57, 796. **Ulanov, B.** "Job and His Comforters." *The Bridge* 3(1958) 234-68. **Urbrock, W.** "Mortal and Miserable Man: A Form-Critical Investigation of Psalm 90." In SBL 1974 *Seminar Papers,* ed. G. MacRae. Cambridge, MA: SBL, 1974. 1:1-33. ______. "Job as Drama: Tragedy or Comedy?" *CurTM* 8(1981) 35-40. **Van Gelderen, C.** *De hoofdpunten des zielsgeschiedenis van Job.* Kampen: Kok, 1931. **Vawter, B.** *Job and Jonah: Questioning the Hidden God.* New York: Paulist, 1985. **Vischer, W.** *Valeur de l'Ancien Testament: Commentaire des livres de Job, Esther, Ecclésiaste, le Second Isaïe.* Geneva: Labor et Fides, 1958. ______. "God's Truth and Man's Lie: A Study of the Message of the Book of Job." *Int* 15(1961) 131-46. **Vogels, W.** "Job a parlé correctement: Une approche structurale du livre de Job." *NRT* 102(1980) 835-52. **Vries, S. de.** "Wegwijs in Job: voor bijbelstudie." Hattem: Filippus, 1980. **Walker, C. C.** *Job:*

"Hast Thou Considered My Servant Job?"(Job 1:8; 2:3), An Attempted "Consideration" in the Light of the Later Work of God in Christ. Birmingham: Christadelphian, 1955. **Ward, W. B.** *Out of the Whirlwind: Answers to the Problem of Suffering from the Book of Job.* Richmond: John Knox, 1958. **Weill, R.** "Le livre du 'Désespere.' Le sens, l intention et la composition de l ouvrage." *BIFAO* 45(1947) 89-154. **Welch, C. H.** *Studies in the Book of Job.* London: Berean Publishing Trust, 1953. ______. *The Book of Job.* Rev. ed. London: Berean Publishing Trust, 1975. **Wemyss, T.** *Job and His Times, or A Picture of the Patriarchal Age.* London: Jackson & Walford, 1839. **Westermann, C.** "The Two Faces of Job." Tr. G. Harrison. In *Job and the Silence of God,* ed. C. Duquoc and C. Floristán. *Conc* 169(1983) 15-22. **Wharton, J. A.** "The Unanswerable Answer: An Interpretation of Job." In *Texts and Testaments: Critical Essays on the Bible and Early Church Fathers · in honor of S. D. Currie,* ed. W. E. March. San Antonio, TX: Trinity UP, 1980. 37-69. **Whedbee, W.** "The Comedy of Job." *Semeia* 7(1970) 1-39. **White, G. C.** *The Discipline of Suffering: Nine Short Readings on the History of Job.* London: W. Skeffington & Son, 1919. **Williams, J. G.** "'You Have Not Spoken Truth of Me': Mystery and Irony in Job." *ZAW* 83(1971) 231-55. ______. "Deciphering the Unspoken: The Theophany of Job." *HUCA* 49(1978) 59-72. ______. "Job's Vision: The Dialectic of Person and Presence." *HAR* 8(1984) 259-72. **Willi-Plein, I.** "Hiobs immer aktuelle Frage." In *Der Herr ist einer, unser gemeinsames Erbe,* ed. K. Illmann et al. Meddelander frøn Stiftelsens för Åbo 47. Åbo, 1979. 122-36. **Wood, J.** *Job and the Human Situation.* London: G. Bles, 1966. **Würtemberg, G.** "Das Hiobsproblem." *Philosophie und Schule* 2(1930) 190-203.

Yates, K. M. "Understanding the Book of Job." *RevExp* 68(1971) 433-45.

Zenger, E., and **R. Böswald.** *Durchkreuztes Leben: Besinnung auf Hiob.* Frankfurt: Herder, 1976. ______. "Ijob ein Lebensbuch für Leidende und Mitleidende." *Lebendige Katachese* 5(1983) 106-10. **Zika, C.** "Ijob." *Biblia Revuo* 4(1968) 21-34. **Zimmermann, E. H.** "The Book of Job." *MethQR* 16(1979) 703-16. **Zorell, F.** "Ex disputatione Jobi cum amicis suis." *VD* 10(1930) 265-68, 374-78; 11(1931) 33-37. **Zuck, R. B.** *Job.* Chicago: Moody, 1978. **Zuckerman, B.** "Job, Book of." *IDBS.* 479-81.

4. 문헌학, 본문 비평

Aufrecht, W. E. "Aramaic Studies and the Book of Job." In *Studies in the Book of Job*, ed. W. E. Aufrecht. *SR* Supplements 16. Waterloo: Wilfrid Laurier UP, 1985. 54-66. **Baer, S.** ספר איוב. *Liber Iobi: Texture masoreticum collatis praestantibus codicibus instauravit atque ex fontibus masorae illustravit.* Leipzig: Tauchnitz, 1875. **Barr, J.** "Philology and Exegesis: Some General Remarks with Illustrations from Job." BETL 33(1974) 39-61. ______. "Hebrew Orthography and the Book of Job." *JSS* 30(1985) 1-33. **Barton, G. A.** "Some Textcritical Notes on Job." *JBL* 42(1923) 29-32. **Beer, G.** *Der Text des Buches Hiob.* Marburg: N. G. Elwert, 1895-97. ______. "Textkritische Studien zum Buche Hiob." *ZAW* 16(1886) 297-314; 17(1897) 97-122; 18(1898) 257-86. ______. *Iob.* In *Biblica Hebraica*, ed. R. Kittel. 3d ed. Stuttgart: Württembergische Bibelanstalt, 1913. 1105-54. **Bickell, G.** *Carmina Veteris Testamenti metrice: Notas criticas et dissertationem de re metrica Hebraeorum.* · Innsbruck: Libraria Academica Wagneriana, 1862. ______. "Kritische Bearbeitung des Jobdialogs." *WZKM* 6(1892) 136-47, 241-57, 327-34; 7(1893) 1-20, 153-68. **Blommerde, A. C. M.** *Northwest Semitic Grammar and Job.* Rome: Pontifical Biblical Institute, 1969. **Boadt, L.** "A Re-Examination of the Third-Yodh Suffix in Job." *UF* 7(1975) 59-72. **Bobzin, H.** *Die 'Tempora' im Hiobdialog.* Diss. Marburg, 1974. **Buber, M.** "Zur Verdeutschung des Buches Ijob(Hiob)." *Werke.* 2:1170-74. **Budde, K.** *Beiträge zur Kritik des Buches Hiob.* Göttingen, 1876. **Byington, S. T.** "Hebrew Marginalia." *JBL* 60(1941) 279-88. ______. "Hebrew Marginalia II. Job 28." *JBL* 61(1942) 205-7. ______. "Hebrew Marginalia III." *JBL* 64(1945) 339-55. ______. "Texts in Job." *ExpT* 57(1945-46) 110-11. **Clarke, E. C.** "Reflections on Some Obscure Hebrew Words in the Biblical Job in the Light of XI Q Tg. Job." In *Studies in Philology in Honor of R. J. Williams*, ed. G. Kadish et al. SSEA 3. 1982. 17-30. **Compston, H. F. B.** "The Accentuation of *Wayyomar* in Job." *JTS*(1912) 426-27. ______. "Marginal Notes on Driver-Gray's Job(ICC)." *ExpT* 42(1930-31) 92-93. **Craigie, P. C.** "Job and Ugaritic Studies." In *Studies in the Book of Job*, ed. W. E. Aufrecht. *SR* Supplements 16. Waterloo, Ont.: Wilfrid Laurier UP, 1985. 28-35.

Dahood, M. "Some Northwest-Semitic Words in Job." *Bib* 38(1957) 306-20. "Northwest Semitic Philology and Job." *The Bible in Current Catholic Thought*, Gruen-thaner

Memorial Volume, ed. J. L. McKenzie. New York: Herder & Herder, 1962. 55-74. ______. "Some Rare Parallel Word Pairs in Job and Ugaritic." In *The Word in the World: Essays in Honor of Frederick L. Moriarty*. Cambridge, MA: Weston College Press, 1973, 19-34. ______. "Chiasmus in Job: A Text-Critical and Philological Criterion." In *A Light Unto My Path: Old Testament Studies in Honor of Jacob M. Myers*, ed. H. N. Bream et al. Philadelphia: Temple UP, 1974. 119-30. **Driver, G. R.** "Studies in the Vocabulary of the Old Testament." *JTS* 36(1935) 293-301. ______. "Problems in Job and Psalms Reconsidered." *JTS* 40(1939) 391-94. ______. "Problems in Job." *AJSL* 52(1935-36) 160-70. ______. "Problems in the Hebrew Text of Job." *VTSup* 3(1955) 72-93.

Ehrlich, A. B. *Randglossen zur hebräischen Bibel*. VI. *Psalmen, Sprüche und Hiob*. Leipzig: J. C. Hinrichs, 1913. **Eitan, I.** "Biblical Studies. 4. Notes on Job." *HUCA* 14(1939) 9-13.

Foster, F. H. "Is the Book of Job a Translation from an Arabic Original?" *AJSL* 49(1932-33) 21-45. **Freedman, D. N.** "Orthographical Peculiarities in the Book of Job." *Eretz Israel* 9(1969) 35-44.

Grabbe, L. L. *Comparative Philology. and the Text of Job: A Study in Methodology*. SBLDS 34. Chico, CA: Scholars Press, 1977. **Graetz, H.** *Emendationes in plerosque Sacrae Scripturae Veteris Testamenti libros*. 3 vols. Breslau, 1892. ______. "Register der corrumpierten Stellen in Hiob und Vorschläge zur Verbesserung." *MGWJ* 15(1886). **Gray, G. B.** "Critical Notes on the Text of Job." *AJSL* 35(1919-20) 95-102. **Greeff, J.** "'n Beoordeling van pogings vanuit Ugarities, Aramees en Arabies om sekere cruces interpreturn in die boek Job op te los." *NedGTT* 23(1982) 6-17. **Grimme, H.** "Metrisch-kritische Emendationen zum Buche Hiob." *ThQ* 80(1898) 295-304, 421-32; 81(1899) 112-18, 259-77. **Guillaume, A.** "The First Book to Come out of Arabia." *Islamic Studies* 3(1964) 152-66. ______. *Hebrew and Arabic Lexicography: A Comparative Studs*. Leiden: E. J. Brill, 1965. ______. *Studies in the Book of Job, with a New Translation*. ALUOS Supplements 2. Leiden: E. J. Brill, 1968. ______. "The Arabic Background of the Book of Job." In *Promise and Fulfilment: Essays Presented to S. H. Hooke*, ed. F. F. Bruce. Edinburgh: T. & T. Clark, 1963. 106-27. **Hamilton, W. T.** "Difficult Texts from Job." In *Difficult Texts of the Old Testament*, ed. W. Winckler, 1982. 301-10. **Herz, N.** "Some Difficult Passages in Job." *ZAW* 20(1900)

160-63. **Hoffmann, J. G. E.** "Ergänzungen und Berichtigungen zu Hiob." *ZAW* 49(1931) 141-45, 270-73. **Hourstoa, M. T.** *Textkritische Studien zum Alten Testament. I. Das Buch Hiob.* Leiden: Brill, 1925. **Jeffrey, J.** "The Masoretic Text and the Septuaginta Compared, with Special Reference to the Book of Job." *ExpT* 36(1924-25) 70-73. **Joüon, P.** "Notes philologiques sur le texte hébreu de Job." *Bib* 11(1930) 322-24. **King, E. G.** "Some Notes on the Text of Job." *JTS* 15(1914) 74-81.

Lipiń ski, E. "Notes lexicographiques et stylistiques sur le livre de Job." *FolOr* 21(1980) 65-82.

Michel, W. L. *The Ugaritic Texts and the Mythological Expressions in the Book of Job, Including a New Translation and Philological Notes on the Book.* Diss. University of Wisconsin, 1970. ______. *Job in the Light of Northwest Semitic.* Vol. 1. Rome: Biblical Institute Press. 1987. **Perani, M.** "Rilievi sulla terminologia temporale nel libro di Giobbe." *Hen* 5(1983) 1-28. **Perles, F.** *Analekten zur Textkritik des Alten Testaments.* Münster: Ackermann, 1895. ______. *Analekten zur Textkritik des Alten Testaments. Neue Folge.* Leipzig: Engel, 1922. ______. "Neue Analekten zur Textkritik des AltenTestaments." *Orientalische Studien…Hommel.* MVAG 22(191) 125-35. **Peters, N.** "Textkritisches zu Hiob." *TQ* 83(1901) 208-18, 389-96. ______. "Vertikale Doppelschreibung als Fehlerquelle im Buche Job." *TGl* 14(1922) 106-10.

Qafih, J. "The Accents of Job, Proverbs, and Psalms in Yemenite Tradition"[Heb.]. Tarb 31(1961-62) 371-76.

Richter, G. *Erläuterungen zu dunkeln Stellen im Buche Hiob.* BZAW 11. Leipzig: Hinrichs, 1912. ______. *Textstudien zum Buche Hiob.* BWANT 3/7. Stuttgart: W. Kohlhammer, 1927. **Rignell, L. G.** "Comments on some *cruces interpretum* in the Book of Job." *ASTI* 11(1978) 111-18.

Sarna, N. M. *Studies in the Lanaiage of Job.* Diss. Dropsie College, 1955. ______. "Epic Substratum in the Prose of Job." *JBL* 76(1957) 13-15. ______. "Some Instances of the Enclitic *-m* in Job." *JJS*(1955) 108-10. **Selms, A. van.** "Motivated Interrogative Sentences in the Book of Job." *Semitics* 6(1978) 28-35. **Schwally, F.** "Einige Bemerkungen zum Buche Hiob." *ZAW* 20(1900) 44-48. **Snaith, N. H.** *Notes on the Hebrew Text of Job 1-6.* London: Epworth, 1945. ______. "The Introductions to the Speeches in the Book of Job: Are They in Prose or in Verse?" *Textus* 8(1973) 133-37. **Stevenson, W. B.** *Critical Notes on the Hebrew Text of the Poem of Job.* Aberdeen:

Aberdeen UP, 1951. **Sutcliffe, E. F.** "Notes on Job, Textual and Exegetical." *Bib* 30(1949) 66-90. ______. "Further Notes on Job, Textual and Exegetical." *Bib* 31 (1950) 365-78.

Theile, C. G. G. איוב, *Liber Jobi ex recensione C. G. G. Theile.* New York: American Bible Union, 1857. **Torczyner, H.** *Das Buck Hiob: Eine kritische Analyse des überlieferten Textes.* Vienna: R. Löwit, 1920.

Van den Oudenrijn, M. A. "Scholia in locos quosdam libri Job." *Ang* 13(1936) 228-40. **Vetter, P.** *Die Metrik des Buches Hiob.* Biblische Studien 2. Freiburg im Breisgau, 1897. **Voigt, C.** *Einige Stellen des Buches Hiob.* Leipzig: W. Drugulin, 1895. **Webber, H. J.** "Material for the Construction of a Grammar of the Book of Job." *AJSL* 15(1898-99) 1-32.

5. 고대 역본

a. 칠십인경 및 그 외의 그리스 역본

Edition: **Ziegler, J.** *Iob.* Septuaginta Gottingensis 11,4. Göttingen: Vandenhoeck & Ruprecht, 1982.

Bickell, G. *De indole ac ratione versionts alexandrinae in interpretando libro Jobi.* Marburg, 1862. ______. "Der ursprünglische Septuagintatext des Buches Hiob." *ZTK* 10(1886) 557-64. ______. *Das Bucb Job nach Anleitung der Strophik und der Septuaginta auf seine ursprüngliche Form zurückgeführt und in Versmasse des Urtextes übersetzt.* Vienna: Karl Gerold's Sohn, 1894. **Cox, C. E.** "Methodological Issues in the Exegesis of LXX Job." *In VI Congress of the International Organization for Septuagint and Cognate Studies. Jerusalem, 1986.* SBLSCS 23. Atlanta: Scholars Press, 1987. **De Lange, N. R. M.** "Some New Fragments of Aquila on Malachi and Job." *VT* 30(1980) 291-94. **Dieu, L.** "Le texte de Job du Codex Alexandrinus et ses principaux témoins." *Muséon* ns 13(1912) 223-74. **Field, F.** *Origenis Hexapla quae supersunt; sire veterum interpretum Graecorum in totum VT fragmenta.* Oxtord, 1871-75. 2:4-82. **Gammie, J. G.** "The Angelology and Demonology in the Septuagint of the Book of Job." *HUCA* 56(1985) 1-19. ______. "The Septuagint of Job: Its Poetic Style and Relationship to the Septuagint of Proverbs." *CBQ* 49(1987) 14-31. **Gard, D. H.** *The Exegetical Method* *of the Greek Translator of the Book of Job.* SBLMS 8. Philadelphia: Society of Biblical Literature, 1952. ______. "The Concept of Job's Character according to the Greek Translator of the Hebrew Text." *JBL* 72(1953) 182-86. ______. "The Concept of the Future Life according to the Greek Translator of the Book of Job." *JBL* 73(1954) 137-43. **Gehman, H. S.** "The Theological Approach of the Greek Translator of Job 1-15." *JBL* 68(1949) 231-40. **Gerleman, G.** *Studies in the Septuagint.* I: *The Book of Job.* LUÅ 43. Lund, 1946. **Gray, G. B.** "The Additions in the Ancient Greek Version of Job." *Exp* 46(1920) 422-38. **Heater, H.** *A Septuagint Translation Technique in the Book of Job.* CBQMS 11. Washington, DC: Catholic Biblical Association, 1982. **Jeffrey, J.** "The Masoretic Text and the Septuagint Compared, with Special Reference to the Book of Job." *ExpT* 36(1924-25) 70-73. **Orlinsky, H.** "Some Corruptions in the Greek Text of Job." *JQR* 26(1935-36) 133-45. ______. "Studies in the Septuagint of the Book of Job." *HUCA* 28(1957) 53-74; 29(1958) 229-71; 30(1959) 153-57; 32(1961) 239-68; 33(1962) 119-51; 35(1964) 57-78; 36(1965) 37-47. **Schaller, B.** "Das Testament Hiobs und die Septuaginta-Übersetzung des Buches Hiob." *Bib* 61(1980) 377-406. **Tisserant, E.** "Un manuscrit palimpseste de Job." *RB*(1912) 481-503. ______. "Nouvelles notes sur le manuscrit palimpseste de Job." *RB*(1919) 89-105. ______. "Note additionelle sur le manuscrit palimpseste de Job." *RB*(1919) 500-505. **Wevers, J. W.** "Septuagintaforschungen." *TRu* 22(1954) 85-138, 171-90(esp. 133-34). **Ziegler, J.** "Der textkritische Wert der Septuaginta des Buches Hiob." *Miscellanea Biblica B. Ubach.* Rome: Pontifical Biblical Institute, 1934. 2:277-96.[=*Sylloge.* Göttingen: Vandenhoeck & Ruprecht, 1971. 9-28.] ______. *Beiträge zum griechischen Job.* MittSeptU 18. Göttingen: Vandenhoeck & Ruprecht, 1985. **Zimmermann, L.** "The Septuagint Appendix to Job." *The Scotist*(1960) 48-59.

b. 탈굼

Editions: *Miqraot Gedolot.* Vilna, 1912. **Sokoloff, M.** *The Targum to Job from Qumran Cave XI.* Bar Ilan Studies in Near Eastern Languages and Cultures. Ramat-Gan, Jerusalem: Bar-Ilan University, 1974.

Andersen, F. I. "The Qumran Targum of Job." *BurHist* 10,3(1974) 77-84. **Aufrecht, W. E.** "Aramaic Studies and the Book of Job." In *Studies in the Book Of Job*, ed. W.

E. Aufrecht. *SR* Supplements 16. Waterloo, Ont.: Wilfrid Laurier UP, 1985. 54-66. **Bacher, W.** "Das Targum zu Hiob." *MGWJ* 20(1871) 208-23, 283-84. **Boyarin, D.** "Aramaic Notes I: Column 36 of 11QTgJob." *JANESCU* 6(1974) 29-33. **Brownlee, W. H.** "The Cosmic Role of Angels in the 11Q Targum of Job." *JSJ* 8(1977) 83-84. **Caquot, A.** "Un écrit sectaire de Qoumrân: Le 'Targouln de Job.'" *RHR* 185(1974) 9-27. **Clarke, E. C.** "Reflections on Some Obscure Hebrew Words in the Biblical Job in the Light of XI Q Tg. Job." In *Studies in Philology in Honor of R. J. Williams*, ed. G. Kadish et al. SSEA 3. 1982. 17-30.

Delcor, M. "Le Targum de Job et l'araméen du temps de Jésus." In *Exégèse biblique et judaïsme*[=*RSR* 47(1973)], ed. J.-E. Ménard. Leiden: E. J. Brill, 1973. 78-107. **Díez Macho, A.** "Le Targum de Job dans la tradition sefardie." In *De la* Tôrah *au Messie: Études d'exégèse et d'herméneutique bibliques offerts à Henri Cazelles*, ed. M. Carrez et al. Paris: Desclée, 1981. 545-56. **Díez Marino, L.** "Manuscritos del Targum de Job." *Hen* 4(1982) 41-64. ______. *Targum de Job: edición principe del Ms. Villa-Amil* n. *5 de Alfonso Zamora*. Bibliotheca Hispana Biblica 8. Madrid: Consejo Superiore, 1984. **Dupont-Sommer, A.** "Sur 11QtgJob, col. XXXIII." *Sem.* 15(1965) 70-74. **Fitzmyer, J. A.** "Some Observations on the Targum of Job from Qumran Cave 11." *CBQ* 36(1974) 503-24[="The First-Century Targum of Job from Qumran Cave XI." In *A Wandering Aramean: Collected Aramaic Essays*. SBLMS 25. Missoula, MT: Scholars Press. 1979. 161-82.] **Fohrer, G.** "4QOrNab, 11QTgJob und die Hioblegende." *ZAW* 75(1963) 93-97. **Garcia, F.** "Nuevas Lecturas de 11QtgJob." *Sef* 36(1976) 241-49. **Gray, J.** "The Masoretic Text of the Book of Job, the Targum and the Septuagint Version in the Light of the Qumran Targum(11Qtarg Job)." *ZAW* 86(1974) 331-50. **Greenfield, J. C.,** and **S. Shaked.** "Three Iranian Words in the Targum of Job from Qumran." *ZDMG* 122(1972) 33-45.

Jongeling, B. *Een aramees Boek Job*(11QtgJob) *uit de bibliotheek van Qumrā n*. Exegetica. N.R. 3. Amsterdam: Bolland, 1974. ______. "La colonne XVI de 11QtgJob." *RevQ* 8(1974) 415-16. ______. "The Job Targum from Qumran Cave 11(11QtgJob)." *FolOr* 15(1974) 181-86. ______. "Contributions of the Qumran Job Targum to the Aramaic Vocabulary." *JSS* 17(1972) 191-97. ______. "Détermination et indétermination dans 11QTgJob." In *Qumran. Sa piété, sa théologie et son milieu*, ed. M. Delcor. BETL 46. Gembloux: Duculot, 1978. 131-36. **Kaufman, S. A.** "The Job Targum from

Qumran." *JAOS* 93(1973) 317-27. **Kutsch, E.** "Die Textgliederung im hebräischen Ijobbuch sowie in 4QTgJob und in 11QTgJob." *BZ* 27(1983) 221-28. **Lewin, M.** *Targum und Midrasch zum Buche Hiob.* Bern, 1895.

Mastin, B. A. "A Re-examination of an Alleged Orthographic Feature in 4Q Targum Job." *RevQ* 41(1982) 109; 44(1984) 583-84. **Milik, J. T.** "Targum de Job." In *Discoveries in the Judean Desert. IV. Qumrân Grotte 4.* Oxford: Clarendon, 1977. 2:90. **Moravkeh, T.** "On the Language of the Job Targum from Qumran." In *Proceedings 6th World Congress of Jewish Studies.* 1977. 159-65. **Morrow, F. J.** "11Q Targum Job and the Masoretic Text." *RevQ* 8(1973) 253-56. **Muraoka, T.** "Notes on the Old Targum of Job from Qumran Cave XI." *RevQ* 9(1977) 117-25. **Ploeg, J. van der.** *Le Targum de Job de la Grotte 11 de Qumran*(11QtgJob): *Première communication.* Akademie van Wetenschappen, Amsterdam. Mededelingen. Afd. Letterkunde. N.R. 25/9. Amsterdam: NoordHollandsche Uitgevers Maatschappij, 1962. ______, and **A. S. van der Woude.** *Le Targum de Job de la Grotte XI de Qumran.* Leiden: Brill, 1971. **Ringgren, H.** "Some Observations on the Qumran Targum of Job." *ASTI* 11(1978) 119-26. **Tuinstra, E. W.** *Hermeneutische aspecten van de targum van Job uit grot XI van Qumrân.* Diss. Groningen, 1970. **Vasholtz, R.** "Two Notes on 11QtgJob and Biblical Aramaic." *RevQ* 10(1979) 93-94. ______. "A Further Note on the Problem of Nasalization in Biblical Aramaic, 11QtgJob, and 1QApGn." *RevQ* 10(1979) 95-96.

Weiss, A. *De libri Job paraphrasi chaldaica.* Breslau, 1873. **Weiss, R.** "Further Notes on the Qumran Targum of Job." *JSS* 19(1974) 13-18. ______. "Recensional Variations between the Aramaic Translation of Job from Qumran Cave 11 and the Masoretic Text." *Shnaton* 1(1975) 123-27. ______. *The Aramaic Targum of the Book of Job* [Heb.]. Tel-Aviv: Tel-Aviv UP, 1979. ______. "Divergences from the MT Reflected in the Qumran Targum of Job"[Heb.]. In *Studies in the Text and Language of the Bible.* 1981. 240-44. **Woude, A. S. van der.** "Das Hiobtargum aus Qumran Höhle XI." *VTSup* 9(1962) 322-31. **York, A. D.** "11QTgJob XXI 4-5(Job 32:13)." *RevQ* 9(1977) 127-29. ______. "*Zrʿ rwm'h* as an Indication of the Date of 11QTgJob." *JBL* 93(1974) 445-46. **Zuckerman, B.** *The Process of Translation in* 11QtgJob, *A Preliminary Study.* Diss. Yale, 1980. ______. "Two Examples of Editorial Modification in 11QtgJob." In *Biblical and Near Eastern Studies, Essays in Honor of William Sanford LaSor,* ed. G. A. Tuttle. Grand Rapids: Eerdmans, 1978. 269-75. ______. "The Date of 11Q Targum

Job: A Paleographic Consideration of Its *Vorlage.*" *JSP* 1(1987) 57-78.

c. 불가타 및 그 외의 라틴 역본

Edition: *Biblia Sacra juxta latinam Vulgatam versionem.* IX. *Libri Hester et Job.* Rome, 1951. **Barter, L.** *Job selon la Vulgate.* Toulon: Imprimerie J. d'Arc, 1925. **Caspari, C. P.** *Das Buch Hiob(1,1-38,16) in Hieronymus's Übersetzung aus der alexandrinischen Version nach St Gallener Handschrift saec. VIII.* Christiana: J. Dybwad, 1893. **Erbes, P. J.** *Die Job-Übersetzung des hl. Hieronymus.* Diss. Freiburg im Breisgau, 1951. **Gailey, J. H.** *Jerome's Latin Version of Job from the Greek, Chapters 1-26: Its Text, Character and Provenience.* Diss. Princeton, 1945. **Salmon, P.** "Le texte de Job utilisé par S. Grégoire dans les 'Moralia.'" *StAns* 27-28(1951) 187-94. ______. "De quelques leçons du texte du Job dans la nouvelle édition de la Vulgate." *Miscellanea Biblica B. Ubach.* Montserrat, 1953-54. 177-84. **Wahl, O.** "Der Codex Rupefucaldinus - ein bedeutsamer Textzeuge des Ijobstextes der Sacra Parallela." In *Theologie und Leben: Festgabe für George Soldl,* ed. A. Bodem et al. 1983. 25-30. **Ziegler, J.** *Randnoten aus der Vetus Latina des Buches Job in spanischen Vulgatabibein.* Sitzungberichte der Bayerischen Akademie der Wissenschaften. Phil.-hist. Kl., 1980. Heft 2. Munich: Bayerische Akademie der Wissenschaften, 1980.

d. 페쉬타 및 그 외의 시리아 역본

Edition: **Rignell, L. G.** *Job: The Old Testament in Syriac according to the Peshiṭta Version.* 2/la. Leiden: Brill, 1982.

Baumann, E. "Die Verwendbarkeit der Peš ita zum Buche Hiob für die Textkritik." *ZAW* 18(1898) 305-38; 19(1899) 15-95, 288-309; 20(1900) 177-201, 264-307. **Mandl, A.** *Die Peschita zu Hiob.* Leipzig, 1892. **Rignell, L. G.** "Notes on the Peshitta of the Book of Job." *ASTI* 9(1973) 98-106. **Smith Lewis, Agnes.** *A Palestinian Syriac Lectionary Containing Lessons from the Pentateuch, Job, Proverbs, Prophets, Acts and Epistles.* London, 1897. **Stenij, E.** *De syriaca libri Jobi interpretatione quae Peschîta vocatur.* Helsingfors, 1887. **Vosté, J.-M.** "Les deux versions syriaques de la Bible d'après Mar Išoʿdad de Merw(c. 850)." *Bib* 33(1952) 235-36.

e. 아라비아 역

Editions: **Lagarde, P. de.** *Psalterium Job Proverbia Arabice.* Göttingen, 1876. **Bacher, W.** *Version arabe du livre de Job de R. Saadia ben Iosef al-Fayyoûmî, publiée avec des notes hébraïques par W. Bacher. Accompagnée d'une traduction française d'après l'arabe par J. Derenbourg et H. Derenbourg.* Paris: Leroux, 1899.

Bacher, W. *Moses b. Samuel Hakohez ibn Chiquitilla: Arabische Übersetzung zum Buche Hiob nebst arabischem Kommentar.* Budapest, 1909.

Baudissin, W. W. von. *Translationis antiquae arabicae libri Jobi quae supersunt ex apographo codicis Musei Britannici.* Leipzig: Dörffiing & Franks, 1870. **Cohn, J.** איוב: כתאב אלתעדיל בכתאב אלמלקב. *Das Buch Hiob, übersetzt und erklärt von Gaon Saadia: Nach Handschriften der Bodlejana und der Königlichen Bibliothek in Berlin, herausgegeben und mit Anmerkungen versehen.* Altona: Bonn, 1889. **Ecker, R.** *Die arabische Job-Übersetzung des Gaon Sa'adja ben Josef al-Fajjumi nach ihrer Eigenart untersucht.* Munich: Kösel, 1962. **Ulback, E.** "An Arabic Version of the Book of Job." *The Open Court* 46(1932) 782-86.

f. 에디오피아 역

Pereira, F. M. E. *Le livre de Job. Version Éthiopienne publiée et traduite.* PO 2. Paris: Firmin-Didot, 1905. 561-688.

g. 콥트 역

Dieu, L. "Nouveaux fragments préhexaplaires du livre de Job en copte sahidique." *Muséon*(1912) 147-80. **Porcher, E.**(ed.). *Le livre de Job: Version copte bohairique.* PO 87. Paris, 1924. Repr. Turnhout: Brepois, 1974. **Tattam, H.** *The Ancient Coptic Version of the Book of Job the Just. Translated into English and Edited.* London: W. Straker, 1846.

6. 문학적 관점

Ahroni, R. "An Examination of the Literary Genre of the Book of Job"[Heb.]. *Tarb* 49(1979-80) 1-13. **Antolín, T.** "El género literario del libro de Job." *Est Bib* 6(1947)

449-50.

Bowes, Paula J. "The Structure of Job." *TBT* 20(1982) 329-33.

Ceresko, A. R. "The A:B::B:A Word Pattern in Hebrew and Northwest Semitic with Special Reference to the Book of Job." *UF* 7(1976) 73-88. **Cooper, A.** "Narrative Theory and the Book of Job." *SR* 11(1982) 35-44. **Cox, D.** "The Book of Job as 'BiPolar Mašal': Structure and Interpretation." *Ant.* 62(1987) 12-25.

Dion, P.-E. "Formulaic Language in the Book of Job: International Background and Ironical Distortions." *SR* 16(1987) 187-93. **Dobson, J. H.** "Translating Job - Prose or Poetry?" *BT* 23(1972) 243-44.

Feinberg, C. L. "The Poetic Structure of the Book of Job and the Ugaritic Literature." *BSac* 103(1946) 283-92. **Fohrer, G.** "Form und Funktion in der Hiobdichtung." *ZDMG* 109(1959) 31-49[=*Studien zum Buch Hiob(1956-1979)*. BZAW 159. 2d ed. Berlin: de Gruyter, 1983. 60-77]. ______. "Dialog und Kommunication im Buche Hiob." In *La Sagesse de l'Ancien Testament*, ed. M. Gilbert et al. BETL 51. Leuven: Leuven UP, 1979. 219-30.[=*Studien zum Buch Hiob(1956-1979)*. BZAW 159. 2d ed. Berlin: de Gruyter, 1983. 135-46.] **Frye, J. B.** "The Use of māšāl in the Book of Job." *Semitics* 5(1977) 59-66.

Gordis, R. "Quotations as a Literary Usage in Biblical, Oriental and Rabbinic Literature." *HUCA* 22(1949) 157-219. ______. "Virtual Quotations in Job, Sumer and Qumran." *VT* 31(1981) 410-27.

Habel, N. C. "The Narrative Art of Job: Applying the Principles of Robert Alter." *JSOT* 27(1983) 101-11. **Hertzberg, H. W.** "Der Aufbau des Buches Hiob." In *Festschrift Alfred Bertholet*, ed. O. Eissfeldt. Tübingen: J. C. B. Mohr, 1950. 233-58. **Herz, J.** "Formgeschichtliche Untersuchungen zum Problem des Hiobbuches." *WZLeipzig*[FS A. Alt) 3(1953-54) 107-12(157-62). **Hoffman, Y.** "Irony in the Book of Job." *Immanuel* 17(1983) 7-21. **Holbert, J. C.** *The Function and Significance of the Klage in the Book of Job with Special Reference to the Incidence of Formal and Verbal Irony*. Diss. Southern Methodist University, 1975. **Holland, J. A.** "On the Form of the Book of Job." *AJBA* 1(1972) 160-77. **Hontheim, J.** *Das Buch Hiob als strophisches Kunstwerk*. Freiburg im Breisgau, 1904.

Irwin, W. A. "Poetic Structure in the Dialogue of Job." *JNES* 5(1946) 26-39.

Kissane, E. J. "The Metrical Structure of Job." In *Twentieth-Century Interpretations* *of the Book of Job: A Collection of Critical Essays*, ed. P.S. Sanders. Englewood Cliffs, NJ: Prentice-Hall, 1968. 78-85.[=Kissane, l-lx.] **Kutsch, E.** "Die Textgliederung im hebräischen Ijobbuch sowie in 4QTgJob und in 11QTgJob." *BZ* 27(1983) 221-28. **Ley, J.** "Die metrische Beschaffenheit des Buches Hiob." *TSK*(1895) 635-92;(1897) 7-42. **Lichtenstein, A.** "Irony in the Book of Job." *Dor* 13(1984-85) 41-42. **Löhr, M.** "Beobachtungen zur Strophik im Buche Hiob." BZAW 33(1918) 303-21.

Masini, F. "Observaciones al rededor de la poesia del Viejo Testamento y del libro de Job en particular." *Davar* 69(1957) 46-53.

Nicholls, P. H. *The Structure and Purpose of the Book of Job*. Diss. Hebrew University, 1982.

Peake, A. S. "The Art of the Book." In *Twentieth-Century Interpretations of the Book of Job: A Collection of Critical Essays*, ed. P. S. Sanders. Englewood Cliffs, NJ: PrenticeHall, 1968. 109-13.[=Peake, 41-45.] **Persons, G. W.** "The Structure and Purpose of the Book of Job." *BSac* 138(1981) 139-57, 213-29. **Polzin, R.** "The Framework of the Book of Job." *Int* 28(1974) 182-200. ______. *Biblical Structuralism: Method and Subjectivity in the Study of Ancient Texts*. Semeia Supplements. Philadelphia: Fortress, 1977. 57-125. **Power, W. J. A.** *A Study of Irony in the Book of Job*. Diss. Toronto, 1961. **Reynolds, Roberta M.** *Piety and Paradox: A Rhetorical Study of the King James Version of the Book of Job*. Diss. University of Oregon, 1984. **Richter, H.** *Studien zu Hiob: Der Aufbau des Hiobbuches, dargestellt an den Gattungen des Rechtslebens*. Berlin: Evangelische Verlagsanstalt, 1959. **Robertson, D.** "The Book of Job: A Literary Study." *Soundings* 56(1973) 446-69. ______. "The Book of Job." In *The Old Testament and the Literary Critic*. Guides to Biblical Scholarship. Philadelphia: Fortress, 1977. 33-54.

Sawyer, J. F. A. "The Authorship and Structure of the Book of Job." *Studia Biblica 1978: I. JSOTSup* 11. *JSOT* Press: Sheffield, 1979. 253-57. **Seitz, C. R.** "Job. Full-Structure, Movement and Interpretation." *Int* 43(1989) 5-17. **Skehan, P. W.** "Strophit: Patterns in the Book of Job." *CBQ* 23(1961) 125-42.[=*Studies in Israelite Poetry and Wisdom*. CBQMS 1. 1971. 96-113.] **Smick, E. B.** "Architectonics, Structured Poems, and Rhetorical Devices in the Book of Job." In *A Tribute to Gleason Archer*, ed. W. Kaiser and R. Youngblood, 1986. 87-104. **Snaith, N. H.** "The Introductions to the Speeches in the Book of Job: Are They in Prose or in Verse?" *Textus* 8(1973)

133-37.

Tur-Sinai, N. H. "שירת איוב כיצרה כפרותית[The Poem of Job as a Literary Creation]." ההינוך 25(1954) 300-305.

Urbrock, W. "Formula and Theme in the Song-Cycle of Job." In SBL *Proceedings 1972*, 1972. 2:459-87. ______. "Oral Antecedents to Job: A Survey of Formulas and Formulaic Systems." *Semeia* 5(1976) 111-37. ______. "Job as Drama: Tragedy or Comedy?" *CurTM* 8(1981) 35-40.

Van der Lugt, P. "Stanza-Structure and Word-Repetition in Job 3-14." *JSOT* 40(1988) 3-38. **Vetter, P.** *Die Metrik des Buches Job.* Biblische Studien 2. Freiburg in Breisgau, 1897.

Webster, E. C. "Strophic Patterns in Job 3-28." *JSOT* 26(1983) 33-60. **Westermann, C.** *Der Aufbau des Buches Hiob.* Tübingen: J. C. B. Mohr, 1956. ______. *The Structure of the Book of Job: A Form-Critical Analysis.* Tr. C. A. Muenchow. Philadelphia: Fortress Press, 1981. **Whedbee, J. W.** "The Comedy of Job." *Semeia* 7(1977) 1-39. **Williams, J. G.** "'You Have Not Spoken Truth of Me': Mystery and Irony in Job." *ZAW* 83(1971) 231-55. ______. "Comedy, Irony, Intercession: A Few Notes in Response." *Semeia* 7(1977) 135-45.

7. 모티프, 신학적 요소

Aiura, T. "Wisdom Motifs in the Joban Poem." *Kwansei Gakuin University Annual Studies* 15(1966) 1-20. **Albertz, R.** *Weltschöpfung und Menschenschöpfung, untersucht bei Deuterojesaja, Hiob und im den Psalmen.* Calwer Theologische Monographien A3. Stuttgart: Calwer, 1974. **Alonso Díaz, J.** "La experiencia de Job en la órbita del amor de Dios." *BibFe* 1(1975) 66-81. **Ararat, N.** "Concerning Job's 'Fear of God'" [Heb.] *BMik* 29(1983-84) 263-78. **Archer, G. L.** *The Book of Job: God's Answer to the Problem of Undeserved Suffering.* Grand Rapids: Baker, 1982.

Bakan, D. "Sacrifice and the Book of Job." In his *Disease, Pain and Sacrifice.* Chicago, 1968. 95-128. ______. "Das Opfer im Buche Hiob." In *Psychoanalytische Interpretationen biblischer Texte.* 152-66. **Balla, E.** "Das Problem des Leides in der Geschichte der israelitisch-jüdischen Religion." In *Eucharisterion.* FS H. Gunkel. Göttingen, 1923. 1:214-60. **Barron, Mary Gatherine.** "Sitting It out with Job: The Human

Condition." *RRel* 38(1979) 489-96. **Barthélemy, D.** "Dieu méconnu par le vieil homme: Job." *VS* 105(1961) 445-63. **Bardtke, H.** "Prophetische Züge im Buche Hiob." In *Das Ferne und nahe Wort: FS für Leonard Rost*, ed. F. Maass. BZAW 105. Berlin: Töpelmann, 1967. 1-10. **Barley, J. Y.** *The Problem of Suffering in the Old Testament.* Cambridge: Deighton Bell, 1916. **Becker, D.** "Der Grundgedanke des Buches Job: Biblische Lehr- und Trostgedanken zur praktischen Seelsorge." *TPM* 29(1918-19) 109-17. **Beel, A.** "De causis tribulationum juxta librum Job. De historica existentia personae Job. Interpretatio Job 7,11-21." *ColBG* 38(1933) 321-26, 349-53; 34(1934) 89-94. **Benamozegh, E.** "L'immortalità dell'anima in Giobbe e nei Proverbi." *AnStEbr* 8(1975-76) 145-72. **Berg, W.** "Gott und der Gerechte in der Rahmenerzählung des Buches Ijob." *MTZ* 32(1981) 206-21. **Bergant, Dianne.** *An Historico-Critical Study of the Anthropological Traditions and Motifs in Job.* Diss. St. Louis University, 1975. **Bič, M.** "Le juste et l'impie dans le livre de Job." *VTSup* 15(1966) 33-43. **Bloch, E.** "Studien zum Buche Hiob." In *'Auf gespaltenem Pfad': FS zum 90. Geburtstag von Margarete Susman*, ed. M. Schlösser. Darmstadt: Erato, 1964. 85-102. ______. "L'uomo Giobbe." *De Homine* 24-25(1967-68) 3-18. **Bobrinskoy, B.** "La vieillesse et la mort, drame ou bénédiction: pointe de vue de la tradition orthodoxe." In *In necessariis unitas*, ed. R. Stauffer. 1984. 25-33. **Böhles, M.** "Von der Macht und Ohnmacht des Bösen." *OrdKor* 18(1977) 129-46. **Brates, L.** "La esperanza en el libro de Job." *XXX Semana Bíblica Española.* 1972. 21-34. **Brown, W. E.** *The Nature of Sin in the Book of Job.* Diss. New Orleans Baptist Theological Seminar), 1983.

Cabodevilla, J. M. *La Impaciencia de Job: Estudio sobre el sufrimiento humano.* Madrid: BAC, 1967. **Caquot, A.** "Traits royaux dans le personnage de Job." In *maqqél shâqédh. La branche d'amandier: Hommage à Wilhelm Vischer.* Montpellier: Causse, Graille, Castelnau, 1960. 32-45. **Caspar, J.** "Job, ein Held in Leid." *BiLit* 10(1935-36) 497-98. **Cepeda Calzada, P.** "El problema de la justicia en Job: Personalidad, ley y justicia en el libro de Job." *Crisis* 20(1973) 243-90. ______. "El Leviatán, símbolo bíblico: El Caos frente a la idea de ley en Job." *Crisis* 21(1974) 49-68. ______. *El problema de la justicia en Job.* Madrid: Prensa Española, 1975. **Chambers, O.** *Baffled to Fight Better: Talks on the Book of Job.* London: Simpkin Marshall, 1943. **Charue, A.** "Job et le problème des rétributions dans l'Ancien Testament." *Collationes Namurcenses* 33(1939) 251-71. **Christ, Marie-Paul du.** "Job et le mystère de la mort." *VS*

422(1956) 392-406. **Christensen, D. L.** "Job and the Age of the Patriarchs in Old Testament Narrative." *PerspRelSt* 13(1986) 225-28. **Cocagnac, A. M.** "Job sans beaute ni éclat." *VS* 422(1956) 355-71. **Cosser, W.** "The Meaning of 'Lift'(*hayyîm*) in Proverbs, Job, Qoheleth." *TGUOS* 15(1955) 48-53. **Cox, D.** "Righteousness in Later Wisdom." *SBFLA* 27(1977) 33-50. **Crenshaw, J. L.** "Popular Questioning of the Justice of God in Ancient Israel." *ZAW* 82(1970) 380-93. ______. "Impossible Questions, Sayings and Tasks." *Gnomic Wisdom.* Semeia 17, 1980. 19-34. **Croatto, S.** "El Iibro de Job como clave hermenéutica de la teología." *RBibArg* 43(1981) 33-45. **Crook, M. B.** *The Cruel God: Job's Search for the Meaning of Suffering.* Boston, 1959. **Cross, R. N.** "Shall We Reason with God?" *HibJ* 46(1948) 125-28. **Crumbach, K. H.** "Splitter zum Problem des Todes." GeistLeb 43(1970) 325-38. **Cruveilhier, P.** "La conduite de la Providence selon l auteur du livre de Job." *RevApol* 52(1931) 150-68.

Dedmon, R. "Job as Holocaust Survivor." *StLuke* 26(1982-83) 165-85. **Deloches, R.** *Les sciences physiques et naturelies dans le livre de Job.* Nîmes, 1909. **Di Leila, A.** "An Existential Interpretation of Job." *BTB* 15(1985) 49-55. **Dunn, R. P.** "Speech and Silence in Job." *Semeia* 19(1981) 99-103. See also **Isen, A. M.** *Semeia* 19(1981) 121-23. **Patriquin, A.** *Semeia* 19(1981) 87-91. **Duquoc, C.** "Demonism and the Unexpectedness of God." *Conc* 169(1983) 81-87. ______, and **C. Floristfán.** *Job and the Silence of God.* Concilium 169. Edinburgh: T. & T. Clark, 1983. **Dussaud, R.** "La néphesh et la rouah dans le 'Livre de Job.'" *RHR* 129(1945) 17-30. **Dussel, E.** "The People of El Salvador: The Communal Sufferings of Job." *Conc* 169(1983) 61-68. **Edelkoort, A. H.** *Het Boek Job en het probleem van bet lijden.* Hague: J. V. Voorhoeve, 1946. **Eising, H.** "Alttestamentliche Sittenlehre im Buche Hiob." *Kirche in der Welt.* Munich, 1952. 255-58. ______. "Das Menschenleben im Buche Ijob." In *Memoria Jerusalem,* FS F. Sauer, ed. J. B. Bauer et al. Graz, 1977. 43-57. **Engelmann, F.** *Gerecht durch Gott: Hiobs Leidenweg durch Drangsal zur Freude, Licht des Neuen Testaments im Alten.* Wittenberg: Bundes-Verlag, 1933. **Erny, P.** "La rêve dans le livre de Job." *Présence orthodoxe* 74(1987) 30-39.

Faur, J. "Reflections on Job and Situation-Morality." *Judaism* 19(1970) 219-25. **Feinberg, C. L.** "Job and the Nation Israel." *BSac* 96(1935) 405-11; 97(1940) 27-33, 211-16. **Fichtner, J.** "Hiob in der Verkündigung unserer Zeit." *Wort und Dienst* 29(1950) 71-89.[=*Gottes Weisheit: Gesammelte Studien zum Alten Testament.* Arbeiten zur Theologie 2/3. Stuttgart: Calwer, 1965. 52-66.] **Fine, H. A.** "The Tradition of the Patient Job." *JBL* 74(1955) 28-32. **Fischer, W.** "Hiob, ein Zeuge Jesu Christ." ZZ 12(1932-33) 386-414. **Fohrer, G.** "Dialog und Kommunication im Buche Hiob." In *La Sagesse de l'Ancien Testament*, ed. M. Gilbert et al. BETL 51. Leuven: Leuven UP, 1979. 219-30.[=*Studien zum Buche Hiob(1956-1959)*. BZAW 159. 2d ed. Berlin: de Gruyter. 135-46.] **Forrest, R. W. E.** *The Creation Motif in the Book of Job*. Diss. MacMaster University, 1975. **Frye, J. B.** *The Legal Language of the Book of Job*. Diss. King's College, London, 1973.

Garcia Cordero, M. "La tesis de la sanción moral y la esperanza de la resurrección en el Iibro de Job." *XII Semana Bíblica Española*. 1952. 571-94. ______. "La esperanza de la resurrección corporal en Job." *CiTom* 80(1953) 1-23. ______. "Corporal Resurrection in Job." *TDig* 2(1954) 90-94. **Garofalo, S.** "Il peso di Dio e l'angoscia dell'uomo Giobbe." *EnutDoc* 2(1949) 3-30. **Gese, H.** "Die Frage nach dem Lebenssinn: Hiob und die Folgen." *ZTK* 79(1982) 161-79. **Gibson, J. C. L.** "On Evil in the Book of Job." In *Ascribe to the Lord: Biblical and Other Studies in Memory of Peter C. Craigie*, ed. L. Eslinger and G. Taylor. *JSOTSup* 67. Sheffield: *JSOT*, 1988. 399-419. **Ginsberg, H. L.** "Job the Patient and Job the Impatient." *ConsJud* 21(1966) 12-28. ______. "Job the Patient and Job the Impatient." *VTSup* 17(1968) 88-111. **Girard, R.** "Job et le bouc émissaire." *BCPE* 35(1983) 3-33. ______. *Job the Victim of His People*. London: Athlone, 1987.[=*La route antique des hommes pervers*. Paris: Grasset, 1985.] ______. "'The Ancient Trail Trodden by the Wicked': Job as Scapegoat." *Semeia* 33(1985) 13-41. See also **Levine, B.** "Girard on Job." *Semeia* 33(1985) 125-33. See also P. Watté. **Goiten, L.** "The Importance of the Book of Job for Analytic Research." *American Imago* 2(1954) 407-15. **Gonzalo Maeso, D.** "Sentido nacional en el Iibro de Job." *Est Bib* 9(1950) 67-81. **Gordis, R.** "Job and Ecology(and the Significance of Job 40:15)." *HAR* 9(1985) 189-202. **Gordon, C. H.** "Leviathan: Symbol of Evil." In *Biblical Motfs*, ed. A. Altmann. Cambridge, MA: Harvard UP, 1966. 1-10.

Haag, H. *Ijobs Fragen an Gott*. Stuttgart: KBW-Verlag, 1972. **Habel, N.** "He Who Stretches Out the Heavens." *CBQ* 34(1972) 417-30. ______. "Only the Jackal is My Friend: On Friends and Redeemers in Job." *Int* 31(1977) 227-36. ______. "'Naked I Came…': Humanness in the Book of Job." In *Die Botschaft und die Boten: FS für*

Hans Walter Wolff zum 70. Geburtstag, ed. J. Jeremias and L. Perlitt. Neukirchen-Vluyn: Neukirchener Verlag, 1981. 373-92. ______. "Of Things beyond Me: Wisdom in the Book of Job." *CurTM* 10(1983) 142-54. **Hammer, R.** "Two Approaches to the Problem of Suffering[Job, Ruth]." *Judaism* 35(1986) 300-305. **Hancock, E. L.** "The Impatience of Job." In *Spinning a Sacred Yarn*, ed. A. Abernethy, C. Carlson, P. Carque et al. New York: Pilgrim, 1982. 98-106. **Harper, W. R.** *The Book of Job: A Study in the Problem of Suffering as Treated in the Old Testament.* Chicago: American Institute of Sacred Literature, 1908. **Harris, R. L.** "The Book of Job and Its Doctrine of God." *GJ* 13(1972) 3-33.[=*Presbyterion* 7(1981) 5-33.] **Harrison, W. P.** "Christ in the Book of Job." *MethQR* 27(1988) 390-400. **Hastoupis, A. P.** "The Problem of Theodicy in the Book of Job"[Gk.]. *Theologia*(1951) 657-68. **Haught, J. F.** "The Significance of Job for Christology." *AER* 166(1972) 579-86. **Hawthorne, R. R.** "Jobinc Theology." *BSac* 101(1944) 64-75, 173-86. 290-303, 417-33; 102(1945) 37-54. **Hedinger, U.** "חִנָּם oder die Infragestellung Hiobs: Dogmatische Studie und Meditation zum Zweifrontekampf Hiobs." In *ΠΑΡΡΗΣΙΑ: K. Barth zum 80ten Geburtstag.* Zurich, 1966. 192-212. **Hempel, J.** "Das theologische Problem des Hiob." *ZST* 6(1929) 621-89.[=*Apoxysmata: Vorarbeitungen zu einer Religionsgeschichte und Theologie des Alten Testaments.* BZAW 81. Berlin: A. Töpelmann, 1961. 114-74.] ______. "Was nicht im Buche Ijob steht." *Wahrheit und Glaube*, FS E. Hirsch. Itzehoe, 1963. 134-36. **Herrmann, S.** "Grenzen der Toleranz im Alten Testament: Die Bücher Deuteronomium, Jeremia und Hiob." In *Glaube und Toleranz, das theologische Erbe der Aufklärung*, ed. T. Rendtorff. Gütersloh: Mohn, 1982. 180-90. **Hoang-van-Doan, F.** *Le sens de la souffrance dans le livre de Job.* Diss. Paris, 1944. **Holbert, J. C.** *The Function and Significance of the "Klage" in the Book of Job with Special Reference to the Incidence of Formal and Verbal Irony.* Diss. Southern Methodist University, 1975. **Hora, R.**, and **D. M. Robinson.** "Does the Book of Job Offer an Adequate Pastoral Response to Suffering?" In Church Divinity, ed. J. Morgan, 1981. 67-73. **Howard, D. M.** *How Come, God? Reflections from Job about God and Puzzled Man.* London: Scripture Union, 1973. **Humbert, P.** *L'Ancien Testament et le problème de souffrance.* 1917.

Jacobson, R. "Satanic Semiotics, Jobian Jurisprudence." *Semeia* 19(1981) 63-71. **Kaiser, O.** "Leid und Gott: Ein Beitrag zur Theologie des Buches Hiob." In *Sichtbare*

Kirche, FS H. Haag. Gütersloh: Mohn, 1973. 13-21. **Kapusta, M. A.** et al. "The Book of Job and the Modern View of Depression." *AnnInternMed* 86(1977) 667-72. **Kardong, T.** "The True Image of Job - An Existentialist Who Searches Deeper Conversion." *ColcTFu* 59(1984) 1-14. **Kinet, D.** "The Ambiguity of the Concepts of God and Satan in the Book of Job." *Conc* 169(1983) 30-35. **King, A. R.** *The Problem of Evil: Christian Concepts and the Book of Job*. New York: Ronald Press Co., 1952. **Kleineft, P.** "Das spezifisch Hebräische im Buche Job." *TSK* 59(1886) 267-300. **Knieschke, W.** *Kulturund Geisteswelt des Buches Hiob*. Zeit- und Streitfragen des Glaubens, der Weltanschauung und Bibelforschung 15/9-12. Berlin-Lichterfelde: E. Runge, 1925. **Konig, E.** "The Problem of Suffering in the Light of the Book of Job." *ExpT* 32(1920-21) 361-63. **Köpp, W.** "Vom Hiobthema und der Zeit als Leiden." *TLZ* 74(1949) 389-96. **Köppel, M.** "Jahwe's Allmacht und Gerechtigkeit in den Reden Hiobs." *ZAW* 29(1909) 204-14. **Kubina, Veronica.** "Ja-Sagen zur Wirklichkeit: Leiden und Leidbewältigung im Buche Ijob." *KatBl* 107(1982) 743-53. **Kurzweil, B.** "Job and the Possibility of Biblical Tragedy." In *Arguments and Doctrines ··· A. A. Cohen*. New York, 1970. 323-44. **Kusenberg, K.** "Das Buch Hiob: Stichworte bei meiner Leküire." *Merkur* 23(1969) 543-46. **Kutsch, E.** "Hiob: leidender Gerechter - leidender Mensch." *KuD* 19(1973) 197-214.

Lacocque, A. "Job and the Symbolism of Evil." *BR* 24-25(1979-80) 7-19. ______. "Job or the Impotence of Religion and Philosophy." *Semeia* 19(1981) 33-52. **Lafont, G.** "L'excès du malheur et la reconnaissance de Dieu." *NRT* 101(1979) 724-39. **Larue, G. A.** "The Book of Job on the Futility of Theological Discussion." *The Personalist* 45(1964) 72-79. **Laurin, R.** "The Theological Structures of Job." *ZAW* 84(1972) 86-92. **Lévâque, J.** "Job, ou l'espoir déraciné." *VS* 125(1971) 287-304. ______. "L'argument de la création dans le livre de Job." In *La création dans l'Orient ancien*, ed. L. Derousseaux. Paris: Cerf, 1987. 261-99. **Ley, J.** "Das Problem im Buche Hiob und dessen Lösung." *Neue Jahrbuch für Philosophie und Pädagogie*(1986) 125ff. **Lichtenstein, M. H.** "The Poetry of Poetic Justice: A Comparative Study in Biblical Imagery." *JANESCU* 5(1974) 255-65. **Lillie, W.** "The Religious Significance of the Theophany in the Book of Job." *ExpT* 68(1956-57) 355-58. **Lindblom, C. J.** "Die Vergeltung Gottes im Buche Hiob: Eine ideenkritische Skizze." In *A. von Bulmerincq Gedenkschrift*. Abhandlungen der Herder-Gesellschaft und der Herder-Instituts zu Riga

6/3, 1938. 80-97. **Link, C.** "Die Überwindung eines Problems: Bemerkungen zur Frage der Theodizee." In *Wenn nicht jetzt, warm dann?* FS H.-J. Kraus, ed. H.-G. Gever et al. Neukirchen-Vluyn: Neukirchener Verlag, 1983. 339-51. **Loader, J. A.** "Different Reactions of Job and Qoheleth to the Doctrine of Retribution." *OTWSA* 15(1972) 43-48. **Long, T. J.** "Life after Death: The Biblical View." *BTod* 20(1982) 347-53. **Macaluso, G.** *Profeti e màrtiri, 1. Giobbe come uomo e come Cristo. 2. Il messaggio del Mahatma Gandhi.* Rome: Edizione "Pensiero & Azione," 1970. **MacFadyen, J. E.** *The Problem Of Pain: A Study in the Book of Job.* London: James Clarke & Co., 1917. **MacKenzie, R. A. F.** "The Transformation of Job." *BTB* 9(1979) 51-57. **Macleod, W. B.** *The Afflictions of the Righteous as Discussed in the Book of Job and the New Light of the Gospel.* London: Hodder & Stoughton, 1911. **Magonet, J.** "The Problem of Suffering in the Bible." *Month* 244(1982) 311-16. **Many, G.** *Der Rechtsstreit mit Gott(rîb) im Hiobbuch.* Diss. Munich, 1970. **Marcus, R.** "Job and God." *RR* 14(1949-50) 5-29. **Marie-Paul du Christ.** "Job et le mystère de la mort." *VS* 422(1956) 392-406. **Maston, T. B.** "Ethical Content in Job." SWJT 14(1971) 43-56. **Mattioli, A.** "Le ultime ragioni dell'esistenza del male e della sofferenza in Giobbe." *La Sapienza della Croce Oggi* 3(1976) 157-87. **Meinhold, J.** "Das Problem des Buches Hiob." *NJDTh* 1(1892) 63-109. **Michel, W. L.** "Death in Job." *Dialogue* 11(1972) 183-89. **Milgrom, J.** "The Cultic שגגה and Its Influence in Psalms and Job." *JQR* 58(1967) 115-25. **Möller, M.** "Die Gerechtigkeit Gottes des Schöpfers in der Erfahrung seines Knechtes Hiob." *TVers* 6(1975) 25-36. **Moore, R. D.** "The Integrity of Job." *CBQ* 45(1983) 17-31. **Müller, K.** "Die Auslegung der Theodizeeproblems im Buche Hiob." *ThBl* 1(1922) 73-79. **Muntingh, L.** "Life, Death and Resurrection in the Book of Job." *OTWSA* 17-18(1974-75) 32-44. **Murphy, J.** *Living without Strain: Inner Meaning of the Book of Job.* London: L. N. Fowler, 1961. **Neher, A.** "Job: The Biblical Man." *Judaism* 13(1964) 34-47. **Nemo, P.** *Job et l'excès du mal.* Paris: B. Grasset, 1978. **Newell, B. Lynne.** "Job: Repentant or Rebellious?" *WTJ* 46(1984) 298-316. **Ney, P.** "A psychiatrist's discussion of Job." *Crux* 17(1981) 2-3. **Nowell-Rostrom, S.** *The Challenge of Calamity: A Study of the Book of Job.* London: Lutterworth, 1939. **O'Connor, D. J.** "Reverence and Irreverence in Job." *ITQ* 51(1985) 85-104. ______. "The Comforting of Job." *ITQ* 53(1987) 245-57. **Olson, A. M.** "The *Silence* of Job as the Key to the Text." *Semeia* 19(1981) 113-19. **Ortiz de Urtaran, F.** "Un rico amigo de Dios." *Lumen* 34(1985) 289-313.

Parente, P. P. "The Book of Job: Reflections on the Mystic Value of Human Suffering." *CBQ* 8(1946) 213-19. **Payne, J. B.** "Inspiration in the Words of Job." In *The Law and the Prophets*, FS O. T. Allis, ed. J. H. Skilton. Nutley, NJ: Presbyterian & Reformed, 1974. 319-36. **Peake, A. S.** *The Problem of Suffering in the Old Testament*, 1887. Repr. London: Epworth, 1946. **Perani, M.** "Giobbe di fronte alia morte." In *Gesù e la sua morte*, ed. G. Boggio et al.. Atti della XXVII Settimana Biblica. Brescia: Paideia, 1984. 267-91. ______. "Crisi della Sapienza e ricerca di Dio nel libro di Giobbe." *RivB* 28(1980) 157-84. **Peters, N.** *Die Leidensfrage im Alten Testament*. Biblische Zeitfragen 11/3-5. Münster, 1923. **Pfeiffer, R. H.** *Le problème du livre de Job*. Geneva, 1915. **Pifano, P.** "Nel grido di Giobbe il grido dell'uomo contemporaneo." *Asprenas* 31(1984) 497-524. **Pipes, B. R.** *Christian Response to Human Suffering: A Lay Theological Response to the Book of Job*. Diss. Drew, 1981. **Pixley, J. V.** "La ironía antesala de la teología de la liberación: el libro de Job." *CuadTe* 3(1973) 57-80. ______. "Jó, ou o diálogo sobre a razão teológica." *PerspT* 15(1983) 407-12; 16 (1984) 333-43. **Ponthot, J.** "Le scandale de la souffrance du juste selon le livre de Job." *Revue Diocésaine de Tournai* 13(1958) 271-75. **Prado, J.** "La creación, conservación y gobierno del universo en el Iibro de Job." *Sef* 11(1951) 259-88. **Procksch, O.** "Die Theodizee im Buche Hiob." *Allgemeine evangelisch-lutherische Kirchenzeitung* 58(1925) 722-24, 739-42, 763-65. **Pröpper, T.** "Warum gerade ich? zur Frage nach dem Sinn vom Leiden." *KatBl* 108(1983) 253-74. **Proskauer, W.** *Hiob und wir: Schicksalfragen und Gottesantwort*. Berlin, 1937. **Pury, R. de.** *Job ou l'homme révolté*; Geneva 1955. ______. *Hiob, der Mensch im Aufruhr*. Neukirchen, 1957.

Raphael, D. D. "Tragedy and Religion." In *Twentieth-Century Interpretations of the Book of Job: A Collection of Critical Essays*, ed. P. S. Sanders. Englewood Cliffs, NJ: Prentice-Hall, 1968. 46-55.[=*The Paradox of Tragedy*. Bloomington: Indiana UP, 1960. 37-61.] **Raurell, F.** "Ètica de Job i llibertat de Déu." *RCatalT* 4(19791 5-24. ______. "Job's Ethic and God's Freedom." *TDig* 29(1981) 133-37. **Renié, J.** "La maladie de Job." *RevApol* 60(1935) 365-67. **Reynierse, J. H.** "A Behavioristic Analysis of the Book of Job." *JPsychTheol* 3(1975) 75-81. **Reynolds, Roberta M.** *Piety and Paradox: A Rhetorical Analysis of the King James Version of the Book of Job*. Diss. Oregon, 1984. **Richter, H.** "Die Naturweisheit des Alten Testaments im Buche Hiob." *ZAW*

70(1958) 1-20. ______. "Erwägungen zum Hiobproblem." *EvT* 18(1958) 202-24. **Roberts, J. J. M.** "Job's Summons to Yahweh: The Exploitation of a Legal Metaphor." *RestQ* 16(1973) 159-65. **Robinson, H. W.** *Suffering Human and Divine.* London: SCM, 1940. ______. *The Cross of Job.* London: SCM, 1916. R.p. in *The Cross in the Old Testament.* London: SCM, 1955. **Rodríguez Ochoa, J. M.** "Estudio de la dimensión temporal en Proverbios, Job y Qohélet: El eterno volvar a comenzar en Qohelet." *Est Bib* 22(1963) 33-67. **Rohr Sauer, A. von.** "Salvation by Grace: The Heart of Job's Theology." *CurTM* 37(1966) 259-70. **Rongy, H.** "La résurrection est-elle enseignée dans Job?" *RevEcclLiége* 25(1983-84) 25-30. **Rouillard, P.** "The Figure of Job in the Liturgy: Indignation, Resolution or Silence?" *Conc* 169(1983) 8-12. **Rowold, H. L.** *The Theology of Creation in the Yahweh Speeches of the Book of Job as a Solution to the Problem Posed by the Book of Job.* Diss. Concordia Seminary in Exile(Seminex), 1977. **Royer, I.** *Die Eschatologie des Buches Job.* Biblische Studien. Freiburg im Breisgau, 1901. **Rusche, Helga.** "Warum starb ich nicht vom Mutterschoss weg? Mit Ijob klagen lernen." *Entschluss* 40(1985) 32, 34-35. **Ruprecht, E.** "Leiden und Gerechtigkeit bei Hiob." *ZTK* 73(1976) 424-45. **Rutler, G. W.** *The Impatience of Job.* La Salle, IL: Sugden, 1982.

Samuel, J. B. *The Prophetic Character of Job: or, The Solution of a Great Problem.* Goodmayes: Hebrew Christian Testimony to Israel, 1954. **Sanders, J. A.** "Suffering as a Divine Discipline in the Old Testament and Postbiblical Judaism." *Rochester Divinity School Bulletin* 28(1953) 28-33. **Scammon, J. F.** *If I Could Find God: Anguish and Faith in the Book of Job.* Valley Forge, PA: Judson, 1974. **Schärf, Rivka R.** *Die Gestalt des Satans im Alten Testament.* Zürich: Rascher, 1948. **Schimmel, J.** "Job and the Psychology of Suffering and Doubt." *JPsychJud* 11(1987) 239-49. **Schmidt, H.** *Hiob: Das Buch vom Sinn des Leidens. Gekürzt und verdeutscht.* Tübingen: J. C. B. Mohr, 1927. **Schmidt, P.** "Sinnfrage und Glaubenskrise: Ansätze zu einer kritischen Theologie der Schöpfung im Buche Hiob." *GeistL* 45(1972) 348-63. **Schmitt, E.** *Leben in den Weisheitsbüchern, Job, Sprüche und Jesus Sirach.* Freiburg im Breisgau: Herder, 1954. **Scholnick, Sylvia H.** *Lawsuit Drama in the Book of Job.* Diss. Brandeis, 1975. ______. "The Meaning of *mišpaṭ*, in the Book of Job." *JBL* 101(1982) 521-29. **Schwarz, W.** "Naturschau im Buch Hiob." *Frankfurter Israelitische Gemeindeblätter* 9(1930-31) 337-40. **Seeskin, K.** "Job and the Problem of Evil." *Philosophy and*

Literature 11(1987) 226-41. **Seinecke, L.** *Der Grundgedanke des Buches Hiob.* Clausthal: Grosse, 1863. **Seitz, O.** *Hiob: Eine Betrachtung über das Leiden.* Berlin: O. Seitz, 1931. **Sekine, M.** "Schöpfung und Erlösung im Buche Hiob." *Von Ugarit nach Qumran,* FS O. Eissfeldt. BZAW 77. Berlin: A. Töpelmann, 1958. 213-23. **Shapiro, D. S.** "The Problem of Evil and the Book of Job." *Judaism* 5(1956) 46-52. **Smick, E. B.** "Mythology and the Book of Job." *JETS* 13(1970) 101-8. ______. "Another Look at Mythological Elements in the Book of Job." *WTJ* 40(1977-78) 213-28. **Sockman, R. W.** *The Meaning of Suffering.* 1961. **Southwick, J. S.** "Job, An Exemplar for Every Age." Enc 45(1984) 373-91. **Sperka, J. S.** *The Book of Job: Mankind on Trial, A Modern Interpretation of the Most Perplexing Problem of All Ages.* New York: Bloch, 1979. **Stamm, J. J.** "Gottes Gerechtigkeit, das Zeugnis des Hiobbuches." *Der Grundriss. Schweizerische Reformierte Monatsschrift* 5(1943) 1-13. **Stockhammer, M.** *Das Buch Hiob: Versuch einer Theodizee.* Vienna: Europäischer Verlag, 1963. ______. "The Righteousness of Job." *Judaism* 7(1958) 64-71. ______. "Theorie der Moralprobe." *ZRGG* 22(1970) 164-67. **Susman, Margarete.** *Das Buch Hiob und das Schicksal des jüdischen Volkes.* Zurich, 1946. 2d ed. Basel: Herder, 1968. **Sutcliffe, E. F.** *Providence and Suffering in the Old and New Testaments.* Oxford, 1955. **Swain, L.** "Suffering in Job." *CleR* 51(1966) 624-31.

Taradach, Madeleine. "De la 'modernityé' de l'absurde chez Job à la lumière de l'absurde chez Camus." EstFranc 81(1980) 155-68. **Taylor, W. S.** "Theology and Therapy in Job." *TTod* 12(1955-56) 451-63. **Tengbona, M.** *Sometimes I Hurt: Reflections and Insights from the Book of Job.* Nashville: Nelson, 1980. **Thelen, Mildred F.** "Job and the Biblical Doctrine of Man." *JBR* 27(1959) 201-5. **Thieberger, F.** "Jona, Hiob, und das Problem der Gerechtigkeit." *Der Morgen* 2(1926) 128-40. **Thomas, D.** "Types of Wisdom in the Book of Job." *IndJT* 20(1971) 157-65. **Thompson, K., Jr.** "Out of the Whirlwind: The Sense of Alienation in the Book of Job." *Int* 14(1960) 51-63. **Torrance, J. B.** "Why Does God Let Men Suffer? A Sermon on Job." *Int* 15(196) 157-63. **Toynbee, A. J.** "Challenge and Response: The Mythological Clue." In *Twentieth-Century Interpretations of the Book of Job: A Collection of Critical Essays,* ed. P. S. Sanders. Englewood Cliffs, NJ: Prentice-Hall, 1968. 86-97. [=*A Study of History.* Abridged ed. New York: OUP, 1947. 60-67. And *A Study of History*(original ed.). New York: OUP, 1934. 1:293-98.] **Tromp, N. J.** *Primitive*

Conceptions of Death and the Nether Worm in, the Old Testament. BibOr 21. Rome: Pontifical Biblical Institute, 1969.

Urbrock, W. J. "Reconciliation of Opposites in the Dramatic Ordeal of Job." *Semeia* 5(1976) 111-37.

Vawter, B. *Job and Jonah: Questioning the Hidden God.* New York: Paulist Press, 1983. **Vischer, W.** *Hiob: Ein Zeuge Jesu Christi.* Munich: Kaiser, 1934. ______. "Hiob, ein Zeuge Jesu Christi." ZZ 11(1963) 386-414. **Vogels, W.** "The Spiritual Growth of Job: A Psychological Approach to the Book of Job." *BTB* 11(1981) 77-80. ______. "The Inner Development of Job: One More Look at Psychology and the Book of Job." *ScEs* 35(1983) 227-30.

Wagner, S. "'Schöpfung' im Buche Hiob." *ZeichZt* 34(1980) 93-96. **Waldman, N. M.** "Tradition and Experience in the Book of Job." *Studies in Jewish Education and Judaica,* ed. A. Shapiro and B. Cohen. 1984. 157-68. **Waldner, E.** "Das todeswürdige Verbrechen der Freunde Jobs." *Seelsorger* 7(1930-31) 181-84. **Watté, P.** "La logique de Dieu[à propos R. Girard]." *RevNouv* 83(1986) 177-80. **Weiser, A.** "Das Problem der sittlichen Weltordnung im Buche Hiob: Unter Berücksichtigung seiner Entwicklung bei den Griechen und in der israelitischen Religion." *ThBl* 2(1923) 157-64.[=*Glaube und Geschichte im Alten Testament und andere ausgewählte Schriften.* Göttingen: Vandenhoeck & Ruprecht, 1961.9-19.] **West, M. S.** "The Book of Job and the Problem of Suffering." *ExpT* 40(1928-29) 358-64. **Westermann, C.** "The Two Faces of Job." *Conc* 169(1983) 15-22. **Wolfers, D.** "Is Job After All Jewish?" *Dor* 14 (1985-86) 39-44. ______. "Is Behemoth Also Jewish?" *Dor* 14(1985-86) 220-27. **Wood, J.** "The Idea of Life in the Book of Job." *TGUOS* 18(1959-60) 29-37. **Wright, J. H.** "Problem of Evil, Mystery of Sin and Suffering." *CommSpok* 6(1979) 140-56. **Würthwein, E.** *Gott und Mensch in Dialog und Gottesreden des Buches Hiob.* Habilitationsschrift. Tübingen. 1938. ______. "Gott und Mensch in Dialog und Gottesreden des Buches Hiob." In *Wort und Existenz.* Göttingen, 1970. 217-95.

Young, D. M. *Fencing with the Promises: Report of a Project on Proper and Faithful Cursing - A Study of the Book of Job with Senior High Youth.* Diss. Boston University, 1981.

Zahrnt, H. *Wie kann Gott das zulassen? Hiob—der Mensch im Leid.* Munich: Piper, 1985. **Zerafa, P. P.** *The Wisdom of God in the Book of Job.* Rome: Herder, 1978.

Zink, J. K. "Impatient Job." *JBL* 84(1965) 147-52. **Zurhellen-Pfleiderer, E.** "Das Hiobproblem – Vom Sinn des Leidens." *Christentum und Wirklichkeit* 10(1932) 111-18. 131-38, 154-61.

8. 욥기와 그 영향

이 단락에서는 욥기가 이후의 사고와 집필에 미친 영향을 개관한다. 종종 그렇게 불리는, "해석사" 연구는 단순히 책 자체의 연구에 더해진 흥미로운 혹은 임의의 부가물이라고 생각되지 말아야 한다. 왜냐하면 현재 이 주석서를 포함하여 이 책에 대한 모든 연구는 그 자체로 해석사의 일부이기 때문이다. 이 도서 목록 전체에 있는 모든 항목을 사실 "욥기와 그 영향"이라는 표제 아래 전부 기재할 수 있다. 그러나 현재 단락은 꼭 욥기를 해석하려는 의도를 갖지는 않았지만, 그럼에도 불구하고 욥기의 주제와 욥기의 상상력에 의해서 영향을 받은 작가들과 사상가들에게 욥기가 미친 영향에 초점을 맞춘다. 따라서 다른 단락들과 일부 겹치기도 하지만, 대체적으로 현재 단락에서는 다른 문헌들, 특히 철학과 상상력 넘치는 작품들에 욥기가 미친 영향에 중점을 두려고 했다.

a. 일반

Berry, D. L. "Scripture and Imaginative Literature Focus on Job." *Journal of General Education* 19(1967) 49-79. **Besserman, L. L.** *The Legend of Job in the Middle Ages.* Cambridge, MA: Harvard UP, 1979. **Bochet, M.** "Job in Literature." *Conc* 169(1983) 73-77. **Daiches, D.** *God and the Poets.* Oxford: Clarendon, 1984. **Eltz-Hoffmann, Liselotte von.** "Hiob in der Dichtung." *Wege zum Menschen: Monatsschrift für Seelsorge, Psychotherapie und Erziehung* 19(1967) 184-94. **Francisco, Nancy A.** "Job in World Literature." *RevExp* 68(1971) 521-33. **Frenzel, Elisabeth.** "Hiob." In *Stoffe der Weltliteratur: Ein Lexikon dichtungsgeschichtlicher Längsschnitte.* Stuttgart, 1962. 276-79. **Friedman, M.** "The Modern Job: On Melville, Dostoïevsky and Kafka." *Judaism* 12(1963) 436-55. **Gerritson, A.** "Bibliodrama about Job" In *Current Issues in Psychology of Religion,* ed. J. Belzen and J. Lans. 1986. 112-23. **Geyer, C.-F.** "Das Hiobbuch im christlichen und nachchristlichen Kontext. Anmerkungen zur Rezeptionsgeschichte." *Kairos* 28(1986) 174-95. **Gietmann, G.** *Parzival, Faust, Job.* Freiburg, 1887. **Glatzer, N. M.** *The Dimensions of Job: A Study and Selected Readings.* New

York: Schocken, 1969. **Goodheart, E.** "Job and Romanticism." *Reconstructionist* 24 (1958) 7-12. ______. "Job and the Modern World." *Judaism* 10(1961) 21-28. [=*Twentieth-Century Interpretations of the Book of Job: A Collection of Critical Essays*, ed. P.S. Sanders. Englewood Cliffs, NJ: Prentice-Hall, 1968. 98-106.] **Hausen, A.** *Hiob in der französischen Literatur: Zur Rezeption eines alttestamentlichen Buches*. Europäische Hochschulschriften 13/17. Frankfurt: Peter Lang, 1972. **Levenson, J. D.** *The Book of Job in Its Time and in the Twentieth Century*. Cambridge, MA: Harvard UP, 1972. **Lüth, E.** "Das Buch Hiob und die Deutschen." In *Auf gespaltenem Pfad*, FS Margarete Susman, ed. M. Schlössner. Darmstadt: Erato-Presse, 1964. 63ff **MacLean, H.** "The Job Drama in Modern Germany." AULLA 2(1954). **Matthews, M. S.** *Issues and Answers in the Book of Job and Joban Issues in Three Twentieth-Century Writers: C. Jung, R. Frost, A. MacLeish*. Diss. Florida State University, 1976. **Mura, G.** "Giobbe e il pensiero contemporaneo: l esilio della parola." *Nuova umanità* 1,6 (1979) 23-44; 2,7(1980) 36-61; 2,10-11(1980) 29-62. **O'Hara, M. L.** "Truth in Spirit and Letter: Gregory the Great, Thomas Aquinas, and Maimonides on the Book of Job." In *From Cloister to Classroom*, ed. E. Elder. 1986. 47-79. **Owen, J.** *The Five Great Sceptical Dramas of History(Prometheus Vinctus, Job, Faust, Hamlet, El Mágico)*. London, 1896. **Pinell, J.** "El Canto de los 'Threni' en las Misas cuaresmales de la antigua liturgia hispanica." In *Eulogia: P. Burkhard Neunheuser*, ed. M. Arranz et al. 1979. 317-66. Rabory, J. *Le livre de la souffrance: Le livre de Job, dans l'histoire, la théologie, la liturgie*. Paris, 1917. **Ravisi, G.** "Giobbe, nostro contemporaneo." In his *Giobbe, traduzione e commento*. Rome: Borla, 1984. 185-255. **Roth, J.** "היחס אל ספר איוב בתחום התרבות היהודית והנוצרית [Attitudes toward the Book of Job as Reflected by Jewish and Christian Thinkers: A Survey]." *BMik* 50(1972) 306-9, 381-82. **Sanders, P. S.**, ed. *Twentieth-Century Interpretations of the Book of Job: A Collection of Critical Essays*. Englewood Cliffs, NJ: Prentice-Hall, 1968. **Schubert, Beatfix.** "Vom Umgang mit dem menschlichen Leiden: ein Versuch über Ijob in der modernen Literatur." ErbAuf 60(1984) 356-75. **Strolz, W.** "Die Hiob-Interpretation bei Kant, Kierkegaard und Bloch." *Kairos* 23(1981) 75-87.

b. 초기 유대교

Testament of Job. Editions: **James, M. R.** *Apocrypha Anecdota*. 2d ser. Cambridge,

1897. 104-37. **Brock, S.** *Testamentum Iobi.* Leiden, 1967. **Kraft, R.** et al. *Testament of Job according to the SV Text.* Missoula, MT: Scholars Press, 1974. Translation: **Spittler, R. P.** "Testament of Job." In *The Old Testament Pseudepigrapha,* ed. J. H. Charlesworth. London: Darton, Longman and Todd, 1983. 1:829-68. See also **Collins, J. J.** "Structure and Meaning in the Testament of Job." In *Society of Biblical Literature: 1974 Seminar Papers,* ed. G. MacRae. Cambridge, MA, 1974. 1:35-52. **Delcor, M.** "Le Testament de Job, la prière de Nabonide et les traditions targoumiques." In *Bibel und Qumran: Beiträge zur Erforschung der Beziehungen zwischen Bibel- und Qumranwissenschaft, Hans Bardtke zum 22.9.1966,* ed. S. Wagner. Berlin: Evangelische Haupt-Bibelgesellschaft, 1968. 57-74. **Horst, P. W. van der.** "The Role of Women in the Testament of Job." *NedTTs* 40(1986) 273-89. **Jacobs, I.** "Literary Motifs in the Testament of Job." *JJS* 21(1970) 1-10. **Philonenko, M.** "Le Testament de Job et les Thérapeutes." *Sem.* 8(1958) 51-53. ______. "Le Testament de Job." *Sem.* 18(1968) 1-77. **Schaller, B.** "Das Testament Hiobs." *JüdSHRZ*(1979) 305-87. ______. "Das Testament Hiobs und die SeptuagintaÜbersetzung des Buches Hiob." *Bib* 61(1980) 377-406.

Baring-Gould, S. *Legends of the Old Testament Characters from Talmud and Other Sources.* London, 1871. 52-59. **Baskin, Judith R.** *Pharaoh's Counselors: Job, Jethro and Balaam in Rabbinic and Patristic Tradition.* Brown Judaic Studies 47. Chico, CA: Scholars Press, 1983. **Carstensen, R. N.** "The Persistence of the 'Elihu' Tradition in the Later Jewish Writings." *LTQ* 2(1967) 37-46. **Fine, H. A.** "The Tradition of a Patient Job." *JBL* 74(1955) 28-32. **Glatzer, N. H.** "The Book of Job and Its Interpreters"[mainly medieval Jewish]. In *Biblical Motifs: Origins and Transformations.* Philip W. Lown Institute of Advanced Judaic Studies. Studies and Texts 3. Cambridge, MA: Harvard UP, 1966. 197-220. ______. "Jüdische Ijob-Deutungen in den ersten christlichen Jahrhunderten." FreibRu 26(1974) 31-34. **Gorringe, T. J.** "Job and the Pharisees." *Int* 40(1986) 17-28. **Jacobs, I.** *The Book of Job in Rabbinic Thought.* Diss. University College, London, 1970. **Ravenna, A.** "Il caso Giobbe e la tradizione talmudica." *RivBiblt* 7(1959) 61-63. **Sel, M.** "Job in Rabbinical Literature." *JewEnc* 7:195. **Wjernikowski, A.** *Das Buch Hiob nach der rabbinischen Agada.* Frankfurt, 1893.

c. 현대 유대교

Brinker, M. "On the Ironic Use of the Myth of Job in Y. H. Brenner's *Breakdown and Bereavement.*" In *Biblical Patterns in Modern Literature*, ed. D. Hirsch and N. Aschkenasy. Brown Judaic Studies 77. Chico, CA: Scholars Press, 1984. 115-26. **Goldschmidt, H. L.** "Hiob in neuzeitlichen Judentum." *Weltgespräch* 2(1967) 41-55, 71-72. **Lazare, B.** *Le fumier de Job.* Paris: Rieder, 1928. **Neher, A.** "Job: The Biblical Man." *Judaism* 13(1964) 37-47.[=*L'existence juive: Solitude et affrontements.* Paris, 1962. Chap. 5.] **Rubenstein, R. L.** "Job and Auschwitz." *USQR* 25(1969-70) 421-37. **Sheldon, M.** "Job, Human Suffering and Knowledge: Some Contemporary Jewish Perspectives." Enc 41(1980) 229-35. **Watté, P.** "Job à Auschwitz: Deux constats de la pensée juive." *RTL* 4(1973) 173-90. **Zafrani, H.** "Une histoire de Job en judéo-arabe du Maroc." *RevÉtIs* 36(1968) 279-315.

d. 이슬람 및 그 외의 종교

Apt, N. *Die Hioberzählung in der arabischen Literatur. 1. Teil. Zwei arabische Hiobshandschriften der Kgl. Bibliothek zu Berlin.* 1913. **Castillo Castillo, C.** "Job en la leyenda musulmana." *CiuD* 195(1982) 115-30. **Clines, D. J. A.** "In Search of the Indian Job." *VT* 33(1983) 398-418. **Fortes, M.** *Oedipus and Job in West African Religion.* Cambridge: CUP, 1959. **Jeffery, A.** "Ayyub." *Encyclopédie de l Islam.* 1965. 13:318. **Kohlbrugge, Hanna.** *De tijding van Job in de Bijbel en in de Koran.* The Hague: J. N. Voorhoeve, 1981. **Rao, S.,** and **M. Reddy.** "Job and His Satan - Parallels in Indian Scripture." *ZAW* 91(1979) 416-22. **Scaltriti, G.** "Giobbe tra Cristo e Zaratustra." *PalCl* 34(1955) 673-82, 721-28.

e. 초대 기독교

Geerlings, W. "Hiob und Paulus: Theodizee und Paulinismus in der lateinischen Theologie am Ausgang des vierten Jahrhunderts." In *Jahrbuch für Arttike und Christentum* 24, ed. T. Klauser et al. 1981.56-66. **Hanson, A. T.** "Job in Early Christianity and Rabbinic Judaism." *CQ* 2(1969) 147-51. **Hanson, R. P. C.** "St. Paul's Quotations from the Book of Job." *Theol* 54(1950) 250-53. **Kniaseff, A.** "The Theodicy of Job in the Byzantine Offices of Holy Week"[Gk.]. *Theologia*(1955) 107-23. **Michael, J. H.** "Paul and Job: A Neglected Analogy." *ExpT* 36(1924-25) 67-70. **Naish, J. P.** "The Book of Job and the Early Christian Period." *Exp* 9/3(1925) 34-49, 94-104. **Schaller, B.** "Zum Textcharakter der Hiobzitate im paulinischen Schrifttum." *ZNW* 71(1980) 21-26.

f. 서구 사상가 및 작가

Barth, K. See **Migliore, D. L.** "Barth arid Bloch on Job: A Conflict of Interpretations." In *Understanding the Word: Essays in Honor of Bernhard W. Anderson*, ed. J. T. Butler et al. *JSOTSup* 37. Sheffield: *JSOT*, 1985. 265-79. And **Schulweis, H. M.** "Karl Barth's Job: Morality and Theodicy." *JQR* 65(1975) 156-67.

Bloch, E. See **Chirpaz, F.** "Ernst Bloch and Job's Rebellion." *Conc* 169(1983) 23-29. **Gerbracht, D.** "Aufbruch zu sittlichem Atheismus: Die Hiob-Deutung Ernst Blochs." *EvT* 35(1975) 223-37. **Mottu, H.** "La figure de Job chez Bloch." *RTP* 27(1977) 307-20. **Raurell, F.** "Job llegit per E. Bloch." EstFranc 81(1980) 403-27. See also Strolz, W., in Section 8a above.

Camus, A. See **Taradach, Madeleine.** "De la 'modernité' de l'absurde chez Job à la lumièere de l'absurde chez Camus." EstFranc 81(1980) 155-68.

Hobbes, Thomas. *Leviathan, or The Matter, Forme and Power of a Common-Wealth Ecclesiasticall and Civil.* London. 1651.

Jaspers, K. "Hiob." *Einsichten … G. Krüger.* Frankfurt, 1962. 86-106.

John of the Gross, St. See **Anon.** "Job et S. Jean de la Croix, choix de textes." *VS* 422(1956) 372-91.

Jung, G. G. See **Broadribb, D.** "Carl Jung kaj la Biblio." *Biblia Revuo* 1(1964) 13-45. **Hedinger, U.** "Reflektionen zu C. G. Jungs Hiobinterpretation." *TZ* 23(1967) 340-52. **Marco, N. di.** "Dio come Padre nella 'Riposta a Giobbe' di C. G. Jung." *Aquinas* 27(1984) 33-74. **Michaëlis, E.** "Le livre de Job interpretée par C. G. Jung." *RTP* 3(1953) 182-95. ______. "Ist Satan die vierte Person der Gottheit?" *Zeitwende* 25(1954) 368-77. **Pascal, E.** "Risposta a Jung." *Prot* 21(1966) 215-22. **Philp, H. L.** *Jung and the Problem of Evil.* London, 1958. 133-71. **Ryan, Penelope J.** *An Interpretive and Critical Analysis of Carl Jung's 'Answer to Job' as it Reflects his*

Psychological Theory, his Religious Understanding and Statements in Light of Christian Tradition. Diss. Fordham, 1983. **White, V.** "Jung et son livre sur Job." *VS* Suppl. (1956) 199-209. **Wildberger, H.** "Das Hiobproblem und seine neueste Deutung." *Reformatio* 3(1954) 355-63, 439-48.[=*Jahwe und sein Volk.* 1979. 9-27.] See also **Matthews, M. S.,** in Section 8a above.

Kant, I. See **Strolz, W.,** in Section 8a above.

Kierkegaard, S. "'The Lord Gave, and the Lord Hath Taken Away.'" In *Four Edifying Discourses*(1843). In *Edifying Discourses,* tr. D. F. and Lillian M. Swenson. Minneapolis: Augsburg, 1942. And *Edifying Discourses: A Selection,* tr. P. L. Holmer. New York: Harper & Row, 1958. ______. **[Constantinus, Constantin].** *Repetition: An Essay in Experimental Psychology*(1843). In *Fear and Trembling,* ed. H. V. and Edna H. Hong. Princeton: Princeton UP, 1983. 125-231. See also **Müller, H. P.** "Welt als 'Wiederholung': Sören Kierkegaards Novelle als Beitrag zur Hiob-Interpretation." In *Werden und Wirken des Alten Testaments,* FS C. Westermann, ed. R. Albertz. Göttingen: Vandenhoeck & Ruprecht, 1980. 335-72. **Mura, G.** *Angoscia ed esistenza, da Kierkegaard a Moltmann: Giobbe e la 'sofferenza di Dio.'* Rome: Città Nuova, 1982. **Wahl, J.** "Sören Kierkegaard et le livre de Job." *Etre et Penser* 27(1948) 147-66. See also **Strolz, W.,** in Section 8a above. **Maimonides, M.**(1135-1204). See **Kravitz, L. S.** "Maimonides and Job: An Inquiry as to the Method of the Moreh." *HUCA* 38(1967) 149-58. **Laks, H. J.** "The Enigma of Job: Maimonides and the Moderns." *JBL* 83(1964) 345-64. See also **O'Hara, M. L.,** in Section 8a above.

Milton, J. See **Fisch, H.** "Creation in Reverse: The Book of Job and Paradise Lost." In *Milton and Scriptural Tradition,* ed. J. Sims and L. Ryken. 1984. 104-16.

Ricoeur, P. See **Crossan, J. D.,** ed. *The Book of Job and Ricoeur's Hermeneutics.* Semeia 19. Chico, CA: Scholars Press, 1981. **Dornisch, Loretta.** "The Book of Job and Ricoeur's Hermeneutics." In ibid., 3-21. **Pellauer, D.** "Reading Ricoeur Reading Job." In ibid., 73-83.

Teilhard de Chardin, P. See **Franco, R.** "Job y Teilhard de Chardin sobre la problema del mal." *Proyecciön* 32(1985) 27-41.

Tillich, P. See **Cranford, W. J.** *The Doctrine of God in the Book of Job and the Systematic Theology of Paul Tillich.* Diss. Baylor, 1981.

Voltaire, J. "Job." In *Dictionnaire Philosophique.* 1767-69. In *Oeuvres complètes de*

Voltaire. Paris: Garnier, 19:504-7. ______. *Histoire des voyages de Scarmentado.* In his *Romans et contes.* Paris: Garnier. See also **Senior, N.** "Voltaire and the Book of Job." *French Review* 47(1973) 340-47.

Weil, S. *Attente de Dieu: Lettres et réflexions.* Paris: La Colombe, 1950.[=*Waiting for God,* tr. Emma Crawford. New York: Putnam, 1951.] ______. *La pesanteur et la grâace.* 1947.

g. 욥기에 의해서 영감을 받은 문학 작품

Angioletti, Giovanni Battista. *Giobbe, uomo solo*[drama], 1955. **Anon.** *Mystère de la patience de Job*(15th cent.). ______. *L'Hystore Job*(16th cent.). See **Bates, R. C.** *L'hystore Job: adaptation en vers français du 'Compend[i]um in Job'*[of Peter of Blois]. Yale Romanic Studies. New Haven, 1937. ______. *Historia Jobs*(1546). See **Karsten, T. E.** *Die mitteldeutsche poetische Paraphrase des Buches Hiob: aus der Handschrift des Königlichen Staatsarchivs zu Königsberg herausgegeben.* Berlin: Weidmann, 1910. **Narhauser, J.** *Historia Jobs 1546.* Arbeiten zur mittleren deutschen Litteratur 12. Frankfurt: P. Lang, 1983. **Anon.** *Job*[drama in Romansch], 1896. **Aue, Hartmann von**(13th cent.). *Des arme Heinrich.* See **Datz, G.** *Die Gestalt Hiobs in der kirchlichen Exegese und der "Arme Heinrich" Hartmanns von Aue.* Göppinger Arbeiten zur Germanistik. Göppingen: A. Kümmerle, 1973.

Baumann, Emile. *Job le Prédestiné, roman.* Paris, 1922. **Beckett, Samuel.** *Waiting for Godot.* 1949. See also **Beckmann, H.** *Godot oder Hiob: Glaubensfragen in der modernen Literatur.* Hamburg, 1965. **Magny, O. de.** "Samuel Beckett ou Job abandonné." *Monde nouveau-paru* 97(February 1956) 95. **Borchardt, Rudolf.** *Geschichte des Heimkehrenden(Das Buch Joram).* 1905. **Borchert, Wolfgang.** *Draussen vor der Tür* [a novel.] **Boye, Karin Maria.** *De sju dödssyndera* [The Seven Deadly Sins] [cantata], 1941. **Calderón de la Barca, Pedro.** *Autos sacramentales.* **Clements, C. C.** *Job: A Play in One Act.* New York: Samuel French, 1923. **Claudel, Paul.** "Réeponse à Job." In *Oeuvres complètes.* Paris: Gallimard, 1952. 2:373-74. **Dante, A.** See **Baur, G.** "Das Buch Hiob und Dantes Göttliche Komödie." *TSK*(1856) 583ff. **Debout, J. [Roblot, R. I.]** Job, maître d'école libre, comédie dramatique en trois actes. Paris, 1932. **de Bruin, H.** *Job*[Dutch epic], 1944.

Desportes, Philippe. *Poesies Chrestiennes.* Paris. 1598. [Including 'Plainte de l'Autheur durant une sienne longue maladie']. See also **Pensec, H.** "Philippe Desportes' Poésies chrestiennes and the Book of Job." *Res Publica Litterarum* 6(1983) 265-73.

Dostoievsky, F. See Friedman, M., in Section 8a above.

Enriquez Basurto, D. See **Rauchwarger, Judith.** "Seventeenth-Century epic, Diego Enriquez Basurto's El triumpho de la virtud y paciencia de Job." *Sef* 40(1980) 99-119.

Enriquez Gómez, Antonio. See **Rauchwarger, Judith.** "Antonio Enriquez Gómez: Epistolas tres de Job, A matter of racial atavism?" *RÉJ* 138(1979) 69-87. **Faraj, Murād.** *Ayyūb*[a prose version in rhymed Arabic], 1950. **Farrère, Claude.** *Job siècle xx, roman.* Paris, 1949.

Frost, Robert. *A Masque of Reason.* New York: Henry Holt, 1945. See also **Matthews, M. S.,** in Section 8a above. **Gelber, S. M.** *Job Stands Up: The Biblical Text of the Book of Job Arranged for the Theater.* New York: Union of American Hebrew Congregations, 1975. **Godínez, Felipe.** *La gran Comedia de los trabajos de Job.* 1638.

Goethe. *Faust.* See also **Carrière, L.** "Satan, Mephisto und die Wetten bei Hiob." *Goethe* 20(1958) 285-87. **Matenko, P.** "Job and Faust." *Studies in Yiddish Culture.* Leiden, 1968. 75-162. **Zhitlowsky, C.** *Job and Faust: Translated with Introduction and Notes by P. Matenko.* Leiden: Brill, 1966. See also **Gietmann, G.,** in Section 8a above. **Greene, Robert.** *The Historie of Job.* 1594.

Heine, Heinrich. "Hebräische Melodien." Book 3 of *Romanzero.* In *Heinrich Heine: Sämtliche Werke,* ed. H. Kaufmann. Munich: Kindler, 1964. 3:117-64. **Hertz, Henri.** "Ceux de Job." In his *Tragédies des temps volages.* 1955. **Kafka, F.** See **Susman, M.** "Der Hiobproblem bei Franz Kafka." *Der Morgen* 5(1929) 31-49. **Suter, R.** *Kafkas* "Prozess" im Lichte des "Buches Hiob." Europäische Hochschulschriften 1/169. Frankfurt: P. Lang, 1976. See also **Friedman, M.,** in Section 8a above.

Kochoschka, O. *Sphinx und Strohmann.* 1907. Reissued as *Hiob.* 1917.[=*Job, A Drama. In An Anthology of German Expressionist Drama,* ed. W. H. Sokel. New York: Anchor, 1963. 159-71.] See also **Schuly, H. I.** *Oscar Kokoschka: The Painter as Playwright.* Detroit: Wayne State UP, 1982. 67-88, 145-50. **Kysar, Hans.** *Das Blumenhiob.* 1909. **Leivick, H.** *In di Tag fun Iyov*[Yiddish poem], c., 1953. **Leroux, P.** *Job, drame en cinq actes, avec prologue et épilogue, par le Prophète Isaie, retrouvé,* *rétabli dans son integrité, et traduit littéralement sur le texte hébreu.* Grasse, 1866. **Limentani, G.** *Le grande seduto*, Milan, 1979. **Linscheid, J.** "Jobia versus God: The Book of Job Revisited"[short story]. *Other Side* 23(1987) 24-27.

MacLeish, A. J.B.: *A Play in Verse.* London: Samuel French, 1956. See also **Bieman, E.** "Faithful to the Bible in Its Fashion: MacLeish's J.B." *CSRBull* 3/5(1972) 26. **Priest, J.** "Job and J.B.: The Goodness of God or the Godness of Good?" *Horizons* 12(1985) 265-83. **Thelen, M. F.** "J.B.: Job and the Biblical Doctrine of Man." *JBR* (1959) 201-5. See also **Matthews, M. S.** in Section 8a above.

Melville, H. *Moby, Dick.* New York, 1851. See **Young, W. A.** "Leviathan in the Book of Job and *Moby-Dick.*" *Soundings* 65(1983) 388-401. See also **Friedman, M.,** in Section 8a above.

Milton, John. See **Fulton, Pauline R.** *Milton's Use of the Book of Job in 'Paradise Regained' and 'Samson Agonistes.'* Diss. University of North Carolina, 1984. **Teunissen, J.-J.** *Of Patience and Heroic Martyrdom: The Book of Job and Milton's Conception of Patient Suffering in 'Paradise Regained' and 'Samson Agonistes.'* Diss. Rochester, 1967.

Morax, Rena. *Job le vigneron, mystère en trois acres.* Sierre, 1954. **Ned, Edouard.** *Job le glorieux, roman.* Paris, 1933. **Obaldia, René de.** *Et à latin était le bang: Comédie héroïque*[a play]. In his *Théâtre.* Paris: Grasset. 6:1-194. **Ponholzer, Bartholomaeus.** *Job, der fromme Idealist*[drama], 1927. **Racine, J.** "Annotations du livre de Job." In *Oeuvres complètes*, ed. R. Picard. Paris: Pléiade, 1960. 2:699-705. **Radcliffe, Ralph[Robert].** *Job's Afflictions*[drama]. c.1550. **Roth, J.** *Hiob, Roman eines einfachen Mannes.* Berlin: G. Kiepenheuer, 1930.[=*Job: The Story of a Simple Man.* Tr. D. Thompson. London: Chatto and Windus, 1933.]

Sachs, Hans[the Meistersinger]. *Der Hiob*[play]. 1547. **Simon, Neil.** *God's Favorite: A New Comedy.* New York: Samuel French, 1975. **Spark, Muriel.** *The Only Problem* [a novel]. London: Bodley Head, 1984. **Stevens, J. S.** *A Dramatization of the Book of Job: The Problem of Human Suffering.* Boston: Stratford, 1917. **Tamez, Elsa.** "A Letter to Job." In *New Eyes for Reading*, ed. J. Pobee and B. Wartenberg-Potter, 1986. 50-52. **Wahltuch, Marco.** *Giobbe*[five-act tragedy], 1872. **Weege, Fritz.** *Das Spiel Hiobs*[play], 1926. **Wells, H. G.** *The Undying Fire: A Contemporary. Novel.* In *The Works of H. G. Wells.* Atlantic ed. London: T. Fisher Unwin, 1925. 11:1-172. **Wiesel,**

Elie. "Job ou le silence révolutionnaire." In his *Célébration biblique.* Paris: Seuil, 1975. 179-99. **Winawer, B.** *The Book of Job: A Satirical Comedy.* London: Dent, 1931.

Wojtyla, K.[Pope John Paul II]. See also **Fantuzzi, V.** "Il 'Giobbe' di Karol Wojtyla a San Miniato." *CC* 136(1985) 500-504. **Gatta, E.** "Il Giobbe di Papa Wojtyla." *CiVit* 40(1985) 403-48. **Wolfskehl, K.** *Hiob und Die vier Spiegel: Gedichte.* Hamburg: Hamburg-Verlag, 1950. **Zapf, Adolf Philipp.** *Hiob*[drama], 1866.

h. 욥기와 미술

i. 일반

See especially **Réau, L.** *Iconographie de l'art chrétien.* Tome II. *Iconographie de la Bible.* I. *Ancien Testament.* Paris: Presses Universitaires de France, 1956. 310-18. **Leclerq, H.** "Job." In *Dictionnaire d Archéologie Chrétienne et de Liturgie,* Paris, 1927.7:2554-70. **Budde, R.** "Job." In *Lexikon der christlichen Ikonographie.* Rome, 1970.2:407-14. **Ravisi, G.** *Giobbe: Traduzione e commento.* Rome: Borla, 1984. 258-74. **Weisbach, W.** "L'histoire de Job dans les arts." *Gazette des Beaux-Arts*(1936) 102-12.

See also **Durand, J.** "Note sur une iconographie méconnue: le 'saint roi Job.'" *CahArch* 32(1984) 113-35. **Huber, O.** *Hiob: Dulder oder Rebell? Byzantinische Minaturen zum Buche Hiob in Patmo, Rom, Venedig, Sinai, Jerusalem und Athos.* Düsseldorf: Patmos, 1976. **Le Blant, E.** "D'une représentation inedite de Job sur un sarcophage d'Arles." *RevArch*(1860-B) 36-44.

ii. 주제별, 시대별

Job's Trials. *13th* cent.. North Door of Chartres Cathedral; Door of Rheims Cathedral. *14th* cent.. Frescoes from St. Stephen's Chapel, Westminster, now in British Museum. *15th* cent.. Master of the Legend of St. Barbara, The Story of Job(1480-83), Cologne, Wallraf-Richartz Museum. *16th* cent.. Peter Hugo(or Jan Mandyn), Les Épreuves de Job, Douai Museum; Window of Troyes Cathedral; Rubens, Altarpiece of Church of St. Nicholas, Brussels(destroyed in 1695). *19th* cent.. William Blake, Illustrations of the Book of Job.

The Three Messengers of Misfortune. *12th* cent.. Chapter house of Pamplona Cathedral. *16th cent.* Fresco in Campo Santo, Pisa.

Death of Job's Children. *16th* cent.. Bernart van Orley, Brussels Museum.

Job on the Ash-heap. In Christian art, a prefigurement of Christ awaiting crucifixion. *3rd* cent. Frescoes in Catacombs, Rome, and in cemetery of St Peter and St Marcellino, Rome; Frescoes of Synagogue, Dura-Europos. *4th* cent. Sarcophagus of Junius Bassus, Rome. *13th* cent. North Door of Chartres Cathedral: Door depicting the Last Judgment, Notre Dame, Paris. *15th* cent. Jean Fouquet, Heures d'Étienne Chevalier, Musée Condy, Chantilly. *17th* cent. Giordano, Sacristy of L'Escorial, Madrid. *18th* cent. Lattanzio Querena, S. Giobbe, Venice. *19th* cent. Bonnat, Musée du Luxembourg, Paris.

Job and His Wife. *3rd* cent. Fresco of the cemetery of St Peter and St Marcellino, Rome. *4th* cent. Sarcophagus of Junius Bassus, Rome. *16th* cent. Dürer, Jabach altarpiece in Städelschen Kunstinstitut, Frankfurt and Cologne Museum; Peter Huys, Douai Museum; Windows of St Patrice and of St Romain, Rouen; Stalls of the Cathedral, Amiens. *17th* cent. J. Lievens, 1631; Murillo, Parma Pinocotheca; Ribera, Parma Pinacotheca; Georges de la Tour, Musée d'Épinal.

Job Mocked by His Friends. *12th* cent. Capital from the cloister of La Daurade, Musée des Augustins, Toulouse. *13th* cent. Bas-relief in doorway representing the Last Judgment, Notre Dame, Paris. *15th* cent. Misericord in church of Champeaux, Seine-etMarne; Jean Fouquet, Heures d'Étienne Chevalier, Musée Condy, Chantilly. *16th* cent. Hieronymus Bosch, Douai Museum. *17th* cent. Il Calabese, Antwerp: J. Bendt, St Job's Hospital, Utrecht. *19th* cent. A. Decamps, Institute of Arts, Minneapolis.

Job at the Capture of Leviathan. *12th* cent. Window representing the Crucifixion, Cathedral of Chalons-sur-Marne.

Job as the Patron Saint of Musicians. Esp. in *15th* and *16th* cent. Rubens, Job on the Dunghill(1612), presented to the musicians' guild of Antwerp. See also **Denis, V.** "Saint Job, patron des musiciens." *Revue beige d'archéologie et d'histoire d'art* 21 (1952) 253-98. **Meyer, Kathi.** "Saint Job as a Patron of Music." *Art Bulletin*[New York] 36(1954) 21-31. **Nicholson, J. W.** "Job." In *The New Grove Dictionary of Music and Musicians*, ed. S. Sadie. London: Macmillan, 1980. 9:655-56.

iii. 화가별

Blake, William. Editions: **Bindman, D.** *William Blake's Illustrations of the Book of Job: The Engravings and Related Material.* London: William Blake Trust, 1987. ______. *Colour Versions of William Blake's Book of Job Designs from the Circle of John Linnell.* London, 1987. See also **Foster, D. S.** *Blake's Job: William Blake's Illustrations of the Book of Job.* Providence, RI: Brown UP, 1966. **Raine, Kathleen.** *The Human Face of God: William Blake and the Book of Job.* London: Thames & Hudson, 1982. **Wright, A.** *Blake's "Job": A Commentary.* Oxford: Clarendon, 1972. **Fronius, Hans.** *Das Buch Hiob: Illustrationen yon Hans Fronius. Einleitung von J. Marböck.* Klosterneuberg: Österreichisches Katholisches Bibelwerk, 1980.[12 charcoal sketches.] **Jaekel, Willi.** *Das Buch Hiob: Mit originalen Lithographien.* Berlin: E. Reiss, 1917. **Tongue, C. Mary.** *The Book of Job: With an Introduction by G. K. Chesterton and Illustrated in Colour by C. Mary. Tongue.* London: Cecil Palmer and Hayward, 1916. **Uhrig, H.** *Hiob: Eine Bildexegese in 15 Federzeichnungen.* Kassel: J. Stauda, 1954.

i. 욥기와 음악

Adler, Hugo Chaim. *Hiob*[oratorio]. 1933.

Bitgood, Roberta(*b.* 1908). *Job*[cantata]. **Burck, Joachim à**(16th cent.). Motet. **Byrd, William.** *Cunctis diebus*[motet]. In *The Byrd Edition,* ed. P. Brett. Vol. 3: *Cantiones Sacrae(1591),* ed. A. Brown. London: Stainer & Bell, 1981. 232-44.

Carissimi, G. *Job*[oratorio]. **Chiaromonte, F.** *Job: Drame biblique en trois actes, Pomme de J. Guilliaume.* Leipzig and Brussels, 1884. **Chipp. E. T.** *Job: An Oratorio.* London, 1875. **Clemens non Papa, J.**(16th cent.). Motet. **Converse, F. S.** *Job, Dramatic Poem for Solo Voices, Chorus and Orchestra.* New York: H. W. Gray, n.d. **Crecquillon, T.**(16th cent.). Motet.

d'Albergatti, P. *Job*[oratorio]. **Dallapiccola, Luigi.** *Giobbe: Sacra rapprasentazione* [oratorio, also for stage performance]. Milan: Suvini Zerboni, 1951. First performance: Rome, 1950.

Engel, Lehmann. *Four Excerpts from "Job"*[for voice and piano]. 1932.

Franco, Fernando, of Mexico(1532-85). *Parce mihi, Domine*[motet]. Ed. H. Ross.

New York: Peer International, 1953.

Gallus[Handl], Jacobus(16th cent.). Motet. **Gines Perez, J.** *Parce mihi, Domine* [motet]. **Guerrimi, Giodo.** *Il lamento di Job, per voce de basso, archi, pianoforte e tam-tam. Riduzione dall autore per canto e pianoforte.* Milan: G. Ricordi, 1939.

Händel, Georg Frideric. "I Know that My Redeemer Liveth." Aria in *Messiah*(1742).

Herder, R.(*b.* 1930). *The Job Elegies*[choral]. **Hiller, H. C.** *Job's Wedding Day Song.* London: D. Davidson, 1882.

Jenkins, D. *Job: An Oratorio for Soli, Chorus, and Organ and Orchestra.* Aberystwyth, 1903. **Kósa, György.** *Hiob*[cantata]. 1933.

La Rue, P. de(16th cent.). Motet. **Lassus[Lasso], Orlando di.** *Sacrae lectiones ex Propheta Iob*(c. 1560). ______. *Lectiones sacrae novem, ex libris Hiob excerptae*(c. 1582). In *Two Motet Cycles for Matins for the Dead: Sacrae lectiones ex Propheta Iob(c. 1560) and Lectiones sacrae novem, ex libris Hiob excerptae(c. 1582)*, ed. P. Bergquist. Madison, WI: A-R Editions, 1983.

Manneke, D.(*b.* 1939). *Job*[cantata]. **Morales, L.**(16th cent.). Motet.

Nabokov, Nicolas. *Job*[oratorio]. 1932. Text by Jacques Maritain.

Parry, C. H. H. *Job: An Oratorio for Treble, Tenor, Baritone and Bass Soli, Chorus and Orchestra.* London: Novello, 1892. First performance: Gloucester, 1892.

Rabaud, H. *Job. Oratorio. Poëme de Charles Raffalli & Henry. de Gorsse.* Paris: Enoch, 1900. **Russell, W.** *Job, A Sacred Oratorio … Adapted … for the Organ or Pianoforte by S. Wesley.* London, 1826.

Schütz, H. *Ich weiss, dass mein Erlöser lebt.* Cantata in his *Geistliche Chor-Musik.* 1648. **Senfl, L.**(16th cent.). Motet. **Sermisy, C. de**(16th cent.). Motet.

Telemann, G.(1681-1767). *Ich weiss, dass mein Erlöser lebt*[cantata: attrib. J. S. Bach as Cantata 160).

Vaughan Williams, Ralph. *Job. A Masque for Dancing.* London, 1930. ______. *The Voice of the Whirlwind*[for choir and organ]. **Victoria, Tomas Luis de**(c. 1549-1611). *Officium defunctorum: in obitu et obsequiis sacrae imperatricis*[motet].

j. 욥기와 춤

Valois, Ninette de. *Job: A Masque for Dancing in Eight Scenes.* Book: Geoffrey

Keynes. Music: Ralph Vaughan Williams. London, 1931. See also **Beaumont, C. W.** *Complete Book of Ballets: A Guide to the Principal Ballets of the Nineteenth and Twentieth Centuries.* London: Putnam. Repr. 1951. 931-35.

k. 욥기와 영화

Collet, J. "From Job to Bergman: Anguish and Challenge." *Conc* 169(1983) 69-72. **Fassbinder, Rainer W.** *Berlin Alexanderplatz.* **Vettermann, Willy.** *Hiob. Filmdichtung.* Chemnitz: M. Müller, 1928.

9. 자료 및 저작

Alt, A. "Zur Vorgeschichte des Buches Hiob." *ZAW* 55(1937) 265-68. **Brandwein, C.** "אגדת איוב לשלביה השונים[The Legend of Job according to Its Various Stages]." *Tarb* 35(1965-66) 1-17, i-ii. **Buhl, F.** "Zur Vorgeschichte des Buches Hiob." BZAW 41 (1925) 52-61. **Fohrer, G.** "Vorgeschichte und Komposition des Buches Hiob." *TLZ* 81 (1956) 333-36. ______. "Zur Vorgeschichte und Komposition des Buches Hiob." *VT* 6 (1956) 249-67.[=*Studien zum Buche Hiob*(1956-1979). BZAW 159. Gütersloh: G. Mohn, 1963. 2d ed. Berlin: de Gruyter, 1983. 19-36.] ______. "Überlieferung und Wandlung der Hioblegende." *Friedrich Baumgärtel Festschrift.* Erlangen, 1959. 41-62. [=*Studien zum Buche Hiob(1956-1979).* BZAW 159. 2d ed. Berlin: de Gruyter, 1983. 37-59.] **Foster, F. H.** "Is the Book of Job a Translation from an Arabic Original?" *AJSL* 49(1932-33) 21-45. **Fullerton, K.** "The Original Conclusion of Job." *ZAW* 42 (1924) 116-35. **Grill, W.** *Zur Kritik der Komposition des Buches Hiob.* Tübingen: Fues'sche Buchdruckerei, 1890. **Guillaume, A.** "The Unity of the Book of Job." ALUOS 4(1962) 26-46. **Hoffmann, R. E.** "Eine Parallele zur Rahmenerzählung des Buches Hiob in 1 Chr 7, 20-29?" *ZAW* 92(1980) 120-32. **Hurvitz, A.** "The Date of the Prose Tale of Job Linguistically Reconsidered." *HTR* 67(1974) 17-34. **Kautzsch, K.** *Das sogenannte Volksbuch von Hiob und der Ursprung yon Hiob.* Tübingen, 1900. **Laue, L.** *Die Composition des Buches Hiob.* Diss. Halle, 1896. **Lindblom, J.** *La Composition du livre de Job.* Lund: Gleerup, 1945. ______. "Joblegenden traditionshistoriskt undersökt." *SEÅ* 5(1940) 29-42. **Maag, V.** *Hiob: Wandlung und Verarbeitung des Problems in Novelle, Dialogdichtung und Spätfassungen.* Göttingen: Vandenhoeck &

Ruprecht, 1982. **Müller, H.-P.** *Hiob und seine Freunde: Traditionsgeschichtliches zum Verständnis des Hiobbuches.* Theologische Studien 102. Zurich: EVZ-Verlag, 1970. ______. *Das Hiobproblem: Seine Stellung und Entstehung in Alten Orient und im Alten Testament.* Erträge des Forschung 84. Darmstadt: Wissenschaftliche Buchgesellschaft, 1978. **Pfeiffer, R. H.** "Edomitic Wisdom." *ZAW* 3(1926) 13-24. **Reddy, M. P.** "The Book of Job - A Reconstruction." *ZAW* 90(1978) 49-94. **Sarna, N. M.** "Epic Substratum in the Prose of Job." *JBL* 76(1957) 13-25. **Stockton, E.** "Literary Development of the Book of Job." *ACR* 49(1972) 137-43. **Studer, G. L.** "Über die Integrität des Buches Hiob." *JPTh* 1(1875) 688-723. **Terrien, S.** "Le poème de Job: drame para-rituel du nouvel-an?" *VTSup* 17(1969) 220-35. **Thils, G.** "De genere litterario et fontibus libri Job." *ColctMech* 31(1946) 37-40. **Torczyner, H.** "Hiob-dichtung und Hiobsage." *MGWJ* 69(1925) 234-48, 717-33. **Vermeylen, J.** *Job, ses amis et son Dieu: La légende de Job et ses relectures postexiliques.* Studia biblica 2. Leiden: E. J. Brill, 1981. **Weimar, P.** "Literarkritisches zur Ijobnovelle." *BN* 12(1980) 62-80.

10. 연대 및 저자

Anon. "Job a-t-il existé? Son livre n'est-il qu'un conte pieux pour montrer un beau modèle de patience?" *AmCl* 53(1936) 131-33. **Bachar, S.** "על מועד כתיבת ספר איוב [When Was the Book of Job Written?]." *BMik* 76(1978-79) 75-76, 122. **Berger, H.** "האך היתה חורן מולדתו של איוב[Was Hauran the Birthplace of Job?]." *BMik* 53(1973) 228-29, 274. **Beveridge.** "The Date of the Book of Job." *JRAS*(1919) 234. **Beet, A.** "Auctor et tempus conscriptionis libri Job. Analysis libri Job. De indole libri Job." *ColBG* 33(1922) 189-93, 241-47, 268-70. **Brenner, Athalya.** "The Language of the Book of Job as an Index to the Time of Its Composition"[Heb.]. *BMik* 24(1978) 396-405. **Endemann, K.** "Über den Verfasser des Buches Hiob." *Nach den Gesetz und Zeugnis* 26(1926) 127-36. **Hurvitz, A.** "The Date of the Prose-Tale of Job Linguistically Reconsidered." *HTR* 67(1974) 17-34. **Lévêque, J.** "La datation du livre de Job." *Congress Volume: Vienna 1980,* ed. J. A. Emerton. *VTSup* 32. Leiden: Brill, 1981. 206-19. **Ley, J.** "Die Abfassungszeit des Buches Hiob: Eine Abhandlung." *TSK* 71 (1898) 34-70. **Maisler, B.** *The Genealogy of the Sons of Nahor and the Historical Background of the Book of Job.* Jerusalem: Zion, 1946. **Naish, J. P.** "The Book of Job and the Early Persian Period." *ExpT* 9(1925) 34-39, 94-104. **Pfeiffer, R. H.** "The

Priority of Job over Is. 40-55." *JBL* 46(1927) 202ff. **Schmitt, G.** "Die Heimat Hiobs." *ZDPV* 101(1985) 56-63. **Slotki, I. W.** "The Origin of the Book of Job." *ExpT* 39 (1927-28) 131-34.

11. 히브리 성경을 포함한 고대 문헌의 상황

a. 히브리 성경

Altheim, F., and **R. Stiehl.** "Hiob und die prophetische Überlieferung." In *Geschichte Mittelasiens im Altertum.* Berlin: de Gruyter, 1970. 131-42. **Bruston, E.** "La littérature sapientiale dans le livre de Job." *ETR* 3(1928) 297-305. **Caquot, A.** "Traits royaux dans le personnage de Job." In *maqqél shâqédh. La branche d'amandier: Hommage à Wilhelm Vischer.* Montpellier: Causse, Graille, Castelnau, 1960. 32-45. **Crüsemann, F.** "Hiob und Kohelet: ein Beitrag zum Verständnis des Hiobbuches." In *Werden und Wirken des Alten Testaments,* FS C. Westermann, ed. R. Albertz. Göttingen: Vandenhoeck & Ruprecht, 1980. 373-93. **Dhorme, P.** "Ecclésiaste ou Job?" *RB* 32(1922) 5-27. **Festorazzi, F.** "Giobbe e Qohelet: crisi della sapienza." *Problemi e prospettive di scienze bibliche.* Brescia, 1981. 233-58. **Frye, J. B.** "The Use of Pentateuchal Traditions in the Book of Job." *OTWSA* 17-18(1977) 13-20. **Gese, H.** *Lehre und Wirklichkeit in der alten Weisheit: Studien zu den Sprüchen Salomos und zu dem Buche Hiob.* Tübingen: Mohr, 1958. **Gordis, R.** "Wisdom and Job." In *Old Testament Issues,* ed. S. Sandmel. London: SCM, 1969. 213-41.[=his *The Book of God and Man: A Study of Job.* Chicago: University of Chicago Press, 1965. 31-52.] **Goshen-Gottstein, M. H.** "Ezekiel und Ijob: Zur Problemgeschichte von Bundestheologie und Gott-Mensch-Verhältnis." In *Wort, Lied und Gottesspruch,* FS J. Ziegler, ed. R. Schnckenburd et al. Würzburg: Echter, 1972. 2:155-70. **Kuenen, A.** "Job en de lijdende knecht van Jahveh." *TTijd* 7(1873) 540-41. **MacKenzie, R. A. F.** "The Cultural and Religious Background of the Book of Job." *Conc* 169(1983) 3-7. **Maggioni, B.** *Giobbe e Qohelet, la contestazione sapienziale nella Bibbia.* Assisi: Cittadella, 1979. **McDonagh, Kathleen.** "Job and Jeremiah: Their Approach to God." *TBT* 18(1980) 331-35. **Neher, A.** "Au-delà de l'épreuve Job et Abraham: des épreuves identiques." In ותולדות ישראל המקרא. *Studies in Bible and Jewish History,* FS J. Liver. Tel Aviv: University of Tel

Aviv:, 1972. 124-28. **Nestle, E.** "David in the Book of Job." *ExpT* 22(1910) 90. **Noth, M.** "Noah, Daniel und Hiob in Ezekiel XIV." *VT* 1(1950) 251-60. **Oberforcher, R.** "Abraham, Jeremia, Ijob. Typen des von Gott beanspruchten Menschen." *BiLit* 52(1979) 183-91. **Pfeiffer, R. H.** "The Dual Origin of Hebrew Monotheism"[Job and Deutero-Isaiah]. *JBL* 46(1927) 202-6. **Roberts, J. J. M.** "Job and the Israelite Religious Tradition." *ZAW* 89(1977) 107-14. **Segal, M. Z.** "ספר איוב המקבילות[Parallels to the Book of Job]." *Tarb* 20(1949) 35-48. **Shapiro, D. S.** "The Book of Job and the Trial of Abraham." *Tradition* 4(1962) 210-20. **Spiegel, S.** "Noah, Daniel and Job." *Louis Ginzberg: Jubilee Volume on the Occasion off His Seventieth Birthday.* New York: American Academy for Jewish Research, 1945. 1:305-35. **Terrien, S.** "Quelques remarques sur les affinités de Job avec le Deutéro-Esaïie." *VTSup* 15(1965) 295-310. **Vawter, B.** *Job and Jonah: Questioning the Hidden God.* New York: Paulist, 1985. **Vinton, Patricia.** "Radical Aloneness: Job and Jeremiah." *TBT* 99(1978) 143-49. **Volz, P.** *Hiob und Weisheit in den Schriften des Alten Testaments.* Göttingen, 1921. **Whybray, R. N.** *Two Jewish Theologies: Job and Ecclesiastes.* Hull: University of Hull, 1980. **Zoller, J.** "Giobbe e il servo di Dio." *RicR* 8(1932) 223-33.

b. 고대 근동

Albertson, R. G. "Job and Ancient Near Eastern Wisdom Literature." In *Scripture in Context II,* ed. W. Hallo, J. Moyer, and L. Perdue. Winona Lake, IN: Eisenbrauns, 1983. 213-30. **Albertz, R.** "Der sozialgeschichtliche Hintergrund des Hiobbuches und der 'Babylonischen Theodizee'[Ludlul bēl nēmeqi]." In *Die Botschaft und die Boten,* FS für Hans Walter Wolff, ed. J. Jeremias and L. Perlitt. Neukirchen-Vluyn: Neukirchener Verlag, 1981. 349-72. **Ayuso Marazuela, T.** "Los elementos extrabíblicos de Job y del Salterio." *Est Bib* 5(1946) 429-58. **David, M.** "Travaux et service dans l'Épopée de Gilgamesh et le livre de Job." *Revue Philosophique* 147(1957) 341-49. **Dion, P.-E.** "Un nouvel éclairage [Fekherye] sur le contexte culturel des malheurs de Job." *VT* 34(1984) 213-15. **Finkelstein, C.** "ספר איוב וחכמת המזרח הקדמון[The Book of Job and the Wisdom of the Ancient Near East]." *BMik* 51(1972) 428-38, 532. **Fohrer, G.** "4QOrNab, 11QTgJob und die Hioblegende." *ZAW* 34(1963) 93-97. **Garcia de la Fuente, O.** "La prosperidad del malvado en el libro de Job yen los poemas babilónicas del 'Justo Paciente.'" *EstEcl* 34(1960) 603-16. **Gray, J.** "The Book of Job in the Context of Near Eastern Literature." *ZAW* 82(1970) 251-69. **Griffiths, J. G.** "The Idea of Posthumous Judgment in Israel and Egypt." In *Fontes atque pontes: Eine Festgabe für H. Brunner*, ed. M. Görg. Wiesbaden: Harrassowitz, 1983. 186-204. **Hoyos, H.** "Un texto original de los Sumerios con entonaciones del libro de Job." *RBiblt* 18(1956) 36-37. **Humbert, P.** *Recherches sur les sources égyptiennes de la littérature sapientale d'Israël.* Mémoires de l'Université de Neuchâtel 7, 1929. **Israel, S.** "Hiob: Prometheus in Judäa." *Antaios* 9(1967) 369-84. **Jastrow, M.** "A Babylonian Parallel to the Story of Job." *JBL* 25(1906) 135-91. **Kramer, S. N.** "Man and His God: A Sumerian Variation on the 'Job' Motif." *VTSup* 3(1953) 170-82. **Krieger, P.** *Weltbild und Idee des Buches Hiob, verglichen mit dem altorientalischen Pessimismus.* Diss. Erlangen, 1930. **Landersdorfer, S.** *Eine babylonische Quelle für das Buch Job? Eine literar-geschichtliche Studie.* Freiburg im Breisgau: Herder, 1911. **Loffreda, S.** "Raffronto fra un testo ugaritico e Giobbe." *BeO* 8(1966) 103-16. **Moran, W. L.** "Rib-Hadda: Job at Byblos?" In *Biblical and Related Studies Presented to S. Iwry*, ed. Ann Kort and S. Morschauer. Winona Lake, IN: Eisenbrauns, 1985. 173-81. **Müller, H.-P.** "Keilschriftliche Parallelen zum biblische Hiobbuche: Möglichkeit und Grenze das Vergleichs." *Or* ns 47(1978) 360-75. ______. *Das Hiobproblem. Seine Stellung und Entstehung im Alten Orient und im Alten Testament.* Erträge der Forschung 84. Darmstadt: Wissenschaftliche Buchgesellschaft, 1978. **Murtagh, J.** "The Book of Job and the Book of the Dead." *ITQ* 35(1968) 166-73. **Nougayrol, J.** "Une version ancienne du 'juste souffrant.'" *RB* 59(1952) 237-50. ______. "(Juste) souffrant(*RS* 25.460)." *Ugaritica* 5(1968) 265-83. **Preuss, H. D.** "Jahwes Antwort zu Hiob und die sogenannte Hiobliteratur des alten Vorderen Orients." In *Beiträge zum Alten Testamentfiche Theologie*, FS W. Zimmerli, ed. H. Donner et al. Göttingen: Vandenhoeck & Ruprecht, 1977. 323-43. **Schmökel, H.** "Hiob in Sumer." *FF* 30(1956) 74-76. **Speiser, E. A.** "The Case of the Obliging Servant." *JCS* 8(1954) 98-105. **Terrien, S.** "The Babylonian Dialogue on Theodicy and the Book of Job." *JBL* 63(1944) vi. **Williams, P. J.** "Theodicy in the Ancient Near East." *CJT* 2(1956) 14-26. **Wiseman, D. J.** "A New Text of the Babylonian Poem of the Righteous Sufferer." *AnatSt* 30(1980) 101-7.

c. 그리스 문헌

Bussler, E. *Hiob und Prometheus: zwei Vorkämpfer der göttlicher Gerechtigkeit.* Hamburg, 1897. **Frieländer, M.** *Griechische Philosophic im Alten Testament: Eine Einleitung in die Psalm- und Weisheitsliteratur.* Berlin: G. Reimer, 1904. **Fries, C.** *Das philosophische Gespräch von Hiob bis Plato.* Tübingen, 1904. **Irwin, W. A.** "Prometheus and Job." *JR* 30(1950) 90-108. **Kallen, H.** *The Book of Job as a Greek Tragedy Restored.* New York: Moffat, Yard & Co., 1918. **Kaufmann, U. M.** "Expostulation with the Divine: A Note on Contrasting Attitudes in Greek and Hebrew Piety." *Int* 18(1964) 171-82.[=*TwentiethCentury Interpretations of the Book of Job: A Collection of Critical Essays,* ed. P.S. Sanders. Englewood Cliffs, N J: Prentice-Hall, 1968. 66-77.] **Lindblom, J.** "Job and Prometheus: A Comparative Study." In *Dragma: Martino P. Nilsson anno 1939 dedicatum.* Acta Instituti Romani Regni Sueciae 2/1. Lund, 1939. 280-87. **May, H. G.** "Prometheus and Job: The Problem of the God of Power and the Man of Wrath." *ATR* 34(1952) 240-46. **Miranda, A. A. de.** "Job y Prometeo: o religión y irreligión." *Anthologia Annua* 2(1954) 207-37. **Montefiore, C. G.** "The Book of Job as a Greek Tragedy Restored." *HTR* 12(1919) 219-24. **Murray, G.** "Prometheus and Job." In *Twentieth-Century Interpretations of the Book of Job: A Collection of Critical Essays,* ed. P. S. Sanders. Englewood Cliffs, NJ: Prentice-Hall, 1968. 56-65.[=*Aeschylus: The Creator of Tragedy.* Oxford: Clarendon, 1940. 87-110.] **Neyrand, J.** "Le livre de Job et les poèmes d'Homère." *Études* 59(1922) 129-51. **Paulus, J.** "Le thème du juste souffrant dans la pensée grecque et hébraïque." *RHR* 121(1940) 18-66. **Simon, U.** "Job and Sophocles." In *Images of Belief in Literature,* ed. D. Jasper. London: Macmillan, 1984. 42-51. **Weiser, A.** "Des Problem der sittlichen Weltordnung im Buche Hiob: Unter Berücksichtigung seiner Entwicklung bei den Griechen und in der israelitischen Religion." In his *Glaube und Geschichte im Alten Testament und andere ausgewählte Schriften.* Göttingen: Vandenhoeck & Ruprecht, 1961. 9-19. **Wolfson, E. R.** "The Dialectic of Faith and Doubt in the Philosophy of Socrates and Piety of Job." *Dor* 8(1979-80) 197-200.

욥기 1-8장

I. 프롤로그(1:1-2:13)

참고문헌

Albright, W. F. "The Name of Bildad the Shuhite." *AJSL* 44(1927-28) 31-36. **Alter, R.** *The Art of Biblical Narrative.* London: George Allen and Unwin, 1981. **Bart, J.** "Hebrew עַד, Especially at Job i.18 and Neh. vii.3." *JSS* 27(1982) 177-88. **Berg, W.** "Gott und der Gerechte in der Rahmenerzählung des Buches Hiob." *MTZ* 31(1981) 206-21. **Clines, D. J. A.** "False Naivety in the Prologue to Job." *HAR* 9(1985) 127-36. ______. "In Search of the Indian Job." *VT* 33(1983) 398-418. **Coats, G. W.,** ed. *Saga, Legend, Tale, Novella, Fable: Narrative Forms in Old Testament Literature. JSOT-Sup* 35. Sheffield: *JSOT*, 1985. **Cooper, A.** "Narrative Theory and the Book of Job." *SR* 11(1982) 35-44. **Driver, G. R.** "Ancient Lore and Modern Knowledge: 4. Earth to Earth." In *Hommages à André Dupont-Sommer*, ed. A. Caquot. Paris: Librairie d'Amérique et d'Orient, 1971. 277-86. **Fohrer, G.** "Zur Vorgeschichte und Komposition des Buches Hiob." *VT* 6(1956) 249-67(=*Studien zum Buche Hiob[1956-1979]*. BZAW 159. Berlin: de Gruyter. 2d ed., 1983. 19-36). ______. "Überlieferung und Wandlung der Hioblegende." FS *Friedrich Baumgärtel.* Erlanger Forschungen A 10. Erlangen, 1959(=*Studien zum Buche Hiob[1956-1979]*. BZAW 159. Berlin: de Gruyter. 2d ed., 1983. 37-59). **Görg, M.** "Ijob aus dem Lande *'Ūṣ*. Ein Beitrag zur 'theologischen Geographie.'" *BN* 12(1980) 7-12. **Habel, N. C.** "The Narrative Art of Job: Applying the Principles of Robert Alter." *JSOT* 27(1983) 101-11. **Hoffmann, Y.** "The Relation between the Prologue and the Speech-Cycles in Job." *VT* 31(1981) 160-70. **Houtman, C.** "Zu Hiob 2:12." *ZAW* 90(1978) 269-72. **Hurwitz, A.** "The Date of the Prose-Tale of Job Linguistically Reconsidered." *HTR* 67(1974) 17-34. **Jacob, B.** "Erklärung einiger Hiob-Stellen: 1,5; 1,22; 2,4; 2,10." *ZAW* 32(1912) 278-87(278-79). **Joüon, P.** "Notes philologiques sur le texte hébreu de Job 1,5; 9,35; 12,21; 28,1; 28,27; 29,14." *Bib* 11(1930) 322-24. **Kahn, J.** *Job's Illness: Loss, Grief, and Integration: A Psychological Interpretation.* Oxford: Pergamon, 1975. **Kautzsch, K.** *Das sogenannte Volksbuch von Hiob und der Ursprung von Hiob I, II, XLII, 7-17: Ein Beitrag nach der Integrität des Buches Hiob.* Tübingen: J. C. B. Mohr, 1900. **Lacocque, A.** "Est-ce gratuitement que Job craint Dieu?" *Mélanges André Neher*. Ed. E. Amado Levy-Valensi, et al. Paris: Librairie d'Amérique et d'Orient. Adrien Maisonneuve, 1975. 175-79. **Lohfink, N.** "Enthielten die im Alten Testament bezeugten Klageriten eine Phase des Schweigens?" *VT* 12(1962) 260-77. **Maag, V.** *Hiob. Wandlung und Verarbeitung des Problems in Novelle, Dialogdichtung, und Spätfassungen*. FRLANT 128. Güttingen: Vandenhoeck & Ruprecht, 1982. 20-90. **McCormick, S.** "Someone HAD to Speak! A Sermon on Job 2:13." *Int* 20(1966) 211-17. **Moore, R. D.** "The Integrity of Job." *CBQ* 45(1983) 17-31. **Owens, J. J.** "The Prologue and the Epilogue." *RevExp* 68(1971) 457-67. **Polzin, R.** "The Framework of the Book of Job." *Int* 31(1974) 182-200. **Ricciotti, G.** "'Et nu j'y retournerai'(Job 1:21)." *ZAW* 67(1955) 249-51. **Rinaldi, G.** "*mqnh(miqneh). Giobbe* 1,3." *BeO* 20(1978) 60. **Rongy, H.** "Le prologue du livre de Job." *RevEcclLiége* 25(1933) 168-71. **Sarna, N. M.** "Epic Substratum in the Prose of Job." *JBL* 76(1957) 13-25. **Schmidt, L.** "*De Deo." Studien zur Literaturkritik und Theologie des Buches Jona, des Gesprächs zwischen Abraham und Jahwe in Gen 18,22ff und yon Hi 1*. BZAW 143. Berlin: de Gruyter, 1976. **Speiser, E. A.** "On the Name Bildad." *JAOS* 49(1929) 360. **Torczyner, H.** "How Satan Came into the World." *ExpT* 48(1936-37) 563-65. **Ward, E. F. de.** "Mourning Customs in 1, 2 Samuel." *JJS* 23(1972) 1-27, 145-66. **Weimar, P.** "Literarkritisches zur Ijobnovelle." *BN* 12(1980) 62-80. **Weiss, M.** *The Story of Job's Beginning. Job 1-2: A Literary Analysis*. Jerusalem: Magnes, 1983. **Wensinck, A. J.** *Some Semitic Rites of Mourning and Religion: Studies on Their Origin and Mutual Relation*. Verhandelingen der Koninklijke Akademie van Wetenschappen te Amsterdam. Afdeeling Letterkunde, Nieuwe Reeks. 18/1. Amsterdam: J. Müller, 1917.

본 문

1 우스 땅에 욥이라 이름하는 사람이 있었는데 그 사람은 순전하고 정직하여 하나님을 경외하며 악에서 떠난 자더라	1 There was a man in the land off Uz: Job was his name. That man was blameless and upright, a God-fearer, a shunner of evil.
2 그 소생은 남자가 일곱이요 여자가 셋이며	2 There were born to him seven sons and three daughters.
3 그 소유물은 양이 칠천이요 약대가 삼천이요 소가 오백 겨리요 암 나귀가 오백이며 종도 많이 있었으니 이 사람은 동방 사람 중에 가장 큰 자라	3 And his substance[a] was: seven thousand sheep and three thousand camels and five hundred yoke of oxen and five hundred she-asses: and he had a

great multitude of servants.[b] That man was the greatest of all the people of the East.

4 그 아들들이 자기 생일이면 각각 자기의 집에서 잔치를 베풀고 그 누이 셋도 청하여 함께 먹고 마시므로

4 His sons would go and make a feast in the house of each on his day, and they would send and invite their three sisters to eat and drink with them.

5 그 잔칫날이 지나면 욥이 그들을 불러다가 성결케 하되 아침에 일어나서 그들의 명수대로 번제를 드렸으니 이는 욥이 말하기를 혹시 내 아들들이 죄를 범하여 마음으로 하나님을 배반하였을까 함이라 욥의 행사가 항상 이러하였더라

5 And when the days of the feast were over,[a] Job would send[b] and hallow them. He would rise up early[c] in the morning and offer sacrifices in accord with the number of them all. For Job would say, "It may be that my children have sinned and cursed[d] God in their hearts!"[e] Thus did[f] Job continually.

6 하루는 하나님의 아들들이 와서 여호와 앞에 섰고 사단도 그들 가운데 왔는지라

6 Now there came a day when[a] the sons of God came to present themselves before[b] Yahweh, and the Satan also came among them.

7 여호와께서 사단에게 이르시되 네가 어디서 왔느냐 사단이 여호와께 대답하여 가로되 땅에 두루 돌아 여기저기 다녀왔나이다

7 And Yahweh said to the Satan, "Whence do you come?" The Satan answered Yahweh, saying, "From going to and fro in the earth, and from walking up and down in it."

8 여호와께서 사단에게 이르시되 네가 내 종 욥을 유의하여 보았느냐 그와 같이 순전하고 정직하여 하나님을 경외하며 악에서 떠난 자가 세상에 없느니라

8 Yahweh said to the Satan, "Have you considered my servant Job? [a]There is none like him in the earth, a man blameless and upright, a God-fearer, a shunner of evil."

9 사단이 여호와께 대답하여 가로되 욥이 어찌 까닭없이 하나님을 경외하리이까

9 The Satan answered Yahweh, saying, "Is it for naught that Job has feared[a] God?

10 그와 그 집과 그 모든 소유물을 산울로 두르심이 아니니이까 주께서 그 손으로 하는 바를 복되게 하사 그 소유물로 땅에 널리게 하셨음이니이다

10 Have you not put a hedge about him and about his house and about all that is his on every side? You have blessed the work of his hands, and his substance is spread throughout the land.

11 이제 주의 손을 펴서 그의 모든 소유물을 치소서 그리하시면 정녕 대면하여 주를 욕하리이다

11 But put forth[a] your hand now and touch all that is his; surely he would curse[b] you to your face!"

12 여호와께서 사단에게 이르시되 내가 그의 소유물을 다 네 손에 붙이노라 오직 그의 몸에는 네 손을 대지 말지니라 사단이 곧 여호와 앞에서 물러가니라

12 Yahweh said to the Satan, "See, all that is his is in your hand; only upon himself do not put forth your hand." And the Satan went out from the presence of Yahweh.

13 하루는 욥의 자녀들이 그 맏형의 집에서 식물을 먹으며 포도주를 마실 때에

13 Now there came a day when Job's sons and daughters were eating, and drinking wine, in the

house of their eldest brother.

14 사자가 욥에게 와서 고하되 소는 밭을 갈고 나귀는 그 곁에서 풀을 먹는데

14 A messenger came to Job, and said, "The oxen were plowing[a] and the asses grazing beside them;[b]

15 스바 사람이 갑자기 이르러 그것들을 빼앗고 칼로 종을 죽였나이다 나만 홀로 피한고로 주인께 고하러 왔나이다

15 and the Sabeans fell upon them[a] and took them; the servants they have put to the sword;[b] and I alone have escaped[c] to tell you."

16 그가 아직 말할 때에 또 한 사람이 와서 고하되 하나님의 불이 하늘에서 내려와서 양과 종을 살라 버렸나이다 나만 홀로 피한고로 주인께 고하러 왔나이다

16 But while he was still speaking, another came, and said, "The fire of God fell from heaven and burned the flocks and the servants, and it has consumed them; and I alone have escaped to tell you."

17 그가 아직 말할 때에 또 한 사람이 와서 고하되 갈대아 사람이 세 떼를 지어 갑자기 약대에게 달려들어 그것을 빼앗으며 칼로 종을 죽였나이다 나만 홀로 피한고로 주인께 고하러 왔나이다

17 But while he was still speaking, another came, and said, "The Chaldeans formed three bands, and made a raid against the camels and took them; and the servants they have put to the sword; and I alone have escaped to tell you."

18 그가 아직 말할 때에 또 한 사람이 와서 고하되 주인의 자녀들이 그 맏형의 집에서 식물을 먹으며 포도주를 마시더니

18 But while he was still[a] speaking, another came and said, "Your sons and your daughters were eating and drinking wine in the house of their eldest brother;

19 거친 들에서 대풍이 와서 집 네 모퉁이를 치매 그 소년들 위에 무너지므로 그들이 죽었나이다 나만 홀로 피한고로 주인께 고하러 왔나이다 한지라

19 and suddenly a mighty wind came across the wilderness and struck the four corners of the house; it has fallen upon the young people, and they are dead, and I alone have escaped to tell you."

20 욥이 일어나 겉옷을 찢고 머리털을 밀고 땅에 엎드려 경배하며

20 Then Job rose up, and he rent his mantle, and he shaved his head, and he fell down upon the ground and did obeisance.[a]

21 가로되 내가 모태에서 적신이 나왔사온즉 또한 적신이 그리로 돌아가올지라 주신 자도 여호와시요 취하신 자도 여호와시오니 여호와의 이름이 찬송을 받으실지니이다 하고

21 And he said, "Naked I came forth from my mother's womb; and naked I shall return. Yahweh has given; and Yahweh has taken. May Yahweh's name be blessed."

22 이 모든 일에 욥이 범죄하지 아니하고 하나님을 향하여 어리석게 원망하지 아니하니라

22 In all this[a] Job did not sin or speak irreverently[b] of God.

2:1 또 하루는 하나님의 아들들이 와서 여호와 앞에 서고 사단도 그들 가운데 와서 여호와 앞에 서니

2:1 Now there came a day when the sons of God came to present themselves before Yahweh, and the Satan also came among them to present himself before Yahweh.

2 여호와께서 사단에게 이르시되 네가 어디서 왔

2 And Yahweh said to the Satan, "Whence do

느냐 사단이 여호와께 대답하여 가로되 땅에 두루 돌아 여기저기 다녀왔나이다

3 여호와께서 사단에게 이르시되 네가 내 종 욥을 유의하여 보았느냐 그와 같이 순전하고 정직하여 하나님을 경외하며 악에서 떠난 자가 세상에 없느니라 네가 나를 격동하여 까닭없이 그를 치게 하였어도 그가 오히려 자기의 순전을 굳게 지켰느니라
4 사단이 여호와께 대답하여 가로되 가죽으로 가죽을 바꾸오니 사람이 그 모든 소유물로 자기의 생명을 바꾸올지라
5 이제 주의 손을 펴서 그의 뼈와 살을 치소서 그리하시면 정녕 대면하여 주를 욕하리이다

6 여호와께서 사단에게 이르시되 내가 그를 네 손에 붙이노라 오직 그의 생명은 해하지 말지니라
7 사단이 이에 여호와 앞에서 물러가서 욥을 쳐서 그 발바닥에서 정수리까지 악창이 나게 한지라

8 욥이 재 가운데 앉아서 기와 조각을 가져다가 몸을 긁고 있더니
9 그 아내가 그에게 이르되 당신이 그래도 자기의 순전을 굳게 지키느뇨 하나님을 욕하고 죽으라
10 그가 이르되 그대의 말이 어리석은 여자 중 하나의 말 같도다 우리가 하나님께 복을 받았은즉 재앙도 받지 아니하겠느뇨 하고 이 모든 일에 욥이 입술로 범죄치 아니하니라
11 때에 욥의 친구 세 사람이 그에게 이 모든 재앙이 임하였다 함을 듣고 각각 자기 처소에서부터 이르렀으니 곧 데만 사람 엘리바스와 수아 사람 빌닷과 나아마 사람 소발이라 그들이 욥을 조문하고 위로하려 하여 상약하고 오더니

12 눈을 들어 멀리 보매 그 욥인 줄 알기 어렵게 되었으므로 그들이 일제히 소리질러 울며 각각 자기의 겉옷을 찢고 하늘을 향하여 티끌을 날려 자기 머리에 뿌리고

you come?" The Satan answered Yahweh, saying, "From going to and from in the earth, and from walking up and down in it."

3 Yahweh said to the Satan, "Have you considered my servant Job? There is none like him in the earth, a man blameless and upright, a God-fearer, a shunner of evil. And he still maintains his integrity, even though[a] you urged[b] me against him to destroy[c] him without cause."[d]
4 The Satan answered Yahweh, saying, "Skin for[a] skin! All that a man has he will give for his life.
5 But put forth your hand now and touch his bone and his flesh: surely he would curse you to your face!"
6 Yahweh said to the Satan, "See, he is in your hand: only you must preserve his life."
7 The Satan went forth from the presence of Yahweh, and he smote Job with grievous sores from the sole Of his foot unto the crown of his head.
8 And Job took up a potsherd and scraped himself with it as[a] he sat among the ashes.
9 His wife said to him, "Do you still maintain your integrity? Curse God and die!"[a]
10 Job said to her, "Would you too speak as one of the foolish women? We indeed[a] accept good from God: shall we not[b] also accept harm?" In all this Job did not sin with his lips.
11 Now when Job's three friends heard of all this misfortune that had come upon him, they set out, each from his own home, Eliphaz from Teman, Bildad from Shuah, and Zophar from Naamah, and by consent they met in order to bring him sympathy and comfort.
12 And when they lifted up their eyes from a distance and saw him, they hardly recognized him: then they lifted up their voice and wept. Each of them tore his robe, and they threw dust over their heads into the air.[a]

13 칠일 칠야를 그와 함께 땅에 앉았으나 욥의 곤고함이 심함을 보는고로 그에게 한 말도 하는 자가 없었더라

13 And for seven days and seven nights[a] they sat with him on the ground: none of them spoke a word to him, for they saw how great his suffering[b] was.

원문주해

1.3.a. 미크네(מִקְנֶה)는 집합명사로서 단순히 가축, 흔히 소, 양, 염소의 무리를 함축한다. BDB에서는 보다 폭넓은 의미인 "소유"로 인정하고 있지 않지만, 이는 창 49:32(여기서는 미크나트⟨מִקְנַת⟩로 읽으면 안 됨)과 창 47:18(어근 קנה는 "얻다, 획득하다"를 의미함)에서 입증되고 있다. 이에 대해서는 G. Rinaldi, "*mqnh*(*miqneh*): *Giobbe* 1,3," *BeO* 20(1978) 60를 참조하라. 여기서는 מקנה가 종들도 포함한다. 따라서 "가축 떼"(드라이버, 도름; 참조. 포어러)보다는 "자산"(KJV, RV), "소유물"(JPS) 혹은 "재산"(포프, 고디스)으로 번역하는 것이 가장 좋다.

3.b. 아부다(עבדה)는 드문 집합명사로(본문 이외에 유일하게 창 26:14) 남녀 종들을 언급하는 목록에서 사용된다. "노역 짐승"(NAB)이라는 의미는 유례를 찾기도 어려울 뿐만 아니라, 그 같은 짐승들이 이미 구별되었기에 적절하지도 않다.

5.a. 히키푸(הקיפו)는 아마도 "행로를 끝내다, 완전히 끝나다"를 의미하는 히필 자동사일 것이다(마찬가지로 BDB, KB, 포어러, 고디스; 참조. 우가릿어에서 유사한 용법을 보이는 *nqp*: *CTA* 23:67-68; Gibson, 127). "아들들"을 주어로, "잔칫날"을 목적어로 보는 견해에 대해서는 드라이버, 도름을 보라.

5.b. 4절에 있는 동사들의 경우처럼 반복 동사.

5.c. 이것은 샤캄(שכם)의 히필에 대한 관례적인 번역이다. 그러나 포프가 이에 대한 반론을 제기하는데, 그는 "일찍이라는 개념이 고유의 의미는 아닌 것 같다"고 말하고서, "그가 바빠지다"로 번역한다(앤더슨도 유사하다: "성실한 행위이지 반드시 시간에 관한 것은 아니다"). 바보케르(בבקר)가 자주 샤캄(שכם)을 수반한다는 것과(본문만이 아니라 삿 19:5, 8; 삼상 15:12; 29:10, 11; 사 5:11), 어떤 본문에서는 그 의미가 "신속하게 열심히 행하다"로 나타난다는 것(렘 7:13, 25; 11:7; 25:4; 26:5; 29:19; 32:33; 35:14, 15; 44:4; 습 3:7도 마찬가지)은 사실이다. 그러나 다른 곳에서는 "아침 일찍"이라는 의미도 함축된다(아 7:13[12]; 호 6:4["아침"과 평행]; 창 20:8[잠에서 깬 후에 꿈에 대해 이야기하는 것을 가리킴]). "지속적으로"가 가장 자연스러운 번역으로 보이는 곳에서는(예레미야서의 구절에서처럼), 샤캄(שכם)은 죽은(혹은 거의 죽은) 은유다(참조. KB). 이 동사에 대해서는 M. Delcor, "Quelques cas de survivances du vocabulaire nomade en hébreu biblique. Leur signification," *VT* 25(1975) 307-22(309-10)를 보라.

5. d. 배르쿠(ברכו)는 문자적으로는 "(그들이) 찬송했다"인데, 사실 "(그들이) 저주했

다"를 뜻하는 완곡 표현이다("주석"을 보라). 필사자가 동사가 지나치게 공격적이라고 여겨서 바라크(ברך)로 대체한 것인지, 혹은 "이런 생각과 심리적인 작용이 필사자보다도 먼저 이미 저자에게 일어났던 것인지"(고디스; 덤도 비슷함)는 확인할 길이 없다. 오웬즈(J. J. Owens, *RevExp* 68[1971] 457-67)는 그들의 아버지를 생각해 "그들이(즉, 아들들이) 마음속으로 하나님을 찬송했다"로 번역했지만, 1:11; 2:5, 9의 동일 구절은 이렇게 번역될 수 없다. 바라크(ברך)가 "인사하다"를 뜻할 수 있고(삼상 25:14에서와 같이), 출발할 때 사용되었을 수 있어 "작별을 고하다, 관계를 끊다"를 의미했을 것이라는 견해(딜만, 데이빗슨, RV도 마찬가지)는 명백한 증거가 없어 지지를 받지 못한다. "신성을 모독했다"(RVmg, JPS, NAB, NJB)는 다소 불분명하다. 그렇다면 "불손하게 말하다" 혹은 "욕하다, 비방하다, 모욕하다"를 의미하는 것일까(참조. *OED*의 해당 항목)?

5.e. 쥬옹(P. Joüon, *Bib* 11[1930] 322-24[322])은 흥미롭게도 "그들이 술에 취해서"의 완곡 어법인 레바밤(לבבם, "그들 마음의 기쁜 대로") 앞에 베툽(בְּטוּב)을 복원시켜야 한다고 제안했다(참고 신 28:47; 사 65:14). 그렇게 되면 그들의 "저주"는 말 없는 것이 아니라, 보다 자연스럽게 말로 된 것일 것이다.

5.f. 반복의 미완료.

6.a. 포프는 블롬머드를 따라 "신들이 와서 자신들을 나타내는 날이 이르렀다", 즉 그 날이 그 사건으로 특징지어지는 것으로 번역한다. 바예히 하욤(ויהי היום)의 다른 용법들은 규칙적으로 **바브** 접속법과 "미완료형"이 뒤따르며, 이 견해를 지지하지 않는다("주석"을 보라).

6.b. 이 구절의 용법을 고려하면, 알(על)을 반의적으로 이해하면 안 된다(사 3:13과 비교하는 라쉬의 견해와는 반대다). 2:1도 보라.

8.a. 연결사 키(כי)는 RV와 고디스에 의해 "때문에"로 번역되지만(호르스트나 포어러도 비슷하게 봄), 동사의 두 번째 보어를 형성하는 절을 시작하고 있다고 여기는 것이 더 바람직하다(도름). 따라서 그것은 번역에서는 생략될 수 있는 영어의 "that"을 의미한다.

9.a. 야레(ירא)를 첫 번째 위치에 두고 있는 어순은 그 형태가 현재 분사가 아니라 완료형임을 보여 준다. Driver, *Tenses*, § 135(4)를 보라.

11.a. 명령형을 가정적 용법으로 사용하는 것은 문법 학자들에 의해 인정되고 있는 바이다. *GKC*, § 110f는 두 개의 명령형이 단순 **바브**로 연결되어, 첫 번째 명령형은 조건을 포함하고, 두 번째는 "조건의 성취가 수반하는 결과"를 담은 용법을 지적한다(참조. 욥 2:9 등). 드라이버(Driver, *Tenses*, § § 150-52)는 더욱 철저한 분석을 제시하지만, 이 구절에 대해서는 언급하고 있지 않은데, 아마도 그 귀결절이 단순 직설법보다는 맹세 형식으로 나오기 때문에 그랬을 것이다.

11.b. 문자적으로는 "찬송하다". 원문주해 5.d.를 보라.

14.a. 호르쇼트(חרשׁות): "여성형은 그리 만족스럽게 설명될 수 없으며"(드라이버), 예데헴(ידיהם)의 남성 접미사가 그것을 가리킬 때 특히나 그렇다(물론 여성 명사를 언급하는 남성 접미사들도 흔하다. *GKC*, § 135o). 창 33:13의 여성형은 특별히 암컷 가축 떼를 언급하는 것이다. 촌(צאן)도 창 30:43에서는 이해하기 어렵게도 여성형 형용사와 더불어 나타난다. 기욤은 더 나아가 이 곳의 여성형 사용에서, 데마와 드단 지역에서 도티(C. M. Doughty, *Travels in Arabia Deserta*[Cambridge: CUP, 1888] 1:152)가 수소가 아니라 암소가 밭을 가는 것을 보았다는 면에서 이 책의 배경이 히자즈(Hijaz)라는 증거를 보았다. 그러나 이 주장에 그렇게 큰 무게를 둘 필요는 없다.

14.b. 알-예데헴(על־ידיהם): 드라이버는 알-예데(על־ידי)와 알-야드(על־יד) 뒤에는 자주 지리 용어가 따른다는 것을 지적한다(참조. BDB, 391b § 5.h.3). 비록 시 95:7에서 야드(יד)가 마르이트(מרעית, "목장")와 병행하여 나타나지만, 여기에 야드(יד)가 "목장"을 의미한다는(번역, "그들의 목초지에서") 다후드의 논증(*Psalms II*, 354)은 불필요하다.

15.a. 동사가 여성형인 것은 주어가 집합명사 슈바(שׁבא)이기 때문이다. 이 동사 뒤에서 베트(ב), 알(על) 혹은 엘(אל) 등의 생략은 이례적이지만 이해할 수 있다.

15.b. 문자적으로는 "칼의 입으로"이며, 이 표현에서 "입"은 사멸된 은유이지만, 칼이 희생자를 "게걸스럽게 먹어치운다"는 개념에서 비롯된다(참조. 신 32:42; 삼하 2:26). 사자의 입처럼 생긴 칼자루에서 나오는 칼의 날과 연결시키는 포프의 지적은 이것이 "시적 표현"이냐는 물음과 무관하다(T. J. Meek, "Archaeology and a Point in Hebrew Syntax," *BASOR* 122[1951] 31-33; 참조. 계 1:16; 2:16; 19:15). "입의 칼"(계 2:16에서처럼)은 독립된 문학적 표현이다.

15.c. 이 곳의 일인칭 의지형이 탈출에 있어 생존자가 겪는 어려움을 표현한다는 에얼리히의 추측(고디스에 의해서 반복됨; 덤도 참조)은 비현실적이다.

18.a. 맛소라 본문의 아드(עַד)를 대개 평행 구절인 16, 17절에서 발견되는 형태인 오드(עֹד)나 오드(עוֹד)로 고쳐 읽는다. עד는 삼상 14:19; 시 141:10에서는 "…동안"을 의미하는 접속사로 나타나며(BDB, 725 § II.2; KB, 681a § 8), 느 7:3에서는 분사와 함께 나타난다. 바는 아드(עַד)를 "동안"으로 읽는 독법을 옹호한다(J. Barr, *JSS* 27[1982] 177-82; 또한 J. Hughes가 제공한 추가 설명도 보라, 같은 책, pp. 189-92).

20.a. 히슈타후(השׁתחוה)는 표준 사전들이 샤하(שׁחה)에서 파생된 것으로 보는데, 우가릿어 *ḥwy*의 견지에서는 어근 하바(חוה)에서 파생된 것으로 여겨져 왔다(KB[3]). 참조. G. I. Davies, "A Note on the Etymology of *hištaḥ[a]wāh*," *VT* 29(1979) 493-95(아랍어 *hawā* 〈"감다, 구부리게 만들다"〉와 동족어). 샤하(שׁחה)로부터 파생되었다는 견해에 대해서는 J. A. Emerton, "The Etymology of *hištaḥ[a]wāh*," OTS 20(1977) 41-55를 보라.

22.a. 혹은 베트(ב)를 양보의 용법으로 보아 "이 모든 것에도 불구하고"(참조. 드라이버; BDB, 90b § III. 7).

22.b. 티플라(תפלה)는 이제는 대체로 "부적당함"으로 해석되며(KB), 본문 이외에 렘 23:13에서만 발견된다(아마도 시 109:4도). 욥 24:12에서 나타난 것은 수정이 필요하다. 참조. 타펠(תָּפֵל, "맛없는 것"; 6:6; 또한 애 2:14). 일부는 이것을 아랍어 *tifl*("침")와 연결시킨다(투르-시나이, 포프). 아블라(עַוְלָה, "사악함") 혹은 느발라(נְבָלָה, "어리석음")로(비어; 참조. *BHK*), 또는 항변으로 이해되는 테필라(תְּפִלָּה, "기도"; 에얼리히)로 고치는 과거의 수정들은 포기된 것이 옳다. 그러나 다후드(M. Dahood, "Hebrew-Ugaritic Lexicography XII," *Bib* 55[1974] 381-93[390])는 테필라(תְּפִלָּה)가 "기도"뿐만 아니라 "저주"를 뜻한다고 그 모음 표기를 옹호했다(참조. 1:5, "그들이 범죄했다"가 우베르쿠〈וּבֵרְכוּ, "그리고 그들이 저주했다"〉와 균형을 이룸).

2:3.a. "그가 여전히 자기의 순전함을 굳게 지키고 있고, 따라서 네가 나를 격동하여 까닭 없이 그를 치게 한다"(*GKC*, § 111l)가 되게 하는 "바로 앞에 선행하는 것에 대한 논리적, 필연적 결과"를 표현하는 **바브** 접속법이 아님은, 히남(חנם)이 바트씨테니(ותסיתני)와 연결되어서는 안 되기 때문이다("원문주해" 2:3.d.를 보라). 그것은 "행위 혹은 그 결과가 저자[여기서는 내레이터]의 현재 시점까지 지속되는" 경우들과 유사한 것으로 보는 것(Driver, *Tenses*, § 80)이 가능성이 더 높겠지만, 드라이버의 현재 시제로의 번역 "그리고 네가 나를 꾀고 있구나"가 만족스러운 것인지는 의심스럽다. 많은 역본들은 "그럼에도"라고 번역하는데(RSV, NAB; 참조. NIV, 포프), 이는 엄밀하게는 바브 접속법의 번역이 아니다. 그러나 드라이버(*Tenses*, § 74β)는 연속으로 연결된 두 개의 동사가 **대조되고**, "그럼에도 불구하고"라고 번역하는 것이 가장 좋은 경우들을 지적한다. 따라서 "그럼에도"는 가능하다.

3.b. 쑤트(סות, "움직였다"〈movedst: KJV, RV〉, "움직였다"〈RSV〉, "자극했다"〈JB〉, "꾀었다"〈NIV〉, "선동했다"〈NEB, NAB, 포프, 고디스〉). 이는 표현 파생(delocutive) 동사로서 성공한 설득 행위보다는 설득하려는 시도를 의미한다. 참조. 파타(פתה, "속이려 하다"; D. J. A. Clines and D. M. Gunn, "'You Tried to Persuade Me' and 'Violence! Outrage!' in Jeremiah xx 7-8," *VT* 28[1978] 20-27를 보라).

3.c. 발라(בלע)는 문자적으로는 "삼키다"이며(참조. RVmg), 빈번히 완전 파괴를 뜻하는 은유로 사용된다. 우가릿 죽음의 신 모트(Mot)는 그의 희생자들을 "삼킨다"(참조. N. M. Sarna, *JBL* 76[1957] 13-25; 참조. 또한 "원문주해" 8:18.a; 10:8). 그러나 기욤(A. Guillaume, "A Note on the check √בלע," *JTS* ns 13[1962] 320-23; KB^3이 그 뒤를 따름)은 이것을 "괴롭히다, 압박하다, 해치다"를 의미하는 발라의 두 번째 의미(בלע II, "이르다", "도달하다", 따라서 "괴롭히다"라는 뜻인 아랍어 *balaga*와 동족어)라고 주장했다. 그 의미는 만족스럽지만, 강제적인 것은 아니다.

3.d. 히남(חנם, "이유 없이" 혹은 "소용없이")은 종종 테씨테니(תסיתני)라는 동사와 연결된다(도름, 횔셔, 로울리, 앤더슨; 참조. 모파트의 "네가 할 일이 없어서 나를 괴롭히는

것이다"; 테리앙, TOB, JB도 비슷함). 그러나 그 "다그침"이 근거 없는 것이었는지, 아니면 쓸모 없는 것이었는지는 분명하지 않으며, 히남(חנם)은 그것이 동반하는 동사 발르오(בלעו)와 더 자연스럽게 연결된다(따라서 호르스트, 포어러, 고디스, RSV, NEB, NAB, NIV).

4.a. 오르 베아드 오로(עוֹר בְּעַד עוֹרוֹ)로 읽어야 한다는 그레이(Gray)의 제안은 "주석"에서 논의된다. "…을 대신하여"를 의미하고, 따라서 타하트(תחת)와 동일 의미가 되는 베아드(בעד)에 대해서는 BDB, 126 § 2를 보라. 이 절 두 번째 사용의 경우에는 분명히 "…과 교환하여"라는 의미다.

8.a. 마지막 구절은 상황절로 이해되어야 한다(참조. Driver, Tenses, § 160; *GKC*, § 156). 따라서 NEB, NAB, NIV, 고디스.

9.a. 두 번째 명령형은 첫 번째 명령형의 결과를 가리킨다고 보는 것이 가장 가능성이 있다(*GKC*, § 110f에 사례들이 있음). "죽기 전에 하나님을 저주하라"는 의미는 가장 개연성이 적다(도름, 로울리[어쩌면], 앤더슨[아마도]; 데이빗슨도 비슷함).

10.a. 프리드만(D. N. Freedman)은 **감**(גם)이 "큰 소리로"를 의미한다고 제안했다(M. Dahood에 의해 인용됨, "Ugaritic Lexicography," *Mélanges Eugène Tisserant*[Città del Vaticano: Biblioteca Apostolica Vaticana, 1964] 1:81-104[86 n. 17]). 이 의미로서의 *gm*에 대해서는 D. Beirne, "A Note on Numbers 11, 4," *Bib* 44(1963) 201-3(203)도 보라. 그러나 그것을 강조의 감(גם)으로 보는 것이 더 바람직하다. C. J. Labuschagne, "The Emphasizing Particle *GAM* and Its Connotations," *Studia Biblica et Semitica*(FS Th. C. Vriezen: ed. W. C. van Unnik and A. S. van der Woude[Wageningen: Veenman & Zonen, 1966]) 193-203(199)를 보라; 참조. B. Jacob, *ZAW* 32(1912) 278-87(279-82).

10.b. 뇟셔는 로(לא, "not")를 루(לֻא, "참으로")로 보아 "우리는 참으로 악도 받아야 한다"고 번역한다(F. Nötscher, "Zum emphatischen Lamed," *VT* 3[1953] 372-80[375]). 이것은 개연성이 없을 것 같고, 로(לא)를 부정어의 단정적 용법이라고 보는 것도 마찬가지다(G. S. Glanzman, "Two Notes: Am 3,15 and Os 11,8-9," *CBQ* 23[1961] 227-33[231-32], 그리고 G. R. Driver, "Affirmation by Exclamatory Negation," *JANESCU* 5[1973] 107-14).

12.a. 일부는 하샤마예마(השמימה, "하늘을 향하여")를 삭제한다("주석"을 보라). 제시된 수정들 가운데는 다음이 있다: 논리적이지만 지나치게 이론적인 쉬지기엘(Szczygiel)의 제안으로 메하슈모(מֵהָשַּׁמֹּה, "그의 비참함 때문에"; שׁמם의 호팔 부정사, 레 26:34), 투르-시나이의 흥미로운 제안들로 마슈밈(מַשְׁמִים, "비참한"; 겔 3:15에서처럼, "내가 거기에 〈애곡하며〉 비참하게 앉아 있었다"; 참조. 스 9:3, "내가 놀란 상태로〈מְשׁוֹמֵם – 메쇼멤; 포엘 분사〉 앉아 있었다"), 그리고 그 결과로 마슈밈(משמים)이 복수가 아니므로 히필 부정사 절대형인 하슈멤(הַשְׁמֵם). 비록 포프는 이 개념을 매력적인 것이라고 보지만,

부정사 절대형은 아닌 것 같으며, "놀라 **앉아 있는 것**"과 "놀라 **티끌을 날리는 것**" 사이에는 어느 정도 거리가 있다. 따라서 투르-시나이는 이 단어가 원래는 13a절구, "그들이 칠일 칠야…앉아 있었다" 뒤에 있었다고 주장했다. 그러나 그것도 너무 억지다.

13.a. 덤은 "그리고 일곱 밤"이 "칠십인경 원본"에 빠져 있음을 발견하고(비어는 *BHK*에서 칠십인경에는 그것이 없다고 단순하게 말함), 이것을 "해롭지 않은 확장"으로 보아 삭제시키려 한다. 그러나 사실은 비록 오리겐이 사용했던 사본에는 이 어구가 빠져 있었지만(시리아 대조 역본〈Syro-Hexaplar〉의 한 주해가 말하듯이), 현존하는 모든 칠십인경 사본들은 그것을 가지고 있다는 것(물론 모든 경우에 "일곱"은 아니다)과, 편집자들이 이것을 원본에 속하는 것으로 여기고 있다(아마 오리겐의 사본들에 이것이 빠져 있는 것은 유사 종결〈homoeoteleuton〉 때문이라고 판단하여)는 것이다.

13.b. 크에브(כאב)는 육체적 "고통" 또는 정신적 "슬픔"일 수 있는데, 전자의 예로는 14:22에 사람의 육체적 고통, 겔 28:24에 가시에 찔린 고통이 있다. 후자의 예는 아마도 욥 16:6(그의 슬픔이 해소되지 않는다)과 잠 14:13(웃는 가운데에서도 마음은 슬퍼한다)이다. "고통"이 "보여지는" – 이는 고통이 겉으로 드러났음을 암시 – 에서 우리는 친구들이 과연 욥의 심정을 이해하는지 생각해 보도록 요청 받는 것일 수 있다.

양식/구조/배경

욥기의 이 산문 프롤로그의 구조는 뚜렷한 윤곽을 가진다. 땅과 하늘 사이를 교차하는 다섯 장면이 있고, 거기에 사건들과 프롤로그를 다이얼로그와 연결시켜 주는 여섯 번째 장면이 있다.

1. **땅 위** 욥의 경건(1:1-5)
2. **하늘** 야훼와 사탄의 첫 번째 대화(1:6-12)
3. **땅 위** 욥에게 전해진 재난(1:13-22)
4. **하늘** 야훼와 사탄의 두 번째 대화(2:1-7a)
5. **땅 위** 욥 자신의 고난(2:7b-10)

여기에 다음이 추가된다.

6. 욥의 친구들의 도착(2:11-13)

이는 단순함을 향해 가는 매우 잘 다듬어진 구조다. 장면 간의 평행 구조로 그 단순성이 한 번 더 강조된다. 가장 놀라운 것은 장면 2와 4의 평행 구조다.

1. 정황

하나님의 아들들의 출두(1:6; 2:1)

2. 복잡화
   a. 야훼의 질문(1:7a; 2:2a)
   b. 사탄의 대답(1:7b; 2:2b)
   c. 야훼의 질문(1:8; 2:3)
   d. 사탄의 대답(1:9-11; 2:4-5)
   e. 야훼의 위임(1:12a; 2:6)

3. 해결

사탄의 나아감(1:12b; 2:7a)

이 곳의 평행들은 그 구조를 넘어 표현의 대부분으로 확장된다.

장면들은 하나만 제외하고 반복적으로 나오는 어구 "하루는"(ויהי היום ו – 바예히 하욤 브; 1:6, 13; 2:1)에 의해 분명하게 서로간에 구별된다. 첫 번째 장면은 당연히 아무런 시작 표지를 필요로 하지 않는다. 예외 패턴은 네 번째와 다섯 번째 장면 사이에 있다. 즉 마지막 장면의 시작 부분에서 형식 패턴의 파괴는 신의 세계가 인간 세계와 부딪힘을 알려 준다. 그 두 장면이 하나로 디졸브되면서, 피날레를 향한 속도가 빨라진다. 프롤로그의 이 단순 반복 구조는 "허위 단순" 특징들 가운데 하나라고 명할 수 있겠다(D. J. A. Clines, *HAR* 9[1985] 127-36를 보라).

각각의 장면에는 화자가 절대 두 명 이상 나오지 않는데, 이는 묘사의 단순성을 보여 주는 표시다(세 번째 장면에서는 매 소식 전달자가 재난을 보고하고 있을 때 또 다른 전달자가 갑자기 나타남으로써 이전 전달자가 장면에서 사라진다).

전체적으로 볼 때 프롤로그(1:1-2:13)와 에필로그(42:7-17)의 **장르**는 아마도 양식-비평적 "교훈 이야기"의 의미로 **전설**이라고 해야 할 텐데, 이는 사건보다는 인물에 초점이 맞추어져 있고(G. W. Coats, "Tale," in *Saga, Legend*, 63-64), 우리가 욜스의 고전적 표현으로 말해 "행위로 구체화된 덕"을 발견하며(A. Jolles, *Einfache Formen*[2nd ed.: Tübingen: Niemeyer, 1958] 23-61), 모방할 가치가 있는 행동과 인격을 강조하는 내러티브 유형이다(참조. R. M. Hals, "Legend," in Coats, *Saga, Legend*, 51). 이 정의는 자기 고난에 대한 욥의 반응을 경건한 사람이 가져야 할 마땅한 반응으로서 묘사하는 데 중점을 둔다. 포어러가 말했듯이, "책 전체적으로 볼 때 이 내러티브의 관심은 고난의 문제가 아니라 고난을 경험하고 견디는 사람들의 태도이며…신정론의 문제가 아니라 고난 받는 인간 존재의 문제다"(69).

전설과 "설화"를 명확히 구분하는 것이 항상 가능하지는 않으며, 머피는 "교훈

이야기"라는 용어를 사용한다(R. E. Murphy, *Wisdom Literature: Job, Proverbs, Ruth, Canticles, Ecclesiastes, and Esther*[FOTL 13; Grand Rapids: Eerdmans, 1981] 21). 그리고 여기서 전형적인 **설화** 특징들(Coats, "Tale," in *Saga, Legend*, 63-67)이 보일 수도 있는데, 주된 것으로는 발단에서 시작하여 전개, 결말, 대단원을 거쳐 결론으로 가는 흐름이 그렇다. 여기서 발단은 분명히 1:1-5이며, 이중 전개가 그 뒤를 따른다(두 개의 하늘 장면과 그 결과인 1:6-21과 2:1-10). 만일 에필로그에 대한 지식 없이 프롤로그를 읽으면(그리고 그 둘을 가르는 거리로 인해 우리가 가능한 한 오랫동안 최종 해결을 우리의 생각 배후에 둔다면), 이중 결말이 1:20-21과 2:10에서 초래된다("외면적 종결"을 말하는 하벨도 비슷함, p. 79). 이미 1:20-21에서 우리는 이야기가 욥의 "일어섬"으로 결말에 이르렀다고 믿고 싶은 유혹을 받는다(참조. R. Alter, *Art of Biblical Narrative*, 65). 그런데 이야기는 친구들의 도착을 알리는 2:11-13 에피소드에 의해 한층 더 "복잡하게" 되며, 그것은 느슨한 매듭들이 단단히 묶이고 화해가 달성되는 대단원 혹은 결론의 위치에 있지만, 결국 그것은 또 다른 방향 상실로 드러난다. 따라서 프롤로그는 42:9 전에는 결말에 도달하지 않을 새로운 긴장의 시작 부분에서 끝난다. 이 내러티브에서는 단순하게 보이는 모든 것이 가장 복잡한 섬세함으로 분화된다.

이 프롤로그는 알터(Alter)가 특별히 사무엘상 1장과 21장과 관련하여 특징화시킨 **대화 서술**(*narration through dialogue*) 기교의 대표적인 예다(*Art of Biblical Narrative*, 4장). 우리는 개막 장면(1:1-5)을 "전(前)시제 서막"이라 명명할 수 있을 텐데, 이는 먼저 주인공과 그의 인격을 확인하고, 그의 재산을 상술한 후 "반복(iterative) 시제"로 옮겨 간다. 그리고 거기서 하나의 반복되는 행위(1:4-5)가 "행위 없는 시작"으로부터 고유 내러티브, 즉 "단일"(singulative) 시제로의 장면 전환을 이룰 것이다. 욥의 평소 생각과 그의 성격이 한 토막의 내언(內言, interior speech)으로 표현된다(1:5).

두 번째 장면(1:6-12)에는 테두리를 구성하는 문장들(사탄이 왔다, 사탄이 물러갔다) 외에는 고유 내러티브가 없다. 욥의 운명을 결정하는 이 중요한 서술의 전체 대의가 야훼가 첫 번째, 중간 그리고 마지막 요소가 되고, 사탄이 세 번째와 네 번째 요소가 되는 5-요소 대화 속에 담겨 있다. 야훼의 말이 대화를 시작하고 끝낸다는 사실(두 번째 하늘 장면에서도 마찬가지다)은 그분이 욥의 재앙의 설계자요 위임자라는 것을 알려 주는 신호다. 첫 번째 대화 교환("네가 어디서 왔느냐?", "땅에 두루 돌아 여기저기…")은 대화의 진행보다는 독자의 정보를 위한 소재를 대화 속으로 끌어들인다. 우리는 사탄이 인간 욥의 사건을 조사할 기회와 책임을 가졌다는 것을 알 필요가 있다. 야훼의 두 번째 말("욥을 유의하여 보았느냐?")은 언뜻 보기에 아무런 속내가 없는 질문 같지만, 그 질문에 대한 대답을 들으면("욥이 어찌 까닭 없이 하나님을 경외하리이까?") 함축적 의미를 가진 자극 질문이라는 것을 알게 된다. 마지막 말은 욥에게 손을 댄 것이 사탄인 것처럼 보일 수 있지만, 진짜 냉혹한 얼굴을 하고 있는 것은 야훼라는 것을 확증해 준다: "내가 그의 소유물을 다 네 손에 붙이노라." 오로지 욥을 해하라는 권한 위임 후에야 그를 보호할 추서(追書)가 온다("오직…"). 두 번째 하늘 장면에서도 똑같다.

알터(Alter)는 야훼와 사탄의 말이 각각 특징화를 암시하는 "대조적 대화"로 기능하는 방식에 대해 잘 논평했다. 야훼의 첫 번째 말("네가 어디서 오느냐?")은 갑작스러운 만큼 퉁명스럽고, 그분은 오직 욥에 대한 내레이터의 서두 묘사(1:1)를 되풀이할 때만 형식적 언어를 사용하신다. 반면에 사탄은 "시구-삽입, 민간-격언들의 기민한 인용, 설득 효과를 최대화시키기 위한 문장 요소들의 논증적 배열 등에 대한 기호를 보여 준다…그는 의식적 수사학의 대가인 반면, 그와 나란히 있는 하나님은 단순한 것 같다"(*Art of Biblical Narrative*, 74).

세 번째 장면에서는 욥의 재난을 구성하는 사건들이 결코 서술되지 않고 보고되며 보여지지 않고 말해짐에 따라, 또다시 대화가 주된 위치에 선다. 전달자를 통해 말하게 하는 장치는, 한 전달자가 그의 보고를 마치기 전에 다른 전달자가 들이닥치게 함으로써 비운이 가속되는 분위기를 야기시킬 뿐만 아니라, 욥이 한번에 재난들 모두에 반응하기 전까지는 그로 하여금 어떤 재난에도 감정적으로나 언어적으로 반응하지 않게 함으로써 욥의 반응에 대한 독자들의 기대를 고조시킨다. 놀랍게도 그의 반응은 먼저 침묵이요(1:20), 그런 후에 독백(1:21) 혹은 아마 1:5과 같이 내언(interior speech)이다.

다섯 번째 장면은 여러 가지 면에서 세 번째 장면과 대비된다: 여기에는 다른 장면에서보다 서술이 더 많고(2:7b-8), 내레이터 자신이 1장 전달자들의 위치를 대신한다. 그러나 비중은 욥과 그의 아내의 대화에 있는데, 그녀의 말은 마치 그녀를 욥의 하늘 공격자들에 대한 땅의 대응으로 만드는 것처럼, 그 소재의 반이 야훼에게서("온전함을 굳게 지킨다") 그리고 나머지 반은 사탄에게서("하나님을 저주하라") 빌려와 언어 형식으로 된 욥의 세 번째 시련을 이룬다.

하늘에서의 대화와 땅에서의 말이 욥의 재난을 초래했다. 그의 친구들이 도착하자마자 부자연스럽게 긴 침묵을 그들 자신에게 부과하는 것은 무엇을 의미하려고 하는 것일까? 오로지 후속하는 대화들만이 프롤로그의 마지막이 남긴 이 작은 난제에 대한 해답을 제공할 것이다.

주석

1:[1]-2:[13] 산문 프롤로그. 욥기는 의로운 고난자 욥의 경험과 관련된 산문 내러티브로 시작되고 끝난다. 프롤로그에서 책 전체에 없어서는 안 될 중요한 데이터 두 개가 제시된다. 첫째로, 욥은 의로운 사람이다. 둘째로 그는 부당하게 고난을 당하는데, 그것은 하나님의 손에 혹은 적어도 하나님의 허락으로 그렇다. 이들 데이터에서 욥기의 전체 문제가 시작된다. 그러나 그 문제는 욥과 독자들에게 각각 다르게 나타난다. 욥에게는 그의 고난의 경험과 자신의 결백에 대한 지식을 어떻게 조화시키느냐가 문제다. 독자들에게는 오히려 의로운 사람이 무고한 고난을 당할 때 어떻게 행동할 것이냐가 문제다. 욥과 욥기 독자들 사이의 차이점은 독자들에게는 욥기의 이 두 가지 근본 사실이 검토 불가능한 전제로 주어졌다는 것이다. 반면에 욥에게는 그 두 가지 데이터가 불굴의 검토 대상이다. 왜냐하면 그는 암시적으로는 그 두 가지를 믿을지라도, 그것들은 하나님에 대한 신앙 아니면 자신에 대한 신앙, 혹은 그 둘 다를 위태롭게 하는 거대한 모순을 그에게 드러내기 때문이다.

이 산문 프롤로그는 다섯 장면으로 나뉘며, 첫째, 셋째, 다섯째 장면은 땅을 배경으로, 그리고 둘째와 넷째 장면은 하늘을 배경으로 한다.

1. 욥의 특징과 그의 자녀들의 안전에 대한 걱정(1:1-5)
2. 사탄과 야훼 사이의 첫 번째 대면(1:6-12)
3. 욥의 소유, 자녀들의 재난 소식과 욥의 반응(1:13-22)
4. 사탄과 야훼 사이의 두 번째 대면(2:1-6)
5. 욥 자신의 신체적 고통, 욥의 반응 그리고 친구들의 반응(2:7-13)

하나만 예외로 하고, 장면들은 둘째, 셋째 그리고 넷째 장면의 시작에 있는 어구 "하루는"(ויהי היום ו – 바예히 하욤 베)에 의해서 분명히 서로간에 구별된다(1:6, 13; 2:1). 그 하나의 예외는 그 자체로 주의를 끈다: 2:7에 시작 어구가 없을 뿐만 아니라, 프롤로그에서 처음으로 극중 인물 중 한 명이 자신의 고유 영역 밖으로 나간다. 그는 바로 사단이며, 비록 천상의 인물이지만 하늘 영역과 땅의 영역 모두에서 활동한다. 그는 하늘에서는 "야훼 앞에서 물러 나가고", 땅에서는 "욥을 친다". 고정 패턴을 깨는 것은 신의 세계의 인간 세계로의 침투를 알린다. 그리고 그것은 더 나아가 욥을 대항하여 내려진 하늘의 결정을 실행하는 자로서의 사탄의 역할을 강조한다. 하나님은 하늘에 머물러 욥의 고통에 직접적으로 관여하지 않으신다. 하늘 영역에서 땅의 영역으로의 이동 가능성은 그런 이동에 전혀 관여하지 않으시는 하나님의 무관심 혹은 초연함을 더욱 강조한다. 장면의 형식 패턴 파괴에 함축 의미들이 가득하여 이 구조 속에서 오로지 효과를 내려고 파기되기 위해서만 만들어진 패턴을 보고 싶은 유혹을 받는다. 즉 프롤로그의 단순 구조는 허위적으로만 단순하다. 이 장들의 소박한 언어들처럼, 그 구조의 평이성은 덜 발달된 내러티브 형식이 아니라 세밀한 예술적 담백함을 드러낸다. D. J. A. Clines, *HAR* 9(1985) 127-36를 좀더 보라.

1-5 **욥의 특징**. 의로운 고난자 욥에 대한 시 서문에서 필요한 한 가지는 "그 고난자의 재난들이 그의 행위에 대한 대가라는 의심의 여지가 전혀 없어야 한다"는 것이다(피크). 욥의 죄 없음을 확고히 세우는 시작 문장이 욥의 가족과 재산을 말하는 외적 묘사보다 앞서 나오는 것은 내러티브 사건들에 의해 의문에 부쳐질 것이 그의 도덕적 올바름이기 때문이다. 그렇다고 그의 자녀들과 소유물들에 대한 언급이 그 사람의 묘사에 덧붙은 장식적 부가물은 아니며, 그것은 그의 정직성에 대한 현실적 증거로서의 기능을 한다. 욥의 흠 없는 삶에 대한 근본적인 단언은, 그의 청렴이 자신을 넘어 그의 가족원들에게까지 확대되도록 하기 위해 욥이 얼마나 세심하게 노력하는지를 묘사하는 이 단락의 마지막 두 절에서 다시 상기된다. 그와 동시에 자녀들을 이야기의 테두리 안에 끌어들임으로써 세 번째 장면이 준비되고, 그 안에서 그들의 운명이 묘사된다.

1 이 이야기 작가에게는 중요한 것이 먼저다. 이 사람에 관해 중요한 것은 그의 이름이나 그의 기원이 아니다. 욥의 이름은 그 의미가 불분명하고, 우스는 위치가 명확하지 않은 곳이다. 내레이터의 시대에는 달랐을까? 욥의 도덕적 특성이 이 장면의 주제이며, 그의 있는 그대로의 모습을 확인하는 것이 필요한 전부다.

성경 내러티브 문헌의 통상적인 시작 문구는 "그리고 다음과 같은 일이 생겼다"(ויהי ו – 바예히 베) 혹은 "그리고…일이 있었다"(ויהי – 바예히)이다. 여호수아, 사사기, 사무엘상, (사무엘하), 룻기, 에스더(또는 에스겔) 등이 그렇다. 아마도 앞에 나온 내러티브와의 연속성을 암시하는 것이리라. 또는 그것은 이스라엘 민족사와 분명히 관계가 없던 독립체인 룻기의 경우처럼, 그 역사와의 의도적 연결 고리를 만들어 낸다. 여기 욥기의 시작 문구는 문자적 의미로 말하면 "한 사람이 있었다"(איש היה – 이쉬 하야)이며, 이것과 완전히 평행하는 문구는 나단의 비유(삼하 12:

1)와 요아스의 우화(왕하 14:9) 시작 부분에 나타난다. 이와 관련해서 종종 인용되는 에스더 2:5에 나오는 비슷한 단어-순서는 단지 초점의 이동을 가리킨다. 사무엘상 25:2도 유사하다. 함축 의미는 이어 나오는 것이 역사가 아닌 설화라는 것(고디스)이 아니라, 이어지는 내러티브가 이스라엘의 역사 진행 가운데 어느 단계와도 아무런 연관이 없다는 것이다(König, *Syntax*, § 365g). 시작하는 말의 형식화는 이야기의 준거가 이스라엘의 정경사 이외의 것이 되리라는 것을 미리 예고해 준다. 욥의 거주지의 명칭이 그것을 알려 주는 또 다른 표지일 것이다.

우스라는 이름의 중요성은 그런 곳이 어디에 있다는 것에 있지 않고 그런 곳이 없다는 것에 있다. 이스라엘 사람들 자신들도 그 곳의 정확한 위치를 모를지 모르지만, 그들도 우리처럼 그 곳이 이스라엘 내에 있지 않다는 사실은 알 것이다. 따라서 그 이름은 이야기 전개가 특정하게 이스라엘적이지 않은 지평을 가지고 있음을 의미한다. 그렇다고 욥이 반드시 이방인이라는 의미는 아니다. 왜냐하면 바벨론 포로기 혹은 그 이후 시대가 저작 시기라고 한다면 대부분의 유대인들은 이스라엘 국경 밖에 살았고, 족장들조차도 표면상 이야기의 배경 시대이기 때문에 이스라엘 안에서 만큼이나 자주 이스라엘 밖에서 발견되기 때문이다. 욥기는 욥이 이스라엘인인지 아닌지에 대해 간단하게 말하지 않는다. 그의 민족에 관한 질문을 개방시켜 둠으로써 욥기는 효과적으로 욥의 경험이 이스라엘인과 비-이스라엘인, 유대인과 비-유대인의 구분을 넘어서도록 한다. 우리는 이야기 작가가 그것을 의식적으로 의도했었는지는 모르지만 그것이 그가 만들어 낸 결과라는 것은 안다.

우스의 위치를 가장 분명하게 가리키는 것은 예레미야애가 4:21이며, 거기서 "우스 땅"은 "에돔"과 병행된다(우스가 장소 이름으로 나오는 유일한 다른 경우는 렘 25:20이며, 거기에는 그 곳의 위치를 알려 주는 실마리가 없다). 에돔 내 혹은 근처 어느 곳임을 더욱더 지지해 주는 것은 에돔 족보에 우스라는 사람의 이름이 나오는 경우(창 36:28=대상 1:42)와 욥기에 나오는 대부분의 인명들이 에돔 기원을 가지고 있을 가능성이다(2:11의 "주석"을 보라). 더욱이, 사람 이름으로서의 우스는 창세기 22:21에서 부스라는 이름과 연결되는데, 부스는 예레미야 25:23에서 아라비아 북서쪽, 따라서 에돔 남쪽에서 멀지 않은 곳에 위치한 성읍들인 드단과 데마와 연관된 지명으로 나온다.

또한 칠십인경의 욥기 부록은 욥의 거주지(그리스어 음역으로는 오시티스〈Ausitis〉가 되었다)가 마찬가지로 일반적인 배경을 가리키는 "이두메와 아라비아 변방에"(42:17b) 위치한다는 전승을 보존한다(이 전승이 욥을 창 10:29의 요밥과 잘못 동일시한 것에 의존한다는 포어러와 스나이드의 주장은 확실하지 않다. *Job*, 45). 우스라는 이름은 리얀(Lihyanite) 부족의 한 이름 'Aluṣ로 나타나며(B. Moritz, "Edomitische Genealogien," *ZAW* 44[1926] 81-92), 그리고 지명 Khirbet el-ʿĪṣ로도 나온다(so A. Musil, *Arabia Petraea* Vienna: A. Hölder, 1907] 2/1:337; 참조. J. Simons, *Geographical and Topographical Texts* Leiden: Brill, [1955] 25). 우스를 다메섹이나 메소포타미아 북서쪽으로 위치를 잡으려는 시도들은 개연성이 훨씬 적다(참조. 창 10:23[=대상 1:17], 우스가 아람의 한 "아들"; 또한 요세푸스 *Ant.* 1.6.4에 있는 전승에 따르면, 아람의 아들 우세스〈Ouses〉 혹은 우소스〈Ousos〉는 다메섹〈Damascus〉과 트라코니티스〈Trachonitis〉를 세운 사람이다). G. A. Barton, "The Original Home of the Story of Job," *JBL* 31(1912) 63-68도 참조하라. 괴르그는 그 이름을 이집트 말 *ʿḏ* 혹은 *ʿ3ḏ*, 즉 "정기적으로 물 공급을 받는 지역 변두리의 사막 끝자락에 있는 땅"과 연결시키고, 친구들의 고향을 욥 이해의 포괄적 실패를 상징하는 것으로 남쪽, 동쪽 그리고 북쪽에 정치시킨다(M. Görg, "Ijob aus dem Lande *ʿŪṣ* Ein Beitrag zur 'theologische Geographie,'" *BN* 12[1980] 7-12).

욥의 이름은 히브리 성경의 다른 곳에는 나타나지 않는다. 하지만 성경 이외의 여러 자료들에서 셈족계 이름으로 알려져 있다. 기원전 19세기의 이집트 저주 문헌에는 아마 아이아붐(Ay[y]abum)이라 읽혀야 하는 이름을 가진 한 팔레스틴 족장이 언급된다(*ANET*, 329; so W. F. Albright, "The Land of Damascus between 1850 and 1750 b.c.," *BASOR* 83[1941] 30-36[36]; but 참조. B. Landsberger, "Assyrische Königsliste und 'dunkles Zeitalter,' " *JCS* 8[1954] 47-73[60 n. 126]). 좀더 긴 형태인 아야비-샤리(Ayabi-sharri) 그리고 아야비-일루(Ayabi-ilu) 등이 그들 중 일부가 셈족계 이름을 갖고 있는 18세기 이집트 노예들의 명단에서 확인된다(Pap. Brooklyn 35.1446; 참조. W. F. Albright, "North-west Semitic Names in a List of Egyptian Slaves from the Eighteenth Century B.C.," *JAOS* 74[1954] 223-33[225-26]). 18세기 알라카(Alalakh) 서판과 16세기 마리(Mari) 문헌에도 아이야붐이라는 이름이 나온다(D. J. Wiseman, *The Alalakh Tablets*[London: British Institute of Archaeology at Ankara, 1953] no. 11.35[p. 38]; H. B. Huffmon, *Amorite Personal Names in the Mari Texts*[Baltimore: Johns Hopkins, 1965] 103, 161). 14세기 아르마나 서신서(Amarna Letters)를 보면, 바산 아스다롯의 왕자가 아이얍(Ayyâb)이라는 이름을 가지고 있었다(letters 237, 256; *ANET*, 486; 참조. W. F. Albright, "Two Little Understood Amarna Letters from the Middle Jordan Valley,"

BASOR 89[1943] 7-19[11]). 그리고 13세기 우가릿 문헌에서는 아얍(Ayab)이라는 형태가 인명부에 나온다(*Le palais royal d Ugarit*[Mission de Ras Shamra 7; ed. C. F.-A. Schaeffer; Paris: Imprimerie Nationale et C. Klincksieck, 1957] 2:62[text 35 rev., line 10]). 확인된 형태들로 비추어 볼 때, 그 이름이 본래는 "내 아버지는 어디에 계시는가?"를 의미했다는 데는 의심의 여지가 없다 – 비록 히브리어 형태인 욥(אִיּוֹב, *ʾiyyb*)이 어떻게 파생되었는지 정확하게 아는 것은 어렵지만 말이다. 아마 그 이름은 "내 (신인) 아버지는 어디에 계시는가?"를 의미하며 신에게 하는 도움의 호소일 것이다. 아이가 태어나기 전에 아버지가 죽으면 그 아이에게 이 이름이 주어진다는 제안은 가능성이 적은 듯하다(그런 이름들에 대해서는 J. J. Stamm, *Die akkadische Namengebung*[Leipzig: J. C. Hinrichs, 1939] 284-87를 보라). 히브리어 모음 표기는 그런 의미를 제시하지 않으며, 구약이나 랍비 자료들에서도 비록 그 이름이 아야브(איב, "증오하다")라는 동사와 유사하여 유대 문헌에서 가끔씩 유희적으로 이용되었지만(*b. B. Bat.* 16a; Nid. 52a), 그 이름에 어떤 특별한 의미가 있다는 암시는 전혀 없다.

그럼에도 불구하고, 그 히브리어 이름의 뜻이라고 욥기의 본래 독자나 청중들이 생각했을 것에 대한 여러 가지 제안들이 제시되었다. 가장 분명한 연결은 어근 이요브(איב, "증오하다")와의 관계로, 이요브(אִיּוֹב)의 형태가 수동 분사 형태인 일로드(יִלּוֹד, "태어난") 그리고 시코르(שִׁכּוֹר, "술취한")와 유사하고, 따라서 "증오 받는 사람", "핍박 받는 사람"을 뜻한다(가령, 고디스가 그렇게 본다). 이요브(אִיּוֹב)가 능동 분사형 깃뽀르(גִּבּוֹר, "강한")와 유사하여 "증오자"를 뜻한다거나, 혹은 보다 세밀하게 말해서 깃뽀르가 결합되면 직업이나 습관적 행동을 의미하기에 "고질적 원수"를 의미한다는 생각은 가능성이 더 적다. 또 다른 사람들은 그 이름을 아랍어 *ʾawwâb*(되돌리는, 회개하는)와 연결시키는데, 이는 특별히 코란이 욥(아랍어로는 *ʾyyûb*)을 *ʾawwâb*로 말하고 있기 때문이다(Sura 38.44). 그러나 같은 장에서 다윗과 솔로몬도 똑같은 호칭을 받는다. 차라리 욥이라는 이름은 그 이야기 주인공의 전통적인 이름이고, 그 기원은 히브리 세계 바깥에 있다고 가정하는 것이 더 낫다. 이 설화가 처음 말해졌을 때는, 아마도 신의 도움에 대한 간청의 의미를 담고 있는 서쪽 셈족계 형태가 의도적으로 상징되었을 것이다. 구약의 상황에서는 그 이름은 전혀 특별한 의미를 가지지 않으며, 그 사람 이름 속에 있는 어떤 것도 그의 유래에 대해 미리 알려 주지 않는다.

끝으로 표제 역할을 하는 이 구절은 욥의 특징을 요약한다. "그 사람은…이었다"

라는 완료 시제는 반복형으로, 여기서는 내레이터에 의해 그리고 1:8과 2:3에서는 하나님의 평가로서 입증되는 그 사람의 변함없는 특징을 가리킨다. 욥의 경건이 잠언 지혜서와 시편에 많이 나오는 두 쌍의 단어들, 즉 "온전한"과 "정직한"(잠 2:21; 28:10[29:10, 불확실]; 시 37:37; 참조. 25:21[추상명사들]; 잠 2:7[추상명사 하나]), 그리고 하나님을 경외하고 악에서 떠남(욥 28:28; 잠 3:7[참조. 14:16; 16:6])으로 묘사된다. 그 언어는 시적 형태와 모양을 갖고는 있지만, 그렇다고 이스라엘 생활 영역에서만 특정한 것은 아니다.

탐(תם)을 "온전한"으로 번역하는 것이 "완전한"(KJV, RV)보다 더 낫다. 그러나 그 용어가 욥이 죄가 없다는 것을 의미하지 않는다는 반복되는 주석은 문제의 여지가 있다(피크, 로울리, 고디스가 그렇다). 왜냐하면 욥기에서 대조되는 것은 거의 변함없이 "의로운" 사람과 "악한" 사람 사이의 대조이며, 또한 저자나 주인공 자신의 관점에서 볼 때 욥은 "의로운" 사람이기 때문이다. 의로운 사람들도 때때로 완전하지 않다고 제시되었지만(참조. 4:17), 욥의 경우에 문제는 그의 죄가 중하냐 경하냐가 아니라 단지 그가 죄인이냐 아니냐이다. 욥기 이외에 다른 관점들로부터 보면, 욥 자신이나 혹은 저자가 욥의 온전함을 주장하는 것이 과장되거나 거만한 것 같다. 그러나 고맙게도 욥기의 이슈들은 죄 없음과 죄 있음, 마땅한 고난과 무고한 고난이라는 단순한 용어들로 제시되고 있고, 죄 많음과 의로움의 세세한 등급으로 휩싸이지 않는다.

비록 같은 어원의 형용사 타밈(תמים)이 종종 흠 없는 제사 동물들을 가리키지만(참조. 레 22:18-20), 윤리적 의미에서의 타밈(תמים) 혹은 여기서와 같은 탐(תם)이 제의적 의미로부터 파생되었다는 표시는 전혀 없다(W. Eichrodt, *Theology of the Old Testament*[tr. J. A. Baker; London:SCM, 1967] 2:394는 이에 반대다). 또 비록 그 어근이 "온전한"을 함축 의미로 가지고 있지만, 그 형용사가 "완전한, 흠 없는, 고결한"을 의미해야 한다거나 혹은 신체적 건강뿐만 아니라 도덕적 건강을 의미해야 한다고 주장하는 것은 잘못이다(참조. J. Pedersen, *Israel: Its Life and Culture I-II*[London:OUP; Copenhagen: P. Branner, 1926] 336-37, 358-59). 탐(תם)을 "겉 하나 속 하나가 아니라…전체적으로 완전한 인격"의 의미를 내포하는 것으로 보는 그레이의 설명은 어원화 오류에 빠진다(고디스도 비슷함). 이 용어가 야사르(ישר, 정직한)와 연결되어 있는 것은 그 용어도 똑같이 일반화된 의미를 가진다는 것을 가리킨다. K. Koch, *THWAT* 2:1049, § 3f을 보라. 도름이 제시한 본질적으로 완전한 것으로서의 탐(תם)과 다른 것들과의 관계 속에서 완전한 것으로서의 타밈(תמים) 사이의 구분은 뒷받침될 수 없다. 또한 탐(תם)이 **공동체와의 관계 속에서** 유익한 것을 의미하며 공동체 규범에 따라 "훈련되고, 일관된 삶"을 사는 사람을 나타내는 말이라는 브루그만(W. Brueggemann, "A Neglected Sapiential Word Pair," *ZAW* 89[1977] 234-58[238])의 주장은 엄격히 말하면 그 단어를 정의하는 것이 아니라 그것의 한 예증을 제시하는 것이다.

일반적으로 "정직한"으로 번역되는 용어 야사르(ישר)는 넓은 의미에서 윤리적 특성을 가리킨다. 그것은 종종 토브(טוב, 좋은)나 차디크(צדיק, 의로운)와 연결되어 발견된다(토브에 대해서는 예를 들어, 신 6:18; 시 25:8; 차딕에 대해서는 예를 들어, 시 32:11; 33:1). 여기서는 어떤 특정한 의미가 관련된 것은 아니지만, 그 용어는 관계 용어로 다른 사람들을 향한 태도와 관계가 있음이 분명하다(참조. G. Liedke, *THWAT* 1:792-93). 구체적 의미에서 "똑바른" 혹은 "평탄한" 길을 의미하는 야사르(ישר) 용법으로 인해(예를 들어, 사 26:7), 많은 이들이 "정직함"과 같은 도덕적 의미를 갖는 의미론적 상당 어구를 고집하도록 잘못 인도한다(참조. BDB, 449a, § 3). 그렇지만 이 용어의 어떤 용법도 그러한 구체화를 정당화해 주지 않는다.

여기서는 도덕과 종교 사이에 아무런 특별 구분이 없고, 종교적 행동을 나타내는 표현이 윤리적 행동을 나타내는 세 개의 용어 사이에 삽입되어 있다. 따라서 문제의 진의가 무엇이든 간에, 현재 본문에서 그 어느 것도 우리로 하여금 욥의 하나님 경외가 그의 도덕적·사회적 평정의 비밀이라고 주장할 자격을 주지 않는다(테리앙이 그렇게 주장하고, 마찬가지로 로울리가 그렇다). 여러 본문에서는 "하나님 경외"는 신성한 것 앞에서의 불안감이지만, 여기서는 윤리적 행동의 한 특성으로 간주되는 신적 의지에 대한 존경이나 경외감이다. 베커는 하나님의 위대한 업적 앞에서 느끼는 신성한 공포가 이 용어의 원 의미이며, 윤리적 의미로서의 "하나님 경외"는 그 안에 아직도 신성의 메아리가 잔존하고 있는 후대의 발전이라고 주장했다(J. Becker, *Gottesfurcht im Alten Testament*[AnBib 25; Rome: Pontifical Biblical Institute, 1965] 38-39). 그러나 시편은 제의적이지만 특별히 정령적이지는 않은 상황 속에 그 표현의 많은 예들을 담고 있고, 또한 신명기의 엘로힘 구절들이 윤리적 용법을 드러내기에(예를 들어, 창 20:11; 22:12; 출 1:17) 발전 가설은 확실하지 않다. 물론 지혜 문학에서는 이 용어가 흔하게 사용되며, 특히 "여호와 경외"의 형태로 더 자주 쓰인다. 그리고 그 용어를 욥에게 적용한 것은 그를 이상적으로 경건하며 지혜로운 사람의 전형으로 선택한 것을 의미한다.

지혜 신학의 또 다른 하나의 특징은 악에서 "떠나라"(סור – 쑤르)는 교훈이다. 지혜 교사들은 분명히 자신들의 의무를 좋은 본을 가르치는 것에서뿐만 아니라 나쁜 본에 대해 경고하는 것에 있음을 본다. "떠남" 사상은 좌로나 우로 "치우침"(נטה – 나타)이 없이(예를 들어, 잠 4:27) "앞으로 곧은"(잠 4:25) "길"을 "걷는" 인생 개념에 속한다. 바른 길을 유지함은 악한 길로 들어서는 것을 "피하는 것"(סור – 쑤르)도 포함한다(이미 들어선 악한 길을 포기하는 것을 의미하지 않음). "악을 떠나는 것은 정직한 사람의 대로니"(잠 16:17). "악에서 떠나라"는 표현에 대해서는 1:8; 2:3; 28:28; 잠언 3:7; 13:19; 14:16; 16:6, 17; 시편 34:15[14]; 37:27을 참조하라. 이것들은 모두 전형적으로 지혜를 가르친다.

2 욥의 인격이 그가 많은 후손과 소유를 갖게 되는 전제 조건이었음을 히브리어는 세밀하게 제시한다(바브 계속법). 그러나 여기서 작용하고 있는 것은 미덕과 보상의 응보 신학이 아니라, 경건한 사람들이 그 안에서 한 분깃을 나누어 갖는 오래된 하나님의 축복 개념이다(포어러). 사람이 가질 수 있는 최고의 복으로 눈에 띄는 아들 숫자가 제일 먼저 언급된다. 참조. 시편 127:3에서는 "아들"이 야훼로부터 온 "유산"(נחלה-나할라), 즉 은혜의 선물이며, 거의 "혜택"의 의미로서의 "보상"(שׂכר – 세케르)이다. 또한 참조. 시편 128:3; 144:12. "일곱"이라는 수는 완전 혹은 완벽을 상징한다. 여기서(마찬가지로 42:13; 룻 4:15; 삼상 2:5; 참조. 렘 15:9) "일곱 아들"은 고대 근동에서 종종 그렇듯이 이상의 극치다. 앞서 언급한 우가릿 문헌에서 카렛은 일곱 아들을 가지고 있다(*CTA* 15.2.23; Gibson, 91; 바알과 모트는 때때로 그렇게 생각되는 일곱 아들이 아니라 일곱 사환을 가지고 있다〈*CTA* 5.5.8-9; 6.6.8; Gibson, 72, 80〉). 참조. 오빗의 니오브의 일곱 아들과 일곱 딸, *Metamorphoses* 6.182-83. 일곱 아들과 세 딸의 비율은 아들에게 부가된 우월 가치를 반영하며, 또한 비록 이야기 작가가 여기서 인습적인 성 이데올로기를 무비판적으로 채택하지만, 42:15에서 욥의 재산이 회복될 때는 욥으로 하여금 그의 딸들에게도 아들들과 똑같이 재산을 나누어 주게 함으로써 그러한 인습을 어긴다. 셋이라는 수치는 그 자체로 완벽한 전체를 상징하고, 세 명의 여자 인물로 된 그룹은 많은 고대 전설이나 신화에서 쉽게 만날 수 있다(바알의 세 딸〈*CTA* 3A.1.23-25; 3C.3-4; Gibson, 46, 48〉; 삼미신〈three Graces〉, 헤스페리데스〈Hesperides〉, 고르곤〈Gorgons〉, 운명신〈Fates〉, 진노신〈Furies〉, 질서신〈Horae〉, 모두 세 명의 여신으로 구성된 그리스 신들). 또 다른 정수 10에 이르는 7:3의 비율은 3절에서도 보인다(3000:7000; 왕상 11:3; 솔로몬의 700명의 왕비와 300명의 첩도 참조하라.).

욥의 아내가 그의 복들 가운데 언급되지 않는 것은 그녀의 애매한 역할 때문이라기보다는 그녀를 2:9의 중요한 시점에 나타나도록 연기시키는 것이 극적으로 훨씬 더 효과적이기 때문일 것이다.

3 욥의 재산도 그의 정직함과 경건함의 결과다: 사용된 동사는 2절의 복의 열거가 이어진다는 것을 나타낸다. 욥의 재산은, 이 내러티브의 족장 기호와 조화를 이루어 전적으로 그의 가축과 종들과의 관계 속에서 묘사된다(참조. 창 12:16; 26:14; 30:43; 46:32; 삼상 25:2). 욥도 경작지(참조. 14절; 5:23; 31:38)와 금(참조. 22:24; 31:24; 42:11)을 소유하고 있음이 분명하지만, 반면에 (경작용) 소들(밭의 소출을 옮기기 위한)과 나귀들의 수량은 가축들 이외의 부의 형식을 가리킨다(족장 시대에 부의 형식으로 가축 가운데 있는 금과 은에 대해서는 창 24:35을 참조하라). 여기서는 동물에 대한 배타적 언급으로 인해 욥이 족장 패턴을 따르는 유목민으로 묘사되는 인상을 받지만, 책 전체적으로 볼 때 욥은 한 "성읍"을 다스리는 정착 농경민으로 나타난다(참조. 특별히 29-31장).

"양"이라 번역된 촌(צאן)은 보통 함께 풀을 뜯는 양과 염소를 모두 포함한다(참조. 마 25:32). 낙타들은 사람이 타는 데 뿐만 아니라(참조. 창 24:10; 31:17, 34; 삿 6:5; 사 66:20) 짐을 옮기는 데도(참조. 창 37:25; 왕하 8:9) 사용된다. 그들이 여기 목록 가운데 있는 것은 족장 내러티브 방식 때문이며, 따라서 이 이야기나 욥기의 연대를 말하는 증거로 사용될 수는 없다(포어러와 헤세는 이에 반대다; 낙타의 가축화에 대해서는 K. A. Kitchen, *IBD* 1:228-30를 보라). 아리스토텔레스는 아랍인들이 때때로 여기 욥에게 돌려지는 숫자처럼 삼천 마리의 낙타를 길렀다는 고증을 제시한다(*De anim. hist.* 9.50.5). 그러나 그런 숫자는 정착 농부인 욥보다 베두인 같은 낙타 유목민들에게 더 적절할 것이다. 소들은 쌍으로 연결된다. 그리고 땅 한 "겨리"(צמד-체메드)는 한 쌍의 소들이 하루에 밭을 갈 수 있는 면적이었다(삼상 14:14; 사 5:10). 소들은 밭을 갈고(삼하 6:6) 짐을 나르는 데도(대하 12:41[40]) 사용되었다. 수나귀보다 암나귀들이 언급되는 것은 젖을 내고 새끼를 낳는 그들의 우수 가치 때문이다(참조. Pliny, *Nat. Hist.* 28.50.183; 8.68.167-70). 최근 몇 세기에 시리아에서는 암나귀들이 수나귀들의 값보다 세 배나 더 비싸게 팔렸다(벳츠타인, 델리취에 의해 인용). 암나귀들은 사람이 타기에 더 좋다고도 말해진다. 훨씬 더 적은 수이기는 하지만 수나귀들도 기를 필요가 있을 것이다(참조. 창 32:16[15]). 나귀들은 여러 농장 일에 사용되는데, 사람을 태우는 데 사용될 뿐만 아니라(예를 들어, 삼하 17:23), 짐을 나르고(예를 들어, 창 42:26), 밭을 갈고(신

22:10; 사 30:24), 곡식을 타작하는 데(참조. *ANEP*, 89) 사용된다. 구약 음식법에 따르면(레 11:2-8; 신 14:3-8) 나귀는 부정하다. 그럼에도 불구하고 나귀 고기는 먹었던 것 같다(참조. 왕하 6:25). 수가 많은 동물들은 분명히 그들을 돌볼 많은 "종들"을 필요로 할 것이다. 종들이 이 목록에서 마지막으로 언급되는 것은 그들의 가치가 덜 소중해서가 아니라 동물들이 그들을 필요로 하기 때문일 것이다(이런 종류의 목록에서 종들이 마지막으로 나오는 것에 대해서는 창 26:14 참조; 그리고 우가릿에서는 *Le palais royal d Ugarit*[Mission de Ras Shamra 6; ed. C. F.-A. Schaeffer; Paris: Imprimerie Nationale et C. Klincksieck, 1955] 3:57, text 15.120, lines 17-19). 그럼에도 불구하고 종들은 아무런 법적 권리를 가지고 있지 않기에 재산으로 분류된다.

여기서 동물들의 수는, 비록 부유한 사람에게는 아주 실제적인 수라 할지라도(참조. 나발의 삼천 마리의 양과 일천 마리의 염소, 삼상 25:2), 매우 세밀하게 다듬어진 것임에 분명하다. "정수의" 숫자들인 7과 3, 그리고 그들의 합계 10은 중요치 않은 내용을 표면적으로 상징적 가치로 채우는 민간 설화 스타일의 표지들이다.

여기서 욥의 "위대함"은 전적으로 그의 "재산"이다(가돌〈גדול, "위대한"〉을 "부유한"으로 읽는 경우에 대해서는 창 26:13; 삼상 25:2; 삼하 19:33[32]; 왕하 4:8을 참조하라). "동방 사람들"(בני־קדם – 브네-케뎀)이라는 표현은 유프라테스 강 북쪽에 사는 아람인들(창 29:1) 그리고 에돔, 모압, 암몬(사 11:14) 혹은 미디안(참조. 삿 6:3) 같은 보다 남쪽 지방에 거주하는 자들에게 무차별적으로 적용된 포괄적인 용어다. 이 용어로부터는 이스라엘의 동쪽 외에 더 구체적인 위치를 세울 수 없다(포어러와 헤세는 그것이 정확히 사파〈Safa〉 지방을 가리킨다고 믿는다). 욥의 재산이 모든 "동방 사람들"의 재산을 능가한다는 것은 필연적으로 그가 그들 가운데 한 명이라는 것을 의미하지는 않는다(참조. 왕상 5:10[4:30]에서는 솔로몬의 지혜가 모든 "동쪽 사람"의 지혜보다 크다고 말해진다). 비록 그것이 자연스런 해석임에도 말이다. 이 사람들에 대한 다른 언급들은 창세기 25:6; 예레미야 49:28; 에스겔 25:10 등에 있다.

내러티브는 다시 욥의 경건의 주제로 돌아간다. 인상적인 하나의 예가 칭찬의 백마디 형용사보다 욥의 특징에 대해서 더 많이 말해 준다. 동시에 욥의 모든 자녀들이 어떻게 한 곳에 모일 수 있고, 그래서 그들을 한 번에 치는 같은 운명을 당하게 될 수 있는지(1:18-19)를 설명해 주는 이 작은 묘사로 인해 내러티브의 흐름이 앞당겨진다.

4 사무엘하 13:7, 20; 14:31에서 왕자들이 자기 집을 가지고 있는 것처럼, 욥의 일곱 아들들도 각각 자기 집을 소유하고, 또 여러 날 동안 지속될(4절) 음식과 포도주의 성대한 잔치를 준비할 수 있는(13절) 부를 소유한 왕자 같은 인물들로 그려진다. 한 주간의 날짜 수와 일치하는 숫자 7이 있지만, 욥의 자녀들이 일년 내내 연회에 빠져 있었다는 의미는 담겨 있지 않다(덤, 도름, 휠셔, 포어러, 로울리가 그렇게 본다; 참조. 칠십인경; 참조. 눅 16:19). 사실이 그렇다고 하더라도, 어떤 비난도 내포되어 있지 않고, 끊임없는 잔치 생활(피크)은 묘사의 목가적 성격에 정확히 들어맞을 것이다. 그러나 "그 잔칫날이 지나면"이라는 표현(5절)은 한 주기의 잔치가 끝났다는 것보다는 몇 일 동안만 지속되는 잔치를 말한다(참조. 삿 14:10-18과 토빗 11:19의 칠 일 잔치, 그리고 유월절-누룩 없는 빵과 초막의 칠 일 간의 제의 축제). 누이들을 초대하는 것도 사치스런 생활의 계속됨보다는 비정기적인 특별 잔치를 가리킨다. 각각의 형제의 "날"은 그들의 생일로 보는 것이 가장 자연스럽고(참조. 3:1과 호 7:1의 "그의 날"), 아니면 "그의 정해진 날, 즉 그의 순서가 돌아온 날"과 같은 말일 것이다(고디스). 잔치 행사들은 수확을 축하하는 것(Ingathering)과 같은(포프) 연례 축제는 아니었을 것은, 그런 종교적 축제들은 부모의 집에서 거행되었을 것이기 때문이다. 잔칫날에는 결혼하지 않은 것으로 그려지는 것 같은 그 아들들(드라이버가 "한 명의 어머니에게서 난 일곱 명의 성인 아들들이…모두 결혼하지 않고 있는 것은 그 시대와 나라의 사회적 관습과 전혀 맞지 않을 것이다"라고 말했음에도 불구하고)이 마찬가지로 결혼하지 않고 아직 그들 아버지의 집에서 살고 있을 누이들에게 오라고 사람을 "보내거나" 혹은 그들을 초대했을 것이다. 잔치에 딸들이 참여하는 것은 사르나에 따르면(N. M. Sarna, *JBL* 76[1957] 24) 설화의 고대 서사 성격의 한 특징이다. 분명히 여기서 묘사되고 있는 것은 곧 다가올 비극으로 인해 어두워질 좋은 분위기와 화목한 가정의 정경이다.

5 비록 실제로 신경증 환자처럼 불안하지는 않을지라도, 욥의 경건은 철저하되 지나치게 그러하다. 따라서 여기서 거의 강박관념적 **완벽 과민증**(*manie de perfection*)을 보는 것도 무리는 아닐 것이다(E. Gutheil, in W. Stekel, *Compulsion and Doubt*[tr. E. Gutheil: New York: Liveright, 1949] 9; J. Kahn, *Job's Illness: Loss, Grief, and Integration. A Psychological Interpretation*[Oxford:Pergamon, 1975] 18). 그러나 한 가정의, 심지어 다 자란 아들들과 딸들의 가장으로서 그가 그들의 행동에 대해 하나님께 책임이 있다고 생각하고, 솔선해서 그들 편에서 있었을 죄를 예방하는 것은 충분히 납득할 만하다. 그의 자녀들이 말로나 행위로 공개적으로 죄를

지었을 것이라고 가정되지는 않는다. 그들의 잔치는 분명히 단정하다. 그러면 그들이 죄 중에 가장 큰 죄인 "하나님 저주"의 죄(죽음의 형벌을 받을 수 있는 죄; 참조. 2:9; 왕상 21:10)를 범했을 것이라고 욥이 두려워하는 것은 다소 이상하다. 사실, 히브리어는 바라크(ברך, "찬양하다")라는 보통 단어가 사용되고 있다. 그러나 하나님을 찬양하는 것은 전혀 "죄"가 아니기 때문에 그 동사는 신의 이름이 욕설 용어와 연결되는 것을 막고 있는 1:11; 2:5, 9; 열왕기상 21:10, 13; 시편 10:3에서와 같이 여기서도 완곡하게 사용되고 있음이 분명하다.

대부분의 주석가들이 보지 못한 어려움을 두 가지 방식으로 설명할 수 있다. 첫째로, 전통적으로 "저주하다"로 번역되는 동사 칼랄(קלל) – 여기서 "찬양하다"(ברך)가 그 대신 사용되고 있는 동사 – 은 당연히 "경멸하다, 가볍게 여기다"를 의미한다(C. A. Keller, *THWAT* 2:643를 보라; 참조. 5:3의 קבב). 그러면 욥의 걱정은 그들이 즐거움에 도취되어 어떤 식으로든 하나님을 간과하거나 소홀히 했을 가능성(JB의 "모독했다"는 거의 맞지 않음), 즉 그들에게는 무엇인가를 범한 죄보다는 하지 않은 태만 죄의 잘못이 있을 수 있다는 것일 수 있다. 그러나 이 설명은 "하나님을 찬양하다"라는 어구에 그것이 1:11; 2:5, 9에서 지니는 것과는 다른 의미를 부여할 것이다(기욤이 직면하고 받아들인 어려움). 두 번째 설명, 즉 "하나님을 찬양하는 것"은 욥이 그의 자녀들이 범했을 것이라 추측하는 유일한 죄가 아니라 그들이 아무도 모르게 범했을 최악의 죄라는 설명이 아마 더 만족스러울 것이다. 이렇게 이해하면, 욥을 근심케 하는 것은 태만 죄의 가능성이 아니라(참조. 드라이버), 감추어진 죄의 가능성이다. 욥의 걱정을 나타내는 그러한 표현으로 인해, 아직 다가오지 않은 그 자신의 유혹이 예시된다. 자기 자녀들이 "하나님을 저주"했을까봐 그들을 위해 자신을 불편하게 하는 그 사람 자신이 어떻게 아내와 천상의 한 존재에 의해 "하나님을 저주하는 것"이 그에게 가장 마땅한 태도로 보여지는 지경에 빠지게 되는지를 두고 보라고 내레이터는 말하고 있다.

가족의 "거룩함" – 그들의 의식적 정결함과 신의 보호 영역의 테두리 내에서의 안전 – 에 대한 욥의 걱정은 그로 하여금 그의 자녀들을 "호출하고", "성결하게" 하도록 한다(4절의 동일 표현의 경우처럼). "호출하다"라는 단어에는 공식적이고 고전적인 암시가 들어 있다. 그가 그의 아들들의 집을 방문하지 않는 것이 욥의 가장적 위엄의 문제(포프)는 분명히 아니다. 함축된 의미는 욥은 그의 자녀들이 초래했을지도 모르는 흠을 제거하기 위해 계획한 한 제사에 그들도 참석하도록 하기 위해서 그들을 호출한다는 것이다. 죄와 관련된 어떤 전문 용어가 사용되지 않고(제사장 법의 하타트〈חטאת〉와 같은. 예를 들어, 레 4장), 다만 일반 용어 올라(עֹלָה, "〈올라가는〉 제물")가 사용된다(그것도 "전체를 드리는 번제"와 같은 전문적 의미로가 아니다. 예를 들어, 레 1장). 이는 이야기의 시대적 · 지리적 배경이 제사장 법의 지평 너머에 있기 때문이다. 같은 이유로, 제물 즉 열 마리 혹은(가능성이 없지만 만일 아들들만 고려되었다면) 일곱 마리의 동물을 바치는 사람도 제사장이 아니라 가장으로서의 욥 자신이다(참조. 창 8:20; 22:2, 13; 31:54; 46:1).

일부 학자들은 "성결케 함"(קדשׁ - 키데쉬)을 제사에 대한 의식 준비 과정으로 생각했고, 씻는 일과 의복을 갈아입는 일을 포함하는 것으로 보았다(참조. 창 35:2; 출 19:10, 14; 수 3:5; 7:13; 삼상 16:5). 데이빗슨, 피크, 드라이버, 호르스트가 그렇다. 다른 사람들(가령, 도름)은 야콥(B. Jacob, *ZAW* 32[1912] 278-79)을 따라 카다쉬(קדשׁ) 그 자체가 곧 수행될 제사로의 초대를 의미한다고 믿지만(참조. 욜 1:14; 2:15; 4:9[3:9] 등에서 카라〈קרא, "호출하다"〉가 카도쉬〈קדשׁ〉와 평행), 이는 개연성이 적다. 제사 자체는 일어났을 가능성이 있는 죄를 제거하기 위해 고안된 것이기에, "그가 그들을 성결케 했다"는 표현에서는 곧이어 확장될 선행 언설을 보는 것이 가장 자연스럽다.

놀랍게도 욥기 내에서는 제사가 신과의 의사 소통 수단으로 여겨지지 않는다 - 본 구절과 42:8은 제외하고. 그러한 행위로 가장 가까운 접근은 자기 자신의 서원을 갚는 것에 대한 엘리바스의 언급이다(22:27). 그러나 전체적으로 볼 때 자신의 죄 없는 삶에 대한 욥의 말이 조용히 증거하고 있듯이, 하나님과의 관계는 주로 바른 행위의 문제이지 종교 행사의 문제가 아니다. 이런 면에서 욥기의 대화들은 잠언과 전도서의 지혜 교훈의 태도와 완전히 일치한다. 이 태도가 이스라엘 종교 내에서 얼마만큼 대안적 태도를 대표하는지, 그리고 역사, 언약, 제의의 보다 넓은 구조 내에서 그것이 얼마나 의식적으로 한쪽으로 치우쳤는지 아니면 제대로 적법한지 말하는 것은 불가능하다. 분명한 것은 오직 명백히 민간 전승적이고 지혜 전통에 의해 생기지 않은 부분들에서만 제사가 주된 것은 아닐지라도 인간과 신 사이의 자연스런 접촉 수단으로 나타난다는 것이다.

4-5절 사이에 들어 있는 이 작은 장면은 우리의 이야기 작가의 전형적인 허위단순(*faux naïf*) 스타일로 서술되었다. 서술에 있어 아무런 과장된 모양이 없지만(형용사도 없고 수량의 부사도 없다), 그 장면은 모든 면에서 화려하다. 깨어지지 않은 가정의 행복이 있고, 누이들의 잔치 참여에 의해 그 행복이 한층 더 강조된다. 흐트러지지 않은 생활 방식이 있고, 그 생활 속에는 즐거움에 몰두한 자녀들의 도

취와 그들을 보호하려는 욥의 헌신적 사랑이 짝을 이룬다. 욥의 비상한 면밀함은 심지어 보이지 않는 죄도 포함해야 하고, "아침 일찍" 분발해야 하며, 하나가 아니라 열 개의 제물을 바쳐야 하고, 그것의 책임을 게을리하지 않고 "계속해서 그렇게 해야" 한다. 자녀들과 마찬가지로 욥에게 전혀 짐이 아닌 이 확고히 정해진 일상은 단조로운 음의 연속이 아니라 그들 모두의 삶에 들이닥칠 폭풍 같은 일에 대한 불길한 서곡이다.

6-12 사탄과 하나님: 첫 번째 대면. 첫 장면의 무시간성에서 내레이터는 우리를 한 특정 시간으로 옮겨 간다: "하루는." 그리고 동방 사람들의 땅의 영역에서 신의 궁정 혹은 의회의 하늘 영역으로 우리를 데려간다. 따라서 이 두 번째 장면은 한편으로는 내러티브 전체를 시작하게 하면서, 다른 한편으로는 이어서 나타나는 사건들의 동기를 제공한다. 우리는 여기서 욥이 절대로 알지 못하는 것, 즉 그의 고난은 특별한 원인을 가지며 어떤 목적에 쓰여진다는 것을 알게 된다. 욥의 고난의 원인은 욥의 경건함이 사심 없는 것이 아니라는 사탄의 도전과 그 도전을 받아들인 하나님의 용인이다. 고난의 목적은 욥의 경건함에 대한 하나님의 평가를 증명하고, 그럼으로써 인간들로부터의 사심 없는 경건을 원하시는 하나님의 요구를 정당화하는 것이다.

욥의 고난의 배후에 있는 사건들을 드러내는 이 계시(이 용어가 정확하다)는 다음 질문을 아주 날카롭게 제기한다: 욥기는 욥에 관한 것인가, 아니면 고통을 겪는 한 사람에 관한 것인가? 우리가 3-42:6만 가지고 있다면, 후자라는 데 의심의 여지가 없다. 그렇다면 특정 이름과 장소 그리고 연속된 특정 "날들"을 가진(1:6, 13; 2:1) 프롤로그와 에필로그의 전승 내러티브는 우리의 강한 인상을 완전히 전복시키고, 욥기를 스쳐 지나가는 것으로 외에는 "지혜" 혹은 "교훈"이 아닌 단순 전기로 보는 관점에 우리를 제한시킬 것인가? 그 사람 이름과 장소와 시간의 불확정이 이 책 자체에서 이미 일어나기 시작한 해석학적 전환, 즉 한 특정 개인에게서 한 보통 사람으로의 전환을 가리킬 수는 없는가? 그 전승 이야기에 따르면(8절) "욥과 같은 이가 없다"고 하는데, 그러나 동시에 무고한 고난자 모두에게 어울리는 형용 어구들이 그에게 적용된다. 정말로 욥이 보통 사람이라면—그리고 욥기의 핵심 내용이 우리에게 그렇다고 확신시킨다면, 그의 고난의 원인은 모든 무고한 고난의 원인인가, 그리고 하늘 대화의 날은 고대 시대의 어떤 순간이 아니라 동일한 장면이 영속적으로 재연되는 시간을 초월한 날이었던가?

물론 이 책의 상당 부분은 그러한 원인과 목적을 모르는 상태에서 진행된다. 3장에서부터 42장까지 펼쳐지는 욥의 고난의 드라마가 1-2장에서 묘사된 하늘 사건들과 절대 만나지 않도록 만든 것보다 더 작가의 세밀함을 잘 나타내 주는 표지는 없다. 우리에게는 1-2장이 욥의 고난의 기원에 관한 진실이라는 것을 믿는 것 외에 다른 선택의 여지가 없지만, 우리는 절대로 그 기원들이 욥의 고난과 관련되어 있다고 느끼지 않으며, 또한 욥기의 비극을 결코 1-2장의 사건들에 대한 욥의 무지라고 생각하지 않는다. 심지어 만일 욥이 우리가 아는 것을 알았다면 그의 고난이 더 심했을 것이라고 우리는 추측한다. 우리는 모르지 않지만, 욥은 모른다. 그런데 욥의 무지는 인간의 앎 못지 않게 인간의 조건에 속한다. 자신의 고난 뒤에 있는 원인들을 모르는 욥의 무지가 그러한 원인들을 아는 우리의 앎 속으로 삼켜지지 않는다. 오히려 우리에게는 무지 가운데 겪는 욥의 고난이 그의 무지를 부정하는 우리의 앎보다 더 의미가 있는 것 같다.

6 무대 장면이 땅 위 한 모임으로부터(4-5절) 보다 중요한 모임으로 전환된다. 그것은 천상 의회 모임으로, 여기서 하나님은 신하들로 둘러싸인 왕으로 그려지고, 그 신하들은 완전한 의미에서 인간도 아니요 신도 아니라 천상의 존재들인 "하나님의 아들들"이며, 그들의 본질은 하나님의 본질로부터 파생되고, 그들의 지위는 초인적이다. 왕이 그의 신하들에게 둘러싸여 그들로부터 보고를 받고, 그들과 상의하며, 그들에게 지령을 내리는 모습의 왕실 의회 개념은 특별히 이집트로부터 잘 알려진 것이며, 아마도 이스라엘에 대해서도 똑같이 추정될 수 있을 것이다. 왕과 관련된 일반 행위가 하나님에게도 돌려지지만, 어디까지가 창작 도구로서이고 또 어디까지가 진지한 신앙의 문제로서인지를 결정하기는 어렵다. 이 장면과 가장 비슷한 본문은 이믈라의 아들 미가야가 여호와를 그의 신하들이 좌우편에 함께 하고 "보좌에 앉아 있는" 모습으로 그리는 열왕기상 22:19-22이다(왕실 이미지가 뚜렷하다). 그리고 다니엘 7:9-14에서는 "옛적부터 계신 이"가 한 보좌에 앉아 있고, 수천 명의 신하들이 그를 시중 들며, 판결 법정이 세워진다. 동일한 복합 관념에 대한 다른 언급들은 시편 7:8[7]; 29:9-10; 82:7-8[6-7]; 103:19; 이사야 6:1-8; 40:13-14; 욥기 15:8에 나타난다. 의회에 맞는 용어들은 쏘드(סוד)와 에다(עדה)이다. 천상 의회에 대해서는 H. W. Robinson, "The Council of Yahweh," *JTS* 45(1943) 151-57; F. M. Cross, "The Council of Yahweh in Second Isaiah," *JNES* 12(1953) 274-77; R. N. Whybray, *The Heavenly Counsellor in Isaiah xl 13-14*(SOTSMS 1; Cambridge: CUP, 1971)를 보라. 고대 근동 종교들에 나타나는 동일 개념에 대해서는(예를 들어, 우가릿어의 *pḫr ilm*나 *'dt ilm*, 혹은 악카드어의 *puḫur ilāni*) M. H.

Pope, *El in the Ugaritic Texts*(*VTSup* 2; Leiden: Brill, 1955) 48-49; W. H. Schmidt, *Königtum Gottes in Ugarit und Israel*(BZAW 80; Berlin:A. Töpelmann, 2nd ed., 1966) 26-28를 보라.

하늘 법정을 이루는 "하나님의 아들들"은 다른 고대 근동 문헌에도 나오는데, 특별히 우가릿 문헌에서 그렇고, 거기서 상응 용어 *bn il*("하나님의 아들") 혹은 *dr bn il*("하나님 아들들의 가족") 혹은 *dr il*("하나님의 가족") 등이 나타난다(예를 들어, *CTA* 32.16-17; 15.3.19; Gibson, 92). 가나안 종교에서는 하나님(엘, El)의 아들들이 그의 육체적 후손들로 그려진다. 그러나 히브리어에서는 "…의 아들들"이라는 용어는 그들의 "아버지"에게 속하거나 붙어 있는 또는 어떤 식으로든 그 아버지의 본질적 특성에 참여하는 그룹 일원들에 대해서도 사용될 수 있다(예를 들어, "선지자의 아들들"; 참조. 또한 BDB, 121b, § 7a). 신의 동료 혹은 신의 배우자가 상상될 수 없는 유일신 종교의 테두리 내에서는 두 번째 관점이 당연히 우세했다. 이 천상의 존재들(브네 [하]엘로힘〈בני [ה]אלהים〉, 브네 엘림〈בני אלים〉, 브네 엘리욘〈בני עליון〉)은 38:7에서는 계명성과 병행하고, 열왕기상 22:19에서는 "하늘 군대"로 확인되며 그리고 시편 82:1, 6에서는 단순히 "신들"이라고 불린다(참조. 또한 창 6:2, 4; 신 32:8[수정됨]; 시 29:1; 89:7[6]; 단 3:25). 똑같은 인물들이 "사자들, 천사들" 혹은 하나님의 "종들"로 알려진다(4:18에 관한 부분을 보라). 후기 유대 신학과 기독교 신학에서는 구약에 나타나는 그런 언급들이 천사들(칠십인경이 그것으로 "하나님의 아들들"을 번역하는 용어)을 의미하는 것으로 해석되었다. 좀더 자세한 것은 Die Göttersöhne, *ZRGG* 12(1960) 242-51; G. Cooke, "The Sons of(the) God(s)," *ZAW* 76(1964) 22-47; M. Tsevat, "God and the Gods in Assembly," *HUCA* 40/41(1969-70) 123-37; C. H. W. Brekelmans, "The Saints of the Most High and Their Kingdom," OTS 14(1965) 305-29를 보라.

어느 특정한 날에 "하나님의 아들들"이 여호와 앞에 "알현하러"(התיצב – 히트야체브) 나온다. 이 동사는 보고하고 지시를 받기 위해 왕 앞에 신하들이 나타나는 것을 의미한다(참조. 잠 22:29; 슥 6:5; 동일 개념이 보다 흔한 어구인 "…앞에〈לפני – 리프네〉 서다"에 의해 제시된다, 예를 들어, 왕상 22:21). 사르나는 이 용어에서 고정된 하나의 전통 표현을 보았다(N. M. Sarna, *JBL* 76:56[1957] 13-25[22-23]). 비록 탈굼은 그 날을 "연초 심판 날"(יומא דדינא ברישׁ שתא)로, 그리고 2:1의 그 다음날을 대속의 날로 보았지만 – 이 두 날이 랍비 세계관에서는 인간의 운명이 결정되고 그런 후에 봉인되는 날들이다 – 본문 이야기상으로는 어떤 특정한 모임

날이 그려지지 않는다. "하루는…"(ויהי היום+ **바브** 연속법과 "미완료")이라는 어구는 적지 않게 그 날의 특징에 어떤 강조를 두는 것 없이 하나의 장면을 도입한다(예를 들어, 삼상 14:1; 왕하 4:8, 11, 18; 또한 "원문주해" 1:6.a도 보라).

사탄이 "하나님의 아들들" 가운데 온다. 일부 학자들은 그가 "그들 가운데로"(בתוכם – 베토캄) 왔다고 분명히 말해지기 때문에 그는 그들 무리에 속할 수 없다고 주장하거나(테리앙), "그가 혼자 그의 일에 관한 질문을 받는 것은 그에게 거기에 있을 자격이 없기 때문이다"라고 주장했다(앤더슨; 참조. 도름의 "하나님의 아들들 사이로 사탄이 살며시 들어갔다"). 그러나 "…가운데" 있다는 말은 빈번하게 해당 그룹의 일원임을 표현한다. 따라서 창세기 23:10; 40:20; 열왕기하 4:13 그리고 그룹의 일원임을 의미하는 흔한 표현 "…가운데로부터"를 참조하라. 그리고 사탄이 하나님의 질문에 발탁된 것은 이야기에 따른 것 외에 다른 아무 목적도 가지지 않는다: 어쨌든 하나님과 사탄의 대화는 시작되어야 한다. 보고할 것을 가지고 궁정에 도착하는 "하나님의 아들들" 모두에게 일관되게 건네지는 것이라고 우리가 무리 없이 가정할 수 있는 질문을 하나님이 사탄에게 하도록 하시는 것 외에 어떤 더 자연스런 방법이 있을까? 다른 이야기에서 다른 "날"에는 사탄이 신하들 무리 속으로 사라질지 모른다. 그러나 오늘은 그가 중요한 역할을 하는 드라마가 전개될 것이다.

"하나님의 아들들" 가운데 한 일원인 "사탄"의 성격과 기능은 무엇인가? 우리의 주목을 끄는 첫 번째는 욥기에서는 모든 경우에 그 용어 앞에 정관사가 나타난다는 것이다(1:6, 7에 두 번, 8, 9, 12절에 두 번; 2:1, 2절에 두 번, 3, 4, 6, 7절). 이 사실은 우리로 하여금 이 사탄을 후대의 유대교와 기독교 신학의 "사탄"과 동일시하지 못하도록 한다. 후자가 분명 전자로부터 파생된 것이지만, 욥기 내에서 "그 사탄"의 성격과 역할을 정하려 할 때는 그 인물의 나중 발전을 무시하는 것이 가장 좋을 것이다. 의미론적 접근들은 단지 제한된 정도에서만 유용하다: 사탄(שׂטן)이라는 동사는 "대적자가 되다 또는 대적자로 행하다"(BDB), 혹은 "원한을 품다, 증오를 간직하다"(KB) 등을 의미한다. 시편 38:21[20]; 71:13; 109:4, 20, 29에 나타나는 것들은 모두 그 시인들의 인간 대적자들을 가리키고, 분명히 상당히 후대에 속하는 구절인 스가랴 3:1에서만 그 동사가 "그 사탄"의 활동에 대해 사용된다. 사무엘상 29:4; 사무엘하 19:23[22]; 열왕기상 5:18[4]; 11:14, 23, 25; 시편 109:6에서는 (법정 상황에서) 명사형 자체(שָׂטָן)가 인간 대적자들에게 적용된다. 그 동사가 명사에서 파생되었는지(명사 유래어로서; BDB가 그렇게 봄) 아니면 그 반대의 경우인지는 결정할 수 없지만, 비종교적 배경에서 사용된 그 동사와 명사의 충분히 입증된 용법은 여기서 타이틀이 아니라 하나의 기능에 대한 묘사를 다루어야 함을 확증해 준다. (사탐〈שׂטם〉이라는 동사가 사탄〈שׂטן〉의 이형이라 하더라도 논의에 아무런 차이가 없는 것은 그 뜻이 사탄과 똑같기 때문이다. 반면에 그것이 욥을 향한 하나님의 적대감에 사용되는 경우〈16:9; 30:21을 보라〉는 사탄〈שׂטן〉과의 의도적 차별화를 나타낼지도 모른다.)

대체적으로 그 용어들의 다른 곳에서의 용법에 비추어 보면, 이 곳의 "사탄"은 어느 정도는 대적자 혹은 적대자임을 알 수 있다. 그러나 그 정도의 내용은 본 이야기 자체로부터도 명백하다. 그의 기능에 관한 더 자세한 내용들은 오직 본 이야기로부터만 얻을 수 있다. 첫째로, 그가 하나님의 적대자인가, 아니면 욥의 적대자인가? 사탄이라는 인물에 대한 보다 후대의 신학 발전의 관점에서라면 독자는 "하나님의 적대자"라고 대답할 준비를 할 것이다. 그러나 이야기는 사탄이 야훼의 종속자이고, 야훼의 신하들 중 한 명으로 그 앞에 나오며, 야훼가 먼저 발동하는 것에 부응하고 그리고 야훼의 승인 없이는 행동할 수 없다는 것을 명백히 한다. 그가 위임받지 않은 유일한 일은 야훼 "부추기기, 선동하기"다(2:3). 비록 그 의미는 단지 "부추기려고 시도하다" 등의 정도에 국한되어야 하지만 말이다(파타〈פתה, "설득하려 시도하다"〉처럼; 참조. D. J. A. Clines and D. M. Gunn, *VT* 28[1978] 20-27). 따라서 이 이야기의 사탄은 **욥의** 대적자다. 그런데 그는 본성상, 즉 그가 초인적 적대감의 구현으로 모든 인간들에게 대적자이기 때문에 욥의 적대자인가, 아니면 이 이야기의 진행 방식 때문에 욥의 대적자인가? 그는 혹시 오직 예시적으로만 "대적자"라고 불리는 것인가(비슷하게 T. H. Gaster, *Myth, Legend, and Custom in the Old Testament*[London: Duckworth, 1969] 786)? 심지어 헤세는 욥 이야기는 원래는 사탄을 한 "영"으로 불렀고, 오직 포로 후기 귀신론의 발전 과정에서 "사탄"이라는 용어가 그에게 붙게 되었다고 제안한다. 그가 "사탄"인 것이 본성상 그런 것인지 혹은 이 에피소드의 이유로 그런지 내러티브가 말해 주지 않지만 후자일 가능성이 높기 때문에, 여기서 그려지는 "사탄"을 인류의 대적 즉 "우는 사자와 같이 삼킬 자를 찾아다니는 악마"(벧전 5:8)로 고정시키는 것은 조심할 필요가 있다. 비록 그의 질문이 욥을 치는 것을 부추기고, 또한 그가 욥의 재난의 직접적 도구이지만, 그의 책임은 야훼의 책임보다 절대로 크지 않음이 분명하다-사실은 더 적다. 왜냐하면 야훼는 사탄의 말을 들어주어야 하는 강제성 아래 있지 않기 때문이다(적어도 욥기에 관한 한). 요컨대, 사탄은 욥의 대적자다. 행위의 관점에서 보면 야훼보다 훨씬 더 그렇다. 그러나 윤리학의 관점에서 보면 야훼보다 덜 그렇다.

만일 본문의 이야기 자체를 주된 준거로 취하면, 주석가들이 사탄에 대해 제시한 많은 해설들이 실패로 돌아간다. 본문의 사탄은 "나쁘지도", "악하지도", "악의적이지도", "냉소적이지도"(피크, 고디스) 않다. 우리는 "사탄이 자신의 의무를 너무나 진지하게 받아들여서, 결국 그것이 그 자신의 본성을 타락시킨다"(로울리), 혹은 "그는 인간의 선함에 대한 믿음을 모두 잃어버렸다"(피크)고 말할 수 없다. 그런 인물의 기원이 무엇이었든 간에, 여기서 사탄은 모든 불행과 특별히 질병의 원흉(휠셔, 3)이 아니며, 또한 법정 "고발자"(폰 라드, *TDNT* 2:73-74; 참조. 시 109:6의 שָׂטָן, 포어러는 이스라엘 사법 절차에서 그런 인물의 존재를 부정한다)도 아니다. 스가랴 3:1에서는 사탄이 잠정적 고발자로 등장하고, 역대상 21:1에서는(참조. 삼하 24:1) 악의 선동자, 즉 악을 **부추기는 자**(*agent provocateur*)로 나온다. 그러나 여기서는 경우가 다르다. 그는 "엄격하게 하늘에 종속되어 있고, 그가 행하는 모든 일들로 하늘 이익의 증진에 이바지한다"(데이빗슨).

그럼에도 불구하고, 사탄의 역할은 여전히 호기심을 자극한다. 그가 자신의 주에게 말하는 자유로움, 그가 그분에게 미칠 수 있는 영향, 그리고 그에게 주어지는 절대 권한 등 이 모든 것이 구약의 세계보다는 다신론 문화에 더 잘 맞는 것 같다. 비록 엄격한 의미에서는 여기서 유일신 신앙이 도전 받고 있지 않지만, 본 장면은 정신적으로 메소포타미아의 하늘이나 가나안의 "북쪽 높은 곳" 혹은 그리스 올림포스 신전에서나 만나는 신들의 모임을 반영한다. 이 장면이 이스라엘 세계 바깥의 이야기에서 비롯된 것이든 그렇지 않든, 그것은 우리로 하여금 다신론에 굳게 문 닫혀 있는 때조차도 열려 있는 신(들)의 세계를 묘사하고 이해할 수 있는 신화적이고 상상적인 가능성들을 살짝 들여다보게 해준다.

"하나님의 아들들"(혹은 후기 기독교 신학이 부르듯이 "천사들")의 개념화는 개념적이든 순수 문학적이든, 또는 의도된 것이든 부지중에든 신성의 다양성을 이해하려는 수단으로 보면 심원하다. "하나님의 아들들"이 존재하느냐, 그렇지 않느냐는 물음은 논점을 벗어난다. 요점은 만일 하나님이 지식이 많고 지혜로우시며, 단순히 실행하기보다는 결정하시고, 사소한 일들에 말려들기보다는 권한을 위임하시는 분으로 여겨져야 한다면, 협의하고 임무를 맡기는 권위 있는 사람들에 대한 인간의 경험이 하늘 영역에 그에 대응하는 제도를 요구한다는 것이다. 물론 하나님을 이런 식으로 그리는 것은 완전히 한쪽으로 치우친 것일 수 있고, 신적 통치자의 위엄을 완전히 접근 불가능한 것으로 석화시킬 수 있다. 그런데 구약과 신약은 모두 하나님

안에 있는 공성(公性, the official)과 사성(私性, the personal)의 양면성을 다루는데 놀랍도록 성공적이다. 초월과 내재의 이율배반이 설명할 수 없는 무작위 패턴으로 도처에 나타난다(예를 들어, 제사장 역사의 "초월의" 하나님이 동물들과 파충류 동물들을 "만드시고", 노아의 방주의 "문을 닫으신다". 반면에 초대 교회의 "내재의" 주님이 베드로를 감옥에서 구하기 위해 한 "천사"를 "보내신다"). 따라서 본 자료는 추적할 수 있는 분명한 방향을 허락하기는커녕 일관된 이중적 이해를 요구한다.

결국, 하나님과 하나님의 "천사" 사이의 구별은 결국에는 신현으로 끝나는 여러 천사 출현들과, 또한 – 욥기 내에서 말하자면 – 욥의 고난은 사탄의 작인을 갖는다는 내러티브의 확증(1:12; 2:6-7)과 하나님이 욥에게 재난을 일으킨 장본인이시라는 프롤로그의 주장의 피상적 충돌이 증거하듯이(예를 들어, 6:4; 7:14; 9:17) 다소 임의적이다(W. Eichrodt, *Theology of the Old Testament*[tr. J. A. Baker; London: SCM, 1967] 2:23-27도 보라). 우리는 "공동 인격"(corporate personality)이라는 개념이나 주인 인격의 "연장"으로서의 종이라는 개념을 불러일으키지 않고서도 "하나님의 아들들" 혹은 "천사들"은 신격의 구현(俱現)이며, 신 결정의 집행 수단이고, 인간사에 대한 지식 습득의 원천이라고 제안할 수 있다. 그들이 **오로지** 신의 속성, 능력 혹은 특질의 구현이라고 말하는 것은 인간의 능력 밖의 일이지만, 그들은 적어도 그렇다.

만일 그렇다고 하면, "하나님의 아들들"은 하나님의 축적된 지혜, 영속적 자기-심의(self-deliberation) 그리고 다양한 결정 행동의 구현으로서의 신학적 가치를 지닌다. 사탄은 그러한 해석과 어떻게 어울릴까? 그의 기능은 이중적이다: 그는 욥의 경건함이 사심 없는 것인지 의문을 제기하고, 또한 욥을 치라는 신의 위임을 실행한다. 이 두 기능 모두 하나님 자신과 안 어울리지 않는다. 어쩌면 사탄을 신의 의심의 표명, 하나님의 악마 같은 진노의 구현, 신격의 "어둡고" 나쁜 면에 대한 하나의 표현으로 나타내기 위해서 좀 극적으로 과장되게 말하는 것이다(다음의 경우처럼 말이다. R. R. Schärf, "Die Gestalt des Satans im Alten Testament," in C. G. Jung, *Symbolik des Geistes: Studien über psychische Phänomenologie*[Psychologische Abhandlungen 6; Zurich: Rascher, 1948] 151-319). 욥 자신은 자기의 고난을 하나님의 진노의 표명으로 경험하며(특별히 9장을 보라), 또한 신의 불확실과 의심의 개념은 구약에서 생소한 것이 아니다(좀더 자세한 것은 D. J. A. Clines, "Story and Poem: The Old Testament as Literature and as Scripture," *Int* 34[1980] 115-27[126]; J. G. Janzen, "Metaphor and Reality in Hosea 11," *Sem.* 24[1982] 7-44를 보라). 이렇게 보면, 욥기는 욥이 하나님을 위해 아주 특별한 일을 수행하고 있음을 보여 준다(그는 하나님에 의해 반복적으로 "나의 종 욥"이라고 불리지 않는가?; 참조. 8절에 대한 "주석"). 하나님이 인간의 경건이 사심이 없을 수 있다는 것을 확신시키셔야 하는 대상은 본질적으로 사탄이 아니라 하나님 자신이다.

이는 본 이야기의 신학적 독법 중의 하나다. 이런 독법은 이야기 작가의 본래 의도가 아니라고 우리는 가정할 수 있다. 그에게는 어색한 대면 상황에 있는 천상의 두 인격이 있다. 동등하지는 않지만 거리낌 없이 대화할 수 있고, 원수도 협력자도 아니요, 친구도 라이벌도 아닌 두 인격이다. 이들 두 인격 사이의 긴장 상황을 단순히 내러티브의 자료로 받아들일 수 있고, 아니면 그것의 반향(反響)을 찾아 신학적으로 정밀 조사를 해볼 수 있다. 강조될 것은 여기서 제시된 신학적 독법이 본 이야기에 근거한 상상의 심리적 추정 같은 것이 아니라, 본 이야기의 모든 중요한 논점에서 그 이야기와 잘 맞는다는 것이다. 따라서 만일 스스로를 의심하여 그 자신의 자기-확신을 확립하기 위해 욥의 충성을 시험해야 하는 하나님을 상상하기 어렵다면(신학적 해석), 그것이 욥의 경건이 사심이 없는지 알아보기 위해 사탄으로 하여금 욥을 치도록 허락할 필요가 있는 신을 상상하는 것보다(이야기 줄거리) 더 어려운가(파스칼의 표현대로)? "철학자들의 하나님"은 욥의 진의에 대한 범주적 확신으로 사탄의 문제를 눈 깜짝할 사이에 간단하게 처리할 수도 있을 것이다. 그러나 이 이야기의 하나님은 욥의 반응을 알기 위해서 고통의 형벌을 기다릴 필요가 있다. 이 이야기의 하나님은 많은 학자들이 인정하고 싶은 것보다 더 "인간적"이다. 이 이야기를 타당하게 해석하는 모든 독법들은 그러한 특색을 지닐 것이다. 사탄에 대해서 좀더 자세한 것은 G. von Rad, *TDNT* 2:73-74; A. Brock-Utne, "Der Feind: Die alttestamentliche Satansgestalt im Lichte der sozialen Verhältnisse des nahen Orients," *Klio* 28(1935) 219-27; H. Torczyner(Tur-Sinai), *ExpT* 48(1936-37) 563; 65; A. Lods, "Les origines de la figure de Satan, ses fonctions à la cour céleste," in *Mélanges Syriens*(FS René Dussaud[Paris:P. Geuthner, 1939]) 2:649-60; M. J. Gruenthaner, "The Demonology of the Old Testament," *CBQ* 6(1944) 6-27; R. Schärf Kluger, *Satan in the Old Testament*(Chicago: Northwestern UP, 1967); G. Wanke, *THWAT* 2:821-23; T. H. Gaster, *IDB* 4:224-28를 보라.

7 야훼가 사탄에게 어디에서 오느냐고 묻는 것은 (피상적이긴 하지만) 내레이터 필치의 단순성에 속한다. 그런 질문은 (덤이 생각했던 것처럼) 하나님 편에서의

무지를 의미하지 않는다. 비슷한 경우로, 하나님이 모세에게 "네 손에 있는 것이 무엇이냐?"고 물으시는 출애굽기 4:2이 종종 인용되는데, 거기서는 하나님이 이미 답을 알고 계시다는 것에 전혀 의심이 없다. 그 질문은 "하나님의 아들들" 가운데 한 중요한 일원으로서의 사탄에게 초점을 맞추고 이어지는 대화와 그 후속을 촉진하는 극적 기능을 갖는다. 그리고 야훼를 대화와 이어지는 활동의 선도자로 만드는 역할-수립 기능을 갖는다. 참조. 특별히 H. Rouillard, "Les feintes questions divines dans la Bible," *VT* 34(1984) 237-42; and also L. Koehler, "Archäologisches. Nr. 16-19," *ZAW* 40(1922) 15-46(38); B. O. Long, "Two Question and Answer Schemata," *JBL* 90(1971) 129-39.

사탄의 대답을 지나치게 해석하기가 쉽다. 스타일의 허위 단순성은 사실상 해석자들 사이에 여러 가지 미묘한 차이점들을 허락하고 심지어는 조장한다. 덤(Dubm)은 사탄의 대답 속에서 사탄이 "천상의 존재들 가운데 방랑자", 즉 방랑하는 일 외에 특별히 고정된 목적이 없는 존재라는 징후를 보았다. 피크(Peake)는 비슷한 취지로 일부 "하나님의 아들들"에게 고정 지역들을 할당해 주는 것(참조. 신 32:8; 단 10:13, 20-21; 집[회서] 17:17)과 사탄의 제한 없는 기능을 대조했다. 포프(Pope)는 "돌아다니다"(שׁוט-슈트)라는 동사가 악카드어에서는 문제나 나쁜 짓을 할 기회를 찾아다니는 악한 눈과 악한 영들에게 적용된다는 점을 주목한다. 이는 그가 사탄을 페르시아 정치 체계에서 왕의 "눈"과 "귀"로 알려진 비밀 경찰과 유사한 것으로 보는 그의 확인과 연결된다. 고디스는 그 짧게 끊기는 대답에서 사탄의 "자기 주 앞에서의 건방짐"을 보고, 반면에 앤더슨은 사탄의 대답을 "자기 입장을 분명히 드러내지 않고" "책임 회피적인" 것으로 본다.

그렇지만 그의 대답의 언어는 이 해석들 가운데 어느 것도 지원하지 않는다. 그 동사 슈트(שׁוט)는 지배적으로 특정한 목적을 위해 돌아다니는 것을 가리킨다(민 11:8, 만나를 찾으러; 삼하 24:8, 인구 조사를 하러; 렘 5:1, 예루살렘에 의인이 있나 알아보러; 암 8:12, 야훼로부터 말씀을 구하러; 참조. 대하 16:9; 겔 27:8, 26; 슥 4:10; 다만 단 12:4〈폴렐〉과 렘 49:3〈히트폴렐〉은 예외인 듯하다). 그 다음 동사를 "배회하는"(NAB, NIV, 참조. JB), "여기저기 거니는"(포프)으로 하는 번역들은 지나치게 생각 없이 자동적으로 한 것이다. 이 두 번째 동사 התהלך는 전통적으로 "이리저리 걷다"로 번역되지만, 아주 빈번하게 그것의 단순형 הלך("가다, 걷다")의 의미 이상을 뜻하지 않으며-가령, "살다, 행동하다"의 의미로(예를 들어, 창 17:1; 24:40)-또한 그것은 반드시 목적 없는 혹은 되는 대로의 이동을 가리키지 않음이 분명하다(참조. 예를 들어, 창 13:17, "그 땅의 종과 횡으로 걸어가라").

사탄의 특별 임무는 그 다음 구절에서 나타나는 것처럼 인간들의 경건성을 평가하는 것이라는 점이 함축 의미인지는(포어러, 헤세) 결정하기가 어렵다. 땅 전역을 다니는 사탄의 활동에 대한 이유가 상술되지 않은 것은 아마도 단순히 극적인 이유들 때문인 것 같다. 그럼에도 불구하고 그는 눈을 활짝 뜨고 자신이 원하는 식으로 그의 주가 이용할 수 있는 관찰 내용들을 축적하면서 땅을 다녀왔다. 그의 한 가지 일은 8절로부터 밝혀지겠지만 인간사에 "[그의] 마음을 두는 것"이었다.

8 그 천상 회의는 욥이라는 한 인물에게 관심의 초점을 좁히는 것을 거의 그 주된 기능으로 하고 있는 것 같다. 첫 장면에서 먼저 욥이 혼자서 무대의 중심에 나타났다(1절). 그 주변으로 그의 재산들이 쌓였다(2-3절). 그 다음에 자녀들이 중심 무대로 들어섰지만(4절), 다만 욥의 특징을 부각시키기 위함이었고, 욥이 다시 중심 무대로 들어온다(5절). 두 번째 장면에서는 욥을 제외한 다수가 무대를 차지하고(6절), 두 주요 등장 인물의 대화가 이어지며(7절), 그 대화는 (자리에 없는) 욥의 인격에 모든 초점이 맞추어지고(8절), 그를 중심으로 선회하다가(9-12a절구), 집중 조명이 이제 전적으로 욥을 향한 기능을 가진 사탄에게 비춰지면서 끝난다(12b절구). 첫 번째 장면에서는 하나에서 다수로, 다시 하나로의 이동이었다. 두 번째 장면에서는 다수에서 하나로이다. 그리고 그 장면이 땅 위에서든 하늘에서든 욥이 그 중심에 있다.

욥은 하나님의 자랑거리다. 하나님은 "순전하고 정직하여 하나님을 경외하며 악에서 떠난 자"라는 정확히 똑같은 단어들을 사용하면서 1절에 나오는 욥에 대한 저자의 특징 묘사를 확증할 뿐만 아니라, 욥을 "나의 종"이라 부르고 "그와 같은 이가 세상에 없다"고 선언하신다. (물론 저자가 1절에서처럼 자기 자신의 인칭으로 말하든지 혹은 8절에서처럼 하나님의 입에 올려놓든지 간에, 그것은 똑같이 욥에 대한 저자의 평가이지만, 욥의 경건이 단지 허울뿐일지 모른다는 의심의 그림자를 없애 버리고 욥의 재난이 비롯될 하나님으로 하여금 욥의 인격에 대한 그 자신의 인지를 확언하게 하는 것이 저자의 의도다.)

"나의 종"이라는 용어는 종종 하나님에 의해 사람들에게 부여되지만, 모든 부류의 경건한 사람들에게 무차별적으로 그런 것은 아니다. 모세는 가장 많이 하나님의 종으로 지명된 사람인데(전체 40번), 아마도 그의 선지자적 역할 때문일 것이며(참조. 민 12:7-8), 선지자들도 특별히 신명기적 문체로 야훼의 종들이라 불린다(예를 들어, 왕상 14:18; 15:29). 그러나 이 용어를 욥에게 사용한 것은 아마도 그 용어를 족장들에게 적용한 것과 관계가 있을 것이고[아브라함(창 26:24; 시 105:6, 42), 이삭(창 24:14; 대상 16:13〈*si v.l.*; 대조 RSV〉), 아브라함, 이삭 그리고 야곱(출 32:13; 신 9:27)], 본 내러티브의 "족장 시대적" 명암을 보여 주는 또 다른 예일 것이다. 어느 경우든, 그 용어는 "하나님과 욥의 결속, 욥에 대한 하나님의 권리뿐만 아니라 자신의 신적 주인을 향한 욥의 복종, 충성 그리고 경건"(포어러)을 의미한다. 더 자세한 것은 W. Zimmerli, *TDNT* 5:665-66; C. Westermann, *THWAT* 2:191-93를 보라.

그러나 하나님의 말 가운데 한 표현은 욥을 끌어들이지 않고 그를 분명히 격리시킨다: "세상에 그와 같은 이가 없더라." "그와 같은 이가 없다"는 보통 하나님에게 적용되는 표현이다. 이 곳과 2:3, 그리고 사무엘상 10:24에서만 사람에게 적용된다. 여기서는 서사시의 수사법이다. 그것은 욥의 경건이 다른 사람들의 경건과 질적으로 다르다는 것을 의미하지 않는다. 경건의 문제에서 욥과 견줄 만한 사람이 없다는 이 주장은 내레이터가 첫 장면에서 욥에 대해 설명할 때 이미 말한 내용을 근본적으로 넘어가지 않는다.

또다시 마치 하나님이 인간을 향한 사탄의 적대적 태도에 대한 결정적 반증을 욥 안에서 발견하시기라도 한 것처럼, 하나님의 이 질문을 조소나 자극으로 읽는 것(포프)이 가능하다(포어러도 비슷함). 그러나 만일 위에서 논한 것처럼 사탄이 땅에서 돌아다니는 일에서 자신이 할 수 있는 모든 것을 보고 듣는 것 외에 다른 특별한 목적이 없다면, 또 만일 사탄이 꼭 적대감으로 기울어져 있는 것이 아니라면, 하나님의 질문은 욥에 대한 하나님의 기쁨에서 우러나오는 "숨김 없는", 즉 숨은 저의가 없는 질문으로 들릴 수 있다. 물론 그 다음 문장이 발화되면, 욥의 경건의 문제는 그렇게 간단하지 않다는 것이 명백해진다. 여기에 이야기 작가 스타일의 "허위" 단순성이 놓여 있다: 하나님의 질문은 솔직하기도 하고 또 함축 의미로 가득하기도 하다. 그것을 단순히 사탄에 대한 도전으로 읽는 것은 너무 정교한 것이다. 그것을 순전히 액면 그대로 취하는 것은 내러티브의 교묘한 단순성의 희생이 되는 것이다.

하나님에 의해 그분의 종으로(렘 25:9의 느부갓네살의 경우처럼) 그리고 그에 필적할 사람이 없는 것으로 묘사되는 사람이 비-이스라엘 사람이라는 (혹은 그런 것 같다는) 사실을 큰 논쟁거리로 만들지는 말아야 한다. 가령, 헤세(Hesse)는 비-이스라엘 사람에 대한 그러한 찬사들이 경건한 히브리인에게 매우 이상하게 들렸을 것이라고 평한다. 그리고 그러한 찬사들을 국경의 한계를 몰랐던 국제적 "지혜" 전통의 영향으로 돌린다. 분명히 욥은 특별히 이스라엘 사람이라기보다 단순히 인간이며(물론 전자가 배제되는 것은 아니다), 책 전체적으로 볼 때 특별히 이스라엘적인 문제들은 그들이 없음으로 인해서 눈에 띈다. 그러나 욥의 국적 문제는 아마도 이 시점에서는 배경 뒤로 물러났을 것이고, 여기서는 한 인간과 그의 하나님의 관계 위에 집중 조명이 비춰진다.

사탄은 그의 모든 오고 감 속에서 욥에게 "주의했는가"(שׂים לב – 심 래브, 문자적으로는 "그의 마음을 두었는가")? 물론 그랬다. 단순히 욥의 모범적인 삶 때문이 아니라 사탄의 부지런함 때문에 그랬다.

9 사탄도 내레이터(1절)와 하나님(8절)이 말씀하시는 욥에 대한 평가에 은연중에 동의한다! 그는 욥의 비길 데 없는 경건에 이의를 제기할 수 없다. 그 경건의 진실성과 순수성도 의심하지 않는다. 그가 묻는 것은 그리고 물어**져야 하는** 것은(이 질문에는 "악마와 같은" 것이 전혀 없다) 욥의 경건과 그의 번영을 연결하는 고리가 무엇이냐는 것이다. 서사 이야기의 "허위 단순성"에서는 욥의 경건이 그의 번영의 원천이라는 것이 문제시되지 않고 오히려 당연시되었다(2절에 대한 부분을 보라). 경건으로부터 번영으로의 연결은 인과적이다. 순진한 가정으로 속임을 당하지 않고, 제대로 **아는 것**이 모두의 일인 하늘 영역에서는 다음 질문이 전적으로 타당하다: 그 인과 고리는 혹시 거꾸로, 즉 번영으로부터 경건으로가 아닌가? 한마디로, 욥은 대가를 바라지 않고(חנם – 히남, 창 29:15; 사 52:3에서와 같이 "값없이, 무상으로") "하나님을 두려워하는가"?

여기에 "지혜" 사고 방식이 작용하고 있다. 만일 죄와 고난의 인과적 관계가 책 전체에서 철저하게 조사되어 그 결과로 대중적이고 순진한 선입견이 뒤집혀질 수 있다면, 경건과 번영 사이에 가정된 인과관계도 똑같은 정밀 조사를 받을 수 없는가? "욥이 하나님을 까닭 없이 경외하리요?"라고 묻는 것은 냉소적인 태도처럼 보일 수 있어, 대부분의 주석가들은 여기서 사탄에게 악마적인 빈정댐을 돌리기를 고집한다. 그러나 욥의 경건이 사심이 없는 것인지 아닌지 우리는 아직 모르고, 내러티브의 등장 인물들도 아직 모른다. 그것은 하늘 궁정과 함께 우리 모두가 해결되기를 바라는 질문이다. 욥은 참으로 이 시점까지 하나님을 "경외했다"(יָרֵא – 야레, 완료 시제). 그러나 앞으로도 그가 "하나님-경외자"(יָרֵא – 야레, 분사)의 특징을 지녔다는 것을 입증할 것인가?

사탄은 참으로 이 연설(9-11절)에서 욥의 경건이 사심 없는 것이 아니라고 넌지시 비추려고 하며, 이 면에서 그 "사탄" 즉 고발자로서 제대로 역할을 하고 있다.

그는 "악마" 자신은 아니지만, 기독교계에서 성인의 시성(諡聖)에 이의를 제기하는 역할을 가진 **악마 지지자**(*advocatus diaboli*)로 알려진 사람과 놀랍도록 유사하다. 그 사람의 직무와 임명은 시성을 적극적으로 후원하는 단체 덕분에 있고, 그의 역할은 후보에 대해 가능한 모든 비판을 듣게 하고 답변되게 하는 것이다. 욥기의 사탄이야 악마 지지자(devil's advocate)라 불리는 정경 변호사(a canon lawyer)보다 더 극적이고 화려하게 말하지만, 그의 기능은 전혀 다르지 않을 것이다. 도대체 그 예외적인 욥의 경건에 대항하여 말할 수 있는 것이 있을까? 그렇다. 그의 경건은 아마도 자기 이익을 조건으로 할지 모른다고 사탄은 말한다. 그는 신보다 인간성에 대해 더 잘 안다거나, 또는 그가 하나님보다 덜 순진하다고 하지 않는다(테리앙). 그는 말로 표현되기 오래 전에 이미 존재하는 의심을 표명할 뿐이다. 그리고 그것은 사탄의 말에 대한 여호와의 반응에서 보여질 것처럼(12절), 신의 마음속에도 존재하는 의심이다. 욥의 경건이 진실로 대가를 바라지 않는 것이고, 동기가 되는 이유가 없는 것인지 아닌지는 얼마 지나지 않아서 밝혀질 것이다. 결국에는 그의 경건은 동일하게 대가를 바라지 않고 불가해한 모습으로 작용하는, **하나님 본받기**(*imitatio Dei*)와 같은 것으로 드러난다(참조. A. Lacocque, "Est-ce gratuitement que Job craint Dieu?" in *Mélanges André Neher*, ed. E. Amado-Valensi, et al., 175-79).

10 이전 질문은 수사적 물음이 아니었고(포어러와 다른 학자들은 이에 반대다), 이 절의 질문들은 그 진지한 의혹의 동기들이다. 하나님이 욥을 아주 많이 번성하게 하셔서 경건과 번영이 복잡하게 엉켜 있다. 욥은 사방이 둘러싸여 있는데, 마치 모든 종류의 해악들로부터 그를 보호하는 가시 울타리에 의해 둘러싸인 것 같다(호 2:8[6]에서 야훼는 우상 숭배 하는 이스라엘이 바알 숭배자들로 향하는 길을 막기 위해 가시 울타리를 사용하신다〈같은 동사 수크–שׂוּךְ〉). 이 메타포는 정신적 혹은 영적 기조 의미가 풍부하다: 보호로 경험될 수 있는 둘러쌈의 행위가 구속과 숨막힘으로 느껴질 수 있다(참조. 3:23에 대한 "주석"; 그리고 렘 3:7을 보라; 또 다른 술어와 함께는 욥 6:9; 7:12, 15, 19; 9:18a; 12:14; 13:27; 19:6, 8, 12 등). 욥과 그의 재산을 둘러싼 울타리의 안전망 안에서, 신명기의 교훈이 야훼에게 순종하는 모든 이들에게 약속된 대로(신 14:29; 16:15; 24:19; 참조. 2:7; 15:10; 그리고 참조. 시 90:17) "그 손으로 하는 일들"에 대해(농업의 결과, 참조. 창 5:29) 신의 축복이 지속되었고, 또 마치 그 용어 "울타리"의 부정적 반향을 지우려는 듯 족장들에 대해 이야기되는 것 같은(동일한 용어가 야곱에 대해 사용된다, 창 30:30, 43;

참조. 28:14; 출 1:12) 풍부한 "소유"(מִקְנֶה – 미크네, 주로 3절의 염소와 양 떼들)로의 "넘쳐남"(פרץ – "갑자기 터지다", 따라서 "흘러 넘치다")이 있었다. "당신"이 강조되었는데, 이는 어떻게든 하나님을 비난하기 위함이 아니라 – 마치 하나님이 욥에게 경건을 너무 쉽게 만들어 주었다고 말하려는 것처럼(포어러, 앤더슨) – 욥에게 절대 안전이 주어졌음을 확인하기 위함이다.

11 사탄의 언어는 건방지고 무엄하다. 그는 하나님께 명령조로 말하고, 욥의 행동에 대해 "자기-저주"를 담은 일상 회화체 말투로 예언한다("그가 당신을 향하여 저주하지 않으면 내가 저주받으리라"). 무엇보다도 "그는 높은 사람을 '당신' 대신 '나의 주'로 부르고 '나' 대신 경의를 표하는 '당신의 종'을 사용함으로써 인칭대명사의 사용을 자제하는 궁중 예법의 전통적인 경어 사용을 거부한다"(앤더슨). 앤더슨은 그가 그렇게 보는 대로 이 무례한 연설의 표징들에서도 "사탄은 하나님의 공손한 종들의 모임에 속하지 않는다"는 증거를 찾아낸다.

그러나 우리는 여기서 묘사되는 것이 어떤 종류의 궁정 장면인지를 상기해야 한다. 거기에는 동양 제국들을 상징하는 것들이 전혀 없다: 옥좌도 하늘 성전도 스랍들도 향도 없다(사 6:1-4에 나오는 것들처럼). 훨씬 더 소박하게 그려진 미가의 묘사에서와 같은(왕상 22:19-23), 좌우편에 하늘 군대가 정렬되어 있는 야훼의 보좌조차도 없다. 궁정 예법이 요구되지 않고 당시 유행하던 언어가 직접 사용된 것은, "하나님의 아들들"의 존재 외에는 하늘 장면을 묘사하는 단어가 하나도 나오지 않는 욥기 이야기의 단순성에 속한다. 이 장면들의 대화 예법의 모델을 이루는 것은 솔로몬보다는 사울의 궁정이다(이집트나 앗수르 제국의 것은 더더욱 아님). 아마도 훨씬 더 정확하게는 그 장면에 대한 땅의 대응인 족장 욥 자신의 궁정일 것이다(29장에서 과장되게 묘사됨). 따라서 사탄의 언어 스타일에서 추측될 수 있는 것은 전혀 없다.

그것의 내용은 어떤가? 대화의 흐름은 사탄으로 하여금 욥이 그의 재산을 모두 빼앗겨야 한다는 제안을 하게 하고, 그러면 욥의 경건이 곧바로 하나님을 증오하는 것으로 바뀔 것이라고 단언하게 한다. 그 제안은 잔인하고 괴이하며, 그 예언은 악의가 가득한 억측이다. 사탄을 순전히 가증스럽고, 냉소적이며 그리고 한마디로 악하다고 부르는 가장 확실한 근거가 여기에 있음이 분명하다. 그것이 바로 본 이야기의 "단순" 독법이다(그리고 "단순한"이 경멸적인 뜻이 아닌 것은, 내러티브가 극명하게 우리를 욥에게 동정을 갖게 하고 사탄에게 적대적이 되도록 끌기 때문이다).

그러나 여기서도 "허위" 단순성이 작용하고 있다. 왜냐하면 프롤로그의 "문제"는 경건과 번영의 관계이며, 그리고 번영을 제거하는 것 외에 다른 어떤 방법으로는 경건이 번영의 결과가 아니라는 것을 증명하는 것이 가능하지 않기 때문이다. 사실 어떤 가난한 사람이 그의 훌륭한 경건 때문에 선택되었다면, 하나의 논지를 세우기 위해서 그로부터 그가 소유하지 않은 것을 빼앗는 것은 의미가 없었을 것이다. 그러나 만일 이야기가 그렇게 간다고 하면, "문제"는 경건이 가난과 인과적으로 연결되어 있지 않은가가 될 것이고(어쩌면, 결국 가난한 사람들은 믿을 것이 따로 없기 때문에 하나님을 믿는다), 그런 후에 극적 전개는 그 가난한 사람의 경건이 그의 새로운 부 이후에도 지속되는지 알아보기 위해 그를 부자가 되게 해주는 것이 되어야 할 것이다. 양쪽 어느 경우에도 "문제"는 부의 반전에 의해서만 극적으로 해결될 것이다.

따라서 약간만 더 세밀한 독법에 따르면, 사탄의 제안은 극적 전개에 꼭 필요한 부분이며, 그것에 대해 도덕적 승인이나 불승인 같은 것은 적합하지 않다. 사실 욥 안에는 앞으로 꼬리를 물고 펼쳐질 끔찍한 사건들을 자극할 아무런 "원인"이 없다: 내러티브 지평에서는 그의 고난은 까닭이 없다(참조. 2:3). 그러나 개념의 지평에서는 경건이 필연적으로 번영을 초래한다는 오래된 교리가 전도되려면 그의 고난이 필요 불가결하다. 또한 그 건방진 명령 언어는 무례의 표시가 아니라, 가정(조건절)을 명령으로 그리고 결과(귀결절)를 확정적 선언으로 표현하는 일상 회화적 수사어법이다. 사탄이 "만일 당신이 당신의 손을 내밀기만 하면…그러면 당신은 그가 곧 자신의 경건을 저버리는 것을 보게 될 것입니다"라고 말했다고 가정해 보라. 명제는 똑같을지 모르지만, 극적 효과는 약화되었을 것이다(구문에 대해서 더 자세한 것은 "원문주해" 1.11.a.를 보라). 인정될 필요가 있는 것은 사탄이 하나님을 괴롭히고 있는 것이 아니며, 더 확실하게는 그분에게 내기를 걸고 있는 것이 아니라는 사실이다.

주석가들이 여기서 종종 천상의 내기라는 착상을 보았지만(휠셔, 2-3; 포어러; 바이저; H. Gunkel, *The Folktale in the Old Testament*[tr. M. D. Rutter; Sheffield: Almond, 1988] 84-85), 욥의 영혼이나(앤더슨) 그 무엇도 명백하게 내기에 걸려 있지 않다. 욥과 다르지 않은 재난을 겪는 사람으로 종종 인용되는 경건한 하리샨드라 왕(King Harischandra)에 관한 인도 설화는 전혀 그 배경이 될 수 없으나, 몇몇 형식에 있어서는 성경의 욥 이야기를 반영할지도 모른다. 이것이나 욥기 이야기와 비슷하다고 주장되는 그 외의 다른 유사 문헌들에 대해서는 D. J. A. Clines, *VT*

33(1983) 398-418를 보라.

그러면 사탄이 하나님에게 도전하고 있는 것인가? 이야기 지평에서 보면 통속 견해가 당연시하는 것, 즉 경건과 번영이 서로 독립적이지 않다는 것을 하나님도 당연시하셨기 때문에 사탄은 하나님에게 욥을 시험해 보라고 도전하시고 있다. 그런데 개념의 지평에서 보면, 그 도전은 이 순진한 가정을 향해 있다. 따라서 이야기에서는 사탄이 하나님보다 더 영리하지 않고, 하나님보다 더 많이 알지도 않는다(드라이버, 포어러). 또한 하나님을 압도하지도 않는다. 그러나 개념적으로는 그가 말하는 질문은 물어질 필요가 있고, 개념의 지평에서는 누가 그것을 물어도 아무런 차이가 없다. 그 개념의 역학이 하나님으로 하여금 그 제안에 동의하시게 하는 것은, 개념적인 문제들은 지하에서 비밀히 다루어질 수 없기 때문이다. 내러티브 역학이 하나님으로부터 여러 종류의 다른 반응들을 이끌어 낼 수 있었을 것이지만, 여기서 개념의 역학이 우세한 것은 이 지점이 프롤로그 전체의 중심점이기 때문이다.

욥의 경건과 그의 번영 사이의 관계는 한 번도 시험받지 않았다. 필요한 것은 단지 하나님이 그의 손을(생생한 상세 기술〈덤〉; 하나님의 능력의 상징으로서의 손에 대해서는 출 13:3; 신 4:34 참조; 치기 위해 "손을 뻗는다"는 표현에 대해서는 출 3:20; 9:15 참조) "뻗어"(שלח – 샬라흐) 욥에게 속한 모든 것을 "치시는"(נגע – 나가, 많은 역본들에서처럼 단순히 "만지다"가 아니다. 참조. 4:5에 대한 "주석") 것이며, 그러면 욥은 그의 지조 있는 경건을 포기할 뿐만 아니라 하나님에게 대항하고 "(그의) 면전에서", 즉 "비밀스럽게 그의 마음속에서"가 아니라(참조. 5절) 직접적이고, 뻔뻔스럽고, 확실하게 하나님을 "저주할 것이다". 물론 언어는 과장된다. 욥은 이 이야기에서 적당히 경건한 사람일 수 없고, 미지근한 불경으로 빠질 수도 없다. 내용을 결정하는 것은 또다시 스타일의 단순성이고, 그것이 사탄으로 하여금 자기-저주 표현으로 된 말투(즉, "만일 그가 당신을 저주하지 않으면, 내가 어떤 〈특별히 명시하지 않음〉 무시무시한 파멸로 저주받게 하라")로 욥의 필연적 "저주"를 확언하게 한다. 그 단순성의 "허위성"은 단순히 이 한 사람 욥의 행위가 아니라 보상의 원리 그리고 윤리와 성공의 인과관계의 타당성이 문제가 되고 있다는 사실에 놓여 있다.

따라서 "테스트"가 제안된다. 아브라함의 "시험"이 떠오르는데(창 22장), 거기서의 "시험"은 하나님의 명령과 **또한** 하나님의 명령 철회에 대한 아브라함의 충성에 관한 것이다. 여기서의 시험은 오로지 욥의 경건에 대한 테스트 같지만, 사실은 욥의 경건이 그의 번영에서 비롯되는지에 관한 테스트다. 내러티브 지평이 잠시 동안 개념 지평과 병합된다. 그 테스트는 정확하게 욥의 동기에 대한 시험이 아니다. 왜냐하면 여러 주석가들의 의견에도 불구하고 번영이 욥의 경건의 동기라고 제시되지 않고 심지어 사탄에 의해서도 그렇기 때문이다(참조. 9절의 “대가를 바라지 않고”에 대한 “주석”). 오히려 번영과 경건의 관계를 밝혀내기 위해서 번영이 제거되어야 하는 것은 그 둘이 서로 얽혀 있기 때문이다.

12 사탄의 제안에 대해 야훼의 동의가 너무나 자연스럽게 나오기에 우리는 그 의미를 생각해 보려 잠시 멈추게 된다. 우리는 그 같은 계략에 민첩하고 냉담하게 동의하는 여기에 묘사된 야훼 상을 비난해야 하는가(뎀)? 우리는 욥의 몸에 해를 끼치지 말라는 금지 명령에서 야훼의 자기 종을 향한 애정의 한 가지 남아 있는 흔적을 발견하는가? 혹은 하나님 자신은 욥의 사심 없는 경건에 대해 확신 받을 필요는 없지만 그것의 사실성에 대해 사탄이 확인하도록 허락할 준비가 되신 것인가(로울리)? 아니면 사탄의 나쁜 말에 대항하여 그의 종의 오명을 풀어 주기 위해 그 도전을 받아들이시는 것인가(피크)? 아니면 개연성이 가장 높은 것으로, 하나님은 욥의 신앙을 정련하고 깊게 하려고 욥의 경건 테스트에 동의하시는 것이라고 말해야 하는가?

이 제안들은 모두 본 내러티브가 최소한 그 이야기-줄거리에서 본래 가지고 있지 않은 어떤 미묘한 것을 그것에 부여한다. 하나님이 욥에게 속한 모든 것을 “치라”는 제안에 동의하실 수 있음은 단지 그분 역시도 다른 모든 이처럼 결과가 어떻게 될지 모르기 때문이다. 이 이야기의 야훼는 후대의 조직 혹은 사변 신학에서 말하는 절대 전지하신 하나님이 아니다. 물론 그는 페르시아 왕들의 스파이들 같은, 그의 “눈”과 “귀”가 도처에 퍼져 있다가 다 모이는 날에 그에게 보고해 주기 때문에(6절) 인간보다 훨씬 지혜롭다. 그러나 아직 일어나지 않은 일들에 대해서는 야훼조차도 모른다. 그의 지식이 모든 추정 가능한 상황들까지도 포함하는 것은 아니다. 그분은 욥에 대한 확신은 갖고 있지만 사탄의 비방을 반박할 객관적 훈계로 욥을 사용하게 해줄 만한 확신은 가지고 있지 않다. 그분 역시 자신은 그 경건한 사람을 축복해 줄 것임을 너무나 당연하게 생각했다. 그런데 그런 호혜가 경건과 번영의 진정한 관계를 모호하게 했다. 사탄은 그 질문을 물을 권리가 있고, 야훼는 그 문제가 조사되도록 하는 것에 있어서 전적으로 옳다.

본 이야기를 이렇게 읽지 않는 독법은 더 안 좋다. 야훼가 무한히 전지하시다고 단정해 보라. 그러면 욥의 고난은 하나님이 그의 종들 가운데 한 명 앞에서 자신이 옳다는 것을 증명하시는 것에만 이바지하는 것이라고 당신은 주장하는 것이다. 욥이 흔들리지 않을 것임을 야훼가 아신다고 단정해 보라. 그러면 야훼가 왜 사탄의 질문들에 약간이라도 주의를 기울여 주시는지 혹은 왜 그분은 더 많이 아는 지식을 근거로 그 질문들을 곧장 간단하게 처리해 버리지 않으시는지를 당신은 설명할 수 없을 것이다.

이제 우리가 만일 이야기의 흐름을 넘어 6절의 "주석"에서 개괄된 윤곽을 따라 본 이야기의 이 요소가 지니는 신학적 반향들을 조사해 보려면, 신의 세계에 일어난 불확실함이 하나의 해결을 재촉한다. 그 문제는 하늘에 속하는 것인가, 땅에 속하는 것인가? 불변의 응보 법칙이 하늘의 설계라고 가정해 보라. 그러면 응보가 단순한 원인과 결과의 편도(片道) 과정이 아니라, 무엇이 원인이고 무엇이 결과인지 전혀 구별할 수 없는, 끝없이 돌고 도는 순환이 아닌가라는 물음이 제기될 준비가 항상 되어 있을 것이다. 다시 말해, 만일 경건한 사람들이 항상 땅의 복들로 보상받고 그 복들은 또다시 더 큰 경건을 촉진시킨다면, 하늘은 영원한 닭-병아리 수수께끼를 직면하게 될 것이고, 하늘 자체도 땅에서 실제로 무슨 일이 일어나고 있는지 모를 것이다. 반면에 불변의 응보 법칙이 단순히 하늘의 운행 방식에 관한 "현인들"(혹은 세상 모르는 사람들) 편에서의 인간적 추측이라면, 신성의 불변성을 거부하는 사람들은 그 교리를 무력화시키고 하늘과 땅 위에 개인의 자유를 위한 공간을 트기 위해서 하늘의 영감을 받은 어떤 드라마를 열망하지 않을까? 둘 중 어느 경우라도 욥의 시험은 고난과 죄 각각의 독립성을 세우는 데 필요한 만큼 경건과 번영 사이의 인과관계를 푸는 데 필요하다.

야훼는 욥이 소유한 모든 것(그 사람 자신은 빼고)을 사탄의 "손"에 넘기신다. 야훼가 "그의 손을 펴서" 욥의 소유를 "치기로" 동의하셨다고 이해되며, 실제 일을 사탄에게 위임하신 것은 한 제왕과 그의 신하들로 된 무대를 고려할 때 전적으로 우리가 예상할 수 있는 일이다. "야훼 자신이 치시지는 않을 것이다. 그분이 사탄이 그렇게 하도록 허락하실 것임"은 사실이지만 논쟁거리가 될 수는 없다. 세 가지 이유에서 그렇다. 첫째로, 위임 허락은 위임 권한이며 궁극적 위임자가 최종 책임을 갖는다. 둘째로, 본 이야기는 명령과 허락 사이를 구분하지 않는다. 셋째로, 만일 욥을 치는 데 있어 사탄의 역할과 하나님의 역할 사이에 어떤 중요한 차이점이 있다면, 연설들에 있는 하나님을 대항한 욥의 불평들(항상 하나님을 대항하고 한 번도 사탄을 대항하지 않음)은 그만큼 표적에서 벗어날 것이며, 이는 욥기가 우리에게 갖도록 허락하지 않는 결론이다.

사탄이 자기 일을 수행하러 하늘 의회에서 "물러 나간다"(יצא – 야차, 6절의 히트야체브⟨התיצב, "나타나다"⟩의 상관어. 참조. יצא, 왕상 22:22; 슥 6:5). 그가 "신속히"(덤), "지체 없이"(바이저), "열정적으로"(앤더슨) 혹은 "가룟 유다처럼 자신의 무시무시한 임무에 여념이 없이"(피크) 물러간다는 것은 내레이터가 말하고 싶은 내용이 아니다. 재앙들이 욥의 소유를 치는 것은 분명히 다른 날이 될 것이다(13절, 2:7과 대조해 보라). 사탄의 퇴장에 대한 이 간단한 기록은 내러티브 연결 고리에 불과한 것만도 아니다. 비록 그것이 적어도 그렇다는 것은 명백하지만 말이다. 사탄은 직접적으로 표현되었든 혹은 분명히 단순 "허락"으로 표현되었든, 그의 주인의 뜻이라 생각하는 것에 충실하다.

13-22 욥에게 재난 소식을 알림, 그리고 욥의 반응. 이야기 작가는 프롤로그를 형성하는 이 다섯 번째 핵심 장면에서 그의 기교의 절정에 다다른다. 욥의 "이전" 상태와 "나중" 상태의 대조가 참으로 극적으로 묘사된다. 왜냐하면 그 재난을 알려주는 것은 단순히 사건들의 연결이지 복잡한 결과들로 된 사슬이 아니기 때문이다. 이 장면의 시작하는 문장은 4절에서 이미 그려진 욥의 자녀들의 근심, 걱정 없는 삶을 다시 서술하며, 그리고 "우리로 하여금 재난을 알리는 첫 번째 사자가 오기 바로 전까지 아직 평온하고 악을 예상치 못하고 있는 욥에 대해 생각해 보게 한다"(드라이버).

초점이 재난들 자체가 아니라 전적으로 욥에게 있음은 프롤로그의 문제들이 전적으로 욥을 중심으로 돌고 있기 때문이다. 극의 전개상 집중 조명이 욥에게 고정된 채로 머무는 이유는, 욥 자신이 그 재난들을 알아채는 정도까지만 본 내러티브가 진행되기 때문이다. 소식을 전달하는 사자 장치는 재난의 장면들보다는 놀랍도록 욥에게 중점을 두면서, 동시에 파멸이 가속되는 분위기를 창출한다: 첫 번째 이후로 매 사자는 그 앞에 온 사자가 말을 마치기 전에 도착한다. 각 사자는 그가 묘사하는 재난의 유일한 생존자다. 사자들이 끊기지 않고 연속적으로 오는 것은 듣는 이가 욥의 반응에 관해 느끼는 긴장감을 고조시킨다. 욥은 재난들 모두에 한꺼번에 반응하기 전까지 어느 참화에 대해서도 감정적으로 반응할 수 없다. 왜냐하면 결국 실제로는 그 모든 참화들이 구상과 결과에 있어서 동일한 재난이기 때문이다.

네 가지 재앙 패턴 역시 기교적으로 고안된 것이다. 인간 재해와 "자연"(혹은 "초자연") 재해가 교차되고 있는 것뿐만이 아니다(스바 사람, 번개, 갈대아 사람, 폭풍). 나침반의 모든 방위에서 재난이 오며(남, 동, 북, 서), 그리고 (아마도) 강도가 점점 증가한다(천 마리의 소, 오백 마리의 나귀, 종들; 칠천 마리의 양과 염소; 삼천 마리의 낙타, 종들; 욥의 자녀들). 그 재난들이 점증적으로 2-3절에서 언급된 욥의 재산들을 제거한다. 4라는 수 자체는 완전한 파멸을 상징한다("올림 수셈"〈여기서는 3+1〉, 형식에 대해서는 5:19에 대한 "주석"을 보라). 네 가지 형벌 혹은 재앙은 특별히 잘 입증된다: 길가메쉬 서사시에서 인간 수를 줄이는 천재(天災)가 사자, 늑대, 기근 그리고 재앙 신이다(11. 177-85; *ANET*, 95). 에스겔 14:12-23에는 기근, 들짐승, 칼 그리고 역병이 나온다(참조. 슥 2:1-4[1:18-21]의 네 뿔; 계 9:13-15의 네 천사 그리고 욥 5:19의 일곱 재앙).

스타일의 단순성이 명백히 내러티브의 단순함에 있고, 특별히 똑같은 사자 장치가 네 번 사용되며, 각각의 보고가 똑같은 형식 말로 끝나고, 하나를 뺀 모든 보고가 같은 형식 말로 시작되며, 첫 번째와 마지막 보고가 평온한 장면과 재난의 순간을 대조함으로 서로 균형을 이루는 그것의 반복성에 있다. 단순 "허위성"은 오로지 서술의 형식성에 의해서만 고조되는 극적 효과에 놓여 있다.

이 재난 목록에 하나님과 사탄이 없다는 것이 이목을 끈다. 번개는 전통적으로 "하나님의 불"이라 불리고(16절), 그것이 "하늘로부터" 떨어지는 것은 사실이지만, 하나님이 다른 재난들과 대조적으로 이 재난에 직접적으로 책임이 있다는 것이 함축된 의미는 아니다. 천상의 인물들의 부재 이유는, 한편으로는 프롤로그에서 신의 영역과 땅의 영역이 (거의) 강제적으로 구분, 고정되어서 그들이 이 에피소드에 등장하는 것이 거의 불가능하기 때문이다. 더 한층 깊은 차원에서 보면, 재난들은 말이 없고 그들의 기원을 알아내는 것이 욥의 일이기 때문이다(21절).

13 6절의 "날"과 같이 이 날도 그 자체로 특별한 의미를 지닌 날이 아니며, 앞으로 진행되면서 그 의미를 발전시킬 한 날이다. 그 날은 욥의 자녀들이 맏형제의 집에 모인 날이다. 욥의 정결 제사로(5절) 절정을 이루는 한 주 간격의 잔치 주기를 4절에서 본 주석가들은 그 재앙이 제사를 마치고, 따라서 의식적으로 볼 때 자녀들이 죄가 없게 된 상태 바로 직후에 발생하는 것에 의해 특별히 영향을 받는다: "욥의 경건과 그의 재난이 가장 가까이서 대조된다"(데이빗슨). 그러나 4절에서 심지어 불규칙적인 잔치를 상정하더라도, 사탄이 욥의 자녀들이 모두 모이는 때를 호기로 선택했다는 것은 분명치 않다. 왜냐하면 그 타격이 **언제** 임했는지는 전혀 중요하지 않기 때문이다. 우리가 여기서 분명히 이해해야 하는 것은, 그 재난에 대한 어떤 원인도 어느 인간 배우들의 어떤 행동에도 있지 않다는 것이다. 그런 생각은 욥에게도 일어나지 않는다.

"그의" 아들들과 딸들의 문법 선행사가 12절의 "사탄"인 것은 이상하게 여겨질지 모른다. 칠십인경은 "욥의 아들들과 딸들"이라고 구체화할 필요를 느꼈음이 분명하다. 여기에는 하늘 장면이 후대에 욥 이야기에 삽입된 것이라는 암시가 전혀 없고, 다만 이야기 전체가 욥이라는 인물을 중심으로 돌 것이라는 또 다른 신호만이 있다.

14-15 고디스는 "본 내러티브의 효과가 그것의 간결성으로 인해 증대된다"고 제대로 지적한다. 메시지는 농부의 일상에 관한 소식으로-전혀 뉴스 거리가 아님-시작된다: 이른 비가 내린 초겨울에 소들은 밭을 갈고 나귀들은 풀을 뜯고 있다(여기서는 나귀들이 밭을 가는 데 사용되고 있지 않다. 참조. 3절). 그들은 경작 도구와 씨를 들로 날랐을 것이다. 현대 팔레스타인의 농경에 대해서는 G. Dalman, *Arbeit und Sitte in Palästina*(Gütersloh: Bertelsmann, 1932) 2:pl. 24-26, 28-29, 31-39를 보라; 나귀에 대해서는 pl. 27과 pp. 160-61 참조; E. Nielsen, "Ass and Ox in the Old Testament," in *Studia Orientalia Ioanni Pedersen · dicata*(Copenhagen: Einar Munksgaard, 1953) 263-74 참조.

이 장면 속으로 파괴적 "붕괴"의 사건이 침투한다(나팔〈נפל〉 동사가 이 장면 가운데 세 곳에서 사용된다. 15, 16, 19절). 소들과 나귀들을 빼앗아 가고 그들을 돌보는 종들을 죽이는 약탈자들은 "스바 사람들"이다. 대부분의 학자들은 이 사람들을 아라비아 남서쪽의 유명한 도시였고(왕상 10:1; 사 60:6; 렘 6:20["먼 곳"] 등; 참조. 욥 6:19) 지금의 예멘에 있는 현대의 마리브(Marib)로 확인되는 스바의 거주자들로 본다. 그러나 그 외의 다른 곳에서는 스바 사람들이 약탈자로 언급되지 않으며, 또한 그들 집에서 약 일천 마일 북쪽으로의 원정 약탈은 (만일 정말로 욥기의 배경이 북 아라비아라면; 참조. 1절) 민화의 과장법을 고려해도 개연성의 한계를 넘는다. 포프는 (이전의 부드와 쉬지기엘처럼) 본문의 스바를 좀더 가까운 지역이라고 주장한다. 그것이 6:19에서는 데마와 병행하고, 창세기 10:7과 25:3에서는 (둘 다 족보) 드단과 연관되는데, 그 두 지명은 모두 명백히 북 아라비아와 연결되기 때문이다. 그는 심지어 메디나 지역에 있는 시내 이름 Wadi eš-Šaba가 그 고대 이름을 보존하고 있을지 모른다고 제안한다. 반면에 포어러는 스바 사람들을 약탈자로 묘사하는 것은 그들을 아직도 그들 발달의 초기 유목 단계로 제시하는 내러티브의 고대성을 증거하는 것이라 생각한다. "스바 사람"과 "갈대아 사람"이라는 명칭들은 정말로 전승에 속하는 것일 수 있고, 6:19의 스바 행인들은 다른 사람들일 수 있다. 좀더 자세하게 예멘의 스바에 대해서는 Wendell Phillips, *Qataban and Sheba: Exploring Ancient Kingdoms on the Biblical Spice Routes of Arabia*(London: Gollancz, 1955); G. W. Van Beek, *IDB* 4:144-46; 같은 저자, "South Arabian History and Archaeology," in *The Bible and the Ancient Near East*(FS W. F.

Albright; ed. G. E. Wright; Garden City, N. Y.: Doubleday, 1961) 229-48를 보라.

스바인들의 습격의 목표는 약탈이기 때문에, 그들이 농부들을 살해한 것은 욥의 "온 식솔"을 포함하여(2절) 욥의 소유 전체를 제거하기 위한 극적 필요에서 생긴 뜻밖의 세부 묘사임에 틀림없다. 네 재앙 각각에서 오로지 한 명의 생존자만이 남는다. 그의 탈출도 극적 전개상 요구되는 것이다. 이 흔한(stock) 내러티브 특징이 여기서 좋은 효과로 바뀌어 관심을 재난의 장면들이 아니라 욥에게 집중시킨다(그 흔한 요소인 "한 사람만 남았다"에 대해서는 창 44:20; 수 13:12; 왕상 18:22; 사 49:21; 겔 9:8; 정반대 형식으로 삼하 13:32-33 참조; "소식을 가져오는 생존자"에 대해서는 창 14:13; 삼상 22:20; 삼하 1:3; 겔 24:26 참조).

16 또 다른 흔한 내러티브 장치가 연속으로 펼쳐지는 재난들의 무자비한 느낌을 만드는 데 효과적으로 사용된다: "그가 아직 말하고 있을 때에"(또한 창 24:15; 왕상 1:42; 단 4:28[31]; 참조. 또한 우가릿 텍스트 *1 Aqht*[*CTA* 19] 113-16; Gibson, 117). 번개는 보통 다음과 같이 불린다: "하늘로부터 온 불"(왕하 1:10, 12, 14), 혹은 "야훼로부터 온 불"(민 11:1; 16:35; 왕상 18:38), 혹은 "하늘 곧 야훼로부터"(창 19:24). 신의 이름이 최상급으로 단순 기능하지는 않지만("하나의 큰 불", 즉 "번개"; 고디스처럼; 참조. D. Winton Thomas, "A Consideration of Some Unusual Ways of Expressing the Superlative in Hebrew," *VT* 3[1953] 209-24 [210]), 그 표현의 평범성은 독자로 하여금(혹은 욥으로 하여금) 이것이 신으로부터 직접 내린 재앙이라고 생각하지 못하게 한다. 사실 번개를 뜻하는 다른 용어들이 존재했다(ברק-바라크, 예를 들어, 출 19:16, 이는 주로 시에서 나타난다[BDB]; 오르〈אור〉, 욥 36:32; 37:3, 11, 15〈그리고 참조. 합 3:11〉, 이는 "빛"을 가리키는 일반 용어이며 36-37장에서는 문맥에 의해 그것의 의미가 결정된다). "불"(אש-에쉬) 자체 혹은 "하늘에서 내린 불"이 사용하기에 더 자연스런 용어였을 테지만, 내레이터는 그의 필치의 "고풍체적" 특성에 의해 제한 받은 것 같다. 분명히 (19절의 대풍 같은) 자연 재해가 의도된 듯하다.

그럼에도 불구하고, 번개가 쳐서 양 칠천 마리와 그들을 돌보는 모든 목동들을 삼켜 버리는 것은 이상하리만큼 초자연적이다. 여기서 또다시 민화적 과장이 욥의 재산의 완전한 파괴를 강조하는 데 기여한다.

이 재앙은 – 적어도 팔레스타인의 관점에서 보면 – 대부분의 심한 뇌우들이 오는 방향인 서쪽에서 오는 것으로 제시되는 것 같다. 그러나 북 아라비아의 배경의 관점에서 보면, 뇌우는 보통 남쪽에서 올 것이다.

17 세 번째 재난 대행자는 갈대아인들(כשׂדים – 카스딤)로, 이들은 서기 7세기 후반에서 6세기의 신-바빌론 제국의 최고 권력을 가진 종족은 아니다. 앗수르 연사(年史)에 따르면 갈대인(Kaldai)은 서기 10세기까지 거슬러 올라가는 메소포타미아 남쪽의 거주자들로 알려지고, 같은 이름을 가진 유목민들이 북 아라비아와 페르시아 만 사이에 있는 사막들을 유랑했던 것 같다. 본문의 갈대아 사람들은 스바 사람들이 남쪽에서 왔던 것처럼 아마도 북쪽에서 내려와 욥을 습격하는 비정착 약탈자들임이 분명하다. 북쪽과의 관계는 나홀(아브라함의 아람 형제)의 자녀들 가운데 아람의 삼촌으로 케셋(כֶּשֶׂד)이 있음으로 일면 입증될 수 있다. 잘 알려진 제국의 이름인 갈대아인들을 사용한 것은 내러티브 내 고풍의 혹은 고풍화하는 어조일지 모른다. 욥의 고향을 어디로 정치하든지, 스바 사람들과 갈대아 사람들에 의한 습격은 16절의 번개와 같이 과장적인 민속 요소다. 갈대아 사람이라는 이름의 기원과 쓰임에 대해서는 A. R. Millard, "Daniel 1-6 and History," *EvQ* 49(1977) 67-73(69-71); A. L. Oppenheim, *IDB* 1:549-50를 보라.

군대를 세 무리로 나누는 전략은 사사기 7:16; 9:43; 사무엘상 11:11; 13:17에서도 입증된다. 15, 16, 19절에 사용된 동사와 다른 동사인 파샤트(פשׁט)가 사용되지만, 이 재앙도 역시 욥의 재산 위에 "떨어지는" 재앙이다(참조. KJV, "낙타 위에 떨어졌다"). "떨어짐"이라는 용어가 욥의 재산 상실의 기원이 하늘에 있음을 암시한다고 말하는 것은 사려 깊지 않을 테지만, 근심은 땅에서 솟아나지 않으며(5:6), 독자는 그 이미지가 적절한 의미의 반향을 전달한다는 것을 알아차릴 것이다.

18-19 첫 번째 사자처럼 네 번째도 재앙이 시작되기 전 평온함을 묘사함으로써 시작하지만, 이번에는 좋은 소식 전달의 논조가 변했다. 첫 번째 전갈에서는 평안의 소식과 재난 고지 사이의 대조가 초점이었다. 지금은 모든 기대가 전적으로 반드시 보고될 것인 피할 수 없는 재앙에 맞춰져 있고, 좋은 소식은 다만 긴장감만 증대시킨다.

다른 재앙들과 마찬가지로, 네 번째 재앙은 자연적으로도 그리고 초자연적으로도 증대된다. 일종의 강풍인 시로코(sirocco) 또는 캄신(khamsin)은 동편 사막, 즉 "광야 맞은편으로부터(מעבר – 메아바르)" 안쪽으로 몰아치는 것으로, 전혀 희귀한 현상은 아니다(참조. "동풍", 15:2; 27:20-23; 호 13:15; "사막으로부터 뜨거운 바람", 렘 4:11; 그리고 "사막 바람", 렘 13:24; 참조. R. B. Y. Scott, "Meteorological Phenomena and Terminology in the Old Testament," *ZAW* 64[1952] 11-25[20]). 그러나 한 집의 네 측면(문자적으로는 "모퉁이")을 한 번에 내리치는 바람은 모험의 설화 세계에서나 부는 종류의 바람이다("넷"의 의미에 대해서는 12-22절을 보라). 대풍은 집의 모든 모퉁이를 친다고 말해질 수도 있으나, "진짜 회오리 바람이나 토네이도 같은 대풍은 사실 흔하지 않고 있어도 주로 해안 가에서 발생하며"(R. B. Y. Scott, *IDB* 4:841; 참조. D. Nir, "Whirlwinds in Israel in the Winters 1954-55 and 1955-56," *IEJ* 7[1957] 109-17), 인정컨대 본 내러티브에서 제시되는 계절인 초겨울에 발생한다(참조. 14절에 관한 부분). 그 재난들 가운데 어느 것도 "하나님의 특별 고안물"은 아니지만(하벨이 대풍에 대해서 말하는 것처럼), 그것들의 거대함과 강도는 욥의 주의를 주저 없이 하나님의 행위로 향하게 한다(21절).

매번 죽임을 당한 것은 "젊은 남자들" 혹은 "젊은 사람들"(נערים –느아림)이었다. 다른 언어들처럼 히브리어도 "소년, 젊은이"의 뜻을 가진 단어들을 "종"의 의미로 사용할 수 있다(앞 장면들에서 그랬던 것처럼). 이 장면에서는 욥의 자녀들을 뜻한다. 그 구절을 다시 돌아보면, 우리는 이번 소식을 위해서 느아림이라는 단어가 시종일관되게 사용된 것임을 깨닫게 된다. 비록 종들도 분명히 죽었지만, 이들(자녀들)이 정말 문제가 되고 중요한 그 느아림(נערים)이다.

장자의 "집"은 분명히 장막이 아니다. 이 "족장 시대" 이야기는 유목민 목동의 세계가 아니라, 비록 좀더 이른 삶의 양식 언어가 종종 사용되기는 하지만, 정착한 목축민과 농부의 세계를 배경으로 한다(가령, 5:24; 29:4에 관한 부분을 보라).

20 우리가 지금까지 기다리고 있었던 것은 그 소식에 대한 욥의 반응이다. 내레이터는 기술적으로 우리를 계속 기다리게 해 왔다. 비록 장면의 시작부터 집중 조명이 욥을 비추고 있었지만, 우리는 그로부터 한마디도 듣지 못했고 그 소식이 그에게 어떻게 새겨졌는지에 대한 암시도 받지 못했다. 그의 이전 소유와 지위 가운데 그에게 살아 남은 것이라고는 이름이 알려지지 않는 네 명의 사자들인데, 그들의 생존은 내러티브 기교의 필요성 때문이라는 것을 단순한 독자라도 쉽게 알아볼 것이다(그들의 탈출 방식은 전혀 관심사가 아니다). 이야기의 목적상 욥은 사자들을 맞이할 때 혼자이고, 종들의 시중을 받지 않으며, 또한 그의 아내조차도 2:9에서 중요한 등장을 하기 전까지는 계속 시야 바깥에 있다.

이 시점까지 욥은 방문객을 맞이할 때 아직도 여러 중동 사회의 관습이듯이 자리에 앉아 있다. 우리가 몇 가지 반-텍스트(본문과 반대되는 상황)를 상상해 보면, 그 소식에 대한 욥의 반응이 가장 강렬하게 파악될 것이다. 가령, 이야기가 그로 하여금 갑작스럽게 격렬한 비탄을 터트리게 하거나(3장의 경우처럼), 복수하겠다고 부르짖게 하거나, 혹은 격분 상태로 사자들의 보고가 사실은 다소 지나친 농담이 아닌지 알아보려고 하는 경우들 말이다. 본 이야기에 대한 이런 상상적 대안 이야기는 우리가 실제로 가지고 있는 이야기의 세 가지 특징을 부각시킨다: 행동이 말에 앞선다. 말과 행동이 신중하고 많지 않다. 행동과 말이 상투적이고 외면적이다.

비탄의 의식 행위들이 사자들이 전한 말들에 대한 욥의 언어적 반응을 더 늦춘다(욥 자신은 5절 이후로 말하지 않았고, 또한 거기서의 "말"도 단지 생각뿐일 것이다). 본 내러티브는 절대로 "급속한 이동"("rapidity of movement," 도름이 제일 앞에 나오는 바야콤〈ויקם, "그리고 그가 일어섰다"〉으로부터 이것을 추정)을 보이지 않는다. 오히려 행동들이 신중하며, 비록 양식적이나 상징성이 매우 깊다.

겉옷을 찢는 행위는 많이 확인되는 애도 의식으로(창 37:29; 수 7:6; 참조. 삼하 13:19; 레 10:6), 그 기원이 무엇이든지 간에(외스터리는 자기-절단 완화 행위로 본다: W. O. E. Oesterley, *Immortality and the Unseen World*[London: SPCK, 1921] 143-49; 또한 W. Robertson Smith, *Lectures on the Religion of the Semites* [London: A. C. Black, 3rd ed., 1927] 687 참조), 그것의 상징적 가치는 풍부하다. 그것은 아마도 고통이 생존자의 마음에 이른다는 것을 상징할 것이다(포어러). 어쩌면 애통하는 사람이 죽은 사람의 파멸과 동일시하는 것을 나타낼 것이다. 아니면 어떤 사람 자신의 인생에 한 중요한 요소가 되살릴 수 없도록 끝났다는 인식을 표시하는 것이다. 혹은 격렬한 육체적 행위로 충격이나 참사를 제거하려는 것일지도 모른다(E. F. de Ward, "Mourning Customs in 1, 2 Samuel," *JSS* 23[1972] 1-27, 145-66). 그렇게 강렬한 근육 활동은 병리학적으로 말해 혈류 속 아드레날린 분비에 대한 적절한 반응임이 분명하다. 찢어진 것은 바깥 의복 혹은 겉옷으로(מעיל – 메일), 이는 저명한 사람들이 입거나 혹은 그 외의 사람들이 특별 행사 때 평상복(כתנת – 케토넬) 위에 걸치는 의복이다. 참조. 2:12; 출애굽기 28:31; 사무엘상 15:27; 18:4; 24:5, 12[6, 13]; 28:14; 에스라 9:3, 5. 그것은 현대 팔레스타인에서 다른 의복 위에 입는 길고 느슨한 겉옷 쿰바스(*qumbaz*)와 대체로 일치한다(J. M. Myers, *IDB* 1:870; illustration, G. Dalman, *Arbeit und Sitte in Palästina*[Gütersloh: Bertelsmann, 1937] 5: fig. 58). 예외적인 경우에는 평상복도 찢어질 수 있다(삼하 15:32에서처럼).

고대에는 비탄의 상징으로 머리를 미는 것도 흔했다(사 15:2; 22:12; 렘 7:29; 16:6; 41:5; 47:5; 48:37; 겔 7:18; 암 8:10; 믹 1:16). 레위기 19:27의 거룩 법이 어느 목적이라도 머리 미는 행위를 명백히 금지한 것처럼(참조. 렘 9:25[26];

겔 44:20), 신명기 법에 의해서도 그 행위는 금지된다(신 14:1). 머리를 쥐어뜯는 경우들(스 9:3; 참조. 또한 Gilgamesh 8.2.21, *ANET*, 88)과 수염을 깎는 경우들(사 15:2; 렘 41:5; 48:37)도 있다. 다른 문화에서 온 머리를 깎거나 잘나내는 것과 유사한 것들을 모아 놓은 것을 가스터의 책에서 볼 수 있다: T. H. Gaster, *Myth, Legend, and Custom in the Old Testament*(London: Duckworth, 1969) 590-602.

그 관습의 기원은, 비록 결정될 수 있다 하더라도, 아마 의미가 없을 것이다. 프라저(Frazer)의 것과 같은 "원시" 인류학적 접근은 죽은 이의 혼령으로부터 자신을 숨기는 것 혹은 머리카락 속에 에너지로 자리잡고 있다고 가정되는 힘을 죽은 이의 영혼에 바치는 것 같은 목적들을 제시했다. 그러한 접근들에 대한 비난에 관해서는 J. W. Rogerson, *Anthropology and the Old Testament*(Oxford: Blackwell, 1978), 특별히 46-53를 보라. 또한 예레미야 7:29은 비탄 가운데 머리카락을 잘라서 그것을 버리는 것에 대해 말하는데, 이는 머리카락의 처분에 특별한 의미가 결부되어 있지 않다는 것을 뜻하는 것임을 주목해 보라. 그런 행위의 기능에 대해서는 심리학적 해석이 사실에 더 가까울 것 같다. 머리카락 의식과 관련된 자기-절단 혹은 손상은 겉옷을 찢는 행위와 유사하다: 산 자가 죽은 자와 동일시한다. 머리에 티끌을 뿌리는 의식(참조. 2:12에 대한 부분)은 고통하는 생존자가 죽은 자와 동일시하는 가장 설득력 있는 표시다. 여기 내러티브에서는, 이것이 충동적으로 성급히 하는 반응의 의식 행위가 아니라 준비 과정과 다소 긴 활동을 필요로 하는 것이다.

마찬가지로, 욥이 땅에 엎드리는 것도 드라이버가 지적하듯이 "괴로운 소식에 대해 갖는 어떤 즉각적이고 반-비자발적인 신체적 반응"이 아니다(삼상 28:20과 대조해 보라). 그 전통성으로 어떤 개인적 감정 표현도 감춰져 있던 앞의 두 가지 애도 의식들과는 다르게, 이 세 번째 행동은 욥의 내적 태도를 분명하게 보여 준다. 땅에 엎드리는 것(그 자체는 애도 의식이 아님: 고디스에 반대)과 "경배하는 것" 혹은 "경의를 표하는 것"(השתחוה – 히쉬타하베)은 여기서 하나님 앞에서 갖는 의식적이고 의도적인 경건의 동일 행위다. 욥은 절망 가운데서가 아니라 경외하는 마음으로 땅에 엎드리는 것이며(로울리), 얼굴을 땅에 대는 것은 틀림없이 말 없는 복종의 행위로서이다. 레인은 이슬람의 종교적 복종 관습을 다음과 같이 서술했다. "그는…천천히 무릎을 꿇고…무릎 조금 앞 땅에 손을 놓고, 두 손 사이로 코와 이마를(코를 먼저) 땅에 댄다"(E. W. Lane, *An Account of the Manners and Customs of the Modern Egyptians*[London: John Murray, 5th ed., 1860] 77, 삽화 포함; 고대 근동에서 온 기도하는 자세의 삽화에 대해서는 *ANEP*, pl. 355, 45, 46; *IBD* 3:

1259를 보라). 성경의 다른 예들은 창세기 24:52; 여호수아 7:16; 이사야 44:17에서 발견된다. 입으로 말하는 기도를 뜻하는 전문 용어는 "경배하다"(השתחוה)를 뜻하는 이 단어와 드물게 연결되기는 하지만(참조. J. Herrmann, *TDNT* 2:788-80), 그 단어 자체는 기도를 의미하지 않고, 기도, 경외 혹은 탄원의 자세들 가운데 하나를 가리킨다(높은 이에게 혹은 심지어 지위가 같은 이에게 하는; 참조. 창 23:7; 출 18:7; 삼상 25:23). 그것 뒤에는 종종 여기서처럼 "그리고 그가 말했다" 혹은 그에 상당하는 말이 온다. 또한 D. R. Ap-Thomas, "Notes on Some Terms Relating to Prayer," *VT* 6(1956) 220-24; H.-P. Stähli, *THWAT* 1:530-33도 보라.

그 소식에 반응하는 욥의 행동들은 많지 않았다: 몸의 상처도, 누더기를 걸침도, 먼지를 뿌림도, 애가도, 울음도, 단식도 없었다. 이는 단지 "단순" 내러티브 스타일의 질서인가, 아니면 격정의 대화로 터져 버릴 과잉 억제의 신호인가? 좀더 자세한 것은 A. J. Wensinck, *Semitic Rites*, esp. 5-55; E. Kutsch, "Trauerbräuche und Selbstminderungsriten im AT," *ThSt* 78(1965) 25-42를 보라.

21 지금까지는 순전히 전통적인 비탄의 행위들이 행해지고 서술되었는데 무엇보다도 진짜 이슈, 즉 욥이 과연 하나님을 저주할 것인가의 문제가 극적 긴장감을 위해 가능한 한 뒤로 연기되어야 하기 때문이다. 사탄은 이 사건에서 옳기도 하고 틀리기도 한 것으로 드러난다. 만일 욥이 가진 모든 것을 "친다면", 욥은 하나님을 "찬양할"(ברך – 바라크) – 그러나 그의 "찬양하다"는 "저주하다"에 대한 완곡 표현 – 것이라고 그는 말했었다(11절). 욥은 정말로 하나님을 "찬양한다"(ברך). 비록 의도의 측면에서 보면 그는 틀렸다고 증명된 것이지만, 언어적으로 보면 사탄이 옳았다고 증명된 것이다. 욥이 하나님을 "[그의] 얼굴을 향해" "찬양하리라"는 사탄의 예언은 어떻게 보아야 할까? 욥은 여기서나 2:10에서(3장에서도) 하나님에게 직접적으로 말하지 않는다는 사실에 어떤 중요한 의미가 있을까? 욥이 "[하나님의] 얼굴을 향하여" 어떤 말을 할 것은 이어지는 친구들과의 대화 속에서 뿐일 것이다. 이 내러티브 자체에서는 해결되지 않고 욥기 전체적으로 더 나은 해결을 향해 외치는 이 작은 내러티브 맥락에서 우리는 다시 한 번 내레이터의 "허위 단순성"을 만난 것인가?

그러나 찬송이 욥의 첫 번째 말이 되지는 않을 것이다. 그는 먼저 염세적 "지혜"의 일반화와 완전히 조화되는 감정을 내뱉는다: "내가 모태에서 알몸으로 나왔사온즉 또한 알몸이 그리로 돌아가올지라." 참조. 전도서 5:14[15], "그가 모태에서 벌거벗고 나왔은즉 그가 나온 대로 돌아가고." 이것은 죽음의 현실을 고려하는 의미에서만 "염세적"으로이고, "낙관적" 지혜는 보통 그렇게 하지 않는다. 땅의 재물은 경건한 삶의 자연스런 열매라는 사상과 죽음은 긍정적인 모든 것을 무효로 만들고 인생이 가져온 모든 것을 "알몸으로" 벗겨낸다는 사상 사이에는 사실 긴장이 있다. 사자들의 보고는 욥을 1-2절에서 입증된 "경건과 보상"의 영역에서 전도자가 서 있는 영역으로 하루만에 옮겨 놓았다. 그것은 숙명론이나 허무주의, 체념과 절망의 영역이 아니다(덤과 대조. 그는 비활동 "체념"을 "보다 활동적인 유럽인들의 정신과 잘 조화되지 않는다"[!]고 보았다). 그것은 한계 상황을 만나 남은 인생이 그 시각에서 평가되는 영역이다. 욥은 이제 자기 자신을 죽은 거나 다름없다고 느낀다. 가진 것을 모두 잃었고, 마치 이미 매장 준비가 된 것 같다. 그의 말들은 단순히 이미 비탄의 의식 행동들을 통해 가졌던 죽은 자와의 심리적 동일시를 언어화하는 것이다.

이 절에서 제기되는 해석의 어려움은 "내가 **그리로 돌아가올지라**"는 구절이다. 왜냐하면 욥이 죽으면 돌아가리라고 생각하는 곳은 분명히 그의 어미의 자궁(모태)이 아니기 때문이다(참조. 요 3:4). 대체로 두 가지 주석학적 방향이 제시된다.

(i) "모태"는 대지(Mother Earth)의 자궁이라는 것. 시편 139:15은 인간의 몸을 "땅의 깊은 곳"에서 지음 받은 것이라 말하고, 집회서 40:1은 무덤을 "모든 산 자들의 어미"로 언급한다. 일반적으로 "땅의 흙"으로 보는 인간의 기원(창 2:9; 참조. 18:27; 욥 4:19; 시 103:14; 고전 15:47-49)이 분명히 이 이미지의 배경에 자리잡고 있다. 드라이버는 아랍어 *ʾummu*("어머니")를 "주거, 거주, 무덤"도 의미하는 것이라 하며 "무덤들"에 대해 아랍 어구 *buṭûnu-ʾllarā*("대지의 자궁들")를 인용한다(G. R. Driver, "Ancient Lore and Modern Knowledge," in *Hommages à André Dupont-Sommer*, ed. A. Caquot, 277-86). 그러나 이들은 자-의식 문학 용법들일 것이다. 셈족 사상에서의 "대지" 개념에 관해서는 M. Eliade, *RGG*^{3} 2:548-50를 참조하라.

(ii) "그 곳으로"는 지하 세계를 뜻하는 완곡 표현이라는 것. 죽은 자들을 가리키는 것으로 이집트 숙어 "거기에 있는 이들"이 있고(참조. N. Herz, "Egyptian Words and Idioms in the Book of Job," *OLZ* 16[1913] 343-46[343-44]), 이와 평행하는 것으로 지하 세계를 가리키는 그리스어 에케이(*ἐκεῖ*, "거기")가 있다(예를 들어, Euripides, *Medea*, 1065; G. R. Driver, *Ancient Lore and Modern Knowledge*, 286도 보라). 고디스는 전도서 3:17의 샴(שָׁם)에서 비슷한 용례를 보고("모든 일과 모든 행위에 적당한 때가 있다 – 거기서는!"), 욥기 3:19의 샴(שָׁם)과 비교한다. 그러나

이 관점이 "내가 **돌아가**리라"의 문제를 완전히 해결하지는 않는다. 왜냐하면 스올은 대지의 태가 아니기 때문이다. "돌아가다"(שוב – 슈브)를 너무 문자적으로만 고집하지 말아야 하는 것인지 모른다. 참조. 시편 9:18[17], 악인들이 스올로 "돌아간다". 그리고 146:4, 단지 황태자라도 그는 "사람의 아들"에 불과하며 숨이 떠나면 "흙으로 돌아간다". 다후드처럼(*Psalms III*, 295), 인간의 몸은 지하 세계에서 만들어져 선재하는 것으로 여겨진다고 주장하는 것에는 분명히 충분한 증거가 없다. 그가 인용하는 구절들(창 2:7; 3:19; 시 90:3; 전 3:20; 5:14[15]; 12:7; 집 40:1 〈여기에 욥 34:15이 추가될 수 있겠다〉)은 흙으로부터의 인간 창조 그 이상을 말하지 않는다.

이 난문에 대한 가장 좋은 해결의 실마리는 시편 139편에 있다. 13절은 어미의 태에서 한 개인의 창조에 대해서 말하고, 15절은 그 똑같은 개인의 땅 속 깊은 곳에서의 창조에 관해서 말한다. 인간의 기원과 개인의 기원을 둘러싸는 이미지들이 융합되고 있는데, 그런 메타포들을 자기 모순으로 보는 사람은 경직된 주석가일 것이다. 여기서도 개인의 탄생 이미지가 인류 창조의 이미지와 조용히 융화된다. 따라서 "그 곳으로"는 정말로 땅이지만, 그것을 뜻하는 전문 용어나 완곡 어법으로가 아니며 또한 그것이 정확히 "대지"(Mother Earth)로 확인되어서도 아니다. [조지 루이 보흐쥐(Jorge Luis Borges)는 키츠(Keats)의 "Ode to a Nightingale"(The Nightingale of Keats, in *Other Inquisitions*〈tr. J. E. Irby; Austin: University of Texas Press, 1964〉 121-24)에서 비슷한 "오류"를 발견한 비평가들을 주목한다.]

여기에 두 가지가 더 추가될 필요가 있다. (i) 아기가 어미 자궁 속에서 가지는 태아의 위치와 무덤에서 시체가 가지는 똑같은 위치가 비교의 요점이라는 리치오티의 흥미로운 제안(G. Ricciotti, *ZAW* 67[1955] 249-51)은 탄생 때의 벌거벗음과 임종 때의 벌거벗음 사이의 주된 비교로부터 주의를 앗아 간다. (ii) 현재 본문을 조명해 주는 것으로 종종 인용되는 집회서 40:1은 그것에 의해 영감되었음이 사실이지만, 그것의 더 큰 명료성은 우리 본문의 융합된 이미지들과 많이 다르다. 이렇게 쓰여져 있다. "…사람이 어미 태로부터 밖으로 나오는 날부터 모든 산 자의 어미에게로 들어가는[*RSV*, *JB*, *NAB*와 같은 "…로 돌아간다"가 아니다] 날까지." 욥의 말의 두 번째 부분은 인생에 대한 반성의 언어로서가 아니라("지혜") 종교적 감정의 언어로서(찬송) 그의 반응을 표명한다: "주신 이도 여호와시요 거두신 이도 여호와시오니 여호와의 이름이 찬송을 받으실지니이다." 이 말도 첫 번째 문장처럼 상투적인 혹은 전통적인 외양을 가지고 있다. 어떤 아랍 부족들은 한 일가(一家)가

죽으면, "그의 주가 그를 주셨고, 그의 주가 그를 데려갔노라"(*rabbu jābu, rabbu aḫaḏu*)라는 전통 문장을 말한다고 한다(A. Musil, *Arabia Petraea*[Vienna: A. Hölder, 1908] 3:427). 그 감정에 대해서는 사무엘상 3:18, "그것은 여호와로부터이니 그가 선하신 대로 하실 것이니라"(엘리가 사무엘에게); 집회서 11:14을 참조하라. 그러나 그 말의 기질은 한 전도자의 박식한 지혜라기보다는 경배하는 회중의 경건이다.

우리는 또 한 번 이 구절에 대한 키에르케고르의 멋진 해설을 선두로(*Edifying Discourses: A Selection*[London: Collins, 1958] 78-9) 반-텍스트(본문과 반대 상황)의 갖가지 배경들에 비추어 그것을 설명해 볼 수 있다. 욥은 이렇게 말하지 않는다. "여호와가 주셨는데 스바 사람, 갈대아 사람, 번개와 대풍이 가져갔다." 그는 그의 인간 원수들과 자연의 힘들을 궁극적으로 책임 있는 분에게 종속된 것으로 본다. 이런 생각이 이어지는 장들의 어두운 바다에서 그를 돕는 항해 도구가 될 것이다. 그는 사별에 필연적으로 따르는 분노가 부차적인 원인들에 발산되도록 하지 않는다. 시간이 지나면 그러한 분노가 이 초기 반응이 그에게 세워 준 바로 그 방향으로 표현되는 것을 우리는 보게 될 것이다. 또 욥은 다음과 같이 말하지도 않는다. "여호와께서 가져가셨다." 극적으로 제시된 대로 상실에 대한 갑작스런 인식이 모든 것에 대해 그의 정신을 닫아 버린 것이 아니라 단지 그의 직접적인 감각을 닫아 버린 것이다. 상실의 순간에 그는 잃어버린 것이 하나님의 선물이었음을 완전하게 의식하고 있었다. 욥은 또한 마치 상실을 당한 많은 희생자들의 경우처럼 뼈아픈 현실을 받아들이기를 거부함으로써 아픔이 사라지기를 바라고, 과거의 기쁜 일들에만 배타적으로 안주함으로써 현재의 아픔을 쫓아내려고 하는 것인 양 "여호와께서 주셨다"고 간단하게 말하지도 않았다. 그는 선물과 상실, 기쁨과 아픔을 균형 있게 대할 수 있고, 그 둘 다 "하나님의 손으로부터" 온 것으로 받아들일 수 있다. 더 나아가 욥은 단순히 "주신 분이 여호와시요, 취하신 이도 여호와시라"고만 말하지 않는다. 그것은 그 자체로 정신적으로 성숙하고 사려 깊은 경건의 발언이다. 그렇다고 하더라도 그것은 그것들이 말해질 때의 감정을 분명하게 보여 주지는 않는다. 그런데 그 다음 표현이 그렇게 한다. "여호와의 이름이 찬송을 받으실지어다!" 야훼는 주신 것으로 혹은 취하신 것으로 찬송 받는 것이 아니라 그가 지금까지 욥에게 보이셨던 것 전체로 인해 찬송 받으신다. 그의 아낌없는 주심과 그의 설명할 수 없는 고통의 가함은 똑같이 그 자신의 실체를 드러내는 현시들이다. 그리고 그것에 직면한 욥은 "찬송하는 것" 외에 다른 반응을 알지 못한다. 미쉬나에 있는 한 랍비 텍스트(*m. Ber.* 5.3)에는 다음과 같은 모호한 문장이 나온다: "만일 누군가가 '축복에 대해서는 당신의 이름이 찬송을 받으소서'라고 말한다면, 우리는 그 사람의 입을 다물게 한다." 다시 말해, 그런 찬송은 "그러나 재난들에 대해서는 당신의 이름이 저주받으소서"라는 방백(傍白, *sotto voce*)을 숨길 수 있다. 욥은 그런 경고를 전혀 필요로 하지 않는다. 그의 본능은 그로 하여금 위엄 있고, 단단히 통제되고, 진실하고, 균형 잡힌 경건으로 향하게 한다. (욥이 특별히 "주신" 것을 "가져가시는" 하나님의 권한에 대해, 즉 선물은 단지 대출이고 하나님은 자기 자신의 것을 도로 취하실 자격이 있는 분으로 생각하고 있는지는 분명하지 않다. 특히 포어러와 헤세가 이 점을 강조한다.) 구약에서는 하나님이 세상에서 일어나는 모든 일의 창시자로 여겨진다는 일반 견해에 대한 승인이 이 본문에는 전혀 없다. 욥은 신적 작인에 대한 포괄적 진술을 하는 것이 아니라 그의 운명이 얼마나 전적으로 하나님의 손에 놓여 있는지에 대한 느낌을 경건한 말로 표현하고 있는 것이다. 좀더 자세한 것은 F. Lindström, *God and the Origin of Evil: A Contextual Analysis of Alleged Monistic Evidence in the Old Testament*(tr. F. A. Cryer; Lund: C. W. K. Gleerup, 1983를 보라.

그렇다면 욥기는 그에게 떨어진 재앙에 대한 반응인 이 문장에서 내가 이 주석서에서 욥기의 주된 목적이라고 주장하는 것에 – 처음으로 – 다다른다: 고난 아래서 사람은 어떻게 행동해야 하는지에 대한 묘사. 이보다 더 갑작스럽거나 비극적인 재앙은 상상하기가 어렵다. 사람이 어떻게 반응해야 하는가? 바로 욥처럼 비난이나 자기 연민 혹은 현실 부정 없이, 그리고 주님의 존재에 대해 주님을 찬양함으로. 욥은 여기서 논쟁의 여지없이 위기에 처한 신앙의 모범으로 반포된다. 그럼에도 불구하고, 욥기의 막대한 대부분은 또 다른 욥, 즉 같은 사람이지만 비록 그 같은 반응이 진정으로 원했고 모든 면에서 진지한 것일지라도(또한 "부자연스럽게 침착한"으로 잘못 판단되지 말아야 하지만; 참조. 헤세) 이 장의 사건들이 욥 안에서 일깨우기 시작하는 혼돈의 감정과 조화되지 않기 시작하는 것을 발견하는 또 다른 욥을 묘사할 것이다. 욥의 행동이 **옳고**, 그러므로 모범적이라는 것에는 의심의 여지가 없다. 그것이 **가능한지** – 적어도 지속되는 것 – 는 또 다른 문제다. 어떤 이들에게는 가능할지 모르며, 그들은 축하 받아야 한다. 다른 이들에게는 욥기의 나머지 부분이 또 다른 길 – 물론 궁극적으로는 일치하지만 – 을 그려 줄 것이다.

우리는 조금 덜 중요하지만 욥이 여기서 유일하게(그러나 12:9에 관한 부분을 보라) 야훼의 이름을 사용한다는 사실을 주목할 수 있다. 비록 내레이터 자신은 프롤로그와 에필로그에서 "야훼"에 대해 말하고 있지만("하나님의 아들들"은 고정된 표현이며, 또한 이 작가의 관용어인 "하나님 경외"〈1:8에서는 야훼의 입에!〉도 분명히 그렇다), 사실 욥기에 나오는 모든 인물들(사탄을 포함하여)이 "하나님"에 대해 이런저런 용어를 사용하고 있다(통계표, 드라이버-그레이, xxxv). 이 사실들로부터 욥기의 문학적 기원에 관해 연역될 수 있는 것은 아무것도 없다. 여기서 야훼의 이름을 사용하는 것으로 제시될 수 있는 것은 그 표현들이 익숙한 이스라엘 형식 표현들의(참조. 시 113:2, "이제부터 영원까지 여호와의 이름을 찬송할지로다") 각색들이라는 것이다. [T. H. Gaster, *Myth, Legend, and Custom in the Old Testament*(London: Duckworth, 1969) 2:787에서는 메소포타미아의 한 문헌에서 비슷하게 구성된 문장을 인용한다: "주신 자도 왕이요, 취한 자도 왕이시라. 왕이시여, 불로장생하십시오"(A. Pohl, "Akkadische Sprichwörter," *Or* 19〈1950〉 382). 그러나 의존 관계는 전혀 없다.] 우리의 내레이터는 세밀한 독자들에게 쓰고 있으며, 따라서 "야훼"가 사용되는 이유에 대해 극단적으로 단순화한 포괄적 설명은 만족스럽지 않을 것이다. 요점은 욥이 이스라엘 사람이든 아니든 위기의 순간에 마치 이스라엘의 하나님 야훼와 언약으로 묶인 관계에 있는 것처럼 말하고 행동한다는 것이다. 이 "이교도 성인"(J. Daniélou, *Holy Pagans of the Old Testament*[tr. F. Faber; London: Longmans, Green, and Co., 1956] 86-102)은 비록 단순히 일시적이기는 하지만-그리고 분명 **비밀스럽게**이지만-유대교 개종자가 된다.

보통의 경우는 "여호와여 찬송 받으소서"(ברוך יהוה-바루크 아도나이) 혹은 "당신은 찬송 받으소서"(ברוך אתה-바루크 아타)이기 때문에, 이 곳의 찬송 형식(יהי שם יהוה מברך-예히 셈 아도나이 메보라크, "여호와의 이름이 찬양을 받으시리로다")은 이례적이다. 그런데 정확하게 동일한 표현이 시편 113:2에 나타나, 욥의 말을 전통적 예배 형식문으로 인정해야 함을 암시한다. 욥 자신은 하나님을 단순히 "찬송하는" 것이 아니라, 그의 고난의 소식이 어디로 퍼지든지 사람들이 하나님을 향해 경외감을 나타내고(그 형식은 찬양하라는 권고 명령처럼 기능한다. C. A. Keller and G. Wehmeier, *THWAT* 1:353-76[363]를 보라), 욥을 동정하다가 동요되어 그의 고난을 하나님을 향한 적대감의 이유로 만들지 않기를 바라는 소망을 표현한다(참조. 시 113:2-3, "여호와의 이름을 찬송할지로다…해 돋는 데서부터 해 지는 데까지…찬양을 받으시리로다"). "축복"의 개념을 하나님이나 다른 사람들에 의해 주어지는 일종의 소원이나 선물로, 혹은 샤베르트가 강조하듯이(J. Scharbert, *TDOT* 1:303) "[찬송하는 사람이] 특별히 가까운 사회적, 인종적 그리고 종교적 관계를 가진 개인들이나 단체들과의 **결속력**을 강화하기 위함"으로 이해하는 것은 비교적 쉬운데, 축복을 전혀 필요로 하지 않으리라 가정되어야 하는 **하나님**을 "축복한다"는 말은 무슨 뜻인가? 일부 학자들이 이스라엘 사상의 "신비적" 관점을 다루면서 축복은 실제로 야훼의 능력을 증대시킨다고 상상한 반면, 가장 자연스런 관점은 "축복"은 감사와 존경의 표현 수단이며(참조. J. Scharbert, *TDOT* 1:305), "받은 은혜에 대해 찬송과 감사를 돌리는 것"으로 보는 것이다(W. Harrelson, *IDB* 1:446). 좀더 자세한 것은 S. Mowinckel, *Segen und Fluch in Israels Kult und Psalmdichtung*(Psalmenstudien 5; repr. Amsterdam: P. Schippers, 1966[orig. 1924]), esp. 27-30; J. Hempel, "Die israelitischen Anschauungen von Segen und Fluch im Lichte altorientalischen Parallelen," *ZDMG* 4(1925) 20-110(=BZAW 81[1961] 30-113); J. Pedersen, *Israel: Its Life and Culture I-II*(London: OUP; Copenhagen: P. Branner, 1926) 182-212; J. Scharbert, *Solidarität in Segen und Fluch im* AT *und in seiner Umwelt*(BBB 14; Bonn: Hanstein, 1958); idem, *TDOT* 1:279-308; S. H. Blank, *HUCA* 32(1962) 85-90; H. Mowvley, "The Concept and Content of 'Blessing' in the OT," *BiTrans* 16(1965) 74-80; J. Guillet, "Le langage spontané de la benediction dans l'AT," *RSR* 57(1969) 163-204; F. Horst, "Segen und Segenshandlungen in der Bibel," *EvT* 7(1947-48) 23-37(=Gottes Recht: Gesammelte Studien zum Recht im Alten Testament[TBü 12; Munich: Kaiser, 1961] 188-202); W. S. Towner, "Blessed be YHWH and Blessed Art Thou, YHWH: The Modulation of a Biblical Formula," *CBQ* 30(1968) 386-99를 보라.

시편 언어에서 하나님 자신과 본질적으로 동의어인 하나님의 "이름"에 대해서는 시편 5:12[11]; 96:2을 참조하라.

22 욥은 결코 하나님을 저주함으로 "죄를 범하지" 않았다. "이 모든 일에"라는 말은 이제까지 서술된 모든 상황(호르스트)을 가리킬 수 있고, 혹은 보다 개연적으로 욥이 말한 모든 것(도름)을 가리킬 수 있다. 불행은 욥으로 하여금 단순히 완곡어법적으로 "찬송"이라 불리는 단어들은 말할 것도 없고, 진정한 의미에서 "찬송하도록" 했다. 하나님이 하신 것 중 어느 것도 비판에 열려 있지 않다. 티플라(תפלה, RSV, "잘못"; NEB, "무분별")의 정확한 의미는 불확실하다("원문주해" 22.b를 보라). 그러나 문맥의 상황은 "하나님에게 티플라(ותפלה)를 돌리는 것"(이 표현은 "여호와께 찬송 혹은 영광을 주다, 돌리다"라는 보다 흔한 표현을 따라 만들어졌다. 예를 들어, 삼상 6:5)은 틀림없이 하나님 "저주하기"의 가장 온건한 형식임에 틀림

없음을 보여 준다(참조. NAB, "그는 또한 하나님을 경멸하는 어떤 것도 말하지 않았다"). 하나님은 자기가 원하는 것은 무엇이든 하실 권리가 있다거나 혹은 그분이 주신 선물은 그 자신의 것으로 계속 머물고, 그러므로 그는 언제든지 그것들을 도로 가져가실 자격이 있다는 것을 말하는 것이 아니다. 그렇게 거창한 일반화가 욥의 반응을 결정하는 것은 아니다. 욥의 반응은 전적으로 하나님을 향한 변치 않는 경외의 태도에 의해서 시작된다.

2:1-6 사탄과 하나님: 두 번째 대면. 프롤로그의 이 네 번째 장면은 두 번째 장면의 많은 언어를 반복하면서 그것에 매우 가깝게 만들어졌다. 청중이나 독자가 한 장면이 반복되고 있다는 것을 깨닫는 과정과 동시에 두 번째 제시에서 새로운 것들을 더 기다리게 되기 때문에 여기서 언어의 반복은 극적 기대감을 높인다.

여기서 주의를 끄는 주된 새로움은 욥의 행동에 대한 하늘의 반응이다: 하늘은 이제 만족했는가, 아니면 땅의 장면이 더 큰 폭력으로 재연되어야 하는가? 만일 후자라면, 욥의 반응은 어떻게 되는가? 일단 그렇게 설정되면, 이 네 번째 장면은 절정이며 종국이 될 다섯 번째 장면에 빨리 자리를 비켜 주어야 한다.

일부 학자들은 이 두 번째 주기 시험이 원래 욥기 내러티브에 속하지 않았다고 생각했다. 가령, 헤세는 욥의 시험이 이미 결과를 내었음이 증명되었다고 지적한다. 문제가 되는 점이 해결되었다. 모든 것을 잃은 후에, 욥을 다시 질병으로 치는 것은 아무것도 새로운 것을 추가하지 않는다. 더욱이 42장의 에필로그는 욥의 소유의 원상 회복에 대해서는 말하지만, 욥의 질병 치료에 대해서는 한마디도 하지 않는다 - 마치 그 일은 이야기에서 전혀 이슈가 아니었다고 하는 것 같다. 헤세는 욥의 시험의 이 두 번째 국면 이야기를 대화들 속에서 그려지는 인물, 즉 질병을 당하는 욥과 연결하기 위해 사용된 순전히 내러티브 "반복 법칙" 혹은 "강조 법칙"으로 돌린다.

반면에 호르스트는 고난당하는 욥 이미지를 본 내러티브의 핵심으로 보는데, 특별히 메소포타미아 문헌들에 "의로운 고난자"라는 인물과 유사한 것들이 나오기 때문이다("나는 지혜의 주님을 찬양하리라"〈*Ludlul bēl nēmeqi*〉로 알려진 메소포타미아 문헌 W. G. Lambert, *Babylonian Wisdom Literature*[Oxford: Clarendon, 1960] 21-62; *ANET*, 434-37; J. Nougayrol, "Une version ancienne du « juste souffrant »," *RB* 59[1952] 239-50를 보라; 그리고 S. N. Kramer, "Man and His God: A Sumerian Variation on the Job Motif," *VTSup* 3[1955] 170-82를 보라). 그러나 포어러는 비록 욥기의 저작 과정에서 여러 단계들을 구별하지만, 욥의 두 시험을 분간할 필요를 느끼지는 않는다. 또한 그 모든 논의는 아마도 한 내러티브 안에 있

는 수평적 혹은 공시적 긴장을 (일반적으로 가정적인) 수직적, 통시적, 발전적 기준 망에 투사하는 구약학계의 경향을 반영할 뿐이다.

1-2 표현이 1:6-7로부터 정확하게 반복되며, 순전히 용어상의 차이점 하나(2절에서 "어디로부터"〈אי מזה – 에 미제〉를 뜻하는 단어는 1:7에 있는 것〈מאין – 메아인〉과 다르다)와 아마도 중요한 의미가 있을 또 다른 차이점 하나가 있다: 1절의 마지막에서 사탄은 하나님의 아들들 가운데서 "여호와를 알현하려고" 나오는데, 그 표현은 하나님의 아들들에 대해 이미 사용된 것과 정확하게 똑같은 어구다. 칠십인경 번역자들은 "여호와 앞에 알현하려고"라는 이 마지막 어구를 생략했는데 우리로서는 그 이유를 모른다. 그들이 다른 히브리어 사본을 따랐을 수 있고, 그 구가 이미 같은 절에서 나왔기 때문에 실수로 혹은 의도적으로 생략했을 수도 있다. 혹은 하나님 "앞에"(על – 알)를 나타내는 용어가 "대항하여"로 오해될 수 있었기 때문에 의도적으로 그것을 생략했을 수도 있다(D. H. Gard, *The Exegetical Method of the Greek Translator of the Book of Job*[SBLMS 8; Philadelphia: Society of Biblical Literature, 1952] 28). 많은 번역본들이 그 구를 생략한다(JB, NEB, NAB; RSV, NIV는 그렇지 않다). 고디스의 경우는 그 어구가 여기서 다른 의미를 가지고 있다고 추정한다: 이 절의 앞 부분에서는 그것이 "신하들처럼, 하나님 면전에 선다"는 것을 의미하지만, 사탄에 대해 사용될 때는 오만과 반역의 태도로 "하나님을 대항하여 선다"는 의미다(참조. 민 16:27; 신 7:24에 나오는 어구). 그러나 분명한 설명이 가까이에 있다: 사탄은 하나님의 아들들 가운데서 지난번 하늘 의회 모임으로부터 특별 임무를 받고 보냄을 받았던 유일한 존재다. 그러므로 그의 임무에 관해 보고를 해야 하는 존재로서 그에게 주의가 모아진다.

히브리어 내러티브 스타일의 한 특징인 반복에 대해서는 W. Baumgartner, "Ein Kapitel vom hebräischen Erzählungsstil," in *Eucharistērion: Studien zur Religion und Literatur des Alten und Neuen Testaments*(FS H. Gunkel; FRLANT 36; Göttingen: Vandenhoeck & Ruprecht, 1923) 145-57; J. Muilenburg, "A Study in Hebrew Rhetoric: Repetition and Style," *VTSup* 1(1953) 97-111; Alter, *Art of Biblical Narrative*, 88-113를 보라.

그런데 사탄은 야훼에게 왜 그렇게 모호하고 빈틈없이 대답하는가? 고디스가 쥐어짜며 말한다. "주인들에 대한 종속자들의 아주 오래된 관습과 일치하게…사탄은 주님에게 가능한 한 적은 정보를 제공한다. 그는 욥에 대해서도 말하지 않고, 그의 시험이 그에게 미친 결과에 대해서도 언급하지 않는다." 그러나 이 독법은 지나치게 세밀한 것 같다. 보다 우선시되는 문제는 왜 야훼는 "네가 어디에서 오느냐?" 고 말하는지, 왜 야훼는 스스로 곧장 요점으로 들어가지 않는지에 관한 것이다. 이 구절들을 서투른 증보자의 작품으로 보는 헤세가 옳지 않다면, 대답은 정식 절차를 거쳐야 했다는 것일 수 있을 뿐이다. 또는 내러티브 스타일의 단순성이 첫 번째 하늘 장면의 가능한 한 밀접한 반복을 요구한다는 것이다. 그럼에도 불구하고, 우리는 여기에도 약간의 "허위" 단순성이 있는 것은 아닌지 궁금하게 생각할 수 있다: 본 주제 주변에는 약간의 "울타리", 즉 주된 관심 주제로 곧장 들어가기를 꺼리는 경향이 있는가?

3 야훼는 사탄이 그 앞에 다시 나타나기 전에 욥이 그 시험에 어떻게 반응했는지 이미 알고 계셨다는 사실을 우리는 어떻게 이해해야 하는가? 그것은 아마도 단순히 대화의 흐름을 위한 내러티브의 단축일 것이다. 혹은 좀더 개연적으로, 욥의 변함없는 경건에 대한 선언이 사탄의 입보다는 야훼의 입에 올려지는 것이 중요하기 때문일 것이다. 야훼는 전부 아시기 때문에 무슨 일이 있었는지 아실 필요가 없다(고디스)고 우리는 가정하지 말아야 한다. 하나님의 전지에 대한 그런 가정은 하늘 궁정의 모든 근거를 무너뜨릴 것이다. 사실은 그렇지 않고, 야훼는 "하나님의 아들들" 가운데 다른 일원을 통해서나 혹은 현재 사탄과의 대화를 통해서 "욥이 자기의 순전함을 굳게 지킨다"는 사실을 아신 것이다. 야훼가 이 사실을 어떻게 알게 되셨는지는 그분이 욥의 온전함을 사탄에게 선포하시는 것보다는 덜 중요하다. 이는 야훼의 선언이 사탄 앞에서 자랑 삼아 말해지기 때문이다. 그것은 사탄으로부터 응답을 요구한다. 그것은 사탄이 1:9에서 했던 바로 그런 종류의 대답을 암시적으로 구하고 있다.

욥은 1:13-19에서 묘사된 재난들에도 불구하고 "아직 그의 온전함을 지킨다". 즉, "그의 삶은 이전처럼 여전히 온전하다"(JB). "지킨다"(חזק ב –하자크 베)는 "굳게 지킨다, 계속한다"를 뜻한다(참조. 출 9:2). "온전함"(תֻּמָּה –툼마)은 욥기(2:9; 27:5; 31:6) 외에는 잠언 11:3에만 나온다. 그러나 그 어근 타맘(תמם)은 많이 나오는 것이고, 그 형용사 탐(תם, "온전한")은 이미 욥에 대해서 사용되었다. 욥기의 나중에는 욥이 자기 온전함을 "지킴"이 다른 의미, 즉 자기의 온전함을 "계속하여 주장하는 것"의 의미를 갖게 될 것이다(참조. 27:6에 대한 부분).

그런데 만일 욥이 아직도 그의 온전함을 지킨다면, 그것이 입증하는 바는 무엇인가? 그것은 이슈, 즉 경건은 단순히 번영의 결과가 아니라는 것이 해결되었음을 의미할 수도 있을 것이다. 그렇다고 하면, 그 시험은 "까닭 없는" 혹은 "결과 없는"

(히남〈חנם〉의 두 가지 가능한 의미) 것이 아니었다: 지금까지 입증되지 않은 경건과 번영의 관계 문제가 그 시험의 이유였다. 그리고 시험의 결과는 적어도 한 사람의 경우에는 경건이 번영에 의존하지 않음을 확립한 것이었다.

그러나 욥이 자기 경건을 지킴은 좀더 안 좋은 의미를 가질 수도 있다: 즉 그 시험이 충분히 엄격하지 않았다는 것을 의미할 수 있다. 그의 물질적 소유물들과 그의 자녀들을 박탈하는 것이 그의 경건을 흔들지 않았다는 것은 정말로 확인되었다. 그러나 "번영"에는 육체적 · 정신적 건강도 포함된다고 가정해 보라. 그러면 어떻게 되는가? 사실은 경건과 번영 사이의 인과관계 문제가 제기된 이상, 그것은 끝까지 규명되어야 한다는 것이다.

사실 욥 자신 안에는 그가 경건과 번영의 관계를 알아보는 이 조사의 대상이 되어야 할 "이유"가 전혀 없었다. 그가 선택된 것은 진짜 까닭 없는(חנם – 히남) 것이고, 그가 가장 정직하고 또 동시에 그 시대에 가장 번영한 사람인 것은 아주 우연한 일이다. 그러나 그렇다고 그 고난이 아무런 의미가 없고 까닭이 없다는 뜻은 아니다. 그의 고난이 명해진 것은 하늘에서 벌어진 내기를 처리하기 위해서, 혹은 어떤 중급의 하늘 존재에게 객관적 교훈을 제공하기 위해서가 아니라, 도덕 세계의 중심에 자리잡고 있는 일리(一理, 대중 종교와 전문 지혜가 똑같이 심하게 잘못 해석한 하나의 진리)를 폭로하기 위해서, 그리고 훨씬 더 개연적으로(본 내러티브에 어울리는 신인 동형적 언어로 말하면) 하나님 자신의 마음속에 있는 의심을 없애기 위해서다(참조. 1:9에 관한 부분). 욥에게 가해진 공격이 "미수"에 그쳤다는 것이 아니며, 사탄이 "그 공격의 실패로 굴욕감을 느끼는 것"(피크)도 아니다. 그 실험 – 무자비한 용어이긴 하지만 – 은 아직 최종 결론을 내지 않았는데, 이는 실험의 조건들이 충분히 엄격하지 않았기 때문이다.

그러나 그 실험은 이 비결정적 단계에 의해서조차 도덕 세계에 관해 내레이터가 인지한 하나의 놀라운 사실을 드러냈다: 의로운 사람이 까닭 없이 고생하는 것은 실제로 가능하다. 우리는 첫 번째 하늘 장면 내러티브 진행으로부터(1:6-12) 이 인식을 알아챘지만, 단 하나의 단어로 욥이 "까닭 없이"(חנם) 맞았다고 명백하게 인정되는 것은 여기가 처음이다. 그것이 말하려는 것은 응보 법칙이 깨졌다! 이 인정(그러한 인정을 야훼에게 돌리는 "증보자" – 그는 이 구절들을 증보자의 작품으로 여김 – 의 대담성에 충격을 받아 헤세가 주장하는 것 같은)은 야훼 편에서의 실질적 자기-질책에 이르지는 않는다. 또한 본 내러티브의 흐름 가운데 고난과 죄의 관계에 대한 물음을 발전시킬 기회도 아니다 – 그 문제는 대화에서 충분히 다루어질 것이다. 여기서 현미경 아래 있는 관계는 경건과 번영의 관계다. 그러나 하나의 관계는 다른 관계의 표면이며, 우리는 "까닭 없이 그를 파괴한다"는 표현에서 다이얼로그의 중심 문제에 대한 예고를 받는다. 여기서는 그것이 하나님의 관점에서 진술되었다. 다이얼로그에서는 그것이 욥의 관점으로부터 진술될 것이고, 그리고 그것은 "까닭 없이 **나를** 친다"는 형식을 취할 것이다.

사탄이 욥을 "치라고" 야훼를 "충동하였다"는 것을 그에게 상기시킬 때, 야훼는 절대로 욥의 첫 번째 시험에 대한 책임을 부인하시는 것이 아니며(피크), 또한 그 실험을 유발시킨 것을 사탄에게 돌리고 계시는 것(포프)도 아니다. 오히려, 야훼는 자신과 사탄이 함께 연루된 실험의 명백한 성공에 사탄의 동의를 끌어내고 있다.

4-6 사탄은 그 동의를 허락지 않을 것이다. 오히려 욥의 경건과 그의 번영에 대한 진짜 시험은 아직 시작되지 않았다고 그는 말하려 한다. 욥의 경건에 대한 진실을 결정할 수 있는 것은 오직 그 사람 자신, 즉 그 자신의 "살"과 "뼈"를 칠 때뿐이다.

분명히 격언에 속하는 말인 "가죽으로 가죽을"은 해석상의 난제다. 그러나 사탄의 말의 취지는 이어서 나오는 말로 분명해진다: 욥이 그가 가졌던 모든 것을 야훼가 "가져가시는 것"에 기꺼이 복종했던 것은 그 자신의 생명이 보존되었기 때문이다. 그가 아직 가지고 있는 일종의 번영이 있다: 자신의 생명과 건강. 따라서 그의 경건과 풀 수 없을 만큼 연결된 **것**은 이 번영이 아닐까?

"가죽으로 가죽을"이라는 표현의 의미에 대해서는 여러 가지 제안이 제시되었다. 대부분의 학자들의 주장처럼, 만일 그 어구가 자신에게 떨어진 불행에 대한 욥의 반응을 요약하는 말이라고 가정한다면, 그 격언은 "하나의 가죽으로 다른 가죽을"이 공정 거래를 뜻하는 표현이 되는 물물 교환 세계에서 온다고 보는 것이 가장 자연스러운 관점이다. 포어러는 우가릿에서 온 한 법률 문서에서 비슷한 문구 *bîta kima bîti*("집으로 집을")를 언급한다(*Le palais royal d Ugarit*[Mission de Ras Shamra 6; ed. J. Nougayrol; Paris: Imprimerie Nationale et C. Klincksieck, 1955] 3:164[text 16.383, line 9]). 그리고 휠셔는 한 아랍 문구 *ra's bira's*("한 〈소의〉 머리로 다른 머리를")를 인용하면서(from R. Dozy, *Supplément aux dictionnaires arabes*[Leiden: Brill, 1881] 1:494), 그 문구가 털가죽이 주요 통화 물품으로 사용된 부족 물물 교환에 기원을 둔다고 가정한다. 독일어 문구 "Wurst wider[*or*, um] Wurst"("소시지 하나로 소시지 하나를")도 종종 인용된다. 이런 제안에 반대하여 제기된 문제는 "물물 교환은 똑같은 종류의 것을 교환하는 것을 포함하지 않기 때문에(투르-시나이, 로울리가 뒤따름), 하나의 가죽을 다른 가죽으로 교환하는 것은 있음직한 상업 거래가 아니다"(앤더슨)라는 것이다. 그러나 격언들은 종종 동어 반복이며, 또한 그 표현은 본래 **공정한** 것과 관련이 있었을 것이다: 격언으로 말하면, 하나의 가죽에 대한 논란의 여지가 없는 유일한 공정 거래는 또 다른 가죽이다. 그렇다고 그 격언이 항상 정확하게 이 의미만을 가져야 한다는 뜻은 아니다. 현재 문맥 상황에서는, 그것은 욥이 그의 소유물들(자녀들 포함)과 자신의 생명(그의 건강 포함)을 그에게 있어 동일 가치를 지니는 것으로 판단했다는 것을 의미할 것이다. 그는 자신의 생명을 구하기 위해서 그의 물건들을 저버릴 수 있다-그리고 사실 그렇게 해야 한다. 왜냐하면 그렇게 하기를 거부하면 자기 생명을 잃기 때문이다. 욥은 그 대가로 자기 생명을 지킬 수 있기 위해 그의 소유를 포기하라고 요청 받지 않았음이 사실이다(앤더슨). 그러나 그가 자기 생명을 지키는 유일한 방법은 자신의 소유물을 기꺼이-그리고 하나님을 저주하지 않고-포기하는 것이다.

이 관점의 한 변형으로 "가죽"을 좀더 문자적으로 받아들이는 관점이 있는데, 욥이 포기하는 "가죽"을 그 자신의 가죽을 구하는 그의 가족, 종들 그리고 동물들의 가죽이라고 보는 것이다(참조. B. Jacob, *ZAW* 32[1912] 279). 이 해석에 따르면, 그 격언의 의미는 "사람은 자기 자신의 가죽을 대신하여, 즉 그것을 구하기 위해서 그 누구의 가죽이라도 줄 것이다"이다(고디스). 그레이는 심지어 다음과 같이 되도록 히브리어에 약간의 수정을 가하고 싶어했다. "[또 다른] 가죽으로 그 [자신의] 가죽을." 이런 관점에 반대하여 "욥은 결코 그러한 선택과 직면하지 않았고 그의 자녀들과 소유물들을 제물로 바쳤다고 말할 수 없다"고 주장하는 것(로울리)은 전혀 반증이 되지 못한다. 왜냐하면 욥은 사실 그의 가족과 동물들의 죽음을 받아들일지 말지, 혹은 그것에 저항하고 그럼으로써 자기 자신의 생명을 잃을 것인지 말 것인지에 대한 선택권을 가지고 있었기 때문이다. 욥이 잃은 것은 모두 생명체들이라는 것은 (동물이든 사람이든) 흥미로운 사실이고, 따라서 그들에게 "가죽"이라는 용어는 적절할 것이다. 그러나 일단 그 첫 번째 "가죽"이 욥의 소유 전체를 상징한다고 인정되면, 이 변형의 관점은 앞에서 언급한 해석과 실질적으로 동일하게 된다. 둘 중 어느 형태로든 이 해석은 꽤 받아들일 만한 것이지만, 아래서 나중에 제시될 또 다른 해석이 좀더 바람직한 것 같다.

그러나 좀더 개연성이 적은 것으로 "이중 가죽" 개념, 즉 아랍 문헌에서처럼 바깥 가죽(*bašarat*)과 안 가죽(*'adamat*)의 개념을 염두에 두는 상당히 일반적인 관점이 있다. 여기서의 의미는 단지 욥의 바깥 가죽만이 말하자면 접촉되었고, 그 사람 자체는 상처를 입지 않은 상태라는 것이 된다. 따라서 다음과 같이 번역할 수 있겠다: "[하나의] 가죽 너머에(בעד) 가죽 [또 하나가 있다]." 앞에 나온 은유를 사용하면 욥을 둘러싸고 있는 "울타리"(1:10)는 돌파되었으나, 그 자신은 맞지 않았다(1:12). 로울리와 앤더슨은 슐텐즈, 메르크스, 부드 및 그 외의 학자들을 따라 이 견해에 가깝다. 고디스는 히브리어 오르(עור, "가죽")에 이런 이중 의미가 있다는 증거가 없고, 그런 구분에 대해서 아랍어는 두 가지 다른 단어들을 사용한다고 반박한다. 포프의 반대 이유는 욥의 몸이 아직 접촉되지 않았기 때문에 아직은 그에게서 떨어진 가죽은 없다는 것이다. 비록 지나치게 자구에 매인 독법이겠지만, "가죽 넘어 가죽"은 이미 이런 식으로 고생하고 있는 사람에게 더 큰 육체적 고통을 가하는 상황에 더 적절할 것이다. 포프 자신의 제안인 "가죽 뒤에 가죽"(투르-시나이를 따라), 즉 그의 심장과 생명을 보호하는 가죽 층들이 있다는 제안도 사실 별로 다를 것이 없다.

훨씬 덜 받아들일 만한 것으로 드라이버와 그 외의 학자들이 그 뒤를 따르는 탈굼 역과 라쉬의 해석은, 사람은 몸의 다른 부분을 구하기 위해 한 부분, 즉 머리를 구하기 위해 팔을 희생시킬 것이라는 견해다. 이 견해에 대한 분명한 반대는 오르(עור, "가죽")는 결코 몸의 한 **부분**으로 사용되지 않는다는 사실이다.

해결을 향한 아주 다른 길이며 가장 눈에 띄는 해석으로 통하는 한 가지는 "가죽으로 가죽을"을 바로 이전 과거가 아니라(욥이 어떻게 반응했나) 곧 있을 미래(만일 야훼가 그의 살과 뼈를 치신다면 그는 어떻게 **야훼를 대할 것인가**)를 언급하는 것으로 가정하는 데 있다. 만일 야훼가 욥의 가죽을 치신다면, 위기에 처하게 되는 것은 야훼의 가죽이 될 것이다. "가죽으로 가죽을"은 분쟁 상황이나 상해 보상 규정이나 준수에 적합한 말일 것이고, 출애굽기 21:23-25의 "생명은 생명으로, 눈은 눈으로, …손은 손으로…"라는 형식적인 말과 매우 유사할 것이다(비록 거기서의 전치사는 이 곳의 베아드〈בעד〉 대신 타하트〈תחת〉이지만; "원문주해" 2.4.a를 보라). 이 해석에 따르면, 사탄의 말은 다음을 의미한다: "당신이 그 사람의 생명을 겨누어 칠 경우에만, 당신은 그의 경건의 본질이 무엇인지 보게 될 것입니다. 그는 그의 생명(נפש – 네페쉬)과의 교환으로 그의 소유를 포기했습니다. 그러나 이제 그가 자기 생명만을 가지고 있으니, 그것을 치십시오. 그러면 당신은 그가 – 자신이 아는 유일한 방법, 즉 당신을 "저주함으로써" – 당신을 공격하는 것, 즉 그의 가죽으로 당신의 생명, 당신의 가죽을 치는 것을 보게 될 것이다." 올샤우젠(Olshausen)이 이 해석 방향을 가리키기는 했으나, 그의 견해는 최근 주석가들에 의해 좀처럼 언급되지 않는다. 그 이유는 그나 그들도 "가죽으로 가죽을"이 과거 재난에 대한 욥의 반응이 아니라 장차 있을 하늘로부터의 공격에 대한 그의 예상 반응(5절)과 어떻게 연결되는지를 보지 못했기 때문이다.

그 표현이 어떻게 이해되든, 사탄의 말을 "건방지고 저속한" 것(덤)으로 볼 필요는 없고, 또 "다소 저속한 그 언어는…꼭 무례한 허물없음의 표시가 아니라, 자기의 주인이 강요되는 것을 보고 싶어하지 않는 한 늙은 종의 얽매이지 않은 말투"라는 피크의 의견에 동의할 필요도 없다. 그것은 물론 구어체 말투이지만, 어쨌든 이 이야기의 하늘 궁정은 다소 소박하고 격식을 갖추지 않은 모임이다.

욥의 경건과 그의 부(이제 일개인의 존재로 축소되었음) 사이의 관계에 관한 하늘의 의문을 해결하기 위해 필요한 것은 그에게 남아 있는 부를 모두 제거하는 것이다. 그러나 욥이 존재를 완전히 빼앗긴다면, 그 의문은 영원히 해결되지 않고 남을 것이다. 모든 것이 욥의 반응에 달려 있기 때문이다. 따라서 그 사람 자신은 맞아야 하고, 맞되 아주 심하게 맞아 그가 생을 단념하고 자신을 죽음에 사로잡힌 것으로 느껴야 하지만, 실제로 죽지는 말아야 한다. 그의 "살"과 "뼈"는 맞을 것이다, 그러나 그의 "생명"(נפש – 네페쉬)은 "보존되어야"(שמר – 샤마르) 한다(6절).

"살, 육체"(בשר – 바사르)와 "생명, 생명력"(נפש)의 구분은 일반적으로 우리가 여기서 만나는 것과는 다른 방향으로 흐른다. 구약에서 "육체"는 보통 인간을 온전히 그대로 의미하지만, 사람의 내적 존재와 구별되는 육체적, 외부적 존재에 대해서도 사용될 수 있다(예를 들어, 잠 4:21-22; 14:30). "육체"(בשר)가 "생명"(נפש)과 연결되는 경우에는 집합적으로 사람의 전 존재를 가리킨다(참조. 시 63:2[1]; 84:3[2]) – 그러면 "정형 어구 분리" 원칙에 따라, 그들 각 용어는 독립적으로도 전체를 표현한다(이 원칙에 대해서 좀더 자세한 것은 E. Z. Melamed, "Break-Up of Stereotype Phrases as an Artistic Device in Biblical Poetry," *ScrHieros* 8[1961] 115-53; M. Dahood, *Psalms III*, 413-14를 보라). 그 두 용어 간의 차이점 – "'영혼'(נפש)으로부터 '육체'(בשר)까지"와 같은 어구로 암시되는 것(사 10:18; *RSV* "전부") – 은 일반적으로 그들의 유사성보다는 중요성이 덜하다. 그 용어들을 "이중 실재로서의 인간 존재의 다른 양상들"로 이해해야 한다는 브라치오티스의 공식화(N. P. Bratsiotis, *TDOT* 2:326)가 맞든 그렇지 않든 간에, 사실은 일반적으로 그들은 상치되는 관계로 나오지 않으며(G. Gerleman, *THWAT* 1:378는 이에 반대다) 또는 그렇게 중요하게 구별되지는 않는다는 것이다(12:10; 13:14; 14:22에 관한 부분도 보라). 그러나 여기서 "생명"(נפש)은 인간의 신체 구조를 의미하는 "살과 뼈"와 대조되는 것으로서 살아 있음(simple existence)을 뜻하는 것임에 틀림없다.

"뼈"(עצם – 에쳄)와 "살"은 흔히 가족이나 친척 관계를 가리킨다(다음의 경우에서처럼, 창 2:23; 29:14; 삿 9:2; 삼하 5:1[=대상 11:1]; 19:13-14; 참조. W. Reiser, "Die Verwandtschaftsformel in Gen 2,23," *ThZ* 16[1960] 1-4; W. Brueggemann, "Of the Same Flesh and Bone'(Gen 2,23a)," *CBQ* 32[1970] 532-42. 그러나 뼈들은 종종 질병의 자리로 나타나며(30:17, 30; 시 6:3[2]; 잠 12:4; 대조. 욥 20:11; 또한 19:20에 관한 부분을 보라), 또한 사탄이 여기서 제의하고 있는 것은 질병에 의한 육체적 고통임이 분명하다. 욥의 "생명" 보존(6절)이 그로 하여금 "자기 목숨을 위해" 모든 것을 내주도록 인도한(4절; 이것이 정말로 그 구절의 의미라면) 욥 자신의 생존 본능을 암시할 수 있는 것처럼, 마찬가지로 이미 "때려 맞은" 것은 욥의 "뼈와 살"(그의 자녀들)이라는 사실을 가리키는 의도적 암시가 있을 수 있다.

1:11-12에서처럼, 사탄은 야훼의 대행자로 활동할 것이다. 그를 향해 "내미는" 손은 야훼의 손이며, 동시에 욥을 칠 "손"은 사탄의 손이다.

7-13 욥의 고통, 욥의 반응: 장면 2. 하늘 장면은 땅 위에서의 마지막 장면 속으로 "디졸브한다"(그레이의 표현: 이 용어는 영화적으로 이해되면 훨씬 더 적절하다). 하늘에서 땅으로의 장면 이동에 대한 형식 기호의 부재는 신적 세계의 인간 세계로의 침투와 야훼에 의한 권위 위임만을 나타내는 것이 아니라(1:1-2:13에 관한 부분을 보라), 또한 내러티브의 속도를 빠르게 한다.

고난에 대한 욥의 반응은, 욥을 치는 첫 장면에서처럼 무언의 행동이다. 마치 문제의 해결을 향해 더 빨리 재촉해 가는 것인 양, 내러티브는 욥이 즉각적으로 수용의 표현을 말하게 하지 않는다. 그것은 그저 그의 수용의 태도는 조용히 인정하고, 곧장 그것의 조사 작업으로 옮겨 가며, 그의 아내의 질문 형식으로 그것을 압박한다. 그러한 압박 아래서도 그의 태도는 변함없이 지속되며, 또한 10절의 말로 프롤로그의 이슈는 영원히 해결된 것 같다.

이제 극적 논리에 의해 내러티브에 요구되는 것은 초점이 다시 하늘로 옮겨지고 사탄과 야훼 사이에 해결 장면이 상연되어야 한다는 것이다. 욥에 대한 이 이중 시험을 시작한 것은 그들의 대화다. 따라서 시험이 종료된 지금은 그들 사이에 어떤 일이 일어날까? 그러나 이 중요한 시점부터 그 후로 계속 하늘은 봉인되고 말이 없는 것은 욥기에 없어서는 안 될 부분이다. 하나님 자신은 34장에 걸쳐 나오는 인간의 연설들이 먼저 오기 전까지는 다시 말씀하시지 않을 것이다(인간의 연설들은 비록 산만하고 비결정적이긴 하지만, 생각해 보면 프롤로그에 나오는 하늘 연설의 직접적 결정성을 거의 잔인한 것으로 만든다). 그리고 땅은 욥기의 마지막 문장 끝까지 말과 행동의 중심지로 굳게 남아 있을 것이다. 길게 계속되고 심지어 마지막까지도 수그러들지 않는 욥의 고난들에도 불구하고, "나의 종 욥은" "나에 대해 옳게 말했다"는 말은 결론 구절에 이르기 전까지는(42:7, 8) 야훼에게 허락되지 않을 것이다. 그러나 비록 이 연설들 속에는 1장과 2장에서 문제가 되고 있는 하늘의 문제에 관한 언급이 전혀 없지만 – 만일 땅이 하늘의 은밀한 움직임에 비밀히 관여하고 있지 않다면, 그게 어떻게 가능한가? – 그것들은 그 이슈가 사실상 해결되었음을 전제한다. 또한 욥의 재산 회복(42:10-17)은 비록 간접적이기는 하지만 1장과 2장이 그 주변을 선회하던 그 문제의 본질에 대한 최종 증언을 이룬다. 왜냐하면 욥의 번영은 그의 경건의 원인이 아니라는 것이 결정적으로 확정되어야만 1:9-10의 초기 질문이 새롭게 제기되어 전체 비극의 주기가 다시 움직이기 시작하는 것 없이 그의 재산이 회복될 수 있기 때문이다(42:10).

현재 장면의 나머지 11-13절은 프롤로그와 다이얼로그를 연결하는 구절이다: 3-31장의 대화들을 이끌 욥의 세 친구가 거기서 소개된다. 따라서 이 구절, 특별히 그들이 그와 함께 앉아 있을 때의 의미심장한 침묵에 대한 그 구절의 묘사는 앞으로 일어날 일을 내다본다. 동시에 그것은 앞에서 일어난 일들에 대한 결론을 이루기도 한다: 그 세 친구는 욥의 세 "적"(사탄, 야훼, 욥의 아내)에 대한 희망적 대응물이다. 욥에게 "온"(בוא – 보) "악"은 그것으로 인해 세 친구가 "각각 자기 처소로부터" – 이전에 네 재앙이 왔던 것처럼 – "오게"(בוא) 되므로 덜 파괴적인 양상을 띄기 시작한다. 그들은 만나기로 약속한다. 그리고 욥을 위로하기 위한 이 땅의 모임은 그에게 오로지 해악만 가져온 하늘 모임을 상쇄할 듯하다. 마지막으로, 이 침묵의 내러티브는 동정의 의식 행위들과 연결되어 프롤로그의 마지막에 오고, 프롤로그의 시작 부분에 나오는 말이 없지만 마음으로 활동하는 욥의 역할과도 조화를 이루며(1:1-5a; 그리고 1:5b의 그의 "말함"〈אמר – 아마르〉은 아마도 단지 "생각"일 것이다), 뿐만 아니라 그것은 사건들에 대해 행위가 말을 앞서는 욥의 반복된(그러므로 특징적인) 반응과 조화를 이룬다(1:20-21; 2:8-10). 프롤로그에 나온 그 말함은 욥에 **관한** 것이었고 욥**에게** 하는 것이었다. 고난의 수용을 표현하는 1:21과 2:10(1:5은 간과해도 된다)의 짤막한 발언들을 제외하면 욥은 말이 없다. 하늘의 대화들과 1:13-19에서 꼬리에 꼬리를 물고 욥에게 퍼부어진 메시지들과 대조적으로 욥은 침묵했고, 그리고 이제 프롤로그를 마무리하면서 친구들의 침묵이 욥의 침묵과 조화를 이룬다.

헤세는 7b-10절로 된 이 에피소드와 욥 이야기의 본래적 연관성을 부인하고, 욥의 질병과 욥의 아내가 에필로그(42장)에서 언급되지 않는다는 사실을 내세운다. 1-6절에 대한 "주석"을 보라.

7 욥의 이 두 번째 시험에서는 사탄이 욥의 고통의 직접적 원인으로 명명된다. 반면에 첫 시험에서는 재난에 사탄이 참여하는 것이 전혀 말해지지 않는다. 이 차이점의 의미를 판단하기는 어렵다. 어쩌면 1장에서는 네 재앙의 직접적인 원인들이 사탄의 활동(1:12에서 암시된다)에 대한 어떤 언급도 불필요하게 했을지 모른다. 여기서는 질병의 공격은 거의 어떤 인간적인 혹은 물리적인 원인에 돌릴 수가 없다. 그리고 질병을 악마이든(참조. 시 91:6), 하늘 사자이든(참조. 삼상 16:14; 삼하 24:15-17; 왕하 19:35; 시 78:49), 혹은 하나님 자신이든(참조. 출 11:4; 12:23; 신 28:22), 어떤 초인적 존재의 적대적 활동 탓으로 돌리는 것은 구약에서 흔히 있는 일이다. 그러나 또 여기에는 하늘의 결정과 욥의 고난 사이의 직접적인 관련성에 대한 의도적 강화가 있는지도 모른다. 사건들의 장소가 바뀌었음을 알려 주는 어떠한 형식적 표지도 없이 하늘 장면이 땅의 것으로 "디졸브하는" 것에 의해서도 동일한 강화가 제시되고 있는 것일 수 있다.

욥에게 임한 이 두 번째 공격은 갑작스러움과 완전함에서 첫 번째 그룹의 재앙들과 닮았다. 그가 **모든** 소유를 잃어야 하는 것처럼, 그는 "발바닥에서 정수리까지"(이 어구에 대해서는 신 28:35; 삼하 14:25; 비슷하게 사 1:6을 참조하라) 그의 몸 **전체**를 치는 질병으로 맞아야 한다. 이것은 단순히 민속 이야기의 전형적인 과장이 아니다. 그 문제가 최대한 조사되는 것, 그러므로 욥의 질병이 가능한 한 넓게 퍼져야 하는 것은 (신)논리적으로 필요하다. 독자는 그 병이 불치병이 아님을 알지만, 욥은 만성병과 말기병의 차이를 모를 것이다. 고침을 받을 수 있는 피부병(레 13장)과 치료될 수 없는 피부병(신 28:27, 35)이 있었지만, 그 병들의 초기 단계에서는 그 둘을 구별할 수 있는 방법이 아마도 없었을 것이다. 바로 이런 이유로 현재 욥기의 프롤로그와 에필로그가 따르는 원래 욥 이야기는 고칠 수 있는 병을 묘사한 반면, 대화 연설들은 불치병을 묘사한다고 주장하는 것(포어러처럼; 헤세도 비슷)은 무익하다. 왜냐하면 프롤로그와 에필로그는 필연적으로 그 질병을 내레이터의 관점에서 보는 것이고(내레이터는 그 병이 고침을 받을 것을 안다), 반면에 대화의 연설들은 필연적으로 욥의 관점을 나타내기 때문이다(그는 아무런 경감을 얻지 못하기에 그의 병을 불치병이라고만 생각할 수 있다). 바르트는 다음과 같이 제안했

다: 히브리인들에게 죽음과 생은 종종 구별되지만 겹치는 영역으로, 죽음이 생을 계속 침입한다. 따라서 아직 물리적으로 살아 있는 사람들이 살아 있음에도 불구하고 죽음의 영역에 있고 죽음의 세력 아래 있는 것으로 여겨졌을 것이고 스스로도 그렇게 여겼을 것이다(*Die Errettung vom Tode in den individuellen Klage- und Dankliedern des Alten Testaments*[Zollikon: Evangelischer Verlag, 1947]). 좀더 간단하게 말해서, "생"은 종종 번영과 건강을 포함한 총체적 안녕(安寧, well-being)을 의미하기 때문에, 죽음은 그 총체적 안녕의 상실이다.

욥의 질병이 정확하게 무엇이냐는 계속되는 고찰의 문제다. 슈힌(שְׁחִין)은 다양한 피부병들을 포괄할 수 있는 일반적인 용어다. 그것이 레위기 13:18-23에서 나병의 초기 증세일 수 있는 부스럼으로 언급되기 때문에, 가장 일반적인 확인은 나병이었다. 그러나 히브리어에는 나병을 가리키는 전문 용어로 차라트(צָרַעַת)가 따로 있다-물론 그것은 결핵균(*Mycobacterium leprae*)에 의한 감염을 의미하는 것으로, 앞에 나온 용어보다 더 모호한 용어임을 인정한다. 또 다른 일반적 확인은, 사지가 붓고 피부가 검게 변하는 상피병(象皮病, elephantiasis)이다. 그러나 우리는 그 병을 정확하게 모른다고 인정하는 것이 더 낫다. 좀더 깊은 논의에 대해서는 다음을 보라: H. H. Rowley, "The Book of Job and Its Meaning," *BJRL* 41(1958) 169-70 n. 4; Gray, 23-24(아마도 상피병); G. N. Münch, "Die Zaarath(Lepra) der hebräischen Bibel," *Dermatalogische Studien* 16(1896) 135-37(만성 습진); D. Schapiro, "La maladie de Job: Étude clinique et exégétique," *Hippocrate* 7(1940) 281-88; KB, 960b(천연두); Dhorme, 18(악성 전염 궤양); Terrien, 59 n. 3(피부병의 일종, *pemphigus foliaceus*); Pope, 21("바그다드 버튼" 혹은 "여리고 장미"라 알려진 궤양성 종기); Librarian, Army Medical Library, "Morbus Jobi," *The Urologic and Cutaneous Review* 40(1936) 296-99(매독, 증거로 욥이 "젊었을 때 지은 죄"를 언급한 것[13:26]이 제시됨); S. G. Browne, *Leprosy in the Bible*(London: Christian Medical Fellowship, n.d.); J. V. Kinnier Wilson, "Leprosy in Ancient Mesopotamia," *RA* 60(1966) 47-58(56)(펠라그라〈니코틴산 결핍 증후군〉, 괴혈병, 비타민 부족); C. Brim, "Job's Illness Pellagra," *Archives of Dermatology and Syphilology* 46(1942) 371-76; K. P. C. A. Gramberg, "Leprosy and the Bible," *BiTrans* 11(1960) 10-23; D. H. Wallington, "Leprosy and the Bible," *BiTrans* 12(1961) 75-79; R. G. Cochrane, "Biblical Leprosy," *BiTrans* 12(1961) 202-3; E. V. Hulse, "The Nature of Biblical Leprosy and the Use of Alternative Medical Terms in Modern

Translations of the Bible," *PEQ* 107(1975) 87-105; 그 용어에 대해서는 J. F. A. Sawyer, "A Note on the Etymology of *sāraʿat*," *VT* 26(1976) 241-45를 보라. 좀더 최근의 여러 저자들은 욥의 피부병을 정신적 기원을 가지는 것으로 본다. 가령 가이는 욥의 피부 상태가 "잘 알려진 편평 태선, 건선, 아토피성 습진, 만성 두드러기, 포진성 피부염 그리고 일반화된 박탈 피부염의 경우들처럼 발진했고, 한동안 지속되다가 그 후에 갑자기 사라졌다. 그러한 피부병들의 도래와 진척은 수수께끼다"라고 생각한다(W. Guy, "Psychosomatic Dermatology *circa* 400 B.C.," *Archives of Dermatology* 71[1955] 354-56; 비슷하게 J. Kahn, *Job's Illness: Loss, Grief, and Integration. A Psychological Interpretation*[Oxford: Pergamon, 1975] 10-11).

욥의 병을 가리키는 언급들이 욥기 전체에 걸쳐서 나타난다. 이 언급들을 사용하여 그의 병을 정확히 지적하려는 시도들을 원칙상 배제할 수는 없지만(호르스트처럼), 그것들이 시적 언어이기 때문에 그렇게 하는 것은 위험한 일이 된다. 가장 좋은 것은 여기에 나오는 용어 슈힌(שְׁחִין)을 "진물이 흐르는 상처"(NEB), "심한 부스럼"(NEB) 혹은 "통증을 수반하는 상처"(NIV) 등과 같은 일반 어구로 번역하는 것이다. 반복되는 농포 발진(7:5)과 피부가 검게 되고 벗겨지는 것(30:30)은 시 부분에서 피부병을 가리키는 가장 분명한 것들로, 여기서 언급되는 화농성 가려움증에 상응한다. 다른 증후들은 좀더 일반적이다: 여윔(19:20), 발열(30:30b), 악몽(7:14) 그리고 불면(7:4), 울음(16:16). 19:17은 아마도 흔히 그렇게 말해지기는 하지만, 역한 입 냄새를 가리키는 언급을 담고 있지는 않을 것이다("주석"을 보라). 많은 주석가들이 그의 고름에 번식하는 구더기들(7:5)을 또 다른 증후로 보지만 그 언급은 아마도 고름이 흘러나온 것을 가리키는 것이다("원문주해" 7:5.a.를 보라). 그의 뼈의 쑤심이나 썩음(30:17), 그리고 그것의 탐(30:30)을 가리키는 언급들은 아마도 뼈를 질병의 자리로 보는 일반적 개념을 반영할 뿐이며(참조. 4-6절에 관한 부분), 따라서 그의 증상들에 대한 사실적 묘사로 보지 말아야 한다. 비슷하게 7:15의 숨이 막힘은 상피병의 한 증상으로(그레이처럼) 보지 말고 하나님 존재의 숨막힐 정도의 가까움에 대한 심리적 공포로 보아야 한다.

욥의 병을 뜻하는 용어가 파생된 어근 שחן는 몇몇 동족 언어들(우가릿어, 악카드어, 아람어, 시리아어, 아랍어)에서 "뜨거워지다" 혹은 "염증이 나다"를 의미한다. 따라서 그것의 명사형은 피부 염증의 모든 종류를 가리키는 일반적 용어일 수 있다. 한 우가릿 문헌(*CTA* 12.239)에서는 바알 신이 허리에 "열이 난다"(*sḫn*), 그리고 "나보니두스의 기도"(Prayer of Nabonidu)로 알려진 쿰란 문헌에서는 신-바빌로니아의 이 왕이 "가장 높은 신의 명령에 의해 극심한 상처[שחנא באישא, 여기의 שחין רע에 상응하는 아람어]를 당했다"고 말해진다(4QPrNab J. T. Milik, "Prière de Nabonide et autres écrits d'un cycle de Daniel: Fragments araméens de Qumrân 4," *RB* 63[1956] 407-15[408]).

그 질병이 욥을 친 속도에 관해서는 명백하게 말해지는 것이 전혀 없지만, 함축된 의미는 그 공격은 갑작스럽고 완전히 파괴적이었다는 것이다. 일반적으로 피부병들이 퍼지는 데는 시간이 걸리지만(상피병, 가령 "서서히 발전하고, 종종 수 년을 지속하다가 죽음이 뒤따른다"[그레이]), 시간-길이는 본 내러티브에 무의미하다.

8 욥은 질병을 당할 때 이미 재 가운데 앉아 있다(**번역**을 보라). 내러티브의 경제성과 그로부터 생기는 생생한 묘사가 놀랍다.

욥에 대한 공격의 첫 장면(1:13-22)에서는 욥의 하나님 찬송(1:21) 이후 그의 행동에 관해 아무 말도 없었다. KJV, RV, RSV, JPS, JB를 포함하여 많은 역본들은 욥이 잿더미에 앉은 것은 이 두 번째 공격 이후였음을 넌지시 비추지만, 히브리어는 오히려 욥이 첫 번째 타격 이후로 줄곧 잿더미 위에 앉아 비탄에 빠져 있었음을 제시한다. 재는 먼지와 동일한 의식적 의미를 가진 듯하다(참조. "먼지와 재"가 무가치를 의미, 창 18:27; 그리고 참조. 욥 30:19; 42:6[q.v.]). 그 단어들은 들리는 소리도 아주 비슷하다: **아파르**와 **에페르**, עָפָר וָאֵפֶר. 그것들은 비탄의 표시로 머리(삼하 13:19; 참조. 사 61:3; 먼지처럼, 욥 2:12)나 옷에(에 4:1) 뿌려지고, 혹은 그 가운데 눕거나(스 4:3) 구른다(렘 6:26; 겔 27:30; 믹 1:10). E. F. de Ward, *JSS* 23(1972) 1-27, 145-66, 특별히 p. 6-8; M. Jastrow, "Dust, Earth, and Ashes as Symbols of Mourning among the Ancient Hebrews," *JAOS* 20(1904) 133-50 (136-41)를 보라. 우는 자세로 앉는 것에 대해서는 에스겔 8:14; 26:16; 느헤미야 1:4; 마카베오상 1:27 참조; 우가릿 문헌들 가운데서는 *CTA* 5.6.11-14(Gibson, 73); de Ward, *JSS* 23(1972) 3-4를 보라. 재는 많은 애도 의식들처럼 참회 의식(욘 3:6; 단 9:3; 사 58:5; 마 11:21; 눅 10:13)이나 혹은 탄원 의식에서 사용되었다(삼상 2:8; 시 113:7).

욥이 이 의식 행위를 자기 집 안에서 행했는지 혹은 자신의 슬픔을 나타내려 공공 장소로 나갔는지는 본문에서 분명하지 않다. 다이얼로그 19:15-18과 30:28b에 따르면 욥은 자기 집으로부터 자발적으로든 그렇지 않든 영구히 버림받은 것이 아님이 분명히 암시된다. 그러나 해석자들은 거의 보편적으로 욥이 그 가운데 앉아 있는 재는 버림받은 자들과 감염성 질병을 가진 사람들뿐만 아니라 현 본문 같은 경우들에는 자신들을 버림받고 모자란 사람들과 물리적으로 동일시하는 사람들이 모이는 곳인 마을 바깥의 공공 잿-더미라고 인정한다. 칠십인경은 "재"를 "성읍 바깥 거름더미"(*τῆς κοπρίας ἔξω τῆς πόλεως*-테스 코프리아스 엑소 테스 폴레오스)로 번역함으로써 사실상 재를 설명하는데, 이는 아마도 자기 아들 헥터를 잃고 비탄에 빠져 "거름 가운데 뒹구는"(*κυλινδόμενος κατὰ κόπρον*-퀴린도메노스 카타 코프론) 프리아모스를 기억함으로써 된 일일 것이다(*Iliad* 22.414). 그와 같은 쓰레기 더미는 *mezbala*라고 명명되며(참조. 성경 후기 히브리어. 제벨〈זבל, "똥"〉), 하우란(Hauran) 내의 아랍 마을들 바깥에 있는 것으로 벳츠타인에 의해 다음과 같이 묘사된다. "똥은…마른 상태에서 광주리에 담아 마을 바깥 그 장소로 옮겨지고, 그 곳에서 한 달에 한 번 꼴로 소화된다…재가 남는다…만일 사람들이 어떤 한 장소에 수 세기 동안 살았다면, *mezbele*는 그 지역 자체보다 훨씬 더 높아진다. 겨울비는 재의 층들을 낮추어서 밀착된 덩어리로 만들고, 점차적으로 *mezbele*를 단단한 흙더미로 바꾼다…*mezbele*는 그 곳 거주민들에게 파수대로 사용되기도 하며, 더운 저녁에는 그 곳에 한 줄기 시원한 바람이 있기 때문에 사람들이 모이는 곳으로 쓰이기도 한다…그 곳에는 메스꺼운 질병에 걸려 더 이상 사람들이 사는 곳에 들어오는 것이 허용되지 않는 부랑자가 누워 있다…그 곳에는 마을의 개들이 종종 그 곳에 버려지는 죽은 시체를 갉아먹으며 누워 있다"(그레이로부터 인용). 참조. 또한 A. Musil, *Arabia Petraea*(Vienna: A. Hölder, 1908) 3:413. 쓰레기 가운데 앉아 있거나 사는 것은 근동의 여러 저주문들의 일부를 이룬다. P.-E. Dion, "Un nouvel éclairage sur le contexte culturel des malheurs de Job," *VT* 34(1984) 213-25를 보라.

욥이 주워 드는 질그릇 조각은 그런 잿-더미에서 쉽게 발견될 것이다. 대부분의 학자들은 그가 자기 피부의 가려움을 덜기 위해서 혹은 그 가려움에 집중하지 않기 위해서 반대 자극제로 사용한다고 생각한다. 칠십인경은 이 장면을 다소 확장하여 욥이 고름을 긁어 없애려고(*ἵνα τὸν ἰχῶρα ξύῃ*-히나 톤 이코라 크쉬에) 질그릇 조각을 들었다고 추가한다. 그가 오경 율법에서 금하는 것임에도 잘 입증된 하나의 애도를 상징하는 행위로 자기 피부를 찢기 위해서(포프, 오웬스의 생각처럼) 그것을 사용하는 것 같지는 않다(레 19:28; 21:5; 신 14:1; 그 행위에 대해서는 렘 16:6; 41:5; 47:5; 48:37; 그리고 우가릿 문헌에서는 *Aqht*[*CTA* 19] 4.172-73; 5.6.17-18[Gibson, 120, 73]를 보라). 포프는 악카드어에서 "질그릇 조각의 장소/더미"라는 용어는 명백히 죽은 자들의 영역을 가리키는 데 사용된다는 점을 지적한다.

이제 욥의 두 가지 시험이 하나로 융합되었다. 그 한 장소인 잿-더미는 애도 의식을 위한 재와 자신의 상처를 위한 질그릇 조각들이 있는 곳으로서, 그의 소외와 배제 상황에 적절한 단일 장소다.

9 욥의 아내는 모호한 역할을 한다. 순전히 내러티브적 관점에서 보면, 그녀의 개입은 욥에게서 그의 고통에 대한 언어적 반응을 끌어내는 수단으로 기능한다. 그런데 그 반응이 욥의 특징인 침묵과 욥의 아내의 도전적 발언으로 인해 지연된다. 그리고 동시에 우리가 욥에게서 기대한 맥락에서의 반응은 그녀의 제안으로 인해 위협을 받는다. 따라서 그녀의 존재는 본 내러티브의 이 작은 부분 속으로 지연, 긴장 그리고 해결을 끌어들인다.

그러나 윤리적으로 혹은 종교적으로 말하면 그녀의 개입을 어떻게 보아야 하는가? "하나님을 저주하고 죽어라"는 그녀의 제안은 한편으로는 분명히 욥에게 또 다른 "유혹"으로 비춰질 수 있다. 사탄의 말도 그와 같았다는 것은 우연일 수 없다 – 물론 욥에게 주는 충고로서가 아니라 재산과 건강을 잃은 것에 대한 욥의 최종적 반응에 대한 예언으로서. 그녀가 사탄의 말들을 취했다는 것은 그녀도 경건과 번영 사이의 인과관계를 믿는 사람들의 진영에 속한다는 것을 의미한다(대다수와 같이, 그리고 1:1-1의 "허위적으로 단순한" 내레이터처럼). 그녀는 하늘에서는 단지 하나의 물음인 것에 확고한 믿음을 가지고 있다. 그녀는 아무런 대가도 바라지 않고 하나님을 경외하는, 까닭 없는 경건을 믿지 않는다(1:9). 놀랍지 않게, 많은 학자들이 그녀에게 "악마의 조수"(어거스틴: *diaboli adjutrix*〈악마 지지자〉) 역할을 부여했다. 칼뱅은 그녀를 "사탄의 도구"라고 불렀고, 토마스 아퀴나스는 사탄이 1장의 재앙들 가운데서 그녀를 살려 준 것은 정확하게 욥을 대항하여 그녀를 사용하기 위함이었다고 생각했다. "유혹하는 여자"의 전형인 하와와 자주 비교된 것도 당연하다. (그러나 랍비들은 욥이 아담과는 다르게 그 아내의 제안을 받아들이지 않았다는 점을 지적한다. *Midr. Gen* Rab. 19:12.)

다른 한편으로 욥의 아내는 그의 "온전함"(תמה – 투마, 참조. 2:3에 관한 부분)을 의심하지 않으며, 또한 그녀는 말의 후반부에서는 사탄의 말을 반복하고 있다면 전반부에서는 야훼의 말을 반복한다(2:3). 그녀가 욥에게 하나님을 "저주하고" 스스로 죽으라고 충고한다면("원문주해" 2:9.a.를 보라), 욥에게는 갑작스런 죽음이 회복 불가능해 보이는 오래 끄는 병보다 분명히 더 좋을 것이라고 그녀가 느끼기 때문일 수 있다. 그녀의 제안은 무례한 것이지만, 그것이 불경으로부터 나오는 것은 아니다. 그것, 즉 이 "신학적 안락사를 수행하는 방법"(테리앙)은 인간적이며 전적으로 욥을 위한 것이다. 하벨은 "욥의 아내는 현실주의자"라고 말한다. 반면에 우리가 추가로 말할 것은, 욥은 전형적인 이상주의자라는 것이다 – 그리고 그는 그것으로 고생할 것이다.

그러나 욥의 아내의 개입에는 아직 말할 것이 더 있다. 지금까지는 거의 그 장면이 그녀의 눈을 통해 바라보아지지 않았다(비록 아래서 언급될 순전히 심리적으로 설명하는 칠십인경의 확장조차 그 방향으로 흐르는데도 말이다). 그녀 자신의 잘못을 통해서가 아니라, 오로지 그녀 시대의 사회 구조 때문에, 그녀 자신의 안녕은 전적으로 욥의 안녕에 의존했다. 그녀는 그녀의 경제 생활, 그녀의 사회적 신분 그리고 지역 내에서 그녀의 도덕적 지위에서 그를 의지했다. 그러나 이제 한 순간에 그녀는 모든 것을 잃었다. 소와 종들이 죽었기 때문에 그녀의 수입은 바닥나 버렸고, 여족장이요 족장의 아내로서의 그녀의 신분은 상실되었으며, 그녀는 연상적으로 범죄의 오명에 노출되어 있다. 이 모든 것에 더해 그녀의 열 자녀를 갑자기 잃었다. 그러면 누구를 비난할 것인가? 그녀의 남편 외에 아무도 아니다. 자녀들이 죄를 지었을까 봐 아침 일찍 일어나 제물을 드렸던 그 모든 것(1:5)은 주도면밀한 위선 외에 아무것도 아니었다. 그 가정에 재앙을 초래한 것은 자녀들이 아니라 그 남편이다. 욥은 가족의 파멸에 대한 그의 분명한 책임에 대해 한마디의 유감도 표현하지 않고, 오히려 "그의 온전함을 지킬 것"을 주장한다. 이 죄인으로부터 나올 수 있는 단 하나의 명예로운 행위는 그가 하나님의 진노를 자신의 머리 위에 내리게 하는 것이리라.

사실 노골적으로 말하자면, 욥은 운명의 장난에 복종함으로써 계속 그녀를 부당하게 대한다. 그는 자신의 고난을 받아들임으로써 **그녀의** 자녀들에게 악인의 누명을 씌우고 있다. 아취볼드 맥클리시(Archibald MacLeish)의 희곡 *J. B.*에 등장하는 욥의 아내인 사라가 다음과 같이 말하듯이 말이다.

그들은
죽었고, 그들은 죄가 없었다: 나는 당신이
그들의 죽음을 제물로 바쳐
불의를 정의로 그리고 하나님을 선하게 만들지 못하게 하리라.

J.B.: [손으로 얼굴을 가리며]
내 마음이 고동치오. 나는 대답할 수 없소.

사라: 당신이 그들의 결백으로 마음의 평안을 매수한다면 –
그들의 것이든 그대의 것이든…

나는 당신을 사랑하지 않겠어요.

J.B.: [부드럽게]

나는 자책하는 것 외에 다른 선택이 없소.

사라: [목소리를 높이면서]

우리는 사는 것이나 죽는 것을 택할 수 있어요.

우리 모두…

하나님을 저주하고 죽으세요…

(A. MacLeish, *J.B.*[Boston: Houghton Mifflin, 1956] 110)

그녀는 욥이 그의 온전함을 굳건히 지키기**도 하고** 하나님을 찬송하기**도** 할 수는 없다는 것을 깨닫는 데는 시간이 걸릴 것임을 즉각적으로, 혹은(이렇게 말할까?) 본능적으로 알았다. 욥이나 하나님 중에 하나는 잘못했음에 틀림없다. 욥이 하나님을 "저주"하지는 않지만, 그의 폭언, 빈정댐, 항의 그리고 그의 신적 공격자를 소환하는 것은 엄격히 말하면 하나님을 "찬송"하는 것도 아니다. 그의 아내의 충고를 엄밀하게 따르지는 않으나, 그는 이 시점 이후로 계속 그 충고의 정신으로 완전히 몰입된다.

확실히 이 서술은 명백하기보다는 암시적이다. 이처럼 개방적인 텍스트는 다양한 접근들을 끌어내며, 여기서 그 가운데 특별히 호소력 있는 예를 하나 언급할 수 있겠다. 무리엘 스파크는 욥기에 관한 모노그래프를 쓰는 사람을 주인공으로 가지고 있는 유일한 소설인 그녀의 소설 『유일한 문제』(*The Only Problem*)에서 그녀의 주인공이 17세기 불란서 화가 조지 들 라 뚜르(Georges de La Tour)의 그림에 매료되게 한다. 그것은 "아내의 방문을 받는 욥"("Job Visited by His Wife")이라 불리며, 당 시대 화란의 인공 조명 그림들의 방식으로 그려졌다. 그녀는 다음과 같이 묘사한다: "욥의 아내는 키가 크고, 얼굴이 고우며, 그녀의 탄탄한 옷을 감싸는 크고 천막 같은 케이스 속으로 그녀의 아름다운 육체가 넌지시 비치며, 걱정하는 모습으로 몸을 구부려 욥을 향해 목을 내밀고 있다. 그녀의 손에는 불켜진 양초가 있다. 시간은 밤이며, 시절은 겨울이다. 욥의 아내는 그녀의 옷 위에 빛나는 붉은 튜닉을 걸치고 있다. 욥은 무늬 없는 입방체 모양의 토막 위에 앉아 있다. 그는 아마 화로 앞에 앉아 있을 것이다. 양초의 빛만으로는 그 두 인물에 비춰지는 빛의 양을 설명할 수 없기 때문이다. 욥은 허리를 감싼 옷 외에는 아무것도 걸치고 있지 않다. 두 손은 무릎 위에 깍지를 끼고 있다. 그의 몸은 오그라들고 있는 것 같지만, 그것은 겁핍보다는 비애감의 오그라듦이다. 그의 옆에는 상처를 긁으려고 취했던 깨진 도기 조각이 놓여 있다. 그의 턱수염은 무성하다. 그는 노인이 아니다. 그들은 모두 그들의 절정기에 있는 30대 부부다…그의 얼굴은 예민하고, 무엇인가 간곡히 애원하며, 어떤 이유를 재촉하는 표정으로 아내를 올려다본다. 그의 아내가 몸을 굽혀 그 고운 얼굴을 그에게로 향할 때 그녀는 무엇을 말하려고 하는가? 고귀한 신앙을 지니고 있고 논쟁에 뛰어난, 이 비탄에 잠긴 남자는 무엇을 간청하고 있는가?…욥과 그의 아내는 깊이 사랑한다"(Muriel Spark, *The Only Problem*[London: Grafton, 1985] 76-79). 이것이 "진짜" 재현이라고 가정해 보라. 그러면 본문은 새롭고 놀라운 반향을 얻는다. 그것이 꼭 본문에 의해 금지된 독법은 아니다.

그럼에도 불구하고, 본 내러티브에서 중심 이슈는 욥의 아내의 심리나 도덕이 아님을 인정해야 한다: 그것은 욥의 행동이다. 바로 그 이유 때문에 그녀의 제안에 있는 어떠한 과실도 강조되지 않는다. 그 "유혹"은, 만일 그것이 정말 유혹이라면, 욥에 의해 쉽게 물리쳐지고(덤), 또한 그녀에게 하는 욥의 대답은 놀랍도록 온화하다(더 자세한 것은 10절에 관한 부분을 보라)

8-10절을 상당히 확장시키는 칠십인경은 여기서 욥의 아내의 입에 긴 말을 삽입시키는데, 이는 그것이 칠십인경의 히브리어 원본에 있었기 때문(볼)이 아닐 것이다. 그리고 번역자가 "그런 상황에서 여자가 그렇게 조금 말하는 것은 자연과 예법을 범하는 것이라" 느꼈기 때문(데이빗슨)도 아니다. 그것은 오히려 중요치 않은 인물에 대해 세부 사항을 제공하고 짧은 말들을 정교하게 다듬는 미드라쉬 경향의 한 예인 것 같으며(같은 성향이 42:17에 있는 칠십인경의 최종 확장에서도 보인다), 또한 그것은 현재의 구절에서는 적어도 칠십인경 자체에서도 이차적 추가인 것 같다. 왜냐하면 "굳게 지키다"와 "찬양하다"(=저주하다)를 뜻하는 단어들이 3-4절에 나오는 것들과는 다르게 번역되기 때문이다(덤). 그 추가는 욥의 아내를 동정적으로 묘사하는 유대 전통의 경향을 반영할지도 모른다(참조. *T. Job* 21-25, 그리고 랍비 자료에 대해서는 R. Gordis, *The Book of God and Man: A Study of Job* [Chicago: University of Chicago Press, 1965] 226를 보라).

여기서 칠십인경은 그 구절의 첫 머리에 "오랜 시간이 지난 후"를 추가하는데, 이는 아마도 욥의 아내의 반응이 전혀 성급한 충동이 아님을 강조하려는 것 같다. 그 다음에 남편에 대한 그녀의 걱정을 나타내고, 그리고 그녀 자신의 슬픔을 설명함으로써 그녀가 어떻게 그러한 제안을 할 수 있었는지를 어느 정도 설명하는 그녀의 말이 나온다.

다음과 같이 흐른다. "보세요, 나는 나의 구원의 소망을 기다리며 조금 더 기다릴 텐데, 당신은 얼마나 오랫동안 견딜 것인가요? 보세요, 당신에 대한 기억, [즉] 내 자궁의 산고와 진통이며 내가 헛되이 수고하며 기른 아들들과 딸들이 땅에서 사라졌어요. 그리고 당신 자신은 벌레들이 썩히는 곳에 앉아 열린 하늘 아래서 밤을 지새우고 있고, 나는 태양이 저물어 지금 나를 사로잡고 있는 노역과 고통으로부터 쉼을 얻을 수 있을 때까지 기다리며 이곳 저곳, 이 집 저 집을 떠도는 방랑자요 하녀라. 이제 주님을 대항하는 말을 하고 죽으세요. 그러나 그는 그녀를 바라보며… 말했다." 또한 참조. *T. Job* 24, 거기서는 추가된 이것의 일부가 반복되며, 또한 그녀는 빵을 사려고 자신의 머리카락을 파는 것으로써 창피를 당한다. N. Peters, "Zum Charakter der Frau Jobs[Job 2,9s]," *ThGl* 11(1919) 418-23도 보라.

욥의 아내의 이름은 탈굼과 일부 랍비 참조문들에서 디나로 나타나는데(*Gen. Rab.* 19.2; 57.4; *b. B. Bat.* 15b), 아마도 그녀가 "어리석은 여자들"(נבלות – 느발로트) 가운데 한 사람처럼 말한다고 욥이 말하고(10절), 또한 야곱의 딸 디나가 "어리석음"(נבלה – 느발라)을 행한 사람이었기(창 34:7) 때문일 것이다. 『욥의 증거』(*Testament of Job*)에서는 그녀가 우스(Uz)의 칠십인경 번역어인 오시티스(Ausitis)로부터 파생된 이름 시티스(Sitis)라 불린다.

10 욥은 그녀가 "어리석은 여자들 가운데 한 사람처럼" 말한다고 반박하며 아내의 제안을 거절한다. 그의 질책이 말수가 적다는 것은 주목할 만하다. 그녀 자신은 어리석은 여자가 아닌데 마치 그런 것처럼 말하고 있다. "순간적인 강압 때문에 그녀가 속하지 않은 부류의 한 사람처럼 말한 것이라고 그는 암시한다"(그레이). 그러면 "어리석은" 여자들은 누구인가? 전통적으로 "어리석은"으로 번역되는 용어인 나발(נבל)은 단순히 지적-도덕적 의미만을 내포하는 것이 아니라 윤리적-종교적 혹은 사회적 의미도 내포하고 있을 것이다. 따라서 일차적 의미에서 그것은 하캄(חכם, "지혜로운")과 대조를 이룰 수 있고(신 32:6), 명사형으로는 "경험이 있는 사람"과 대조될 수 있다(집회서 21:22). 이차적 의미에서는 라샤(רשע, "사악한")와 사실상 동일할 수 있다(참조. 시 14:1과 10:4; 39:9[8]과 39:2[1]). 그리고 세 번째 의미로는 나디브(נדיב, "고결한")와 대조를 이루어 평판이 좋지 않은, 평판이 없는 것을 의미하는 블리-쉠(בלי־שם, "이름 없는")이라는 어구와 연결될 수 있다(사 32:5; 잠 17:7; 또한 삼하 3:33; 잠 30:22에서 비슷한 의미가 예상된다). 그러므로 우리는 간단하게 "**나발**의 결점은 우둔한 판단력이 아니라 도덕적·종교적 무감각이다"(드라이버, 그레이가 인용한 대로), 혹은 같은 어근에서 파생된 명사 느발라(נבלה)가 본질적으로 "현재의 관계를 해체시키는 결과를 초래하는 질서 없

고 제멋 대로인 행동"을 의미한다(A. Phillips, "NEBALAH A Term for Serious Disorderly and Unruly Conduct," *VT* 25[1975] 237-41[241]), 혹은 "그 형용사의 가장 오래된 의미는…버림받은[이다]"(W. M. W. Roth, "NBL," *VT* 10[1960] 394-409[402-3])라고 딱 잘라 말할 수가 없다. 욥이 한 **그룹**의 "어리석은" 여자들을 언급하고 있는 것 같기 때문에, 여기서는 아마도 그 형용사를 도덕적·종교적 이유에 근거하여 명백히 반대한다는 의미로서 "하층 계급" 혹은 "평범한"이라는 사회적 의미로 해석해야 할 것이다. 그것은 사회의 더 낮은 계층들은 가장 비종교적－종교성 스펙트럼에서 부자이며 하나님을 경외하는 욥의 맞은편 끝에 있는－이라고 상상해야 하는 본 이야기 세계의 귀족적 오만함과 일치한다. 따라서 그의 아내에 대한 그의 응수는, "당신은 하층 계급의 경건하지 않은 여인처럼 말한다. 그런 말들은 당신의 신분에 맞지 않는다"를 의미한다. 나발(נבל)이라는 용어에 대해 더 자세한 것은 Joüon, "Racine נבל au sens de bas, vil, ignoble," *Bib* 5(1924) 357-61; A. Caquot, "Sur une désignation vétéro-testamentaire de l'insensé," *RHR* 155(1959) 1-16; M. Saebø, *THWAT* 2:26-31를 보라.

아내의 질문에 욥은 반문으로 "우리가 하나님께 복을 받았은즉 화도 받지 아니하겠느냐(혹은 받아야 하지 않겠느냐)?"라고 응답한다. "화"로 번역된 용어 하라(הרע)는 "복"(הטוב－하토브)의 상관어이며, 윤리적 상황에서는 "(도덕적) 악"을 의미한다(따라서 많은 번역들에 의해 그 용어가 사용된다). 그러나 욥은 오로지 복과 그 반대인 복의 박탈 혹은 화에 대해서만 말한다. 욥에게 유일한 문제는 하나님을 향한 인간의 태도와 관계가 있다(바이저). 욥의 균형 잡힌 태도("만일 복이면, 그러면 화도")를 촉구하는 것은 마치 다음과 같이 말하는 것처럼 어떤 열정 없는 합리성이 아니다: 하나님은 하나님이시기에, 우리는 좋은 것이든 나쁜 것이든 그분이 우리에게 주시기로 하는 것은 무엇이든지 받아야만 한다. 그러므로 저항은 무익하고, 체념이 유일한 합리적 반응이다. 그것은 다음과 같이 말하는, 공정한 취급에 대한 어떤 고매한 인식도 아니다: 만일 하나님이 선하심으로 우리에게 복을 허락해 주셨다면, 그분이 우리에게 재앙들을 보내실 권리를 거부하는 것은 인색한 것이 아닐까(참조. 피크)? 그것은 오히려 하나님은 자기가 하고 있는 일을 아신다는 믿음과 같은 것이며, 우리는 주기도 하고 취하기도 하셨던 여호와에 대한 욥의 찬송에서(1:21) 바로 똑같은 경건을 목격했다. 그것은 합리적, 신학적 입장 표명이나 오래 지속되는 생활 습관에서 비롯된 표현이 아니다. 적어도 우리가 이야기를 통해 아는 한, 욥은 이전에 한 번도 "화"를 만나지 않았다. 여기서 우리가 읽고 있는 것은 아직 살아 있는 종교에 관한 것이며, 어떤 신학보다 더 깊이 들어가는 신뢰로부터 새로운 위기들에 대한 새로운 대응 자세들을 형성하는 믿음에 관한 것이다(반대 견해에 대해서는 R. D. Moore, "The Integrity of Job," *CBQ* 45[1983] 17-31[20])를 보라.

"받다"를 가리키는 용어 카발(קבל)은 때때로 "취하다"를 가리키는 평범한 용어 라카흐(לקח)보다 "더 강한" 의미로 여겨지고, 따라서 "수용하다, 받아들이다"를 의미하는 것으로 생각되었다(호르스트가 그렇다). 이 용어에 이 같은 운치를 주어 그것을 "단순 복종이 아니라, 신의 섭리와의 협조를 암시하는 적극적인 단어"가 되게 하는 것(앤더슨)은 아마도 오직 문맥의 상황뿐이다. 비록 아람어에서 흔하고 히브리어 성경 가운데 대부분 후대 문헌들에서 발견되지만, 확실히 카발(קבל)은 때때로 주장되는 것과 다르게 욥기의 연대를 알려 주는 표시가 아니다. 때때로 그렇게 주장된 것은 그것이 가나안어로 기원전 14세기까지 거슬러 올라가서 입증되기 때문이다(W. F. Albright, "An Ancient Hebrew Proverb in an Amarna Letter from Central Palestine," *BASOR* 89[1943] 29-32[31]; 그러나 또한 참조. S. Wagner, *Die lexicalischen und grammatikalischen Aramaismen in alttestamentlichen Hebräisch* [BZAW 96; Berlin: A. Töpelmann, 1966] 99-100).

이 동사의 복수형을 인간의 의무에 대한 일반 진술로가 아니라 구체적으로 욥의 아내를 포함시키는 것으로 해석한 랍비 주석(*Gen. Rab.* 19.12)은 옳은 방향임에 틀림없고, 이런 해석은 9절에서 그녀가 그녀답지 않게 말한다고 했던 욥의 초기 반응과 일치할 것이다.

그러나 그 구절에 대해 "욥은 그 입술로 범죄하지 않았다"를 "그의 사고 속에서는 말로 곰곰이 생각했다"를 의미하는 것으로 보는 랍비식 해석(탈굼; 참조. *b. B. Bat.* 16a)은 보편적으로 오늘날에는 요점에서 벗어난다고 여겨진다. 사탄이 욥에 대해 예언했던 것은 입술의 죄이며(5절), 그리고 욥이 행하기를 거부하는 것은 바로 그러한 죄다. 본 내러티브는 여기서 말은 속에 있는 느낌의 외적 표시이며, "생각하는 것과 말하는 것은 동방에서 거의 다르지 않음"(데이빗슨)을 당연하게 여긴다. 내레이터가 다음의 라쉬의 해석과 같은 단순한 것을 뜻하지 않는다는 것에는 의심의 여지가 없다: "욥은 그의 입술로는 범죄하지 않았지만, 그의 마음속으로는 죄를 지었다." 그러나 우리는 여기서 욥이 비록 이 시점에서는 그의 입술로 범죄하지 않았지만 그가 막 그렇게 하려고 했다는 암시를 본 이븐 에즈라(ibn Ezra)가 옳았을지 모른다고 생각해 볼 만큼 내러티브에서 허위 단순성의 표시들을 충분히 보았다.

또는 적어도 욥의 경건한 말이 충분히 진심에서 우러나온 것이라고 하더라도, 아직 재앙을 대하는 그의 반응에 관한 진실이 모두 드러난 것은 아니라고 우리는 말할 수도 있다. 욥의 입술에 관한 본 내러티브의 말이 이 시점에서 그를 도덕적으로 결백한 상태에 둔다. 그러나 욥이 그의 입을 다시 열 때(3:1), 그것은 본 내러티브가 취할 아주 다른 방향을 예고한다. 욥의 경험은 시편 39편의 시인의 경험과 그렇게 많이 다르지 않을 것이다: "내가 말하기를, 나의 행위를 조심하여 내 혀로 범죄하지 아니하리라. 내가 내 입에 재갈을 먹이리라…내가 잠잠하였고, 선한 말도 하지 아니하니 나의 근심이 더 심하도다. 내 마음이 내 속에서 뜨거워서 작은 소리로 읊조릴 때에 불이 탔다. 나는 나의 혀로…말하였다"(39:2-4[1-3]). 다음 장이 보여줄 것처럼 욥의 경험도 다르지 않다. 그의 상처는, 그가 그 모든 것의 의미를 이지적으로 완전히 이해하기 전조차 얼마나 심하게 고생하고 있는지에 대한 그의 몸의 인정이다. "그의 몸은 이미 그를 대신하여 말하고 있다. 망가지고 상한 피부는 욥의 몰락의 개시를 나타낸다"(Kahn, *Job's Illness*, 35). 그 종기들은 대인적이다. 그것들이 그의 혀를 느슨하게 한다고 무리엘 스파크는 말한다.

11-13 친구들이 도착하는 이 장면은 고유 프롤로그와 다이얼로그 사이를 연결하는 매개를 이룬다. 친구들은 다이얼로그 내내 욥의 대화 상대가 될 것이며, 비록 끝 부분으로 갈 때는 말이 없지만 에필로그에 이를 때까지 무대에 머물 것이다. 그러나 그들은 하늘과 땅 사이의 거래가 완료되기 전까지는 프롤로그에 등장하지 않는다. 그들은 일어난 사건들에 대한 단순한 해설가들이다.

친구들의 모임은 우리가 이미 제시받은 두 모임, 즉 하나님의 아들들의 하늘 모임과 욥에게 소식을 전해 준 사자들의 땅 위 모임들과 구조적으로 대조를 이룬다. 하늘 의회가 야훼를 중심으로 모였듯이 이 모임도 욥을 중심으로 모이지만(하벨), 여기서의 목적은 좀더 인정이 있다. 또한 그 친구들은 "급한 행렬로 나타나는" 네 사자보다는 훨씬 더 사려 깊고, 격식 있고, 품위 있는 방식으로 "욥의 슬픔에 참견하기 전에 먼저 만날 것을 준비한다"(하벨).

욥의 재앙들과 친구들의 도착 사이에는 몇 주 혹은 좀더 개연적으로 몇 달의 시간 간격이 가정된다. 욥의 소식이 그들에게 도착하고, 그들이 서로 연락하고 만날 것을 계획하며, 그런 후에 함께 우스로 여행하는 데는 분명 얼마간의 시간 소요가 있을 것이다. 다이얼로그 내의 어떤 언급들은 그러한 묘사와 일치한다: 7:3에서 욥은 그가 이미 견디어 낸 수 개월 간의 고통에 대해 말하며, 그리고 30장의 취지는 그의 고난의 시작이 최근 일이 아니라는 것이다(참조. 그레이).

이 에피소드가 프롤로그와 다이얼로그 모두와 밀접하게 연결되어 있다는 면에서, 프롤로그를 다이얼로그와 다른 기원을 가지고 있다고 여기는 모든 학자들은 이 장면의 존재를 설명해야 할 이유를 갖는다. 예를 들어, 포어러는 욥 이야기가 원래는 이 지점에서 그를 위로하려 했지만 사실상 그의 아내와 동일한 유혹이요 그가 거부하는 유혹으로 그를 이끄는 친구들과 친척들의 도착에 대해서 말했다고 믿는다. 그들이 세 친구에게 전해지는 42:7-8의 말들로 하나님에 의해 비난받은 것은 욥에게 한 말들 때문일 것이다. 편집자는 친구들과 친척들을 욥의 세 친구로 대치시켰고, 2:11은 42:11을 모방하여 만들어졌다.

반면에 드 빌드는 친척들에 의한 욥의 또 다른 시험은 불필요했을 것이라 생각하고, 2:10 뒤에 원래는 42:11, 10ac이 뒤따랐는데, 이 11-13절들에서 세 친구가 등장한 것은 욥기 시인 때문이라고 가정한다(고디스도 비슷함).

11 내러티브가 매우 압축적이지만 "빈약하거나, 간략하고, 요점이나 외관에만 제한되는" 것(바이저)은 거의 아니다. 그 이유는 이 구절들이 단순히 욥에게 대화 상대자들을 데려오는 극적 장치로 구성된 것만은 아니기 때문이다. 그것들은 욥의 고난의 광경이 친구들에게 주는 영향을 매우 감정 이입적으로 전달한다.

그들은 각자 자기 고향에서 사자들을 통해 욥의 참상 이야기를 들었고, 또 역시 사자들을 통해 그를 방문하고 싶은 마음을 서로에게 전달했다. "그들이 **약속**으로 만난 사실은 그들은 이미 **함께** 오는 것이 더 좋겠다고 느낀 아는 사이였다는 것을 보여 준다"(앤더슨). 그러한 계획이 어떻게 준비될 수 있었을까(헤세는 실제적 문제들이 거의 극복 불가능하다고 생각함), 혹은 그들은 왜 함께 오는 것이 "더 좋다"고 느꼈을까에 대한 문제들을 추정하는 것은 독자의 몫으로 남겨진다. 마치 그들이 각자 서로에게서 도움을 필요로 하는 상태에 있는 것같이 들리는 것은 욥의 재앙이 그의 동료들에게 그들 자신들도 당할 수 있음을 경각시켜 주는 충격적인 사건이고, 욥 자신은 지금 하나님에게 "해"(육체적 재앙, רעה)를 당한 사람으로서 가까이 하기에는 위험한 인물이기 때문이다. 아마도 [사람] 수가 많으면 그만큼 안전할 것이다. 아모스 3:3은 본 내러티브에 대한 좋은 설명이 될 수 있다: 그 예언자는 말한다. "두 사람이 만나기로(יעד – 야아드) 하지 않았는데 동행하는가?"("두 사람이 뜻이 같지 않은데 어찌 동행하겠으며" – 개역 개정). 스미스(G. A. Smith)는 다음과 같이 해설한다. "사막에서는 거의 그렇지 않다. 왜냐하면 그 곳에서 사람들이 우연히 길에서 만나 같은 길로 가는 것은 바다에서 배들의 경우처럼 아주 드문 일이기 때문이다(*The Book of the Twelve Prophets*[London: Hodder and Stoughton,

1896] 1:82). 참조. 여호수아 11:5, 전쟁 시작 시에 동맹국 회동에 모이는 왕들. 여기서 물론 강조는 친구들의 동시 도착에 있는데, 이는 1장에서 사실상 동시적인 네 사자의 도착과 병행한다.

욥의 친구들이 그의 불행에 대해 어떻게 알았는가의 문제는 이미 유대의 해석에서 제기된 것이다: 탈굼에 따르면 그들이 자신들의 정원이 시드는 것을 보고, 그들이 먹는 고기가 생고기로 바뀌고, 또한 그들의 포도주가 피로 변했을 때 욥에게 불행한 일이 임했다는 것을 알았다고 한다. *b. B. Bat.* 16b에는 그들이 시든 화환을 가졌다고 말해지며(라쉬: 각자의 초상이 그 위에 새겨져 있고, 만일 그들 중 누군가에게 문제가 생기면 변하게 되는 왕관), 따라서 비록 300파라상[페르시아 거리 단위로, 약 5km] 떨어져 살았음에도 욥의 마을로 동시에 같은 성문을 통해 들어올 수 있었다(L. Ginzberg, *The Legends of the Jews*[Philadelphia: Jewish Publication Society of America, 1925] 2:237; 5:387를 보라).

그들이 욥을 방문하는 목적은 전적으로 돕고자 하는 취지에서다. 그들이 욥의 원수들, 즉 욥이 부르는 대로 "재난을 주는 위로자들"(16:2)이 되는 것은 오로지 욥이 완강히 저항하며 말을 듣지 않는 상태에 있다는 것을 안 때이다. "위문하다"는 동사 누드(נוד)는 "이리저리 움직이다, 헤매다, (새가) 날개 치다"라는 구체적인 의미로 종종 사용될 뿐만 아니라, 머리를 흔들거나 끄덕임으로 "슬픈 마음을 나타내다"(예를 들어, 렘 22:10) 혹은 "동정심을 보이다, 함께 슬퍼하다"(42:11; 시 69:21[20])라는 변형된 의미들로 사용된다. 슬픔에 처한 사람들을 위로하기 위해 그들을 방문하는 관습에 대해서는 창세기 37:35(삼하 10:2, 조문하려 사자들을 보냄)을 참조하라. 예레미야 16:5, 7은 위로자가 비탄에 빠진 자와 함께 빵과 포도주를 나누는 것에 대해 말한다. 유대교에서의 비탄자 위로 및 그것의 예법과 의식에 대해서는 O. Schmitz and G. Stählin, *TDOT* 5:791를 보라. 전통적으로 "위로하다"로 번역되는 동사 나함(נחם)은 단순히 달래는 것 이상을 암시한다. 그것은 종종 약속이나(창 50:21; 사 40:1-2) 혹은 실제적 선물로(욥 42:11) 하는 격려 또는 고난 상황으로부터의 구제를 나타낸다("위로하는 자가 없다"라는 상투 문구의 경우처럼 애 1:2 등). 참조. H. J. Stoebe, *THWAT* 2:61-62.

욥의 친구들의 이름들과 그들의 출신 지명들은 아마도 우스라는 지명의 경우와 같이 에돔 배경을 가리키는 것 같다. 지명 데만은 가장 확실하게 확인할 수 있다: 그것은 에돔에 유명한 마을로 여러 번 언급되며, 때로는 에돔 나라 전체를 뜻하는 제유법으로 나타난다(암 1:12; 옵 9절; 렘 49:7, 20; 겔 25:13; 합 3:3; 참조. "데만 사람의 땅", 창 36:34; 대상 1:45). 인명으로는 창세기 36:15에서 한 에돔 족장의 이름으로 나온다(엘리바스의 아들로!). 참조. 42절. 그 장소는 흔히 그 곳을 페트라 지역에서 가장 큰 에돔 중심지로 묘사한 글루엑을 따라(N. Glueck, *The Other Side of the Jordan*[Cambridge, Mass.: ASOR, 1940] 24, 26), 사해 남방 끝과 엘랏 사이 중간쯤에 위치한 타빌란(Ṭawilân)과 동일시되었다(참조. 예를 들어, Y. Aharoni and M. Avi-Yonah, *The Macmillan Bible Atlas*[New York: Macmillan, 1968], map 52). 그렇지만 글루엑은 이제 그런 확인을 취소했고(*The Other Side of the Jordan* [Cambridge, Mass.: ASOR, 1970] 32), 드 보는 데만이 아예 마을이었는지 그리고 차라리 지역이 아닌지 의문을 제기했다(R. de Vaux, "Téman, ville en région d'Édom?" *RB* 76[1969] 379-85; 그 뒤를 따라 C.-M. Bennett, "Ṭawilân(Jordanie)," *RB* 77[1970] 371-74[374]). 그러나 그것이 에돔에 속한 것이라는 데는 의심의 여지가 없다(여기서 "데만 사람"이 아라비아 북쪽에 있는 도시인 데마 출신을 의미한다고 하는 다음 학자들의 제안은 무시해도 될 것이다. W. F. Albright, *AJSL* 44[1927-28] 36, 그 뒤를 따라 V. R. Gold, *IDB* 4:534).

수아라는 이름은 구약에서 지명으로 나오지 않지만, 그두라가 낳은 아브라함의 아들들 가운데 한 명이 수아라 불렸고, (미디안과 에돔과 다소 연관성을 지닌 이름인 드단의 아비 욕산을 포함하여) 그와 그의 형제들이 분명히 "동쪽 나라"에서 살았다는 사실(창 25:1-6; 대상 1:32)을 독자가 상기할 것으로 기대되는 것은 가능하다. 많은 주석가들은 유프라테스 강 중턱에 위치하고 설형문자로 된 자료들에서 언급되는 **수후**(*Suḫ*)라고 불리는 한 나라를 언급하며(본래는 델리취가 그랬는데, *Wo lag das Paradies? Eine biblisch-assyriologische Studie*[Leipzig: J. C. Hinrichs, 1881] 297-98, 그러나 나중에 그에 의해 취소됨, *Das Buch Hiob*[Leipzig: J.C. Hinrichs, 1902] 139), 그리고 일부 학자들은 심지어 수하 사람인 빌닷을 그 곳에 정치(定置)하려 한다(피크, 포어러, 테리앙, 앤더슨; J. Simons, *The Geographical and Topographical Texts of the Old Testament*[Leiden: Brill, 1959] 90). 좀더 자세한 것은 B. Moritz, "Die Könige von Edom," *Le Muséon* 50(1937) 101-22(112); 동일 저자, "Ergänzungen zu meinem Aufsatz: Die Könige von Edom," *ZAW* 57(1939) 148-50를 보라. 욥기 저자나 그의 독자들이 그런 장소에 대해 과연 들어본 적이 있을지, 혹은 욥은 앤더슨이 제안하는 의미에 맞는 "국제적" 인물이었을지 의심해 볼 수 있다.

소발의 고향인 나아마는 어떤 것과의 연관성이 확실히 덜하다. 라기스 근처 스블라 지방에 있는 유다 성읍 나아마(수 15:41)일 가능성(드 빌드)은 거의 없다. 일부 학자들은 아라비아 북서쪽에 있는 Jebel el Na'ameh에 대해서도 생각해 보았다(가령 A. J. Jaussen and R. de Savignac, *Mission archéologique en Arabie*[Paris: E. Leroux, 1914] 1:64; 그 외의 가능한 위치들에 대해서는 F.-M. Abel, *Géographie de la Palestine*[Paris: Gabalda, 1933], 1:287 n. 4를 참조하라). 열왕기상 14:21에서는 나아마가 암몬 족속의 한 인명(르호보암의 어미)으로 입증되고, 에돔의 상황에 더 가까운 것으로는 에서(에돔 사람 엘리바스를 통한!)의 한 후손의 이름으로 역대상 4:15에서 증거된다. 그러나 그러한 지리적 관계는 매우 복잡하다. 독자들이 나아마를 지명으로 에돔을 가리킨다고 추측하도록 의도되었을 리 없는 것은, 나아마라 불리는 한 인물이 에서의 자손 족보 가운데 나타나기 때문이다(그 족보는 대상 4장에 있으며 표면상 유다 족속의 것이지만, 어쨌든 그나스가 에돔 족속의 연결고리다). 우리로서는 나아마가 어떤 의미를 가졌는지 혹은 갖도록 의도되었는지 모른다고 인정하는 것이 가장 좋다. 칠십인경은 그 자음의 순서를 바꾸어 소발을 에돔에서 수천 마일 이상 떨어져 있는 아라비아 남방의 미니안 사람(a Minean)으로 만들었다.

친구들의 이름도 에돔과 연관성을 가지고 있을 것이다. 엘리바스라는 이름은 창세기 36:4, 10-11, 15; 역대상 1:35-36에서 에서의 장자이며 데만의 아비로 나온다. 따라서 그는 거의 혼동할 여지없이 에돔 사람이다. 그 이름의 뜻은 다양하게 설명되었는데, 가령 "하나님은 정금이시다"(참조. BDB), "하나님은 재빠르시다"이다(참조. פזז II; E. Meyer, *Die Israeliten und ihrer Nachbarstämme*[Halle: Niemeyer, 1906] 347), 그러나 가장 그럴듯한 것은 "하나님이 정복하신다"이다(참조. Old S. Arab. *fawwâz*; B. Moritz, *ZAW* 44[1926] 84; KB^3). 긴스버그와 마이슬러는 여기서 후르리어 접미사 -*izzi*을 보았다(H. L. Ginsberg and B. Maisler, *JPOS* 14[1934] 258-59). 비록 창세기 36장의 엘리바스가 호리인 첩을 두었었다고 말해지지만(36:12, 22), 에돔의 호리 사람들은 후르리인족 호리 사람들과는 아무런 관계가 없는 것 같다(E. A. Speiser, *IDB* 2:645; H. A. Hoffner, *POTT*, 225).

빌닷은 구약성경의 다른 곳에서는 발견되지 않는 이름이다. 그 첫 음절은 아마도 "아들"을 의미하고, 두 번째는 신의 이름 하닷(Hadad)이다(참조. 누지 형태는 빌-아닷<아필-아닷 대신>이며, 그 의미는 벤 하닷<Ben Hadad>처럼 "하닷의 아들"이다). 따라서 E. A. Speiser, "On the Name Bildad," *JAOS* 49[1929] 360; 같은 저자, "The Name Bildad," *AfO* 6(1930) 23; KB^3, 포어러; W. F. Albright, *AJSL* 44[1927-28] 31-

36; 같은 저자, *JBL* 54(1935) 174 n. 3 등은 그것에서 아모리족 이름인 야빌-닷(*Yabil-Dad, "닷〈하닷〉은 이익을 가져온다")을 보았다. 그러나 그 이름의 정확한 어원보다 더 중요한 것은 그것이 히브리인 독자에게 불러일으키는 연상이다. **빌**-요소는 그러한 독자에게 모압 왕 발락(민 22:2-4 등), 자신은 모압 사람이 아니지만 모압 왕에 의해 고용된 발람(민 22-24), 에돔의 첫 번째 왕 벨라(창 36:32; 대상 1:43), 그리고 창세기 36:27(=대상 1:42)에 나오는 에서의 또 다른 에돔 후손 빌한을 아마도 상기시킬 것이다. 야곱의 첩인 빌한의 이름도 아마 비-이스라엘 이름으로 간주될 것이다(고디스). (이 모든 이름들이 어원적으로 연관되어 있지는 않겠지만, 요점은 그것들이 비슷하게 소리난다는 것이다). -**닷** 요소는 비록 예언했던 자들인 엘닷과 메닷도 상기시킬 테지만(민 11:26), 역시 창세기 36장(35절; 대상 1:46)에 나오는 에돔 왕 하닷의 아비 브닷을 상기시킨다. 엘닷은 어원적으로 종종 악카드어 *Dādi-ilu*("다디는 신이다")와 연관된 것으로 생각되었다(그러나 이 의미는 확실하지 않다. 참조. K. L. Tallqvist, *Assyrian Personal Names*[Helsingfors: Societas Scientiarum Fennica, 1914] 67). 노트는 דוד라는 어근으로부터 유추하여 그것을 "하나님이 사랑했다"를 뜻하는 것으로 보려 한다(M. Noth, *Die israelitischen Personennamen im Rahmen der gemeinsemitischen Namengebung*[Stuttgart: Kohlhammer, 1928] 123); 또한 J. J. Stamm, "Der Name des Königs David," *VTSup* 7[1960] 165-83[178]를 보라). 그 어근으로부터 아마 메뎃도 파생되었을 것으로 본다(מידד-"사랑하는"; Noth, *Personennamen*, 223; KB[3]).

소발이라는 이름도 여기서만 나타나지만, 모압 왕 발락의 아비 십볼("새")을 상기시킨다(민 22:2 등). 창세기 36장의 에서 족보에는 에서의 손자이며 엘리바스의 아들이고 데만의 형제인 스보(11, 15절 츠보〈צְפוֹ〉; 대상 1:36에는 츠비〈צְפִי〉)가 나오며, 같은 곳의 칠십인경과 역대상 1장에는 소발(*Σωφάρ*)이 나오는데, 이는 에돔과의 또 다른 연결이 될지 모른다. 베이룻에서 다메섹 도상에 있는 장소 이름인 ʿAin Ṣōphar은 관련이 없는 것으로 무시해도 좋을 것이다(다음에도 불구하고, B. Moritz, "Ergänzungen zu meinem Aufsatz: Die Könige von Edom," *ZAW* 16[1939] 148-50, 그 뒤를 따라 Fohrer, Hesse).

그러므로 이 구절에 나오는 여섯 개의 고유명사들은 모두 1:1에 나오는 이름 우스와 32:2에 나오는 이름 부스가 그런 것처럼 강하든 약하든(나아마라는 이름이 가장 약하다) 에돔과 연관성을 가지고 있다(가령 에돔, 메소포타미아 북부 그리고 시리아가 염두에 있다고 생각하는 포어러는 이에 반대다). 따라서 욥의 친구들은 욥과 똑같은 가치와 전통을 공유하는 욥의 동향인들로 제시되되, 그것들은 이스라엘의 역사적 · 문화적 전통들이 아니라 오직 아브라함의 자손들로부터 기대할 수 있는 종교적 관점들로, 이스라엘의 종교, 사회 일반 이념들 가운데 독자에게 눈에 띄게 이스라엘적이라고 생각될 수 있는 것들은 실용적 목적에서 모두 빠진 것 같다.

에돔과의 연관성의 의의는 멀리서 찾지 않아도 된다. 두 개의 선지서 본문이 에돔이 "지혜"로 유명했다는 전승을 증거한다(렘 49:7; 옵 8절; 참조. 또한 바룩 3:2-3). 그 지혜가 어떤 성격의 것인지 현재로서는 말할 수 없다. 에돔식 지혜의 흔적을 욥기 전체에서뿐만 아니라 창세기의 한 자료, 일부 시편과 잠언들에서도 확인해 보려는 파이퍼의 시도는 지나친 것이다(R. H. Pfeiffer, "Edomite Wisdom," *ZAW* 44[1926] 13-25; 참조. J. R. Bartlett, "The Moabites and Edomites," in *POTT*, 229-58[246-47]). 의의가 있는 것은 지혜자들의 논쟁을 그리고 있는 이 책이 이스라엘에 특징적인 것들로 인해 주의가 빗나가지 않도록 하기 위해서 에돔 지역, 즉 이스라엘 바깥 지역이기는 하지만 말을 듣는 청중이 이스라엘인들이기 때문에 이스라엘에 인접한 바로 옆 지방을 배경으로 하고 있다는 것이다.

12 모든 것이 외부적이고 객관적이었던 바로 전 구절과 허위 단순성 스타일은 우리로 하여금 여기서 만나는 것도 위로 관습에 대한 단순한 외적 묘사라고 믿게 하지만, 그 의도는 보다 깊이 들어가 친구들과 욥의 관계의 성격을 확립한다.

친구들은 아직 멀리 있을 때에 욥을 보게 되며, 그들이 아는 욥과 얼마나 다른지를 알고 놀란다. "눈을 든다"(נשׂא עינים – 나사 에이나임)는 가장 흔한 히브리어 관용어 중 하나다(35번, BDB, 670b). 일반적으로는 그 뒤에 지각 동사가 뒤따르는데, 여기서는 예외적으로 그 반대다. 그 표현이 너무나 압축된 것이라서 번역할 때는 그 사이를 채워야 한다. 그들이 멀리서 눈을 들었을 때, 그들은 잿-더미 위에 있는 한 인물을 보았다. 멀리서 사람을 알아보지 못하는 것은 아주 정상적이기 때문에, 그들이 멀리서 그 인물을 욥으로 알아보지 못한 것은 놀랍지 않다. 그렇다면 여기에 함축된 의미는 그들이 더 가까이, 즉 그의 얼굴을 볼 만큼 가까이 왔을 때도 처음에는 그를 욥으로 알아보지 못했다는 것이다. 그러나 물론 결국에는 그들은 그를 알아보았을 것이다. 그러므로 현학적으로 보일지는 모르지만, "멀리서 그를 보았을 때 그들은 그를 알아보지 못했다"로 번역할 수 없고(RSV), "멀리서 눈을 들어 그를 알아보지 못했을 때, 그들은 울기 시작했다"는 더더욱 아니다(NAB). 왜냐하면 그들이 그를 알아보지 못했다면, 왜 그들이 울었어야 하는가? GNB는 본 내러티브 순서를 재구성하려고 결연한 노력을 한다: "그들이 아직 멀리 떨어져 있을 때 욥을 보았지만 그를 알아보지 못했다. 그를 알아보았을 때, 그들은 울기 시작했다." 그러나 이것도 아직 맞지 않다. 왜냐하면 요점은 그가 고난으로 너무나 일그러져 있었기 때문에 아주 가까이 왔을 때조차도 그들은 그를 알아보지 못했다는 것이어야 하기 때문이다. 아직 상거가 멀 때 그들이 그를 알아보지 못했다고 말하는 것은 거의 의미가 없다. 이는 정상 시력을 가진 사람들의 경우도 마찬가지기 때문이다. NIV는 "멀리서 그를 보았을 때, 그들은 그를 **거의** 알아볼 수 없었다"라고 과감하게 말하는데(진한 글씨체는 저자의 것), 그 의미는 그들이 사실상 그를 알아보았지만 어렵게 알아보았다는 것이다. 이 말은 어느 정도 의미가 통한다. 하지만 그것이 히브리어가 의미하는 것일 수 있을까? 어쩌면 그럴 수 있다. 우리가 만일 히브리어의 부정어 "아니다"를 다른 언어들에서처럼 단순히 "전혀 아니다"라는 의미뿐만 아니라 "종종 아니다", "대체로 아니다", "주로 아니다", "쉽게 아니다" 등을 의미하도록 한다면 말이다(참조. 창 32:29[28]; 45:8). 그러나 이 번역은 그들이 "멀리서" 그를 **실제로 알아보았다**고 함축적으로 말한다. 그렇다면 왜 그 거리가 언급되는가? 그들이 그에게 가까이 왔을 때조차도 그를 거의 알아볼 수 없었다고 말하는 것이 훨씬 더 맞는 것이 아닐까?

간단히 말해서, 표준 번역본들 가운데 어느 것 하나도 그 히브리어에 대한 만족스런 번역을 제공하지 않는다. 어느 누구도 그 히브리어가 너무 압축되었고, 따라서 이 정도의 간결함은 스타일상의 오류라고 말하기는 주저할 것이다. 그러나 보통 영어 내러티브 문장에서는 그러한 간결을 허용하지 않을 것이라고 누구든지 말할 수 있을 것이다. 히브리어에서 멀리서 바라본다는 것은 전혀 흔한 어구가 아니며, 그만큼 문맥의 상황에 대한 고려를 요구한다: 창세기 22:4을 보면 아브라함이 올라가 제사 드릴 산을 (여기서처럼) 멀리서 "그의 눈을 들어 본다". 그리고 그의 종들을 마치 앞으로 올 사건에서 완전히 배제하는 것을 의미하기라도 하는 듯 그들을 바로 그 지점에 내버려 둔다. 37:18에서는 요셉의 생명을 해하려는 음모가 그의 형제들이 "멀리서 그를 본" 시점과 그가 "그들에게 가까이 온" 시점 사이에 일어나는 것으로 묘사된다. 참조. 또한 누가복음 15:20에서는 탕자와 그를 바라보는 아버지 사이의 거리가 아버지의 달려감으로 인해 소실된다(욥 36:25; 39:29에 나오는 멀리서 바라봄〈נבט – 나바트〉은 이 시점에서는 관련이 없다). 따라서 여기서도 멀리서 보는 것은 완미(玩味)를 필요로 하는 의미가 있는 것 같다. 그들이 먼 거리에서 단 한 사람을 알아볼 수 있다는 것은, 이제 그의 전 상황이 완전히 바뀌어 지금은 그가 평소에 있던 성문이 아니라(29:7) 마을 바깥 잿-더미 위에 홀로 있는(참조. 8절에 관한 부분) 욥의 고립을 암시한다(참조. 호르스트). 그들이 그를 알아보지 못한 이유가 진술되지 않는 면에서 본문에는 하나의 표현상의 억제가 있다. 고생으로 외모가 너무 많이 바뀌어 사람을 식별하지 못할 정도가 된다는 생각에 대해서는 그 종의 얼굴과 몸(מראה – 마르에, 토아르〈תאר〉)이 사람의 모습이 아닐 정도로 바뀌는 내용이 있는 이사야 52:14과 비교해 볼 수 있을 것이다.

로핑크의 사르디니아(Sardinia)의 한 비탄 의식과의 비교로부터 하나의 새롭고 흥미로운 제안이 나온다(N. Lohfink, *VT* 12[1962] 260-77). 사르디니아의 애도가들은 마치 아무것도 의심하지 않는 것처럼 죽은 사람이 누워 있는 방으로 들어가고, 그런 후에 마치 그 시체가 우연히 시야에 들어오게 된 것인 양 갑자기 통곡하기 시작한다. 그러한 불인정은 마치 실제로는 우리가 부인하지 않는데 "내 눈을 못 믿겠어"라고 말할 때와 비슷하게(물론 덜 형식적으로) 그들의 눈앞에 있는 것을 의식적으로 혹은 습관적으로 부정하는 것일 수 있다. 본문의 경우에 "멀리서"라는 표현은 그들이 먼 거리에서 욥인 줄 알아볼 수 있었지만, 그것은 그에게 일어났었다고 하는 모든 일에 대한 그들의 "불신"을 강화시킬 뿐임을 뜻한다. 욥인 줄 **알아보는**데는 전혀 어려움이 없었다(그들은 그것을 멀리서도 분간할 수 있었다). 어려움은 그것이 욥임을 **믿는** 것에 있었다.

이 해석의 방향도 매력적이지만, 아직 더 좋은 설명이 있다. 나카르(נכר)는 꼭 배타적으로 "알아보는, 인지하는" 정신 혹은 마음의 활동만을 언급하지 않고 종종 "인정하는"과 같은 언어적 행위의 결과나 또는 마음의 인지를 실제 현실로 옮기는 행동들도 포함한다. 야곱의 아들들이 야곱에게 요셉의 겉옷을 가져와 그것이 요셉의 것인지 "알아보라"(נכר)고 요구할 때, 그는 "이는 내 아들의 옷이다"라는 말로 그렇게 한다(창 37:32-33). 창세기 38:25-26에서는 다말이 유다에게 그녀가 들고 있는 것이 누구의 소유물인지 "알아보라"고 요구하며, 야곱은 그 물건들을 "알아본다" 혹은 말로 "인정한다"(참조. 창 31:32). 왕을 "알아보다"(단 11:39) 혹은 자신의 동포들에 의해(사 63:16), 하나님에 의해(렘 24:5) 또는 "호의를 베푸는 사람"에 의해(룻 2:10) "인지되는" 것은 필연적으로 시각적 혹은 정신적 인식보다 더 많은 것을 포함한다. 마찬가지로 여기서도 친구들은 "눈을 들었고", 따라서 욥을 보았지만 그를 "알아보지는" 못했다. 다시 말해 그를 욥으로 인정하지 않았다. 혹은 그를 욥으로 맞이하지 않았다. 오히려 본문이 곧이어 말하듯이, 그들은 욥을 이미 죽은 사람처럼 대하면서 애도 의식을 행하기 시작했다. 그 다음 구절이 말하듯이, 사실은 그들이 칠 일 동안 그에게 한마디도 하지 않는다는 것이다 – 이는 그를 인정하지 않음이 무슨 뜻인지를 설명해 준다. 그들이 욥의 고난과 동일시하는 것은 의심의 여지없이 진실한 것이지만, 그를 산 사람이 아니라 죽은 사람으로 대하기 때문에 전적으로 소외시키는 방식으로 표현된다. 다이얼로그에서 그들을 묘사할 때 보이는 양면성이 – 배신자들인 친구들(6:15), 괴롭게 하는 자들인 위로자들(16:2) – 이미 여기서 예시된다.

내러티브가 취하는 주목할 만한 방향 전환은 친구들이 욥을 보자 그들이 우스로 온 목적, 즉 "그를 위문하고 위로하는 일"을 저버리고 그에게 한마디도 걸지 않으며 그를 마치 이미 죽은 사람처럼 대한다는 것이다. 그들의 전통적인 행동들은 정확히 말하면 애도 의식이다. 그의 죽은 자녀들에 대한 명백한 언급이 없고 초점이 욥 자신에게 있음이 분명하기 때문에, 그들의 비탄은 일차적으로 그의 사별 때문이 아니라 욥이 처한 죽음 같은 상황 때문이라고 가정해야 한다. "통곡"(בכה – 바카, weeping)은 "울음"(דמע – 다마, crying)과 다르다. 전자는 입에서 소리로 나오고, 후자는 눈에서 나온다(V. Hamp, *TDOT* 2:117). "통곡 소리"라는 표현(קול בכי – 콜 브키, 시 6:9[8]; 사 65:19)은 울음이 일차적으로 발성 활동이며, "눈물을 흘리게 하는 원인과 똑같은 창자의 격한 요동"에 의해 생기는 것으로 생각됨을 나타낸다(T. Collins, "The Physiology of Tears in the Old Testament," *CBQ* 33[1971] 18-38, 185-97[37]). 물론 바카(בכה)는 괴로운 심정의 표현을 의미할 수도 있지만 의식적 통곡과 탄식을 가리키는 경우가 적지 않으며, 여기가 그런 경우일 가능성이 매우 높다. 울음 "소리를 높인다"는 것은 단지 말하다를 의미하는 의미 없는 관용어가 아니라, 아마도 통곡할 때 내는 더 높은 음조의 음성을 가리킨다. 통곡에 수반되는 것이 보통 탄식이며(E. Jacob, *IDB* 3:453; H. Jahnow, *Das hebräische Leichenlied im Rahmen der Völkerdichtung*[BZAW 36; Giessen: A. Töpelmann, 1923를 보라), 여기서는 비록 욥에게 아무것도 말해지지 않지만 우리는 언어로 표현된 탄식이 있음을 가정할 수도 있겠다. 전통적 탄식의 실례들에 대해서는 *b. Mo'ed Qat.* 28b를 보라.

겉옷(מעיל – 메일)을 찢는 행위는 욥이 이미 했던 의식으로(1:20, q.v.), 친구들은 자신들도 그렇게 행하면서 욥의 현재 상태와 동일시한다. "자기들 머리 위로 하늘을 향하여" 티끌을 뿌리는 혹은 던지는(זרק – 자라크) 행위는 더욱 불분명하다. 이것이 만일 단순히 그들은 티끌이 자기들 머리 위에 떨어지도록 그것을 하늘로 던졌다는 것을 의미한다면(예를 들어, 피크, 앤더슨), 그 표현은 그 뜻을 참으로 이상하게 말하는 방식일 뿐만 아니라(누구든 "머리 위에" 전에 "하늘을 향하여"를 기대할 것이기에), 자신의 머리에 티끌을 놓는 별난 방식이다. 어쨌든 티끌이나 재를 머리에 올리는 것은 잘 입증된 애도 의식이다(수 7:6; 삼상 4:12; 삼하 13:19; 15:32; 겔 27:30; 애 2:10; ? 에 4:1; ? 단 9:3; 티끌 속에서 구르고, 그럼으로써 자기 머리에 티끌을 올림: 믹 1:10; 렘 6:26; 겔 27:30[재]; 욥 16:15; 참조. 느 9:1[회개 의식]; E. F. de Ward, *JJS* 23[1972] 6-8를 보라; 그리고 참조. the mourning rituals of Ugaritic El in *Baal and Mot*[*CTA* 5] 6.12-24; Gibson, 73-74). 그러나 "뿌리다"(זרק)라는 동사는 이 면에서는 결코 사용되지 않는다. 재가 "뿌려진다"(זרק)고 말해지는 유일한 경우는 모세에 의해 재가 (여기서처럼) "하늘로" 뿌려지거나 던져져 사람과 동물에게 독종이 된다고 하는 때이다(출 9:8-10). 도름은 두 개의 다른 의식, 즉 티끌을 하늘로 던지는 것과 머리에 재를 올리는 좀더 흔한 관습이 본 서술에서 우연히 병합된 것이라고 생각했다. 그래서 그는 "하늘을 향하여"를 삭제하기를 권했다(JB, NAB, NIV, 에얼리히, 휠셔, 페드리지의 경우처럼; "원문주해" 2:12.a.도 보라). 고디스는 여기서 머리 너머 하늘을 향해 티끌을 던져(즉, 어깨 위로 보내는 것처럼 뒤쪽으로) 그 방향으로부터 욥에게 임한 화를 그들 자신들로부터 물리치는 액막이 의식을 보았다(부텐바이저도 비슷하다. M. Weiss, *Job's Beginning*, 76: "마술적 자기 방어 행위"; 바이저도 보라: "아마도 본래는 액막이 행위"; 포어러: "악인에게, 아마 마법사, 보복하는 것"). 하벨도 출애굽기 구절을 실마리로 생각하지만 좀더 과감하게 말한다: "친구들은 전적 공감의 행위로서 그들 자신들에게도 똑같은 병을 상징적으로 불러내는 의식을 행한다. 그들은 죽음의 티끌과 일체이고 욥과 그의 질병 가운데 하나다"(p. 97). 따라서 그들은 "욥이 고대 경건의 귀감이듯이 진정한 우정의 족장 시대의 모범"이다(N. C. Habel, "Only the Jackal Is My Friend. On Friends and Redeemers in Job," *Int* 31[1977] 227-36 [228]). 겉옷을 찢고 말 없이 앉아 있는 것과 같은 그들의 행동이 정확하게 무엇을 의미하든 간에, 고난 받는 욥과의 동일시 행위라는 것에서 그는 확실히 옳다. 그러나 티끌을 하늘로 던지는 것이 자신에게 종기를 원하는 것처럼 정확한 어떤 것을 상징했을 것 같지는 않다. 비록 그 상황은 (예고된) 죽음의 상황으로 다르기는 하지만, 바울의 죽음을 요구하는 적대적 군중이 자신들의 옷을 찢고 하늘로 티끌을 던지는 내용을 담고 있는 사도행전 22:23에 나오는 비슷한 평행문도 아직까지 만족스럽게 설명되지 않았다(참조. H. J. Cadbury, in *The Beginnings of Christianity* [London: Macmillan, 1933] 269-77; H. D. Betz, *Lukian von Samosata und das Neue Testament*[TU 76; Berlin: Akademie Verlag, 1961] 72; E. Haenchen, *The*

Acts of the Apostles[Oxford: Blackwell, 1971] 633). 거기에는 아마도 "하늘을 향하여"라는 어구가 빠진 칠십인경은 아니라 하더라도, 우리의 본문 구절을 가리키는 어떤 암시가 있을지 모른다.

머리 위로 하늘을 향해 티끌을 던지는 행위의 의미에 관해 우리가 아무리 불확실한 상태로 머문다고 하더라도, 우리가 안전하게 거부할 수 있는 해석들이 있다. 그것은 단순히 "고통의 상징"일 수 없다(그레이). 그것은 은유적으로 욥의 재산을 황폐화시킨 빗발치는 티끌의 상징도 아니다(덤). 티끌을 던지는 하늘("하늘을 향해")은 욥의 고통의 광대함을 가리키지 않고(부드), 그 몸짓은 그들 자신들이 하늘로부터 보내진 재앙으로 인해 티끌 가운데 놓이게 되었다고 느꼈음을 넌지시 암시하지도 않는다(데이빗슨). 그것은 하늘에게 욥과 같은 악인을 티끌로 만들라고 하는 선동도 아니다(G. Hoffmann, "Ergänzungen und Berichtigungen zu Hiob," *ZAW* 49 [1931] 141-45[141]). 또한 하늘을 향하여 티끌을 던짐은 하나님에게 욥의 고난의 창시자를 죽여 티끌로 덮으라는 호소를 이룬다는 가장 최근의 아우트만의 제안도 설득력이 없다(C. Houtman, *ZAW* 90[1978] 269-72).

13 땅에 앉아 한탄하는 자세는 많이 입증된다(참조. 2:8; 애 2:10; 사 3:26; 47:1; 겔 8:14; 스 9:3; 느 1:4; 참조. 자기 보좌에서 내려와 발판에 앉고, 그리고 다시 발판에서 땅으로 내려오는 엘, *Baal and Mot*[*CTA* 6] 6.11-14; Gibson, 73). "땅 위에"(לארץ – 라아레츠)가 구체적으로 명기된 것은 아마도 보통 사람들이 땅 위에 바로 앉지 않고 카페트나 쿠션 위에 앉기 때문일 것이다. 그 자세의 상징적 의미는 비록 정확하지는 않을지라도 분명하다: 그것은 자기 낮춤을 의미하고(죽은 사람과 같은 심정으로; 여기서 뚜렷하게 "그와"〈אתו – 이토〉라고 말해진다), 그리고 스올의 표면인 땅에 평소보다 더 가깝게 되었음을 의미한다(de Ward, *JJS* 23 [1972] 3-4; Wensinck, *Some Semitic Rites of Mourning and Religion*, 12-18를 보라).

친구들의 침묵은 다의적이다. 어쩌면 이것이 프롤로그에서 우리가 "허위 단순성"이라고 해야 할 마지막 요소일 것이다. 왜냐하면 단순함의 양식화가 있고("칠일 칠야"), 우리가 프롤로그의 특징이라고 보았던 극단적인 묘사가 있으며(일주일 내내 침묵하는 것은 거의 초인적 자제를 요구할 것이다), 또한 그 "침묵"은 그것이 그럴 것 같은 것이 전혀 아니라는 암시가 있기 때문이다(아래를 보라). 칠 일이라는 기간은 애도의 표준적인 시간이다(창 50:10; 삼상 31:13, 애도 금식; 집 22:12, "죽은 자에 대한 애도가 칠 일 간 지속되다"; 유딧 16:24; 참조. 창 50:3, "요셉을 향한 이집트의 70일 동안의 애도"; 겔 3:15, 에스겔이 칠 일 동안 "두려워 떪"). "7"의 상징성에 대해서는 J. Hehn, *Siebenzahl und Sabbat bei den Babyloniern und im Alten Testament*(Leipziger Semitische Studien 2/5; Leipzig: J. C. Hinrichs, 1907); 같은 저자, Zur Bedeutung der Siebenzahl, *Vom Alten Testament*(FS K. Marti; BZAW 41; Giessen: A. Töpelmann, 1925) 128-36; E. Kutsch, "Erwägungen zur Geschichte der Passafeier und des Massotfestes," *ZTK* 55(1958) 1-35(25-28)를 보라. 다른 어느 곳에서도 애도가 칠일 **칠야** 동안이라고 말해지지 않는다. 이 강조는 묘사의 극단성에 속한다("흠 없는", "가장 위대한", "발끝에서 정수리까지" 등과 같이). 칠 일이라는 기간이 사실은 욥에 의해 결정되는 것이라고 종종 주장된다(따라서 가령, 포어러). 그리고 실제로 우리는 이 다음 구절에서 침묵을 깨는 사람은 친구들이 아니라 욥이라는 사실을 실제로 발견할 것이다(3:1). 그러면 그 주장의 함축 의미는 만일 욥이 둘째 날 혹은 열넷째 날 말했다고 하면, 그것이 그 친구들의 침묵이 지속되었을 기간이라는 것이다. 그러나 본 내러티브의 이 시점에서는 침묵 기간의 길이가 욥에게 달려 있는지 우리는 알 수 없다. 왜냐하면 12-13절에서는 다른 모든 것이 친구들의 관점에 걸려 있기 때문이다. 사실상, 이 시점에서는 친구들의 침묵의 길이가 전적으로 그들의 관점에서 언급된다: "그들은 말하지 않고…칠 일 동안 앉아 있었다. 왜냐하면 [물론 그들의 관점에서] 그들이 그의 고통이 심히 크다는 것을 보았기 때문이다." 여기서 칠 일은 욥이 결정하는 것이 아니다. 물론 3:1에서는 욥이 결정한다. 욥이 그들의 침묵의 상징적 의미를 이해하고 그가 말을 하기에 앞서 그 상징성이 충분히 실현될 때까지 기다리는, 친구들과 욥 사이의 상호 협조에 대해 말하는 것이 더 좋을 것이다.

그러면 그 상징성은 무엇인가? 그들 행동의 모든 것이 그를 이미 죽은 사람으로 대하며(테리앙이 생각하는 것같이 죽음 직전에 있는 사람으로서가 아니다), 칠일 칠야는 애도의 기간으로 꼭 맞는다. 물론 애도 의식들이 심한 고통 중에 있는 사람에게 적절하다고 여겨질 수 있으나, 슬픔을 표현하는 그러한 방법이 소원케 하는 것으로 경험될 수도 있다는 인상을 피하기는 어렵다. 왜냐하면 그는 아직 죽지 않았기 때문이다. 그리고 비록 그가 입을 열 때 죽는 것이 그의 가장 간절한 소원이라고 말할 테지만, 그런 운명이 그의 지인들의 의식 행동으로 외면화되는 것을 볼 때 그에게는 말하기 어려운 통렬함이 반드시 있을 것이다. 사람이 불치의 병을 가졌다는 것과 그 소식에 대한 친구들의 반응을 보는 것은 별개의 문제다.

친구들의 침묵이 얼마나 다양하게 설명되었는지를 읽는 것은 매우 흥미롭다. 어떤 이들은 그것을 친구들이 적절한 말을 찾을 수 없었기 때문이라고 생각했고(테리앙), 또는 "그의 고생의 심함에 압도되어 그들이 아무 말도 하지 않는다"(그레이)고 말한다. 에발트는 "그들이 그의 거대한 슬픔 앞에 깊은 침묵으로 예우한다"고 평하고, 피크의 말은 "그의 고통과 그의 운명의 반전이 그들을 말 못하게 한다. 왜냐하면 슬픔이 너무 압도적이면 침묵 외에 어떤 동정의 형태를 취할 수 있을까?"이다. 앤더슨은 다음과 같이 쓴다. "그들은 진정한 친구들로, 말 없이 함께 해주는 긍휼을 욥의 외로운 잿-더미로 가져온다"(호르스트도 비슷함). 그러한 심리적 해석들은 그 자체로 타당성이 있을지 모르지만, 인용된 모든 학자가 친구들을 매우 호의적으로 보고 있음이 흥미롭다. 델리취는 "긴 침묵은 그들이 자신들의 방문 목적을 충분히 깨닫지 못했음을 보여 주는 것이다"라고 말하는 점에서, 그리고 "그들이 욥으로 하여금 자신들이 좀 친절한 위로의 말로 막을 수 있었을 그 첫 단어를 말하도록 내버려 둔 것을 유감"으로 생각하는 점에서 외롭게 혼자 서 있다. 그러나 심리적으로 고취된 그런 독법들 대신에 친구들의 명백한 의식 행위들을 고려하여 그들의 긴 침묵의 근거로 어떤 전통적 관습이 있는지 생각해 보는 것이 더 바람직하다.

로핑크는 침묵 단계가 히브리 애도에서 관례적이었다고 주장하며(N. Lohfink, *VT* 12[1962] 260-77; similarly E. Haulotte, *Symbolique du vētement selon la Bible* [Paris: Aubier, 1966] 128) 현 세기의 전환점에 나온 트랜스요르단 베두인의 한 관습에 대한 무실(A. Musil)의 묘사로부터 흥미로운 한 구절을 인용한다: "질병의 소식이 돌자마자 친척들과 친구들이 방문하여 아픈 사람 주변에 원을 만든다. 그들은 아무 말도 하지 않고 침묵 가운데 그의 신음과 통곡 소리를 듣는다. 그가 그들에게 말을 걸 때만, 그들은 그에게 대답하고 그의 상태에 대해 애통해 한다"(*Arabia Petraea*[Vienna: A. Hölder, 1908] 3:413). 참조. 또한 *b. Mo'ed Qat.* 28b: "위로자들은 비탄자가 [대화를] 열 때까지 한마디도 하도록 허락되지 않는다"(그 다음에 욥 2:13이 인용된다). 참조. 또한 Gilgamesh, 11.126, 신들이 홍수로 초래된 파멸을 보며 슬퍼하면서 조용히 앉아 있다(*ANET*, 94b). 만일 그러한 관습이 우리 텍스트 뒤에 있다고 하면, 고난자가 말할 때까지 한 주 전체를 기다리는 것은 그 전통을 불합리의 극치로까지 가져가는 것 같고, 도리에 맞는 침묵을 고난자를 죽은 이로 여기는 명백한 동일시로 변형시키는 것 같다고 말할 수 있을 뿐이다. 물론 이것이 정확하게 의도된 것일지 모른다. 그렇지만 애도 의식에서 공식적인 침묵 단계에 대한 증거는 본문적으로 그렇게 강하지 않다는 것을 말할 필요가 있다(de Ward, *JJS* 23[1972] 17-20를 보라).

침묵과 관련하여 한 가지가 더 고려될 필요가 있다. 동양적 애도는 말없는 활동이 아니라 전형적으로 많은 탄식 – 말로 표현되는 것과 말 없는 것 모두 – 을 포함했기 때문에, 욥의 잿-더미가 이 애도의 주간 중 완전한 침묵의 장소였다고 우리는 가정하지 말아야 한다. 분명히 "**그에게** 한마디도 말하는 자가 없었더라"라고 명백하게 말해지지만(참조. 12절에 "그를 인정하지 않았다"), 그 말은 그가 마치 더 이상 존재하지 않는 것처럼 여기는 탄식들을 배제하지는 않는다. 친구들이 그와의 말을 삼가는 것은(그리고 우리는 그에 관해 욥이 어떻게 느끼는지를 19:16에서 안다. 참조. 12:4) 그의 죽음을 기정 사실로 여기는 그들의 탄식들로 인해 더 악화되기만 했을 것이다.

최소한 두 번째로 읽을 때 친구들이 어떤 말로 욥에게 말할지 우리가 안다는 것을 염두에 두면, 이 침묵의 낮과 밤이 매우 고상한 동정의 표시 외에 아무것도 아니라고 순진하게 가정할 수 없다. 주석가들 가운데 남다르게, 데이빗슨(A. B. Davidson)은 "매우 복잡한 감정들로 인해 친구들이 침묵하고 당황했음을 그들이 나중에 말로 표현한 감정들로부터 우리는 안다"라고 말한다. 고난자와 함께 하는 짧은 침묵의 기간이 얼마나 관례적인 것이든 간에, 무척 길어진 이 침묵은 독자들로 하여금 내레이터가 **방백**(*sotto voce*)으로 그들에게 무엇을 말하고 있는지에 대해 숙고해 보도록 자극한다.

해설

겉으로 보기에 소박한 산문인 이 두 장에서 본서의 주된 문제가 드러났다. 그것은 응보 교리가 처음에는 당연하게 받아들여지지만 – 욥의 경건과 그의 결과적 번영을 묘사하는 1:1-3처럼 – 그 교리는 본 내러티브가 진행되는 과정에서 먼저는 의심되고 그 다음에는 전복된다는 것이다. 그것은 1:9에서 의심되어 욥이 하나님을 까닭 없이 섬기는지, 즉 그의 경건이 그의 번영의 원인이기보다 결과는 아닌지 – 항상 그렇게 추정되는 것처럼 – 물어진다. 그리고 그것은 욥의 번영을 제거함으로써 그 문제를 해결하라는 하늘의 결정으로 인해 전복된다. 일단 그렇게 되면, 응보 원리는 깨진 것이다. 왜냐하면 이제 이 땅에서 가장 경건한 사람이 가장 비참한 사람들 가운데 있기 때문이다. 40장 이후에 그가 자신의 부를 회복하게 된다는 사실은 의미가 없다. 왜냐하면 욥기의 대부분이 의인이 그러한 비참함에 처할 수 있다는 것의 의미를 중심 테마로 다루고 있기 때문이다. 여기서 중요한 것은 행위에는 그에 상응하는 결과가 따른다고 믿어지고 가르쳐지는 세계 내에서 (많은 반증들에도 불구하고), 하늘 자체가 가장 충격적인 위반 행위로 그 교리를 고의적으로 파괴시켰다는 것이다.

응보 교리에 대한 이 공격은 지적인 차원과 실존적 차원을 모두 갖는다. 지적 차원은 프롤로그에서 거의 결점을 드러내지 않았고, 따라서 실제로 순진한 독자들은 현혹되어 프롤로그가 단순히 다이얼로그의 진짜 지적 이슈들을 위한 장치를 이루는 단순한 민간 설화라고 생각할 수 있을 것이다. 물론 그렇지 않다. 왜냐하면 우리가 여기서 본 것은 종국에는 그 교리와 화해되는 것을 보기 원하는 그 교리의 뻔한 가공적 예외가 아니라, 내레이터에 의해 전혀 직무태만이 아니라고 확인되고 하나님보다 전혀 덜하지 않은 인물이 분명하게 인정하는 그 교리의 단언적 전복이기 때문이다. 그럼에도 불구하고, 무고한 자의 고난이라는 지적 난제를 탐구하는 것은 프롤로그의 일이기보다는 훨씬 더 다이얼로그의 일이 될 것이다. 프롤로그가 먼저 주의를 환기시켜 주는 것은 실존적 차원이다.

실존의 문제는 죄 없는 사람이 고생하는가, 즉 만일 그들이 고생한다면 그들이 정말로 죄 없을 수 있는가라는 문제가 아니다. 또 왜 죄 없는 사람이 고생하는가, 즉 그러한 고난에 대해서 어떤 이유가 주어질 수 있는가, 다시 말해 무고한 고난이 다른 개념들로 어떻게 이해될 수 있고 설명될 수 있는가라는 문제도 아니다. 이것들은 모두 지적 물음들이며, 그리고 욥기 전체적으로 보면 비록 해결되지는 않지만 사실상 그것들이 다루어지고 있다. 여기서 제기되는 것은 실존적 물음이다: 설명할 수 없는 고난이 죄 없는 사람들에게 임하면 그들은 어떻게 해야 하는가? 본 내러티브가 전달하고자 하는 대답은 욥의 인물 묘사 속에 담겨 있다: 욥은 그의 상실을 슬퍼할 때 주시기도 하고 가져가시기도 한 주님을 찬양하며, 결코 말로 죄를 범하거나 하나님에 대해 불경스럽게 말하지도 않는다(1:21-22; 2:10). 그런데 이것이 욥기가 그 실존적 질문에 주는 유일한 대답은 아니다. 왜냐하면 우리가 3장으로 페이지를 바꾸자마자, 우리는 동일한 욥이 자기의 경건이나 온전함을 저버리지 않았지만, 먼저는 자기가 결코 태어나지 않았기를 바라고, 그 다음에 인간이 개시할 수 있는 가장 공식적인 하나님에 대한 비난을 향해 단계적으로 옮겨 가는 것을 보기 때문이다. 우리가 3장 이후의 욥은 독자들이 모방할 가치가 없는 거짓 행보를 하고 있다, 혹은 그의 믿음을 잃고 있다, 혹은 하다 못해 그가 프롤로그에서 본을 보여 주는 도덕적 종교적 규범을 지키는 데 실패하고 있다고 가정할 경우에 반해, 욥기의 결말에는 욥이 하나님에 대해 "옳은 것"을 말했다고 하나님에 의해 칭찬을 받으며, 그런 만큼 오직 그의 기도를 통해서만 친구들로부터 그들의 "어리석음"의 결과들이 제거된다는 신의 뜻과 조화되는 욥이 있다(42:8-9). 두 명의 욥이 있는 것이 아니지만, 무고한 고난에 대처하는 옳은 길은 하나 이상이다: 욥이 자신의 자녀들, 재산 그리고 명성의 신적 절도에 경건하게 복종하여 엎드릴 수 없을 때, 그는 여전히 동일하지만 다른 경건의 모습으로 그가 상대해야 하는 것은 하나님이지 누구도 아니라고 주장할 수 있고, 그리고 자기의 결백에 대한 자신의 완전한 확신조차도 그를 만족시킬 수 없기 때문에, 그의 결백은 그 누구도 아닌 바로 하나님으로부터만 그 진실성을 입증 받아야 한다고 요구할 수 있다. 1-2장의 유순하고 거의 반응 없는 욥과 대조적으로, 공격적이고 신경질적인 태도도 다이얼로그에서 그 실존적 물음, 내가 고난을 어떻게 견디어야 하는가에 대한 하나의 대답으로 제시될 것이다. 그러나 우리가 프롤로그의 건조하고 딱딱한 고대 세계에 있는 한 보다 전통적인 경건이 우세하다.

1. 욥의 첫 번째 연설(3:1-26)

참고문헌

Bart, J. "Philology and Exegesis: Some General Remarks, with Illustrations from Job." In *Questions disputées de l'Ancien Testament: Méthode et théologie. XXIIIe session des Journées Bibliques de Louvain.* BETL 33. Louvain: Leuven UP, 1974. 39-61. **Blank, S. H.** "The Curse, Blasphemy, the Spell, and the Oath." *HUCA* 23/1(1950-51) 73-95. ______. "'Perish the Day!' A Misdirected Curse(Job 3:3)." *Prophetic Thought: Essays and Addresses.* Cincinnati: Hebrew Union College Press, 1977. 61-63. **Bratsiotis, N. P.** "Der Monolog im Alten Testament." *ZAW* 73(1961) 30-70. **Brichto, H. C.** *The Problem of "Curse" in the Hebrew Bible.* JBL MS 13. Philadelphia: SBL, 1963. **Clines, D. J. A.** "The Etymology of Hebrew צֶלֶם." *JNSWL* 3(1974) 19-25. **Cox, C.** "The Wrath of God Has Come to Me: Job's First Speech according to the Septuagint." *SR* 16(1987) 195-204. **Cox, D.** *The Triumph of Impotence: Job and the Tradition of the Absurd.* Rome: Universitá Gregoriana Editrice, 1978. **Dahood, M.** "Denominative *riḥḥam*, 'to conceive, enwomb.'" *Bib* 44(1963) 204-5. ______. "Hebrew-Ugaritic Lexicography VII." *Bib* 50(1969) 337-56. ______. "Northwest Semitic Texts and Textual Criticism of the Hebrew Bible." In *Questions disputées de l'Ancien Testament: Méthode et théologie. XXIII*[e] *session des Journées Bibliques de Louvain.* BETL 33. Louvain: Leuven UP, 1974. 11-37. **Day, J.** *God's Conflict with the Dragon and the Sea.* University of Cambridge Oriental Publications 35. Cambridge: CUP, 1985. **Driver, G. R.** "Problems in the Hebrew Text of Job." *VTSup* 3(1955) 72-93. **Fishbane, M.** "Jeremiah IV 23-26 and Job III 3-13: A Recovered Use of the Creation Pattern." *VT* 21(1971) 151-67. **Freedman, D. N.** "The Structure of Job 3." *Bib* 49(1968) 503-8 [=*Pottery, Poetry and Prophecy.* Winona Lake: Eisenbrauns, 1984. 323-38]. **Guillaume, A.** "The Arabic Background of the Book of Job." *Promise and Fulfilment.* S. H. Hooke Festschrift. Ed. F. F. Bruce. Edinburgh: T. & T. Clark, 1963. 106-27. **Katz, R. L.** "A Psychoanalytic Commentary on Job 3.25." *HUCA* 29(1958) 377-83. **Kinnier Wilson, J. V.** "Biblical and Akkadian Philological Notes." *JSS* 7(1962) 173-83. **Lipiński, E.** "Notes lexicographiques et stylistiques sur le livre de Job." *FolOr*

21(1980) 65-82. **Loretz, O.** "Ugaritisch-hebräisch in Job 3,3-26. Zum Disput zwischen M. Dahood und J. Barr." *UF* 8(1976) 123-27. **Moore, R. D.** "The Integrity of Job." *CBQ* 45(1983) 17-31. **Rendsburg, G.** "Double Polysemy in Genesis 49:6 and Job 3:6." *CBQ* 44(1982) 48-51. **Ṣmudi, Y.** "The Beginning of Job's Protest(Chapter 3)"[Heb.]. *BMik* 27(1981-82) 229-32. **Snaith, N. H.** "The Introductions to the Speeches in the Book of Job: Are They in Prose or in Verse?" *Textus* 7(1973) 133-37. **Stade, B.** "Miscellen. 15. 'Auf Jemandes Knieen gebären' Gen 30,3. 50,23. Hiob 3,12 und אָבְנָיִם Exod 1,16." *ZAW* 6(1896) 143-56. **Tromp, N. J.** *Primitive Conceptions of Death and the Nether Worm in the Old Testament.* BibOr 21. Rome: Pontifical Biblical Institute, 1969. **Ullendorff, E.** "Job III 8." *VT* 11(1961) 350-51. **Webster, E. C.** "Strophic Patterns in Job 3-28." *JSOT* 26(1983) 33-60.

본 문

1 그 후에 욥이 입을 열어 자기의 생일을 저주하니라

2 욥이 말을 내어 가로되

3 나의 난 날이 멸망하였었더라면, 남아를 배었다 하던 그 밤도 그러하였었더라면,

4 그 날이 캄캄하였었더라면, 하나님이 위에서 돌아보지 마셨더라면, 빛도 그 날을 비취지 말았었더라면,

5 유암과 사망의 그늘이 그 날을 자기 것이라 주장하였었더라면, 구름이 그 위에 덮였었더라면, 낮을 캄캄하게 하는 것이 그 날을 두렵게 하였었더라면

6 그 밤이 심한 어두움에 잡혔었더라면, 해의 날 수 가운데 기쁨이 되지 말았었더라면, 달의 수에 들지 말았었더라면,

7 그 밤이 적막하였었더라면, 그 가운데서 즐거운 소리가 일어나지 말았었더라면,

8 날을 저주하는 자 곧 큰 악어를 격동시키기에 익숙한 자가 그 밤을 저주하였었더라면,

9 그 밤에 새벽별들이 어두웠었더라면, 그 밤이 광명을 바랄지라도 얻지 못하며 동틈을 보지 못하였었더라면 좋았을 것을,

1 After that, it was Job who broke the silence, with a curse on his day.

2 And Job said:[a]

3 Perish the day I was born, the night that said,[a] "A boy is begot!"[b]

4 That day[a] would it had become darkness! that God above had taken no thought for it, that no light had shone on it!

5 Would that gloom and death's shadow[a] had claimed it for their own,[b] that cloud had settled upon it, that eclipses[c] had affrighted it!

6 That night[a]—would that deep darkness had carried it off,[b] that it had not been counted[c] among the days of the year, not found its way into the reckoning of the months!

7 If only that night[a] had been barren,[b] and no cry of joy been heard in it!

8 Would that the cursers[a] of days[b] had laid a spell[c] on it, those skille at rousing[d] Leviathan!

9 [a]Would that the stars of its dawn had been darkened, [b]that it had waited in vain for the light, and never seen the eyelids[c] of the morning!

10 이는 내 모태의 문을 닫지 아니하였고 내 눈으로 환난을 보지 않도록 하지 아니하였음이로구나

10 Because it did not shut the doors of the womb,[a] nor[b] shield[c] my eyes[d] from trouble.

11 어찌하여 내가 태에서 죽어 나오지 아니하였었던가 어찌하여 내 어미가 낳을 때에 내가 숨지지 아니하였던가

11 Why did I not die[a] new-born,[b] perish as I left the womb?

12 어찌하여 무릎이 나를 받았던가 어찌하여 유방이 나로 빨게 하였던가

12 Why did the knees receive me, or a mother's breasts suckle me?

13 그렇지 아니하였던들 이제는 내가 평안히 누워서 자고 쉬었을 것이니

13 Then[a] I should have laid myself down in tranquillity, then I should have slept and taken my rest,

14 자기를 위하여 거친 터를 수축한 세상 임금들과 의사들과 함께 있었을 것이요

14 with[a] kings and ministers of state, who rebuilt ruined cities[b] for themselves,

15 혹시 금을 가지며 은으로 집에 채운 목백들과 함께 있었을 것이며

15 with princes rich in gold, who filled their houses with silver.

16 또 부지중에 낙태한 아이 같아서 세상에 있지 않았겠고 빛을 보지 못한 아이들 같았었을 것이라

16 Why[a] was I not buried[b] like a stillborn child, like an infant[c] that never saw the light?

17 거기서는 악한 자가 소요를 그치며 거기서는 곤비한 자가 평강을 얻으며

17 There the wicked[a] cease to rage; those who have spent their powers[b] rest.

18 거기서는 갇힌 자가 다함께 평안히 있어 감독자의 소리를 듣지 아니하며

18 Captives are at utter[a] ease; they hear no slavedriver's shout.

19 거기서는 작은 자나 큰 자나 일반으로 있고 종이 상전에게서 놓이느니라

19 Small and great alike[a] are there; and the slave is free[b] from his master.

20 어찌하여 곤고한 자에게 빛을 주셨으며 마음이 번뇌한 자에게 생명을 주셨는고

20 Why is light given to the troubled, and life to those bitter in spirit?

21 이러한 자는 죽기를 바라도 오지 아니하니 그것을 구하기를 땅을 파고 숨긴 보배를 찾음보다 더하다가

21 They yearn for death, and yearn in vain,[a] would dig for it rather than[b] for hidden treasure;

22 무덤을 찾아 얻으면 심히 기뻐하고 즐거워하나니

22 they would rejoice exultingly[a] and delight to attain[b] the grave.

23 하나님에게 둘러싸여 길이 아득한 사람에게 어찌하여 빛을 주셨는고

23 [a]Why is light given to one whose path is hidden, one whom God has hedged about?

24 나는 먹기 전에 탄식이 나며 나의 앓는 소리는 물이 쏟아지는 것 같구나

24 [a]For my sighs are[b] my daily bread, groans[c] pour from me like water.

25 나의 두려워하는 그것이 내게 임하고 나의 무서워하는 그것이 내 몸에 미쳤구나

25 For what I most feared[a] has befallen[b] me, all that I dreaded has come upon me.

26 평강도 없고 안온도 없고 안식도 없고 고난만 임하였구나

26 I have no repose, no quiet, no rest. Turmoil has come.

원문주해

2.a. 문자적으로는 "대답하여 말했다". 아나(ענה, "대답하다")가 반드시 선행 연설을 내포하지는 않지만, "필요에 의해 말을 시작하다"(드라이버), "어떤 경우에 응답하다, 상황을 염두에 두고 말하다"(BDB, 773a § 2) 등을 의미할 수 있다. 예를 들어, 삿 18:14; 삼상 9:17.

스나이드는 이 절로 시작하는 연설의 서론들이 맛소라 본문에서는 운문 강세, 즉 운문임을 뚜렷하게 가리키는 강세 아니면 산문과 운문으로 공유되는 강세를 지니고 있다고 보았다(N. H. Snaith, "The Introductions to the Speeches in the Book of Job: Are They in Prose or in Verse?" *Textus* 7[1973] 133-37).

3.a. 문법적으로는 "한 사람이 말했던 밤"이라고 번역할 수 있지만(KJV, "그것이 말해졌던 밤"; NIV도 유사함), 그 "사람"이 누구인지 상상하는 것은 그 밤에 초자연적 지식과 연설을 부여하는 것보다 더 어려운 일이다(참조. 시 19:3-5[2-4]). 호라(הֹרָה)를 여성분사로 이해하거나 혹은 하라트(הָרָת)로 읽어서(*BHK*) 임미(אִמִּי, *BHK*, *frt*)로 수정하는 것은 가능성이 꽤 적다.

다후드는 여기서 아마르(אמר)를 보고 그것이 "보다"를 뜻한다고 주장한다("Northwest Semitic Texts and Textual Criticism of the Hebrew Bible," in *Questions disputées de l'Ancien Testament*[BETL 33; Louvain: Leuven UP, 1974] 11-37[22-23]). 그러나 의미상 뚜렷한 진전은 없다. 투르-시나이는 아마르(אמר)를 아마도 마라(מרה, "거역하다")의 파생어로 이해하여 "(한 사람이 잉태되는 것을) 거부했다"를 뜻한다고 주장했지만, 이는 구문의 도움을 받지 못한다(참조. 또한 H. H. Rowley, *JSS* 3[1958] 84). 에어맨(A. Ehrman, "Note on the Verb אמר" *JQR* 55[1964-65] 166-67)은 중세의 한 텍스트에 근거하여 아마르(אמר)가 "저주하다"를 의미할 수 있다고 주장했고, "(한) 사람이 성교를 가졌던 그 밤이 저주받을지니"라고 번역한다. 그러나 그렇게 하면 맛소라 본문에 그가 명확히 말하지 않는 두 개의 수정이 수반될 것이다.

3.b. 칠십인경의 이두 아르센(*Ἰδοὺ ἄρσεν*, "보라 아들이라")은 아마도 하라(הרה)를 하래(הֲרֵה, =하레〈הֲרֵי〉, "보라")로 읽었을 것이다. 덤, 그레이, 스티븐슨과 드 빌드가 이것을 따른다. NAB의 "아이가 사내아이이다"라는 번역은 이 독법을 따른다고 주장하지는 않지만, 염두에 두고 있는 것이 잉태가 아니라 탄생이라는 인상을 전달하는 데는 성공한다. 그레이의 "욥의 불평은 그의 잉태에 관한 것이 아니라 그의 탄생에 관한 것이며, 그가 태 속의 삶에서 고난과 고통이 가득한 세상으로 나온 사실에 관한 것이다"라는 주장은 별로 설득력이 없다. 그가 16절에서 사산되는 것, 즉 잉태되지만 태어나지는 않는 것을 사는 것보다 더 바람직하게 그리고 있는 것은 사실이다. 그러나 그 문맥 상황에서 잉태의 수용을 따라 잉태가 단순히 탄생의 자연적 전 단계로 여겨지는 현재 구절을 읽어서는 안

된다. 호라(הֹרָה)는 BDB, KB[3]에서는 푸알로, 반면에 드라이버, *GKC*, § 52e에서는 칼로 이해된다.

4.a. "그 날"은 독립 의존격(casus pendens)으로 이 행의 시작 부분에 보내진다(참조. *GKC*, § 143b-c). 다후드는 특정한 형식을 갖는 몇몇 흥미로운 우가릿 독립 의존격 사례들을 제시한다("Northwest Semitic Texts," 23-24).

휠셔는 이 행을 3절의 낮과 밤이 동일한 것이라는 점을 깨닫지 못했고(잉태는 시적으로 말하면 탄생과 같음), 4-5절의 "낮"과 6-10절의 "밤" 사이를 구별하고자 했던 현학적인 한 (중세) 주해자의 기록으로 판단하여 그것을 삭제했다. 사실 그 절들은 모두 똑같은 복합 의미로 낮과 밤을 언급한다(스티븐슨, 포어러도 마찬가지). 칠십인경 바티칸 사본이 종종 증거로 요구되는 것은, 그것이 그 첫 번째 이절구를 가지고 있기는 하지만 "낮" 대신에 "밤"(νύξ-뉙스)을 사용하고 있기 때문이다. 덤은 9b절구를 그렇지 않으면 병행구가 없는 행인 4a절구 뒤에 오게 함으로써(그는 고대 사본들에 있는 난외주에 대해 일부 납득할 수 없는 논평을 함) 이 장에서 두 개의 삼절구를 삭제했다(칠십인경처럼 "낮" 대신 "밤"으로 읽음).

5.a. 찰마베트(צלמות)는 "사망의 어두움"을 말하는 복합 명사로 이해되어야 할 것이지(참조. NJB, "죽음처럼 어두운 그림자"), 마치 찰람(צלם II, "어둡다")에서 파생된 것인 양 그 모음을 찰라무트(צַלְמוּת, "어두움")로 읽을 것이 아니다(NEB, NAB, JB, NJPS, NIV, 도름, 고디스 등이 그렇다). 왜냐하면 그러한 어근이 서방 셈어에서 입증되고 있는지 의심스럽기 때문이다(D. J. A. Clines, "The Etymology of Hebrew צֶלֶם," *JNWSL* 3[1974] 19-25; W. L. Michel, "ṢLMWT, 'Deep Darkness' or 'Shadow of Death'?" *BR* 29[1984] 5-20; idem, *Job in the Light of Northwest Semitic*[BibOr 42; Rome: Pontifical Biblical Institute, 1987] 1:42-46; 반대의 경우는 예를 들어, KB를 보라). 또한 윈톤 토마스의 주장도 보라(D. Winton Thomas, "צַלְמָוֶת in the Old Testament," *JSS* 7[1962] 191-200). 그러나 그 단어의 "죽음" 요소를 "최상급"으로 간주해야 한다는 그의 견해는 아마도 받아들일 수 없을 것이다. 좀더 자세한 것은 "원문주해" 10:21.b를 보라. 또한 J. Barr, "Philology and Exegesis," in *Questions disputées*(BETL 33) 39-61(50-55); Grabbe, *Comparative Philology*, 27-29를 보라.

5.b. 가알(גאל, "구속하다"), 즉 친족으로서 자기 지파에 속하는 재산의 권리를 요구하다. 도름은 이 단어의 미묘한 의미를 지나치게 인위적으로 생각하여 본문의 단어를 가알(גאל)의 두 번째 의미인 "더럽히다"로부터 파생시켰고(이미 탈굼, 아퀼라, 라쉬, 에얼리히가 그렇게 보았음; 참조. KJV의 "얼룩지게 하다", NEB의 "더럽히다"), 그렇게 할 때 아마도 모음 표기는 גאל II가 칼형으로는 쓰이지 않기 때문에 이가알루후(יְגָאֲלֻהוּ)로 보았을 것이다(에얼리히). 그러나 "더럽히다"는 "날"에 사용되기에는 적절한 동사가 아니다. 특별히 גאל II가 다른 곳에서는 대체로 제의적 더럽힘에 대해서(가령, 스 2:62; 말 1:7)

혹은 덜 특정한 것으로 옷이 피로 얼룩지는 경우(사 63:3)나 손이 피로 묻는 경우(59:3)에 대해서 사용되기 때문이다. "주석"을 보라. 존슨(A. R. Johnson, "The Primary Meaning of גאל," *VTSup* 1[1953] 67-77)은 "구속하다"와 "더럽히다"가 모두 가알(גאל)의 의미들로서 "덮다"라는 공통 의미에서 파생된다고 주장했고, 여기서 그 공통 의미를 제안한다: "완전한 흑암이 그것을 덮게 하라." 그러나 구약에는 이러한 의미와 평행하는 본문이 전혀 없다.

5.c. 키므리레(כמרירי)의 선호되는 해석은 카마르(כמר, "검다")라는 어근을 가정하고 그것을 거의 무서운 것이라 할 수 없겠지만 "일식"(JB, 포프)이나 "안개"(도름)로 종종 이해되는 카므리레(כַּמְרִירֵי, "[날]의 검음")라고 읽는 것이다(BDB, KB[3], KJV, RV, RSV, NAB, NJPS, NIV와 대부분의 주석가들이 그렇다). 이 해석의 한 가지 난점은 *kmr*가 "검다"를 의미하는 셈어의 어근으로서는 시리아 역본에서만 확인된다는 것과 시리아역에서 조차도 일차적 의미인 "슬프다"의 부차적인 의미일 뿐이라는 주장이다(J. Barr, "Philology and Exegesis," 55-56; 참조. Grabbe, *Comparative Philology*, 29-31; O. Loretz, "Ugaritisch-hebräisch in Job 3, 3-26. Zum Disput zwischen M. Dahood und J. Barr," *UF* 8 [1976] 123-27[125]). 그러나 "검다"라는 의미가 시리아역에서 잘 입증된다는 것만으로 충분하며(참조. 브로켈만, 페인 스미쓰), 또한 의미론적으로 유사한 카다르(קדר)의 경우에 그 의미가 "검다"로부터 "애곡하다"로 이동하는 것 같다는 점을 지적할 수 있을 것이다(렘 8:21; 14:2; 또한 욥 30:28에 대해서도 참조). 힛타이트어 카마라(*kammara*)와의 연관성(M. L. Modena Mayer, "Note etymologiche IV," *Acme* 20[1967] 287-91[290]의 주장 같은)은 거의 없을 것이다.

비므리레 욤(במרירי יום)이라는 어구가 전치사 베트(ב)가 마라르(מרר, "쓰다")에서 파생된 명사를 필요로 하는 성경 외의 두 구절에서 나타난다는 사실은 이 견해에 대한 실제적인 반론이 되지 않는다. 집 11:4, "허름한 옷을 조롱하지 말고 쓰라린 날을 보내는 자를 멸시하지 말라"(참조. NAB; RSV와 JB가 따르고 있는 헬라어는 매우 다름)와 1QH 5.34, "내 눈은 원통함으로, 내 영혼은 쓰라린 날로 희미해졌도다"에서 암시되는 것은 우리의 현재 본문과는 맞지 않을 심리적인 상태다. 포프는 "쓰라림의 날"이 아모스 8:9-10에서 일식과 연결된다고 주장하지만, 오히려 "쓰라린 날"(יום מר – 욤 모르)은 "외아들을 위한 애도"와 평행을 이루고 있다. 그래도 이것은 여전히 "날의 쓰라림"이라는 표현을 설명하지 못한다.

고디스는 최근에 신 32:24과의 비교를 통해 "날의 악령들"로 보는 라시와 이븐 에즈라의 설명을 부활시켰다. 위의 본문에서 케테브 므리리(קטב מרירי, "쓰라린[?] 파괴")는 레후메 레쉐프(לחמי רשף, "역병에게 먹힌")와 병행되기 때문에, "악령들의 파괴"로 이해되며, 레쉐프(רשף)는 셈족의 역병-신(神) 레쉐프(Resheph)로 간주된다(참조. 5:7에 관한 부분). 고디스는 더 나아가 므리레(מרירי)를 מרר("쓰다")로부터가 아니라 아랍어 *marr*

("지나가다")로부터 파생시켜 "지나가는, 스쳐 가는 존재"가 되게 하며, 어두의 카프(כ)는 "단정의 **카프**"라고 결정한다. 그의 주장 전체가 받아들이기 어려운 것으로 가득하다.

6.a. 일부는 어두움이 이미 밤을 덮었다(테리앙, 드 빌드; E. Ullendorff, "Job III 8," *VT* 11[1961] 350-51), 또 밤이 "날들 가운데" 포함되어 세어지는 것이 이상하다(페쉬타는 "그 날"을 "포함되다"는 동사의 주어로 추가시킨다)는 근거에서 하욤(הַיּוֹם, "[그] 날")으로 읽는다. 덤, 횔셔, 호르스트, 포어러는 비슷한 이유로 이 행을 아예 생략한다.

6.b. NEB의 "분간할 수 없는 어두움이 그 밤을 삼킨다"는 분명히 맛소라 본문을 그대로 읽은 것 외에 아무것도 아니다.

6.c. 이하드(יחד)는 하다(חדה, "기뻐하다")의 3인칭 명령형이다. 그런데 연중 날들 속에 포함되는 것이 어째서 밤이 즐거워해야 할 특별한 일이 되는지는 알기가 어렵다(우리는 피크가 그려 주는 것 같은 밤의 "축제단"에 대해서는 아는 바가 없다. 스트라한과 드라이버도 비슷함). 탈굼으로부터 KJV와 NIV까지 이르는 대부분의 역본들과 대부분의 주석가들은 에하드(יֵחַד, "그것이 그 가운데 있지 [않게] 하라")로의 모음 바꾸기를 당연시한다(NEB의 "그것을…가운데 포함시키지 말라"와 NAB의 "그것으로…가운데 나타나지 않게 하라"는 같은 히브리어의 다른 표현들이다). 이 곳의 모음 변환에 대해 창 49:6의 이하드(יחד, 니팔, "연합하다")와 보(בוא, "오다") 사이의 평행법이 추가적인 증거가 된다. 그래브는 맛소라 본문의 진정성을 변호하지 않으면서 이 모음 변화에 찬성하는 공감이 가는 주장을 제기한다(Grabbe, *Comparative Philology*, 32-35). 다후드는 창 49:6의 이하드(יחד)가 동일한 단어라고 주장하면서 에하드(יֵחַד)에서 에하즈(יֵחַז, "보여지게 하라")라는 가나안적 형태를 보았다("Northwest Semitic Texts," 24; 또한 블롬머드). KB³는 다후드의 추측을 언급하기는 하지만 지지하지는 않는다. 이에 대해서는 긴스버그가 제대로 혹평한다(H. L. Ginsberg, *VTSup* 16[1967] 71-72). 이와 비슷한 제안이 이미 윈터뮤트에 의해 제시되었다(O. Wintermute, *Studia Biblica et Orientalia*[AnBib 10; Rome: Pontifical Biblical Institute, 1959] 26-36[35]). 고디스는 탈힌(*talḥin*)이라는 수사법으로 인해 그 두 가지 의미가 모두 의도된 것이라고 주장하려 한다(다른 이들은 타우리야〈*taurîya*〉라는 용어를 선호함; 참조. G. Rendsburg, *CBQ* 44[1982] 51 n. 19). 그러나 이것은 가능성이 별로 없으며, 6b절구가 교차 대칭적으로 7b절구와 평행한다는 그의 주장은 7b절구에서 기쁜 것은 밤이 아니라 그 안에서 들리는 한 소리라는 사실로 인해 실패한다. 이하드(יחד)는 "연합되다"와 "기뻐하다"를 의미할 뿐 아니라 야바(יבא)도 "들어가다"와 "간절히 바라다"(אבה로부터)를 의미한다는 렌즈버그의 주장(G. Rendsburg, "Double Polysemy in Genesis 49:6 and Job 3:6," *CBQ* 44[1982] 48-51)은 두 배나 의심스럽다(그러면 "달의 수 가운데 그것으로 간절히 바라지 않게 하라"가 도대체 무엇을 **뜻하는가**?).

7.a. 횔셔는 "그 밤"을 삭제했고, 드 빌드는 욥의 탄생의 날이 아직 주제라고 생각하면서 그것을 "그 날"로 바꾼다.

7.b. 도름은 "슬픈"(JB, "불길한")이라고 번역하면서 30:3에 갈무드(גלמוד)가 이 의미를 가지고 있다고 주장하지만 이는 분명치 않다(NJB, "불모의, 메마른"). 무자비성의 은유를 재생하려 하는 고디스의 "바위처럼 외로운"은 문맥이 잉태에 관한 것이기 때문에 어울리지 않는다. "고독한"(KJV)과 "적막한"(NJPS)도 요점을 벗어난다.

8.a. 고디스는 얌(ים, "바다")으로 읽는 독법("원문주해" 8.b)과 질서의 대격변을 갈망하는 사람은 누구든 바다를 **저주하지** 않을 것이라는 비평을 수용하면서 8:3; 11:7; 12:23; 38:22 등을 언급함으로써 같은 단어를 평행하는 두 이절구에 남겨 두게 하는 수정 비평을 택하여, 오르레(אררי, "…의 저주자들")를 오르레(עֹרְרֵי, "…의 각성자들, 일깨우는 자들")로 고친다(그의 특주를 보라, pp. 508-13). 문제는 그러한 반복이 가능하냐가 아니라 그것의 희귀함을 감안할 때 이것이 어떤 본문의 문제에 해결을 제공할 것이냐이다. 그런데 사실 본문상의 문제는 전혀 없다. "주석"을 보라. 드라이버는 여기서 아랍어 *'āra*와 에티오피아어 *ta'ayyara*와 어원이 같은 새로운 히브리어 어근 עיר("욕하다, 헐뜯다")를 보았다(G. R. Driver, *VTSup* 3[1955] 72; 키니에 윌슨이 악카드어 동족어 *âru*/*awāru*를 제시하며 그 뒤를 따른다. J. V. Kinnier Wilson, "Biblical and Akkadian Philological Notes," *JSS* 7[1962] 173-83[181-83]). J. Barr, *Comparative Philology and the Text of the Old Testament*(Oxford: Claredon, 1968) 125-26; 같은 저자, "Philology and Exegesis," 56-57를 보라. NEB의 "마법으로 심연의 괴물까지도 묶는 자들"은 "바다"를 인격화된 존재로 수정함을 수용하지만, 나머지는 맛소라 본문을 유지한다. 그러나 바다 괴물을 "묶고" 리워야단을 "길들이는" 것은 아무래도 여기서 보이는 무질서를 푸는 것의 정반대인 것 같다(참조. 또한 Day, *God's Conflict*, 47). 피쉬베인(M. Fishbane)이 *VT* 21(1971) 163 n. 6에서 제시하는 주석은 이해하기가 어렵다. 왜냐하면 *arrātu*("저주로 묶다")라는 악카드어 동사가 없기 때문이다.

8.b. 욤(יום, "날") 대신에 얌(יָם, "바다")으로 읽으라는 제안에 대해서는 "주석"을 보라. 그래브는 바다를 리워야단과 평행시키는 표준적 신화론 형식구가 이 절 이면에 놓여 있지만 시인이 자신의 목적을 위해 "바다"를 "날"로 변경시켰다고 주장한다(Grabbe, *Comparative Philology*, 35-38). 이는 독창적이기는 하나 설득력이 없다. 다후드는 그것이 여기서는 바다였다고 믿었지만, 욤(*yôm*)이 히브리어 얌(*yām*, "바다")의 페니키아식 발음일 것이라는 근거에서 맛소라 본문의 모음 표기를 유지시켰다("Northwest Semitic Texts," 24-25). 이것은 독창적이라기보다는 곡해다. 바(J. Barr)는 이 문제에 대해 방법론적으로는 기운 흥미로운 논의를 가지고, 주저하며 "날"을 선택하는 방향으로 결론을 내린다. 그러나 그는 8절이 주로 **밤에** 관한 것임을 보지 않는다(M. Dahood, "Philology and Exegesis," 56-57).

8.c. 울렌도르프(E. Ullendorff, *VT* 11[1961] 350-51)는 이크부흐(יקבהו)를 나카브(נקב, "꿰뚫다")에서 파생된 것으로 그리고 오르래(אררי)를 오르(אור, "빛")의 복수 연계

형으로 보았다. 따라서 "리워야단을 깨울 정도로 낮의 광선이 그것(즉, 밤)을 관통케 하라." 그러한 저주의 평범성은 차치하고(그것이 뜻할 수 있는 최악이라야 "밤이 낮의 다가옴으로 잘려지도록 하라"), 그 해석은 낮의 광선이 리워야단을 어떻게 깨울 수 있는지 먼저 설명하지도 않는다(그 언급은 분명히 그가 매일 아침 잠에서 깨어남에 대한 것이 아니라 오히려 그가 성난 행동으로 자극됨에 관한 것이다). 참조. 또한 Day, *God's Conflict*, 48.

8.d. 여기서 새로운 아야르(עיר, "욕하다")를 본다는 제안에 대해서는 "원문주해" 8.a를 보라.

9.a. 도름은 이 절을 6절 뒤에 오도록 옮긴다. "저주받은 밤이 낮의 빛을 보도록 허락되지 말아야 한다."

9.b. 휠셔, 호르스트, 포어러는 이 절구를 그 앞뒤에 있는 은유적 절구들을 중단시키는 산문으로 보아 삭제한다. 덤은 이것을 4a절구 뒤로, 드 빌드는 6a절구 뒤로 옮겼다.

9.c. 아프아핌(עפעפים)을 "눈꺼풀"이나 "눈알"로 보는 논증들은 정교하게 균형이 잡혀 있다. "눈꺼풀"은 아마도 우프(עוף, "날다"), 따라서 "[날개를] 퍼덕이다"로부터의 어원 설명으로 지지 받을 것이다. 그 의미는 성경 후기 히브리어에서 잘 입증된다. 아프아핌(עפעפים)은 "얼굴"과 병행하는 16:16의 경우를 제외하고는 언제나 눈과 병행하거나 혹은 연관되어 있는데(41:10[18], 새벽의 עפעפים 같은 눈; 시 11:4; 132:4; 잠 4:25; 6:4, 25; 30:13; 렘 9:17[18]), 이는 아프아핌이 눈과 구별되는 것이라는 말이거나 아니면 그 용어가 다름 아닌 눈을 가리킨다는 뜻일 것이다. BDB는 이것의 모든 경우를 "눈꺼풀"로 간주하며, KB는 그 히브리어를 빔페른(*Wimpern*, "속눈썹")으로 번역하지만, 영역본에는 "눈꺼풀"을 내놓고, KB^3도 비록 히브리어에 속눈썹을 뜻하는 특정한 용어가 있음에도 불구하고(שׂעיר עפעפים – 사이르 아프아핌, "눈꺼풀의 털"[레비]; 아마도 עפעפים은 두 가지 모두를 함축) 속눈썹으로 번역하지만, 4Q184.1.13과 더불어(그 창녀가 그녀의 עפעפים을 들어 올린다. J. M. Allegro[ed.], *Qumrân Cave 4*[DJD 5; Oxford: Claredon Press, 1968] 82-83) 욥 41:10[18]과 잠 6:26의 경우에는 "눈"이 바람직하다고 생각한다. 포어러는 사람의 번쩍이는 눈에 대한 이미지로 해석하며 "광선"(*Strahlen*)으로 번역한다.

*ʿpʿp*가 나타나는 우가릿의 한 본문(*Keret*[*CTA* 14] 3.147; 6.295와 평행; Gibson, 86, 90)에는 "청금 보석의 눈(*ʿq*)과 (그리고) 마노석의 오목한 것과 같은 눈꺼풀(*ʿpʿp*)"을 가진 아름답고 젊은 한 여인이 나온다(Gibson의 번역). 긴스버그는 4Q 184.13의 "그녀는 자신의 *ʿpʿp*를 들어 그 정의로운 남자를 응시한다"와 렘 9:17의 "עפעפים이 눈물을 흘리다"는 모두 그것이 눈임을 입증한다고 주장하면서, 여기의 *ʿpʿp*는 틀림없이 "눈"이라고 생각했고(H. L. Ginsberg, *The Legend of King Keret*[*BASOR* Supplementary Series 2-3; New Haven: ASOR, 1946] 39), 이 점에서 다후드가 그의 견해를 뒤따른다. *Bib* 50(1969) 272; 같은 저자, "Hebrew-Ugaritic Lexicography VII," *Bib* 50(1969) 337-56(351-52). 이

견해를 다음이 뒤따른다: E. Jenni, *THWAT* 2:261; C. Brekelmans, *BO* 23(1966) 308; H.-P. Müller, *VT* 21(1971) 562; T. Collins, *CBQ* 33(1971) 36; 포프; 그리고 JB의 "새벽을 여는 눈". 증거의 설득력이 부족하다고 판단될 수도 있겠다. 왜냐하면 눈꺼풀도 눈으로서 당연히 대접처럼 보일 수 있기 때문이다(바깥쪽에서 볼 때). 스테드맨은 그 이미지에 대한 초기 유럽 성경 역본들의 번역을 논하면서 그것이 "열리는 새벽 눈꺼풀 아래서"라는 밀턴(Milton)의 싯구(*Lycidas*, 26)의 배경으로 본다(J. M. Steadman, "'Eyelids of Morn': A Biblical Convention," *HTR* 56[1963] 159-67).

10.a. 문자적으로는 "나의 모태", 즉 나를 운반하고 나를 낳은 자궁. 참조. 19:17에 관한 부분. 그 접미사를 3인칭 여성 단수로 보는 다후드의 견해는 불필요하다(Dahood, "Northwest Semitic Texts," 25).

10.b. 11절에서처럼 첫 번째 절구의 부정이 두 번째에도 해당된다(*GKC*, § 152z; Dahood, *Psalms III*, 438).

10.c. 다후드는 바야쓰테르(ויסתר)를 쑤르(סור, "돌리다")로부터 파생된 것이며 테트(ת)가 붙은 것이라고 보았고("Northwest Semitic Texts," 25-26; 블롬머드), 칠십인경 아펠락센(ἀπήλλαξεν, "제거했다")의 지지를 받는다고 주장했다(칠십인경은 סור 히필에 대해 여러 차례 이 동사를 사용한다). 그러나 모호함의 문제는 별도로 한다 해도, 맛소라 본문의 이미지가 의미가 더 잘 통한다.

10.d. 앤더슨은 메임(מֵעִים)이 창 25:23에서 베텐(בטן, "자궁, 태")과 병행하고, 룻 1:11에서는 "자궁"과 동의어로 사용되고 있다고 생각하여, 메아이(מֵעַי, "나의 자궁으로부터", 즉 내 어미의 태로부터)라고 읽는다. 그러면 아말(עמל)은 그의 어머니의 분만의 "진통"을 의미할 것이다. 이 제안의 난점은 만일 그 제안대로라면 이 연이 맛소라 본문의 자신에 관한 어조로 끝나지 않고(이것이 맞는 것 같은데) 그의 탄생이 그의 어미에게 일으킨 고통으로(이는 아무리 관대하게 보더라도 요점을 벗어난 것이다) 끝나리라는 것이다. 엄격한 대구법이 아무 데서나 적용되는 것은 아니다.

11.a. 아무트(אמות)는 시작의 미완료인가(Driver), 오히려 과거 시제가 아닐까?

11.b. 문자적으로는 "모태로부터"(מרחם – 메레헴). 병행하는 절구는 그것이 정말 욥이 제시하고 있는 새로운 가능성을 나타내는 것이 아니라면 **민**(מן)을 "바로 직후에"로 이해하게 만든다. 대체로 시간의 **민**은 시 22:11[10]; 58:4[3]의 메레헴(מרחם)의 경우처럼 "이후로 계속해서"를 뜻한다(현재 우리의 구절과 가장 유사한 렘 20:17에서의 מרחם〈"모태로부터"〉은 드문 경우이지만 *BHS*가 주장하는 바처럼 ברחם〈"모태에서"〉의 오류는 아닐 것이다. 참조. NJB, "사산된"). 렘 1:5에서 메레헴(מרחם, "모태로부터")은 시간의 **민**이 아니라 공간적 분리의 **민**이다. 다른 이들은 본문의 민(מן)이 전치사 베트(ב)의 한 의미인 "…안에"로서 쓰인다고 생각한다(앤더슨이 מן의 그 같은 "처격"〈locative〉 의미를 언급하는데, 아마도 M. Dahood, "Hebrew-Ugaritic Lexicography V," *Bib* 48[1967]

421-38[427]를 암시한다. 참조. *Psalms III*, 395-96; 사르나는 ב와 מן 사이의 "상호 교환"을 논의할 때 오로지 **민**을 대신하는 **베트**의 사용에 대해서 말하지 그 반대 경우에 대해서는 말하지 않는다고 지적함[N. M. Sarna, "The Interchange of the Prepositions *Beth* and *Min* in Biblical Hebrew," *JBL* 78(1959) 310-16]; 그러나 설득력 있는 많은 예증들이 다음에 의해 제공된다, G. Schuttermayr, "Ambivalenz und Aspektdifferenz: Bemerkungen zu den hebräischen Präpositionen ב, ל und מן," *BZ* 15[1971] 29-51). 다후드는 유사 본문인 렘 20:17에서처럼 모음을 메루함(מְרֻחָם, "태에 밴")으로 바꾸었다("Denominative *riḥḥam*, 'to conceive, enwomb,'" *Bib* 44[1963] 204-5; 또한 블롬머드). 의심스럽기는 하지만 이것이 맞는 것이라면, 첫 번째 절구는 두 번째와 엄격히 평행하지는 않을 것이다.

13.a. 아타(עתה)는 대개는 "지금"을 뜻하지만, 또한 "이 경우에" 혹은 우리가 말하는 것처럼 "하나의 조건이 있음직한 우연한 사건으로 가정됨을 가리키는" 아타(עתה, "그러면, 그랬으면")이기도 하다(BDB 774b § 2g; 참조. Driver, *Tenses*, § 141). 대개는 시간의 "그 때"를 가리키는 두 번째 절구에 있는 아즈(אז)도 정확히 동일한 의미를 가지며, "엄밀하게 논리적 결과를 표현한다"(BDB, 23a § 2).

14.a. 임(עם)은 "…같은(like)"으로 이해되어야 할 것이다(예증에 대해서는 BDB 768a § 2f 참조). 포어러, 다후드("Northwest Semitic Texts," 26, 우가릿어 *'m* "같은"과 비교하고, 다음 인용, M. Held, "The Action Result ⟨Factitive-Passive⟩ Sequence of Identical Verbs in Biblical Hebrew and Ugaritic," *JBL* 84[1965] 272-82[280 n. 36)도 그렇다.

14.b. 호라보트(חרבות)는 "성읍들의 폐허"(혹은 황폐한 성읍들)로 충분히 입증된다. 예를 들어, 사 58:12; 61:4(여기서처럼 바나⟨בנה, "건설하다"⟩와 함께 호르보트 올람⟨חרבות עולם, "고대의 폐허"⟩); 시 109:10; 겔 26:20; 36:4, 10, 33; 말 1:4; 참조. 단 4:27[30]. "대체적으로 왕들은 폐허가 된 곳들을 **재**-건축함으로써 명성을 얻지 않는다"라는 반대에 대하여(드라이버), 이제는 메소포타미아의 유명한 왕들이 그들 조상들의 성읍을 재건하고, 특별히 그것들 무엇보다도 그들의 요새와 성전을 개선하는 것을 얼마나 이름을 떨치는 것으로 생각했는지는 쉽게 증명될 수 있다(예를 들어, 바벨론의 나보니더스⟨Nabonidus⟩, *ANET*, 312a; 참조. 사마리아의 사르곤⟨Sargon⟩, *ANET*, 284b; 그리고 페니키아에서는 비블로스의 Yḥmlk)(J. C. L. Gibson, *Textbook of Syrian Semitic Inscriptions*[Oxford:Claredon, 1982] 3:18). 15:28에서 성읍의 폐허에 거한다는 것은 상당히 다른 심상이다.

다소 인기 있었던 것은 여기서 피라밋을 지칭하는 이집트 용어의 흔적을 보자는 제안이었다(참조. 아랍어 *hirâm*; 그러나 이집트어는 *mr*; 그래서 에발트는 하랄로트⟨הֲרָלוֹת, "피라미드"⟩로 읽은 것 같고, 마찬가지로 부드(분명함), 드라이버, 스티븐슨, *BHK*⟨ברך⟩도 그렇다. 다른 이들은 본문을 실제로 수정하지는 않지만, 그럼에도 불구하고 호라보트

(חרבות)에서 피라미드에 대한 암시를 보았다(델리취, 휠셔, 바이저, 포어러, 모파트 "피라미드," JB의 "거대한 천장")(이 점에 대한 견해들의 잘못된 귀속들이 주석서들에서 수없이 발견될 수 있다).

수정들 가운데서는 체인의 키브로트 올람(קִבְרוֹת עוֹלָם, "영속하는 무덤들")을 지적할 수 있겠고(T. K. Cheyne, "More Critical Gleanings in Job," *ExpT* 10[1898-99] 380-83[380]; 피크가 뒤따름), 아르므노트(אַרְמְנוֹת, "궁전들"; 딜만), 헤칼로트(הֵיכָלוֹת, "궁전들"; 비어; 또한 분명히 NEB, 그러나 브로킹턴은 인정하지는 않음) 같은 진부한 제안들도 있다. 수정을 피하는 데이치스는 여기서 옛 시리아계 아랍어 *mḥrb*("요새, 성읍")를 보았다(S. Daiches, "The Meaning of חֳרָבוֹת," *JQR* 20[1980] 637-39; 드라이버가 그 뒤를 따름, G. R. Driver, "L'interprétation du texte masorétique à la lumière de la lexicographie hébraïque," *ETL* 26[1950] 337-53[349]). 비록 비엘라(Biella) 사전이나 비스턴(Beeston et al) 사전이 그러한 의미를 인정하지는 않지만(p. 187), 서진트는 이 용어가 원래는 한 줄의 기둥을 의미했고, 따라서 그들이 설치된 성이나 궁전을 가리킨다고 주장한다(R. B. Serjeant, "*Miḥrāb*," *BSOAS* 22[1959] 439-53[441-43]). 이것은 데이치스의 제안이 가능은 하지만(J. A. Emerton, *VT* 34[1984] 492-93에 의해서 인정되듯이), 가능성 이상은 아님을 뜻한다.

일부는 "폐허"가 왕들에 의해 세워진 성읍들의 현재 상태, 그들의 목표보다는 그들 건설의 최종 결과를 가리키는 것이라고 생각했다(하벨; 유사하게 로울리; NAB, 포프 "스스로 폐허를 만들었다", NIV). 그러나 그러한 아이러니는 여기에는 적절치 않은 것 같다(휠셔). 도름은 사막에 건설된 이집트 피라미드들에 대한 암시를 보면서 "사막 같은 곳에서"로 번역한다. NJB도 그렇다.

16.a. 맛소라 본문은 오(אוֹ, "혹은")로 시작한다. 이것이 만일 앞의 15절의 오(אוֹ)와 연결되는 것이라면, 그것은 이 절을 궁극적으로 13절에 의존하게 만든다: "그랬으면 나는 …임금들과…혹은 방백들과…혹은 사생 아이같이 누웠을 것이다." 만일 그렇다면 첫 번째 절구의 부정어는 불필요하다. 그것은 오히려 "혹은 숨겨진 사생 아이처럼 되다"여야 한다(마찬가지로, 라이트, 부드, 휠셔, 포어러, 시크레 디아즈). 그러나 16절을 앞의 11-12절의 질문 "왜?"와 연결되는 것으로 여기는 것이 더 바람직하다[마찬가지로, 덤, 프리드만(*Bib* 49〈1968〉 505), 앤더슨 그리고 이 절을 11절이나 12절 뒤로 옮기는 자들도 당연히]. 고디스는 루(לֻא, "만일, 오로지…한다면")로 모음을 바꾸면서 이 난점을 해결하려고 하지만, 그것은 다소 어쩔 수 없이 하는 필사적인 해결이다. 시크레 디아즈는 아즈(אָז, "그 때")로 읽는다. 힛지히와 키산느는 로 하야(לֹא הָיָה, "결코 생겨나지 않았던 [것]")를 제안했다. 그러나 맛소라 본문은 비록 어색하기는 하지만 만족스럽다.

16.b. 다후드("Northwest Semitic Texts," 27)는 타문(טמון)이 사실은 "그 숨겨진 장소"(the Hidden Place)이거나 아니면 그가 말하는 대로 "크립트"(the Crypt; 지하 묘실)

로서 지하 세계를 의미하는 명사라는 흥미로운 제안을 했다(그러면 נפל은 연계형으로 "지하 묘실 안에 있는 사생아"). 정관사를 가지고 있는 40:13에서는 이 단어가 분명 지하 세계를 의미한다. 그러한 지명이 17절의 샴(שם, "거기서")에게 지시할 대상을 준다는 그의 주장은 어느 정도 비중이 있지만, 19절에서 동일한 주장이 나타날 때는 같은 정도의 설득력을 가지지 못한다. 여기서 그 단어가 정관사를 가지고 있지 않다는 반대(시크레 디아즈)는 중대한 것은 아니며, 비교의 초점이 스올보다 어두움 속에 있다는 주장도 맞지 않다(Loretz, *UF* 8[1976] 126는 이에에 반대다). 결정은 "어찌하여 내가 숨겨진 곳에 있는 사산된 아이 같지 아니하였던가?"라는 독법과 "어찌하여 내가 사산된 아이처럼 숨겨지지 않았던가?"라는 독법 사이에 놓여 있다. 두 번째 번역이 한정적이지 않기에 암시성이 많은 현 문맥 상황에서 나는 그것을 선호하게 된다.

16.c. 올름림(עללים, 문자적으로는 "갓난아기들, 젖먹이들")은 일반 의미를 지닌 보통 명사다. 다후드("Northwest Semitic Texts," 27)는 아람어와 시리아어의 עולא의 경우처럼 이것이 "태아"라는 구체적인 의미를 갖는다고 제안한다. 그러나 이들 두 언어 모두에서 오로지 문맥만이 보다 일반적인 지시 대상을 갖는 단어에 대해 이런 의미를 결정할 수 있는데, 여기의 문맥(비록 대구를 이루기는 하지만)은 구체적이지 않다.

17.a. 르샤임(רשעים, "악인들")을 로아쉼(רֹעֲשִׁים, "떠는 자들")으로 바꾸는 묘한 수정이 비어(참조. *BHK*), 에얼리히, 투르-시나이에 의해 이루어졌고, 그 결과는 "떠는 자들이 괴로움을 당하기를 멈추다"이다. 이것은 이 절 안에서 "동의" 평행법을 이루어 내고, 초점을 큰 자들에게 두는 14-15절과 대조적으로 작은 자들에게 두는 17-19절의 초점을 유지시킴이 사실이다. 시크레 디아즈도 12절에서 아이가 세상 속으로 들어오는 환영받는 탄생의 분위기가 힘있는 자들이라는 주제에 적합하고, 반면에 16절에서의 숨겨진 탄생은 이어지는 절들의 힘없는 자들과 맞을 것이라고 제안한다. 그러나 이러한 수정은 라아쉬(רעש, "떨다")가 다른 곳에서는 사람에 대해서는 절대 사용되지 않고(겔 31:16이 민족들에 대한 것으로 가장 근접한 경우이지만, 거기서는 이미지가 다소 우주적임) 땅, 하늘, 산 등에 사용된다는 사실로 인해 실패한다.

17.b. 문자적으로는 "힘이 고갈된". 다후드는 여기의 코아흐(כח)가 "힘"보다는 "부"를 의미한다는 유별난 제안을 하며(6:22; 잠 5:10〈아마도〉에서처럼; 그러나 욥 36:19에서는 아님), "부로 인해 지친 자들"로 번역한다. 그러기는커녕 코아흐(כח)는 "지친"과 관련하여서는 확실히 "힘"을 의미해야 한다.

18.a. 야하드(יחד, "함께")는 "다같이" 혹은 "완전히, 전적으로"를 의미할 수 있다. 여기서는 후자가 더 맞는다. 왜냐하면 노예들은 땅 위에서도 그렇게 많은 사생활을 갖지 못했기에 스올에서 "다같이" 있게 될 특별한 가능성이 없기 때문이다. 도름의 "갇힌 자들은 앞서 열거된 자들과 더불어 한 무리를 이룬다"는 견해는 거의 맞을 리가 없다. BDB(403a § 2b)는 이 부사가 운문에서 강조의 절을 시작하는 경우가 흔하다고 지적한다(참

조. 24:4; 다음의 경우는 모두 "다함께"임, 16:10; 19:12; 21:26). 다음과 대조해 보라. KJV, RV, RSV, NAB, 포프의 "함께", 좀더 알맞은 NJPS의 번역, "갇힌 자들이 완전히 쉬고 있다." NIV의 "사로잡힌 자들도"는 거의 맞지 않는다.

다후드(Dahood, "Northwest Semitic Texts," 28)는 야하드(יחד)를 명사 "공동체"라고 생각한다. BDB와 KB^{3}는 대상 12:18[17]에서만 이 명사를 보며, KB는 여기에 신 33:5을 추가한다(이것은 의심스럽다). 드 무어(J. C. de Moor, "Lexical Remarks concerning *yaḥad* and *yaḥdaw*," *VT* 7[1957] 350-55)는 이 경우들까지도 의심한다(S. Talmon, "The Sectarian יחד – A Biblical Noun," *VT* 3[1953] 133-40는 이에 반대다). 이 명사가 쿰란 문헌에서는 빈번하게 나타나지만 우가릿 문헌에도 나타난다는 다후드의 주장은 입증되지 않는다(그리고 이는 깁슨이나 아이스트라이트너의 책에서도 발견되지 않는다). 명사가 있으면 19절의 샴(שם)에 무언가 지시할 대상을 주는 것이 사실이지만, 그것은 사실상 필요하지 않다(참조. 위의 "원문주해" 16.b). 다후드의 제안을 받아들일 수 없게 만드는 것은, 문제가 되고 있는 사람들이 있었던 곳이 그들의 감독자들이 있었던 땅 위였다는 것이 자명한 때에 "갇힌 자들의 무리"라는 말을 스올을 가리키는 용어라고 주장하는 것이다.

19.a. 이것이 히브리어 본문에 대한 합리적인 추가일 수는 있으나(모파트, NJPS, 포프, 하벨), 작은 자와 큰 자가 "똑같다"(스트라한, 피크, NAB) 혹은 "동등하다"(고디스)는 주장은 아니다. 때때로 카톤 베가돌 샴 후(קטון וגדול שם הוא)라는 표현은 "작은 자와 큰 자가 거기 있다"를 의미할 수 없다고 주장되는데, 그러려면 샴 햄(שָׁם הֵם)이 되어야 하기 때문이다. 유일하게 대답될 수 있는 것은 그 대명사가 주어들 중 **하나**와는 일치한다는 것으로, 마치 "작은 자가 거기에 있고, 큰 자도 마찬가지다"라고 말하는 것이다. 후(הוא)가 "동일한"을 의미한다고 보는 것은 분명히 맞지 않는다. 이에 대해서는 시 102:28[27]의 "주는 여상하시고(אתה הוא – 아타 후) 주의 연대는 무궁하리이다"가 평행문으로 인용된다(가령, 도름, 호르스트, 고디스가 그렇다). 사 41:4; 43:10 등에 나오는 아니 후(אני הוא)도 역시 "나는 동일하다"(혹은 나는 동일한 자다)를 뜻한다고 말해진다. 그러나 드라이버가 이미 요점을 정확하게 지적했다: 즉 아타 후(אתה הוא)는 "내가 동일하다"로 **바꾸어 말해질** 수는 있으나, 후(הוא)는 그 자체로는 어디에서도 "동일한"을 **의미하지** 않는다. 리핀스키(E. Lipinski, "Notes lexicographiques et stylistiques sur le livre de Job," *FolOr* 21[1980] 65-82[65-70])는 첫 번째 **바브**는 강조형이며 호프쉬(חפשי)는 "강한"을 뜻한다는 흥미로운 제안을 했다(참조. 삼상 17:25). 그 결과는 "거기서는 작은 자가 크고, 종이 그의 주인보다 더 강하다". 그러나 이 곳의 주제는 사회적 차별의 **전복**이 아니라, 차별의 전폐다(18절). 어느 경우라도 이것은 카톤 베가돌(קטון וגדול)을 가장 비정상적으로 읽는 독법이다.

19.b. 블롬머드는 첫 번째 **바브**를 **설명의 바브**(*waw explicativum*)로 보고, 또한 메아도나브(מאדניו)의 **멤**(מ)을 호프쉬(חפשי)에 대한 전접어 **멤**으로 보고 이 행을 "즉, 종, 자

유민("주석"을 보라), 그의 주인"으로 번역했다. 다후드가 그 뒤를 따르는("Northwest Semitic Texts," 28-29) 별로 매력적이지 않은 이 제안은 잘 입증된 호프쉬(חפשי)의 비성경적 의미에 의존하며 왜 자유민이 노예와 그 주인의 중간에 위치되어야 하는지를 설명하지 못한다(참조. 또한 앤더슨).

21.a. 문자적으로는 "그리고 그것은 아니다". *'nn*에다 복수형 접미 *-û*를 넣어서 "그리고 그들이 더 이상 존재하지 않기를"로 읽고자 하는 다후드의 제안(Dahood, "Northwest Semitic Texts," 29)은 아주 이상하다.

21.b. 비어와 덤은 마트모님(מטמנים) 앞에서 비교급 **민**(מן, "…보다 더") 대신에 **카프**(כ, "같이[like]")를 읽는다(칠십인경과 페쉬타도 "같이"). 이에 대해서 덤은 마음이 상한 자들은 보물을 위해 땅을 파지 않기 때문이라고 한다. 이것이 맞을 수 있겠지만, 그들은 그들이 보물을 찾아 **그럴 것**보다 혹은 그 어느 누가 보물을 찾아 그럴 것보다(스트라한) 더욱 (열심으로) 죽음을 향해 파내려 간다. 따라서 **민**은 상당히 합리적이다. 하파르(חפר)가 "파다"를 의미하는 것으로 받아들여질 경우에만 이 수정이 필요하다는 부드와 드라이버의 주석은 그렇게 합리적이지 않다. 왜냐하면 덤의 추론으로는 그들이 보물을 "추구하지" 않기 때문이다.

22.a. 문자적으로는 "환희의 지점까지"(אלי־גיל – 엘래-길). 이 어구는 여기서처럼 사마흐(שמח, "기뻐하다")와 더불어 호 9:1에서도 나타난다. 그러나 두 경우 모두 주석가들의 의심을 자극했는데(포프는 "아주 이상한 표현"이라 말함), 그들은 카베르(קבר, "무덤")와 평행을 이루게 하려고 여기서 문자적으로 "더미, 무더기"를 뜻하는 갈(גל)로 읽으려 한다(NEB "무덤", JB "무덤-더미"). 아우비강, 덤, *BHK*, 횔셔, 포어러, 포프가 그렇다. 그러나 갈(גל)은 모든 종류의 무더기를 의미하며, 특별한 지시가 없는 한 절대로 "무덤" 같은 것을 의미하지 않는다. 수 7:26; 8:29; 삼하 18:17에서 갈 아바님(גל אבנים, "돌 무더기")이 시체를 덮지만, 원칙적으로는 단순한 매장이라기보다는 기념물로서이고, 반면에 여기서 죽음을 추구하는 자들은 그들의 이름을 영속시키려는 특별한 열망을 가지지 않다. 더욱이 그러한 무덤 더미는 파내서 발견되는 것이 아니다(도름)! 횔셔의 제안으로, 성경 후기 히브리어로 "매장 동굴 위에 놓인 돌"을 뜻하는(레비) 골렐(גולל)도 별로 나을 것이 없다. 그것은 거의 그렇게 좋은 열망의 대상 같지 않다(그것이 무덤을 전체적으로 가리키는 환유〈換喩〉로 여겨지지 않는다면 말이다).

기욤(A. Guillaume, "The Arabic Background of the Book of Job," *Promise and Fulfilment*[S. H. Hooke Festschrift; ed. F. F. Bruce; Edinburgh: T. & T. Clark, 1963] 106-27 [110])은 갈(גל)로 읽혀져야 할 것이라는 데 동의하면서, 여기서 아랍어 *gâl*("무덤의 내부면")을 보았다(포프와 아마도 NEB가 그 뒤를 따름). 그러나 그래브는 이 의미는 당연히 아랍어에 고유한 것이라고 지적한다(*Comparative Philology*, 38-41). 다후드(Dahood, "Northwest Semitic Texts," 30)는 길(גיל)을 우가릿어 *gly*("도착하다")와 연결시킨다

(מצא와 평행). 그러나 이것이 *gly* 특유의 의미인지는 의심스럽다.

그런데 이 모든 제안들은 사마 엘(שמח אל)이 어디에서도 "…에 대해 기뻐하다"를 의미하지 않고, 베트(ב)가 보통의 전치사로 "…에 반하여 기뻐하다"(겔 25:6)를 의미한다는 난점에 부딪힌다. 매킨토시(A. A. Macintosh, "A Consideration of the Problems Presented by Psalm ii, 11 and 12," *JTS* ns 27[1976] 1-14[34])는 여기서 그 어근이 기쁜 의미로든 슬픈 의미로든 "동요되다"를 의미하는 길(גיל)의 또 다른 의미인 "고통"을 보았다. 따라서 "그들이 (죽음의) 고통에 이르렀을 때에 기뻐하다". 그러나 그렇게 정확한 평행법을 주장할 필요는 없다.

길(גיל)과 사마흐(שמח)의 연결은 잘 입증된다(C. Westermann, *THWAT* 1:415-18; D. W. Harvey, "'Rejoice Not, O Israel!'" in *Israel's Prophetic Heritage*[J. Muilenburg Festschruft; ed. B. W. Anderson and W. Harrelson; London: SCM, 1962] 116-27; P. Humbert, "'Laetari et exultare' dans le vocabulaire religieux de l'Ancien Testament," *RHPR* 22[1942] 185-214[=*Opuscules d'un hébraïsant*(Neuchâtel: Secrétariat de l'Université, 1958) 119-45]). 따라서 맛소라 본문은 유지되어야 한다.

기욤은 여기서 한 단어가 의도적으로 그것이 갖는 두 가지 의미에서 작용하는 **타우리야**(*taurîya*)로 알려진 아랍의 운문 장치를 본다. 그러면 길(גיל, "환희")은 사마흐(שמח, "기뻐하다")의 자연스럽고 예상된 후속이지만, 문맥은 무덤의 언급을 필요로 한다("Arabic Background," 110). 그 장치를 **탈힌**(*talḥin*)이라고 부르는 고디스도 비슷하다. 이 곳의 이미지에서는 사실 한 가지 이상의 지평이 있는 것이 사실이지만(도굴꾼과 죽음을 구하는 "고난 받는 자"), 그것은 우연한 동음이의를 이용한 단순 유희와는 다르다.

22.b. 마차(מצא)는 대개의 경우 "발견하다"로, 여기서는 11:7에서와 같이 아마 "이르다"라는 뉘앙스를 가질 것이다(참조. KB[3]).

23.a. 맛소라 본문에는 단순히 "…사람에게"라고만 되어 있다. 라마 이텐 오르(למה יתן אור, "어찌하여 빛을 주셨는고?")는 20절을 통해 해석된 것이다.

24.a. 덤은 이 절과 25절이 양립할 수 없다는 것과 이것이 25절에 대한 행간 주라고 믿으면서 이 절을 삭제한다. 휠셔도 역시 이것이 23절과 25절 사이의 연결을 방해하는 관례적 시편 양식의 한 행에 불과하다고 생각한다. 도름은 만일 이 절이 주석가의 평가에 불과하다면, 우리는 시와 시 아닌 것을 구별하려는 시도를 포기해야 할 것이라고 신랄하게 주장했다.

24.b. 문자적으로는 "…앞에 있다"(לפני – 리프네). 그러나 이것이 "모든 식사 전에, 내가 먹기 전에"를 의미한다고 믿어지기는 어렵고, "곁 요리로서"나 "야채"를 의미한다고 믿는 것(휠셔)도 어렵다. 리프네(לפני)가 "…처럼, …같이, …대신"을 의미하는 경우는 드물지만(그리고 의심스럽지만), "물처럼"과의 평행이 이를 확증한다. 참조. 4:19과 삼상 1:16(BDB, 817b § 4f). 따라서 G. R. Driver, "Linguistic and Textual Problems: Jeremiah," *JQR* ns 28(1937-38) 97-129(121-22); 따라서 RSV와 NEB, "탄식이 내 음식의 전부다"(JB도 유사하다).

다른 이들은 "대신에"로 읽는다(NIV). 그러나 그것은 마치 욥이 굶고 있는 것처럼 들리는데, 사실 본문은 그에게 양분을 공급하는 것이 한숨이라는 것이지 그것이 그에게 양분을 주지 못한다가 아님을 의미해야 한다. NAB의 "탄식이 음식보다 내게 더 쉽게 다가온다"는 시간의 차원을 전달하려고 시도하는데, 그것은 무엇을 뜻하는가? 그것은 "내가 먹는 것보다 탄식하는 것이 더 쉽다는 것을 알았다"인가?

다후드("Northwest Semitic Texts," 31)는 레파나이(לְפָנַי, "〈내 떡이〉 내 앞에 〈있을 때 탄식이 나온다〉")로 읽는다. 그것의 의미는 다소 모호하다. 크피(כְּפִי, "같이"; 부드)나 르피(לְפִי, "…과 비례하여"; BDB, 805b § 6c)로의 수정은 불필요하다.

투르-시나이는 라흐미(לחמי)를 "나의 위협, 나를 향한 위협"으로 해석하고(시리아어 *lḥm*〈"위협하다"〉와 어원이 같은 새로운 히브리어), 그것을 25절에서도 표현되는 불행에 대한 욥의 우려와 연결시키면서 레피나이(לפני)를 시간적인 것으로 보았다. 그러나 욥 자신이 아직 부유했던 때에는 무언가 잘못되리라는 것에 대해 "두려워했다"고 말할 수 있었겠지만, 그러한 시절에 그가 이미 "탄식하고", "신음했다"고는 거의 말할 수 없다.

24.c. 앤더슨은 이 심상이 너무 약하다고 생각하여 카마임(כמים, "물처럼")을 크모-얌(כְּמוֹ־יָם, "〈나의 울음이〉 바다같이 〈쏟아진다〉")으로 읽는다. 그러나 "주석"을 보라.

25.a. 문자적으로는 "나는 한 가지 두려운 일을 두려워했으며, 그것이 내게 닥쳤다." 드라이버는 "이 문장은 비록 어떠한 가정의 소사도 사용되지 않지만 **사실상** 가정적(假定的)이다"라고 말한다(Driver, *Tenses*, 111 § 80도 보라). 그러나 이것을 내러티브 연속으로 간주하는 것이 더 바람직해 보인다: "그때 내가 두려워했고, 이제 그것이 왔다"(참조. 고디스). 첫 단어 키(כי, "…때문에")는 어쩌면 "…때"일 수 있지만(참조. 호 11:1), 더 자연스럽게는 24절의 탄식에 대한 이유를 이끈다. 그러나 23절과의 연결은 아니다(호르스트 및 그외 학자들처럼). 왜냐하면 누군가의 두려움이 현실화되는 것은 죽기를 바랄(23절) 이유는 아니며, 반면에 슬픔이 누군가의 유일한 생계가 될 이유(24절)는 충분히 가능하기 때문이다.

25.b. 바예에타예니(ויאתיני, "나를 만났다")는 다음 절구의 야보(יבא, "왔다")처럼 과거 시제다.

양식/구조/배경

연(聯) 구조가 정확하게 그에 대응하는, 이 연설의 **구조**는 욥기에서 가장 분명하고 논쟁이 되지 않는 것들 가운데 하나다. 1절의 산문체 표제와 2절의 화자 소개 이후에 세 개의 연이 발견된다: 3-10, 11-19, 20-26절. 11절과 20절의 "왜?"-질문들은 시작을 알리는 형식 표지들이며 해당 주제가 이 표지들에 대응한다. 잉태와 탄생의 날들에 대한 욥의 저주(3-10절)에는 만일 태어났다면 태어났을 때에 죽을 수 있었기를 바라는 소망이 그 다음 절에(11-19절), 그리고 그 일이 일어나지 않았기에 이제라도 죽을 수 있기를 바라는 소망이 또 그 다음 절에 뒤따라 나온다(20-26절).

하벨은 간단하게 3-10절(저주)과 11-26절(탄식)로 나누려 한다. 아래의 장르에 관한 부분을 보라. 스케한(P. W. Skehan)은 이 연설을 일곱 절로 나누었다(3-6, 7-10, 11, 16, 12, 13-15, 17-19, 20-23, 24-26; =NAB). 16절의 불필요한 재배열을 빼고는("주석"을 보라), 주된 연들 내에서 이와 같은 소구분들을 보는 것은 타당하다. 따라서 그 날에 대한 악담인 3-5절은 그 밤에 대한 악담인 6-9절과 구분될 수 있고, 10절은 거기에 딸린 부속 절로 볼 수 있다. 두 번째 연은 11-15절과 16-19절이 분명하게 구분되는데, 각각이 "왜?" 질문으로 시작되기 때문이다. 세 번째 연에서는 지친 사람들에 관한 20-22절과 욥이 그 인물인 그 고난자에 관한 23-26절 사이에 구분이 있다. 웹스터(E. C. Webster, "Strophic Patterns in the Book of Job," *JSOT* 26[1983] 33-60[37])는 덜 설득적으로 23절이 20-23절 단락의 일부가 되어야 한다고 생각하는데, 이는 단순히 동심(a-b-b-a) 패턴을 찾기 위함 같다. 테리앙도 세 개의 주요 연으로 보지만, 거기서 더 나아가 그 세 연을 (i) 3-7, 8-10절, (ii) 11-12, 13-16, 17-29절, (iii) 20-23, 24-26절 등으로 하위 구분한다. 이 분석에서는 앞선 구절과 16절의 연관성만이 문제가 된다.

이 시의 종결 표지들은 매우 분명하다. 3-10연은 부속 절인 "모티프" 행으로 끝나면서 탄식의 이유를 제공하며, 또한 시 전체는 앞선 부분과 밀접하게 연결된 세 개의 행으로 끝나면서(24-26절) 탄식의 이유를 제공한다. 그 세 개의 연들은 각각의 경우 둘로 접히는 배열 구조를 가지고 있는데, 그것들은 각 연에서 다르게 구성되어 있다.

I 연	3-10
주제(낮과 밤)	3
1. 낮	4-5
2. 밤	6-9
동기("왜냐하면")	10
II 연	11-19
주제("왜?")	11-12

1. 스올 묘사	13-15
주제 재개	16
2. 스올 묘사	17-19
III 연	
주제("왜?")	20
1. 스올을 바라는 이들	21-22
주제 재개("왜?" 이해됨)	23
2. 나, 욥, 스올을 필요로 함	24-26

비슷한 분석에 대해서는 D. N. Freedman, "The Structure of Job 3," *Bib* 49(1968) 503-8를 보라.

첫 번째 연에 있는 다섯 개의 삼절구가 주목할 만하다(3-6절, 9절; 본 시의 다른 곳에는 없음). 그것은 날과 밤에 관한 삼절구 하나, 날에 관한 것 두 개 그리고 밤에 관한 것 두 개의 불평들을 무자비하게 모아 놓은 것을 의미할 수 있을 뿐이다.

장르상 본 시는 **탄식시**(*Klage*)다(예를 들어, Murphy, *Wisdom Literature*, 22-23). 그것이 취하는 문학 양식은 거의 전적으로 두 개다: 저주와 한탄. 3-9절은 부속절인 10절과 함께 저주의 많은 특징을 취한다. 물론 우리가 그것을 고유 저주(머피처럼, *Wisdom Literature*, 22-23; 하벨)로 여겨야 하는지는 확실하지 않다. 왜냐하면 "저주받은"(ארור – 아루르)이라는 단어가 여기서는 나오지 않아서가 아니라 – 병행구인 예레미야 20:14-18에는 나오는데, 그 문헌은 거의 저주 문헌이 아니다. – 그것이 저주받을 수 없는 것 즉 과거를 향해 있기 때문이다. 그 구절에서 (복합형 혹은 자유롭게 구성된) 저주를 나타내는 특징들(S. Blank, "The Curse, Blasphemy, the Spell, and the Oath," *HUCA* 23/1[1950-51] 73-95[75-83]를 보라)은 다음과 같다: 저주받는 대상의 확인(여기서는 낮과 밤), 모티프 절 혹은 조건(여기서는 10절), 그리고 매 구절이 하나의 저주를 이루는 여러 구절들(4-9절). 저주를 실행하는 자는 숨겨져 있다. 그러나 블랭크가 지적하듯이(p. 89), 이 곳의 저주 양식은 매우 탄력적이다. 그래서 차라리 그것들을 고유 저주라기보다는 악담이라고 부르는 것이 더 나을 것이다(포어러는 "시적으로 확장된 저주 바람"에 대해 말한다). 그 저주는 형식이 너무 약해서 원수들을 겨냥하는 한탄과 일치한다고 말해질 수(Westermann, *Structure*, 58) 있을 것이다.

한탄도 전통적 탄식(*Klage*, "저항") 양식에 근거한 자유 변형 중 하나다. 일반적으로 탄식은 이인칭으로 말해지고 하나님을 향하지만, 여기서는 이 방식을 피하고,

하나님도 간접적으로만 말해진다(Westermann, *Structure*, 37). 또 일반적으로 탄식은 탄식자의 운을 개선시키는 목적을 가지고 있는데, 여기서는 욥의 목적에서 나온 것을 하나도 볼 수 없다. 두 유형의 탄식이 도출된다: 11-19절과 (애도의 묘사인) 24-26절에 있는 자기 한탄과 20-23절에 있는 하나님 한탄. 탄식에 특징적인 것들로는 "왜?" 질문들(11, 12, 16, 20; 23절에도 암시됨), 탄식자의 가엾은 상태 묘사(24-26절), 베스터만(*Structure*, 38, 61 n. 14)이 리브가의 탄식(창 25:22; 27:46)과 비교하면서 "억제가 너무 안 되어 공중 기도서에 들어오지 못하는" "근원적 개인 탄식"이라 부르는 것 등이 있다. 따라서 이 곳의 탄식도 앞에서 말한 저주의 경우처럼 전통적인 형식을 취하지만 자기만의 독특한 길로 간다. 여기서는 저주와 탄식 모두 화자의 살아 있음의 무익함을 반영하는 방식으로 변성된다: 저주는 바뀔 수 없는 것에 매달리기에 진정한 의미의 저주가 아니며, 탄식은 아무에게도 향하지 않고 있기에 진정한 의미의 탄식이 아니다. 그리고 탄식이 텅 빈 하늘에 말해진다면 그것은 무슨 목적에 이바지할 수 있을까?

본 시는 히브리어 성경 도처에서 발견되는 장르요(N. P. Bratsiotis, "Der Monolog im Alten Testament," *ZAW* 73[1961] 30-70), 화자의 마음속 깊은 곳의 생각과 감정을 표현하는 데 선호되는 **독백**의 양식도 취한다. 비록 욥의 친구들이 함께 있어 그 말을 옆에서 듣고 있고, 나중에 그것을 말한 화자에게 응답하겠지만, 그것은 그들에게 말해지지 않는다. 그것을 위에서 듣고 있으리라 가정되는 하나님에게도 말해지지 않는다. 이 독백은 자기-저주를 포함하며, 또한 계속 사는 것의 가치를 묻는 브라치오티스의 말에 따라 "탄식-독백"이라 불리는 유형에 속한다(참조. 창 25:22; 시 42:3-6, 11-12[2-5, 10-11]; 마카베오상 2:7-13; 렘 15:10; 믹 7:1-6). 베스터만은 "독백"이라는 용어를 아주 다른 정신성에 속하는 것으로 보고 여기에 적용하기를 거부한다(*Structure*, 60 n. 5). 그러나 그의 예리하게 표현된 관점에 대한 논거를 보기는 어렵다. 다른 탄식 독백들과의 형식적 유사점들은 다소 일반적임이 사실이다.

이 연설의 **기능**은 욥기에서 차지하는 그것의 위치와 더불어 그것이 사용하는 양식들로 인해 암시된다. 저주와 탄식의 힘은 탄식을 받는 수신인에 대한 명백한 기피와 저주의 무익함으로 인해 완화된다. 독백의 형식은 욥의 관점에서 볼 때 이 연설이 아무런 목적도 의도하지 않음을 가리킨다. 그러나 저자의 관점에서 볼 때는 그렇게 신중하게 짜여진 비-전달 연설은 이어지는 다이얼로그 전체를 위한 발판의 기능을 갖는다. 왜냐하면 그것이 비록 자신의 고난에 대한 욥의 태도 전체를 드러내지는 않지만, 그 말 없음으로 인해서 욥이 허락하지 않을 단 한 가지 일은 그의 고난이 그에게 죄가 있다는 사실을 입증하는 증거라는 것을 명백히 해주기 때문이다. 그러한 추정을 이 친구들 앞에서 인정하기를 거부하는 것은 논쟁을 향한 발사대다.

이 장의 **중심 구절**은 26절로 보아야 한다: 그것은 부정적이기도 하고 긍정적이기도 한 형식으로 이 시의 지배적 심상인 "혼란"의 현존과 "평안"의 부재를 담고 있고, 또한 자기의 고난에서 지적이고 신학적인 추론들을 도출하는 사람으로서가 아니라 그저 순결하고 순전한 괴로움에 처한 고난자로서의 욥의 입장을 간략하게 말하고 있다.

본 시의 **논조** 역시 이 주된 심상에 의해 결정된다. 비록 시의 주제가 죽음과 죽음에 대한 열망이지만, 그럼에도 불구하고 체념의 심상이 아니라 불안의 심상이 독자에게 이것이 욥의 마지막 말일 수 없음을 알려 주고 우리를 질서와 적응을 향한 욥의 추구가 앞으로 발전해 나갈 모습에 대해 준비시킨다. 그 사람은 자신이 죽기를 바란다. 그러나 너무나 강렬하게 그렇게 해서 임박한 행동과 논쟁에 대한 독자들의 기대가 자극된다. 스무디(Y. Ṣmudi, "The Beginning of Job's Protest(Chapter 3)" [Heb.], *BMik* 27[1981-82] 229-32)는 이 연설이 진행되면서 나타나는 공격적인 어조의 줄어듦에 대해 말한다. 그러나 이 연설에는 단순히 정적(靜寂)으로 줄어드는 것보다 더 많은 내용이 있다.

주석

1-26 이 연설에서 우리는 프롤로그의 웅장하고 신중한 서사시로부터 시의 극적 혼돈 속으로, 고난의 외적 묘사에서 욥의 내적 경험 속으로 갑작스럽게 던져진다. 이 아름답고 애처로운 시는 과거에서 미래로, 그리고 한 사람 욥의 경험으로부터 인간의 경험으로 옮겨 가는 역동적 이동을 토대로 한다. 먼저 자기가 잉태되고 태어난 날들에 대한 저주가 있고(3-10절), 그 다음에 그것은 당연히 이루어질 수 없기에 그가 태어날 때 죽었기를 바라는 소망이(11-19절), 그리고 마지막으로 왜 고난받는 인간이 일찍 죽어 그 고난에서 벗어날 수 없는지에 대한 물음이 있다(20-26절).

1 본 장의 첫 행은 산문체 프롤로그로부터 시적 다이얼로그로의 단순한 이야기 변환 이상이다. 하벨이 아주 잘 말했듯이, 욥의 저주는 책 전체의 내러티브 구성에

없어서는 안 될 하나의 **사건**이다. 1-2장에서 우리는 그의 아내에 의해 오히려 "하나님을 저주하고 죽어라"고 재촉 받는(2:9) 순응적인 고난자를 보았다. 이제는 욥의 저주가 그의 경건에 대한 묘사로 쳐들어온다. 그것은 "내러티브 내의 다른 인물들로부터 반응을 유발하는 촉매 행위다…[그의 저주]가 발화된 순간부터 욥은 위험에 처한다. 그는 자기의 기원이 무효가 되기를 요구했고, 어둠의 세력들을 불러냈으며 그리고 하나님을 대항하여 자신을 세웠다"(하벨). 우리는 욥이 정말로 하나님을 저주했다고 이해하는 것이 아니라, 그가 "그의 날"을 저주했다고 이해하도록 의도되었다(아래를 보라).

그 침묵의 칠일 칠야 후에 누군가는 말해야 했다. JB가 아주 잘 표현하듯이, "결국에 침묵을 깬 것은 욥이었다". 이 번역은 본 장을 2장의 내러티브에 견고히 연결시키며, 또한 상투 어구 "그 후"(אחרי כן – 아하레 켄)가 분리의 표현이 아니라 연결 접속사로서 그것의 보통 의미를 지니게 한다(참조. 창 23:19; 25:26; 32:21[20]; 41:31; 45:15; 사무엘하에서는 "그 후…일이 있었다"〈ויהי אחרי כן – 바예히 아하레 켄〉는 2:1; 8:1; 10:1; 13:1의 경우처럼 주로 중요한 변화 혹은 분리를 표시한다). 유사하게 우가릿 문헌들에서는 *aḫr*가 "새로운 에피소드로의 이행을 들여오는" 것이 아니라(M. Dahood, "Northwest Semitic Texts," 22; 포프도 비슷함) 새로운 에피소드를 앞에 나오는 것에 연결시킨다. 그것은 *The Palace of Baal*(*CTA* 4) 3.23(Gibson, 58)과 *Aqhat*(*CTA* 17) 5.25(Gibson, 107)에서 "그 후에"를 의미한다.

제일 먼저 욥이 "그의 입을 여는 것"은 그 연설의 주기들을 친구들에 대한 욥의 반응이 아니라, 욥에 대한 친구들의 반응으로 해석해야 한다는 내러티브 암시다(내레이터는 엘리후가 그의 친구들의 말을 "대답들"로 여기고 있음을 우리에게 보여주는 것을 우리는 나중에 보게 될 것이다, 32:3, 5). 그들은 그를 "위로하기" 위해 왔고(2:11), 그것이 가끔씩 아무리 비효과적으로 실행되더라도 욥이 그들의 목적이라고 이해하는 것이다(16:2; 21:34). 그러나 진짜 극 진행은 욥에 의해서 이루어지며, 욥은 그들이 자신을 위로하는 것보다 훨씬 더 많은 대답을 친구들에게 요구한다. "입을 연다"는 표현은 단순히 "말하다"에 상응하는 상투적 문구가 아니며, 이어지는 것에 주의를 환기시키는 문학 장치(포프)도 아니고, 일반적으로 침묵 혹은 무언의 깨짐을 가리킨다(단 10:16; 시 51:17[15]; 참조. 욥 32:20의 "입술을 열다"; 다른 사람의 입을 여는 것에 대해서는 민 22:8; 겔 3:27; 24:27; 33:22; 부정형으로는 시 38:14[13]; 39:10[9]; 잠 24:7; 사 53:7; 신약의 마 5:2에서는 엄숙한 연설의 시작을 알리는 것 같으나, 행 8:35과 10:34에서 그것은 허위 칠십인경의 방식 같다[18:14은 다르다]). 시편 39:3-4[2-3]은 시인이 종국에 그의 평안을 유지할 수 없는 비슷한 상황을 그린다. 화자가 "내 영혼에게 내 입을 열었다" 그리고 "내 영혼이 나에게 내 입을 열었다"는 내용을 담고 있는 이집트의 『자살에 대한 논쟁』(*Dispute over Suicide, ANET*, 405, lines 1, 56, 86)과의 유사성은 우연한 것이다.

욥이 저주한 그의 "날"(יומו - 요모)은 거의 보편적으로 이어지는 구절의 관점으로부터 그의 탄생일로 해석된다(예를 들어, RSV, NEB, JB, NIV). 그러나 자신의 생일에 대한 보통 히브리어는 욤 히발도(יוֹם הֻוָּלְדוֹ)이며(전 7:1; 참조. 호 2:5[3]; 창 40:20), "날" 그 자체로는 그 밖에 어디에서도 사람의 탄생일을 의미하지 않는다. 그의 "날"을 그의 인생에(참조. 30:25 "고생의 날", 그 인생이 힘든 날, BDB, 399a § 4a), 혹은 그의 불행한 운명에(비슷하게 부드) 상응하는 것으로, 심지어는 그의 재앙의 날을 의미하는 것으로 여기는 것(다음 경우처럼, 18:20; 렘 50:31; 삼상 26:10; 겔 21:30[25]; 시 37:13)이 아마도 더 좋을 것이다. 그의 생일날에 대한 저주는 단지 그의 저주의 한 측면이다(포어러).

"저주"의 의미는 무엇인가? 한쪽 극단에서는 저주의 말 자체가 스스로 움직이는 힘을 가져서(참조. S. Gevirtz, *IDB* 1:750) 혹은 저주자의 힘을 담고 있기에(참조. J. Pedersen, *Israel: Its Life and Culture I-II*[London: OUP; Copenhagen: Branner, 1926] 441-42), 그것은 벗어날 수 없는 파멸을 가동시키는 것으로 생각될지 모른다. 다른 극단에서는 여기서 사용된 용어 피엘 קלל는 엄격히 보면 "경시하다, 가볍게 혹은 가치 없게 여기다"를 의미한다는 점이 강조될지 모른다(참조. C. A. Keller, *THWAT* 2:641-47[643]; J. Scharbert, "Fluehen und Segnen im Alten Testament," *Bib* 39[1958] 1-26[8]; H. C. Brichto, *The Problem of Curse in the Hebrew Bible*[JBL MS 13; Philadelphia: SBL, 1963] 105, 129, "불평했다"). 따라서 그것은 "저주하다"만큼 단언적이지 않다(참조. 출 22:27[28]에서 קלל는 하나님을 "욕하는" 데 사용되고, 반면에 ארר은 통치자를 "저주하는" 데 사용된다). קלל가 단순히 ארר의 "덜 공격적인 동의어"일 수 있을까(S. H. Blank, "The Curse, Blasphemy, the Spell, and the Oath," *HUCA* 23/1[1950-51] 73-95[84])? 분명히 그럴 수 있다. 고대 세계에서는 말의 능력이 아주 많이 중요시되었다. A. C. Thiselton, "The Supposed Power of Words in the Biblical Writings," *JTS* ns 25[1974] 283-99를 보라. 그는 능력이 그 말들 자체가 아니라 그것을 말한 사람의 권위, 신분 혹은 직위에 있다는 것을 보여 준다. 이 관점에서 욥을 보면 그는 사회적 · 영적 능력을 아주 빼

앗겼으니, 그의 저주는 시작부터 불운하다. 그리고 시인의 의도는 어떤 화가 욥의 현재 상태에 혹은 달력의 어떤 특정한 날짜에("그의 날"이 무엇을 의미하든) 객관적으로 임했다는 것이라고 가정할 근거는 없다. 결국 여기서 "저주받은"의 의미는 히브리어 사전이나 신학 사전에서가 아니라 그것이 표제가 되고 있는 시의 내용들로부터 -8절의 저주(ארר)를 원하는 시적 바람, 하나님을 향한 비난의 "왜"-질문들(11, 12, 20절) 그리고 단일 탄식(24-26절) 등을 포함한-추론되어야 한다.

그 밖에 어느 곳에서도 사물을 목적어로 가지고 사용되지 않는다는 것은 흥미롭지만, 이러한 사실이 하나님 자신이 어떻게든 그 저주의 대상이라는 것을 의미할 가능성은 거의 없다.

3-10 이 첫 연의 요점은 그가 결코 태어나지 않았기를 바라는 헛된 소망을 말하는 것이다. 그것은 헛된 소망이고, 그것이 포함하는 저주들은 무엇인가를 하기에는 너무 늦었기에 결과도 없고 효과도 없다. 그러므로 저주의 성격에 대한 히브리 개념들을 장중하게 묘사함으로써 본문을 다루는 것은 맞지 않다. 가령 로울리처럼: "히브리 사고에서 저주는 단지 소망의 표현이 아니었다. 그것은 자체의 성취를 위해 움직이는 능력으로 가득했고, 일단 발화된 후에는 발화자의 능력을 넘어 그것의 악한 임무를 수행하고자 나아갔다." 그것은 진짜 믿을 만한 저주에 대해서조차도 맞지 않는 말이겠지만, 여기서의 악담은 그것을 말한다 해도 그로 인해 과거가 변할 수는 없는 일종의 저주 패러디다. 그리고 그것이 이 연의 요점이다. 언어는 격하지만, 그 저주는 아무런 위력이 없고, 그 소원은 가망이 없다. 그 능력은 전적으로 문필의 것이고, 그것의 과도함은 욥의 감정의 격렬함이다. 그가 인생에서 상처를 받았기 때문에, 그는 할 수 있었다면 그의 생 전체를 절멸시켰을 것이다. 양식은 저주 형식이지만, 기능은 그의 불행한 운명을 애통해 하는 것이다. "운명에게도 사람에게도 버림받았을 때 나는 홀로 버려진 신세를 탄식한다"(Shakespeare, *Sonnets*, 29). 더 나아가 앤더슨과 더불어 그러한 통곡의 목적은 인간적이고 신적인 동정을 불러일으키는 것이라고 말해야 할까? 혹은 그것을 고난자 자신은 자신의 비통함을 표현할 필요성 외에 다른 어떤 목적도 의식하지 않고 있는 단순한 고통의 외침 소리로 들어야 하는가?

이 구절들과 똑같이 자신의 탄생일에 대한 저주인 예레미야 20:14-18과의 유사성을 살펴보고 설명할 필요가 있다. 먼저 닮은 점과 다른 점의 문제가 있다. 예레미야 본문의 구조도 비슷하게 자기 자신의 탄생일에 대한 저주에서 시작하여 남자 아이가 태어났다고 알리는 것을 지나, 태를 막고, 고난자가 태어나지 말아 "고생"(עמל

–아말)을 보지 않았기를 바라는 소망으로 간다(렘 20:14, 15, 17, 18; 참조. 욥 3:3, 10). 그러나 그 두 구절의 대부분은 다르다. 예레미야 20장에서는 탄생을 알린 전달자에게(물론 아직 살아 있을) 탄생의 소식을 가져왔고 그 어미가 출산하기 전에 그녀를 죽이지 않았다고 하여 저주가 발해진다(20:15-17). 그러나 다소 놀랍게도 런드봄(J. Lundbom, "The Double Curse in Jer 20:14-18," *JBL* 104[1985] 589-600)은 그 일의 실패에 대해 그 전달자에게 책임이 있을 수 있다는 것을 받아들이기가 어렵다고 본다. 전달자에게 맞추어진 초점은 그의 운명이 소돔과 고모라의 것과 같이 되기를 바라는 것(16절)에 의해서 더 진척된다. 반면에 욥기 3장에서는 아무 소용 없는 저주가 어떤 인간에게도 발해지지 않고 오로지 탄생의 날과 잉태한 그 밤을 향해 발해진다(4-5절, 6-10절). 그리고 저주를 하는 유일한 이유는 예레미야 20장에서와 같이 탄생 자체를 막지 못한 것이 아니라 잉태를 막지 못한 것이다(10절).

그 두 본문은 문학적으로 관련성이 있는가? 덤(1897)은 여느 때와 마찬가지로 확신 있게 욥기의 시인이 다른 곳에서는 비록 독립적이지만 여기서는 아주 분명하게 예레미야서로부터 차용하고 있다고 단언했다. 그는 이렇게 말한다. "전체적으로 볼 때, 예레미야 20:14 이하에서보다 욥기 3:3 이하에서 더 큰 시적 위력이 발견된다. 그러나 예레미야에 있는 보다 꾸밈없고 소박한 슬픔의 폭발이 내게는 보다 자의식적이지만 지나치게 따분한 감이 있고 냉정한 느낌을 주며, 좀더 기교를 부린 욥기의 모방보다 더 강한 영향을 미친다." 반면에 르난은 예레미야 구절에서 "맥없음, 답답함, 활기 부족 그리고 유사성"을 보았다(E. Renan, *Le Livre de Job*[Paris: Michel Levy, 2nd ed., 1860] xxxv-xxxvi=*Oeuvres complètes de Ernest Renan*[ed. H. Psichari; Paris: Calmann-Levy, 1955] 7:324-25). 이 문제는 분명 순전히 미학적 판단에서 결정될 수는 없다.

도름은 세부 사항을 자세히 연구한 후 욥이 모방자이지만 훨씬 더 나은 시적 재능을 가진 것으로 판단한다: 욥기의 시인은 운문적이지 않은 관계대명사 아쉐르(אשר)를 3절에서 삭제하고 푸알 완료형 울라드티(יֻלַּדְתִּי, "내가 태어났다")를 니팔 미완료형 이발레드(אִוָּלֶד)로 바꾸면서 예레미야 본문을 "독창적으로 밝혀 주었다". 욥기는 잉태의 밤 개념을 도입함으로써 "그 저주를 깊게 하고 거기에 불길한 기미를 더한다". 반면에 예레미야 20:18의 단일 구절로 자극된 일련의 질문들은 "욥의 탄식이 발전되어 가면서 많은 반향들을 가지며 길어진다…그 예언자가 시작한 저주에 영감을 받은 후, 욥기의 저자는 자기 자신의 날개로 솟아올라 가장 순전한 시의 산 정상들을 선회한다. 서투른 표현들이 밝아지고 높이 솟아오른다. 망설이던 필치는 단호하고 왕성해진다"(도름, clx-clxi).

사실 우리는 어느 구절이 더 이른 것인지, 둘 중 한 저자가 다른 저자를 알고 있었는지, 혹은 어느 것이 더 위대한 시인지 결정할 수가 없다. 아무튼 초점의 큰 차이(전달자 대 밤)는 구조의 유사성과 함께 각 시인이 비슷한 주제에 관하여 자기 자신의 독창적인 시를 창작하고 있었음을 암시한다. 확실히 각각 무척 대단한 시이며 그것들을 경쟁 상대로 취급하는 것은 불필요하다. 예레미야 구절은 그 예언자가 느낀 감정들을 글로 옮긴 것으로서가 아니라 심판 메시지 혹은 재앙 신탁을 동반하는 전통적인 번뇌의 연설로 읽어야 한다는 가능성(D. J. A. Clines and D. M. Gunn, "Form, Occasion and Redaction in Jeremiah 20," *ZAW* 88[1976] 390-409[406-407]; 참조. 또한 D. R. Hillers, "A Convention in Hebrew Literature: The Reaction to Bad News," *ZAW* 77[1965] 86-90)과 욥 구절은 당연히 아주 문학적인 단편이라는 사실을 고려하면 아마 어느 저자도 다른 이의 작품을 알고 있지 않았을 것이다. 브라이트의 결론이 우리가 다룰 수 있는 최고다: "그 두 본문은 확실히 같은 전통을 반영한다. 그러나 어느 쪽으로든 간에 문학적 의존성에 대해 말하는 것은 아마도 무익할 것이다(J. Bright, "Jeremiah's Complaints: Liturgy, or Expressions of Personal Distress?" in J. h Durham and J. Porter, ed(s)., *Proclamation and Presence*, FS G. Henton Davies[London: SCM, 1970] 189-214[213 n. 61]).

구조상으로 보면, 이 연은 3절에서 연결되는 "낮"과 "밤"의 분리 위에 구성되고, 그런 후에 낮은 4-5절로, 밤은 6-9절로 개별적으로 전개된 후 부속절인 10절이 뒤따른다. 낮과 밤이 성격이 바뀌어 낮은 밤처럼 어두워지고, 밤은 아무런 기쁨도 내지 않고 어떤 새벽에게도 양보하지 않을 것이다.

피쉬베인은 이 본문의 취지(그는 3:1-13을 말함)는 "반-질서 주문"으로, 창세기 1장에 나오는 세계-질서 사건들의 고의적인 **전복**(*bouleversement*) 혹은 전도(顚倒)를 향해 있다고 주장했다(M. Fishbane, "Jeremiah IV 23-26 and Job III 3-13: A Recovered Use of the Creation Pattern," *VT* 21[1971] 151-67. "욥은 그의 탄생일을 저주하는 과정 중에(1절) 매 주문을 자신과 피조계 전체를 향한 완전하고 무제약적인 죽음 소망의 말로 동여맨다." 그는 창세기 1장의 사건들을 이 구절들과 비교하려고 한다. 그러나 비록 날이 캄캄해지는 것(4a절구)이 창조의 첫째 날 행위를 전도시키고 있음이 사실이지만, 그 외에는 진정한 의미의 대응이 거의 아니다(가령, 8절에서 리워야단의 언급은 다섯째 날 큰 바다 짐승들을 창조하신 것의 **전도**가 아니며, 그리고 13절의 욥이 바라는 무덤에서의 평안한 쉼은 일곱째 날 하나님의 안식과 전혀 같은 종류의 것이 아니다). 욥이 관계하는 것은 창조 질서 전체가 아니라 그 질서 가운데 그 자신의 개인적 존재를 초래한 요소들이다.

3 엄격하게 말하면, 이것은 저주가 아니라 본질적으로 그의 인생을 가능케 한 두 사건, 즉 잉태와 탄생을 겨냥하고, 언어적 차원에서는 그 사건들이 일어난 "날"과 "밤"을 겨냥한 소원 혹은 악담이다. 그 소원의 대상이 그의 존재의 조건들이 아니라 그의 존재의 조건들을 위한 조건들의 "소멸"이라는 것은 그 소원이 가지는 초현실성의 한 부분이다. 욥은 임시 변통을 받아들일 사람이 아니다(바이저). 그는 그의 인생을 이 세상에서 뿌리뽑되, 인생을 가능케 한 원인들인 그의 잉태와 탄생의 순간들, 또 그것들을 가능케 한 달력의 시간들도 함께 뽑아 버리고 싶어한다.

날과 밤은 표면적으로는 표준적인 단어-쌍이나(창 1:5; 욥 2:13; 17:12; 시 19:3[2]), 여기서는 그것들이 똑같은 발판 위에 있지 않다. 왜냐하면 그의 탄생일은 24시간의 하루가 되어야 하고, 그의 잉태의 밤은 단순한 하룻밤이어야 하기 때문이다. 날과 밤은 "사멸"할 수 있거나 혹은 "말할" 수 있는 살아 있는 존재들로 묘사되는데(참조. 시 19:3-5a[2-4a]), 그렇지 않으면 그들을 겨냥한 저주가 효과가 없기 때문이다.

욥은 그 날짜가 달력에서 제거될 수 있기를 바란다고 말하려는 것인가? 피크는 "한 날은 그 다음날이 뒤따랐을 때 존재하기를 중지하지 않았다. 똑같은 날이 그 다음해에 돌아올 것이다"라고 생각했다(포어러, 호르스트도 비슷함). 물론 지금 욥이 아예 자신이 태어나지 않았기를 바라고 있는 것이라면, 매년 돌아오는 생일은 그에게 그의 불행한 운명을 떠올려 주는 강력한 신호가 될 것이며, 따라서 그가 자신의 생일날짜가 달력에서 삭제되기를 바라는 것도 불합리하지는 않을 것이다(델리취도 비슷). 그러나 지금까지 자신은 계속 살아 있을 것이라 예상했던 그가 자기의 다음 생일에 대해 걱정하는 모습은 상상하기가 어렵다. 정말로 문제가 되는 날은 과거의 어느 해에 그가 실제로 태어난 그 날이다. 그 날이 바로 그가 소멸될 수 있었기를 바라는 날이다. 혹은 그가 지금 부조리 원리의 덫에 잡혀 있으니까, 비록 지나간 과거일지라도 소멸**되기**를 바라는 날이다(라쉬와 이븐 에즈라도 여기서 과거 조건적 혹은 과거 기원적 의미를 언급했다. 참조. Brichto, "*The Problem of Curse*," 107; Fishbane, *VT* 21[1971] 154). 피크는 이 해석을 "어떤 저주도 다다를 수 없는 비실재가 되어 버린 어떤 것에 대한 단순한 감상적 저주"를 말하는 것이라 간주했고, 오히려 여기서 "악의를 실현하려 매년 돌아오는 어떤 것"을 보기를 선호했다. 그러나 욥에게 그의 생일이 돌아오는 것에서 두려워할 것은 아무것도 없다. 그의 적개심은 전적으로 그의 탄생을 향해 있다. 그는 자신이 탄생한 날을 자신을 불행하게 운명지은 불운한 날로 여기는 것도 아니며, 만일 좀더 운 좋은 날에 태어났다면 그의 인생은 더 행복했을 것이라고 생각하는 것도 아니다(피크). 잘못은 그의 별들에게 있지 않고 그의 탄생에 있다. 재난에 대처하는 수단으로서 그 날을 저주하는 방법은 *King John*에 나오는 콘스탄스(Constance)의 말에서 다시 한 번 다르다(3.1.84-88): 거룩한 날이 아닌 사악한 날이여!/ 이 날이 마땅히 받아야 한 것은 무엇인가? 그 날이 무엇을 했기에/ 달력의 최고 절정의 날들 가운데/ 금 문양으로 새겨져야 하는가?/ 아니다, 차라리 그 주에서 그 날을 삭제하라/ 치욕, 억압, 새빨간 거짓말의 이 날을.

그의 잉태일 전에(3b절구) 그의 탄생일이 언급되어야 하는 것(3a절구)은 많은 학자들에게 이상하게 여겨졌고, 그래서 일부 학자들은 칠십인경의 번역, 즉 "보라, 아들이라"를 취하여 그 두 번째 구절도 잉태가 아니라 탄생의 때를 가리키도록 했다("원문주해" 3:3.b를 보라). 그러나 여기서 욥의 생각이 자신의 현 상태에서 그의 탄생의 때로, 또다시 그것을 넘어 그의 잉태의 순간으로 역행하고 있음을 보는 것은 어렵지 않다(참조. 시 51:7[5], 여기와 같이 탄생과 잉태의 순서). 밤은 "자신의 마법들로 바쁜"(스트라한) "불가사의한 예언가"(하벨)로 의인화되어 방금 잉태된 아이의 성에 대해 알려 주는데, 마치 유사 구절인 예레미야 20:15에서 한 사람이 그 아비에게 사내아이가 태어났다는 소식을 가져오는 것과 같다(한 우가릿 평행문이 다음에 있다, *Shachar and Shalim*[*CTA* 23] 52-53; Gibson, 126). 밤은 나쁜 소식을 가져오는 전달자처럼 책임이 거의 없지만, 자기가 전달하는 메시지 때문에 저주받는다.

여기서 "사내-아이"로 번역된 용어 게베르(גבר)는 보통은 성인 남성을 뜻한다(여자들 및 아이들과 구별하여; 참조. 렘 43:6; 신 22:5; 잠 30:19). 그것이 동사 가바르(גבר, "강해지다")처럼 "힘"을 가리키는지, 혹은 하나님과 관계를 갖고 있는 사람과 연관된 어떤 특별한 부대 의미들을 가지고 있는지는 확실하지 않다(H. Kosmala, *TDOT* 2:377-81는 이에 반대다). 그 외의 다른 곳에서는 그것이 아이에 대해서는, 특히나 방금 잉태된 아이에 대해서는 사용되지 않는다. 이 단어는 틀림없이 "그가 도달한 발달 단계가 아니라 그의 본질적인 것에 주목하고 있는 것"(피크) 같다.

그 밤은 누구에게 욥의 잉태 소식을 전했을까? 아이가 태어나기 전에 아이의 성을 아는 데 관심을 두고 있지 않은 그 부모들이 아니라, 시편 19:3[2]에서 그 밤들이 창조 주간의 밤들에 의해 획득된 "지식"을 전하듯이 이어지는 밤들에게 전했을 것이다. 주제가 사내아이의 잉태이기 때문에 그 밤의 연설에는 흥분 혹은 기쁨의 태도가 가정된다(참조. 또한 6b, 7b절구; 참조. 사 9:5[6], "우리에게 한 아이/남자가 태어났다"; 렘 20:15, 사내아이의 소식이 한 아비를 기쁘게 한다. 요 16:21, 해산하는 여자가 한 사람〈*ἄνθρωπος*〉이 세상에 태어난 것으로 기뻐한다. 1QH 3.7-10, 그 기쁨이 암시되어 있다). 욥은 그 기쁨이 사멸될 수 있었기를 바란다.

집회서 23:19[14]에는 우리의 구절을 가리키는 암시적 언급이 있다: 네가 만일 고귀한 신분 앞에서 경우에 맞지 않게 말하면, 너는 그것을 후회하고, "네가 태어나지 않았기를 바라며 그리고 너의 탄생의 날을 저주하게"(JB) 될 것이다.

많은 학자들은 날과 밤이 그 안에서 일어나는 일에 당연히 책임이 없기 때문에, 욥의 악담은 날과 밤을 의도적으로 "잘못 향해" 있고, 그의 저주의 암시적 혹은 진짜 대상들은 정말로 책임이 있는 그의 부모들이나 혹은 하나님이라고 제안했다. 가령, 블랭크는 욥이 그의 탄생일을 저주함으로써 그의 부모를 저주하는 것을 "피한다"고 주장한다(S. H. Blank, *HUCA* 23/1[1950-51] 85 n. 44; and "'Perish the Day!' A Misdirected Curse〈Job 3:3〉," *Prophetic Thought: Essays and Addresses* [Cincinnati: Hebrew Union College Press, 1977] 61-63). 그러나 여기서의 욥의 악담은 자기 자신의 존재를 향한 것으로 보는 것이 더 정확한 것 같다. 정확히 말하면 그것은 저주가 아니고, 또 특별히 그의 말들이 그의 죽음을 초래하는 것이 아니기 때문에 이 악담을 자살적이라고 부를 수는 없다. 그것은 구약에 나오는 다른 여러 절망적인 표현들과 성질이 같다: 리브가: "이럴 경우에는 내가 어찌할꼬[혹은 내가 왜 사는가]?"(창 25:22); "야곱이 만일 헷 사람의 딸들 중에서 아내를 맞이하면…내 삶이 내게 무슨 의미가 있으리이까?"(27:46 JB); 엘리야: "여호와여 넉넉하오니 지금 내 생명을 거두시옵소서"(왕상 19:4); 요나: "이제 내 생명을 거두어 가소서 사는 것보다 죽는 것이 내게 나음이니이다"(욘 4:3); 토빗: "내 영혼을 나에게서 떠나게 하소서. 그러면 나는 이 땅에서 떠나 흙으로 돌아갈 것입니다. 나에게는 사는 것보다 죽는 것이 오히려 낫습니다"(토빗 3:6); 사라는 그녀의 일곱 남편이 모두 죽었기 때문에 "목메어 죽으려고 생각했다가", 그렇게 하면 그녀의 아버지를 망신시키는 것이 되겠기에 그만두면서 하나님에게 간구한다: "명령을 내려서 나를 이 땅에서 떠나게 하시옵소서…더 살아 무엇하겠습니까?"(토빗 3:10, 13, 15); 참조. 또한 마카베오상 2:7, 13. 물론 가장 현저한 평행 본문은 위의 3-10절에 관한 부분에서 자세히 논의된 예레미야 20:14-18, "내가 태어난 날이 저주를 받았으면…"이다. 욥의 심정과 병행하는 이런 권위 있는 이스라엘 평행문들로 인해 현재 묘사의 원형을 이집트 지혜 문헌에서 찾아보려는 노력(포어러의 경우)이 거의 불필요하게 된다. 물론 욥은 인생을 대하는 이스라엘의 전형적 태도와 맞지 않으며, 또한 이집트에서 나온 염세적 지혜 문학이 있기는 하다. 대표적으로 『자살에 관한 논쟁』(*Dispute over Suicide*[*ANET*, 405-7])과 『이푸-웨르의 교훈』(*The Admonitions of Ipu-wer*[*ANET*, 441-44]). 그러나 이문화 간에 영향이 있을 것이라 생각할 근거는 없다.

인생을 "저주하는" 이 욥은 인생을 그것의 부조리들과 함께 받아들이는 프롤로그의 욥과 다른 욥인가? 무어(R. D. Moore, "The Integrity of Job," *CBQ* 45[1983] 17-31[25])는 이 장이 "단순한 태도의 변화나 심정의 동요가 아니라 내러티브 욥의 완전한 전복을 나타낸다"고 주장한다. 3장은 "1:21에 있는 욥의 신앙 선언에 대한 단계적 반박"으로 태, 무덤 그리고 생명의 부여자의 순서로 진행되고, 시인은 프롤로그에 나오는 전통적인 욥의 묘사를 간단하게 반박한다. 우리가 프롤로그의 욥과 이 시의 욥이 동일 저자에 의한 것이라고 가정하면, 그것은 훨씬 더 흥미로운 성격 묘사가 아닐 수 없다.

4 이제 날을 향한(4-5절) 그리고 밤을 향한(6-9절) 구체적인 악담들이 뒤따르고 결론의 부속절(10절)이 그 뒤에 온다. 문제가 되는 날은 욥이 태어난 날이며, 또한 과거에 대해 무엇인가 바라는 것은 당연히 말도 안 된다. 그것이 욥의 방향감각 상실과 불균형 느낌의 정도다. 대부분의 주석가들은 그 날이 매년 되돌아오는 그의 생일이라고 생각한다(참조. **맥베드**: "이 사악한 시간/장소는 영원히 달력에서 저주 받으라"). 왜냐하면 그런 경우 그 악담이 미래에 있을 어떤 것을 향할 수 있기 때문이다. 물론 욥이 미래에 돌아올 그의 생일날을 결코 일어나지 않았기를 바라는 그의 탄생의 사실에 대한 영구적 증거로 여길 수 있다. 그러나 3절에서의 초점은 그가 태어난 과거의 그 날에 있음이 분명하며, 그 날은 거기에 머물러 있는 것으로서 가장 잘 이해된다. 그의 상상력의 위력이 그의 소망의 불가능성으로 약화되지는 않는다.

욥은 창조의 때에 발해진 하나님의 첫 마디 "빛이 있으라"(창 1:3)를 개작 전도시킴으로써 그의 악담들을 시작한다. "그 날에 관해서는", 그가 창세기 1장과 정확하게 동일한 어법을 사용하며 말한다. "어두움이 있으라"(יְהִי חֹשֶׁךְ – 예히 호쉐크). 이는 하나님을 대항한 도전적 제스처가 아니라 자신의 창조를 창세기 1장의 "좋았더라, 매우 좋았더라"의 정반대의 경우로 보는 한 사람의 격통(激痛)이다.

욥은 하나님이 그 날을 "찾지"(דרשׁ – 다라쉬) 않으시기를 바랄 때, 매 날은 하나님이 그분의 새로운 명령 "빛이 있으라"로 생기도록 해야만 생기는 것으로 가정한다. 혹은 제라드 맨리 홉킨스가 말하듯이, "마지막 빛들이 어두운 서쪽으로 갔지만/ 동쪽 갈색 가장자리에서 오, 아침이 솟아오른다 – / 왜냐하면 거룩한 영이 그 만곡 위에 있고/ 세상이 따뜻한 가슴과 아, 빛나는 날개로 품고 있기에"(Gerard Manley Hopkins, "God's Grandeur," in *Poems of Gerard Manley Hopkins*[ed. W. H. Gardner; London: OUP, 3rd ed., 1948] 70). 38:12에서 야훼는 새벽에 대해 그분이 "아침을 명하고", "새벽에게 그 자리를 알려 주시는 것"으로 말한다. 하나님이 별들의 이름을 부름으로써 그들을 밤 하늘에 나오게 하신다는 이사야 40:26의 이미지도 매우 비슷하다. 다라쉬(דרשׁ)의 의미는 "구하다, 찾다, 찾아내다"이며(10:6에서는 허물, 39:8에서는 먹을 것, 5:8에서는 기도 가운데 하나님을) 그리고 보다 일반적으로는 "걱정하다", "돌보다"이다(신 11:12; 렘 30:14, 17; 시 142:5[4]). 함축 의미는 만일 하나님이 적극적으로 한 날을 "찾아내어" 그것이 생기도록 뜻하지 않으시면, 그 날은 어둠 속에 덮여 있다는 것이다.

피쉬베인(M. Fishbane, *VT* 21[1971] 155)은 그 동사를 "마법 상황에 속하며", 그 주된 의미 중 하나가 "신탁을 구하다"라고 제안한다. 그러나 하나님이 주어인 여기서는 거의 그럴 수가 없다. 확실히 여기에는 단순한 저주가 전혀 없다. 욥과 그의 말들은 우주 질서에 변화를 초래할 능력을 가지고 있지 않고, 오직 하나님이 한 날을 포기하시도록 설득될 수 있어야만 그 날이 나타나지 않는다.

날에 쓰이는 전치가가 보통은 알(על)이 아니라 베(ב)기 때문에, "빛이 그 날을 비추지 말게 하라"고 말하는 것은 "그 날에 아무런 빛도 없게 하라"는 뜻이 아니다. 오히려 빛은 각 날에 연속적으로 빛을 부여하시는 하나님의 소유 속에 있음을 뜻한다. 빛은 날의 고유 속성이 아니라 그 날에 주는 하나님의 선물로서 그 외의 다른 곳으로부터 각 날 "위에" 빛난다. 참조. 38:19, 24, 빛[광명]을 그 거하는 곳으로부터 "배분되는" 것으로 그림. 리날디는 이 곳의 언어가 야훼의 계시에 관한 시편 언어로부터 차용된 것이 아니냐는 문제를 제기한다(G. Rinaldi, "Affulge, Deus," *BeO* 2[1960] 40).

5 만일 날이 하나님에 의해 어떤 빛도 받지 않으면, 그것은 어둠의 세력 즉 태초에 세상을 주재하던 혼돈의 세력 내에 머문다(창 1:2). 이미지를 약간 바꾸어 말하면, 욥은 "그 옛적 지배자들이 자신이 태어난 숙명의 날을 도로 가져가기를" 바라

면서(스트라한), 어두움이 날에 대한 자기의 권리를 "도로 찾기를"(גאל – 가알) 혹은 되찾기를 바란다고 말할 수 있다. 투르-시나이는 어두움이 그 날에 대한 혈연적 구속 관계를 갖는다고 말할 수 없다고 생각했다. 그런데 그것이 바로 요점이다: 날은 우주론적 용어로 풀어 말하면 밤의 후손이다.

태초의 "어두움"(חשך – 호쉐크)은 "사망의 그림자"(צלמות – 찰마베트, "원문주해" 3:5.a.를 보라)로서 본 모습을 드러내는데, 이는 빛은 생명이요(참조. 16, 20, 23절) 어두움은 사망이기(10:21-22; 23:17) 때문이다. 구름(עננה – 아나나, 여기서만 집합 명사)이 만일 그 위에 "내려앉거나" 혹은 "정주하면"(שכן – 샤칸, 구름이 장막 위에 내려앉는 것에 대해서는 출 40:35; 민 9:17을 보라), 어떠한 빛도 새어 나오지 않는다. 참조. 구름과 흑암으로 바다의 강보를 만드는 것(38:9).

본 삼절구의 절정으로, 욥은 그 날이 또 다른 모양의 어두움인 "낮의 흑암", 곧 빛을 가릴 뿐만 아니라 인간에게, 따라서 은유적으로 그 날 자체에게 공포를 가져오는(בעת – 바아트; 참조. 7:14) 일식으로("원문주해" 3:5.c.를 보라) 압도되기를 바란다(일식 때의 공포에 대해서는 사 13:6-10; 욜 2:10-11; 계 6:12-17 참조; 그리고 더 자세한 것은 8a절구에 관한 부분을 보라).

6 악담들이 이제는 그 밤을 향하지만, 여전히 욥의 과거 탄생일과 관련된다. 그의 생일이 앞으로 달력에서 누락되어 그가 더 이상 그 날에 일어난 불행한 사건을 상기하지 않기를 바라는 것이 아니라(포어러나 그 외의 학자들의 경우처럼), 그가 잉태된 그 특별한 밤이 결코 있지 않았기를 소원하는 것이다.

만일 "깊은 어두움"(אפל – 오펠)이 그 밤을 채가거나 붙잡았다면, 어두움은 결코 낮에게 자리를 내주지 않았을 것이고, 따라서 그 밤은 전형적인 달력의 한 밤으로서 존재하지 않았을 것이다. 혹은 오펠(אפל)이 욥기의 몇몇 다른 곳에처럼 여기서도 스올의 어두움(10:22; 28:3; 아마 다음도, 23:17; 30:26), 즉 "밤 자체보다 더 심하게 음산한 어두움"을 의미하는 것이라면(하벨), 담겨진 생각은 그 밤이 지하세계의 어두움에 납치되고, 따라서 결코 잉태와 같이 인생에 결정적인 사건을 포함할 수 없었을 것이라는 것일 수 있다(델리취가 제안하는 것같이 밤은 아주 어두워야지 낮으로 바뀐다는 뜻이 아니다). 라카흐(לקח)라는 동사는 종종 "붙잡다"로 번역되지만(RSV, NIV), "채가다"는 의미가 더 잘 입증된다(NJPS; 15:12에서처럼). 왜냐하면 밤의 강제적 붙잡음이 아니라 아예 제거해서 생기지 못하게 하는 것이 논점이기 때문이다.

만일 욥을 잉태한 그 밤이 그 해의 "날들" 가운데 포함되지 않았다면 – 그리고 그 밤이 그 날의 첫 반쪽이니까 여기에는 아무런 이상함이 없다-그의 잉태는 불가능했을 것이다. 그는 그의 존재로 연결되는 모든 사슬들을 뚝 끊어 버리고 싶어한다(포어러). 물론 밤은 하루 속에 포함됨으로써 달들 수에 들어간다. 달 수는 분명한 달 안에 들어 있는 날들의 수이지, 한 해 안에 들어 있는 달들의 수가 아니다(칠십인경은 이 작은 논리적 문제를 보았고, 마지막 구절을 "그것이 달들의 날들 가운데 계수되지 않게 하라"로 번역했다). "달들"과 "해"가 병행으로 나오는 것은 히브리 성경에서 오로지 여기서만 발견되지만, 우가릿의 한 문헌에서 그것의 평행문이 발견될 수 있다. 거기서 불멸하는 것이 "바알과 함께 해를 계수하는 것이요, 엘의 아들들과 함께 달을 계수하는 것이다"라고 나온다(*Aqhat* 2[*CTA* 17] 6.28-29; Gibson, 109).

7 욥은 매년 돌아오는 자신의 생일날에 저주를 퍼부을 만큼 인류 전체에게 그렇게 적대적이지 않으며, 그렇다고 "그것이 자신에게 행한 악을 다른 어느 누구에게도 하지 않기를" 바랄 만큼(피크) 인류에게 관대하지도 않다. 그의 격통은 아직도 오로지 그 자신의 존재 조건들로만 향해 있고, 그는 이제 또 다른 가망 없는 소원, 즉 그가 잉태된 밤이 "잉태할 수 없는 불모의"(גלמוד-갈무드, 아마 문자적으로는 "돌같이 단단한"; 참조. 15:34에 관한 부분) 날이었기를 바란다. 이때 욥의 어미의 임신은 그 일이 일어난 밤 자신의 행위로, 혹은 아마도 더 나은 표현으로 그 밤은 인간의 임신을 자기 자식으로 생산하는 번식력 있는 존재자로 여겨진다. 결코 발화되지 않았기를 그가 바라는 "즐거운 소리"(רננה-르나나, 20:5에서와 같은 "승리의 기쁨"이 아님)는 그의 잉태를 가져온 그 부모의 성교 소리이거나(테리앙도 마찬가지), 혹은 결혼식 날 밤이 수태의 밤이라 가정되면(포어러) 아마도 결혼 축가나 결혼식 송가의 즐거운 노래 소리일 것이다. 결혼식과 연관된 "즐거운 소리"에 대해서는 예레미야 7:34; 16:9; 25:10; 33:11을 참조하라. 고려 중에 있는 것은 탄생의 날이 아니라 잉태의 밤이기 때문에, 그 기쁨은 분명히 아이의 탄생에 관한 것이 아니다(대부분의 주석가들의 판단과는 다름).

8 욥을 잉태한 밤이 아직 주제이며, 욥은 이제 그 밤이 주문에 묶여 있었거나 혹은 마법사들이나 점성가들에 의해 불운한 날로 선포되어 그 날에 어떤 수태도 일어날 수 없었기를, 또는 적어도 오로지 비운의 임신만이 시작될 수 있었기를 바란다.

궁켈(H. Gunkel, *Schöpfung und Chaos in Urzeit und Endzeit*[Göttingen: Vandenhoeck Ruprecht, 1895] 59) 이후로 그 "날"(יום-욤)을 저주하는 사람들 대신

에, 단순히 모음 부호를 다시 고쳐 "바다"를 저주하는 사람들로 읽어야 한다고 종종 생각되었다. *BHK*, 에얼리히, 호르스트, 고디스, 포프가 그렇다). 드라이버(G. R. Driver, *VTSup* 3[1955] 72)는 한 아람어 주문인 "내가 너에게 바다의 주문과 바다-괴물 리워야단의 주문으로 마법을 걸 것이다"를 인용했다(텍스트와 번역은 지금은 C. D. Isbell, *Corpus of the Aramaic Incantation Bowls*[SBLDS 17; Missoula: SBL, 1975] 2:3-4[p. 19]에서 볼 수 있다). 우리 구절의 두 번째 절구에는 리워야단을 가리키는 명백한 신화적 언급이 있기 때문에, 일부 학자들은 첫 행은 가나안 신화에 나오는 해신(海神) 얌(Yam)을 가리킨다고 생각했다(가령, W. F. Albright, *JBL* 57[1938] 227). 우리는 우가릿 문헌 『바알과 얌』(*Baal and Yam, CTA* 2.1, 4; Gibson, 40-45)에서 바다의 제왕 얌에 대항한 바알의 싸움에 관해 읽는다. 거기에는 "바다를 무찌르기 위해 사용된 무기들이 마술뿐만 아니라 야금술에 전문인[장인] 신 고사르가 선포한 저주들과 같은 위력을 가진 주문들에 의해 무력화되었다"(포프).

그러나 이 견해는 불가피한 문제를 가지고 있다: 바다는 혼돈과 악의 세력이기 때문에 바다를 "저주하는" 이는 누구든지 질서와 선의의 편에 있는 것이 분명할 것이다. 그런데 여기 두 번째 행에서는 리워야단을 격동시키는 이유가 분명히 파괴 행위를 위한 것이라는 문제다. 또한 질서에 속하는 무리가 어떻게 욥을 수태한 밤에 마법을 걸도록 염원될 수 있는지(도름, 고디스, Day, *God s Conflict*, 46-47가 그렇다)를 납득하는 것도 불가능하다. 그렇다면 비록 "좀더 밋밋하기는"(로울리) 하지만 마소라 독법을 유지하고, 그리고 날을 저주하는 이들을 특별히 일식을 초래하는 방법으로 "날들을 불운하게 만드는 능력을 가진 것으로 알려진 마법사들 혹은 마술사들"로 보는 것(드라이버)이 좀더 바람직하다. 그들은 욥처럼 자신들의 탄생일을 저주하는 이들일 가능성(도름)이 거의 없다. 왜냐하면 그런 저주들은 – **결과가 없기**에 – 당연히 효과가 없기 때문이다. 욥이 "날의 저주자들이[ארר]" 그 밤에 "마법을 걸었기를[קבב]" 소원할 때 그는 아마도 우리가 기대했을 것보다는 더 유순한 단어들을 사용하고 있는 것이다(ארר – 아라르, "마술을 부리다, 마법에 걸다"[E. A. Speiser, "An Angelic 'Curse': Exodus 14:20," *JAOS* 80(1960) 198-200] 그리고 카바브[קבב, "욕하다"; J. Scharbert, *TDOT* 1:415; Brichto, *The Problem of Curse*, 200-202]). 그런 경우에 카바브(קבב)의 뜻은 5:3에 나오는 "저주받은 것으로서 경멸하다"의 의미와 같다. 욥은 자기가 잉태된 밤이 불길하고 불운했기를 바란다. 여기서 말을 받는 상대가 "**날[들]**의 저주자들"이라는 것에 전혀 문제가 없음은, 밤이 날의 일부이기 때문이다. 그리고 그들은 한 특정한 날이 아니라 "어떤 일정한 날들"을 저주한다(NJB).

구약에서 리워야단은 대개 태초에 하나님에 의해 정복된 사나운 바다의 큰 짐승으로 나타나는데(시 74:14; 사 27:1), 여기서는 보통은 움직이지 않는 그 괴물이 마법에 "능한"(עתיד – 아티드) 이들이 아는 주문으로 아직도 활동하도록 자극될 수 있는 것으로 간주되고 있음이 분명하다(C. H. Gordon, "Leviathan, Symbol of Evil," *P. W. Lown Institute Studies* 3[1966] 1-9). 그 특별한 활동은 비록 명시적이지는 않지만 태양이나 달을 삼켜 버리는 것, 즉 식(蝕)을 일으키는 것이라 해도 무방하다. 여러 문화에 있는 그런 신앙의 증거에 대해서는 T. H. Gaster, *Myth, Legend, and Custom in the Old Testament*(New York: Harper and Row, 1969) 787-88를 보라(그리고 태양과 바다 용을 원수들로 보여 주는 우가릿 문헌[*CTA* 6.6.44-52; Gibson, 81]에 대해서는 J. Day[*God's Conflict*, 45]를 보라). 가스터는 태양을 삼키는 용에 대한 대중적 신앙과 종말론적 시기에 또다시 질서를 위협할 태초의 괴물에 관한 문학적 신화를 구별한다(참조. 사 27:1; 계 20:1-3). 오히려 그 두 관념이 여기서 합체되고 있는 것일지도 모른다(참조. M. Fishbane, *VT* 21[1971] 158-60). 리워야단은 그 파괴력이 느껴지도록 잠에서 깨움을 당하거나 혹은 활동하도록 동요만 받는 괴물이다(우르〈עור〉는 둘 중 어느 것도 의미할 수 있으나, "지배하다"[GNB] 혹은 "길들이다"[NEB]는 아니다). 똑같은 단어가 41:2[10]에서 리워야단을 "자극하는 것"의 위험에 대해서 사용되는데, 거기서 신화적 용어로 묘사되고 있는 것은 신화적 동물 자체라기보다는 악어다. 이 불친절한 존재의 초인적 위력을 불러낼 수 있는 마술사는 분명 프로다. 그는 확실히 한 날을 저주할 능력을 가지고 있을지 모른다. 그러나 욥이 저주받기를 원하는 날은 아주 오래 전에 지나갔고, 따라서 전문적 도움을 향한 그의 소망도 전혀 효과가 없는 것이다.

여기서 욥이 창조 질서를 파괴하기 위해 혼돈의 세력들을 불러내고 있다거나(하벨) 혹은 "자신과 피조계 전체를 향한 완전하고 무제약적인 사망 소원"(Fishbane, *VT* 21[1971] 153; similarly Cox, *The Triumph of Impotence*, 43)을 말하는 것으로 보는 것은 잘못이다. 레베끄가 말하듯이, "욥은 전 세계가 자신과 함께 멸망하는 것을 보는 프로메테우스적 만족감을 자신에게 주기 위해서 무나 태초의 혼돈에 호소하고 있는 것이 아니다. 오히려 그는 요청되면(העתידים – 하아티딤) 주문으로 깊은 곳에서 이 세력들을 불러낼 수 있는 이들에게 호소하고 있는 것이다. 욥은 한 번도 창조 질서를 철폐하라고 하거나 혹은 우주를 자신의 영혼이 이 순간 경험하는 것과 동일한 밤의 상태로 축소시키라고 요구하지 않는다. 그의 악담은 오로지 **한** 특별한 날과 그리고 **한** 특별한 밤에 연관되어 있음이 강조되어야 한다"(J. Léveêque, *Job et son Dieu*[Paris: Gabalda, 1970] 1:336).

물론 리워야단을 일어나게 할 수 있는 기술은 단순히 밤에 마법을 거는 일을 하기 위해 욥이 어느 마술사에게라도 요구할 능력 증명서일 수 있다. 그러나 리워야단을 일깨우는 것은 욥을 대신하여 그를 잉태한 밤을 대항해서 사용되었기를 욥이 원하는 두 번째 기술이다. 왜냐하면 그 용이 그 달을 삼켜 버렸다면, 그 밤은 분명히 지하 세계의 영역에 속했을 것이고, 따라서 한 생명의 잉태는 불가능하거나 불운했을 것이기 때문이다.

9 그의 잉태의 밤이 만일 리워야단의 직무로서 지하 세계의 권한에 맡겨졌다면(바이저는 마법사들의 활동에 의해서라고 생각함), 그 밤은 낮에게 자리를 내주지 않고 영원히 캄캄하게 머물렀을 수 있다(그것은 드 빌드가 생각하는 것같이 그 밤에 대한 "형벌"이 아니라 구속 혹은 속박이다). 그러면 그것은 어느 인간도 수태될 수 없는 비정상적인 밤이었을 테지만, 스올의 어두운 세력의 무시무시한 현시라는 완전히 새로운 특징을 띄었을 것이다. 그러한 밤에는 당연히 욥의 인생이 결코 시작될 수 없었을 것이다. 여기에는 "빛의 소멸에 대한 분노"(Dylan Thomas, "Do Not Go Gentle into That Good Night")의 정반대가 있다.

박명(נשף – 네쉐프, 24:15; 잠 7:9 등의 "저녁 박명"; 7:4; 시 119:147의 "아침 박명")의 별들은 날이 다가옴을 알리는 전조로서 나타나는 새벽 별들로(38:7) 우리에게는 금성과 수성이다. 그들이 만일 어둡게 되면, 날은 올 수 없고 밤은 절대 동트지 않는 새벽을 기다리는 끝없는 밤이 된다(드라이버). 과감하고 비-은유적으로 시인은 필경한다: "그것이 광명을 바랄지라도 얻지 못하기를." 그 다음에 하나의 즐거운 심상으로, 무한히 연장된 밤이 결코 보지 못할(혹은 기뻐하다, 즐기다; 20:17에서처럼 ראה ב) 새벽의 "눈꺼풀"(עפעפים – 아프아핌, "원문주해" 3:9.c.을 보라)은 일출을 예고하는 동쪽 하늘의 빛이다. 만일 이 용어가 "눈꺼풀" 대신에 "속눈썹"을 언급하는 것이라면("원문주해" 3:9.c.를 보라), 그것의 표상은 떠오르는 태양의 광선들에 관한 것일 것이다. 그 둘 중 어느 경우에라도 새벽(שחר – 샤하르)은 아마도 아름다운 여인으로 의인화되어 그 눈은 태양이 되고, 눈꺼풀 또는 눈썹은 그 충만한 광휘의 부속물 혹은 전조가 된다(참조. 또한 Sophocles, *Antigone*, 102-3, eyelid of the golden day). 가나안의 (남성) 새벽 신의 이름이 똑같은 샤하르이지만, 헬렐(Helel, 샛별, 계명성[개역], 새벽별[표준])이 "샤하르의 아들"로 나오는 이사야 14:12의 경우와 똑같이 여기서도 신화적 암시를 보는 것은 잘못일 것이다. 더 자세히는 그리고 특별히 구약에서 새벽이 여인으로 그려진다는 주장에 대해서는 J. W. McKay, "Helel and the DawnGoddess: A Re-examination of the Myth in Isaiah xiv 12-15," *VT* 20(1970) 451-64를 보라. 만일 혹시라도 우리가 여기에 가지고 있는 것이 눈꺼풀이나 속눈썹이 아니라 새벽의 "눈"이라는 견해가 맞는다면 ("원문주해" 3:9.c.를 보라), 그 의미는 어두움에 완전히 뒤덮인 밤은 하늘에서 빛을, 좀 덜 흥미로운 표상으로 말하면 "열리는 새벽 눈"(JB)을 절대 보지 못하리라가 될 것이다. "샤하르의 날개[새벽 날개-개역]"(시 139:9)는 새벽에 대한 아주 다른 표상으로 태양이 떠오를 때 날아가 버리는 날개 달린 생물을 가리킨다. 시편 57:9[8]에서 "샤하르 깨우기"는 새벽에 대한 또 다른 의인화다.

10 이 모든 악담들이 왜 그를 잉태한 밤에 쏟아질까? 시인은 상상의 저주를 담은 아주 많은 시행들 이후에 단 하나의 행으로 그 밤의 잘못을 서술한다: 그것은 단지 그 밤에 욥의 잉태가 밤에 의한 아무런 방해 없이 일어났고, 그래서 욥이 혼란과 고통만을 통한 인생을 시작하게 되었다는 것이다. 하나님은 여자의 자궁을 "열거나" 혹은 "닫아" 잉태를 가능하게도 하고 방해하기도 하시는 분이다(자궁을 "여는 것", 창 29:31; 30:22; 그것을 "닫는 것", 삼상 1:5, 6〈여기에서처럼 סגר – 싸가르〉 그리고 창 16:2; 20:18〈두 경우 모두 עצר – 아차르〉). "자궁의 문"이 음순을 가리키든 그렇지 않든, 아이를 생기게 하는 것은 단순히 성교 행위만이 아니라 초자연적 "열림"도 있어야 한다. 그러나 여기서의 주어는 하나님이 아니라 밤이다(앤더슨은 이에 반대다). 밤(Night)과 같은 초인간적 세력들은 그들이 줄 수 있는 것을 되가져갈 수도 있다. 밤은 욥의 잉태를 방해하는 것을 그의 능력 안에 가지고 있었지만 그 능력을 사용하는 데 실패했다. 그러므로 욥은 밤이 생명의 선물을 빼앗기고 사망의 깊은 어두움으로 삼켜져서, 자연적이고 친절한 존재로부터 스올의 어두운 세력의 한 대표로 바뀔 수 있었기를 바랐다. 자궁 문을 닫는 것은 질문의 여지없이 현재 문맥의 "밤"과의 결부(6-9절)와 그 병행구들이 보여주듯이 아이의 잉태를 말하는 것이지, 자궁으로부터 아이의 출산을 가리키는 것이 아니다[다음에 반대다. 가령, JB의 "그것이 나에게 자궁 문을 닫지 않았다", NIV, 고디스는 "날"이 그 동사의 주어라고 생각한다. 그리고 프리드만(*Bib* 49〈1968〉 503)은 날과 밤을 복합 주어로 생각한다). 드라이버가 말하듯이, 구약에서 문을 닫는 것은 일반적으로 퇴장보다는 입장을 방해하는 것으로 거의 우연한 일 이상이 아니지만(욥 38:8과 대조적으로, 창 19:10; 느 6:10; 사 45:1), 그것은 우연히 여기서의 취지이기도 하다.

그것을 보는 것이 욥의 운명이 되어 버린 "환난" 혹은 "수고"(עמל – 아말)는 마음속의 주관적 "괴로움"(고디스) 혹은 "슬픔"(JB)이 아니라 어렵고 슬픔을 양산하는 객관적 상황이다(참조. 5:6, 7; 7:3; 11:16; 16:2의 עמל). 그것은 욥이 자신에게 임한 고통의 총체를 뜻하는 용어이며, 17, 26절에서 유사 단어 로게스(רגז)에 의해 반향된다. 그것은 그가 13절에서 갈망하는 평안의 정반대다. 그 구절은 1QH 11.1, 19에서 인용된다.

[11]-[19] 이 두 번째 연에서는 더 이상 악담이 아니라 탄식을 만난다. 악담이 포기된 것은 아무 소용이 없기 때문이다. 악담은 욥이 살아 있고 그의 인생은 혼돈이라는 사실을 바꾸지 않는다(드라이버). 그러나 여기의 탄식은 그 기능이 **호소 혹은 간구**인 구약의 전형적인 "탄식"(*Klage*)과는 다르게, 고난자의 운명의 개선이 아니라 그의 인생의 파괴에 그 마음을 두고 있다 (포어러). 욥은 3-10절의 때들로부터 자신의 주제를 시간적으로 앞으로 개진시키면서, 자기의 잉태와 탄생이 방해받을 수 없었다면 왜 태어나자마자 죽을 수 없었는지를 묻는다. 그랬다면 그는 지금 자기를 삼키고 있는 혼란의 – 이는 나중에 세 번째 연이 끝날 무렵에(26절) 다시 취할 주제다 – 정반대인 "평안의 쉼"과 "마음의 평화"를 가질 수 있었을 것이다. 그의 생각이 이 하나의 생각으로 가득해서 그는 "이전에 즐겼던 오랜 세월 동안의 행복뿐만 아니라, 그가 그 외의 다른 곳에서 생생하게 묘사할 수 있는 스올의 음산한 양상들"(드라이버)을 경시할 수 있다. 데이빗슨이 이 시구들에 관해 잘 평한다: "고통 없는 죽음의 고요함이 그를 매혹하고, 그 곳에서 인생의 불안을 떠나 공통의 평온함을 흠뻑 마시는 모든 부류의 사람들 즉 임금과 갇힌 자, 종과 상전, 큰 사람 작은 사람 모두를 세세하게 열거하면서, 그는 그것을 곰곰이 생각한다".

이 연의 구조는 11-15절이 16-19절을 반영하는 이중 구조다. 그 둘 가운데 첫 번째 판에서는 "왜"가 앞에 나오는 두 행의 뒤를 스올의 평온함을 묘사하는 세 개의 행이 뒤따른다. 두 번째 판에서는 "왜"가 앞에 붙은 하나의 행이 나오고, 그 뒤를 지하 세계의 묘사를 계속해 나가는 세 개의 행이 뒤따른다. 이런 단순 패턴에 대한 인식만으로도(비슷하게, 프리드만 *Bib* 49[1968] 505; 하벨) 16절을 11절이나 12절을 뒤따르도록 옮기는 일이 불필요하다는 것이 확인된다(더 자세한 것은 16절에 관한 부분을 보라).

[11] 그가 태어나는 순간 죽었기를! 수사적 "왜?"-질문은 답을 찾는 것이 아니며, 여기에는 존재론적 유형의 호기심이 없다(테리앙). 그러나 3-9절의 악담들이 그것들의 무용함으로 시선을 끌 듯이, 진지하게 답을 구하지도 않는 이 대답될 수 없는

물음은 탄식자가 처한 곤경의 절망 상태에 주의를 모은다. 사실 그러한 질문은 비록 빈 하늘에 하는 것이라 해도 수신인을 가지는 것이 분명하고, 욥의 물음 혹은 차라리 불평은 비록 암시적으로이지만 (친구들이 아니라) 하나님을 향해 말해진다. 더 자세한 것은 20절에 관한 부분을 보라.

첫 행이 두 번째 행으로 인해 좀더 정확해진다. 그는 첫 번째 행에서 "내가 왜 태에서 죽어 나오지 않았는가?"라고 물으며 두 번째 행에서는 앞의 "태(רחם－레헴)로부터"가 "내가 태(בטן－베텐)로부터 나왔을 때"로 확장되고 구체화된다. 첫 번째 행의 "…로부터"는 자궁을 떠난 바로 직후를 의미하거나("원문주해" 3:11.b.를 보라), 혹은 아마도 두 번째 행에 나오는 동사 "내가 나왔다"가 여기에 함축되어 있는 것일지 모른다(참조. 호르스트, 앤더슨). "죽다"(מות－무트)// "숨을 거두다"(גוע－가바) 병행은 14:10에서도 나타나며, "태, 자궁"(רחם－레헴)// "배"(בטן－베텐, 마찬가지로 자궁도 의미) 병행은 10:18-19; 31:15(בטן이 중심 단어〈A-word〉); 시편 22:11[10]; 58:4[3]; 예레미야 1:5(בטן이 중심 단어)에 나타난다. 그 언어가 양식화된 것이면, 그 사상도 역시 유대 문학 내에서와 그 너머에서 유례를 쉽게 찾을 수 있다. 참조. 제2바룩서 10:6, "복되다, 아예 태어나지 않은 자나 태어난 후 죽은 자여"(Charles, 2:485; 그는 집회서 4:2-3이 그 표현의 원본일 것이라 생각한다); 제4에스라서 7.116, "땅이 아담을 생기게 하지 않았으면, 혹은 일단 그를 생기게 했으면, (당신이) 그를 죄짓지 못하게 하였더라면 더 좋았으리라"(Charles, 2:591); 집 30:17, "비참한 삶보다 죽음이 더 좋고, 불치병보다 영원한 안식이 좋다"(JB); 데오그니스(Theognis), *Elegies* 1.425-28, "인간에게 최고는 아예 태어나지 말았어야 하는 것이고, 이미 태어난 이들에게 최선은 가능한 빨리 죽는 것이다"; 소포클레스, *Oedipus at Colonus*, 1224-27, "아예 태어나지 않는 것/ 그것이 최선이며/ 차선은 태어났으면, 지체없이/ 온 길을 거슬러 올라가는 것이리라"(F. Storr, Loeb edition); 메난더(Menander), *The Double Deceiver*(frag. 125K), "신들이 사랑하는 이들은 젊어서 죽는다." 참조. 또한 헤로도투스 1.31, 그리고 스탈린(G. Stählin)이 *TDNT* 5:787-88에서 언급하는 그 외의 다른 고전 참조들. 그 주제가 그리스와 히브리 문학에서 어떻게 나타나는지에 관해서는 도브가 훌륭하게 개관한다: D. Daube, "Black Hole," *Rechtshistorisches Journal* 2(1983) 177-93.

12 태어난 아이를 받은 무릎이 어미의 무릎인지 아비의 무릎인지는 확실하지 않다. 그 행의 후반부에 어미가 나오는 사실로 이 문제를 해결할 수는 없다(드 빌드는 이에 반대다). 로마 사회로부터 우리는 아비가 아이를 그 무릎에 앉힘으로써 아이

의 적출을 인정하는 관습을 잘 아는데, 무실은 그러한 관습에 관한 증거를 일부 베두인족 가운데서 입증했다(A. Musil, *Arabia Petraea*[Vienna: A. Hölder, 1908] 3:214). 마찬가지로 "므낫세의 아들 마길의 자녀들[즉, 요셉의 증손자들]이 요셉의 무릎 위로 태어났다[요셉의 슬하에서 양육되었더라-개역"(창 50:23). 덤, 피크, 드라이버, 스티븐슨은 여기서 아비의 행동을 보았다. 그러나 도름, 호르스트, 포어러 등(참조. NEB, GNB도 마찬가지)은 그것이 아이에게 젖을 먹이려고(둘째 행) 자신의 무릎에 앉히는 어미의 행위라고 강하게 주장한다. 참조. 이사야 66:12에서는 아이가 어미의 무릎에서 얼러지며 젖을 빤다. 이와 관련하여 종종 인용되는 것으로 나부[Nabu] 신이 아수르바니팔[Ashurbanipal]에게 말을 하는 앗시리아 문헌이 하나 있다: "아수르바니팔아, 네가 니느웨의 여왕인 그 여신의 무릎 위에 앉아 있었을 때, 너는 연약했다. 너의 입에 올려진 네 개의 젖꼭지들에 대해 말하면, 두 개는 네가 빨았고, 그리고 나머지 두 개 속으로 너는 네 얼굴을 숨겼다"(M. Streck, *Assurbanipal und die letzten assyrischen Könige bis zum Untergange Nineveh's* [Leipzig: J. Hinrichs, 1916] 2:348-49).

스테이드는 조금 다른 취지로 출산할 때 산파의 무릎에 앉는 베두인족 여인들의 관습에 관하여 보고했다(B. Stade, "Miscellen. 15: Auf Jemandes Knieen gebären Gen 30, 3; 50, 23; Hiob 3,12 und אָבְנַיִם Exod 1, 16, *ZAW* 6[1886] 143-56[148-54]). 아마도 이것이 빌하가 야곱의 무릎 위에서 그 무릎을 일종의 출산 의자로 사용하면서 출산하는 내용을 담은 창세기 30:3의 정확한 의미일 것이다(참조. 더 자세한 것은 H. H. Ploss, M. Bartels and P. Bartels[ed. E. J. Dingwall], *Woman: An Historical, Gynaecological and Anthropological Compendium*[London: Heinemann, 1935] 2:728를 보라). 이런 경우 산파의 무릎 위에 받아지는 때는 태어남과 젖을 물리는 중간 시점이 될 것이다. 이와 관련하여 종종 인용되는 집회서 15:2은 비록 엄마의 "받다"(קדם-카담)는 동사를 가지고 있지만, 유아의 적출 인정이나 젖을 빠는 것과는 아무런 관계가 없다.

그 무릎을 엄마의 무릎을 선호하는 방향으로 기울게 하는 것은 아버지의 적출 인정은 어머니에 의한 젖 먹임처럼 그렇게 직접적으로 아이의 생명을 확보하는 수단은 아니라는 이유 때문이다. 만일 어미의 무릎에 앉는다는 것이 본질적으로 아이가 젖을 빠는 것에 대한 또 다른 묘사일 뿐이라면, 논지는 매우 분명해질 것이다: 욥의 바람은 자기의 탄생이 방해받을 수 없었으니까, 대신 자신이 유아일 때 양분을 공급받지 말고 그냥 죽도록 내버려 두어졌기를 바라는 것이다.

13 욥이 만일 태어날 때 죽었다면 지금 스올에서 그의 상태는 어떠했을까? 이
문제가 이제 세 개의 구절에서 묘사된다(13-15절). 스올에 대한 묘사는 17-19절에
서 더 지속된다. 그가 제시하는 지하 세계 생활에 대한 지배적 표상이 평안과 쉼이
라는 것은 시 전체적으로 볼 때 매우 중요하다: 그는 마치 침대에서처럼 눕고(שכב
-샤카브), 평안히 방해받지 않고(שקט -샤카트) 잤을 것이며(ישן -야쉔) 쉬었을
것이다(נוח -누아흐). 왜냐하면(17-19절) 스올은 "근심" 혹은 동요(רגז -로게스)
가 중단된 곳, 지친 자들의 안식(נוח)의 처소, 편히 쉴 수 있고 안전이 있으며(שאן
-샤안), 자유(חפשי -홉쉬)가 있는 곳이기 때문이다. 이 표상들은 그가 시의 마지
막 세 절(24-26절) 외에는 다시는 직접적으로 표현하지 않을, 욥의 현재 경험에 대
한 역 방향의 묘사다. 우리는 "환난"(עמל -아말, 10절)을 보는 것이 어떤 느낌인지
추측할 수 있을지 모르지만, "환난"은 외적 현실이지 심리적 사실은 아니다. 시인이
취한 방법은 시의 마지막 부분에서 욥을 걱정과 불안이라는 자신의 현재 상황의 현
실로 되돌아가게 하도록, 먼저 욥이 갈망하는 것들과 그가 바라는 이상적인 상태를
투영한다. 사용된 이미지가 매우 정확하고 심리적 묘사가 아주 사실적이어서, 여기
서 우리는 그 놀라운 측면을 놓칠 수도 있다. 왜냐하면 만일 우리가 욥을 끔찍한
피부병을 당한 사람의 측면에서 생각하면, 우리는 그가 성마름, 완전한 고통, 메스
꺼움 같은 감정들을 가질 것으로 가정할 수 있고, 아니면 그가 자신의 병의 의미를
곰곰이 생각할 때는 자기 연민, 분노 또는 절망감을 느낄 것으로 가정할 수 있기
때문이다. 또 만일 그를 자신의 재산, 명예를 들어 자녀, 아내(엄밀히 말하면)를 잃
은 사람으로 고려하면, 우리는 그가 비탄, 상실, 무의미, 헛됨, 무가치의 느낌들을
가질 것으로 가정할 것이기 때문이다. 그에 대해 우리가 가장 상상하지 않을 것은
걱정과 불안이다. 왜냐하면 아직은 그의 관점에서는 아니겠지만, 우리의 관점에서
볼 때 그에게 떨어질 수 있는 모든 일들이 이미 그에게 떨어진 것 같고 그의 현
상태의 확실성이 너무나 분명해진 것 같기 때문이다. 불안은, 심지어 걱정도 좋은
것과 나쁜 것, 두려움과 희망이 섞여 있는 상태에서 생겨난다(그렇지 않은가?). 지
금 욥이 바랄 것이 무엇인가, 혹은 무엇을 두려워할 것인가? 그의 죽음? 여기서 그
는 죽음을 가장 바람직한 상태로 환영하고 있고, 그리고 그 다음에 입을 열 때 하나
님이 자신을 뭉개어 죽이고, 자기 손을 놓아 주고, 자신을 끊어 버리시라는 소망을
표현할 것이다. 따라서 여기서 죽음에 대한 공포를 이 설득력 있는 불안의 분위기의
초점이라고 믿는 것은 어렵다. 오히려 그 걱정을 그에게 일어난 모든 일들의 지적-
실존적 의미에서 발생하는 것으로 여겨야 한다. 그가 당한 고난과 상실은 분명히

중요한 것이다. 그러나 그것은 아주 예외적으로 경건한 사람의 예외적 고난이 우주 질서, 신의 정의 그리고 인간의 가치들에 제기하는, 정신을 숨가쁘게 하고 터전을 뒤흔드는 위협과는 전혀 다른 차원에 있다. 더모트 콕스는 그의 독창적인 저서 『무기력의 승리: 욥 그리고 부조리 전통』에서 "욥기 1-2장에서 세워진 무대는 소포클레스로부터 베케트와 이오네스코에 이르는 부조리 문학의 단골 무대다"라고 말한다(Dermot Cox, *The Triumph of Impotence: Job and the Tradition of the Absurd* [Rome: Università Gregoriana Editrice, 1978], p. 31). 그는 또 카뮈의 『시지푸스 신화』에서 다음 구절을 인용한다: "무대 장치들이 우연히 무너진다…어느 날 "왜"가 일어나며 놀람으로 물든 그 권태(*cette lassitude teintée d étonnement*)로 모든 것이 시작된다"(A. Camus, *Le Mythe de Sisyphe. Essai sur l'absurde*[Paris: Gallimard, 1942] 27; *The Myth of Sisyphus*[London: Hamish Hamilton, 1955] 19). 카뮈가 말하는 무대 장치의 붕괴, 놀람으로 물든 권태가 다른 언어로 말하면 욥이 경험하는 불안이다.

지하 세계를 혼돈의 인생과 대조하여 안식의 장소로 보는 것은 아주 분명한 표상 같지만, 히브리어 성경에서 유사 본문을 찾기는 사실상 어렵다. 트롬프의 『죽음과 지하 세계에 대한 구약 성경 내 원시 개념들』을 간략하게 개관해 보면(N. H. Tromp, *Primitive Conceptions of Death and the Nether World in the Old Testament* [BibOr 21; Rome: Pontifical Biblical Institute, 1969]), 가장 종합적인 연구 중 하나에 비록 스올을 감추인 곳, 심연, 바다, 구덩이, 부패와 파멸, 파괴, 침묵, 먼지, 망각, 어두움으로서, 자체 신과 그 신의 무서운 것들과 악마들이 있는 도시, 감옥, 강, 산으로서 다루는 많은 항목들이 있지만, 이 측면에 할당된 항목은 하나도 없다는 사실이 드러난다. 구약에서 유일하게 비교 가능한 본문은 전도서 6:5이며, 거기서는 가진 것에서 아무런 기쁨도 얻지 못하고 제대로 묻히지도 못하는 사람보다 유산된 아기가 스올에서 더 많은 쉼을 얻는다고 한다-이 본문은 어떤 해석에서도 기이한 본문으로 여겨진다. 이와 관련하여 종종 인용되는 집회서 30:17은 비록 죽음을 쓰라린 인생보다 더 좋은 것으로, 그리고 죽음의 "안식"을 만성적 질병보다 오히려 나은 것으로 묘사하고는 있지만, 이것 역시 전문화된 하나의 견해로 여겨져야 한다. 일반적으로 볼 때 여기서의 욥의 말은 구약의 기준으로 볼 때 중심을 달리하는 것, "그 불행한 영역에 대한 전통적 해석들의 필사적인 전복"(하벨)으로 판단되어야 한다. 물론 이집트 문학에서는 상황이 다르다(이는 욥기가 그런 착상들에 의해 영향을 받는다는 것을 뜻하지 않는다. 포어러는 이에 반대다). 죽음은 "이집트 식으로는"(테리앙) 종종 바랄 만한 것으로 묘사된다. 한 문헌에서는 지하 세계 거주자들이 "서쪽 나라[내세]에 도착하는 이에게 '무사히 도착한 것을 환영합니다'"라고 말한다(*The Good Fortune of the Dead*, *ANET*, 33-34). 더 잘 알려진 것으로는 『한 인간의 영혼과의 자살에 관한 논쟁』에서 온 아름다운 시구가 있다: "죽음이 오늘 내 앞에 있다./ 아픈 사람의 회복 같고,/ 갇힌 곳에 있다가 탁 뜨인 곳으로 나가는 것 같다./ …몰약의 향기 같고,/ 산들바람 부는 날 차일 아래 앉아 있는 것 같고/ …연 꽃 향내 같고,/ 만취하여 강둑에 앉아 있는 것 같다./ 수 년을 사로잡혀 보내는 사람이/ …그의 집을 다시 보고 싶어하는 열망 같다"(*ANET*, 407a). 그러나 이것은 죽음이 삶의 연장이요 완성으로 여겨지는 문화에서의 얘기다. 고전 문학 세계에서는 아이스퀼로스, frag. 141(255); 소포클레스, *Trachiniae*, 1173; *Oedipus at Colonus*, 955, 1224-26; 유리피데스, *Trojan Women*, 636-37 등을 비교할 수 있을 것이다. 산헤립의 무덤에 새겨진 비명인 "잠의 왕국, 평화로운 무덤, 앗수르의 왕이요 세계의 왕인 산헤립의 영원한 거처"가 셈족 환경에서 나온 그나마 유사한 문헌이다(L. Messerschmidt, *Keilschrifttexte aus Assur historischen Inhalts*[Leipzig: J. C. Hinrichs, 1911] 1:49, no. 47).

14-15 시가 갑자기 기대하지 않던 방향으로 흐른다. 덤은 늘 논리적 문제들에 민감한데, 지하 세계에 있는 왕들과 고관들에 대한 묘사가 과연 그 주제에 필요한가 하고 의심한 몇 안 되는 학자들 가운데 한 명이다. 그는 14-15절을 순전한 극적 장식이라고 결론내린다. 사실, 고귀하게 태어난 사람들을 스올에 두는 것이 욥이 스올에 관해 바람직하게 여기는 한 가지인 그 곳의 평온함에 어떤 기여를 하느냐고 우리가 묻는 것도 당연하다. 데이빗슨이 욥은 "그가 지금의 모습대로 더럽게 누워 있고 천하게 태어난 인종들의 멸시가 되는 대신에(제30장) 차라리 죽었더라면 살아서 고명한 역할들을 했던 위대한 고인들과 함께 있었을 것이다"를 뜻한다고 말할 때(드라이버도 비슷함) 완전히 틀렸다. 욥은 정말로 인격의 손상을 당하느니 차라리 죽으려는 것인가? 사람의 지위를 스올에서 알아보게 하는 것이 스올의 매력 중에 하나로 여겨지는가? 그들이 땅에서 누리거나 견뎌야 했던 사회적 지위에 따른 사람 차별이 욥이 스올의 평온함에 기대하는 것인가? 단테의 지옥 편이 훨씬 더 차별적이었다.

스올의 묘사에 대한 새로운 해석을 향한 또 한 길은 먼저 스올에는 두 그룹의 거주자들이 있다는 것을 알아보는 것이다. 즉 17절에서 "악한 자들"과 "지친 자들"로 확인되고, 그들과 함께 18절에서 "감독관들"과 "포로들"이 배열되며, 뿐만 아니라 19절의 "큰 자"와 "작은 자" 그리고 "주인"과 "종"으로 나타나고 있다. 이 두 그룹은 살아 있을 때 착취 받는 자들의 관점에서는 휴식과 여유의 부재, 강제 노역, 자유의 부재, 열등한 지위로 묘사되고, "내레이터"의 관점에서는 착취자들 편에서의 "괴롭힘"으로 묘사되는 적의가 가득한 사회적 관계로 함께 얽혀 있었다. 스올에서는 사회적 차별과 한 그룹에 의한 다른 그룹의 지배가 근절되었고, 따라서 그것이 바로 스올을 평온한 곳으로 만드는 것이다. 대조적으로 땅 위에서의 삶은 계급 투쟁이라는 사회적 의미에서 "환난"(עמל – 아말, 10절) 혹은 "괴롭힘"(רגז – 로게스, 17, 26절)의 문제다.

사회의 기득권자 가운데 하나인 욥이 왜 생을 본질적으로 사회적 분쟁으로 보고 죽음을 사회적 차별이 폐지된 바람직한 상태로 보는가? 우리는 욥이 "동방에서 가장 큰 자"(1:3)일 때 생을 이런 식으로 보았다고 거의 상상할 수 없다. 그러나 프롤로그의 날들이 지나면서 그는 경제적으로도 가난하고 사회적으로도 버림받게 되었다. 그의 사회적 관점이 강제적으로 "높은 자"에서 "낮은 자"의 것으로 바뀌었다. 사회적 억압의 폐지를 좋은 것으로 생각하는 사람들은 오로지 그것으로부터 고생을 하는 사람들뿐이다. 그러나 경제적 · 사회적 통제 체계로부터 혜택을 받는 사람들은 그것을 만물의 이치로 혹은 하나님이 내려 주신 구조로 생각하며, 결코 그것의 폐지를 원하지 않는다.

17-19절에서 규정된 이런 사회 질서관이 분명히 14-15절의 암시적 배경을 이룬다. 처음에는 이 구절들에서 왕들, 고관들 그리고 감독관들이 "폐허를 재건하는"(14절) 혹은 "금을 가진" 혹은 "은으로 그들의 집을 채우는"(15절) 것으로서 꽤 객관적으로 묘사되고 있는 것 같고, 저자의 유일한 평은 이제는 그들이 스올에서 아무것도 소유하지 않는다는 겉으로 드러나지는 않은 풍자다. 그러나 이 시에서 점차적으로 전개되는 스올의 표상을 배경으로 보면, 이 통치자들은 "높은 자", 주인들, 따라서 악인들과 한 통속으로 배열될 수 있을 뿐이다. 그렇게 볼 때, 14-15절의 표현들이 이미 같은 방향을 가리키고 있음을 알게 된다. 왜냐하면 금과 은에 대한 언급들은 경멸의 의미로 받아들여야 하기 때문이다(부자 독자들을 제외한 모두가 즉각적으로 느낄 수 있듯이). 또한 욥이 부자일 때조차도 그런 뜻이 의도되고 있다고 볼 수 있는데, 이는 그의 부가 오로지 가축과 종들로 되어 있고(1:3), 그의 회복의 시기에 받는 (경화로 주조되지 않은) 은과 금 고리들은 그의 부를 늘리라는 금전적 선물이라기보다는 존경의 표시이기 때문이다. 욥 자신의 무죄 변호도 금과 은에 대한 의존을 부인한다(31:24-25). 이는 최소한 은과 금을 부의 척도로 보는 데는 문

제가 있다는 암시이며, 그리고 아마도 폭군을 상징하는 부의 형식에 대한 암묵적 거부다. 또 엘리바스가 만일 22:24-25에서 욥이 일단 회복되면 너무 부유해져서 금을 티끌처럼, 오빌의 금을 와디(사막 지역의 개울로 강[개역], 계곡[개역 개정] 등으로 번역됨 – 역자주)의 돌처럼 여길 것임을 의미하는 것이라면, 그는 금을 마치 전능자가 "너의 보화[금] 그리고 너의 고귀한 은"이 되는 것처럼 은유적으로만 뜻하는 것이다. 그래서 욥은 자신이 귀금속을 비축하는 자들 가운데 있다고 자부하지 않으며, 또한 "자신들을 위해 폐허를 일으키는" 왕들과 자신을 동일시하지 않는다고 우리는 가정할 수 있는데, 이는 욥이 항상 자신의 중요성을 인격적 관계와 지역 사회에서의 정의 유지에서 찾았고(29장) 큰 성읍들을 세운 동방의 유력자들의 야망에 대해 참을 수 없어 하고 비판했기 때문이다. 자신들의 중요성에 대한 과장된 의식을 가진 이 사람들이 17절의 그 "악인들"이다. 이들이 바로 사회 질서를 "혼돈케 하는 자들"이다(참조. 왕상 18:17-18, 거기서도 "괴롭게〈혹은 혼돈케〉 하는 자" 〈עכר – 아하르〉의 신원은 보는 이의 관점과 사회적 지위에 달려 있다). 욥은 그들과 함께 하는 지하 세계 생활을 참아 낼 바람이 전혀 없지만, 스올에서는 그들의 위세가 끝나 버렸고, 그리고 이제 땅에서는 생명을 소란케 하는 자들이었던 그들도 이전에 자신들의 괴롭힘을 당했던 사람들과 똑같이 조용하다. 사실, 예전에 괴롭히는 자들의 조용함은 예전에 괴롭힘을 당하던 자들의 조용함보다 훨씬 더 인상적인 스올의 특징이다. 그러므로 괴롭히는 자들은 스올이 가진 "환난"-감소 능력의 표본들로서 스올의 평온함에 대한 욥의 묘사 속으로 들어온다. 따라서 14-15절은 의미상 필요한 것이 아니라는 덤의 말은 부정된다. 욥에게는 사실 인생의 혼란이나 "환난"(עמל – 아말)이 배타적으로 인간 사회 내의 불평등한 권력 때문만은 아니다. 왜냐하면 사회적 지위에 관계 없이 모든 이에게 떨어질 수 있는 상실의 고통, 하나님의 저버림 그리고 육체적 질병이 있기 때문이다. 그러나 적어도 한 주 그리고 친구들이 우스로 도착하는 데 걸린 시간 동안(2:11, 13) 사회 계층 피라미드의 밑바닥 인생을 경험한 후에, 그는 억압받는 사람들의 운명에 대한 확실한 느낌을 얻었고, 이제 의심의 여지없이 자신을 지친 자, 갇힌 자, 낮은 자 그리고 노예의 편에 세운다(17-19절). 최소한 그들이 경험하는 "환난"은 총체적으로 인생 환난의 전형을 이룬다. "인생은 일종의 노예 상태이며 강제 노동이다"(하벨). 참조. 7:1-2.

이 시에서 스올의 이름은 단 한 번도 언급되지 않는다("그 대상을 **넌지시 비추게 하는** 것, 그것이 본 시인의 목표다"[말라르메]). 그러나 "눕다", "잠잠하다", "멈추다", "쉬다"와 같은 잠재적으로 모호한 동사들이 말해지는 순간부터(13절),

그것들이 여기서 무엇을 가리키는가에 관해서는 전혀 모호함이 없다는 것을 우리 모두가 안다는 가정으로 인해 그것의 실재는 그만큼 더 크게 다가온다.

왕, 모사, 고관의 순서로 연속되는 배열은 에스라 7:28; 8:27에서도 나오는데(사 19:11에서는 고관, 모사), 이는 페르시아적 배경을 암시한다. 왜냐하면 이스라엘 내에서는 모사라는 직함을 가진 관료들이 사무엘하 8:16-18; 20:23-26; 열왕기상 4:1-6의 목록들에서 언급되지 않기 때문이다(호르스트). 모사에 대해서는 P. A. H. de Boer, "The Counsellor," *VTSup* 3(1955) 42-71; W. McKane, *Prophets and Wise Men*(SBT 44; London: SCM, 1965), 특별히 55-62를 보라. 지하 세계 거주자들의 계속된 신분과 사회적 지위는 이사야 14:9-10(거기서 아마도 스올은 자기의 왕족 손님들로 하여금 바벨론 왕의 당도를 환영하게 하는 주인이다), 에스겔 32:27(전사들이 그들의 무기들을 가지고 스올로 내려간다) 그리고 사무엘상 28:14(사무엘의 영이 관복을 입은 노인이다) 등에서 암시된다. 그러나 우리의 구절은 "약함"의 묘사에서뿐만 아니라(사 14:10처럼) "괴롭게 함"의 중단을 묘사함에서 훨씬 더 치밀하고 풍부하다. 여기서 "죽으면 모든 사람들이 근본적으로 동등하다는 것이 강조되고 있다"고 말하는 것(Tromp, *Primitive Conceptions,* 193 n. 80)은 완전히 부적당하다. 또 본문은 "이 생에서 이미 모든 사람들이 평등하다는 영상을 전달한다"고 말하는 것(앤더슨)도 마찬가지다. 왜냐하면 이 생에서 사람들은 평등하지 않고, 또한 스올에 관해 좋게 여겨지는 것은 추상적 원리로서의 평등주의가 아니라, 이 지상 세상에서 "환난"을 만들어 내는 동등하지 않은 사람들 간의 갈등의 부재이기 때문이다.

일부는 이 구절들에서 자신들의 미래의 존속을 위해(למו – 르모, "그들 자신들을 위하여" 주목) 이후의 무덤-건축가들의 약탈로 인해 욥의 시대에 이미 "폐허"처럼 보이게 되었거나 사막의 "황무지"에 위치했고(도름), 대중 상상력 – 부당하지는 않음 – 이 그런 피라미드들에 있었다고 믿은 보물들로 가득한 거대한 건축물들인 대영묘를 세우는 이집트의 피라미드-건축가들에 대한 언급을 보았다(도름, 횔셔, 포어러 등이 그렇다). 그런 경우라면 15절의 "집들"은 피라미드 자체이거나 혹은 다른 무덤들일 것이다(참조. 사 14:18의 "집"; 대부분의 번역들은 무덤으로 번역 – 역자주). 그러나 이들 구절들에 특별히 이집트적 색채는 없으며, 그 고관들을 살아 있을 때 부를 축적했던 자들로 보는 것이 전체 그림에 더 잘 들어맞는다(참조. 악인들의 집을 좋은〈טוב – 토브〉 것들로 채우는 것에 대해서는 22:18; 그리고 이스라엘이 좋은 것들로 가득한 가나안 도시들을 포획하는 것에 대해서는 신 6:11; 그리고 느 9:25을 보라).

앤더슨은 이 구절들에서 17-18절에 나오는 네 가지 분류에 상응하는, 사람을 분류하는 네 가지 범주를 본다: 여기서는 왕, 모사, 건축가 그리고 고관, 거기서는 악인, 지친 자, 범죄자 그리고 착취당하는 자. 그러나 14절의 건축가들은 왕들이나 모사들과 다른 그룹의 사람들이 아니다(하보님〈הבנים〉의 관사가 분명히 하듯이), 그리고 17-18절에는 범죄자들과 관련된 것이 하나도 없는 것 같고, 그 대신 여덟 그룹의 사람들이 있는데, 그들은 아마도 단지 두 범주, 즉 억압자들과 억압당하는 자들의 표본들로 보아야 할 것이다.

16 이 절은 위치가 잘못된 것일까? 확실히 그것은 15절과 17절의 연결을 끊는다. 왜냐하면 17절을 여는 "그 곳"은 16절에 있는 어느 것도 아니고, 오로지 13-15절에서 묘사된 스올을 가리킬 수 있을 뿐이기 때문이다. 또한 16절의 주제인 때 이르게 태어난 아이를 바로 묻는 것은 태어날 때 죽는 아이의 운명을 말하는 11-12절과 어울리지 않는가? 이런 이유로 NEB, 드라이버, 도름, 로울리, 드 빌드는 이 구절을 12절 뒤로 옮긴다. NAB, JB, 비어, 덤, *BHK*, 스티븐스, 모파트, 포프는 11절 뒤로 옮긴다(두 곳 모두 적당한 곳이다). 바이저와 호르스트는 13절 뒤로 옮긴다(가능성이 더 적다). 그리고 포어러, 페드리지, 헤세는 사고의 흐름을 끊는다고 하여 그 구절을 완전히 삭제한다.

16절이 논리적으로 11-12절과 연관되는 것에는 의심의 여지가 없다. 질문은 오히려 그것이 현재 위치에서 발견되어야 하는 어떤 이유가 있느냐는 것이 되어야 할 것이다. 한 가지 알맞은 이유(11-19절에 관한 부분을 보라)는 11-12절의 주제를 여기서 재기함으로써 스올의 생활에 대한 두 개(삼-행)의 묘사(13-15절, 17-19절)가 이뤄진다는 것이다. 16절이 없다면 그 두 묘사는 하나의 묘사가 되어 버릴 것이다. 그러나 그 둘은 개별성이 보존되어야 할 필요가 있다. 왜냐하면 첫 번째는 오로지 권력을 쥔 자들만을 다루고 다소 중립적인 입장에서 말하는 데 반해, 두 번째는 계속해서 권력 있는 자들과 없는 자들을 병치시키면서 후자와 공명하기 때문이다. 17-19절이 16절의 간섭으로 13-15절과 분리되기 때문에, 그것들은 그들에 대한 평을 보다 효과적으로 구성할 수 있다.

이 절의 이미지는 11절의 것과 약간 다르다. 거기서는 태어나서 곧바로 죽는 것이 아이였는데, 여기서는 (10:18-19에서처럼 자궁에서 무덤으로 옮겨지는) 사산된 태아다. 문자적으로 "떨어지는 것"(즉, 자궁으로부터)을 의미하는 네펠(נפל)은 엄격하게 말하면 자연 유산이나 인공 낙태가 아니라(독일어 *Fehlgeburt*의 경우 같이,

그리고 민 12:12, 태어날 때 살의 "절반이 소실됨" 참조), 사산아(死産兒)이며(마찬가지로, 전 6:3; 시 58:9[8]), "숨겨진"(טמון – 타문)이라는 그 다음 단어는 우리가 그것이 정확하게 가리키는 것을 알기 전이라도 이러한 의미와 즉시 짝을 이룬다. "숨겨진"은 아마도 그 아이의 매장을 암시하는데, 매장하는 이유는 아마도 그것의 부자연성으로 인해 공포의 원인이 되기 때문이다(참조. L. Koehler, *Hebrew Man* [London: SCM, 1956] 51). 그러나 "원문주해" 3:16.b.도 보라. 전도서 6:4-5은 그 현실을 생생하게 그려낸다. "그것은 헛되이 와서 어둠 속으로 들어가며 그 이름이 어둠에 덮인다. 게다가 그것은 해를 보지 못했거나 혹은 아무것도 알지 못했다"(포드카드의 번역, 도름에 의해 인용). 여기에는 자궁 속에서 죽어 어미의 자궁을 영원토록 크게 내버려 둔다는 이미지(20:17)의 격렬함 때문에 예레미야 본문에서는 제외된 하나의 파토스가 있다.

살다를 의미하는 "빛을 보다"라는 표현에 대해서는 33:28; 시편 49:20[19]; 이사야 53:10(수정됨)을 참조하라.

17 이 곳의 어떤 것도 명시적으로 악한 자들의 "소요"와 지금은 쉬고 있는 자들이 예전에 겪었던 기진 상태를 상관 어구들로 연결하지 않는다. 마찬가지로 19b절구에서 "작은 자"와 "큰 자"의 드러난 연관성은 없다. 하지만 그의 주인에게서 자유롭게 된 종을 가지고 있는 19b절구는 우리에게 "종"과 "주인"이 상호관계 속에서 스스로를 정의하는 것처럼(노예가 없으면 주인이 없고, 그 반대도 마찬가지다), "작은 자"와 "큰 자"도 그렇다는 것을 상기시켜 주며, 또한 18절은 포로 노동자들과 그들에게 소리치는 감독관들의 연관성을 의심할 여지없이 상기시켜 준다. 그러므로 우리는 여기 17절에서도 악한 자들의 "소요"와 지친 자들의 기진 사이의 관계를 찾아보도록 고무된다.

"소요"(רגז – 로게즈)는 무엇을 뜻하는가? 물리적 의미로는 이 동사는 지진을 의미한다(9:6; 삼상 14:15; 암 8:8). 그리고 감정적 의미로는 두려움(렘 33:9; 합 3:16), 심한 놀람(사 14:9), 격한 슬픔(삼하 19:1[18:33]) 혹은 분노(사 28:21; 왕하 19:27, 28; 욥 39:24[명사]) 등을 의미한다. 이 동사는 목적어를 취하지 않기 때문에 목적어를 수반하는 영어 단어 "괴롭힘"(KJV, RV, RSV, NAB)은 적절하지 않다. 물론 악한 자들의 "소요"에 희생되는 자들이 있지만 이 단어 자체는 그렇게 말하지 않는다(드라이버). 그들의 "소요"는 그들의 악함에 대한 표현이다. 그것은 단순히 인생의 혼란이 아니다(16; 14:1에서처럼). 비슷하게 이사야 57:20에서는 악인들이 진흙과 더러운 것을 솟구쳐 내는 요동하는 바다 같다고 말해진다 – 이는 단순히 악인들의 내적 정신 상태만을 의미할 수 없고 사회에 미치는 그들의 영향도 가리킬 수 있다. 만일 더러운 것이 던져지면, 그것은 누군가에게 떨어질 것이다. 시편의 언어로는 악인들은 전형적으로 의인들의 반대만이 아니라, 그들의 압제자들이기도 하다(시 17:9; 36:12[11]; 37:12; 55:4[3]; 82:4; 119:95). 악하다는 것은 단순히 죄의 상태에 있는 것 혹은 감정적 교란 상태에 있는 것의 문제(앤더슨)가 아니라, 반사회적으로 행하면서 다른 사람들에 대한 해악을 적극적으로 갈구하는 문제다(호르스트).

악인들은 항상 "희생자들"을 가진다(모파트, 고디스). 그러면 악인들의 폭력적이고 억압적인 분노와 "힘이 빠진 자들"(יְגִיעַ כֹּחַ – 예기에 코아흐), 힘있는 사람들에 의해 지치고 자신들의 힘은 강한 자들의 더 큰 권력을 위해서 자신들에게서 쭉 빠져나가 버린 자들의 탈진된 무력함이 연결된다. 참조. 전도서 4:1, "내가 해 아래에서 행하는 모든 학대를 살펴보았도다. 나는 학대받는 자들의 눈물을 보았고, 그들에게 위로자가 없음을 보았다. 힘은 학대하는 자들의 손에 있었다"(NEB). 인생에 존재하는 혼란은 강자들이 약자들을 압제하는 데서 생기며, 또한 욥에게는 큰 자와 작은 자의 경우처럼(19절) 오로지 두 종류의 계급만이 있다. 스올에서는 그 혼란이 "그치며"(חדל – 하달), 그것이 스올이 바랄 만한 거처가 되는 이유다. 지하 세계가 욥에게 가지는 특징은 차별성 폐지나 평등 관계 수립이 아니라, 혼란 가능성들의 제거다. 이 "스올이 지닌 조용하고 고요한 평화로움에 대한 아름다운 풍경의 묘사"(피크)는 – 만일 이 묘사가 스올의 진짜 모습이라고 하면 – 그럼에도 불구하고 **은밀하게는** 지상 세상에서 인간을 괴롭게 하는 제도화된 소요에 대한 저항이다.

18 이 곳의 이미지는 사로잡힌 자들, 전쟁 포로들과 관련된 것이며(범죄자나 민간 "수감자들"이 아니다〈KJV, RV, RSV, JB, NJPS, GNB처럼〉), 그들은 오랜 전통에 의해 고대 근동의 강제 노동력을 형성했다(참조. I. Mendelsohn, *IDB* 4:389[bibliography]; add I. Mendelsohn, "On Slavery in Alalakh," *IEJ* 5[1955] 65-72). 그들은 주로 성전이나 궁전을 짓는 것 같은 국가적 과업들에 고용되었고(삼하 12:31; 참조. R. de Vaux, *Ancient Israel: Its Life and Institutions*[London: Darton, Longman and Todd, 1961] 88-90), 또한 그 포로들을 14절에서 언급된 도시-건설 일꾼들로 봄으로써 스올 생활의 다양한 삽화들을 조화시켜 보는 것은 구미가 당기는 일이다. 그러나 19절의 노예는 분명히 자국의 종이기 때문에 완전히 통일된 그림을 찾아내려고 하지는 말아야 한다.

포로들이 지하 세계에서 느끼는 "편안함"(שׁאן – 샤안)은 자유가 아니라 아마도 두려움으로부터의 해방이다. 왜냐하면 그 동사의 다른 네 경우 중 세 경우에서(잠 1:33; 렘 30:10; 46:27) 그 동사가 두려움과 직접적으로 대조되고 있기 때문이다. 노게스(נגשׂ)는 출애굽기 3:7; 5:6, 10, 13, 14에서 국가 건설 프로젝트에 참여한 이스라엘 사람들을 부리는 이집트 감독관들이다. 이사야 9:3[4]에서 그 감독관은 채찍을 갖추고 있고, 스가랴 9:8에서는 일꾼들을 은유적으로 짓밟는다(עבר-아바르). 욥기 39:7에서는 노게스(נגשׂ)가 반항적인 나귀에게 소리치는 "몰이꾼"이다. 따라서 이 용어는 노예-노역자의 굴욕을 생생하게 제시한다.

포어러는 감독관들을 가리키는 그 지시어는 (이집트 노예제를 상기시키면서) 그 이미지의 한 이집트 문헌에 나오는 것과의 유사성과 결부되어, 이집트가 시인에게 미친 영향을 가리킨다고 주장한다. 그러나 『자살에 관한 논쟁』으로 알려진 그 문헌은 "수 년을 사로잡혀 보낸 사람이 자기 집을 다시 보고 싶어하는 열망처럼 오늘 죽음이 내 앞에 있다"는 표현에서만(*ANET*, 407a) 우리의 본문과 피상적인 유사성을 갖는다.

19 여기서조차 스올에서의 인간의 평등에 관한 근본적인 진술이 없다(포어러, 앤더슨 그리고 다수는 이에 반대다). 이는 평등 자체에는 욥으로 하여금 스올을 바람직하게 여기게 하는 것이 전혀 없기 때문이다. 그는 한 번도 공론적 평등주의자가 아니었고(참조. 29:7-10, 21-25), 심지어 사회에서 가장 밑바닥에 있는 지금도 모든 사람을 자기 수준으로 끌어내림으로써 어떤 지위를 다시 얻으려고 바라지 않는다. "작은 자"와 "큰 자"는 서로를 규정하는 계급들이다. 왜냐하면 그들은 대등한 사람들이 아니며, 인생에서는 필연적으로 충돌하기 때문이다(욥의 말은 "환난"이다!). 스올이 그렇게 바랄 만한 이유는 거기에 비록 작은 자와 큰 자가 함께 있지만 (그들이 지상 세상에서 그런 것처럼) 그들 사이에 충돌이 끝났다는 것이다. 한 가지 예가 전체를 말해 준다: 노예는 자기 주인이 없다. 첫 번째 행은 두 번째 행의 도움의 빛에서만 이해될 수 있다. 물론 욥은 인생이 일종의 노예 상태라고 느끼게 되었기 때문에 노예들과 공명하고, 따라서 표상은 노예의 관점에서 제시된다(가령, "주인이 더 이상 종을 때리지 않는다" 등이 아님). 그러나 그 표상은 더 폭 넓은 가리킴, 즉 갈등의 중단을 가리킨다.

이것이 이 시인의 묘사를 죽으면 모두 똑같다는 전 세계 문학계에 있는 상투적인 문구와 차별화시키고 더 미묘하게 한다. 도름은 루시안의 *Dialogues*에 다시 나타나는 이 상투문과 죽음은 *exaequat omnia*, 즉 모든 것을 고르게 한다는 세네카의 유명한 문구(*On Consolation*, 20.2)를 인용한다. 참조. 또한 *The Greek Anthology*, 7.

342, 538.

자기 주인으로부터 자유롭게 된 종(18절의 복수 "포로들"과 이 곳의 단수들을 대조해 보라)은 국가 노예보다는 가내 하인처럼 들린다(포어러에 반대). "자유로운"(חפשי – 호프쉬)이라는 단어에는 어떤 특별한 사회적 의미도 결부되어 있지 않고, 성경 바깥 상황에서는 보통 자유롭게 태어난 사람을 의미하지만 여기서는 자유롭게 된 노예에 대해서 쓰인다(I. Mendelsohn, "The Canaanite Term for 'Free Proletarian,'" *BASOR* 83[1941] 36-39; idem, "New Light on the *Ḫupšu*," *BASOR* 139 [1955] 9-11; O. Loretz, "Ugaritisch-hebräisch *ḫb/pṭ, bt ḫptt – ḥpšj, bjt ḥhpšj/wt*," *UF* 8[1976] 129-31). 또한 "원문주해" 3:19.b.를 보라.

앤더슨이 제시하는 것처럼, 이 연에는 어떤 교차적 배열이 있을지 모른다: 그는 특권층(14-15절)과 비특권층(17-18절)의 순서가 19절에서 "작은 자"-"큰 자" 그리고 "종"-"주인"의 순서로 반사되고 있음을 본다. 반면에 고디스는 "작은 자"-"큰 자"의 순서는 히브리어에서 흔하다고 지적한다(참조. 신 1:17; 삼상 5:9; 30:2, 19 등).

20-26 인간 욥의 고난은 세상에서 유일한 고난은 아니다. 욥은 자신의 인생을 "환난"(עמל – 아말, 10절)으로 여기는 그의 동일시와 이 땅의 "환난"(רגז – 레게즈, 17절)이 세상의 모든 거주자들에게 끝난 스올의 "안식"에 대한 열망을 통하여 자기 자신의 경험을 넘어 "환난에 처한"(עָמֵל – 아멜, 20절) 모든 인간의 불행한 운명을 내다본다. 그러나 우리는 3-10절의 악담들을 유발한 그의 고통의 경험이 결국에는 본 시가 여기서 취하는 애조의 방향에 의해 완화된다고 생각하지 말아야 한다. 왜냐하면 환난에 처한 인간 전체에 관한 내용으로 알려진 20-23절 저변에서는 아직도 환난에 처한 개인 욥이 주된 관심으로 그가 마지막 절들(24-26절)에서 다시 자신에 대해 직접적으로 말하기 때문이다. 또한 여기서 최종적으로 본 시의 **중심 사상**이 가장 분명한 형태로 서술된다: 그가 바라는 스올의 평안과는 다르게, 그는 이 곳의 인생에서 전혀 "평안"(נוח – 누아흐)을 얻지 못하며, 오로지 "환난"(רגז – 레게즈)만이 자신을 대항하여 오되 끝없이 계속 온다.

그가 "환난 받는" 사람들을 단순히 인류의 한 부분으로 여기는지 혹은 이것을 인간 존재 일반에 관한 진리로 느끼게 되었는지를 묻는 것은 좋은 물음이다(참조. Cox, *The Triumph of Impotence*, 48: "그렇다면 욥이 보는 대로 인간의 본질적 조건은 비참하고 쓰라린 것이다"). 이어지는 부분에서는 욥이 오로지 자신처럼 고생한 사람들을 묘사하려 한다고 가정되겠지만, 보다 폭넓은 가능성이 배제되지 않는다. 테리앙은 죽음을 향한 욥의 열망이 낭만주의의 개인주의적 스타일과 얼마나 다른지에 대해서 논한다. 욥은 자신에 대해서만 말하지 않고 고생하는 인류의 이름으로 말한다.

욥이 한 번도 자살을 고려하지 않는다는 사실은 주목할 만한 일이다. 히브리 성경에서 자살이 언급되는 유일한 계기들은 격렬한 군사적 혹은 정치적 재난 상황에서 더 치욕스런 죽음을 피하기 위해서다: 이사야 9:54(아비멜렉); 사무엘상 31:4-5(사울과 그의 무기 든 자); 사무엘하 17:23(아히도벨); 열왕기상 16:18(시므리); 참조. 또한 마카베오하 4:37-46; 마태복음 27:5. 이는 개인적 고통 혹은 고난에 처한 사람들이 자신들의 생명을 취하는 경우가 알려지지 않은 것은 그 일들이 내러티브 안으로 들어오기에는 충분히 극적이지 않기 때문이라고 말하는 것이 아니다. 따라서 우리가 셈족의 자살 금지에 대해 말해야 할지(가령, 덤처럼) 혹은 이 문제에 관한 욥의 침묵을 궁극적으로 변호를 향한 억제할 수 없는 열망으로 스스로를 드러낼 생에 대한 그의 집착을 표현하는 것으로 평가해야 할지는 다소 불확실하게 남는다. 바빌로니아에서의 자살에 관해서는("사람이 원수들의 손에 빠질 것이 분명한 때에만"), 참조. B. Meissner, *Babylonien und Assyrien*(Heidelberg: C. Winter, 1920) 1:424; 그리고 참조. J. Leipoldt, *Der Tod bei Greichen und Juden*(Leipzig: G. Wisand, 1942). 하스팅스(Hastings)가 편집한 백과사전 *Encyclopaedia of Religion and Ethics* 내에 마골리우스(G. Margoliouth)와 바톤(G. A. Barton)이 쓴 자살에 관한 소론(12:37-39)은 믿기 어려운 많은 진술을 담고 있다. 가령, "고대 히브리인들은 대체로 기꺼이 인생을 좋아하고 자기-보존의 자연적 본능으로 억누르는 경향이 없는 단순한 민족이었다"(마골리우스). 반면에 *Encyclopaedia Judaica* 내에 있는 라비노비츠(L. I. Rabinowitz)와 콘(H. H. Cohn)의 보다 신뢰할 만한 소론(15:489-91)은 역사적 증거가 현존하는 대부분의 시대의 유대인들 사이에서는 자살이 잘 입증된다는 것을 보여 준다(참조. 6:8-9).

20 스올의 평안은 확실히 욥의 현재 경험과 정반대다. 지하 세계에 관한 모든 문장은 **은밀하게** 이 삶에 관한 하나의 저항이었다. 따라서 이제 초점이 지상에서 사는 것의 고통으로 옮겨 가는 것은 전혀 놀라운 일이 아니다. 그는 먼저 결코 수태되거나 태어나지 않았기를 바랐고(1연, 3-10절), 그 다음에 일단 태어났으니까 태어날 때 죽거나 사산이 되기를 바랐는데(2연, 11-19절), 이제 그의 바람은 그동안 살았어야 했으니까 이제 그만 살 수 있기를 바라는 것이다. 테리앙은 이것을 생의 증오에서 죽음의 사랑으로의 이동이라고 불렀다(S. Terrien, *Poet of Existence*, 46).

그것은 "고난자가 왜 태어나 빛을 보는가?"가 아니라(NEB), 오히려 "왜 고생하는 사람이 계속 살아야 하는가?"이다.

환난을 당하는 사람에게 빛(생명, 참조. 16절에 관한 부분)을 주는 이는 누구인가? 분명히 죽이기도 하고 살리기도 하시는(삼상 2:6) 하나님인가? 그런데 이 곳의 동사는 비인칭이며 다소 수동태다(KJV, RV, RSV, NAB, NIV, 고디스). 그러면 비록 명시적이지는 않지만 그래도 하나님을 가리키는 것인지(NJPS, 포어러, 포프, 하벨) 우리는 알 수 없다(비슷한 경우들, 12:13; 16:7; 20:23; 22:21; 25:2; 30:18). 그러나 신의 이름이 부재한 이유는 "모든 생애의 본능들이 화자로 하여금 그의 조물주에게 도전하지 못하도록 붙들고 있기에, 그가 아직도 그것의 사용을 피하고 있기 때문이기"(스트라한)보다는, 아마도 그의 중점이 현재 상태에 책임이 있는 이가 아니라, 인생이 아무리 고통스러울지라도 거기서 빠져 나갈 수 없다는 순전한 사실에 있기 때문일 것이다(호르스트도 마찬가지).

빛을 생명과 동등하게 여기는 것은 우리에게 익숙한 것으로(참조. 16절; 18:5-6; 33:30; 시 56:14[13]; 사 53:11[수정됨]; 1QS 3.7; 요 8:12) 여기서 특별한 의미를 갖는다. 왜냐하면 욥의 희망이 어두움을 향해 있어서 자신이 태어난 날이 어둠이 되고, 또 그의 잉태의 밤이 지하 세계의 어둠에 사로잡혀 훨씬 더 어두워지기를 바라기 때문이다(4-6, 9절). 그 단어 "괴로운"(עָמֵל – 아멜)은 그 외의 다른 두 경우에는 일꾼이나 노역자를 가리키는 비정서 용어이지만(사 5:26; 잠 16:26; 욥 20:22의 형용사는 아마도 명사로 수정되어야 한다), 여기서는 당연히 욥이 느끼는 대로의 인간의 상태, 즉 아말(עמל)의 상태, 다시 말해 혼란, 투쟁, 불안의 상태를 가리키는 가장 **적절한 용어**(*mot juste*)다. 처음에 우리는 욥이 자기 자신에 관하여(단수형으로) 말하고 있다고 생각한다. 그 다음에 두 번째 행에 있는 복수형은 그가 이제 이 연에서 다른 사람들을 위해서도 말할 것임을 깨닫도록 주의시킨다. 아말(עמל)을 겪는 자들은 마래 나페쉬(מרי נפש)이며, 이는 문자적으로 "영혼, 영이 쓰라린" 혹은 다음의 경우들처럼 "쓰디쓴, 실망한, 괴로운"의 의미를 갖는다(드라이버): 사사기 18:25("분노한", RSV); 사무엘상 1:10(한나, "심히 괴로운", RSV); 22:2(사회-경제적으로 주변적인 압둘람 굴에서; 참조. 욥 21:25, 영혼이 괴로운 자는 한 번도 번영을 보지 못했다): 30:6[?](자식을 잃은 부모); 사무엘하 17:8(자기 새끼들을 잃은 곰처럼 격분한 사람들); 잠언 31:6(그런 사람에게 자기의 "고통"〈עמל〉을 잊도록 포도주를 주라); 이사야 38:15(히스기야가 "영혼의 고통"으로 잠을 자지 못한다); 에스겔 27:31(통곡하는 애도자들) 그리고 특별히 욥기 7:11과

10:1(욥이 자신의 "마음이 괴로운 중에" 말할 것이다). 따라서 이 용어는 말없는 침울함이 아니라, 욥기의 용어가 그런 것으로 입증되듯이 불행에 대한 격렬한 그리고 종종 노골적인 반응을 암시한다.

"왜?" 질문은 시편의 언어에 속하며, 시편에서는 그것이 절대로 어떤 이유를 이지적으로 발견하려는 욕구를 의미하지 않고, 항상 법률적이고 반(半)형식적인 고발의 언어 형식들을 본으로 만들어진 불평의 한 부분(전형적으로 첫 부분)을 이룬다(참조. H. J. Boecker, *Redeformen des Rechtslebens im Alten Testament*[WMANT 14; Neukirchen-Vluyn: Neukirchener Verlag, 1964] 30-31). 그것은 삶의 의미에 관한 질문이 아니며(바이저: "존재에 관한 인간의 물음은 근본적으로 하나님에 관한 물음이다"), 고생하는 삶의 의미나 가치에 관한 것(호르스트)도 아니다. 11-12절의 질문들처럼, 이 수사적 질문 혹은 고발은 23b절구가 명백하게 할 것처럼 욥의 마음속에 있는 하나님을 향해 말해진다. 그렇다고 욥이 여기서 어떤 것에 관해 하나님을 비난하고 있다고 말하는 것은 아니다. 그의 고난의 현실이 의심할 여지없은 그 고난의 창시자에 대한 생각을 배제시킬 정도로 그의 존재의 지평을 완전히 장악하고 있다.

21 인생의 혼란에 의해 학대받는 사람들은 그들이 당하는 고난으로 괴롭게 되기 때문에 인생에서 놓이기를 원한다(그들에게 죽음이 거부되기 때문에 괴로운 것이 아니다). 그들은 죽음을 "갈구한다"(חכה – 하카, 이 동사는 단순히 "고대하다"[NEB]보다는 의미가 더 강하다. 참조. 사 8:17; 시 33:20의 야훼를 "열망"; 참조. 106:3). 이 갈구의 감정적 강도는 "보물을 찾아 땅을 파는" 사람들이라는 놀라운 은유에 의해 매우 잘 제시된다. 톰슨은 19세기 팔레스타인에서의 보물 찾기에 관하여 생생한 이야기를 전달하며 다음과 같이 결론을 내린다. "인간 활동의 전 범위 내에 이처럼 약동적인 것은 없다. 우연히 단 하나의 동전을 만날 때 실제로 졸도하는 발굴자들이 있다는 얘기도 들었다. 그들은 극도로 흥분한다…이 시간에 그 나라 전역에 걸쳐 수백 명의 사람들이 이 일에 종사하고 있다…이 나라는 감춰진 보물이 풍부하고, 언제나 풍부했다"(W. M. Thomson, *The Land and the Book*[London: T. Nelson, 1890] 135-37). 보통 땅에 묻혀 있어 파내야 하는 감춰진 보물에 대한 성경의 가리킴들에 대해서는 여호수아 7:21; 잠언 2:4; 예레미야 41:8; 마태복음 13:44; 25:18, 25; 골로새서 2:3을 참조하라. 조지 루이 보호쥐는 이 구절들에 알맞게도 동양을 다음과 같이 묘사한다. "사람들이 매우 불행하거나 매우 행복한, 매우 부유하거나 혹은 매우 가난한 극단의 세계, 그들이 하는 일을 설명할 필요가 없는 왕들

의 세계…그러므로 감춰진 보물이라는 개념이 있다. 누구든 하나를 발견할지 모른다"(Jorge Luis Borges, *Seven Nights*[London: Faber and Faber, 1986] 51). 사실 보물은 종종 땅을 "파서"(חפר – 하파르) 찾아야 하는데, 죽음도 지하 세계가 땅 아래 있기 때문에 한 거대한 이미지로 필사적으로 파서 찾아야 하는 것으로 동일하게 제시된다. 우리가 고대 세계에서는 대부분의 감춰진 보물이 무덤 안에 있었다는 것을 깨달을 때 이 두 표상은 더욱더 가깝게 융합된다. 따라서 묘지-도굴꾼들은 일면 스올로 파들어 가는 것이다! 많은 주석가들은 발굴이 죽음을 찾는 성공적인 방법 같지 않다는 것을 보고 이 곳의 하파르(חפר)는 그것의 이차적 의미인 "찾다, 구하다"로 사용되고 있다고 생각한다(NAB, NJPS, NIV; 참조. NEB, JB, 부드, 훨셔, 포어러, 포프, 하벨). 그 동사는 최소한 그 두 가지 의미를 전달함에 틀림없다(드 빌드). 왜냐하면 숨겨진 보배를 추구하는 사람들은 의심의 여지없이 그것을 찾아 땅을 파기 때문이다. 그러나 괴로움을 당하는 사람들도 죽음을 은유적으로 파고 있는 것으로 보는 것이 가장 좋은 것 같다(KJV, RV, RSV, 도름, 모파트, 로울리).

22 인생의 환난들에 깊이 잠긴 사람들은 그들의 목표인 무덤에 도달하는 데 성공하지 못하고, 그들의 불행한 운명을 견뎌야 한다. 자살은 분명히 불가능하다(더 자세한 것은 위의 3:20-26을 보라). 그들에게는 "환난의 바다에 대항하여 개전하고 대항하여 그 환난들을 끝내 버릴"(*Hamlet* 3.1.59-60) 기회도 전혀 없다. 따라서 그들은 실제로 "기뻐하는"(RSV, NAB; 참조. NEB, NIV) 것이 아니고, 가정 상황으로 "기뻐**할 것이다**"(모파트) 혹은 "환희에 넘**칠 것이다**"(고디스). 아마도 죽음을 향한 갈구라는 이 설득력 있는 표상 뒤에 아직 보물을 찾는 사람들의 표상이 놓여 있을 텐데, 그들은 여러 경우에 묻혀진 보물이 있는 무덤에 도달하면 미칠 듯이 기뻐하는 묘지 도굴꾼들이다. 마찬가지로 괴로움을 당하는 자들도 그 무덤에 "도달하면"(מצא – 마차; "원문주해" 3:22.b.를 보라) "환희라고 말해도 좋을 정도까지"(도름) 기뻐할 것이다. "편안한 죽음을 바라는 헛된 갈망은 절대로 충족되지 않고 그들의 고통만을 더욱 첨예하게 만들며, 또다시 그들의 갈망에 불을 지른다"(포어러). 죽음에 대한 갈망에 관해서는 예레미야 8:3; 계시록 9:6 참조; 소포클레스, *Electra* 1007-8, "진짜 증오스러운 것은 죽음이 아니라 그것을 간절히 원하지만 결코 거기에 도달하지 못하는 것이다"; 오비드, *Ibis* 123-26, 원수에게 그가 죽을 이유는 있지만 수단은 없으리라는 저주를 발함; 키케로, *Tusculan Disputations* 1. 48.

23 욥은 아직도 자신에 대하여 일인칭으로 직접적으로 말하지 않으면서, 이제 (복수) "심령이 괴로운 자들"이 아니라 그의 길이 감춰져 있는 (단수) "사람"(גבר

–게베르)에 대해 말함으로써 말의 초점을 자신에게로 옮겨 간다. 그 사람은 당연히 욥이지만, 또한 고난에 처한 사람이라면 누구나이며, 그러나 아직은 24-26절의 "나"는 아니다. 욥 역시 죽음을 갈망하고 생을 거부하는 자들 가운데 한 명이다(7:15; 10:1). 21-22절에서처럼 여기서의 표상은 두 가지 측면에서 읽힐 수 있다. 한편으로 그것은 어둠이 떨어짐으로 길을 눈으로 보지 못하게 된 사람의 이미지이거나 혹은 길을 제한하는 울타리나 벽에 갇힌 것으로 자신을 보는 사람의 이미지다. 구원으로 향하는 "넓음", 고통과 위험으로 향하는 "좁음"이라는 전통적 은유 체계가 빛으로 새어 나온다. 그와 동시에 그 "길"은 사람의 운명이거나(목적격 소격으로서 "생명의 길", 즉 생명으로 인도하는 길) 혹은 자신의 운명에 다다르는 길 위에 있는 상태다(주격 소격으로서 "생명의 길", 즉 생명이 둘러싼 길, 생명이 구성하는 길). 그 길이 그 위를 걷는 사람에게 숨겨진다는 것은 사람이 자신의 운명을 억제할 수 없게 되고 그 운명의 현재적 의미에 대한 자신의 이해력을 상실하게 되었다고 느끼는 것을 뜻한다("길"은 "자-의식의 외적 실현 같은 것"이라고 코흐는 말한다. *TDOT* 3:285). 이들은 질서에 관한 모든 물음들을 떼어 버리는 죽음을 향한 열망을 불러일으키는 방향 상실의 경험들이다. [사 40:27에서 야훼로부터 그 "길"이 "숨겨졌다"(여기서처럼 데레크〈דרך〉와 싸타르〈סתר〉)는 이스라엘의 두려움은 다소 다른 문제다.]

그러나 또 다른 계통의 의미가 이 본문에 영향을 미치며 그 초점을 보다 분명하게 욥 자신에게로 되돌린다. 하나님이 욥 주변에 "울타리를 치셨다"(이 곳의 סוך와 동일한 שוך)는 사탄의 관찰(1:10)을 회상하는 것 이상이 거기에 있다–사탄의 말에는 아무런 악의나 냉소가 없었고, 다만 하나님의 보호에 대한 솔직한 인정이 있었다. 그러나 사탄, 하나님 그리고 욥이 일전에 보호라고 느꼈던 것을 이제 욥은 속박이라고 본다(앤더슨). 그 자체로서는 누군가의 주변에 울타리를 갖는 것에 무슨 문제가 있는가? 그것은 게를레만의 주장과는 다르게 추격에서 파생된 이미지가 아니다(G. Gerleman, "Contributions to the Old Testament Terminology of the Chase," *Årsberrätelse 1945-1946. Bulletin de la Société Royale des Lettres de Lund 1945-1946*[Lund: Gleerup, 1946] 89). 그것은 욥이 다른 곳에서 불평하는 어떤 것도 아니다. 사실 둘러싸는(בעדו –바아도) 울타리에 대한 유일한 반대는 여행하고 싶을 때 생긴다. 울타리를 감옥으로 만들거나 생명의 "길"을 가로지르는 장애물로 만드는 것은 첫 번째 절구에 있는 그 "길"과의 병치다. 19:8에서 욥의 길을 가로막는(גדר –가다르) 하나님의 행위는 하나님을 대항한 소송 목록의 일부를 이룬다(참조. 호 2:8[6]에서 길을 막음〈שׂוך〉은 신의 형벌 행위이고, 렘 3:7에서 주변에 벽을 쌓음〈גדר〉은 감금 행위다. 그러나 욥과는 대조적으로 거기에는 희망의 강렬한 표현들이 있다〈Lévêque, *Job et son Dieu*, 340-41〉). 울타리가 보호인지 아니면 장애물인지는 오로지 보는 이의 관점에 달려 있다. 그러면 욥의 바뀐 관점을 따라 그 기능이 변한 울타리는 무엇인가? 그것은 그의 살아 있음의 존속이다. 이전에 하나님의 보호는 그의 생명의 안전을 보증했다(그리고 1-2장의 테두리 안에서 하나님은 아직 그것을 다짐하신다: "그의 생명만은 해하지 말라", 2:6). 그러나 죽고 싶어하는 사람의 생명을 하나님이 유지시키시는 것은 그에게 적대적이고 그를 제약하는 행위다. 욥은 그의 생명-유지가 절단되기를 원하지만, 하나님은 고집스럽게 그를 계속 살게 하신다.

우리는 여기서의 중점은 욥의 경험의 현실에 있는 것이지, 그의 고난의 창시자에게 있는 것이 아님을 주목해야 한다. 살아 있음의 존속은 사실 하나님에 의해 "주어진다"(수동형). 그러나 그분이 비난받고 있지는 않다(헤세의 말과는 달리 본 탄식이 하나님에 대한 고소로 날카로워진 것은 아니다). 그 길이 사실상 하나님에 의해 제약받지만, 그것은 그를 적대적이라고 비난하는 것이 아니라(바이저는 이에 반대다: 그의 최악의 곤경은 그의 길을 막은 장본인이 하나님이라는 것이다), 벗어날 수 없는 현실을 강조하는 것이다. 당신의 길이 하나님에 의해 막히면, 그 길은 막힌 채로 있다.

24 이제 "나"가 스스로를 위해 욥에게 실제적인 것에 대해 말한다. 이 절을 인도한 접속사 "왜냐하면"(כי)은 이 절을 23절과 연결시키고, 그로부터 20절에 연결시킨다: 여기에는 욥이 차라리 죽고 싶어하는, 그리고 하나님이 그것의 존속을 승낙하신 존재의 계속을 개탄하는 이유가 있다. 보통 사람의 생명은 음식과 음료로 유지되는데, 사람이 소비하는 것이 모두 빈약하고 비위에 거슬리며, 그가 한숨짓고 괴로워할 때는 생명은 이제 그만 청산할 만한 것이 되며 유지할 가치가 없어진다. "당신이 먹는 것, 그것이 당신이다"(*Der Mensch ist, was er isst*, 포이에르바하). 또 욥이 만일 탄식을 음식으로 삼아 산다면 그의 생명은 "환난"과 비통 덩어리가 된다. 그 표상은 미묘하다: 욥의 바깥에서는 생명을 유지하는 것이 지금 하나도 그의 생명 속으로 들어오지 않으며, 그는 "[자신의] 불행의 자-소비자"로서 자신을 먹고 살고(John Clare), 양분이 계속 감소하는 먹이 연쇄 속에 갇혀 버린다. 앤더슨은 "탄식하기"와 "신음하기"가 욥의 불행에 대한 너무 약한 묘사라 생각하고 그 효과를 증대시키는 길을 모색한다("원문주해" 3:24.c. 보라). 그러나 그 이미지의 힘은

그 명사들 자체에 있는 것이 아니라 이 연약하고 박약한 호흡들이 욥에게 무엇이 되었는가에 있다: 그의 음식과 음료.

사람의 눈물을 그의 음식 혹은 "빵"으로 묘사하는 것은 사실 잘 알려진 시편의 표상 가운데 하나다(시 42:4[3]; 80:6[5], "눈물의 음식"; 102:10[9], "밥으로는 재를 먹고 마시는 것에 눈물이 섞였으니"; 그것은 비탄의 표준적인 묘사다(베스터만, *Structure*, 37). 그러나 그들의 문맥들은 그들이 하나님에게 구원을 바라는 호소의 상황이다. 그것들은 생명의 거부에 이르지 않는다. "탄식함"을 가리키는 용어 아나하(אנחה)는 마음의 슬픈 상황과 육체적 고생의 상황 모두에 쓰이며(23:2; 시 6:7[6]; 31:11[10]; 38:10[9] 등), 많은 경우에 그 둘을 구별하는 것이 불가능하다. 그런데 이 장에서는 욥의 육체적 고생들이 그렇게 많이 언급되지 않고, 오로지 그의 정신적 · 심리적 고통이 중점이다. "울부짖음"(שאגה – 슈아가)은 그 동사(שאג – 샤가)의 경우처럼 특별히 사자들에게 종종 사용되거나(4:10; 겔 19:7; 삿 14:5; 암 3:4, 8; 시 104:21), 혹은 사자의 포효에 은유적으로 사용된다(사 5:29; 렘 2:15; 시 22:14[13] 등). 그러나 이 단어가 번뇌하는 사람의 울음 소리에 대해 사용될 때 반드시 그 사자 이미지가 있는 것은 아니다: 시편 22:2[1]; 32:3; 38:9[8]. 그리고 여기(KJV, RV, JPS, 그리고 하벨은 "울부짖기" 혹은 그와 비슷한 것을 취하지만, 다른 역본들은 "신음[소리]"를 선호한다).

신음이 물처럼 흘러내리는 심상은 복합적이다. 나타흐(נתך, "쏟아지다")는 가장 흔하게는 진노를 퍼붓는 것에 사용된다(예를 들어, 대하 12:7; 렘 42:18). 그러나 땅에 퍼부어지는 비에 대해서도(출 9:33; 삼하 21:10) 그리고 젖의 쏟아짐에 대해서도 사용된다(욥 10:10). 따라서 신음도 은유적으로 입에서 물처럼 쏟아져 나올 수 있는데, 케렛(Karet)의 서사시에서 (좀더 구체적으로) 주인공의 눈물이 "세겔(당시 동전)들처럼 땅으로 쏟아져 내리는[여기서처럼, *ntk*]"(*CTA* 14.28-29; Gibson, 83) 것과 유사하다. 여기서 복잡하게 하는 요소는 그 신음들이 탄식자의 음료가 된다는 것이다. 탄식은 단지 빵(לחם이 음식을 총칭하기보다는 여기서 의미하는 것처럼) "같은"(לפני, "원문주해" 3:24.b 보라) 것이고, 신음은 단지 물 "같은" 것이지만, 빵과 물의 결합으로 우리는 여기서도 생명 유지의 심상을 보게 된다. 아이러니는 욥의 유일한 자양분이 자-생산적이며 소리나 호흡만큼 박약하다는 것이다. 더욱이, 빵과 물은 단지 양식의 표상들만이 아니라 생존의 최소 수준의 표상이기도 하다(왕상 22:27, 압제의 빵과 물; 겔 12:18; 집 15:3에서는 다르게).

25 이 절에 관한 질문은 그것이 욥의 현재 경험을, 아니면 그의 과거를 묘사하느

냐는 것이다. 대부분의 주석가들과 역본들은 그가 현재 시점에서 그의 상상력이 그에게 제시하는 모든 두려움이 현실로 바뀐 것을 본다고 말하고 있다고 믿는다(JB "내가 두려워하는 것은 무엇이든 현실화되고, 내가 무서워하는 것은 무엇이든 내게 임한다"). "그가 어떤 새로운 악을 생각하기만 하면 그 일이 반드시 그에게 닥친다"(로울리). 만일 욥의 현재에 1장의 사건들이 포함된다면, 그는 두려움이 현실이 되는 연속에 대해 말할 수 있겠지만, 만일 괴로운 일들이 그에게 닥쳤기 때문에 자신의 감정을 묘사하고 있는 것이라면, 새로운 불행의 파도들이 그를 덮친다고 말하는 것은 거의 맞게 들리지 않는다. 그의 번영의 때에는 그 두려움이 느껴졌을 리가 없다고 종종 주장된다. 데이빗슨이 그렇다. "욥이 그의 최고의 전성기에도 다가올 불행에 대한 막연한 두려움에 시달렸다고 가정하는 것은 본 시의 사상에 반하는 것이리라"(그리고 참조. 16:12; 29:18-20). 그런데 그것은 너무 강하게 말하는 것이다. 왜냐하면 내레이터가 프롤로그에서 제시하는 것은 자기 자녀들이 혹시라도 하나님을 저주했을 경우를 생각해서 그들을 대신하여 제사를 드리기 위해 아침 일찍 일어나는 철저한 경건의 사람이기 때문이다. 욥은 두려움 속에 살지 않으면서도(NEB와 대조해 보라. "나를 따라다니던 모든 공포가 나를 따라잡았다"〈혹은 나를 괴롭히던 모든 공포가 나를 엄습했다〉), 가장 모범적인 사람에게조차도 재난이 일어날 수 있음을 분명히 인식하고 있었다. 그리고 이제 그가 상상할 수 있는 최악의 경우가 엄밀한 현실이 되었다(비슷하게 NJPS, NIV, 포프, 고디스, 앤더슨, 하벨[?]).

자신의 걱정에 대한 욥의 표현은 욥에 대한 묘사인 1:1-5과 잘 조화되며, 그리고 정신 분석적 독법을 끌어들인다. 카츠(R. L. Katz, "A Psychoanalytic Commentary on Job 3:25," *HUCA* 29[1958] 377-83)는 욥 안에서 "형벌의 필요"를 지닌 한 사람, 자신의 성공으로 참을 수 없을 정도의 죄책감을 느끼고 그로 인해 막연한 걱정이 생긴 한 사람을 보았다. 사탄이라는 인물은, 정신 분석적으로 말하면 욥 자신의 내부에서 일어나는 대립의 투영이다. "자신을 의심하는 것은 욥이며, 또한 테스트를 하고 자신에게 형벌을 가해야 하는 주체도 욥이다. 그것은 욥의 무의식적인 말하기다…프로이드의 용어를 사용하면, 그는 성공으로 인해 망했다"(p. 382). 물론 내러티브의 관점에서 보면 그 재앙의 기원은 전적으로 욥 바깥에 있다. 그러나 자기 자신의 꿈들의 아주 정교한 분석가가 되지 않아도, 내러티브가 욥과 다른 이들 사이의 대립으로 제시하고 있는 것을 욥의 인격 내 대립으로 읽는 이 해석이 얼마나 주제 넘는 것인지 알 수 있다.

26 욥이 무서워했는데 그에게 닥친 일이란 무엇인가(25절)? 앤더슨은 "하나님

의 은혜의 상실"이라고 대답하는데, 이는 사실이기는 하지만 욥이 말하는 것은 아니다. "그의 고난"이라는 하벨의 대답은 표적에 더 가깝지만 아직 정확하게 욥의 진의는 아니다. 현재 구절이 그 답이다: 그것은 편함, 고요, 평안의 상실이다. 그것은 혼란의 도래다. 프롤로그를 다시 읽어 보면 재앙이 닥치기 전 욥의 상태에 대한 묘사에 담긴 고요함으로 인해 깊은 인상을 받게 된다. 그의 경건에서 흘러나오는 번영에는 정확한 불가피성이 있고, 욥의 자녀들이 잔치를 갖는 것과 욥이 그들의 모든 과실에 대가를 치름에는 조심스런 규칙성이 있다. 그러나 이제 그의 두려움의 최악의 경우가 실현되었다: 질서가 혼돈으로 내려앉았고, 그와 함께 고요함이 혼란으로 내려갔다.

먼저 그가 더 오래 가지고 있는 것을 부정형으로 말한다: 평온이 없고(שׁלו – 샬레브, 아마도 육체적 안녕뿐만 아니라 정신적 안녕도 포함; 참조. 16:12, 하나님이 그를 공격하시기 전에는 "평온했다"; 시 122:6, 예루살렘을 사모하는 자들은 "번영할 것이다"), 휴식이 없고(שׁקט – 샤카트, 13절에서처럼 전쟁으로 방해받지 않고 쉬는 땅의 휴식〈예를 들어, 수 11:23〉 그리고 걱정하기의 정반대인 사람들의 휴식〈렘 30:10; 46:27; 참조. 시 94:13〉) 그리고 쉼도 없다(נוח – 누아흐, 가장 일반적인 단어). 그런 다음 긍정형으로 그가 경험하는 것인 "환난"(רגז – 레게즈)에 대해 말하는데, 그것은(그것과 가까운 동의어인 10절의 "환난"〈עמל〉과 10절에 그것의 형용사와 함께) 이 장 전체의 핵심어다. 물론 그것이 이 말의 마지막 단어인 데는 의미가 있다. 왜냐하면 그 단어가 욥에게 사는 것의 문제가 무엇이며 스올에 관해 바람직한 것이 무엇인지를 요약해 주기 때문이다. 그를 대항하여 환난이 계속 다가온다는 것을 그가 뜻하고 있다고 보는 것도 가능하지만(יבוא, 미완료 "온다"로 해석), 그의 존재의 한 전환기 즉 프롤로그에서 서술된 대로 그에게 "다가온"(יבוא, 과거로 해석) 불행의 엄습을 그가 언급하고 있다고 보는 것이 더 알맞은 것 같다.

해설

욥기에서 가장 탁월한 대표작 가운데 하나인 이 시는 무엇보다도 그 표현의 억제가 인상적이다. 깊고, 거칠고, 무시무시한 욥의 감정들의 억제가 아닌 이유는, 그를 존재하게 했고 그 존재를 계속 유지시키는 세상의 모든 국면에 그가 악담을 퍼붓기 때문이다. 그가 잉태된 밤이 지하 세계에 의해 삼켜지기를 상상하거나(6절) 혹은 세상에서 지친 사람들을 보물을 찾아 파들어가는 것처럼 필사적으로 스올로 땅을 파들어가는 묘지 도굴꾼들로 묘사하는(21-22절), 지나치게 과도하고 현실 초월적인 생의 거부는 인간의 영혼이 관습과 예절과 건조한 현실의 한계로부터 자유로워질 때 갖게 되는 생명력을 보여 주는 정수다. 이 시를 세계적 수준으로 만드는 억제란 관념적 질문들을 끌어들이지 않고 오로지 감정에만 전념하는 집중이다. 신정론의 이지적 이슈들이 지배적인 책에서, 엄밀하게 신학적인 문장을 하나도 만나지 않는 것, 그의 고난의 의미에 관한 단 하나의 질문도, 고난이 당연할지 모른다는 단 하나의 암시도, 응보 교리에 대한 조금의 긍정도 만나지 않는 것은 놀랍다 못해 굉장하다. 그 모든 것은 그것의 때에 올 것이다. 그러나 여기서 우리는 인간 욥을 그의 격렬한 슬픔 속에서 바라보도록 요구받는다. 우리가 만일 이 사람을 이 감정들로 만나지 않으면 우리에게는 이어지는 논쟁들에 참여하여 들을 자격이 없다. 이 말을 우리 앞에 두고서는 욥기를 지나치게 이지적으로 문제화할 수 없고, 그것을 항상 한 인간 영혼의 드라마로 읽어야 할 것이다.

욥과 함께 칠일 칠야 조용히 앉아 있던 그의 친구들은 그동안의 침묵을 깨는 그의 말을 어떻게 생각해야 하는가? 그들은 욥도 분명히 그랬을 것처럼 정확한 응보의 교리에 익숙하기 때문에, 욥으로부터 인간의 운명에 대한 그 근본적인 설명을 조금이라도 용인하는 말을 듣지 못하고, 또 그를 이 지점으로 데려온 어떤 죄에 대해 약간이라도 인정하는 말을 듣지 못해서 분명히 깜짝 놀랐을 것이다. 이 시는 단순히 강력한 것만이 아니라, 그것은 얼토당토않다. 그들은 자신들 눈앞에 있는 증거로 인해 욥이 깊이 범죄했다고 보며, 그와 교제하는 것이 전혀 안전하지 않은 사람으로 구분되는 때에 친구들로서 도대체 어떻게 처신해야 하는지를 생각해 보았음이 분명하고, 또한 이어지는 그들의 말들이 그것을 확증한다. 욥이 말하는 것을 들으면 그는 마치 자신을 비난할 아무것도 모르는 것처럼 들리며, 따라서 온화하게든 엄격하게든 그들의 말로 그를 혼란의 극단까지 데려온 고난에는 오로지 한 가지 뜻만 있을 수 있다는 것을 그에게 지적하는 것이 그들의 임무라고 느낄 것이다: 그 의미는 그는 분명히 자신의 죄 때문에 벌받고 있는 죄인이라는 것이다.

우리가 본서 안으로 더 깊이 읽어 들어갈수록 그만큼 더 우리를 놀라게 하는 시인의 편에서의 또 다른 억제는, 욥이 부닥치고 있는 고난에 대해 하나님이 비난받지 않으시며 특별하게 책임이 지워지지도 않고 있다는 것이다. 사실 "환난"에 처한 사람들에게 계속적으로 생명을 허락하는 것은 하나님이시다(20절). 그러나 그 사실은 그분이 그렇게 하고 계심을 비난하기 위함이 아니라, 오로지 그분이 그렇게 하지 않으시기를 바라기 때문에 언급된다. 또 욥 자신은 하나님에 의해 "둘러싸이고"(23절), 과잉 보호를 받으며 그리고 무덤으로 가라앉도록 허락되지 않는 사람이다. 그러나 그것도 역시 하나님을 잔인하다고 비난하기 위함이 아니라, 욥에게 생명은 얼마나 빠져 나갈 수 없는 위력인지를 강조하기 위함이다. 프롤로그에서조차도 이중 재난에 대한 욥의 반응은 하나님이 자신에게 임한 모든 것 배후에 계신다고 보는 것이었는데(1:21; 2:10), 여기서는 그것에 관한 말이 하나도 없고, 다만 벌거벗겨진 감정들만이 있다. 하나님을 향한 비난들은 욥의 다음 말에서 시작될 것이며(6:4), 그 이후로는 깊고 빠르게 내려갈 것이다. 그러나 이 시점에서는 시인은 우리를 가두어, 이 곳 이후로 하나님과 친구들을 대항한 거친 말들을 낳고, 궁극적으로 하나님을 대항한 은유적 소송에 말려들게 할 욥의 내적 상태를 곰곰이 생각해 보게 한다.

게다가 이 시에 담긴 또 하나 놀라운 것은 이미 13절을 다룰 때 언급되었다. 그것은 스올의 평온함(13-15절, 17-19절)과 대조되는 욥의 쉬지 못함 혹은 혼란(10, 17, 20, 26절)이 이 시의 지배적인 특징이라는 것이다. 이는 사람들이 욥의 입장에 있으면 자신들의 고난에 대해 느낄 만한 자명한 감정이 아니다: 자기-연민, 분노, 혐오감, 절망감? 그렇다. 걱정과 혼란? 거의 아니다. 그 이유는 욥을 "어지럽히는" 것은 오로지 그의 고난의 지적-실존적 함축 의미들이기 때문일 수 있을 뿐이다. 비록 그가 여기서는 말하지 않지만, 우리는 그가 이미 그 재난들의 종교적 의미를 숙고하고 있다고 해석해야 한다. 그의 걱정은 그의 더러운 피부병 때문이 아니며, 그가 곧 죽을까 두려워하기 때문도 아니고, 오히려 그가 우주 도덕 질서의 기초가 흔들림을 경험하고 있기 때문이다. 그는 자기 경험의 아노미에 의해 방향을 잃고서, 질서, 확실히 무활동과 땅의 관계들이 소멸하는 질서이지만, 부조리의 갈등들이 평온한 무의미에 의해 삼켜져 버린 질서가 다스리는 곳으로서의 스올을 열망한다.

2. 엘리바스의 첫 번째 연설(4:1-5:27)

참고문헌

Asensio Nieto, F. “La visión de Elifaz y su proyección sapiencial.” *Est Bib* 35(1976) 145-63. **Beer, G.** “Zu Hiob 5:23.” *ZAW* 35(1915) 63-64. **Cheyne, T. K.** “Job *V.7.*” *ZAW* 11(1891) 184. **Clines, D. J. A.** “Job 4,13: A Byronic Suggestion.” *ZAW* 92(1980) 289-91. ______. “Verb Modality and the Interpretation of Job iv 20-21.” *VT* 30(1980) 354-57. ______. “Job 5,1-8: A New Exegesis.” *Bib* 62(1981) 185-94. **Coggan, F. D.** “The Meaning of חטא in Job v.24.” *JMEOS* 17(1932) 53-56. **Crenshaw, J. L.** “The Influence of the Wise upon Amos: The ‘Doxologies of Amos’ and Job 5,9-16; 9,5-10.” *ZAW* 79(1967) 42-52. ______. *Hymnic Affirmations of Divine Justice: Doxologies of Amos and Related Texts.* SBLDS 24. Missoula, Mont.: Scholars Press, 1975. **Dahood, M.** “Northwest Semitic Philology and Job.” In *The Bible in Current Catholic Thought*(Gruenthaner Memorial Volume), ed. J. L. McKenzie. St Mary's Theology Studies 1. New York: Herder and Herder, 1962. 55-74. ______. “Ś‘ RT ‘Storm’ in Job 4,15.” *Bib* 48(1967) 544-45. **Driver, G. R.** “On Job V.5.” *TZ* 12(1956) 485-86. **Eitan, I.** “Biblical Studies.” *HUCA* 14(1939) 1-22. **Fullerton, K.** “Double Entendre in the First Speech of Eliphaz.” *JBL* 49(1930) 320-74. **Gibson, J. C. L.** “Eliphaz the Temanite: Portrait of a Hebrew Philosopher.” *SJT* 28(1975) 259-72. **Gillischewski, E.** “Die erste Elifaz-Rede Hiob Kap. 4 und 5.” *ZAW* 39(1921) 290-96. **Gordis, R.** “The Biblical Root *ŠDY-ŠD*: Notes on 2 Sam. i.21; Jer. xviii. 14; Ps. xci.6; Job v.21.” *JTS* 41(1940) 34-43. **Gray, J.** “The Massoretic Text of the Book of Job, the Targum and the Septuagint Version in the Light of the Qumran Targum (11QtargJob).” *ZAW* 86(1974) 331-50. **Herz, N.** “Some Difficult Passages in Job.” *ZAW* 20(1900) 160-63. **Horst, F.** *Gottes Recht: Gesammelte Studien zum Recht im Alten Testament.* Munich: Kaiser, 1961. **Koch, K.** “Gibt es ein Vergeltungsdogma im Allen Testament?” *ZTK* 52(1955) 1-42. ______. *Um das Prinzip der Vergeltung in Religion und Rechtdes Allen Testaments.* Wege der Forschung 125. Darmstadt: Wissenschaftliche Buchgesellschaft, 1972. **Kopf, L.** “Arabische Etymologien und Parallelen zum Bibelwörterbuch.” *VT* 8(1958) 161-25. **Lust, J.** “A Stormy Vision: Some

Remarks on Job 4,12-16." *Bijd* 36(1975) 308-11. **Paul, S. M.** "Job 4,15 - A Hair Raising Encounter." *ZAW* 95(1983) 119-21. **Rimbach, J. A.** "'Crushed before the Moth'(Job 4:19)." *JBL* 100(1981) 244-46. **Winckler, H.** "Maspan keller." *Altorientalische Forschungen.* Leipzig: E. Pfeiffer, 1902. 3/1:235-36.

본 문

1 데만 사람 엘리바스가 대답하여 가로되
2 누가 네게 말하면 네가 염증이 나겠느냐 날지
라도 누가 참고 말하지 아니하겠느냐

3 전에 네가 여러 사람을 교훈하였고 손이 늘어
진 자면 강하게 하였고
4 넘어져 가는 자를 말로 붙들어 주었고 무릎이
약한 자를 강하게 하였거늘
5 이제 이 일이 네게 임하매 네가 답답하여 하고
이 일이 네게 당하매 네가 놀라는구나

6 네 의뢰가 경외함에 있지 아니하냐 네 소망이
네 행위를 완전히 함에 있지 아니하냐
7 생각하여 보라 죄 없이 망한 자가 누구인가 정
직한 자의 끊어짐이 어디 있는가
8 내가 보건대 악을 밭 갈고 독을 뿌리는 자는 그
대로 거두나니

9 다 하나님의 입기운에 멸망하고 그 콧김에 사
라지느니라
10 사자의 우는 소리와 사나운 사자의 목소리가
그치고 젊은 사자의 이가 부러지며

11 늙은 사자는 움킨 것이 없어 죽고 암사자의
새끼는 흩어지느니라
12 무슨 말씀이 내게 가만히 임하고 그 가는 소
리가 내 귀에 들렸었나니
13 곧 사람이 깊이 잠들 때쯤 하여서니라 내가
그 밤의 이상으로 하여 생각이 번거로울 때에
14 두려움과 떨림이 내게 이르러서 모든 골절이
흔들렸었느니라
15 그 때에 영이 내 앞으로 지나매 내 몸에 털이

1 Eliphaz the Temanite replied:
2 Are we to speak[a] to you one word? You can-
not bear[b] it. But who can bear[c] to hold back his
words?
3 Think back![a] You have instructed[b] many[c] in
wisdom. You have given vigor to feeble hands.
4 Words of yours raised the fallen:[a] you
strengthened failing knees.
5 And now,[a] when it meets[b] with you, you
cannot bear[c] it! It strikes at you, and you are
dismayed![d]
6 Is not your piety[a] your source of confidence?[b]
Does not your blameless life[c] give you hope?[d]
7 Recall now: What innocent man ever peri-
shed? Where were the upright ever annihilated?
8 As my experience goes,[a] those who plant[b]
iniquity and those who sow mischief reap due
harvest.
9 By a breath from God they perish, by the
wind of his fury they are shriveled.
10 The roar of the lion,[a] the growl of the young
lion,[b] are cut off,[c] and the teeth of the maned
lions[d] are broken;
11 the strong lion[a] perishes[b] for lack of prey:
and the whelps of the lion[c] are scattered.
12 Now there came to me a secret word,[a] my
ears caught only a fragment[b] of it.
13 In the anxious visions of the night,[a] when
heavy sleep had fallen upon men,
14 terror and trembling[a] came upon[b] me and set
every[c] bone[d] shaking.
15 Then a wind[a] swept past[b] my face, a whirl-

주뼛하였었느니라
16 그 영이 서는데 그 형상을 분변치는 못하여도
오직 한 형상이 내 눈앞에 있었느니라 그때 내가
종용한 중에 목소리를 들으니 이르기를
17 인생이 어찌 하나님보다 의롭겠느냐 사람이
어찌 그 창조하신 이보다 성결하겠느냐
18 하나님은 그 종이라도 오히려 믿지 아니하시
며 그 사자라도 미련하다 하시나니
19 하물며 흙 집에 살며 티끌로 터를 삼고 하루
살이에게라도 눌려 죽을 자이겠느냐

20 조석 사이에 멸한 바 되며 영원히 망하되 생
각하는 자가 없으리라

21 장막 줄을 그들에게서 뽑지 아니하겠느냐 그
들이 죽나니 지혜가 없느니라
5:1 부르짖어 보아라 네게 응답할 자가 있겠느냐
거룩한 자 중에 네가 누구에게로 향하겠느냐
2 분노가 미련한 자를 죽이고 시기가 어리석은
자를 멸하느니라
3 내가 미련한 자의 뿌리 박는 것을 보고 그 집을
당장에 저주하였노라

4 그 자식들은 평안한 데서 멀리 떠나고 성문에
서 눌리나 구하는 자가 없으며

5 그 추수한 것은 주린 자가 먹되 가시나무 가운
데 있는 것도 빼앗으며 올무가 그의 재산을 향하
여 입을 벌리느니라
6 재앙은 티끌에서 일어나는 것이 아니요 고난은
흙에서 나는 것이 아니라
7 인생은 고난을 위하여 났나니 불티가 위로 날
음 같으니라
8 나 같으면 하나님께 구하고 내 일을 하나님께
의탁하리라
9 하나님은 크고 측량할 수 없는 일을 행하시며
기이한 일을 셀 수 없이 행하시나니

10 비를 땅에 내리시고 물을 밭에 보내시며

wind[c] made my body quiver.[d]
16 There stood a figure,[a] unrecognizable;[b] a
form was before my eyes, and I heard a thun-
derous[c] voice:
17 "Can a man[a] be righteous[b] before[c] God? Can
a man[d] be pure[e] in the sight of[f] his Maker?"
18 If[a] God mistrusts his own servants, and can
charge[b] his angels with folly,[c]
19 how much more those who dwell in houses
of clay which are founded[a] on dust[b] and can be
crushed[c] like[d] a moth.[e]
20 Between dawn and dusk[a] they can[b] be stam-
ped to death; they can be utterly[c] exterminated,
and none may ever know.[d]
21 Their tent-cords[a] have only to be loosened[b]
and they can die[c] without ever gaining wisdom.[d]
5:1 You may call;[a] but is there any to answer
you? To which of the Holy Ones[b] could you turn?
2 For[a] the fool is slain by his resentment, the
stupid killed by his anger.
3 Indeed, I have seen the fool firmly rooted,[a]
but forthwith[b] I have declared his home[c] accur-
sed.[d]
4 His children are abandoned, far from any
help; at the gate[a] they are crushed, with no de-
fender.
5 What he has sown[b] the hungry eat, the shri-
veled sheaves they carry off,[c] [d]and the thirsty[e]
pant after[f] their possessions.[g]
6 For it is not from the ground that affliction[a]
springs, not from the soil that suffering sprouts;
7 it is man who begets[a] suffering[b] for himself,
and[c] the sons of Pestilence[d] fly high.[e]
8 But I myself seek God in prayer,[a] and to God
I address my speech.[b]
9 [a]He it is who works great deeds, past human
reckoning, who performs wonders, beyond all
numbering.
10 [a]He it is who sends rain upon the earth, who
pours down water[b] upon the fields.[C]

11 낮은 자를 높이 드시고 슬퍼하는 자를 흥기시켜 안전한 곳에 있게 하시느니라
12 하나님은 궤휼한 자의 계교를 파하사 그 손으로 하는 일을 이루지 못하게 하시며
13 간교한 자로 자기 궤휼에 빠지게 하시며 사특한 자의 계교를 패하게 하시며
14 그들은 낮에도 캄캄함을 만나고 대낮에도 더듬기를 밤과 같이 하느니라
15 하나님은 곤비한 자를 그들의 입의 칼에서, 강한 자의 손에서 면하게 하시나니
16 그러므로 가난한 자가 소망이 있고 불의가 스스로 입을 막느니라
17 볼지어다 하나님께 징계받는 자에게는 복이 있나니 그런즉 너는 전능자의 경책을 업신여기지 말지니라
18 하나님은 아프게 하시다가 싸매시며 상하게 하시다가 그 손으로 고치시나니
19 여섯 가지 환난에서 너를 구원하시며 일곱 가지 환난이라도 그 재앙이 네게 미치지 않게 하시며
20 기근 때에 죽음에서, 전쟁 때에 칼 권세에서 너를 구속하실 터인즉
21 네가 혀의 채찍을 피하여 숨을 수가 있고 멸망이 올 때에도 두려워 아니할 것이라

22 네가 멸망과 기근을 비웃으며 들짐승을 두려워 아니할 것은
23 밭에 돌이 너와 언약을 맺겠고 들짐승이 너와 화친할 것임이라

24 네가 네 장막의 평안함을 알고 네 우리를 살펴도 잃은 것이 없을 것이며

25 네 자손이 많아지며 네 후예가 땅에 풀 같을 줄을 네가 알 것이라

26 네가 장수하다가 무덤에 이르리니 곡식단이 그 기한에 운반되어 올리움 같으리라

27 볼지어다 우리의 연구한 바가 이같으니 너는 듣고 네게 유익된 줄 알지니라

11 He raises[a] the lowly to the heights, and lifts[b]
the bereaved[c] to safety.[d]
12 He thwarts the plots of the crafty, so that
their hands win no success.[a]
13 He ensnares the cunning in their own craf-
tiness, and the counsel of the wily runs to ruin.[a]
14 By daylight they meet with darkness, and at
noonday they grope as though it were night.
15 But the poor he saves from the sword of their
mouth,[a] from the hand of the mighty,
16 so that the crushed can hope again, and
injustice must shut its mouth.[a]
17 Consider![a] Happy is the man whom God
reproves! So do not spurn the discipline of the
Almighty.[b]
18 For[a] he may wound, but he binds up the
sore; he may smite, but his hands[b] heal.
19 From[a] six calamities he will rescue you; and
in the seventh no harm will touch you.
20 In famine he will ransom you from death, in
battle from the stroke[a] of the sword.
21 From[a] the lash of the tongue[b] you will be
hidden; you need not fear destruction[c] when it
comes near.
22 [a]At ruin and blight[b] you will mock, and you
will have no fear of the wild beasts.
23 For[a] you will be in covenant with the stones
of the field,[b] and the wild animals[c] will be at
peace with you.
24 You will know that your dwelling[a] is secure;
you will take stock of your estate[b] and miss[c]
nothing.
25 You will know that your offspring will be
many, your descendants like the grass of the
earth.
26 In ripe old age[a] you will come to your grave,
as a sheaf comes up to the threshing floor at its
season.
27 Behold! This is what we have discovered; it
is true.[a] Take heed,[b] and know it yourself

원문주해

2.a. 하니싸(הנסה), 하니싸(הֲנִשָּׂא: 의문사 하[הֲ]+나사[נשׂא]의 1인칭 복수 미완료)에 대한 철자상의 이형으로 여김. 나싸(נסה)는 때때로 나사(נשׂא) 대신 사용된다(참조. 시 4:7). 나사(נשׂא, "들어올리다")는 그 목적어로 "격언"(27:1) 혹은 "시"(시 81:3[2])를 가질 수 있으며, 아퀼라, 심마쿠스, 데오도티안역은 그 동사를 이 의미로 보았다. 이와 달리, 그것을 하(הֲ)+나싸(נסה, "시도하다, 감행하다")의 3인칭 피엘 완료로 분해할 수도 있다(대부분의 영역본이 그렇다).

2.b. 틸르에(תלאה)는 일반적으로 "너는 참을 수 없을 것이다"(혹은 참을 수 없을 것이냐)로 번역됨. 그러나 라아(לאה)는 보다 타당하게는 "할 수 없다", 즉 어떤 것을 견디는 것을 할 수 없음을 의미한다(고디스; 참조. JB). 하니싸(הנסה)의 의문 접두사는 대부분의 영역본과는 달리(예를 들어, RSV, "너는 기분이 상할 것인가?") 이 동사에 속하지 않는다. 여기에는 욥의 들을 수 없음과 엘리바스의 침묵할 수 없음 사이에 대조가 있다.

2.c. 유칼(יוכל, "…할 수 있다, 견딜 수 있다", "강하다")은 틸르에(תלאה)의 정반대다. 참조. 사 1:13; 렘 20:9의 야칼(יכל).

3.a. 힌네(הנה)는 나중에(5절) 키 아타(כי עתה)가 뒤따르는 긴 조건절을 이끈다: "욥아, 네가 고난 가운데 있던 다른 이들을 도울 수 있었다면, 이제 너는 도움의 소망을 저버릴 것이냐?"(이 구문에 대해서는 3:13 참조; 포어러).

3.b. 야싸르(יסר)는 현인의(참조. JB, "교육받은) 가르침을 뜻하는 전문 용어로 종종 물리적 벌을 수반한다(잠 19:18; 29:17; 신 22:18). 참조. 무싸르(מוּסָר, "교훈, 징계"; 5:17; 20:3). 일부는 이 의미가 3-4절에서 열거되는 동사들인 테하베크(תְּחַזֵּק, "강하게 하다"), 예키문(יְקִימוּן, "세우다"), 테아메츠(תְּאַמֵּץ, "튼튼하게 하다")와 잘 맞지 않는다고 느끼고, 아자르타(עָזַרְתָּ, "네가 도왔다"; 드라이버), 아니면 라싸드타(רָסַדְתָּ, "네가 세웠다"; 페를레스) 등으로 수정할 것을 제안했다. 비록 야싸르(יסר)는 그 외의 다른 곳에서는 이런 은유적 의미로 사용되지 않지만 말이다. 드라이버는 여기서 아람어 표현을 보았는데, יסר가 아람어 אשׁר("강하게 하다")와 같기 때문이다(G. R. Driver, "Studies in the Vocabulary of the Old Testament," *JTS* 36[1935] 293-301[295]). 고디스의 해결은 야싸르(יסר)가 아싸르(אסר, "묶다, 강하게 하다")의 "어형 변화형"(이형)이라는 것이다. 호 7:15에서 야싸르(יסר)와 하자크(חזק)가 연결되어 나타나는 경우는 진정한 평행구가 아니다. 왜냐하면 거기서는 그것이 싸움을 위해 군대를 "훈련시키고", "강화시키는" 문제이기 때문이다(정말 야씨르티⟨יִסַּרְתִּי⟩가 본문상으로 맞는다고 하면). 결국 야싸르(יסר)의 "훈계하다, 조언하다"라는 의미가 욥의 이전 활동들을 묘사하는 그 동사들의 첫 번째에 가장 잘 맞는 의미일 것이다("주석"을 보라). 호프만은 "징계하다"와 "강하게 하다" 사이에 드러나지 않는 모호성을 강조하고, 엘리바스가 입으로는 이것을 말하지만 속으로는 다

른 것을 암시하는 위선자로 묘사되는 것일 수 있다고 제안한다(Y. Hoffmann, "The Use of Equivocal Words in the First Speech of Eliphaz[Job IV-V]," *VT* 30[1980] 114-19 [114]). 그러나 3-4절의 다른 동사들과의 병치는 충분히 이 모호성을 제거한다. 어떤 언어에 있는 문장이라도 병치 연어가 무시되면 거의 모호하지 않을 수 없다.

3.c. 라뻼(רַבִּים)은 다후드에 의해 "나이든 자들"로 번역됨(M. Dahood, "Hebrew-Ugaritic Lexicography V," *Bib* 48[1967] 421-38[425]). 참조. 32:9에 관한 부분. NEB, 라브(רב, "약하다, 두려워하다")로부터 추정해 모음 표기를 라빔(רָבִים)이나 우로빔(וּרֹבִים)(브로킹턴)으로 바꾸어서 "약해진 자들"이라고 번역(참조. 아랍어 *rwb*; 투르-시나이).

4.a. 탈굼은 카샬(כשל)과 코르오트(כרעות)를 죄에 빠진다는 것과 연결시켜 도덕적으로 설명한다. 카샬(כשׁל)은 전통적으로는 "걸려 넘어지다"라고 번역되는데, 아마도 좀더 강한 의미를 가지고 있을 것이다(에얼리히). 참조. 대하 28:15.

5.a. 엘리바스의 연설의 이유를 이끄는(드라이버처럼) "왜냐하면"이 아님.

5.b. 타보(תבוא): "언급되지는 않지만 화자의 머리 속에 있는" 불특정 여성 주격(*GKC*, § 144b). "주석"을 보라. 불가타는 해석된 주어 *plaga*("강타, 타격")를 첨가한다.

5.c. 과거 혹은 사실상 완료인 타보(תבוא) 뒤에 **바브** 접속법+미완료(*GKC*, § 111t도 그렇게 봄). 라아(לאה)는 "인내를 잃다"가 아니라(NEB, JB; 참조. RSV, NAB) "강하게 하다"를 뜻하는 3-4절의 동사들과 대조를 이룬다. "주석"을 보라.

5.d. KJV, ASV의 "괴로운"(troubled)은 16-17세기 영어에서 흔한 좀더 강한 의미로 사용된다: "해를 입은, 괴롭힘을 당한, 억압당한"(참조. 3:17 그리고 *OED*, 10:405).

6.a. 문자적으로는 "너의 경외"(יראתך – 이르아트카)가 가리키는 것은 이르아트 엘로힘(יִרְאַת אֱלֹהִים; 예를 들어, 창 20:11) 혹은 이라아트 아도나이(יִרְאַת יהוה; 예를 들어, 잠 1:29)다. 또한 15:4; 22:4에서 엘리바스의 입에서도 말해짐. "하나님 경외"는 "신앙"(NEB) 혹은 "경건"(JB)으로서가 가장 잘 전달됨. 참조. 1:8.

6.b. "확신의 근거", 문자적으로는 "확신". 키쓸라(כִּסְלָה)와 케쎌(כֶּסֶל)은 "어리석음"(칠십인경과 제롬역처럼)이거나 혹은 "확신"일 수 있는데, 여기서는 분명히 후자다. "고의적으로 모호한 표현"(Hoffmann, *VT* 30[1980] 114)은 거의 아니다. "위로"(NEB)는 충분히 미래를 향해 있지 않다.

6.c. 문자적으로는 "네 길의 깨끗함."

6.d. 티크바트카(תִקְוָתְךָ), 키쓸라테카(כִּסְלָתֶךָ)와 대구를 이룸. 행 구조(3+3)는 베톰(ותם)의 **바브**를 티크바트카(תקותך) 앞에 붙도록 위치를 옮길 것을 요구한다(가령 *BHS*가 그렇다). **바브**를 귀결절을 이끄는 것으로서, 다시 말해 "네 소망을 두고 말하자면, 그것이 네 길의 온전함이다"로 보거나(*GKC*, § 143d; E. Vogt, "Wāw emphaticum," *Bib* 34 [1953] 560; 포어러) 혹은 강조의 **바브**로 여기면(Pope, "'Pleonastic' Wāw before Nouns in Ugaritic and Hebrew," *JAOS* 73[1953] 95-98[97]; bibliography: Blommerde, 29, 40;

더불어 에얼리히, 193) 맛소라 본문이 유지될 수는 있을 것이다. 그러나 간단한 수정이 더 바람직하다. 칠십인경의 이형에 대해서는 Fullerton, *JBL* 49(1930) 342를 보라.

8.a. 운문상으로는 행간 휴지가 "악"(און) 다음에 온다. 논리적으로는 행간 휴지가 "내가 보건대"(כאשר ראיתי – 카아세르 라이티) 다음에 오는 것 같다. 호르쉐 아벤(חרשי און, "악을 가는 자들")은 만일 베조르에 아말(וזרעי עמל, "독을 뿌리는 자들")도 목적어의 한 부분으로 여겨지지 않는 한 라이티(ראיתי, "내가 보건대")의 목적어로 이해되어야 할 것 같지는 않다(델리취가 그렇다). 따라서 고디스는 이렇게 말한다: "내가 악을 갈고 해악을 뿌리는 자들을 어디에서 보았든 그것을 거두는 자들은 바로 그들이다!".

8.b. 그 외의 어느 곳에서도 뿌려진 씨가 하라쉬(חרש, "갈다")의 목적어인 경우는 없다. 반면에 여기서는 자라(זרע)와의 평행이 이것을 분명하게 한다. 그러나 대부분의 영역본들에도 불구하고, "갈다"(plow)라는 영어는 씨를 그것의 목적으로 가질 수 없다(NEB, "악을 위해 갈다"〈plow for mischief〉).

10.a. 10-11절에서 사자에 대해 다섯 가지 다른 단어가 사용되고 있다. 그것들을 구별해 보려고 시도하는 것은 아마도 무익할 것이다(*TDOT* 1:374-77를 보라). 첫 번째 용어는 아르에(אַרְיֵה)로, 이는 사자를 뜻하는 가장 일반적인 용어이며, 종종 충분한 해명 없이 아프리카 사자를 가리킨다고 주장된다(Koehler의 기원 설명을 따라; KB, 86b를 보라). 일반 용어로서의 아르에(אריה)에 대해서는 E. Ullendorff, "The Contribution of South Semitics to Hebrew Lexicography," *VT* 6(1956) 190-98(192-93)를 보라. 라비(לביא)와 카비(כביא)가 어원적으로 동일하다는 제안에 대해서는 J. J. Glück, "*ᵓărî* and *lavîᵓ*(*lavîᵓ*) -An Etymological Study," *ZAW* 81(1969) 232-35를 참조하라.

10.b. 샤할(שַׁחַל)은 파생어로서 아마도 "시끄러운 것". 참조. 아랍어 *saḥala*("시끄럽게 울다"; 마찬가지로 W. S. McCullough and F. S. Bodenheimer, *IDB* 3:136a). 따라서 RSV의 "사나운 사자" 혹은 "어린 사자". 참조. 아랍어 *ḥisl*("어린 것"; 자음 전위; 참조. 아랍어의 인칭 명사 *Sḥeili*) 아니면 *saḥlu*("어린 것"; 짐승의 어린 것, 참조. 기욤, 81), 이에 따라 NEB의 "새끼 짐승들"; 또는 호 13:7에서 나메르(נָמֵר)와 평행하기 때문에 "표범"(라틴어. "lion-panther"; 도름).

10.c. 이 절 끝 부분에 있는 니타우(נִתָּעוּ)라는 동사는 "큰 소리, 포효", "으르렁거리는 소리, 노호" 그리고 "이빨"을 그 주어로 가짐에 틀림없다. 그러나 성경에서 단 한 번 사용되는 나타(נתע)는 그것이 만일 나타츠(נתץ, "깨다")와 동의어인 아람어라면 이빨에 대해서만(시 58:7의 נתץ가 사자의 이빨에 사용되듯이), 그리고 "포효"와 "노호"의 확대 의미(혹은 액어법)로 사용될 수 있다. 번역 시에는 이들 명사들을 위해 동사를 끌어들일 필요가 있다(따라서 NEB, "잠잠해지다"〈fall silent〉).

개연성이 더 적은 것으로 10a절구는 "사자의 우는 소리와 젊은 사자의 목소리로다!"로 번역할 수 있는 독립된 이절구라는 제안이 있고(딜만, 델리취, 프리드리히, 덤, J. C. L.

Gibson, "Eliphaz the Temanite: Portrait of a Hebrew Philosopher," SJT 28[1975] 259-72 [265]), 또는 그 두 이절구가 대조된다는 제안이 있다(예를 들어, 포프: "사자는 포효할 수 있고, 늙은 사자는 노호할 수 있으나/ 어린 사자의 이빨의 부러졌도다"; 비슷하게 테리앙, 고디스, 호르스트, NIV). 반면에 드라이버는 נתע가 아람어 표현임을 두 가지 이유로 부인한다. (i) 그것은 아람어에서 이런 의미로 나타나지 않는다. (ii) 아람어 아인(ע)이 히브리어 차데(צ)와 같은 경우는 오직 동족 아랍어가 *ghain*을 가진 경우뿐이다. 결과적으로 드라이버는 니타추(נִתָּצוּ)로 수정한다(*BHS*처럼). 그러나 נתע가 아람어구인지를 두고 논쟁하는 것은 불필요한 것 같고, 그것을 말르타오트(מַלְתָּעוֹת, 이빨), 즉 깨고 부수는 것들에서 입증된다고 주장할 수 있다. 이 견해와 그리고 악카드어 *naṭû*("때리다") 및 우가릿어 *nt*ʿ와의 연관성에 대해서는 M. Dahood, "The Etymology of Maltaʿot(Ps 58,7)," CBQ 17(1955) 180-83를 보라.

10.d. 크피르(כפיר)는 파생적으로 보면 아마도 (갈기로) "덮인 것" 혹은 "감추어진 것"일 것이다. 참조. 아랍어 *kapara*("덮다"; KB, 450b); 가능성이 덜한 것으로 "어린 사자", 참조. 아랍어 *gafr* "4개월 된 양"(J. Blau, "Etymologische Untersuchungen auf Grund des palästineschen Arabisch," *VT* 5[1955] 337-44[342]). 시편에서 사용된 일부 크피르(כפיר, "주석"을 보라)는 코페르(כּוֹפֵר)나 카피르(כָּפִיר, "믿지 않는 자")로 모음을 다시 표기해야 할 것이다. 참조. 아랍어 *kafara*; D. Winton Thomas, *The Text of the Revised Psalter*(London: SPCK, 1963) 12; 고디스.

11.a. 라이쉬(לַיִשׁ)는 아랍어 *laiṯ*와 동족어로, 어원론적으로는 아마도 "강한 것"이다. "늙은 사자"(KJV)는 전통적인 한 유대 해석에 의존한 것이다(*EB* 3:3802).

11.b. 시 92:10[9]의 경우처럼 오베드(אבד)를 좀더 엄격하게 파라드(פרד) 히트파엘과 같은 것으로 여겨 "이리저리 떠돌다"로 읽는 것(고디스, 42, 48)은 가능성이 상대적으로 적다. 오베드(אבד)는 명백히 "잊혀지다, 사라지다"를 의미하고(예를 들어, 삼상 9:3; 시 119:176), 어쩌면 "떠돌다"를 의미할 수 있다(참고 신 26:5). 좀더 가능성이 높은 것으로는 이 이절구에서 묘사되는 것을 어린 사자들(בְּנֵי לָבִיא - 브네 라비)이 그 부모의 죽음 때문에(…과 병행하여가 아님) 흩어지는 모습으로 보는 것이다(참조. 목자가 없어 흩어지는 양 떼 이미지: 겔 34:5; 슥 13:7; 마 26:31; 막 14:27).

11.c. 쾰러는 라비(לָבִיא)를 아시아 사자(KB, 472b를 보라)를, 보차트는 암사자를 가리키는 것이라고 각각 주장한다(S. Bochart, *Hierozoicon sive bipertitum opus de animalibus S. Scripturae*[London: T. Roycroft, 1663] 1:719)(따라서 RSV, JB, NEB). 그러나 암컷에 대해서는 분명히 르비야(לְבִיָּא)라는 별도의 모음 표기가 있었다(겔 19:2).

12.a. "비밀의…임하였다." 대부분은 이 곳의 예구나브(יְגֻנָּב)를 가나브(גנב, "훔치다, 몰래 가지다")의 복수로 보며, 그 결과는 "몰래 가져와지다"이다(BDB). 그러나 욥기 내의 다른 곳에서는 그 동사가 인간을 쓸어가 버리는 폭풍(סופה - 쑤파)에 대해 사용된다.

그러므로 러스트는 욥기에서 가나브(גנב)는 "난폭하게 이동되다"를 의미한다고 주장하고, 여기서 "한 말씀이 내게 세차게 던져졌다"라고 번역한다(J. Lust, "A Stormy Vision: Some Remarks on Job 4,12-16," *Bijd* 36[1975] 308-11[309]). 사전들은 아랍어 *janaba* ("치우다, 제거하다")와 비교하는데(참조. 또한 L. Kopf, "Arabische Etymologien und Parallen zum Bibelwörterbuch," *VT* 8[1958] 161-215[169]), 그것은 비밀이라는 개념을 갖고 있지 않다. 하지만 히브리어 가나브(גנב)가 "훔치다, 몰래 가지다"를 뜻하는 표준어이기 때문에, 나는 비밀, 은밀, 돌연 혹은 예상치 못함 등의 개념을 유지하는 것을 더 선호한다. 베르블로프스키는 여기와 그리고 거짓 선지자들이 서로에게서 야훼의 말씀을 가나브(גנב) 한다고 말해지는 렘 23:30의 선지자 계시들과 관련해서는 가나브(גנב)가 야훼로부터 받는 권위의 말씀을 받는 것과 구별되는 야밤에 다바르(דבר)의 수령을 뜻하는 경멸의 용어라고 주장한다(R. J. Zwi Werblowsky, "Stealing the Word," *VT* 6[1956] 105-6). 비록 포어러가 그 뒤를 따르기는 하지만, 이 견해는 렘 23:30에서 신탁이 왜 야훼의 말씀들이라고 말해져야 하는지, 그리고 거짓 선지자들이 왜 귀찮게 자기 동료들의 말을 넘겨받아야 하는지에 대한 이유를 설명하지 않은 상태로 둔다. 그것은 또 엘리바스가 들은 것의 진정성도 부정하는데, 이에 대해서는 타당한 이유가 없다.

12.b. 쉐메츠(שֵׁמֶץ)는 다른 곳에서는 26:14에서만 나타나고, 출 32:25에 쉬므차(שִׁמְצָה)로 나온다. 대부분의 사전들과 주석들은 "속삭이다"로 번역한다. 후기 히브리어에서는 "조금"을 의미했다(집회서 10:10; 18:32). 중세 히브리어도 마찬가지였고, 따라서 KJV가 그렇다(참조. 또한 탈굼). 이 의미는 로울리와 고디스("echo")에 의해 선호되었다. 이와 비슷하게 러스트도 "그것의 조금만"으로 보지만, 칠십인경이 집 10:10에 관해서는 마크론(*μακρόν*)을, 18:32에 관해서는 폴레(*πολλῇ*)를 갖고 있는 것에 근거하여, 여기 본문을 "내 귀가 그것을 모두 다 들었다"로 번역해야 한다고 (다소 그럴듯하지 않게) 제안한다(Lust, *Bijd* 36[1975] 309, 311).

13.a. 문자적으로는 "그 밤의 환상으로 일어나는 불안한 생각 중에". 세이핌(שְׂעִפִּים)은 본문과 21:2에서만 나타나고, 시 94:19; 139:23에 **레쉬**[ר]가 중간에 삽입된(포프) 사르아핌(שַׂרְעַפִּים)이 나타난다. 쎄이프(סְעִיף, 혹은 싸이프⟨סָעִיף⟩)도 **레쉬**가 삽입된 싸르아파(סַרְעַפָּה, "가지")로 여러 차례 나타나며, 똑같은 단어다. 그 두 가지 의미가 공통적으로 지니고 있을 것은 분할의 의미다: "가지가 나무에서 갈라져 나오듯이, 사상과 의견도 한 가지 방향 이상으로 갈라지고 당황과 망설임에 이를 수 있다"(로울리). 참조. 아랍어 *šagifa*("불안하다, 동요되다"). 메헤즈요노트(מחזינות)의 **멤**(מ)은 기원의 민(מן)이다.

14.a. 파하드(פַּחַד)와 르아다(רְעָדָה)는 아마도 "몸서리치는 공포"를 뜻하는 중언법(hendiadys, 혹은 이사일의어)일 것이다(Fullerton, *JBL* 49[1930] 347).

14.b. 카라(קרה)의 파생어인 카라니(קָרָנִי) 대신에 크라아니(קְרָאַנִי); *GKC*, § 75rr.

14.c. 문자적으로는 "수많은"(רֹב – 로브). 인간의 신체에는 대략 200개의 뼈가 있다.

그런데 드라이버는 이 사실을 무시하고 사람에게는 "수많은"이라 부를 만큼 뼈가 많지 않다고 주장하면서, 33:19에서 어쩌면 입증되며 악카드어 *rîlu*과 동족어인 리브(רַב, "떠는")로 볼 것을 제안했다(*VTS* 3[1955] 73). 따라서 NEB, "내 몸[=뼈]의 떨림이 나를 놀라게 했다". 에얼리히는 리브(רַב, "걱정, 불안")로 모음을 다시 표기할 것을 제안했다(참조. 아랍어 *raib*). 또한 깁슨(J. C. L. Gibson, *SJT* 28[1975] 266)은 명백히 리브(רַב, 리브〈רִיב, "다툼, 논쟁"〉의 뜻으로)로 읽는다: "다툼이 내 뼈에 공포를 몰아쳤다"로 번역한다. 그러나 리브(*rîb*)로 발음되는 다른 히브리 단어들을 상정함으로써 발생하는 동음이의어의 문제는 차치하고(참조. 개괄적으로 J. Barr, *Comparative Philology and the Text of the Old Testament*[Oxford: Clarendon, 1968] 134-45), 엘리바스 자신의 뼈의 "떨림" 혹은 "흔들림"이 그의 공포를 일으켰다는 것은 그 반대의 경우보다 개연성이 적다.

14.d. 문자적으로는 "내 뼈들"(עַצְמוֹתַי – 아츠모타이). 드라이버는 위에서 언급된 제안에 앞서 새로운 단어 아츠마(עָצְמָה, "재앙")를 제시했으나("Hebrew Roots and Words," *WO* 1[1947-52] 406-15[411]), 엘리바스는 이 신비한 체험의 시기에 **수많은 재앙**을 당하고 있는 것이 아니었다.

15.a. "바람"(רוח – 루아흐). 대개는 여성이지만, 루아흐(רוח)가 남성으로 사용될 때는 항상 바람이나 숨을 가리킨다(1:19; 41:8[16]; 출 10:13; 민 5:14; 전 1:6; 3:19 등; KB, 877b; 테리앙 보라). 따라서 여기서는 "영혼, 유령"을 의미하는 것 같지 않다(KJV, RSV, NAB, NIV, 덤). 유령들은 르파임(רְפָאִים), 오브(אוֹב) 혹은 엘로힘(אֱלֹהִים; 삼상 28:13)이라 불린다. 그것은 또한 인간 오성의 궁극적 근원으로서 욥기 가운데 32:8(//שַׁדַּי נִשְׁמַת)에서만 나타나는 하나님의 "영"도 아닌 것 같다(앤더슨은 이에 반대다).

15.b. 할라프(חלף)는 바람의 휩쓸기에 대해 사용되지만(רוח, 합 1:11; סופה, 사 21:1), 하나님의 빠른 지나감에 대해서도 사용된다(욥 9:11; 11:10).

15.c. 사아라트(שַׂעֲרַת), 사아라(שַׂעֲרָה)의 연계형, 다른 곳에서는 삼상 14:45에서처럼 "털 한 오라기". 여기서는 집합명사일 수 있다. 복수형인 사아로트(שַׂעֲרוֹת)로 수정할 필요는 없다(로울리, NAB). 한 유대교 전승은 본문의 시아라트(שׂערת)를 스아라(שְׂעָרָה, "폭풍")와 관련되고 루아흐(רוח)와 평행을 이루는 것으로 보았다(탈굼. רוח 대신에 עלעולא와 זיקא). 고디스도 비슷하다. "폭풍이 내 피부를 곤두서게 했다"(참조. 또한 메르크스, 투르-시나이). 폴은 38장의 폭풍 신현의 뉘앙스로 그 두 가지 의미 모두를 포함하는 양의어가 의도된 것일 수 있다고 제안한다(S. M. Paul, "Job 4,15-A Hair Raising Encounter," *ZAW* 95[1983] 119-21). 그러나 이는 가능성이 없다. 슈아라(שְׂעָרָה, 에얼리히)로 수정하는 대신, 고디스와 다후드(M. Dahood, "ŚʿRT 'Storm' in Job 4,15," *Bib* 48[1967] 544-45) 그리고 그 뒤를 따라 블롬머드는 그 절대형의 이전 형태인 슈아라트(שְׂעָרַת)로 모음을 표기한다. 이는 매력적인 제안이기는 하지만, 욥기에서는 오직 27:13; 41:25-26에서만 그것도 **-아트**형으로 된 여성 절대형의 평행들로만 지지된다(블롬머드, 11). 또한 G. Janssens, "The Feminine Ending -(a)t in Semitic," *Orientalia Lovaniensia Periodica* 6-7(1975-76) 277-84도 보라.

15.d. 시 119:120에서 칼로 쓰인 싸마르(סמר)는 자동사로, "(살갗이) 곤두서다, 소름 끼치다"(BDB)라는 뜻이다. 만일 여기서 사아라트 브사리(שׂערת בשׂרי)가 주어라면, 테쌈메르(תסמר)는 분명 피엘 자동사다. 반면에 사아라트(שׂערת, "회오리 바람")가 주어로 여겨지면, 테쌈메르(תסמר)는 틀림없는 사역 동사다. NEB의 "내 살의 털을 곤두서게 만들었다"는 번역은 있음직 하지 않게 루아흐(רוח)를 남성형 야할로프(יַחֲלֹף) **그리고** 여성형 테삼메르(תְּסַמֵּר)의 주어로 여긴다. 그러나 싸마르(סמר)의 정확한 의미는 불분명하다. BDB는 아랍어 *šamara*("수축하다")를 동족어로 보았고, 반면에 KB는 *ŝammara*("일어나다")와 비교한다. 시 119:120의 경우처럼 "떨다"(RSV)나 "전율하다"(NAB) 같은 좀더 일반적인 단어가 여기 본문에 알맞을 수도 있다.

16.a. 문자적으로는 "(무언가, 누군가) 섰다"로, 불특정 주어인 테무나(תמונה)가 주어일 수도 있다. 참조. 불가타, *stetit quidam cuius non agnosceban vultum imago coram oculis meis.*

16.b. 문자적으로는 "그리고 나는 그 모양(**혹은** 얼굴)을 알아보지 못했다". 이 어구를 포어러와 러스트는 삭제한다. *Bijd* 36[1975] 310 n.8. 행이 짧은 것(단어가 3개)은 아마도 우연한 일일 것이다. 덤은 셰익스피어 독백들에서 중요한 절반-행들을 기억했고, 따라서 의심의 여지없이 아이네아드(the Aeneid) 내의 논쟁 많은 절반-행들의 의도성이 비교 대상으로 제시되었을 것이다. 로울리가 "행의 분할은 그 순간의 공포가 엘리바스에게 돌아올 때 갖는 갑작스런 숨 돌림을 암시한다"라고 제안한 것은 상상력이 지나친 것이다.

16.c. 만일 드마마(דממה)가 다맘(דמם)의 첫 번째 의미 "말을 않다, 침묵하다"에서 파생된 것이라면(BDB, KB), 그것은 콜(קול)과 분리되거나 혹은 연결될 것이다. 즉, "침묵이 있었다. 그 다음에 나는 한 소리를 들었다"(맛소라 본문의 강세 구분이 그렇다. RSV, JB). 아니면 중언법으로 "조용하고 낮은 한 소리를"(וקול의 맛소라 본문의 모음 표기가 분명히 그렇다. 참조. NEB, NAB, NIV, "조용한 한 소리"). 그러나 나는 러스트를 따라(J. Lust, "A Gentle Breeze or a Roaring Thunderous Sound? Elijah at Horeb: 1 Kings xix 12," *VT* 25[1975] 110-15) 드마마(דממה)를 다맘(דמם)의 "신음하다, 으르렁거리다"에서 온 것으로 본다(KB의 דמם II: 악카드어 *damāmu*, "슬퍼하다, 신음하다"[*CAD*, D, 59-61], 우가릿어 *dmn*과 같은 어원). 참조. G. V. Schick, "The Stems *dûm* and *damám* in Hebrew, 2," *JBL* 32(1913) 219-43(222); M. Dahood, "Textual Problems in Isaia," *CBQ* 22(1960) 400-409(400-402); N. Lohfink, "Enthielten die im Alten Testament bezeugten Klageriten eine Phase des Schweigens?" *VT* 12(1962) 260-77(275 n. I[bibliography]); M. Dahood, "Hebrew-Ugaritic Lexicography II," *Bib* 45(1964) 393-412(402-403); T. F. McDaniel, "Philological Studies in Lamentations. I," *Bib* 49(1968) 25-52(37-39); S.

Abramson, "The Historical Dictionary"[Heb.], *Leš* 42(1977) 9-16(medieval Heb. evidence). 그러므로 드마마 바콜(דממה וקול)은 에슈마(אשמע)의 단수 목적어로 보아야 한다: "나는 크게 울리는 한 소리를 들었다."

17.a. 첫 번째 이절구에서는 에노쉬(אֱנוֹשׁ), 두 번째에서는 게베르(גֶּבֶר). 히브리어에서 "사람"을 뜻하는 여러 명사들의 의미를 그들의 어원에 근거해서 구별해 보려는 시도들은, 비록 역본들에 반영되어 있기는 하지만(예를 들어, אנוש에 대해서는 "죽음을 피할 수 없는 인간"으로[KJV, RSV, NEB], גבר에 대해서는 "용감한 사람"으로[테리앙]), 아마도 잘못 인도된 것일 것이다. 참조. E. Jacob, *Theology of the Old Testament*(tr. A. W. Heathcote and P. J. Allcock; London: Hodder and Stoughton, 1958) 156-57: "…**에노쉬**는 인간의 연약하고 죽을 수밖에 없는 측면을 강조하고…**게베르**는 힘에 강조를 둔다." 에노쉬(אנוש)가 인간의 연약함에 대한 언급에서 빈번하게 사용되는 이유들에 대해서는(이 명사 자체에 필연적으로 함축된 것이 아닌데도) C. Westermann, *THWAT* 1:43-44를 보라. 게베르(גבר)의 "강한 자"라는 함의에 대한 논증을 더 원하면 H. Kosmala, "The Term *geber* in the OT and in the Scrolls," *VTSup* 17(1969) 159-439(특히 164-67)를 보라.

17.b. 이츠다크(יִצְדָּק). 혹은 하나님에 "의해서 의롭다 선언되다." 차다크(צדק)가 히필형으로는 "의롭다고 선언하다"이지만, 호팔형으로는 사용되지 않기에 칼이 히필의 수동태 역할을 할 것이다.

17.c. 메엘로(מאלוה)와 메오세후(מֵעֹשֵׂהוּ) 모두에서 **멤**(מ)은 비교의 민(מן)같이 보이고, 그러면 그 결과는 "하나님보다 공정한 혹은 의로운"(KJV, RV, ASV, NEB, NIV)이다. 그러한 번역에 대한 변증에 대해서는 호르스트를 보라. 그러나 보다 폭넓은 고려에 따르면("주석"을 보라) 여기서 민(מן)은 "…가 보기에"(참고 RSV, JB) 혹은 "하나님에 비추어"(NAB)를 의미할 가능성이 더 높다. 참조. 민 32:22, "야훼 앞에서[מן] 의무로부터 자유로워지다"; 렘 51:5, "그들의 땅이 이스라엘의 거룩하신 자 앞에서[מן] 죄악으로 가득하다". BDB, 579b § 2d: מן "한 행동의 근원이나 행위자에 대해 사용됨"; KB, 536a § 9를 보라. 더 나아가 이런 의미로의 민(מן)의 또 다른 가능 용법에 대해서는 32:2에 관한 부분을 보라. 도름은 매우 유사한 두 구절인 9:2과 25:4에서 민(מן)이 아니라 임(עם)의 사용은 민(מן)이 여기서도 그 의미를 갖는 것이라고 주장한다: 그러나 그 절들에 대해서는 "주석"을 보라.

17.d. "원문주해" 4:17.a를 보라.

17.e. 이트하르(יטהר). 혹은 만일 이츠다크(יצדק)가 선언문이라면, 이트하르(יטהר)도 같은 기능으로 동질화될 수 있다. 즉 "깨끗하다고 선언되다". 타하르(טהר) 피엘은 "깨끗하다고 선언하다"이며, 비록 푸알이 사용되지만(거의 없음) 그 때는 선언의 의미로서가 아니다. 그러므로 칼이 선언의 피엘 수동형으로 기능할 것이다. 미완료는 "시대를 막론하

고 인정되는 분명한 사실들"임을 가리킨다(도름).

17.f. "원문주해" 4:17.c를 보라.

18.a. 헨(הֵן)은 아프(אַף)나 아프 키(אַף כִּי) 앞에서는 하나의 전제를 말하며, 그러면 아람어 인(אִין)이나 아랍어 *'in*과 같은 뜻이다(BDB, 243b; 블롬머드, 28).

18.b. 심 브(שִׂים בּ, "책망하다, 전가하다"). 참조. 삼상 22:15(BDB, 963a § 1a). 블롬머드의 번역 "…의 것으로 돌리다"는 심(שִׂים)이 22:22; 38:33; 시 56:9[8](// ספר) 등에서 가질 수 있는 "기록하다" 개념을 유지하려는 시도다(M. Dahood, "The Metaphor in Job 22,22," *Bib* 47[1966] 108-9). 그러나 여기서 심(שִׂים)이 "기록하다"를 의미한다고 가정할 이유는 하나도 없으며, 영어의 "돌리다"에 대한 언어 유희일 가능성은 우연한 것이다.

18.c. 타홀라(תָּהֳלָה)는 단 한 번 사용된 단어다. Grabbe, *Comparative Philology*, 41-43를 보라. 아마도 할랄(הלל)의 "속다, 놀림당하다"라는 의미에서(KB[3] הלל III) 파생된 것으로 보인다(라쉬, 이븐 에즈라, 킴히, 도름, 고디스도 그렇다). 참조. הלל II(BDB: 칼 "자랑하다"; 포알 "흥분하다, 미치다"). 12:17, 그리고 "어리석음"이 그 어근을 잘 번역하는 전 2:2; 7:7, 25; 10:13 등을 보라. **타우**(ת)가 앞에 오는 형태는 이중 아인(ע) 동사와 비교될 수 있으며(Bauer-Leander, 497zη), 따라서 불가능한 것은 아니다(드라이버는 이에 반대다).

딜만은 에티오피아어 *tähälä*(혹은 차라리 이형인 *tähälä*) III, "옆길로 벗어나다, 탈선하다"를 동족어로 보았다(그 결과 많은 역본들이 "잘못"으로 번역한다. RSV, NIV가 그렇다). 그러나 어근 *thl*은 셈족어에서는 그 외의 어디에서도 나타나지 않는다. 아랍어 *wahila*("잘못하다")가 동족어일 수 있을까(J. Barth, *Nominalbildung in den semitischen Sprachen*[Leipzig: J. C. Hinrichs, 2nd ed., 1894] 278)? 이것은 고전 아랍어에서는 다소 희박한 의미인 것 같다.

이에 대한 수정이나 모음 교정이 무수하다: 틸르(תִּלָה, "어리석음"; 1:22처럼: 욥이 그에 대해 하나님을 원망하지 않았던 것; 따라서 훕펠트, 드라이버), 하탈라(הַתָּלָה, "속임, 기만"; 델리취), 테힐라(תְּהִלָּה, "찬양"; 로〈לא〉의 영향을 행의 전·후반부 모두에 적용함; 에얼리히, 블롬머드가 그렇다. 그러나 그가 주장한 시 106:12과의 평행은 착각이다).

19.a. 예쏘담(יסודם, "그들의 기초")은 쇼크네(שכני, "거주자들")가 아니라 바태(בתי)를 가리킨다(에얼리히, 호르스트는 이에 반대다). 이 구절은 아마도 1QH 12.26에서 암시적으로 언급된다(만수어가 다음에서 בעפר[ויסודו]로 복원시킨다. M. Mansoor, *The Thanksgiving Hymns*[STDJ 3; Leiden: Brill, 1961] 175 n. 15).

19.b. 베아파르(בעפר, "티끌 속에")의 **베트**(ב)를 **멤**(מ)과 같은 의미로 여겨 곧 "그터가 티끌/진흙으로 (만들어진)"이 되게 하는 것은 호소력이 있는데(도서 목록: 블롬머

드, 19), 특히 창 2:19의 관점에서 그렇다. 재료의 민(מן)에 대해서는 BDB, 579a § 2b를 보라. 그러나 이러한 의미로 인해 얻어지는 것은 그렇게 많지 않다. 기초가 먼지 속에 서 있든지 먼지로부터 만들어지든지 마찬가지다.

19.c. 예다크움(ידכאום, 문자적으로는 "그들이〈비지정〉 그것들을 부수다").

19.d. 리프네(לפני, 아마도 "…처럼": 칠십인경의 세토스 트로폰〈σητὸς τρόπον〉같이). 참조. 3:24에 관한 부분. 시간적으로 "전에"도 가능하다. 모든 것은 아쉬(עש)를 어떻게 볼 것인지에, 그리고 그것의 일반적인 의미에 달려 있다("주석"을 보라).

19.e. 아쉬(עָשׁ, "나방": 아랍어 *'uššun*, 악카드어 *ašāšu*, B). 참조. 아샤쉬(עשש, "쇠약해지다"). 가능한 해석들에 대해서는 "주석"을 보라. 일부는 드문 악카드어 *ašāšu*, A와 어원이 같고(*CAD*, A/II, 422), *ašāšu*("나방")처럼 오직 사전적 본문들에서만 확인되며, "새의 둥지"를 의미하는(아마도 27:18에서처럼) 아쉬의 두 번째 의미(עָשׁ II)를 제안한다. 델리취는 "갈대 둥지"라고 번역했으며(참조. 에얼리히), 드라이버(G. R. Driver, "Linguistic and Textual Problems: Jeremiah," *JQR* 28[1937-38] 97-129[121])는 "새의 둥지"로 번역했다(NEB도 마찬가지; 그러나 포어러는 그 절반의 행을 어구 주석으로 보고 삭제한다). 이 독법은 매력적이지만, 언어학적 지지는 강하지 않다.

허즈는 예두크우 밀리프네 오삼(יִדְּכְאוּ מִלִּפְנֵי עֹשָׂם, "그들이 그들의 조물주 앞에서〈로부터〉 부수어졌다")으로 수정했다(N. Herz, "Some Difficult Passages in Job," *ZAW* 20 [1900] 160-63[160]). 이 생각은 블롬머드에 의해 새로운 모습으로 부활되었다. 이드크우 밀리프네 오세(יִדְּכְאוּ מִלִּפְנֵי עֹשֶׂ): 여기서 이드크우(ידכאו)는 다카(דכא=זכי, "깨끗하다, 순결하다")에서 왔고, 밀리프네(מלפני)의 멤(מ)은 새로운 단어 구분에서 비롯되며(혹은 바예다크움〈וידכאום〉의 후접어일 수도 있다), 반면에 오세(עֹשֶׂ)는 오세(עֹשֶׂה)의 필사상의 오류이며, 예쏘담(יסודם)의 복수 접미어는 오세(עֹשֶׂה)에 대해 이중 역할을 한다. 따라서 "그들은 그들의 조물주 앞에서 깨끗해질 것이다". 허즈가 제안한 수정이 보다 설득력이 있었지만, 마찬가지로 불필요하다. 그 뒤를 림바흐가 따른다(J. A. Rimbach, "'Crushed befor the Moth'(Job 4:19)," *JBL* 100[1981] 244-46).

20.a. 미보케르 라에레브(מבקר לערב), 즉 단 하루가 지나는 과정에(참조. 사 38:12). 참조. GNB, "사람이 아침에는 살아 있고, 저녁이 이르기 전에 아무도 모르게 죽을 수도 있다." NAB, "아침이든 저녁이든 그들은 박살날 수 있다"는 의도된 것도 아니고, 포어러가 암시적으로 언급하듯이 "아침"과 "저녁"은 탄생이나 사망을 가리키는 것 같지도 않다: "인생은 하루처럼 여겨지고 사람은 단 하루만 사는 피조물로 간주된다"(고디스도 비슷하다).

20.b. 이 동사가 가능성의 양태를 표현하는 것으로 봄. D. J. A. Clines, "Verb Modality and the Interpretation of Job iv 20-21," *VT* 30(1980) 354-57를 보라.

20.c. 라네차흐(לנצח)는 흔히 그렇듯이 "영원히"를 의미할 수 있다. 그러나 여기서는

최상급의 의미인 "완전히"(NEB "완전히 멸하다")가 더 알맞은 것 같다(참조. 또한 14:20). D. Winton Thomas, "The Use of נצח as a Superlative in Hebrew," *JSS* 1(1956) 106-9; P. R. Ackroyd, "נצח—εἰς τέλος," *ExpT* 80(1968-69) 126; Kopf, *VT* 8(1958) 186; P. P. Saydon, "Some Unusual Ways of Expressing the Superlative in Hebrew and Maltese," *VT* 4(1954) 432-33; P. Joüon, "Notes de lexicographie hébraïque," *Bib* 7(1926) 162-70(162)를 보라.

20.d. 미블리 메심(מבלי משים)은 아마도 문자적으로는 "그것을 (마음에) 두는 자 없이"이다. 메심(מֵשִׂים)은 히필 분사일 것이고, 달리도 입증되지 않는다. 그러나 아마도 숨/심(שׂוּם/שִׂים)의 칼보다는 히필로 생각되는 야심(יָשִׂים)의 이례적인 역성어(back-formation)로 설명될 수 있을 것이다(야숨〈יָשׂוּם〉은 출 4:11에서 칼 미완료로 나타난다). 좀더 개연성이 적은 것으로, 메심(מֵשִׂים)을 칼 분사 삼(שָׂם)으로 수정하고(포어러), 맨 앞의 멤(מ)을 미블리(מבלי)의 후접어 멤(מ)으로 볼 수 있다(참조. 블롬머드). 둘 중 어느 경우에도 대부분은 그 분사가 심 레브(שִׂים לֵב, "마음에 두다, 주의를 기울이다")의 단축형이라고 주장한다(23:6; 사 41:20에서 그렇다). 따라서 미블리 메심(מבלי משים)은 21절의 베로 베하크마(ולא בחכמה)와 평행을 이룬다. 그 뒤를 게를레만(Gerleman, *BHS*)이 따르는 호르스트는 메심(מֵשִׂים)이 명사로서 "주의, 주목"이라는 의미이고, 루츠(רוץ)로부터 파생된 메로츠(מֵרוֹץ, "달리기")처럼 형성된 것이라고 제안했다.

그러나 일부는 그런 생략을 "너무 심한" 것이라 보고(도름; 참조. 로울리) 수정을 제안한다. 메륵스는 미블리 모쉬야(מִבְּלִי מוֹשִׁיעַ, "구원자 없이, 도울 사람 하나도 없이")로 읽었다(참조. 칠십인경의 *παρὰ τὸ μὴ δύνασθαι αὐτοὺς ἑαυτοῖς βοηθῆσαι ἀπώλοντο*). 그 뒤를 다음이 따른다. 도름, 로울리, J. C. L. Gibson, *SJT* 28[1975] 266 n. 4). 시 18:42[41]; 사 47:15의 평행문들. 또한 J. F. A. Sawyer, "What was a מוֹשִׁיעַ?" *VT* 15(1965) 475-86를 보라.

허즈(N. Herz, *ZAW* 20[1900] 160)는 블리 쉠(בְּלִי שֵׁם, "이름 없이")으로 읽었는데, 이 해석은 뇔데케(Nöldeke)에 의해 "고려해 볼 가치가 무척 많은" 것으로 평가되었고, 메심(משים)의 시작 **멤**(מ)을 미블리(מבלי)의 후접어로 이해하는 다후드에 의해 소생되었다("Northwest Semitic Phililogy and Job," in *The Bible in Current Catholic Thought*[Gruenthaner Memorial Volume, ed. J. L. McKenzie; St Mary's Theology Studies 1; New York: Herder and Herder, 1962] 55-74[55]). 그 뒤를 포프와 블롬머드가 따른다. 그것은 또 림바흐에 의해서도 채택된다(Rimbach, *JBL* 100[1981] 244-46). 참조. 30:8의 어구 브게 블리 쉠(בְּנֵי בְלִי שֵׁם, "이름 없는 사람들"; NAB). 그러나 위엄("이름")을 얻으려는 인간의 실패란 여기서는 요점을 벗어난 것 같고, 그러면 21b절구와의 평행 관계가 깨어진다.

에얼리히는 사 42:22의 브에인 오메르 하슈브(ואין אֹמֵר הָשַׁב)와 비교하며 메쉽(מֵשִׁיב,

"회복함")으로 수정한다. 키산느, NJB도 마찬가지.

21.a. "장막-줄"(יֶתֶר – 에테르)이 여기처럼 나싸(נסע)의 목적어가 되는 경우는 없다. 비록 몇몇 주석가들이 줄이나 말뚝이 똑같이 "뽑혀질" 수 있다고 주장하지만(호르스트, 포어러, 포프), 장막줄들(יֶתֶר, מֵיתָר, חֶבֶל)은 "풀리거나"(30:11처럼 פתח), "끊어지는"(사 33:20; 렘 10:20처럼 נתק) 것이기에, 야테드(יָתֵד)에서 파생된 예테담(יְתֵדָם, "그들의 장막 말뚝")으로 읽는 것이 더 바람직할 것이다(Olshausen et al이 그렇다. JB, NAB).

KJV의 "their excellency"는 이트람(יתרם)을 에테르(יֶתֶר, I〈BDB, 451b〉, "나머지, 초과, 탁월")로부터 취한다(탈굼과 한 페쉬타 번역이 그렇고, 또한 일부 중세 유대 주석가들도 마찬가지이며 키산느가 그 뒤를 따른다). 비슷하게 NEB는 "그들의 부유한 재물"(참조. 22:20; 시 17:14의 יֶתֶר), 그러나 NEB는 할로-니싸 이트람 밤(הלא־נסע יתרם בם)을 5:4 뒤에 오도록 옮긴다(도름을 따라). NEB의 위치 변경과 번역은 드라이버를 따르는데(G. R. Driver, "On Job V.5," *TZ* 12[1956] 485-86), 그는 이트람 밤(יתרם בם)을 모타르(מוֹתָר)에서 파생된 베모타람(בְּמוֹתָרָם, "그들의 풍요 가운데, 그들이 풍요로울 때")에 대한 필사상의 오류라고 제안했다.

테리앙("Ne leur arrache-t-on pas leur éminence comme un pieu de tent?")은 이트람(יתרם)을 분명히 두 번 이상 번역한다. 도름도 이트람(יתרם)을 יֶתֶר I("풍요")로부터 취하며 "그들의 넘치는 재산이 그들로부터 가져가지지 않았는가?"로 번역하고, 5:5b 뒤에 오도록 이동시킨다. 로울리의 말에도 불구하고, 이것이 이 행을 가장 만족스럽게 다루는 것 같지는 않고, 불필요한 위치의 변경도 수반한다.

21.b. 나싸(נסע, "뽑아 올리다"; 종종, 천막 말뚝)는 "제거하다, 옮기다"라는 의미다. 맛소라 본문은 동사 뒤에 밤(בם, 문자적으로는 "그들 안에")을 추가시키고 있다. 고디스는 이것을 시 90:10의 예메 슈노테누 바헴 쉬브임 샤나(יְמֵי שְׁנוֹתֵינוּ בָהֶם שִׁבְעִים שָׁנָה, "우리들 해의 날들은 그 자체로는 칠십 년이라"〈혹은 우리의 연수가 칠십이요〉)와 비교하여 "그 자체로는, 원래는 그것들 자체의 성격에 의하면"으로 본다(그러나 여기서 다후드[*Psalm II*, 325; *Psalms I*, 122]는 이를 "그 때"〈בהם〉로 번역함). 하나의 간단한 해결책은 베트(ב)와 민(מן)을 바꾸어 밤(בם)을 메헴(מֵהֶם)과 같은 것으로 보는 것이다(N. M. Sarna, "The Interchange of the Prepositions *beth* and *min* in Biblical Hebrew," *JBL* 78[1959] 310-16[특별히 313-14]; 포어러가 그 뒤를 따른다. 더 자세한 것은 블롬머드, 19를 보라. 그리고 특별히 Z. Zevit, "The So-Called Interchangeability of the Prepositions *b*, *l*, and *m(n)* in Northwest Semitic," *JANESCU* 7[1975] 103-12를 참조하라). 탈굼, 페쉬타, 불가타는 모두 이 해석을 유지한다. 또한 5:21; 20:20에 관한 부분도 보라. 덤은 그들의 인도를 따라 밤(בם)을 메헴(מֵהֶם)으로 수정할 것을 제안했다. 호르스트는 흥미롭게도 바욤(בַּיּוֹם, "어느 날, 즉 갑자기")으로 수정하는데(잠 12:16; 느 3:34[4:2]처럼), 그러면 20절의 미보케르 라에레브(מבקר לערב)와 평행할 것이다.

21.c. 이 절의 시작 부분에서 하(הֲ)로 도입되는 질문은 사실 21a절구가 아니라 21b절구의 것이며, 21a절구는 조건절이다(*GKC*, § 150m 보라; 그리고 참조. 4:2). RV에 비해 RSV가 맞다(참조. KJV, NIV).

21.d. 벨로 베호크마(ולא בחכמה). 베트(ב)가 무트(מות, "죽다")와 함께 하면 대개 원인을 의미한다(예를 들어, 갈증, 삿 15:18; 사 50:2; 칼과 기근, 렘 11:22). 그래서 테리앙은 "그들이 죽으며, 그것은 지혜의 [과잉으로 인한] 것이 아니다"라고 번역한다. 도름도 비슷하다. "그들이 죽으며, 그것은 지혜 때문이 아니다"로 번역하고, 바로 뒤에 5:2이 오게 한다. "왜냐하면 미련한 자를 죽이는 것은 분함이기 때문이다." 즉, 욥이 겪고 있는 슬픔과 분노가 죽음의 진짜 원인들이다. 지혜가 사람을 죽이는 것이 아니다. 이런 재배치는 독창적이기는 하지만, 고디스가 미블리 메심(מבלי משים)과 베로 베호크마(בחכמה ולא) 사이에서 제대로 확인한 대구법을 깨뜨린다. 그는 "그들이(당하는 자들) 알지 못하는 가운데"로 해석한다(비슷하게 부드의 "그들은 어찌할지를 모른다"; 그리고 포어러). 그러나 호크마(חכמה)가 일의 상태에 대한 단순한 의식을 뜻할 가능성은 거의 없다. 이런 이유로 "알아보는 사람이 하나도 없이" 같은 번역(그것은 20b절구와 정확한 평행을 이룰 것이다)도 수용하기가 어렵다. "주석"을 더 보라.

5.1.a. 명령형 크라-나(קרא־נא)는 데이빗슨이 말하는 것처럼 "비꼬는 말이 아니라, 단지 가정을 매우 생생하게 말하는 방식"이다. 참조. NEB, NIV "원한다면 외쳐라"(모파트도 비슷함).

1.b. 고디스는 크도쉼(קדשים)을 하나님에 대한 호칭으로 보고, 이 절구를 "거룩하신 이가 아니면 네가 누구에게로 향할 수 있으랴?"로 번역한다. 이것은 히브리어에서 가능하지 않은 구문이며, 에 6:6도 진짜 평행은 아니다.

2.a. 전치된 **라멧**은 직접 목적어 표시인데, 어쩌면 아람어 표현일 수 있으나, 그렇게 보기에는 성경 히브리어에서 너무나 빈번하게 확인된다(참조. 아래의 "원문주해" 5:7.b).

3.a. 마슈리쉬(משריש, 히필). 호프만, 덤, NEB는 푸알의 메소라쉬(מְשֹׁרָשׁ, "뿌리째 뽑힌")로 수정.

3.b. 고디스는 피트옴(פתאם)을 페타임(פְּתָאִם, "어리석은 자들")으로 모음을 표기하는 독창적인 제안을 하고, 프타임 느베(פתאם נְוֵה, "어리석은 자들〈혹은 어리석음〉의 거주")로 읽는다. 그렇게 되면 피트옴(פתאם)이 에빌(אויל)과는 깔끔한 평행을 이루게 되지만, 나베후(נוהו)의 수정도 필요하게 된다. 일부는 피트옴(פתאם)을 "예상치 못한"이라기보다는 "갑자기"로 보았고(참조. 덤), 그것을 근거로 바에코브(ואקב)에서 어리석은 자에게 갑작스럽게 임한 외적 사건을 찾으려 했다("원문주해" 5.3.d를 보라). 그러나 피트옴(פתאם)은 어리석은 자가 그의 운명을 만난 급속함, 따라서 엘리바스가 곧바로 그를 저주받은 것이라고 선언할 수 있었던 급속함을 잘 표현할 수 있다.

3.c. 나베(נוה)는 본래는 목초지를 의미하지만, 여기서 묘사되는 것은 목자라기보다는

농부다. 따라서 이 용어는 "거처"(RSV), "집"(NEB), "가옥"(JB) 그 이상을 포함하지 않는다. 드라이버는 시문에서 이 용어가 일반적으로 "거주하는 곳"을 분명하게 의미하는 곳들을 언급한다(잠 3:33; 사 33:20). 그 용어에 대해서는 앤더슨; D. O. Edzard, "Altbabylonisch *nawûm*," *ZA* 19(1959) 168-73를 보라.

3.d. 맛소라 본문의 바에포브(וָאֶפּוֹב)는 "그리고 내가 저주하였다"로 번역될 경우 난해하게 보인다. 왜냐하면 그렇게 하면 어리석은 자의 운명이 엘리바스의 손에 놓이게 되기 때문이다. 카바브(קבב)가 그 형식 의미인 "저주하다"를 뜻하지 않고 "경멸하다", 그리고 특별히 "(무언가를) 저주받은 것으로 경멸하다"를 뜻한다고 보는 것(참조. קלל, "저주하다, 저주받은 것으로 경멸하다")이 그 문제에 대한 해결이 될 수도 있다. J. Scharbert, *TDOT* 1:415를 보라. 고디스는 바에코브(ואקוב)를 선언적인 동사로 보아 "저주받은 것으로 내가 선언했다"라고 한다. 그러나 선언 동사로서는 히필과 피엘이 훨씬 더 흔하다는 것이 인정되어야 할 것이다. 이 동사는, 비록 고디스가 그렇게 생각하려 하지만, 힐러스에 의해 간략하게 설명된 "표현 파생"(delocutive) 동사 기준들에도 잘 맞지 않는다(D. R. Hillers, "Delocutive Verbs in Biblical Hebrew," *JBL* 86[1967] 320-24). 바에코브(ואקוב)와 라이티(ראיתי)의 평행 구조는 1인칭 동사를 3인칭이 나베후(נָוֵהוּ)의 주어가 되는 형태로 수정하는 것은 아마도 틀린 것임을 시사한다. 그러나 자음을 수정한 경우들 가운데 다음의 것들이 언급될 수 있을 것이다: 바이르카브(וַיִּרְקַב, "그리고 〈그것이〉 썩어 문드러졌다"; 덤, 에얼리히, 포어러, NAB; 참조. 지지를 위해서는 칠십인경의 에브로데〈*ἐβρώθη*〉, 그러나 비브로스코〈*βιβρώσκω*〉는 절대로 רקב를 번역하지 않음), 바요바드(וַיֹּאבַד, "그리고 〈그것이〉 소멸했다"[Ball; 베나베후(בְנָוֵהוּ, "그리고 그의 처소 안에 한 들짐승이 〈있다〉)"; J. J. Slotki, "The Re-emergence of an Akko," *ExpT* 43[1931-32] 288]. 게를레만은 바에코브(ואקוב)가 베히코브(וְהִקּוֹב, "그리고 〈그것이〉 말라 버렸다")에 대한 아람어 부정사라고 제안한다(참조. 아랍어 *qabba*). 에이탄은 쿠브(קוב)에서 파생시켜(참조. 아랍어 *qāba*, "파다, 뿌리째 뽑히다") 바이코브(וַיִּקּוֹב)로 읽는다(I. Eitan, "Biblical Studies," *HUCA* 14[1939] 1-22[12-13]). 그의 뒤를 NEB가 따른다: "그의 집이 그의 주변에서 황폐케 됨"(참조. 브로킹턴). 다른 수정에 대해서는 드라이버, 로울리, 포어러를 보라.

4.a. 앤더슨은 בשער를 사아르(שַׂעַר), 즉 "폭풍으로"로 읽고 여기서 "욥 1:19에 대한 비정한 언급"을 본다. 그러나 이 언어는 전형적으로 법정적이다("주석"을 보라). 다른 이들(예를 들어, 비켈, 덤, 포어러)은 이를 운율상으로 불필요하다고 보아 삭제한다. 그럴 수도 있지만, 적어도 의미상으로는 함축되어 있다(호르스트).

5.a. NEB는 4:21a을 이 지점으로 옮긴다.

5.b. 맛소라 본문의 크치로(קְצִירוֹ, "그의 수확"), 즉 어리석은 자의 수확이 잘 맞지만, 많은 이들은 "그들(어리석은 자의 자녀들)이 거둬들인 것"을 만들어 내도록 코츠루

(קָצְרוּ)로 모음을 바꾼다(따라서 JB, NEB, NAB, 도름, 포어러; 참조. ἃ γὰρ ἐκεῖνοι συνήγαγον–하 가르 에케이노이 쉬네가곤, 그들이 거두어들인 것).

5.c. 맛소라 본문은 극도로 난해하다–문자적으로는 "그리고 가시들로부터 그가 그것을 취한다". 일곱 가지 상이한 해석이 가능하다: (i) 수확한 곡물을 동물들로부터 지키기 위해서 가시덤불로 덮는 것과 같은 어떤 가정된 관습에 대한 언급(W. M. Thomson, *The Land and the Book*[London: T. Nelson, 1890] 348; 포어러는 비록 이 구절을 행간 주석으로 보지만 그 뒤를 따른다), 혹은 곡식을 훔치기 위해 밭을 둘러싼 울타리를 뚫고 들어가는 도둑들(TOB가 이렇게 본다. 그러나 도적질을 하려는데 왜 훤히 보이는 개방 공간인 밭으로 들어가는 가장 힘든 방법을 찾을까?). 알-민(עַל־מ[ן], "and unto from")이라는 단어 조합이 난점으로 남는다. 그것은 "그리고 심지어"를 말할 가능성이 없는 방식이다. (ii) 본문의 수정은 거의 극소수에게만 확신을 주었다. 부드는 바알루마탐 아니 이카헤후(וְאַלְמֻתָּם עָנִי יִקָּחֵהוּ, "그리고 그들의 단을 가난한 이가 취할 것이다")를 제안했다(드라이버가 다소 망설이면서 그 뒤를 따름). 도름은 빙클러의 제안(H. Winckler, "Maspan keller," *Altorientalische Forschungen*[Leipzig: E. Pfeiffer, 1902] 3/1:235-36)을 아주 설득력 있게 발전시켜 미치님(מצנים)을 마츠푸님(מִצְפֻּנִים, 참조. 옵 6장; "숨기는 곳[들]")으로 수정했다. 번역 "그리고 숨기는 곳들로 가져가다." 게를레만은 바알루밈 츠누밈 이카흐후(וְאַלְמִים צְנֻמִים יִקַּח הוּא, "그리고 그들의 시든 단들을 그가 가져간다"). 이 제안은 창 41:23에서 츠누밈(צנמים)이 곡식의 "이삭"(שִׁבֳּלִים–쉽볼림)에 적용된다는 점을 내세운다. (iii) 그 어구 삭제(휠셔: 참조. 호르스트["아마도"], 포어러, 모파트; NAB는 각 괄호로 묶고 있다). 라이더는 이 절구를 그 다음 절구에 나오는 차밈(צמים)에 대해 아랍화하는 설명으로 보고 삭제한다(J. Reider, "Some Notes to the Text of the Scriptures," *HUCA* 3[1926] 109-16[111-12]). (iv) 드라이버의 동음이의어 접근(*TZ* 12[1956] 485-86)은 밭에서 곡물을 담아 옮기는 "바구니들로부터 강한 사람이 그것을 낚아챈다"를 만들어 낸다. לאל은 엘(אֵל, "강한 사람")이며(참조. 겔 31:11; 32:21), צנים은 아랍어 צנא, 아랍어 *ṣannu(n)*와 어원이 같다. NEB는 드라이버를 따른다. "더 강한 사람이 바구니에서 그것을 빼앗다." (v) 또 다른 단어 구분은 투르-시나이와 그를 따르는 고디스로 하여금 다음을 제안하게 했다. 베울람 차님 이카헤아(וְאֻלָּם צְנִים יִקָּחָה, "그리고 그들의 부〈אול, "힘", 따라서 "재물, 부"〉를 굶주린 자들〈צְנִים, צנם, "오그라들다, 움츠러들다"에서 파생된 *qātîl* -유형 명사형〉이 앗아갈 것이다"). (vi) 또 다른 모음 표기는 브엘 미체넴 이카헤후(וְאֵל מִצְּנָם יִקָּחֵהוּ, "그리고 그가[하나님이] 가뭄으로 그것을 가져간다")를 만든다(체넴〈צְנֶם〉은 צנם〈"말라붙다, 굳다"〉로부터). 따라서 NAB는 "아니면 하나님께서 황폐시킴으로 그것을 가져가실 것이다"로 번역하지만, 이 어구는 설명의 주로서 각괄호로 묶였다. 신의 직접 개입에 대한 언급은 확실히 여기에는 어울리지 않아 보인다. (vii) JB의 수정은 미쉬님(מִשִּׁנַּיִם, "[그들의] 이빨로부터", 즉 그들의 입으로부터)으로다(그러나 복수형

쉬님⟨שְׁנַיִם⟩은 사실상 어디에서도 나타나지 않는다).

5.d. 도름은 4:21a을 이 지점으로 이동시킨다(참조. 위의 "원문주해" 5:5.a).

5.e. 맛소라 본문의 차밈(צַמִּים, "덫", 18:9의 파흐⟨פַּח⟩와 평행)은 그리 만족스러운 의미를 내지는 않지만 RV에 의해 선호된다. 대부분은 첫 절구의 라에브(רָעֵב)와 좋은 평행을 이루는 츠메임(צְמֵאִים, "갈증")으로 읽었다(예를 들어, RSV, JB, NEB, NAB, NIV; 참조. 아퀼라 *διψῶντες*, 심마쿠스 *διψῶν*, 불가타 *sitientes*). 좀 덜 개연적으로, 고디스는 차밈(צַמִּים)을 צמם("묶다, 줄어들다")에서 파생된(참조. 차마⟨צַמָּה, "덮개"⟩, 차마이⟨צַמַּי, "덫"⟩) *qattil*-유형으로, "음식이 부족하여 말라 버린 자, 야윈 자"를 뜻한다고 본다. KJV의 "강도"는 ליסטיסין(*ληστής*로부터)로 읽는 탈굼을 따랐다.

5.f. 샤아프(שָׁאַף)는 보통 복수형 츠메임(צמאים)과의 조화를 위해("원문주해" 5:5.e를 보라) 샤아푸(שָׁאֲפוּ)로 수정된다. 그러나 단수 동사가 불가능한 것만은 아니다(*GKC*, § 145o를 보라). 덤은 이를 베샤아브 차메 믹길람(וְשָׁאַב צָמֵא מִגִּלָּם, "그리고 목마른 자가[단수] 그들의 샘에서 물을 길렀다")으로 수정했다. NAB는 이 제안에 기초해서 베샤아부 츠메임(וְשָׁאֲבוּ צְמֵאִים, "그리고 목마른 자들이[복수] 그들의 재물을 삼킬 것이다")으로 발전시킨다. שׁאב는 "삼키다"를 의미하지 않으나 적법한 은유의 사용일 것이다. 그래도 맛소라 본문이 가능성이 더 크다.

5.g. 헬람(חֵילָם, "그들의 부"), 즉 어리석은 자의 자녀들의 부가 상당히 만족스러운 독법인데도, RSV, NIV는 "그의 부"를 선호한다. 한 케니콧(Kennicott) 히브리어 사본을 따라(참조. *BHS*) 헬르캄(חלקם, "그들의 몫")으로 읽거나 할라밤(חֲלָבָם, "그들의 젖")으로 수정하는 것은 가능성이 덜하다(호프만, 비어, 그 뒤를 따르는 모파트).

6.a. 아벤(אָוֶן, "⟨도덕적⟩ 악" 혹은 "⟨물질적⟩ 악"; 참조. 아벤⟨און⟩과 아말⟨עָמָל⟩의 두 가지 의미가 모두 사용되는 4:8에 관한 부분).

7.a. 율라드(יוּלָּד, "태어나다"; 고대 역본들은 수동형으로 읽는다. 아마도 이 단어는 가끔 이발레드⟨יִוָּלֵד⟩로도 읽혔을 것). 그러나 ילד 동사(니팔이거나 푸알이거나)는 라멧(ל)과 함께 쓰이면 흔히 "…에게 태어나다" 즉 누군가의 자식으로 태어난다는 뜻인데, 그것은 이 곳의 문맥에 맞지 않을 것이다. 더욱이 (땅이 인간적 고통의 근원임을 부정하는) 6절을 7절과 연결시키는 최선의 방법은 7절 안에서 고통의 진정한 근원을 보는 것이다. 욜리드(יוֹלִד; 히필 욜리드⟨יוֹלִיד⟩ 대신)로 단순하게 모음을 바꾸면 "낳다"가 된다. 이런 변화는 다음에 의해 채택된다. 비어, 부드, 덤, 도름, 로울리, 바이저, 고디스, 헤세, 57(52와 대조됨), 테리앙, 모파트, JB, NAB, GNB.

7.b. 접두 **라멧**(ל)에 대해서는 위의 "원문주해" 5:2.a를 보라. 이를 "강조"의 **라멧**으로 설명하는 것은 불필요한 일이다(다후드가 그렇다. 블롬머드 44에서 인용됨).

7.c. 이 **바브**(ו)는 일반적으로 *waw adaequationis* 혹은 비교의 **바브**라고 여겨진다. 그러나 그런 경우들에서는 두 번째 절반 부분이 대체적으로 첫 번째 부분과 비교되지(참조.

잠 25:25), 본문에서처럼 그 반대가 아니다(참조. 드라이버). 여기서 제시된 번역에서는 **바브**를 (거의) 동시 발생의 두 개의 행위를 연결하는 단순 **바브**로 본다.

7.d. 브네 레쉐프(בני רשף)의 번역에 대해서는 "주석"을 보라.

7.e. 일부 역본들은 새들의 비행을 가리킨다. 따라서 NEB, "새들이 위로 나는 것처럼 확실히"; JB, "독수리들이 창공으로 날아오르는 것처럼 확실히"(참조. 테리앙). 이들은 "레쉐프의 아들들"에서 새에 대한 가리킴을 보았던 고대 역본들을 따르는 것인데, 아마도 마지막 동사 오프(עוף, "날다")의 영향을 받은 것으로 보인다(더 자세한 것은 도름을 보라). 그 "독수리"는 전적으로 "높이 난다"(יַגְבִּיהַ – 야그비아)고 말해지는 것이 분명히 "독수리"(נשר – 네세르)인 욥 39:27에서 온 것이다.

8.a. 다라쉬(דרשׁ)의 이러한 의미에 대해서는 "주석"을 보라. 확실히 NEB의 "나는 하나님께 내 탄원을 할 것이다"나 JB의 "나는 하나님께 호소할 것이다"(참조. NAB) 등의 법적 언어는 적절하지 않아 보인다.

8.b. 디브라(דִּבְרָה)는 드문 명사로 전도서에서 알-디브라트(עַל־דִּבְרַת)라는 어구로 세 번 나타나며, 그 외에는 오로지 "멜기세덱의 반차를 좇은(עַל־דִּבְרָתִי) 제사장"(시 110:4)에서만 나타난다. 많은 현대 역본들은 "이유, 주장(cause)"(KJV, RSV, NEB, NIV) "주장, 사건(case)"(모파트, JB) 혹은 "간청, 탄원(plea)"(NAB) 등으로 번역한다. 풀러튼(Fullerton, *JBL* 49[1930] 360)은 엘리바스가 법적으로 말해서 욥이 논쟁할 어떤 "사건"을 가졌다고 인정하는 것 같지 않고, 디브라(דברה)를 이므라(אִמְרָה, "발언, 말, 연설")와 의미론적으로 같은 뜻으로 여기는 것이 더 좋을 것이라고 설득력 있게 논증한다. 법정 관용구인 악카드어 *awātam šakānum*("〈소송〉 문제를 제기하다")와의 의미론적 유비가 흥미롭기는 하지만(S. M. Paul, "Unrecognized Biblical Legal Idioms in the Light of Comparative Akkadian Expressions," *RB* 86[1979] 230-39[235-36]), 여기서의 의미를 확립하기에는 많이 부족하다.

9.a. NAB는 이 행을 "9,10로부터의 확장 전이"로 보고 생략한다(*Textual Notes*, 373).

10.a. 비의 주제가 찬양의 찬송과 무관해 보인다는 이유로 덤, 포어러, 헤세는 10절을 삭제한다. 호르스트는 하나님의 위엄을 찬양하는 것은 무엇이든 찬가(doxology)와 관련이 있다고 반대한다. 그 관련성에 대한 더 자세한 것은 "주석"을 보라.

10.b. 혹은 어쩌면 "시골에 물을 보낸다"(도름이 그렇게 본다). 시 104:10은 샬라흐(שׁלח)를 하나님께서 시내가 되어 흐르게 샘을 보내시는 것에 대해 사용한다.

10.c. 후조트(חוּצוֹת, "개방 장소들")는 대체로 집과 대조되는 도시의 거리나 광장을 가리킨다. 잠 8:26과 시 144:13에서는 (가축 떼가 많은 곳으로서) 시골을 가리키는 것이 분명하다.

11.a. 부정사 라숨(לָשׂוּם)은 선행하는 것이나(덤, 피크, 바이저, TOB) 혹은 후속하는 것에(도름, JB) 의미상으로 부착되어 있는 것이 아니라, 부정사 절대형으로서 "그것에 선

행하는 정형 동사와 동일한 시제를 가지며"(고디스). 여기서의 경우는 라숨이 10절의 분사들과 같은 시제를 갖는다.

11.b. NAB는 사가브(שָׂגַב)로 읽으며 "그가 높이다"로 번역한다. 피엘이 더 맞을 것이다.

11.c. 코드림(קֹדְרִים)은 문자적으로는 "어두운 자들", 따라서 "한탄하는 자들", 아니면 보다 일반적으로 "고통받는 자들"이다. 카다르(קדר)는 "마음의 상태(슬퍼함이나 비통함)를 의미하지 않고…동양에서는 한탄하는 사람의 비참한 몸과 어두운 의복을 가리킨다"(드라이버).

11.d. NAB는 맛소라 본문의 예샤(יֶשַׁע, "안전으로, 안전하게") 대신에 바요샤(וַיּוֹשַׁע, "그리고 그가 구한다")로 읽는다. 그러나 예샤(ישע)가 부사적 목적격으로 여겨질 수 있기 때문에 이런 변화는 불필요하다(Gordis, *GKC* § 118q).

12.a. 투쉬야(תּוּשִׁיָּה)는 대개의 경우 좋은 의미로 "건전한 조언"이나 그 결과인 "효과 있음, 성공"을 뜻한다. 드라이버; J. F. Genung, "Meaning and Usage of the Term תושיה," *JBL* 30(1911) 114-22; H. Bauer, "Die hebräische Eigenname also sprachliche Erkenntnisquelle," *ZAW* 48(1930) 73-80(77-78); H. A. Brongers, "Miscellanea Exegetica. III. *Tūšîyyâ*," *Übersetzungen und Deutung: Studien zum Alten Testament und seiner Umwelt Alexander Reinard Hulst gewidmet*(ed. H. A. Brongers et al.; Nijkerk: Callenbach, 1977) 30-49(37-47)를 보라. 그는 오히려 마흐슈보트(מחשבות, "음모, 계획, 계략")에 가까운 의미를 주장한다. 아무튼 이 용어는 12-13절에 나타난 몇몇 단어들처럼 지혜 문학에 전형적인 용어다.

13.a. 만일 니므하라(נִמְהָרָה)가 마하르(מהר, "서두르다")에서 파생된 것이라면, 그것은 문자적으로는 "서둘러지다", 즉 서둘러 파괴되다를 뜻한다. "황급히 수행되다"(포프), "보내지다"(NAB), "휩쓸려 가다"(NIV), "혼란에 빠지다"(NEB), "신속히 끝나 버리다"(RSV). מהר가 모하르(מֹהַר, "선물")에서 유래된 파생 명사로 "다 팔리다, 팔리다(혹은 배반당하다)"를 의미한다는 고디스의 제안은 흥미롭지만 가능성은 별로 없다.

15.a. 맛소라 본문의 메헤레브 미피헴(מֵחֶרֶב מִפִּיהֶם, "그들의 입의 칼로부터")을 대부분은 손상된 것이라고 판단한다. 고디스는 이 두 단어를 "그들의 날카로운 혀로부터"에 상응하는 중언법으로 여긴다. 그러나 그가 인용하는 유일한 평행 본문(사 53:8: מֵעֹצֶר וּמִמִּשְׁפָּט – 메오체르 우밈미슈파트)은 질문의 여지가 있다. 가장 단순한 수정은 메헤레브(מחרב)를 마하라브(מָחֳרָב, "황폐화된 〈것〉": חרב, "황폐화되다"의 호팔 분사)로 모음을 표기하는 것이다. 도름, 로울리, NEB가 그렇다. 라이더도 비슷하다(Reider, *HUCA* 3 〈1926〉 112). 그러나 그는 메페르 함(מְפֵר הם, "야망을 가진 자의 입으로부터")으로 읽고자 한다(참조. 아랍어 *hm*). 그러나 이는 가능성이 없는 제안이다.

제시된 수정들은 다음 둘 중의 하나다: (i) מפיהם의 첫 번째 **멤**(מ)을 생략하고 "그들

혀의 칼로부터"로 보거나(일부 히브리어 사본들, 탈굼, 페쉬타), 혹은 מפיהם 자체를 아예 생략하는 것(칠십인경이 분명히 그렇듯이: 칼이 문자적으로 가난한 자에게 사용될 것 같지 않다고 하여, מפיהם이 מחרב에 대한 행간 주석일까?), 아니면 (ii) מפיהם을 다른 단어로 대체하는 것, 가령 아니(עָנִי) 같은 에브욘(אֶבְיוֹן)의 동의어(지그프리드, 덤, GNB; 참조. JB "파산자"), 혹은 야톰(יָתוֹם, "아비 없는 자"; 부드, 드라이버), 혹은 페타임(פְּתָיִם, "단순한 자들";포프), 혹은 무파흐(מֻפָּח, "덫에 걸린 자들"; 호르스트; 참조. *BHS*), 또는 (iii) 미피 헤레브(מִפִּי חֶרֶב, "칼의 입[날]로부터"; NAB)로 읽음. 아니면 (iv) מחרב를 라톰(רָתוֹם)으로 수정한 후에 미피헴(מפיהם) 뒤로 위치를 옮김(부드, 드라이버, RSV). 그러나 맛소라 본문이 유지될 수 있지 않을까? 즉 "그들의 입으로부터 [나오는] 칼로부터". 가난한 자를 치는 것은 실제 칼이 아니라 중상이다. 시 59:8[7]에서는 (**독법이 정확하다면**) 칼이 그들의 혀 "안에"(ב) 있다. 64:4[3]에서는 그들이 자신들의 혀를 칼처럼 (כ) 예리하게 간다. 그리고 57:5[4]에서는 그들의 혀가 예리한 칼이다. 헤레브(חרב)와 페(פה, 혹은 라숀〈לשון〉)를 연계 고리로 연결시키는 표준 관용어는 존재하지 않는다. 따라서 현재 본문의 어구는 부자연스러운 것이 아니다. NIV의 "그들의 입안에 있는 칼로부터"가 가장 수용할 만한 해석으로 보인다.

16.a. NEB의 "그리고 불의한 자들이 병이 나다"를 나는 설명할 수 없다.

17.a. 힌내(הנה)는 사고의 새로운 과정의 시작을 표시하는(참조. 27절) 일종의 행수잉여음(行首剩餘音; anacrusis: 정상 운율이 시작되기 전 행의 첫 머리에 특별 효과를 위해 덧붙인 비-강세 음절; 고디스)이다. 비록 칠십인경, 페쉬타, 불가타 및 일부 사본들이 이에 대응하는 어떤 것도 갖고 있지 않지만, 그것은 확실히 삭제되지 말아야 한다(다음은 이에 반대다, 덤, 포어러, NEB〈효과적으로〉, NAB).

17.b. 샤다이(שַׁדַּי)는 욥기에서 여기서 처음 사용되었다. "주석"을 보라.

18.a. 키(כִּי)는 양보사(블롬머드)가 아니라 선행 절에 대한 이유를 소개한다.

18.b. **케레** 야다이브(יָדָיו)가 **케티브** ידו보다 더 선호되어야 하는 것은, 그것의 동사가 복수이기 때문이다. JB과 GNB의 단수 사용은 아마 영어 관용 표현 때문일 것이고, 본문의 판단을 반영하지는 않는다.

19.a. **베트**(ב)가 "…로부터"를 의미하는가? 블롬머드(19)는 그렇게 본다(ב와 מן의 상호 교환에 대한 참고문헌; 그리고 원문주해 4:21.b 참조). 행의 후반부에서 **베트**는 분명히 "…안에"로 번역되어야 하며, 따라서 평행 구문은 전반부에 대해서도 역시 이 의미를 제시할 수 있을 것이다. 드라이버는 히브리어 발전의 한 단계에서 **베트**와 **민**의 활자가 서로 닮았음을 지적하지만, 본문 수정을 제안하지는 않는다.

20.a. 예데-헤레브(ידי־חרב, "칼의 손[힘]")는 렘 18:21(// רעב), 시 63:11[10]에서 입증되는 표현이지만, 피-헤레브(פי־חרב, "칼의 입")가 더 일반적이다.

21.a. 베쇼트(בְּשׁוֹט): 대부분은 히브리어 한 사본, 칠십인경, 페쉬타, 불가타를 따라 미

쇼트(מִשּׁוֹט, "채찍으로부터") 또는 미슈트(מִשּׁוּט, "채찍질로부터"; 부정사)로 읽는다(고디스, *BHS*). 참조. "원문주해" 5:19.a. 여기서 그러한 수정이 개연성이 더 많지만, **민** 대신에 **베트**를 사용하는 것도 동일한 가능성을 갖는다.

21.b. 라숀(לשׁון): 에얼리히, 고디스 그리고 분명히 앤더슨도 이를 수 15:2에서 라숀(לְשׁוֹן)이 르숀 얌(לְשׁוֹן יָם)의 생략형으로 나타나는 것과 같이(수 15:5; 18:19; 사 11:15), 르숀 애쉬(לְשׁוֹן אֵשׁ, "불의 혀")의 생략형으로 본다(사 5:24). 그러나 לשׁון 절대형(*Simpliciter*)이 지리적 고시에서 사용되는 실제 평행 본문은 없다. 그런 제안이 나타나는 것은 단지 "혀의 채찍질" 혹은 중상이 공동체가 아니라 한 개인에 의해 경험되는 고난으로서의 재난들을 열거하는 현재의 목록에 어울리지 않는다고 생각되기 때문이다. 그러나 "혀의 채찍"은 집 26:6의 마스틱스 글로쎄스(*μάστιξ γλώσσης*)와 집 51:2의 라숀 쇼트 디바트(לשׁון שׁוט דבת)에 의해 충분히 입증된다. 덤은 לשׁון을 재난에 대한 다른 목록들에서 데베르(דֶּבֶר)로 나타나는 레셰프(רֶשֶׁף)같이 재앙을 뜻하는 단어에 의해서 완전히 수정하기를 원했다(겔 5:17; 14:21; 시 91:6). 그러나 그러한 수정은 비록 피크, 발, 모파트가 따르고는 있으나 임의적이다.

21.c. 쇼드(שֹׁד, "파괴"): 동일한 재난이 다음 절에도 나타나기 때문에, 일부는 이 단어를 쉐드(שֵׁד, "악령")으로 수정하거나(호프만, 포프; 참조. 시 91:5), 쇼아(שׁוֹאָה), 즉 "황폐케 함"(드라이버), 더 낫게는 "파괴적인 폭풍" 등으로 수정할 것을 제안했다(그것이 아난〈ענן〉과 평행을 이루고 있으며 동사 알라〈עלה〉 및 보〈בוא〉와 함께 나타나는 겔 38:9에서처럼, 그리고 그것이 수파〈סופה〉와 평행을 이루고 보〈בוא〉와 함께 나타나는 잠 1:27〈케레〉에서처럼). JB는 분명히 쇼데드(שֹׁדֵד)로 읽으면서 "약탈자"로 번역한다. 고디스는 어근 슈드(שׁוד, 참조. 아람어와 아랍어, "붇다, 넘치게 하다")를 근거로(참조. 시 91:6의 야슈드〈יָשׁוּד〉; 대체로 שׁדד〈"황폐시키다"〉에서 파생됨]// 야할로흐〈יַהֲלֹךְ〉; 사 13:6; 욜 1:15) "홍수, 급류"를 주장한다. 이 제안은 첫 행의 לשׁון을 "불"로 보는 그의 해석(위의 "원문주해" 5:21.b 보라)이 수용될 수 있다면 그만큼 더 설득적일 것이다. 기욤은 아랍어 *sawwada*("그의 인격을 어둡게 했다, 그를 더럽게 하다")와 어원이 같은 새로운 히브리어 명사 쇼드(שׁוֹד, "중상, 악담")를 제안한다. 이는 이 행에 수용 가능한 평행 구문을 만들어 낼 것이다.

22.a. 일부 학자들(덤, 부드, 휠셔, 포어러, 호르스트, 헤세)은 이 절에 언급되는 재난의 회수가 19절에 언급된 "일곱"을 초과한다는 것과 그것이 다른 곳에서 언급된 두 개의 재난, 즉 21절의 שׁד와 23절의 하야트 하아레츠/하사데(חית הארץ/השׂדה)를 갖는다는 이유로 이 절 전체를 삭제한다. 일곱 재난에 관해서는 19절에 대한 "주석"을 보라. 22절을 생략하면 23절의 첫 단어인 키(כי)가 21절과 아주 어색하게 될 것이다. 따라서 이 절은 유지되어야 한다. 더 자세한 것은 "원문주해" 5:23.a를 보라.

22.b. 카판(כָּפָן)은 일반적으로 아람어 표현으로 생각된다. 고디스는 이를 특별한 형태

의 기근, 즉 가뭄이나 적의 공격보다는 흉작으로 인한 것으로 생각한다. JB의 "가뭄과 서리"는 쇼드(שֹׁד, "폐허") 대신 샤라브(שָׁרָב, "타는 열기"), 카판(כפן, "황폐") 대신 크포르(כְּפוֹר, "서리")로 읽는 것으로, 칠십인경의 아노몬(*ἀνόμων*)을 따르는데, 칠십인경은 아마도 코페르(כֹּפֶר)로 읽는 독법에 기초했을 것이다(도름).

23.a. 덤과 포어러가 키(כִּי)를 생략하는 것(참조. 호르스트)은 단지 그들의 22절 삭제가 그것을 수반하기 때문이다. 포어러는 22절의 안전이 23절의 계약들에 달려 있는 것이 아니라 하나님의 도우심에 달려 있다고 주장한다. 그와 정반대다. 약속된 모든 안전이 궁극적으로는 하나님께 달려 있음이 분명하지만, 먹을 것이 없어도 욥이 "웃을" 수 있는 이유는 정확하게 욥이 돌과 (그의 수확을 망치지 않겠다는) 언약을 맺을 것이고 들짐승들과 평화를 누려 (그들이 그의 작물을 손상시키지 않을) 것이기 때문이다(참조. 또한 도름).

23.b. 아브네 하사데(אבני השדה, "밭의 돌과의 언약")라는 이 흔치 않은 개념은 다른 독법들을 제안하게 만들었다. 라쉬는 다른 명사 아도네 하사데(אֲדֹנֵי השדה, "밭의 주인들")를 제시한다(참조. 6:11에 관한 Midrash Koh. R.; 그리고 레 11:27에 관한 Sifra). 달리 말하면 밭에 씨를 뿌림 혹은 식물 성장을 방해하는 돌들로부터 지켜 줄 사티로스(숲의 신), 지신 혹은 요정들(참조. 사 5:2; 왕하 3:19의 "모든 좋은 땅을 돌로 못쓰게 만들다"; 3:25). 마찬가지로 K. Kohler, "Das Erdmännlein," *ARW* 7(1910) 75-79. 비슷한 취지로 비어(G. Beer, "Miscellen. 4. Zu Hiob 5:23," *ZAW* 35[1915] 63-64)는 브네 하사데(בְּנֵי השדה, "밭의 아들들")로 읽는다(그러나 *m. Kil.* 8.5에 대한 참조는 실수다. K. Albrecht, "Kil VIII 5," *ZAW* 36[1916] 64를 보라). 비슷하나 본문을 수정하지는 않고서 블롬머드는 אבני의 첫 번째 문자를 어두 첨가음 알렙(א)으로 여겼다(참조. 33:7의 아크피〈אכפי〉; 31:22의 에즈로이〈אזרעי〉에 관한 부분). 그러면 이 인물들은 아랍인들이 토양의 풍요를 유지하기 위해 달래는 데 필요하다고 믿었던 그 "땅-사람들(earth-folk)"(*ʾahl el-ʾrḍ*)일 것이다(포프). 그러나 누구든 이 같은 요정들은 아발레 하사데(בַּעֲלֵי השדה)로 불릴 것이라 기대했을 것이다(포어러, 로울리). 앤더슨, 블롬머드가 제시한 독법과 에벤(אבן)이 벤(בן)과 같은 뜻으로 쓰이는 예들을 추가하면서(창 49:24; 사 14:19; 겔 28:14, 16) 아브네 하세네(אבני השדה)는 단순히 길들여지지 않은 짐승들이라고 주장하는데, 이는 불행히도 22a절구와 23a절구 사이의 평행 구조를 파괴하는 제안이다. 그레이(J. Gray, "The Massoretic Text of the Book of Job, the Targum and the Septuagint Version in the Light of the Qumran Targum[11QtargJob]," *ZAW* 86[1974] 331-50[336 n. 10])는 שדה를 아랍어 *sada*(*n*)("버려진, 무익한")과 동족어로 보며, 아브네 하사데(אבני השדה)를 "쓸모 없는 돌들"로 번역한다. 두 행 모두에서의 שדה의 반복은 "의도된 모호성"(*taurîya*)의 한 예이다.

23.c. 하야트 하사데(חית השדה)를 대부분의 주석가들은 22절의 하야트 하아레츠(חית

הארץ)와 동일한 것, 즉 "들짐승들"로 간주한다. 그러나 드라이버는 이 곳의 חית는 아랍어 *hayyu*(*n*)("식물")과 어원이 같은 것이라고 제안했다("Studies in the Vocabulary of the Old Testament. V," *JTS* 34[1933] 33-44[44]). 그를 다음이 뒤따른다. Guillaume, J. Gray, *ZAW* 86[1974] 336 n. 11) 그리고 NEB의 "잡초".

24.a. 오홀레카(אהלך, 문자적으로는 "너의 천막"). 3절에서처럼 고대의 목가적 언어가 사용된 것이다.

24.b. 나브카(נוך, 문자적으로는 "너의 우리"; JB, "너의 양 우리"; 참조. 위의 "원문주해" 5:3.c). 코간(F. D. Coggan, "The Meaning of חטא in Job v.24," *JMEOS* 17[1932] 53-56)은 8:6에서 확인되는 나베(נָוֶה)의 여성형 느보트카(נְוָתְךָ)로 읽었고(그러나 나바〈נָוָה〉는 대체로 "목초지, 목장"을 뜻한다), 이를 테헤타(תחטא)의 주어로 삼았다: "너는 무리의 거처를 방문할 것이고, 그것은 없어지지 않을 것이다"(The Meaning of חטא in Job v.24, *JMEOS* 17[1932] 53-56). 그러나 2인칭 단수 동사들의 연속이 이 제안에 불리하다. 장소는 "없어질 수 없다"는, 포어러가 제기한 난제는 목자의 야영이 갖는 일시적 성격으로 인해 극복될 것이다.

24.c. 하타(חטא)는 흔히 "죄를 범하다"(KJV, RVmg), 세속적 맥락에서는 (길, 목적, 갈망하는 바를) "놓치다, 빗나가다". 참조. 잠 19:2; 8:36; 그리고 도움의 빛을 주는 사 65:20의 용법. NEB의 "어긋난 것을 하나도 찾지 못하다"는 그리 정확하지 않다. 오히려 그것은 "없어지거나 부족한 것을 전혀 발견하지 못하다"이다.

26.a. 켈라흐(כֶלַח)의 정확한 의미는 알려진 바가 없다. 아랍어 *kalaḥa*("거칠다, 가혹하다〈혹은 그렇게 보이다〉")는 드라이버에게 "힘, 활력을 굳게 하다"를 시사해 주었으나(참조. RVmg, 모파트, NEB, NIV), 그 연결은 다소 멀다. 제안된 시리아어 동족어 *klḥ*는 잘못 본 것이다(포프를 보라). 다후드는 그것을 코아흐(כֹחַ, "힘")와 레아흐(לֵחַ, "신선함")의 "동일 어원 동화"로 여겼지만("Northwest Semitic Philology," 56), 그 같은 동화의 증거는 빈약하다(참조. 블롬머드). KJV의 "가득 찬 나이"(참조. RSV, JB)는 그것을 칼라(כלה, "완결하다")와 연결시키는 중세 유대교 전통(예를 들어, 라쉬, 이븐 에즈라)을 따르고 있다. 최근에는 아랍어 어근 *klḥ*와 *qlḥ*에 근거하여 그래브(Grabbe, *Comparative Philology*, 43-46)가 "늙은 나이(혹은 노년)"를 설득력 있게 주장했다. 수정들 가운데 물론 설득력 있는 것들은 없지만, 다음을 언급할 수 있겠다: 브헬레카(בְּחֵילְךָ, "너의 힘 안에서"; 비어), 발레하카(בְּלֵחֲךָ, "너의 활력, 신선함 안에서"; 참조. 신 34:7, 여기서 RSV는 레아흐〈לֵחַ〉를 "자연력"으로 번역함; NAB), 블레아흐(בְּלֵחַ; 메르크스). 기욤은 그것의 아랍 동족어를 *kulā'u*(*n*)("힘")로 여긴다. 이는 문맥에는 잘 맞을 것이지만, 셈어 문헌학의 일반 법칙에 위배된다: 아랍어 *'ain*는 대체로 히브리어 헤트(ח)에 상응하지 않는다.

27.a. 문자적으로는 "그것은 그렇다"이다.

27.b. 슈마에바(שְׁמָעֶנָּה): (NEB, NAB를 포함하여) 많은 학자들은 샤마에누하(שְׁמַעֲנֻהָ, "우리가 그것을 들었다")로 모음을 바꾸는데, 부분적으로는 반의 소사 바브(ו)와 강조 대명사 아타(אתה)는 후속 동사와 연결된다는 것을 이유로, 또 부분적으로는 칠십인경이 분명하게 이 방식으로 모음화했다는 것을 근거로해서다. 고디스도 현인들이 그들 자신의 관찰에 기초해서 "발견했던"(חקר) 것들과 그들이 과거로부터 배우거나 "들었던"(שמע) 것들 사이의 구별을 본다. 덤, 드라이버-그레이, 호르스트, 포어러, 헤세에 의해 채택되는 그 모음의 재표기는 호소력은 있으나 강제력은 없다. 왜냐하면 강조 인칭대명사는 당연히 마지막의 르카(לָךְ)와 연결되기 때문이다. 즉 "**너는** 그것을 너 **스스로** 깨달아야 한다"가 된다.

양식/구조/배경

엘리바스의 연설의 구조는 비록 여러 개의 약간씩 다른 연 구분들이 제시되기는 하지만 꽤 자명하다. 1절은 분명히 산문체 도입이다. 그 다음부터는 그 말 자체가 다섯 개의 주요 단락으로 나뉘고, 그들 중 첫 번째와 두 번째는 두 개의 더 작은 단락들로 나뉠 수 있다.

	4:1	도입
1.	4:2-11	욥에게 하는 연설
	2-6	욥의 개인적 처지
	7-11	의인과 악인 사이의 운명의 대조
2.	4:12-21	한 계시에 관한 이야기
	12-16	계시 상황
	17-21	계시 내용과 의미
3.	5:1-7	담론: 어리석은 자의 운명
4.	5:8-16	담론: 악인과 의인을 대하는 하나님의 대조적 관계
5.	5:17-26	담론: 의인의 운명
	5:27	결론/마무리 연설

역본들과 주석가들 사이에 위와 같은 분석과 다른 것들 중 비중 있는 변형들은 다음과 같다: 4:10-11을 위해 별도의 연을 만드는 것(NEB, 마치 이 절들이 이차적이라고 제시하는 것 같음), 4:12-5:7을 엘리바스의 비전 및 그 의미로서 결합시킴(로울리) 그리고 5:6-7을 앞서는 것이 아니라 뒤따르는 것에 연결시킴(포어러).

이 연설은 다이얼로그에 있는 모든 것들처럼 어떤 고정된 **양식**을 따르지 않고 매우 다양한 **양식-비평 요소**들을 포함한다. 첫 번째 주요 연에서(4:2-11) 먼저 전통적인 "연사 서문"이 나오는데(참조. 8:2; 9:2a; 11:2-3; 15:2-3; 16:2-3; 18:2; 20:2; 21:2a; 32:6-33:3; 34:2; 36:2; 38:2), 여기서는 "말", 곧 하려고 하는 화자의 말이나 그의 대화 상대자의 말에 대해 언급된다. 이 부분에서는 빈번하게 말의 효과(분쟁, 악화) 혹은 말의 비-효과(무시, 경시)가 언급된다(여기가 그렇다. 그리고 예를 들어, 16:2-3; 18:3; 19:2; 20:3). 말하지 않는 것이 불가능하다고 하는 언급 역시 이런 형식의 도입어이다(4:2b; 11:2; 그리고 특별히 32:6-20). 이 요소들은 꼭 현인들이나 법률 상대자들의 논쟁의 특징이 아니라, 모든 대화 연설의 특징이 될 것이다.

욥의 이전 생활과 현재의 행동 사이의 대조는 법률 논쟁에서의 반대 신문을 다소간 상기시키지만, 그보다 좀더 넓은 도입어에 속하며, 따라서 비호의적으로 논쟁적이라고 해석할 필요는 없다.

욥에게 하는 엘리바스의 개인적 연설(2-11절)의 두 번째 부분(7-11절)에서, 우리는 욥기에서 빈번하게 나타나는 것과 같은(5:2-5; 8:13-19; 15:20-35; 18:5-21; 20:5-29; 27:13-23) 악인의 운명에 대한 매우 양식화된 묘사를 만난다. 우리는 그렇게 양식화된 구절들을 **토포이**(*topoi*, *topos*의 복수형), 즉 전통적 기성 형식들(set-pieces)이라고 명명한다. 그것들의 기능은 조심스럽게 연구되어야 하는데, 그 이유는 그것이 경우마다 다르기 때문이다. 이 곳의 **토포스**는 욥에게 주는 **확신**으로 기능한다는 견해에 대해서는 4:7-11에 관한 "주석"을 보라. 7, 8절에는 5:3, 27에서처럼 경험에 대한 호소가 있는데, 이는 지혜의 한 방향을 반영한다. 10-11절의 사자 장면은 포어러에 의해 시편 전통에 속하는 것으로 여겨지며, 그것 자체도 그런 예들의 지혜 언어-양식에서 도움을 받았을지 모른다. 사실상 여기서 "잠언적" 자료에 대해 말할 수도 있다(호르스트).

두 번째 주요 연(4:12-21)은 엘리바스가 밤에 보고 들은 한 경험에 대해 이야기한다. 그 비전과 특별히 하나님으로부터 온 말을 듣는 선지자적 경험이 이 묘사의 배경에 있음에 틀림없다. M. Sister, "Die Typen der prophetischen Visionen in der Bibel," *MGWJ* 78(1934) 399-430; F. Horst, "Die Visionsschilderungen der alttestamentlichen Propheten," *EvT* 20(1960) 193-205; B. O. Long, "Prophetic Call Traditions and Reports among the Prophets," *JBL* 95(1976) 353-65를 보라. 그러나 여기서 시내 산 경험이나 혹은 예루살렘 제의 같은 신현 전통들이 이용되었을 수 있으며(특별히 16절에 관한 "주석"을 보라), 꿈 이야기들은 고대 근동 문학의 많은 양

식들을 통하여 넓게 흩어져 있음이 간과되지 말아야 한다. 하나의 신현의 외적 징후들이 여기서는 꽤 현저하게 심리적인 측면에서 묘사되고 있다(참조. 14-15절). 이 연의 후반부(17-21절)는 완전히 지혜 자료다. 그 계시 단어조차도 질문의 형식으로(수사적 혹은 그 반대; "주석"을 보라) 되어 있다. 나머지는 전형적 지혜 추론 양식인 **아 마이오레 아드 미누스**(*a maiore ad minus*, **일반적인 것에서 구체적인 것으로**) 논법을 따르며, 죽음과 인간의 필멸성의 주제에 관한 시편 자료들로 끝난다.

세 번째 주요 연(5:1-7)은 또다시 어리석은 자의 운명에 관한 하나의 **토포스**를 사용한다. 하나의 격언이 그 서문을 이루며(2절), 어리석은 자에 대한 그것의 비난뿐만 아니라(여기서는 "악한" 사람이 아니다) "운명을 결정하는 행동"에 관한 신학(2, 6-7절)과 그것의 잠언 같은 결론(6-7절)은 그것이 지혜 전승에서 온 것임을 확증한다.

대조적으로, 네 번째 연(5:8-16)은 찬송의 특질을 갖는다. 증거로서보다는 충고로서 기능하는 서언의 "고백" 이후에 이 연은 "찬가" 양식을 갖는다(5:8-16에 관한 부분을 보라). 이 구절의 어떤 특별한 제식적 사용을 가정할 필요는 없지만, 야훼의 활동들에 대한 목록화는 (분사형들을 충분히 사용하여) 그러한 구절의 자료들에 대한 충분한 증거다. 특별히 주목할 만한 것은 이런 종류의 찬송시에 흔한(12:16-25; 삼하 2:7-8; 시 113:7-8; 눅 1:51-53) "운명의 반전" 모티프의 제시다(특별히 11, 13절). 8절의 "고백"과 같이 "찬가"도 직접적으로 하나님 찬송으로서보다는 욥에게 하는 충고로서 기능한다. 찬가 양식에 대해서 더 자세한 것은 5:9-16에 관한 부분을 보라.

다섯 번째 연(5:17-26) 역시 지혜 전통에서 나오며, "하나님이 책망하는 사람"의 좋은 운명에 관한 **토포스** 양식으로 전해진다. 시작 절(17절)은 잠언 3:11-12과 직접적으로 평행하며, 반면에 19절은 "수"(數) 잠언이라는 전통 양식을 사용한다("주석"을 보라). 전통 지혜 배경의 또 다른 표지들로는 의인의 신적 구원 교리(19-26절)와 현인들의 모임의 공동체적 경험에 근거한 개인적 조언의 문장으로 말을 마치는 것(27절)이 있다.

이 연설에서 **직접 연설**의 역할은 그 양식의 주목할 만한 한 특징이다. 사실상 본 주석서 전체에서 주목되겠지만 대부분의 연설은 욥의 것과 친구들의 것 모두 대화에 관여하는 이들을 향하지 않는다. 말하자면 그 자체의 생명을 가지고 있으며 기껏해야 간접 연설로만 간주될 수 있다. 흔히 이인칭 용법과 삼인칭 자료 사이의 구분이 직접 연설과 간접 연설의 비교되는 역할에 대한 충분한 표지다. 그러나 이 연설에서는 이런 형식 문법적 구분이 잘못 인도할 수도 있다. 왜냐하면 5:19-26은 비록 이인칭 단수로 되어 있지만 특별히 욥을 가리키지 않고 하는 교훈 **토포스**이기 때문이다(가령, 25-26절의 욥의 상황에 대한 부적절함을 보라). 욥은 4:2-7; 5:1, 8 그리고 27절에서만 엘리바스에 의해 직접적으로 말을 듣는다. 이 구절들은 이 연설을 채우는 다소 장식적이고 확장된 **토포이**와 비교할 때 특별히 중요하다(책 전체에 있는 직접 연설들이 그런 것처럼).

우리는 이 구절들로부터 화자의 **의향**을 가장 잘 알아낼 수 있다. 망설이는 시작말(4:2), 욥의 이전 생활에 대한 긍정적 평가(4:3-4), 그의 현재의 경건과 온전함에 대한 확언(4:6) 그리고 결론의 조언(5:27), 이 모두가 엘리바스를 욥에게 호의적이고 위로를 주는 것으로 제시한다. 그 의향이 정해지면, 의도가 좀더 불분명한 일부 구절들이 그 모호성을 잃는다. 가령, 4:5은 거들먹대고 적대적인 비난으로서가 아니라 아주 나빠야 온후한 견책으로 그리고 아주 좋게는 동정의 격려로 읽혀야 한다. 5:1은 빈정대는 조롱이 아니라 거의 순전한 수사적 질문이며, 반면에 5:8은 전혀 "너보다 더 거룩한" 우월감의 표현이 아니라 동료로서의 조언이다. 마찬가지로 악인의 운명을 묘사하는 것들과 같이(4:8-11; 5:2-5) 보다 큰 단락들은 욥의 약간 겉치레적인 미덕에 대한 암시적 비방을 전혀 담고 있지 않고, 오히려 악인들의 종말과 욥이 기대할 자격을 가진 것을 대조되는 것으로 제시함으로써 욥을 더 많이 격려하는 기능을 갖는다. 의향에 대한 그러한 판단에는 분명히 주관적인 요소가 있으며, 이 연설을 훨씬 더 냉정하게 욥을 비난하는 것으로 읽는 것도 가능할 것이다. 그러나 여기서 제시된 독법이 엘리바스의 말에 대한 일관된 해석을 가능하게 하고 그 사고의 굴곡들을 가장 잘 설명한다고 생각된다.

욥에게 직접적으로 말해진 구절들에 집중함으로써 우리는 이 연설에서 (대부분의 다른 곳에서처럼) 그 연설 전체의 취지가 요약되어 있는 **중심 구절**들을 골라내게 된다. 4:6과 5:8을 그것들로 제안할 수 있을 것이다. 전자의 경우, 엘리바스는 욥에 대한 자신의 평가를 하나의 격려로 제시한다: 욥은 그의 모범적 생활 때문에 조만간 회복되리라 확신해도 될 것이다. 두 번째에서는, 엘리바스가 한 단계 더 나아간다: 그의 고난에 따른 행복한 결과를 기다리는 동안, 욥은 인내해야 하고 회복에 대한 그의 요구를 하나님께 맡겨야 한다. 요컨대 욥에게 주는 그의 메시지는 용기를 내고, 하나님이 회복시켜 주시기를 기다리라는 것이다.

주석

2 엘리바스의 연설은 가능한 한 가장 회유적인 방식으로 시작된다(그러나 참조. 15:1; 22:1). 그것은 친구들의 대부분의 말들처럼 욥이 대답하도록 기대되지 않는 하나의 수사적 물음으로 시작될 뿐만 아니라, 욥의 현재 고통에 대한 엘리바스의 민감성을 보여 준다. 3장에 나오는 욥의 자기 저주는 침묵으로부터 생겨난 것이고(2:13), 욥은 아마 자기-연민의 침묵 속으로 빠지도록 허락되어야 할 것이다. 엘리바스는 딜레마에 빠져 있다: 욥이 그의 비통에 더해지는 말과 논쟁의 무게를 "견딜 수 없을"(לאה – 라아) 것이라고 그는 걱정한다. 반면에 그는 다른 친구들과 마찬가지로 거기에 앉아 침묵"할 수 없다"(מי יוכל – 미 유칼). 약함이 약함에 직면한다. "한마디 말"(דבר – 다바르)도 견디기 힘들다고 볼지 모를 욥의 약함이, 그의 퍼붓는 말들을 "제지할"(עצר – 아차르) 수 없는 엘리바스의 약함으로 뒤집힌다(참조. 12:15에 עצר ב 사용). 그것은 단지 욥이 자신의 말을 침해로 느낄지 모른다는 엘리바스의 걱정을 드러내는 질문만이 아니라(참조. RSV, "너는 감정이 상할 것인가?"; NAB, "너는 싫은가?"; NEB, "너는 참지 못할까?"), 적어도 수사학적 차원에서 볼 때 고난자와 위로자가 똑같이 어찌 할 수 없다는 무력함의 인식이다. 말의 삼감은 지혜 스승들에 의해서 강조되는데(예를 들어, 잠 10:19; 22:23), 엘리바스는 그들을 대표하는 한 사람이며(위의 **양식** 부분을 보라), 그리고 그가 자신의 말을 삼갈 수 없다는 사실은 원칙에 대한 인간성의 승리다(참조. 또한 엘리후, 32:18-20; 렘 20:9).

3 욥 자신은 과거에 주저앉고 아무것도 할 수 없는 사람들을 만날 때 그런 딜레마를 겪지 않았다. 엘리바스는 욥이 "약하고" "비틀거리는" 상황에 어떻게 말해야 하는지를 알았다고 찬사를 보낸다. 그는 욥의 과거에서 찾아낼 흠을 전혀 가지고 있지 않다. 그리고 그것을 알아채지 못하면서도 프롤로그에서 제시된 욥에 대한 하나님의 증언(1:8; 2:3)과 재난이 닥치기 전 욥의 인생에 대한 욥 자신의 설명을(29:11-17; 31:3, 16-20) 확언한다. 그는 조언을 해주었었다(יסר). 이 단어는 "지식인의 교훈(לִמֵּד הוֹדִיעַ – 리마드 호디아)이 아니라, 도덕성의 훈련 혹은 교육…그것으로 부모가 자녀를 가르치는 훈련을 의미한다"(S. R. Driver, *Deuteronomy*[ICC; Edinburgh: T. & T. Clark, 3rd ed., 1902] 76). 혹은 호르스트의 글로 말하자면, "신체적 징계나 꾸중 혹은 법적 경고로, 그러나 또한 가르침과 교훈과 지도로 한 사람을 바로잡는 것"을 의미한다. 물론 여기서는 징계의 의미는 불가능하다. 그러나

그것을 빼고는 이것이 자기 가족의 바른 행동을 위해 부지런하고(1:5; 2:10) 상벌 족장의 권위를 부여받은 족장 욥에 대한 정확한 이미지다. 욥의 고난이라는 특별한 배경에서, 욥이 제시한 "교훈"은 매우 특별한 의미를 가질지 모른다: 욥은 다른 이들에게 그들 자신들의 고난을 어떻게 이해하고 감수해야 할 것인지를 가르쳤다. 그러한 "조언"은 괴로움에 처한 이들에게 주는 그의 특별한 선물이었다. 그런데 이제는 그의 그러한 경험을 그 자신의 경우에 적용해야 할 때다.

육체적 피로, 힘없는 손과 연약한 무릎 같은 증상들(4절)은 성경의 문헌에서는 거의 예외 없이 우울함이나 정신적 에너지 혹은 의욕의 상실을 가리키는 표상들로 기능한다. 사무엘하 4:1; 이사야 13:7; 스 4:4; 역대하 15:7; 참조. 집회서 2:12; 라기스 오스트라콘 6(*ANET*, 322b; 연약한 손); 이사야 35:3(연약한 손, 비틀거리는 무릎); 에스겔 7:17; 21:12[7](연약한 손, 물로 바뀌는 무릎); 참조. 집회서 25:23; 그리고 나훔 2:11[10]; 히브리서 12:12(떨리는 무릎); 시편 109:24(비틀거리는 무릎); 1QM 14.6(흔들리는 무릎); 대조. 사사기 9:24; 사무엘하 2:7; 예레미야 23:14(강해진 손)을 보라.

4 욥의 말은 엘리바스가 자신의 말이 갖기를 바라는 것과 똑같은 효험을 지녔었다. "말은 병든 영혼의(*ψυχη*, 변형, *ὀργή*) 의사다"라고 아이스퀼로스는 말하며 (*Prometheus Bound*, 378; 참조. Milton, *Samson Agonistes*, 184-85), 또한 욥의 친구들은 분명히 정신적 고통을 치료하는 말의 위력을 믿고 있다. 욥은 말을 받는 끝무렵에 이를 때에(19:2) 다른 생각을 갖는데, 그것은 단지 부당하고 비현실적인 말들을 듣기 때문이다. 욥기에 "헛된 말들"(16:3)이 아주 많을지 모르나, 욥이 그의 위기에 대한 해결을 얻는 것은 하나님의 연설이지만 어쨌든 그 말들을 통해서다(38-41장). 침묵은 동정적일 수 있다(2:13). 침묵은 확신의 표시일 수 있다(6:24). 그러나 욥이 요구하는 것은 말하는 것이요(7:11; 9:35; 10:1; 13:3, 13) 말을 듣는 것이다(13:22; 14:15; 23:5). 침묵은 욥에게는 저주다(19:7, 16; 24:12; 30:20; 31:35).

5 욥에게 이르렀다고 하는 "그것"은 무엇인가? 비한정 여성 주어의 사용은 불행에 대한, 불행의 불길한 조짐이 되었을 바로 그 말들에 대한 명백한 언급을 피하는 한 방법일지 모른다(참조. 테리앙). 3-4절에서 욥이 다른 이들을 대신하여 강력하게 저항한 것은 분명히 역경이다(참조. NEB). 이제는 그로부터 힘이 밖으로 나왔던 그 자신이 약한 자가 되었고, 그것을 "견딜" 수(לאה, 2절에서와 똑같은 단어) 없다. 그는 무력감에 빠지는 동시에 자가당착에 빠진다. "불행의 더 가까운 접근"이

그를 "무기력하게 한다"(낙스). 그가 친구들의 위치에 있다면, 자신도 그들처럼 말할 수 있고 그의 입으로 그들을 "강하게 할 수"(אמץ) 있으리라고 나중에 말할 것이다(16:5). 그러나 그는 지금 자기 자신의 위치에 있다.

엘리바스의 동정 – 빈정댐이 아니라 동정이다 – 을 유발한 것은 욥의 육체적 고통이기보다는 그의 정신적 고통, 즉 그의 공포다(בהל – 바할, "놀라게 하다", "두렵게 하다"; 참조. 포프: "네가 경악하는구나"). 이는 엘리바스의 통찰력을 보여 주는 표시이며, 어느 정도는 3장에서 욥이 자신을 "영혼이 괴로운 자"(מרי נפש – 마레 네페쉬〈본문대로는 나페쉬〉, 3:20) 가운데 한 명으로, 하나님에 의해 "둘러쌓인" 사람으로(3:23) 제시하는 욥 자신의 심정에 대한 반응이다. 욥은 고난에 의해 단순히 "만져지지" 않았다(다음처럼, KJV, RV, RSV, NAB, JB, NEB). 왜냐하면 비록 나가(נגע)가 "만지다"를 의미할 수 있지만, 주제가 불행이나 어떤 재난일 때는 그 동사는 거의 변함없이 "치다, 때리다"를 뜻하기 때문이다. 욥의 장자의 집 네 모퉁이를 "만진"(נגע) 사막 바람(1:19)은 단순히 "만지는 것" 이상을 했다. 참조. 또한 1:11; 2:5; 5:19; 19:21. 단순히 "괴롭혀진" 것도 아니다(KJV, RV). 오히려 "압도된" 것이다(JB).

이 시점에서 엘리바스의 말의 의향의 문제가 중요해진다(4:8-11; 5:2-5에서도 마찬가지다; 주석가들의 의견의 개관으로는 편리하게 Fullerton, *JBL* 49[1930] 340 n. 9를 보라. 한 번역가가 3-5절에 대해 다음과 같이 주석을 단다: "다른 사람들을 위해 애쓰는 모든 이들은 이 비난에 노출된다. 그러나 그것은 얼마나 무정한 것인가! '그가 다른 이들을 구원했다: 그런데 자신은 구원할 수 없다'"(킹, 10 n.). 아마도 여기에 구경꾼과 경기자의 차이점에 관한 유명한 풍자가 보일 수 있다(참조. 바이저). 참조. 테렌스(Terence)의 시구: "우리가 건강한 동안은 아픈 사람들에게 건전한 충고를 해주는 것을 아주 쉽게 여긴다. 그러나 일단 당신이 그의 상태에 빠지면 당신은 다르게 느낀다"(*facile omnes, quom valemu, recta consilia aegrotis damus, tu, si hic sis, aliter sentias*[*Andria*, 2.1.9-10]). 피크는 엘리바스의 말을 완화제가 아니라 자극제로 본다. 그러나 근본적으로는 이 연설의 위로조의 전체적 경향이 분명히 해주듯이(특별히 6절 그리고 5장이 이행하는 절정을 주목하라), 엘리바스는 욥에게 좋은 감정을 가지고 있다. 풀러튼이 정확하게 엘리바스를 "자신이 그 말들로 어떤 영향을 줄지 깨달을 수 있는 충분한 동정적 상상력을 갖지 못했기에 실수로 욥의 골수까지 찌를 말을 내뱉은 다소 우둔한 좋은 사람"으로 평가한다(*JBL* 49[1930] 340).

6 여기서 엘리바스 신학의 토대가 분명하게 보인다: 하나님을 경외하고 도덕적으로 고결하게 사는 사람들은 결국에는 – 즉시가 아니라면 – 하나님의 가시적인 은혜와 구원을 누릴 것이다. 엘리바스가 실제로 욥에게 어떤 적극적 권고를 하는 것은 5:8에서일 것이다 – 그리고 그 때도 오로지 간접적으로만 한다. 그러나 현재 구절에서는 그의 말 전체가 달려 있는 유일한 논거를 진술할 뿐만 아니라, 욥도 당연히 받아들이는 것으로 여긴다. 그는 자신의 근거에 대해 매우 확신이 커서 대답할 수 없는 수사적 질문 "…아니냐?"(הלא – 할로)로 시작하는데, 그것은 고디스에 의해 "거의 항상 '실로, 참으로'로 가장 잘 번역되는 고정된 의문사"라고 꼭 들어맞게 명명된다.

엘리바스는 지혜 전통 내의 대체적인 여론의 대표자로서 말한다: "하나님 경외"는 지혜의 근본이다(잠 1:7). 즉 그것은 오랫동안 잘 살고 싶은 사람이라면 누구에게나 첫째 되는 요구다. 왜냐하면 생명이 지혜의 목적이기 때문이다(R. E. Murphy, "The Kerygma of the Book of Proverbs," *Int* 20[1966] 3-14를 보라). 15:24에 관한 부분도 보라. 그리고 잠언 9:10; 시편 111:10; 욥기 28:28 참조. 경외하는 경건은 확신과 안전을 보증한다. 그러나 지혜 교사들의 이 경건의 본질은 덤이 완고히 주장한 것처럼 인간들 자신들의 행위다. 히브리 종교 내의 다른 곳에서는 주도권이 주로 하나님에게 있는 것에 반해, 지혜 전통에서는 종교를 본질적으로 생명을 위한 신의 규범들에 대한 충성으로 본다. 이 규칙들을 따르는 사람은 누구든지 "온전한 길"을 가지고 있고 "옳다"(תם – 탐). 하나님의 역할은 기준을 세우고, 순종과 불순종에 적절하게 반응하고, 또한 올바른 행위에 대해서는 마지막 틀림없는 결과를 보증하는 것이다. 따라서 하나님을 경외하는 사람들은 만난(萬難)을 무릅쓰고 그들의 경건에 확신을 갖도록 격려될 것이다. 테리앙은 엘리바스가 구원은 행위에 따른다는 명제에 암묵적으로 동의하고 있다고 한다. 그러나 오늘날 그렇게 말하는 것은 엘리바스를 잘못 보는 것이다. 우리는 그 친구들이나 욥 자신이 그 밖에 무엇을 확언할 수 있었을지를 물어야 한다. 엘리바스의 신학을 부정했다면 도덕적 노력이 낭비라거나 혹은 하나님은 본질적으로 부당하다고 제시하는 꼴이었을 것이다(앤더슨).

엘리바스는 욥을 돕는 데 실패한다. 이는 그의 신학이 한 욥, 즉 더 이상 어떠한 확신의 근거도 가지고 있지 않고, 자신의 경외의 경건으로 인해 오로지 확신에서 멀어지고 절망으로 향하도록 인도된 한 의로운 사람의 현실을 참작하지 않기 때문이다. 욥이 제공받을 수 있는 유일한 도움은, 확신을 잃고 생명과 행복에 대한 희망을 포기한 때에라도 하나님의 선하심과 지혜의 실재에 대한 확신 가운데 사는 가능성이다. 오직 불가피하지만 불가사의한 하나님과의 마주침만이 욥에게 혹은 욥기의 독자들에게 엘리바스가 대변하는 확신을 부정하지 않으면서 그것을 학파의 지혜를 넘어 인류의 그 대표 사례사까지 확장하는 견고한 확신을 줄 수 있다.

7 욥에게 하는 엘리바스의 호소는 그에 대한 욥의 근본적 동의를 당연하게 여긴다. 그것은 오로지 엘리바스에게처럼 욥에게도 자명하고 잘 알려진 진리를 욥이 "상기하고" 반성해 보는 문제다. 그것만으로 욥이 마음의 평정을 회복하는 데 충분할 것이다. 엘리바스가 보기에, 논의의 여지가 없는 이 진리는 의인이 결코 고생하지 않는다는 것이 아니라, 그들은 결코 완전히 "망하거나"(אבד – 아바드) "절멸되지"(כחד – 카하드, "숨겨지다, 지워지다, 파괴되다"; 15:28; 22:20에서도 엘리바스에 의해 사용됨) 않는다는 것이다. 엘리바스는 죽음을 가리키는 어떤 명백한 용어도 사용하지 않는다(이 절에서도 그리고 그것의 대응절로 악인의 운명을 묘사하는 9절에서도 아니다). 그러나 죽음은 꽤 분명하게 그가 염두에 두고 있는 것이다. 엘리바스의 메시지는 한마디로 이렇다: 의인은 때 이르게 죽지 않는다. 욥은 죽지 않았다. 그러므로 그는 의인들 가운데 있으며 희망을 가질 수 있다(6절처럼). (포프는 엘리바스의 말을 여기서 제시된 것과 같이 해석하는 것을 "욥의 친구들의 것을 능가하는 결의론"으로 여긴다.)

의인들은 결단코 그들의 일생 가운데서 "끊기지" 않는다는 엘리바스의 견해가 도대체 진지하게 주장될 수 있었을 가능성은 거의 없는 것 같다. 그러나 그러한 교리가 아무리 무정하다고 하더라도, 그것의 강점은 그것의 오류가 증명될 수 없다는 사실에 있다. 일단 그 교리를 믿으면 모든 경우의 때 이른 죽음은 죽은 자의 사악함의 증거이며(아무리 감추어져 있더라도), 원 전제의 타당성을 지지하는 데 이바지할 뿐이다. 분명히 그러한 관점은 특별히 지혜 전통에 의해서 영향 받은 본문들(참조. 시 37:25; 1:3; 잠 2:10)과 일반 대중의 미신 가운데서(참조. 행 28:4) 만나지며, 그리고 그러한 사상은 지금까지 많은 고난자들에게 하나의 위로였다. 참조. (시 37:25에 대해서는) R. E. Prothero, *The Psalms in Human Life*[London: J. Murray, 1903] 257, 그리고 (잠 2:10에 관해서는) J. Bunyan, *Grace Abounding to the Chief of Sinners*, § 63-65(*The Works of John Bunyan*[ed. G. Offer; London: Blackie and Son, 1862] 1:13).

엘리바스의 견해가 아무리 이론적으로 가공되지 않고 무정하다고 할지라도, 현재 상황에서 그것은 이중적으로 고통을 준다. 첫 번째로, 욥은 의인이기 때문에 그의 때 이전에 끊길 것을 두려워할 필요가 없다는 것은 욥에게 전혀 상기될 만한 위로가 아니다. 왜냐하면 욥은 그에게 정해진 날들을 끝까지 살 소망도 가지고 있지 않고 자신을 "죽음을 바라고…무덤을 발견할 때…엄청나게 기뻐할"(3:21-22) 사람들 중 한 명으로 여기기 때문이다. 두 번째로, 엘리바스의 신학은 암묵적으로 욥의 일곱 아들과 세 딸의 죽음(1:2)을 그들의 어떤 범죄에 돌린다. 그것은 어느 아비라도 듣기에 힘든 것이며, 욥의 경우에는 더 심하다. 왜냐하면 그는 끊임없이 그들 편에 있을 어떤 잘못도 제사에 의해 타당하게 속죄되었음을 확실하게 하려고 노력했기 때문이다(1:5). 그러므로 욥의 자녀들이 욥을 실망시킨 것만큼 그는 그들을 실망시켰다. 다이얼로그에서는 욥이 이제 자기 자녀들의 잃음을 자신에게 떨어진 재앙들 가운데 하나로 언급하지 않는 것이 사실이고, 이 생략에 대한 이유들은 욥기의 발전사 가운데 있을지 모른다. 그러나 욥기가 현재 서 있는 모습대로의 상황에서는 욥의 자녀들의 운명이 독자들의 생각 속에 있으며, 따라서 그러한 함축 의미들을 욥기의 원 저자가 의도하지 않았을지라도 엘리바스의 말 속에서 보지 않는 것은 불가능하다. 풀러튼에 의해 아주 잘 분석된 엘리바스의 다른 말들 속에 담긴 "이중 의미"(double entendre)가 여기서 특별히 반어적이다: 엘리바스의 관점에서 보면, 그는 위안하는 것일 뿐이다. 그러나 욥의 귀로 들으면, 그의 말들은 욥의 상처에 소금을 문지를 뿐이다. 우리 저자의 동정심은 전적으로 욥과 함께 하며, 또한 그는 이런 말들을 정통 교리 입장의 가장 친절한 대표자인 엘리바스의 입에 올릴 때 그러한 입장을 그것의 무정함(물론 부지불식간에) 때문에 저주한다. 아이러니는 엘리바스의 말 자체에 놓여 있지 않고 – 그 말들은 친절한 마음으로 의도된다 – 그 말들이 욥기 전체 내에서 가지는 중요성에 놓여 있다.

8-11 악인의 운명에 대한 이 정교하고 수사적인 **토포스**(5장 "양식/구조/배경"을 보라)를 시작할 때, 엘리바스는 잠시라도 욥이 악인의 무리 가운데 있다 – 혹은 있을지 모른다 – 는 것을 뜻하려 하지 않는다. 오히려, 그의 경험에서 볼 때 "망하고"(אבד – 아바드) "시드는"(כלה – 칼라) 자들은 악인들이다. 욥은 악인들 가운데 한 명이 아니다. 그러므로 그는 엘리바스로부터 악인의 운명을 당하지 않을 것이라는 위로를 얻을 수 있을지 모른다(비록 양상은 정반대이지만).

8 7절에서 엘리바스는 욥의 경험에 호소했었다(비록 그것은 그와 욥이 공통적으로 가진 것으로 그가 가정한 경험이었지만). 이제 그는 그 자신의 경험에 호소한다. "내가 본 대로는"(כאשר ראיתי – 카아세르 라이티). 그는 자신을 무대에 올리길 좋아한다(도름; 참조. 4:12-21; 5:3, 8). 그러나 그가 비록 자신이 본 것에 대해

말할 때 자신을 기만하고 있는 것은 아닐지라도, 그에게 이러한 식견을 준 것은 객관적 관찰이 아니라, 그의 현실 인식을 형성해 온 지혜 교사들의 전통적 대조법들이다(예를 들어, 잠 17:7, 8, 12, 13, 21). 이 곳의 엘리바스에게는 허위 겸손과 허위 긍지가 있다. 그는 단지 자신을 위해 오로지 자기 자신의 경험으로부터 말하며, 그리고 동시에 그는 이번에도 자신의 경험이 보편적으로 타당하다는 것을 욥이 받아들일 것으로 기대한다.

엘리바스의 통찰이 완전히 왜곡된 것이라는 말은 아니다. 그의 원칙은 가장 단순한 형식으로 바울에 의해 취해진다: "네가 무엇으로 심든지 그대로 거두리라"(갈 6:7). 그러나 거기서는 그것이 종말론적 차원의 원칙으로 바뀐다: "자기의 죄 된 본성을 만족케 하려고 심는 자는 그 본성으로부터 멸망을 거둘 것이다. 성령을 기쁘게 하려고 심는 자는 성령으로부터 영생을 거두리라"(6:8 NIV; 참조. 또한 롬 2:9-11). 공관복음의 언어로 하면, "추수 때는 세상 끝이다"(마 13:39). 그러나 탄생과 죽음으로 둘러쌓인 배경에서는 엘리바스의 원칙이 경고 혹은 격려의 기능을 갖도록 허용될지도 모르지만(참조. 집 7:3에 그것의 사용), 그것이 불변의 법칙일 수는 없다. 자연 법칙의 언어("심다/거두다")를 인간의 도덕과 운명의 영역으로 옮기는 것은 하나의 신용 사기다. 그것은 행위와 결과 사이에 하나의 결정론적 관계를 상정하며, 따라서 하나님과 인간 모두에게서 자유를 강탈한다. 행위와 결과가 상응한다는 것은 종종 진실이지만(참조. 호 8:7; 10:13; 잠 22:8), 그것은 또한 종종 진실이 아니다.

이 주제에 관해 한 중요한 논의가 코흐에 의해 제시되었는데(K. Koch, "Gibt es ein Vergeltungsdogma im Alten Testament?" *ZTK* 52[1955] 1-42), 그는 구약은 하나님이 개인적으로 각각의 악행을 심판하고 거기에 알맞은 형벌을 내린다는 교리보다는 "운명-결정 행위"(*schicksalentscheidend Tat*) 개념과 더 가깝다고 주장했다. 그의 주장에 따르면, 사람은 자신의 행동에 의해서 스스로를 위해 영속적으로 자신을 둘러싸는 재산과 똑같은 방식으로 자신에게 속하는 화 혹은 복의 영역을 만든다(간략하게는 Koch, THWAT 2:517를 보라). 그러나 이 견해에 반하여 "도덕 질서의 보증인"처럼만이 아니라 "자기 기계의 정상적인 운행을 감독하는 노동자"처럼(Koch, *ZTK* 52[1955] 14) 응보에 관여하는 야훼의 개인적 참여를 강조한 코흐의 비판들을 충분히 참작해야 한다. 이 비판들의 대부분은 코흐에 의해 편집된 책인 *Um das Prinzip der Vergeltung in Religion und Recht des Alten Testaments*(Wege der Forschung 125; Darmstadt: Wissenschaftliche Buchgesellschaft, 1972)에 모아져 있는데, 이에 대해서는 아래의 필요한 곳에서 언급된다. F. Horst, "Recht und Religion im Bereich des Alten Testaments," *EvT* 16(1956) 711-74(=Horst, *Gottes Recht. Gesammelte Studien zum Recht im Alten Testament*[Munich: Kaiser, 1961] 260-93; =Koch, *Prinzip*, 181-212); J. Scharbert, "Das Verbum PQD in der Theologie des Alten Testaments," *BZ* 4(1960) 209-26(=Koch, *Prinzip*, 278-99); idem, "ŠLM im Alten Testament," in *Lex Tua Veritas*(H. Junker Festschrift, ed. H. Gross and F. Mussner[Trier:Paulinus, 1961] 209-29[=Koch, *Prinzip*, 300-324]); H. Graf Reventlow, "Sein Blut komme fiber sein Haupt," *VT* 10(1960) 311-27(=Koch, *Prinzip*, 412-31를 보라). 더 나아가 코흐가 레벤트로우에게 응하여 하나님은 살인죄 징벌 과정에 적극적으로 참여하시는 것으로 여겨지고, "운명-결정 행위"의 작용은 완전히 자동적인 것은 아니라고 인정했을 때 보여진 그의 입장 수정도 주목해 보라: "Der Spruch 'Sein Blut bleibe auf seinem Haupt' und die israelitische Auffassung vom vergossenen Blut," *VT* 12(1962) 396-416(=Koch, *Prinzip*, 432-56 [446]). 간편한 개관과 더 깊은 비평에 대해서는 J. G. Gammie, "The Theology of Retribution in the Book of Deuteronomy," *CBQ* 32(1970) 1-12를 보라. 더 자세한 문헌으로는 P. Zerafa, "Retribution in the OT," *Ang* 50(1973) 464-94; J. K. Kuntz, "The Retribution Motif in Psalmic Wisdom," *ZAW* 89(1977) 223-33를 보라.

엘리바스의 사상의 공식화는 히브리어 명사들 아벤(און)과 아말(עמל)의 이중 의미에 의해서 지지된다. 그 둘 다 범죄의 한 행위나 혹은 그 결과를 가리킬 수 있다: "죄악"(אָוֶן, 아마도 문자적으로는 "가치 없음"; 참조. 드라이버)을 심으면 "형벌, 고통"(אָוֶן)을 거둔다. "해악" 혹은 타인의 "괴롭힘"(עמל)을 심으면 "슬픔, 괴로움"(עמל)을 거둔다. 더 자세한 것은 15:35에 관한 부분을 보라. 욥은 이미 자신을 오로지 "환난"(עמל, 3:10)을 보도록 이 세상에 데려져 온 사람으로 묘사했다. 그러나 엘리바스는 의도적으로 욥이 그 자신의 불행의 원인이라고 가정함으로써 그를 모욕하고 있지는 않다(도름, 바이저는 이에 반대다). 그러나 이것이 엘리바스가 의도하는 것과 그가 그의 청취자에게 일으켰을 것 같은 효과 사이의 반어적 차이를 보여주는 대표적인 예다. 풀러튼은 엘리바스의 입에 올려진 이 절이 그 인물의 한 결점에 대한 저자의 암시라고 예리하게 주장했다. "엘리바스는 상과 벌의 정통 교리에 너무 사로잡혀 있어서, 일단 그것의 위안이 되는 측면을 공식화한 후에는 욥이 그로부터 자신에 관해 도출해 낼 유감스런 추론을 알아채지 못하고, 그것의 위협적인 측면도 거의 무의식적이고 자동적으로 추가한다…이 알아채지 못함은 엘리바스가,

그에 대한 저자의 생각 속에서는 인생의 문제들에 대한 해결책으로서 일반 신앙 형식들에 너무 몰두되어 있어서 현실에 대한 모든 감각을 잃었다는 사실로 설명될 수 있다"(*JBL* 49[1930] 332-33).

9 고의적으로 악의 습관을 얻는 일에 착수한 죄인들의 때 이른 죽음(심는다는 은유는 죄의 고의적 양성 혹은 계획된 목적의 범죄를 암시한다; 로울리)은 불가피하고 비인간적인 과정에 의해 완전히 기계적으로 발생되는 것이 아니다. 또한 수확이라는 상징(8절)이 암시할 수 있듯이, 재앙은 죄인들 자신들에 의해서 발생되지도 않는다. 그렇지 않다. 인간의 죽음이 정해진 시간 전에 일어날 때, 그것을 일으킨 장본인은 하나님이시다. 악인들이 스스로의 벌을 불렀다는 것은 사실이다. 그러나 하나님의 적극적인 의지 없이는 그들의 죄들은 감춰진 채로 남을 것이다. 하나님은 우주의 도덕적 과정들의 설계자이실 뿐만 아니라, 의식을 가진 그것들의 집행자이시다. 하나님의 "입 기운[숨]"은 응보에 그분이 개인적으로 참여하심을 나타낸다.

하나님의 "입 기운"과 "그분의 격노의 바람"(문자적으로는 "그의 콧구멍의 영〈혹은 숨, 바람〉")은 팔레스타인의 초목을 소멸시키는 뜨거운 사막 바람의 역할을 한다(참조. 호 13:15; 사 40:7; 삼하 22:16; 출 15:7-8; 그리고, 참조. 살후 2:8). 하나님의 "입 기운"(נשמה–느샤마 혹은 루아흐〈רוח〉)은 그의 역동적 활동의 거울이다. 그것은 그 자체로 하나의 창조적 힘으로 나타나며(창 2:7; 욥 34:14; 시 104:29-30; 전 12:7; 겔 37:5-6, 9-10; 참조. 민 16:22; 27:16), 또한 하나님의 창조력의 상징으로서(암 4:13; 렘 10:13)뿐만 아니라 위대한 구원 행위들을 수행하는 수단으로서(출 14:21; 민 11:31) 나타난다. 그러나 하나님의 능력이 항상 친절하게만 행해지지 않기 때문에, 그것은 파괴의 힘이기도 하다(여기서처럼, 그리고 사 40:7; 호 13:15). "세고, 강하고, 격렬한 호흡"으로서의 루아흐(רוח)와 "보통의, 조용한 호흡"으로서의 느샤마(נשמה) 사이를 나눈 스나이드의 구분은 거의 인정될 수 없지만, 느샤마(נשמה)는 인간에게도 부여되는 하나님의 호흡에만 한정된다는 좋은 주장을 할 수는 있다(T. C. Mitchell, "The Old Testament Usage of *nešāmâ*," *VT* 11[1961] 177-87). "[하나님의] 진노의 바람"이 불에 의한 종말의 심판 사상을 암시하는지의 문제(Terrien; E. Jacob, *Theology of the* OT[London: Hodder and Stoughton, 1958] 115)는 물음에 열려 있다(더 자세한 것은 *IDB* 2:269b를 보라).

9절의 이미지는 8절의 이미지와 동질인가? 8절에서는 어떤 부류의 수확이 있어야 한다. 반면에 9절에서는 수확이 전혀 없어야 한다(Fullerton, *JBL* 49[1930] 345). 그러나 8절의 수확은 결과들의 수확이다. 9절의 절멸은 사악을 행하는 자들의 절멸이다. 이 두 표상은 별개의 것이며, 9절은 8절의 수확이 무엇인지 묘사하지 않는다(드라이버는 이에 반대다). 또한 9절이 비록 "다소 모호한 일반화"일 수는 있으나, 이미지상으로 그것의 엄밀한 연결성 결핍은 그것을 삭제할 이유가 아니다(풀러튼처럼, *JBL* 49[1930] 345; 참조. 덤).

10-11 사자들의 멸망에 대한 이 묘사는 문장 구성상 악인들의 운명과 연결되지 않는다. 많은 주석가들은 그것을 무관하거나, 어떤 보다 못한 시인의 작품 혹은 다른 시로부터 온 삽입구로 판단했다(참조. 덤, 포어러, 바이저). 그러나 시편 문학에서는 악인들이 빈번히 사자들과 비교된다(시 7:3[2]; 17:12; 22:14[13], 22[21]; 35:17; 58:7[6]; 1QH 5.9-10); 그리고 사자를 자기-과시의 격언적 인물임을 제시하는 악카드어 평행문들에 대해서는 J. J. M. Roberts, "The Young Lions of Psalm 34, 11"(*Bib* 54[1973] 265-67를 참조하라). 악인들의 운명에 대한 이 삼중-이미지 묘사(8-11절)를 절정에 이르게 하기 위해서 이 절에 앞서는 것과의 어떤 문법적 연결 고리도 필요하지 않다. 엘리바스가 그 운명을 그리고 있는 불의한 자들이 그의 스케치(혹은 **토포스**)의 마지막에서 사자들**로** 변형된 것은 그만큼 더 효과적이다: 그들은 사자들 **같지** 않다. 그들은 사자들**이다.** 그리고 그들은 사자들로서 언제라도 먹이가 없어 죽거나, 혹은 자신들의 이를 부러뜨리고 굶어죽을지도 모른다. 논쟁거리는, 마치 악인들의 종국적인 쇠퇴와 비교될 수 있는 것 같은 사자들의 종국적 죽음이 아니라(하벨의 경우), 어느 때에라도 닥칠 수 있는 예측 불허의 재난이다: 그것은 불의한 자들의 이미 결정된 운명이다.

테리앙이 사자들의 "포효"(שאגה – 스아가)에서 욥이 고통 가운데 부르짖는 소리에 대한 감춰진 언급을 볼 때(욥은 정말로 그의 신음 소리에 대해 그의 "울부짖음"이라고 말했다. 샤아고타이〈שַׁאֲגֹתָי〉, 3:24) 그는 틀린 것 같고, 그것은 마치 "울부짖는" 사람은 누구나 자신을 사자 같은 악인들과 한 통속으로 두는 것이라고 말하는 것 같다. 왜냐하면 시편 22편의 시인도 "부르짖었다"(שַׁאֲגָתִי – 샤아가티, 2절)고 고백하고, 또한 엘리바스의 요점은 그러한 궁극적 재앙을 당하는 사람은 악인들이지 욥과 같은 사람들이 아니라는 것이기 때문이다.

12-21 현저하게 연상적인 이 단락의 근본 취지는, 비록 의인과 악인 사이의 구별이 확실하기는 하지만, 의인도 결코 **완벽하게** 의로울 수 없으며, 따라서 – 최소한 어느 정도는 – 악인들의 비운을 경험하리라 생각해야 한다는 것을 설명하는 것이다. 비록 의인들은 결단코 그들의 전성기에 끊어지는 의미로서 "멸망하지" 않을 것이지만, 그럼에도 불구하고 그들은 – 욥이 증인이듯이 – 고난을 당한다. 엘리바스는 그

러한-일시적-고난의 원인은 욥에게만 있는 것이 아님을 욥의 마음에 애써 새겨 주려고 한다: 창조된 모든 존재가, 심지어 하늘의 피조물들도 불완전함에 참여한다. 욥은 엘리바스가 가진 것 같은 경험이 없어서 이 사실을 깨닫지 못한 것일 수 있기에, 엘리바스는 욥을 용서하는 동시에 그를 가르친다(드라이버).

엘리바스의 말의 이 두 번째 단락은 두 부분으로 나뉜다: (1) 그가 밤에 경험한 일에 대한 묘사(12-16절), (2) 그것의 내용과 그로부터 도출되는 추론들(17-21절).

12-**16** 엘리바스가 의의 성질에 관하여 욥에게 알려 주어야 하는 지식은 인간의 배움으로 얻어지는 것이 아니다. 엘리바스는 학파들의 지혜를 넘어서 의와 불경 사이의 구별은 흑백이 뚜렷한 것이 아니라고 주장해 나간다. 따라서 그는 그러한 선언에 권위를 주기 위해서 어떤 초자연적 식견에 호소해야 한다. 이렇게 말하는 것은 특별한 경험에 대한 엘리바스의 주장의 진실성을 부인하는 것이 아니다-비록 그 내용은 약간의 문제들을 제기하지만 말이다(17에 관한 부분을 보라). 그것은 정말 매우 극적으로 연상적인 경험의 회상이며, "세계 문학에서 가장 탁월한 천재적 업적들"과 나란히 서는 것(피크)은 아니겠지만, 정말로 "훌륭하게 묘사적이며"(E. C. S. 깁슨), "구약에서 가장 설명하기 힘든 것 가운데 하나이고"(포프), 또한 아무튼 "매우 이상하지만"(앤더슨), "희극적인" 것(테리앙)은 거의 아니다.

12 이 계시는 엘리바스에게 개인적으로 이루어졌다. "나에게"(אֵלַי-엘라이)가 문장의 제일 앞 강조 위치에 있다(참조. 15:17; 22:22에 있는 엘리바스의 자기 확신). 비록 그가 경험한 것이 대체로 청각적인 일이지만("말"〈דבר〉 그리고 "소리, 음성"〈קוֹל, 16절〉), 하나의 환상(16절)과 물리적 지각(15절)이 동반되었다. 어둠의 비호 아래 그에게 다가온 것은 도적처럼 "은밀히" 왔다(히브리어 가나브〈גנב, "훔치다"〉는 영어 steal의 경우처럼 은유적으로 사용될 수 있으나〈참조. 삼하 19:4(3)〉, 예언 신탁의 수령을 가리키는 전문 용어로는 아니다〈포어러는 이에 반대다〉. 그것은 시각과 청각의 결합이 일반적인(예를 들어, 암 7:7-9) 선지자적 경험 같다. 그러면 우리는 여기서 선지자 흉내를 내는 한 현인을 가지고 있는 것인가? 17절에 관한 부분을 보라. 더 나아가 그 환상의 신비성(그리고 또한 그 배타성)은 그가 천상 대화의 단편만을 이해할 수 있다는 사실로 인해 암시된다. 분명히 엘리바스에게조차도 의인의 고난의 문제는 오로지 신의 영역에서 정보를 가져오는 한 "말[씀]"에 의해서만 대답될 수 있다. 이 점에 관하여 더 자세한 것은 F. Asensio Nieto, "La visión de Elifaz y su proyección sapiencial," *Est Bib* 35(1976) 145-63를 보라.

13 엘리바스가 묘사하고 있는 것이 꿈인지 혹은 깨어 있을 때의 환상인지는 알기 어렵다. "밤의 환상"(חזיון לילה－히자욘 라일라)이 "꿈" 이외의 다른 것을 의미할 필요는 없지만(참조. 7:14; 20:8; 33:15), "깨어 있을 때의 환상" 경험 또한 잘 입증되는데(참조. 예를 들어, W. James, *The Varieties of Religious Experience*[New York: Longmans, Green, 1902] 59-62, 481-83), 엘리바스가 묘사하고 있는 것이 그런 경우인 것 같다(포어러가 그렇다). 좀더 자세한 것은 E. L. Ehrlich, *Der Traum im Alten Testament*(BZAW 73; Berlin: Töpelmann, 1953)를 보라.

엘리바스가 여기서 말하는 "깊은 잠"(תרדמה－타르데마)은 대체적으로 그가 환상을 받은 자신의 잠 혹은 무아지경 상태라고 가정되며, 또한 그 용어 자체가 그의 잠과 환상의 초자연적 기원을 의미한다고 흔히 주장된다. 그래서 우리는 엘리바스의 "잠보다 깊은 무아지경"(Fullerton, *JBL* 49[1930] 347), "혼수 상태같이 최면에 걸린 주술적 수면"(S. Terrien, *The Elusive Presence*[New York: Harper and Row, 1978] 78) 등을 읽게 된다. 그것은 정상적인 원기 회복의 잠이 아니라 사람이 아무것도 느끼지도 인식하지도 못하는(창 2:21; 삼상 26:12; 사 29:10에서처럼), 혹은 신의 계시를 경험하도록 민감해지는(창 15:12; 욥 33:15) 특별한 초자연적 마취 상태라고 말해지기도 한다. 그것은 신의 계시에 알맞는 분위기다(테리앙). 그러나 그 용어 자체에는 그러한 의미를 요구하는 것이 전혀 없으며, 사실 그 명사와 그와 관련된 동사 "자다"는 비록 특별하게 깊은 잠이지만 아주 정상적인 수면을 가리키는 것으로 충분히 빈번하게 사용된다. 가령, 잠언 19:15에서는 게으름으로 유발된 깊은 잠을 의미한다. 그 외에 사사기 4:21; 요나 1:5, 6; 잠언 10:5에서는 그 동사 רדם("자다")가 자연스런 수면에 사용된다. 아마도 다니엘 8:18; 10:9 역시 그렇다. 그것이 사람 위에 "떨어진다"(נפל) 혹은 사람에게 "쏟아진다"(נסך)는 말은 그것이 반드시 초자연적으로 야기된다는 것을 의미하지는 않는다. 이러한 관찰들로 우리는 엘리바스가 여기서 말하고 있는 잠은 그 자신의 어떤 초자연적 혼수 상태가 아니라 다른 사람들의 정상적인 수면이라고 제안할 수 있다. 더 자세한 것은 바이런의 시 한 소절, 즉 "깊은 잠이 나 외에 모든 눈 위에 내려왔다"를 인용하는(T. L. Ashton [ed.], *Byron's Hebrew Melodies*[London: Routledge and Kegan Paul, 1972] 145) D. J. A. Clines, "Job 4, 13: A Byronic Suggestion"(*ZAW* 92[1980] 289-91)를 보라. 고대에도 야경증이 알려져 있었음은 의심의 여지가 없다. 악몽보다 더 심하고, 때로는 치명적이기도 한 그것은 오늘날 "야밤 급사 증후군"(nocturnal death syndrome)이라 명명되는데, 그것에 걸리면 건강한 젊은 사내들이 자다가 죽는다.

14 "제일 먼저 공포가 다가온다. 아무런 명백한 이유도 없다…그 존재에 대한 돌연한 감각이 그것이 귀, 눈 혹은 접촉에 스스로를 드러내기 전에 느껴진다"(피크). 신령한 것 앞에서의 이런 공포는 빈번하게 묘사되며(가령, 창 15:12; 단 8:17; 10:8, 10), 그리고 많은 경우에 "두려워 말라"는 신의 응답이 뒤따른다(예를 들어, 창 15:1; 26:24; 사 40:9; 44:8). 이 양식문이 전형적인 구원-신탁의 한 요소로서 쓰이는 것에 대해서는 W. E. March in J. H. Hayes(ed.), *Old Testament Form Criticism*(San Antonio: Trinity UP, 1974) 163; H. Gressmann, "Die literarische Analyse Deuterojesajas," *ZAW* 34(1914) 254-97; L. Köhler, "Die Offenbarungsformel Fürchte dich nicht! im Alten Testament," *SchwTZ* 36(1919) 33-39; J. Begrich, "Das priesterliche Heilsorakel," *ZAW* 52(1934) 81-92; J. Becker, *Gottesfurcht im Alten Testament*(AnBib 25; Rome: Pontifical Biblical Institute, 1965) 50-55; S. Plath, *Furcht Gottes. Der Begriff* ירא *im Alten Testament*(Stuttgart: Calwer, 1963) 114-22; H. M. Dion, "The Patriarchal Traditions and the Literary Form of the Oracle of Salvation," *CBQ* 29(1967) 198-206; E. Conrad, *Fear Not, Warrior: A Study of 'al tîrā'* Pericopes in the Hebrew Scriptures(BJS 75; Chico, Calif.: Scholars Press, 1985)를 보라.

기괴한 혹은 초자연적인 것에 대한 엘리바스의 두려움이 가시적 징후들로 표명된다. "뼈들은 몸을 유지하는 구조로서 히브리 시에서 종종 그것, 즉 몸을 대표하는 것으로 간주된다. 그리고 시적으로는 사람의 존재에 널리 퍼져 있는 혹은 그것에 강하게 영향을 미치는 기질들과, 심지어 감정들도 그것들 즉 뼈들 속에 있는 것으로 여겨지거나 그 안에서 작용하는 것으로 생각된다"(드라이버). 귀에 들어온 메시지로부터 시작하여 몸 전체가 활성화된다(H. W. Wolff, *Anthropology of the Old Testament*[tr. M. Kohl; London: SCM, 1974] 75).

15 초자연적인 것 앞에서의 공포에 관한 엘리바스의 묘사가 계속된다. 14절의 묘사적 완료형에서 16절의 역사적 현재형으로의 시제 변환이 그 장면의 생생함을 더해 준다. 그는 한 줄기 바람이 출처 모를 곳에서 불어와 그의 얼굴을 휙 스쳐 지나면서 몸 전체의 털을–우리 표현대로 그의 머리만이 아님–곤두서게 하여 소스라치게 놀라는 섬뜩한 경험을 했을 것이다. 모립(毛立, pilo-erection)으로 알려진 몸에 털이 곤두서는 것은 두려움에 대한 잘 알려진 생리적 반응이다. 그것은 입모근(*arrectores pilorum* muscles)에 의해 야기되며 몸의 열 절연에 기여한다(H. Davson and M. B. Segal, *Introduction to Physiology*[London/New York: Academic Press/

Grune and Stratton, 1976], 3:68). 폴은 사람이 악령(귀신)을 만날 때 털이 곤두섬을 언급하는 여러 아카드 의학 문헌을 인용한다(S. M. Paul, "Job 4,15 A Hair Raising Encounter," *ZAW* 95[1983] 119-21). 또한 길가메쉬는 한밤중에 공포에 싸여서 묻는다. "내가 왜 놀라는가? 어떤 신이 지나갔나? 왜 내 살이 부들부들 떠는가?"(*Gilgamesh* 5.4.11-12; *ANET*, 83).

그의 경험이 무서웠다는 데는 의문의 여지가 없지만, 엘리바스가 묘사하는 것은 신비스러운 바람이 아니라 하나의 신현 같다. "바람"(רוח)과 "회오리 바람"–만일 그것이 스아라트(שְׂעָרָת, 혹은 수정된 스아라〈שְׂעָרָה〉)가 취해져야 하는 방식이라면–은 다른 곳에서도 신의 나타남에 동반되는 것이다(참조. 왕상 19:11, "크고 강한 바람〈רוח〉"; 겔 1:4, "폭풍[바람]〈רוח סערה – 루아흐 스아라〉"; 참조. 삼하 22:11, 야훼가 "바람〈רוח〉의 날개 위에" 탄다. 나 1:3, 그의 길은 "폭풍과 회오리 바람 가운데〈בסופה ובשערה – 베쑤파 우비스아라〉" 있다. 그리고 특별히 욥기 내의 다른 곳 38:1; 40:6에서 야훼가 "회오리 바람"〈סערה〉 가운데서 말씀하시는 것을 주목해 보라). 더 자세한 것은 16절에 관한 부분을 보라. 이스라엘 내의 자연의 한 현상으로서 회오리 바람에 관해서는 D. Baly, *Geography of the Bible*(London: Lutterworth, 1957) 65-66; D. Nir, "Whirlwinds in Israel in the Winters 1954-55 and 1955-56," *IEJ* 7(1957) 109-17; R. B. Y. Scott, Whirlwind, *IDB* 4:841를 보라.

16 그 초자연적 방문객의 도입 방식의 모호함이 그 공포를 증가시킨다(피크). RSV의 "그것이 가만히 섰다"는 우리로 하여금 15절의 "영"을 돌아보도록 하겠지만, 루아흐(רוח)에 대한 그런 해석을 거부하는 이유가 이미 제시되었기 때문에 우리는 야아모드(יעמד "그가/그것이 섰다")의 주어의 정체를 모르는 상태에 있다. 5절의 재앙처럼 그렇게 무시무시한 환영은 구체적인 말로 확인될 필요는 없다(테리앙). 러스트(*Bijd* 36[1975] 310 n. 8)는 그 절의 그 다음 행에 오는 테무나(תמונה, "형상, 모양")를 주어로 삼는다. 이것은 가능하다. 왜냐하면 비록 그 명사가 여성형이라 하더라도, 그 동사의 성은 **의미 지향적으로**(*ad sensum*) 판단될 수 있기 때문이다(참조. *GKC*, § 145o).

엘리바스가 본 "인물"은 "식별 불가능"했다(לא־אכיר מראהו – 로-아키르 마르에후, "내가 그것의/그의 얼굴/외양을 알아보지 못했다"). 이는 분명히 독자가 그 "모양"(תמונה)과 그 "형체"(מראה) 모두 하나님 자신의 것들이라고 가정하도록 의도되었기 때문이다. 놀랍게도, 테무나(תמונה)는 항상 하나님 혹은 하나님을 나타내는 것을 가리킨다: 민수기 12:8에서 야훼는 자신이 모세하고는 "모호한 말로가 아니라,

입에서 입으로 분명하게 말씀하신다. 그는 야훼의 모습(תמנת יהוה-테무나트 아도나이)을 본다". 이는 모세에게 지정된 하나의 특권이다. 이스라엘은 호렙에서 "말소리는 들었지만, 아무런 형상(תמונה)도 보지 못했다. 오직 한 소리만 있었다"(신 4:12; 참조. 4:15). 시편 17:15에서는 야훼의 "모습"이 그의 "얼굴"(פָּנִים-파님)과 평행 관계에 있다. 그 외의 다른 곳에서 테우나(תמונה)는 하나님을 나타내는 것들을 가리킨다(출 20:4; 신 3:16, 23, 25; 5:8). 따라서 엘리바스는 하나님을 보기도 했고(16절) 듣기도 했다(15, 17절)고 주장하는 것이다. 그가 자신의 이야기를 비밀스런 언어로 표현하는 것은 놀라운 일이 아니며, 일부 초창기 번역들이 그 문장을 부정형으로 한 것(칠십인경, 우크 엔 모르페-οὐκ ἦν μορφή, 한 모습도 없었다; 참조. 페쉬타)도 마찬가지다.

이미 지적했듯이, 전통적으로 신현과 연관된 여러 특징들이 여기에 나타난다: 신령한 것 앞에서의 공포감(14절), 강한 폭풍-바람(15절) 그리고 천둥 소리(16절). J. Jeremias, *Theophanie. Die Geschichte einer alttestamentlichen Gattung*(WMANT 10; Neukirchen-Vluyn: Neukirchener Verlag, 1970) 105-8; F. Dumermuth, "Biblische Offenbarungensphänomene," *TZ* 21(1965) 1-21; J. Lindblom, "Theophanies in Holy Places in Hebrew Religion," *HUCA* 32(1961) 91-106를 보라. 지진 신현과 다른 것으로서 폭풍 신현(비록 욥에 대한 언급은 없지만)이 킹스부리에 의해 분석된다(E. C. Kingsbury, "The Theophany *Topos* and the Mountain of God," *JBL* 86 [1967] 205-10). 시나이 전승까지 거슬러 올라갈 수 있는, 야훼 나타냄의 금지들과 사막 전승에 속하는(출 24:9-11) 야훼의 나타남에 관한 언급들(특별히 환상 가운데) 사이의 관계에 대해서는 H. Schmid, "Gottesbild, Gottesschau und Theophanie," *Jud* 23(1967) 241-54를 보라. 뮬러(H.-P. Müller, "Die kultische Darstellung der Theophanie," *VT* 14[1964] 183-91)는 시나이 전승과 예루살렘 제식 내의 신현 묘사 사이의 관계를 탐구한다. 신현 전체의 주제에 대해서는 특별히 J. K. Kuntz, *The Self-Revelation of God*(Philadelphia: Westminster, 1967을 보라.

고대 근동에 엘리바스의 꿈 경험과 유사한 여러 평행문들이 존재한다. 백향목 숲 속에서 가진 길가메쉬의 한 꿈은 이렇게 말해진다.

> 인간에게 뿌려지는 잠이 그에게 임했다.
> 삼경에 그는 잠에서 깼다.
> 그는 일어나 그의 친구에게 말했다:
> "나의 친구여, 나를 부르지 않았는가? 내가 왜 깨었지?

나를 만지지는 않았나? 내가 왜 놀라지?
어떤 신이라도 지나갔나? 내 육체가 왜 무디지?
나의 친구여, 내가 세 번째 꿈을 보았네.
내가 본 꿈은 아주 무시무시했네!
하늘이 소리지르고, 땅이 철렁거렸고,
[낮]빛이 끊기고, 흑암이 덮쳤다.
번개가 번쩍거리고, 불꽃이 솟아올랐다…"
–(Gilgamesh, 5. 4. 7-17; *ANET*, 83a).

17 엘리바스의 말을 읽는 거의 모든 독자는 12-16절에서 묘사된 장면의 절정을 이루는 말이 눈에 띄게 평범하다는 사실에 놀란다. 특별히 문법에 충실한 번역이 받아들여지면("사람이 하나님보다 의로울 수 있는가?"), 피크의 코멘트는 전적으로 적절하다: "'사람이 하나님보다 의롭지 않다'같이 흔한 말은 너무 진부해서 그것을 언명하는 데 시각적인 도움이 전혀 필요 없었다. 그리고 그것은 여기와 관련해서는 거의 의미가 없다." 왜냐하면 욥이 하나님의 정의를 문제 삼는 것은 다만 나중의 일이고(예를 들어, 9:19-20; 10:2-7; 16:20; 19:7; 24:1), 또한 그런 곳들 각각에서 욥의 태도에 대한 해설은 미세하게 조절되어야 하기 때문이다. 욥의 생각에는 인간이 하나님보다 **더** 의롭다는 의심이 전혀 없다.

그러므로 욥과 엘리바스 모두의 평판뿐만 아니라 욥기 저자의 평판을 지키기 위해서는 보다 넓은 문맥의 상황이 우세하도록 허락되어야 하고, 메엘로하(מאלוה)와 메오세후(מעשהו)는 "하나님 앞에서"와 "그의 조물주 앞에서"로 번역되어야 한다("원문주해" 4:7.c.를 보라). 설령 그렇다고 하더라도, 장관의 신현이 그 앞서 나온 이 초자연적 연설이 반드시 있어야 할 가치가 있다고 우리는 확언할 수 있을까? 어느 정도까지는 그렇다. 엘리바스가 욥의 마음에 새기려고 무진장 애쓰는 이 식견은 정말 지혜 전통과 욥기 자체가 그 논쟁을 수행하는 일반 범주들로부터 벗어난다. 응보 원칙에 대한 구약의 전형적인 언설들에 근본적인 것은 (그것에 어떤 뉘앙스를 주든 간에; 8절에 관한 부분을 보라) 인간은 두 진영, 즉 의인과 악인으로 구분된다는 것이다. 그런데 엘리바스 자신은 신으로부터 주어진 이 진리를 경시라도 하는 것처럼, 이미 욥을–아무 자격증도 없이–의인 중에 한 명으로 불렀다: 수사학적으로 전개된 결백한 사람과 행악자 사이의 대조(7-11절)는 똑같이 엄격한 구분을 가정하지만(참조. 동일 연설에 있는 5:2-5과 5:17-26 사이의 대조), 욥의 경건(יראתך–이르아트카)과 흠 없는 삶(תם דרכיך–탐 드라케카, 6절)은 그에게 희망의 근거를 줄 것이다. 따라서 이 점에서 "의로운"과 "결백한" 같은 용어들이 오직 한 분 하나님만 참으로 "의로우신" 우주의 현실과 일치하지 않는 단순한 주먹구구식 명칭들이라는 것을 엘리바스가 깨닫게 되었다는 점에서, 17절은 구약의 대부분이 해야 할 필요가 있다고 보는 진술들보다 한층 더 심오한 언설이다(그러나 참조. 시 14:2, 3; 53:3, 4[2, 3], 거기에는 단지 수사학적으로 과장된 진술만 있는 것 같다. 그러나 롬 3:9-12에서 이 구절들이 쓰인 경우를 보라).

이제 이 절의 요지는 알아보기가 쉽다. 만일 욥이 모든 인간들처럼 완벽하게 의로운 것보다 조금이라도 덜 의롭다고 하면, 그는 불의한 사람들에게 할당되는 고난에 어느 정도는 참여할 것으로 예상해야 한다. 따라서 그의 현재의 고난은 단지 그가 경건한 사람으로서 기대할 수 있는 자격을 가진 확실하고 대체적으로 일관된 그의 좋은 운명에서 그리 중요하지 않은 요소일 뿐이다. 엘리바스는 여기서 그의 본 연설 전체에서처럼 전적으로 위로하는 마음이다.

그러나 여기가 바로 독자가 이 말들을 엘리바스의 입에 두는 저자의 의도를 좀더 자세히 생각해 보기 시작하는 지점이다. 그 말들이 이론상 아무리 사실이라고 하더라도 – 또한 저자는 우리가 이것들이 신적으로 영감 받은 말들이라는 것을 의심하도록 의도되지 않는다 하더라도 – 욥의 경우에는 그 말이 분명히 적절하지 않다. 왜냐하면 우선적으로 욥은 그가 절대 완벽에 미치지 못했다는 사실에 비난을 돌릴 수 있는 어떤 하찮은 불운을 당하고 있는 것이 아니라 완전히 박살난 상태기 때문이다. 또 비록 실상은 누구든 악인은 그렇게 되리라 예상했을 것같이(8-9절; 참조. 5:3-4) 그가 "끊어지지는" 않았지만, 바로 그러한 운명이 그가 열망하지만 거부되는 것이기 때문에(3:20-23), 그는 그보다 더 비참한 곤경에 처해 있는 것이기 때문이다. 이차적으로 신의 완전함과 대조되는 인간의 불완전함의 문제는 욥기 전체의 범위 바깥에 있다. 하나님의 능력, 지혜, 신비는 욥과 그 친구들 혹은 욥과 하나님 사이의 논쟁의 쟁점들이지만, 욥의 것과 **대조되는 것으로서** 하나님의 의로우심은 논쟁점이 아니기 때문이다. 어느 피조물도 죄 없지 않다는 것은 사실일지 모르나, 죄성은 피조성에 고유한 논리적 필연이 아니다. 또한 욥의 의로움은 사방에서 인정되기 때문에(1:1, 8; 2:3; 4:6; 8:20; 42:7-8 등), 욥이 단순히 하나님이 만든 하나의 피조물이라는 사실은 그가 마땅히 받을 만한 고난을 당하느냐는 물음과는 무관하다.

그러면 이것이 엘리바스의 본 연설에 담긴 저자의 최고 아이러니, 즉 엘리바스가 과감히 전통적 학파의 지혜를 넘어가 극단적으로 단순한 응보 교리를 문제 삼는 바로 그 시점에 그의 취지는 욥에게서 더욱 소원해지게 되며, 그 교리는 욥의 고난을 가볍게 여기기도 하고 또 욥의 온전함을 의심하기 때문에 이중적으로 고통을 준다는 아이러니가 아닌가? 욥의 유일한 희망은 자신의 온전함을 지키고(엘리바스가 보았듯이, 6절) 그의 고통의 쓰라림을 강력하게 주장하는 것이다(6:2-3, 11-13). 풀러튼이 말하길, 엘리바스는 "자신의 전제들이 신의 계시가 되게 되어 있는 일종의 교리 신학자 타입이다…그러므로 그의 눈은 미리 정해진 패턴에 들어맞지 않는 모든 것에 닫혀 있다. 그런 사람들의 문제는 그들이 **부지불식간에** 잔인하다는 것이다. …그들은 동정심을 갖고 있을지 모른다. 그러나 그것은 추상적인 동정일 뿐이다. …그들은 그들 자신의 것들과 이질적인 개념들 혹은 경험들로 들어가 느낄 수 없다. 교리는 상상력을 무디게 하는 무시무시한 능력을 가지고 있다. 그런데 상상력 없이는 동정은 도움을 줄 수가 없다"(*JBL* 49[1930] 336-37). 저자는 엘리바스의 교리를 조롱하지 않는다. 그가 조롱하는 것은 고통을 덜어 주는 것으로 가정되는 교리의 효과다. 그리고 점차적으로 고조되던 12-16절의 긴장은 회오리 바람 속에서 하나님으로부터 발화된 우레 같은 이 말을 절정으로, 다만 인간적으로 고안된 것이든 신적으로 계시된 것이든 욥의 경우를 만족시키지 못하는 교리의 불충분함을 보여 준다.

욥이 원하는 것은, 그는-어쨌든 한 인간으로서-이미 충분히 의롭기 때문에 의롭게 **되는 것**이 아니라, 고난에서 구원받고 번영으로 회복되는 것으로서 하나님에 의해 의롭다고 **선포되는 것**이다(9:2을 보라. "사람이 어떻게 하나님에 의해 의롭다고 선포될 수 있는가?"). 그런데 그런 그에게 엘리바스가 제시한 것은, 하나님의 관점에서 판단할 때 인간이 실제로 의로울 수 있는 가능성이 없다는 것과 하나님으로부터 무조건적 의로움에 대한 공개적인 증명을 기대하는 것의 정당성을 부인하는 아주 명백한 신적 선언이다.

엘리바스는 이 절의 신의 수사적 질문을 단정의 부정형에 상응하는 것으로 이해한다(참조. 잠 20:9; 전 7:20). 그러나 욥기의 저자는-그가 이것이 신탁의 계시라고 주장하면서 우리를 인도하고 있는 것이 아니라고 가정하면-그 질문을 어떻게 이해하는가? 누가 그것이 수사적 질문이라고 말하는가? 그것은 하나님 앞에서의 의로움의 가능성을 한 번도 의심해 보지 않았다면 숙고해 볼 만한 물음이겠지만, 꼭 부정적으로만 대답될 필요는 없다. 우리의 저자는 하나님 앞에서 의로운 한 사람에 대해 말할 뿐만 아니라(42:7-8), 실제로 하나님의 사탄과의 경쟁에서 하나님이 옳으셨음을 증명함으로써 하나님을 "정당화한다"(1:8-12; 2:3-6). 욥의 이야기에서는 한 인간이 "하나님의 아들들"이 할 수 있는 것보다 덜하지 않고, **더** 의롭게 행동한다. 따라서 그것이 만일 하나님의 질문이라면, 그것은 더 깊은 생각과 논쟁을 요구하는 자극적인 질문이지 공허하게 수사적인 질문이 아니다.

18 인용 부호를 표시하는 거의 모든 주석가들과 역본들은 18-21절(혹은 21절이 이차적인 것이라면, 18-20절)을 엘리바스가 들은 신언(神言)의 일부로 간주한다. 바이저와 같이(그리고 아마도 앤더슨도), 나는 17절만을 계시된 신의 말로 간주하고 18-21절은 그것에 대한 지혜의 확장들로 여긴다.

그러면 엘리바스가 신뢰할 수 없음과 "사자들" 혹은 천사들의 "어리석음"이라는 그의 개념을 어떤 신적 계시로부터가 아니라면 어디에서 끌어내는지 질문해 볼 수 있을 것이다. 여기에는 신구약 중간기 문헌에서 발견되는 것 같은(가령, 에녹1서 6-9; 15; 64; 아담과 이브 12-16; J. A. Sanders, "Dissenting Deities and Philippians 2:1-11," *JBL* 88[1969] 279-90[284-88]; P. D. Hanson, "Rebellion in Heaven, Azazel, and Euhemeristic Heroes in 1 Enoch 6-11," *JBL* 96[1977] 195-233를 보라) 충분히 발전된 "타락한 천사" 개념에 대한 가리킴이 없다는 것은 확실히 주석가들이 동의하는 바다. 그러나 창세기 6:1-4에 나오는 사람의 딸들과 "하나님의 아들들"의 결합 이야기는 천사들의 신뢰도에 대한 이 평가의 적절한 전승 배경이다. 빌닷도 엘리바스나 초자연적 계시에 대한 언급 없이 비슷한 고발을 한다는 사실을 주목해야 한다(25:5). 포프는 우가릿 바알 신화에서 그와 같은 신들의(여성) 종들이 엄청난 잘못으로 비난받는 한 경우를 언급한다.

천상의 존재들은 욥기에서 상대적으로 드물게 언급된다. 두 장면이 야훼와 그의 "천사들"의 하늘 궁정을 배경으로 하는 프롤로그는 별 문제로 하고, 다이얼로그에서 그들은 "거룩한 자들"이라는 용어로 언급된다(קדשים – 크도쉼, 5:1; 15:15 – 엘리바스의 한 연설 안에 있고 현재 것과 직접적으로 평행하는 구절인데, 거기서는 말아킴〈מלאכים〉이라는 용어가 사용된다〈거기서도 크도쉼이 사용되는데, 저자의 실수 같다 – 역자주〉). 그 외에 신명기 33:3; 시편 89:6[5], 8[7]; 스가랴 14:5 등에서는 천상의 존재들이 단순히 크도쉼(קדשים)으로 알려진다. M. Noth, "The Holy Ones of the Most High," in *The Laws in the Pentateuch*(Edinburgh: Oliver and Boyd, 1966) 215-28(=*Interpretationes ad Vetus Testamentum pertinentes Sigmundo Mowinckel septuagenario missae*[Oslo: Forlaget Land og Kirche, 1955] 146-61); H.-P. Müller, *THWAT* 2:589-609(601-2)를 보라. 그러나 호세아 12:1[11:12]; 시편 16:3; 잠언 30:3에서의 의미인 "이방 신들"에 대해서는 M. Pope, *El in the Ugaritic Texts*(*VTSup* 2; Leiden: Brill, 1955) 13-14를 보라. 천상의 존재들은 그들

자신들의 도덕적 완전함 덕분에 "거룩한" 것이 아니다. 왜냐하면 그들이 판단과 심판을 받기 때문이다(욥 21:22; 사 24:21). 오히려 "거룩한"은 "하나님께 속한"이라는 평범한 의미를 지닌다. 그들의 "거룩함"은 전적으로 그들이 야훼에게 가까이 있다는 데 있다. 거룩함에 대해 더 자세한 것은 J. Milgrom, "The Compass of Biblical Sancta," *JQR* 65(1975) 205-16; O. R. Jones, *The Concept of Holiness*(London: Allen and Unwin, 1961)를 보라.

19 잘 알려진 수사학적 논증법 **아 마이오레 아드 미누스**(*a maiore ad minus*, **일반적인 것에서 구체적인 것으로, 히.** קל וחומר –칼 바호메르)는 엘리바스에 의해 많이 사용되며, 그에게는 인간의 허무함과 필멸성이 도덕적 신뢰의 가능성 결핍에 대한 일종의 증거 같다. 인간이 창세기 2:7에 대한 분명한 상기로, 티끌을 터로 삼은 "흙집의 거주자들"로 묘사된다. 그들은 "흙으로 세워지고, 흙에서 유래하고, 흙에 제한된다. 용어들이 누적됨으로써 인간의 물질성이 고조된다"(데이빗슨). 그들의 "터[혹은 기초들]"는 그들의 "존재 조건[들]"을 의미한다(부드; 참조. 22:16; 잠 10:25). 만일 대부분의 주석가들이 생각하듯이 그 "집들"이 인간의 몸이라면, 이는 히브리 문학 내에서 몸을 인간 본질의 거처로 보는 관념에 대한 첫 번째 언급일 것이다(그러나 보다 후대의 문헌들을 보라: 지혜서 9:15, "그 흙으로 된 거처⟨*γεῶδες σκῆνος*⟩가 마음을 짓누른다"[NAB]; 1QH 3.23-24; 18.12; 고후 5:1; 벧후 1:13). 분명히 진흙이나 티끌로부터 인간이 기원했다고 보는 것은 욥기의 다른 곳에서도 언급된다(10:9⟨욥⟩; 33:6⟨엘리바스⟩). 그러나 여기서 단순히 천사들의 하늘 거주지들과 대조되는 것으로서의 인간들이 거하는 글자 그대로의 흙집을 보는 에얼리히의 견해가 맞는다면, 엘리바스가 주장하는 것은 인간은 천사들보다 죄지을 가능성이 더 많은데, 이는 그들이 죽을 운명이어서가 아니라 그들이 더 하등의 거처에서 살기 때문이라는 것이 될 것이다! 조지 허버트처럼, 그들은 "흙과 감각의 잘못"(guilty of dust and sinne)이 있었을 것이다(Love. III, *The English Poems of George Herbert*[ed. C. A. Patrides: London: Dent, 1974] 192). 둘 중 어느 경우라도 당연하게 여겨지는 것이 있는데, 물질은 "영"(רוח)보다 열등하며, 영은 "더 고결하고 우수한 실체"라는 것으로(덤), 이는 히브리 창조 사상과는 덜 어울리고 영지주의적 세계 개념과 더 잘 어울린다고 볼 수 있는 의견이다. K. Rahner, "The Unity of Spirit and Matter: A Christian Understanding," in *Man before God*, ed. D. Burkhard et al., 25-51; O. Schilling, *Geist und Materie in biblischer Sicht. Eine exegetischer Beitrag zur Diskussion um Teilhard de Chardin*(Bibelstudien 25;

Stuttgart: Verlag Katholische Bibelwerk, 1967), 특히 18-34를 보라.

"나방 앞에서 뭉개진다"는 말(RSV)은 무엇을 뜻하는가? 나방은 즉각적으로 파괴될 수 있는 것을 가리킬 수 있는 준비된 이미지다. 그러나 성경의 다른 곳에서 나방은 그것의 부서지기 쉬움이 아니라 그것의 파괴성으로 격언에 들어오기도 한다(13:28; 사 50:9; 51:8; 마 6:19, 20; 약 5:2). 그렇다고 그것이 여기서 "나방"이 다른 표상을 나타낼 수 있음을 부인할 만한 이유는 전혀 아니다. "…앞에서"(לפני – 리프네)는 시간적으로 "…전에" 즉 "조만간에" – 이는 오히려 지나친 과장일 것임 – 보다는 "…같이, …처럼"(3:24에서처럼)을 의미할 것이다. 우리는 이 지점에서 논리의 흐름 중에 일어난 두드러진 하나의 변화를 알아챌 수 있다. 이 절의 첫 번째 두 이절구는 인간에 대한 하나의 보편적 진리를 묘사한다: 그들은 모두 그 터가 티끌에 있는 흙집들에서 산다. 그러나 그들이 나방처럼 뭉개지거나, 혹은 영원히 멸망할 때는 반드시 알아보는 이가 있거나(20b절구), 혹은 지혜를 얻고서다(21b절구). 그러므로 19c-21b절구는 인간의 보편적 운명이 아니라, 그들의 불확실한 존재가 그들에게 노출시키는 **위험[상태]**을 나타낸다: 그들은 나방처럼 뭉개**질 수 있다**. 그들은 결코 주목되지 않고 죽**을지도 모른다**. 그들은 전혀 지혜를 얻지 못하고 살다가 죽**을 수 있다**. 더 자세한 것은 D. J. A. Clines, "Verb Modality and the Interpretation of Job iv 20-21," *VT* 30(1980) 354-57를 보라.

20 19c절구에서 나방의(혹은 아마도 새의 둥지의; "원문주해" 4:19.e를 보라) 뭉개짐의 이미지로 묘사된 갑작스럽고 예측되지 않은 죽음에 인간이 노출되어 있는 것이 이 두 절에서 더 묘사된다. 갑작스런 뭉갬이나 가루가 되도록 때려 부숨(כתת – 카타트)이 이전의 흙집 은유를 재기하는 것인지는(포어러) 분명하지 않다. 그것은 어쩌면 이사야 30:14의 것처럼 토기의 깨뜨림이라는 표상일지 모른다: "너무 완전하게 부서져서(כתות – 카투트) 그 파편들 중에서 화로에서 불을 붙이거나 물 웅덩이에서 물을 뜰 한 조각도 얻지 못하리라"(RSV).

피조물 인간은 새벽과 황혼 사이에 갑작스런 멸망을 피할 수 없을 뿐만 아니라, 그들의 생명은 너무나 값없어서 그들의 죽음을 주목하는 이가 하나도 없이 그들이 완전히 혹은 영원히(라네차〈לנצח〉는 둘 중 어느 번역도 지지할 것이다) 사라질 수 있다. 여기서 생기는 물음은 누구에 의해 주목된다는 것인가이다. 비록 엘리바스가 자신의 말이 그와 같이 해석되지 못하도록 충분히 막지는 않았지만, 하나님이 알아채지 않으신다는 것은 아니다. 가령, 앤더슨은 이렇게 기록한다. "좋은 뜻으로 한 하나님에 대한 엘리바스의 찬미는 끔찍한 결과에 이르렀다. 하나님이 만일 천사들에게도 여유가 없다면, 인간들에게는 얼마나 덜 관심을 두시겠는가"(테리앙도 비슷함). 그러나 그것은 천사들의 일에 관한 하나님의 "걱정"의 문제가 아니며, 그리고 엘리바스의 관심은 하나님이 인간의 운명에 어떤 관심을 가지고 계시다는 견해를 부정하는 데 있는 것이 아니다. 그것은 그의 생각 전체에 반하는 것일 것이다. 보다 개연적인 해석은, 갑작스런 재앙의 희생자들은 그들에게 곧 일어날 일을 스스로 예견하지도 않고 의식하지도 않는다는 것이다. 이런 경우에 그 어구 미블리 메심(מבלי משים, "그것을 마음에 두지도 못한 채")은 20a절구의 강조를 이어갈 것이다: "새벽과 황혼 사이에." 따라서 고디스는 "그들이 주의하지 않을 때, 그들은 영원히 사멸된다"라고 번역하며, 그러면 21b절구는 "그들은 아무런 지혜도 얻지 못한 채 죽는다"는 평행 의미를 낸다. 이와 관련하여 호르스트는 아무런 고려도 없이, 아무런 차별도 없이 맹목적으로(21b절구) 죽을 운명들을 휩쓸어 버리는 것이 죽음 자체의 힘이라는 흥미로운 견해를 제의했다. 그것은 여기서는 죽음이 의인화되지 않고 어떤 동사의 주어도 아니라는 것을 제외하고는 그 의미에 잘 들어맞을 것이다. 그러나 가장 좋은 해석은 20b절구와 21b절구를 평행하지 않는 것으로 가정하고, 메심 미블리(מבלי משים)를 "주목하는 (그 외의) 한 사람도 없이"로 보는 것이다. 참조. KJV, RSV, "그것에 주목하는 이 하나도 없이", "무시된"(NEB), "사람 눈에 띄지 않은"(NIV; JB의 "그리고 아무도 그들을 기억하지 않는다"는 전혀 맞지 않는다).

21 이 곳의 표상은 죽음이 장막을 뿌리째 뽑아 버리는 것으로, 그 과정에서 장막 말뚝들은 위로 뽑히고 장막 줄들은 풀려 장막 안에 있는 사람이 통째로 다른 곳으로 옮겨지는 것이다. 인간은 그 장막이며, 다채롭고 끊임없는 활동의 초점이요 중심이다. 말뚝을 뽑아 올리는 외관상으로 사소한 행위가 활동의 전 세계를 한 덩이 물질 조각으로 붕괴시킨다. 그것은 그 "안에" 사람이 사는 몸체로서가 아니라(아마 19절의 "흙집"의 경우처럼) 그 사람 자체로서의 장막 표상이다. 그러므로 19절과 21절의 은유들 사이에는 전혀 심각한 충돌이 없다. 참조. 이사야 38:12, "나의 거처는 목동의 장막같이 뽑혀 나로부터 옮겨졌고" – 거기서 히스기야는 그의 임박한 죽음에 대해 말한다(참조. 12b절구, "당신이 내 생명을 단축해 버렸나이다").

인간 존재의 구조를 조금만 만지작거리면 그 사람은 이미 **죽었다**. 이 연설의 절반부 마지막 행에서 엘리바스는 처음으로 그가 다른 곳에서는 완곡 표현, 모호한 용어 혹은 은유를 사용하며 회피했던 바로 **그** 단어를 사용한다. 또한 끝 느낌을 아주 안 좋게 하는 것도 있다. 인간은 죽기만 하는 것이 아니라 지혜를 얻지도 못하고 죽는다. 이 구절에 대한 여러 해석들이 "원문주해" 4:21.d에서 논의되지만, 호크마(חכמה, "지혜")가 단순한 "인식"의 의미로 사용될 수 있는 것 같지는 않다. "지혜" -사람이 살아야 하는 방식, 만물의 본성, 하나님과 인간의 길을 간파하는-는 진정한 통찰력이다. 엘리후에 따르면(36:12), 지식(דעת-다아트) 없는 죽음은 하나님의 견책을 듣지 않으려 하는 악인들의 운명이며, 반면에 인생의 덧없음을 의식하고 있는 경건한 자들은 "지혜"(חכמה-호크마)의 마음을 얻도록 그들의 날들을 "계수하는" 것을 배우기를 간절히 바란다. 잠언에서는 지혜가 패역한 행위에서 벗어나는 구원의 원천이다(2:10-15). 그것은 장수를 준다(3:13, 16). 그것은 "이상한 여자", 즉 음녀와 거짓 종교로부터 지켜 준다(7:4-5). 그것은 의인의 표시다(14:32-34; 10:31).

아무도 알아보는 것 없이 죽는 것(20절)은 불운하다. 반면에 지혜를 전혀 얻지 못하고 죽는 것은 책망 받을 만하다. 엘리후가 36:12에서 그러는 것처럼 엘리바스가 악인들에 대해 말하고 있다면, 그의 문장은 이해할 만할 것이다. 그러나 그는 인간에 대해서 보편적으로 말하고 있는 것이며, 인간이 보편적으로 지혜 없이 죽는다고 주장하는 것은 너무 멀리 가는 것이다. 엘리바스의 수사법이 그를 자신의 의도를 넘어가게 한 것일까? 인류의 연약함과 필멸성의 주제에 착수한 후 그는 어디에서 멈춰야 할지를 잊은 것일까? 아무도 완전히 의롭지 않다는 것을 단언하려는 열망에서, 모든 인간이 철저하게 지혜가 부족하다고 역설한 것일 수 있을까? 이 연설들의 수사법은 강력한 효과를 가지고 있는데, 그것들의 청취자들보다 그것들의 대화자들에게 훨씬 더 그렇다. 그러나 엘리바스가 자신의 최초의 전제를 파기함으로써 결론을 맺을 정도로 자신을 너무 멀리 망각했다고 믿을 필요는 없다. 그 전제는 의인과 악인 사이에는 하나의 구별이 존재한다는 것(7, 8절), 그리고 욥의 희망은 오로지 그가 인간의 어느 진영에 속해 있는지 아는 것으로부터 파생된다는 것이다(6절).

20절에서 우리의 실마리를 취하자. 엘리바스는 인간은 보편적으로 "새벽과 황혼 사이에" 죽는다고 말하는 것일 리가 없다. 왜냐하면 어떤 이들은 오래 끄는 죽음을 겪으며, 다른 이들은 황혼과 새벽 사이에 죽기 때문이다. 또한 그는 모든 사람이 남의 눈에 띄지 않고 죽거나, 혹은 만일 그 번역이 다른 것이라면 모든 사람이 그들에게 무엇이 임하고 있는지를 의식하지 못한 채 죽는 것이라고 주장하는 것일 리도 없다. 그의 요점은 인간의 연약함(혹은 허무함)이다: 그들은 아침과 저녁 사이에 뭉개**질 수 있다.** 그렇지 않을 수도 있다. 왜냐하면 약한 사람도 예상 외로 오래 살 수 있으니까 말이다. 여기 21절에서 그의 취지는 인류가 전체적으로(그 자신도 포함하여!) 예외 없이 "지혜 없이" 죽는다고 주장하는 것이 아니라, 어떤 사람이 그의 시대의 학자들에 의해 인간의 진정한 삶에 필수적이라고 여겨지는 것의 기본적인 것들을 얻지도 못한 채로 살다가 죽을 수 있다는 것이다. 그러한 것이 **어떤** 사람들이 인간의 삶의 질에 이의를 제기할 수 있는 가능성이 되는 것만으로 충분하다. 그 뉘앙스를 이런 식으로 보면, 엘리바스의 연설은 충분히 일관되다.

5: 1 지금까지 욥의 외침은 생명에 반대하는 외침이었고(3:3, 11, 16, 20-22), 따라서 엘리바스에게 응답하는 연설에서도(6-7장; 참조. 6:8-9; 7:16) 그럴 것이다. 그러나 엘리바스는 정말로 죽고 싶어하는 사람이 있을 것이라고 믿을 수 없기에, 욥은 아마도 그의 고통의 치료를 위한 호소를 하고 있는 것이라고 가정한다. 욥은 실제로 자신이 "죽기를 열망하고"(3:21), "무덤을 발견하면 환희에 젖는"(3:22) 사람들 가운데 한 명으로 여기지만, 엘리바스는 욥의 진짜 바람은 그가 5:19-26에서 묘사하는 것 같은 안정되고 평화로운 삶이라고 스스로를 확신시켰다. 이제 구원을 향한 그러한 외침이 욥의 마음에 있다면, 그것을 억제하는 것이 낫다고 엘리바스는 말한다. 왜냐하면 욥이 사로잡힌 죄와 벌의 관계로부터 그를 해방시켜 줄 수 있는 힘이 심지어 천상의 존재들 사이에도 없기 때문이다. 욥을 향한 엘리바스의 태도는 이전 장에서 분명해졌다: 욥은 본질상 의로운 사람이다. 그러나 – 여느 인간처럼(혹은 천사처럼: 참조. 4:18) – 그도 자신의 결점들을 가지고 있고 그것들 때문에 고생하고 있는 것이다. 욥의 선함은 오랫동안 분명히 나타났고(4:3-4), 그의 하나님 경외와 개인적 온전함은 그의 고난이 오래 지속되지 않을 것이라는 확신에 정당한 근거들이다(4:6). 그는 결코 완전히 멸하지 않을 것이라는 확신에 머물러도 된다. 왜냐하면 의로운 자는 누구나 궁극적인 구원을 얻었기 때문이다(4:7).

그러나 그도 피조된 모든 존재들의 도덕적 부족함을 공유한다(4:17-19). 따라서 그의 죄성은 – 이 연설에서는 상술되지 않지만, 22:6-9에 관한 부분을 보라 – 값을 치러야 하며, 어떤 호소도 그를 응보 정의에서 벗어나게 할 수 없다. 이 행들은 라이너 마리아 릴케의 『두이노의 비가』(*Duino Elegies*)의 힘찬 개막 시구에 영감을 주었다: Wer, wenn ich schreie, hörte mich denn aus der Engel/Ordnungen? und gesetzt selbst, es nähme/einer mich plötzlich aus Herz: ich verginge von seinem/starkeren Dasein. … Ein jeder Engel ist schrecklich["내가 소리친들 천사의 계열 중 대체 어느 누가 내 말을 들어줄 것인가? 한 천사가 느닷없이 나를 품에 안으면, 나보다 강한 그의 존재로 말미암아 나는 스러지고 말 텐데…모든 천사가 무섭다"

(*Duino Elegies*〈영역. C. F. Macintyre; Berkeley: University of California Press, 1961〉 2-3)].

이 절에 대한 다른 해석들이 많았다. 예를 들어, "거룩한 자들"에게 하는 호소는 2절에서 어리석은 자를 멸하는 것 같은 분노의 행위일 것이라고 종종 가정된다. 마찬가지로 엘리바스는 욥의 행동을 2-5절들에서 멸망의 운명이 묘사된 "어리석은 자"의 행동에 비유하고 있는 것이라고 여러 주석가들에 의해 제안된다. 그러나 고난으로부터 구원해 달라는 호소를 엘리바스가 치명적인 분노의 형식으로 여긴다는 것은 개연성이 없으며(조급함은 2절의 주제가 아니다), 또한 엘리바스가 욥에게 돌린 유일한 감정들이 "약함"과 "놀람"(4:5; 참조. 바텔레〈ותלא〉, 바티바헬〈ותבהל〉) 뿐일 때 그가 고난에 대한 욥의 반응을 분노로 여긴다는 것은 있을 법하지 않다. "거룩한 자들"에게 하는 호소는, 그들도 역시 도덕적으로 결함이 있기 때문에 효과가 없다는 제안이 좀더 설득력이 있다. 그렇지만 왜 천사들의 중재가 그들이 완전하지 않다고 하여 완전히 파기되어야 하는지에 대해서는 충분한 이유가 없는 것 같다. 욥이 하는 호소의 무익함은 그 호소의 방향에 있는 것이 아니라 그 호소 자체에 있다. 그는 자신에게 임한 고난을 강인하게 견뎌 내는 것 외에(4:5의 그의 "약함"〈לאה-라아〉과 대조해 보라) 아무것도 할 권리가 없다. 더 자세한 논의에 대해서는 D. J. A. Clines, "Job 5,1-8: A New Exegesis," *Bib* 62(1981) 185-94를 보라.

천상의 존재들 혹은 천사들은 "거룩한 자들"이라 불리는데(다음에서도 마찬가지, 15:15; 신 33:3; 시 89:6, 8[5, 7]; 슥 14:5; 단 4:14; 8:13; 집 42:17; 에녹1서 1.9 등), "도덕적 완전함 때문이 아니라(참조. 4:18) 그들이 하나님에게 가까이 있다는 것 때문이다"(드라이버). 천사를 인간과 하나님 사이의 중재자 혹은 조정자로 보는 사상이 여기서 때에 맞지 않게 나타난다. 더 자세한 논의는 33:23(엘리후)에 관한 부분을 보라. 어떤 학자들은 신적 존재에게 하는 호소의 가망 없음을 말하는 엘리바스의 언설을 큰 신들의 모임에서 한 개인을 대신하여 말하도록 요구받을 수 있는 "개인" 신이라는 메소포타미아의 관념에 대한 반동으로 보았다(포프가 그렇다. 참조. 앤더슨). 그러나 그러한 배경이 가정될 필요는 없다. 왜냐하면 엘리바스의 견지는 천상의 존재들과 하나님 사이에는 건널 수 없는 심해가 있다는 그의 생각에서 자연스럽게 나오는 것이기 때문이다. 다른 학자들은 중재의 천사들은 이스라엘 역사에서 오로지 후대에 발전한 개념이라는 가설 하에 이 절을 후대에 추가된 것으로 여겼다(예를 들어, 덤이 그렇다). 그러나 특별히 욥기 자체의 연대를 정확하게 추정할 수 없는 때에, 우리는 이 같은 개념들의 연대를 추정하는 노력들을 회의적으로 볼 수 있다.

2 이 문장은 잠언에 나오는 한 경구같이 들린다. 그 주제는 "어리석은 자"이며, 이는 비록 잠언에는 수없이 나오지만 욥기에서는 거의 나오지 않는 것이다(현재 구절을 빼고는 30:8; 2:10〈나발 - נָבָל, 느발라 - נְבָלָה〉뿐임).

"어리석은 자"를 가리키는 것으로 사용된 단어 에빌(אֱוִיל)은 단순히 지각 없는 사람이 아니라 적극적으로 불의하고 "항상 도덕적으로 나쁜"(BDB, 17a) 사람을 의미한다. "하나님은 없다"라고 말하는 시편 14:1의 "어리석은 자"는 똑같이 말하는 시편 10:4의 "악한 사람"과 전혀 다르지 않다. 이사야 32:5-6에 나오는 어리석은 자(נבל)의 행위들에 대한 묘사도 보라(참조. *THWAT* 2:29-30). 포테(פֹּתֶה)는 에빌(אויל)과 평행관계에 있는 것으로 종종 "단순한"이라 번역된다(RSV가 그렇다). 그러나 그것은 보통 "순진한 사람", "경험이 없는 자" 혹은 "교육받지 않은 젊은이"를 의미하는 동족 형용사 페티(פְּתִי)가 아니라 그 동사의 분사형으로, 그것의 설득력은 여기서 그 중심 단어인 "어리석은 자"(אויל - 에빌)에 의해 결정된다.

엘리바스는 이미 욥의 대체적인 - 비록 절대적인은 아니지만 - 죄 없음을 단언했기 때문에 욥을 그와 같은 불경한 "어리석은 자들" 중 한 명으로 분류할 수 없다. 또 아비를 빼앗겨 고생하는 어리석은 자의 자녀들의 운명(4절)도 아비가 아직 살아 있을 때 자녀들이 죽은 욥의 경우에 전혀 맞지도 않는다. (욥에게 그의 "자손이 많아질 것이라고" 확신시키는 5:25에서와 같이, 엘리바스는 때때로 욥의 재앙들에 둔감한 것이 사실이다. 그러나 욥이 만일 2절에서 말하는 어리석은 자라면, 엘리바스는 단순히 둔감한 것이 아니라 완전히 비논리적이다.) 좀더 그럴듯한 가능성은, 엘리바스가 의미하는 것을 욥이 만일 그의 "분개"와 "분노"가 그를 멸하도록 허락한다면 그는 어리석은 자가 **될 것이라**는 가정으로 보는 것이다. 그러나 엘리바스는 지금까지 이런 감정들을 욥에게 돌리지 않았다는 사실을 차치하고라도(참조. 위의 1절에 관한 부분), 그 어리석은 자의 자녀들을 가리키는 말의 부적절성이 여전히 남아 있을 것이고, 또한 자신의 "약함"(참조. 4:5)을 "분개"로 굳어 버리게 허락하는 것은 불경이 아니라 단순한 어리석음이 될 것이다(에빌〈אויל〉에 의해 암시되듯이).

그러므로 구체적으로 명기되지 않은 어떤 파멸에 이르는 그 "어리석은 자"의 경우는 욥에게 직접적으로 적용되는 것이 아니라(가령, H. A. Brongers, "Der Eifer des Herrn Zebaoth," *VT* 13[1963] 269-84[278-79]는 이에 반대다), 엘리바스가 전달하려고 하는 보다 광범위한 원칙을 보여 주는 것이다. 이 원칙은 6-7절에서 매우

분명하게 상술된다: 재난 혹은 고난은 스스로 생겨나는 것이 아니라 인간이 만들어 내는 것이다. "스스로 고생을 낳는 것은 사람이다"(혹은 사람이 자기를 위해 고생을 낳는다; JB, 7절; 그 번역에 대해서는 "원문주해" 5:7a를 보라). 어리석은 자는 분노로 인해 자기 자신의 죽음을 초래한다. 적어도 엘리바스가 볼 때 욥은 그 같은 어리석은 자가 전혀 아니며, 또한 죽음의 위기에 처해 있지 않다. 그러나 욥의 고난은 스스로 생긴 것으로, 조물주 앞에서 그가 갖는 상대적 불순함의 결과다(4:17). 그러므로 욥이 지금 겪고 있는 고난에서 벗어날 길은 없다. 그것은 분명 일시적일 것이며(참조. 5:8), 따라서 그것이 치명적일 것이라고 생각할 이유는 전혀 없다(참조. 4:7). 그러나 그것은 실재이고 피할 수 없다. 따라서 어리석은 자에 관한 이 문장(2절)은 "왜냐하면"(כִּי)으로 시작된다: 스스로 도래한 고난으로부터 때 이르게 구해 달라고 "거룩한 자들"에게 호소하는 것은 의미가 없다. **왜냐하면** 죄와 고난의 인과관계는 저절로 작동하도록 허락되었음에 틀림없기 때문이다.

우리는 분개나 분노 같은 격정들이 어떻게 사람을 "멸할" 수 있을까 궁금해 할 수 있다. 테리앙은 사실상 그 분노를 어리석은 자가 불러일으킨 신의 분노로 여긴다(참조. 또한 탈굼), 반면에 호르스트는 하나님의 분노가 언급될 때는 보통 문맥의 상황이 그것을 분명하게 한다고 지적한다(참조. 신 29:19[20]; 겔 5:13 등). 잠언 27:3에는 어리석은 자의 분노(כעס אויל – 카아쓰 에빌)가 돌이나 모래보다 더 무거운 어떤 것으로서 언급되는데, 염두에 두고 있는 것은 어리석은 자의 분노가 다른 사람들에게 미치는 영향인 것 같다. 이 문제를 숙고해 보는 대부분의 주석가들은 어리석은 자는 자신의 고난 때문에 자신의 운명을 불평하고, 그럼으로써 자신에게 또 다른 재앙들을 불러들여 죽는 것이라고 논점을 해결한다(데이빗슨, 드라이버가 그렇다. 참조. 피크). 무리가 훨씬 덜한 한 설명이 가까이에 있다: 그것은 잘 알려진 잠언의 지혜 단편으로, "평온한 마음은 육신의 생명이나, 분노(여기와 동일한 단어인 키느아〈קִנְאָה〉)는 뼈를 썩게 하느니라"(잠 14:30)이다. 그것은 심리적 통찰일지 모르나, 그럼에도 불구하고 개연성이나 가치가 없는 것은 아니다. 분노는 사람에 의해 개인적으로 생기며, 그것이 건설적으로 해소되지 않으면 그 결과는 최후의 죽음으로, 물리적 죽음이거나 그 인간성의 유효 죽음이다. 하나님의 어떤 개입도 필요하지 않다. 그것은 하나의 자연 법칙이다.

3 이전에 그런 것처럼(4:8), 엘리바스는 자기 자신의 경험에 호소한다: "내 자신이 보았다"(אני ראיתי – 아니 라아티). 참조. 또한 5:27에 나오는 그의 맺는 말. 그러나 4:8에서 그의 관찰은 너무 일반적이어서 그것의 객관성이 의심스러웠지만,

여기서는 적어도 엘리바스가 자신에게 개인적으로 알려진 한 사건을 이야기하고 있다고 보는 것이 가능하다. 그럼에도 불구하고 우리는 이것이 전혀 각색된 격언의 말이 아니라고는 확신할 수는 없다.

여기서 엘리바스는 어리석은 자가 풀이나 나무처럼 "뿌리내리는 것", 즉 번영하고 번성하게 되는 것을 보았다고 주장한다(인간의 삶에 대한 이 표상은 욥기에서 흔하다. 참조. 8:16-17; 15:32-33; 18:16; 19:10; 24:20; 29:19). 비록 엘리바스의 설명이 다소 수수께끼 같기는 하지만, 어리석은 자는 분노의 희생자라는 것을 우리가 가정하도록 되어 있는 것은 분명하다. 그 "어리석은 자"에게 무엇이 임했는지는 확실하지 않다: 첫눈에는 그와 그의 집을 망친 것이 엘리바스의 저주인 것같이 보인다. 그러나 그렇다면 이 사건은 "그 어리석은 자에게 임한 재앙은 스스로 생긴 것이 아니라, 엘리바스에 의해 야기된 것임"을 가리킬 것이다(로울리). 사건의 그러한 진행은 1-7절에서 재앙은 고생하는 바로 그 사람에 의해서 생기는 것이라는 엘리바스의 주장 일반과 모순될 것이며, 더 나아가 이 절을 앞선 절에 대한 보다 일반적인 언설의 실례가 되지 못하게 한다. 왜냐하면 어리석은 자는 자기 자신의 분노로 멸하거나 혹은 멸할 수 있다고 2절에서 주장되었기 때문이다. 현재의 절은 엘리바스의 저주가 어떤 식으로든 그 어리석은 자의 운명을 초래한 것임을 뜻할 리가 거의 없다. 이 난점을 다루는 한 가지 방법은 엘리바스의 저주를 그 어리석은 자 자신이 아니라 그의 자녀들에게 하는 저주로 보는 것이다. 그러면 4-5절들은 다음과 같이 번역될 것이다. "그의 아들들이 안전에서 제거되기를! 그들이 그들을 구해 줄 아무도 없이 성문에서 궤멸되기를! 그들이 거둔 것을 배고픈 자들이 먹기를!… "(도름, 테리앙, TOB가 이를 따른다. 참조. 칠십인경). 히브리어가 그러한 번역을 허용하지만, 이런 견지에서 보면 엘리바스의 저주는 우리가 3절의 주제라고 기대할 한 사람, 즉 그 어리석은 자 자신과는 무관하게 될 것이다.

이 난제에 대한 보다 만족스런 해결은 엘리바스의 "저주"를 어리석은 자의 몰락의 원인으로서가 아니라 어리석은 자가 스스로 자초한 파멸의 광경에 대한 그의 반응으로 간주하는 것이다(참조. 데이빗슨). 저주가 반드시 종말-초래의 말은 아니었지만, 어떤 사람이 이미 저주 아래 있다는 구두 인정일 수는 있다. 샤베르트는 아루르 아타(ארור אתה, "너는 저주받았다")라는 "저주"문은 그것을 말하는 사람이 그 자신을 저주받는 사람의 신체와 행동으로부터 멀리 떨어져 있도록 하기 위해 의도된 것이었다고 제안했다(*TDOT* 1:408). 그것이 여기 저주의 기능이 아니라 하더라도, 여기서 사용된 동사 카바브(קבב)는 보통 "저주"를 의미할 때 사용되는 동사 중 하나가 아니며, 공식적인 의미로서의 "저주하다"가 아니라 실은 "경멸을 표현하다"를 뜻하는 것으로 보는 것이 가능하다(참조. Scharbert, *TDOT* 1:415). 우리는 "저주하다"와 "저주받은 자로 경멸하다"의 두 가지 뜻을 가지는 동사 칼랄(קלל)의 이중 의미를 비교해 볼 수 있다(참조. 3:1에 관한 부분; 그리고 더 자세한 것은 A. Keller, *THWAT* 2:643를 보라. 참조. 또한 고디스: "나는 저주받으라고 선언했다"). 그 저주하기의 작인은 엘리바스도 아니고, 명백히 하나님도 아니다. 어리석은 자는 자기의 행위로 자신을 저주 아래 놓았다(잠 3:33과 대조하라. "여호와의 저주가 악인의 집에 있다").

4 관심의 초점이 여기와 그 다음 절에서 어리석은 자의 자녀들에게로 바뀐다. 이는 그 자신이 명백히 죽었고, 그 자신의 잘못으로 그의 자녀들이 불행한 위치에 있게 되었다는 것 외에는 더 이상 그에 대해 아무것도 말해질 것이 없기 때문이다. 만일 그것이 정확히 아비의 죄가 자식들에게 돌아가는 경우가 아니라면(참조. 21:19-20), 그것은 적어도 그 어리석은 자에게 속한 전부, 즉 그의 "집"(נוהו – 나베후, 3절)과 그의 자녀들(בניו – 바나브, 4절)에게 큰 타격을 미치는 죄의 결과에 대한 한 실례다. "셈족인이 그 무엇보다 두려워하는 것은 그의 가족이 황폐되어 그 모든 일원이 죽거나 몰락하는 것이다"(벳츠타인, 드라이버에 의해 인용됨). 그의 자녀들은 고아들로, 성문에서(NEB "법정"은 범위를 지나치게 좁힌다) 일어나는 법률적인 일들과 경제적인 활동에서 그들에게 공평을 보장시켜 줄 강력한 보호자가 없다. 그곳에서 일어나는 활동들에 대해서는 29:7; 31:21; 신명기 25:7; 룻기 4:1-12; 아모스 5:10; 이사야 29:21을 참조하라.

그 언어는 상투적이고 형식적이다. 잠언 22:22은 교훈한다: "가난하다고 하여 그 가난한 사람에게서 함부로 빼앗지 말고, 궁핍한 사람을 성문에서(여기서처럼, בשער – 바샤아르) 짓밟지(여기서처럼, דכא – 다카) 말아라." 또 "아무도 구해 줄 사람이 없는"(ואין מציל – 엔 마칠)이라는 어구도 이사야 5:29; 시편 7:3[2]; 50:22에 나타난다. 그 언어의 전통성은 단지 혜택을 받지 못하는 사람들이 얼마나 천하게 권리들과 혜택들을 더 빼앗기는가의 증거가 된다.

욥의 자녀들의 운명에 대한 언급은 전혀 의도되지 않았다(드라이버, 앤더슨은 이에 반대다). 왜냐하면 욥의 경우에는 죽은 것이 자녀들이고 그들에 의해 보호받지 못하는 것이 그 아버지이기 때문이다(참조. 시 127:5, 거기서는 성문에서 아버지를 보호하는 것이 아들들이다). 의심의 여지없이 "그의 자식들은 안전에서 멀다"(혹은 전혀 안전하지 않다)라는 엘리바스의 말을 욥은 엘리바스의 의도와는 다르게 듣지만(참조. Fullerton, *JBL* 49[1930] 359; 포어러), 엘리바스는 비록 둔감하기는 하지만 의도적으로 잔인하지는 않다(앤더슨과 대조).

5 히브리어의 난점들에도 불구하고, 이 절의 의미는 분명하다: 어리석은 자의 수고의 열매는 다른 사람들이 즐기고, 그 자신의 자녀들은 궁핍한 상태로 남는다. 만일 그 어리석은 자의 소유를 가져가는 "목마르고" "배고픈" 자들이 정말로 궁핍한 사람들이라면, 그렇게 큰 해는 일어날 것 같지 않다. 그러면 우리는 아마도 그 어리석은 자의 소유물을 앗아 가는 사람들을 탐욕스런 자들로, 심지어는 일부의 제안처럼 경작지 변방에 살면서 농부들의 수확물을 약탈하는 반-유목민 베두인 약탈자들로 여겨야 한다(참조. 피크, 포어러). 의인 자녀들의 부와의 대조가 현재 묘사의 서술되지 않은 배경으로 남아 있다. 참조. 시편 37:25, "나는 의인이 버림받는 것과 그의 자손이 구걸하는 것을 보지 못하였다"(참조. 또한 잠 13:22; 20:7). 악인의 자녀들의 불운한 운명은 이와 같은 **토포이**(5장의 "양식/구조/배경"을 보라)에서 잘 알려진 테마다: 참조. 18:19; 20:10; 27:14; 잠 13:22.

6 특별 묘사(2-5절)는 끝났다. 이제 일반 원리가 서술될 수 있다. 어리석은 자에게 일어난 일은 고난이 초목이나 잡초처럼 자생산적이고 자연적이어서가 아니라(6절) 사람이 만들어 내기(7절) "때문에"(כי) 일어났다. 비록 사람들 자신이 티끌(עפר – 아파르)과 흙(אדמה – 아다마)으로부터 창조되었지만, 여기서 염두에 두고 있는 것은 인간의 기원이 아니다. 그 언어는 초목의 성장과 관련된 것이다("일어나다, 싹이 트다"〈יצא – 야차, spring〉에 대해서는 14:2; 31:40; 신 14:22 참조; "솟아나다, 싹이 나다"〈צמח – 차마흐, sprout〉에 대해서는 창 2:5; 41:6 참조). 인간의 문제들은 우리의 적대적 주변 환경에서 일어난다는 교리에 대한 암시적 언급이 있을지도 모른다(창 3:17-19에서처럼; 참조. 앤더슨). 그러나 그렇다고 하면, 그러한 교리는 여기서 부인된다(로〈לא, "…아니다"〉를 루〈לֻא, "확실히"〉로 모음 표기하는 포프는 이에 반대다). 이 세상에서 고난의 근원은 자연이 아니라 바로 인간이기 때문이다. 물론 욥은 그 자신의 고생이 "자연적인" 것이 아니라는 데 엘리바스에게 동의할 것이지만, 그것이 그 자신 때문이라는 엘리바스의 추론에는 강력히 반대할 것이다. 그런데 그가 암묵적으로는 문제가 아래로부터, 즉 땅으로부터 생겨나지 않는다는 점에서 엘리바스와 동의해야 하는 것은 아이러니컬한 상황이다. 욥에게 진짜 문제는 위로부터 내려오기 때문이다(참조. 6:4; 등).

이어지는 그 다음 절(7절)을 전통적인 의미로 "인간은 고난으로(혹은 고난을 위해) 태어난다"는 식으로 해석하는 주석가들은 6절에서 사실은 하나님이 인간 고난의 직접적 원인이라는 암시를 볼지 모른다. 곧 이어지는 시(9-16절)는 하나님의 활동을 인간사의 중심에 놓는다(12-14절). 따라서 엘리바스는 "비록 어리석은 자의 문제들이 너무 보편적이어서 아주 자연적으로 보일지라도, 주님이 그것들의 감춰진 원인이라고 빗대어 말하고 있는 것"이라고 보는 것(앤더슨)도 가능하다. 또 다른 가능성은 이 절을 하나의 질문으로 여기는 것이다: "고난은 땅에서 나지 않는가…?" (포프, 첫 판; 하벨). 그러나 위에서 제시된 6절 해석이 더 바람직한 것 같다.

7 1절 이후로 모든 것이 놀랍고도 자극적인 일반화인 이 절정을 향해 왔다. 그 원리의 특별한 한 사례에서 시작하여(2절), 그 원리에 대한 훨씬 더 특별한 묘사로 계속 진행하고(3-5절), 그 후 그 원리에 대한 어떤 대안도 부정하며(6절), 또한 마지막으로 그 원리 자체를 선언하는 것(7절)은 우리의 생각에 논리적으로 다소 잘못된 것처럼 비춰질지 모른다. 그러나 그 원리는 엘리바스의 전체 견해에 너무나 근본적이기 때문에 그가 결국 그것을 명백하게 선언하는 것이 어떤 우회 경로를 통해서인지는 거의 중요하지 않다.

그 원리란 인간들이 겪는 고난(און –아벤, עמל –아말)은 그들 자신들에 의해 "낳아진다"는 것이다. 이런 면에서 엘리바스는 욥의 모든 친구들과 동의하며, 그리고 도덕적 세계의 현실에 관한 욥 자신의 최악의 두려움들과도 일치한다(4:8에 관한 부분을 보라). 이는 절대로 그들을 본래적으로 선을 행하지 못하게 하거나, 혹은 그들의 인생을 고난에 건네진 것으로 보게 하는 염세적 인생관이 아니다. 이 점에서 마소라 모음 표기를 "사람이 고난을 위해 태어나다(יוּלָּד –**율라드**)"로부터 "사람이 고난을 낳다(יוֹלֵד, **욜리드**)"로 바꾸는 것("원문주해" 5:7.a를 보라)은 엘리바스가 인생들의 어깨에 올리는 짐을 가볍게 해준다. 우리는 엘리바스가 그래도 불행한 이 원리를 향하게 하는 목적을 놓치지 말고 주목해야 한다: 그가 그것을 전개시키는 것은 오로지 욥에게 그의 고통의 원인을 설명해 줌으로써 그 고통을 완화시켜 주려는 명분에서 뿐이다. 욥은 변덕스런 우주의 혹은 인간 구성의 치명적 결함의 희생자라고 느낄 필요가 없다. 절대로 그렇지 않다. 욥의 행위 안에는 그에게 현재의 고난을 가져온 어떤 특별한 결함이 있다. 그리고 바로 그 결함의 특수성이 그에 상응하는 어떤 고난도 일시적일 것임을 보증할 것이다. 이렇게 확고부동한 원리 뒤에는 욥은 본질적으로 의로운 사람이며(4:6), 그리고 죄 없는 사람으로서 욥은 "잘려 나갈" 수 없다(4:7)는 엘리바스의 온정의 확신이 자리잡고 있다.

이 절의 두 번째 행은 많이 논쟁이 된다. 레쉐프(רשף)의 "아들들"의 일반적인 해석은 불의 "불꽃"이다. 아가 8:6에서 רשף="불꽃", 그리고 시편 76:4[3]에서 "활의 불꽃"(רשפי קשת - 리슈페 카쉐트)은 은유적으로 "화살들"이다. 7b절구가 "불꽃이 위로 올라가는 것처럼 확실히"를 의미한다면(참조. RSV, NAB, NIV) 현재의 절에 대한 완전히 만족스런 의미가 얻어진다. 인간의 죄와 그에 따르는 고난은 불에서 불꽃이 춤을 추며 위로 올라감과 동일한 불가피성을 인간들에게 갖는다(예를 들어 바이저, 포어러, 로울리가 그렇다). 이 해석에 제기되는 하나의 난점은 화살의 신이요 역병의 신으로 알려진 페니키아 신 레쉐프에 대한 우리의 지식으로 인해서다. 일부 학자들은 "레쉐프의 아들들"에 대한 이 언급 속에서 높은 신들로부터 권력이나 특권들을 쟁취하려고 위로 올라가는(페이톤〈Phaeton〉이나 이카루스〈Icarus〉처럼) 달리는 알려지지 않은 신화에 대한 어떤 반영을 우리가 갖고 있는 것이 아닌지 궁금해했다. 이 견해는 오히려 문제가 너무 많고, 그보다는 레쉐프는 여기서 그의 역할상 역병의 신으로 언급되는 것 같다[참조. "역병"을 뜻하는 동일 단어가 신 32:24; 합 3:5(데베르〈דֶּבֶר〉와 병행)에서 사용됨]. 우가릿 신들에 대한 한 목록은 그를 메소포타미아의 역병과 지하 세계의 신 네르갈(Nergal)과 동일시한다. 욥기 언어에서는 죽음의 신 모트(Mot)가 "장자"를 가지고 있고(18:13), 지하 세계의 악령들인 "공포들의 왕"이라 명명되기 때문에(18:14), "레쉐프의 아들들"도 똑같은 기능을 가지고 있었다고 보는 것이 전적으로 가능하다. 이 견지에서 보면, 엘리바스가 말하고 있는 것은 인간들이 스스로 문제를 낳을 때 그들은 (은유적으로 말해) 인간들을 공격하라고 역병의 지하 세계 악령들을 땅 위로 날아 올라오도록 풀어 준다는 것이다. 그러면 7b절구는 엄격히 7a절구와 평행관계가 아니라, 오히려 그것의 결과가 된다.

레쉐프 신에 대해서는 J. Gray, *IDB* 3:36-37; S. B. Parker, *IDBSup*, 224-25; J. B. Burns, "The Mythology of Death in the Old Testament," *SJT* 26(1973) 327-40; F. Vattioni, "Il dio Resheph," *AION* 15(1965) 39-74; D. Conrad, "Der Gott Rescheph," *ZAW* 83(1971) 157-83; A. van den Branden, "Reseph' nella Bibbia," *BeO* 13(1971) 211-25; J. C. de Moor, "The Semitic Pantheon of Ugarit," *UF* 2(1970) 187-228; W. Fulco, *The Canaanite God Reš ep*(AOS 8; New Haven: American Oriental Society, 1976)를 보라.

8-16 엘리바스의 고백을 서문으로 하는(8절) 하나님 찬양의 이 찬가(9-16절)는 욥에게 주는 조언 역할을 한다. 엘리바스는 욥에게 말을 건네거나 직접적으로 그의 상황을 묘사하지 않는다(아마 11절은 예외). 그럼에도 불구하고 그 고백과 찬사는 욥을 위한 것이요, 욥은 정통적인 찬양의 태도와 자신을 동일시하고, 따라서

그의 현재의 불행을 "견딜" 수 있을 것이다(참조. 4:5에 관한 부분). 바이저는 이집트 메리-카-레 왕을 위한 교훈에서(Instruction for Meri-ka-re[*ANET*, 414-18]) 그가 권고의 찬양 양식이라 부르는 것의 쓰임을 비교한다.

8 엘리바스는 욥의 고난은 그 자신의 잘못이기 때문에(7절) 재앙에서 구원해 달라는 호소는 무익하며(1절), 그러므로 견뎌내야 한다고 욥에게 충고했는데, 이제는 보다 긍정적인 것으로 무엇을 말할 수 있을까? 그는 오로지 그 자신이 하는 것을 증거할 수 있을 뿐이다: "나 자신은 하나님께 기도하고 내 일을 하나님께 의탁한다." 많은 현대 역본들과 주석가들(그러나 도름 대조)은 그 동사를 가정적으로, 즉 만일 엘리바스가 욥의 위치에 있다면 그가 무엇을 할 것인지 가리키는 것으로 번역한다. 가령 JB는 "만일 내가 너라면, 나는 하나님께 호소하리라"고 한다. 그러나 그가 오로지 자신에 대해서 말하고 욥에게 무엇을 할지 감히 말하지 않는 것은 엘리바스가 의도한 섬세함의 손짓이며, 또한 그의 자기 확신의 몸짓이다.

그가 하는 일이란 "하나님께 기도하는 것"이요(다라쉬〈דרשׁ, "구하다, 찾다"〉는 종종 이 의미를 갖는다. S. Wagner, *TDOT* 3:298-304; E. Ruprecht, *THWAT* 1:462-66; C. Westermann, "Die Begriffe für Fragen und Suchen im Alten Testament," *KuD* 6[1960] 2-30를 보라) 그리고 하나님께 "[그의] 말을 전달하는 것"이다-그는 욥에게 하나님의 판단에 건네라고 조언할 수 있는 어떤 "간구" 혹은 심지어 어떤 "사건"을 언급하지 않는다. 사용된 언어는 법률적이 아니라 종교적이다("원문주해" 5:8.b, 디브라티〈דברתי〉에 관한 부분 보라). 특별히 놀라운 것은 엘리바스는 탄식 혹은 탄원의 기도를 재현하거나 혹은 암묵적으로 그러한 기도를 욥에게 권고하는 데 실패한다는 것이다. 그는 1절에서 이미 그러한 호소의 효능을-어느 방향으로든-배제했다. 죄인들은 그들의 죄를 견뎌야 한다. 그러나 그들은 운명의 반전자이신 하나님께 자신들을 맡**길 수 있다**. 엘리바스는 전능한 기묘자이신 하나님께 기도하는데, 그 기도는 탄원자를 대신해서 노력하는 간구로서가 아니라, 이미 공동체 찬양의 주제인 신의 속성들에 대한 찬양으로서이다. 고통의 시기에 드리는 탄원의 기도와 감사의 기도 속에 담긴 궁극적인 목적들은 매우 비슷하겠지만, 예배자들에게 미치는 결과는 아주 다르다. 엘리바스는 자신을 위해서처럼 욥을 위해서도 탄원은 무익하고 찬양이 알맞다고 암시한다.

엘리바스가 욥의 주의를 하나님에게로 향하게 할 때, 그는 욥의 집중이 이미 하나님과 욥의 운명에 대한 하나님의 책임에 얼마나 고정되어 있는지를 거의 알지 못한다. 욥은 아직 하나님에게 직접적으로 말하지는 않았지만, 실질적으로 그의 이어지는 모든 연설들에서 그렇게 할 때, 그것은 엘리바스의 선의의 말들 덕분이 아니라 욥 자신의 현실 인식에서 일어나는 필요 때문이다(참조. 가령, 6:4; 7:11-21).

9-16 이 찬가에서 언급되는 하나님의 활동들은 아주 진부한 언어로 묘사된다. 엘리바스는 욥이 분명히 잘 알고 있을 하나님에 대한 전통적인 예배 찬송 외에(욥의 기원이 이스라엘이 아님을 가리키는 1:1의 지시는 욥기의 대부분에서 의미가 없다), 욥에게 제시할 새로운 것이 전혀 없다(그가 그 밤의 환상에 대해 말할 때처럼, 4:12-21).

이 찬가에 있는 일부 요소들은 욥과 그의 상황에 전혀 적용되지 않으며, 그것들이 여기에 나오는 이유는 단지 전통적인 예배 언어에 속하기 때문일 가능성이 높다. 그러나 전형적으로 두 가지 요소가 그러한 찬가를 구성하는데, (i) 하나님의 창조 및 세계 유지 활동, 그리고 (ii) 도덕적·사회적 질서를 재조정하는 그의 행위. 여기의 찬가에서는 이 두 요소 중 후자가 지배적이다. 첫 번째 요소에 속하는 것으로 여기에 나오는 한 요소인 비의 내림(10절)은 사실 두 번째 요소의 뉘앙스, 즉 운명의 반전자로서의 하나님의 역할을 수반한다. (그 두 성분이 분리되지 않게 얽혀 있는 찬가로는 시 147편 참조. 거기서 4, 8-9, 14-18절들은 [i] 요소에 속하고, 2-3, 6, 10-11절들과, 그리고 아마도 19-20절도 [ii] 요소에 속한다.) 이 찬가의 내용이 욥이 하나님을 향하도록 격려하는 일반적 목적을 제외하고는 욥과 그의 상황에 어떤 적용성도 갖도록 의도된 것이 아니라는 견해(가령, 헤세)는 터무니없다. 엘리바스가 욥에게 호소하도록 의도하는 것은 정확히 운명의 반전자로서의 하나님 이미지라고 보는 것이 훨씬 더 개연성이 있다. 엘리바스는 찬가 형식을 사용함으로써 욥에게 어떤 구체적인 약속들을 주거나, 그리고 특별히 욥이 자신의 고난이 얼마나 오래 지속될 것이라 예상해야 하는지에 대해 어떤 예시를 주는 것을 피할 수 있다. 분명히 그 외에 엘리바스가 할 수 있는 것은 많지 않다. 그렇지만 고통의 상황을 반전시킬 수 있는 하나님의 능력과 의도를 상기 받는 것은—비록 욥을 성가시게는 하겠지만—욥의 감정을 상하게 할 리가 없다.

찬가 양식에 관해서는 F. Horst, "Die Doxologien im Amosbuch," *ZAW* 47(1929) 45-54[=*Gottes Recht. Gesammelte Studien zum Recht im Alten Testament*(*ThB* 12; Munich:Kaiser, 1961) 155-66]; T. H. Gaster, "An Ancient Hymn in the Prophecies of Amos," *JMEOS* 19(1935) 23-26; J. D. W. Watts, "An Old Hymn Preserved in the Book of Amos," *JNES* 15(1956) 33-39; idem, *Vision and Prophecy in Amos* (Leiden: Brill, 1958) 51-67; J. L. Crenshaw, "The Influence of the Wise upon

Amos: The Doxologies of Amos and Job 5:9-16, 9:5-10," *ZAW* 79(1967) 42-52; idem, *Hymnic Affirmations of Divine Justice: Doxologies of Amos and Related Texts in the Old Testament*(SBLDS 24; Missoula, Mont.: Scholars Press, 1975). 찬가 형식에 대한 바빌로니아의 유비에 대해서는 W. G. Lambert, "Three Literary Prayers of the Babylonians," *AfO* 19(1959-60) 47-66(56)를 보라.

9 찬송의 찬가 내에서 첫 번째 요소는 매우 일반적이고 포괄적으로 요약하는 것으로, 9:10에서 욥에 의해 거의 똑같이 반복된다: 흔히 하나님이 "위대한" 일들을 행하신다고 말해진다(참조. 9:10; 37:5; 시 71:19; 136:4, "큰 기이한 일들"; 145:6; 신 10:21). 그의 위대함은 "헤아릴 수 없다"도 마찬가지다(참조. 시 145:3; 사 40:28; 참조. 욥 36:26). 그의 "기이한 일들"(נפלאות – 니플라오트)은 출애굽(시 78:4; 106:22), 역사 안에서의 다른 행위들(시 105:5; 106:7) 그리고 창조 때에 그분이 행하신 일들(시 107:24; 136:4) 등과 연결되어 있다. 그분의 위대한 행위가 "셀 수 없다"는 말은 9:10에서도 말해진다. 이 하나님 찬양에서 어떤 **중심 사상**(*Leitmotif*)이 나타날지는 아직 분명해지지 않았지만, 이 찬양의 끝에 이르면 그 "기이한 일들"(נפלאות)이 여기서 언급되는 하나님의 모든 "큰 일들"(גדלות – 그돌로트) 내에서 연결 테마라는 것이 분명해질 것이다.

10 하나님의 위대한 행위의 첫 번째 사례에서조차도 이 찬가의 진의가 완전히 드러나지는 않는다. 비가 "신비스런 산물"(하벨)임은 사실이지만, 고디스는 보다 예리하게 동방에서는 강우가 종종 가장 큰 기이한 일들 가운데 하나로 여겨지는 것을 주목한다. 그는 유대 기도서 아미다('Amidah)에는 "바람이 불게 하고 비가 내리도록 하는"(מֵשִׁיב הָרוּחַ מוֹרִיד הַגֶּשֶׁם – 메시브 하루아흐 모리드 하고쉠) 분으로의 하나님 찬양 뒤에 곧바로 죽은 자를 일으키시는 분으로의 하나님 찬양이 뒤따른다는 사실을 간취한다. 비를 다스리는 그의 권세는 미쉬나 언어로는 게부라트 하게샤밈(גבורת הגשמים, "비의 힘")으로 언급된다(*m. Ber.* 5.2). 또한 시편 147편의 감사 시에서는 비가 하나님의 선하신 행위들 목록에서 첫 번째 항목이다. 비의 생산은 확실히 측량할 수 없는 하나님의 지식에 대한 실례로 사용될 수 있으나(36:27-28; 38:26-27에서처럼), 그것은 자연의 외관을 바꿀 수 있는 하나님의 능력을 설명할 수도 있다. 따라서 집회서 43:22-23: "산 초목이 뜨거운 열기로 시들고, 꽃이 만발한 평원이 마치 화염에 타 버리는 것 같을 때에 비를 듬뿍 담은 구름이 그 모두를 회복시키며, 흩뿌려지는 이슬이 목마른 대지를 흠뻑 적셔 준다"(NAB).

그러면 비에게서 특별히 주목할 만한 것은 그것의 **변화시키는** 힘이다. 비가 매

계절의 정기적인 구성 성분인 기후에서는 비의 이러한 측면이 그렇게 두드러지지 않는다. 그러나 몬순을 경험하는 나라들에서는 "비"라는 단어에 의해 유사한 이미지가 마음속에 그려진다. 팔레스타인에서는 이른 비와 늦은 비가 그 지방의 표면을 변화시키고 계절의 변화를 알린다. 만일 현재 찬가의 테마가 운명의 반전자로서의 하나님이라면, 그분이 주시는 비의 선물은 그 다음 절들에서 그려지는 그분의 성품을 자연의 영역에서 보여 주는 확실한 실례다. 아모스 5:8에서는 하나님이 땅 위에 물을 보내심이 그분의 심판의 행위에 대한 예로서 한 찬가에서 언급된다(참조. Crenshaw, *Hymnic Affirmation*, 128). 그것은 여기서의 의미 같지는 않다.

11 비록 이 전 절이 오로지 하나님의 **능력**만을 보여 주고, 그의 변화시키는 힘은 특별히 보여 주지 않을지라도, 이 구절로 운명의 반전자로서의 하나님의 능력들에 대한 실제 목록이 시작되는 것이 확실하다.

외형적 부 혹은 재산의 반전은 성경 찬가자들에 의해 많이 선호되는 주제다. "경이로운 것"은 사람들이 사회 질서라는 이름 하에 발전시킨 사회 계층을 하나님이 전복시키실 수 있다는 것이다. 이는 하나님이 끊임없이 땅 위에 비를 보내 주시는 것처럼 끊임없이 혹은 습관적으로 사회 패턴을 뒤엎으신다는 말이 아니다. 오히려 예상치 않은 억눌린 자들의 높임과 억누르는 계급의 무너뜨림이 하나님에게 알맞은 행위로 그리고 궁극적으로 그 자신이 행하시는 일로 여겨진다는 말이다. 따라서 우리는 인간이 만든 모든 사회 질서를 혁명으로 위협하는 하나님의 본성에 관한 하나의 견해가 외관상으로 세상을 등진 것 같고 딴 세상에 속한 것 같은 예배의 언어 영역 안에 감추어져 있는 것을 본다.

경제적으로 "가난하고" 사회적으로 "고통받는" 것은 성경 문헌에서 흔히 경건의 표시이지만, 하나의 이상은 아니며(헤세), 그리고 찬양의 상황에서는(그리고 법과 선지자적 선포나 정치적 행동의 상황에서는 아님) "가난한" 자들과 "경건한" 자들의 동등화에 이의를 제기하는 것이 하나님의 본성에 속하는 것이라고 단언된다. 마땅히 가난할 만한 사람들이 **있고**, 따라서 하나님은 심판을 행해서 "이를 낮추어" 부와 지위를 제거하시고 반면에 "저를 높이신다"(시 75:8[7]).

"높은 자"와 "낮은 자"의 반전과 유사한 본문들에 대해서는 22:29(엘리바스); 사무엘상 2:8; 시편 18:28[27]; 75:8[7]; 113:7-8; 147:6; 누가복음 1:52을 참조하라; 참조. 시편 138:6. 고통받는 자들의 구원에 관해서는 36:15(엘리후); 이사야 61:2-3을 참조하라. 애통하는 자들을 "안전으로" 높인다는 사상은 과부들과 아비 없는 자들에게 미치는 열왕기하 4:1에서 묘사되는 것 같은 위협을 반영할지도 모른다.

12-14 이제 우리는 "운명의 반전"의 부정적인 측면으로 들어간다. 이것은 욥의 어떠한 "위로자"도 밟기 어려워하는 지반이다. 고난자는 아주 쉽게 자신의 운명을 "교활하고", "교묘하고", "간사한" 자들의 재난과 동일시할 수 있기 때문이다. 그러나 지혜 가르침의 수사법은 엘리바스로 하여금 욥에게 상관 있을 수 있는 것을 훨씬 너머 계속 가게 한다. 교활한 사람들도 간사한 사람들도 욥의 몰락을 초래한 것이 아니라, 오로지 하나님 자신이 그렇게 하셨다. 그러면 불의한 자들을 치시는 하나님의 심판에 대한 이 확신들에는 욥에게 주는 위로가 전혀 없다. 교활한 음모의 대상이 되어 고생하는 자들처럼 인간이 만들어 낸 모든 고통의 상황은 하나님에 의해 뒤집혀지지 않을 수 없다. 그러나 하나님 자신에 의해 놓여진 음모들은 누가 원상태로 돌릴 것인가?

하나님이 교활한 자들의 책략을 그들을 덫에 걸리게 하는 수단으로 사용하실 수 있는 것은 정말로 하나님에게 있는 특별히 우월한 점이다. 구약에서 악인들이 자승자박(自繩自縛)하는 것으로 묘사되는 것은 단지 여기서만이 아니다(참조. 시 7:15-16[14-15]; 10:2; 35:8; 57:7[6]; 잠 26:27; 28:10; 그리고 참조. 시 18:27[26][=삼하 22:27], "사악한 자에게는 주의 거스르심을 보이시리니"). 이스라엘 밖에서 신의 "교활함"에 관해서는 이슬람의 경우는 I. Goldziher, *Vorlesungen über den Islam*(2nd ed.; Heidelberg: C. Winter, 1925) 25-26, 305-6; 그리고 그리스의 경우는 K. Deichgräber, *Der listensinnende Trug des Gottes. Vier Themen des griechischen Denkens*(Göttingen: Vandenhoeck & Ruprecht, 1952) 108-41 참조.

바울이 인간의 지혜(*ἡ σοφία τοῦ κόσμου τούτου*-헤 소피아 투 코스무 투투)를 하나님의 지혜와 비교할 때(고전 3:19) 13a절구를 인용하는 것은 당연하다: 인간의 지혜는 하나님에 의해 자기 꾀에 빠진다. 그리고 반만큼도 지혜롭지 않다는 것이 드러난다. 이것은 욥기 가운데 신약에서 분명하게 인용된 유일한 구절이다. 그 인용의 형식(*ὁ δρασσόμενος τοὺς σοφοὺς ἐν τῇ πανουργίᾳ αὐτῶν*-호 드라쏘메노스 투스 소푸스 엔 테 파누르기아 아우톤)은 칠십인경의 것(*ὁ καταλαμβάνων σοφοὺς ἐν τῇ φρονήσει*[*αὐτῶν*]-호 카탈람바논 소푸스 엔 테 프로네세이[아우톤])과 다르지만, 바울이 히브리어로부터 자신이 직접 번역을 하고 있는 것인지 혹은 다른 헬라어 사본을 사용하고 있는 것인지는 모른다.

이 절들에서 발견되는 "현인들"에 대한 비판으로 일부 학자들(예를 들어, 헤세)은 이 찬송의 찬가 저자는 우리가 "현인들" 혹은 "지혜 운동"이라고 알고 있는 집단들로부터 유래했을 수가 없을 것이라고 제의했다. 우리가 "지혜"라 부를 수 있을 종교적 혹은 사회적 "운동"을 가정할 가치가 많이 있는가에 관한 문제에 착수하지는 않지만, 그럼에도 불구하고 우리는 지혜의 한 중요 부분은 어떻게 가장했든 그것의 한계를 인정하는 데 있다고 단언할 수 있다. 구약의 소위 "지혜" 저서들 내에서는 전도서가 – 이것은 어느 하나의 "지혜" 운동으로 돌려져야 한다 – 분명하게 인간의 지혜의 한계에 관한 근본적인 물음들을 던진다(참조. W. Zimmerli, "The Place and Limit of the Wisdom in the Framework of the Old Testament Theology," *SJT* 17[1964] 146-58). 창세기 3장에서는 뱀이 하나님의 피조물 가운데 어느 누구보다도 더 "지혜롭다"(ערום – 아룸) 하고, "선과 악의 지식"을 향한 탐구는 금지와 위험이 따른다 하니, "지혜"에 관해 훨씬 더 날카로운 물음들이 야기된다. 그러나 여기서도 우리는 "지혜" 언어를 앞에 두고 있다(L. Alonso Schökel, "Sapiential and Covenant Themes in Genesis 2-3," *Studies in Ancient Israelite Wisdom*, ed. J. L. Crenshaw[New York: Ktav, 1976] 468-80, and J. de Fraine, "Jeux de mots dans le récit de la chute," *Mélanges bibliques rédigés en l'honneur de André Robert* [Travaux de l'Institut Catholique de Paris 4; Paris: Bloud et Gay, 1957] 47-59 [53]를 보라). 그렇다면 우리는 여기서 지혜 이데올로기와 충돌하는 제의적 혹은 종교적 사상과 언어가 아니라, 지혜의 어두운 측면에 대한 평범한 표현을 다루어야 한다.

지혜의 기능은 인생에게 방향을 주는 것이다: "어두운" 지혜는 하나님을 경외하는 지혜가 세운 푯말들을 제거하며, 또한 지혜의 방법들을 자기 자신들의 이기적인 목적을 위해서 사용하는 자들은 그들의 개명이 어둠이 되는 것을 본다. 명철의 부족을 가리키는 어둠 이미지는 다른 곳으로는 12:25; 신명기 28:29; 이사야 59:10; 예레미야 13:16 등에서 보여질 수 있을 것이다. 참조. 23:12.

15-16 우리는 15절에서 이 찬가의 중심 주제, 즉 운명의 반전자로서의 하나님으로 되돌아간다. "가난한 자들"(אביון – 에브욘)은 경제적으로 가난한 사람들이거나 혹은 여러 가지 방식으로 학대받는 사람들로(L. E. Keck, *IDBSup* 672-73; G. Botterweck, *TDOT* 1:27-41를 보라), 그들을 말로("입의 칼로") 혹은 물리적으로 학대하는 "힘있는 자들"(חזק – 하자크)의 자비에 달려 있다. 그들의 운명은 가망 없는 것 같지만, 하나님이 그들의 "구원자"(מושיע – 모시아; 4절에 관한 부분을 보라)이시며, 그분의 구원의 행위들은 비록 보편적이지는 않지만 – 가난한 자들은 항상 우리 가운데 있음 – 쇠약해져 가는 "가난한 자들"에게 "희망"을 주기에 충분하다. 찬가의

마지막 부분은 그 주제를 반복한다: 불의한 자들이 그 입을 다문다면, 그것은 단지 정의에 대항한 반항을 가리키는 소동과 소란(시 2:1; 10:2; 12:4[3]; 22:14[13]; 31:21[20]; 65:8[7]; 사 13:4)이 잠잠해졌다는 뜻일 뿐 아니라, "사악함"이 놀람을 겪는다는 뜻이다. "입을 다무는 것"은 놀람의 표시이며(사 52:15에서처럼), 이곳의 경우에는 하나님이 "가난한 자들"을 대신하여 이루신 반전 때문이다(16b절구는 운명의 반전이라는 비슷한 맥락에서 시 107:42의 표현과 아주 유사하다).

혀의 칼 이미지(15절)에 관해서는 시편 57:5[4]; 64:4[3] 참조; 52:4[2](날카로운 면도칼로서의 혀); 55:22[21](칼로서의 말); 59:8[7](입술에 있는 칼); 욥기 5:21(채찍으로서의 혀) 참조; 그리고 잠언 5:3-4; 25:18 참조.

이 찬가가 마무리되는 희망의 어조는 다시 한 번 욥에 대한 엘리바스의 전체적인 태도를 증거한다. 욥은 의롭지만 당연히 불완전한 한 인간으로서 운명의 반전자이신 하나님이 불행한 상황에서 자신을 풀어 주실 것을 의지할 수 있다. 그럼에도 불구하고 엘리바스는 전적으로 일반화로만 말했으며, 따라서 찬가가 끝날 무렵에도 욥은 그러한 운명의 반전이 언제 어떻게 성취될 것인가에 대해 아무런 더 좋은 지각을 얻을 수 없다. 그것보다 더 심한 것은, 엘리바스가 욥의 절망의 깊이(3장에서 드러난 것 같은 깊이)를 재는 것으로 시작하지 않았기에 그는 희망, 안전으로의 고양 그리고 가난한 이들의 구원에 관해 밋밋하게 말할 수 있는 것이다. 욥이 바라는 유일한 종류의 구원은 죽음으로 인해 그의 고난으로부터 자유로워지는 것이다.

17-27 1절 이후 여기서 처음으로 엘리바스는 욥을 향해 말한다. 이론화는 (거의) 끝났고, 욥에게 하는 그의 말을 긍정적이고 낙관적인 어조로 끝내려고 하는 결단 속에서 그의 선한 의도가 비춰 나온다. 왜냐하면 등장 인물들과 독자들 모두 이것이 엘리바스가 욥에게 하는 마지막 말이 될 것이며, 그 말로 엘리바스는 틀림없이 욥의 분위기를 인내의 낙천주의로 변화시켜 줄 욥의 미래상을 묘사할 것임을 알기 때문이다.

엘리바스 담론의 마지막 다섯 번째 요소는 17a절구에서 하나의 지복 선언(macarism, "…하는 사람은 행복하다")으로 시작되며, 그것은 욥이 실상은 얼마나 행복한지를 욥에게 말해 주는 것으로써 그 논조를 세운다. 물론 아이러니는 거의 감추어져 있지 않다. 그 지복 선언 이후에 "전능자의 교훈을 거절하지 말라"고 욥에게 말하는 부정 명령이 하나 나오고(17b절구), 그 부정 명령은 본 연설의 다섯 번째 마디가 그것으로 끝나는 하나의 긍정 명령으로 균형 잡히게 될 것이다: "들어라, 그러면 스스로 그것을 알리라"(27b절구). 이 명령들은 엘리바스 편에서의 권위적 태도를 전달하기 위해 의도된 것이 아님이 분명하지만, 그것들은 확실히 그것으로 틀이 잡히는 욥의 장밋빛 미래상의 아름다움을 빼앗아 간다. 그 명령들의 교훈적 경향은 불확실한 어조로 들린다. 즉 욥에게 축복된 미래가 있다. 그러나 **오직** 그가 어떤 조건들을 충족시킬 **때만 그렇다.** 표면적으로는 그것들이 조금도 어려운 조건들이 아니다. 한 주석가는 다음과 같이 기쁘게 말한다: "구원이 현실이 될 수 있기 전에 이루어져야 하는 조건들이 하나도 언급되지 않는다"(헤세). 욥은 하나님의 벌을 "물리치지 않고", 엘리바스와 그가 대표하는 현인 집단의 경험을 "듣고 귀 기울이기"만 하면 된다. 그러나 이것들은 정확하게 말하면 욥이 충족시킬 수 없는 조건들이다. 욥에게 있어 그의 고난이 벌이 아니라 고약한 불의라면, 그가 하나님의 벌을 어떻게 받아들일 수 있는가? 엘리바스의 경험이라고 해보았자 욥이 자기 자신의 경우를 통해 결함이 있음을 아는 응보 사상적 신학의 체로 걸러진 것일 때, 욥이 어떻게 그의 경험을 받아들일 수 있을까?

그 숨은 뜻은 비극적이다: 엘리바스에 의해 욥을 확실히 격려할 것이라 믿어지는 것이 실상은 그의 운명을 메아리처럼 되풀이하고 있음에 틀림없다. 욥은 그의 온전함을 지킬 수도 없고 자신을 엘리바스의 좁은 시야의 관점에 부합되도록 허락할 수도 없다. 따라서 미래에 관한 어떠한 확신도 욥에게는 오로지 쓰리고 아픈 것이 될 수 있을 뿐이다. 무엇보다도, 구원의 정반대를 필사적으로 갈망하는 사람에게 구원의 연설이 무슨 의미를 갖는가? 그것은 단지 그의 번뇌를 증대시킬 수 있을 뿐이며, 그만큼 놀라지 않고 우리는 그 다음 장에 나오는 욥의 대답의 첫 마디를 읽는다: "나의 괴로움을 달아 보며 나의 파멸을 저울 위에 모두 놓을 수 있다면 바다의 모래보다도 무거울 것이라"(6:2-3 NAB).

그러나 "지혜"의 수사법이 지금까지 엘리바스를 인도했다. 19절의 "숫자 격언"은 그로 하여금 하나님의 은혜를 누리는 사람이 받을 복들에 대한 기쁘고 열정이 가득한 설명이라 묘사되어야 하는 것을 시작하게 한다. 이 구절들은 이 테마에 관한 **토포스**(5장 "양식/구조/배경" 보라)를 이룬다. 이 **토포스**는 욥기에 나오는 많은 **토포이**(*topoi*, **토포스의 복수**)처럼 때때로 당면한 필요와의 관련성에서 벗어나고, 심지어 때로는 거의 냉담하게 그것을 무시한다(참조. 예를 들어, 25절). 하나님이 그로부터 구원하는 일곱 재앙(19절)이 이어지는 절들에서 체계적으로 전개되든 그렇지 않든, "숫자 격언"이라는 형식은 그 자체로 매우 잔인할 수 있는 포괄성을 갖고 있다. 그것은 일반적인 곤경들로부터 하나님의 구원하심에 대한 바로 그 확신 가운데 욥의 특수하고 지극히 개인적인 재앙—우리가 그것을 욥의 온전함의 부인, 하나님으로부터의 소외감 혹은 전적 우울 상태라 부르든–은 무시한다. 욥은 엘리바스의 확언 속에서 그가 듣고 싶어하는 것은 하나도 들을 수 없다. 그리고 욥이 정말로 필요로 하는 것에 대해서 그것이 보여 주는 침묵은 귀가 막힐 정도다(즉, 아무것도 말해지지 않음이 너무나 현저하다는 역설적 영어 표현, deafening silence–역자주).

17 엘리바스는 시작하는 말 "보라"(הנה–힌네)로 그의 담론의 다섯 번째 부분이 시작되는 여기서 새롭고 놀라운 사상을 소개한다. 그는 고난의 의미를 하나님의 "훈련" 혹은 "훈계"(מוסר–무싸르, 이 단어는 지혜 가르침의 특징을 가짐)로 설명하며 중요한 한 단계를 전진한다. 고난은 더 이상 5:7에서 그랬던 것 같은, 단지 인간의 불완전함에 따르는 불가피한 결과가 아니다(참조. 4:17). 이제 고난은 고난자를 교육하려는 하나님의 적극적인 행위로 여겨질 수 있다(아버지와 아들의 관계가 염두에 두어지고 있다). 그 두 사상이 모순되는 것은 아니지만, 그들의 어조는 매우 다르다. 이제 고난은 인간과 하나님 사이에 깊은 간격을 두는 어떤 것으로서가 아니라 그들을 함께 결속시키는 것으로서 비춰 수 있다. 인간의 고난을 엘리바스가 앞에서 허용했던 것보다 훨씬 덜 기계적으로 만드는 개인적 차원이 있다. 물론 그 같은 개인적 차원이 어떻게 경험되는가는 고난의 원인을 보는 고난자의 관점에 달려 있을 것이다. 만일 한 사람이 그것을 당연히 받을 만하다고 기꺼이 수용하면, 그의 고난이 어떤 맹목적 자연 법칙의 작용이 아니라 "하늘 의사"(스티븐슨)의 개인적 행위라는 것을 아는 것이 하나의 위로가 될 것이다: "상처를 입히는 그가 상처를 달래는 그이다." 그러나 욥처럼 고난자가 고난이 "훈련"이라는 것을 믿을 수 없다면, 자신을 하나님에 의해 무차별적으로 시행되는 "훈련"을 받는 끝 부분에 있는 것으로 생각하는 것은 맹목적이고 확정적인 자연 법칙의 희생자로 상상하는 것보다 상황이 훨씬 더 나쁘다.

지복 선언("…는 행복하다", אַשְׁרֵי–아스래)은 축복 선언("…복되다", ברוך–바루크)의 세속적 대응이다. 그것은 "지혜" 문헌에서 많이 나오지만(잠 3:13; 8:32, 34; 14:21; 16:20; 28:14; 29:18; 전 10:17), 시편에서 더 많이 나오며(26번), 그 외에서는 오직 다섯 번 나온다. 그 지복 선언이 제의적 혹은 지혜 전통적 기원을 가지고 있는지는 아마 결정할 수 없을 것이다(그 논점은 E. Lipiń ski, "Macarismes et psaumes de congratulation," *RB* 75[1968] 321-67[357]에 의해 검토된다). 그러나 우리의 현재 본문은 솔로몬의 시편 10.1-3에서 반영되고 히브리서 12:5-6에서 인용되며, 시편 94:12 혹은 잠언 3:11-12에서 우리가 만나는 것 같은 문장들에 의존하는 것 같다. 인용된 시편이나 잠언 구절의 어디에서도 하나님의 "치료"가 고난의 형식을 띤다는 것은 비록 넌지시 비춰질지는 모르겠지만 분명하지 않다. 반면에 욥기에서는 엘리바스가 무엇을 뜻하는지에 대해서 의문의 여지가 없고, 특별히 18절의 도움의 빛을 받으면 그렇다(그것은 욥기의 다른 곳에서와 같은 법률적 고침, 징계가 아니다[호르스트는 이에 반대다]; 참조. 9:33에 관한 부분). 그러나 종종 진리에 대한 부분 통찰이 하나의 보편적 원리로 경화되듯이, 엘리바스가 고난은 반드시 신의 교육이라고 주장하는 점에서 욥-그리고 다른 고난자들-에 의해 틀리다고 증명된다. (이 주제에 관한 엘리바스와 엘리후의 관점의 차이에 대해서는 33:14-30에 관한 부분을 보라.) 리핀스키는 지복 선언은 일반적으로 이미 실현되었거나 혹은 적어도 실현 과정 중에 있는 어떤 좋은 일을 사실로 여기는 축하의 형식임을 알아보았다. 그러나 그것은, 그 말을 듣는 이들로 하여금 스스로를 "행복한 자들"과 동일시할 것을 권하기에, 아주 쉽게 권고의 어조를 띄기도 한다. 그러므로 엘리바스는 욥의 고난에 대해 찬사를 제시할 뿐만 아니라, 그로 하여금 자신을 행복하게 여기도록 권한다. 비록 그러한 생각이 욥에게 떠오르지 않았을지라도! 또다시 욥기 저자는 어떻게 지복 선언과 같이 악의 없는 관용어가 다른 일반적 권고 자료 속에 놓여 사람을 맞대고 직접적으로 말해질 때 무정한 거절이 될 수 있는지를 관찰하면서, 엘리바스의 등 뒤에서 우리에게 아는 듯이 말을 건다. 엘리바스는 욥에게 하나님의 훈련을 "물리치지" 혹은 "거절하지"(מאס-마아쓰) 말라고 말하는데, 욥이 만일 그것을 훈련이 아니라 임의적인 잔학 행위라고 믿는다면 엘리바스는 그 외에 무엇을 할 수 있을까?

지복 선언에 대해서 더 자세한 것은 W. Janzen, "ʾ*Ašrê* in the Old Testament," *HTR* 58(1965) 215-26; W. Käser, "Beobachtungen zum alttestamentlichen Makarismus," *ZAW* 82(1970) 225-50; H. Cazelles, *TDOT* 1:445-48(bibliography)를 보라.

신명(神名) 샤다이(שַׁדַּי)는 욥기에서 여기서 처음 나타난다(그 외에 30번 나옴). 현재 가장 선호되는 어원은 올브라이트가 제안한 것으로(W. F. Albright, "The Names Shaddai and Abram," *JBL* 54[1935] 173-204), 그는 악카드어 *šadû*("산")와의 연관성을 보았고, 따라서 그가 보는 의미는 "산에 속한 이"이다. 이 관점은 크로스에 의해 더 지지된다(F. M. Cross, *Canaanite Myth and Hebrew Epic: Essays in the History of the Religion of Israel*[Cambridge, Mass.: Harvard UP, 1973] 52-60). 웨이퍼트(M. Weippert)는 제시된 여덟 가지 어원들을 간략하게 개관한 후 올브라이트와 크로스의 견해로 기울어진다(*THWAT* 2:873-81). 특징적인 랍비식 어원은

še-day, "(스스로) 충족한 자"였다. 따라서 아퀼라와 심마쿠스는 그 이름을 이카노스(*ἱκανός*, "충족한 분")로 번역했다. 칠십인경과 불가타가 그것을 판토크라토르(*παντοκράτωρ*, 혹은 퀴리오스-*κύριος*) 그리고 옴니포텐스(*omnipotens*, "전능자")로 번역할 때, 그것의 **어원**으로부터 다른 만큼 그것의 **의미**에서는 멀지 않았을 것이다. 우리는 어원에 관해서는 어떤 확실함도 가질 수 없기 때문에 전통적인 번역 "전능자"가 여기서 선호된다. 족장 내러티브들에서 흔한(가령, 창 17:1; 참조. 출 6:2-3) 신명의 사용은 욥기의 시인이 프롤로그에 지배적인 족장 시대 분위기를 유지하기를 바랐음을 시사하는 것일 수 있다(하벨).

18 하나님의 양면성, 즉 긍정적인 면과 부정적인 면이 이 담론의 앞선 연에서 엘리바스에 의해 묘사되었다. 하나님의 행위로 천한 사람들은 높여지고, 교활한 자들은 좌절된다(11-12절). 그러나 여기서는 하나님의 성품의 그 이중 국면을 경험하는 것이 똑같은 한 사람이다. 치료하는 자로서의 하나님이 싸매어 주실 상처를 가진 사람이 바로 하나님의 "징벌"에 의해 상처받은 그 사람이다. 같은 사상이 신명기 32:39에 나타난다: "내가 죽이기도 하고 내가 살리기도 한다. 내가 상처를 주고 내가 고쳐 준다." 호세아 6:1에서는 "그가 우리를 찢으셨으나 그가 도로 낫게 하실 것이며, 그가 우리를 치셨으나 싸매어 주실 것이니라"(참조. 또한 사 30:26).

언어적으로 놀랍도록 유사한 것이 우가릿 기원 악카드어 문헌에서 발견되는데, 이는 자신의 신 마르둑[Marduk]을 찬양하는 한 사람의 찬송시로 "의로운 고난자"[The Righteous Sufferer]로 알려져 있다: "나는 마르둑이 행한 일을 찬양하며, 나는 나의 분노한 신이 행한 일을 찬양하며, 나는 나의 노한 여신이 행한 일을 찬양한다…그가 나를 쳤으나 나를 불쌍히 여겼다. 그가 나를 조각으로 자르고 나를 찢어 버렸다. 그가 나를 분해했으나 그가 나를 모았다. 그가 나를 거절했으나 그가 나를 환영했고, 그가 나를 버렸으나 그가 나를 높여 주었다"(*RS* 25.460, lines 29-31; *Ugaritica V*[Mission de Ras Shamra 16; ed. J. Nougayrol et al.; Paris: Imprimerie Nationale et P. Geuthner, 1968] no. 162, pp. 268-69; also in Lévêque, *Job et son Dieu*, 44; cited by J. Gray, "The Book of Job in the Context of Near Eastern Literature," *ZAW* 82[1970] 251-69[264]; 위의 번역은 폰 소덴에 의해 개선된 것을 따른다. W. von Soden, "Bemerkungen zu einigen literarischen Texten in akkadischer Sprache von Ugarit," *UF* 1[1969] 189-95). 베다 신화에서도 폭풍의 신 루드라[Rudra]가 질병으로 치기도 하고 질병을 고쳐 주기도 한다(M. Leach and J. Fried [ed(s).], *Funk and Wagnall's Standard Dictionary of Folklore*[New York: Funk and Wagnall, 1949-0] 2:960).

이 신학은 적어도 이원론의 외양은 피한다: 죽음과 고난의 신이 생명과 행복의 신과 충돌하지 않는다. 그러나 호세아 6:1의 평행 본문은 그러한 언어에 다른 관점을 제시하는데, 그런 언어는 "호세아(6.1)가 북 이스라엘의 경박한 낙천주의자들의 입에 두는 시처럼 단순미로 더없이 훌륭하지만…도덕적 깊이가 없다"(스트라한). 사나운 하나님 경험에서 그의 회복의 인식으로 너무 급속하게 이동하는 것은 은혜를 너무 값싸게 만들 수도 있다. 치료자로서의 하나님 테마에 대해서는 J. Hempel, "Ich bin der Herr, dein Arzt(Ex 15, 26)," *TLZ* 82(1957) 809-26를 보라.

19 하나님이 교육하시는 사람의 축복들의 이 목록 속으로 "상승 계수" 수사법을 사용함으로써(W. G. E. Watson, *Classical Hebrew Poetry: A Guide to Its Techniques*[*JSOTSup* 26; Sheffield: *JSOT*, 1984] 148를 보라) 하나의 고양된 분위기가 들어온다. 이 장치에서는 충분하다고 생각되는 하나의 숫자에 마치 의심의 기미를 모두 제거하려는 것처럼 하나가 더 증가된다. 분명히 전체적 의미는 전능자가 당신을 구하지 못할 어려움은 전혀 없다는 것이다.

이 장치는 분명히 고대의 지혜 교훈시에 사용된 기법으로, 아마도 교육 과정에서 질문들을 사용한 것으로부터 유래했을 것이다. 그러나 그것은 이미 우가릿 서사시나 신화 텍스트들에서 잘 입증되고(자세한 것은 포프를 보라), 구약에서는 "지혜" 문헌들에서 발견될 뿐만 아니라(잠 6:16-19; 30:15-16, 18-19, 21-23, 24-28, 29-31; 전 11:2; 집 23:16; 25:7; 26:5, 28; 50:25) 예언 문헌에서도 발견되고(사 17:6; 암 1:3-13; 2:1-6; 믹 5:4[5]) 꼭 "지혜"에 의해 영향 받지 않은 시편 문헌에서도 발견된다(시 62:12-13[11-12]). 비록 일부의 경우에는 특별 항목들이 명명되지만(잠 6:16-19; 30:15-16, 18-19, 21-23, 24-28, 29-31), 구체적 항목들이 언급되지 않을지라도 이 기법은 수사적으로 효과가 있다. W. M. W. Roth, *Numerical Sayings in the Old Testament: A Form-Critical* Study(*VTSup* 13; Leiden: Brill, 1965)를 보라. 도름, 로울리 그리고 포프는 일곱 가지 특별 재앙들이 이어지는 절들에서 찾아져야 한다고 믿지 않는 반면, 드라이버는 일곱 가지 예들이 분명히 저자에 의해서 주어지지는 않았지만 아마도 22절의 가필자에 의해 의도되었을 것이라고 생각했다(그것이 정말로 가필이라면).

만일 우리가 일부가 그러는 것처럼 욥이 그로부터 구원의 약속을 받는 일곱 개의 구별된 재앙들을 확인하려고 시도하면, 우리는 우선적으로 **아홉** 개가 언급되는 것 같음을 본다: 기근(רעב – 라아브), 전쟁, 혀의 채찍, 파괴(שד – 쇼드, 21절과 22절에서 두 번), 기근(כפן – 카판), 땅의 들짐승, 들판의 돌들 그리고 들판의 들짐승들. 하나의 해결 방법은 분명히 동일한 것들의 쌍들을 하나로 셈하는 것이다. 그러나 명백히 동등한 것들 사이를 구분해야 할 가능성으로 인해 문제는 훨씬 복잡해진다. 따라서 한 쇼드(שׁד)는 "비방"으로 여겨야 할지 모른다(그렇게 되면 그것이 "혀의 채찍"에 상응하는 것이 될지 모르지만). 혹은 카판(כפן)은 라아브(רעב)와 다른 종류의 기근일 수도 있다. 또는 23절에 있는 하야트 하사데(חית השׂדה)는 들짐승들이 아니라 "잡초"일 수도 있다. 항목 수를 일곱으로 만들기 위해 22절을 삽입구로서 삭제하는 것("원문주해" 5:22.a.를 보라)은 무지의 조처인데, 그 이유는 22절을 제거하면 항목 수가 아홉에서 여섯으로 감소하기 때문이다. 고디스는 자신 있게 일곱 항목을 찾지만, 다음을 대가로 그렇게 한다. (i) "들판의 짐승들"(23절)을 "땅의 짐승들"(22절)과 동일시 함(매우 타당함), (ii) 라아브(רעב)의 기근(20절)과 카판(כפן)의 것(22절)을 구별함(아무 근거 없음), (iii) 르쇼드 우르카판(לשׁד ולכפן; 22절)을 "가뭄의 황폐"를 뜻하는 중언법의 한 부분으로 여김(가능성이 적음), (iv) "혀의 채찍"(שׁוט לשׁון – 쇼트 라숀, 21절)을 "불의 혀의 채찍"의 생략형으로 여김(매우 가능성이 적음; "원문주해" 5:21.b.를 보라), 그리고 (v) 쇼드(שׁד, 21절)를 "홍수"로 여김(가능함).

일곱까지 세는 두 가지 새로운 방법이 다음과 같이 제시될 수 있다. (a) 그 재난들은 (1) 기근, (2) 전쟁, (3) 혀, (4) 들짐승, (5) 재산 상실, (6) 자손 상실, (7) 때 이른 죽음이다. 혹은 (b) 기근이 매우 빈번하게 언급되고, 따라서 절정의 일곱 번째 재앙을 이룰 수 있기 때문에 (1) 전쟁, (2) 혀, (3) 파괴(? 또는 홍수), (4) 들짐승, (5) 자손 상실, (6) 때 이른 죽음, (7) 기근. 이 둘 중 어느 것에서도 23절은 22절에 대한 한 **이유**이기 때문에 거의 관계가 없을 수 있다. 또한 중요 항목들의 반복은 이 산만한 스타일에서 예상될 수 있는 것이다. 어느 경우라도 전체 요점은 일곱 개의 다른 재앙들을 결정하는 우리의 능력 여부에 전혀 영향을 받지 않는다.

20-21 아마도 우리는 이 구절들에서 네 가지 재앙들로 된 다소 독립된 그룹을 보아야 할 것이다. 그것들이 보다 큰 일곱 재앙 그룹에 편입되어 있든 그렇지 않든 간에. 에스겔 14:13-20에 나오는 네 재앙 그룹(기근, 들짐승, 칼, 역병)은 이스라엘에 대한 한 그룹의 심판들로 나타난다. 여기서는 그 약속이 외관적으로 너무나 무조건적이고 포괄적이어서 그것의 매력에도 불구하고("참으로 경건한 사람의…장렬한 언어", 피크) 비현실적인 외양을 하고 있다. 또한 엘리바스가 하나의 **토포스**(5장의 "양식/구조/배경"을 보라)로 향해 있기 때문에, 욥의 특별한 상황은 당연히

이 집합적 구원 묘사로부터 사라졌다.

한 개인의 생명을 위해 하나님에 의해 지불되는 "몸값"(그 몸값이 누구에게 지불되었는가의 문제는 요점을 벗어나는 것임)은 이미 지불된 것으로 여겨진다. 현대 역본들 어디에서도 그 완료 시제 파드카(פְּדָךְ, "그가 너를 몸값을 주고 되찾았다")가 재생되지 않으며, 심지어 칠십인경도 미래 시제를 사용한다. 탈굼은 칠십인경의 관례를 따라 그와 같은 일반 언설들을 이스라엘 역사 가운데 특별한 시점들로 돌리며, 이 곳 본문은 애굽에서 사망으로부터의 구속으로 본다. 그러나 우리가 가지고 있는 것은 동사 계통에서 "확신의 완료형"이라 불릴 수 있는 용법이다(드라이버, *Tenses*, 14γ; *GKC*, § 106n). 그 용어는 법의 영역에 속하는 것으로 시편 영창의 영역이나 지혜 자료에 속하지 않는다. 물론 온갖 종류의 구원이 시편 영창 대부분의 실질적인 내용이다. 따라서 다음과 같은 유사한 평행 본문들을 시편에서 발견하는 것은 놀라운 일이 아니다: 시편 33:19; 105:16-17, 기근으로부터의 구원; 시편 49:16[15]; 103:4, 죽음으로부터의 구원(참조. 욥 33:28); 그리고 특별히 다음을 주목하라. 시편 49:8-9[7-8], "생명 속량의 값이 엄청나다"; 시편 22:21[20]; 144:10, 칼로부터 구원; 시편 31:21[20]; 52:4, 6[2, 4]; 64:4[3]; 120:2, 허위 증인들과 술사들의 혀로부터의 보호; 시편 91:6, 한낮에 "황폐시키는"(שׁוּד – 슈드, 참조. 여기서는 쇼드〈שֹׁד〉) 역병으로부터의 보호(시 91편 전체가 사실상 이 절들을 상기시킨다). 이 이미지는 시편에만 독특한 것이 아니고, "지혜" 자료와 "시편" 자료가 욥의 시에서 하나로 융합되었다는 증거가 된다.

22-23 전능자가 그의 "훈련"을 받는 자에게 보증하는 안전의 어조가 더 강해진다. 그런 사람은 "속량되고"(20절), "숨겨지고" 그리고 "두려워하지 않을"(21절) 뿐만 아니라, 그 사람은 길을 가로지르는 위험들을 단호히 "조소할"(שׂחק – 사하크, "조롱하여 웃다") 것으로, 잠언 31장의 "후일을 비웃을 수 있는"(25절 NEB) 현숙한 여인과 다르지 않다. 아마 21절에 사용된 로-티라(לֹא־תִירָא, "너는 두려워하지 말지라")와 대조되게 여기서 사용된 부정형 알-티라(אַל־תִּירָא, "너는 두려워할 필요가 없다"〈저자 번역에 따름 – 역자주〉)는 안전의 어조를 강하게 한다(참조. 피크. 그리고 "원문주해" 6:29.b.). 그러나 이 절은 무엇보다도 잠재적 재앙들로부터의 **구원**으로부터(20-21절) 보호와 **안전**의 확신으로의 강조 변화를 표시한다.

인간과 자연 사이의 조화의 아름다운 풍경이 그려진다(이는 반어적 묘사로, 실상은 욥의 생명이 혼돈의 세력들을 직면하고 있을 때다). 호세아 2:20-24[18-22] 그리고 이사야 11:6-9에서는 그러한 조화가 종말 시기를 묘사하는 것들에 등장한다. 엘리바스는 신 보호의 수사법을 너무 설득력이 있는 것으로 보아 히브리 종말론을 과도하게 그리는 데 이바지하며, 따라서 이 **토포스**(5장 "양식/구조/배경"을 보라)의 비현실적 외양을 한층 더해 준다. 이스라엘이 야훼의 법도를 따라 걸으면 그 결과로서 일어날 것이라는 레위기 26:3-10의 약속들은 여기와 비교해 보면 눈에 띄게 덜 충분하다. 또한 비록 "악한 짐승들"(חיה רעה – 하야 라아, 6절)로부터의 위협의 부재도 그 약속들 중에 포함되지만, 그 위험의 제거는 들짐승들을 제거함으로써 생기는 것이지, 여기서처럼 인간과 들짐승들(חית הארץ – 하야트 하아레츠, 22절; חית השדה – 하야트 하사데, 23절)이 서로 평화(שלום – 샬롬)의 상태로 살도록 허락하는 평화로운 분위기를 창조함으로써 생기는 것이 아니다. 낙원 조화의 뉘앙스가 있을 수도 있다(테리앙, 하벨).

들의 돌들과의 "언약"(ברית – 브리트, RSV "동맹")은 어떤 이의 땅이 풍부한 소출을 낼 것이라는 인간의 확신을 뜻하는 눈에 띄게 의인화된 표상이다(참조. NEB "밭을 아끼겠다는 돌들과의 언약"). 마태복음 13:5에서는 돌밭이 불모의 땅이며, 반면에 열왕기상 3:19, 25에서는 패배한 적의 밭에 돌들을 던지는 것은 그 땅을 완전히 파괴하겠다는 실질적이고 상징적인 행위다. 엘리바스는 욥이 그 돌들과의 "언약" 속으로 들어갈 것이라고 말한다. 그것은 아마도 더 강한 제삼자, 즉 하나님에 의해 부여되는 평등한 사람들 간의 언약이겠지만, 그 이미지가 너무나 생생하여 그것은 심지어 더 큰 자(욥의 활동을 헛되게 할 수 있는 위력을 가진 돌들)와 더 낮은 자(욥) 사이의 조약-언약으로 볼 수도 있다(포어러가 그렇다). 언약의 여러 형태들 사이의 구분에 관해서는 G. E. Mendenhall, *IDB* 1:714-23(특별히 716-17)를 보라. 물론 그 "언약"은 어떤 확실한 관계를 가리키는 순전히 은유적인 표현이다. 참조. 31:1; 40:28[41:4]; 이사야 28:15, 18(죽음과의 언약); 호세아 2:20[18] (들의 짐승들, 공중의 새들, 땅에 기는 것들과의 언약).

24 그 의도하지 않은 아이러니는, 엘리바스로서는 자기 화법에 이끌려 가느라 멈추어 숙고해 볼 여유가 없는 것으로 점점 더 서툴러져 간다. 신의 보호 아래 있는 그 사람에게는, 거주지(문자적으로는 "장막", 보다 오래된 생활 양식에서 온 그 용어가 위엄을 높여 줌)와 "소유지"(혹은 "목초지")가 모두 안전할 것이다. 그 중심과 그 가장자리에 있는 생명은 똑같이 안전할 것이다(우리는 대조적으로 1장에서 욥을 향해 가장자리로부터 중심으로 휩쓸어 들어온 재앙을 상기 받는다).

25 똑같은 확신이 "너는 알게 될 것이다"라는 단순 문구의 반복에 의해 강조된다. 개인적으로 그 개인을 넘어, 그 사람의 자손(문자적으로는 "씨")이 땅의 풀과

같이 번창할 것이다. 식물 생명체에서 나온 그 이중 은유는 21:8; 이사야 44:3; 48:19에서도 발견되며, 또한 자손을 "땅의 풀"에 비유하는 것은 시편 72:16에서도 드러날 수 있을 것이다. "땅의 복들에 관한 전통적 목록에서 많은 자손의 복이 빠질 수 없었을 것이다"(피크).

엘리바스의 기교와 상황 인식이 여기서 그를 완전히 저버렸다고 볼 수 있다. 왜냐하면 만약 욥이 확신할 수 없는 것이 하나 있다면, 그것은 수많은 자손이기 때문이다. 일부 학자들은 엘리바스의 연설이 욥기 프롤로그에 대해 거의 무지의 지식을 드러낸다고 주장하지만, 현재 모습대로의 욥기는 욥의 실제 상황과 엘리바스가 여기서 하고 있는 웅장한 주장의 반갑지 않은 병치를 독자들에게 강요하고 있다. 엘리바스에게는 수사법이 전부다. 저자에게는 잔혹한 아이러니가 핵심이다(더 자세한 것은 Fullerton, *JBL* 49[1930] 339 n. 8을 보라).

물론 욥의 사별의 결과는 궁극적으로 수많은 자손의 공급이 될 것이기에(참조. 42:13, 16), 엘리바스는 자신이 아는 것보다 더 사실에 맞게 말하고 있다고 우리가 반응할 수도 있다. 그것은 맞다. 그러나 현 시점에서는 욥에게도 엘리바스에게도 무관한 지평에서만 그렇다. 시인은 분명히 이 시점에서 전통적인 격려의 말과 고난의 현실 사이의 대비에서 오는 쓰라림을 우리가 음미해 보기를 원한다.

26 마지막으로, 하나님에 의해 보호받는 생에 내리는 최고의 복은 준비가 다 된 노년의 죽음이다. 알맞은 때 이전의 죽음(참조. 20:11; 22:16)과 생이 그 길을 모두 마치기 전에 "끊어짐"(참조. 4:8)은 하나의 저주이며, 신의 불만의 표시다. 반면에 "맞는 때의[혹은 제 때에]"(עתו – 이토, "그것의 때에") 죽음은 전혀 벌이 아니며, 그 자체로 하나의 복이다(참조. 제 때 사상에 대해서는 시 1:3; 잠 15:23). 그 복은 비록 장수가 현인들의 가르침을 지키는 자들에게 약속된 것이기는 하지만(잠 3:2, 16; 4:10; 9:11; 10:27), 장수 그 자체는 아니다. 오히려 궁극적인 복은 "자기 열조에게로 돌아가는" 족장식 경험이다(참조. 창 25:8; 49:33). 만일 그 모호한 단어 켈라흐(כלח, "준비된 노년에": RSV)가 "활력이 약해지지 않고 힘이 충만하여"를 의미한다면("원문주해" 5:26.a를 보라), 제 때에 죽는 죽음에 하나의 보너스가 보장된다. 그것은 보통 노년의 마지막에 동반되는 힘의 상실과 체력의 쇠퇴함이 없는 죽음이다(참조. 모세는 죽을 때 120세였으나, "그의 눈은 흐리지 않았고, 기력이 쇠하지 않았다." 신 34:7; 사람의 체력이 점점 쇠약해지는 것에 대한 전 12:1-7을 대조해 보라).

그러한 죽음과 평행하는 이미지가 놀랍도록 긍정적이다: 들판에서 높은 타작 마당으로 "올라오는" 곡식단은 이 특별한 순간을 위해 수많은 시기들을 지나며 살아남았다. 모아들이는 "그것의 때"(עתו – 이토)가 이르렀다. 전도자는 추가할 것이다: "하나님이 모든 것을 각각의 때에(בעתו – 베이토) 아름답게 만드셨다"(전 3:11). 그 단은 그것의 소용의 마지막에 다다른 것이 아니다. 그것이 타작 마당에 오르는 것은 단지 시작일 뿐이다. 그러나 여기에는 하나님의 보호 아래 있는 사람에게 어떤 미래 생활이 있다는 사상은 전혀 없다: 최종적으로 성취된 충만함이 전부다.

25절에서처럼 엘리바스의 약속이 욥이 평균 수명 70세(시 90:10)의 두 배인 140세까지 사는 42:16에서 욥의 재산의 최종 회복으로 충분히 실행되는 것으로 다시 한번 드러날 것이다. 그러나 현 상황에서는 족장식 낭만의 풍경은 자신의 슬픔을 끝내려 즉각적인 죽음을 열망하는 한 인간에게는 지독하게도 무의미하다.

27 "요약 평가"의 형식으로 된 엘리바스의 연설의 결론은 그 연설의 논조와 목적에 대한 마지막 실마리를 제공한다. 그가 말한 모든 것은 "너의 유익을 위함"(RSV; 문자적으로는 "너 자신을 위해")이었다. 그것은 판단도 비판도 아니었고, 5:9-16의 찬가나 하나님이 보호하시는 사람에 대한 묘사(5:19-26)는 그것들 자체를 위해 말해진 것도 아니다. 그 모든 것이 욥에게 주는 다방면의 격려의 일부분을 이룬다.

그러나 동일하게, 엘리바스가 말한 모든 것은 그 자신에게서 유래하지 않았다. 그가 비록 자신의 경험이라고 여러 번 증언했지만(4:8, 12-17; 5:3, 8), 그의 연설의 골자는 현인들의 공동 경험에서 비롯된 것이었다. 아마도 그는 그 자신의 세대의 현인들이 스스로 관찰하고 경험한 것("이것이 우리가 발견한 것이다")과 이전 세대의 현인들이 전수해 준 것("이것을 우리가 들었다", NEB)을 합치고 있는 것일지 모른다. 그러나 마소라 본문의 모음 표기를 따르면 마지막 행은 완전히 욥에게 말해지는 것으로, 그에게 "주의하고"(שמע – 샤마, 들어라, 귀를 기울이라) 현인들의 가르침을 자신에게 적용해 보라("스스로 그것을 알아 보라")고 격려하는 것이다. 이제 자신을 공동의 경험에 맞추는 문제는 욥에게 달려 있다. 욥이 자신의 경험에 근거하여 자신의 고난을 보는 만족스런 시각을 얻으려고 하는 것은 이치에 맞지 않는다.

해설

엘리바스는 이 연설에서 욥에게 단지 확신과 인내하라는 격려만 주려고 했다. 이 목적을 위해 그는 욥을 악인들과 대조했고, 욥의 주의를 운명을 반전시키는 하나님의 능력에 향하도록 했다. 그의 모든 말에서 그는 자신의 것이든(4:12-17) 혹은 한 그룹의 지혜 교사들의 것이든(5:27에서 명백하게) 경험에 의존했다. 그러나 엘리바스가 제공하는 "지혜"는 비록 때로 더할 나위 없이 훌륭하지만 매우 좁은 범주들의 테두리 안에서 전개되었고, 그가 말하는 "경험"이란 인생의 생 경험이 아니라 응보 사상적 신학의 왜곡시키는 안경을 통해 걸러진 관찰이라는 것이 그의 연설 전체에서 분명해졌다. 그는 실제로 욥과 같은 한 인물의 가능성을 허락하지 않는 이론적 입장에서 말하며, 또한 그가 하는 만큼 욥에게 자신을 맞출 수 있는 것은 오로지 "의로운"이라는 개념의 절대성에 이의를 제기할 때 전통적 정통에서 벗어나는 일탈의 도움으로서 뿐이다. 그러나 그동안 내내 엘리바스의 태도 밑으로는 엘리바스가 지닌 교리를 향한 저자의 숨은 인식이 흐르며, 독자는 엘리바스의 연설이 두 개의 지평에서 전개되고 있음을 알아챈다. 이따금 그 두 지평이 결합되는데, 엘리바스의 전통적 경건과 말투가 그로 하여금 욥에게 전혀 타당치 않고 심지어 몹시 고통스럽게 하는 말들을 하게 할 때가 그런 경우 중 하나다(참조. 4:7; 5:4, 19, 25, 26에 관한 부분). 그때 위의 지평에서는 이 장들이 욥에게 주는 격려의 말을 제시한다. 반면에 아래 지평에서 그것들은 폭 좁은 교리의 잔인성에 대한 고발이다.

어디에도 더 날카롭고, 또 어디에도 더 미묘한 것이 없는 것이 엘리바스의 밤의 환상 이야기에 담긴 아이러니다. 우리는 욥의 비탄에 첫 번째 반응인 여기서 알려지는 회오리 바람 가운데서 들리는 신의 소리에서 온 단 하나의 문장과 욥기의 마지막에서 욥에게 직접적으로 말을 건네는 회오리 바람 가운데서 들리는 신의 소리의 긴 연설들 사이에 있는 미묘한 유사점과 차이점을 간과하도록 의도되었을 리 없다. 엘리바스가 듣는 신의 소리는 "사람이 하나님 앞에서 의로울 수 있는가?"라고 묻는다(4:17). 반면에 욥이 듣는 신의 소리(38-41장)는 사실상 "그것은 여기서의 문제가 아니다. 문제는 사람이 하나님이 하시는 모든 일들에서 그분을 위대하시다고 볼 수 있느냐는 것이다"라고 말한다(참조. 42:3-4). 이 두 개의 신의 말 사이에 있는 차이점에 욥기의 메시지가 달려 있고, 또한 신학과 신현 대립의 아이러니가 걸려 있다.

3. 욥의 두 번째 연설(6:1-7:21)

참고문헌

Dahood, M. "Mišmār, 'Muzzle,' in Job 7:12." *JBL* 80(1961) 70-71. ______. "Northwest Semitic Philology and Job." *The Bible in Current Catholic Thought.* M. J. Gruenthaner Memorial Volume, ed. J. L. McKenzie. New York: Herder and Herder, 1962. 55-74. ______. "Ugaritic Lexicography." *Mélanges Eugène Tisserant.* Vol. 1. Studi e Testi 231. Città del Vaticano, 1964. 81-104. ______. "Chiasmus in Job." *A Light to My Path: Old Testament Studies in Honor of Jacob M. Myers*, ed. H. N. Bream, R. D. Heim, C. A. Moore. Gettysburg Theological Studies 4. Philadelphia: Temple UP, 1974. 119-30. **Doniach, W. S.** and **W. E. Barnes.** "Job vi 25: √מרץ." *JTS* 31(1929-30) 291-92. **Driver, G. R.** "Hebrew Notes." *JRAS*(1944) 165-68. ______. "Problems in the Hebrew Text of Job." *VTS* 3(1955) 72-93. **Fontaine, C. R.** "'Arrows of the Almighty'(Job 6:4): Perspectives on Pain." *ATR* 66(1984) 243-48. **Habel, N. C.** "'Only the Jackal Is My Friend': On Friends and Redeemers in Job." *Int* 31(1977) 227-36. **Jacob, B.** "Erklärung einiger Hiob-Stellen. 7:10.7:16." *ZAW* 32(1912) 282-83. **Kopf, L.** "Arabische Etymologien und Parallelen zum Bibelwörterbuch." *VT* 8(1958) 161-215. **Mers, M.** "A Note on Job VI 10." *VT* 32(1982) 234-36. **Millard, A. R.** "What Has No Taste?(Job 6:6)." *UF* 1(1969) 210. **Reider, J.** "מִדַּד in Job 7:4." *JBL* 39(1920) 60-65. ______. "Some Notes to the Text of the Scriptures: 9. Job 6.7." *HUCA* 3(1926) 112-13. ______. "Etymological Studies in Biblical Hebrew." *VT* 4(1954) 276-95. **Riggans, W.** "Job 6:8-10: Short Comments." *ExpT* 99(1987) 45-46. **Selms, A. van.** "Motivated Interrogative Sentences in the Book of Job." *Semitics* 6(1978) 28-35. **Skehan, P. W.** "Second Thoughts on Job 6:16 and 6:25." *CBQ* 31(1969) 210-12.(=*Studies in Israelite Poetry and Wisdom.* CBQMS 1. Washington, DC: Catholic Biblical Association, 1971. 83-84.) **Sutcliffe, E. F.** "Further Notes on Job, Textual and Exegetical: 6,2-3.13; 8,16-17; 19,20.26." *Bib* 31(1950) 365-78.

본 문

1 욥이 대답하여 가로되

2 나의 분한을 달아 보며 나의 모든 재앙을 저울에 둘 수 있으면

3 바다 모래보다도 무거울 것이라 그럼으로 하여 나의 말이 경솔하였구나

4 전능자의 살이 내 몸에 박히매 나의 영이 그 독을 마셨나니 하나님의 두려움이 나를 엄습하여 치는구나

5 들 나귀가 풀이 있으면 어찌 울겠으며 소가 꼴이 있으면 어찌 울겠느냐

6 싱거운 것이 소금 없이 먹히겠느냐 닭의 알 흰자위가 맛이 있겠느냐

7 이런 것을 만지기도 내 마음이 싫어하나니 못된 식물같이 여김이니라

8 하나님이 나의 구하는 것을 얻게 하시며 나의 사모하는 것 주시기를 내가 원하나니

9 이는 곧 나를 멸하시기를 기뻐하사 그 손을 들어 나를 끊으실 것이라

10 그러할지라도 내가 오히려 위로를 받고 무정한 고통 가운데서도 기뻐할 것은 내가 거룩하신 이의 말씀을 거역지 아니하였음이니라

11 내가 무슨 기력이 있관대 기다리겠느냐 내 마지막이 어떠하겠관대 오히려 참겠느냐

12 나의 기력이 어찌 돌의 기력이겠느냐 나의 살이 어찌 놋쇠겠느냐

13 나의 도움이 내 속에 없지 아니하냐 나의 지혜가 내게서 쫓겨나지 아니하였느냐

14 피곤한 자 곧 전능자 경외하는 일을 폐한 자를 그 벗이 불쌍히 여길 것이어늘

15 나의 형제는 내게 성실치 아니함이 시냇물의 마름 같고 개울의 잦음 같구나

16 얼음이 녹으면 물이 검어지며 눈이 그 속에 감취었을지라도

17 따뜻하면 마르고 더우면 그 자리에서 아주 없어지나니

1 Then Job spoke:

2 If only my anguish[a] could be weighed and my misfortune[b] set[c] with it on the scales,

3 then they would outweigh[a] the sand of the sea! No wonder that my words are unrestrained.[b]

4 For the arrows of the Almighty are in me,[a] [b]and my spirit drinks in[c] their poison. [d]The terrors of God stand arrayed[e] against me.

5 Does the wild ass[a] bray when he has found green grass? Does the ox low when he has his fodder?

6 Can one eat tasteless foods[a] without salt? Is there flavor in the juice[b] of mallows?[c]

7 I[a] refuse to touch them:[b] they are no better than rotten food.[c]

8 Would that my request should find fulfillment, that God should grant me what I hope for![a]

9 that God should decide to crush me, to let loose[a] his hand and cut me off![b]

10 Then this consolation could still[a] be mine (even while I recoiled[b] in unrelenting[c] pain), that I have not denied[d] the ordinances of the Holy One.

11 What strength have I for waiting[a]? what end in store that I should prolong my life?

12 Is my strength the strength of stone, or is my flesh bronze?

13 I have no power in myself at all:[a] all help[b] has been thrust from me.

14 [a]A friend[b] does not refuse[c] his loyalty, nor[d] does he forsake the fear of the Almighty.

15 But my brothers[a] have been as treacherous as the wadis. They are like seasonal streams that overflow,[b]

16 that are dark with ice, swollen[a] with thawing snow:

17 but no sooner are they in spate[a] than they dry up, in the heat they vanish away.

18 떼를 지은 객들이 시냇가로 다니다가 돌이켜 광야로 가서 죽고
19 데마의 떼들이 그것을 바라보고 스바의 행인들도 그것을 사모하다가
20 거기 와서는 바라던 것을 부끄리고 낙심하느니라
21 너희도 허망한 자라 너희가 두려운 일을 본즉 겁내는구나
22 내가 언제 너희에게 나를 공급하라 하더냐 언제 나를 위하여 너희 재물로 예물을 달라더냐
23 내가 언제 말하기를 대적의 손에서 나를 구원하라 하더냐 포악한 자의 손에서 나를 구속하라 하더냐
24 내게 가르쳐서 나의 허물된 것을 깨닫게 하라 내가 잠잠하리라
25 옳은 말은 어찌 그리 유력한지. 그렇지만 너희의 책망은 무엇을 책망함이뇨
26 너희가 말을 책망하려느냐 소망이 끊어진 자의 말은 바람 같으니라
27 너희는 고아를 제비 뽑으며 너희 벗을 매매할 자로구나
28 이제 너희가 나를 향하여 보기를 원하노라 내가 너희를 대면하여 결코 거짓말하지 아니하리라
29 너희는 돌이켜 불의한 것이 없게 하기를 원하노라 너희는 돌이키라 내 일이 의로우니라
30 내 혀에 어찌 불의한 것이 있으랴 내 미각이 어찌 궤휼을 분변치 못하랴
7:1 세상에 있는 인생에게 전쟁이 있지 아니하냐 그 날이 품꾼의 날과 같지 아니하냐
2 종은 저물기를 심히 기다리고 품꾼은 그 삯을 바라나니
3 이와 같이 내가 여러 달째 곤고를 받으니 수고로운 밤이 내게 작정되었구나
4 내가 누울 때면 말하기를 언제나 일어날꼬 언제나 밤이 갈꼬 하며 새벽까지 이리 뒤척 저리 뒤척 하는구나
5 내 살에는 구더기와 흙 조각이 의복처럼 입혔고 내 가죽은 합창되었다가 터지는구나
6 나의 날은 베틀의 북보다 빠르니 소망 없이 보

18 Caravans[a] turn aside[b] from their routes; they go off[c] into the desert and are lost.
19 The caravans of Tema search for water;[a] the travelers of Sheba raise their hopes.
20 But they are disappointed[a] despite[b] their confidence;[c] they arrive, only to be frustrated.
21 [a]Thus[b] have you become for me; you have seen a calamity and have taken fright.
22 Have I said, "Make me a gift!"? "From your wealth offer a bribe for me!?"
23 "Rescue me from my enemy!"? "Ransom me from from brigands!"?
24 Tell me plainly,[a] and I will say no more; show me where I have erred.[b]
25 How distressing[a] are words of right judgment![b] but what do your reproofs[c] amount to?
26 Do you think mere words settle matters,[a] when you disregard[b] the speech of a man in despair?
27 [a]Would you cast lots[b] for an orphan,[c] or barter over[d] a friend?
28 But now, come, if you will, look at me. I swear[a] I will not lie to your face.
29 Turn[a] to me; there is no [b]iniquity here! Turn[c] to me; my integrity is still[d] intact![e]
30 Is my tongue a liar?[a] Can my palate not discern falsehood?[b]
7:1 Has not man only hard service on earth? Are not his days like a hired laborer's?
2 Like a slave he longs for the evening shadow, like a servant awaiting his wages.
3 I too have been allotted months of futility, and nights of misery have been assigned[a] to me.
4 When I lie down, I think, "How long before[a] I arise?"[b] But the night[c] drags on,[d] [e]and I have more than my fill of restlessness till dawn.[f]
5 My flesh is covered with pus[a] and scabs;[b] my skin grows firm[c] and then oozes.[d]
6 My days have been swifter than a weaver's

내는구나

shuttle,[a] they have reached their end,[b] and there is no[c] thread[d] left.

7 내 생명이 한 호흡 같음을 생각하옵소서 나의 눈이 다시 복된 것을 보지 못하리이다

7 Remember that my life is a mere breath: my eyes shall never again see good fortune.

8 나를 본 자의 눈이 다시는 나를 보지 못할 것이고 주의 눈이 나를 향하실지라도 내가 있지 아니하리이다

8 [a]Eyes that see me now[b] shall see me[c] no more: your[d] eyes will turn to me, but I shall be gone.[e]

9 구름이 사라져 없어짐같이 음부로 내려가는 자는 다시 올라오지 못할 것이오니

9 For[a] like[b] a cloud that dissolves[c] and vanishes[d] is he who descends to Sheol:[e] he will not again come up.

10 그는 다시 자기 집으로 돌아가지 못하겠고 자기 처소도 다시 그를 알지 못하리이다

10 He returns to his home no more: his place[a] knows him no longer.[b]

11 그런즉 내가 내 입을 금하지 아니하고 내 마음의 아픔을 인하여 말하며 내 영혼의 괴로움을 인하여 원망하리이다

11 Therefore[a] I cannot restrain my utterance: I must speak in the anguish of my spirit: I must protest[b] in the bitterness of my soul.

12 내가 바다니이까 용이니이까 주께서 어찌하여 나를 지키시나이까

12 [a]Am I Sea,[b] am I the monster Tannin, that you keep me under guard?[c,d]

13 혹시 내가 말하기를 내 자리가 나를 위로하고 내 침상이 내 수심을 풀리라 할 때에

13 When[a] I say,[b] "My bed will comfort me: my couch will relieve[c] my protestations,"[d]

14 주께서 꿈으로 나를 놀래시고 이상으로 나를 두렵게 하시나이다

14 then you terrify me with dreams, affright me with[a] visions.

15 이러므로 내 마음에 숨이 막히기를 원하오니 뼈보다도 죽는 것이 나으니이다

15 I[a] should choose strangling;[b] death, rather than this existence.[c]

16 내가 생명을 싫어하고 항상 살기를 원치 아니하오니 나를 놓으소서 내 날은 헛것이니이다

16 I have rejected[a] life: I shall not live[b] long.[c] Leave me alone: for my days are a mere breath.[d]

17 사람이 무엇이관대 주께서 크게 여기사 그에게 마음을 두시고

17 What is man that you make so much[a] of him, fixing your mind[b] upon him,

18 아침마다 권징하시며 분초마다 시험하시나이까

18 inspecting him every morning,[a] at every moment testing him?

19 주께서 내게서 눈을 돌이키지 아니하시며 나의 침 삼킬 동안도 나를 놓지 아니하시기를 어느 때까지 하시리이까

19 Will you never[a] take your gaze from me, or let me be till I swallow my spittle?

20 사람을 감찰하시는 자여 내가 범죄하였은들 주께 무슨 해가 되오리이까 어찌하여 나로 과녁을 삼으셔서 스스로 무거운 짐이 되게 하셨나이까

20 [a]If[b] I have sinned,[c] how do I injure you,[d] O Man-Watcher?[e] Why have you set me up as your target?[f] Why have I become a burden[g] to you?[h]

21 주께서 어찌하여 내 허물을 사하여 주지 아니하시며 내 죄악을 제하여 버리지 아니하시나이까 내가 이제 흙에 누우리니 주께서 나를 부지런히 찾으실지라도 내가 있지 아니하리이다

21 Why do you[a] not tolerate any sin of mine? Why do you[a] not overlook any fault of mine? For soon I shall lie in dust: if you[a] should seek me then, I shall be no more.

원문주해

6.2.a. 5:2의 카아스(כַּעַשׂ)는 키느아(קִנְאָה)와 평행을 이루며, 아마도 "분노"를 의미한다. 그것이 여기서의 가능한 의미이지만(참조. RSV, "분함"), 하야티(הַיָּתִי)와의 평행은("원문주해" 6:2.b를 보라) "불행"(JB) 혹은 "격통"(NAB, NIV)을 시사한다. NEB의 "내 분개의 이유"는 풀어서 번역한 것이다. 외적 재난에 의해 생기는 감정으로서의 카아스(כַּעַשׂ)에 대해서는 예를 들어 겔 32:9을 참조하라. 더 자세한 것은 "주석"을 보라.

2.b. 베하바티(וְהַוָּתִי)는 하바(הוה, "…에게 일어나다")에서 파생하여 "내게 생겨났던 일, 나의 재난"이라고 읽혀야 한다. 참조. S. D. Giotein, "YHWH the Passionate: The Monotheistic Meaning and Origin of the Name YHWH," *VT* 6(1956) 1-9(5 n. 1).

2.c. 부정형 3인칭 복수 동사가 수동 역할을 한다.

3.a. 단수 이크바드(יִכְבַּד)가 카아스(כַּעַשׂ)와 하야(הַיָּה) 둘 다 주어로 삼는 것은 전자가 후자의 내적 표현이기 때문이다.

3.b. 라우(לָעוּ)를 KJV("삼켜졌다")는 루아(לוע, "삼키다")에서 파생시켰으나, 현재는 대부분이 루아의 두 번째 의미(לוע II) 또는 라아(לעע, "거칠게 말하다")에서 파생시킨다(참조. 아랍어 *lagâ*, "말에 실수하다"). 따라서 RSV의 "경솔했다," JB, NEB의 "거칠다", NIV의 "성급했다", NAB의 "내가 거리낌 없이 말한다". 도름은 루아(לעו)를 "재잘거리다"라는 동사 라아(לעה)에서 파생된 것으로 보고 "더듬거리며 말해졌다"로 번역했으나, 아무도 이를 따르지 않고 있다. NEB는 다소 이해하기 어렵게 "말들이 나를 실망시킨다"(혹은 나는 말이 나오지 않는다)는 난외주를 갖고 있다. 그러나 말들은 욥을 실망시키지 않는 한 가지다! 섯클리프(E. F. Sutcliffe, "Further Notes on Job, Textual and Exegetical: 6,2-3,13; 8,16-17; 19,20-26," *Bib* 31[1950] 365-78[367-68])는 "슬픔으로 가득했다"로 번역했다(참조. 아랍어 *lāʿ*, "근심하다"). 다후드(M. Dahood, *Bib* 43[1962] 225)는 "분출하다. 넘쳐나다"라는 의미의 어근 라아(לעע)를 제안한다(참조. לֹעַ – 로아, "목구멍").

4.a. 대부분은 이마디(עִמָּדִי)를 그런 식으로 번역한다(참조. JB, "내 안에 단단히 박힌다", NEB의 "내 안에서 그들의 표적을 발견하다"). 세 번째 절구를 평행시키려는 블롬머드의 번역 "내게로 향하여 있다"가 가능성이 없어 보이는 것은 욥의 영이 이미 그들의 독을 마시고 있고, 임(עם)이 "향하여"라는 의미로 사용되는 경우는 거의 없기 때문이다(블롬머드). 비(בִּי)와 평행하는 것으로서의 이마디(עִמָּדִי)에 대해서는 28:14을 보라.

4.b. 헤세는 부차적인 추가로 보고 삭제한다.

4.c. 대부분은 루히(רוּחִי)를 쇼타(שֹׁתָה, "마시다")의 주어로 본다. 그러나 NEB는 분명하게 하마탐(חֲמָתָם)을 주어로 여긴다("그들의 독이 내 영으로 스며든다"). 이는 오히려 개연성이 없다.

4.d. 포어러는 4a절구에 대한 어구 주석으로 보고 삭제한다.

4.e. 야아르쿠니(יערכוני)는 완벽하게 수용 가능한 독법이며, 접사는 여격이다(*GKC*, § 117x). 최근의 연구에 대해서는 J. J. Stamm, "Das hebräische Verbum *ḥākar*," *Or* 47 (1978) 339-50를 보라. 그럼에도 불구하고, 다양한 수정들이 있어 왔다: 예오르쿠니(יַעַרְכֻנִי; 결성 피엘; M. Dahood, "Northwest Semitic Philology and Job," *The Bible in Current Catholic Thought*[M. J.: Gruenthaner Memorial Volume, ed. J. L. McKenzie; New York: Herder and Herder, 1962] 55-74[57]), יעכרוני, "나를 괴롭히다, 동요시키다"(딜만, 덤, 포어러), 야키루니(יַכִּירוּנִי), "그들이 나를 알아본다"(에얼리히). 다르게는 또 다른 히브리어 어근 아라크(ערך, "이겨내다")가 드라이버("Problems in the Hebrew Text of Job," *VTS* 3[1955] 72-93[73])와 세이든(P. P. Saydon, "Philological and Textual Notes to the Maltese Translation of the Old Testament," *CBQ* 23[1961] 249-57[252])에 의해 제안되고, 그 뒤를 NEB와 *BHS*(아마도)가 따른다.

5.a. 페레(פֶּרֶא)는 대개 "들나귀"로 번역되는데, 쾰러(L. Köhler, "Archäologisches. Nr. 20.21," *ZAW* 44[1926] 56-62[59-62])는 톨레미 왕조 시기에 오나기오스(*ὀνάγιος*; 야생 당나귀)라는 비명을 담고 그려진 얼룩말로 여겼다(J. P. Peters and H. Thiersch, *Painted Tombs in the Necropolis of Marissa*(*Marêshah*)[London: Palestine Exploration Fund, 1905] pl. XIII). 그러나 움베르트는 39:5의 아로드(עָרוֹד, "들나귀")와의 평행에 주목하면서 다시금 전통적 해석을 지지하는 방향으로 주장했다(P. Humbert, "En marge du dictionnaire hébreu," *ZAW* 62[1950] 199-207[202]).

6.a. 타펠(תָּפֵל)은 보통 "맛없는 것"이라는 의미다. 애 2:14에서는 그것이 샤베(שָׁוְא, "텅빔, 헛됨")에 연결되어 거짓되고 그릇된 신탁을 그려낸다. 명사 티플라(תִּפְלָה)는 1:22에서 "부적당함, 부적절함"을 뜻한다.

6.b. 리르(רִיר)는 삼상 21:14(13)에서는 "침", 따라서 "점액, 즙, 액체".

6.c. 할라모트(חַלָּמוּת)는 아마도 어떤 채소이고, 그 단어는 알랄라크(Alalakh) 문헌의 확인되지 않은 *ḫilimitu*와 동족어일 것이다(A. R. Millard, "What has no taste?(Job 6:6)," *UF* 1[1969] 210). 횔셔, 호르스트, 포어러, NEB, JPS는 이를 "…털이 많은 잎과 줄기를 가지고 있으며, 깊이 패인 적-자줏빛 꽃을 피우는 야생초로 즙이 아주 많은", "당아욱(mallows)"으로 본다(*OED*, 해당 항목) – 따라서 "당아욱의 즙". RV 난외 주를 따르는 RSV와 드라이버는 점액을 분비하는 콩과 식물 "쇠비름"으로 여긴다. 포프는 야후다(A. S. Yahuda)를 따라 그것을 아랍어 *ḥa(l)ūm*("연치즈")와 연결시킨다. AV, RV, JB, NAB, NIV는 리르 할라모트(ריר חלמות)의 고대의 해석인 "계란의 흰자위"를 유지시킨다. 이는 חלמון은 계란의 노른자이고, 그 "점액"은 계란의 흰자위라는 랍비의 설명(예를 들어, 라쉬)을 따른다.

7.a. 나프쉬(נפשי)는 "내 영"(KJV) 혹은 "내 목구멍"(NEB)(따라서 "내 식욕"[RSV]), 아니면 단순히 "나"이다(NAB, NIV).

7.b. 리느고아(לנגוע)의 목적어가 표현되지 않는다. 나는 그것을 6절에 언급된 음식들이라고 가정한다(NAB도 그렇다). JB의 "내가 먹을 수 없는 요리들"은 부정확한 대응이다. NEB의 "내게 양분이 될 음식이 내 목구멍에 걸린다"는 번역으로는 이해하기가 어렵다. 드라이버(G. R. Driver, "Hebrew Notes," *JRAS*[1944] 165-68[168])는 아랍어 동사 "편안했다" 및 칠십인경과 비교하여 "내 영혼이 쉬기를 거절한다"로 번역한다.

7.c. 이 난해한 절구는 문자적으로는 "그들이 내 음식의 메스꺼움 같다"이고, "그들은 내게 혐오스러운 음식 같다"(RSV)로 이해될 수 있을 것이다. "그들"(המה – 헤마)은 적합한 선행사를 전혀 갖고 있지 않다는 드라이버의 불만에 대해서는 복수 할라모트(חלמות) 아니면 리르 할라모트(ריר חלמות)와 함께 하는 타펠(תפל)의 가정된 복수를 가리킴으로써 대답될 수 있을 것이다. 그러나 많은 학자들은 칠십인경의 브로몬(*βρῶμον*, "역겨운 악취")을 선두로 본문을 자함(זהם, "몹시 싫어하다")으로부터 지하마(זִהֲמָה)로 수정하고, "그것[내 삶, נפשי]이 내 음식의 매스꺼움처럼 그것을 싫어한다"로 번역하거나, 혹은 키드베(כדוי) 대신 드베(דוי)로 바꿔서 "그것이 내 음식의 매스꺼움을 싫어한다"로 읽는다(드라이버). NAB도 비슷하게 자하마 카다베 라흐미(זָהֲמָה כַדְוֵה לַחְמִי, 문자적으로는 "내 음식은 매스꺼움처럼 역겹다[?]", "그들은 내게는 역겨운 음식이다")로 읽는다. JB는 키드베(כדוי)를 비드비(בִדְוִי)(?)로 수정한다: "이들이 내 매스꺼움 속 나의 음식이다." NEB의 "내 내장이 울리는 소리로 꾸르륵거린다"는 에이탄(I. Eitan, "An Unknown Meaning of Raḥamîm," *JBL* 53[1934] 269-71[271])과 드라이버(G. R. Driver, *JRAS* [1944] 168)의 제안을 따르며, 호메(הֹמֶה, "으르렁거리다"; 분사), 키드바이(כִּדְוַי), "울리다"; 참조. 아랍어 *dawiyyun*), 레훔(לְחוּם, "장")에서 파생된 레후미(לְחֻמִי) 혹은 레후마이(לְחֻמַי)로 읽는다. 라이더(J. Reider, "Some Notes to the Text of the Scripture: 9. Job 6.7," *HUCA* 3[1926] 112-13)는 헴마(המה)를 아랍어 *hm*("쇠약해지다")이나 *hama*("닳아빠지다")로 보았다. *BHS*에 기록된 제안인 자하마 케데(בְדֵי=זִהֲמָה כְדֵי)는 분명히 "그것(내 영혼)이 그것들을 나의 음식으로서 싫어한다"를 의미한다. 이는 만족스러운 의미를 내며, 특별히 7a절구와의 평행 관계에서 그렇다. 또 다른 제안들은 도름과 테리앙에 의해 제시된다.

여기서 채택된 번역은 맛소라 본문을 다음과 같이 이해한다: "그것들(그런 음식들)은 내게는 병든 음식 같다"(드베 라흐미〈דְוֵי לַחְמִי〉가 레헴 드바이〈לֶחֶם דְוָי〉에 상응하는 것에 대해서는 에레쉬 드바이〈עֶרֶשׂ דְּוָי〉를 참조하라; 시 41:4[3]).

8.a. "나의 소망"(תקותי – 티크바티)은 일부 학자들에 의해(예를 들어, 드라이버) "나의 열망"보다 욥이 뜻하는 바를 덜 나타낸다고 생각된다. 칠십인경이 하이테시스(*αἴτησις*, "요청")를 갖고 있기 때문에, 몇몇 주석가들은 타아바티(תַּאֲוָתִי, "내 열망")로 수정했으나(참조. RSV) 지금은 거의 이 제안을 따르지 않는다.

9.a. 나타르(נתר)는 히필 "풀다, 자유롭게 하다". 야도(יָדוֹ)가 목적어로 나타나고 있지

만, "손"은 어느 곳에서도 이 동사의 목적어로 사용되지 않는다. NEB의 "그의 손으로 나를 낚아챈다"는 드라이버를 따르는데, 그는 아랍어 *natara*("거칠게 끌다, 찢다")와 비교하고, 목적격이 행위의 기관이나 도구를 가리키는 데 사용되고 있다고 주장한다(G. R. Driver, "Difficult Words in the Hebrew Prophets," *Studies in Old Testament Prophecy Presented to Professor Theodore H. Robinson*[ed. H. H. Rowley; Edinburgh: T. & T. Clark, 1950] 52-72[70-71]).

9.b. 바차(בצע)는 오로지 사 38:12에서만 베틀에서 천을 끊어내는 것과 명백하게 연관되어 나타난다. 그것은 또한 "잘라내다"를 뜻하는 보다 일반적인 동사이며, 여기에 베 짜는 사람 이미지가 있다는 것은 입증될 수 없다.

10.a. 오드(עוֹד, "아직")는 RSV, NEB는 번역하지 않고, JB는 제대로 번역하지 않는 것으로("적어도"), 욥이 현재 가지고 있고, 또 하나님이 결국 "그를 잘라내면" 그가 계속해서 갖게 될 "위로"를 가리킨다.

10.b. 쌀라드(סלד)는 여기에만 나타난다. 드라이버는 그 어근이 아랍어 *salada*("어렵다")이든(참조. KJV, RVmg) 랍비식 히브리어의 סלד("물러서다")이든 "매우 기뻐하다"(exult)라는 관례적 번역이 지지될 수 없는 충분한 이유를 보여 준다. 그러나 고디스는 네페쉬(נפש)를 주어로 갖고, "물러서다, 주춤하다"(recoil)라는 의미를 갖는 סלד의 은유적 용법을 제시하는데(נפשו סולדת לאחוריה - 나프쇼 쏠레데트 레아호레하, *Pesiq. Beshallah* 103a), 그런 의미는 본문과 잘 맞는다(비슷한 경우로 Grabbe, *Comparative Philology*, 45-47). NEB의 "기뻐 뛰다"는 레비가 추정한 번역에(3:531) 의존하나, 그것은 드라이버에 의해 만족스럽게 정리된 것 같다.

10.c. 힐라(חילה)는 여성형일 수 있고, 여성 명사가 남성 동사를 술어로 갖는 것이 가능한 반면(참조. *GKC*, § 145o), 그 의미가 "그(? 하나님, 한 사람)가 용서하지 않는 고통"이라는 것도 가능하다. 하말(חמל)이라는 모든 곳에서는 항상 인칭 주어를 갖는다. 머스(M. Mers, "A Note on Job VI 10," *VT* 32[1982] 234-36)는 브힐라(בחילה)의 마지막 **헤**(ה)를 그 다음 단어 로(לא)에 붙는 의문사 하(הֲ)로 바꾸어 "그[하나님]가 용서하시지 않을까?"가 되도록 만든다. 그는 이 절을 두 개의 이절구로 나누는데, 그 결과의 의미는 나로서는 이해가 안 된다.

10.d. 카하드(כחד)는 일반적으로 "숨다"라는 뜻이며, 호르스트에 의해 옹호되는 번역으로(참조. 15:18; 27:11), 욥이 옳고 그름의 문제에서 하나님의 판단을 선포하는 일, 즉 이미 4:3의 "네가 많은 이들을 훈계하였다"에서 엘리바스가 암시적으로 언급한 "하나님의 말씀" 선포에서 한 번도 실패하지 않았다는 항변이 된다(참조. 또한 도름). 그러나 이러한 의미는 욥의 인생의 비교적 적은 부분 - 하나님의 결정의 전달자로서 - 과 관련될 것이며, 놀랍지 않게도 사실상 모든 번역이 그의 삶 전체와 관련될 "부정하다, 부인하다"를 갖고 있다. 고디스는 그런 의미론적 전환이 어떻게 발생했는지, 그리고 에티오피아어 동

족어는 분명히 "부정하다"를 의미한다고 제안하지만, 그것이 입증하는 바는 거의 없다. BDB, 470a는 그것의 니팔 동사에 대해 "말살되다, 파괴되다"를 제안한다. 따라서 이 곳의 피엘은 "무시하다" 혹은 "인정하지 않다"라는 능동의 의미를 충분히 가질 수 있을 것이다(이 구절에 대해 BDB가 제시한 것처럼).

11.a. 문자적으로는 "내가 무슨 힘이 있어 기다릴 수 있을 것인가?" 이 절구와 다음 절구는 판 젤름즈가 "동기가 있는 의문문"이라고 부른 것의 사례들이다(A. van Selms, "Motivated Interrogative Sentences in the Book of Job," *Semitics* 6[1978] 28-35[30]).

13.a. 하임(הַאִם)은 드문 결합으로, 달리는 민 17:28[13]에서만 사용되고 있는데, 거기서는 단순 의문문이거나 아니면 "분명히 아니다!"라는 답을 필요로 한다. 현재의 문맥에서는 확언에 상응하는 수사적 질문이 요구되지만, 일부는 하임(הַאִם)을 효과 면에서 할로(הֲלֹא)와 일치하는 수용 가능한 독법으로 여긴다(*BHS*, 호르스트, 포어러). 고디스는 옐린(Yellin)을 따라 임(אִם)을 아랍어 *ʾanna*("참으로")와 같은 강조사로 본다(8:4; 14:5; 17:2에서도 마찬가지). 이것이 가장 수용할 만한 해결로 보인다.

수정들 가운데는 헤 메아인(הֵא מֵאַיִן, "보라, 어느 것도 〈내 도움이 아니다〉")으로 보는 덤의 다른 단어 구분이 있고, 이를 NEB가 취하되 헤(הֵא)를 하(הָא)로 모음을 변경하여 "오, 내가 어떻게 내 안에서 소망을 찾을 것인가?"로 번역한다. 그랫츠(Graetz)는 하임(האם)의 하(ה)를 앞선 단어에 붙여 12절에서 수용 가능한 명사인 나후샤(נחושה)를 만들고 13절에는 직접 의문문을 둔다. 따라서 NAB, "내게는 …돕는 이가 하나도 없는가?" 가능성이 덜한 다른 수정들에 대해서는 로울리, 도름, 포어러를 보라.

13.b. 투쉬야(תֻשִׁיָּה, "효과적인 도움"; 고디스). 참조. 5:12에 관한 부분. 제안된 여러 번역들에 대해서는 로울리를 참조하라. 브롱거스(H. A. Brongers)는 테슈아(תְשׁוּעָה, "구원")로의 수정을 수용한다(참조. "원문주해" 5:12.a).

14.a. 이 절 전체를 일부 학자들은 15절에 대한 설명의 주로 보거나(포어러), 혹은 확신 있게 번역하는 것이 불가능하기 때문에(참조. 헤세) 삭제한다. 도름은 그것을 "그의 친구는 동정을 멸시했고, 샤다이 경외를 저버렸다"라고 번역하면서, 그것을 뒤이어 오는 것, 즉 욥이 본 그의 친구들의 태도를 설명하기 위해 의도된 설명 주로 여겼다.

14.b. 이 번역은 메레에후(מרעהו, "그의 친구로부터")를 메레아(מֵרֵעַ, "친구")로 수정하여 מרע를 첫 번째 동사의 주어가 되게 하는 것을 수용한다.

14.c. 맛소라 본문의 라마쓰(לַמָּס)를 여기서는 두 개의 모음 문자를 추가하여 로 마아쓰(לֹא מָאַס)로 수정했다(*BHS*, 호르스트처럼). 라마쓰(לַמָּס)는 때때로 마아쓰(מסס, "녹이다")에서 파생된 형용사 마쓰(מָס, "절망적인", 문자적으로는 "녹이는"; 여기서만 발견됨)로 해석된다(BDB). 이것은 거의 가능성이 없으며, "당연히 해야 한다"(충성) 같은 의미의 추가를 요구한다. 라마쓰(למס)를 모네아(מֹנֵעַ, "거절하는 자")로 바꾸는 대담한 수정은 탈굼, 페쉬타, 불가타에 근거한 것으로, RSV와 아마도 JB에 의해 채택된다. 포프는 아

랍어 *muss*("광기)에 "사로잡히다, 귀신이 들리다"를 통해 סם에 대해 "아픈, 병든"을 얻어내지만, 그것은 BDB의 제안처럼 설득력이 없다. 7:16; 36:5; 42:6에서 마아쓰(מאס)에 관한 부분도 보라.

14.d. 두 번째 절구에서는 부정형이 나타나지 않지만, 부정문으로 진행시키는 것은 잘 입증되며, 가령 3:10; 28:17에서 그렇다(참조. *GKC*, § 152z).

15.a. 아하이(אחי)는 추측컨대 이 대화에 참여한 친구들을 가리킨다. 왜냐하면 이 책에서는 다른 친족이 하나도 언급되지 않기 때문이다. 19:13이 비슷한 용법일 것이다. 포프와 GNB는 "친구들"로 번역한다.

15.b. 야아보루(יעברו)는 "흘러 넘치다"이거나(사 23:10; 8:7-8에서 시내가 넘쳐흐르는 것처럼) 아니면 "지나가다, 사라지다"(사 29:5[겨]; 시 144:4[그림자])일 수 있다. 전자가 더 자연스러운 의미이지만 15a절구와 아무런 평행 구조도 이루지 않고 오히려 16-17절과 연결된다. NIV, JPS, 모파트, 덤, 피크, 포프 등이 그것을 지지한다. 후자는 꽤 가능성이 있지만, 16절과의 연결이 더 어색하다. 이것을 대부분의 역본들과 주석가들이 선호한다. 아하이(אחי)를 야아보루(יעברו)의 주어로 보는 것(KJV에서처럼)은 그로 인한 교차 구조에도 불구하고(M. Dahood, "Chiasmus in Job," *A Light to my Path: Old Testament Studies in Honor of Jacob M. Myers*[ed. H. N. Bream, R. D. Heim, C. A. Moore; Gettysburg Theological Studies 4; Philadelphia: Temple UP, 1974] 119-30[121]) 가능성이 더 적다. 아바르(עבר)는 "죽어 가는" 사람에게는 거의 사용되지 않는다(참조. BDB, 해당 항목, § 6.c.).

16.a. 이트알렘(יתעלם, "자신을 숨기다, 숨다"; RSV, 참조. KJV, JPS)은 거의 가능성이 없다. 드라이버-그레이의 설명인 "그들에게로 떨어져 그들 속으로 사라진다"가 이 곳의 어려움을 입증해 준다. 다수의 학자들은 이트아렘(יתערם, "쌓이다")으로 수정하거나(알레모〈עלימו, "그들에게"〉를 뒤따름), 아니면 יתערם과 יתעלם이 단순히 음성학적 이형들이라고 주장한다(도름, 고디스). 스케한은 이 변화를 행의 후반부에 유음 *l*과 *m*의 유음 혹은 모음 반복(assonance: 반복 기법 중 하나로 자음 반복은 alliteration이라 불림－역자 주) 때문이라고 본다(P. W. Skehan, "Second Thoughts on Job 6:16 and 6:25," *CBQ* 31[1969] 210-12). 그럼에도 불구하고, 만일 얼어붙은 강의 표면 위에 눈이 쌓여 가는 이미지(NAB처럼)가 아니라면－이는 팔레스타인의 기후에서는 다소 희귀한 현상일 것임(스케한이 평행 본문으로 제시한 집 43:21에서는 얼음은 강이 아니라 "물"을 이룬다)－"쌓인다는 것"은 녹은 눈에 의한 시내의 불어남이다. 따라서 JB의 "그것들이 눈의 녹음으로 불어난다"(참조. NIV). NEB는 배나 지나친 번역을 한다. "쌓인 눈으로 숨겨진!" 포프는 다후드를 따라 알람(עלם)을 "어둡다"로 보고(참조. 38:2의 마흐쉬크〈מחשיך〉에 상응하는 42:3의 마을림〈מעלים〉) "눈으로 어두워진"으로 번역한다. 평행 구조는 산뜻하지만, 왜 얼음뿐만 아니라 눈도 물을 "어둡게" 하는지 알기는 어렵다. 이 문제는 *ẓalama al-*

wādī("범람한 와디")라는 어구에서 같은 어원의 아랍어 *ẓlm*("어둡다")를 인용하는 포프에 의해 복잡해진다. 그래브(51-54)는 히브리어 어근 *ʻlm*("어둡다")의 가정에 반대하는데 그의 주장이 옳다(참조. 또한 D. J. A. Clines, "The Etymology of Hebrew צֶלֶם" *JNWSL* 3[1974] 19-25; 그리고 참조. "원문주해" 3:5.a).

17.a. 브에트 예조르부(בעת יזרבו)는 문자적으로는 "그들이 흐르는 시간에"이다. 만일 **한 번 사용된 단어** 자라브(זרב)가 이미 입증된 셈어 어근 *zrb*("흐르다")와 어원이 같다고 가정하면 말이다(참조. 아랍어 *zariba*; Grabbe; 또한 *Comparative Philology*, 54-55를 보라). 드라이버(G. R. Driver, "Some Hebrew Medical Expression," *ZAW* 65[1954] 255-62[261])는 이 의미를 주장했다. 그러나 동시에 악카드어 *zarābu*("누르다, 짜다")도 언급했는데, 이것은 이제 분명히 포기된다(그래브). NEB는 드라이버를 따라 히브리어 자라브(זרב, "흐르다")를 가정한다. 따라서 "그것들이 범람한 때에". 참조. NAB의 "그들이 일단 흐르면". 대부분의 다른 역본들은 자라브(זרב)를 차라브(צרב, "타다")의 이형으로 가정한다.

18.a. 맛소라 본문의 오르호트(אָרְחוֹת)는 오라흐(אֹרַח, "길")의 복수 연계형이며, 문자적으로는 "그들 길의[즉, 와디의] 진로가 옆으로 빠진다"로 번역된다. 이는 곧 와디의 경로가 사막으로 구불구불 흘러가다가 결국에는 모래 속으로 사라진다는 말이다(혹은 가능성이 덜한 것으로, 이 견해에 대해 로울리가 설명한 대로 "물의 흐름이 그 바닥의 돌들 사이로 굽이 흐르다가 마침내는 땅 속으로 사라진다"). 이 해석은 KJV, JPS, 바이저, 고디스에 의해 채택된다. 현대의 거의 모든 해석가들은 오르호트(אָרְחוֹת)의 모음을 오르호트(אֹרְחוֹת, "대상인들〈caravans, 사막을 횡단하는 상인 행렬〉")로 약간만 바꾸는데, 이는 어쨌든 19절에서 이루어져야 하는 변화다. 따라서 RSV의 "대상인들이 그들의 경로에서 이탈하다". 앤더슨은 오르호트 다르캄(אֹרְחוֹת דַּרְכָּם)을 종결 접어 **멤**(ם)을 가진 연계 어구로 본다: "노상 대상인들"(highway caravans). 이것이 가능하기는 하지만 보통의 관점이 더 바람직하다.

18.b. 라파트(לפת)는 이 곳 외에는 오로지 삿 16:29(삼손이 성전 기둥들을 "둘러싼다")과 룻 3:8(그 사람이 "몸을 돌리다")에 나타난다. 따라서 동족 아랍어 *lafata*("꼬다, 비틀다, 옆으로 돌다, 딴 데로 돌리다"; Lane, 2665)가 비교된다. 대부분은 그 대상인들이 정상 행로에서 이탈하는 것이라고 생각하지만(참조. JB "행로를 떠나다"), NEB는 개연성이 덜하게도 "여기저기로 굽이치는"이라고 번역한다.

18.c. 알라(עלה, "올라가다")는 "떠나다"도 뜻한다(참조. BDB, 해당 항목, § 2.e.).

19.a. 이 절은 15절의 "시내들"(נחלים)을 가리키는 라모(לָמוֹ, "for them")로 끝난다. 만일 지시되는 그것이 명시되지 않으면(NEB, NIV가 하는 것처럼) 데마와 스바의 대상 행렬이 18절의 실종된 행렬을 찾는 것으로 보일 수 있다.

20.a. 보쉬(בוש)는 관례적으로 "부끄러워하다"로 번역되는데, 수치라는 의미가 아니라

매우 자주 기대에 대한 실망을 가리킨다. F. Stolz, *THWAT* 1:269-72; J. W. Olley, "A Forensic Connotation of *bôš*," *VT* 26(1976) 230-34를 보라. 시바스(H. Seebass, *TDOT* 2:50-60)는 아마 보쉬(בוש)의 목적어와 주어를 더욱 분명하게 구분했을 수 있을 것이다.

20.b. 인과의 키(כִּי, "…때문에")와 양보의 키(כִּי, "비록 …일지라도") 사이의 의미상의 차이(앤더슨)는 여기서는 매우 적다.

20.c. 바타흐(בטח)는 복수가 필요함에도 단수다. 대부분은 바타후(בָּטְחוּ)로 읽지만, 이것이 수정인지 철자를 바르게 교정한 것인지는 말하기가 어렵다.

21.a. 비켈과 덤은 친구들이 두려워하고 있음을 시사해 주는 것이 하나도 없다는 이유에서 이 절 전체를 삭제한다. 그러나 "주석"을 보라.

21.b. 대부분은 첫 번째 키(כִּי)를 켄(כֵּן, "그래서, 그러므로")으로, 로(לֹא; 케레 로-לוֹ)를 리(לִי, "나에게")로 수정하고 있으며(참조. RSV, JB, NAB), 그것이 가장 자연스러운 의미 같다. 맛소라 본문을 보존하려는 시도는 덜 성공적이다. 로(לא)가 명사 "무"(nothing)로서는(KJV, 블롬머드처럼) 있다 해도 빈약하게 입증된다. 고디스의 "이제 너는 그것(시내)이 되었다"의 난점은 15절의 나할(נחל) 이후로 와디에 대한 모든 지시어들이 복수였다는 것이다. NIV의 "이제 너희도 아무런 도움이 못된다는 것이 입증되었다"는 무슨 본문을 해석한 것인지 분명하지 않다. 아마도 르알[לְאַל, "무로"(〈to〉 nothing); 24:25처럼]. 호르스트도 그렇다. 로(לא)가 라아(לאה)에서 파생된 레임(לְאִים, "주저하는")과 동일한 לאם의 약어라는 라이더의 생각을 권할 만한 말은 없다(J. Reider, "Etymological Studies in Biblical Hebrew," *VT* 4[1954] 276-95[288]).

24.a. 호루니(הוֹרוּנִי)는 문자적으로는 "나를 가르치다"로서 교육적인 교훈(지혜)으로부터 유래된 전형적인 용어다(참조. 8:10; 12:7, 8; 33:33). "주석"을 보라.

24.b. 전문적으로는 샤가그/샤가(שגג/שגה)는 부주의한 죄 혹은 부지중의 죄를 의미한다(레 4:13; 민 15:22[참조. 24]에서처럼). J. Milgrom, "The Cultic שגגה and Its Influence in Psalms and Job," *JQR* 58(1967) 115-25; R. Knierim, *THWAT* 2:869-72를 보라. 그러나 여기서는 그것이 보다 일반적인 의미로 사용된다.

25.a. 마라츠(מרץ)는 대체적으로 니팔 "아프다, 슬프다, 심하다"이다. 미 2:10에서는 파괴(חֶבֶל – 헤벨)가, 왕상 2:8에서는 저주(קְלָלָה – 클랄라)가 그러하며, 따라서 NIV의 "고통스러운". 이 의미는 종종 여기에 어울리지 않는다고 생각된다. 일부는 악카드어 *marāṣu*("어렵다, 접근하기 어렵다")와 비교한다. KJV의 "강제적인", RSV의 "힘에 의한" 등은 그것의 정의를 하자크(חזק)로 보는 이븐 에즈라와 킴히로부터 기인한다. 참조. N. S. Doniach and W. E. Barnes, "Job vi 25: Öמרץ," *JTS* 31(1929-30) 291-92. 많은 이들은 탈굼의 마-님르추(מַה־נִּמְלְצוּ, "〈너희의 말들이 내 구미에〉 어떻게 즐거운가")를 따라 단순히 נמרצו를 נמלצו로 수정하거나(덤), 아니면 **멤**(מ)과 **레쉬**(ר) 사이의 상호 교환을 본다(참조. 16절의 יתעלם에 관한 부분; 도름, 포프가 그렇다. 마찬가지로 *m*과 *r* 사이의

모음 반복을 보는 Skehan, *CBQ* 31⟨1969⟩ 210-12). 따라서 NAB의 "기분 좋은, 기호에 맞는"(agreeable). 드라이버(G. K. Driver, "Some Hebrew Words," *JTS* 29[1927-28] 390-96[394])는 마라츠(מרץ)를 악카드어 *marāṣu*("아프다, 불쾌하다")와 어원이 같은 것으로 보며 "쓰라리다"로 번역한다. 그래서 아마도 NEB의 "얼마나 가혹한지". 드라이버 자신은 이 절구를 "정직한 언어가 얼마나 쓴가?"라는 질문으로 보았고, 그 질문은 그것들은 "달콤하다"라는 말에 이른다. 고디스는 설득력이 없게도 מרץ("아프다")라는 동사가 여기서는 *addad*(정반대 의미) 원리에 따라 "강하다, 건강하다"를 의미한다고 주장한다. JB의 "올바른 평은 분노 없이 견딜 수 있다"는 너무 풀어 말해서 도움이 되지 않는다.

25.b. 에쉐르(יֹשֶׁר, "솔직함; 정직함; 마땅한 것, 올바른 것"; BDB, 449b), 디브레 에쉐르(דִּבְרֵי יֹשֶׁר)라는 표현에서는 흔히 "정직한 언어"로 번역된다(RSV, NAB, NIV, GNB). "바른 판단"이라는 뉘앙스는 문맥으로부터 결정된 것이다. "주석"을 보라. NEB의 "정직한 사람"은 야샤르(יָשָׁר)로 모음을 바꾸며(덤도 그렇다), 따라서 다음 절구의 하카밈(חכמים)과 평행 구조를 만들어 낸다("원문주해" 25.c를 보라).

25.c. 분명한 호케아흐 미켐(הוֹכֵחַ מִכֶּם)을 일부는 불필요하게 하하카밈(הַחֲכָמִים)으로 수정한다. 따라서 NEB의 "현자들의 논증"(참조. 브로킹턴).

26.a. 여기서 보통은 "꾸짖다"로 번역되는 야카흐(יכח) 히필은 아마 "유죄를 입증하다, 납득시키다"로 더 잘 해석될 것이다(참조. BDB 407a). NIV는 비관례적으로 번역한다: "너희는 내가 말하는 것을 고쳐 주려 하느냐?" 그러나 야카흐(יכח) 히필은 분명히 "고치다"는 의미에서는 오직 인칭 목적어만을 갖는다.

26.b. 이므레 노아쉬(אמרי נאש)의 두 번째 목적어가 타흐쇼부(תחשבו)인지 혹은 be동사 "is"가 후반부에 의해 보충되어야 하는지는 논쟁의 여지가 있다. 그러나 이 곳의 번역은 영향을 받지 않는다. 르루아흐(לְרוּחַ)는 하샤브(חשב)와 함께 쓰여 "바람으로 판단되다"일 수 있을 것이다(참조. RSV, NIV, NAB). 즉 텅 빈 것으로 여겨지다(로울리처럼 "곧 바람에 날려가니, 심각하게 여겨질 필요가 없는"은 아님; 참조. JB, "바람이 불어 가버리는 가망 없는 말"). 일부는 רוח에서 르오하흐(לְהוֹכַח)와 평행하는 것을 찾으려 했다. 그러나 맛소라 본문이 만족스럽다. 비록 NEB는 우르레우아흐(וּלְרֵוּחַ, "그리고 걸러내다"⟨혹은 조사하다⟩)로 읽지만. 기욤은 동일한 독법을 가지고 아랍어 *rawwaḥa*("…에게 쉼을 주다")와 비교하여 "그리고 잠잠케 하다"로 번역했다.

27.a. 이 절은 가령 포어러에 의해 "친구들에 대한 이 강한 비난은 이 시점에서는 상당히 맞지 않는다"는 이유로 삭제된다. 그러나 이는 가령 동사에서 "…해주겠니"(would you) 같은 법 용법이나 혹은 그것이 질문일 가능성(비켈)을 무시하는 처사다. 피크는 이 절이 23절 뒤에 더 잘 맞을 것이라고 제안했다. 이 점에서는 모파트가 그의 뒤를 따른다: "(몸값? 너희는 죄 없는 사람을 덮치고, 친구를 이용해 갈취할 놈들이다!)." 이는 22절부터 27절에 이르는 논증 전개의 리듬을 망친다.

27.b. 타필루(תַּפִּילוּ, "너희는…넘어지게 한다"〈할 것이다〉)에는 표현된 목적어가 없다. 따라서 대부분의 학자들은 히필 고랄(הִפִּיל גּוֹרָל, "제비 뽑다")이라는 숙어가 사용되는 것이라 가정한다(גורל은 삼상 14:42에서도 생략되어 있다. 그러나 거기서는 중복된 전치사 베인〈בֵּין〉으로 인해 의미가 확실하다). NJB의 "가격을 흥정하다"는 아마도 평행어 티크루(תכרו)에 근거를 둔다. 일부에 의해 채택되는 다른 해석은 알-야톰(על־יתום)을 알레-탐(עלי־תם)으로 읽는 것("원문주해" 27.c를 보라)과 타필루(תפילו, "너희가 덮칠 것이냐?")로의 번역을 포함한다. 그런데 히필은 거의 이 같은 해석을 허락하지 않는다. 따라서 티폴루(תִּפֹּלוּ)로의 약간의 수정(참조. 칠십인경)이 요구된다(덤이 그렇게 함; NEB의 야톰〈יתום, 공격하다"〉은 본문에 있게 하고, 탐〈תם〉은 난외 주에 허용함). KJV의 "너희가 압도한다"는 아마도 칠십인경의 에피핍테테(ἐπιπίπτετε)를 따르는 것이며, 타필루(תפילו)의 문자적 의미는 난외 주에 기재한다: "덮치게 하다".

27.c. 맛소라 본문의 알레 야톰(עלי־יתום)은 다르게 분해하여 알레-톰(עֲלֵי־תוֹם, "결백함에 대해"), 아니면 보다 가능성이 높은 알레-탐(עֲלֵי־תָם, "결백한 사람에게")이 되게 할 수 있다. 이 제안은 대체로 타필루(תפילו)를 티폴루(תפלו)로 바꾸는 것과 결합되며("원문주해" 27.b를 보라), 덤, NEBmg, 앤더슨이 따른다. 이것은 맛소라 본문에 타당한 대안이다.

27.d. 이크루(יִכְרוּ)는 대개의 경우 "구입하다"이며, 뒤에 알(על)을 수반해서는 단 한 번 "흥정하다, 교역하다"라는 의미로 나타난다(40:30[41:6]). 요점은 어떤 사람, 특별히 친구를 인간이 아니라 거래되고, 흥정하고(참조. RSV), 팔리는(참조. RV) 상품으로 여기는 것은 지독히 무정한 것이라는 점이다. 참조. 도름의 "너희 친구를 사색의 주제로 다루다". "팔아 치우다"(NAB, NIV)는 논점이 아니며, "너희 친구를 헐값에 파는 것"(JB)은 더더욱 아니다. KJV의 "**구덩이를** 파다"는 티흐루(תכרו)를 כרה("파다")와 연결시켰다(참조. 불가타 *subvertere nitimini*). 그러나 כרה는 언제나 표현된 목적어를 갖는다. 그러면 알(על)의 의미가 없어질 것이다. NEB의 "덤벼들다"는 칠십인경 에날레스테(ἐνάλλεσθε, "돌진하다")를 (아마도 카라르〈כרר, "춤추다, 돌리다"〉를 염두에 둔 것) 비교하여 베타호루(וְתָכֹרוּ)로 모음을 표기한다. 이 독법은 슐튼즈, 메르크스, 비어를 따르지만, 드라이버에 의해서는 "근거가 너무 불확실하다"고 평가된다.

28.a. 임(אם)이 맹세를 도입하는 것에 대해서는 M. R. Lehmann, "Biblical Oaths," *ZAW* 81(1969) 74-92(87-91)를 보라. 대부분의 역본들은 강조사를 갖고 있거나(예를 들어 NAB는 "확실히") 혹은 의문문을 갖는다(NIV, "내가 너희 면전에 거짓을 말하겠느냐?"; 참조. NEB). 이것은 확실히 약하다. 고디스는 그것을 "진부하다"고 부르고, אכזב ועל פניכם אם에 어순 도치를 제안하는데 이는 매우 특이한 방법이다.

29.a. 슈부(שֻׁבוּ)는 문자적으로 "돌아가다[오다]", "다시 생각하다"(NEB), "그것을 다시금 생각해 보다"(NAB), "마음이 누그러지다"(JB, NIV) 등으로 번역된다. 고디스는

"멈추다, 머무르다"를 주장한다(참조. R. Gordis, "Some Unrecognized Meanings of the Root *Shub*," *JBL* 52[1933] 153-62).

29.b. 운문에서는 알(אַל)이 로(לֹא)보다 더 강조적으로 쓰인다. 참조. BDB, 39a s.v. אַל a.(c); 고디스.

29.c. **케티브** שבי 대신 **케레** 슈부(שֻׁבוּ)를 따름.

29.d. 맛소라 구두법에 의해서는 오드(עוֹד)가 선행하는 베슈부(ושבו)에 연결되지만, 그것을 후속하는 것과 연결시키는 좋은 주장을 도름이 한다(JB, NAB, NIVmg가 그렇다).

29.e. 치드키-바흐(צִדְקִי־בָהּ, 문자적으로는 "나의 의가 그 안에 있다")를 일부는 "논의 중인 문제 안에"로 본다(참조. KJVmg). 따라서 NEB의 "문제가 되고 있는", RSV, NIV의 "문제가 되는". 참조. JB의 "내 문제는 아직 시작도 안 되었다". 모파트의 "내게서는 어떤 잘못도 입증되지 않았다." 다른 이들은 "내 권리가 아직 그 속에 있다", 즉 [내 권리가 아직] 현재하며, 따라서 나는 의로운 명분을 가지고 있다로 이해한다. 따라서 RV, JPS: "내 명분은 옳다[혹은 의롭다]". 고디스는 좀더 설득력 있게 "내 온전함이 아직 그 자체 안에 있다", 즉 손상되지 않고 그대로라는 의미를 주장한다. 시 90:10과 창 24:14은 유비일 수 있다. 다른 이들은 바흐(בה)를 비(בִי, "내 안에")로 수정한다(힛지히, 드라이버).

30.a. 하예쉬-빌르쇼니 아블라(היש־בלשוני עולה, 문자적으로는 "내 혀에 부정이 있는가")는 대부분의 역본들에 의해 상당히 문자적으로 번역된다. 그러나 그런 번역은 영어로는 관용어법에 어긋난다. NEB의 "내가 불의를 말하는가?"는 욥의 현재 주장과는 다소 무관하다.

30.b. 하보트(הַוּוֹת)는 대체로 "재난들"로 이해된다(참조. 2절에서 추측의 하바티 〈הַוָּתִי〉). 참조. RSV, JB. 그러나 대부분은 행의 전반부에서 아블라(עולה)와 평행하는 것을 찾아내려 한다. KJV의 "잘못된 것들", RV의 "해로운 것들", NIV의 "악의" 등은 아마도 하바(הוה)의 다른 의미인 "악한 욕망"을 향한다(참조. BDB, 217b). 고디스는 좀더 효과적으로 이 곳의 하바(הוה)는 막 7:3; 시 5:10[9]의 경우처럼 "궤휼, 거짓"을 뜻한다고 주장한다(니코나〈נְכוֹנָה〉의 반의어로). NAB도 "거짓"으로 번역한다. 포프는 좀 덜 설득적으로 이 곳의 하보트(הַוּוֹת)를 우가릿어 *hwt*("말", 참조. 악카드어 *awatu*, 보통은 *amatu*)과 상응한다고 주장하고, "내 구개가 말들을 분간할 수 없는가?"로 번역한다. 그러한 제안이 아마도 NEB의 "내 언어가 유순할 때 내 감각이 나에게 경고하지 않는가?"라는 에두르는 번역을 발생시킬 것이다. 이것은 이 시점에서의 욥의 목적의 취지로부터 우리를 너무 멀리 데려간다.

7:3.a. 민누(מִנּוּ)는 문자적으로는 "그들이(비지정) 세었다"이다. 수동태 문누(מֻנּוּ)로 바꾸거나(훨셔가 그렇다) 그 형태를 푸알의 음성적 이형으로 여길(고디스) 필요는 없다.

4.a. 마타이(מָתַי)는 단순히 "언제"이지만, 마음이 참을 수 없는 상태이기 때문에 "…하기 전에 얼마나 오랫동안"이 더 낫다. 또한 암 8:5; 시 41:6[5]; 42:3[2]; 94:8에서처

럼. 아드-마타이(עַד־מָתַי, "얼마나 오랫동안")는 현재 진행중인 행위를 가리킨다. 반면에 마타이(מָתַי)는 고대되는 것을 가리킨다.

4.b. 추측하여 마타이 욤 베아쿰(מָתַי יוֹם וְאָקוּם)으로나(예를 들어, 덤, NEB, "낮이 언제 되어 내가 일어날까?") 마타이 예오르 베아쿰(מָתַי יֵאוֹר וְאָקוּם, "빛이 언제 나와 내가 일어날까?")으로(호르스트, *BHS*) 수정하는 것은 칠십인경(*ἐὰν κοιμηθῶ, λέγω Πότε ἡμέρα; ὡς δ' ἂν ἀναστῶ, πάλιν Πότε ἑσπέρα*)을 부분적으로 따른다. 칠십인경을 좀더 철저히 돌아보면 욤 베아쿰 베임 캄므티 마타이(יוֹם וְאָקוּם וְאִם קַמְתִּי מָתַי)가 된다(휠셔, 도름). 따라서 JB는 "나는 침대에 누워서는 언제 낮이 될까 궁금해 하고, 일어나서는 저녁이 참으로 더디게 온다고 생각한다". 테리앙, 헤세도 비슷하다. 신 28:67과의 유사성이 논의를 좌우하지 말아야 한다. 이 절 전체는 3b절구를 상술하는 욥의 "밤들"에 관한 것이라고 보는 것(RSV, NAB, NIV)이 가장 가능성이 높다.

4.c. 에레브(עֶרֶב)는 대개의 경우 "밤"보다는 "저녁"이며, 가장 가까운 평행은 모호한 잠 7:9이다. 미다드(מדד)와의 결합으로 후자를 수정할 계기가 증대된다("원문주해" 4.d를 보라). 그러나 "저녁"을 뜻하는 단어는 적어도 시에서는 확실히 밤 전체에 적용될 수 있다.

4.d. מדד("측량하다")의 피엘 미다드(מִדַּד)는 여기서만 "늘이다, 계속하다"의 의미로 사용된다(BDB, 551a). 그러나 왕상 17:21에 나오는 히트포엘 바이트모데드(וַיִּתְמֹדֵד)도 분명히 "늘어난"을 뜻한다. 이것으로 מדד 대신 우미데이(וּמִדֵּי, "저녁[이 오는] 만큼이나 자주")를 쓰는 펄즈(Perles II)와 드라이버-그레이의 제안(포어러, 로울리도 그렇다)이 불필요하게 된다. 다드(דד)가 "가슴"을 의미하며, 따라서 "저녁의 가슴으로부터, 즉 초저녁부터"로 보는 라이더의 견해(J. Reider, "מִדַּד in Job 7:4," *JBL* 39[1920] 60-65)는 히브리어 평행 사례의 부재와 그가 제시한 아랍어 평행 사례의 억지스런 성격으로 인해 거의 설득력이 없다.

4.e. 헤세는 이 행을 행간 주석으로 보고 괄호 안에 둔다.

4.f. 네쉐프(נֶשֶׁף)는 아침이나 저녁의 어스름이다. 따라서 RSV의 "여명", JB의 "[저녁] 어스름".

5.a. 림마(רִמָּה)는 이제는 거의 보편적으로 "벌레(들)"로 번역된다(17:14; 21:26에서처럼). 의학 용어이며, 아랍어 *ramaya* VI("느리다, 기능이 떨어지다, [상처가] 부패하다, 썩다")와 어원이 같은 동음이의어 רמה가 제안될 수도 있다(아랍어 *rimmatun*〈"썩음, 부패"〉와 비교하는 기욤도 비슷하다). רמה는 아마도 교차적으로 이마에쓰(ימאס)와 연결될 것이며, 그러면 "고름"이라는 말이 떠오른다. 참조. 칠십인경의 *ἐν σαπρίᾳ σκωλήνων*("벌레의 부패로") 그리고 제롬의 *putredine vermium* 모두 רמה를 두 번 번역하며, "(살의) 썩음"의 의미를 인식하고 있다. 불가타는 *putredine*만 갖고 있다.

5.b. 기쉬(גִּישׁ)는 구쉬(גוש, "덩어리")가 **한 번 사용된** 형태로, 아마도 "농포"(G. R.

Driver, *VTS* 3[1955] 73)나 "딱지"(JB, NEB, NAB, NIV) 같은 의학적 의미를 갖고 있을 것이다(참조. 칠십인경의 *βώλακε*〈"덩어리"〉). 참조. 아랍어 *jas'u*(n)("거친 피부"). 그 다음 단어 아파르(עָפָר)는 연계 관계에 있는 것 같다. 따라서 "먼지 덩어리"(KJV, RV), "오물"(RSV). 아파르(עפר)는 도름에 의해 은유적으로 "더러운 딱지"로 해석된다. 참조. BJ("흙 딱지[croûtes terreuses]"; 테리앙도 그렇다), JB의 "역겨운 딱지". 그러나 문자적 의미와 은유적 의미 모두 받아들이기가 어렵다. 아파르(עפר)를 상당히 드문 용어인 גיש에 대한 설명의 주로 보는 것이 더 바람직할 것이다. 가령, 포어러, 호르스트, *BHS*(아마도)가 그렇게 본다. 드라이버는 아파르(עפר)를 아랍어 *jafara*("덮인")와 어원이 같은 새로운 어근으로 본다. 참조. *jafira*(〈상처가〉 "갈라지고 다시 시작되는"). 그런 다음 그는 기쉬 아파르 오리(גיש עפר עורי, "내 피부를 덮은 딱지")를 하나로 묶고(NEB가 그것을 따름), 라가 바이마에쓰(רגע וימאס, "그것이 갈라지고 벌려 열리다")를 앞선 어구에 대한 "명백한 설명의 주"로 여긴다(따라서 NEB는 רגע וימאס를 난외주로 보낸다). 라가(רגע)가 "부서지다, 갈라지다"를 의미하는지는 확실하지 않고("원문주해" 5.c를 보라), 열린 상처(혹은 고름)를 의미하는 어구가 일반적으로 상처의 호전을 가리키는 "딱지"에 대한 설명주가 될 가능성은 별로 없다.

5.c. 라가(רָגַע)는 자주 "경화시키다"로 해석되며(BDB 921b, RSV; 참조. RV의 "닫다"), 에디오피아어 *raga'a*("응고시키다")와 같은 어원을 가진다(드라이버-그레이를 보라). 다른 이들은 26:12에서 라가(רגע)가 마하츠(מחץ)와 평행 관계에 있는 것을 주목하고 마하츠(מחץ)를 "부수다, 박살내다"로 번역하면서 라가(רגע)를 "갈라지다, 부서지다"로 여긴다(참조. NEBmg, NAB, JB, NIV). 그러나 마하츠(מחץ)는 보다 가능성이 있게는 "때리다, 치다"를 뜻하며, 26:12의 라가(רגע)는 엄격한 평행이 아니라, 10:10과 출 15:8에서 카파(קָפָא)가 동일한 일과 관련하여 그러는 것처럼 "응고시키다"를 뜻한다. 아랍어 *raja'a*("돌아왔다")와 비교하고 "다시 생기다, 자라다"로 번역하는 기욤의 제안은 받아들이기가 어렵다. 그와 똑같은 동족어를 참조한 코프의 최종 제안(L. Kopf, *VT* 8[1958] 202)은 라가(רגע)를 "되다"로 해석하는 것이다. 그러면 "나의 피부가 흙 덩어리가 되어 부서진다"(사망 후 시체의 분해와 관련하여). 그러나 욥은 여기서 자신의 사후 상태에 대해 마음에 그리고 있는 것이 아니다.

5.d. 대부분은 바임마엠(וַיִּמָּאֵם)을 마싸쓰(מסס, 니팔, "흐르다, 똑똑 떨어지다")의 이형 혹은 "어형 변이"로 여긴다: 따라서 가령, NEBmg의 "배출하는", NIV의 "곪게 하는", JB의 "고름을 내는".

6.a. 에레그(אֶרֶג)는 삿 16:14에서는 분명히 "베틀"이다. 그러나 비록 BDB, 71a도 여기의 것을 그렇게 번역하지만, 대부분은 그것을 "(베틀의) 북"으로 여긴다.

6.b. 바이콜루(וַיִּכְלוּ)가 "[나의 날들이 집합적으로, 즉 나의 인생이] 마지막에 이르렀다"를 뜻하는지(참조. JB; TOB; 도름), 아니면 "[나의 날들이 개별적으로, 즉 매일이]

마지막에 이르렀다"를 뜻하는지(대부분이 그렇게 봄)는 논쟁의 여지가 있다. KJV, RV의 "[나의 날들이] 다 보내졌다(are spent)"는 "살아졌다(are lived through)"가 아니라 "끝났다(are finished)"를 뜻한다.

6.c. 우브에페쓰(וּבְאֶפֶס)는 대체로 "그리고 [that] 없는"으로 번역된다(맛소라 본문에는 ובאפס가 아니라 ו 없는 באפס이기 때문에 이 부분은 적어도 역자에게는 이상하다. 거두절미하고 이것은 주석가의 실수이거나 아니면 그의 해석이 본문 속으로 반영된 것이라는 소견만 전한다 – 역자주). 티크바(תקוה)를 "실"로 보는 학자들("주석"을 보라)은 באפס를 "부족하여"의 의미로 여기는데, 이는 비록 드라이버-그레이의 반대가 있기는 하지만 잠 26:20에 의해 충분히 평행이 된다. 그러나 이런 번역(도름처럼: "실이 모자라 끝났다")은 만족스럽지 않다. 왜냐하면 인생이 그로부터 짜여지는 "실"이 무엇인가? 이 은유로 주어지는 대답은 하나도 없다. 우리는 ובאפס תקוה이 종국(ויכלו) 개념을 6a절구의 은유 어조로 바꾸어 표현한다고 가정하고, "그리고 [남은] 실은 없다"로 번역해야 할 것이다.

6.d. "주석"을 보라. 티크바(תקוה)의 "소망" 혹은 "실"의 의미를 두고 하는 어떤 놀이가 있다면, 그 문학 장치는 *taurīya*(기용)나 *taḥin*(고디스)으로 명명될 수 있을 것이다. 가장 가능성이 높게는 오직 "실"만 의도되었다.

8.a. 이 절은 칠십인경에는 없다. 그러한 이유로, 그리고 그것이 8절을 다소 반복한다는 이유로 비켈에 의해서도 삭제되었다. 그러나 오늘날에는 일반적으로 유지된다(모파트는 이것을 괄호 속에 넣었고, 드라이버-그레이는 좀더 작은 활자로 둔다). 칠십인경에서 이 절을 생략한 것은 하나님이 욥을 항상 볼 수 있는 것은 아니라는 추론을 피하는 것(Gard, *Exegetical Method of the Greek Translator*, 77) 같은 신학적 동기가 있었을 것이다.

8.b. 로이(רֹאִי)는 "나를 보는 자의", 즉 지금 나를 보는 자는 누구든을 의미한다. 와인그린은 로이(רֹאִי)가 "봄"(sight)이라는 명사라고 제안하고, 에인 로이(עֵין רֹאִי; 주석가는 엔⟨אֵין⟩)를 "어떤 보는 눈도…않다"로 번역했다("The Construct-Genitive Relation in Hebrew Syntax," *VT* 4[1954] 50-59[56-57]). 그렇다면 "나를 볼 것이다"에 부정어 "더 이상…않다"(no more)를 추가하는 것이 필요치 않을 것이다. 이 제안은 그리 설득적이지 않으며(참조. 포어러), 맛소라 모음 표기에 상반된다(고디스). NEB는 와인그린의 제안을 채택하는 것이 분명한데, 그럼에도 불구하고 "더 이상…않다"를 추가한다. 앤더슨은 아트나를 에인(עַיִן) 밑으로 옮기고 "(너의) 눈(들)이 나를 찾을 것이다[단정의 *l*']. 너의 눈이 나를 찾을[부정사 절대형 라오(רָאוֹ)로 읽음] 것이다. 그러나 나는 거기에 있지 않을 것이다"로 번역한다. 이것이 가능하기는 하지만, 맛소라 본문이 첫 번째 절구가 지나치게 길고 두 번째 절구는 불완전하다는 앤더슨의 주장에도 불구하고 만족스럽다.

8.c. NEB는 테슈레니(תְשׁוּרֵנִי)를 2인칭 단수로 취급하는데, 이는 오직 ראי에 대한 와인그린의 제안을 수용함으로써("원문주해" 8.b를 보라), 아니면 두 번째 동사를 욥의 생령

이 그의 "방문자"(רֹאִי)에게 전하는 것으로 여김으로써만 가능하다(스티븐슨).

8.d. 고디스는 그럴듯하지 않게도 그 2인칭 단수 접미어를 첫 번째 절구의 부정(不定) 엔 로이(אֵין רֹאִי)와 평행하게 비인칭 "너, 즉 누구든"으로 여긴다.

8.e. 비존재를 의미하는 엔네니(אֵינֶנִּי) 및 엔(אַיִן)의 다른 형태들에 대해서는 시 39:14 [13]; 욥 3:21; 23:8; 24:24; 27:19을 참조하라. 블롬머드는 אין에서 파생된 "명사유래 피엘"인 베이누니(וְאִיְּנֻנִי)로 모음을 바꾸고, 그 구절을 "네 눈이 나를 향하고 나를 무로 만든다"로 번역한다(참조. 또한 27:19에 관한 부분). 그러나 여기서는 베엔네니(ואֵינֶנִּי)와 베이누니(ואיננו)를 어떤 행위의 최종 결과를 가리키는 것으로 하는 전통적인 용법이 훨씬 더 가능성이 높다.

9.a. 보충됨. 9절은 어떤 눈도 그를 볼 수 없을 것(8절)에 대한 이유다.

9.b. 고대 역본들(참조. 도름)과 일부 현대 역본들(JB, NEB, NAB, NIV; 테리앙)과 함께 비교를 분명히 해주기 위해 "처럼"을 추가시켰다. 켄(כֵּן)과 상보관계에 있는 카아세르(כַּאֲשֶׁר)는 때때로 운문에서 생략된다(예를 들어, 사 55:9; 참조. BDB, 486b, § 2.d.).

9.c. 칼라(כלה)는 "그치다, 멎다, 끝나다"라는 의미다. 연기가 흩어지는 것에 대해서는 시 37:20을 보라.

9.d. 문자적으로는 "가다"(וַיֵּלַךְ - 바옐라크). 호 13:3에서는 연기나 이슬의 사라짐에 대해 사용됨. 휴지 모음 표기에 대해서는 *GKC*, § 69x를 보라.

9.e. 의미상으로는 이 곳에 주요 휴지가 요구되는데, 왜냐하면 비교가 구름이 사라지는 것과 인간이 스올로 내려감 사이이기 때문이다.

10.a. 메코모(מְקֹמוֹ)는 사실상 "그의 거처"와 같다(참조. Dahood, *Psalms I*, 162; *Psalms III*, 29; "Hebrew-Ugaritic Lexicography V," *Bib* 48[1967] 421-38[431]).

10.b. NEBmg의 "그리고 그는 그의 거처에서 더 이상 알아보아지지 않을 것이다"는 의심할 바 없이 야키레누(יַכִּירֶנּוּ)의 주어를 불특정으로 본 것이고, 또한 מקמו는 아마도 부사적으로 이해한 것이다. 그러나 מקמו를 주어로 읽는 것이 상당히 수용 가능하다.

11.a. 감(גַּם)은 "그러므로"로서가 의미가 잘 통할 것이다(따라서 KJV, RV, NIV; 도름, 호르스트). 시 57:7[5]이 평행문으로 인용되기는 하지만 반의어로도 충분히 잘 설명된다(참조. BDB, 169b, § 5). 따라서 "그러므로"는 어쩌면 충분히 입증되지 않는다. 감-아니(גַּם־אֲנִי)에 대해서는 만일 욥이 자신을 엘리바스와 비교하고 있는 것으로 생각되면 "나 역시"로 볼 수 있다. 그가 자신을 하나님과 비교하는 것은 거의 아닌 것 같다. 드라이버-그레이의 설명은 지나치다: "하나님이 사람에게 아무런 관심도 보이지 않는 것처럼…그[욥]도 말을 억제함으로써 그에게 관심을 보이지 않을 것이다"(고디스도 비슷함). 둘 중 어느 쪽을 보느냐는 논점이 아니다. C. J. Labuschagne, "The Emphasizing Particle *gam* and its Connotations," *Studia Biblica et Semitica Th. C. Vriezen… dedicata*(ed. W. C. van Unnik and A. S. van der Woude; Wageningen: H. Veenman & Zonen, 1966) 193-

203(198 n. 1)를 보라.

11.b. 시아흐(שִׂיחַ)는 우선적으로 정신적 행위가 아니라(가령, "명상하다") 구두적 행위다. 이 문맥에서는 불평을 담은 말[참조. 역시 시 55:18(17); 77:4(3)(두 경우 모두 하마〈המה, "한탄하다"〉와 평행); 사 53:8]. 일반적으로 "명상하다"로 번역되는 곳에서도(예를 들어, 시 77:13[12]) 구두 행위가 포함된다(비슷하게 하가〈הגה〉와 함께). 참조. 또한 9:27에 관한 부분. 모빙켈(S. Mowinckel, "The Verb śîᵃh and the Nouns śîᵃḥ śîḥ," *ST* 15[1961] 1-10)은 שׂיח와 "내적, 정신적 활동, 정서적 생각과 명상"의 관계를 강조하고 싶어하지만(8), 뮐러(H.-P. Müller, "Die hebräische Wurzel שׂיח," *VT* 19[1969] 361-67)가 올바르게 구두적 측면을 강조한다("크고, 열광적인 혹은 감정이 가득한 말").

12.a. 이 절은 동기 있는 의문문을 보여 주는 또 하나의 사례다(van Selms, *Semitics* 6[1978] 30-31).

12.b. 관사가 없음. 그것은 사실상 고유명사다.

12.c. 다후드(M. Dahood, "Mišmār, 'Muzzle,' in Job 7:12," *JBL* 80[1961] 270-71)는 여기와 시 68:23[22]에 나오는 미슈마르(מִשְׁמָר)를 "재갈"로 여긴다(그는 시 68편의 맛소라 본문 아쉬브 밈메출로트 얌〈אשיב ממצלות ים〉 대신에 에쉬밤 메출로트 얌〈מצלות ים אשבם〉으로 읽고, 그 의미를 "내가 깊은 바다〈문자적으로는 '바다의 깊음'〉에 재갈을 물렸다"라고 말해 준다 – 역자의 보충). 포프는 시 68:23[22]에 대한 제안은 수용하는 반면, 현 구절에는 하나님이 욥을 잠잠케 하시려고 하고 있음을 암시하는 것이 하나도 없다고 반박한다. 시 39:2[1]; 141:3에서는 입을 "지킴"이 말의 실수나 잘못을 방지한다. 따라서 여기서 그 위험성을 막기 위해 재갈을 물린 들짐승으로 욥을 그리는 것은 가능하지 않다. 오히려 욥이 저항하고 있는 것은 하나님의 끊임없는 감시다. "주석"을 보라. 어떤 경우든, 이 절에 대한 다후드의 제안이 근거한 셈어 어근 *šbm*("재갈")의 존재는 바(J. Barr, "Ugaritic and Hebrew *šbm*?" *JSS* 18[1973] 17-39; 참조. 또한 Grabbe, *Comparative Philology*, 55-58)에 의해 상당히 불확실한 것으로 드러났다.

도름의 번역 "당신은 울타리를 세워 나를 막는다"(그가 렘 51:12의 משמר를 이해하듯이)도 하나님은 욥을 밀어내고 있는 것 같지 않다는 난점에 봉착한다. 에얼리히는 미슈마르(משמר)를 "경계함, 깨어 있음 혹은 방심치 않음"으로 번역함으로써(참조. 아랍어 *samara*〈"깨어 있었다"〉; 고디스는 이를 *talhin*〈이중 의미〉으로 수용한다) 12절과 13절 사이 관계 문제를 해결하려고 생각했으나(13절에 대한 "주석"을 보라), 그 음성의 일치는 의심스럽다.

12.d. NAB는 20c, d절을 여기로 위치를 바꾼다.

13.a. 키(כי)는 1:5에서처럼 빈도사(*GKC*, §§ 112hh, 164d)이다: "할 때마다."

13.b. 아마르(אמר, "말하다")는 적지 않게 "생각하다"로 잘 번역된다(BDB, 56 § 2). 따라서 모파트, NEB, NIV, 덤, 포어러, 고디스.

13.c. 나사 브(נשׂא ב)는 "…의 짐을 같이 짊어지다"(참조. 민 11:17).

13.d. 시히(שִׂיחִי): "원문주해" 7:11.b를 보라. "나의 불평"(KJV, RSV, NAB, NIV)은 그릇되게 "나의 병"을 암시할 수 있을 것이다. JB의 "나의 고통"(BJ의 "나의 고통〈mes souffrances〉")은 옹호되기가 어렵다.

14.a. 원인의 민(מן)으로 חמלות 앞에 있는 수단의 베트(ב)와 같다. 이를 베트(ב)와 민(מן)의 상호 교환의 한 예로 분류하는 것은 불필요하며(이 문제에 대해서는 N. M. Sarna, "The Interchange of the Prepositions *Beth* and *Min* in Biblical Hebrew," *JBL* 78[1959] 310-16[313]; 그리고 참조. 4:21에 관한 부분), 베트(ב)를 실제로 "…로부터"를 의미하는 것으로 간주하는 것은 더더욱 그렇다(참조. Dahood, *Psalms II*, 33; 블롬머드, 19, 49).

15.a. 네페쉬(נפשׁ)는 때때로 "목구멍, 목"(예를 들어, 시 69:2[1])을 의미하는데(참조. KB, 626b; C. Westermann, *THWAT* 2:74-75), 이는 BDB에 의해 인정되지 않은 의미다. 이 구체적인 의미를 일부 학자들이 하는 것처럼 "최초의" 혹은 "시원의"라는 의미로 여기는 것은 위험하다. 네페쉬(נפשׁ)와 마하나크(מחנק, "숨막힘")의 결합이 "목구멍"으로 번역하도록 유혹하지만(포프가 그렇게 한다. M. Dahood, "Ugaritic Lexicography," *Mélanges Eugène Tisserant*[Studi e Testi 231; Città del Vaticano, 1964] 81-104[93]; 블롬머드, 앤더슨), 이런 방식이 반드시 맞는 것은 아니다.

15.b. 앤더슨은 대체로 추상명사 "숨막힘"으로 번역되는 단 한 번 사용된 동사 마하나크(מַחֲנָק)에서 모트(Mot) 신의 별칭인 "교살자"(the Strangler)를 본다. 그는 이렇게 번역한다: "그리고 교살자(the Strangler)는 내 목을 택하고, 죽음(Death)은 내 뼈를 택했다." 즉 교살자의 사망이 내 목의 뼈를 선택했다. 아마도 동사 바티브하르(וַתִּבְחַר)는 "교살자"와 죽음이 동일 인물임에도 불구하고 3인칭 복수 *tqtl* 형태로 이해되었을 것이다(bibliography: 블롬머드, 16; Dahood, *Psalms III*, 387). 이 제안을 단순히 가능한 것 이상이 되게 하기 위해서는 죽음을 교살자로 여기는 비교 본문의 증거가 필요하다(앤더슨은 성상학〈iconography〉을 인용한다).

15.c. 아츠모타이(עַצְמוֹתָי)의 다소 자유로운 번역, 문자적으로는 "내 뼈들", 즉 "내 존재"(참조. BDB, 782b, § 1d). 참조. KJV의 "내 생명". 만일 나프쉬(נפשׁי)가 "목구멍"으로 여겨지면, 아츠모타이(עצמותי)는 더욱 자연스럽게 "뼈"가 되겠지만, 대부분은 "내 뼈들보다는 죽음"이라는 표현이 이상하고, 욥이 쇠약해져 결국 한 자루의 뼈가 되었음("이 해골", 기욤)을 거의 의미하지 않을 것이라고 느낀다. 반면에 아츠모타이(עצמותי)가 전 인격을 의미한다면 나프쉬(נפשׁי)도 동일한 의미를 가질 것이다.

아츠모타이(עצמותי)를 아츠보타이(עַצְבוֹתָי)로 수정하는 것(9:28에서처럼)은 확실히 불필요하다(그러나 다음에 의해 채택되었다: 모파트, JB, NAB; 드라이버-그레이, 도름, 테리앙, 로울리, 헤세). 메아추모타이(מֵעַצְמוֹתַי)로 읽는(참조. 사 41:21, 아랍어 *ʿiṣmat* 같은 아츠마〈עַצְמָה, "방어, 변호"〉) 라이더(J. Reider, *VT* 2[1952] 126)의 번역 "나의 변호 주장"에 대해서는 말할 것이 거의 없다. 드라이버(G. R. Driver, "Mistranslations," *ExpT* 57[1945-46] 192-93[193], 249)는 수정을 피하고, 아랍어 *'aẓîm*("큰, 중대한")과 어원이 같은 아츠마(עַצְמָה)라는 새로운 단어를 제시했으며, "큰 불행, 고통"이라고 해석했다 (NEB도 그렇다. 호르스트, 포어러). 그러나 로울리가 논평한 것처럼 "고통"이라는 필수 단어가 공급되어야 한다.

또 다른 접근은 메아추모타이(מעצמותי)의 첫 번째 **멤**(מ)을 앞 단어 마베트(מות)에 붙은 대명 접사 **멤**으로 여기는 것이다(따라서 N. M. Sarna, "Some Instances of the Enclitic -*m* in Job," *JJS* 6[1955] 108-10[109]; Dahood, "Ugaritic Lexicography," 93; Pope, Andersen[암시됨]). 이는 "내 목은 교살을 원하고, 내 뼈는 죽음을 원한다"라는 번역을 허용한다. 그것은 적당한 의미를 만들지만 아주 정교한 시행을 밋밋한 동의 대구법으로 단순화해 버린다.

16.a. 마아쓰티(מָאַסְתִּי)의 자연스런 번역은 여기에 표현되지 않은 목적어를 필요로 한다. "죽음"이 하나의 가능성이며, 어떤 이들은 심지어 그 동사를 15절의 끝으로 옮겨 "나는 내 고통보다 죽음을 더 경멸한다"로 번역한다(메아츠보타이⟨מעצבותי⟩로 읽으면서; "원문주해" 7:15.c를 보라). 그러나 드라이버-그레이는 마아쓰(מאס)는 "**거절하기** 위해서 경멸하는 것이지 **받아들이는** 가운데 경멸하는 것이 아니라"라고 제대로 반박한다. "[내] 생명"(하야이⟨חַיַּי⟩로 이해되거나[참조. 9:21], 아니면 앞에 עצמותי과 관련하여)이 아마도 가장 가능성이 높은 함축 목적어일 것이다(그리고 RSV, NIV는 그것을 보충한다). 또 마아쓰티(מאסתי)는 현재의 느낌으로서가 아니라(KJV, RSV "나는 몹시 싫어한다"), 이미 취한 결단으로 이해되어야 한다. 그러면 이 동사가 뒤이어 오는 절과 어떻게 연결되는가에 관한 도름의 어려움이 극복된다.

또 다른 가능성은 비록 드라이버에 의해 부정되기는 하지만, 마아쓰(מאס)를 마싸쓰(מסס, "녹다, 절망하다")의 변형된 형태로 보는 것이다. 따라서 아마도 불가타의 *desperavi*, 참조. RVmg, JB, NAB의 "나는 쇠약해진다". NEB의 "나는 절망 가운데 있다". 도름, 로울리도 비슷함. 맛소티(מְסוֹתִי)로의 수정(비켈, 드라이버, *BHS*처럼)은 불필요하다.

칠십인경은 그 단어를 번역하지 않았고, 포어러는 이를 15절에 대한 부연 해설로 보고 삭제한다. 포프도 똑같이 하고 싶어한다.

16.b. RSV의 "나는 살지 않겠다"(참조. NEB)는 "나는 살지 못할 것이다"라는 인정보다 다음 절구와 덜 균형을 이룬다.

16.c. 레올람(לְעוֹלָם)은 전통적으로 "영원히"(RSV, NIV)로 번역되며, 그 형태로는 지나치게 과장되게 들리는 완서법이다.

16.d. 헤벨(הֶבֶל)은 아마도 무가치성(예를 들어, NIV "내 날들은 아무런 의미가 없다"; 참조. GNB "내 생명은 무의미하다")보다는 무상함과 덧없음(참조. 6절의 야마이 칼루⟨יָמַי קַלּוּ⟩)의 의미를 가짐(참조. K. Seybold, *TDOT* 3:317).

17.a. 포프는 테가드레누(תְּגַדְּלֵנוּ)를 "세우다, 기르다(rear)"로 번역한다(비슷하게 스티븐슨의 "양육하다"; 호르스트, 포어러, 삼상 1:2과 비교함. 그리고 영아 사망률이 높은 문화 속에서 아이의 성공적인 양육의 중요성에 대해 말함). 그런 번역이 가능하기는 하지만, 그것은 시 8편과 12절과의 연결을 망친다("주석"을 보라).

17.b. 타쉬트 리브카(תָּשִׁית לִבְּךָ)를 영역본들은 "당신 마음을 두다"로 번역하며, 이는 애정을 시사할 수 있다. 그러나 레브(לב)는 오히려 이해나 주의다(참조. 8:10; 36:5).

18.a. 보케르(בקר)가 여기서 그리고 운문의 다른 곳에서 "아침"보다는 "낮"을 의미한다는 델레카트의 논증은 설득력이 없다(L. Delekat, "Zum hebräisches Wörterbuch," *VT* 14[1964] 7-66[8]). 제유법에 의해서도 그렇다. 왜냐하면 그 묘사는 욥이 깨는 순간 감시 아래 놓이는 것에 관해서이기 때문이다(참조. 14절, 거기서도 그의 잠이 하나님에 의해서 방해된다).

19.a. 문자적으로는 "당신이 얼마나 오래도록…않을 것입니까?" 캄마 로(כַּמָּה לֹא) 질문-양식은 시편의 탄원들에서 흔하다(참조. H. Gunkel and J. Begrich, *Einleitung in die Psalmen: Die Gattungen der religiösen Lyrik Israels*[Göttingen:Vandenhoeck und Ruprecht, 1933] 229-30).

20.a. 덤, 휠셔, 포어러, 헤세는 이 행 전체를 지나치게 길다고 하여 빼버린다. "원문주해" 20.c도 보라.

20.b. 함축된 가설에 대해서는 "주석"을 보라.

20.c. 하타티(חטאתי)는 운율적인 이유들로 포프에 의해 삭제된다.

20.d. 문자적으로는 "내가 당신에게 무엇을 행하나이까?"

20.e. 칠십인경은 호 에피스타메노스 톤 눈 톤 안드로폰(*ὁ ἐπιστάμενος τὸν νοῦν τῶν ἀνθρώπων*, "사람의 마음을 이해하시는 분")을 갖고 있고, 이는 일부로 하여금 하아담(הָאָדָם) 앞에 레브(לֵב)의 삽입을 제안하게 한다(발이 그렇다. 참조. *BHS*; NEB가 그 뒤를 따름). 그러나 칠십인경은 노체르 하아담(נצר האדם)의 아이러니를 제거하기 위해 의역하고 있는 것일 수 있다(참조. Gard, *Exegetical Method of the Greek Translator*, 48). 노체르(נצר)와 야차르(יצר)를 연결시키고 "인간의 창조주"라고 번역하는 페쉬타를 따를 이유는 거의 없다(참조. *BHS*).

20.f. 미프가(מִפְגָּע)는 문자적으로는 "맞히는 것, 맞혀지는 것"이며, "사람이 대고 치는 무엇"에 대한 피크의 선호에도 불구하고("욥은, 말하자면, 항상 하나님의 밥이다") "표적"으로 알맞게 번역된다(참조. 6:4; 16:12). 이와 비슷하게 드라이버, 로울리, 모파트. NEB의 "butt"는 "궁술 연습용 표적이다. 그러나 정확히 말하면 그 표적이 세워지는 둔덕 혹은 그 외의 다른 구조물이다"(*OED* 1:1216a).

20.g. 일부는 마사(מַשָּׂא, "짐")가 여기에 맞지 않는다고 본다(참조. 포프: "바라는 것으로 보이는 것은 표적의 동의어다"). 비어는 16:12; 애 3:12에 있는 마타라(מַטָּרָה, "표

적")를 제안했다. 참조. *BHK*; 헤세도 역시 마찬가지다; NEB, NAB(12절로 옮겨짐).

20.h. 맛소라 본문의 알라이(עָלַי, "나 자신에게"; KJV, RV, JPS처럼)는 하나님에게 어울리지 않는 언어의 사용을 피하기 위해 만들어진 18개의 **티쿠네 소페림**(*tiqqune sopherim*, "서기관들의 수정") 가운데 하나로 인정된다. *IDBS*, 263-64; C. D. Ginsburg, *Introduction to a Masoretico-Critical Edition of the Hebrew Bible*(New York: Ktav, repr. 1966), 347-63; W. E. Barnes, "Ancient Corrections in the Text of the Old Testament (*Tiḳḳun Ṣopherim*)," *JTS* I(1899-1900) 387-414(412); C. McCarthy, *The Tiqqune Sopherim, and other Theological Corrections in the Masoretic Text of the Old Testament* (OBO 36; Freibugr/Göttingen: Universtätsverlag/Vandenhoeck und Ruprecht, 1981) esp. 79-81를 보라. 그리고 다른 가능 사례에 대해서는 9:19에 관한 부분을 참조하라. 원문은 아마도 알레카(עָלֶיךָ, "당신에게")로 읽혔을 것이다(칠십인경도 그렇다). 그럼에도 불구하고 드라이버는 부드를 따라 알레카(עליך)를 용두사미라고 생각하고 맛소라 본문을 선호했다. 블롬머드는 עלי를 엘리(עֵלִי, "가장 높은 분")로 모음을 표기할 수 있는 가능성을 기화로 삼아(bibliography: 블롬머드, 24; 더 자세한 것은 "원문주해" 1:2.a를 보라), 두 번째 절구의 라크(לְךָ)가 이 이절구에서도 기능한다고 가정한다.

21.a. 말을 전해 듣는 이는 분명히 하나님이지 "누구나"에 상응하는 불특정 인물(고디스처럼)이 아니다.

양식/구조/배경

이 연설의 **구조**는 욥이 그의 말을 향하게 하는 방향에 의해서 가장 잘 결정될 것이다. (i) 6:2-13에서 그는 분명히 독백으로 말하고 있으며, 친구들에게도 하나님에게도 말하지 않는다. 그는 친구들은 전적으로 무시하고 하나님에 대해서는 삼인칭으로 말한다. 그의 질문들조차 특별히 아무에게도 건네지지 않는 순전히 수사적인 질문들이다(11, 12절). (ii) 반면에 6:14-30에서는 분명히 친구들에게 말을 하고 있다. 14-20절은 사실 이인칭으로 말해지며, 심지어 마치 친구들이 그 자리에 없는 것인 양 그들을 삼인칭으로 언급한다(15a절구). 그러나 이 절들이 그들을 향해 있다는 데 의심의 여지가 있을 수 없는 것은, 명백하게 그들을 향한 첫 번째 말(6:21)이 14-20절들에서 믿을 수 없는 친구들이라고 객관적으로 묘사된 배반의 친구들과 욥의 세 대화자들을 동일시하기 때문이다. 친구들은 그 시점에서부터 이 장의 끝에 이르기까지 매 절에서 직접적으로 말을 건네 들으며, 마지막 절(30절)만이 예외인데, 그 곳의 질문은 직접 질문과 수사적 질문 사이 가까이에 머문다. (iii) 대조적으로, 7:1-21은 전적으로 하나님을 향해 있다. 1-6절은 수신자를 명확하게 말하지 않지만, 의심할 여지없이 하나님을 향해 있는 7절의 명령 "기억하소서"는 1-6절이 그를 위한 것이었음을 분명히 해주고, 심지어 우리로 하여금 1절을 단순히 수사적 질문이 아니라 하나님에게 묻는 진짜 물음으로 읽도록 유혹한다. 7절 이후로 "당신"이 7, 8, 12, 14, 16-21절들에 나타남으로써 욥의 연설의 대상으로 하나님 존전이 강하게 표시된다.

테리앙과 웹스터("Strophic Petterns," 39)를 제외한 다른 학자들은 명확하게 드러난 이 삼중 구조를 인정하려 하지 않는다. 가령, 머피는 이 연설이 두 부분으로 되었다고 본다. (1) 6:2-27, 여기에는 불평(6:2-4), 그 불평의 정당화(6:5-7), 죽기를 바라는 형식으로 된 충성 증언(6:8-10), 불평으로부터 온 다양한 모티프(6:11-27) 등과 같은 이질적 내용들이 담겨 있음. (2) 6:28-7:21, 여기에는 욥이 친구들에게 자기 말을 들어보라고 하는 요구(6:28-30)가 하나님을 향해 말해지는 불평(7:1-21)과 함께 있음. 머피(Murphy, *Wisdom Literature*, 25)는 이 연설에 대한 그의 구조 분석에서 그 안에 담겨 있는 이중 "알파벳 시", 즉 각각 22행과 23행으로 되어 있고 두 개의 이행으로(6:24-27, 28-30) 연결된 두 개의 시(6:2-23; 7:1-21)를 발견함으로써 영향을 받았다. 이 면에서 그는 스케한을 따른다(Skehan, "Strophic Patterns," 102-3). 그러나 그러한 특징이 발견될 수 있을지라도, 그것은 순전히 형식적 구조 장치 이상이 아닐 것이며, 또한 그 말이 실제적으로 누구에게 말해지느냐의 문제보다 더한 중요성을 가질 수는 없다.

포어러는 이 연설에서 사중 구조를 본다. (1) 6:2-13, (2) 6:15-30(그는 14절을 생략함), (3) 7:1-11, (4) 7:12-21. 이 패턴은 보다 작은 연 구분과 보다 큰 의미 구분 속에서 하나의 균형을 찾아보려는 바람에 의해 영향을 받았지만, 불필요하게도 하나님에게 하는 말을 두 부분으로 나눈다. 하벨은 단지 두 개의 주요 부분, 즉 친구들에게 하는 말인 6장과 하나님에게 말하는 7장으로 본다. 그렇지만 6:2-13을 2, 8절의 바람들과 함께 어떤 의미로든 친구들에게 말해진 것으로 보기는 어렵다.

연 구조는 세 개의 행으로 된 연들을 보여 준다. 첫 번째 부분으로는 6:2-4, 5-7, 8-10, 11-13이 있다. 두 번째 부분으로는 독립적인 도입 행 이후(6:14) 6:15-17, 18-20, 21-23(24절은 부속절), 25-27, 28-30이 있다. 세 번째 부분으로는 7:1-3, 4-5(4절은 두 개의 이절구 포함), 6-8이 있으며, 그 다음에 예외적으로 2-행으로 된 네 개의 연인 9-10, 11-12, 13-14, 15-16이 있고, 17-19, 20-21에서 다시 3-행 연들로 돌아간다(20절은 두 개의 이절구를 포함함). 1연과 2연은 함께 걸려 있고 (6:2-7), 마찬가지로 3연과 4연(6:8-13), 5연과 6연(6:15-20) 그리고 7, 8, 9연들

(6:21-29[30])이 그렇다. 7장에서는 10, 11연이 함께 걸려 있고(7:1-5), 마찬가지로 12-16연들(7:6-16)은 다소 느슨하게, 그리고 17-18연들(7:17-21)은 좀더 단단히 걸려 있다.

이러한 분석은 웹스터의 분석과 아주 밀접하게 일치하지만(Strophic Patterns, 39-40), 그가 확인하는 연 구분은 6:14-17, 24-27; 7:11-15, 16-19이다. 그렇게 다르지 않은 연 구조가 테리앙에 의해 제출되지만, 그는 6:21을 14절과 함께 3-행으로 된 두 개의 하위연인 15-17절과 18-20절을 구성하는 독립 행으로 여긴다. 그러면 22-24절은 그 다음 하위연이 된다. 7장에서는 13-15, 16-18, 19-20a, 20b-21절들을 하위 연들로 본다. 포어러는 6:18-21, 22-25, 26-30 그리고 7:1-4, 5-8, 9-11, 12-15, 16-19, 20-21 등으로 구별하는 점에서 나의 분석과 다르다. 이것은 7장에서 4-행으로 된 네 개의 연들과 그리고 3-행으로 된 두 개의 연들을 낳는다. 이 구분 역시 자천할 것을 많이 가지고 있으나, 다만 16절과 17절을 연결하는 것이 다소 약해 보인다. 왜냐하면 16절은 욥과 개인적으로 관련된 것이고, 17절은 사고를 인간 일반으로 확장시키기 때문이다.

양식 면에서 이 연설은 전체적으로 **호소, 탄원**(*appeal*)에 속한다(종종 **애가, 탄식**〈*lament*〉으로 불림). 오직 하나님만을 향하는 7장에서는 여러 면에서 시편의 호소 모델들을 따른다. 또한 14-20절에서 친구들에게 말해지는 6장 역시 양식적으로 말하자면 그들에게 그가 무슨 죄 때문에 고난을 당하는지에 대해 그들이 믿는 바를 폭로하라고 요구하는 탄원이다(6:24). 머피(Murphy, *Wisdom Literature*, 25)는 이러한 분석과는 다르며, 본 연설을 두드러진 탄원 요소들을 지녔으나 본질적으로는 논쟁 언사라고 본다. 그러나 오히려 그 반대인 것 같다. 즉 그것은 논쟁으로부터 온 요소들을 현저하게 지닌 탄원이다. 포어러는 간구와 논쟁이 교체되는 것만 허용하려 한다.

탄원 양식에 전형적인 것으로 다음 요소들이 있다. 명령문으로나(6:24, 28-29; 7:16b, 7), 소망 형식문으로(6:2, 8; 7:15에 소원 암시) 혹은 부정형 수사 질문으로(7:21) 표현되는 고유 **탄원**(*appeal*)이 있다. 이 모든 요소들에는 최소한 논쟁 양식에도 동일하게 속하는 비난의 뉘앙스가 있다. 다음으로 화자가 자신의 딱한 상황의 구체적인 것들을 그의 탄원 이행의 근거로 제시하는 **불평**(*complaint*)이 있다. 따라서 그는 전능자의 화살(6:4), 그의 인생의 무익함(7:3), 그의 잠 못 이룸(7:4), 육체적 고통(7:5), 악몽(7:14) 등에 관해 묘사한다. 특별히 발전되는 모티프는 원수들에 대한 묘사다(6:14-21). 탄식자에게 원수들로 기능하는 자들이 사실은 그의 친구들로 가정되거나 혹은 친구들이 원수로 변하는 것 자체는 시편에서 흔한 모티프다(참조. 시 38:12[11]; 41:10[9]; 55:13-15[12-14]; 88:9[8], 19[18]; 109:4; 그러나 베스터만이 지적하듯이, 여기에는 시편의 예들과 다른 중요한 차이점들이 있다; *Structure*, 43). 또 다른 특징적 모티프는 화자의 고통에 대한 묘사를 인간 상황에 대한 일반화된 서술로 구성한다는 것이다(7:1-6; 참조. 시 39:6-8[5-7]). 그런 것은 "탄식에 고유한 양상"이다(Westermann, *Structure*, 47). 또한 "얼마나 오랫동안?"(7:19; 참조. 4절, "언제?") 그리고 "왜?"(7:20, 21) 같은 **수사적 질문**(*rhetorical question*)의 사용도 있다. 그러한 질문들은 탄원 시편들에 특징적이다(예를 들어, 시 74:1, 10; 80:5[4], 13[12]). 시편 모델들과는 달리 욥의 탄원은 생명의 회복으로서 그의 고통에서 구원해 달라는 것이 아니라, 그의 고난에서 벗어날 유일한 수단으로서 죽음을 달라는 것임을 알아보는 것이 중요하다. 그리고 그는 하나님에게 자신에게 관심을 가져 달라고 호소하는 것이 아니라, 그로부터 "눈길을 돌리라"고 한다(7:19).

논쟁 양식에서 온 요소들도 이 연설에서 빈번하게 마주치는데, 특별히 6:22-30에서 두드러지게 그렇다. 비난의 말(6:21, 22-23, 27), 상대방의 주장의 물리침(6:26) 그리고 상대방에게 수사 질문의 집중 사용(6:22-23, 25b, 26, 30) 등이 있다.

지혜의 영역으로부터는 6:5-6에서 탄원의 정당화로 도입되는 두 개의 흥미로운 **경구**(*proverbial sayings*)가 있다. 6:14도 그것이 정확히 무엇을 의미하든 격언 발화 형식을 가지고 있다. 여기 논쟁 언어의 적어도 일부는 오히려 **지적 논쟁**(*intellectual disputation*)에 속한다. 가령, 상대방에게 "가르쳐" 달라는 요구 – 물론 6:24에서는 그것이 보통의 경우처럼 반어적 의미를 전달하지 않는다 – 와 6:25-26에 나오는 "책망"에 대한 언급들.

특별히 현저한 양식은 7:17-18에 있는 **풍자**(*parody*)로, 거기서는 익숙히 아는 시편 8:5-6[4-5]의 말들이 다른, 그리고 고의적으로 부정적인 취지로 바뀐다.

기능 면에서 본 연설은 하나의 이중 초점을 가지고 있다. 한편으로, 그것은 친구들에게 전하는 말에서 욥이 사실 그에게 일어나고 있는 일을 당연히 받을 만하다는 것을 자신에게 확신시켜 줄 기회를 그들에게 제공한다. 다른 한편으로, 하나님에게 하는 말에서는 그가 얼마 남지 않은 날들을 비교적 편안히 살 수 있도록 자신을 공격하는 것을 그만두라고 하나님에게 요구한다.

그러면 이 연설의 **중심 구절**들은 두 곳에서 확인될 것이다. 6장의 경우, 결정적인 부분은 친구들에게 "[그가] 어디에서 잘못했는지 [그에게] 보여 달라"(6:24)고

하는 욥의 요구다. 7장의 경우, 본질적인 부분은 하나님에게 "나를 내버려 두라"(7:16b)는 외침이다.

논조에 있어서는 본 연설에 하나의 흥미로운 혼합이 있다. 처음에는 "하나님이…나를 멸하면 좋겠다"(6:8-9)라고 말하면서 이루어질 것이라는 확신이 욥에게 전혀 없지만 다소간 간절히 원하는 죽기 바람의 소망으로 시작한 후, 욥이 아직 살아야 하는 것으로 느끼는 짧은 시간 동안만이라도 욥에 대한 공격을 그만두라고 하나님에게 요구하면서(7:19-21) 더 괴팍하고 공격적인 어조로 끝난다. 그가 하나님에게 솔직하고 강력하게 말한다. 명확한 불평의 어조로 하나님이 자신을 대하는 불균형을 강조하면서(7:12), "[그의] 영의 괴로움 가운데 말하고…[그의] 영혼의 비통함 가운데 저항해야 한다"(7:11). 그는 비록 친구들에게 냉소적이지만(6:22-23), 동시에 그는 쓰라리게 실망했고 그들의 주의를 얻기를 간절히 바란다(6:29). 똑같은 연설에서 그는 냉소적일 수도 있고(6:21-23), 절망적일 수도 있으며(7:21b), 교훈적이기도 하고(6:14), 약화되기도 하지만(6:11), 독단적이고(6:30), 나무라는 투로 말할 수도 있다(7:19-20). 그는 그의 새로운 상황이 자기 안에 불러일으킨 일련의 감정들로 시달린다.

주석

6:2-4 욥은 엘리바스의 격려의 말이 그의 문제의 언저리에도 미치지 못했음을 본다. 그래서 그는 엘리바스의 연설을 무시하고 그가 3장에서 제쳐두었던 논점으로 돌아간다. 그는 왜 그의 말들이 "삼감이 없었는지, 억제되지 않았는지"를 설명함으로써 시작할 것이다: 그의 재앙으로 인해 엘리바스와 같은 인물의 냉정한 확신을 갖고 말하거나 듣는 것이 불가능하다.

2 욥은 엘리바스의 시작하는 말(4:2)의 주저하는 방식과는 날카롭게 대조적으로 이해해 달라는 외침으로 갑작스럽게 말한다: 다른 사람들이 그의 고난의 짐을 알아줄 수만 있다면, 그들은 그의 언어의 폭력성을 이해할 것이다!

카아스(כעשׂ, "분노, 원통, 비참")라는 용어는 엘리바스에 의해 어리석은 자의 죽음의 원인 가운데 하나를 뜻하는 것으로 이미 대화 속으로 들어왔다(5:2). 욥은 자신의 카아스(כעשׂ)를 인정함으로써 자신을 격정에 사로잡히는 자들, 즉 "어리석은 자" 중 하나로 여기는 것이라고 생각될 수 있을지 모른다. 그는 그의 카아스(כעשׂ)를 인정할 것이다. 그러나 동시에 그것의 견디기 어려운 무게를 강조함으로써 그것을 변명할 것이다(3절; 피크, 드라이버, 로울리, 앤더슨이 그렇게 본다). 그러나 여기서 욥이 5:2의 어리석은 자의 카아스(כעשׂ)를 언급한다고 볼 필요는 없다. 카아스(כעשׂ) 자체는 범죄가 아니고 자신의 상황이 충분히 불행하다면 전적으로 용서할 수 있는 것이다: 참조. 17:7; 신명기 32:21(하나님의 כעשׂ); 시편 6:8[7]; 10:14(하나님이 그 고난자를 위해 조치를 취하기 위하여 그의 כעס[=כעשׂ]에 주목하신다. 31:10). 따라서 우리는 여기서 그것을 "비참"(JB) 혹은 "격통"(NAB, NIV) 등으로 번역할 수 있다("원문주해" 6:2.a.를 보라).

일부 학자들은 욥이 다음을 항변한다고 생각했다. 만일 그가 표현하는 분노(כעשׂ)가 천칭의 한쪽 저울판에 올려질 수 있고, 또한 그의 재난(היתי – 하야티)으로부터 그가 겪은 자극(즉, 분노를 일으킨 것)이 맞은편에 올려져 비교될 수 있다면, 그의 분노는 그가 당한 자극에 비하면 아무것도 아니고, 마치 바다의 모래가 그것과 비교되어 저울질되는 것처럼 실상은 당한 자극이 표현된 분노보다 무거울 것임이 드러날 것이다(덤, 드라이버가 그렇다).

그러나 욥의 소원은 자신의 카아스(כעשׂ)와 하야(היה)가 천칭의 한쪽 저울판 위에 함께 놓이고 그가 상상할 수 있는 가장 무거운 물건인 바다의 모래와 비교 저울질하는 것일 가능성이 더 높다. 그가 그의 카아스(כעשׂ)로 뜻하는 것은 엘리바스가 어리석은 자의 죽음의 원인으로 간주한 분노의 격정(5:2)이 아니다. 그것은 사람들에게 임한 외적 재난(היה)으로 인해 사람들을 짓누르고 억누르는 내적 비애요 슬픔이다. 욥의 고난은 1-2장에서 묘사된 상실들만이 아니었다. 그가 정신적으로 경험한 것들도 그의 고난이었다. 그 둘이 함께 상상할 수 없는 무거운 짐을 이룬다. 그 짐이 어떤 광대한 저울에 올려져 물리적으로 보여질 수만 있다면, 엘리바스와 같은 인물은 욥의 격분이 조금도 과도하지 않다는 것을 바로 확신할 것이다.

욥의 본 연설을 시작하는 그 가망 없는 소원은 우리를 곧장 그의 첫 번째 연설(3장)이 그것으로 시작한 절망 상태로 도로 데려간다. 무게가 지탱될 수 없을 만큼 압도적으로 무겁다는 은유는, 말 자체가 또 다른 짐으로 느껴질 수 있고 욥에게 임한 것은 견디기에는 그가 너무 약하다(לאה, 4:5)는 인식을 보여 준 엘리바스의 연설의 시작하는 말로(4:2) 우리를 데려간다.

3 욥이 자기의 격통에 관하여 냉정하게 말할 것으로 기대하는 것은 타당치 않을 것이다. 그가 당하는 사별의 무게는, 그 사별이 전달하는 부당함의 함축 의미들과 함께 어느 해변의 모래보다도 무겁다(저울에 달 수 없는 모래 이미지에 대해서는 잠 27:3; 집 22:15 참조; 아히칼[Ahiqar] 8.111[*ANET*, 429]). 모래는 보다 일

반적으로는 셀 수 없는 것을 가리키는 이미지다: 참조. 예를 들어, 창세기 22:17; 32:13[12]; 여호수아 11:4; 열왕기상 5:9[4:29]; 예레미야 15:8. 따라서 3장의 탄식에서나 현재 연설의 새로워진 외침에서 그의 말들이 "억제되지 않은" 것은 놀랄 일이 아니다. 그것들은 말하자면 그를 짓누르는 무게에 의해 그의 밖으로 짜내어진 것이다.

욥은 무엇을 사죄하고 있는 것이 아니며, 어떤 경솔함을 자백하는 것은 더더욱 아닌데(대조 RSV "나의 말이 경솔했다"), 그것의 실질 내용이 아니고 그의 언어 형식에 관한 것조차도(덤, 피크처럼) 아니다. 그는 단지 그러한 비탄의 말들이 어떻게 그로부터 나오게 되었는지 설명될 수 있기를 바랄 뿐이다. 그는 그에게 억제를 (인내의 형식으로) 강요한 것 외에 아무것도 하지 않은 한 사람에게 억제 못하는 그의 무능을 이해해 달라고 부르짖는다.

비슷하게 "돌은 무겁고 모래도 가볍지 아니하거니와 미련한 자(אויל – 에빌, 5:2에서처럼)의 분노(כעס)는 이 둘보다 무거우니라(כבד, 여기서처럼)"고 말해진 잠언 27:3이 현재 절과 어떤 연관성을 가지는가? 포어러는 여기서 욥기의 시인이 그 잠언을 개작했다고 믿는다. 만일 정말로 욥이 그의 친구들에게 그의 "분노"가 모래보다 무거운 "어리석은 자"로 비춰진다면(그러나 위의 5:2에 관한 "주석"을 보라), 그는 여기서 그들에게 그의 "재난"을 참작하라고 요구하고, 그러면 그것이 그의 "분노"를 충분히 정당화해 주는 것 이상을 해줄 것이라고 믿는 것이다. 그러나 만일 5:2이 욥과 아무런 관련이 없다면, 우리는 그 잠언을 단순히 "분노" 혹은 "격통"(כעשׂ)의 "무게"(כבד) 이미지의 한 사례로 간주해도 될 것이다.

4 욥은 처음으로 하나님을 그의 고난의 궁극적인(그리고 직접적인) 원인으로 부른다. 물론 그는 그의 불평을 훨씬 더 근거 있게 해주는 하늘 사건들에 대해서는 아무것도 모른다. 그는 단지 그에게 일어나는 일이 그 자신의 어떤 죄에서 유래하는 것이 아니며, 그리고 그는 아마 고난은 자연 발생적이지 않다는 엘리바스의 견해(5:6-7)에 동의할 것이기 때문에, 그의 고난의 원인을 찾기 위해 그가 향할 수 있는 오직 한 가지 방향만 있다는 것을 알 뿐이다. 이것이 아주 중요한 통찰이며, 이후에 나오는 연설들(7:12-21; 9:13-35; 13:19-27 등)의 기조를 형성하는 것이기 때문에, 욥이 이 시점에서 그것을 더 멀리 진척시키지 않는 것은 주목할 만하다. 그러나 이들 연설들에서 논점들이 체계적으로 발전되지는 않는다. 축적되다가 계속하여 중심 이슈들로 돌아가는 느린 진행은 체계적인 수사법보다 전혀 덜 효과적이지 않게 주의를 모아 준다.

우리는 또 욥이 하나님께서 그의 고난을 일으키셨다고 직접적으로 비난하지 않는 것도 알아챈다: 그는 효과적으로 독화살을 쏘는 궁수의 그림을 사용하면, 샤다이(혹은 전능자)가 그의 적대자라는 것이 사방에서 인정될 것이라고 가정한다. 5:17-26에서 엘리바스에 의해 묘사된 가난한 자의 보호자요 운명의 반전자로서의 샤다이 이미지에 대한 어떤 의도적 가리킴이 있는지에 대해서는 말할 수 없다. 다만 그의 샤다이 경험은 엘리바스의 "연구"(חקר – 헤케르) 및 "풍문"(שׁמע – 쉐마; 그러나 5:27에 관한 부분 참조) 반대편에 서 있다는 사실이 남는다. 욥에게 샤다이는 실제적으로는 근동 신, 역병과 전쟁의 신 레쉐프(Resheph)다. 한 키프로스 비문에서는 레쉐프가 "화살의 레쉐프"로 알려져 있다(*Corpus Inscriptionurn Semiticarum* [Paris: Imprimerie Nationale, 1881] 1/1:36, 38[text no. 10, line 3]; 참조. 또한 5:7에 관한 "주석", 도서 목록도 함께). 그는 지하 세계의 신으로서 여기서 "공포들"(בעותים – 비우팀)로 알려진 악령들의 충성을 호령하며(참조. 18:11-14에 관한 부분), 또한 그에 상응하는 아폴로 신처럼 그의 활로부터 나가는 화살들처럼 질병들을 퍼뜨린다.

물론 하나님이 욥에게 레쉐프는 아니다. 그러나 그분은 마치 그 놈처럼 행하신다. 구약의 다른 곳에서도 이런 신화적 대응 관계 요소들이 나타난다: 인간을 궁수 신의 과녁으로 보는 이미지에 대해서는 7:20; 16:12-13; 신명기 32:23(24절에 있는 레쉐프(רשף)와 헤마⟨חמה⟩ 주목); 32:42; 시편 7:13-14[12-13]; 38:3[2]; 64:8[7]; 예레미야애가 2:4; 3:12-13; 에스겔 5:16("기근의 화살들")을 보라. 화살촉에 독을 묻히는 것은 그 외의 고대 근동에서 분명하게 입증되지 않는다. 따라서 그 "독"은 화살 자체가 일으킨 결과를 뜻하는 은유일 수 있다(투르-시나이가 그렇게 본다). 그러나 도름은 그러한 관행과 관련된 고전 문학의 언급들을 인용하는데(Virgil, *Aeneid*, 9.773; Ovid, *Epist. ex Ponto*, 1.2.17-18), 욥이 언급하는 것은 아마도 그러한 관습일 것이다. 다후드는 창세기 49:23에서 그러한 언급을 본다(M. Dahood, *Psalms II*, 104). 보통은 "분노"를 뜻하는 헤마(חֵמָה)가 "독"을 뜻하는 경우에 대해서는 신명기 32:24, 33; 시편 58:5[4]; 140:4[3]을 보라. 피크는 3절의 몹시 흥분한 혹은 "난폭한" 발언이 그 화살의 독 때문이라는 흥미롭기는 하지만 개연성이 아주 적은 제안을 한다.

하나님의 "공포들"이란 한편으로는 하나님에 의해 보내질 수 있는 여러 가지 질병들이다. 다른 한편으로는 하나님이 욥에게 적대감을 드러내시기 위해 가지고 있는 일련의 장치들이다. 드라이버는 בעת라는 어근에 "갑작스러움"이라는 개념이 들어 있다고 주장하고 "갑작스런 공격들"이라고 번역했다(G. R. Driver, *VTS* 3[1955] 73)(참조. NEB "맹공격〈onslaughts〉").

이 문장은 무엇보다도 욥의 고난의 성격을 명확하게 해준다. 그를 내리누르는 것은 육체적 통증이나 정신적 고통이 아니라, 그가 하나님의 원수가 되었다는 의식이다. 그의 생명력 혹은 활력(רוח)은 그를 겨냥한 하나님의 쓴 독을 마심으로써 쇠약해졌고, 그는 자신이 하나님의 무시무시한 적대감으로 둘러싸였다고 느낀다. 그는 아직 자신의 운명의 부당함에 저항하지는 않는다. 그에 대한 하나님의 공격은 아직은 단지 그의 친구들의 동정의 침묵(2:13)과 엘리바스의 위로의 말(4-5장)에 직면하여 하는 그의 "억제되지 않은" 말의 이유일 뿐이다.

5-7 욥이 자신의 격통 때문에 삼가지 않고 말하는 이유는 격언 같은 수사적 질문에 의해 더 발전되고, 그 뒤로 자신에게 임한 운명을 견디기만 할 수 없는 이유를 설명하는 보강 진술이 따라 나온다.

5 이 수사적 질문에서 암시된 단정은 만일 사람이 마땅한 것을 받으면 그는 그것에 관해 불평하지 않는다는 것이다. 동물 이미지는 격언의 소재로도 매우 흔하게 사용되는데, 여기의 들짐승은 가축과 평행하는 것이다. 들나귀(פרא – 페레, "원문주해" 6:5.a.를 보라)가 자기의 음식인 "부드러운 풀"(JB)을 찾으면 울지 않는다(대조. 렘 14:6). 기르는 소가 그 여물을 얻으면(참조. 또한 사 30:24), 그것은 음매하지 않는다. 욥은 의인으로서 마땅히 받아야 할 것의 바로 정반대를 받는다. 그러니 그가 울부짖는 것이 뭐가 놀랄 일인가?

그것은 동물들이 **충분한** 음식을 발견하는가의 문제가 아니라(많은 주석가들이 그렇게 생각함, 예를 들어, 헤세, 바이저), 그들이 **그들에게 맞는** 것을 찾는가의 문제다(참조. 포어러).

6 그 다음 질문에서 근저에 있는 단정은 너무나 맛이 없어서 먹을 수 없는 물질들이 있다는 것이다. 그런 음식들이 어떤 이에게 음식으로 주어지면 그는 그것들을 불쾌감을 갖고 거절할 것이다. 이것이 또다시 욥의 상황이다: 그는 하나님이 처방하신 약을 삼키기를 거부하고 있다. 그의 저항은 전적으로 생명에 유익한 양분 대신에 주어진 것의 메스꺼움에서 비롯된다.

욥은 단순히 맛없거나 식욕을 돋구지 않는 것을 묘사하는 것이 아니라 먹을 수 없는 것을 묘사하고 있다. 그러므로 비록 맛의 비유가 이성과 감각에 자연스러운 비유이기는 하지만(포프), 이 말을 엘리바스의 논증에 속하는 것으로 돌리는 것은 불필요하다.

7 6절의 수사적 질문은 대답이 전혀 필요 없는데, 그럼에도 불구하고 단호하고 뚜렷한 반응이 뒤따라 온다. 욥에게 제공된 음식은 구역질난다. 그래서 그는 그것이 자신으로 하여금 어떻게 느끼게 하는지 말해야 한다. 그는 하나님에게 자신의 생명을 끊으라고 요구했을 때(3장) 거리낌 없이 말했다(3b절구). 그러나 그는 엘리바스에게 비춰지듯이 그의 "참지 못함"에 대해 전혀 사죄를 하지 않는다. 왜냐하면 그는 그의 상황의 강요로부터 말하기 때문이다. 그는 그에게서 "아니야!"라는 외침을 짜내는 상황에 절대 동의하지 않는다.

그의 이전 말(3장)에 대한 이 반복되는 정당화는 곧 이어지는 핵심 문장에 완벽한 서곡을 이룬다: "오! 내가 내 간청을 가질 수 있다면…나를 부수는 것이 하나님을 기쁘게 한다면, 그가 손을 들어 나를 끊어 버려 주시면!"(8-9절). 또다시 그에게 역겨운 맛이 나는 것은 엘리바스의 위로(덤, 로울리, 하벨)가 아니라 그가 소화할 수 없는 그에게 임한 사건들이다(특별히 그의 온전함에 대한 함축된 공격).

8-10 이것은 가정들이 가시화되는 연설이다. 4절에서 욥은 그가 당하는 고난들이 **전능자**의 화살이라고 공공연하게 선언했었다. 여기서 그는 처음으로 명확하게 그의 소원이 죽음을 향한 것이라고 말한다. 그는 3장에서 그가 태어나지 말았어야 하고(3-10절) 그가 태어났을 때 죽었어야 한다는(11-19절) 헛된 소원들을 말했고, 차라리 죽겠다고 하는 사람들의 생명이 왜 연장되는지 절망적으로 물었다(20-23절). 그러나 이와 관련하여 그가 자신에 대해 분명히 말하는 것은 지금까지는 아니었다.

8-9 지금까지는, 욥은 자신을 위해 아무것도 요구하지 않았다. 산문 프롤로그에서는 단순히 받아들였다: "주신 자도 여호와시요 취하신 자도 여호와시니 여호와의 이름이 찬송을 받을지로다"(1:21). 그는 하나님의 손에서 좋은 것을 받았으니 또한 해도 받아들일 것이다(2:10). 3장에서 그는 단지 그의 절망감을 반영할 뿐 실현될 수 없는 헛된 바람들을 표현했다. 따라서 그 연설에서도 그는 바라는 것이 없었다. 그러나 이제는 그가 자신을 위해 무언가를 요구할 것이다: 죽음이다. 그것은 정확하게는 자신의 고난으로부터 벗어나는 것으로서의 죽음이 아니라, 그의 상황의 헛됨과 절망 상태를 특징짓는 죽음이다. 그는 심지어 그러한 죽음을 하나의 "희망"으로 인식할 수 있다(8절). 욥에게 희망을 번영하는 미래로(4:6) 혹은 "가난하고, 고통당하는" 욥을 위한 운명의 전환으로(5:16) 그려 주는 엘리바스와는 정반대로, 욥의 희망은 죽음을 향해 있다. 그렇다면 결국 욥은 "하나님을 저주하고 죽어라"고 권한 그의 아내의 조언(2:6)을 따른 것인가? 결말은 똑같다. 그러나 여기서 욥은

하나님을 겨냥한 저주의 고립 속에서 죽을 바람을 전혀 가지고 있지 않다. "욥은 더 이상 하나님과 함께 살 가능성은 볼 수 없기 때문에, 그의 마지막 소원은 적어도 그분의 손에 죽는 것이다!"(바이저).

하나님이 어떤 일을 하기로, 조치를 취하기로 결정하실까?(이것이 야알〈יאל〉이 갖는 효과다. RSV, "그것은 기쁘게 할 것이다". 그러나 JB의 "결정하다"가 더 낫다). 욥이 견딜 수 없는 것은 비활동, 즉 바뀌지 않고 또 보기에도 바뀔 수 없는 고난의 삶이다(참조. 11-13절). 그럼에도 불구하고 그는 아직 하나님에게 직접적으로 말하지 않으려 한다. 그는 단지 "오!…[**히.** "누가…을 주었으면"]" 그리고 "하나님이…를 착수했으면"이라고 말할 뿐이다. 하늘은 말이 없고, 그는 아직 하나님에게 직접 말할 용기를 얻지 못했다(참조. 7:12). 그러나 하나님이 만일 원하신다면 할 수 있는 일 두 가지가 있다: 그분은 그를 "짓뭉개실 수" 있다(דכא-다카, 이 단어는 이미 4:19에서 연약한 인간의 운명을 뜻하는 것으로 사용되었음; 또한 참조. 5:4; 19:2; 34:25; 시 143:3; 사 53:5, 10). 즉 그의 생명을 박살낼 수 있고, 은유를 바꾸어 말하면 그분은 "손을 풀어"(JB) "그를 끊어 버리실 수" 있다. 지금까지는, 하나님이 욥을 향해 그의 화살을 날렸음에도 불구하고, 자신을 억제하고 있고, 스스로를 예비로 붙들고 있고, 그의 손의 진짜 위력을 욥으로부터 보류하고 있다. 하나님이 그의 손으로 할 수 있는 일은 욥의 생명 줄들을 끊으시는 것이다: 우리는 여기에 베 짜기에서 온 하나의 이미지를 가지고 있는 것 같은데(덤, 드라이버, 도름, 호르스트, 포어러, 포프가 그렇다), 그 일에서 보자면 베 짜는 사람은 날실을 가로 잘라 버림으로써 베틀과 셔틀로 만든 정교한 작품을 돌이킬 수 없이 끝내 버린다(그 묘사에 대해서는 참조. 사 38:12, "그가 나를 베틀에서 끊으신다"; 그리고 아래 7:6에 관한 부분을 보라).

욥은 자살에 대해서는 전혀 생각해 보지 않는다. 그러한 행위를 이스라엘인들은 공통적으로 현실적인 선택권으로 여기지 않은 것 같다(참조. 3:20-26에 관한 부분). 때때로 전투에서 치명적으로 부상을 입은 용사들은 빨리 죽기를 원했다. 사울은 결국 그 자신의 칼 위로 쓰러져야 한다(삼상 31:3-4). 한 여인에 의해 부상을 당한 아비멜렉이 남자의 자존심에서 그의 무기 드는 자에게 자기를 죽이게 한다(삿 9:53-54). 시므리는 오므리에 의해 자신의 수도가 함락됨을 보고 자신의 궁을 불살라 자기 위에 떨어지게 한다(왕상 16:18). 그리고 거부당한 아히도벨은 목을 멘다(삼하 17:23). 영웅적 자살은 헬레니즘 시대에 입증되는데, 분명히 그리스의 영향 때문이다(요세푸스, *War* 3.7.5; 7.8.6-7; 마카베오하 10:13; 14:41-46). F. W.

Young, Suicide, *IDB* 4:453-54를 보라. 욥이 자신의 침울함으로 자살을 한다면, 그의 경우는 분명히 아히도벨의 것 같을 것이다. 그러나 욥은 단순히 침체되어 있는 것만은 아니다: 비록 그가 하나님을 상대로 해결을 요하는 한 **사건**을 가지고 있다는 인식을 아직 표현하지는 않았지만(참조. 9장), 그의 생명이 좋든 나쁘든 하나님의 손에 달려 있다는 것을 그는 여기서조차도 인정한다. 그가 만일 죽어야 하고 그것이 그의 가장 깊은 열망이라면, 그 타격을 가할 이는 하나님이어야 한다. [왜냐하면] 하나님이 욥에게 이런 종류의 삶을 만들어 내셨기 때문이다. [따라서] 그것을 끝내야 하는 이는 욥이 아니라 하나님이다.

10 어떤 이들은 욥이 자신을 위해 마음속에 그리는 "위로"를 하나님이 비록 욥의 생명을 끊으려고만 그의 침묵을 깰지라도 그를 완전히 저버리시지는 않았다는 확신으로 보았다. 그러한 죽음의 신비적 어둠이 하나님의 자비에 대한 마지막 섬광을 그에게 줄 것이다(바이저가 그렇다). 다른 이들은 죽음 자체를 "위로"로 보았다. 따라서 하벨(N. C. Habel, "Only the Jackal Is My Friend: On Friends and Redeemers in Job," *Int* 31[1977] 227-36[229]은 이렇게 말한다: "욥이 간절히 바라는 것은 뜻 있는 동정[**나하마**]이다…내가 만일 죽는다면 '나는 다시 위로[**네하마티**]를 얻을 것이다'(10a절구). 죽음이 정말 친구가 될 것이다. 왜냐하면 친구는 **나하마**의 예술을 알기 때문이다." 그러나 그러한 독법들이 맞는다면, 이 절의 마지막 행 "이는 내가 거룩한 이의 말을 거절하지(혹은 감추지) 않았기 때문이다"는 다소 상관이 없고, 따라서 놀랍지 않게도 많은 학자들에 의해 삭제되었다.

욥의 "위로"는 하나님이 그의 생명을 즉시로 "끊으시면" 그가 갖게 될, 지금까지 그는 한 번도 거룩한 이의 계명들을 거역하지 않았다는 확신으로 보는 것이 더 좋다(참조. NIV). 그는 고문 아래서 부서질 순간을 두려워하는 죄수와 같다. 그가 "하나님을 저주하고 죽을" 가능성이 그에게 생생한 것이 되었다. 그의 소망은 헤아릴 수 없는 하나님, 그의 죽음의 순간까지 불가해하게 그의 원수가 되어 버린 그 "거룩한 이"에게 여전히 충성스럽게 남는 것이다. 운이 다하여 곧 죽을 사람에게는, 그가 그의 하나님을 배반하지 않았다는 것을 아는 것보다 더 큰 은혜가 주어질 수 없고 죽음의 고통 가운데 더 큰 위로가 주어질 수 없다.

그런 생각은 우리에게 다소 "독선적"이고 "건방지게" 들릴지 모른다(참조. 앤더슨). 때로는 더렵혀진 것이라도 명예로운 삶이 우리가 선택할 것이라는 것을 모두가 아는 때에 "명예로운 죽음"을 선호한다고 말하는 것은 위선적인 것이 아닌가? 그러나 욥이 삶에 단호히 반항했다는 사실을 알면 상황이 전혀 달라진다. 왜냐하면 그에게 생명은 단지 불명예스러운 부당한 고난을 뜻하기 때문이다. 따라서 하나님 보고 자신에게 죽음을 가져오시라고 하는 터무니없어 보이는 이 외침에서, 욥은 가장 영웅적인 순간에 있다. 31:37에서처럼 욥은 하나님에게 "황태자처럼" 나아간다. 그리고 우리의 주목을 받는 것은 그 신이 아니라 그 사람이다. 데이빗슨은 그러한 해석에서 다소 다른 어려움을 느꼈다: 그것은 "이 곳에서 적절치 않은 욥의 결백을 부각시키며 그 구절의 나머지 동안 그의 말을 지나치게 반성적이고 침착한 것으로 만든다". 그러한 난점은 이것이 단순히 욥에 의한 결백의 항의만이 아니라, 그의 바른 행위를 더 이상 지킬 수 없기에 자신의 생명을 빨리 끝내라는 필사의 호소라는 것이 인정될 때 사라진다(참조. 11-13절).

10c절구 "내가 거룩한 이의 말을 거절하지(혹은 감추지) 않았기 때문이다"라는 말의 의미는 다양하게 해석되었다. 딜만은 그것을 6:2에 나오는 그의 "분함"(כעש –카아스)과 엘리바스의 훈계를 듣지 않는 그의 거절을 정당화하는 부가적 목적을 갖고, 하나님이 욥의 요구를 들어주셔야 하는 이유를 제공하는 것으로 보았다. 위에서 제시되었듯이, 욥의 인생의 의로움은 죽음의 고통 한가운데서 그의 "위로"의 근거(כי)라고 보는 것이 가능성이 높지만(델리취, 힛지히, 부드가 그렇다), 그것은 이어지는 11-13절의 견지에서 볼 때 하나님이 욥이 아직 의로움을 주장할 수 있을 때인 지금 행동하시라고 촉구하는 부가적 목적을 가지고 있다. 덤은 그것을 지크프리트를 따라 위로에 내용을 채우려는 가필자의 시도로 보고 그 행을 삭제한다. 덤은 욥이 내세를 믿지 않았다면 그가 죽음 앞에서 왜 위로를 받아야 하는지 이유를 찾을 수 없었다(피크도 비슷함). 그리고 그 같은 신앙은 욥기 전체에서도 증명되지 않는다. 그 행은 욥이 하나님 말씀(신의 말이 아니라 지혜의 가르침)의 증인으로 그려지는 않는다는 이유로 헤세, 모파트, NEB 그리고 포어러에 의해서도 삭제된다.

"거룩한 이의 말[들]"(אמרי קדוש – 이므레 카도쉬)이 특별히 무엇인지는 확실하지 않다. 그러나 지금은 욥이 자신의 삶 전체를 묘사하고 있는 것이기 때문에, 아마도 그가 경건한 사람으로서 따라 살아온 신의 명령들을 언급하는 것 같다. 그 언어는 특별히 제의적이거나 법률적이지 않으며 지혜적이지도 않다.

11-13 고통의 무게 아래서(참조. 6:2-3에 관한 부분) 약함의 느낌(참조. 4:2, 5)은 본질적으로 내적 자원의 완전 결핍에 대한 확신이다(참조. 13절). 그가 육체적 질병들로부터 너무나 심하게 고생하고 있고, 그것들로 인해 너무 쇠약해져서 더 이상 살아갈 이유를 찾지 못하고 오로지 그의 고난으로부터 벗어날 수단으로 죽음을 바랄 수 있을 뿐이라는 말이 아니다. 오히려 그의 자아-가치가 그의 고난에 응당

한 이유의 부재로 인해 너무나 철저히 훼손되어 그의 정신 혹은 영이 완전히 힘을 빼앗겼다. 그는 이미 물리적으로 죽은 것이나 마찬가지다. 죽음은 단지 그의 내적 느낌의 가시적인 외적 표징이 될 것이다.

11 욥이 간청하는 것은 즉각적인 죽음이다. 그는 기다릴 힘이 없다. 그가 고난을 견뎌 낼 힘이 없다는 말도 틀린 것은 아니지만, 여기서 뜻하는 바는 아니다. 오히려 죽지 않은 현실을 견뎌 낼 힘이 없다는 것이다. 기다리는 것, 곧 인내하는 것 자체가 그가 더 이상 갖고 있지 않은 에너지를 요구한다. 그는 비록 나중에는 참지 못함의 추진력도 알게 되겠지만(참조. 7:11, 19), 이 시점에서는 그것을 느끼지 않는다. 심지어 고도[Godot]를 기다리는 것도 행위를 요구하는데, 그는 이미 행위를 지나갔다.

많은 이들은 기다림으로부터 어떤 결말을 얻을 수 있는지를 그가 묻고 있는 것이라고 생각한다: "나의 끝은 무엇인가?" 즉 나를 위해 실제적으로 어떤 미래(엘리바스가 5:17-26에서 투영한 공상적 미래와 구분되는 것으로)가 준비되어 있나?, "내가 어떤 결말을 기대해야 하나?"(NEB). 반면에 NAB는 여기서의 "끝"이 그가 이미 도달한 그의 자원의 끝임을 시사하는, "내가 인내해야 하는 나의 한계는 무엇인가?" 라는 번역을 제공한다. 시편 39:2-6[4-5]을 고려하면 좀더 근접한 주석에 도달될 수 있을 것이다. "여호와여 나의 종말(קִצִּי – 키치, 여기서처럼)과 연한이 언제까지인지 알게 하사 내가 나의 무상함을 알게 하소서. 주께서 나의 날을 한 뼘 길이만큼 되게 하시매 주 앞에서는 내 전 존재가 아무것도 아닙니다." 그 시인은 자신이 덧없는 존재라는 것을 확신하기 위해서 그의 생의 결과(קֵץ – 카츠)가 무엇인지 알고 싶어하는 것이 아니며, 또 그가 아직 살아야 할 날들이 정확하게 얼마나 되는지를 알고 싶어하는 것도 아니다. 그는 인간으로서 그의 **한계**를 상기 받고 싶어한다. "땅 위에 서는 모든 사람은 한 번 휙 불고 마는 바람일 뿐이요, 땅 위에서 걷는 모든 사람은 한낱 그림자일 뿐이라"(6-7[5-6]절, JB). 욥은 자신의 한계를 안다: 그는 기다릴 힘이 전혀 없고, 그로 하여금 "그의 삶을 연장시키는 것"(אאריך נפשי – 아아레크 나프쉬)을 못하게 하는 한계를 가지고 있다.

시편 시인은 참으로 "주여, 이제 내가 무엇을 바라리요? 나의 인내(תוחלתי – 토할티, 이 곳의 야칼〈יחל〉과 동일 어근)는 당신께 있나이다"(8[7]절)라고 말할 수 있다. 반면에 욥은 인내할 힘이 없다. 그리고 그의 한계들을 돌파하여 그의 생명이 연장되기를 바랄 수도 없다(대조적으로, 참조. 사 53:10).

12 욥이 느끼는 약함이 주제로서 지속된다. 그는 돌의 강함을 가지고 있지 않다

(참조. 41:16[24]). 그는 "육체"(בשׂר – 바사르; 루아흐〈רוח, "영혼"〉와 대조, 사 31:3)의 연약함으로 쌓여 있다. 그 안에는 청동의 강함도 없다. (돌과 청동의 무감각성이 요점이 아니라, 흔히 강함을 가리키는 자연 상징물들과 비교되는 약함에 대한 욥의 느낌이다.)

13 욥은 그의 약함에 대한 가장 완전한 고백으로 세 개의 쌍으로 된 이 절들을 맺는다. 11절에서는 그에게 기다릴 힘, 인내할 능력이 전혀 없었다. 실상은 그가 어떤 종류의 힘도 전혀 갖고 있지 않다는 것이다. 마치 외부의 어떤 힘에 의해서 그의 힘이 그로부터 "떠밀려 간" 혹은 "쫓겨 나간"(RSV) 것 같다. 그가 아는 것이라곤 그러한 약함은 궁극적인 에너지 부재 상태인 죽음에 의해서만 제대로 된 짝을 만난다는 것이다.

14-30 아주 뭉클한 완전한 절망의 고백 뒤에 곧바로 그의 친구들을 향한 신랄하고 냉소적인 공격이 오는 것에는 비현실적인 것이 없다. 2-13절에서 즉각적인 죽음에 대한 열망과 극도의 피로감으로 표현되었던 욥의 침체가 이제 그가 도움을 기대했던 자들을 향한 분노로 표현된다.

비록 우리가 그의 친구들에게 하는 이 말을 지나친 비판이라고 보더라도, 우리는 본질적으로 욥과 같은 마음이라는 것으로부터 벗어나지 않는다. 욥은 그들이 고통 가운데 있는 자기를 방문하려고 먼 길을 여행했으며(2:11), 침묵이 필요할 때 조용히 있었고(2:13), 그의 고난이 중하다는 것을 알아주었으며(2:13), 흔쾌히 그와 – 길게 – 말하는(4-5장) 모습을 보여 주었음을 인정할 수 있고, **그러면서** 동시에 그들의 선의의 의도들이 그에게는 쓸모 없다는 그의 분노를 발산할 수 있다. 그가 그들의 도움을 그들의 무능과 비교하여 저울질해 볼 것이라고 생각될 수 없다. 우리는 그의 입술로부터는 오로지 그들의 부족함에 대해서만 듣는데, 그렇다고 그의 실망감이 그들의 가치에 대한 유일한 척도일 수는 없다. 욥은 자기 안에 아무런 자원이 남지 않았다(13절). 따라서 자신을 넘어 그가 도움을 기대할 수 있는 사람들을 쳐다보는 것은 당연하다. 그들은 그가 요구하는 종류의 도움을 주지 않았다는 점에서 이미 그를 실망시켰으며, 또한 그들의 신뢰할 수 없음이나 혹은 그가 부르는 대로 그들의 "배반"에 대한 깨달음(15절, 아마도 21절도)이 분명히 어느 정도는 그가 내적으로 약함과 절망감을 느끼는 이유다. 다이얼로그에서 욥이 그러한 결론에 도달하는 것은 너무 이를지 모르지만(헤세가 그렇다), 그는 벌써 그 친구들에게서 그가 필요로 하는 종류의 도움을 찾을 희망이 전혀 없다는 것을 알고 있다.

본 연설 중 이 단락의 구조는 몇 가지 면에서 분명하다: 14-21절은 한 단락으로,

특정 계절에만 범람하는 와디 이미지를 중심으로 선회하며, 친구들에게 직접적으로 말해지지 않고, 특징적인 2행 연구들로 시작하고 끝나며(14, 21절), 분명히 구분되는 3행 연구들(15-17, 18-20절)을 포함한다. 두 번째 단락인 22-30절은 욥과 그의 친구들의 관계를 중심으로 진행되며(그 이미지는 아주 미세하다), 친구들에게 직접 말해지고, 수사적 질문들(22-23, 30절)로 시작하고 끝난다. 그런 구조 내에 좀 덜 분명하게 구분되는 두 개의 3행 연구들(24-26, 27-29절)이 있다.

14 욥은 그의 비난 앞에 괴로움을 당하는 사람이 자기 친구들에 대해 가질 자격이 있는 기대를 표현하는 격언 형식의 문장을 둔다. 불행히도 해당 히브리어는 매우 어렵고, 아마도 손상되어 확실하게 제시될 수 있는 번역이 하나도 없다. 그러나 일부 중요 용어들은 명료하다.

어떤 사람이 자기 친구들로부터 기대할 권리를 가지고 있는 "충성"(חסד – 헤세드)의 특질이 있다. 이것은 종종 하나님에게 돌려지는 특징이며(대체적으로 "변함없는 사랑"[RSV], "자애"[KJV] 등으로 번역된다), "신실함"(אמת – 에메트 혹은 에무나〈אמונה〉, 예를 들어, 시 25:10; 88:12[11]) 혹은 "정의"(משפט – 미슈파트 혹은 체다카〈צדקה〉, 예를 들어, 시 101:1; 36:11[10]) 특질들과 결합된다. 그것은 특별히 "충성"을 요구하는, 그분의 언약 이행과 연관된다(예를 들어, 신 7:9; 느 1:5; 사 54:10). 그것은 인간 영역에서도 비슷한 특질들인 신실함(예를 들어, 호 4:1; 잠 3:3)과 정의(호 10:12; 잠 21:21)와 연결된다. N. Glueck, *Hesed in the Bible* (tr. A. Gottschalk; Cincinnati: Hebrew Union College Press, 1967); K. D. Sakenfeld, *The Meaning of Hesed in the Bible: A New Inquiry*(HSM 17; Missoula, Mont.: Scholars Press, 1978) esp. 216-17; H.J. Stoebe, *THWAT* 1:600-621를 보라.

욥이 "충성"으로 뜻하는 바와 친구들이 그것으로 뜻하는 바는 전혀 다르다. 그는 그가 옳든 그르든 간에 그의 편을 들어주는 무조건적 수용을 찾고 있다. 그들은 동정과 도움을 제공하지만, 오로지 그들에게 현실적 관점으로 보이는 것으로부터다. 증거(욥의 고난)가 – 적어도 어느 정도는 – 욥이 틀리다고 증명하는 때에 "내 친구가 옳은가 그른가"의 태도를 취하는 것은 말이 안 된다고 그들은 주장할 것이다. 그들 눈과 그들 배움의 증거를 무시하고, 그들이 믿기에 거짓 자기 의의 입장에 서 있는 욥을 그들이 지지해야 하는가? 엘리바스는 욥의 본질적 선함을 강조하기 위해 최선을 다해야 했으나, 심지어 의인도 완전하지 않다는 것을 그가 아는 한 정교하게 지적해야 했다. "충성스런" 친구에게서 이보다 더 많은 것을 기대할 수 있을까?

욥이 찾기를 바라는 다른 특질은 "하나님 경외", 즉 참된 종교이며, 이는 특별히 지혜 문학에서 두드러진 어구다(이르아트 아도나이〈יראת יהוה〉 형태로 잠언에서 14번; 참조. H.-P. Stähli, *THWAT* 1:765-78[776]). S. Plath, *Furcht Gottes: Der Begriff* ירא *im Alten Testament*(Stuttgart: Calwer, 1963); J. Becker, *Gottesfurcht im Alten Testament*(AnBib 25; Rome: Pontifical Biblical Institute, 1965) 210-61를 보라.

이 두 가지 특질이 이 절에서 어떻게 연결되는지는 명료하지 않다. 그러나 구약 사상에 알맞은 일반적 근거에서 볼 때, 그것들은 대조되고 있다기보다는 비교되고 있을 가능성이 높다. 욥의 특별 관심은 그가 받을 의무가 있다고 믿는 충성(חסד - 헤쎄드)이다. 따라서 하나의 그럴듯한 의미는 다음과 같다.

친구는 그의 우정을 거절하지 않으며,
전능자에 대한 경외도 저버리지 않는다.

그러면 그 뜻은 다음과 같으리라: 그가 하나님에 대한 그의 신앙을 저버리지 않을 것만큼 [그의 친구에게] 불충하지 않을 것이다. 충성을 하나님 경외에 **포함된 것으로** 정의하면 요점이 더 강하게 될 것이다.

자기의 우정을 거절하지 않는 친구는
전능자에 대한 경외도 저버리지 않는다.

가장 비슷하게 우정의 충성과 바른 종교가 결합되는 예는 잠언 14:21에서 보인다: "자기 친구를 멸시하는 자는 죄를 범하는 것이다(חוֹטֵא - 호테)." 참조. 또한 호세아 4:1; 마가복음 6:8. 그 문장의 좀더 강한 형태는 하나님 경외를 친구에 대한 충성에 **달려 있는** 것으로 정의한다. 따라서

친구로부터 친절을 보류하는 자는
전능자에 대한 경외를 저버린다(RSV).

혹은

이웃을 불쌍히 여김을 아까워하라.
그러면 당신은 샤다이 경외를 저버린다(JB).

그러한 번역은 충성이 참된 종교와 **같은** 것이라고 단정함으로써 그것이 종교에 **없어서는 안 될 부분**이라고 과장되게 진술한다.

비록 분명히 더 인상적이지만 덜 타당한 것으로, 두 번째 절구를 헌신적 사랑의

빚을 가진 사람에 대한 묘사로 보는 역본들이 있다.

> 친구는 절망 가운데 있는 자에게 친절의 빚을 지고 있다.
> 비록 그가 전능자 경외를 저버렸다고 하더라도 말이다
> (NAB; 비슷하게 GNB, NIB).

또는

> 절망하고 전능자에 대한 신앙을 잃은 자에게
> 헌신적 사랑이 친구들로부터 마땅히 주어져야 한다(NEB).

또는

> 아픈 사람은 그의 친구로부터 충성을 받아야 한다,
> 비록 그가 샤다이 경외를 저버린다 해도 말이다(포프).

또는

> 쓰러질 준비가 된 사람에게는 친절이 그의 친구로부터 마땅히 주어져야 한다,
> 심지어 전능자에 대한 경외를 저버리는 자에게라도 말이다(JPS).

여러 주석가들은 그러한 생각과 평행하는 것을 구약에서 찾을 수 없다고 지적한다. 이것은 비록 불가항력적이지는 않지만 그것에 대한 중요한 반론이다. 심지어 이런 해석이 맞는다고 하더라도, 욥의 편에서 **그가** "전능자 경외"를 저버렸다는 자인은 하나도 없다(하벨은 이에 반대다. "Only the Jackal," 230).

가장 주목할 만한 번역은 고디스의 것이다.

> 자기 동료에게서 친절을 구하는 자는
> 전능자에게 마땅한 존경을 저버린 것이다.

이 번역(첫 번째 단어를 아랍어 *lamasa* VIII와 동족 언어인 로메쓰〈לֹמֵס, "갈망하는"〉로 읽는다)은 피상적인 매력이 있다: 욥은 인간의 선함을 신뢰하는 자는 하나님에 대한 신앙 부족을 보이는 것이라고 말하고 있을 것이다. 그러한 정서와 평행하는 것은 하나님께 드리는 찬양의 찬송시들에서 찾아질 수 있지만(시 118:8; 146:3〈그것이 명령의 지혜 형식으로 표현됨〉), 여기서는 분명히 친구들의 "배반"—욥이 그것을 부르는 대로(15절)—이라는 쓰라린 경험이 그로 하여금 그들로부터 도움을 전혀 기대하지 말았어야 했다고 확신하게 되었음을 의미한다. 만일 그렇다면

그 자신이 그들로부터 기대하는 것이 잘못이었음을 인정하는 것을 두고 왜 그렇게 길게 그들을 나무래야 하는가(15-30절)?

이 절이 어떻게 번역되든지, 중심에 있는 것은 욥이 보는 대로 친구들 편에서의 "충성"(חסד – 헤쎄드)의 부족이다. 왜냐하면 그가 계속해서 하는 것은 어떻게 그들이 그에게 충성의 정반대로 "배반"(בגד – 바가드) 했었는지에 대한 묘사이기 때문이다.

15-17 밀접하게 연관된 두 개의 3행 연구 중 첫 번째에서 욥은 그의 친구들의 신뢰할 수 없음을 한 계절에서 그 다음 계절에 그 물을 의존할 수 없는 사막 와디의 신뢰할 수 없음에 비유한다.

15 욥은 자신이 그의 "형제(들)" 혹은 "친족"이라 여기는 사람들에 의해 기만당했다고 느낀다. 그 세 친구는 피로써가 아니라 어떤 상호 의무로써 그와 관계된다. 그 두 단어 "형제"와 "배반했다" 사이의 대비가 더 예리해질 수 없는 것은, 형제의 연분은 계약을 의미하고, "배반"(בֶּגֶד – 베게드)은 정확하게 계약 위반을 의미하기 때문이다(S. Erlandsson, *TDOT* 1:470-73[470]). 여기서 "배반"은 어떤 객관적 행위는 아니지만, 그럼에도 불구하고 그 느낌은 욥에게 덜 실제적이지 않다. 자기 친족에 의해 버림을 받는 경험은 항상 특별히 고통스러운 것으로 표현된다(참조. 19:13; 시 38:12[11]; 88:9, 19[8, 18]).

그러한 믿을 수 없음을 가리키는 자연의 이미지가 우기의 계절에는 가득 넘치다가("원문주해". 6:15.b.를 보라), 여름의 열기에는 마른 물길이 되는(참조. 렘 15:18; 사 58:11; 참조. 33:16) 팔레스타인의 계절 와디다. 와디는 그 물이 필요하지 않을 때는 넘쳐 흐른다. 그리고 정작 필요할 때는 줄 것이 없다. 욥의 친구들과 그들의 우정이 바로 그와 같다.

16-17 그 이미지는 겨울과 여름의 와디를 묘사하는 두 개의 2행 연구에 의해서 더 확장된다. 겨울과 초봄에 산에서 녹아 내려오는 눈과 얼음으로 인해 와디들은 흙탕의 급류로 변하는데, 그러면 "얼음으로 거무스름하고" "[녹은] 눈으로 불었다"고 말해질 수 있다. 여름의 열기가 닥칠 때는 전혀 다르다. 물은 그것의 바닥으로 물러나고, 그 다음에 완전히 메말라 버리며, 결국 사라져 버린다(다아크〈דעך〉라는 동사는 〈대체로 불이〉 "꺼지다"이다). 계절들의 주기는 긴 시간일지 모르나, 소중한 자원의 연중 사라짐은 친구들의 충성(חסד – 헤쎄드, 참조. 14절)의 갑작스런 사라짐과 비교될 때 마땅히 믿을 만한 것으로 여겨질 만하다.

18-20 와디 이미지가 이 3행 연구에서 좀 색다른 측면에서 또다시 사용된다.

이전 3행 연구(15-17절)에서는 친구들의 충성의 신뢰할 수 없음이 와디 물의 갑작스런 사라짐과 비교되었다. 여기서는 그들의 신뢰될 수 없음에 대한 욥 자신의 실망감이 와디가 완전히 말라 있는 것을 발견하는 사막의 목마른 대상인(隊商人)들의 경험과 비교된다. 그 이미지는 이제 인간들을 무대에 도입함으로써 욥의 감정을 보다 개인적으로 반영한다. 초점은 친구들에게보다는 더욱 분명하게 욥 자신에게 있다(물론 15-17절에서도 초점은 오로지 욥이 그들을 보는 모습대로만 친구들에게 있었다).

18 대상인들은 근처에 와디가 있다는 것을 알기에 정상적인 행로를 벗어나 물을 찾아갈 유혹을 받는다. 그들은 흔적 없는 사막으로 떠나지만, 단지 말라 버린 시내들을 발견하며, 그 다음에 물 있는 곳에 도착할 수 있기 전에 죽는다.

19-20 유명한 두 개의 무역 중심지 대상인들이 언급된다. 데마(현대의 데이마〈Teima〉)는 북 아라비아에 있는 한 오아시스로서 아카바(Aqaba)에서 대략 250마일 남동쪽에 있으며, 200마일 남쪽에 있는 메디나(Medina)로부터 멀리 북쪽에 있는 다마스쿠스에 이르는 행로에 위치한 한 장소다. 데마에 대한 다른 가리킴들은 이사야 21:14; 예레미야 25:23에 나온다. 또한 *IDB* 4:533를 보라. 스바는 값비싼 물품들을 전문으로 하는 훨씬 더 잘 알려진 시장 도시이며 아라비아 남서쪽에 위치하고 있다. 스바 사람들이 무역인들이 아니라 약탈자로 나오는 1:19에 관한 부분을 보라. 그리고 시편 72:10, 15; 이사야 60:6; 예레미야 6:20; 에스겔 27:22-23; 38:13을 참조하라. 또한 *IDB* 4:144-46를 보라.

경험 많은 대상인들도 긴 대상 행렬에서 물 공급을 찾으려는 그들의 희망을 잘못 자극 받아 결국에는 크게 실망할 수 있다. (호르스트는 데마와 스바 대상인들은 행렬을 이탈하는 18절의 대상인들처럼 무모하지 않을지 모르지만, 그럼에도 불구하고 이미 말라 버린 와디 바닥을 발견하면 실망할 수 있다고 제안한다.) 욥기가 만일 북 아라비아를 배경으로 한다면, 그를 방문하기 위해 대상 무리 속에 끼어 여행했을 욥의 친구들은 그들 자신의 경험으로부터 욥의 묘사의 진의를 알 것이다.

21 말라 버린 와디의 이중 이미지가 그의 친구들과 관련된 욥의 경험에 적용된다: 그는 그들을 신뢰할 수 없고 일관되지 않다고 보았을 뿐만 아니라(참조. 15-17절), 그들에 의해 배반당했다고 느꼈다(참조. 18-20절). 그는 사막의 여행자처럼 기대에 대한 실망뿐만 아니라 생명의 위험을 느낀다. 욥은 그들이 "냉담한"(standoffish) 입장을 취한 이유를 안다: 그들은 그의 불행을 "보았고"(תִּרְאוּ-**티르우**) 두려워했다(תִּירְאוּ-**티라우**). 이 단어-유희는 드물지 않지만(참조. 시 40:4[3]; 52

:8[6]; 사 41:5; 슥 9:5; 그리고 참조. G. R. Driver, "Problems and Solutions," *VT* 4[1954] 225-45[242]). 여기서의 의미는 그것의 일반적인 용법과 다르다. 일반적으로는 사람들이 어떤 경이로운 일을 보면 그 결과로 그것을 행한 위대한 사람을 두려워한다. 반면에 욥의 친구들도 그에게 임한 재앙을 보았지만 감염 때문에 그것에 너무 가까이 하는 것을 두려워한 것이었다. 물론 그는 은유적으로 말한다: 위험이란 명백하게 신적 화를 당하고 있는 사람과 너무 가까이 교제하는 사람은 누구든 스스로 하나님의 진노를 초래할 수 있다는 것이다. 그러나 좀더 깊은 차원에서 보면, 욥은 그의 친구들이 자신들을 그와 하나로 여길 용기가 부족한 것이라고 말하는 것이다. "충성"(חסד - 헤쎄드, 14절)이 그것을 요구할 것이지만, 욥은 그들이 그의 편을 들기보다는 관찰자와 논평자로 있고 싶어한다고 느낀다.

계절 와디 장면은 14절의 시작 문장과 균형을 이루는 이 맺는 문장으로 끝나며, 또한 욥은 친구들을 향하여 보다 직접적으로 말을 걸 것이다.

22-23 욥은 그나 그 친구들이 외관상 관여되지 않았으나 그럼에도 불구하고 표면적으로 관련 의미를 갖고 있으며, 또한 어쨌든 분명히 현재 상황에 적용되었던 (21절) 상대적으로 객관적인 하나의 장면 묘사로부터 벗어난다. 그는 이제 그의 친구들에게 직접적으로 말을 걸 것이며, 최소한의 이미지를 가지고 그들에 대한 그의 기대와 그들의 반응이라고 그가 인식하는 것에 대해 분명히 말할 것이다.

22-23 욥은 그의 친구들에게 어떠한 과도한 요구를 했음을 부인한다. 그들로부터 그가 요구한 최소한의 것은 우정의 "충성"일 뿐이다(14절). 사실 그들로부터 바라는 것, 즉 하나님을 대항하여 변호해 달라는 몸부림에서 자기 편을 들어 달라는 것이 그가 하고 싶으면 했을 것이라고 말하는 냉소적인 어투로 표현된 이들 네 가지 요구 중 어느 것보다도 훨씬 더 어려운 충성 테스트라는 것을 욥이 알기만 했다면! 욥이 부인하는 첫 번째 두 가지 주장은 일련의 수사적 질문으로 되어 있는데, 그것은 돈과 관련된 것 같다. 관료를 "매수하는 데" 사용될 돈을 요구하는 것에는 수치스러운 것이 없겠지만, 그렇게 하는 것은 그의 친구들의 관대함을 이용한 협잡일 것이다. 포프가 알아보듯이 "친구들 사이에서 돈을 빌려 주고 빌리는 것은 셰익스피어가 그 유명한 관찰을 포로니우스의 입에 올리기 오래 전부터 우정을 망치는 가장 확실한 길이었다". 참조. 예레미야 15:10, "내가 꾸어 주지도 아니하였고 사람이 내게 꾸이지도 아니하였건마는 다 나를 저주하는도다." 욥이 한 번도 하지 않았다고 하는 두 번째 주장(23절)은 그의 친구들에게 그들 자신을 위험에 노출시키면서까지 자기를 원수로부터(법정에서든 전투에서든) 혹은 폭군이나 강도로부터 구

하라는 주장이다.

24 욥은 이 중요한 문장에서 그의 신랄한 말에서(22-23절) 벗어나 아주 진지하게 그의 잘못이 무엇인지 지적해 달라고 친구들에게 요구한다. 문제가 되는 잘못이란 그것 때문에 그가 고난을 당하는 범죄요, 엘리바스가 할 수 있는 한 가장 동정적으로 욥의 현재 곤경의 근저에 놓여 있다고 주장해야 하는 비행으로 항상 이해된다. 그가 그들에게 지혜 어록에서 온 용어로 그를 "가르쳐라" 혹은 "훈계하라"(הורוני – 호루니)고 요구할 때, 그는 그들의 안식(眼識)을 존중하는 것이다 – 물론 빈정대는 기미가 없지는 않다. 엘리바스의 모든 말은, 아무리 하찮은 것이라 하더라도, 욥의 편에서의 잘못을 가정했다. 욥은 친구들에게 이제 처음으로 그들이 믿는 그의 죄(שגה – 샤가)를 더 이상 에두르지 말고 말하라고 요구한다. 그것이 욥을 "잠잠케 하는 데" 필요한 전부다. 그는 이의 제기 받은 온전함을 방어해서만 말한다. 그러나 우리는 욥이 아는 것처럼 그의 고난의 진짜 이유들은 발견될 수 없다는 것과 욥은 말을 많이 한 다음에야 "침묵"하리라는 것(40:4-5)을 안다.

내가 믿기에는, 욥이 지금까지의 그의 연설 가운데서(특별히 3장에서) 그가 범했을지 모르는 한 사소한 잘못을 언급하는 것이라고 가정함으로써 이 절을 해석하는 포어러는 틀리다. 욥은 고난에 대한 그의 태도에서 무엇이 그들을 혐오스럽게 하고 그들이 그의 고통에 공감하지 못하게 하는 것이냐고 묻는다. 그러나 이 흥미로운 해석은 샤가(שגה, "잘못하다")라는 동사를 그것의 가장 좁고 전문적인 의미인 "자기도 모르게 죄를 범하다"라는 의미로 택하는 데 달려 있다. 그러나 현재 문맥의 상황에서는 그러한 의미를 요구하는 것이 아무것도 없다.

25-27 이 3행 연구에서 욥의 연설의 논조가 또 다른 방향 전환을 한다. 24절에서는 욥이 거의 단도직입적으로 말하는 반면, 여기서는 빈정댐의 어조가 다시 강해진다. 이번 3행 연구의 주제는 "말(들)"이다. 악행자에 대한 바른 판단의 말은 힘이 있지만, 친구들의 진부한 일반적인 말들은 아무것도 의미하지 않는다. 더욱이 말이란 화자의 논조가 무시되면 단순한 재잘거림에 불과하다. 그리고 욥의 말은 그것을 말하게 하는 절망의 심정보다는 덜 중요하다. 욥에게 실제적인 문제를 그같이 등한시하는 것은 지독한 종류의 무감각이다(참조. 27절).

25 "바른 판단의 말"(אמרי ישר – 이므레 요쉐르: 저자는 דברי라 하는데 저자의 실수로 보고 바꾸었다 – 역자주)이란 비행자가 들으면 움찔하는 말들이다. 욥의 친구들이 그의 잘못의 목록을 작성할 수 있고 그의 범죄들을 선언할 수 있다면, 물론 그는 그것을 고통스런 경험으로 볼 것이다. 그러나 친구들의 책망들 – 지금까지는

단지 엘리바스에 의해서만 표현되었음－은 인간의 죄의 불가피성에 관한 막연하게 일반적인 말들이다. 엘리바스는 한 번도 구체적이지 않았고, 따라서 그의 모든 말에도 불구하고 욥은 결백하고 부당하게 취급받는 것이라는 그의 인식을 한 번도 말하지 않았다.

많은 역본들과 주석가들이 이 점을 보지 못하고 욥으로 하여금 이렇게 말하게 한다: "정직한 말은 얼마나 힘이 있는가(혹은 유쾌한가)?" 이는 거의 논박될 수 없는 분명한 의견이지만, 욥의 논증을 진전시키지는 않을 것이다. 그는 친구들의 생각을 듣기를 기뻐할 것이라고 인정하기는커녕, 그에게 어쨌든 죄가 있다는 말이 자신에 대해 말해지는 것 가운데 가장 듣고 싶어하지 않는 것이라고 고백한다. 그리고 지금까지 들은 것들을 판단의 근거로 그는 의견을 잘 말할 수 있다: "그러나 너희의 책망은 결국 무엇에 이르느냐(너희의 책망은 무엇을 위한 책망이냐: 개역개정)?"

26 이 절을 문자적으로 읽으면 "너희는 말[로] 확신시키고, 절망적인 사람의 말을 바람으로 [여길] 생각이냐?" 외관상으로 보면 친구들의 비방의 말(מלים－밀림: 저자대로라면 밀린〈מלין〉, 저자의 실수로 보임, 아니면 같은 뜻－역자주)과 절망하는 사람 욥의 말(אמרי－이므레) 사이에는 분명히 하나의 대비가 있다. 그러나 이 대비는 실제보다 더 분명한 것 같다. 본질적 대비는 친구들을 대하는 욥의 전체적 태도에서 분명하듯이 그들이 **말하는** 것과 그가 **느끼는** 것 사이에 있다. 그래서 위에서 제시된 번역이 "너희는 간단한 말이 문제를 해결한다고 생각하느냐?"였다. 4-5장의 엘리바스의 연설에는 3장의 욥의 말에 대한 아무런 비난이 없었다(로울리와 대조). 이것은 그 자체로 충분히 주목할 만한 세부 상황이지만, 욥의 요점은 엘리바스로 대표되는 친구들이 말만으로도 설득력 있는 결론에 도달할 것이라고(יכח－야카흐, 히필, "옳음을 보여 주다. 확신시키다. 책망하다": BDB, 407b) 생각하는 것 같다는 것이다. 단순한 말(מלים－밀림) 반대편에 "절망 가운데 있는 한 사람의(יאשׁ, 니팔) 말들"이 있고, 그 말들은 그것들 자체가 아니라 그 사람과 그의 정신 상태를 의미한다. 그 말들이 어떠한 인상도 남기지 않고 "바람 속으로" 가 버리게 하는 것은 무정한 것이다.

27 그러한 무정함은 채무자였던 어떤 사람의 고아를 노예로 팔기 위해 하는 그 사람 친구들의 제비뽑기에(참조. 왕하 4:1에서 묘사된 상황), 혹은 그들의 친구가 상품이라도 되는 것처럼 그를 "파는 것"에 상응할 것이다. 우리는 욥이 자기 친구들이 그러한 짓을 한다고 비난하는 것이 아니라고 가정한다. 오히려 그는 그들이 그러

한 일들을 하는 사람들처럼 행동하고 있다고 말한다(참조. 헤세). 이들은 아마도 무정함의 대표적인 예들일 것이다. 그러한 유비는 특별히 알맞지는 않다. 따라서 많은 주석가들이 이 절을 여기에 맞지 않는 것으로 여겨 삭제한다("원문주해" 6:27.a.를 보라). 그러나 그것은 비통, 실망 그리고 이행되지 않은 "충성"(חסד – 헤쎄드) 등의 심정을 전달하며, 그렇지 않았더라면 25-26절의 분명한 언어로 인해 이들의 소리가 들리지 않았을 것이다. 이렇게 보게 되면 이 절은 친구들의 말을 주제로 하는 이 3행 연구(25-27절)에서 절정을 이룬다: 친구들을 대신하여 말하는 엘리바스는 단순히 욥을 실망시키거나 오도한 것이 아니라(15-20절이 보여 준 심상들처럼), 그를 무정하게 대했다. 이것은 격한 말이며, 오직 욥의 관점에서만 정당화된다. 그것은 엘리바스에게 분명히 당혹스럽게 들렸을 것이다. 그러나 욥의 분노의 이유는 이 장의 마지막 3행 연구에서 명쾌하게 설명될 것이다: 욥의 "온전함이 문제가 되고 있다"(29절). 욥은 단순히 고생하고, 낙담하고, 침체되고, 성급하지 않다. 그보다 더한 것은, 그가 거짓으로 고발되고 있으며 – 하나님에 의해서! – 그리고 아무도 그가 옳을지 모른다는 가능성을 한 순간도 생각하지 않는다.

28-30 이 3행 연구의 핵심은 29b절구에 있다: "나의 온전함이 문제가 되고 있다!" 친구들의 무용함에 대한 모든 비판이 여기서는 잠시 동안 논외가 되고, 그 사이에 욥은 가장 중요한 의사소통이 일어날 수 있도록 그들에게 그를 "보라", 그에게 "돌아오라" 혹은 "향하라"고 간청한다. 그의 죽음에 대한 소망도 일시적으로 억제되고, 결백의 항의가 대화의 중심이 된다. 욥의 심정은 희망적이지 않다. 그는 그의 친구들로부터 자기 말을 들어주는 것 이상을 기대하지 않는다. 그러나 그는 이 결백의 항의를 해야 한다. 욥의 마지막 대 항의(31장)가 세 친구와의 대화를 끝맺기 전에 많은 장들이 있을 것이다. 그러나 우리가 여기서 갖고 있는 것은, 진지하게만 취해진다면 그 사이에 낀 연설들이 오는 것을 불필요하게 만들기에 충분하다. 욥은 절대로 거짓을 말하지 않는다고 맹세하고, 자기 안에는 그가 당하는 고난의 이유가 하나도 없다고 그들 앞에서 단언하면서 충의의 친구로서 충의의 친구들에게 말한다. 이것은 그가 진실로 심하게 고생한다는 단순한 항의가 아니라(덤, 호르스트가 그렇게 본다), 그와 하나님 사이를 가르는 전체 이슈의 바로 핵심에 다다른다. 그의 마땅한 교섭 상대는 하나님 자신이라는 것이 사실이며, 그리고 이후로 곧바로 그가 향할 것은 그 방향이 될 것이다. 그러나 그는 그의 친구들의 도움을 얻고, 그는 자신이 당하는 것 중 어느 것도 당할 이유가 없다는 그의 확신에 동의하도록 그들을 설득할 작정이다.

28 "그러나 지금은" – 이 연설이 근본적으로 새로운 방향을 취하고 있음을 가리킴 – 한 사람으로서 **나에게** 주목하고, 친구들이 한 친구에게처럼 나에게 귀를 기울여 주는 것으로 "만족해 달라"(הוֹאִילוּ – 호일루)고 말한다. 욥은 그의 지난번 분노한 말에서는(27b절구) 그들에 대해 친구를 너무 쉽게 물건처럼, 흥정할 상품처럼 다룬다고 비난했었다. "이제 수사법은 옆으로 치우자. 그리고 우리 사람으로서 말하자"라고 그는 말한다. 어떤 이들은 친구들이 14절 이후 그의 분노한 격론 과정에서 그에게 등을 돌렸다고 추측했다(덤, 드라이버가 그렇다). 그러나 그렇든 그렇지 않든, 그가 간청하는 것은 그들의 주목이다. 그는 그들에 실망했고, 그들에 의해 배반당했지만, 그럼에도 불구하고 그들은 그에게는 친구들이다. 만일 그들이 그의 결백을 알아볼 수 없다면, 그 어느 누구도 할 수 없다. 욥은 보통은 번역들에 의해 인지되지 않는(모파트는 예외) 엄숙한 선서로, 그가 그들에게 거짓말하지 않는다고 맹세한다(소사 임〈אִם〉이 선서를 도입하는 것에 대해서는 덤, 로울리, 앤더슨 참조).

29 문자적으로 "돌아가기[돌아오기]"를 뜻하는 "방향 전환"(שׁוּב – 슈브)은 물리적 이동도 수반할지 모르지만, 태도의 변화는 확실히 포함한다: "너희가 택한 부당한 방향으로부터" 돌아서라: "부당하게 나의 죄를 가정하지 말라"(드라이버). 그것은 그의 탄식이 정당화되는 것(포어러) 이상이다: 그것은 그의 온전함 혹은 결백함이 아직은 손상되지 않았다는 것이며(바〈בָהּ〉는 아마도 그렇게 해석되어야 함; "원문주해" 6:29.e.를 보라), 또한 그들이 그것을 인정해야 한다고 그가 주장하는 것이다.

30 이 3행 연구는 이전 것과 같이(25-27절) 하나의 이중 수사적 질문으로 끝난다: "내 혀가 거짓말쟁이인가? 나의 구개가 거짓을 구별할 수 없는가?" 이전 경우에는 그의 친구들의 무정함에 대한 욥의 고발로 된 온정의 **일격**(*coup de grâce*)이었다. 여기서 그것은 그가 마땅히 고생하는 것임을 부인할 때, 그는 진실을 말하는 것이라는 최종 확언이다. 만일 RSV의 번역인 "나의 미각[혹은 감각]이 재앙을 구별할 수 없는가?"를 따르면, 그 행으로부터 허용될 만한 한 가지 의미가 도출될 수 있다, 즉 "'내가 내 불행의 참 맛을 구별할 수 없는가?' 다시 말해 그것이 당연한 응보인지 아닌지를 구별할 수 없을까"(로울리). 그러나 우리가 만일 하바(הוה)의 다른 의미인 "거짓"("원문주해" 6:20.b.를 보라)을 채택하게 되면, 욥은 이 연이 끝나면서 친구들이 아니라 그만 홀로 그가 불평할 명분을 가지고 있는지 판단할 수 있는 입장에 있다고 확언하는 것이며, 그들에게 그가 옳음과 그름 간의 차이에 대해 의심할 여지없은 예리한 감각("구개")을 가지고 있다는 것을 부인해 보라고 도

전하는 것이다. 그러면 적어도 그의 논리에 따르면, 그가 진실을 말하고 있는지를 알아볼 수 있는 최고의 자격자는 바로 그라는 결론이 나온다.

욥은 그의 친구들에게 아주 많이 요구한다! 그들은 그의 독설을 견뎌야 할 뿐만 아니라, 그가 있는 그대로의 진실을 말하고 있다는 것을(28절), 그리고 그가 자기 자신의 주장에 있어 최고의 판단자라는(30절) 그의 말을 받아들여야 한다! 그렇지만 그가 달리 택할 길이 무엇이겠는가? 그의 개인적 삶에 대해 거의 알지 못하는 사람들이 진행하기에는 죄와 고난에 관한 신학적 일반화만 가지고 있을 뿐일 때에, 그들이 그에게 하나님의 벌을 받을 만한 잘못이 있다고 넌지시 말하거나 가정할 수 있도록 허용하는 것? 그러한 길은 훨씬 더 참기 어려울 것이다! 친구들에게 하는 욥의 말이 이 대답될 수 없는 문장으로 끝나고, 7:1에서 새로운 주제가 시작되는 것은 놀랄 일이 아니다.

7:1-10 처음으로 7절에서 하나님에게 직접 말이 건네지며, 12-21절에 이르러서야 욥이 간접적인 반추의 말들 없이 하나님에게 일관되게 말한다. 그러나 1-6절을 하나님에게 직접 하는 말에 대한 서언으로 보는 것이 가장 타당한 것 같다(또한 포어러, 바이저가 그렇다). 비록 이 말들이 하나님**에게** 말해지지 않는다고 하더라도, 그들은 하나님을 **향하여** 말해진다: 그것들은 하나님의 경청을 위한 것이다. 욥은 6:2-13에서의 독백의 단계를 떠나 6:14-30에서 친구들에게 말하는 단계를 지나왔다. 그는 이제 다시 독백으로 빠지지 않을 것이고, 자신으로부터 훨씬 더 멀리 가서, 가장 멀리 있고, 가장 말이 없지만, 가장 중요한 대화자에게 말할 것이다. (6:21-30에서 친구들에게 직접적으로 하는 말의 경우에는 그들의 경청을 **위한** 시작하는 말이 있지만[6:14-20] 그들**에게** 명백하게 말이 전해지지는 않는다.)

3장에서 강하게 확언된 욥의 죽음에 대한 소원이 이 장에서 다시 모습을 드러낸다. 그는 이제 그것에 생명의 공허와 비참에 대한 그의 경험으로 동기를 부여할 것이다. 그는 자신의 경험을 인간의 상태에 투영하면서, 기쁨이 아니라 고난, 완성이 아니라 공허가 생의 궁극적 진리라는 사실을 의심하는 것이 불가능하다고 본다. 그러나 욥은 실제로 하나의 인생 철학을 제시하고 있는 것이 아니다 – 또 욥기의 저자가 어떤 히브리 염세주의를 묘사하고 있는 것은 더더욱 아니다(덤과 대조). 그는 너무 심하게 고생하고 있어서 누구의 인생에 대해서 그 밖에 무엇이 진정으로 말해질 수 있다고 상상할 수 없다. 따라서 그의 연설이 우울에 대한 심히 감동적인 표현이기는 하지만, 그것은 그것이고 성경 "교리"나 인간"관"에 대한 어떤 "기여"는 아니다. 다른 접근을 위해서는 바이저, 피크 참조.

[1] 욥의 우울이 이제 분노에서가 아니라 인생의 지겨운 고역, 아무런 성과 없는 헛된 노역에 대한 고통스러운 한탄으로 표현된다. 그는 자신의 지평이 되어 버린 자기 경험을 일반화하면서, 인간은 "고된 노동"(צבא – 차바)에 속박되어 있다고 말한다. 그 단어는 빈번히 군 복무에 사용된다(참조. 도름: "인간의 땅 위에서의 삶은 군 복무 기간이 아닌가?"). "품꾼"(שׂכיר – 사키르) 역시 고용된 군인일 수 있다(렘 46:21). 그러나 여기서 차바(צבא)는 모든 종류의 힘든 일을 가리키며(참조. 사 40:2; 단 10:1), 또한 "품꾼"은 고용된 노동자라고 보는 것이 더 타당하다. 욥은 인간에게 의도된 운명은 행복과 성공이라는 지혜 교사들의 낙관적 견해를 거부하도록 강요되었다. 그 운명은 차라리 "고된 노역"이며, 그 노역도 어떤 폭군의 만족을 위함이 아니라(하나님이 노예-주인임이 암시된다고 생각하는 헤세, 하벨은 이에 반대다), 완전한 무익을 위함이다(3절). "품꾼"(שׂכיר)의 일처럼 그것은 피할 수 없고, 악용되기 쉬우며, 안전도 보장되지 않는다.

이스라엘 내에서 "고용 노동자"는 이스라엘이든 이방인이든 자유인이었다. 그러나 비록 "노예"보다 두 배의 임금을 받지만(신 15:18), 주인과 비교하면 당연히 "가난했다"(신 24:14). 율법에 따르면 고용된 종은 매일 낮이 끝날 무렵에 임금을 받아야 했지만(레 19:13; 신 24:15; 참조. 마 20:8), 율법은 흔히 악용되었을 것이다(참조. 렘 22:13; 말 3:5; 집 34:22; 약 5:4).

[2]-[3] 노동자 이미지가 좀더 다른 각도에서 다시 조망된다. 1절에서는 삶이 단순히 고된 노동으로 여겨졌다. 그것이 2절에서는 그것의 끝에 이르려고 애쓰는 노역으로 비춰진다. 농부로 혹은 목동으로 들에서 일하는 노예(참조. 창 31:40)는 낮의 "열기와 책무"로부터 쉴 수 있는(마 20:12) 시원한 저녁을 간절히 기다린다. 또한 생의 필요를 위해 하루 종일 일하는 노동자는 임금을 받을 그 낮의 끝을 기다린다.

만일 욥에게 그의 인생의 노역이 어떤 끝을 향하고 있느냐고 묻는다면, 그는 아무런 끝도 보이지 않음을 발견한다. 그의 "고된 노동"은 무의미하다. 그가 자신을 고용된 노동자라고 느낀다면, 그는 하루가 끝날 무렵에 임금을 받는 만족을 얻지 않을 것임을 안다. 오히려 임금이 전혀 없는 수 개월의 "고된 노동"에 계약되었다고 생각한다! 그의 삶의 보상은 무[익]이다(שׁוא – 샤브). 혹은 그가 자신을 그늘지는 저녁을 유일한 즐거움으로 고대하는 궁지에 몰린 노예로 느낀다면, 그의 저녁들은 전혀 반가운 휴식이 아니며, 오히려 "괴로운 밤들"이라는 것을 안다. 힘든 노고의 낮으로부터의 유일한 벗어남은 "노역" 혹은 "고난"의 밤이다(아말〈עמל〉은 그 두 가지 의미 모두에 사용됨. 참조. 또한 4:8에 관한 부분). 2절과 3절은 교차적으로 배열되어 있어서 2a절구는 3b절구와 평행하고 2b절구는 3a절구와 평행한다.

4 이제 "괴로운 밤"(3b절구)이 묘사된다. 노동자의 것과 같은 쉼을 더 심한 "노역"(עמל – 아말, 3b절구)으로 전복시켜 버리는 불면은, 한편으로는 분명히 그가 고생하고 있는 질병으로 생긴 자극 때문이지만(2:7에 관한 부분 보라), 그것은 우울의 일반적인 증세이기도 하다. 그는 날이 깰 때까지 어떤 "몸부림"(נדודים – 네두딤, 복수는 아마도 추상 명사 "쉬지 못함, 잠 못 이룸"을 뜻함)을 견뎌야 할 것인지 알기 때문에, 누우면 오로지 "언제 아침이 될까?"를 생각하면서 밤을 두려워한다. 시인은 "시간이 고통의 낮을 지남보다도 밤을 지날 때 얼마나 더 많이 느리게 가는지"를 알고 있었을 것이라고 피크는 말했다.

5 그의 잠 못 이룸(4절)은 분명히 정신적이고 육체적인 원인들로부터 생겨났다. 그는 이제 그의 육체적 병의 증상들에 대해 불쾌할 정도로 상세하게 묘사한다. 그의 몸은 고름을 내는 열린 상처들이거나 혹은 낫는 과정 중에 있는 상처 딱지들로 덮여 있다. 마치 치료 과정이 거꾸로 된 것같이 피부가 굳어지다가 다시 터져버린다. 딱지는 그 자체로는 희망적인 사인일 수 있으나, 그것은 그를 너무나 자주 속였다. 그는 이제 "가망 없는" 사람이다(6절).

4절은 3b절구의 "괴로운 밤" 표현을 발전시켰다. 현재 절은 3a절구의 "여러 달의 헛고생" 생각을 발전시키는 것일 수 있다. 그를 괴롭히는 병이 전혀 진전이 없기 때문이다: 그것은 그를 건강하게 되돌려 주지도 않고 그에게 임박한 죽음의 희망을 제공할 수 있도록 점점 악화되지도 않는다. 그의 병조차도 헛된 주기를 돈다: 상처를 덮는 딱지와 탄탄한 새 살의 나옴은 새로운 고름과 상처의 터짐으로 상쇄되어 버려서, 그의 "고된 노동"에도 불구하고 아무것도 성취되지 않는다(1절).

피부병(나병이든 그 외의 다른 병이든)을 옷 입기로 보는 표상은 바빌로니아 텍스트 하나 이상에서 발견된다. 우리는 다음을 발견한다: "등불이신 신[Sin]이…그를 옷으로 하듯이 문둥병으로 두르기를 빕니다"(F. E. Peiser, *Texte juristischen und geschäftlichen Inhalts*[Keilinschriftliche Bibliothek. Sammlung von assyrischen und babylonischen Texten im Umschrift und Übersetzung; ed. E. Schrader; Berlin: Reuther und Reichard, 1896] 80-81, col. 3, lines 18-19). 그리고 "높은 하늘을 비추는 자이신 신[Sin] 신(神)이 그의 사지를 그의 죽음의 날까지 치료할 수 없는 '문둥병'으로 옷 입히기를 비나이다"(J. V. Kinnier Wilson, "Leprosy in Ancient Mesopotamia," *RA* 60[1966] 47-58).

6-10 욥의 생각이 그의 비참한 삶에 대한 묘사로부터(1-5절) 그것의 덧없이 짧음에 대한 반성으로 옮겨 간다: 이제 그의 생명이 소멸하려 하고 있음이 분명하다.

그는 이전에는(3:21-23; 4:8-9, 11) 갑작스런 죽음을 달라고 부르짖었다. 그에게 아직 남아 있는 날들의 짧음을 애석하게 생각하는 것 같다. 그러나 이 곳의 상황은 다르다. 그는 그의 죽음의 임박함이나 확실성을 탄식하고 있는 것이 아니라, 그의 현재의 괴로움뿐만 아니라(1-5절) 자신이 벗어날 수 없는 끝에 좌초되고 있는 것이며(6-10절), 그 다음으로 그의 호소는 하나님에게 그를 괴롭히는 것을 그만두시라는 것이다(11-21절).

이 연에서 중심 문장은 7a절구로서, 하나님에게 직접적으로 그의 생명은 전체로 보면 순식간에 보내지는 박약한 한 숨이라는 것을 "기억하시라"고 하는 요구다. 7b-8절은 그의 임박한 끝에 대한 생각을 발전시키고, 반면에 9-10절은 7b-8절에 나온 그의 "사라짐"에 대한 묘사를 더 발전시킨다.

6 욥의 생각에 새로운 방향 전환(RSV의 연 구분과 대조)이 이제는 그것의 불가피한 종국으로 빠르게 접근하는 그의 생의 덧없음의 주제에 의해 취해진다. 그는 이제 1절에서 그랬던 것 같은 "그의 [인간의] 날들"이 아니라 "나의 날들"에 대해 말한다. 거기서는 자신의 경험을 통해 본 인간 존재의 고역에 대해 말했다. 여기서는 그 자신이 그의 끝에 접근하고 있다는 느낌에 대해 말한다. 따라서 질질 끌리는 "여러 달의 헛됨"(3절)과 그의 삶 전체의 빠름에 대한 현재의 인식 사이에는 전혀 모순이 없다. 그는 결국 "그의 한창 때에 끊기리라" 예상하는 한 사람에 불과하다. 인생 전체의 수명이 그저 "날들"로 압축된다. 그는 이 절에서는 그의 생을 뒤돌아보며, 7a절구에서는 그것을 전체적으로 생각해 보고 그리고 7b-10절에서는 그의 미래의 운명을 내다본다.

여기에 인생의 빠름에 대한 그의 이미지는 베 짜기 공예로부터 온다(*IDB* 2:652-53; G. Dalman, *Arbeit und Sitte in Palästina*[Gätersloh: Bertelsmann, 1937] 5:100-102를 보라). 베틀의 북이 편물의 한쪽 편에서 다른 편으로 날라가는 것처럼, 그의 지나간 전 생애를 구성한 날들이 그렇게 순식간에 지나갔다(그에게 아직 남아 있는 날들이 아님; 포어러는 이에 반대다). 그는 사실상 끝 지점에 서 있고, 그의 현재의 생활은 한 "숨"보다 전혀 더하지 않은 실재성을 가지고 있다고 느낀다. 이 지점부터 그는 그것들을 "그 끝에 다다른" 것으로 되돌아볼 수 있다.

마지막 어구 베에페쓰 티크바(באפס תקוה)는 전통적으로 "희망이 없는"으로 번역되었는데, 이는 지금까지의 욥의 연설들에서 그의 희망이 정확히 그의 날들이 끝**나야 한다**는 것이었다는 면에서 약간은 예상치 않은 어조다. 17:15과 19:10에서는 그가 정말로 생의 희망으로서의 "희망"에 대해 말하겠지만, 그것은 아직 이 곳의 분위기인 것 같지는 않다. 티크바(תקוה)를 만일 "희망"이 아니라 "실"로 여기면 아주 다른 번역이 가능하며, 직조에서 온 표상이 지속된다. 베 짜는 사람은 그의 실을 다 써 버렸고 옷감은 베틀로부터 끊길 준비가 되었다(참조. 6:9에 관한 부분; 8:13 NEB)(NEB, TOB, 도름, 호르스트, 로울리, 앤더슨이 그렇다). 도름은 적절하게 11세기 스페인의 히브리 시인 모세 이븐 에즈라(Moses ibn Ezra)의 시구를 인용한다.

> 사람은 세상에서 베 짜는 사람처럼 짜며,
> 그리고 그의 실은 그의 날들이다.

똑같은 단어 티크바(תקוה)가 사용된다. 인생을 옷감을 짜는 것으로 보는 은유는 히스기야의 기도에서도 나온다(사 38:12): "베 짜는 사람이 마지막 실을 끊어 버리는 것같이 당신이 나의 생명을 말아 올렸습니다"(NAB; 본문 불확실).

인생의 짧음과 비견고성에 대한 욥기에 나오는 그 외의 표상들로는 구름(9절), 숨(7, 16절; 참조. 시 78:39; 144:4), 잠시 동안의 그림자(8:9; 14:2; 참조. 시 102:12[11]; 109:23; 144:4; 고전 29:15), 달리는 사람(9:25), 빠른 갈대 보트, 독수리(9:26), 시드는 꽃(14:2; 참조. 시 90:5-6; 103:15-16; 사 40:6-7), 꿈(20:8; 참조. 시 39:7[6]) 등이 있다.

7 그의 인생의 덧없음에 대한 반성은 욥으로 하여금 하나님에게 그를 지키고(12절), 그를 압박하고(16b, 19b절구), 그를 공격하고(20b절구), 그를 무섭게 하는(14절) 그분의 일과에 착수할 때 그분 역시 욥에 관한 이 근본적 진리를 "기억하시라"고 호소하게 한다. "기억하라"와 같은 외침은 기도 언어에서 관례적으로 사용된다(참조. 삿 16:28; 왕하 20:3; 시 74:2; 그리고 참조. 욥 10:9; W. Schottroff, *THWAT* 1:507-18〈그것의 시편에서의 용법에 관한 516-17〉를 보라; 그리고 참조. B. S. Childs, *Memory and Tradition*〈SBT 1/37; London: SCM, 1962〉). 그것은 항상 하나님의 관심이 다른 곳에 있다는 것과, 또한 그가 만일 잠시라도 그 기도하는 사람에게 아주 불가항력적으로 분명한 상황이나 사실을 조금만이라도 주목한다면, 그분은 곧바로 그 상황을 바꾸는 일을 시작하실 것임을 암시한다.

하나님은 욥의 생명이 바람으로서든 숨으로서든 공기(רוח – 루아흐)처럼 박약하다는 사실을 일시적으로 간과하셨음에 틀림없을 것이라고 욥은 말한다 – 12-20절에서 지배적인 분위기가 될 빈정댐의 암시 없이. 때때로 인생은 내쉬는 숨에 비유된다(הבל – 헤벨, 참조. 16절; 시 78:33; 39:6, 12[5, 11]; 62:10[9]; 144:4; K. Seybold, *TDOT* 3:313-20를 보라). 때로는 "바람"(보통 רוח), 특별히 "지나가고 다시 돌아오지 않는 바람"에 비유된다(시 78:39; 참조. 집 1:14). 시편 78:39과의 평행이 특별히 가깝지만("그는 그것들이 한낱 바람〈רוח〉임을 기억했다〈זכר – 자카르〉"), 둘 중 어느 의미도 여기에 맞는다. 요점은 욥의 생명이 어느 순간에라도 반드시 멎게 되어 있다는 것이다. 그의 생명 점유는 불확실하다. 한 가지 확실한 것은 그가 결단코 다시는 전날의 행복한 상태로 돌아가지 않을 것이라는 사실이다: 그는 다시는 "선" 혹은 "행복"(NAB, NIV), "기쁨"(JB), "좋은 날"(NEB; 욥기에서 이 의미로 나오는 다른 곳은 9:25; 21:13; 36:11; 그리고 참조. 17:15)을 "보지"(즉, 경험하지, 참조. 시 4:7[6]; 34:13[12]) 못할 것이다. 하나님에게 자기의 인생의 짧음을 "기억하시라"고 요구하는 이 외침은 전혀 그를 건강하게 회복시켜 달라는 간접적인 간구가 아니며(포어러와 대조), 하나님에게 그를 무시하시라는 호소다. 그것이 그의 고통에 대해 욥이 상상할 수 있는 유일한 벗어남이다(더 자세한 것은 16절에 관한 부분을 보라).

8 단순히 "좋은 운명"이 욥에게 결코 "돌아오지" 않을 것만이 아니다(7절). 그는 죽음을 향해 가고 있다. 지금 그를 보는 그의 지인들과 친구들은 그가 떠났음을 곧 알게 될 것이다 – 그렇게 가정된다. 하나님이 그를 찾을지라도, 그는 이미 죽었을 것이다. 그는 하나님이 친절하게 자신을 보아 주실 것이라는 어떤 희망도 내밀지 않는다. 그는 하나님에게 속히 그를 구하러 오셔야 하며, 그렇지 않으면 너무 늦을 것이라고 독촉하지 않는다. 그는 단지 곧 있으면 하나님도 자신을 보지 못하실 것이라고 확언함으로써 자신의 임박한 끝에 대한 분명한 확신을 표현할 뿐이다.

9-10 "존재하지 않음"(참조. אינני – 에네니, 8절)이 뜻할 것이 여기서 명시된다. 그것은 그의 존재의 해체이며(כלה – 칼라, "끝나다, 다하다, 사라지다"), 떠남이요(הלך – 할라크), 그로부터 올라옴(עלה – 알라)이 있을 수 없는 전락이다(ירד – 야라드). 하루가 질 무렵에 집으로 돌아와 자신의 식솔들에 의해 알아봐지고 환영받는 일상의 패턴은 사라질 것이다. 죽음이 격렬하거나 심하게 고통스러운 것으로가 아니라, 오히려 – 극도의 쇠약함을 느끼는 사람에게 아주 적절하게(참조. 6:11-13) – 사라짐과 가라앉음으로 말해진다. 그의 생명은 구름이 "해체되고 흩어 없어지는"(NEB) 식으로 끝날 것이다. "일어남"의 어떤 생각도 허락지 않는 약함 가운데 그는 지하 세계로 가라앉을 것이다.

덧없는 것으로서의 구름 표상에 대해서는 30:15; 이사야 44:22; 호세아 13:3을 참조하라. "그의 처소가 그를 더 이상 알아보지 못한다"는 표현이 시편 103:16에서 나타나는데, 역시 인생의 덧없음에 대한 문맥의 상황에서다(7, 8절들과도 미세한 평행들이 있다). 그 언어는 전통적이다.

죽음 이후의 생에 대한 이집트 교리가 의도적으로 거부되고 있는 것이든 그렇지 않든(참조. 테리앙), 욥의 지하 세계관은 구약과 사실 고대 근동의 대부분을 대표한다. 이 책에서 여기서 처음으로 스올이라 명명되는(또한 11:8; 14:13; 17:13, 16; 21:13; 24:19; 26:6) 죽은 자들의 거처는 이미 안식과 땅의 차별들이 폐지된 곳으로 3:13-15, 17-19에서 묘사되었다. 그 외의 다른 곳에서는 땅 속 깊이 있고(11:8), 그 문 뒤로는(38:17) 깊은 흑암이 가득하고(10:21-22; 17:13) 먼지로 덮여 있는 거주지로 나온다. 그것은 모든 산 자들의 운명이다(30:23). 무엇보다도 그곳으로 간 여행자는 아무도 그 곳으로부터 되돌아오지 않는 지역이다(10:21; 참조. 삼하 12:23; 창 37:23). 욥기만 벗어나면, 특별히 시편 문헌에서 그것의 의미가 하나님 및 하나님 경배의 부재로 표현된다는 사실은 아마도 그리 놀랄 만한 일이 아닐 것이다(참조. 사 38:11; 시 6:6[5]; 30:10[9]; 88:11-13[10-12]; 115:17). 왜냐하면 욥기에서는 하나님의 현존이 전혀 모호함이 없이 바람직한 것으로 여겨지지 않기 때문이다(참조. 16, 19절). T. H. Gaster, *IDB* 1:787-88를 더 보라. 죽음의 신학적 의미에 대해서는 W. Brueggemann, *IDBS*, 219-22를 보라. 그리고 10:21에 관한 부분을 참조하라. 욥기에서 묘사되는 지하 세계 개념은 지하 세계가 "돌아옴 없는 땅"(*erṣet lā tāri*, 참조. *CAD*, E, 310b)으로 알려지는 바빌로니아 문헌에서 밀접한 평행을 만난다. 특별히 이쉬타르(Ishtar)가 지하 세계로 내려가는 신화에 나오는 그 땅에 대한 묘사를 주목해 보라(*ANET*, 107a).

11-21 하나님이 그를 혼자 내버려 두셔야 한다는 이 충격적인 요구에 대해 욥은 두 가지 이유를 가지고 있다. 첫째는 그의 고통 가득한 삶의 비참함이고(1-5절), 두 번째는 그의 죽음의 임박함과 불가피성이다(6-10절). 그의 현재의 비참함은 그를 향한 하나님의 공격 때문이다(참조. 6:4). 따라서 하나님이 그를 혼자 두기만 하시면 그는 더 편안해질 수 있을 것이다. 그렇다고 해서 그가 바랄 어떤 것이 있을 것이라는 말은 아니다. "전능자의 화살"(6:4)이 제지된다 할지라도 말이다. 왜냐하면 그는 죽을 것으로 정해졌고, 그것이 그의 임박한 운명이라는 것에 그는 이의를 제기하지 않기 때문이다. 이 사실이 또다시 그로 하여금 하나님에게 그를 내버려 두시라고 빌도록 한다. 그는 죽어 가는 한 사람에게 마지막 은혜가 베풀어지기를

간절히 바란다.

욥의 연설의 격정이 우리로 하여금 그것의 논리를 살펴보기를 주저하게 만든다: 그럼에도 불구하고 우리가 그렇게 하면 그를 더 잘 이해할 것이다. 하나님이 만일 첫 번째 이유의 욥의 간청을 받아들여 그의 고통이 참기에 너무 힘드니 그를 괴롭히시기를 중단한다면, 욥은 그의 고난에서 벗어나게 되지 않을까? 그러면 그는 그의 죽음이 가까이 있다는 것을 의심해 볼 근거를 갖게 되지 않을까? 그렇게 되면 그는 두 번째 이유, 즉 그의 죽음이 확실하고 임박했다는 이유로 했던 그의 탄원을 단념해야 하지 않을까? 정말 그렇다. 그러나 이 연설의 조건을 이루는 것은 순전히 상황의 논리가 아니라, 욥은 어떤 이유의 것이든 그의 탄원에 대해 응답 받는 것에 대해 이미 절망적으로 포기했다는 사실이다.

우리는 더 물을 수 있다. 하나님이 만일 첫 번째 이유의 그의 탄원을 수락하고, 욥이 그 일로 그의 죽음에 대해서 덜 확실하게 느낀다면, 그는 최소한 그의 눈이 다시 좋은 운명을 본다고 말할 수 있을 만큼 상당 부분 회복되지 않을까? 그렇게 된다 하더라도, 그렇지 않다. 왜냐하면 그의 자녀들의 상실–이에 대해 욥은 자신에게 책임이 있다고 느낄지 모른다(비록 그 점이 명백하게 말해지지 않지만) –은 차치하고서라도, 그가 겪은 부당한 고난에 의해서 그의 명예가 아직 훼손되어 있기 때문이다. 그는 하나님의 심판에 의해 공개적으로 창피를 당했고, 그 오점이 그의 인격에 남아 있다. 그는 그것을 어떻게 지울 수 있을까 생각할 기분이 아니다. 이 순간에 그는 아무것도 원하지 않는다–혼자 내버려 두는 것 외에는.

이 연설의 마지막 부분은 두 개의 연을 가진다. 첫 번째(11-16절)는 간단한 도입의 말(11절) 뒤에 하나님이 그를 괴롭히신다고, 특별히 악몽으로(14절) 그렇게 하신다고 불평하고, "나를 내버려 달라"(16b절구)는 문장에서 멈춘다. 두 번째(17-21절)는 역시 하나의 인용문을 담은 짤막한 도입 요소(17절) 뒤에, 하나님에게 그를 괴롭히시는 것을 중단하라고 간청하며(19절), 그런 후에 그를 향한 하나님의 행위의 근본적 이유에 이의를 제기하는 과감한 행보를 취하고(20-21a절구), 마지막으로 "이제 내가 곧 죽음의 먼지 속에 누으리라"(21b절구)는 문장에서 멈춘다.

11 엘리바스는 자기 말을 억제할 수 없는 경험을 알고 있었다(4:2). 욥 역시(גם־אני –"나 또한", 감-아니) –격정적이고, 빈정대지만, 심히 절망적으로–하나님께 말을 터뜨리지 않는 것이 불가능함을 발견한다. 다른 이들은 그들의 생각을 말하는 즐거움을 가진다. 욥은 자기 차례에 예의가 그를 억제하도록 하지 않을 것이다. 피크는 욥이 "위험스럽게도 그가 하나님을 면전에 두고 저주하리라는 사탄의

예언을 거의 성취할 뻔했다"고 과장하여 말한다. 그러나 욥은 자신이 겸허한 신앙과 질문 없는 찬양의 언어로 말하지 않는다고 인정한다. 엘리바스는 행복한 체념의 마음으로 하나님을 "찾을지" 모른다(5:8). 그러나 욥은 그의 격통으로 인해 말하지 않을 수 없다. 그를 괴롭게 하는 것이 육체적 통증이 아니라 정신적 고통이기 때문에, 그는 그의 영(רוח – 루아흐)의 괴로움과 그의 영혼(נפש – 네페쉬)의 쓰라림으로부터 말한다.

욥은 잃을 것이 전혀 없는 사람으로서 말한다. 그는 "그분에게서 아무것도 바라지 않으며, 곧 있으면 그분으로부터 두려워할 것이 더 이상 없을 것이다". 그가 비록 익숙하지 않은 방식으로 하나님께 말할지라도, "그는 완전한 솔직함의 위로를 얻을 것이다"(피크).

12 응보 교리는 친구들과 욥이 똑같이 그의 고난의 유일한 설명으로 본능적으로 향하는 것으로, 그 중심에는 균형 감각이 있다. 사람은 그의 행위에 **따라서** 보답된다. 그러나 욥의 경우에는, 그가 보기에 어이없고 매우 부당한 균형의 결핍이 있다. 욥은 하나님에 의해 그가 마치 그 옛날 신화들의 하나님을 대적해 싸우는 것으로 이야기되는 괴물 적들 가운데 한 명인 것처럼 대해지고 있다고 느낀다. 그러나 자기에 대한 욥 자신의 평가는 구름처럼 실체가 없고(9절), 힘이 하나도 없는(6:11-13) "지나가는 바람"(רוח – 루아흐, 7절) 혹은 "한낱 숨"(הבל – 헤벨, 16절)이다. 욥의 맹렬한 아이러니를 불러일으키는 것은 이 잔혹한 불균형이다.

욥의 분개에는 또 다른 맥락도 있을지 모른다: 그를 괴물처럼 다루는 것은 그를 하나님의 반대편에 대항하여 서는 하나의 세력으로 과대평가하는 것이다. 그러나 인간으로서는 그를 과소평가하는 것이다(참조. 하벨). 인간 이하의 괴물들은 욥이 받고 있는 것 같은 대우를 받을 만하다. 인간은 다른 필요들을 가진다: 기쁨(참조. 6:2), 친구들의 충성(참조. 6:14), 성취(참조. 7:3), 희망(참조. 7:7). 욥은 괴물들과 나란히 놓임으로써 인간성을 빼앗겼다. 사람들이 서로에게 보이는 비인간성(6:14-30)보다 더 나쁜 것은 하나님이 인류에게 보이는 "비인간성"이다(7:12-21).

여기서 언급되는 신화적 인물들 바다(Yam – 얌)와 바다 용(Tannin – 타닌)은 보다 오래 전 주석가들에 의해서는 바빌로니아 신화 속에 나오는 바다 괴물 티아맛(Tiamat) – 마르둑(Marduk)에 의한 그녀의 패배가 바벨로니아 창조 서사시 **에누마 엘리쉬**(*Enuma elish*)에서 이야기된다(*ANET*, 60-72[67]) – 과 동일시된다. 그러나 우가릿 텍스트들이 구약 학계에 영향을 미친 이후로는, 여기서 암시되는 것은 가장 높은 신에 의한 바다-신(아마 혼돈이나 불모를 구현하는)의 정복이라는 서 셈족 양식의 신화에 관한 것이라고 광범위하게 인정되어 왔다. 바알 신화에서는 바다-신 얌(참조. **히.** ים - 얌, "바다")이 우가릿의 지존 신 바알에 의해 파괴된다. 그 괴물 타닌도 그 이름으로 바알 신화에 나오는데, 거기서 그 이름은 리워야단과 병행되어 나타난다(3:8에 관한 부분을 보라). 그 바다-신들의 정확한 상징적 가치가 무엇이든 간에 - 그리고 우가릿 텍스트들에는 바빌로니아 신화 속의 티아맛의 경우에서처럼 그들과의 싸움이 창조와 직접적으로 연결된다는 암시가 전혀 없다 - 욥의 요점은 변하지 않는다: 즉 그는 마치 하나님의 주권에 어떤 위협이라도 되는 것처럼 하나님에 의해 구금된 자다.

바다 신들에 대한 다른 구약의 언급들에 대해서는 9:13(라합); 26:12(얌, 라합); 이사야 51:9(라합, 타닌); 시편 74:13-14(얌, 타닌, 리워야단); 이사야 27:1(리워야단); 아마도 시편 68:22[21](바산; 참조. 사 27:1)을 참조하라. 어떤 이들은 창세기 1:2(테홈)도 말할 것이다. 다른 암시들은 이사야 17:12-13; 예레미야 5:22; 나훔 1:4; 하박국 3:4; 시편 46:3-4[2-3]; 65:8[7]; 77:17-19[16-18]; 93:3-4; 104:6-9; 114:3; 124:4-5; 144:7 등에 있다. 타닌은 리워야단처럼 때로 비신화론적 피조물, 바다 혹은 땅의 파충류를 가리키는 용어이며(참조. 창 1:21; 출 7:9), 얌은 당연히 "바다"를 뜻하는 용어다. 따라서 어디에서 신화적 존재들에 대한 언급이 의도되고 있는지 항상 분명한 것은 아니다. 좀더 자세한 것은 O. Kaiser, *Die mythische Bedeutung des Meeres in Ägyypten, Ugarit und Israel*(BZAW 78; Berlin: Töpelmann, 1959); J. Day, *God's Conflict with the Dragon and the Sea*(University of Cambridge Oriental Publications 35; Cambridge: CUP, 1985)를 보라.

이 적대 세력들은 비록 태곳적에 하나님에 의해 확실하게 패배되었지만, 그럼에도 불구하고 때때로 구약에서 비록 안전하게 하나님 통제 아래 있기는 하지만 아직 존재하는 것으로 여겨진다. 따라서 하나님은 바다를 위해서는 모래를 두어 "그것이 건널 수 없는 영구적인 장애물"로 삼으셨고(렘 5:22 RSV), "[그것을] 문으로 가두고…그것에 경계를 정하고, 문과 빗장을 설치하고, 이렇게 말씀하셨다. '너는 여기까지는 와도 된다. 그러나 그 이상은 안 된다. 너의 도도한 물결을 여기서 멈추어라'"(욥 38:8, 10-11). 여기 본문에도 바다 위에 배치되는 "경계"(משמר - 미슈마르) 혹은 "감시"에 대한 암시가 있다. 바알이 얌을 패배시키는 우가릿 신화는 그러한 감시가 묘사되었을 지점에서 단편적이다. 그러나 얌이 "사로잡혔다"는 것은 분명히 언급한다(*CTA* 2.4.29-30; Gibson, 44). 보다 명시적인 것은 티아맛을 살해하는 바벨론 신화로, 거기서는 그녀의 신체 중 "궁창 위 물"이 된 부분이 땅을 물에

잠기게 하지 못하도록 빗장이 설치되고 감시자가 배치된다(*Enuma elish* 4.139-40; *ANET*, 67). 그럼에도 불구하고 욥기의 암시는 바빌로니아 신화보다는 서 셈족 신화에 대한 것일 가능성이 더 높다.

욥에게 질식될 정도까지 하나님이 압박하시는 느낌은 그의 감정들 가운데 가장 지배적인 것 중 하나다(참조. 3:23b; 7:19b; 9:18a; 10:3; 13:21, 27; 19:6b, 8). 그것은 "나를 혼자 내버려 두시오!"라는 그의 외침으로 나올 것이다(16절).

[13]-[14] 욥의 가장 깊은 곳에 있는 열망을 보는 한 가지 길은 그것을 "위로"(נחמל)의 필요로 보는 것이다. 그 자신은 위로자가 되는 것이 무엇인지 알고 있다. 그것은 낙담한 사람들이 자신감을 잃었을 때 탄식하는 자들을 "위로하는" 사람처럼 "미소지어 주는" 것이다(29:24-25). 이제 그가 괴로운 때가 왔으니, 그는 그의 친구들의 충성으로부터 위로를 기대할 수 있을 것이다(참조. 6:14). 정말 그 세 친구는 그에게 위안과 위로(לנוד־לו ולנחמו–라누드-로 울르나하모, 2:11)를 주려고 출발했었다. 또한 산문 프롤로그에서 보면 그들은 어느 면에서 보아도 위로의 모범들이다: "그들은 그의 비참한 상황에 대한 동정적 반응으로 운다. 그들은 머리에 티끌을 던지고 그것을 하늘로 뿌림으로써 비천한 자기-부정에 그와 동참한다…그들은 티끌로 전락된 사람인 욥과 동일시한다(참조. 시 35:13-14)…욥이 너무 놀라 골똘한 침묵에 빠질 때, 그들은 아무것도, 전혀 아무것도 말하지 않을 힘을 가지고 있다"(Habel, "Only the Jackal," 228; 다소 다른 독법이 이 절들에 대한 주석에 있다). 그러나 다이얼로그에서 나타나는 현실에서는 그들은 내용 없는 위로(21:34) 혹은 더 나쁜 경우 결국 더 큰 화로 드러나는 "위로"를 제공하는 쓸모 없는 위로자들이다: 그들은 용어상 하나의 모순인 "괴로움의 위로자들"이다(16:2). 욥은 비록 모든 자원이 그로부터 밀려나갔지만(6:13), 그 자신의 위안을 찾아야 한다. 그가 상상할 수 있는 최소한 한 가지 위로는 하나님이 만일 신속히 그의 생명을 끝내주신다면, 그는 "거룩한 자의 계명들을 거절하지 않았다"는 것을 아는 위로(נחמתי–네하마티)를 얻게 되리라는 것이다(6:10). 그의 죽음이 실현되지 않는 소망으로 남기에, 그가 친구들로부터 찾을 수 있는 유일한 "위로"는 그들이 최소한 자신이 말하는 것을 들어주는 것이다. "그것이 너희가 내게 베푸는 위안이 되게 하라"(תנחומתיכם–탄후모테켐, 21:2). 그러나 그것은 버림받은 희망 같고, 마치 그가 자기 앞에 모든 것을 잊게 해주는 잠을 생각하며 갖는 "위로"의 소망을 하나님이 가져가시는 것 같다: "내 침대가 나를 위로할 것이라(תְּנַחֲמֵנִי–테나하메니). 생각하면…당신이 꿈으로 나를 무섭게 한다"(13절). 그는 어떤 종류의 위로도 붙잡을 수 없

다(또한 42:6에 관한 부분을 보라).

그에게는 인간 위로자도 신 위로자도 없다. 아마도 생명 없는 "침대"가 적어도 자신의 하나님에 의해 인간 이하로 여겨지는 사람에게는 사람 "위로자"의 역할을 할지 모른다. 그러나 12절의 이미지가 13-14절로 존속되는지는 논쟁의 여지가 있다. 드라이버는 확신 있게 그 되풀이되는 악몽(14절)을 하나님께서 욥이 반드시 자신일 거라고 상상하는 그 위험한 괴물을 해롭지 않게 유지시키기 위해 사용하시는 한 방법으로 본다. 그러나 호르스트는 13-14절에서 3-4절의 생각으로 되돌아감으로써 괴물의 은유가 13절에서 갑자기 포기된다고 본다: 가령, 포어러는 그 바다 괴물이 영구적으로 사로잡힌 상태와 욥의 끝임 없는 고난 사이에서 하나의 평행을 본다. 그러나 아마도 13-14절의 악몽들을 하나님의 악의의 또 다른 표시라고 보는 덤이 표적에 더 가까운 것 같다(그가 그것들 역시 더 심한 고생이 올 것을 알리는 예고라고 제안하는 견해는 덜 확실하다). 훨씬 더 좋은 해석으로는 위험한 괴물인 욥을 영구적으로 가둠(12절)과 악몽들로 그의 잠을 계속적으로 방해하는 것(14절) 둘 다에서 하나님의 적의의 표지들, 보다 구체적으로는 하나님이 그를 "질식시킴" – 위로하기에는 하나님이 너무 가까움(말하자면) – 의 표지들을 보는 것일 것이며, 그것들은 "나를 혼자 두시오"(16b절구; 참조. 19절)라는 외침을 초래한다. (많이 다른 에얼리히의 견해에 대해서는 7:12.c.를 보라.)

"위로"에 대해 그가 가질 수 있는 모든 기대는 곧 박살난다. 왜냐하면 그가 쉬어야 할 때 가장 무서운 하나님의 공격의 희생자이기 때문이다: 악몽들과 무서운 환상들. 이것들이 욥의 상피병(만일 그것이 그의 질병이라면; Hölscher, 24를 보라)의 일반 증상들인지 아닌지는 중요하지 않다. 그것들은 전적으로 그를 공격하는 하나님의 방법이다. "이차 원인들이라는 우리의 현대 개념이 없어서 욥은 이들 고통들에서 그의 병의 자연적 부산물을 보지 않고, 하나님의 직접적인 행위를 본다"(피크)는 것이 아니라, 욥은 이차 원인을 어떤 범위까지 인정하든 간에 자신이 병이 아니라 하나님에 의해 공격을 당한 사람이라고 제대로 이해한다는 것이다.

엘리바스는 소리까지 들리는 무서운 밤의 환상 경험을 이야기했지만(4:13-16), 욥의 꿈들과는 다르게 그것은 교육적인 것이었다. 욥의 것은 낮의 괴로움의 연장이다. 또한 E. L. Ehrlich, *Der Traum im Alten Testament*(BZAW 73; Berlin: A. Töpelmann, 1953) 145-46를 보라. 밤의 공포들에 대한 고대의 다른 언급들 가운데서는 집회서 40:5-6; Ovid, *Epist. ex Ponto*, 1.2.43-44; Plutarch, *De virtute et vitio*, 2.100 등이 언급될 수 있다.

15 까닭 모르게 밤낮으로 하나님에 의해 박해받는 삶보다 더 좋은 것은 바로 죽음이다. 욥의 존재(נפש – 네페쉬)가 "숨막혀 죽기를 더 좋아하게" 만드는 것은 잠 못 이루는 밤들의 비참함이나 무시무시한 악몽들이 아니라, 이것들이 불가해하다기보다는 지독한 신의 적의의 표명들이라는 인식이다(참조. 6:4). "숨막힘" 혹은 질식이 상피병의 한 증상이라는 것(드라이버)은 거의 무관한 것 같다. 왜냐하면 그 병의 의미는 전적으로 저자에게 있고, 죽음을 초래한 질식은 그 병의 절정이라기보다 하나님의 개인적인 행위일 것이기 때문이다.

16 이전 절에서 욥은 죽음을 선택한다(בחר – 바하르). 여기서는 같은 맥락에서 그가 생명에 등을 돌리고 생명을 거부했다(מאס – 마아쓰)고 말하는 것 같다(목적어는 표현되지 않음; "원문주해" 7:16.a.를 보라). 어떤 것도 할 힘이 전혀 없는 그 사람(6:11-13)이 아직 허약한 절망에 빠지지 않았고, 일어날 것이 그냥 일어나도록 허용하지 않았다: 그는 선택할 힘을 가지고 있고, 죽음을 선택할 때 자신이 무엇을 하고 있는지 안다.

생명을 거부하고 하나님에게 "나를 혼자 내버려 두시오!"라고 말하는 것도 똑같은 것에 이른다. 고통 가운데 있는 어느 시편 기자라도 최악의 재앙으로 두려워하는 것 – 하나님의 부재(참조.) – 그것이 바로 욥이 열망하는 것이다. 어떤 제의 찬송도 개인들이나 공동체로 하여금 하나님에게 "그만두라, 단념하라"고 간청하도록 장려할 수 없는 것은, 그렇게 하면 죽음을 부르는 것이기 때문이며, 또 예배는 하나님과의 교제 가운데 생명을 지향해 있기 때문이다. 욥은 하나님이 절망의 한 부분, 정말로 그것의 아주 큰 부분이라는 것을 발견할 때 절망의 밑바닥에 다다랐다. 그는 생명을 거부했고, 그리고 하나님을 거부했다.

욥이 "[그의] 영혼의 격통"으로 몰리게 된 무서운 극단(11절)이 주석가들에 의해 너무 자주 과소평가되었다. 많은 이들이 "나를 혼자 내버려 두시오"라는 어구에 대해 언급조차 하지 않는 반면, 다른 이들은 그것을 단지 하나님이 가하시는 고통과 연결되어 있는 것으로만 생각하거나(가령, 데이빗슨의 "즉, 그런 고통스런 일들로 나를 괴롭히는 것을 중단하라"), 또는 평화롭게 내버려 달라는 탄원으로 본다(가령, 헤세). 그러나 욥의 말은 분명히 표현된 것이며, 그것의 의미는 그것을 더 발전시키는 17-19절에서 명백하다.

욥은 10:20에서 비슷한 언어를 사용한다(그 부분을 보라). 욥기 밖에서 유일한 평행은 이사야 2:22에서 발견된다.

두 가지 사실이 욥을 "나를 혼자 내버려 두시오"라는 외침으로 몰고 왔다: 하나님에 의한 그의 괴롭힘, 그리고 그 자신의 임박한 죽음의 확실성(11-21절에 관한 부분을 보라). 그 다음 연에서처럼(17-21절) 이 연에서도(11-16절) 초점은 그를 치는 하나님의 공격에 있다. 그러나 이 연은 그가 "오래(문자적으로는 영원히) 살지 않으리라"는 것과 그의 "날들은 한낱 한 숨에 불과하다"는 보다 애절한 어조의 확신으로 끝난다. 하나님이 그를 괴물처럼 가두어 감시하시는 것을(12절), 혹은 무서운 환상들로 그의 잠을 괴롭게 하시는 것을(14절) 전혀 그만두지 않을 것이라면, 이들 공격들로부터 욥에게 약간의 휴식을 허락해 줄 수는 없는가? 하나님이 그 공격들을 다시 시작하실 때쯤에는 욥은 분명 죽어 있을 텐데.

17-18 시편 8:5-6(4-5)의 신랄한 패러디인 이 절들에서(참조. 또한 144:3; 그리고 참조) 욥은 12절에서 나타난 불균형의 주제로 돌아간다. 거기서 욥은 그의 중요성이 너무 과장되어서 마치 하나님에 의해 감시가 철저한 영역 내에 가두어져 있어야 하는 우주 질서에 어떤 위협처럼 다루어진다고 느꼈다. 이제 여기서는 이것이 단지 그 자신만이 아니라 인간 전체를 대하시는 하나님의 태도라고 불평한다. 그러나 1절에서처럼 그 자신의 경험과 인간 상태에 대한 그의 인식의 지평이 융합되었고, 17절의 "인간"(אנוש – 에노쉬)이 19절의 "나"와 실제로는 다르지 않음이 명백하다. 고난자가 그 외의 모든 사람도 실제로는 똑같이 불행함에 틀림없다고 믿는 것은 특별히 비참한 우울의 표명이다. 왜냐하면 그것은 모든 희망의 가능성을 제거하기 때문이다.

시편 8:5[4]은 "사람이 무엇이기에 당신이 그를 생각하시나이까"(תזכרנו – 테자크레누)라고 묻고, 욥은 "…그를 크게 하시나이까, 혹은 그를 높이 여기나이까(תגדלנו – 테가들레누)"라고 묻는다. 욥기의 테가들레누(תגדלנו)에 담긴 사상은 시편 8:6-9[5-8]에 그려진 인간의 고귀한 위치에 대한 묘사를 모델로 삼는다. 욥기의 "당신이 당신의 생각(לב – 레브, 문자적으로는 "마음")을 그에게 두었나이까"는 시편 8:5[4]의 תזכרו("생각하는, 기억하는")를 상기시킨다. 욥기의 하나님의 "살핌"(פקד – 파카드)은 시편 8:5[4]의 "방문"(פקד, RSV, "그를 돌보다")과 대응한다. 파카드(פקד)라는 동사에는 "돌보다"라는 긍정적 의미(참조. 10:12에 관한 부분)와 어떤 잘못에 대해 "벌을 집행하기 위해 찾아가다"라는 부정적 의미(참조. 출 20:5; 32:34; W. Schottroff, *THWAT* 2:475-84 § 4a-b를 보라)가 모두 있다.

모든 면에서 시편의 언어가 욥에 의해 반어적으로 재적용되고 있다(참조. 또한 M. Fishbane, *Biblical Interpretation in Ancient Israel*[Oxford:Clarendon, 1985] 285-86). "사람이 무엇인가?"라는 물음은 시편 8편에서는 하나님의 이름의 위엄을 찬양하는 상황에서(2, 10[1, 9]절) 우주적인 규모에서 볼 때 아주 보잘것없는(4[3]절) 인간이 전능하신 하나님의 관심의 대상이 되어야 하고, 그리고 무엇보다도 땅의 주인의 지위로 존귀하게 되어야 하는가라는 감사의 경탄을 표현한다. 욥기에서는 "사람이 무엇인가?"라는 물음은 하나님이 인간을 중요한 위치로 높이신 것이 인간에게 유익하게 되지 않았고, 다만 하나님의 무자비한 감시와 영원한 조사를 인간에게 초래했다는 비난을 시작하는 말이다. 시편에서는 하나님의 인간을 "크게 하는 것[혹은 높게 하는 것]"이 공손하게 받아들여진다. 욥기에서는 그것은 반갑지 않은 강요다. 시편에서는 하나님의 인간을 "생각함"(זכר – 자카르)이 설명할 수 없는 은혜다. 욥기에서는 하나님의 "마음을 두심"(שִׁית לב – 심 레브)이 설명할 수 없는 학대다: "하나님의 잠자지 않는 돌봄이 미치게 하는 정탐으로 [뒤틀린다]"(피크). 시편에서는 하나님의 "방문"이 보살핌을 위함이고, 욥기에서는 해를 위함이다. 시편의 언어에서는 아침이 하나님의 구원의 시간으로(시 5:4[3]; 46:6[5]; 90:14; 143:8; 참조. 사 33:2; 애 3:23; 습 3:5), 기쁨이 오는 시간으로(시 30:6[5]) 특별히 소중하게 여겨진다(J. Ziegler, "Die Hilfe Gottes am Morgen," *Alttestamentliche Studien Friedrich Nötscher · gewidmet*[ed. H. Junker and J. Botterweck; BBB 1; Bonn: Hanstein, 1950] 281-88). 반면에 욥은 그것을 제사와 연결시키는 오랜 습관에도 불구하고(1:5), 이제 아침을 하나님이 진노 가운데 방문하시는 시간으로 안다(시편에서 유일하게, 73:14). "시험"(בחן – 바한)도 중립적인 용어다. 시험받는 사람이 상을 받느냐 혹은 벌을 받느냐는 그 시험으로 인해 밝혀지는 것에 따라 결정되며, 벌이 따른다고 해도 그것은 시험의 잘못은 아니다. 시편 기자들은 때때로 하나님에게 그들을 "시험하시라"고까지 하는데(시 17:3; 26:2; 139:23), 이는 그들이 자신들의 의를 확신하기 때문이다(M. Tsevat, *TDOT* 1:69-70; E. Jenni, *THWAT* 1:273-75를 보라). 그러나 욥은 그가 비록 신의 시험을 (자기도 모르는 사이에) 의기양양하게 통과했을지라도(1:8; 2:3, 10) 그것에 대해 격분하게 되었다. 그가 고난받는다는 사실은 그에 대한 하나님의 살핌에 돌이킬 수 없는 실수가 있음을 가리킬 뿐이다. 이 절들의 언어에 야훼가 "매 순간"(욥 7:18에서처럼, 리르가임〈לִרְגָעִים〉) 물을 주며 "지키고"(נצר – 나차르; 참조. 욥 7:20), 어느 누구도 해를 가지고 "방문하지"(פקד – 파카드) 못하도록 밤낮으로 지키는 자기 포도원에 대한 야훼의 노래(사 27:2-5)에 대한 희미한 반향이 있다고 보는 것도 가능하다. 요컨대, 하나님과 인간의 관계에 대해 긍정적으로 말해질 수 있는 것은 무엇이든지 욥에 의해서 부정된다. 그는 생 자체와 하나님도 거부했고, 전통적인 격려들은 의미를

잃었다: "하나님의 위로가 [그에게] 너무 작다"(15:11, 엘리바스).

19 "나를 혼자 내버려 두시오"(16절)라는 외침의 경우처럼, 욥은 시편에서 말하는 고난자들의 것과 정반대 태도를 취한다. 그들은 하나님에게 그들을 "보라"(ראה－라아; 예를 들어, 시 25:19; 59:5[4]; 참조. 렘 1:9), 혹은 그들을 "고려하라"(נבט, 히필, 히비트; 예를 들어, 시 13:4[3]; 80:15[14]), 혹은 그들에게서 "[그의] 얼굴을 숨기지"(סתר פנים, 히필, 쓰티르 파님) 말라고(예를 들어, 시 27:9; 69:18[17]) 진지하게 간청한다. 욥은 절망적으로 조급하게 얼마나 더 오래 있어야"원문주해" 7:19.a.를 보라) 하나님이 자기에게서 시선을 돌리실(שׁעה－샤아) 것인지를 묻는다. 욥기 밖에서는(욥기 내에서는 10:20과 14:6이 평행 본문이다) 그러한 소망이 시편 39:14[13]에서만 표현된다. 그러나 거기서도 논조는 좀더 긍정적이라 볼 수 있다. 왜냐하면 동일 시편에서 "내 소망은 당신께 있나이다"(8[7]절)라고 말해지며, 또한 야훼에게 "들으시오", "귀를 기울이시오", "잠잠하지 마시오"(13[12]절) 라는 간구가 발해지기 때문이다. 이것이 단순히 그 시인은 "야훼의 현존이나 혹은 도움으로부터 벗어나는 것이 아니라, 더 이상의 벌을 받지 않도록 면제받는 것을 원한다"를 뜻하는지는(A. A. Anderson, *Psalms*[London: Oliphants, 1972] 1:313; 참조. 11[10]절) 말하기가 어렵다. 확실한 것은, 하나님의 응시에 대한 욥의 거절은 훨씬 더 단정적인 그것의 문맥 내에 있다는 것이다.

욥의 탄원의 진의는 "내가 침을 꿀꺽 삼킬 때까지만 나를 가만히 두시오"라는 생생한 어구에 의해서 증거된다. 이전 세대의 한 주석가는 이렇게 썼다. "독자는 시인이 좀 색다른 것을 쓴 것이라 생각하며 기뻐할 것이다"(피크). 그러나 그 표현이 비록 품위는 없을지 모르지만, 욥이 자신을 향한 하나님의 공격에 대해 갖는 "당당한 절박성"(majestic instancy, 프란시스 톰슨〈Francis Thompson〉)이라는 느낌은 강력하게 전달한다. 비슷한 구절이 아랍어로 잘 알려져 있다. 가령 *'ablí'ni riqi*("나로 침을 삼키게 두라"), 즉 "잠깐만 기다려라"(참조. 또한 9:18).

20 욥은 매우 자극적인 한 시행으로 그의 연설의 절정에 가까이 간다: "내가 죄를 범했다고 하면, 어떻게 내가 당신을 해하나이까?" 히브리어는 여기에 "…했다면"(…한들－개역)을 가리키는 단어가 전혀 없는 것이 사실이고, 따라서 앤더슨은 그 단어가 보충되지 말아야 한다고 강력하게 주장한다: "욥은 그가 죄인이라는 것을 안다…그 가정의 단어 **하면**을 추가함으로써 그 절을 가정법으로 만드는 것은 상당히 당찮은 독선적 외양을 욥에게 준다…그것은 욥의 연설을 다소 오만하게 만들고, 인간의 죄가 하나님에게 아무런 영향도 미치지 않는다고 암시한다." 정말로

"…했다면"을 보충하는 것은 문법적으로 필요하지 않다. 그러나 그렇게 하는 것은 전적으로 타당하다: 참조. 잠언 18:22, (문자적으로) "어떤 사람이 한 아내를 찾았고, 어떤 사람이 좋은 것을 찾았다", 즉 "만일 어떤 사람이…찾았다면"(또한 욥 4:2, 21에 관한 부분을 보라; 그리고 참조. *GKC*, § 159hh). 이 해석은 대부분의 역본들(칠십인경과 시리아역 포함)과 주석가들에 의해 채택되며, "만일"(אם – 임)로 시작되는 엘리후의 입에 올려진 거의 똑같은 시구(35:6)에 의해서 더욱 지지된다. 욥의 의로움이라는 보다 넓은 논제에 관해서는, 욥은 "온전한 사람이다"라는 저자의 선언(1:1), 혹은 욥은 "흠 없고 정직하다"라는 하나님의 선포(1:8; 2:3), 혹은 "욥은 그의 입술로 범죄하지 않았다"는 내레이터의 코멘트(2:10)를 바꾸어야 할 만한 것이 – 혹은 그가 "거룩한 이의 말을 거절하지 않았다"라는 욥의 주장(6:10)을 반박할 만한 것이 – 욥기의 시작 이후로 지금까지 하나도 나타나지 않았다. 죄 없는 사람의 죄 없다는 항의가 "독선적"이거나 혹은 "건방진" 것이라 보기는 어렵다.

욥은 인간의 죄가 너무 사소해서 하나님의 고려를 받을 가치가 없다고 주장하는 것이 아니다. 그는 이신론적 경향을 전혀 가지고 있지 않다. 엘리후가 차라리 35:5-8에서 그 입장에 더 가까이 간다. 그러나 욥은 그 자신에게만 관련된 **특별한** 주장을 하고 있는 것이다. 인간의 죄가 사소하다는 말이 아니라, 욥이 지었을지 모르는 어떠한 죄라도 그는 어쨌든 곧 죽을 것이기 때문에 거의 응보의 가치가 없다는 말이다. 정말 하나님이 벌을 집행하는 것을 잠시 동안만 멈추신다고 하더라도 그에게 아무런 해도 되지 않을 것은, 욥의 날들이 이제 너무 적어서 하나님은 곧 있으면 최후의 응보의 만족을 얻을 것이기 때문이다.

불균형의 아이러니(참조. 12절에 관한 부분)가 다시 한 번 욥에게 떠오른다. 죽어 가는 사람의 죄라고 주장되는 것이 하나님이 자신의 모든 에너지를 모아 그 사람을 괴롭혀야 할 만큼 해로울 수 있는가? 하나님의 진노를 받을 만한 모든 대상들 중에서 욥이 목표로 설정되었다는 것은 어처구니없지 않은가(참조. 6:4; 그리고 16:12에 관한 부분을 더 보라)? 너무 가볍고 실제성이 없어서 그의 날들이 한 숨과 같은 사람(7, 16절)이 하나님에게 "무거운 짐"이 된 것 같다는 것은 반어적이지 않은가? 한마디로 하나님의 욥에 대한 집착은 욥의 중요성과 완전히 불균형을 이루지 않는가?

다시 한 번 하나님에 관한 전통적인 언어가 아이러니 모양으로 뒤틀린다: "지키다"(נצר – 나차르)라는 동사는 종종 하나님의 의로운 자들의 보호에 사용된다(예를 들어, 시 12:8[7]; 31:24[23]; 참조. 여기서 KJV의 번역, "당신은 인간의 보호자"), 그러나 여기서는 12절을 암시적으로 가리키면서 하나님을 인간의 감시인 혹은 스파이로 지정한다. 그렇게 다르지 않게 웰의 미스터 폴리는 "신성을 교사의 성격을 가지고 있고, 알려지기도 하고 알려지지 않기도 하나, 항상 무자비하게 실행되는 규칙들을 끊임없이 만들어 내고, 완전한 형벌의 역량을 가지고 있으며, 그리고 무엇보다도 끔찍한 것으로 무한한 감시 능력을 지닌 무한 존재"로 생각하도록 교육받았다(H. G. Well, *The History of Mr Polly*, 1장).

21 그의 연설의 바로 마지막 절에서 욥은 "왜 당신은 나의 죄를 용서하시지 않는가?"라고 물을 때 근본적으로는 죄를 인정하고 있는 것 같다. 그러나 만일 욥이 자신을 신의 용서를 필요로 하는 죄인으로 생각한다면, 그는 왜 죽음에 대한 열망을 선포하고 자신을 향한 하나님의 공격에 저항하는 대신 왜 고난의 시작 때부터 그러한 용서를 찾지 않았는지 우리는 당연히 궁금해할 것이다. 사실 욥이 잘못했다고 인정하고 있다고 보는 가정은 욥기의 지금까지 과정 전체를 무의미하게 만들어 버린다. 오히려 욥은 "나의 죄"로 당신(하나님)이 보는 나의 죄를 의미하는 것이 분명하다. 욥은 고난을 겪고 있다. 그리고 인간을 다루시는 하나님의 방법이 아주 임의적이지 않은 것이라면 – 이는 욥이 나중에 진지하게 간직할 하나의 가능성이다(참조. 9:22) – 하나님은 욥을 대항해서 그를 지금처럼 고생하게 할 어떤 이유를 가지고 계심에 틀림없다. 그래서 욥은 이렇게 말한다: 나는 하나님이 나를 죄인으로 여기시는 것이 옳은지에 대해 논쟁하지 않을 것이다. 다만 나같이 죽어 가는 연약한 사람의 죄를 너그럽게 보고 "용서해"(즉, 벌하지 말라) 달라고 요구할 것이다. 이 절은 전적으로 20절의 가정인 "만일 내가 죄를 지었다면"의 그늘 아래 있다. 즉 "나의 죄"란 "나의(가정적) 죄"요, 내 고난이 설명되려면 가정되어야 하는 죄를 뜻한다.

그러면 강조는 죄의 인정에 있지 않고(참조. 나의 번역: "당신은 왜 나의 죄는 어떤 것이든 용서하지 않으십니까?" 다시 말해, 내가 어떤 죄를 지었다고 가정하면), 관용에 대한 욥의 간청에 있다. 나사(נשׂא, 문자적으로 "들어올리다")와 아바르(עבר 히필, 문자적으로 "지나가게 하다") 동사들은 그들의 일반 의미인 죄의 사면의 의미로 용서를 뜻할 수 있지만, 여기서는 단순히 "관용하다" 및 "너그럽게 봐주다"를 뜻할 것이다(예를 들어, 도름, JB). 왜냐하면 적어도 이 시점에서는 욥에게 용서 또는 그의 의로움의 인정보다 더 중요한 것은 죽음이 최종 벗어남을 가져다주기 전까지 그의 고통으로부터의 벗어남이기 때문이다. 하나님은 그의 상상된 죄를 그냥 지나가게(עבר – 아바르) 하실 수 없는가?

욥의 요점은 자신이 범한 어떤 죄도 분명히 고의가 아니며 – 그는 지금 어떤 죄도 알고 있지 않기 때문에 – 그러므로 상대적으로 덜 중요하고 그만큼 더 쉽게 용서될 수 있다는 것이 아니다. 비록 대부분의 주석가들은 비고의적 죄가 염두에 있다고 가정하지만(예를 들어, 드라이버, 포어러, 로울리), 그것의 비고의성이나 또는 그 반대에 관련된 것이 전혀 없다. 문제가 되는 것은, 그 죄가 아무리 크다고 하더라도 욥의 남은 짧은 생애 동안 그 죄의 벌을 보류해도 하나님에게 전혀 해가 될 수 없다는 것이다(12:26에 관한 부분을 보라).

욥은 조만간 혹은 오히려 "곧"(עתה – 아타, "이제") 자신이 스올의 먼지 속에 누워 있을 것이라고 말한다(참조. 또한 17:16; 20:11; 21:26). 그러면 하나님이 욥을 "찾으실" 때, 그가 더 이상 존재하고 있지 않음을 알게 될 것이다. 그런데 욥은 왜 하나님이 자기를 "찾으실" 것이라고 상상하는 것일까? "욥은 아직도 하나님이 사랑의 하나님이라고 믿으며…그분이 언젠가 자신의 종과의 이전 교제를 진지하게 다시 시작하려고 시도하실(seek to) 텐데…그러나 그 종은 이미 스올로 들어갔을 것이고, 때는 너무 늦었을 것이다!"라고 가정하는 것(드라이버; 덤, 피크, 로울리도 비슷함)은 그 단어를 너무 지나치게 해석하는 것이다. 그것은 오히려 그가 더 이상 존재하지 않을 것임을 확언하는 하나의 강조 방법이다(8b절구에 비슷한 표현이 있음). 14:15에 관한 부분을 더 보라.

요구하는 바 없는 무조건적 "용서"를 향한 욥의 외침을 죄의 문제를 중심에 두지 않는 신인(神人) 관계관(觀)의 증거로 간주하는 것은 끌리는 제안이다(포어러가 그렇다). 그것은 "죄를 종교의 제일 되는 요소 그리고 하나님과 인간 관계의 결정 요인으로 만드는 사람들의 관점에 대항한 저항"이요, 인간들은 연약하여 죄를 범한다는 부정할 수 없는 사실에 의해서조차 흔들리지 않는 하나님과 인간 사이의 사귐의 가능성에 대한 확언일 수는 없을까(덤)? 그러한 관점이 결코 구약과 이질적인 것은 아니지만(G. Fohrer, "Action of God and Decision of Man," *Biblical Essays* [Die Outestamentiese Werkgemeenskap in Suid-Afrika, 1966] 31-39를 보라), 그것은 여기서는 어울리지 않는 것 같다. 욥의 외침은 어떤 원리에서가 아니라 그의 고통과 임박한 죽음에 대한 그의 확신에서 비롯되는 **특별한** 것이다. 그는 하나님과 인간 일반 사이의 관계의 재정리를 요구하지 않고 오히려 그 자신이 홀로 놓아 두어지기를 원한다(16b절구) – 좋게도 나쁘게도.

해설

이 연설의 가장 주목할 만한 특징은 그것이 말해지는 방향이었다. 욥은 엘리바스의 권면들에 품위 있게 대답하기는커녕 또다시 그의 고난에 대한 탄식을 터뜨리며, 처음으로 갑작스런 죽음을 간청했다(6:1-13). 그 사람은 논리적 이성도 감정적 위안도 닿을 수 없는 격통에 사로잡혀 있다. 욥이 엘리바스의 말을 무시할 때 그의 정신적 그리고 육체적 고통들이 그의 전 지평을 형성하고 있다는 것뿐만 아니라, 엘리바스의 말과 같은 것은 깊은 상처를 당하고 있을 때는 반드시 중심에서 빗나간다는 것을 보여 준다.

따라서 욥이 그의 친구들에게 말을 걸기 시작할 때(6:14-30) 그의 태도는 놀랍지 않다: 그들은 그가 그들로부터 기대했을 한 가지를 교묘하게 피했다: 이해심 있는 동정. 그의 비통한 아이러니는 그들이 우정의 본질을 거절함에서 비롯된다: 충성(**헤세드**, 6:14). 누구든 욥에게 제공할 수 있는 것은 지지와 용인이다. 그런데 그들은 욥의 고난의 광경을 너무 무서운 것으로 보았으며, 물리적으로 가깝고 언어로 의사소통을 하고 있음에도 불구하고, 그들은 정신적으로 욥으로부터 뒤로 물러났다. 욥에게 우정은 분리로 끝났다.

욥의 연설의 세 번째 행보(7:1-21)는 친구들에게 전하는 말과는 대조적으로 아주 예상 밖이다. 그의 대화자들과의 형식 논쟁의 와중에 하나님에게 직접적으로 말하는 것은 알맞지 않고 부적절할지 모르지만, 모든 것을 고려해 보면 말이 욥에게 어떤 가치를 지니는 것은 오로지 그 방향에서뿐이다. 3장의 독백은 무력했고, 친구들과의 대화는 괴로울 정도로 실망스럽다는 것이 이미 드러났다. 욥은 그의 말을 하나님 외에 어디로 향하게 할 수 있을까? 그렇게 하고 싶은 본능과, 그가 관계해야 하는 상대는 하나님이라는 그의 한결같은 확신은 종국에는 그의 구원으로 드러날 것이다. 그러나 현재로서는 하나님에게 얼마 되지 않는 남은 날들에 고통이 없도록 자신을 혼자 내버려 달라는 것 외에 아무것도 요구하지 않는다. 그렇지만 하나님에게 자신을 저버려 달라고 청하는 바로 그 행위 속에서 그는 그분에게로 다가간다. 극이 발전하면서 드러나게 될 하나님의 현존과 부재에 대한 욥의 태도의 양면성이 이미 밖으로 드러난 것이다.

4. 빌닷의 첫 번째 연설(8:1-22)

참고문헌

Dahood, M. "Hebrew-Ugaritic Lexicography." *Bib* 46(1965) 311-32. **Habel, N. C.** "Appeal to Ancient Tradition as a Literary Form." *ZAW* 88(1976) 253-72. **Irwin, W. A.** "The First Speech of Bildad." *ZAW* 51(1953) 205-16. **Löhr, M.** "Die drei Bildad-Reden im Buche Hiob." *Beiträge zur alttestamentliche Wissenschaft*(FS K. Budde), ed. K. Marti. Berlin: A. Töpelmann, 1920. BZAW 34. 107-12. **Reider, J.** "Etymological Studies in Biblical Hebrew." *VT* 2(1952) 113-30. **Sarna, N. M.** "Some Instances of the Enclitic *-m* in Job." *JJS* 6(1955) 108-10. **Sutcliffe, E. F.** "Further Notes on Job, Textual and Exegetical: 6,2-3.13; 8,16-17; 19,20.26." *Bib* 31(1950) 365-78.

본 문

1 수아 사람 빌닷이 대답하여 가로되
2 네가 어느 때까지 이런 말을 하겠으며 어느 때까지 네 입의 말이 광풍과 같겠는가
3 하나님이 어찌 심판을 굽게 하시겠으며 전능하신 이가 어찌 공의를 굽게 하시겠는가
4 네 자녀들이 주께 득죄하였으므로 주께서 그들을 그 죄에 붙이셨나니
5 네가 만일 하나님을 부지런히 구하며 전능하신 이에게 빌고
6 또 청결하고 정직하면 정녕 너를 돌아보시고 네 의로운 집으로 형통하게 하실 것이라
7 네 시작은 미약하였으나 네 나중은 심히 창대하리라
8 청컨대 너는 옛시대 사람에게 물으며 열조의 터득한 일을 배울지어다
9 (우리는 어제부터 있었을 뿐이라 지식이 망매하니 세상에 있는 날이 그림자와 같으니라)
10 그들이 네게 가르쳐 이르지 아니하겠느냐 그 마음에서 나는 말을 발하지 아니하겠느냐

1 Then Bildad the Shuhite spoke:
2 How long will you speak thus, the words of your mouth a tempestuous[a] wind?
3 Can God pervert justice? Can the Almighty pervert[a] what is right?
4 [a]Your sons sinned against him, so he abandoned them to the power[b] of their own guilt.
5 [a]As for you, if you would make your prayer to God, and seek the favor of the Almighty,
6 [a]if you are pure and upright, he will surely[b] now rouse himself[c] for you,[d] and restore[e] your righteous abode.[f]
7 Then, lowly though your former state was, your future will be very great.[a]
8 Question now the former generation,[a] apply[b] your mind to the discovery of their fathers,[c]
9 For we ourselves are but of yesterday and know nothing, our days on earth a mere shadow.
10 But they[a] can teach you and tell you, they can speak[b] out of their understanding.

11 왕골이 진펄이 아니고 나겠으며 갈대가 물 없이 자라겠느냐

12 이런 것은 푸르러도 아직 벨 때 되기 전에 다른 풀보다 일찌기 마르느니라

13 하나님을 잊어버리는 자의 길은 다 이와 같고 사곡한 자의 소망은 없어지리니

14 그 믿는 것이 끊어지고 그 의지하는 것이 거미줄 같은즉

15 그 집을 의지할지라도 집이 서지 못하고 굳게 잡아도 집이 보존되지 못하리라

16 식물이 일광을 받고 푸르러서 그 가지가 동산에 벋어 가며

17 그 뿌리가 돌 무더기에 서리어서 돌 가운데로 들어갔을지라도

18 그 곳에서 뽑히면 그 자리도 모르는 체하고 이르기를 내가 너를 보지 못하였다 하리니

19 그 길의 희락은 이와 같고 그 후에 다른 것이 흙에서 나리라

20 하나님은 순전한 사람을 버리지 아니하시고 악한 자를 붙들어 주지 아니하신즉

21 웃음으로 네 입에, 즐거운 소리로 네 입술에 채우시리니

22 너를 미워하는 자는 부끄러움을 입을 것이라 악인의 장막은 없어지리라

11 Can papyrus grow high where there is no marsh? Can reeds flourish where there is no water?

12 While it is still in flower,[a] and even if it is not[b] cut, it can[c] wither faster than any other plant.[d]

13 Such is the fate[a] of all who forget God, and[b] so does the expectation[c] of the godless perish.

14 [a]His confidence is cut off,[b] his trust proves a spider's house.

15 [a]Let[b] him lean upon that house[c]; he will not stand. Let him grasp hold of it; he cannot arise.

16 A lush plant is he in the sun's warmth,[a] spreading its shoots[b] over the garden.

17 Its roots twine about the heap of stones,[a] it takes firm hold[b] among the rocks.

18 But if it is once torn[a] from its place, that place disowns it with "I never saw you."

19 That is the dissolution of its life[a]; and others[b] spring from the ground to take its place.[c]

20 Behold, God will not reject a blameless man, nor will he uphold the evil-doer.

21 [a]He will yet again[b] fill[c] your mouth with laughter; shouts of joy will be on your lips.

22 Your enemies will be covered in confusion, and the tent of the wicked will be no more.

원문주해

2.a. 카삐르(כַּבִּיר)는 문자적으로는 "강한"이다. NEB는 다소 개연성이 없게도 이를 15:10처럼 카삐르 야밈(כַּבִּיר יָמִים, "나이든")의 생략형으로 여긴다. 또한 드라이버의 번역 "강한 자의 숨이 네 입의 말이다"(G. R. Driver, "Hebrew Studies," *JRAS*[1948] 164-76[170])도 개연성이 없다.

3.a. 첫 번째 절구에 나온 것과 동일한 동사 예아베트(יְעַוֵּת)로 상대적으로 흔하지 않은 반복 유형이다(욥기에 나오는 다른 예들에 대해서는 고디스, 508-11를 보라). 이 반복이 강조를 위한 것이든(드라이버, 포어러가 그렇게 본다) 그렇지 않든, JB, NAB에서 반영된 대로 두 번째 동사를 예아베(יְעַוֶּה, "구부리다")로 수정하는 것(덤, 횔셔, 도름)은 불필요하다. 칠십인경이 그 두 동사를 사용한 것은 아마도 단순히 문체상의 사용이었을 것이다

(고디스).

4.a. 이 문장은 임(אם, 문자적으로는 "만약에")으로 시작하지만, 문맥은 그것이 순수하게 가정의 "만일"(if)이 아니라 "때문에"(since)와 의미가 같은 것임을 보여 준다(사전에는 나오지 않는 용법: 그러나 참조. 포어러와 고디스. 임(אם)을 아랍어 *'inna*와 어원이 같은 다른 단어로 여길 필요까지는 없다). 서술문으로의 번역에 대해서는 NEB 참조.

4.b. 문자적으로는 "손 안으로"(בְּיַד – 베야드). 고디스는 불필요하게 이 단어가 베아드(בְּעַד, "…때문에")와 음성학적으로 같은 단어라고 제안한다. 비슷하게 S. Rin, "Ugaritic-Old Testament Affinities," *BZ* 7(1963) 22-33(32-33)를 보라.

5.a. 비어와 덤은 임 아타(אם אתה)를 베아타(ואתה)로 대체시키는데, 칠십인경의 쉬데(*σὺ δέ*)에 의해서 역으로 영향을 받은 것이다(*BHK*도 그렇다). BJ, JB가 이를 채택하여 임-자크 베야샤르 아타(אם־זך וישר אתה)를 6절로부터 아타(אתה) 뒤에 오도록 옮긴다.

6.a. 이 절은 많은 이들에 의해(예를 들어, 덤, 도름, 호르스트, 포어러, 헤세) 5절에 대한 설명의 주로 여겨지고 삭제된다. 그러면 그 행은 두 개의 이절구로 줄어든다. 그러나 이 구절은 부차적인 조건으로서 상당히 타당하다.

6.b. 강조의 키(כי)(참조. BDB, 472b§ 1e; bibliography: 블롬머드, 30).

6.c. 야이르(יָעִיר)는 대개의 경우 "선언사 혹은 표명사" 히필, "자극하는 방식으로 행동하다, 일깨우다"로 여겨진다(자동사; BDB, 735b). KJV, RSV, NAB, NIV 등이 그렇게 본다. 다른 이들은 그것을 "…을(על) 주시하다, 지키다"로 여기는데(도름, 고디스, NEB), 이는 쉴렘(שִׁלַּם)과 가능한 평행을 제공한다("원문주해" 6.e를 보라). 이와 비슷하게 H. L. Ginsberg, "Two North Canaanite Letters from Ugarit," *BASOR* 72(1938) 18-19(19); H. N. Richardson, "A Ugaritic Letter of a King to his Mother," *JBL* 66(1947) 321-24(322)(우가릿어와 아랍어의 평행하는 경우들을 가짐); S. Loewenstamm, "Ugaritic Formulas of Greeting," *BASOR* 194(1969) 52-54; B. Hartmann, "Mögen die Götter dich behüten und unversehrt bewahren," *VTS* 16(1967) 102-5; J. J. Stamm, "Ein Ugaritisch-hebräisches Verbum und seine Ableitungen," *TZ* 35(1979) 5-9(7-9). JB의 "그가 네게로 그의 호의를 회복하실 것이다"는 아마도 칠십인경의 데에세오스 에파쿠세타이 수(*δεήσεως ἐπακούσεταί σου*, "그가 네 요구에 귀를 기울이실 것이다")를 따른 것 같다(피크에 의해 선호됨). 그러나 그것은 아마도 단지 지나치게 현저한 신인동형론적 표현에 대한 칠십인경의 기피일 것이다(Gard, *Exegetical Method of the Greek Translator*, 45-46). NJB의 "그의 빛이 네게 비췰 것이다"는 אור의 히필인 야이르(יָאִיר)로 읽는다. 라이더는 아랍어 *gâr*를 동족어로 제시하면서 "네게 부를 주실 것이다"를 제안했다(J. Reider, "Etymological Studies in Biblical Hebrew," *VT* 2[1952] 113-30[126]). 시편의 언어상의 평행들("주석"을 보라)은 "깨우다"를 여전히 가장 가능성이 높은 번역으로 만든다.

6.d. 다후드(M. Dahood, *Psalms II*, 318)는 알레카(עָלֶיךָ)를 울(עול, "젖먹이")로부터

파생시켜 울레카(עָלֶיךָ)로 모음을 표기하고, "지금이라도 그분은 네 어린것들을 지키고 계실 것이다"로 번역한다.

6.e. 여기 쉴렘(שִׁלַּם)은 대체적으로 그 거처를 목적어로 한 "회복하다, 복구하다"로 여겨진다(NAB가 그렇다. 참조. JB; 도름, 포프). 다른 이들은 쉴렘(שִׁלַּם)을 사람(해석된)과 사물을 목적어로 가진 "(네게) 보상하다"로 여긴다(RSV, NIV가 그렇다). 고디스는 라쉬, 델리취를 따라 그가 야이르(יעיר)와 동의어로 여기는 "건강하게 지키다, 보호하다"로 번역한다. NEB의 "그리고 네 의로운 의도가 성취됨을 보다"는 이해하기가 어렵다.

6.f. 문자적으로는 "네 의의 거처". 욥의 의로움이 시적으로 그의 "소유지"(נָוֶה – 나바)에 거하는 것으로 여겨진다. 이런 해석은 드라이버의 세밀한 추가를 불필요하게 만든다: "그것의 번영으로 그것의 소유자의 의로움의 증거가 될 주거"(참조. KJV, RV, "네 의의 주거를 번성하게 만든다"). RSV의 "의로운 주거"(참조. NIV, NAB)는 "네가 마땅히 소유할 자격이 있는 집"을 의미한다(참조. 헤세). 그러나 이 의미는 가능성이 없다. "너의 의로운 거주"(고디스)는 합리적인 번역이기는 하지만 문맥과는 덜 맞는다.

7.a. 이스게(יִשְׂגֶּה): 예외적인 이 남성형은 아마도 첫 번째 절구의 남성 동사 베하야(והיה)에 동화된 것이다(참조. König, 3:§ 251i; 드라이버). 티스베(תִשְׂגֶּה; 여성형: 예를 들어, *BHK*, NAB) 혹은 야스베(יַשְׂגֶּה, "크게 만들 것이다"; 예를 들어, 덤) 등으로의 변경은 불필요하다.

8.a. "주석"을 보라.

8.b. 코넨(כּוֹנֵן, "고치다"), 곧 리브카(לְבָבְךָ, "네 마음")는 다른 곳에는 나타나지 않는 표현이다. 따라서 일부는 보넨(בּוֹנֵן, "고려하는")으로 수정하기를 제안한다(포어러, *BHK*, NAB가 그렇다. 페쉬타의 *w'tbyn*과 칠십인경의 엑시크니아손〈ἐξιχνίασον〉의 지지가 때때로 주장된다. 그러나 칠십인경의 동사는 아마도 하카르〈חקר〉에 상응할 것이다〈도름〉). 그러나 사 51:13이 코넨 르(כּוֹנֵן לְ)는 "…하기로 결심하다"를 뜻하며, 어근 *š'l*과 *knn* 사이의 연결이 우가릿어에서 나타난다(참조. M. Dahood, "Hebrew-Ugaritic Lexicography," *Bib* 46[1965] 311-32[329]). 레브(לֵב)의 생략에 대해서는 König, 3:§ 209c를 보라.

8.c. 아보탐(אֲבוֹתָם)은 덤, 휠셔, 포어러, 헤세에 의해 아보트(אָבוֹת)로 수정된다. "주석"을 보라. 다른 이들은 마지막 **멤**(ם)을 대명 접사로 생각한다(N. M. Sarna, "Some Instances of Enclitic -*m* in Job," *JJS* 6[1955] 108-10[109]; M. Dahood, *Bib* 46[1965] 329). 오보탐(אֹבוֹתָם, "그들의 영들"〈혹은 유령들〉)으로 읽는 핏츠마이어(J. A. Fitzmyer)의 독법(W. F. Albright, *Yahweh and the Gods of Canaan*[London: Athlone, 1968] 124에서)은 개연성이 거의 없다. 부드는 아보테누(אֲבוֹתֵינוּ, "우리의 아비들")로 읽고(모파트도 마찬가지), 스티븐슨은 아보테카(אֲבוֹתֶיךָ, "네 아비들")로 읽는다.

10.a. 문자적으로는 "그들이[강조]-아니냐?".

10.b. 문자적으로는 "말들을 내다"(יוֹצִאוּ מִלִּים), 그 명사는 *GKC*, § 125c를 따르면, 강

조를 위한 부정형으로(*indeterminatio ad augendum*) "중요한 말들". 그러나 밀림(מִלִּים)과 밀리밤(מִלִּבָּם)을 연결시키는 것이 더 바람직하다(참조. 또한 König, 3:§ 293d).

12.a. 베이보 로(בְּאִבּוֹ לֹא)는 *BHK*, NAB에 의해 베에브 로(בְּאֵב לֹא)로 재구분됨.

12.b. 로(לֹא)는 다음에 의해 강조사(לְ와 동일)로 여겨짐. I. Eitan, "La particule emphatique 'la' dans la Bible," *RÉJ* 74(1922) 1-16(8-9); F. Nötscher, "Zum emphatischen Lamed," *VT* 3(1953) 372-80(374); G. R. Driver, "Affirmation by Exclamatory Negation," *JANES* 5(1973) 107-14(110). 따라서 JB의 "그것들이 가장 신선할 때 뽑다: 모든 식물 가운데 가장 신속하게 시든다"(참조. NEBmg). 그러나 이 의미는 받아들이기가 어렵다. 왜냐하면 그것은 수분 박탈보다는 잘라 버림을 그들의 시듦의 원인으로 만들기 때문이다.

12.c. 분명히 미완료 동사의 법 용법으로 "할 수 있다"(can)에 상응함. 파피루스는 **일반적으로** 시들지 않는다(참조. 4:20에 관한 부분).

12.d. 혹은 "모든 풀"(혹은 어느 풀이든)(כל־חציר – 콜-하치르).

13.a. 오르호트(אָרְחוֹת), "길[들](ways)" 혹은 "행로[들](paths)"(RSV), "숙명의 행로(tracks of fate)"(도름) 혹은 "운명(destiny)의 행로"(NIV처럼) 등의 의미로 쓰임. 데레크(דֶּרֶךְ)의 유사한 용법에 대해서는 사 40:27; 시 37:5을 참조하라. 그러나 대부분은 칠십인경 타 에스카타(τὰ ἔσχατα)가 제안하는 대로 아하리트(אַחֲרִית, "끝")로 수정한다(따라서 메르크스, 덤, 드라이버, 포어러, 포프, 고디스, NAB, JB의 "숙명"). 그럼에도 불구하고 잠 1:19과의 형식적 일치(거기서도 אַחֲרִית로 읽을 것을 권하는 *BHS*에도 불구하고)는 맛소라 본문을 확증하는 데 이바지한다(도름이 그렇다). 이를 호르스트가 따른다.

13.b. 블롬머드를 따르면 강조의 **바브**.

13.c. NEB의 "생명-줄"은 여기서 티크바(תִּקְוָה, "소망")가 아니라 티크바(תִּקְוָה, "끈, 줄, 실")로 본다(또한 7:6; 잠 11:7["생명의 줄"] 등에서처럼). 비슷한 구절인 27:8에서 NEB는 "소망"을 갖고 있고(난외주 "생명의 줄"), 잠 10:28; 11:23에서는 단지 "기대" 혹은 "소망"만을 갖고 있다. 그럼에도 불구하고 "사악한 자들의 소망"은 비판할 것이 없다.

14.a. 어윈(W. A. Irwin)의 베야샤르 야쿰 키쓰네 베톰 크에세브 바미드바르(וישר יקום כסנה ותם כעשׂב במדבר, "그러나 의인은 가시덤불처럼 일어날 것이요, 정직한 자는 사막에서 풀처럼 일어설 것이다")로의 전면 재구성("The First Speech of Bildad," *ZAW* 51[1933] 205-16[208-10])은 더 이상은 환대 받지 않는 임의적인 것이며, 어쨌든 심히 진부하다.

14.b. 야코트(יָקוֹט)는 단 한 번 사용된 말로, 아마도 쿠트(קוט; BDB, 876b)나 קטט(KB[3])의 미완료일 것이다. 참조. 아랍어 *qaṭṭa*("자르다, 쪼다"). 따라서 KJV, RV의 "산산이 부수다". 참조. RSVmg의 "잘려지다"(그리고 참조. TOB). 이것은 또 탈굼과 페쉬타가 그것을 본 방식이다. 평행 구조는 야코트(יקוט)가 명사임을 시사한다. 따라서 BDB도 역

시 "부서지기 쉬운 것"을 제안한다(따라서 NIV). *BHS*는 קטט("짧다")라는 어근을 제안한다(참조. 아랍어 *qatta*). 사아디아(Saadia)의 아랍어 번역이 눈에 띈다: *habl eš-šams* ("해의 줄"). 이것이 "거미줄"을 의미한다면 특별히 그렇다(참조. R. Ecker, *Die arabische Job-Übersetzung des Gaon Saadja ben Josef al-Fajjûmi. Ein Beitrag zur Geschichte der Übersetzung des Alten Testaments*[Munich: Kösel, 1962] 37). 사아디아는 추측컨대 야코트(יקוט)에서 아람어 카이트(קִיט, "여름"=히브리어 카이츠〈קַיִץ〉)를 보았을 것이며(J. Reider, "Etymological Studies in Biblical Hebrew," *VT* 4[1954] 276-95[288-89]), 그의 번역은 해석적인 확장이다. 그 아랍어 어구가 "거미줄"을 의미하는지도 의심스럽다. 데렌부흐(H. Derenbourg)는 "햇빛 속에서의 먼지 자락(*trainée*)"이라고 번역했고(*Version arabe du Livre de Job de R. Saardia ben Iosef al-Fayyoûmî* [Oeuvres complètes 5: Paris: Leroux, 1899), *in loc.*), 플라이셔(Fleischer)는 이러한 표현이 아랍어에 있음을 부인한다(Grabbe, *Comparative Philology*, 58-60를 보라). 그럼에도 불구하고, 많은 학자들은 "거미줄"을 채택하며(따라서 NEB, NAB), 때로는 사아디아의 표현을 독일어 좀머페덴(*Sommerfäden*, "여름-줄, 즉 거미줄")과 비교한다(*OED*, 6:310도 보라). 이는 사아디아의 해석에 맞도록 맛소라 본문을 수정하는 것들로 이어진다. 따라서 쿠림(קוּרִים, "줄들": 비어, 덤, 그 뒤를 드라이버, 횔셔가 신중하게 따른다), 카빔(קָוִים, "줄들": 고디스), 쿠레 카야트(קוּרֵי קָיִט, "여름의 줄들": 부드, *BHS*〈제안된 것〉), 혹은 아쉐르 야코트(אשר־יקוט)를 키슈레 카야트(קִשְׁרֵי קָיִט, "여름의 때")로 바꿈(Peters, KB, 포어러, 호르스트, 테리앙, 포프, *BHS*〈아마도〉), 아니면 후트 카야츠(חוּט קַיִץ, "여름의 줄": 비켈)로, 혹은 간단하게 후트(חוּט, "줄": 비어, *BHK*, JB)로 대체함. 그래브(Grabbe)는 현명하게도 사아디아의 번역에 기초한 수정들은 충분한 문헌학적 기초가 결여되어 있다고 결론내린다(*Comparative Philology*, 60).

15.a. 부드, 횔셔, 헤세는 이 절을 15절에 대한 잘못된 주로 보고 삭제한다.

15.b. 칠십인경이 정확히 이 문장의 가정적 측면을 보았고, 에안(ἐάν, "만일")을 도입했다(참조. JB의 "그로 기대게 하라").

15.c. 문자적으로는 "그의 집 위로"(על ביתו – 알 베이토). 호르스트는 이 구절을 삭제한다(샤안〈שען〉의 절대 용법이 24:23에서 입증된다). 역시 *BHS*(아마도)도 그렇다.

16.a. 도름은 리프네-쉐메쉬(לִפְנֵי־שֶׁמֶשׁ)를 "해가 뜨기 전"으로 보았지만(NAB도 비슷), 이는 개연성이 없다. 고디스의 번역 "뜨거운 태양 아래에서도"는 적절할지 모르지만, 그가 주장하는 것처럼 칠십인경의 지지를 받는 것은 아니다.

16.b. 집합 단수(앤더슨).

17.a. 대부분의 학자들에 의해 갈(גל)로 해석됨. 그러나 메르크스, 덤, 그 뒤를 따라 모파트, E. F. Sutcliffe, "Further Notes on Job, Extual and Exegetical. 6,2-3.13; 8,16-17; 19,20.26," *Bib* 31[1950] 365-78[371-75] 등은 그것을 정원에서 가장 좋은 장소인 "샘"으

로 보았다(참조. 아 4:12, 그러나 그 곳의 본문은 분명치 않다).

17.b. 베트 아바님 예헤제(בֵּית אֲבָנִים יֶחֱזֶה)는 문자적으로는 "그것은 돌로 된 집을 본다"이다. 예헤제(יחזה, "보다")는 KJV, RV에 의해 제시된다. 참조. NIV, "그것은 돌 사이에서 한 장소를 찾는다." 그 이미지는 도움의 근원으로 돌들을 "붙잡는" 요해즈(יאחֵז=יחֵז – 요해즈) 같은 무언가를 필요로 한다. 따라서 부드, 비켈(יְחַזֵּהוּ – 요하제후), NAB, 포프(יְחֱזוּ – 요헤주), 비슷한 효과로 NAB의 예헤자크(יֶחֱזַק). 덜 설득적인 것으로는 칠십인경의 제세타이(ζήσεται, "살 것이다")를 따르려는 시도들이 있다. 따라서 이흐예(יִחְיֶה; 지크프리트, 덤, 도름, RSV, JB). 또한 의미상으로 다소 개연성이 없는 야호즈(יָחֹז)가 있다(참조. 아랍어 *ḥazza*〈"자르다, 찌르다"〉, 즉 그 뿌리를 돌들 사이로 내린다. 부드; 참조. 드라이버). 마찬가지로 고디스는 예헤제(יֶחֱזֶה)를 예헤체(יֶחֱצֶה, "굳게 결합하다〈cleave〉, 잇다〈piece〉")와 동일시함. 드라이버는 아랍어 *ḥāḏa*("반대였다")에서 같은 어원을 발견했다(G. R. Driver, "Studies in the Vocabulary of the Old Testament," *JTS* 34[1933] 375-85[381]; idem, "Problems in Job and Psalms Reconsidered," *JTS* 40[1939-40] 391-94[391]). 따라서 NEB, "충돌하다". 베이트(בֵּית)는 벤(בֵּין, "…가운데")과 같은 의미일 수 있다(시리아어의 *byt*처럼)(참조. 잠 8:2; 겔 41:9), 그러나 일부는 벤(בֵּין)으로 수정한다(예를 들어, 휠셔). 혹은 그것은 베베이트(בְּבֵית)의 축약형일 수도 있을 것이다(*GKC*, § 118g).

18.a. 예발르에누(יְבַלְּעֶנּוּ)는 불확정 주어로 문자적으로는 "누군가 그것을 삼킨다"(하나님이 주어일 가능성은 더 적다. 에얼리히처럼)이다. 바알(בלע)은 전체적인 파괴나 소멸을 뜻하는 은유일 수 있지만, 포프는 미코모(ממקומו)의 첫 번째 **멤**을 동사에 붙는 강조 접사로 보고, "그의 거처가 그를 삼킬 때"로 해석한다(마찬가지로, Sarna, *JJS* 6[1955] 109-10). 고디스는 간단하게 첫 번째 **멤**을 삭제한다.

19.a. 메소스 다르코(מְשׂוֹשׂ דרכו)는 문자적으로는 "그 길의 기쁨"(따라서 KJV, RSV, TOB), 즉 생명의 길이다. 이 독법이 옳다면, 이 표현은 분명히 반어적이다(드라이버, 포프). 보다 직접적인(straightforward) 것은 מסס에서 파생시켜 메소스 다르코(מְסוֹס דרכו, "그의 길의 [삶과 동일] 해체, 소멸")로 읽는 것이다(포어러, 호르스트, 헤세가 그렇다). 도름은 메소스(מְשׂוֹשׂ)를 가정된 어근 쑤쓰(סוס, "썩다, 부패하다")에서(참조. סָס – 싸쓰, "나방, 좀") 파생된 것으로 보고 다르코(דרכו)를 데레크(דֶּרֶךְ〈휴지형〉, "[그] 길 [위에서]")로 모음을 바꾸었다. 따라서 JB는 "그는 길가에서 썩는다"(참조. NAB). NEB, NIV의 "그것의 생명이 시들어 버린다"는 아마도 똑같은 어근을 고려해 넣은 것이다. 고디스는 메소스(משוש)를 מוש("떠나다")의 폴렐 분사로 보고(첫 번째 **멤** 생략), "이렇게[혹은 그러므로] 그는 그의 길을 떠난다"로 번역한다. 그 의미는 다소 단조롭다. 기욤은 아랍어 *sawwasa*("혼란에 빠뜨렸다, 좌절시켰다")와 어원이 같은 한 단어를 제안했다.

19.b. 아헤르(אחר, "다른 것")는 단수이며, 반면에 이츠마후(יצמחו)는 분명 복수다. 이

츠마후(יצמחו)는 **의미상**(*ad sensum*) 복수일 것이다(*GKC*, § 145d처럼) 혹은 개연성이 덜한 것으로, 단수의 야크툴루(*yaqtulu*) 형태일 것이다(포프, 블롬머드). 다른 이들은 이츠마흐(יִצְמַח)로 수정한다(덤, 드라이버, 포어러).

19.c. 문자적으로는 "(그것) 뒤에".

21.a. 절 전체가 횔셔에 의해서 빌닷에게는 너무 친절한 문장이라는 이유로 삭제된다.

21.b. 대부분과 함께 아드(עַד) 대신 오드(עֹד)로 읽음(König, 3:§ 3871는 이에 반대다). 참조. "원문주해" 1:18.a.

21.c. 도름은 시 126:2에 있는 평행문에 지나치게 영향을 받아 예말레(יְמַלֵּה) 대신 수동태 이말레(יִמָּלֵא)로 읽었다.

양식/구조/배경

이 연설의 **구조**는 내용에 의해 결정된다: 1-7절은 욥과 그의 자녀들에게 응보 교리의 적용, 8-19절은 악인들의 운명, 20-22절은 욥을 위해 예비되어 있는 행복한 미래와 관계된다. 각 단락의 끝은 분명하게 표시된다: 7절에서는 욥을 향한 기쁨의 선언, 19절에서는 악인들을 위해 정해진 운명 선언(시작하는 말 헨〈הֵן〉 주목), 그리고 21-22절에서는 각각 욥의 운명과 악인들의 운명을 설명하는 하나의 이중 구조에 의해서 구분된다.

보다 넓은 이 구조 안에 3행 연구들 혹은 2-행으로 된 세 개의 절로 구성된 단락들이 주를 이룬다: 2-4, 5-7, 8-10, 11-13, 20-22절들은 의미상 분명하게 독립되는 단락들이다. 다만 14-19절만이 엄격한 연 규칙성이 요구될 16절이 아니라, 15절 이후에서 자연스럽게 갈라지는 한 상세한 이미지로서 그러한 구성을 깨뜨린다. 포어러는 19절이 15절을 뒤따르게 옮김으로써 그러한 규칙성을 얻어내고, 그럼으로써 두 개의 단락을 만들어 낸다: 14-15절과 19절(거기에는 자연스런 멈춤이 있다), 그리고 16-18절. 그러나 그러한 구성은 순전히 추측에 머문다. 헤세는 15절을 삭제하고 11-19절을 4-행으로 된 두 개의 단락으로 나눈다(11-14절, 16-19절). 호르스트는 중간 부분 단락들을 두 개의 6-절 단락들로 간주하기를 선호하나(8-13절, 14-19절), 그 중 첫 번째만 두 개의 3-절 단락들로 구성되어 있다. 그러나 8-10절에 나오는 전통 지혜에의 호소는 단순히 파피루스 및 갈대 이미지(11-13절)에 대한 서언이 아니라, 중간 부분 전체에 대한(8-19절) 서언으로 보는 것이 약간 더 가능성이 높은 것 같다.

양식의 관점에서 보면, 이 연설은 논쟁, 지혜의 교훈 그리고 제의 찬송 영창으로부터 친숙한 요소들을 드러낸다. **논쟁** 언어 요소들은 "연설 서론"이 이전 화자의 "말"을 언급하는(4-5장, **양식** 부분을 보라) 2절에서 나타나며, 그리고 아마도 3절에서도(사법적 조사 질문?) 나타난다. 20-22절이 언어 논쟁에서 "결정적 결론"의 형식을 보여 주는지는(포어러처럼) 확실하지 않다. 전형적인 **지혜** 양식의 분명한 사례들이 나타난다: 명령형으로 공식화된 전통에의 호소(8절; 참조. 집 8:9, 이것은 공식적 공중 연설에서 사용되기도 한다. 참조. 신 4:32 그리고 32:7〈"모세의 노래", 한 절 연설〉), 교훈에 관한 수사적 질문(10절; 참조. 잠 8:1; 1:22), 파피루스와 관련된 속담(11절) 그리고 자연계로부터 온 확장 이미지(11-12절, 14-19절). 찬송 영창에 전형적인 양식들과 비교될 수 있는 것으로는 기도하라는 권고(5절; 참조. 시 88:10[9]:143:6; 이것은 똑같이 예언 양식이기도 하다, 참조. 암 5:4-6〈호 6:3은 좀더 제의적 언어다〉)와 구원의 선포가 있다(6b-7절; 21-22절; 평행 본문에 대해서는 "주석"을 보라).

이것들은 순전히 다른 문학의 양식들로부터 차용된 혹은 그것들을 상기시키는 요소들이다. 이 연설은 전체적으로 볼 때 **권면 또는 조건적 확신**의 양식을 가진다(5-6에 관한 부분 보라). 연설의 **논조**는 처음에는 엘리바스의 것보다 엄하다(참조. 8:2, 4). 그러나 무조건적 확신의 어조로 끝난다. **중심 구절**은 8:4-5이다.

주석

2-7 빌닷은 다른 친구들과 마찬가지로 고난이 형벌이라고 굳게 믿는다. 그러나 그 신앙을 욥의 경우에 적용하는 방식에서는 다른 친구들과 다르다. 엘리바스는 욥이 본질적으로 의로운 사람으로(4:6), 다만 모든 인간에서 불가피한 어떤 불완전함 때문에 하나님에 의해 일시적으로 벌을 받는 것임(5:17-18)을 당연하게 여긴다. 반면에 빌닷은 그의 권면 전체를 "네가 만일 죄가 없고 정직하다면"이라는 조건에 둘 때(6절) 욥의 의의 문제를 좀더 불확실한 상태로 내버려둔다. 욥의 삶이 지속되는 것은 **명백히**(*prima facie*) 그에게 정말 죄가 없다는 증거이며, 따라서 빌닷은 욥에게 희망을 주기를 원한다(참조. 6-7, 21-22절). 그의 말이 비난 투로 시작함에도 불구하고(2절), 그는 욥에게 조금도 적대적이지 않다(참조. M. Loehr, "Die drei Bildad-Rede im Buche Hiob," *BZAW* 34[1920] 107-12[108]).

이 첫 번째 연은 빌닷의 연설의 핵심 요점을 담고 있다. 4-5절은 그것 전체의 핵심 문장들이다. 욥의 자녀들이 죄를 범했다. 그러므로 그들은 죽임을 당했다. 욥 자신은 죄가 없을지 모른다. 만일 그렇다면 그는 보상을 받을 것이다. 응보 교리는 인간의 운명에 대한 유일하고 충분한 설명이다.

2 빌닷의 시작하는 말은 엘리바스의 연설의 다른 시작(4:2)과도 또 다른 어조를 띤다. 그러나 두 가지가 변했다. 첫째로, 엘리바스의 말에 의해서 침묵의 얼음은 깨졌고, 이제는 욥이 친구들과의 대화에 참여할 준비가 되어 있음이 분명하다(4장 시작 부분에서는 그렇지 않았다). 두 번째로, 욥의 입장은 엘리바스의 개입보다 앞섰던 3장의 연설에서보다 지난번 연설에서(6-7장) 훨씬 더 명백했다. 욥은 3장에서 그들에게 빛이 주어지는 고난당하는 자들의 운명을 탄식함으로써(3:20) 자신의 죽음에 대한 소망을 표현했었다 – 그리고 그럼으로써 동정의 관심을 끌었다. 그러나 6-7장에서 그의 말을 듣는 사람들에게 가장 큰 인상을 준 것은 하나님이 "그를 끊어 버리기" 바라는 그의 분명한 열망이 아니며(6:8-9), 심지어 그의 친구들의 "배반"에 대한 그의 냉소적 비난도 아니고(6:14-30), 하나님이 틀렸다고 말하는 정도까지 가는 하나님에 대한 그의 저항들이다. "전능자의 화살이 내 안에 있다"(6:4)고 말하는 것은 한 가지 일이다 – 마땅히 받을 고난을 당하는 사람이라도 당연히 슬퍼할 일, 그러나 하나님의 적대 행위가 정당한 한계를 모두 넘었다고 하고, 또 그를 대항한 하나님의 공격의 불균형이 어떤 동정도 없다고까지 말하지는 않지만, 부당한 괴롭힘에 이른다고 말하는 것(7:11-21)은 전혀 다른 문제다. 그것은 하나님에 대한 비판이고, 빌닷은 거기에 항의해야 한다.

빌닷은 압박당하는 사람의 외침으로(참조. 시 35:17), 7:19에서 욥이 말한 "얼마나 오래?"(כמה – 카마)를 주워 들면서, 자신이 "얼마나 오래?"(עד־אן – 아드 안)라고 외친다 – 마치 이제는 그 자신이 하나님을 대신하여 압박당하는 것처럼!(참조. 18:2; 19:2에 빌닷과 욥 사이에 "얼마나 오래?"〈עד־אנה – 아드-아나〉 질문 교환). 전능자를 향해 비난하는 "그런 말들"(문자적으로는 "이것들")은 분명히 정당화될 수 없을 것이다(3절).

욥의 말을 "광풍"[혹은 거센 바람]으로 묘사할 때, 대부분이 제안하는 것처럼 빌닷은 그 말들이 텅 비었음을 조롱하고 있는 것이 아니라(16:3의 "허망한 말"과 대조), 그 말들이 격렬하고 파괴적임을 인정하고 있는 것이다(참조. 사 17:12; 28:2, "거센 물"). 그 말들은 잘 간직되어 온 신앙을 뿌리 채 뽑아 버릴 우려가 있다(피크). 그것들은 하늘을 향해 포격한다. 빌닷은 냉소적인 것이 아니라, 충격을 받은 것이다.

3 이 수사적 질문은 빌닷이 받은 충격과 놀람을 전달해 준다: 도대체 어떻게

전능자(이 문장에서 "하나님"과 "전능자"가 강조 위치에 있다)가 세계 질서의 올바른 운행을 "굽게" 할 수 있다고 생각될 수 있는가? 빌닷의 신학에서 볼 때, 도덕적 우주는 응보 원칙 위에 세워져 있다. 그로부터의 일탈은 불의가 될 것이고, "하나님과 불의는 양립 불가능한 용어들이다"(로울리). 욥의 결백 항변(6:10c)과 하나님이 임의적이고 불균형적으로 그를 다루신다는 불평(7:12, 17-18, 20)은 함축적으로 하나님이 의롭지 않다고 비난한 것이다. 그리고 비록 욥이 오직 자기 자신의 경우에만 관여하고 있을지라도, 그 원칙 전체가 문제 삼아지는 것이다. 빌닷은 그의 신학이 위험에 처했음을 느끼지만, 위험에 처한 것은 욥–그의 온전함, 자부심 그리고 인격–이라는 것을 간파하는 데는 실패한다.

"전능자는 정의를 굽게 하지 않으신다"는 매우 비슷한 진술에 대해서는 34:12b(엘리후)을 보라. 거기서는 그 확언이 응보 교리(11절)와 하나님의 세계 질서 확립(13절)과 밀접히 결합되어 있다. 또한 그 용어의 법률적 의미에 대해서는 S. H. Scholnick, "The Meaning of *Mishpaṭ* in the Book of Job," *JBL* 101(1982) 521-29 (522-23)를 보라. 빌닷은 엘리후처럼 하나님을 세계 질서의 보증인으로 보는 고정관을 가지고 있다. 변한 것은 자신이 아니라 하나님이라는 욥의 인식은 그러한 하나님관을 위협한다.

[4]-[6] 빌닷은 임(אִם, "만일")이라는 소사를 미묘하게 사용함으로써 그의 주장에 욥 편에서의 공감적 참여를 유도한다. 4절에는 욥의 아들들과 딸들이 죽었다는 것 외에 아무런 질문이 없다. 따라서 그 "만일"은 가정이 아니라 이유를 도입한다. 그러나 빌닷은 "당신의 자녀들이 그를 대항하여 죄를 범했다"고 퉁명스럽게 말하지 않는다. 그는 그의 말을 가정적 형식으로 함으로써 응보 원칙에 대한 욥의 새로운 동의를 얻으려고 애쓴다. 5, 6절들에 있는 "만일"은 어떤가? 그것들은 가정적인가, 아니면 마치 "너는 믿음이 깊은 사람이기 때문에, 너는 정직하기 때문에…"라고 말하는 것처럼 그것들은 "때문에"와 상응하는 것인가? 욥 자신이 그것에 대한 판단자로 남겨진다. 빌닷은 자신을 감추고 있다. 그러면서 동시에 욥의 결백을 문제 삼기 시작하고 있다.

[4] 빌닷의 논증은 결과에서 원인으로 진행한다: 만일 때 이른 죽음이 있으면 그에 앞선 죄가 있었음에 틀림없다. 그는 인간의 모든 복과 불행에 대한 설명으로서 응보 교리의 충족성에 너무나 충실해서 심지어 결과를 원인으로 진술한다. 그는 "너의 자녀들이 죽었다"고 말하지 않고, "[하나님이] 그들을 그들 자신의 죄의 세력에 넘겨주었다"라고 말한다. 만일 그것이 결과라면, 원인은 이미 명백하다: 그들은 "그

를 대항하여 죄를 범했다". 그는 "만일 당신의 자녀들이 죽었다면, 오로지 그들이 하나님을 대항하여 죄를 범했기 때문일 뿐이다"라고 말하지 않고, 그 정반대로 말한다. 그의 세계관에서는 응보 교리가 너무나 근본적이어서 그는 사실상 욥의 아들 딸들의 죽음을 하나님의 심판으로 인식한 것이다. 그는 자기가 자신을 속이고 있음을 모르며, 인식과 추론 사이를 어떻게 구별할지 모르고, 응보의 보편적 적용 가능성을 부인하는 것이 하나님의 의를 부인하는 것이 아님을 인정하지 않는다(3절).

그는 아마 자신이 욥에게 어떤 새로운 것을 말하고 있다고 생각하지 않을 것이다. 그는 욥 자신도 같은 결론을 내렸을 것이고, 그의 자녀들의 죽음에서 응보 교리의 신뢰성에 대한 또 다른 증거를 보았을 것이라고 가정한다. 그가 욥의 자녀들의 문제를 제기하는 것은 단순히 욥에게 그들의 운명과 그의 운명 사이의 대조를 상기시키려는 목적에서다.

시인이 교리적 경직성을 얼마나 무정하게 보이도록 했는지에 대해서는 거의 언급될 필요가 없을 정도다. 프롤로그에 따르면(1:5), 그의 자녀들의 죄 없는 상태를 확보하는 것이 욥의 가장 긴박한 의무였다고 할 수 있다. 왜냐하면 그 자신은 항상 그들이 "그들 마음으로라도 죄를 범했을지" 모른다고 두려워했고, 그들에게서 죄를 제거하기 위해 "계속적으로" 제물을 바쳤기 때문이다. 그 내러티브 안에서는 욥의 아들 딸들의 운명이 그들 행위의 결과라고 가정할 이유가 전혀 없다. 욥에게는 자신의 운명뿐만 아니라 그의 자녀들의 운명도 똑같이 불가해하다.

빌닷은 다른 대화자들처럼 용서의 가능성이나 제물의 유효성을 인정하지 않는다. 비록 재물이 산문 내러티브에 속하는 것이라 하더라도(1:5; 42:8), 어느 누구도 욥에게 그들이 의심하거나 그것 때문에 그를 비난하는 죄들을 속죄하는 제물을 바치라고 권하지 않는다. 마찬가지로 용서도 대체적으로는 친구들의 신학의 영역 바깥에 놓여 있다(그러나 참조. 22:21-26). 그 이유는 의심의 여지없이 그 연설들이 상대적으로 제의-없는 "지혜" 관점에 가깝기 때문이다. 그러나 잠언의 흑백 기준에 따르거나 혹은 극단적으로 단순한 응보 교리에 따르면 틀림없이 "악인들" 중 하나로 여겨지는 욥의 경우는 "지혜"의 일반화된 내용들의 피상성을 강조한다.

"운명 결정 행위" 사상에 대해서는—여기서는 사람의 죄악이 그 사람을 파멸시키는 작인으로 의인화된 형식으로 나옴("그들 자신의 죄악의 희생자들", NEB)(참조. 사 64:6[7]; 민 32:23)—5:2에 관한 부분을 참조하라.

욥의 자녀들에 대한 언급은 프롤로그와 다이얼로그 사이의 상대적으로 몇 안 되는 직접 연결 고리들 중 하나이며(참조. 5:25에 대한 부분), 그 둘이 완전히 독립된 작품들이 아니라는 증거다.

5 욥은 그의 아들 딸과는 다르게 아직 살아 있다. 그러므로 아직까지는 그가 하나님을 대항하여 돌이킬 수 없는 죄를 범했다는 증거가 없다. 강조의 "너"(5, 6절)는 그와 그의 자녀들 사이의 차이점을 강조한다. 그가 만일 다음 두 조건을 실행하면 희망이 버려질 필요는 없다: 경건한 기도와 흠 없는 삶(6a절구). 그러면 하나님의 정의(3절)가 분명하게 드러날 수 있다.

이 점에 관한 한 빌닷의 조언이 모방의 한 예로서 자기 자신의 하나님 "구하기"(5:8)를 제시하는 것만으로 만족한 엘리바스의 것보다(5:8) 좀더 지시적이다. 그럼에도 불구하고, 빌닷의 태도는 권위적이지 않다. 왜냐하면 그는 자신의 조언을 명령의 형식으로가 아니라(칠십인경과 대조) 하나의 조건으로(이는 심지어 욥이 실제로 어떻게 행동하는지에 대한 묘사로 간주될 수도 있을 것임) 표현하기 때문이다. 만일 정말로 빌닷의 "만일"들이 진짜로 가정적이라면, 시인은 빌닷을 희생시키며 조용한 아이러니를 즐기고 있는 것이다. 왜냐하면 욥은 이전 프롤로그의 절들에서 우리에게 "온전하고 정직한"(1:1 תם וישר – 탐 브야샤르; 여기의 זך וישר – 자크 브야샤르) 사람으로 제시되었고, 자신의 경건 생활을 수행하기 위해 "아침에 일찍 일어나는" 사람으로 제시되었기 때문이다(1:5 השכים – 히슈킴; 참조. 여기의 שחר – 샤하르, 문자적으로는 "일찍 구하다"). 요컨대, 빌닷의 조언은 욥이 욥이 아는 바가 되어야 한다는 것이고, 우리는 그가 이미 그렇다는 것을 안다. 이제 두 번째 친구도 역시 그가 어떻게 실제 욥과 떨어져 있는지를 보여 주었고, 반면에 시인은 빌닷을 지배하는 교리 신학의 비인격성을 조롱한다.

빌닷은 이 연설의 어느 곳에서도 욥이 죄인이라고 명백하게 말하지 않는다. 그러나 그것 외에 그의 교리로부터 무엇이 추론될 수 있을까? 그럼에도 불구하고, 그것은 그가 욥의 죄를 문제화하지 않고, 욥을 하나님과 미래를 향하게 하도록 노력할 것이라는, 빌닷에게서 항상 인지되지는 않는 섬세함의 표시다. 빌닷의 조언은 우선 욥이 하나님을 "구해야"(여기서는 שחר – 샤하르) 한다는 것이다. 그것은 예언의 언어에서는 보통 회개를 수반한다(참조. 호 5:15; 비슷하게 다라쉬〈דרש, "찾다"〉의 경우는 아 5:4-6; 사 9:12[13]; 두 번째 동사에 대해서는 S. Wagner, *TDOT* 3:301-2를 보라). 욥기에서 회개의 개념은 22:23에서 나타날 것이다. 그러나 여기서 그 동사는 보다 일반적인 "기도하다", "경배하다"의 의미를 갖는다. "야훼를 찾다"라는 표현은 바벨론 유수 이후로 전형적이 된 것으로, 특별한 행위가 아니라 경건한 사람의 평소 수행을 가리켰다(E. Ruprecht, *THWAT* 1:464). 빌닷이 사용하는 두 번째 단어는 "은혜를 구하다"(הִתְחַנֵּן – 히트하넨)로, 이는 흔히 "기도하다"(פלל, 히트파엘) 혹은 "(하나님에게) 부르짖다"(קרא – 카라)와 연관되는 동사다. 그것은 자비를 베풀라는 언어적 요청으로, 하나님의 거저 주시는 은혜를 달라는 요청이 아니라, 바른 행위에 대한 정당한 보답을 바라는 요청이다(포어러). 여기서 하나님의 은혜는 "참회에 대한 용서가 아니라, 의에 대한 마땅한 보답이다"(앤더슨).

6 말문을 여는 조건절 "네가 만일 깨끗하고 바르면"은 많은 주석가들에 의해 삭제된다("원문주해" 8:6.a.를 보라). 욥이 명백히 고난을 당하고 있고, 따라서 분명히 죄인이기 때문에, 빌닷의 관점은 욥의 의의 가능성을 허용할 수 없다고 때때로 주장된다. 그렇지만 빌닷의 "만일"은 그가 추측하는 상황에 대한 인정 있는 회피일 수 있다. 혹은 더 좋게는, 그는 욥의 깨끗함과 바름을 욥이 미래의 행복을 받기 위해서 이제 나타내 보여야 하는 특질들로 보고 있을지도 모른다(6-7절). 자카(זכה, "깨끗한")에 대해서는 15:14에 관한 부분을 보라.

욥이 만일 5절과 6절의 이중 조건들을 충족시켜 경건함과 도덕적 깨끗함을 연결하면, 빌닷의 응보 교리는 이제 긍정적 의미로 발현되어 하나님은 욥의 행위에 은혜의 표시들로 반드시 응답하실 것임을 보증한다. 우리가 이미 보았듯이(4절에 관한 부분) 굽히지 않는 응보 교리는 죄인을 그 자신의 잘못의 희생자로 만든다. 이제 우리는 그것이 하나님도 속박시키고 그로 하여금 인간의 모든 공적에 은혜로 응답하도록 강요하게 됨을 본다.

빌닷은 찬송의 언어를 사용하여 하나님이 "일어서실" 것이라고 확언한다(참조. 시 35:23; 44:24[23]; 59:5[4]). 하나님의 명백한 부재와 무활동을 한탄하는 시편 기자들은 그분에게 "일어나시오"라고 부르짖는다. 그것은 욥의 느낌 중 얼마나 적은 부분이 빌닷에게 닿아서 그가 이러한 기대를 제안하는지를 알려 주는 표시다. 왜냐하면 욥은 이미 하나님의 불친절한 현존과 중단 없는 활동을 질리도록 경험했기 때문이다(7:12, 16b-19). 하나님이 욥의 "처소", 즉 그의 집과 가족을 "회복시켜" 주실 것이라는 약속도 결코 덜 무감각하지 않다. 왜냐하면 설령 욥의 장자가 살았었고 욥의 재산의 일부를 이루었던 멀리 떨어져 있는 "가옥"이 회복된다 할지라도, 그의 죽은 자녀들은 어떻게 회복될 수 있단 말인가? 또 빌닷이 욥에게 회복될 것으로 보는 것이 "너의 의의 거처", 즉 욥의 의가 거하는 것으로 묘사되는 집이라는 것도 부적절하다. 왜냐하면 욥은 **미래에** 자신이 의의 거처로 인정되는 집에서 살게 될 것이라고 믿고 싶은 바람이 전혀 없고, 지금도 욥은 그의 경건과 그의 온전함을 유지하고 있기 때문이다(6:10c). 그리고 그는 분명히 그의 집과 가족의 현재 상황이 그를 아는 모든 이들에게 실제와는 정반대로 그의 불의의 명백한 증거라는 것을 다시 상기시키는 빌닷의 각인에 또 한 번 움츠러들 것이기 때문이다.

7 빌닷도 엘리바스처럼(5:19-26) 번영하는 미래에 대한 희망을 욥 앞에 제시한다. 그러나 그는 엘리바스와는 다르게 그러한 미래의 세부 사항들을 자세히 말하지 않고, 그의 말의 더 많은 부분은 욥에게 주는 경고의 방식으로 악인들의 운명에 대해 자세히 말하는 것에 할당될 것이다(11-19절). 그럼에도 불구하고, 그는 욥에게 그가 비현실적이라고 믿는 희망을 제시하지는 않는다. 분명히 이 절의 표현 방식은 전통적이다. 왜냐하면 욥이 "동방 사람들 가운데 가장 큰 자"로 묘사된 상황에서(1:3) 욥의 "이전 상태"(문자적으로 "처음")를 "비천하다" 혹은 "하찮다"(מִצְעָר – 미츠아르)로 기술하는 것은 다소 이상하기 때문이다. 그러나 그의 "처음"이 하찮게 보이는 것은 욥의 미래(문자적으로는 "끝, 나중")와의 대조 때문이다. 그 수사법은 욥의 이전 상태보다 더 큰 번영을 거의 상상할 수 없는 등장 인물 빌닷의 관점에서 보면 오히려 텅 빈 것이다. 그러나 저자의 관점에서 보면, 빌닷은 그가 아는 것보다 더 사실되게 말한다. 왜냐하면 42:12에서 야훼는 욥의 "처음"보다 훨씬 더 욥의 "나중"(여기서 사용된 단어들과 동일한 레쉬트〈ראשׁי〉, 아하레트〈אחרית〉)을 축복하실 것이기 때문이다.

8-**19** 악인들의 운명에 관해 상술된 이 **토포스**(5장 "양식/구조/배경"을 보라)는 두 단락으로 구성되며(11-13절, 14-19절), 각 단락은 자연 세계로부터 그 이미지를 끌어오고, 그리고 각각 "요약 평가" 형식으로 된 절로 끝난다(13, 19절). 그것들의 서두에는 이전 세대들로부터 축적되어 온 지혜에의 호소가 그 **토포스** 취지의 정당성 입증으로 등장한다.

빌닷의 연설의 이 부분에서 흥미를 유발하는 것은 그것 자체가 의미하는 것이 아니라, 그가 그것으로 뜻하는 바이다. 그는 욥이 악인의 운명을 당하고 있는 것일 거라고 말하는 것인가(덤은 이 연을 욥의 죄에 대한 첫 번째 공개적 의심으로 보았다)? 신을 두려워하지 않는 자의 운명을 그림으로써 "신을 두려워할 것"을 욥에게 경고하고 있는 것인가? 아니면 욥이 절대로 당하지 않을 운명을 말함으로써 욥을 격려하는 것인가? 이 연에 있는 어떤 것으로도 이 질문에 대답할 수 없다. 다만 이 연설 전체의 전체적 논조로만 답이 제시될 수 있다. 본 연설의 논조를 정확하게 찾을 수 있는 핵심 부분들은 일반적으로 상상되는 것만큼 거칠거나 냉소적이지 않은 2절과, 욥이 회복의 조건들을 도대체 어떻게 완수할 수 있을 것이라고 빌닷이 생각하는지 알기 어려운 곳인 5-6a절구와, 그리고 명백히 무조건적인 확신의 말들이 욥에게 직접적으로 말해지는 21-22절이다. 본 연설이 끝나는 마지막 어조는 악인들에 대한 이 **토포스**(5장 "양식/구조/배경"을 보라)가 욥에게 주는 위협으로 전혀 의도되지 않았음을 알려 주는 가장 강한 지시다. 그것은 아마도 매우 온화한 경고이며 부분적으로는 격려처럼 작용한다(참조. 5:12-14에 관한 부분 보라). 그럼에도 불구하고, 순수하고 단순한 격려의 말은 격려 받는 사람에게 예상되는 미래와 뚜렷하게 대비시키는 방식으로가 아니면, 이와 같은 **토포스**를 위한 여지를 갖지 않을 것이다. 빌닷의 연설의 명료성 부족은 그것을 다양하게 읽도록 허용하며, 이는 아마도 저자에 의해 의도된 상황일 것이다.

8 욥이 만일 하나님을 "찾고" 청결하고 정직하다면 그는 반드시 보상을 받을 것이라는 빌닷의 확신(6-7절)의 타당성은 이제 조상들의 지혜에 호소하는 것으로써 지지 받을 것이다("왜냐하면" 주목). 그들은 신을 두려워하지 않는 사람들의 희망은 사라져 버린다는 것(13절)과 하나님은 흠 없는 사람을 물리치지 않으신다는 것을(20절) 보고 깨달았다. 욥은 이 경험들 중 어느 것이 자신에게 가장 잘 들어맞는지 스스로 구별해야 할 것이다. 그러나 빌닷이 욥에게 직접적으로 전하는 결론의 말(21-22절)은 이 경험적 지식들이 비록 경건치 않은 자들에 대한 묘사의 광대함에도 불구하고 **좋은 의도들로**(*ad bonam partem*) 받아들여져야 한다는 것을 제안한다(위의 8-19절에 관한 부분을 보라).

자신의 주장의 근거로 자기 자신의 경험(4:8; 4:12-17; 5:3)과 그의 동시대인들의 경험(5:27; 그러나 15:18-19을 보라)에 호소했던 엘리바스와는 다르게, 빌닷은 카리스마 없는 교수로서(테리앙) 욥에게 이전 세대들의 경험을 생각해 보라고(שׁאל – 스알, "조사하라", 그리고 כּוֹנֵן – 코넨, "생각을…에 고정하라") 권한다(이 표현에 대해서는 신 4:31; 32:7 참조; 그리고 집 8:9 참조; 더 자세한 것은 N. C. Habel, "Appeal to Ancient Tradition as a Literary Form," *ZAW* 88[1976] 253-72 [254-61]를 보라). 포프는 현자답게 "고대인들의 지혜가 자기의 교리 및 조언과 일치한다는 빌닷의 주장이 많은 메소포타미아 지혜 문헌에 의해 확증되듯이 상당히 정확하다"고 평한다. 고대인들의 지혜란 물론 빌닷의 생각에서는 가장 단순화된 형식의 응보 교리 외에 아무것도 아니다. 이것이 바로 여러 세대의 지혜 교사들의 "연구"(חקר – 헤케르)가 도달한 곳이다. 마소라 본문에 있는 대로의 "이전 세대" (דר ראשון – 도르 리숀)란 바로 앞선 세대(들)로(족장들이나 홍수 이전 사람들같이 아주 오래 전에 살았던 세대가 아니라), "**그들의** 조상들"(אבותם – 아보탐)의 경험을 전수해 준 세대다. JB, NEB, NIV가 그렇게 본다. 집회서 8:9은 "그들의 조상들"로부터 "노인"들에게로 지혜 전수를 그려 준다. 그러나 만일 그 마지막 단어를 아보탐(אבותם, "그들의 조상들") 대신 아보트(אבות, "〈그〉 조상들")로 읽는 칠십인경이 맞는다면 그 시행의 두 절반이 평행을 이룰 것이고, 따라서 "이전 세대"라는 단어는 이전의 모든 세대에 대한 집합적 표현으로 해석될 수 있을 것이다. RSV, NAB가 그렇다.

9 전통의 우월성에 대한 주장이 이보다 더 힘있게 표현될 수 있을까. 인간은 그 전체 수명이 지나가는 그림자에 비유될 수 있는 어제의 피조물들로(참조. 14:2; 대상 29:15; 시 102:12[11]; 109:23; 144:4; 집 6:12; 그리고 참조. Sophocles, *Ajax*, 125-26), 오랜 세대를 거쳐 축적된 지혜와 경험을 스스로의 힘으로만 얻을 수 있다고 바랄 수 없다. 욥과 빌닷은 인생이 매우 덧없다는 것에 대해 동일한 인식을 가지고 있지만(참조. 7:7, 16), 그것이 욥에게서는 하나님을 향한 자연적인 울부짖음을 자아내는 반면, 빌닷은 이지적으로 그것을 전통 지혜에 충실할 근거로 경험한다. 주석가들은 이 지점에서 자신들의 솜씨와 자신들의 시대를 보여 준다. 덤(1897)은 전통에 대한 존경을 책과 기록된 말에 대한 그 자신의 시대의 존경과 유사한 것으로 보았다. 피크(1905)는 그 세기의 낙관주의적 경향으로 말했다: "빌닷이 고대인들의 지혜를 어떤 원리에 근거하여 우월하다고 생각하는지 분명하지 않다…분명히 '진정한 고대인'은 모든 시대의 후손들이며, 이 전 세대는 가장 최근 세대보다 덜 지혜로워지면서 각 세대는 그 자신의 몫을 추가한다". 드라이버(1921)는 객관적인 과학의 정신으로 신랄하게 말했다: "[빌닷은] 과거도 개인들로 구성되어 있다는 것, 가장 오래된 교리도 한때는 새로웠다는 것 그리고 혁신성과 고대성은 똑같이 진실의 척도와는 무관하다는 것을 전통주의자들의 방식을 좇아 너무 쉽게 망각한다." 앤더슨(1976)이 빌닷의 언명의 타당성이나 그 반대에 대해서가 아니라, 그것이 욥기에서 지니는 기능에 대해서 말하는 것은 아마도 우리들 시대의 특징일 것이다: "매우 즐거운 해학의 기미가 있다…욥기의 저자는 그의 작품의 목적들 가운데 하나를 넌지시 비추고 있는 것 같다: 그러한 전통에 이의를 제기하고 아무 생각 없이 그것을 붙들고 있는 사람들의 마음을 뒤흔드는 것."

10 인간 존재에 관한 진리는, 빌닷에 따르면 배워야 하고, 다른 사람들로부터 배워야 한다. 진리는 경험이 아니라 지식이다. 욥은 전통 교리의 위력을 안다(9:2a; 12:3; 13:1-2; 16:4). 하지만 그 자신의 경험이 어느 모로 보나 배운 교리만큼이나 그에게 실제적이고, 또한 그것은 교리와 모순된다. 빌닷은 개인적인 경험보다는 지식에 호소하면서 욥을 곧장 지나쳐 말한다. 따라서 욥이 이미 그 친구들에게 적용

한 "배반자"라는 이름(6:5)을 받을 만하다. "이전 세대"는 "그들의 이해로부터"(문자적으로는 지성의 자리인 "마음"으로부터) 욥에게 말해 줄 수 있다는 빌닷의 확신은 현인들의 지식과 욥의 단순 감정 사이를 거의 정신으로 구분한다. 과거의 지혜에 대한 그의 존경은, 하나님은 정의를 굽게 하지 않으신다는 그의 확신만큼이나(3절) 경탄할 만하다(위의 9절에 관한 부분에서 인용된 주석가들의 논평에도 불구하고). 그럼에도 불구하고 그가 호소력도 없고 설득력도 없는 이유는 응보 교리가 인간의 지혜와 신의 정의의 전 지평을 메우도록 허용하기 때문이며, 또 그가 욥에게 부당하기도 하고 무정하기도 한 것은 그 교리의 절대화를 고집하기 때문이다.

[11]-[13] 악인들의 운명을 묘사하는 이 첫 장면에서 – 빌닷은 이것을 조상들의 교훈으로 내놓는다 – 표면상의 주제는 파피루스 식물이며, 다만 13절에 이르러서야 우리는 그 파피루스가 신을 두려워하지 않는 사람의 상징이라는 것을 알게 된다. 두 번째 장면(14-19절)에서는 주제를 이루는 것이 신을 두려워하지 않는 사람이라는 것이 시작부터 분명하고, 자연계에서 온 이미지는 부차적이다.

11-20절은 악인들(11-15절)과 의인들(16-19절)을 대표하는 두 개의 식물을 묘사하며, 그들에 대한 하나님의 반응이 각각 20a절구와 20b절구에서 분명하게 말해진다고 하는 고디스의 제안은 기껏해야 독창적인 것일 뿐, 13절 이후의 시행들에서 일단의 새로운 이미지들을 가능케 하는 13절 속에 있는 요약 평가 형식의 구조적 중요성을 알아보지 못한다. 어윈(W. A. Irwin, "The First Speech of Bildad," *ZAW* 51[1933] 205-16)도 비슷한 생각을 가졌지만, 그것을 증명하기 위해 본문을 무자비하게 재구성해야만 했다(예를 들어, "원문주해" 8:14.a.를 보라).

[11] 수사적 질문 형식과 그것의 효과가 자연계에 관한 어떤 지식의 편린에 달려 있다는 사실은 이 말의 "지혜" 기원을 가리키는 이중 암시다. 이것이 정확히 조상들의 지혜가 전달되었을 유형의 모습이다: 듣는 사람의 참여를 유도하는 질문-형식, 세부적으로 적당히 "박식해 보이는" 특징 그리고 진리의 간접적 제시. 그 교훈은 당연히 파피루스 식물들과 전혀 관계가 없다. 그러나 현인들은 그것이 암호화된 메시지라는 것을 곧바로 알아차릴 것이다. 사실상 우리의 "아니 땐 굴뚝에 연기 나랴"처럼, 이 질문-격언은 그 자체로만 쓰이면 원인과 결과에 대한 메시지를 좀더 자연스럽게 전달할 것이다(참조. 헤세도 마찬가지). 그러나 빌닷은 그 이미지를 "갑작스런 반전"에 관한 전통적 **토포스**(5장 "양식/구조/배경"을 보라)를 거는 걸이 못으로 사용한다.

파피루스 식물(גֹּמֶא – 고메)은 다년생 수종 등심초 속에 속하는 것으로 3미터 혹은 4.5미터 높이로 자란다. 그러므로 사용된 동사는 나아(גאה, "우뚝 솟다")다. 그것은 성경 시대에는 이집트 하부에 흔했지만, 지금은 그 곳에서는 멸종되었고, 푸른 나일과 흰 나일 강 언덕 및 북 이스라엘 훌레(Huleh) 계곡과 해안 평야 지대에서 발견된다(도해: *IBD* 2:1144-45). "골풀"(אָחוּ – 아후)은 습지에서 자라는 풀로, 그것(*ah*)을 명백하게 훌레 계곡에 정치시키는 한 우가릿 문헌에 의해(*CTA* 10.2.9, 12; Gibson, 132) 팔레스타인에 속한 것으로 입증된다. 두 용어 모두(גמא와 אחו) 이집트에 기원을 두고 있다(אחו는 창 41:2, 18에서 이집트 배경에서 나타난다). 따라서 일부 학자들은 욥기의 저자가 최소한 이집트를 방문했을 것이라고 추정했다(고디스). 베헤못과 리워야단의 묘사에 담긴 이집트적 채색도 주목하라(40:15-41:26[34]). 그러나 특별히 그 세부 내용들이 그에게 전통 지식으로 주어졌음이 분명한 때에, 그러한 언급들이 우리에게 저자에 대해 무엇인가 말해 줄 수 있다고 가정하는 것은 틀린 것이다.

12 파피루스 생명에 아주 중요한 사건이 추측되도록 남아 있다: 그것의 물 공급의 말라 버림. 만일 그 일이 일어나면 생장력이 한창인 때에 있고, 또한 베어 버림을 당하지 않을지라도 그것은 순식간에 시들어 버릴 것이다.

13 12절 이미지의 의도가 다소 현학적으로 "신을 두려워하지 않는 사람들"(חָנֵף – 하네프, "불경스런, 무신앙의", 욥기에서 8번 사용됨), 즉 "하나님을 잊는" 자들에게(참조. 시 50:22) 적용되는 것으로서 설명된다. 그들은 하나님을 저버림으로써 자신들에게서 생명의 근원을 제거하며, 그럼으로써 그들이 미래에 대해 가질 수 있는 어떠한 기대도 "사라진다" – 마치 파피루스나 갈대가 그것의 생명의 근원인 물을 빼앗길 때처럼. 이것은 자연 세계와 도덕 세계에 똑같이 근본적인 질서다. 하나님을 "잊는" 것은 단순히 기억의 상실을 가리키는 것이 아니라 하나님을 대적하거나, 혹은 마치 하나님이 없는 것처럼(참조. 시 10:4; 14:1; 53:2[1]), 혹은 하나님이 볼 수 없는 것처럼(참조. 22:13-17; 시 94:7), 혹은 그분이 행동하지 않으실 것처럼(습 1:12) 행동하는 실질적인 행위를 가리킨다(참조. W. Schottroff, *THWAT* 2:902-3). 인간을 식물로 보는 표상은 이미 5:3에서 나타났다.

14-19 악인들의 운명에 대한 이 두 번째 무대에서 두 세트의 이미지가 나타난다. 첫째는 14-15절에 있는 것으로, 비영구성과 신뢰 불가능성의 이미지다. 그것들은 신을 두려워하지 않는 사람이 가지는 확신을 가리키는 은유들이다. 두 번째는 16-18절에 있는 것으로, 표면만의 영속과 안정 이후에 오는 최후의 전멸 이미지다. 여기서 표면상의 주제인 식물 혹은 나무는 신을 두려워하지 않는 사람을 가리키는

은유다. 비록 본문의 증거가 전혀 없음에도 불구하고, 이 장면의 두 부분이 너무나 대조적이어서 19절을 첫 번째 이미지 세트에 대한 요약 평가로서 14-15절 뒤에 오도록 옮겨야 한다는 포어러의 제안은 그 자체의 매력을 지닌다.

14 신을 두려워하지 않는 사람은 자기 생명의 근원으로부터 자신을 잘라 버렸기 때문에(11-13절), 그의 미래는 견고하지 않고 믿을 수 없다. 엘리바스의 견해에서 욥이 지닐 자격이 있는 확신(כסל – 케셀)과는 다르게(4:6), 신을 두려워하지 않는 사람이 느낄 수 있는 확신은 어느 것이든 "쉽게 부서질 것"에 기초를 두고 있음에 틀림없고(NIV; "원문주해" 8:14.b를 보라), 다만 "거미 집" 같은 견고성만을 가질 수 있을 뿐이다. 이 이미지에 대해서는 27:18; 이사야 59:6을 참조하라. 또한 코란에서 29.40, "스스로 하나님 외에 어떤 보호자를 취하는 자들은 스스로 집을 짓는 거미와도 같다. 분명히 거미집은 모든 집들 가운데 가장 약한 것이다"를 보라. "거미집보다 더 약한"이라는 어구는 아랍 문학에서 속담처럼 되었다. 이 절은 13절에서는 직접적으로 표현된 것을 다만 은유적으로만 말했다("무너지다, 망하다"는 분명히 형식만 남은 은유다). 따라서 13절과 밀접한 관련이 있다. 그러나 이 절의 은유는 15절로 확장되며, 그것은 또다시 16-18절에 나오는 확장된 이미지로부터 분리될 수 없기에, 13절 이후에서 나누는 것이 절대적이지는 않지만 타당하다.

15 신을 두려워하지 않는 사람이 그의 확신을 두는 "집"이 "그의 가족, 시설, 부동산 소유에 암시되는 재원들을 포함하는" 그 자신의 집일 수 있겠으나(드라이버, 포어러도 비슷; NAB "가족"), 거미 "집" 이미지가 이 절에도 계속되고 있다고 보는 것이 더 좋다. 그러면 신을 두려워하지 않는 사람 편에서의 확신이 왜 파멸을 초래할 정도로 잘못된 것인지 그 이유가 분명해진다. "서다"(עמד – 아마드) 그리고 "일어나다, 서다"(קום – 쿰)라는 동사들은 자신이 확신하는 대상에 의해 지지 받을 수 없음을 발견하는 불경한 사람 자신을 가리키거나(나의 번역처럼) 혹은 그 집을 가리킨다(참조. JB, NEB, NIV, 도름).

16-18 이 장면에서 두 번째 이미지가 우리에게 제시된다: 오로지 뿌리뽑히고 관계가 부인되기 위해서 무성하게 자라는 나무 혹은 식물. 이 은유는 심리적 전치(轉置) 상태를 나타내며, 16-17절의 뿌리박음에 대한 상술(詳述)은 그 전치를 더욱 충격적으로 되게 하는 데만 이바지한다. 초반의 번성 묘사는 어떤 이들로 하여금 여기의 원래 본문은 의로운 사람을 묘사했다고 믿게 했다(참조. 16절에서 강조 인칭대명사 "그는"〈הוא〉에 대해 말한 고디스). 그리고 사디아(Saadia)는 실제로 16절에 *as-saliḥ*, 즉 "의로운 사람"이라는 표제를 붙였다. 그러나 16-18절이 18절의 파

괴(בלע)에서 절정에 이른다는 것에는 거의 의심의 여지가 있을 수 없다.

16-17 이것이 어떤 종류의 식물이냐는 것은, 그것이 넝쿨 혹은 호리병박(부드), 어떤 나무(에얼리히), 어떤 유해한 식물(덤; 참조. 18a절구), 덩굴 식물(포어러) 등 어느 것이든 중요하지 않다. 물을 충분히 잘 공급받으면 그것은 태양 빛을 받아 무성하게 자라고 태양에 의해 시들게 되기보다는 그것의 온기를 이용한다. 그 가지는 그것이 자라는 정원 "위로" 혹은 "너머로"(על – 알, 참조. 창 49:22) 뻗는다. 돌들은 그것의 성장에 전혀 장애가 아니다: 그것은 그것들을 칭칭 감고 더 단단하게 뿌리를 내린다. 이 식물의 제거는 불가능해 보인다. 그것은 확실한 물의 확보 속에 11-12절의 파피루스 식물이 가지지 못한 안전을 가지고 있는 것 같다.

17절은 돌밭에 그 뿌리를 내릴 때 자양분을 찾지 못하는 나무를 그리고 있다고 보는 견해(NEB에서처럼)는 덜 그럴듯하다. 재앙의 첫 신호는 18절로 오기 때문이다. 어느 경우라도 교조적인 응보 교리의 옹호자 빌닷은 결과가 곧바로 원인 뒤에 오지 않으며, 신을 두려워하지 않는 사람이 번성하고, 그것도 단순히 외적으로만이 아닐 것 등을 허용한다. 그러나 만일 그렇다면 의로운 사람도 고난을 겪을 수 있을 것이라는 깨달음은 그에게 일어나지 않는다. 그가 만일 그것을 깨달았다면 – 물론 시인은 그의 독자들이 빌닷의 교리를 꿰뚫어 보기를 원한다 – 그는 욥에게 주는 그의 확신에 조건들을 붙일 필요가 없었을 것이다(5-6절).

18 신을 두려워하지 않는 사람을 표상하는 그 식물은 그 뿌리를 아무리 견고하게 내린다 하더라도 뿌리째 뽑히고 근절될 수 있다. 아마도 뿌리를 뽑아 버리는 이는("그는") 하나님이거나(에얼리히, 포어러의 생각처럼) 혹은 부정(不定) 주어일 수 있다. 그 파괴는 너무 결정적이어서 "그것의 장소", 즉 "그것의 동산, 정원"(16절)이 그에 대한 모든 기억을 잃는다(참조. 7:10). 그리고 부인의 언어로 딱 잘라 말한다(신 33:9를 보라): "나는 너를 본 일이 없다"(참조. 마 7:23). 어떤 기억도 없다고 부인하는 것에는 각별한 쓰라림이 있다. 왜냐하면 히브리 사상 속에서는 사람이 죽은 이후에도 살아 남는 기념물이 그의 자녀들처럼 생각될 수 있는 유일한 종류의 불멸이었기 때문이다.

19 반어적인 형식으로 "이것이 그 길의 기쁨이다" 혹은 보다 직접적으로 "그렇게 그것의 생명은 소멸된다"라는 요약 평가로 끝난다("원문주해" 8:19.a.를 보라). 그것이 자랐던 곳에 다른 것들이 생겨날 것이어서, 그것이 뿌리 채 뽑혔다는 기억조차도 사라질 것이다. 이미지는 아직 식물 표상이지만, 이제는 그 식물에게만 적용되고 신을 두려워하지 않는 사람에게는 적용되지 않는 것이 하나도 없다. 은유와

실제가 합체한다. 신을 두려워하지 않는 사람의 운명은 근절될 것이다. 그에게 소중하고 의미 있는 것(그의 "자리", 18절)이 그를 잊을 뿐만 아니라, 그것이 그를 잊었다는 것조차도 잊을 것이다. 그것이 바로 소멸의 의미다(마소스〈משׂושׂ〉를 메쏘쓰〈מסוס〉로 읽음).

악인의 운명에 대한 이 확장 이미지를 제시하는 빌닷의 목적은 위에서 말한 것만큼(8-19절에 관한 부분) 아주 분명하지는 않다. 그러나 그가 뜻하지 않는 한 가지는 욥이 악인의 운명 속에서 자신의 경험을 보는 것이다-드라이버는 이에 반대다: "신을 두려워하지 않는 사람의 몰락은…욥의 몰락과 닮았다. 그리고 빌닷은 분명히 욥이 그 자신의 불행이 똑같은 이유 때문이 아닌지 생각해 보기를 원한다."

20-22 이제 악인들의 운명에 관한 이 이미지들에 욥 자신을 포함하는 죄 없는 자들의 운명에 대해 묘사하는 장면이 추가된다. 빌닷이 신을 무시하는 이들의 운명에 집중함에도 불구하고, 응보 교리의 적극적인 면이 그에 의해 무시되지는 않는다. 그럴지라도, 그는 일반적인 것만 그리는 격언 같은 말로 또다시 그 원리를 적극적 형식과 소극적 형식 모두로 진술하는 이 짤막한 상향의 움직임을 시작해야 한다. 그가 기꺼이 연설 형식의 말로 되돌아간 것(21-22절)은 빌닷의 공적 이상이다. 그는 아주 쉽게 기술적인 말의 상태에 머무를 수 있었고(20a절구에서처럼 그리고 칠십인경이 21-22절에서 하는 것처럼), 그럼으로써 욥을 향한 그의 태도를 매우 모호한 상태로 남길 수 있었을 것이다.

20 이 문장은 응보 교리 신학 전체를 구체화하고, 3절의 질문들 뒤에 놓여 있는 도덕 질서 원칙의 적극적 진술을 제시한다. 그 중심에는 두 개의 주장이 서 있다: 하나는 인간은 "결백한 사람들"과 "악행자들"로 극명하게 구별된다는 것이고, 다른 하나는 각 그룹이 그에 마땅한 응보를 받도록 확실하게 하는 분은 어떤 추상적 정의의 원리가 아니라 하나님 자신이라는 것이다. 이 단순 교리가 세상의 복잡한 현실에 주는 유일한 양보는 "겉모양만 행운" 혹은 악인들의 번영이라는 개념을 인정하는 것이다. 그 교리의 타당성에 거스르는 이 명백한 반대 경우가 16-19절의 이미지로 발전되었다. 그러나 그 교리가 요약 형식으로 진술되어야 하는 지금에는, 그 순진한 단순성에 대한 모든 양보와 변경이 옆으로 밀려난다.

"흠 없는"(תם-탐) 사람이 이미 이 책에서 지정되었다는 사실을 독자가 간과하도록 의도되었을 리는 없다: 그것은 바로 "흠 없고 정직한"(תם וישׁר-탐 브야샤르, 1:1, 8) 욥이다. 빌닷이 그것을 알아채기만 했다면-사실 그는 욥이 책망 받을 수 있는 것에 대해 아무것도 모른다-그는 이 연설의 수고를 덜 수 있었을 것이다. 그러나 다시 한 번 저자는 전통 지혜를 대표하는 한 인물을 희생시키면서 그의 비밀 지식을 독자와 나눈다.

"도와주다"라는 말은 문자적으로는 인도하기 위해서 "…의 손을 잡다"이며(창 19:16에서처럼), 따라서 연합하여 도와준다이다(참조. 사 41:13; 42:6). 그 단어가 왕실 제식에서 유래한다는 바이저의 견해(참조. 시 73:23)는 그 표현이 구약 전반에 걸쳐 사용되고 있다는 사실을 무시하는 것이다. 그러나 제의 언어는 그 다음 절들에서 사용될 것이다.

21 빌닷은 욥의 고난에 대해 그가 예언하는 이 행복한 결말을 5절의 것과 같은 조건문들로 시작하지 않고, 구원의 약속 자체가 필요 조건들을 상기시켜 주는 것을 지니도록 허용한다(포어러) – 만일 그와 같이 상기시키는 것이 필요하다면 말이다. 구원의 언어는 자연스럽게 시편을 반향한다: 시편 126:2a이 특별히 언어적으로 매우 가깝다. 확신의 상징으로서의 "웃음"에 대해서는 5:22; 29:24; 잠언 31:25을 참조하라. 승리의 "환호"에 대해서는 33:26; 사무엘상 4:5, 6; 사무엘하 6:15; 역대하 15:14; 스 3:11-13; 시편 33:3; 47:6(5)을 참조하라. 그리고 P. Humbert, *La Terou'a. Analyse d'un rite biblique*(Neuchâtel: Secrétariat de l'Université, 1946; 시 126:2에서는 리나〈רנה〉가 사용됨)를 보라.

22 이제는 흔히 찬송 영창에서 사용되는 경건한 사람의 구원과 그의 원수들의 멸망에 관한 전통적인 언어가 완전히 자리를 차지한다. 욥이 여기서 말하는 그의 "원수들"(문자적으로는 "너를 미워하는 자들")이 누구인지 알기를 당혹스러워하는 것도 당연할 것이다. 이제는 어느 누구도 그의 행운을 부러워할 수 없다(31:29 대조). 그도 빌닷도 1:15, 17에서 그의 재산을 공격했던 스바 사람이나 갈대아 사람을 생각하지 않을 것이다. 왜냐하면 그들은 이야기의 배경 속으로 사라졌고, 또 그들은 욥이나 그의 친구들 편에서 증오의 대상들이 아니기 때문이다. 여기서의 적들은 양식화된 인물들로, 우리가 개인적 간구의 시편들에서 빈번하게 만나는 "불법을 행하는 자들"이다. 그들은 아마도 시편 기자들이 자신들이 직면하고 있다고 느끼는 죽음의 여러 국면들을 상징한다(G. W. Anderson, "Enemies and Evildoers in the Book of Psalms," *BJRL* 48[1965-66] 18-29; C. Barth, *Introduction to the Psalms* [tr. R. A. Wilson; Oxford: Blackwell, 1961] 49-55를 보라). 그 언어에 대해서는 시편 9:14[13]; 18:18[17]; 21:9[8] 등("미워하는 자들") 참조; 35:26; 132:18 ("수치로 옷 입히소서"); 84:11[10]("악의 장막", 참조. 여기서는 "악인의 장막"; 그리고 대조. 118:15, "의인의 장막").

"너의 원수들"에 대해 가능한 또 다른 해석이 있다. 시편 기자의 적들은 보통 "응보 교리에 근거하여 그의 불행으로부터 그것을 일으킨 어떤 죄를 추측해 내고, 하나님에 의해 벌받은 사람인 그의 맞은편에 자신들을 세우는 사람들"이다(포어러). 욥기에서 이처럼 행동하는 자들은 다름 아닌 친구들이다! 욥기 시인은 빌닷의 마지막 말을 그 친구들 자신들에 대한 독설적 비판으로 뜻할 수 있을까? 욥의 대화자들 중 한 명이 저자의 아이러니를 위한 도구로 사용된 것은 이번이 처음이 아닐 것이다(참조. 5절에 관한 부분). 마찬가지로, 로버츠(J. J. M. Roberts)는 욥기에 대해 전체적으로 말하듯이, 그것은 "무비판적으로 그것의 논리적 한계까지 밀려난 전통 지혜 신학은 자칭 위로자들을 개인 탄식시들로부터 잘 알려진 중상하는 원수들로 바꾸어 버림으로 끝남"을 보여 준다(Job and the Israelite Religious Tradition, *ZAW* 89[1977] 107-14[113]).

욥의 원수들을 "옷 입힐" "수치"(בשת – 보쉐트; 라바쉬〈לבש〉라는 동사의 비슷한 용법에 대해서는 7:5을 보라)는 수치라는 주관적 느낌이 아니라, 수치를 당하거나 혹은 비천하게 되는 객관적 상태다(참조. F. Stolz, *THWAT* 1:270; 10:15에 있는 칼론〈קלון〉도 비슷). 빌닷이 욥의 대적자들이 종국에 끌려갈 것으로 보는 끝은 그들이 "더 이상 존재하지 않는 것"(איננו – 에네누)이다. 그의 연설의 이 마지막 어조는 욥의 앞선 연설의 마지막 말 에네니(אינני, "나는 더 이상 있지 않을 것이다"; 7:21)를 반향한다. 함축된 의미는 분명하다: 욥은 절멸(אין, 비-존재)을 그의 목표로 보고(참조. 또한 7:8) 그 성취를 향해 간절한 마음으로 돌진한다(참조. 6:8-9). 반면에 빌닷은 절멸을 악인들에 대한 벌로 보며, 그리고 욥이 악인들에게 마땅한 운명인 것을 정말로 열망할 수 있을 것이라고 한 순간도 인정하지 않았다 – 엘리바스가 그랬던 것처럼. 빌닷의 마지막 이 말은 자신의 임박한 죽음이 발생하기 전에(참조. "이제", 7:21b) 하나님에 의해 무시되는 것(7:16a, 19)이 유일한 소망인 한 사람에게 희망을 제공할 때 그가 욥의 심정과 얼마나 떨어져 있는지를 다시 한 번 확실히 드러낸다. 욥 자신은 죽음보다 더욱 변호를 바라게 될 것이지만, 그가 지금 필요로 하는 것은 그의 감정을 무시하는 조언이나 격려가 아니라, 그의 재앙을 볼 때도 두려워서 뒤로 물러나지 않는(6:21) 충성스런 함께-있음이다.

해설

빌닷이 욥과 그의 고난을 보는 관점은 본질적인 측면에서 엘리바스의 것과 거의 다르지 않다. 엘리바스처럼 그는 응보의 신학자이며(8:3-6, 13; 참조. 4:7-8; 5:2-3), 과거의 지혜를 숭배하고(8:8-10; 참조. 4:7, 17) 그리고 교훈(8:3-45, 8-10, 20; 참조. 4:12-21; 5:9-16)과 격려(8:5-7, 20-22; 참조. 4:6; 5:19-26)를 섞어서 욥에게 말한다. 그러나 빌닷의 말이 가혹함에 있어 좀더 두드러진 외양을 띤다. 그것은 빌닷이 하나님을 향한 욥의 광포한 말들에 충격을 받았다고 분명히 말하는 8:2에서 분명하다. 또 욥의 자녀들이 죽게 된 이유들에 대한 그의 매정한 말에서도 보여진다. 그것은 응보 교리를 설명하는 빌닷의 한결 같음에서도 드러난다. 그에게는 (엘리바스와는 다르게) 어떤 다른 고려도 욥의 상황에 맞지 않는다. 무엇보다도, 그것은 그가 신봉하는 응보 신학에서 분명하다: 하나님과 인간의 행위는 똑같이 정밀하게 체계화되어 있으며, 도덕적 우주는 완전히 흑백 논리에서 생각된다.

빌닷의 강경한 신학과는 대조적으로, 그가 욥에게 주려고 하는 메시지는 이상하리만큼 모호하다. 그는 욥이 경건한 사람이라고 믿는가, 아니면 욥의 결백의 문제를 완전히 열어 두는 것인가? 욥이 하나님을 "찾고 있고", 그가 "청결하고 정직함"이 분명하니까 5-6절의 "만일"들은 격려의 뜻을 전하는 것인가, 아니면 욥의 미래는 전적으로 어떤 조건들을 이행하는 데 달려 있음을 욥에게 알려 주는 엄중한 경고인가? 명백히 무조건적인 20-22절의 확신이 5-6절의 조건들로 변색되는가, 아니면 정반대로 나중에 나오는 절들의 논조가 5-6절의 조건적인 특징을 완화시키는 것인가? 우리는 빌닷이 어디에 서 있는지 제대로 알기 어려운데, 그것은 그 교리가 욥의 상황과 얼마나 불완전하게 어울리는지를 저자 자신이 묘사하고 싶었기 때문인가?

확실히 저자는 이 연설에서 빌닷에 의해 말해지는, 인간을 "결백한 사람"(תם, 8:10) 그리고 "신 없는 사람들" 혹은 "악한 사람들"(חנף – 하네프, 8:13; 메레임 〈מרעים〉, 8:20, 그리고 르샤임〈רשעים〉, 8:22) 사이로 나누는, 고지식하게 단순한 교리를 그다지 부드럽게 제시하지 않는다. 그리고 빌닷이 5-6절에서 욥에게 말하는 조건들이 욥이 이루거나 이루지 못할 진짜 조건들이라면 또 다른 아이러니가 드러난다(참조. 포어러): 즉 만일 욥이 빌닷이 그에게 하라고 말하는 것을 행한다면, 1장에서 사탄에 의해 제기된 의문이 정당화될 것이다. 왜냐하면 욥은 자신이 "까닭없이 하나님을 경외하는"(1:9) 것이 아님을 증명한 것이 될 것이기 때문이다. 그는 자신의 필사적인 필요가 하나님을 향한 그의 태도를 결정하도록 허용하고 경건을 그의 유감스런 운명을 개선시키는 수단이 되게 한 것일 것이다.

5. 욥의 세 번째 연설(9:1-10:22)

참고문헌

Bergmeier, R. "Zum Ausdruck עצת רשעים in Ps 1:1; Hi 10:3; 21:16 und 22:18." *ZAW* 79(1967) 229-32. **Crenshaw, J. L.** "W[e]dōrēk ʿal-bāmŏtē ʾāreṣ." *CBQ* 34(1972) 39-53. **Dahood, M.** "The Root *ʿZB* II in Job." *JBL* 78(1959) 303-309. **Day, J.** *God's Conflict with the Dragon and the Sea: Echoes of a Canaanite Myth in the Old Testament.* Cambridge: CUP, 1985. **Driver, G. R.** "Problems in the Hebrew Text of Job." *VTS* 3(1955) 72-93. ______. "Two Astronomical Passages in the Old Testament." *JTS* ns 7(1956) 1-11. **Fullerton, K.** "On Job 9 and 10." *JBL* 53(1934) 321-49. ______. "Job, Chapters 9 and 10." *AJSL* 55(1938) 225-69. **Herz, N.** "The Astral Terms in Job IX 9, XXXVIII 31-32." *JTS* 14(1913) 575-77. **Hess, J.-J.** "Die Sternbilder in Hiob 9:9 und 38:31f." *Festschrift Georg Jacob.* Ed. T. Menzel. Leipzig: Harrassowitz, 1932. 94-99. **Jacob, B.** "Erklärung einiger Hiob-Stellen. 10:15." *ZAW* 32(1912) 278-87(287). **Kellett, E. E.** "A Suggestion." *ExpT* 44(1932-33) 283-84. **Paul, S. M.** "An Unrecognized Medical Idiom in Cantides 6,12 and Job 9,21." *Bib* 59(1978) 545-47. **Pope, M. H.** "The Word *šaḥat* in Job 9:31." *JBL* 83(1964) 269-78. **Reider, J.** "Some Notes to the Text of the Scriptures. 10. Job 10.8." *HUCA* 3(1926) 113. **Roberts, J. J. M** "Job's Summons to Yahweh: The Exploitation of a Legal Metaphor." *RestQ* 16(1973) 159-65. **Sacchi, P.** "Giobbe e il patto(Giobbe 9,32-33)." *Hen* 4(1982) 175-84. **Stec, D. M.** "The Targum Rendering of *WYGʾH* in Job x 16." *VT* 34(1984) 367-68. Watson, **W. G. E.** "The Metaphor in Job 10,17." *Bib* 63(1982) 255-57. **Xella, P.** "*ḤTP*, 'uccidere, annientare' in Giobbe 9,12." Hén 1(1979) 337-41. **Zimmermann, F.** "Note on Job 9:23." *JTS* ns 2(1951) 164-65. **Zurro, E.** "Disemia de *brḥ* y paralelismo bifronte en Job 9,25." *Bib* 62(1981) 546-47.

본 문

1 욥이 대답하여 가로되	**1** Job answered, saying:
2 내가 진실로 그 일이 그런 줄을 알거니와 인생이 어찌 하나님 앞에 의로우랴	**2** I know that this is so: but how[a] can a man[b] be justified[c] by God?

3 사람이 하나님과 쟁변하려 할지라도 천 마디에 한 마디도 대답하지 못하리라

3 Should one wish to dispute with him, one could not answer him once[a] in a thousand times.

4 하나님은 마음이 지혜로우시고 힘이 강하시니 스스로 강퍅히 하여 그를 거역하고 형통한 자가 누구이랴

4 He is wise[a] and he is powerful[b]; who ever argued[c] with him and succeeded?[d]

5 그가 진노하심으로 산을 무너뜨리시며 옮기실지라도 산이 깨닫지 못하며

5 He[a] moves mountains, though they do not know it[b]; [c]he overturns them in his wrath.

6 그가 땅을 움직여 그 자리에서 미신즉 그 기둥이 흔들리며

6 He shakes the earth from its place and its pillars quiver.

7 그가 해를 명하여 뜨지 못하게 하시며 별들을 봉하시며

7 He gives command[a] to the sun so that it does not shine,[b] and on the stars he sets a seal.

8 그가 홀로 하늘을 펴시며 바다 물결을 밟으시며

8 He alone stretches out the heavens, and tramples upon the sea-monster's back.[a]

9 북두성과 삼성과 묘성과 남방의 밀실을 만드셨으며

9 He is the maker[a] of the Bear[b] and Orion, of the Pleiades and the circle of the southern stars.[c]

10 측량할 수 없는 큰 일을, 셀 수 없는 기이한 일을 행하시느니라

10 He works great deeds, past human reckoning, he performs wonders, beyond all numbering.

11 그가 내 앞으로 지나시나 내가 보지 못하며 그가 내 앞에서 나아가시나 내가 깨닫지 못하느니라

11 Should[a] he pass near me, I would not see him[b]; should he move past me, I would not perceive him.

12 하나님이 빼앗으시면 누가 막을 수 있으며 무엇을 하시나이까 누가 물을 수 있으랴

12 Should he take away,[a] who could dissuade[b] him? Who could accuse him for what he is doing?

13 하나님이 진노를 돌이키지 아니하시나니 라합을 돕는 자들이 그 아래 굴복하겠거든

13 Being God,[a] he does not withdraw his anger; beneath it[b] even Rahab's supporters[c] were laid prostrate.

14 하물며 내가 감히 대답하겠으며 무슨 말을 택하여 더불어 변론하랴

14 How then[a] could I respond to him, how choose words with which to answer him[b]?

15 가령 내가 의로울지라도 감히 대답하지 못하고 나를 심판하실 그에게 간구하였을 뿐이며

15 [a]Even if I were in the right, I could not defend myself[b]; I could only appeal for mercy to my adversary.[c]

16 가령 내가 그를 부르므로 그가 내게 대답하셨을지라도 내 음성을 들으셨다고는 내가 믿지 아니하리라

16 Even if he should respond to my summons,[a] I could not be sure that he would really listen to me.

17 그가 폭풍으로 나를 꺾으시고 까닭없이 내 상처를 많게 하시며

17 For a trifle[a] he crushes[b] me, for no reason[c] he wounds me again and again.

18 나로 숨을 쉬지 못하게 하시며 괴로움으로 내게 채우시는구나

18 He will not let me catch my breath, but makes me drink deep of bitter poison,[a]

19 힘으로 말하면 그가 강하시고 심판으로 말하면 누가 그를 호출하겠느냐

19 If it is a matter of strength,[a] behold, he is the mighty one[b]; if a matter of justice, who can

arraign him?[c]

20 가령 내가 의로울지라도 내 입이 나를 정죄하리니 가령 내가 순전할지라도 나의 패괴함을 증거하리라

20 Though I am innocent, my own mouth[a] would condemn me: though I am blameless, it[b] would prove me guilty.[c]

21 나는 순전하다마는 내가 나를 돌아보지 아니하고 내 생명을 천히 여기는구나

21 I am blameless: I do not care about myself; I have rejected my life.

22 일이 다 일반이라 그러므로 나는 말하기를 하나님이 순전한 자나 악한 자나 멸망시키신다 하나니

22 It is all one.[a] Therefore I say: Blameless and wicked alike he brings to an end.

23 홀연히 재앙이 내려 도륙될 때에 무죄한 자의 고난을 그가 비웃으시리라

23 Should the plague[a] bring sudden[b] death, he mocks at the calamity[c] of the innocent.

24 세상이 악인의 손에 붙이웠고 재판관의 얼굴도 가리워졌나니 그렇게 되게 한 이가 그가 아니시면 누구이뇨

24 If[a] a land[b] falls[c] into the power of a wicked man,[d] then God blindfolds[e] its judges. If it is not he, who then is it?[f]

25 나의 날이 체부보다 빠르니 달려가므로 복을 볼 수 없구나

25 My days[a] have been swifter[b] than a courier; they have fled[c] away without beholding joy.

26 그 지나가는 것이 빠른 배 같고 움킬 것에 날아 내리는 독수리와도 같구나

26 They have slipped past like skiffs of reed,[a] like an eagle swooping on its prey.

27 가령 내가 말하기를 내 원통함을 잊고 얼굴빛을 고쳐 즐거운 모양을 하자 할지라도

27 If I say,[a] I will forget my moaning,[b] I will lay aside my sadness[c] and be cheerful,

28 오히려 내 모든 고통을 두려워하오니 주께서 나를 무죄히 여기지 않으실 줄을 아나이다

28 I become afraid of all I must suffer,[a] for I know you do not hold me innocent.

29 내가 정죄하심을 입을진대 어찌 헛되이 수고하리이까

29 [a]Come what may,[b] I shall be accounted guilty; why then should I strive in vain?

30 내가 눈녹은 물로 몸을 씻고 잿물로 손을 깨끗이 할지라도

30 Though I wash[a] myself with soap,[b] and cleanse my hands with lye,[c]

31 주께서 나를 개천에 빠지게 하시리니 내 옷이라도 나를 싫어하리이다

31 you would only plunge me in a pit,[a] so that my very clothes would abhor me.[b]

32 하나님은 나처럼 사람이 아니신즉 내가 그에게 대답함도 불가하고 대질하여 재판할 수도 없고

32 [ab]He is not a man like myself, that[c] I should answer[d] him: "Let us go[e] to court together!"

33 양척 사이에 손을 얹을 판결자도 없구나

33 If only there were (but there is not!)[a] a mediator[b] between us, who could lay his hand on both of us,

34 주께서 그 막대기를 내게서 떠나게 하시고 그 위엄으로 나를 두렵게 하지 아니하시기를 원하노라

34 who[a] could remove God's rod from my back, so that fear[b] of him should not unnerve me.

35 그리하시면 내가 두려움 없이 말하리라 나는 본래 그런 자가 아니니라

35 Then I should speak out, with no dread of him—for in myself I am not fearful.[a]

10:1 내 영혼이 살기에 곤비하니 내 원통함을 발

10:1 I have rejected my life:[a] so I can give vent

설하고 내 마음의 괴로운 대로 말하리라

2 내가 하나님께 아뢰오리니 나를 정죄하지 마옵시고 무슨 연고로 나로 더불어 쟁변하시는지 나로 알게 하옵소서

3 주께서 주의 손으로 지으신 것을 학대하시며 멸시하시고 악인의 꾀에 빛을 비취시기를 선히 여기시나이까

4 주의 눈이 육신의 눈이니이까 주께서 사람의 보는 것처럼 보시리이까

5 주의 날이 어찌 인생의 날과 같으며 주의 해가 어찌 인생의 날과 같기로

6 나의 허물을 찾으시며 나의 죄를 사실하시나이까

7 주께서는 내가 악하지 않은 줄을 아시나이다 주의 손에서 나를 벗어나게 할 자도 없나이다

8 주의 손으로 나를 만드사 백체를 이루셨거늘 이제 나를 멸하시나이다

9 기억하옵소서 주께서 내 몸 지으시기를 흙을 뭉치듯 하셨거늘 다시 나를 티끌로 돌려보내려 하시나이까

10 주께서 나를 젖과 같이 쏟으셨으며 엉긴 것처럼 엉기게 하지 아니하셨나이까

11 가죽과 살로 내게 입히시며 뼈와 힘줄로 나를 뭉치시고

12 생명과 은혜를 내게 주시고 권고하심으로 내 영을 지키셨나이다

13 그러한데 주께서 이것들을 마음에 품으셨나이다 이 뜻이 주께 있은 줄을 내가 아나이다

14 내가 범죄하면 주께서 나를 죄인으로 인정하시고 내 죄악을 사유치 아니하시나이다

15 내가 악하면 화가 있을 것이오며 내가 의로울지라도 머리를 들지못하올 것은 내 속에 부끄러움이 가득하고 내 환난을 목도함이니이다

16 내가 머리를 높이 들면 주께서 사자처럼 나를 사랑하시며 내게 주의 기이한 능력을 다시 나타내시나이다

17 주께서 자주자주 증거하는 자를 갈마들여 나를 치시며 나를 향하여 진노를 더하시니 군대가 갈마들어 치는 것 같으니이다

to[b] my complaint, speak out of the bitterness of my soul.

2 I will say to God, Do not hold me guilty: but tell me why[a] you are my adversary.

3 Do you take pleasure in oppression, in rejecting the work of your own hands, [a]while smiling on the plans[b] of the wicked?

4 Have you a mere man's eyes? Do you see things as men see them?

5 Are your days like the days of a mortal, your years[a] like the life of a man,

6 that you must seek out some iniquity in me, and search for some sin of mine?

7 Because you know that I am not guilty, there is no escape from your hand.

8 Your hands fashioned[a] me and made me: and now you have turned[b] and destroyed[c] me.

9 you molded[a] me like clay,[b] do you remember? Now you turn me to mire[c] again.

10 Did you not pour me out like milk? did you not curdle me like cheese?

11 With skin and flesh you clothed me, with bones and sinews knit me together.

12 Life and loyalty[a] you have favored me with: your attention has preserved my life.

13 Yet this was your secret intention,[a] this was your purpose, I know,

14 that, if I sinned, you would be watching[a] me and would not acquit me of my guilt!

15 If I am guilty, woe to me![a] and if I am innocent, I dare not lift my head, [b]I am filled with shame and sated[c] with affliction.

16 And if I lift myself up,[a] like a lion you hunt me, so that you are marveled at[b] afresh[c] – because of me!

17 You renew your hostility[a] toward me: you increase[b] your wrath against me: release[c] – then hard struggle – is my lot.[d]

18 주께서 나를 태에서 나오게 하셨음은 어찜이니이까 그렇지 아니 하였더면, 내가 기운이 끊어져 아무 눈에도 보이지 아니하였을 것이라
19 있어도 없던것 같이 되어서 태에서 바로 무덤으로 옮겼으리이다
20 내 날은 적지 아니하니이까 그런즉 그치시고 나를 버려두사 저으기 평안하게 하옵시되
21 내가 돌아오지 못할 땅 곧 어둡고 죽음의 그늘진 땅으로 가기 전에 그리하옵소서
22 이 땅은 어두워서 흑암 같고 죽음의 그늘이 져서 아무 구별이 없고 광명도 흑암 같으니이다

18 So why did you bring me out of the womb? I should have died then and never been seen.
19 I should have been as if I never lived, carried from the womb to the grave.
20 Are not my days few? Let me alone![a] Turn away from me, so that I may find a little comfort
21 before I go – I shall not return! –[a] to the land of darkness and deep shadow,[b]
22 [a]the land of gloom[b] like blackness,[c] of deep shadow without order,[d] where the light[e] is as darkness.[f]

원문주해

2.a. 마(מה, "어떻게")에 대해서는 마-니츠타다크(מה־נצטדק, "우리가 어떻게 우리 자신을 옳다고 할 수 있을 것인가?"; 창 44:16, 혹은 우리가 어떻게 우리의 정직함을 나타내리이까: 개역) 참조. 참조. BDB, 553b 해당 항목 מה § 2.(a): "(a) **어떻게?** 특별히 불가능한 것으로 여겨지는 것을 표현할 때."

2.b. 에노쉬(אנוש)는 "사람"을 뜻하는 주된 시적 용어다. 그것은 비록 아나쉬(אנש, "약하다")와의 가능한 연관성에도 불구하고 "약한" 혹은 "필멸의"라는 특별한 함의를 갖고 있지 않다(가령, 테리앙이 그런 것처럼). 참조. F. Maass, *TDOT* 1:347.

2.c. 칼이 히필 수동태와 같은 의미를 갖는 것에 대해서는 "주석" 참조.

3.a. 아하트(אַחַת; 여성형) 대신 에하드(אֶחָד; 남성형)로 읽고, "천 명 중 한 명도(참조. 33:23, 천 명의 천사) 사람의 변호자가 되지 않을 것이다"라고 번역하는 켈레트(E. E. Kellett)의 제안("A Suggestion," *ExpT* 44[1932-33] 283-84)은 흥미롭기는 하지만 독단적이다.

4.a. 문자적으로는 "마음의 지혜로운". 여기서 마음은 오성의 자리.

4.b. 이 절구를 엘라이브(אליו)에 의해 재개되는 **독립 의존격**(*casus pendens*)으로 봄(가령, 드라이버가 그렇다). 다른 이들은 이를 미(מי)의 수식어로 추정한다. 따라서 "사람이 아무리 지혜롭고 강할지라도"(고디스; 비슷하게 테리앙, 포프).

4.c. 히크샤(הקשה, "단단하게 했다")는 대체적으로 다음의 생략형으로 간주된다: 히크샤 오레프(הקשה עֹרֶף, "목을 뻣뻣하게 했다"; 신 10:16; 렘 7:26처럼) 혹은 아마도 히크샤 리뽀(הקשה לִבּוֹ, "그의 마음을 단단하게 했다"; 참조. 출 13:15; 잠 29:1). 따라서 "완고하게 거부했다"(NEB), "저항했다"(NAB), "도전하다"(JB, 포프). 여기서는 카샤(קשה) 히필이 미쉬나 히브리어에서처럼 "주장하다, 논쟁하다, 질문을 제기하다"를 뜻한

다는 고디스의 제안을 따른다. 법정 이미지가 계속되고 있다.

4.d. 바이슐람(וישלם)은 "안전한 상태로 남았다"(도름), "살아 남았다"(NEB), "해를 입지 않은 상태로 남았다"(NAB; 참조. NIV, 모파트, 포프), 또는 더 나은 경우로 "준비했다"(KJV, 드라이버), "성공했다"(RSV)로 번역된다. 참조. JB의 "성공적으로 (도전하다)". 샬람(שלם)이 칼형으로는 드물다.

5.a. 5-7절의 분사들은 관사를 가지고 있고, 반면에 8-10절의 것들은 그것이 없다. 중요한 차이점은 전혀 발견되지 않는다.

5.b. 야다우(ידעו)는 비켈, 덤, 그레이, 모파트, *BHK* 등에 의해 예다(יֵדַע)로 수정된다. 비슷하게 페쉬타, "그리고 그는 그것을 알지 못한다", 즉 "그것을 알지 못하고서", 난점(difficulty?, difference 아닐까? – 역자주)은 아주 경미함. 그러나 만일 그가 그것들을 "그의 분노 가운데" 뒤엎는다면, 그는 틀림없이 그렇게 하고 있음을 인식하고 있다(기욤). 신인동형론적 언어를 피하기 위해 윈턴 토마스는 야다우(ידעו)를 아랍어 *wadaʿa*("고요하다, 잠잠하다")와 연결시키고, "그 결과 그들은 더 이상 잠잠하지 않다"가 되게 한다(D. Winton Thomas, "Additional Notes on the Root in Hebrew," *JTS* ns 15[1964] 54-57[54-55]). 따라서 NEB의 "그들에게 쉼을 주지 않음". 어근 야다(ידע, II "고요하다, 굴욕을 당하다")에 대해서는 J. A. Emerton, "A Consideration of Some Alleged Meanings of ידע in Hebrew," *JSS* 15(1970) 145-80(170); D. F. Payne, "Old Testament Exegesis and the Problem of Ambiguity," *ASTI* 5(1967) 46-68(60-62, 67); P. R. Ackroyd, "Meaning and Exegesis," in *Words and Meanings. Essays Presented to David Winton Thomas*(ed. P. R. Ackroyd and B. Lindars; Cambridge: CUP, 1968) 1-14(10-14)를 보라. 야다우(ידעו)는 또한 "그리고 사람들이 그것을 모른다"(투르-시나이) 또는 "누군가 그것을 알기 전에"(라쉬, 포프) 등으로 해석되었다. "그들이 그것을 알지 못하는 가운데(그것이 돌연히 발생하기 때문에)"를 의미하는 것으로 맛소라 본문을 유지하는 것이 가장 좋다. 참조. 시 35:8; 사 47:11; 렘 50:24. 다후드의 벨로 야다우(ולא ידעו)는 "땀흘림 없이"(ידע III, יזע의 한 방언 형태, 참조. זֵעָה)라는 제안("New Readings in Lamentations," *Bib* 59[1978] 174-97[190-91])은 비록 KB^{3}에 의해 언급되지만 분명히 개연성이 없는 것으로 여겨진다.

5.c. 아쉐르(אשר)는 접속사 "that"일 수 있을 것이다. 즉 "그가 그의 진노 가운데 그것들을 전복시켰다는 것"(딜만, 드라이버). 혹은 "when"이나 "who"로 여겨질 수 있다. 즉 "그들은 누가 그것들을 전복시켰는지를 모른다"(도름, 고디스). 횔셔, 포어러는 **바브**를 아쉐르(אשר) 앞에 접두사로 둔다(중복오사로 소실된).

7.a. 아마르(אמר)는 여기서 "명령하다"로 드문 경우가 아니다(BDB, 56b, § 4). 참조. 36:10.

7.b. 자라흐(זרח)는 보통은 "비취다"(NIV가 그렇다)이다. 그러나 KJV, RSV, JB, NEB, NAB, 포프처럼 "떠오르다(해가)"일 수도 있다. 그러나 후자의 의미는 이 곳의 문맥에 맞

지 않는다.

8.a. 바마테 얌(במתי ים)은 이전에는 "바다의 높은 곳"으로 이해되었으나, 이제는 일반적으로 다음을 따라 "바다의 등(במת)"으로 여겨진다. W. F. Albright, *JBL* 57(1938) 227; idem, "The Psalm of Habakkuk," in *Studies in Old Testament Prophecy*(ed. H. H. Rowley; Edinburgh: T. and T. Clark, 1950) 1-18(18); F. M. Cross and D. N. Freedman, "The Blessing of Moses," *JBL* 67(1948) 191-210(196, 210). RSVmg, NEB도 그렇다. 그러나 NAB, NIV는 "파도"에 대한 언급들을 유지한다. 크렌쇼도 "바다의 물마루"를 유지하려 한다(J. L. Crenshaw, "Wᵉdōrēk ʿal-bāmŏtē ʾāreṣ," *CBQ* 34[1972] 39-53[46-48]). 비슷한 경우로 J. Day, *God's Conflict*, 42. 포어러와 헤세는 문맥에 더 잘 맞는 것으로서(8a, 9절) 소수 사본들의 독법을 따라 아브(עָב, "구름"; 집합명사)로 본다.

9.a. 고디스는 23:9; 잠 12:23; 13:16; 사 32:9에서처럼 여기서도 또 다른 오세(עשׂה, "덮다, 감추다")를 발견한다(참조. 아랍어 *gašawa*). 이는 7b절구와 평행을 이룰 것이지만, 동일 표현인 암 5:8과는 맞지 않게 될 것이다. 그러므로 받아들이기가 어렵다.

9.b. *BHS*는 38:32처럼 아이쉬(עַיִשׁ)로 읽는다. 휠셔는 시리아어 *ʾeyūtā*에 상응하는 아유쉬(עֲיֻשׁ)를 제안한다.

9.c. **"주석"**에 언급된 제안들에 호프만의 טמן을 토민(תֹּמִן=תֹּאֲמִים - 토밈, "쌍둥이, 쌍둥이자리")으로 독창적인 모음 표기가 추가될 수 있을 것이다.

11.a. 헨(הֵן, "만일"; BDB, 243b§ b).

11.b. 에르에후 야할로프(אֶרְאֵהוּ יחלף)로의 재구분(에얼리히, 그레이, *BHK*, Dahood, *Psalms III*, 135)은 가능하다. 에르에(אראה)의 접미어 부재에 대한 다른 설명 방식은 에르에후(אֶרְאֵהֻ)로 모음을 바꾸거나 혹은 이중사역 접미어 원리를 끌어들이는 것이다(블롬머드).

12.a. 대부분은 동사 하타프(חתף, **일회 사용**)를 하타프(חטף, "붙잡다, 쥐다")와 연결시키며, 일부는 야흐토프(יַחְטֹף)로 수정하기조차 한다(참조. *BHK*, NEB). 그것은 불필요하다. 왜냐하면 우리는 헤테프(חֶתֶף, "먹이")를 잠 23:28에서 발견하고, 또한 하타프(חטף)와 동일한 것으로, "빼앗다, 강탈하다, 탈취하다"를 의미하는 형태들을 집 15:14; 32:22; 50:4에서 발견하기 때문이다(참조. 1QH 5.10). 더 자세한 것은 Grabbe, *Comparative Philology*, 60-62를 보라. 가장 그럴듯하지 않은 것은, 그 뒤를 블롬머드가 따르는 다후드의 제안이다("Some Northwest Semitic Words in Job," *Bib* 38[1957] 306-20[310]): 야하트 파미(יַחַת פְּמִי, "〈만일〉 그가 잡아채 간다면〈חתה〉 그 때에는…"; 주장되는 히브리어 접속사는 -פְּ). 참고 자료를 위해서는 블롬머드, 32-33를 보라. 그리고 "원문주해" 9:20.a를 보라. 크셀라(P. Xella, "*ḤTP* 'uccidere, annientare' in Giobbe 9,12," *Hen* 1[1979] 337-41)는 설득력이 전혀 없게도 헤테프(חתף)를 우가릿어 *ḥtp*[짐승 제물에 근거하여(*KTU* 1.119〈=*RS* 24.266〉.32) "죽이다, 멸망시키다"]로 설명한다.

12.b. 문자적으로는 "그를 돌아서게 하다"(שׁוב-슈브, 히필) 혹은 "되돌리다, 물리치다, 반박하다"(참조. BDB, 999b§ 5). TOB "qui l'en dissuade?" "누가 그로 그것을 돌려 주게 할 수 있는가?"(고디스), 이는 피상적으로는 매력적인 번역이지만, שׁוב의 히필이 "돌려 주게 하도록 하다"를 의미하지는 않는다.

13.a. 포프: "신(a god)이 자신의 분노를 되돌릴 수 없었다." 그 뒤를 로버츠가 따른다: J. J. M. Roberts, "Job's Summons to Yahweh: The Exploitation of a Legal Metaphor," *RestQ* 16(1973) 159-65(163). 그러나 욥기에서 엘로하(אלוה)는 변함없이 유일한 한 분 하나님만을 가리키며(12:6이 예외적이지만, 엘⟨אל⟩과 평행), 욥기 바깥에서는 오로지 욥기보다 후대에 속할 문헌에서만 하나의 신 "a god"로 나타난다(역대기, 다니엘서).

13.b. 대부분은 타흐타브(תחתיו)를 "그의 아래"로 번역함. 그러나 JB, NEB, NIV는 "그의 발치에"를 가짐. 이는 다후드에 의해 옹호되는 번역으로(*Psalms II*, xxvi, and *Psalms III*, 330), 그는 타흐타브 샤하투(תחתיו שׁחחו)가 엘 아마르나(El Amarna)의 *ana šēpē šarri lu ištaḫaḫin*과 같은 의미의 히브리어라고 주장한다.

13.c. 긴스버그(H. L. Ginsberg, "A Ugaritic Parallel to 2 Sam 1:21," *JBL* 57[1938] 209-31[210-11 n. 5])와 다후드(M. Dahood, *Bib* 43[1962] 226)는 오제르(עֹזֵר)에서 우가릿어 *gzr*("영웅, 용사")를 보았다. 그러나 히브리어에서 어근 *ʿzr*에 대한 보다 균형 잡힌 평가는 그 제안을 문제가 있는 것으로 만든다. P. D. Miller, Jr, "Ugaritic *ĠZR* and Hebrew *ʿZR* II," *UF* 2(1970) 159-75(164); A. F. Rainey, *Ras Shamra Parallels*(AnOr 50; Rome: Pontifical Biblical Institute, 1975) 2:74-75, 105-106를 보라.

14.a. 아프 키(אף כי)는 "얼마나 더 많이"(how much more) 혹은 "얼마나 더 적게"(how much less)라는 의미로, 여기서는 분명히 후자다. 영어 표현에서는 "then"이 사용되면 더 좋은 효과를 낸다. 고디스는 아프(אף)를 강조 의문사로 여긴다. "내가 참으로… 할 수 있을까?"(참조. 창 3:1).

14.b. 문자적으로는 "그와 함께"(עמו-임모). "…와 논쟁에 들어간"을 암시하는 임(עם)에 대해서는 2, 3절; 10:17(?); 16:21; 시 94:16(드라이버) 참조. "처럼, 같이"를 뜻하는 עם의 사례들은 현재 절과 너무나 다르기에(BDB, 767b § e) 임모(עמו)에 대해 "그처럼"을 허용할 수(블롬머드처럼)는 없다.

15.a. 이 절은 헤세에 의해 14절과 16절 사이의 연결을 파괴한다 하여 삭제된다.

15.b. 문자적으로는 "대답하다"(אענה-에에네). 많은 이들이 에아네(אֵעָנֶה, "내가 대답을 들을 것이다")로 읽는다(참조. 칠십인경 *οὐκ εἰσακούσεταί μου*-우크 에이사쿠세타이 무; 비슷하게 페쉬타, 데오도티안역; 그러나 아마도 그들은 יענה로 읽었을 것이다). *BHK*, 휠셔, 도름, 포어러, NEB가 그렇다. 테리앙은 로 야아네(לא יַעֲנֶה)로 읽는다. 그러나 맛소라 본문이 상당히 만족스럽다(참조. 3절 יעננו).

15.c. 메쇼프티(מְשֹׁפְטִי)는 대체로 포엘 분사로 "나의 대적", "나의 법적 상대"로 여겨진다. 그러나 포어러는 마이어(R. Meyer, "Spuren eines westsemitischen Präsens-Futur in den Texten von Chirbet Qumran," in *Von Ugarit nach Qumran*[O. Eissfeldt Festschrift; ed. J. Hempel and L. Rost; *BZAW* 77; Berlin: A. Töpelmann, 1958] 118-28)를 따라 그것을 야카탈(*yaqātal*) 활용의 잘못된 형태로 본다. 로버츠(Roberts, *RestQ* 16[1973] 163)는 전치사에 대명 접사 **멤**이 있는 것으로 보고 림 쇼프티(לם שֹׁפְטִי)로 구분한다. 모음을 미슈파티(מִשְׁפָּטִי, "나의 바름⟨을 위해서⟩")로 재표기하는 것(힛지히, 부드, RSVmg; 참조. NAB)은 불필요하며, -*y*[이] 접미사를 3인칭으로 보는 가정과는 특별히 그렇다(블롬머드처럼: "그의 공의에").

16.a. 문자적으로는 "만일 내가 부르면 그가 대답할 것이다". 칠십인경 바티칸 사본은 "답하다" 앞에 부정어를 가지고 있다. 따라서 덤은 베로 야아네니(וְלֹא יַעֲנֵנִי)로 읽었다(*BHK*도 마찬가지). 다후드("Hebrew-Ugaritic Lexicography IV," *Bib* 47[1966] 403-19 [408])는 לא를 명사 "아무것도"(nothing)로 ויענני의 목적어로 여김으로 비슷한 의미를 얻어내며, 블롬머드가 그 뒤를 따른다.

17.a. 비스아라(בִּשְׂעָרָה, "폭풍으로"; 욥기의 다른 곳에서는 쓰아라⟨סערה⟩로 표기됨)의 모음을 베사아라(בְּשַׂעֲרָה, "털 한 오라기로 때문에")로 바꾸는 것이 힛지히, 에얼리히, 도름, 로울리, 테리앙, 포프, 앤더슨, 고디스, JB, NEB에 의해 채택된다. 탈굼이 이미 여기서 사아라(שׂערה, "털, 머리털")를 보았고(또한 페쉬타처럼), "한 치[머리털]도 안 틀리게 정확히 나를 다루는"이라고 번역했다. 탈무드에 나온 동일 표현에 대해서는 *b. Yeb.* 121b 참조.

17.b. 슈프(שׁוּף, "짓뭉개다, 박살내다"). 드라이버(G. R. Driver, "Some Hebrew Verbs, Nouns and Pronouns," *JTS* 30[1928-29] 375-77)는 "가까이 엄습했다(swept close over)"로 번역했다. 그러나 스아라(שׂערה)를 "털"로 인정하면("원문주해" 9:17.a) 이 번역이 불가능하게 되고, שׁוף를 "지켜보다, 감시하다"로 이해하는 블롬머드의 해석도 그렇다(참조. 도름에 의한 논의): "그가 회오리 바람 가운데서[ב] 나를 지켜본다." 리핀스키(E. Lipinski)의 그 묘사가 독을 내뱉어(18b절구) 희생자를 마비시키고 숨을 멎게 만드는(18a절구) 독사에 관한 것이라는 제안("Notes lexicographiques et stylistiques sur le livre de Job," *FolOr* 21[1980] 65-82[70-71])은 받아들이기 어렵다. 왜냐하면 후기 성경 히브리어에서는 나샤프(נשף)가 "뱉다"가 아니라 "불다"를 의미하며(레비), 접미사가 이상해질 것이고, 또한 많은 "상처들"에 대한 언급이 여기서 위치를 잃게 될 것이기 때문이다.

17.c. 히남(חנם)은 다후드(*Psalms III*, 201)와 블롬머드에 의해서는 "몰래, 은밀히"로 이해됨(참조. 잠 1:17; Dahood, *Psalms I*, 211). "폭풍우"와 "은밀히" 사이에 대조 평행법이 눈에 띈다.

18.a. 맘므로림(ממררים)은 오직 이 곳에만 나온다. 일부는 모음을 밈므로림(מִמְּרֹרִים)

으로 다시 표기하거나(드라이버, 에얼리히), 혹은 빔로림(בְּמֹרְרִים)으로 수정한다(비어, 훨셔). 다후드(Dahood, "Hebrew-Ugaritic Lexicography V," *Bib* 48[1967] 421-38[427])는 처음의 **멤**(מ)을 앞선 단어에 연결시켰고, 그 뒤를 블롬머드가 따른다.

19.a. 문자적으로는 "만일 그것이 힘을 위한 것이라면".

19.b. 아미츠 힌네(אמיץ הנה)는 함께 취했고(가령, 고디스가 그렇다), 다수와 함께 힌네(הנה)를 힌네후(הִנֵּהוּ, 혹은 힌노〈הִנּוֹ〉, "보라 그를〈그가〉")로 읽었다(참조. 탈굼, NEB, "그가 얼마나 강한지 보라"; 비슷하게 JB, NIV). 드라이버는 행의 각 절반 앞에서 "그가 말한다"로 해석했고, 힌네(הנה)를 힌네니(הִנְנִי)와 같은 것으로 보았다(RVmg가 그렇다). KJV는 첫 번째 절반에서는 "내가 말한다"로, RV는 "우리가 말한다"로 해석했고, 반면에 *BHK*는 실제로 힌네(הנה)를 힌네니(הִנְנִי)로 수정했다. NAB는 힌네(הנה) 대신 후(הוּא, "그가")로 읽었다.

19.c. 대부분은 요이데니(יועידני, "나를 책망할 것이다")를 베요디에누(ויודיענו, "그를 책망할 것이다")로 수정한다(브로킹턴에 의해 제안된 요이데후〈יוֹעִידֵהוּ〉 형태는 나타나지 않는다). 블롬머드는 3인칭 접미사를 가진 요이데니(יועידֶנִי)로 읽는다(bibliography: 블롬머드, 8). 고디스는 그럴듯하게도 맛소라 본문의 독법을 경건의 이유로 된 필사자의 고의적인 수정으로 여긴다. 그러나 그는 엄밀히 말하면 그것을 **서기관의 수정**(*tiqqun sopherim*)이라고 부르지 말아야 한다. 왜냐하면 그것은 표준 목록의 하나가 아니기 때문이다(C. McCarthy, *The Tiqqune Sopherim, and Other Theological Corrections of the Masoretic Text of the Old Testament*[OBO 36; Freiburg: Universitätsverlag, and Göttingen: Vandenhoeck und Ruprecht, 1981] 168를 보라; 그리고 7:20에 관한 부분 참조).

20.a. 일부는 평행 구조를 위해서 피브(פִּיו, "그의 입")로 읽었고(훨셔, 포어러, 헤세), 따라서 다후드는 피(פִּי)를 그렇게 번역한다["Nest and Phoenix in Job 29, 18," *Bib* 48 (1967) 542-44(543), 이는 그가 피(פִּי)는 접속사 *pa*-("그런 후에")라고 했던 이전 제안을(*Bib* 38〈1957〉 311) –K. 아르툰[Aartun]이 그것은 정당하게 주장될 수 없다고 제대로 판단함("Textüberlieferung und vermeintliche Belege der Konjunktion p^V im Alten Testament," *UF* 10〈1978〉 1-13〈8-9〉) –명백하게 포기하는 것임). 맛소라 본문은 훨씬 더 의미가 풍부하고, 평행 구조도 쉽게 유지된다("원문주해" 9:20.b).

20.b. 평행 구조는 주어로서 "그것"(입)을 선호한다(KJV, RV, TOB, NIV, 도름, 테리앙 등이 그렇다).

20.c. 바야으크쉐니(ויעקשני, "만일 내가 완전하다면, 그것은〈그는〉 증명했을 것이다"; 드라이버)는 아마도 비아크쉐니(וִיעַקְּשֵׁנִי, "그것이〈그가〉 증명할 것이다")로 모음이 표기되어야 할 것이다(부드, 비어, NAB). 이것은 분명히 아카쉬(עקשׁ, "비틀다")의 선언적 히필이고, 앞에 나온 좀더 흔한 법률 용어인 야르쉬에니(ירשׁיעני)와 평행이다. NEB의 "그는 내 말을 비튼다(혹은 곡해한다)"는 거의 가능성이 없다.

22.a. 덤에 의해 21절 끝으로 옮겨지는데, 사실상 그것이 의미가 잘 맞는다("주석"을 보라). 도름은 아하트 히(אחת היא)가 22b절구와 좀더 명백하게 관련되도록 아하트 히(אחת היא)와 알-켄 아마르티(על־כן אמרתי)의 위치를 바꾼다. 칠십인경은 아하트 히(היא אחת)를 생략한다.

23.a. 쇼트(שׁוֹט, "채찍질, 벌")는 자연 재해, 아마도 역병, 가능하게는 홍수를 뜻하는 상징이다(포어러, 호르스트, NEB; 참조. 사 28:15, 17-18). 휠셔는 페쉬타를 따라 쇼토(שׁוֹטוֹ, "그의 벌")를 제안했다(바이저도 그렇다. 그러나 "주석"을 보라).

23.b. 짐머만(F. Zimmermann)의 해석("Note on Job 9:23," *JTS* ns 2[1951] 165-66)은 비록 테리앙에 의해 선호되지만 별로 가능성이 없다. 그는 페타임(פְּתָאִים, "단순한 이들, 젊은이들")으로 읽고, "만일 조롱이 결백한 이들을 죽일 수 있다면, 그분은 왜 무죄한 이들의 시련을 조롱하시는가"로 번역한다.

23.c. 마싸(מסה)는 나싸(נסה, "시험하다")에서 파생된 "시련"일 수 있고(KJV, RV), 아니면 보다 가능성이 있게는 여기의 요점은 시험이 아니라 파괴이기 때문에 마아싸(מסס, "녹다, 약해지다")로부터 파생된 "절망"(NAB, NIV, 포프) 또는 절망을 가져오는 것인 "재난"(RSV, JPS) 혹은 "역경"(JB, NEB)일 수 있다.

24.a. 히브리어로는 아니다. 그러나 그 두 구절은 순서적으로 연관되어 있다.

24.b. 혹은 "한 땅"(도름). 어떤 특정의 땅이 염두에 두어져 있는 것은 아니다(NEB의 "그 땅"도 아마 불특정일 것이다).

24.c. 문자적으로는 "…이 주어지다"(נתנה – 니트나).

24.d. 이 행과 다음 행은 칠십인경에 의해서는 생략되었는데, 아마도 경건의 이유에서였을 것이다(Gard, *Exegetical Method of the Greek Translator*, 72-73), 그러나 그것들은 데오도티안역 이후 헬라어 성경 사본들 안으로 들어왔다. 포어러는 24b절구를 해설의 주로 보고 삭제한다. 비슷하게 모파트, NEB.

24.e. NEB는 왜 "눈이 가려진"을 가지고 있는지 이유가 분명하지 않다. 고디스가 이 행을 허용할 만하게 "그[악한 자]가 재판관들을 매수[문자적으로는 얼굴을 가리다]할 수 있다"로 번역하지만, 그는 첫 행의 니팔이 여기의 주어를 "하나님"으로 보는 것을 불가능하게 한다고 잘못 가정한다.

24.f. 문자적으로는 "그렇지 않다면, 그것은 누구인가?" 에포(אפוא)와 후(הוא)의 위치를 바꾸면 읽기가 좀더 매끄럽게 된다: "그가 아니라면, 그렇다면 누구인가?" 이 구절은 24:25, 베임-로 에포 미 야크지베니(ואם־לא אפו מי יכזיבני, "그리고 그렇지 않다면, 누가 나를 거짓말쟁이라고 입증할 것인가?")와 유사한 시행의 축약형(투르-시나이, 이븐 에즈라를 따름)은 거의 아니다.

25.a. 문자적으로는 "그리고 나의 날들". 호르스트는 계사는 반대의 의미로 쓰이면 탄식 양식에서 새로운 주제를 알리는 표지이고, 거기서는 문장의 주어도 제일 첫 위치에

온다는 점을 특별히 언급한다(참조. C. Westermann, *The Praise of God in the Psalms*[tr. K. R. Crim; London: Epworth, 1965] 70-72). 일부는 페쉬타나 불가타에 의해 제시되지 않는 첫 번째 **바브**를 생략한다. *BHK*, NAB, 드라이버, 휠셔, 포어러, 헤세 등이 그렇다. 다후드는 여기서 호격의 **바브**를 본다: "오, 나의 날들은…보다 더 빠르구나"(M. Dahood, "Vocative *kî* and *wa* in Biblical Hebrew," in *Mélanges offerts au R. P. Henri Fleisch, S. J.*[Mélanges de l'Université Saint-Joseph 48; Beirut: Imprimerie Catholique, 1973-74] 49-63). 그러나 엄밀히 말하면, 여기서 "오"는 호격이 아니다.

25.b. NEB를 따른 것이며, 다른 역본들과는 대조를 이루고 있다. 각 구절들에서 완료 시제가 강조되어야 한다. "더 빨라졌다", "달아났다", "보지 않았다."

25.c. 주로(E. Zurro)가 여기서 ברח I("달아나다")와 ברח II("환란을 당하다, 고난을 겪다")의 의미 사이의 언어 유희를 발견하는 것("Disemia de *brḥ* y paralelismo bifronte en Job 9,25," *Bib* 62[1981] 546-47)은 상당히 설득력이 없다. 왜냐하면 첫 절구에서 속도에 대한 언급이 바라흐(ברח)는 "달아나다"로 여겨져야 하지 "선을 보지 못했다"와 연관해서 읽힐 것이 아님을 확실하게 하고 있기 때문이다. ברח II의 존재는 비록 KB[3]에 의해 인정되기는 하지만 어쨌든 의심에 열려 있다(그것[의심]은 다음에 의해 제안되었다: G. R. Driver, "Proverbs xix. 26," *TZ* 11[1955] 373-74 그리고 C. Rabin, "*Bāriaẖ*," *JTS* 47[1946] 38-41).

26.a. 에베(אֵבֶה)는 비록 구약에서는 **단 일회 사용된 단어**이지만, 악카드어 *apu*, 아랍어 *'abā*("갈대")에서 입증된다. KJVmg의 "욕망의 배들"은 아바(אבה, "기꺼이 하다")와 연결시키는 면에서 심마쿠스를 따랐다.

27.a. 부정사 오므리(אמרי)가 임(אם) 다음에 오는 경우는 평행하는 경우가 없으며, 따라서 대체적으로 아마르티(אָמַרְתִּי)로 수정된다. 드라이버(G. R. Driver, "Problems in the Hebrew Text of Job," *VTS* 3[1955] 72-93[96])는 오마르(אֹמַר)로 읽는다(참조. 삼상 20:21).

27.b. "원문주해" 7:11.b를 보라. 그것이 잊혀진다는 것은 불평을 유발하는 상황을 잊는 문제(포어러)가 아니라, 이전에 (말로 하던) 불평으로부터 아주 멀어진다는 문제다.

27.c. 에에즈바 파나이(אעזבה פני, 문자적으로는 "나는 내 얼굴을 저버릴 것이다")는 그 의미가 요구하는 바인 "나는 내 슬픔을 그만둘 것이다"를 말하는 분명한 방식은 아니다. 고디스는 파님(פנים)이 명백하게 "슬픈 표정, 슬픔"을 의미하는 삼상 1:18과 비교하지만, 그 독법은 확실하지 않다. 드라이버(G. R. Driver, *VTS* 3[1955] 76)는 아자브(עזב)에서 아랍어 동족어 'abada IV("기분 좋게 만들다")를 보았고, 아아지바(אַעֲזִיבָה)로 모음을 표기한 후, "내가 나의 안색을 즐겁게 만들 것이다", 즉 "밝은 표정을 갖다"로 번역했다. 따라서 NEB, "내가 밝은 얼굴을 보여 줄 것이다". 그러나 레인(Lane, 1981)은 'abada IV에 매우 제한적인 의미의 범위를 둔다. 따라서 "그 사람들은 달콤한 물을 마신 상태가 되었다". 그

리고 그것에 대해서 구약에 다른 어떤 사례도 인용되지 않는 아자브(עזב)의 동족어의 존재도 문제가 있다. 다후드(M. Dahood, "The Root ʿZB II in Job," JBL 78[1959] 303-9)는 우가릿어 ʿdb("만들다, 정돈하다")와 비교했고(10:1에 대해서도 참조하라), "나는 내 얼굴을 단정히 할 것이다", 즉 "나는 내 얼굴을 씻고, 기름을 바를 것이다"로 번역했다. 이를 포프("내 얼굴을 고치다")와 포어러가 뒤따른다: "다른 용모를 준비하다"(*ein anderes Gesicht machen*). 우가릿어 ʿdb의 "고치다, 회복하다"라는 의미를 사용하고(KB3에 의해 느 3:8, 34[4:2] 등에 있는 עזב에 대해 주장된 것), "내 (평범한) 안색을 되찾다"로 번역하는 것은 전혀 개선된 것이 아니다. 왜냐하면 이 עזב I이 성경 히브리어에 존재하는지 의심스럽고, 또한 우가릿어 ʿdb가 실제로 עזב와 어원이 같은 것인지 확실하지 않기 때문이다(H. G. M. Williamson, "A Reconsideration of עזב II in Biblical Hebrew," *ZAW* 87[1985] 74-85를 보라). 아자브(עזב)와 동음이의어 어근의 숫자(드라이버는 다섯을 지적한다!)가 하나의 문제이며, "나는 내 (현재의) 안색을 버릴 것이다"라는 단순 번역이 불가능하지는 않다. 위에 제시된 번역은 의미를 따른(*ad sensum*) 의역이다.

28.a. NEB의 "내 모든 신경에서 내가 떨린다"는 G. Perles, "The Fourteen Edition of Gesenius-Buhl's Dictionary," *JQR* 18(1905-1906) 383-90(387)를 따르고, 성경 후기 아차브(עצב, "신경")에 근거한다.

29.a. 절 전체가 휠셔와 포어러에 의해 설명의 주로 여겨져—그럼에도 불구하고 그것은 잘못된 것은 아니다—삭제된다.

29.b. 미래형 에르샤(ארשע, "나는 악하다고 여겨질 것이다")는 필연적으로 될 일을 나타내며, "다른 사람의 판단에 따른 의무 혹은 필요"를 표현한다. "…나는 유죄가 되기로 되어 있다"(*GKC*, § 107n). 이와 달리, 첫 구절 아노키 에르샤(אנכי ארשע)는 가정법으로 여겨져야 한다(24절의 도입 절처럼; 칠십인경, 페쉬타, KJV, JB, NEB, NAB, 도름 등이 그렇다). 일부는 아노키(אנכי) 앞에 가정의 독립사인 헨(הֵן)을 삽입한다(*BHK*〈아마도〉). 의미는 본질적으로 동일하다.

30.a. 사손(V. Sasson)은 여기의 라하츠(רחץ)를 "내적 정화와 도덕적 순화"를 가리키게 하고 싶어한다("ŠMN RḤṢ in the Samaria Ostraca," *JSS* 26[1981] 1-5[4]). 그러나 두 번째 절구에서의 손 씻음과의 평행은 이를 배제한다.

30.b. 페쉬타, 탈굼은 **케레** 브메-샬레그(בְמֵי־שֶׁלֶג, "눈 [녹은] 물로")로 읽었다(KJV, RV도 그렇다). 그러나 녹은 눈의 물이 특별히 하얗지는 않기 때문에, **케티브** 베모-샬레그(במו־שלג[=בְּמוֹ]; "눈 속에")가 더 바람직하다. 정결케 하는 눈의 효력을 믿는 민간 신앙에 대한 어떤 암시가 있을 수도 있다. 휠셔는 한 흑인이 자신을 하얗게 만들기 위해 눈으로 자신을 비비는 한 아랍 우화와 "주여, 저를 물과 눈과 얼음으로 저의 죄로부터 하얗게 씻어 주소서"라고 모하메드의 기도를 언급한다. 시 51:9; 사 1:18에서는 눈이 정화 수단이 아니라 맑음의 상징으로 작용한다. 그러나 보르(בר, "잿물")와의 평행을 염두

에 두면, 샬레그(שלג)가 미쉬나의 아슐라그(אַשְׁלָג)나 탈무드의 샬르가(שַׁלְגָא, "비누, 비누풀")와 같은 의미라는 프로이스(J. Preuss)의 제안(*Biblisch-talmudische Medizin. Beiträge zur Geschichte der Heilkunde und der Kultur überhaupt*[Berlin: Karger, 2nd ed., 1921] 431)이 훨씬 더 낫다(참조. 악카드어 *ašlāku*). 따라서 NEB, NIV, 고디스, H. R. Cohen, *Biblical Hapax Legomena in the Light of Akkadian and Ugaritic*(SBLDS 37; Missoula, Mont.: Scholars Press, 1978) 140. 포어러는 브메 샬레그(בְמֵי־שלג)를 "비누풀 물로"로 읽는다.

30.c. 보르(בר)는 아마도 **단 한 번 사용된 단어**(사 1:25는 의심스럽기에)로, 다른 곳에서는 나무나 채소의 재로 만들어진 알칼리성 용액인 보리트(בֹּרִית, "잿물")다. 화학적으로 그것은 가성 칼륨이다. 현대의 잿물은 일반적으로 가성 소다(sodium hydroxide)이다.

31.a. 샤하(שחח, "구덩이"). KJV은 아마도 "땅에 있는 모든 빈 공간, 구멍, 구덩이, 동굴, 굴"의 옛날 의미로 "ditch"를 사용했을 것이다(*OED*, 3:541). 그 번역은 RV, NAB에 의해 채택된다. 구덩이는 일반적으로 진창일 것이다(창 37:24은 문제의 구덩이를 "물 없는"이라고 명기해야 했다). 비록 그 용어가 지하 세계에 대해 사용되고(참조. 33:22), 우가릿의 모트(Mot)의 거처가 진창으로 된 성읍이요, 그의 권좌는 구덩이이지만(*CTA* 4.8.11-12; Gibson, 66), 여기에는 지하 세계에 관한 어떤 가리킴도 없다(포프는 이에 반대다; 또한 같은 저자, "The Word *šaḥat* in Job 9:31," *JBL* 83[1964] 269-78 참조). 많은 이들은 칠십인경의 엔 뤼포(ἐν ῥύπῳ, "쓰레기 속으로")를 염두에 두고서, 슈호트(שְׁחֹת; 호프만, 도름, 횔셔, 호르스트, 포어러, *BHS*[아마도], NEB), 혹은 쑤하(סוּחָה, "쓰레기, 찌꺼기[offal]"; 참조. 사 5:25; 비어, 덤), 혹은 쎄히(סְחִי, "폐물, 쓰레기〈refuse〉"; 참조. 애 3:45; G. Hoffmann, "Ergänzungen und Berichtigungen zu Hiob," *ZAW* 8[1931] 141-45[142]; *BHK*), 혹은 "똥"(JB) 등으로 수정한다. 그러나 칠십인경은 원 히브리어를 맛소라 본문처럼 똑같이 읽었을 것이고, 그것을 좇아야 할 것이다(고디스가 그렇다).

31.b. 일부 주석가들은 그 은유에 놀라 살르모타이(שלומתי, "내 옷들")를 숄마이(שֹׁלְמַי; 덤) 혹은 메슐라마이(מְשֻׁלָּמַי, "내 친구들"; 라가르드〈Lagarde〉) 등으로 수정했거나, 혹은 티아부니(תעבוני)를 테아브타니(תְעַבְתַּנִי, "당신이 [내 옷들을] 내게 메스껍게 만들려고 한다")로 바꾸었다(고디스). 그러나 옷의 의인화는 시문에서 이상한 것이 아니며(포프), 칼멧(Calmet)이 다음과 같이 잘 말했다(도름에 의해 인용): "더럽혀진 몸에 의한 혐오감 같은 감정들을 옷에 부여하는 이런 말의 방식은 그 자체에 매우 충격적인 것, 주의를 끌고 소름끼치는 타락[부패]의 느낌을 주는 것을 갖고 있다."

32.a. 처음의 키(כי)는 아마도 "확실히"라는 의미를 가진 강조사일 것이다. 왜냐하면 "왜냐하면"은 선행하는 것과 연결되지 않기 때문이다.

32.b. "그"를 보충했다. 칠십인경을 따라 아타(אַתָּה, "당신")를 삽입해야 한다는 횔셔의 제안은 매력적이다(덤도 그렇고, 그는 예에네누〈יעננו〉를 삭제함). 그러나 34-35절에서 3

인칭이 사용되고 있다.

32.c. 이 동사는 보통의 **바브**가 없는 의지사(voluntative)이다(Driver, *Tenses*, § 64).

32.d. 아나(ענה)를 "도전"으로 보는 포프의 번역은 32b절구의 해석을 위한 바른 방향을 가리키지만, 번역으로서는 거의 정당화될 수 없다.

32.e. 혹은 대부분의 역본들을 따라 "[그리고] 우리가…가야 한다". 나보(נבוא) 앞에 **바브**가 없는 것은 약간은 이상하지만(참조. 덤), 위의 번역에 의해 설명된다.

33.a. 로 예쉬(לֹא יֵשׁ, "…이 없다")는 구약의 다른 곳에서는 발견되지 않는다(보통은 엔⟨אַיִן⟩이다). 그래서 아마도 루(לֹא) 혹은 루(לוּ, "…이 있다면")로 읽혔을 것이다(일부 사본들처럼). 그렇게 읽는 경우 칠십인경, 페쉬타, RSVmg, NEB, NAB, NIV, TOB, *BHK*, 테리앙, 포프, 고디스; 또한 참조. C. F. Whitley, "Some Remarks on *lû* and *lo'*," *ZAW* 87(1975) 202-204.

33.b. KJV의 "중재인"(daysman), 즉 판정자 또는 조정자는 더 이상 쓰이지 않는 동사 "to day"에서 온 것으로, 그 동사는 어떤 문제를 중재에 맡기다 혹은 중재를 통해 결정하다를 뜻한다(참조. "dayment," 중재)(*OED*, 3:51-53).

34.a. 앞의 야쉐트(ישת)의 경우처럼(33b절구) 아쉐르(אשר)로 해석됨. "그(하나님)로 제거하게 하라"도 똑같이 가능하다.

34.b. 다후드(M. Dahood, "Hebrew-Ugaritic Lexicography I," *Bib* 44[1963] 289-303 [295])는 "그의 팔"(암마⟨אַמָּה⟩로부터 아마토⟨אַמָּתוֹ⟩)로 번역한다.

35.a. 비슷하게 JB의 "나는 스스로를 결코 그처럼[즉, 무서워하는] 보지 않는다". 문자적으로는 "나는 나에게/스스로에게 그렇지 않기 때문에". NAB의 "이것은 나의 경우는 아니기 때문에"는 하나님과의 두려움 없는 담화의 가능성을 가리킨다. NEB의 "왜냐하면 나는 내가 [남들에 의해] 생각되는 모습이 아님을 알기 때문이다", 즉 죄가 있지 않음을. 다른 이들은 캔(כֵּן, "따라서")을 형용사 "올바른, 정직한"으로 여기고(참조. לֹא־כֵן에 대한 칠십인경의 ἄδικον; 칠십인경에 대해서는 P. Joüon, "Notes philologiques sur le texte hébreu de Job," *Bib* 11[1930] 322-34[322-23] 참조), 후(הוּא, "그는 나에게 존경할 만하지 않다"; 에얼리히, 포어러, 헤세, 고디스) 혹은 임모(עִמּוֹ, "나는 그에게 정직하지⟨=올바르 지⟩ 않다")로 수정한다. 블롬머드는 "비록(כי) 내가 그 앞에서(3인칭 *-i* 접미를 가진 עמדי) 올바르지 않지만"으로 본다. 그 뒤를 따라 J. J. M. Roberts, *RestQ* 16(1973) 160. 도름은 35a절구와 35b절구의 순서를 바꾼다: "사정이 그렇지 않기에[아무런 중재자도 없기에], 나는 나 자신과 대화하고, 그를 두려워하지 않을 것이다."

10:1.a. 블롬머드는 하야이(חיי)의 접미를 3인칭으로 본다. 따라서 "내 영혼(נפשי – 나프쉬)이 **그것의** 생명에 넌더리난다".

1.b. 문자적으로는 "풀다, 느슨하게 하다"(עזב – 아자브; JB, NEB, "자유를 주다, 마음대로 하게 하다"). 알라이(עלי, "내 자신에게"; KJV)는 "그것의 주어요, 그리고 말하자면

그것이 **그에게** 영향을 미치는 사람을 강조함으로써 하나의 감정 표현에 파토스를 주는데" 사용됨(BDB, 753b§ d). 다후드는 여기서 아자브(עזב)의 "준비하다"는 뜻의 어근을 보았고(참조. "원문주해" 9:27.c), "나는 나를 위해 나의 불평(혹은 고소)을 준비할 것이다"로 번역했다(*JBL* 78[1959] 305). 포프도 마찬가지로 알라이(עלי)가 "그에게"라는 다후드의 나중 제안보다(Dahood, *Psalms I*, 257) 이것이 더 바람직하다고 본다. 다른 이들은 알라이브(עָלָיו, "그에게, 그의 앞에")로 수정하면서(*BHK*[?], 메르크스, 덤, 테리앙), 칠십인경 바티칸 사본의 엔 아우톤(*ἐπ' αὐτόν*)의 지지를 받는다고 주장하지만, 그것은 아마도 엔 아우톤(*ἐπ' ἐμαυτόν*)의 헬라어 자체 내의 손상일 것이다(칠십인경 알렉산드리아 사본의 경우처럼). 그러나 그 통상 해석이 상당히 만족스럽다. 이 절의 패턴에 대해서는 M. Dahood, "Hebrew-Ugaritic Syntax and Style," *UF* 1(1969) 15-36(32-34)를 보라.

2.a. 블롬머드는 대체로 알 마(על מה, "무엇 때문에, 왜")로 이해되는 알(על)에서 추정된 신 호칭 엘(עֵל, "가장 높은 분")을 보았는데(참조. "원문주해" 7:20.h), 그것은 확실히 첫 번째 행의 엘로하(אלוה, "하나님")와의 평행 구조를 낳는다. 그러나 그것이 알(על)과 마(מה) 사이 마켑의 부재를 설명할 수 있는지는 의심스럽다.

3.a. 덤, 그레이(아마도), 횔셔, 포어러, 헤세에 의해 설명 주로 여겨져 삭제된다. 그러나 "주석"을 보라.

3.b. 에차(עצה, "조언")는 이 문맥에서는 "의회"일 가능성(도름, Dahood, *Psalms I*, 2)이 좀더 적음. 드라이버는 여기서 에차(עצה)를 "불순종"으로 보았고(*WO* 1[1947-52] 411), 반면에 베르그마이어(R. Bergmeier)는 21:16; 22:18에서처럼 "친교(friendship), 집단(circle)"으로 번역한다("Zum Ausdruck עצת רשעים in Ps 1:1; Hi 10:3; 21:16 und 22:18," *ZAW* 79[1967] 229-32).

5.a. 맛소라 본문은 첫 절구에서처럼 키메(כימי, "…의 날들 같은"). 비록 평행 구문에서 한 단어의 반복이 욥기에서 특이한 것이 아니고(고디스, 508-13를 보라), 일부 학자들에 의해 맛소라 본문이 유지되지만(도름, 고디스), 키메(כימי)는 슈노트(שְׁנוֹת, "…의 해들")의 필사상의 오류일 가능성이 충분하다. 어쨌든 영어의 문체는 다른 단어를 선호하고, 대부분의 학자들은 본문을 수정하지 않을지라도 "…의 해들"로 번역한다.

8.a. BDB는 아차브(עצב)를 아랍어 *'abada*("잘라 내다")와 연결시킨다. 따라서 "새기다, 만들다"(그러면 아차브〈עָצָב, "우상"〉는 "잘라내진 것"). KB는 아랍어 *'aṣaba*("비틀다, 묶다")와 연결시킨다. 따라서 NEB, "내게 모양을 주었다". 그러면 아차브(עָצָב)는 "모양지어진 것, 만들어진 것"이다.

8.b. 맛소라 본문의 야하드 싸비브(יחד סביב)는 문자적으로는 "빙 돌아서 하나로(together round about)"(KJV, RV, JPS, 참조. TOB "ensemble, elles[tes mains] m'avaient façonné de toutes parts"; 바이저, 고디스)이다. 논리적 휴지가 운율적 휴지와 일치하지

않는다는 사실(그러나 이런 경우가 전혀 없는 것은 아님; 참조. "원문주해" 4:8.a)과 야하드(יחד) 대신 아하르(אַחַר; μετὰ ταῦτα)로 읽는 칠십인경의 독법에 의해서 본문에 대한 의심이 일어난다. 대부분은 칠십인경을 따르며, 더 나아가 싸비브(סביב)에서 싸바브(סבב, "돌다") 같은 형태를 찾는다: 티쏘브(תִּסּוֹב, "당신이 돈다"; 델리취, 드라이버, NAB; 참조. *BHK*), 싸보타(סַבֹּתָ, "당신이 돌았다"; 비어, 참조. *BHK*, 포어러, 포프), 싸보브(סָבוֹב, 부정사 절대형, "돌기"; 덤, 휠셔, 호르스트, *BHS*〈아마도〉) 혹은 쏘베브(סֹבֵב, "돌기"; NEB, 테리앙〈סוֹבֵב〉). 도름은 "완전히"를 의미하고(참조. 19:10), 바트발르에니(ותבלעני)를 수식하는 것으로 싸비브(סביב)를 유지시킨다. 그러나 후치사 **바브**의 존재가 애매하다.

8.c. 기욤(A. Guillaume, "A Note on the √בלע," *JTS* ns 13[1962] 320-22)은 아랍어 *balaga*("이르다, 도달하다", 따라서 "괴롭히다")와 비교하면서, 이 곳의 동사는 "삼키다"가 아니라(2:3; 37:20에서처럼) "괴롭히다, 고통을 주다"를 의미한다고 주장했다. KB^3도 그렇다. 그 의미는 나무랄 데 없는 것이지만, 보다 극적인 표현으로 인정되는 "삼키다"로부터 떠날 필요는 전혀 없다.

9.a. NEB의 "당신이 나를 주조했다"는 아사(עָשָׂה, 피엘, "압박하다, 짜다")로부터 파생된 이시타니트(עִשִּׂיתַנִת)로의 모음 재표기를 가정한다.

9.b. 흙이 첫 번째 인간이 창조된 재료라고 자주 말해지기 때문에(참조. "주석"), 일부는 간단히 호메르(חמר)나, 곧 재료의 목적격으로서(참조. 칠십인경; *GKC*, § 117hh), 아니면 베호메르(בְּחמר, 에얼리히; 참조. 출 38:8)로 읽는다. 도름은 **베트**가 비교의 **카프** 뒤에 올 수 없다고 보았기 때문에 카호메르(כחמר)를 בחמר+כ, "마치 그것이 흙으로 된 것처럼(as it were with clay)"에 상응하는 것으로 생각했다(*GKC*, § 118w).

9.c. 아파르(עפר)는 젖거나 마른 땅이다. 또한 창 2:7; 3:19에서는 젖은 진창이나 진흙이다.

12.a. 하임 바헤쎄드(חיים וחסד, "생명과 충성; 생명과 은혜: 개역, 생명과 사랑: 표준")는 드문 조합으로 몇 가지 수정이 제안되었다: 하임(חיים)에 대해서는 헨(חֵן, "자비"; *BHK*, NAB, 그레이, 헤세) 혹은 헤쎄드(חסד)에 대해서는 헬레드(חֶלֶד, "생명의 길이, 수명"; 덤, 휠셔), 아니면 아예 하임(חיים)을 삭제(에얼리히). 도름은 그것을 중언법으로 보고 "삶의 은총"으로 번역한다. 앤더슨과 고디스도 비슷하게 "아낌없는 은혜의 삶, 즉 당신의 아낌없이 베푸는 사랑으로부터"로 번역한다. 헤쎄드 아시타 임마디(עשית עמדי חסד) 구절이 분명히 가장 중요한 부분이다.

13.a. 문자적으로는 "이것들을 당신은 당신의 심중에 숨겼다".

14.a. 고디스는 "지켜보다(watch)"를 여기의 샤마르(שמר)에 대한 부적합한 번역이라고 보는데, 그 이유는 하나님은 욥이 죄를 범하지 않을지라도 그를 지켜보시기 때문이다. 따라서 나타르(נטר, "간직하다, 자신의 분노를 간직하다"; 레 19:18; 렘 3:5)처럼, 샤마

르(שמר)가 "원한을 품다, 심중에 두다"로 번역되어야 한다고 강조한다(에얼리히도 비슷함). 그러나 이런 뜻으로의 샤마르(שמר)의 다른 예는 하나도 없다.

15.a. 이 행과 그 다음 행의 순서를 뒤바꾸는 호르스트의 제안은 16a절구의 이그에(יגאה)에 분명한 주어를 제공해 준다. 그러나 "원문주해" 10:16.a를 보라.

15.b. 이 세 번째 행은 16a절구와 더불어 덤에 의해서는 인용으로 여겨져 생략되고, 휠셔와 포어러에 의해서는 관념과 이미지의 흐름을 깬다고 생략된다(헤세에 의해서도 삭제되며, 15c절에 대해서는 오로지 모파트, NEB에 의해서만).

15.c. 우르에 온이이(וּרְאֵה עָנְיִי)는 외관상으로는 "그리고 나의 고통을 보라"(참조. KJV)이나, 대부분의 학자들에 의해 "그리고 나의 고통으로 물린"으로 제대로 번역된다. 르에(רְאֵה)는 라에(רָאֶה)의 연계형으로, 라베(רָוֶה)의 철자상의 이형이다(왜냐하면 ראה=רוה; 참조. 시 91:16[ראה//שׂבע], 그리고 아마도 사 53:11; 또한 G. R. Driver, "Notes on the Psalms," *JTS* 36[1935] 147-56[152]; idem, "L'interprétation du texte masorétique à lq lumière de la lexicographie hébraïque," *ETL* 26[1950] 337-53[351]; D. Winton Thomas, "A Consideration of Isaiah 53 in the Light of Recent Textual and Philological Study," *ETL* 44[1968] 79-86를 보라). 그러므로 르에(ראה)를 라베(רוה)로 수정하는 것(*BHK*, *BHS*, 덤, 드라이버, 휠셔, 포어러, 호르스트)은 불필요하며, 온이이(עניי)의 접미사를 삭제하여 오니(עֳנִי, "고통")를 만들어 내는 경우도 그렇다. NEB의 "…에 물든"(사 53:11의 "…에 담긴"처럼)은 "물리다, 흠뻑 마시다"를 뜻하는(잠김보다는 흡수를 가리킴) רוה/ראה에는 타당한 이미지가 아니다.

16.a. 맛소라 본문 베이그에(ויגאה, "그리고 그것이〈그가〉 자랑하다, 스스로를 높이다") 대신에 베에그에(וְאֶגְאֶה)로 읽음(드라이버-그레이, 바이저, 테리앙, RSV, JB, NEB, TOB 등처럼 페쉬타를 따름). 탈굼에 대해 면밀히 검토하면 그것도 이 수정을 지지함이 드러난다(D. M. Steck, "The Targum Rendering of *WYG'H* in Job X 16," *VT* 34[1984] 367-68). 일부는 "내 머리"(15a절구)가 주어라고 생각하지만(따라서 RV, "만일 **내 머리**가 스스로를 높이면"; 참조. JPS, NAB, 아마도 NIV), 이는 가능성이 거의 없는 것 같다. 왜냐하면 동사의 주어가 너무 멀리 떨어져 있을 뿐만 아니라, 만일 15b절구에서는 욥이 그의 머리를 들 수 없고, 반면에 16절에서는 그가 머리를 들 때 무슨 일이 일어나는지 상술하는 것이라면 의미가 부자연스럽기 때문이다. 포프는 베게에(וְגֵאֶה)를 제안하고, 고디스는 그 형용사가 주어를 수식하여 베가에(וְגָאֶה, וְגֵאֶה에 대한 착오; "당신은 득의양양하게 나를 추적한다")를 제안한다. 그러나 주장된 9:4과 시 107:5에서의 평행문들은 이 구문을 지지하기에는 너무 다르다. 도름은 베야게아(וְיָגֵעַ, "그리고 〈나처럼〉 지친")를 제안하지만, 15절 마지막 행의 형용사들이 이 단어와 그리고 16절과 연결된다는 그의 생각은 개연성이 없다("원문주해" 10:15.a를 보라).

16.b. 문자적으로는 "당신은 또다시 당신 스스로를 불가사의하게, 혹은 비상하게 나타

낸다"(תשב תתפלא – 타쇼브 티트팔라). 논점은 하나님의 욥을 다루심이라기보다는 그의 행동의 예외적이고 아마도 불가해한 성격이다. 그러나 "새로운 승리들을 얻다"(참조. JB "당신의 승리 이야기에 추가하다")나 혹은 "쉬지 않고 당신 자신을 영광스럽게 하다"(도름)는 불가능하지 않으며, 또 "다시금 당신의 무시무시한 권능을 발휘한다"(NIV; 비슷하게 NEB, NAB)나 혹은 "당신의 위업을 반복하다"(포프; 비슷하게 TOB)도 마찬가지다.

16.c. 문자적으로는 "당신은 돌아와서 당신 자신을 경탄 받게 한다". 베타쇼브(וְתָשֹׁב)는 테추데니(תצודני)와 테트팔라(תתפלא)처럼 3인칭 간접 명령형이며, 가정의 베이그에(ויגאה)나 베에그에(ואגאה)를 따른다(Driver, *Tenses*, § 152iii를 보라). 베타슈브(וְתָשׁוּב)로의 수정(NEB)은 불필요하다.

17.a. 에데카(עדיך)는 맛소라 모음 표기대로는 "당신의 증인들"(참조. KJV, RV, RSV, NIV, 고디스). "주석"을 보라. 약간 더 바람직한 것은 여기서 아랍어 *'adiya*("적대적이었다")와 같은 어원을 갖는(참조. *ḥadāwa*, "적대") 새로운 단어 아디(עֲדִי, "적대, 공격")를 보는(עֶדְיְךָ – 에드예카로 읽음) 에얼리히의 제안이다. 비록 사자를 뜻하는 한 아랍어 명칭이 *al-ḥạdī*("공격자")이지만(기욤), 아직은 공격하는 사자 이미지는 거의 보이지 않는다. 참조. 칠십인경의 에타신(ἔτασιν)은 네가(נגע, "강타")에 대한 번역이다. 이렇게 JB, NEB, NAB, TOB, 도름, 테리앙, 포프. 왓슨(W. G. E. Watson, "The Metaphor in Job 10,17," *Bib* 63[1982] 255-57)은 *CTA* 14.2.85-87에서 우가릿어 *'dn*(Gibson, 84)가 실제로는 *'dy*에 접미 *-n*이 추가된 것이라고 주장하면서, 아디(עדי)를 "군대"로 간주한다. 이것이 전적으로 신빙성이 있는 것은 아니다. 다후드(M. Dahood, *Psalms I*, 197)는 블롬머드가 그 뒤를 따르는데, 그 단어를 우가릿어 *ǵdd*("부어 오르다, 자극 받다")와 연관시키고 "당신의 성마름"으로 번역한다. 그러나 그 어근의 우가릿어에서의 확인은 불충분하다(참조. Grabbe, *Comparative Philology*, 64, 그의 아랍어 배제는 지나친 속단이다).

17.b. 3인칭 간접 명령형, 16a절구의 가정 이후로 귀결절이 계속되고 있음을 가리킴.

17.c. 할리파(חליפה, 문자적으로는 "교환하다")는 차바(צבא, "고된 노역" 혹은 "병역")와 관련하여 가장 가능성이 높게는 그 일로부터의 "놓임, 해방"을 의미할 것이다(14:14에서처럼). 포프는 하나의 중언법을 본다: "연속과 곤란", 즉 끊임없는 곤란. 그러나 할리파(חליפה)는 "교체, 교대(relays)"(왕상 5:28[14])와 "예비 병력(reserve)"(1QM 16.10) 같은 다른 군사적 의미도 가지고 있기에, 일부는 여기서 상보적인 두 개의 용어를 보았다: 도름, "구조와 군대", "구조 부대"를 뜻하는 중언법, 왓슨(*Bib* 63[1982] 255-57, 같은 어원의 두 용어가 부대 교대에 관한 한 문장에서 나타나는 신 바빌로니아 텍스트를 인용)과 고디스는 "교체들과 군대 수병이 [군대 수병의 교체들이] 나에게 대항한다", 즉 하나의 강타 뒤에 또 다른 강타가 이어진다. 그러나 이것은 매우 부자연스럽다. 그리고 엄밀히 말해서 이 절에 아예 **군사적** 은유가 있는지도 의심스럽다. 다음 수정들은 가능성이 없다: 베타할리프(וַתַּחֲלִף, 참조. 칠십인경 ἐπήγαγες – 에페강게스; *BHK*, 횔셔), 비슷하

게 드라이버의 베타할레프(וַתַּחֲלִף, "그리고 당신은 당신의 군대를 새롭게 바꾼다"=새로운 군대를 데려온다)(RSV가 그렇게 한다. 그리고 NEB는 힐라프타〈חֲלִפֹתָ〉로 읽음).

17.d. 문자적으로는 "나와 함께 있다"(עמי – 임모).

20.a. **케티브** 에흐달(יחדל, "그것으로 중지되게 하라"〈혹은 그것이 멈출 것이다〉)은 이해하기가 어렵지만, **케레** 바하달(וַחֲדָל, "〈그리고〉 중지하라!"; 비슷하게 KJV, RV, 포프)은 비록 의미상 휴지와 운율상 휴지가 다르기는 하지만 의미가 잘 통하며, 7:16의 하달 밈메니(חֲדַל ממני)를 반향한다. 그 다음 단어의 첫 **바브**("원문주해" 10:20.b를 보라) 역시 이것을 명령형으로 보는 것을 지지한다. 그러나 많은 학자들은 ימי יחדל를 아마 예메 헬르디(יְמֵי חֶלְדִּי, "내 인생의 날들")의 착오일 것인 단일 구절로 본다(*BHK*, *BHS*〈아마도〉, RSV, JB, NAB, KB; 참조. 칠십인경 알렉산드리아 사본 *ὁ χρόνος τοῦ βίου μου* – 호 크로노스 투 비우 무). 윈튼 토마스(D. Thomas, "Some Observations on the Hebrew Root חדל," *VTS* 4[1957] 14)와 고디스는 하달(חדל)을 할라드(חלד)의 음위 전환으로 여김으로써 수정의 필요성을 피하려고 한다(참조. 사 38:11; 시 39:5[4]). 그러나 "날들"과 חלד의 결합은 그 밖에 다른 곳에서는 나타나지 않는다. NEB의 "내 삶이 짧고 빠르게 지나가지 않는가?"는 베하델(וְחָדֵל, "그리고 부족한, 모자란")로 읽지만, 그것은 야마이(יָמַי)와 일치하지 않는다. NAB는 독창적이게도 예쉬트(ישית)를 슈노트(שנות)로 변형시키면서 예메 슈노타이 하달(יְמֵי שְׁנוֹתַי חֲדַל, "내 인생의 날들에〈문자적으로는 해들〉…나를 혼자 있게 두시오")로 읽는다.

20.b. **케레** 베쉬트(וְשִׁית)는 "그리고 두다"(다시 말해 당신 자신을 혹은 당신의 손, 얼굴을) 나로부터 멀리(**케티브** ישית는 또다시 이해 불가능)라는 의미다. 이 같은 생략과 평행하는 것은 찾을 수 없고, 심지어 4:20의 메심(משים)에 의해서도 그렇다("원문주해" 4:20.d를 보라). 따라서 많은 이들은 7:19의 샤아(שעה)를 나타내는, 칠십인경 에아손 메(*ἔασόν με*, "나를 내버려 두다, 나를 떠나다〈leave me〉")를 인용하면서 "눈길을 돌리다"로 읽는다.

21.a. 이 절은 문법적으로는 문장의 나머지 부분과 관련이 없는 것으로 일종의 감탄사이다.

21.b. 윈튼 토마스(D. Winton Thomas, "צַלְמָוֶת in the Old Testament," *JSS* 7[1962] 191-200)는 영향력 있게도 찰마베트(צַלְמָוֶת)에 마베트(מָוֶת, "죽음")라는 단어가 편입되어 최상급으로 사용되며, 따라서 "매우 깊은 그늘, 짙은 어둠"을 의미한다고 주장했다. 그러므로 "찰마베트(צַלְמָוֶת) 안에는 물리적 죽음이나 혹은 지하 세계의 스올을 가리키는 본질적 언급이 하나도 없다"(p. 197). 마찬가지로 RSV도 죽음에 대한 어떤 언급도 없이 단지 "깊은 어두움"을 갖고 있다. 그러나 본인에게는 만일 마베트(מָוֶת)를 사용하는 것이 최상급을 표현하는 한 방식이라면(Winton Thomas, "A Consideration of Some Unusual Ways of Expressing the Superlative in Hebrew," *VT* 3[1953] 209-24[219-22]), 그것은

단순히 최상급을 표현하는 것 이상을 하는 것 같다: "죽음"을 강의어로 사용함으로써 그렇게 한다. 그러므로 번역도 그렇게 되어야 한다. "원문주해" 3:5.a도 보라.

22.a. 일부는 불필요하게 절 전체를 중요치 않은 확장으로 보고 생략한다(덤, 횔셔, 헤세).

22.b. 에파타(עיפתה)는 본문 이외에는 암 4:13에서만 나타나며, 통상적으로 "어둠"(참조. 무아프⟨מוּעָף⟩와 마우프⟨מָעוּף⟩, 사 8:22-23, 그리고 테우파⟨תְּעֻפָה⟩, 욥 11:17). 고디스는 이 단어가 "빛"을 의미한다고 제안하며, 또한 그것이 암 4:13에서는 적합할 것이다. 그러나 이런 번역은 마지막 절정의 표현 바토파 크모-오펠(ותפע כמו־אפל)을 망칠 것이다. 그러나 참조. TOB "au pays où l'aurore est nuit noire(일출이 어두운 밤인 [혹은 밤 같은] 곳으로)."

22.c. 크모 오펠 찰마베트(כמו אפל צלמות, "어두움과 깊은 그늘처럼")는 많은 이들에 의해서 희귀한 단어 에파타(עיפתה)에 대한 설명으로 여겨져 생략된다(*BHK*, 부드, 도름, 포어러, 호르스트, RSV, NAB 등이 그렇다). 드라이버는 단지 크모 오펠(כמו אפל)만을 생략했다.

22.d. "원문주해" 10:21.b를 보라.

22.e. 쎄데르(סֵדֶר, "질서")는 성경 히브리어에서 여기에만 나타난다. 드라이버는 쓰다림(סדרים)에서 "광선"이라는 새로운 의미를 발견했고(참조. 아랍어 *sadira*, "섬광으로 인해 눈이 부셨다"), 로-쓰다림(לא־סדרים)을 "광선 없는"으로 번역했다(*VTS* 3. [1955] 76-77). NEB가 그렇다(참조. 칠십인경의 φέγγος – 펭고스). 비슷한 번역이 혼돈에 대한 언급은 여기에 맞지 않는다고 생각해 느하라(נְהָרָה, "빛")로 읽는 사람들에 의해 제시된다(피터스, 포어러). 그러나 이 용어는 쿰란 문헌들을 포함하는 후기 히브리어에서 충분히 입증된다. 참조. J. Carmignac, "Précisions apportées au vocabulaire de l'hébreu biblique par la guerre des ills de lumière contre les ills de ténèbres," *VT* 5(1955) 345-65(352).

22.f. 토파(תפע, "그것이 빛나다": 자연 현상에 대한 여성형에 관해서는 *GKC*, § 144c를 보라)는 드라이버에 의해(G. K. Driver, *VTS* 3[1955] 76-77) 또 다른 어근 야파(יפע, "짙은 구름을 보이다")에서 온 것으로 간주된다(참조. 아랍어 *yafu*[*n*], "비를 알리는 구름"). 따라서 NEB의 바토파 크모-오펠(ותפע כמו־אפל)에 대해 "어둠에 어둠". 이것은 정말 가능성이 없다.

양식/구조/배경

이 연설의 **구조**는 이중 구조로 가장 잘 분석될 수 있고, 연설의 방향에 의해 구분될 수 있다. 9:2-24에서는 우리가 독백을 가진 것인지 아니면 친구들에게 하는 연설을 가진 것인지 분명하지 않지만, 하나님은 명백하게 3인칭으로 말해진다. 9:

25-10:22에서는 유일하게 9:32-35만 제외하고 하나님에게 일관되게 2인칭으로 말해진다. 가장 기본적인 이 양식-비평적 구분이 포어러와 헤세에 의한 보다 자세하고 논쟁의 여지가 있는 구분들보다 우선한다. 그들은 세 개의 단락, 즉 9:2-24; 9:25-35; 10:1-22을 본다. 호르스트는 덜 설득적이게도 하나님에게 하는 말은 오로지 10장에서 제대로 시작되는 것으로 본다. 네 개의 "시", 9:2-13; 9:14-24; 9:25-10:6; 10:7-22로 나누는 테리앙의 구분은 9:24과 9:24 사이에 있는 중요한 변화를 알아보지만, 9:13에서 큰 분리를 보는 것은 그럴듯하지 않고, 10:1-7은 10:8-17에 더 가깝게 연결되어야 한다.

비록 어느 지점들에서는 구분이 확실하지 않지만, 이 단락들 내에서는 일정한 **연들**이 분명하게 표시된다. 단락 1에서는 9:5-10의 찬가가 명확한 단위이며, 반면에 9:21-24도 분명하게 구성되어 있다. 따라서 6개의 연이 인정될 수 있다: 2-4, 5-10, 11-13, 14-16, 17-20, 21-24절. 단락 2에서는 10:8-12과 10:18-22이 매우 분명한 단위들이다. 그러므로 또 다른 6개의 연이 구분될 수 있다: 9:25-31; 9:32-35; 10:1-2; 10:3-7; 10:8-17; 10:18-22. 첫 단락에서는 3행 연구가 가장 흔한 연 단위로 나타난다: 따라서 9:2-4. 11:13, 14-16 그리고(이중 3행 연구로) 9:5-10. 두 번째 단락에서는 5-행 연이 가장 빈번하다: 따라서 9:25-31; 10:3-7, 18-22 그리고(이중 5-행 연으로) 10:8-17. 이 마지막 경우는 연 구조의 발견이 임의적인 것이 아니라는 확실한 증거다. 왜냐하면 명백히 10-행으로 된 단락인 10:8-17이 분위기가 바뀌고 하나의 이행 표지(ואלה – 베엘레, "그러나 이것들은")가 나타나는 10:13에서 분명하게 연결되어 있기 때문이다. 단일 2행 연구로 된 두 개의 연이 나타나며(9:25-26; 10:1-2), 그리고 세 번째 것을 제외하고는 사실상 이중 2행 연들일 4행으로 된 것이 세 개 나타난다(9:17-20, 21-24, 32-35).

다른 연 구분들: 호르스트, 9:2-10, 11-17, 18-24; 10:1-7, 8-12, 13-17; 포어러, 9:11-14, 15-18, 19-21, 22-24, 25-28, 29-31; 헤세, 9:19-24, 25-28a, 28b-31; 10:1-7, 8-12, 13-17; 테리앙, 9:17-21, 22-24, 25-29, 30-35; 10:1-6, 7-12, 13-17.

양식의 관점에서 보면, 우리는 여러 양식들로부터 온 요소들이 조합되어 있음을 보는데, 여기서는 주로 **법적 논쟁**, 찬송 그리고 간구의 시 양식들로부터 온 요소들이다. 법 영역 용어들이 지속됨에도 불구하고, 법적 논쟁 언어-양식들은 암시의 방식을 빼고는 상대적으로 적게 나타난다. 그 이유는 분명히 이 연설이 그 자체로 법적 연설이 아니라, 하나님과 논쟁에 들어가는 가능성에 관한 일시적인 견해라는 사실에 있다. 하나님에게 직접 말해지는 이 연설의 두 번째 부분에 나오는 것들인 결백하다는 항의(9:21a)와 "왜" 질문(10:2b) 그리고 "그것이 당신에게 유익이 되는가?"라는 질문(10:3) 등은 법적 논쟁에 특징적인 것들이다(포어러는 마지막 것의 기원을 선지자적 질책에서 본다). "기억하라"는 외침(10:9a)은 비록 그것이 자리한 찬송-같은 문맥 상황에 어울리지만 논쟁의 무대에서도 의미가 통한다.

법적 논쟁 절차들을 암시하는 것들 가운데는 "소환"과 "반론"(9:16a, 3b, 14, 15a, 19b, 32a), 재판에 나오라는 말(9:32b), 적대자가 제기한 고발 내용들을 알려 달라는 요구(10:2b), 자기는 죄 없다는 맹세(정결 의식으로 은유적으로 묘사됨, 9:30), 자기-정죄 가능성(9:20), 상대방에게 자비 요청(9:15b), 두 편 사이를 중재하고 약자가 강자에 의해 위협되는 것을 방지하는 중재 인물(9:33-34), 상대방에 의한 유죄 선언(9:28b, 29; 10:14b; 9:30[은유]), 무죄 방면의 표시로 머리를 들어올리는 것(10:15) 등에 대한 언급들이 있다. 법적 언어 양식들이 9:12b(고소 질문)과 9:2(법적 "판결")에서 우연히 사용된다.

논쟁 언어와 관련된 것으로는 이 연설의 "만일" 절[혹은 조항]들이 있다. "만일" 절들은 법의 계통적 서술에 속하며, 또한 여기서처럼 취해질 법적 단계에 대한 숙고에 속한다. 그러한 상황에 명백히 해당하는 "만일" 절들은 9:2, 15, 16, 19, 20, 30; 10:14, 15 등에서 보이며, 화자가 사고를 실험하고 있다는 것과 여기서 법적 과정의 실험성에 대한 두드러진 인상을 만들어 낸다.

시편 시문 양식들 가운데서는 **찬송** 양식이 각 행이 분사형으로 시작되는 엄격한 찬송 형식의 찬가에 의해(9:5-10) 입증된다. 한 개인의 창조에 대한 기술(10:10-12)은 아마도 찬송 스타일의 또 다른 사용례를 대표할 것이다. 보다 흔한 것은 탄원 요소들이며, 그것들은 고난자의 슬픔을 표현하거나(9:17-18; 10:15b, 16-17) 혹은 그의 불만을 표현하겠다는 결심(10:1), 인생이 짧다는 그의 느낌(9:25-26; 10:20a), 하나님께 "기억해 달라"는 간구(10:9a), 하나님이 그를 혼자 두시기를 원하는 열망(10:20b) 그리고 그가 태어나도록 한 것에 대한 비난(10:18a) 등을 표현한다.

소원 양식도 사용되는데, 여기서는 죽고 싶다는 소원이다(10:18b-19).

기능적인 측면에서 보면 이 연설은 전체적으로 **자신과의 논쟁**의 형식을 가지고 있고, 욥은 지혜나 혹은 하나님과의 법적 쟁론의 가능성(9:2-24)과 하나님에 대한 **비난**의 가능성(9:25-10:22)을 논한다.

이 연설의 **논조**는 지독하게 반어적이기보다는 아마도 절망적이라고 할 수 있을 것이다(9:25-10:22에 관한 "주석"을 보라). **핵심 구절**은 9:2이다. "사람이 어떻게 하나님에 의해 의롭다 인정받을 수 있는가?(혹은 인생이 어떻게 하나님 앞에서 의로우랴?)" 9:13a, "하나님은 진노를 돌이키지 않으신다"도 이 연설 전체에 거의 똑같이 중요하다.

주석

9:1-10:22 욥의 이전 연설들은 비록 격렬했지만 이 장들에서 새로운 수준의 격렬함과 신랄함에 도달한다. 우리는 하나님 앞에서 욥이 느끼는 무력함에 대해 지금까지 말해진 것 중 가장 발전된 진술(예를 들어, 9:3-4, 14-20, 30-31)과 덫에 걸렸다는 그의 느낌(9:15, 20, 27-31), 그리고—무엇보다도 가장 통렬한 것으로—그의 잉태의 순간부터 계속된 그를 향한 하나님의 끊임없는 돌보심이 사실은 그의 유익을 위함이 아니라, 그에게서 죄의 구실을 잡기 위함이었다는 점증하는 깨달음을 본다: "이것이 당신 마음에 감추어진 뜻으로…내가 만일 죄를 범하면, 당신은 나를 주시할 것입니다"(10:13-14, NEB). 7:17-20에서 그에 대한 하나님의 철저한 감시에 대해 말할 때 보인 빈정댐이 이제는 심하게 기만당했다는 슬픈 느낌으로 바뀌었다(10:8-17). 결론의 말은, 놀랍지 않게 그가 결코 태어나지 않았기를 바라는 생명을 거부하는 소원의 반복(10:18-19, 3:3-13에서처럼)과 그의 임박한 죽음의 때까지 하나님이 자기를 홀로 내버려 두시기를 바라는 하나님을 거부하는 소원의 반복이다(10:20b-22, 17:16b에서처럼).

이 연설의 결론으로부터 보면 욥은 단테가 말하는 자기 자신의 사적 지옥의 똑같은 궤도를 영원히 돌도록 운명지어진 것 같다. 그러나 이 연설의 가장 중요한 특징은 적어도 일시적이기는 하지만 욥이 고난에만 전념하던 것으로부터 자리를 옮겨 생의 거부와 짓누르는 쓰라린 실망감에서 벗어나 그의 명예 회복의 문제를 밖으로 내 보냈다는 사실이다. 그는 시작부터 그것이 헛된 요구라고 상상하지만(9:2b), 그럼에도 불구하고 그것을 추구해 간다. 이 연설의 끝 부분에서 하나님으로부터 옳다는 증명을 구하는 것의 가망 없음이 그를 완전한 절망으로 되돌리기는 하지만, 그는 그 생각이 그의 정신 속에서 작용하도록 허락한 것이다. 그것은 그가 결코 거절하지 않는 생각이며, 이어지는 연설들에서 점점 더 강렬하게 그를 끌어당기는 생각이다(참조. 13:13-23; 16:18-21; 19:23-27; 23:2-14).

욥은 하나님을 "우주적 불의"의 죄로 고발하는 것인가(R. Gordis, *The Book of*

God and Man. A Study of Job[Chicago: University of Chicago Press, 1965] 80)? 연설의 몇몇 구절들은 그것을 강하게 암시하는 것 같다(예를 들어, 9:16, 20, 22b, 24, 30-31; 10:15). 그리고 여러 주석가들은 욥이 하나님에게 있어서는 힘이 정의라고 주장하고 있으며, 하나님은 정의를 굽게 하지 않으신다는 빌닷의 주장(8:3)을 거부하고 있다고 본다. 따라서 고디스는 이 연설을 "세상의 도덕적 통치에 대항한 격심한 공격…하나님의 무책임하고 부당한 권력에 대한 강렬한 공격"으로 보며(p. 95), 포어러는 다음과 같이 평한다: 욥에 따르면 "인간은 결코 옳지 않고, 하나님은 항상 옳으시다. 왜냐하면 그분에게는 힘이 정의이기 때문이다. 그분은 모든 권력을 가지고 있기에 자신의 뜻을 법으로 만들 수 있고 아무런 방해 없이 그것을 실행하실 수 있다. 따라서 그의 법은 전적으로 불의다".

이러한 견해에 언급된 구절들이 주는 명백한 지지에도 불구하고(이에 대해서는 "주석" 참조), 사람이 하나님으로부터 **명예 회복**을 구하는 것은 가망 없는 일이라는 주장으로 본 연설을 읽는 것이 가장 좋은 것 같다. 왜냐하면 – 만일 하나님이 욥의 경우에 그러는 것처럼 명예 회복을 보류하시는 것이라면 – 어느 누구도 하나님에게 그 무엇도, 심지어 그가 마땅히 받아야 하는 옳다는 증명조차도 달라고 요구할 수 있는 위치에 있을 수 없기 때문이다.

우리는 욥이 명예 회복을 추구하는 일의 가망 없음을 그가 당장 그러한 추구를 버려야 할 정도로 과격하게 느끼지 않는다는 점을 주목해야 한다. 그는 이 연설의 여러 지점에서 그 추구로 되돌아갈 뿐만 아니라, 9:3, 14, 19-20, 32-33 등에서 하나님을 재판에 나오시게 하는 가능성을 가지고 단순히 즐기던 다소 실험적인 생각을 13:22과 31:35의 단도직입적인 하나님 소환으로 발전시킨다. 실로 우리가 하나님에 대한 비난의 가능성에 대해 큰소리 내며 말하는 이 궁금함이 – 28-29절에서는 심지어 형식에 얽매이지 않고 말을 전해듣는, 하나님 면전에서 하는 – 일면 간접적이고 주저하는 비난이 아니라면 도대체 무엇인지 묻는 것도 당연하다.

명예 회복을 향한 추구가 이제 막 시작되었다. 그의 이전 연설들은 그것의 가능성에 한 순간의 생각도 허락하지 않았지만, 일단 그가 그 가능성에 자극된 이상 – 아마도 4:17에 있는 엘리바스의 말에 대한 늦춰진 반응으로 – 비록 그의 본능이 그에게 그 일은 위험하고 무익한 모험이라고 경고하지만, 그는 즉시로 관련된 문제들을 찾아가기 시작한다. 명예 회복은 법적 개념이기 때문에, 그의 생각이 제일 먼저 향하는 것이 법적 해결책들인 것은 이상하지 않을 것이다. 그러나 그는 그가 택할 수 있는 다른 길들도 있다는 사실도 희미하게 의식하고 있다. 그 자신을 하나님의 자비에 맡겨 버리는 것(9:15b), 혹은 어떤 중재자를 찾는 것(9:33), 혹은 그를 그렇게 대하는 하나님의 이유를 이해해 보려고 시도하는 것(10:2) 등의 가능성에 대해서는 아주 간략하게만 언급한다. 이 대안들은 배경에만 머물면서 단지 그가 어떻게 행동해야 하는가에 관한 걱정과 우유부단함을 일으킬 뿐이다.

마지막으로, 명예 회복이 욥에게 의미하는 바를 생각해 볼 수 있다. 에필로그가 보여 줄 것처럼, 병으로부터의 완쾌 그리고 그의 자손과 재산 혹은 그에 상당하는 것들의 회복을 포함하는 운명의 공개적 회복(42:10)만이 궁극적으로 그 이름에 걸맞는 명예 회복으로 여겨질 것이다. 그러나 욥이 지금 원하는 것은 그의 좋은 건강이나 재산이 아니라 그런 것들로 상징되는 가치와 신적 포용에 대한 직접적 인식이다. 그가 명예 회복을 필요로 하는 이유는 고난을 당하고 있기 때문이 아니라, 자신의 자존심과 하나님 보호에 대한 확신을 잃었기 때문이다(참조. 1:10; 10:8-12).

2-4 욥은 명예 회복을 필요로 하며, 그것을 받을 만하다. 여기서 그의 괴로움은 자신의 명예를 회복시켜 달라고 하나님을 강요할 방법이 전혀 없기 때문이다. 왜냐하면 하나님은 너무나 강하셔서 인간이 그에게 어떤 일을 하라고 강요할 수 없기 때문이다. 이슈는 비록 둘이 전적으로 구별되는 것은 아니지만, 하나님의 의라기보다는 욥의 명예 회복이다.

2 대부분의 주석가들은 "진실로 내가 그런 줄 안다"라는 욥의 시작하는 말이 하나님은 정의를 굽게 하지 않으신다는 빌닷의 주장(8:3)을 구체적으로 언급하는 것이라고 믿는다. 많은 이들은 "진실로"를 빈정대는 것으로 본다. 왜냐하면 그들은 바로 그 이유 때문에 욥의 연설을 하나님에 대한 비난으로 보기 때문이다(참조. 드라이버, 포어러, 헤세, 고디스). 그러나 욥은 하나님의 의에 이의를 제기할 생각이 아니라고 보아도 무방하다(바이저가 강하게 주장하는 것처럼). 그의 관심은 우주의 도덕적 통치에 있지 않고 의로운 사람으로 명예 회복을 받고 싶은 자신의 간절한 열망에 있다. 그는 하나님은 정의를 굽게 하지 않으신다는 원칙에 아주 진지하게 동의할 수 있다(그것이 만일 정말로 2a절구가 가리키는 것이라면). 그러면서 동시에 하나님으로부터 명예 회복을 얻을 수 없다고 한탄할 수도 있다. 문제는 하나님이 의로우시냐가 아니라 그분이 설득되실 수 있느냐이다. 욥은 하나님이 자신을 벌하셔야 하는 어떤 이유도 모른다(참조. 10:2b). 그러나 그는 그를 공격하는 이의 위엄(정확하게 말하면, 능력과 지혜)에 완전히 압도되어서 그가 옳을 수 있다는 희망을 전혀 갖지 못한다(참조. 20절).

이 문장을 보는 또 다른 방법은 "사람이 어떻게 하나님으로 올바르게 될 수 있는가?"라는 2b절구를 2a절구가 거기에 동의하는 진리로 보는 것이다(데이빗슨, JB, NEB가 그렇다). 이 해석에 따르면, 2b절구는 유사한 문장인 4:17의 엘리바스의 말을 가리킨다. 그러나 욥이 뜻하는 바는 다를 것이다. 왜냐하면 엘리바스는 사람이 완전히 의로울 수 없다는 것에 대해 말한 반면, 욥은 사람이 하나님으로부터 명예회복을 받을 수 없는 것에 대해 말하기 때문이다(데이빗슨의 번역과 정확히 같지는 않다: "사람이 어떻게 자신의 의를 증명하고, 그것이 나타나도록 할 것인가"; 테리앙의 번역도 그렇지 않다: "사람은 하나님을 대해서는 옳을 수 없다"〈피크, 포어러, 헤세도 비슷함〉).

이 절의 두 부분이 어떤 방식으로 연결되든지 간에, 해석의 주된 문제는 동일하게 남는다: "하나님으로 올바르게(יִצְדַּק – 이츠다크)" 된다는 말은 무슨 뜻인가? 이 연설 전체의 문맥에서 보면, "하나님에 의해 명예 회복이 되는" 것을 뜻한다. 여기서 그 동사(칼)의 능동태(히필)는 사역형의 수동태 역할을 하며, 그 의미는 "옳다고 선언되다"이다(BDB, 824b; 참조. 11:2; 40:8; 사 43:9, 26). 하나님"으로"(עִם – 임) 옳다고 선언된다는 말은 그분에 의해서 그렇게 된다는 것으로 간주되어야 하고 그렇게 다루어져야 한다. 이 연설 전체에 걸쳐 흔하게 나오는 법정 이미지가 여기서도 지배적이라고 보는 것이 가능하고, "누구도 그의 소송을 이길 수 없다"라고 번역하는 NEB가 맞을 수도 있지만(앤더슨도 비슷함), "하나님을 대항해"를 존속시키는 것(다음처럼, NEB, TOB, 테리앙, 호르스트, 포어러)은 틀린 것이다. 왜냐하면 욥이 탄식하는 것은 소송에서 하나님을 **패배시킬 수 없음**에 대해서가 아니라 하나님이 자기의 명예를 회복시켜 주시기를 **강요하는** 것과 같은 방식으로 **자신을 방어할 수 없음**에 대해서이기 때문이다(참조. 9:15a, 20, 28).

수사적 질문 형식, 특별히 처음에 나오는 "어떻게"(מָה – 마)가 중요성이 없는 것은 아니다. 그 질문은 단정적인 부인으로 읽힐 필요는 없고, 강조는 **수단** 발견의 가망 없음에 있다. 이슈가 정의의 문제인 만큼, 욥이 자연스럽게 생각하는 수단들은 법적 수단들이다. 그러나 그의 표현 방식은 다른 가능한 수단들은 없는지, 그리고 하나님으로부터 명예 회복을 얻음에 대한 그의 포기가 너무 이른 것은 아닌지 묻도록 자극한다. 9:15b은 그로 하여금 그의 바름에 집착하는 대신 관용에 호소할 가능성을 제기하게 하고, 반면에 책 전체적으로는 – 욥이 결국은 성공할 것이기 때문에 – 원하는 결론으로 이끌어 줄 것은 정확히 법정 절차가 아니라 하나님에게 끈질기게 말함이라는 것을 시사해 준다.

욥이 뜻하는 바에 대해 잘못 이해된 것 같은 한 가지 접근은 하나님은 옳음과 그름의 규칙을 변덕스럽게 만들고 깰 수 있는 능력을 가지고 계시기 때문에 욥이 옳다는 것을 단념하는 것이라고 생각하는 것이다. 따라서 포어러는 "욥은 하나님이 옳다는 것을 어느 누구도 그분을 반대할 수 없다는 무능력에 근거한 것으로 본다"고 한다. 또는 드라이버는 "스스로 의의 기준을 세우고, 무책임하면서 전능하신 하나님이 그의 죄를 증명할 결심을 하신 때에 [욥은] 자신이 결백하다는 것을 증명할 어떤 가능성을 갖겠는가?"라고 한다. 혹은 호르스트는 "하나님이 인간을 상대해서는 항상 옳다는 것에는 의심의 여지가 없다–그러나 그것은 오로지 그가 파워를 갖고 있기 때문이다"라고 한다. 왜냐하면 욥의 절망은 하나님이 독단적이시라는 인식에서 생기는 것이 아니라, 신의 결정에 대한 자신의 무능력과 신의 판단을 반박할 수 없는 그 자신의 무능력에 대한 인식에서 생기는 것이기 때문이다(참조. 9:3, 14, 19).

3 욥은 하나님으로부터 명예 회복을 얻어낼 수 있는 유일하게 가능한 길은 그분과 법적 분쟁 혹은 소송(ריב–리브)에 들어가는 것이라고 단언하지 않는다. 오히려 그 방법을 취하면–욥은 자신이 마땅하게 그분에게 속한 것을 빼앗겼다고 느끼기 때문에 그것은 아주 당연한 것–성공의 가능성이 전혀 없다고 말하는 것이다. 그려지는 것은, 한 사람은 죄목들을 고발하고 그의 상대자(여기 경우는 하나님)는 반대-심문 질문들로 그것들을 받아치되, 그 논쟁자들 중 어느 한쪽의 위치가 더 이상 만족스런 대답(ענה–아나, 법 언어에서 온 용어)을 제시할 수 없어 실패하게 될 때까지 하는 소송이다. 욥기에서 지배적인 법적 은유는 욥을 피고로, 하나님을 원고로 그린다. 그런데 여기서는 욥이 반소(反訴)를 제출함으로써 역할 변화를 상상한다(M. B. Dick, "The Legal Metaphor in Job 31," *CBQ* 41[1979] 37-50[40 n. 17]를 보라). 발언과 대응 발언으로 이루어진 논쟁 광경에 대해서는 13:22을 참조하라. 욥기의 전체 대화는 동일 형식을 갖고 있고, 31장에서는 욥의 위치가 우세하다가 엘리후에 의해 일시적으로 패배되고, 38-41장에서 결정적으로 하나님에 의해 패배된다. 욥은 그러한 논쟁이 소용없다는 것을 미리 안다. 왜냐하면 하나님은 사람이 생각할 수 있는 어떤 고발에도 천 개의 고발 혹은 천 개의 질문으로 응수할 수 있기 때문이다. 하나님이 마침내 폭풍 가운데서 욥에게 말씀하실 때 그의 발언들은 거의 전적으로 욥이 어떤 대답도 할 수 없는 질문들로 되어 있다는 피크의 관찰은 딱 들어맞는다. 하나님과의 논쟁의 무익함에 대해서는 역대하 13:12, 그리고 불가능한 확률을 나타내기 위해 사용하는 "일천" 대 "일"에 대해서는 신명기 32:30; 여호수아 23:10; 집회서 7:28을 참조하라(참조. 또한 욥 33:23; 집 6:6). 이 연설의 이미

지 속에서는 하나님이 재판관으로 여겨진다는 명백한 증거가 없다(아마도 28-31절은 예외다; 15절에 있는 미쇼프티〈משפטי〉는 아마도 "상대방"을 의미함). 하나님의 "소송 당사자와 재판관으로서의 이중 역할" 사이에서 하나의 모순을 보는 정반대의 견해에 대해서는 J. J. M. Roberts, "Job and the Israelite Religious Tradition," *ZAW* 89(1977) 107-14(111) 참조; 동일 저자, "Job's Summons to Yahweh: The Exploitation of a Legal Metaphor," *RestQ* 16(1973) 159-65; 13:20-22도 마찬가지다.

이 절의 히브리어는 "그분이[하나님이] 만일 그와[사람과] 논쟁하기를 원했다면, 그 사람은" 하나님의 질문들 가운데 "천 개 중에서 하나도 대답할 수 없을 것이다" 라고 번역할 수도 있다. 덤(חפץ – 하페츠, "만족하다, 황송하게…하여 주다"라는 동사는 사람에게 사용되지 않는다고 잘못 주장함; 참조. 13:3), 휠셔, 포프, RV, 모파트, NEBmg 등이 그렇게 번역한다. 대안적으로 어떤 이들은 두 번째 행을 하나님은 "인간과 같이 형편없는 상대자에게 응답하여 법정에 출두하는 것"을 거부하면서(도름), "하나님은 천 개의 질문 중 단 하나에도 대답하지 않으실 것이다"라고 해석했다(NEB, TOV, 도름, 고디스가 그렇다; 참조. 아마도 16절; 33:13). 이 절의 전체 취지는 영향을 받지 않는다.

4 욥은 3절의 생각을 발전시키면서 지금까지 어느 누구도 하나님을 법정에 나오게 하지 못했다는 것을 확언함으로써 법적 논쟁을 통하여 하나님으로부터 명예 회복을 얻어낼 수 없다는 그의 절망감을 표현한다. 물론 그는 이것을 경험으로부터 아는 것이 아니라, 단지 하나님의 지혜와 능력에 대해 아는 바로부터 추론하는 것이다. 하나님은 인간들보다 헤아릴 수 없을 정도로 아주 우월하시기 때문에, 그들이 정식으로 하나님을 그들의 상대자로 삼으면 가장 좋은 결과를 얻을 것이라고 기대할 수 없다. 우리는 여기서도 여러 주석가들이 발견하는 신랄한 빈정댐(예를 들어, 포어러, 헤세)을 가지고 있지 않다. 욥의 어조가 비난보다는 탄식이기 때문이다. 실로 그는 순전히 하나님의 절대 권한에 대한 존경심에서 말하지 않고(바이저가 그렇게 본다), 오히려 아주 진지하게(참조. 앤더슨) 하나님 기소의 성공 불가능성에 대해 탄식한다. 그의 불만은 하나님이 부당하시다는 것이 아니라 가까이 갈 수 없고 엄격하시다는 것이다.

우리는 하나님으로부터 명예 회복을 얻거나 혹은 그분과 성공적으로 논쟁하는 것에 대한 욥의 절망감이 그로 하여금 명예 회복에 대한 간청을 계속하지 못하게 하고 법적 논쟁의 언어를 하나님에게 제기하지 못하게 할 만큼 철저하지는 않다는 사실을 보지 못해서는 안 된다.

포어러와 헤세는 4b절구의 언어가 찬송의 특징을 가지고 있다고 생각하지만(참조. 아마 사 40:26), 4b절구의 내용뿐만 아니라 2-4절의 3행 연구 뒤에서 중단을 요구하는 연 구조는 이 절이 5-10절의 찬송과는 구별되어야 함을 보여 준다.

5-10 자연 속에 나타난 하나님의 능력에 대한 이 찬송의 찬가는 두 개의 3행 연구들로 이루어지며, 앞의 것(5-7절)은 하나님의 파괴적 혹은 부정적 행위들을 묘사하고, 뒤의 것은 그의 창조적 행위들을 묘사하며(8-10절), "요약 평가" 문장으로 끝난다(10절; 참조. 8:13, 19). 찬가의 기능은 하나님의 지혜와 능력에 관한(이 둘은 욥기에서 종종 그런 것처럼 분리할 수 없다) 4a절구의 진술을 자연 세계에 나타난 그의 지혜와 능력 행사의 이미지들로 상세하게 설명하는 것이다. 하나님에 대한 이 묘사의 함축 의미들은 그 다음 3행 연구에서(11-13절) 구체적으로 말해진다. 그것의 전체 취지는 매우 강하고 폭력과 분노를 마음껏 휘두를 수 있는 신과의 소송에서 성공할 수 없다는 것을 보여 주는 것이다(5-7절). 이 찬가와 엘리바스의 찬가(5:9-16)는 동일한 요약 문장들에도 불구하고(엘리바스의 찬가의 시작에 있는 5:9 그리고 욥의 것의 끝에 있는 9:10) 사실 몇 가지 중요한 대조를 보여 준다. 엘리바스의 찬가는 인간 운명의 반전자로서 하나님의 **자비로운** 행위들이 중심 주제였다. 욥의 것은 하나님의 자연 세계에서 드러난 **강력한** 창조 및 격변 행위들이 중심 주제가 될 것이다. 여기서 하나님의 능력의 행위들 가운데 파괴적 행위들이 포함되는 것이 사실이지만, 그렇다고 욥의 신학이 새로운 것은 거의 아니다. 엘리바스도 인간을 향한 하나님의 행위에 대해 말할 때 "교활한" 자들을 낮추시는 하나님의 행위를 강조하면서 그것의 보다 부정적인 측면에 대해 말했었다(5:12-14).

몇몇 주석가들, 특별히 2-4절에서 반어적 어조를 감지하는 이들이 이 찬가를 일종의 비난으로 여긴다. 그들은 하나님의 파괴 행위들을 다루는 5-7절을 특별히 강조하는데, 심지어 그러한 강조를 공유하지 않는 8-10절의 진정성을 부인할 정도다(비어, 덤, 부드가 그렇다). 하벨은 이 찬가를 풍자적 찬가, 혼돈의 왕에게 바치는 찬가[혹은 혼돈의 왕의 찬가]라고 부른다. 데이빗슨은 여기서 "측량할 수 없이 광대한 힘의 초-도덕적 수행"을 본다. 풀러튼(K. Fullerton, "On Job 9 and 10," *JBL* 53[1934] 321-49[331])과 고디스는 그들이 엘리바스의 말(5:9)의 인용으로 여기는 10절에서, 그 구절 전체를 그것의 표로 날인하는 하나의 아이러니를 발견한다. 아이러니의 존재를 부인하는 것이 어려운 많은 구절들이 있지만, 그러한 평가들은 이 절들에 나오는 욥의 것과 비슷한 언어가 아이러니가 생각될 수 없는 시편의 찬양들에서도 나타난다는 사실을 간과한다.

5-6 이 찬가는 일반적인 분사 표현법을 보여 주며, 5절로부터 10절 사이의 각 구절은 문자적으로 "옮기는 자" 등을 의미하는 하나의 분사형으로 시작된다(참고 문헌에 대해서는 5:9-16에 관한 부분을 보라). 산들과 땅의 기둥들은 만유 질서의 기초 부분을 이룬다. 따라서 그것들의 격변은 위협적이다(시 82:5에서는 도덕 질서에 불의한 반신반인들에 의해 생기는 위협이 땅의 토대의 흔들림으로 상징된다). 산이 흔들린다는 모티프는 다음 중 하나로 나타난다: (i) 가능한 최악의 재앙이지만 그럼에도 불구하고 경건한 자들을 무섭게 할 수 없는 것으로(시 46:3-4[2-3]; 75:4[3]), 혹은 (ii) 구원하기 위해 오는 야훼의 도래를 알리는 신호 및 부산물로(시 18:8[7]; 참조. 16[15]절; 97:4; 114:5-7; 사 13:13; 29:6; 합 3:6, 10; 삿 5:4; 참조. 출 19:18). 후자의 의미를 갖고 야훼의 분노(그의 백성의 억압자들과 악행자들을 대항한)가 여러 번 상술되며, 여기가 그 중 하나다. 그 언어는 구약의 신현 묘사들에 특징적인 것으로, 아마도 부분적으로는 폭풍-신의 출현에 대한 묘사로부터 유래한다(J. Jeremias, *Theophanie. Die Geschichte einer alttestamentlichen Gattung*[WMANT 10; Neukirchen-Vluyn: Neukirchener Verlag, 1965] esp. 23-24, 88-89를 보라). 야훼의 구원 묘사들에 격변 모티프가 빈번하게 나타나므로 여기의 주된 취지를 하나님의 **파괴** 행위에 대한 묘사로 보는 것이 불가능하다. 정말로, 시편에서의 초점은 **구원**에 있는 반면, 여기서는 순전히 하나님의 **능력**에 있다. 그러나 이 강조는 비록 한쪽 방향이기는 하지만 시편 모티프의 풍자적 전도는 아니다(다음의 경우처럼, Fullerton, *JBL* 53[1934] 330-31; Gordis; W. Whedbee, "The Comedy of Job," *Semeia* 7[1977] 1-39[15-16]: "[욥은] 만물 가운데 편만한 혼돈의 사례들에 대한 목록을 작성한다…그 결과는 찬가 찬송의 반어적 패러디로, 오로지 그 찬송의 의도를 비틀기 위해서 사용된다…[그것은] [하나님을] 파괴를 즐기는 한 신으로 묘사한다.").

여기서 땅의 기둥들(עמוד – 아무드)이란 그 아래서 땅을 지탱하는 기둥들로 이해된다(참조. 시 75:4[3]; 삼상 2:8[מצוק – 마추크]). 땅의 "기반" 혹은 "기초"(אדן – 에덴)에 대해서는 참조. 38:6; 그리고 보다 일반적인 땅의 "토대"(מוסד – 무싸드)에 대해서는 참조. 시 18:16[15](=삼하 22:16); 82:5; 잠 8:29; 사 24:18; 렘 31:37; 믹 6:2; 참조. 시 104:5(מכון – 마콘). 비슷한 우주론이 Seneca, *Quaestiones naturales*, 6.20에서 발견된다. 하늘의 기둥들(עמוד – 아무드, 26:11)은 다르다: 그것들은 하늘을 떠받친다.

7 여기서 그려지는 것은 해 혹은 별들의 빛을 식(蝕), 구름(참조. 3:5), 모래

폭풍 혹은 초자연적 암흑(참조. 출 10:21-23) 등으로 어둡게 하는 것이다. 이것은 하나님의 능력의 부정적 발휘인 것 같지만, 어두움의 초래(때때로 특별히 별 빛의 사라짐을 포함하여)가 위에서 언급된 격변 모티프에 대표적인 한 요소라는 사실을 주목할 만하다. 시편 18:10b[9b], 12[11]; 97:2; 이사야 13:10; 하박국 3:11(?)을 보라. 또한 참조. 겔 32:7-8, 강조가 이스라엘의 구원이 아니라 전적으로 (이집트의) 파괴에 있다. 요엘 2:10, 지진과 흑암이 (이스라엘을 대항한!) 야훼의 군대인 메뚜기 떼 내습(來襲)의 부산물들이다. 3:15-16(야훼의 날을 시작하는 지진과 흑암). 어두움 모티프가 때로는 신의 적의를 묘사하지만, 대부분의 경우는 가장 강력한 우주 현상들을 다스리시는 하나님의 지배에 의해 입증되는 것으로서 하나님의 위엄이라는 주제를 발전시킨다. 이것이 현재 구절에서 그것의 기능이라는 것을 의심할 필요는 전혀 없다.

8 비록 분사 표현이 계속되지만, 8-9절에서 가리키는 것은 분명히 창조에 대한 것이다. 8a절구의 표현법은 찬송 언어로 잘 알려져 있었고, 따라서 고정된 궁창이라는 표현을 대체하는 후기 개념은 아닐 것이다(포어러가 그렇다).

가까운 구두 평행은 이사야 44:24의 "내가 하늘을 편다, 나 홀로"이다. 참조. 이사야 42:5; 51:13; 예레미야 10:12; 51:15; 스가랴 12:1; 1QH 1.9; 그리고 이사야 40:22 및 시편 104:2b, 이 곳들에서는 명백히 하늘을 "커튼" 혹은 "천막처럼" 펼친다는 표상이다.

이 절의 두 번째 절반은 원시 시대(반드시 창조 때는 아니다)의 바다 괴물 혹은 용의 정복 신화를 암시한다. 7:12에서처럼 의존되는 것은 북서쪽 셈족 신화로, 얌(Yam, ים)은 우가릿 문학에 나오는 해신(海神)의 이름이다. 하나님이 밟으시는 것은 바다의 "물결, 파도"라기보다는 바다-괴물의 "등"(NEB)일 가능성이 아주 높다("원문주해" 9:8.a.를 보라). 패배시킨 적들의 등을 짓밟음과 동일한 표현이 신명기 33:29; 아모스 4:13; 미가 1:3에서 나타난다(참조. 또한 사 63:3).

9 이 세 성좌는 비록 확실하게 확인될 수는 없지만 고대 세계에서 눈에 띄게 빛나는 것으로 인정되었음에 틀림없다. 히브리 찬송 영창에서는 이 별들에 대한 언급이 찬가에 전형적인 모티프였다(참조. 암 5:8; 참조. 욥 38:31-32). 그 이름들의 확인에 대해서는 G. Schiaparelli, *Astronomy in the Old Testament*(Oxford: Clarendon, 1905); N. Herz, "The Astral Terms in Job ix 9, xxxviii 31-32," *JTS* 14 (1913) 575-77; S. Mowinckel, *Die Sternnamen im Alten Testament*(Oslo: Grøndahl, 1928); J.-J. Hess, "Die Sternbilder in Hiob 9:9 und 38:31f," *Festschrift G.*

Jacob(ed. T. Manzel; Leipzig: Harrassowitz, 1932) 94-99; R. Mesnard, "Les constellations du livre de Job," *Revue beige de philosophie et d histoire* 30(1952) 1-11; O. Neugebauer, "The History of Ancient Astronomy," *JNES* 4(1945) 1-38; G. R. Driver, "Two Astronomical Passages in the Old Testament," *JTS* ns 7(1956) 1-11를 보라.

첫 번째 성좌(עש – 아쉬, 38:32에서는 아이쉬〈עיש〉)는 거의 공통적으로 곰 자리(북두칠성으로도 알려짐)의 대각성(大角星, Arcturus)으로 인정된다. 38:12에서 그것의 "자식들"도 언급되는데, 그것들은 곰 자리의 꼬리 부분 혹은 북두칠성의 기둥을 이루는 별들일 것이다. 그러나 시리아 문학에서는 시리아역이 여기서 아쉬(עש)를 그것으로 번역하고 분명 아이쉬(עיש)에서 유래하는 이우다(Iyutha)라는 용어가, 황소 자리에서 한 성단을 형성하고 그 붉은 별 알데바란(Aldebaran)이 그것의 가장 밝은 별인 하이아데스 성단(the Hyades)에 대해 사용된다(쉬아파렐리, 고디스가 그렇다. 따라서 NEB). 다른 이들은 עש/עיש를 아랍어 동족 의미인 "사자"와 연결시킨다. 처녀 자리의 일부 별들이 아랍 문학에서는 사자 자리 뒤에서 짖는 개들이라고 불린다(KB, 포어러, 헤세가 그렇다).

두 번째 성좌가 오리온 자리(삼성 – 개역)라는 것에는 의심이 덜하다. 칠십인경은 "오리온"으로 번역하며, 타큼과 페쉬타는 아랍어로 이 성좌를 가리키는 용어인 "그 거인"[혹은 그 거대한 것]으로 번역한다. 고전 신화에 등장하는 오리온은 그가 죽은 후 하늘에 사슬로 묶여 버린 한 거인이다. 히브리 이름은 케씰(כסיל, "바보")이다. 따라서 이 성좌와 관련된 히브리 신화는 "어리석게 자신의 힘을 믿고 전능자를 거역하다가 그의 거만에 대한 벌로 영원히 하늘에 묶여 버린 한 거인"(드라이버)에 관한 것이었을 것이다. 38:31은 오리온의 "띠"에 대해 말한다. 따라서 본질적인 한 가지 측면에서 히브리 신화와 고전 신화가 동일하다. 오리온을 거인 니므롯으로 보는 신화들에 대해서는 T. H. Gaster, *Thespis. Ritual, Myth, and Drama in the Ancient Near East*(rev. ed.: New York: Doubleday, 1961) 320-27; 같은 저자, *Myth, Legend, and Custom in the Old Testament*(London: Duckworth, 1969) 790를 보라.

세 번째 성좌(כימה – 키마)는 대부분이 묘성(플레이아데스 성단, the Pleiades)이라는 데 동의한다(칠십인경이 그렇다. 그러나 불가타는 하이아데스 성단으로 본다). 이들은 38:31과 아모스 5:8에서 언급된 일곱 별로 된 그룹이다. 고전 신화에서는(Apollodorus, 1.4.3-4) 플레이아데스 성단은 신들이 그들을 비둘기들로 바꾸고 그들을 별들 가운데 둘 때까지 사냥꾼 오리온에 의해 쫓겨다녔다(R. Graves, *Greek Myths*[Harmondsworth: Penguin, 1955] 1:152). 이 세 성좌 곰 자리, 오리온 자리 그리고 플레이아데스 성단은 그리스인들에게 아주 이른 시대에도 잘 알려졌는데(예를 들어, Homer, *Iliad*, 18.486-88), 부분적으로는 그들의 현저성 때문이고, 또 부분적으로는 그들의 나타남과 사라짐이 계절의 변화를 나타냈기 때문이다(드라이버).

"남방의 밀실"(חדרי תמן – 하드레 테만; RSV)은 정확하게 읽으면 남쪽 성좌 전체를 가리키거나(드라이버, NAB, NIV), 혹은 37:9; 38:22에서처럼 바람, 눈, 우박이 저장되는 방들을 가리키거나(피크, 포프), 혹은 남방 황도권의 별들을 가리키는(호르스트, 포어러) 말임에 틀림없다. 드라이버는 오리겐의 헥사플라(Hexapla, 6란 성경)를 따라서 하드레(חַדְרֵי)를 호드레(חֹדְרֵי, "〈남방을〉 둘러싸는 것들"), 즉 황도권보다 더 남쪽에 위치한 남방 성환(星環, *circulus austrinus*)이 되도록 모음 표기를 다시 한다.

남방 하늘에 대한 가리킴은 예멘이나 이집트 북부만큼 먼 남쪽에서 비롯되는 지식을 가리킨다(개인적 관찰에서든 혹은 보고에 의해서든, 모빙켈).

비록 해신(海神) 얌(Yam)의 등을 짓밟는 것(8b절구)과 결박된 거인인 오리온에 대한 암시들이 창조주와 막강한 대적자들 간의 태곳적 싸움의 상을 떠올릴지 모르지만, 적의와 폭력의 어조가 강하게 표시되는지는 확실하지 않다. 오히려 이 모든 고대 이야기들이 결합되어 하나님의 힘을 찬양한다고 볼 수 있다.

[10] 이 간략한 절은 5:9과 거의 동일한 말로 전통적인 찬양 언설을 나타낸다. 욥은 당연히 하나님의 놀라운 행위들을 단순히 멍해져서 혹은 경외하는 마음으로 바라보는 관망자가 아니다. 그는 자신의 경험으로부터 하나님의 능력이 그를 대항하여 얼마나 비우호적이고 적대적인 방식으로 사용되는지를 안다(참조. 6:4; 9:34; 10:3, 16). 그렇지만 그는 쓰라린 아이러니의 심정이라기보다는(도름, 포어러, 고디스처럼) 경악의 심정이다(참조. 11-13절에 나오는 것). 분명히 욥은 창조 때와 자연의 영역에서 하나님의 우주적 활동 전체를 전적으로 그 활동이 그에게 영향을 주는 방식의 관점에서만 바라본다. 그는 하나님의 만유 통치에 관한 질문들에 관심이 없고, 전적으로 그를 대하시는 하나님의 방식에 관심이 있다. 이 절의 논조는 엘리바스의 연설에 있는 것(5:9)과는 많이 다르다.

[11]-[13] 이해할 수 없고 통제되지도 않는 하나님에 관한 이 절들은, 실상은 그것들이 하나님에 관한 것인 만큼 욥에 관한 것이다. 즉, 그것들은 욥이 경험하는 하나

님과 하나님을 경험하는 욥과 관련된다. 그것은 "전능의 초-도덕성" 일반의 문제(테리앙)가 아니라, 하나님을 이해하지 못하고(11절), 그분이 그의 확정된 행동을 하지 못하게 하고(12a절구), 그분을 비난하지 못하고(12b절구) 그리고 그의 분노를 견디지 못하는(13절) 자신의 무능에 대해 욥이 느끼는 문제다.

11 하나님으로부터 명예 회복을 얻을 어떠한 시도라도 그분과의 접촉 불가능성으로 인해 좌초되게 되어 있다. 신현, 즉 그러한 접촉을 만들어 내는 하나님에 의한 자기-드러냄에 대한 전통적인 묘사는 오로지 욥의 절망감만 증대시키는 데 이바지한다. 왜냐하면 하나님과 그의 "영광"이 "지나갈"(여기서처럼 아바르〈עבר〉) 때 모세가 하나님의 얼굴을 볼 수 없는 것이 시내 산에서의 그 처음 신현이 보여 주는 두드러진 특징이기 때문이다. 모세는 오직 하나님의 뒤만 볼 수 있다(출 33:22-23; 참조. 또한 왕상 19:11-13). 욥은 하나님의 뒤조차도 볼 것을 기대하지 않는다. 그가 하나님과 가질 수 있는 가장 근접한 만남은 그가 볼 수도(ראה – 라아) 알아볼 수도(בין – 빈) 없는 한 인물의 황급한(חלף – 할라프) 지나감이다.

12 두 번째 생각은 하나님으로부터 명예 회복을 얻을 가능성을 훨씬 희박하게 한다. 그분은 자신이 일으켰을지 모르는 과실에 대해서도 법정으로 끌려올 수 없다. 흔히 고발 혹은 비난의 말인 "당신 지금 뭘 하고 있는가?"(מה תעשה – 마 타아세)라고 그에게 말할 수 있는 입장에 있는 이가 하나도 없다(H.-J. Boecker, *Redeformen des Rechtslebens im Alten Testament*[WMANT 14; Neukir chen-Vluyn: Neukirchener Verlag, 1964] 26-31를 보라). 이는 욥에게만 고유한 새로운 통찰이 전혀 아니다. 소발도 똑같은 것을 말하고(11:10; 참조. 또한 23:13[욥]), 또한 그것은 사실 종교인들이라면 거의 불찬성할 수 없는 공리다. 그러나 욥은 보편적인 것들에 임하고 있는 것이 아니다. 그에게 강력하게 일격을 가한 것은 어느 누구도 성공적으로 하나님을 비난할 수 없다는 것이 아니라, 욥이 그렇게 할 수 없다는 것이다. 이 절들(11-13절)에서 욥은 2-10절에서처럼 보다 일반적인 지평으로부터 그 자신의 경험의 지평으로 이동했다. 심지어 그가 어떤 조치도 취할 수 없는 하나님의 "절도"("그가 낚아채 가다")는 사실 욥 자신을 앗아가는 "절도"가 아니라면(참조. NAB, "그가 나를 강제적으로 붙잡으면…"; 풀러튼, *JBL* 53[1934] 323: "그가 [나를] 꽉 잡는다"), 욥 자신의 평판을 앗아가는 "절도"라 할 수 있다.

13 정말로 욥이 가장 가깝게 경험하는 하나님의 모습은 그의 의나 창조 능력이 아니라 그의 강력한 분노, 한 신의 분노다(엘로하〈אלוה〉가 강조 위치에 있음). 그것이 하나님으로부터 명예 회복을 쟁취하려 하는 모든 시도에 최종 장애다: 욥에게

그렇게 느껴지듯이 그의 영원한 적의. 하나님은 그의 분노를 "돌이키지" 않으신다. 분노는 그것이 혼돈의 상징인 바다-괴물 라합과 그녀의 "일당들"에게(NEB) 향해 졌던, 태고 시대 이래로 그의 지배적인 충동이었다. 욥을 대항한 그의 절도 행위로부터 하나님을 제지할 수 있는(יְשִׁיבֶנּוּ－예쉬베누) 이가 하나도 없다(12절). 그리고 그는 어쨌든 자신의 편에서도 억제하려는(יָשִׁיב－야쉬브) 노력을 전혀 하지 않는다.

라합을 태곳적 싸움에서 하나님의 대적자로 가리키는 그 외의 다른 지시들에 대해서는 26:12; 시편 89:11[10]; 이사야 51:9을 보라. 그 이름은 아마도 "난폭하다, 성나다"라는 한 어근의 의미와 연결되어 있을 것이다(참조. 악카드어 *ra'abu* "격노하다", 성난 파도와 관련하여). 그 싸움에 대한 다른 암시들은 9:8; 8:12; 3:8에서 언급되었다. 바벨론 창조 서사시 **에누마 엘리쉬**에서 혼돈의 괴물 티아맛(Tiamat)도 그녀의 협력자들과 함께 진압되는 것으로 묘사된다: "또한 그 신들, 즉 그녀 옆에서 진군했던 그녀의 조력자들이 두려워 떨면서 자기들 목숨을 구하려고 그들의 등을 돌렸다"(4.107-109; *ANET*, 67).

야훼와 그 바다 신의 전투 신화는 구약에서 한 번도 이야기되지 않는다. 그러나 그것에 대한 암시들의 숫자가 그것이 히브리 문학의 일부를 이루었음(성문으로가 아니면, 구전의)을 확실하게 한다. 더 자세한 것은 J. Day, *God's Conflict with the Dragon and the Sea. Echoes of a Canaanite Myth in the Old Testament*(Cambridge: CUP, 1985)를 보라. 라합의 협력자들에 대해서는 p. 41을 보라. 구약에는 그 싸움이 창조의 한 단계 혹은 전제 조건이었다고 시사하는 것이 하나도 없다(창 1:2에 나오는 그 "깊음" 테홈〈Tehom〉은 티아맛에 대한 가리킴이 아니며, 따라서 전투를 가리키지 않는다. 그것은 오히려 명백하게 고대의 혹은 오히려 태고 시대의 한 사건으로 여겨졌다.

14-16 하나님과의 그러한 법적 논쟁의 불가능성에 대한 이 절들에 담긴 생각은 이렇다: 만일 하나님이 분노를 발하기로 굳게 결심하고 계시다면(3절), 그분과의 논쟁에 성공할 어떤 희망이 있겠는가? 만일 반대 심문이 욥에게 초점을 둔다면, 그는 하나님의 심문의 위력을 견딜 수 없을 것이다(14절). 그가 그의 편에 정당한 권리만 갖고 있을지라도, 그가 하나님의 말 공격을 견뎌낼 수 없는 것은 그가 그분의 물리적 공격을 견디지 못한 것과 같다(15절). 반면에 욥이 심문자가 된다 하더라도, 그는 자신의 목소리가 신의 분노의 노호 위로 들릴 수 있을 것이라는 확신을 가질 수 없을 것이다. 욥이 정의의 왜곡을 두려워하는 것이 아니다－분명히 정의에의 접근이 부인되는 것도 정의 왜곡의 한 모양이지만－오히려 그를 대항한 하나님의 분

노에 대한 인식이 그를 완전히 무기력하게 만든다는 것이다.

14 만일 태곳적 혼돈의 세력들이 하나님의 진노에 저항할 수 없다면, 단순한 한 사람이야말로(אנכי – 아노키, "나" 강조됨) 얼마나 덜(אף כי – 아프 키) 그렇겠는가? 명예 회복의 문제에 관한 욥의 법적 논쟁은 모두 실패하도록 되어 있다. 왜냐하면 만일 하나님이 검사나 판사의 역할을 하신다면, 욥을 분명히 약하게 하고 결과적으로 그의 소송에서 지게 할 그의 질문들에 욥이 전혀 상대가 되지 않을 것이기 때문이다(참조. 3절). 그의 대적자의 광포는 욥으로 하여금 말 못하게 할 것이고, 따라서 그는 자신을 방어할 적절하거나 효과적인 말들을 선택할 수 없을 것이다. 욥이 더 직면하기를 두려워하는 하나님의 진노는 욥이 그것 때문에 하나님을 비난하는 어떤 신적 특성이 아니다. 그가 항의하는 것은 도덕과 상관없는 무작위 진노에 의해 세상이 다스려진다는 것이 아니라(포어러와 대조), 그에게는 하나의 경험된 기정 사실인 하나님의 진노가 정당한 주장–여기서 말해지는 법 과정들 자체가 그에 대한 상징으로 제시하는 것–을 하려는 어떠한 시도도 반드시 실패로 돌아가게 하리라는 것이다.

15 비록 가정형을 사용하고 있을지라도, 욥은 자신이 "옳다", "결백하다"(צדקתי –차다크티)는 것을 의심하지 않는다. 그러나 단순한 결백은 진노한 하나님의 적대적 심문에 "대답들"(법정 용어임)을 만들어 낼 수 없다. 하나님은 욥보다 훨씬 뛰어나셔서(참조. 또한 32절) 욥은 오직 애원자로서 하나님에게 접근할 수 있을 뿐인데, 이는 욥과 그리고 소환장 발행으로(3a절구) 그의 법적 상대자(מְשֹׁפְטִי – 메쇼프티)가 될 이가 똑같은 입장에 서 있지 않기 때문이다. 여기처럼 당연히 받을 자격이 있는 것을 빌어야 한다는 것과 똑같은 사상이 다른 배경인 19:16에서 발견된다.

그러면 욥은 왜 그가 소용없는 노력이라고 인정하는 것을 저버리고 자비를 베풀라고 구하지 않는가? –그는 이것이 하나님을 향해 취할 가치가 있는 유일한 자세라고 인정함–빌닷이 이미 하나님에게 그러한 탄원 행동을 하라고 조언했다(8:5). 그에 대한 대답은, 욥은 그의 온전함을 저버리지 않고 어떻게 자비를 달라고 구할 수 있는지 알 수 없다는 것이다. 그리고 그는 그의 고난들로부터 해방되기 위해서조차도 그가 아는 진리를 저버리지 않을 것이다. 그래서 그가 말하는 것은 "나는 자비를 베풀라고 호소해야 한다"가 아니며(RSV), "나는 자비를 달라고 청한다"도 아니라(NEB), "나는 오직 자비를 간구할 수 있을 뿐이다"이다.

16 욥은 이 장 전체에 걸쳐 하나님에게 욥의 옳음을 증명하거나 혹은 적어도 그렇게 하지 않는 타당한 이유를 제시하시도록 할 정식 소환을 그리고 있다. 14-15절

에서 만일 하나님이 그의 소환에 반대 심문으로 응답하실 경우 그를 압도해 버릴 마비에 대해 생각했고, 15b절구에서는 오직 자비를 빌 힘만 끌어 낼 수 있음을 깨달았다. 이제 그는 덜 무섭기는 하지만 가망 없음이 전혀 덜하지 않은 한 가능성을 생각해 본다: 비록 그가 "부르고"(즉 소환장을 발하고) 하나님이 "대답하신다", 즉 욥과의 논쟁에 동의하신다 하더라도, 또 그래서 욥 자신이 (심문 받기보다는) 반대-심문을 마음껏 즐긴다 해도, 하나님이 자기의 질문들을 들으실 것이라고 어떻게 확신할 수 있는가? 이는 하나님이 불의하게 행동하여 마땅한 정의의 과정들을 무시하실 것이라고 생각될 수 있다는 말이 아니라, 5-10절의 찬가로 찬송 받는 위엄하신 하나님은 또한 11-13절로 묘사되는 이해 불가능하고 억제될 수 없는 하나님으로, 거의 욥의 항변에 아주 진지하게 관여하실 것 같지는 않다는 말이다. 인간의 "외침"(קרא – 카라)과 신의 "대답"(ענה – 아나)은 시편의 간구 언어에 흔한 한 쌍이지만(예를 들어, 시 3:5[4]; 17:6), 여기 욥기에서 우리가 갖고 있는 것은 구원자인 재판관에게 하는 말이 아니라 한 소송에서 상대방에게 하는 소환이다.

앤더슨은 욥이 여기서 하나님이 그의 주장들을 들을 것에 관한 회의를 표현하고 있다고 보는 견해를 개연성이 없는 것으로 보는데, 왜냐하면 욥기의 다른 곳에서는 청문에 대한 희망이 그의 모든 연설의 근저에 있고, 그가 끝까지 고집하는 것이기 때문이다: "전능자가 대답하시게 하라!"[혹은 전능자가 대답하시기를 원하노라–개역](31:35). 그러므로 앤더슨은 부정사 로(לֹא, "아닌, 아니다")가 사실은 단언소사(assertative particle) 루(לֻא, "확실히, 분명히"; 참조. 33절에 관한 부분)라고 제안한다. 그와 다르게, 다후드는 로(לֹא)가 "아무것도 없음, 무"(nothing)를 의미하는 명사이며, "대답하다"의 목적어로, 이 절은 다음과 같이 읽혀야 한다고 제안한다: "내가 외칠 때 그가 나에게 아무것도 대답하지 않으실지라도, 나는 여전히 그분이 내 소리를 듣는다고 확신한다"(블롬머드도 그렇다). 그러나 그러한 가정은 불필요하다. 왜냐하면 우리는 이미 이 연설(참조. 4절에 관한 부분)에서 욥의 실제와 그가 불가능하거나 혹은 가망 없다고 선언하는 것 사이의 긴장을 보았기 때문이다.

17-20 욥과 하나님은 법 앞에 평등하지 않다: 욥에 대한 하나님의 공격은 욥이 명예 회복을 얻으려는 공식적 노력의 첫 단계에 도달하는 것도 불가능하게 한다. 심지어 소송이 시작될 수 있다고 가정하더라도, 하나님의 위엄이 분명 욥을 위압하여 그로 잘못 발음하게 할 것이다(20절).

17-18 이 절들은 소송 사건에서 욥에게 일어날 일을 묘사하는 것이 아니라, 욥이 왜 하나님이 그의 심문들을 들어줄 만큼 진지하게 그의 사건을 받아들이실 것이

라고 기대할 수 없는지에 대한 이유를 제시한다: 욥은 과거에 하나님을 자신을 거칠게 대하고, 자신을 위해 아무것도 마음 쓰지 않으며, 불공평한 적의로 자신을 대하는 분으로 경험했다(참조. 7:12, 20). 소송의 언어는 잠시 포기되고, 욥은 하나님과의 법정 논쟁에 대한 그의 기대가 근거하는 그의 이전 하나님 경험을 물리적 충돌의 이미지로 묘사한다.

폭풍이 사람을 "짓밟는다"고 말하는 것은 다소 부적절하기 때문에("원문주해" 9:17.a.를 보라), 우리는 확실히 비스아라(בִּשְׂעָרָה, "폭풍으로") 대신 베사아라(בְּשַׂעֲרָה, "털 한 오리 때문에")로 읽어야 하고, 그렇게 함으로써 평행법도 향상시켜야 한다("원문주해" 9:17.b를 보라). 아주 사소한 일("털끝만한 일") 때문에 혹은 전혀 아무것도 아닌 일(חנם – 히남, "까닭 없이")로 하나님은 그를 짓밟고 그에게 "빗발치듯 강타를 퍼부으신다"(NEB). 그 공격이 너무나 냉혹하여 욥은 숨을 쉴 겨를도 없다(참조. 7:19). 하나님이 그로 하여금 "쓴 맛, 쓰라림"(ממרור – 마므로림) 혹은 독을 "마시도록" 강요하신다고 할 때 독 묻은 화살 공격 이미지(참조. 6:4)가 여기서도 나타날지 모른다. 독 같은 쓰라림(מְרֹרָה – 메로라)에 대해서는 20:14 참조; 그리고 화살에 찔림과 독을 "마심"(שׂבע – 샤바, 문자적으로는 "…에 물리다")과의 관련성에 대해서는 예레미야애가 3:12-13, 15 참조.

19 이 절의 두 절반이 다시 한 번 욥의 하나님 경험과 그의 하나님 기대를 요약한다. 지금까지 그의 경험은 오직 느껴지거나 경험될 때만 제대로 인식될 수 있는 하나님의 폭력에 대한 것이었다. "그분이 강하신 분"이라는 사실(참조. 4절)은 다른 모든 힘을 상쇄시킨다. 하나님의 완전한 힘을 법의 영역으로 옮겨 보라. 그러면 욥의 절망의 상태가 확실하게 된다: 어느 누구도 하나님을 어떤 종류의 논쟁이나 기소 안으로 들어오시라고 강요할 수 없다. 하나님으로부터 명예 회복을 얻으려는 욥의 추구는 하나님의 능력에 저항하는 것만큼 소용이 없다(참조. 13a절구).

욥은 하나님 "소환"이 그가 이미 당하고 있는 육체적 폭력 같은 것으로 대응될 것이라 예상된다고 말하는 것이 아니다. 그는 단지 하나님의 능력에 대한 그의 경험으로 보면 어떤 법적 논쟁이 그 당사자들을 "속박하는" 것과 같은 식으로 하나님을 강요해 보려는 모든 야심은 어리석은 일이 된다는 것을 새롭게 깨닫는 것이다. 같은 사상에 대해서는 예레미야 49:19(=50:44)을 보라.

20 이 절은 비록 욥의 결백(צדק – 차데크)과 흠 없다(תם – 탐)는 주장으로 그 다음에 오는 것(21-22절)과 연결되어 있지만, 여전히 소송 무대를 염두에 두고 있다. 그것은 만일 그 불가능한 일이 성취되고 하나님이 정말로 스스로를 법적 논쟁

속으로 속박시키도록 허락하신다면 어떤 일이 일어날 것인지를 상상함으로써 19절에서 말로 표명된 무익감을 절정에 달하게 한다. 이전에 욥이 재판 과정에서의 그 단계를 상상했을 때, 그는 자신이 신의 심문에 대답할 수 없거나(14-15a절구) 혹은 하나님이 그의 반대 심문에 어떤 주의를 주실 것이라 믿을 수 없을 것이라고(16절) 비통한 심정으로 말했다. 이제는 지나치게 절망한 가운데 자신의 것이든 하나님의 것이든 침묵보다 훨씬 더 나쁜 한 결과를 고려한다: 신의 주권에 압도되어, 그가 비록 결백하더라도 그 자신의 입이 그를 비난(혹은 유죄 판결)할 것이다(참조. 15:6). 하나님은 소송을 이기셔야 할 필요도 없을 것이다. 욥은 혼자 힘으로 그것에 질 것이다. 로울리는 "욥은 하나님의 현존에 의해 위압당하고 당황하여 그가 스스로에게 해가 되도록 주장할 것임을 두려워한다"고 꽤 그럴듯하게 논평했지만, 보다 민감한 덤의 논평이 아마도 더 알맞다: "'나 자신의 입'이 나를 비난하는 것은, 내가 하나님께 애원하는 것 외에 아무것도 할 수 없고(마치 내가 죄인인 것처럼), 그리고 나의 옳음을 주장할 수 없기 때문이다." 히브리어는 20b절구를 "**그는** 내가 잘못되었다고 증명할 것이다"로 번역하는 것을 허용하며(가령 RSV가 그렇게 한다), 일부는 첫 행에 있는 "나의 입"을 "그의 입"으로 읽었지만("원문주해" 9:20.a.에 관한 부분 보라), 하나님이 욥을 대하시는 것이 아무리 부당하다 해도, 그렇게 오만하고 격렬하게 하나님이 부당하시다거나 혹은 "옳은 것을 굽게 하신다"(8:3)고 주장하는 것은 이 연설에 담긴 욥의 뜻에 맞지 않는다.

21-24 욥은 잠시 동안 하나님과의 만족스런 대면의 꿈을 제쳐놓고, 그의 현재의 불운한 상태와 그것이 인간에 대한 하나님의 태도에 관해 입증하는 것을 숙고한다. 욥에 관한 사실은 두 가지다: 흠이 없다는 것과 절망 가운데 있다는 것이다. 이 두 가지 상황의 결합을 허락하는 신은 인간을 향해 잔인한 태도를 가지고 있을 수 있을 뿐이다. 하나님이 자연적(23절) 그리고 사회적(24절) 재난들에 의해 초래된 고통을 어떻게 악화시키시는가에 대한 두 가지 예가 뒤따른다.

21-22 21절의 다소 모호하고 어려운 구절들은 세 개의 이-박 구절들로 된 색다른 스타카토 리듬을 가지고 있는데, 아마도 욥의 감정들의 격렬함을 암시한다(포프와 다른 이들이 그렇게 본다). 이 두 절의 핵심은 "그것은 모두 일반이라"(문자적으로는 "그것은 한 가지 일이라")는 구절임에 틀림없다. 처음 보면, "일반"인 것은 흠 없는 자들과 악인들의 운명이다(22b절구; 참조. 탈굼. "그것은 한 치수다" 즉 선하거나 악하거나 똑같이 보답된다. 고디스도 그렇게 본다). 그러나 "그러므로 내가 말한다"의 위치가 그 해석을 배제시키며, 우리로 하여금 앞에 나온 것에서 그

"일반"이 되는 것을 찾도록 요구한다. "모두 일반"인 것은 욥이 까닭 없이 죽음으로 몰리는 것이든, 혹은 그가 정확하게 그의 온전함을 지키는 고집 때문에 죽임을 당하는 것이든, 덤이 생각하는 하나님의 진노가 아니다. 오히려 21에서 말하는 "일반"인 것은 그 사람 욥이다 – 그의 대조적인 상태들에 있어서: 한편으로, 그는 "흠이 없다". 다른 한편으로, 그는 자신의 생명을 혐오한다. 흠 없는 사람은 누구라도 그렇게 절망적으로 느끼지 말아야 한다. 그들의 생명을 값없이 여겨야 하는 이들은 악한 자들이다. 왜냐하면 그들이 바로 어느 순간이라도 끊어질 이들이기 때문이다. 오로지 하나님이 흠 없는 자들을 악인들과 똑같은 방식으로 대하신다는 경우에만 욥의 경험에 있는 모순들이 사실일 수 있다. 그리고 그것들이 사실**이면**, 그것은 더 나아가 선하든 악하든 똑같이 인간을 향한 무차별적 적의가 하나님의 고정된 경향이라는 것을 보여 주는 것이다.

종종 그러하듯이, 욥은 그 자신의 경험을 근거로 하나님과 세상에 관한 광범위한 진술들로 추론해 간다. 그가 그 외에 무엇을 할 수 있는가? 유일하게 포괄적인 신학 이론들이 그가 들어갈 여지를 갖고 있지 않을 때, 그는 그것들을 버리고 그 자신의 경험을 패러다임으로 사용해야 하지 않을까? 결국에는 그의 경험이 보다 포괄적이고 인간적인 신학 내에서 조절되어야 될 것이다. 그러나 이것이 아직은 그 결국은 아니며, 경험도 아직은 더 지속될 것이 남아 있다.

욥의 하나님 고발이 가차없고 거칠지라도, 혹은 아마도 고요히 고통스럽고 필사적일지라도, 욥은 다른 절들에서보다 더 많이 하나님에 대해 도덕적으로 독단적이거나 괴팍하시다고 비난하지는 않는다. 그렇지 않다. 욥의 불평을 유발시키는 것은 정확하게 하나님의 벗어남 없는 분노의 원칙이며 인간보다 우월한 그의 확고부동한 위치다. 이는 하나님이 흠 없는 자들은 파멸시키고 악한 자들은 번창하게 하신다는 말이 아니다. 그러면 그것은 도덕적 괴팍함일 것이다. 그것은 선한 사람 혹은 악한 사람에게 상이 임할지 벌이 임할지 전혀 모른다는 말도 아니다. 그러면 그것은 도덕적 독단일 것이다. 또한 하나님이 선한 사람이나 악한 사람을 똑같이 같은 혜택으로 대하신다는 말도 아니다(참조. 마 5:45). 그러면 그것은 도덕적으로 변호 가능할 것이다. 오히려 그분은 인간을 향한 끊임없는 적의 속에(참조. 13, 17-18, 34절) 결백한 사람이나 불의한 사람에게 똑같이 파괴로만 보답하신다. 그리고 그것은 도덕적으로 변명될 수 없는 것이다. 그 분사 구문(מכלה – 메칼레)은 마치 이것이 하나님의 정식 속성 가운데 또 하나라도 되는 것처럼, 아마도 앞서 나온 찬가 스타일을 반향할 것이다(5-10절; 참조. P. E. Dion, "Formulaic Language in the Book of

Job: International Background and Ironical Distortions," *SR* 16[1987] 187-93).

21절 중간에 있는 한 구절이 여전히 모호한 상태로 남는다: 문자적으로는 "나는 나 자신을 모른다." 그 의미는 욥은 자신에게 수수께끼라는 것이 아닐 것이며, 그가 자기 자신의 온전함을 믿지 않는다는 것도 아니라(참조. 도름: "내가 완전한가? 나 자신도 모른다!"; JB도 비슷함), 그는 자기 자신에게 신경을 쓰지 않는다는 뜻일 것이다. 참조. 창세기 39:6; 신명기 33:9에서 비슷하게 사용된 "알다"의 용법과 D. Winton Thomas, "The Root ידע in Hebrew," *JTS* 35(1935) 298-306(300-301); 같은 저자, "A Note on וַיֵּדַע אֱלֹהִים in Exod. II 25," *JTS* 49(1948) 143-44를 보라. 고디스는 "나는 [슬픔으로 인해] 제 정신이 아니다"라는 흥미로운 번역을 제시한다(참조. 아 6:12, 거기서 그 동사는 "나는 [기쁨으로] 제 정신이 아니다"를 뜻하는 것 같다). 폴은 악카드어 의학 문헌에서 의식을 잃음을 묘사하는 "그는 자신을 모른다"(*ramānšu la îde*)라는 표현을 지적함으로써 이 해석을 결말짓는 데 가까이 간다(S. M. Paul, "An Unrecognized Medical Idiom in Canticles 6, 12 and Job 9, 21," *Bib* 59[1978] 545-47). 그러나 이것이 "나는 나 자신에게 신경 쓰지 않는다"라는 번역보다 더 나은 의미를 본 문맥 상황에서 낳는지는 분명하지 않다. 어느 경우라도 그 구절은 그 다음에 나오는 "나는 내 생명을 혐오한다"라는 구절과 평행하는 것 같다. 그에게 생명은 최고의 선이 아니다. 왜냐하면 그것은 어쨌든 단축되기 때문이다(참조. 25-26절). 지금 그에게 중요한 전부는 그의 명예다. "그는 의미의 마지막 자취로 그의 온전함에 매달린다"(하벨).

23 하나님의 잔인성은 훨씬 더 나아간다. 악인들에게와 똑같이 선인들을 향한 하나님의 유일한 목표가 파괴일 뿐만 아니라, 그분은 결백한 사람들이 재앙을 당할 때 그들의 운명을 비웃으며 조롱하신다. "재앙"(שׁוט – 쇼트)이라는 단어로 암시되는 자연 재해로 악인들도 멸망할 것이지만, 하나님의 특별한 가학적 쾌락은 의로운 자들의 운명에 있다.

시편 수사학의 전통은 야훼가 그들이 정복되도록 운명지어진 반역의 나라들이든(시 2:4) 혹은 경건한 시편 기자를 대적하는 사람들이나 나라들이든(시 59:9[8]), 악인들을 조롱하는(לעג – 라아그) 생각에 대해 아무런 불편함을 느끼지 않았다. 지혜 전통에서도 의로운 자들은 악한 자들의 갑작스런 파멸을 두고 조소하며 기뻐한다(욥 22:19〈엘리바스〉). 그리고 아주 비슷한 맥락에서 지혜는 그녀의 조언을 무시한 어리석은 자들의 재난과 낭패를 조롱할 것이라고 선언한다(잠 1:26). 그러나 의로운 자들의 불운한 운을 기뻐하는 것은 다른 문제다: "가난한 자를 조롱하는 자는 그를 지으신 주를 멸시하는 자요, 사람의 재앙을 기뻐하는 자는 형벌을 면하지 못할 자니라"(잠 17:5). 이 원칙에서 보면, 욥에 따르면 하나님은 스스로를 경건하지 않은 사람들 축에 두며 결백하지 못함(לֹא יְנַקֶּה–로 이나케)의 결과를 당하실 것이다.

욥은 하나님이 죄 없는 사람들을 조롱하신다는 것을 어떻게 아는가? 물론 그는 그가 추측하는 것 외에는 아무것도 모른다. 그리고 그는 무고한 자들의 끔찍한 고난으로부터 오로지 가학자만이 그 일어나는 일에 책임이 있을 수 있다고 추측한다. 그리고 그 자신의 상황도 시금석이 된다: "그의 생각은 단지 그가 세상에 버려졌다고 보는 그의 처지의 반영이다"(데이빗슨). 여기와 24a절구 두 곳 모두에서 재앙은 하나님이 그것에 대해 책임이 있다고 주장되지 않는 순전한 사건이다("이차적인 원인들을 전혀 모르는 셈족 정신"〈데이빗슨〉의 아직 통용되던 관점이 본문에 의해 우연히 반박된다). 욥의 비난의 핵심을 이루는 것은 하나님의 반응이며, "그분은 흠 없는 사람과 악한 사람을 똑같이 멸하신다"(NEB)는 22절의 말에 의해 언급되는 것도 재앙들 자체라기보다는 그의 반응이다. 그 이유는 이 연설에서 심리 중에 있는 것은 하나님의 정의가 아니라 그의 동정이라는 것이 틀림없기 때문이다. 많은 주석가들이 이 연설 전체를 "우주적 불의"에 대한 혹은 하나님의 도덕적 독단에 대한 고발로 읽은 반면, 좀더 자세히 읽어 보면 욥의 분개의 핵심은 인간들을 무섭게 하고 그들에 의해 잔학과 분노로 경험되는(9:5b, 12a, 13, 17-18, 22-24, 34-35; 10:3-17) 신의 무관심(9:4-12, 16, 19, 32)이라는 것이 드러난다.

하나님의 특성에 대한 그렇게 과격한 비난이 죄인들과 죄 없는 사람들 모두를 쓸어 버리는 갑작스런 재앙을 하나님의 직접적인 간섭 탓으로 돌리는 것을 완강하게 뿌리치는 것은 얼마나 놀라운가!

24 역시 욥의 요점은 하나님이 사회적 불의와 압제의 원인이라는 것이 아니다. 땅이 어떻게 악한 자의 손에 넘겨지는가는 이슈가 아니다. 오히려 그러한 재앙과 관련하여 하나님이 뭘 하시느냐 혹은 하지 않으시느냐가 이슈다. 앞선 23절에 나온 하나님의 잔인함의 경우처럼, 하나님은 죄 없는 사람들의 곤경을 덜어 주지 못하실 뿐만 아니라, 그것을 더 비참하고 억압적으로 만드신다: 23절에서는 자연 재해로부터 결백한 사람들을 구원하러 들어오지 않음으로써 그들을 조롱하시고, 24절에서는 재판관들의 "얼굴을 가려 버림"으로써 결백한 사람들을 폭군의 변덕에 넘겨주어 그 사람들이 정의를 거절당하게 하신다.

욥의 연설에 있는 어느 것도 이 문장만큼 하나님 편에 있는 불의에 대한 직접적 고발에 가까지 오지 못한다. 어떤 이들에게는 욥이 사실은 하나님은 정의를 굽게 하지 않으신다는 빌닷의 단언(8:3)을 단호히 반박하고 있는 것 같다. 그럼에도 불구하고, 그것은 사실 욥의 요점이 아니다. 이 전 절과의 평행은 하나님의 행동이 객관적 윤리학의 관점에서가 아니라, 고난당하는 사람들의 관점으로부터, 여기서 말하면 악한 통치자와 부패한 관료들에게 종속된 사람들의 관점으로부터 바라보아지고 있다는 것이 분명하게 드러낸다. 욥의 비난의 강조는 포악한 당국에 의해 부당하게 압제당하는 사람들을 향한 하나님의 태도의 잔인성에 있다. 욥이 아는 전부는 불의한 사회가 실제로 존재한다는 것과 하나님은 그들에 관해 어떠한 일도 하지 않으신다는 것이다. 그것이 바로 하나님이 어떻게 "죄 없는 사람들의 재앙을 조롱하시는가"(23b절구)에 대한 또 다른 표지다. 그렇지 않으면 그분은 사람들의 운명을 경감시켜 줄 수 있을 재판관들의 "얼굴을 가리고 계심"에 틀림없다.

재판관들의 "얼굴을(혹은 눈을) 가린다"는 표현은 가장 자연스럽게는 뇌물을 주는 것을 가리킨다. 참조. 출애굽기 23:8, "뇌물은 관료들의 눈을 멀게 한다(עור－아바르)". 그리고 창세기 20:16에서 "눈을 가림"(כסות עינים－케쑤트 에나임)은 범행이 고려되거나 기소되지 않도록 할 회유의 선물이다(더 자세한 것은 M. Greenberg, Bribery, *IDB*, 1:465; 욥 6:22을 보라). 여기서는 증회(贈賄)에 대한 구체적 언급은 아닌 것 같고, 포악한 통치자의 다스림 아래 사는 사람들의 비참함을 보지 못하도록 하위 관료들의 눈을 가리는 것을 뜻한다.

히브리어는 "땅은 재판관들의 얼굴을 가리는 악한 사람의 손에 넘어간다"라는 번역을 허용하는데(고디스가 그렇게 번역), 그러면 이 연설에서 가장 충격적인 발언이 제거될 것이다. 그러나 이 해석에 따르면 24c절구는 이해할 수 없는 후속이 될 것이고, 23절과의 평행은－그것의 두 번째 시행 역시 하나님을 동사의 주어로 가지고 있음－24절에 대한 일반적인 해석을 거의 확실한 것으로 한다.

23-24절의 본보기성이 주목되어야 한다. 욥은 마치 경건한 자들은 땅을 유업으로 받을 것이라는 전통 신학에 저항하는 것처럼(시 37:9; 잠 2:21; 10:30; 마 5:5), 땅이 전체적으로 악한 자들의 손아귀에 넘겨진다고 말하는 것이 아니라(포프가 그렇다), 어떤 특별한 상황에서의 하나님의 행동을 밝히고 있는 것이다. 어떤 이들은 여기서 역사의 한 사건(덤), 유대인들의 압제(피크) 혹은 심지어 구체적으로 바벨론 유수(테리앙) 등을 가리키는 암시를 보았고, 다른 이들은 단순히 회의 지혜 전통으로부터 온 순전히 상투적인 하나의 문장을 보았다(호르스트). 진실이 어디 있는지 알 길이 전혀 없다.

마지막 행 “그가 아니라면, 그것은 누구인가?”는 이 장 전체 가운데 한 절에 붙은 유일한 세 번째 이절구로서 특별한 주의를 끈다(참조. 그러나 10:1, 3, 15, 17, 22 [?]). 그것은 오로지 21-24절의 성난 아니면 필사적인 독단론에 대한 제한으로, 그리고 하나님에 대한 그의 비판이 당연히 추론의 성격을 지닌다는 인정으로 이해될 수 있을 뿐이다. 우리는 여기서 가지고 있는 것은 인간 세상에서 일어나는 모든 일들에 대한 신의 책임에 관한 어떤 일반 진술이 아니라, 인생이 드러내는 잔학성은 다만 신의 가학성을 반영할 수 있을 뿐이라는 고통스런 확신의 표현이다. 그것이 바로 욥이 그 자신의 쓰라린 하나님 경험으로부터 외곬으로 추정하여 얻은 이해할 만하게 왜곡된 관점이다. 그것은 하나님은 “흠 없는 사람과 악한 사람을 모두 멸하신다”-즉 오로지 멸하기만 하고 번영시키지 않으신다는 22b절구의 진술만큼 한쪽으로 치우쳤다. 그러나 그것은 적어도 욥 안에 있는 철저한 유일신 신앙을 보여 준다: 인생의 불행들에 대해 사탄을 비난할 생각은 그에게 떠오르지 않는다. 인생의 모든 측면에서 궁극적으로 하나님에게로 가는 그의 철저한 유일 신앙은 때가 되면 욥을 그가 지금은 그의 적으로 간주할 수밖에 없는 분과의 대면으로 인도할 것이다.

25-31 독백이 담화에 자리를 양보한다: 욥은 탄식 양식의 반향들을 가지고, 자신을 하나님에게로 향하게 하고 그분에게 이인칭으로 말을 건다. 그의 인생의 짧음에 대한 간략한 반성이 영속적으로 괴로운 그의 날들에 집중된다(25-26절). 그는 자신의 괴로움이 존재하지 않는 척할 수 없다. 왜냐하면 그의 고생들은 하나님이 그를 죄인으로 여기시며(27-28절), 자신의 결백을 입증하려는 욥의 노력에도 불구하고 계속 그렇게 하기로 작정하셨다(29-31절)는 사실을 부단히 상기시켜 주는 것이기 때문이다.

이 연의 주제들은 탄탄하게 짜여져 있다: 25-26절의 초점인 “아무런 유익이 없다”는 그의 곤경을 그의 생각 뒤에 두어야 한다는 27절의 제안의 출발점이 된다. 그 제안은 또다시 하나의 가정문(조건절)으로 시작되는데, 그것은 또다시 그의 현재의 곤경이 더욱 분명하게 그에 대한 하나님의 심판의 표현이 되는 그 문장의 나머지(28절)에 의해서 뒤집힌다. 다음으로 그 심판은 자기-변호가 가망 없다는 느낌의 근거가 되며(29절), 그 후로 자기-방어의 무익함이라는 주제가 더 상술된다(30-31절).

여기서 욥은 그를 궁지 밖으로 인도할 수 있는 두 가지 조처에 대해서 심사숙고한다: 각각은 “만일”에 의해 도입된다. 그는 그의 생각에서 고난의 인식을 떨쳐 버리도록 시도할 수 있다(27절). 혹은 죄가 없다고 맹세함으로써(씻는 의식의 상징적 언어가 아마도 이것을 가리킨다) 생각될 수 있는 어떠한 잘못에 대해서도 결백을 입증하려고 시도할 수 있다. 이 두 가지 방법 중 어느 것도 참된 돌파구를 제공할 수 없다는 것을 그는 깨달으며, 그의 사건의 법정 해결의 필요성으로 다시 돌아가게 된다(32-35).

25-26 우리는 이 절들로 이 연설의 주요 전환점에 다다른다. 왜냐하면 여기서 하나님이 먼 인물로서 대체적으로 "그"로 언급되는 9:2-24의 독백으로부터, 32-35절만 예외로 하고 이 연설의 끝까지 지속되다가 10:8-17에서 감정의 새로운 격정에 도달하는 대인 연설로의 이행을 우리가 만나기 때문이다. 독백 혹은 친구들에게 하는 연설로부터 연설의 후반부에서 하나님에게 하는 말로 옮겨 가는 것은 욥의 연설들의 특징이다. 이번 경우는 대화자들을 9:2a절구에서만 인정하는 면에서 예외적이다. 일반적으로 인정되듯이 연설의 첫 번째 동사는 28b절구까지 나타나지 않지만, 그것을 담고 있는 문장은 27절에서 시작되며, 25-26절은 의심할 나위 없이 그것들을 뒤따르는 것과 연결되어 있다.

많은 주석가들에게는 욥이 자신의 생명에 대해 아무것도 신경 쓰지 않는다고 선언한 후(21절) 아주 곧바로 자신의 날들의 짧음에 대해 탄식하는 모습이 이상하게 여겨졌다. 어떤 이들은 그러한 갑작스런 분위기 이동에서 "고난의 심리의 대가"의 솜씨를 보았고(테리앙; 덤도 비슷함), 다른 이들은 욥의 모순의 증거를 보았다. 그러나 우리가 7:1-3, 6에 관한 부분에서 지적했듯이(그리고 참조. 7:6과 7:16 사이에 분위기의 명백한 모순), 인생의 짧음이라는 주제는 다양한 목적으로 사용될 수 있다. 여기서 해당 문맥과 조화되는 유일한 목적은 만일 우리가 "그것들은 아무런 유익을 보지 못했다"라는 구절을 이 묘사의 중심으로 여긴다면 드러난다. 인생의 날들은 다양한 경험들을 산출할 것으로 기대될 수 있을 것이다. 욥은 다른 사람들과는 다르게 그 앞에서 연속적으로 빠르게 전개된 날들이 오로지 한 가지 경험만을 가져왔음을 확언해야 한다: 유익 없음(no good). 똑같은 기쁨의 박탈이 매일 그를 위해 준비되어 있다. 하루가 그 다음날에 얼마나 빨리 자리를 내주던 간에, 변하지 않는 한 가지 면이 그 모든 날들을 특징짓는다. 그러면 이 장면의 주제는 단순히 인생의 덧없음이 아니라 날들의 진행으로 결코 경감되지 않는 인생의 불행이다. 7:7에서 욥은 그의 눈이 결코 유익(혹은 선함〈טוב – 토브〉, 참조. 또한 17:15)을 보지 못할 것이라고 예언했다. 여기서는 과거를 돌아보며, 그는 자신이 한 번도 선함(טובה – 토바)을 보지 못했다고 회상한다(이 사람이 야훼의 손에서 "좋은 것"〈혹은 복〉을 받았다고 스스로 인정했던〈2:10〉 그와 똑같은 욥인가?). 이 생각과 이어지는 것의 연관성은 명백하다.

인생의 빠름에 대한 세 가지 인상적인 이미지들이 사용된다(다른 것에 대해서는 7:6에 관한 부분 참조). 달리는 자는 소식을 가져오는 신속한 전달자다(KJB, "초병"; 참조. 삼하 18:19-23; 사 41:27; 52:7). 갈대 배는 이사야 18:1-2에서 "경첩한 사자들"을 운반하는 것으로 언급되는데, 아마 욥기 24:18에서 다시 암시되는 파피루스로 만들어진 이집트의 소형 배들이다(כלי גמא – 켈리 고메). 플리니와 그 외의 고대 저자들은 가벼운 배를 만드는 데 사용된 파피루스에 대해 기록한다(*Nat. hist.* 23.22; 6.24; Plutarch, *De iside et isiride*, 18; Lucan, 4.136; Heliodorus, 10.460; Herodotus, 2.96; 도해에 대해서는 *ANEP*, pl. 109를 보라).

독수리의 급습(혹은 오히려 매 사냥에서 사냥감을 향해 빠르게 강하하는 것을 가리키는 전문 용어인 "습격")은 속도에 대한 잘 알려진 이미지다. 또한 39:27-30; 신명기 28:49; 사무엘하 1:23; 잠언 23:5; 예레미야 4:13; 하바국 1:8; 예레미야애가 4:19; 참조. *Baal and Yam*(*CTA* 2) 4.15, 21, 24(Gibson, 44); *Aqhat*(*CTA* 18) 4.17, 20, 30(Gibson, 112-13); *ANET*, 13la, lines 14, 16, 21를 보라. 그 독수리(נשר – 네쉐르)는 대머리수리이기도 하다. 고디스는 이 세 직유에서 속도가 순차적으로 증가하는 것에 대해 – 달리는 사람, 배 그리고 독수리 – 말한다. 그러나 거기서 더 나아가 달리는 사람은 속도를 대표하고, 파피루스 배는 부서지기 쉬움의 개념을 더하고, 독수리는 대머리수리로서 잔인성의 주제를 추가한다고 보는 그의 발언은 설득력이 덜하다. 그 세 가지 직유는 우연히도 세 영역에서 오지만 – 땅, 물, 하늘(포어러) – 그들의 배열은 우연한 것일 것이다. 배와 새의 직유는 인생의 덧없음에 대한 표상으로서 지혜서 5:10-11에서 발전되고, 거기서는 세 번째 직유로 화살이 추가된다.

27-28 결백 선언을 거부당한 사람이 계속되는 괴로움에서 벗어날 수 있는 어떤 길이 있을까(참조. 2b절구)? 7:13에서처럼 욥은 벗어날 수단을 생각해 보지만 그것의 소용없음을 곧바로 깨닫는다. 그는 완전히 잊어버렸다고 말해도 좋을 정도까지 그의 한탄을 끝내고("내 불평을 잊는다"는 압축된 표현이다), 태연한 얼굴로 일을 대하리라고(בלג – 발라그, 문자적으로는 "얼굴을 밝게 하다") 결심한다. 하지만 그의 결심은 어떤 새로운 고난들이 그를 위해 예비되어 있을 것이라는 두려움으로 꺾여 버리고 마는데, 이는 그가 하나님이 그를 결백한 사람으로 간주하지 않고 분명히 그의 고통을 연장시키실 것이라 확신하기 때문이다.

그가 두려워하는 "고통들"은 하나님에 의해 책임 있다고 주장되는 사람이 당할 피할 수 없는 벌들이다. 이는 마음을 밝게 하려는 노력 자체가 신의 또 다른 적의를 자극할 것(로울리)이라는 말이 아니다. 그를 유죄라고 선언하는 하나님의 판결은 그가 자신에게 내려질 것으로 두려워하는 것이 아니라(대부분의 역본들과 대조, 가령, RSV의 "나는 당신이 나를 죄 없다고 하지 않을 것을 안다"), 그가 이미 자신에게 내려진 것으로 아는 바다. 그의 최근 고통들을 초래한 동일한 판결이 아직 유효하며, 미래에 관해 그의 마음을 불안으로 채운다. 이 장의 다른 곳에서의 법정 이미지는 하나님을 피고이든(16절) 혹은 기소자이든(3a, 14절) 소송 당사자로 그렸다(참조. 3a, 32절). 이 곳의 언어는 하나님이 평결을 내린 재판관으로 비춰진다고 암시할 수 있지만, 반드시 그런 것은 아니다. 소송에 임한 다른 당사자라도 그의 상대방을 결백하다고 주장하지 않는다(לא תנקני –로 테나케니)고 당연히 말해질 수 있으며, 그리고 만일 그의 주장이 그의 상대방으로 하여금 말 못하도록 만든다면 그는 분명히 "유죄"라고 선언할 수 있는 입장에 있는 것이다(29절). 어느 경우라도 32절에 이르면 양방의 논쟁 이미지가 재연된다.

29 이 절은 첫 번째 가능한 조치의 좌절로부터 두 번째 시도로 연결하는 고리로, 29a절구는 28b절구와 연결되고 29b절구는 30절과 연결된다.

어떤 일이 생기든, 그가 틀린 것으로 간주될 것이라는 확신은 그 두 번째 가능성(30-31절)을 그가 말로 표현하기도 전에 좌절시켜 버린다. 그러나 문자적으로는 "숨"이요, 전도에서 빈번히 "헛됨"으로 번역된 그의 "무상 혹은 공허감"(הבל –헤벨)은 말 중간에 그의 말을 그치게 할 만큼 압도적이지는 않다. 그가 표현하는 절망감은 충분히 사실이지만, 그는 다른 감정들도 알고 있고, 우리는 그것들을 그의 명시된 발언들을 통해서가 아니라 그가 계속하여 말하고 주장한다는 단순한 사실을 통해 감지할 수 있다.

30-31 자신의 결백을 확증할 다른 방법이 욥에게 있을까? 엄숙한 무죄의 맹세는(그의 변호의 마지막 길로 31장에서 실제로 그가 사용하는 것 같은) 참으로 하나의 가능성이다. 그는 그러한 맹세에 대해 그의 시대의 가장 우수한 세척제들인 비누풀과 알칼리성 용해제인 잿물로 자신을 "씻는 것"으로서 은유적으로 말한다. 개인적인 청결은 아마도 기름으로 피부를 덮은 후 긁어내거나 문질러 떨어내는 방식으로 훨씬 더 흔하게 이루어졌을 것이다. 몸에 비누나 잿물을 바르는 것은 다소 극단적이고 분명히 매우 철저한 세척 방식이다. 그러나 욥이 아무리 힘을 다해 자기를 깨끗하게 하려 한다 해도, 결과는 그의 편에서의 유죄 인정으로 확정될 것이다. 왜냐하면 하나님은 욥을 치겠다는 결단을 그만두시지 않았음이 확실하기 때문이다.

손을 씻는 것은 잘 알려진 정결 의식 수단으로 상징적 결백 선언이다[참조. 신 21:6; 시 26:6; 73:13(거기서도 그것은 "헛되이"〈ריק – 리크〉이다); 마 27:24]. 선지자적 신학에서는 어떤 죄들은 너무 심각하여 의식 수단만으로는 제거될 수 없다고 인정된다. 그러므로 예레미야 2:22에서 이스라엘의 죄악은 비록 잿물(בֹּרִית – 보리트)로 씻을지라도 여전히 드러날 것이며, 또한 이사야 1:18과 시편 51:4, 9[2, 7] 등에서도 그렇다(선지자 신학에 의해서 영향 받음). 오직 하나님만이 충분한 죄로부터의 씻음을 행할 수 있다. 욥은 예레미야 2:22에서 묘사된 것과 유사한 씻음을 마음에 그리지만, 그가 사용하는 동사는 좀더 어조가 강하다(התרחצתי – 히트라하츠티, 이 히트파엘은 아마도 반복의 의미를 갖는다〈앤더슨〉). 선지자 신학이 욥에게 미친 영향의 문제에 대해서는 참조. J. J. M. Roberts, "Job and the Israelite Religious Tradition," *ZAW* 89(1977) 107-14(111).

결백하다는 그의 주장에 대한 하나님의 예상된 무시를 나타내기 위해 욥이 사용하는 이미지가 인상적이다: 그가 그의 씻음으로부터 깨끗해져 새롭게 서 있을 때, 하나님이 그를 잡아서 태어날 때의 알몸 상태로 더러운 구멍이나 오수 구덩이에 집어 던지실 것이며, 그리하여 그의 옷들조차도 그를 피할 것이다. (포프, 하벨과는 반대로 슥 3:3-5에서처럼 무죄 방면된 자에게 깨끗한 옷을 제공하는 관습에 대한 가리킴이 있는 것 같지는 않다.) 그 잔인한 표상은, 하나님은 그가 유죄라고 간주하기를 포기하지 않으실 것이기 때문에, 욥이 결백 선언을 얻으려고 아무리 노력하더라도 그것은 헛되다(29b절구)는 그의 비통한 감정을 반영한다. 원인과 결과로 연결되는 은유 내러티브("내가 만일…그러면 하나님은")는 욥이 예견하는 사건들의 어떤 실제 순서와 연관되지 말아야 한다. 그것은 결백하다는 그의 주장과 현재의 현실인 그에 대한 하나님의 "유죄" 판결 사이의 충돌을 극화한 것이다.

32-35 25-31절에서 고려된 가능성들은 기약이 없기 때문에, 욥은 법정 논쟁의 생각으로 되돌아간다. 그와 하나님은 결코 동일한 입장에 선 논쟁자들이 될 수 없기 때문에(32절), 욥이 필요로 하는 것은 그 두 당사자들 사이를 중재할 수 있는 중재인이다(33절). 그러나 그러한 중재인은 전혀 존재하지 않기 때문에, 욥은 또다시 자기 자신의 자원으로 향하게 된다. 그는 자신의 사건을 하나님과 단독으로 논쟁해야 할 것이다. "아주 좋다"고 욥이 말한다. 그러나 만일 하나님이 나에게 안전 통행권을 약속하지 않으시면 나는 하나님과 그러한 논쟁을 시작할 용기가 없다. 그와 말로 겨루는 것은 정말로 어렵다(아니, 불가능하다). 그의 힘과 겨루는 것 그리고 약하고 두려운 입장에서 주장하는 것(34절)은 생각할 수 없는 일이다. 그가

내 안에 불러일으키는 마비시키는 두려움을 나로부터 가져가라. 그러면 나는 그와의 논쟁에 임할 의사가 있다고 믿는다.

10장은 그가 여기서 스스로를 굳게 대비시키는 논쟁에서 사용할 말들(아니, 그가 사용**하는** 말들)을 담고 있다.

32 억울하게 된 사람이라면 누구에게나 열려 있는 법적 자원이 욥에게는 거절되는 것은 그의 상대자가 하나님이기 때문이다(3, 14-16, 19절에서 개시된 양방 대결 이미지로 되돌아간다). 욥은 하나님이 그를 대하신 것에 대해 법 앞에 평등한 상태로 법정으로 가자는 도전으로써 응수할 수가 없다. "재판 소송에 들어가다"(עם/את בוא במשפט – 보 바미슈파트 임/에트) 혹은 "소송을 걸다"(הביא במשפט – 하비 바미슈파트)라는 표현은 일반적으로 하나님이 당사자 중 하나일 때는 가능하면 피해야 하는 경험을 가리킨다(참조. Roberts, *RestQ* 16[1973] 160). 한 시편 저자는 그러한 소송으로부터 구원받게 해 달라고 기도하고(시 143:2), 이사야는 그것의 임박함을 하나의 위협으로 사용하며(사 3:13-14) 그리고 전도자는 그것을 지나친 방종에 대한 최종 제재로 사용한다(전 11:9). 그러나 욥은 이제 그의 현재 걱정들로부터 약간만 벗어난다면, 자신이 하나님과 직접 대면하는 것보다 더 바라는 것이 없음을 깨닫는다.

욥은 우선 하나님은 사람이 아니기 때문에 그에게 "대답"(ענה – 아나)할 수 없다고 말한다(32a절구). 그러나 사실은 하나님이 그에게 묻지 않았고, 욥은 이 시점에서 하나님이 논쟁을 시작할 어떤 미래 장면을 상상하고 있는 것(14-15a절구에서처럼)도 아니다. 우리는 욥이 하고 싶어하는 "대답"은 그를 향한 하나님의 현재 태도에 대한 응답으로서일 것이라고 가정해야 한다. 그의 "막대기"를 욥에게 사용함으로써(34절), 하나님 자신은 이미 욥을 죄인으로 판단했음을 선포하신 것이다(참조. 28b절구). 이 적대적인 판단에 욥은 "우리 함께 법정으로 갑시다!"라는 도전의 말로 "응답한다". 그러나 아니다. 정식 논쟁은 불가능하며, 욥은 만족스런 결과를 내지 않을 혹은 전혀 그런 결과를 내지 않을 비공식적 자작(自作) 논쟁으로 만족해야 할 것이다(10장).

33 중재자 혹은 중재인 혹은 조정자라는 인물(מוֹכִיחַ – 모키아흐, 문자적으로는 "판결하는 자, 꾸짖는 자")이 도입된다. 그 인물이 "화해로 분쟁을 해결하는 조정자, 양방을 맺어 주는 협상가"(앤더슨)인지 혹은 두 당사자보다 우월하여 그들에게 자신의 권위를 행사할 수 있는 조정자(NEB처럼)인지는 분명하지 않다. 그는 그들에 대한 권세 혹은 권한의 상징으로 혹은 화해의 제스처로(테리앙) 그의 손을 두

당사자에게 없는다(비슷한 표현에 대해서는 시 139:5 참조). 중재자라는 인물은 궁극적으로는 법 영역으로부터 유래하지만, 고대 근동에서는 어떤 사람이 자신의 개인 신에게 자신과 자신을 괴롭게 하는 한 높은 신 사이를 중재해 달라고 호소하는 것은 상상할 수 있는 상황이다(참조. "거룩한 이들 중 한 명", 5:1; 또한 포프, 하벨). 이것이 욥의 생각 배후에 있는 것인지 말하지는 어렵지만, 분명한 것은 욥은 어느 곳으로부터 아무것도 기대하지 않는다는 것이다. 하벨(N. C. Habel, "Only the Jackal is My Friend: On Friends and Redeemers in Job," *Int* 31[1977] 227-36[232-33])은 흥미롭게도 이 인물을 엘리바스 및 다른 이들이 실현하지 못한 이상적인 친구의 모습과 그 "구원자" 인물들(16:19-21; 19:25)과 연결시킨다. 이제는 폐기되어 버린 하나님과 사람 사이의 계약 사상을 여기에 끌어들이는 것은 전적으로 적절한 것은 아니지만(P. Sacchi, "Giobbe e il Patto," *Hen* 4[1982] 175-84처럼), 욥은 하나님과 인간 사이의 정상 관계가 더 이상 신뢰될 수 없다는 깨달음에 대한 그의 놀람을 표현하고 있음이 확실하다.

마소라 본문은 욥으로 하여금 그러한 사람은 전혀 없다고 말하게 한다 – 이것이 그 경우라는 데는 의심의 여지가 없다 – 그러나 그 부정의 소사 로(לֹא)를 RSVmg, NEB, NAB, NIV 등처럼 소원의 소사 루(לֻא 혹은 לוּ)로 읽는 것이 보다 가능성이 높다("원문주해" 9:33.a.를 보라). 이러한 변경을 거절한 이들의 이유는 이미 32절이 그러한 인물이 존재할 수 있는 모든 가능성을 사실상 배제했다는 것과 33절은 그러한 중재인이 전혀 존재하지 않는다는 가정을 근거로 하고 있다는 것이다. 그러나 루(לוּ)는 사실에 반대되는 소원을 표현할 수도 있다(참조. *GKC*, § 151e, 포프) – 위에 주어진 번역이 그렇다 – 따라서 이 문장을 (가망 없는) 소원의 문장으로 보는 것에 실제적인 반대는 하나도 남아 있지 않다. 그리고 이어지는 절들과의 연결은 다음과 같다: 그러한 조정자가 있다면 좋겠구나! 그는 하나님의 "막대기"를 나로부터 제거해 줄 것이다. 그러면 나는 아무 두려움 없이 큰 소리로 말할 수 있을 텐데(NIV가 그렇다). 스트라한은 "그러한 언어를 사용하는 사람은 표면상으로는 정의를 향해 탄원한다. 그러나 더 아래 깊은 곳에서는 화해를 구하고 있고, 사랑을 열망하고 있다"라고 제대로 알아본다.

34-35 34a절구의 히브리어는 "그(하나님)로 그의 막대기를 치우게 하라"를 의미하거나, 혹은 "그(중재자)가 (하나님의) 막대기를 치울 것이다"를 뜻할 수 있다. 모든 것을 고려하면 후자가 더 그럴듯하다(따라서 JB, NAB, NIV, 도름, 테리앙도 그렇다). 중재자의 책임은 논쟁에 임한 한 당사자가 다른 당사자에 의해 위협되거

나 위압되지 않는 상황을 보장하는 것이리라. 하나님의 "막대기"는 두려움을 생기게 하는 그의 진노의 도구다(참조. 21:9; 애 3:1; 참조. 사 10:5). 욥은 그것을 하나님의 손에 당하는 그의 고난이 가리키는 대로 그를 물리치는 하나님의 거부로 경험한다. 만일 그의 고난이 그에게 유발시키는 불안 – 그것이 육체적인 것만큼 적잖이 정신적인 고통이기 때문에 – 을 멈추게 할 수 있고 하나님과의 관계가 정상화될 수 있다면, 욥은 이제 하나님의 위엄과 진노에도 불구하고(4, 19절) 두려움 없이(35a절구) 하나님과의 논쟁에 임할 수 있는 자신의 모습을 상상해 볼 만큼 강하다고 느끼며, 이제는 자기의 결백에 대한 확신이 매우 확고하다. 35b절구는 비록 난해하지만, "왜냐하면 나는 나 스스로에게 그렇지 않기 때문이다"의 가장 직접적 해석은 "그분이 힘으로가 아니라 옳음으로 행하신다면, 나로 하여금 그분을 두려워하게 할 만한 것을 나는 아무것도 모른다"이다(그레이; 비슷하게 피크). 욥으로 하여금 용기를 잃고 겁나게 한 것은 그의 결백에 대한 확신이 점차 사라짐이 아니라 하나님의 분노에 의해 생기는 순전한 공포 – 이 장은 그것으로 가득함 – 다. "당신에 대한 두려움이 나를 무섭게 하지 못하게 하라"는 호소는 나중에 역시 바랐던 법적 논쟁의 필수 조건으로서 직접적 이인칭 연설로(13:21) 또다시 행해질 것이다(참조. 또한 [하나님과는 다르게?] 엘리후에 대한 어떤 두려움도 욥을 무섭게 할 필요가 없다는 엘리후의 확언, 33:7).

그러나 이 모든 새로운 힘과 확신은 사실과 반대되는 소원으로부터 생긴다(לוּ에 의해 도입됨, 33절). 조정자는 없다. 따라서 하나님의 막대기는 제거되지 않을 것이고, 두려움은 진정되지 않을 것이며, 하나님과의 공식 논쟁은 (아직까지는) 시작되지 않을 것이다. 그러나 이상하리 만큼 비현실적인 한 가능성에 대한 단순한 숙고가 현실적으로는 욥에게 회복의 힘을 불어넣어 주었다. 만일 그가 하나님과의 정식 논쟁을 시작하지 않을 것이면, 그는 하나님과의 대화를 방해할 마비시키는 하나님 공포 같은 것을 자기 안에서 느끼지 않는다는 선언으로써(35b절구) 스스로를 놀라게 했다. 욥에게 아직 열려 있는 가능성을 보지 못하도록 그의 생각을 어둡게 한 것은 하나님의 진노요, 그리고 분노한 신은 심지어 의로운 사람에게조차 뭔가 행한다는 것이다. 그가 그렇게 하면 목숨을 거는 것일지라도(10:1a), 그는 입을 열어 "(그의) 불평을 마음껏 터뜨리고"(10:1b RSV), 하나님에게 왜 그를 죄인으로 보는지, 왜 그를 억압하는지 물을 수 있고, 그리고 할 것이다. 하나님이 청문회에 결코 동의하지 않으셔도, 욥이 "함께 법정으로 갑시다"(32b절구)라는 자신의 도전에 어떤 응답이 있으리라는 희망을 가질 수 없어도 괜찮다. 그는 여전히 그의 슬픔을 말할 수 있고, 여전히 "하나님에게 말할" 수 있다(10:2a).

10:[1]-[22] 이 연설의 두 번째 주된 마디를 이어가면서, 욥은 2인칭 연설 형식으로 되돌아가(9:32-35 이후에) 시종일관 하나님에게 말한다(2-17절 내에 그 연설을 가리키는 40개의 문법 표지들이 있음). 이 연설은 "탄식의 기도"(바이저)인가, 아니면 "고소"(포어러)인가? 여기에 고소 요소들이 많이 나타난다는 데는 의심의 여지가 없지만(**양식**을 보라), 이 연설은 여러 양식들과 모티프들이 뒤섞여 있어서 "연설" 외에 좀더 자세한 양식 비평적 분류가 전혀 가능하지 않다. 그것의 논조는 때로는 고소의 논조이며(2-7절), 때로는 탄식(15-17절) 혹은 간구(20-22절)의 것이지만, 그 양식은 그 자체로 독특한 것이다.

이 절들의 구조는 사중적이다: (1) 이 연설의 적요(1-2절), (2) 하나님이 욥을 다루시는 가능한 동기들(3-7절), (3) 욥을 창조하고 지탱하는 데 있어 하나님의 드러난 뜻과 감춰진 뜻 사이의 모순(8-17절), (4) 하나님의 억압적인 현존으로부터 벗어나기를 호소(18-22절).

[1] 이 연설 전체의 논조를 세우는 이 선언의 언어는 역시 욥을 향한 하나님의 의사(意思)에 대한 가장 철저하고 반어적인 도전으로 인도했던 7:11을 상기시킨다. 그러나 그의 생각을 말하겠다는 욥의 새로운 결단은 한 가지 면에서 다르다: 7:16 (그리고 9:21)에서는 그가 생명을 "거부했다"(מאס – 마아쓰)고 선언했다. 지금은 그의 생명을 그가 그에 반하는 결정을 내린 어떤 것으로서가 아니라, 그가 혐오하는 혹은 지겨워하는(קוט – 쿠트) 것으로서 말한다. 우리의 역본들이 마아쓰(מאס)와 쿠트(קוט)를 똑같이 번역하려는 경향에 의해 무색해진 이 혐오감의 주입은 다소 덜 허무적인 태도를 가리키는 표지요, 명확한 신호다. 욥이 또다시 그의 죽음에 대한 소망으로 빠져들기(18-22절) 전에 얼마간의 시간이 있을 것이다.

뉘앙스가 무엇이든지 간에, 자기 생명에 대한 그의 혐오는 그가 마음껏 말하기 위한 필수 조건이다. 생명에서 아무런 기쁨도 찾지 않는 사람만이 감히 욥처럼 하나님에게 말할 것이다. 이 선언은 의도적인 강도의 증강을 알려 준다.

[2] 하나님과의 논쟁 혹은 말다툼(ריב – 리브)은 9장에서 그가 간절히 원했지만 시작할 희망을 보지 못한 것이다. 지금은 그 논쟁이 이미 진행 중에 있는 것 같다. 왜냐하면 그가 "왜 당신은 나와 논쟁에 있는지 이유를 나에게 말해 주소서!"라고 말하기 때문이다. 리브(ריב)는 여기서 얼굴과 얼굴을 맞대고 하는 대결의 엄밀히 전문적 의미에서가 아니라, 법적 논쟁에 선행하고 그것을 재촉하는 충돌 상황의 의미로 사용되고 있음에 틀림없다. 그 구별에 대해서는 G. Liedke, *THWAT* 2:771-77

참조. 하나님의 적대의 이유들을 알려 달라고 요구할 때, 욥은 사실상 법적 **리브**를 시작하고 있는 것이다. 하나님은 이제 – 그가 만일 전통적 법 과정에 부응하기만 한다면! – 욥에 대한 그의 적대를 언어화해야 하며, 그리고 왜 그를 죄가 있는 것으로 간주하는지에 대한 이유들을 욥이 그것들 중 일부를 논박할 수 있도록 그에게 제시하셔야 할 것이다. 욥이 "나를 정죄하지 말라"고 말할 때, 그는 어떤 미래의 판결을 언급하는 것이 아니라, "나를 계속 죄인 취급하지 말라"는 뜻이다 – 왜냐하면 욥이 자기에 대한 하나님의 핍박으로부터 도출할 수 있는 유일한 의미가 하나님의 눈에 비친 죄라는 것에는 의심의 여지가 없기 때문이다. (칠십인경에 대해서는 H. S. Gehman, "The Theological Approach of the Greek Translator of Job 1-15," *JBL* 68 [1949] 231-40[237]를 보라.)

3-7 이제 욥은 하나님이 그를 대하시는 것 뒤에 놓여 있는 동기들에 대해 세 가지 질문을 가지고 곰곰이 생각한다. 하나님이 사람이시라면, 그의 행동들은 반드시 변명될 수 있는 것은 아니지만 납득될 수는 있을 것이다. 그러나 욥은 하나님이 인간적인 이유들로 행동하시지 않는다고 충분히 확신한다. 따라서 다음 질문이 제기되어야 한다: 왜 하나님은 **마치** 사람인 것처럼 행동하시는가?

3 첫 번째 질문은 하나님의 그를 대하심이 어떤 식으로든 하나님의 유익을 위함인지를 묻는다. "그것이 당신에게 좋습니까?"(הֲטוֹב לְךָ – 하토브 레카)는 하나님의 행위의 정당성이 아니라 하나님이 그것으로부터 얻고자 하는 가능한 이득에 초점을 맞춘다. 분명히 힘들게 고생하여 만든 것(מעשה כפיך – 마아세 카페이카, "당신 손의 작품"이라는 일반적 어구라기보다는 예기아 카페이카〈יגיע כפיך, "당신 손의 수고의 산물"〉)를 파괴하는 것은 어느 누구에게도 이득이 될 수 없다. "좋은, 선한"(טוב)은 아마도 "즐거운, 만족스러운"을 의미한다(테리앙이 그렇다). 참조. 창세기 2:9; 6:2; 출애굽기 2:2; 사무엘하 11:2. 그런 경우라면, 욥이 묻는 것은 하나님이 조금은 자기 자신의 작품을 부수고 거절하는 데서 쾌락을 얻는, 마조히스트 경향을 갖는 것이 아닌가일 것이다. 욥의 창조에 대한 약간 왜곡된 의도가 13-14절에서 또다시 하나님에게 돌려진다. 자주 그런 것처럼, 욥은 그 자신의 운명을 인간 전체의 상황으로 본다. 하나님 손의 "수고"는 인간을 가리키도록 의도되었지만, 욥이 실제로 말하고 있는 것은 자신에 관한 것이다.

그러한 사실을 인정하면 이 절의 마지막 행이 이해된다. 왜냐하면 만일 "당신 손의 수고"가 인간 전체를 뜻한 것이라면, 그것은 악인들도 포함할 것이며, 두 번째와 세 번째 시행 간에 대조를 보기 어려운 위치에 놓일 것이기 때문이다. 사실 욥은 악인들의 운명에 특별히 관심이 있는 것이 아니며, 그리고 확실히 그들의 어떤 구체적인 계획들에도 관심이 없다—그들과 그들의 성쇠가 그와 그의 성쇠에 대응하는 경우를 제외하고 말이다. 그는 뜻한다. 내가 여기 있나이다. 당신이 수고하여 만들었고, 당신에게 충실한데, 당신에 의해 거부되고, 반면에 악을 도모하는 자들은 당신에 의해 인정되어 방관됩니다(21장에서 욥에 의해 더 많이 전개될 주제). "…에게 미소짓다"라고 번역된 용어(הוֹפָעְתָּ—호파타)는 문자적으로는 "…에 빛을 비추다"를 뜻하며, 시편 언어에서는 구원을 가져오기 위한 하나님의 자기-현시에 대해 사용된다(참조. 신 33:2; 시 50:2; 80:3[2]; 94:1). 그러므로 그것을 악인들에 대한 그의 태도에 적용하는 데는 의도적인 아이러니가 있다.

4 두 번째 질문은 하나님은 당연히 근시안적이고 오류가 없는 데서 오류를 보거나 혹은 작은 오류를 크게 불리어 보는(덤) 사람의 시력과 시야를 가지고 계시는지를 묻는다. 그분이 의로운 사람을 마치 죄인인 것처럼 대하시는 것은, 최소한 시야의 결핍을 나타낸다. 그러나 욥은 그것을 부정하기 위해서 그 질문을 제기한다. 물론 그는 구약의 모든 경우처럼 하나님은 "육체"가 아니라 "영"이심을 전제한다(사 31:3; 참조. 40:6; 시 56:5[4]). 하나님의 시야는 인간의 것처럼 피상적이지 않고 깊은 속까지 꿰뚫으신다: "나의 보는 것은 사람과 같지 아니하니 사람은 외모를 보거니와 나 여호와는 중심을 보느니라"(삼상 16:7). 마찬가지로 지혜 교사들은 하나님의 초인적 시계를 강조하며(잠 16:2; 21:2), 또한 욥(26:6; 31:4)과 그의 친구들(34:21) 자신들도 같은 전통을 표현한다(성경 바깥의 지혜 사상에 대해서는 Amenemope 18; *ANET*, 423b 참조). 그러나 만일 그렇다면, 하나님의 행위의 수수께끼는 어떻게 설명될 수 있을까?

5-6 세 번째 질문은 하나님이 사람의 수명보다 더 하지 않은 아주 제한된 수명을 가지고 있어서 그분(하나님)이 죽기 전에 욥에게서 어떤 잘못을 발견해야 한다는 시간의 압박 아래 있다고 느끼는지를 묻는다. 이 질문은 그를 대하는 하나님의 박해의 무자비한 압박에 대한 욥의 느낌의 반영이다. 만일 그의 원수가 사람이라면, 그렇게 성마른 집요함은 아마도 인생의 짧음에 대한 과장된 인식을 드러낼 수도 있을 것이라고 욥은 생각해 본다. 그의 상대방은 마치 다가오는 죽음을 두려워하여 필사적으로 서둘러 일을 끝내야 하는 사람들처럼, 혹은 보다 정확하게 말하면 잔학을 향한 돌진이 죽음에 대한 두려움의 증후인 사람들처럼(테리앙) 행동한다. 물론 욥은 하나님의 생명은 그렇게 제한되어 있지 않고, 그분은 "영원에서 영원까지" 계시며(시 90:2), 그의 "해는 끝이 없다"(시 102:28[27])는 것을 인정할 것이

다. 그렇다면 그러한 행위는 사람에게서는 설명 가능하고, 따라서 변명이 가능할 것이다. 그러나 하나님에게서는 설명이 불가능하다–아마 말할 수 없을 정도로 사악한 방식으로가 아니라면(참조. 13절).

5절에 대한 좀 덜 그럴듯한 해석은 그 안에서 4절과의 밀접한 평행을 보는 것으로(호르스트가 그렇다), 그것은 마치 하나님은 수명이 짧아서 경험이 유한하거나 혹은 "육체의 눈"을 가진 자들처럼 "근시안적인지"를 묻는 것이다. 이 절은 분명히 4절에 대한 단순한 방주(旁註)가 아니다(덤, 휠셔의 견해처럼). 왜냐하면 그것은 6절에 나오는 결단을 설명하는데, 그것은 4절의 생각만으로는 할 수 없는 일이기 때문이다.

6절에서 "나의 허물"과 "나의 죄"에 대해 말할 때, 욥은 하나님이 추궁하여 캐낼 수 있는 어떤 감추어진 죄가 정말로 자기 안에 있다고 당연히 인정하는 것이 아니다. 히브리어는 "나의 죄"라는 단어 외에 "내 안에 있는 어떤 (가정되는) 죄"의 뉘앙스를 표현할 수 있는 쉬운 방법을 가지고 있지 않으며, 또한 자신의 죄 없음에 대한 욥의 반복되는 분명한 확언이 여기에 나오는 자기 죄에 대한 언급이 어떻게 해석되어야 할지를 결정해야 할 것이다. 함축 의미는 이렇다: 하나님은 욥이 (한 사람으로서) 분명히 어떤 죄를 가지고 있음을 **선험적으로** 안다. 그러므로 하나님의 날이 짧기 때문에(가정이 그렇게 진행된다) 그는 그의 희생자가 자기보다 오래 살지 못하도록 그 죄를 긴급히 찾아내야 한다(그리고 그것을 벌해야 한다).

7 이 절은 대개는 앞서는 것과 문법적으로 연결된다고 생각된다. 즉 "…비록(על) 당신은 내가 죄가 없다는 것과, 그리고 당신의 손에서 구원할 이가 없다는 [것을] 알지라도." 이렇게 읽으면 7a절구는 6절과 매우 밀접하게 연결되고, 7b절구는 5절과 연결된다: 7a절구는 하나님이 아주 고집이 세서 그에게 죄가 전혀 없음을 아는데도 고집스럽게 그에게서 죄를 찾아내려고 하신다(6절)고 주장한다. 7b절구는 욥은 (그의 임박한 죽음을 고려하면) 그의 학대자보다 오래 살 수 없기 때문에(참조. 5절), 하나님은 욥의 죄를 찾아내려고 지나치게 고심하신다고 주장한다. 따라서 인내하면서라도 하나님은 자기의 목표를 달성하실 것임에는 의심의 여지가 없다. "(그의) 손에서 구원할 자가 하나도 없다." 피크도 비슷하게 설명했다. "[하나님은] 아무도 자기의 힘으로부터 욥을 벗어나게 할 수 없다는 것을 아신다. 그러나 마치 어느 때에라도 그가 자신의 손가락 사이로 미끄러져 나가기라도 할 것처럼 그분은 그를 고난으로 압도해 버리신다." 그렇다고 하면 7b절구는 욥을 학대하는 데 있어 하나님의 **서두름**의 이슈를 시작하는 것이 될 텐데, 그것은 5절에서도 7b절구

에서도 명시적이지 않은 주제다.

7절을 독립 문장으로 보고 첫 단어 알(על)을 그것의 보통 의미 "때문에"로 번역하면 억지가 좀 덜한 해석을 얻을 수 있다. 따라서 "당신은 내게 잘못이 없다는 것을 알기 때문에 당신의 손으로부터 벗어날 길이 없다(문자적으로는 구원할 이가 하나도 없다)"(에얼리히는 알〈על〉을 "때문에"로 인정하고, 테리앙, 포프, 블롬머드는 7절이 5-6절과 독립된 것이며 첫 번째 행은 종속절이라는 것에 동의한다). 그 뜻은 당신은 내게서 어떤 죄를 찾아내려고 필사적으로 서두르고 있습니다(5-6절). 그러나 당신은 아무것도 발견하지 못할 것임을 내가 아는 만큼 잘 압니다. 따라서 당신의 서두르는 수색은 결코 목표에 다다르지 못할 것이기 때문에 나는 붙잡혀 있는 것입니다(7절).

욥은 여기서 하나님과 자신의 대결에서 새로운 이정표에 이른다: 3장에서는 그가 죄 없다는 주장을 전혀 하지 않았고, 6-7장에서는 그의 결백보다는 그의 불행을 강조했던 반면(그러나 참조. 6:10c, 30), 이 연설에서는 그의 결백을 격렬하게 주장할 뿐만 아니라(9:15, 20, 21), 여기서－처음으로－그가 결백하다는 것을 **하나님도** 아신다고 단언한다. 하나님이 그의 고난을 간과하셨다. 혹은 그분이 욥의 결백에 관해 실수하셨다고 믿으면 훨씬 더 위로가 될 것이다. 그러나 그가 결백하다는 것을 알면서도 하나님이 그를 벌하신다고 믿는 것은 완전히 덫에 걸렸다고 느끼는 것과 같다. 방심하거나 판단을 잘못한 신에게는 호소할 수 있다. 그러나 자신이 무엇을 행하고 있는지를 아는 신으로부터는 사실상 벗어날 "길이 전혀 없다".

[8]-[17] 이 연을 시작하는 하나님의 창조 활동에 대한 장려한 묘사(8-12절)는 다만 비통한 결론으로 끝나고(13-14절), 이는 마지막 절들에서 더 발전된다(15-17절). 핵심 절들(13-14절)에 의해서 하나님이 욥에게 아낌없이 주셨던 모든 돌봄 위에 가능한 최악의 구조가 놓여진다: 하나님이 욥에게서 잘못의 구실을 찾고 그것 때문에 그를 고생하게 하시려는 사악한 목적을 충족시키기 위해 모든 일이 행해졌다. 악하든 결백하든, 그의 생명은 한 가지 목적을 가지고 있다: 하나님의 목표물이 되는 것(15-17절). "모든 친절은 단지 그의 현재 고통을 더욱 심하게 하기 위해 의도되었다"(로울리). 하나님에 관한 진실이란, 이 연설 전체가 주장하듯이 그분은 자신의 분노를 지속시키기 위해서만 그의 능력을 사용하신다는 것과, 그의 창조물을 향한 그의 태도는 끝이 없는 적의와 잔학이라는 것이다.

[8] 욥은 모태에서의 잉태와 형성을 창조주 하나님의 개인적인 행위로 이해한다. 가공되지 않은 재료를 가지고 있는 토기장이 혹은 장인처럼, 하나님은 조심스럽고

기술적으로 그 배아를 구상하고 거기에 형체를 부여하셨다.

이 연의 주제는 과거의 하나님의 부드러운 돌보심과 현재의 그분의 무자비한 파괴성 사이의 긴장, 혹은 차라리 모순이며, 이미 이 시작 절에서 분명히 말해진다. 이 솜씨 좋은 만들기에 속편은 동기 없는 잔학 행위로의 마음의 변심이다("당신은 돌아섰습니다", 본문이 그렇게 이해되어야 한다면; "원문주해" 10:8.b를 보라). 우리는 시인이 "멸하다"를 가리키기 위해 발라(בלע, 문자적으로는 "삼키다, 삼켜 버리다"; 또한 8:18에서)라는 용어를 선택할 때, 우리로 하여금 – 자신의 손으로 만든 것을 파괴하시는 하나님의 괴팍함에 대해 욥이 공격하는 이 중요한 시점에 – 이 드문 용어가 아주 비슷한 문맥에서 야훼에 의해 사용되는 2:3을 참조하도록 의도하는 것인지 궁금해하는 것도 당연하다: "네가 나를 격동하여 까닭 없이 그를 멸하게(בלע) 하였어도 [욥]은 여전히 그의 온전함을 굳게 지킨다!" 탄생의 과정을 하나님의 개인적 행위로 돌리는 본문들에 대해서는 시편 22:10[9]; 119:73; 139:13; 전도서 11:5을 참조하라.

9 생각의 방향은 8절과 동일하고, 창조적 행위와 파괴적 행위가 대조된다. 그러나 이 절에서는 하나님에게 욥과 가졌던 과거의 관계가 어떠했는지를 "기억하시라"는 호소로 인해 애절함이 고조된다(참조. 7:7에 관한 부분). "그 인물은 자기의 그릇에 아낌없는 관심과 사랑을 쏟았다가 이제는 그가 정교한 기술과 섬세한 장식으로 만든 것을 다시 흙으로 환원시켜 버리는 토기장이다"(데이빗슨).

그릇으로 만들어졌다가 깨지면 땅으로 돌아가는(참조. 창 3:19; 시 90:3; 104:29; 146:4; 마카베오상 2:63; 1QH 3.21, 23-24; 12.24-27; 1QS 11.21-22) 흙으로 인간을 보는 그 흔한 개념(참조. 4:19; 33:6; 창 2:7; 사 64:7[8]; 참조. 사 45:9; 렘 18:5; 롬 9:20-21)이 여기서는 인간의 자연적 운명이 아니라 하나님의 손에서 특별하게 다루어지는 욥에게 적용된다("당신은 나를 갈아서 다시 티끌로 만들렵니까?", 모파트). 욥은 물론 인간이 티끌로 돌아갈 운명이라는 것을 탄식하고 있는 것이 아니라, 자기의 생을 다 살기도 전에(참조. 5:26에 관한 부분) 하나님이 자신을 그의 출생지인 땅으로(참조. 1:21) 돌려보내시고 있음을 탄식한다. 이런 이유에서 두 번째 행은 9a절구의 "기억하라"에 종속된 것이 아니다(테리앙, 고디스가 그렇게 본다. 물론 고디스는 이 행을 의문문으로 여기지 않는 점에서 틀림없이 옳다).

10-11 루터는 "창조주 하나님을 믿는 것은 그분이 다른 모든 피조물들과 나란히 나를 창조하셨다고 믿는 것을 뜻한다. 이것을 그것의 충만한 의미로 믿을 만큼 진전한 사람은 몇 안 된다"고 말했다. 욥으로 하여금 하나님의 창조 사역을 전적으

로 그 자신의 개인적 형성과 탄생의 관점에서만 바라보도록 하는 것은 일종의 자기 본위가 아니라, 그를 존재하게 한 하나님의 정확하고 깊은 기술에 대한 성경 문헌에서 유래를 찾기 힘든 경외감이다.

인간의 생식과 임신 행위들 안에 그리고 그 배후에는 하나님의 세심한 활동이 놓여 있다는 것은 여기서 어떤 신학적 놀라움이 없이도 당연하게 여겨질 수 있다. 우유 같은 물질인 정액이 자궁 안으로 쏟아 부어진다. 그것은 어미의 자궁 안에서 치즈처럼 응고되어(KJV의 "cruddled"는 "curdled〈응고되다〉"의 고대 방언 형태) 배아가 되고, 마지막으로 살과 뼈가 함께 엮어져 "이 정교한 생명 매듭"(this knot intrinsicate of life; *Anthony and Cleopatra* 5.2.296)이 된다. 비슷한 그림이 시편 139:13-16; 마카베오하 7:22-23 등에서 그려진다. 참조. 전도서 11:5; 지혜서 7:1-2; 코란, Sura 22.5; 36.76; 40.69; 80.19; 96.2; Pliny, *Hist. nat.*, 7.13; *m. ʾAbot* 3.1. "함께 묶다"를 가리키는 용어(סכך-사카크, JB의 "짜다, 엮다")는 비록 그 어근에서 파생된 명사들은 충분히 입증되지만 구약의 다른 곳에서는 시편 139:13에서만 나타나며, 동일한 맥락에서다.

12 그리고 욥이 태어난 후에도, 그에 대한 하나님의 배려는 전적인 지지였다: 자기 손으로 지은 것에 대한 충성으로(חסד-헤쎄드; 참조. 6:14에 관한 부분), 하나님은 자신이 창조한 생명을 계속 유지시키셨다. 그의 자비로운 권고가 그의 삶을 보증했다(שׁמר-샤마르, "지키다"). 누구든 그것은 거의 1:1-3에서 묘사된 가득 넘치는 생활인 그의 **이전** 삶이라고 말할 것이다. 여기서 "생명"(חיים-하임)은 그의 탄생을 가리키지 않을 것이고(피크처럼), 단순히 물리적 삶을 가리키는 것도 아니며, 건강하고 충만한 생명을 가리킬 것이다(참조. KB, 294a § 3; G. Gerleman, *THWAT* 1:551). "권고하심"(פקדה-페쿠다)은 비록 다른 곳에서는 부정적으로(심판을 위한) "방문"을 가리키는 데 사용되지만(참조. KJV, RV; 호 9:7; 사 10:3 그리고 욥 7:18에 나오는 동사 파카드〈פקד〉), 여기서는 그것을 뜻할 리가 없다.

13-14 8-12절에서 묘사된 하나님의 모든 애정 어린 돌봄은 실상은 겉모양뿐이었다고 욥은 말한다: 그의 목적(13절에 반복되는 "이것"은 앞쪽을 가리키고 있음에 틀림없다)은 상당히 다르고 완전히 그릇된 것이다. 오로지 허물을 찾아내기 위해 사람을 기르는 자기의 의도를 그가 자기 마음속에 "감추고"(צפן-차판) 있었던 것도 이상할 것이 없다. 하나님은 미소짓는 섭리 뒤로 찡그린 얼굴을 숨기셨다. 하나님이 욥의 생명을 "보존하시는"(שׁמר-샤마르) 것(12b절구)은 단지 정탐꾼처럼(참조. 7:12에서 하나님이 그 위에 세우시는 "감시인"〈מִשׁמר-미쉬마르〉) 그를 "감시

하는"(שמר; "원문주해" 10:14.a를 보라) 진짜 목적을 위한 방편일 뿐이다. 하나님은 보호라는 미명 아래 "잠복지"를 만들고, 자기 먹이를 덮치려고 한 순간도 방심하지 않으신다. 이 "사람-감시자"(7:20)를 즐겁게 할 것은 욥의 충만한 생명의 향유가 아니라(참조. חיים – 하임, 12a절구) 욥에게서 잔혹한 취급을 정당화해 줄 어떤 죄의 발견이다(비록 어떤 죄라도 충분한 이유가 되겠지만, 가벼운 죄와 중한 죄 사이에 아무런 차별이 없다〈로울리는 이에 반대다〉). 욥은 하나님을 실망시켰다. 왜냐하면 그의 결백함이 증명되었기 때문이다. 그럼에도 불구하고 하나님은 속임을 당해 그의 열망을 빼앗기도록 허락하지 않았고, 욥을 죄가 있는 것으로 취급하셨다.

이런 충격적인 생각은 욥이 길게 발전시키기를 꺼려하지 않는 것인데, 부자연스럽지 않게 그의 지평을 이루는 가정들로부터 일어난다. 만일 하나님이 그를 괴롭히시는 것이 단순히 우연적이거나 혹은 자동적인 것이 아니라면, 그는 자기가 무엇을 하고 있는지 충분히 잘 안다(참조. 7a절구). 또한 하나님의 행위가 변덕이라 할 수 없을 만큼 매우 일관되기 때문에, 적의가 그의 확정된 의도라는 결론이 나온다. 또 하나님은 창조주이시고(참조. 9:4-13뿐만 아니라 10:8-11) 그의 계획들이 무르익기를 기다릴 수 있기 때문에(이것은 5-6절이 확증하는 바이다), 욥이 지금 경험하고 있는 것은 오랫동안 품어진 하나님의 음모의 성공이다. 이 연설에 매우 지배적인 중심 주제인 하나님의 적대적인 분노라는 주제가 여기서 또다시 부상한다.

이 절들은 이 연을 앤더슨에 의해 제시된 방식으로 읽는 것이 거짓임을 밝혀낸다. 가령, 욥은 "사람을 만들 때…하나님의 의도는 선하다고 근본적으로는 확신한다…창조를 통한 하나님의 생명 긍정은…분투하는 신앙의 한 표현이다." 그러나 비록 하나님의 적대적 의도가 8-12절 전체에 비통함을 불어넣고 있음이 분명하더라도, 욥의 말의 논조가 7:17-21과 같은 아이러니인지, 비통함에서 나오는 비난인지 혹은 최악의 경우를 기꺼이 믿게 한 깊은 절망인지는 미묘한 문제로 남아 있다.

우리는 여기와 같은 시점에서 욥이 말하는 모든 것을 **문자 그대로** 받아들이는 위험에 빠지지 않도록 분명히 조심해야 한다. 물론 그는 자신이 말하는 것을 지극히 진지하게 뜻하지만, 그의 진지함은 자극적이고 실험적일 뿐만 아니라–그 정교하게 만들어진 수사법에도 불구하고–고통의 일차적 본능의 외침인 "거친 말들"이다(6:3). 이 곳의 어느 것도 그의 마지막 말이 아니다. 여기에는 이 이야기의 해결의 관점으로부터 새롭게 바라보지 말아야 하는 것이 하나도 없다. 그리고 욥은 아프다. 그의 상처들뿐만 아니라 그의 멍든 정신이 이런 말들을 유발한다. 그는 편집증 환자들의 언어로 말한다. 그들은 "불평의 원인들에 대해 곰곰이 생각하고, 그런 후에 자신들의 공격성, 증오 혹은 열망을 객관화하거나 합리화한다. 참고된 생각들이 어느덧 박해의 망상들이 된다. 그들은 음모들이 자신들을 대항하여 꾸며진다고 믿는다: 그들의 생각, 그들의 인격 그리고 그들의 특성이 상충한다"(*Henderson and Gillespie's Textbook of Psychiatry*, rev. I. Batchelor[London: OUP, 10th ed., 1969] 295). 그러나 그렇다고 할지라도, 당신이 과대 망상적으로 다른 사람들이 당신에게 적대적이라고 생각한다는 말이 반드시 사람들이 당신에게 적대적이지 않다는 것을 의미하지는 않는다. 그리고 욥의 정신적인 병은 그 근거들을 가지고 있다.

15 하나님은 일반적으로 의로운 자들과 불의한 자들을 구별하지 않으신다는 말(도름)이 아니라, 그분은 욥이 그렇든 그렇지 않든 욥을 치고 그를 죄인으로 선언하시겠다고 결심하고 있다는 말이다. 하나님의 다루심에 대한 비난은, 흠 없는 자들과 악한 자들에 대해 보다 일반적인 언어로 말해지는 9:22에서와 같이, 그분이 아무런 기준 없이 행하신다는 것이 아니라 – 정확하게 말하면 그 반대로 – 그분이 아무런 망설임 없이 계획을 이행하신다는 것이다: 인생 및 평판의 파괴. 욥이 정말로 악인이라면, 그는 벌을 받도록 운명되어 있는 것이다. 설사 그에게 죄가 없다 해도, 그는 그의 결백에 정당한 자긍심을 가지고 머리를 높이 들 수 없다(참조. 11:15; "머리를 들어올리는 것"은 일반적으로 담대함과 자립을 상징한다. 참조. 사 8:28; 시 83:3[2]; 슥 2:4[1:21]). 왜냐하면 그는 자신이 마시게 된 수치와 고통으로 인하여 이미 죄인으로 선포되었기 때문이다(칼론〈קָלוֹן, "수치, 부끄러움"〉은 8:22의 보쉐트〈בֹּשֶׁת〉처럼 "객관적인" 의미를 갖는다).

16 욥이 자신의 결백을 완강히 주장함으로써("내 자신을 세우다"; 이렇게 읽는 것에 대해서는 "원문주해" 10:16.a.를 보라) 자신을 내세울 힘을 가지고 있을지라도, 그는 하나님의 포악함으로 공격당한다. 그리고 박해받는 시편 저자들처럼 사자 같은 원수에 의해 추격당한다(참조. 시 7:3[2]; 10:9; 17:12; 22:14[13]; 35:17; 57:5[4]). 그러나 시편 저자들과는 다르게, 그의 원수는 하나님이다. 사자 메타포는 호세아 5:14; 13:7에서 죄를 범한 이스라엘에 대한 하나님의 진노의 심판을 가리키는 것으로 하나님에 대하여 쓰인다. 그러나 여기 욥기에서의 요점은 하나님의 진노가 결백한 사람을 향해 있다는 것이다.

하나님에 대해 사용되는 동물 이미지에 대해서는 J. Hempel, "Jahwegleichnisse der israelitischen Propheten," *ZAW* 42(1924) 74-104를 참조하라. 유사 본문들을 고려하면, 하나님에 의해 사냥당하는 사자가 욥인 것 같지는 않다(에얼리히, 스티븐슨, 고디스가 생각하는 것처럼). 추드(צוּד, "사냥하다")는 보통의 경우 인간의 활동을 의미하는 것이 사실이지만, 38:39은 그것이 사자를 주어로 해서 사용될 수 있음을 보여 준다. NEB는 "사자처럼"을 "나는 당당하다"[혹은 나는 기운이 넘친다]와 연결시킨다. "사자"를 뜻하는 용어 샤할(שחל)에 대해서는 "원문주해" 4:10.b를 참조하라.

하나님의 모든 자원이 욥을 대항하여 사용된다. "기이한 일"(נפלאות – 니플라오트)은 창조 때의 하나님의 행위였다(5:9; 9:10; 37:14). "기이한 일"은 또한 이스라엘의 역사 속에서의 하나님의 행위였다(출 3:20; 15:11; 34:10; 시 77:15[14]; 107:8 등). 이제 그는 욥의 경우를 "다시 한 번 기이한 일로 자신을 드러내는"(תשב תתפלא – 타쇼브 티트팔라) 기회로 사용한다. 인간들은 욥을 다룰 때 나타나는 하나님의 위엄에 몹시 놀란다. 선지자는 이스라엘의 굴욕을 하나님이 그들을 "기이하게 다루시는 것"(사 29:14), 곧 놀랍고 무서운 진노로 대하시는 것이라고 묘사할 수 있다. 여기서는 하나님이 큰 승리를 얻기 위해 싸우는 상대는 외로운 한 사람이다. 분명히 불균형의 아이러니가 보인다(참조. 7:12에 관한 부분).

17 이 연은 격렬하게 고조된 어조로 끝난다. 욥이 감히 자신의 권리를 세우려 하면(16a절구), 하나님은 그를 대항한 적의를 새롭게 충전하신다. 히브리어로는 "당신이 내 앞에서 당신의 증인(עד – 에드)들을 새롭게 한다", 즉 "당신은 나를 대항한 새로운 증인들을 데려온다"(NIV). 그 증인들이란 단지 "그의 죄에 대한 수많은 증거들로 여겨지는 욥의 고난들"일 수 있을 것이다(드라이버). 참조. 16:8에서는 욥의 초췌한 모습이 그를 대항하는 "증인"(עד)이다. 그러나 이 연설에 법적 은유들이 광범위하게 퍼져 있음에도 불구하고, 이 번역은 그 문맥의 상황에 잘 들어맞지 않는다. 또한 그의 고난들을 증인들로 의인화하는 것도 이 장의 다른 곳에서는 보이지 않는다. 따라서 두 번째 행과 동의 평행법을 보여 주는 "당신은 나를 대항한 적의를 새롭게 한다"는 번역("원문주해" 10:17.a.를 보라)이 더 좋다. 이 연설 전체의 중심 주제인 하나님의 분노가 오직 강의 형태로만 에드(עד, "적의")와 카아스(כעש, "분노": RSV의 "분함"이라기보다; 참조. 5:2; 6:2에 관한 부분)라는 단어들로 다시 나타난다: 욥의 결백에 대한 항변은 오로지 그를 대항한 하나님의 분노의 폭발을 증가시키는 데 기여할 뿐이다. 그가 만일 신의 공격으로부터 잠시라도 쉼을 얻으면(아마도 그는 결백함으로 "당당한" 순간들을 생각하고 있는 것 같다. 16a절구), 그에게 할당된 몫인 "고된 노역"(צבא – 차바)의 부과가 필연적으로 뒤따른다(참조. 7:1, "사람은 이 땅에서 힘든 노동〈צבא〉만 갖고 있는 것이 아닌가?").

18-22 욥의 명예 회복의 필요성(9:2)은 하나님에게 어떤 행동을 취하시도록 할

수 없는 그의 무능력에 부딪혀 무너졌었다(9:3-4, 14-20). 이제 그 필요는 하나님이 법정에 나오시도록 강요될 수 있을지라도, 성취가 불가능한 것같이 되었다. 왜냐하면 그것이 무엇이든 하나님이 그에게 죄가 있는 것으로 확정하기로 결심하셨기 때문이다(10:14-15). 하나님에게 이를 수 없다고 느끼는 것은 충분히 나쁘다(9:11). 그러나 자신이 분노하신 하나님의 손에 잡힌 의로운 사람으로 "(그의) 손으로부터 빠져 나갈 돌파구가 전혀 없는" 상태에 있음(10:7)을 아는 것은 훨씬 나쁘다. 욥은 두 배로 절망적이 되어 3장에서 보인 그의 최초의 심정으로 전락한다. 그러나 여기서는 그 때의 절망이 그의 이전 연설 말미(7:16b, 19)에서 처음으로 일어난 하나님의 부재를 원하는 새로운 탄원과 뒤섞인다.

18-19 이 탄식은 욥의 울부짖음인 3장 중간 부분의 주제를 갖는데(11-19절), 거기서도 비난 혹은 간구임을 표시하는 "왜?"라는 도입 질문으로 그는 자신이 사생아일 수 있었기를, 즉 살아서 "자궁 밖으로 나오지 않을" 수 있었기를 바라는 헛된 소원을 표현했다. 그는 비록 3장에서는 아니지만 여기서 자신의 탄생을 하나님의 개인 행위로 돌린다. 이것은 3장의 생각의 자연스런 발전이며, 이제 8-12절의 설명과 조화된다. 그러나 그것은 또한 욥이 3장 이후로 얼마나 멀리 이동했는지를 알려준다: 거기서는 하나님이 오직 수동태로만 언급되었고, 욥의 아픔 중 어느 것도 하나님의 탓으로 돌려지지 않았다. 여기서는 자기 저주가 하나님을 향한 비난이 되었고, 그가 원하지 않은 삶은 단지 신의 괴팍한 계획의 완성이 되었다(13-14절). 또한 여기서는 욥의 격통이 3장에서처럼 단순히 그의 재난이나 고난에서 생기는 것이 아니라, 그 고난은 우연이 아니라 오랫동안 지속된 소름끼치는 하나님의 계획이라는 그 안에서 발전된 자각으로부터 생긴다.

20 이제 3장의 주제가 7장 뒷 부분의 주제와 합쳐진다. 따라서 욥의 남은 날들은 너무 "적어서"(מעט – 메아트) 그가 찾을 수 있는 "위안, 기쁨"도 아주 "적을"(מעט) 것이다. 이 절은 그가 기대할 수 있는 전부인 "적은"이라는 똑같은 말로 시작하고 끝난다. 그는 그의 신적 원수가 그를 골똘히 생각하고 있다는 것(9:27, 여기서처럼 발라그〈בלג〉)을 알기 때문에 자기 자신에게서는 "기운"을 이끌어 낼 수 없다. 그를 위로할 수 있는 것은 오직 하나님의 부재다. 분위기는 7:16에서와 동일하다.

21-22 "사람이 어떻게 하나님에 의해 옳다고 선언될 수 있는가?"(9:2)라는 질문에 대한 욥의 침울한 혹은 복잡한 사색들은 이제 완전히 잠잠해졌고, 그의 생각은 오로지 임박한 완전 파멸의 운명에 관한 것뿐이다. 그의 존재는 창조의 한 이상(異常)이 되었다. 그의 운명은 창조가 원 상태로 되돌려진 지반 위에 놓여 있다.

빛이 하나님의 첫 번째 창조이며 질서가 모든 면에 명백한 세상 대신, 그가 향하는 "땅"은 질서 없는 흑암의 연속으로, 창조가 시작되기 전 아무 형태도 없이 어둡기만 했던 곳(창 1:2) 같으며, 어떤 변경의 가능성도 없는 "끝없는 죽음의 밤"(Shakespeare, *Sonnets* 30) 같다. 욥의 인생은 열역학 제2법칙에 따르는 우주처럼 항상 돌이킬 수 없는 무질서를 향한다. 사람이 그로부터 돌아오지 않는 땅으로서의 스올 모티프에 대해서는 7:9-10에 관한 부분을 참조하라. 그리고 Callimachus 15(13).3-4를 참조하라. "지하 세계는 어떤가? 깊은 흑암이라. 우리에게 돌아오는 것은 어떤가? 모두 거짓말이다. 그러면 플루토는? 신화일 뿐이다. 그러면 우리는 길을 잃었다"(How is it in the underworld? Deep darkness. How about return to us? All a lie. And Pluto? A myth. So we are lost).

욥의 다른 연설들처럼, 이번 것도 죽음의 전망으로 끝난다. 여기서 죽음의 특별한 특징은 죽음이 고통으로부터 해방시켜 준다거나(3:20-22에서처럼) 혹은 하나님으로부터 피할 수 있는 영원한 은신처를 제공한다는 것(7:21b에서처럼)이 아니라, 죽음은 사람을 어두움으로 감싼다는 것이다(H. Ringgren, *TDOT* 5:255-56를 보라). 욥은 소리쳐 어두움을 요구했다("어떤 눈이라도 나를 보기 전에 내가 죽었더라면", 18b절구). 지금은 그 어두움이 그에게 거절된다는 것을 그는 안다. 그럼에도 불구하고 그는 그 어두움을 열망한다. 죽음 전의 생명은 오로지 하나님의 응시가 그로부터 다른 곳으로 돌려질 수 있어야만(20b절구), 그가 신의 주목 혹은 차라리 심문의 노려봄으로부터 자취를 감출 수 있어야만 "위로가 될" 수 있다.

해설

이 연설의 언어에는 법적 논쟁의 은유가 풍부했다. 욥은–주저하면서 그리고 모험적으로–하나님으로부터 옳다는 법적 증명을 얻을 방법들에 대해 숙고했다. 그러나 연설이 진행되면서 그 시도의 무익함만 더욱 명백해지고, 따라서 전체 주제가 완전히 막다른 궁지에서 끝날 위기에 있는 것같이 보인다.

그러나 무엇인가가 움직이고 있다. 그것은 신이 적의로 가득하다는 욥의 점차적으로 커지는 인식이다. 욥은 이 연설에서 자신의 열망을 방해하는 것이 하나님을 강요하려는 어떤 시도도 실패로 돌아가게 하는 그의 위엄이나 전능이라기보다는 피할 수 없는 신의 노여움이요, 욥을 대항한 전투에 한 신의 모든 자원을 투입시키는 계획된 적의라고 인정하기에 이른다.

그렇다면 합리성의 지평에서 보면 이 연설에서 욥이 즐겼던 접근 방법 전체－대규모의 법적 대결－가 실패로 돌아가는 것 같고, 오직 쓰라린 체념의 분위기만 남을 것으로 기대될 수 있다. 그러나 감정의 지평에서 보면, 이제 막 갈등이 시작되었을 뿐이다. 실상은 욥이 하나님의 진노에 대한 느낌을 처음으로 표면으로 가져왔기 때문이다. 그 분노는 하나의 사실이든 그렇지 않든 욥 안에 있는 격한 분노에 의해 대항되어야 한다. 이지적으로는 게임이 막힌 것 같다. 그러나 감정적으로는 모든 것이 여전히 문제가 되고 있다.

6. 소발의 첫 번째 연설(11:1-20)

참고문헌

Jacob, B. "Erklärung einiger Hiob-Stellen. 11:11." *ZAW* 32(1912) 278-87(283). **Slotki, J. J.** "Job XI 6." *VT* 35(1985) 229-30. **Sutcliffe, E. F.** "Notes on Job, Textual and Exegetical. 6, 18; 11, 12; 31, 35; 34, 17.20; 36, 27-33; 37, 1." *Bib* 30(1949) 66-90.

본 문

1 나아마 사람 소발이 대답하여 가로되
2 말이 많으니 어찌 대답이 없으랴 입이 부푼 사람이 어찌 의롭다 함을 얻겠느냐
3 네 자랑하는 말이 어떻게 사람으로 잠잠하게 하겠으며 네가 비웃으면 어찌 너를 부끄럽게 할 사람이 없겠느냐
4 네 말이 내 도는 정결하고 나는 주의 목전에 깨끗하다 하는구나
5 하나님은 말씀을 내시며 너를 향하여 입을 여시고
6 지혜의 오묘로 네게 보이시기를 원하노니 이는 그의 지식이 광대하심이라 너는 알라 하나님의 벌하심이 네 죄보다 경하니라
7 네가 하나님의 오묘를 어찌 능히 측량하며 전능자를 어찌 능히 온전히 알겠느냐
8 하늘보다 높으시니 네가 어찌 하겠으며 음부보다 깊으시니 네가 어찌 알겠느냐
9 그 도량은 땅보다 크고 바다보다 넓으니라
10 하나님이 두루 다니시며 사람을 잡아 가두시고 개정하시면 누가 능히 막을소냐
11 하나님은 허망한 사람을 아시나니 악한 일은 상관치 않으시는 듯하나 다 보시느니라
12 허망한 사람은 지각이 없나니 그 출생함이 들나귀 새끼 같으니라

1 Zophar the Naamathite answered:
2 Should a multitude of words[a] go unanswered? Should a man win vindication by mere talk?[b]
3 Will[a] your pratings silence[b] men so that[c] you may mock on without any to shame you,
4 so that you may say, "My doctrine[a] is pure," and "I am[b] clean in your[c] sight [O God]!"?
5 But if only God would speak, if only he would open his lips to you,
6 if only he would tell you the secrets of wisdom: for there are mysteries[a] in his working.[b] Then [c]you would know that God overlooks[d] part of your sin.
7 Can you uncover[a] the mystery[b] of God? Can you attain[c] to the perfection of Shaddai's knowledge?[d]
8 It is higher[a] than heaven—what can you do? It is deeper than Sheol—what can you know?
9 Longer than the earth is its measure,[a] and broader, than the sea.
10 If as he passes by[a] he shuts a man up[b] in prison, or if he calls him to account,[c] who can dissuade him?
11 For he recognizes worthless men, and when he sees guilt he marks it well.[a]
12 A hollow[a] man will gain understanding[b] when a wild ass[c] is born[d] tame.[e]

13 만일 네가 마음을 바로 정하고 주를 향하여 손을 들 때에
14 네 손에 죄악이 있거든 멀리 버리라 불의로 네 장막에 거하지 못하게 하라
15 그리하면 네가 정녕 흠 없는 얼굴을 들게 되고 굳게 서서 두려움이 없으리니
16 곧 네 환난을 잊을 것이라 네가 추억할지라도 물이 흘러감 같을 것이며
17 네 생명의 날이 대낮보다 밝으리니 어두움이 있다 할지라도 아침과 같이 될 것이요
18 네가 소망이 있으므로 든든할지며 두루 살펴 보고 안전히 쉬리니
19 네가 누워도 두렵게 할 자가 없겠고 많은 사람이 네게 첨을 드리리라
20 그러나 악한 자는 눈이 어두워서 도망할 곳을 찾지 못하리니 그의 소망은 기운이 끊침이리라

13 Yet[a] if you direct[b] your mind toward him[c] and spread out[d] your hands to him –
14 if there is wrongdoing in your hand, renounce[a] it, and do not let iniquity dwell in your tent –[b]
15 then you will lift up your face, free of fault, you will be firmly established,[a] and have no fear.
16 You[a] will forget your suffering, remember it only as water that has flowed past.
17 Then your[a] life will be brighter than the noonday; its darkness[b] will be as morning light.
18 You will be secure,[a] because there is hope; you will be protected[b] and lie down in safety.
19 You[a] will take your rest with none to disturb you; and many[b] will entreat[c] your good favor.
20 But the eyes of the wicked will fail, escape there will be none for them, their only hope very despair.[a]

원문주해

2.a. 칠십인경, 탈굼, 심마쿠스, 불가타는 로브(רֹב)의 모음을 라브(רַב), 즉 "말의 대가"로 바꾸어 이쉬 슈파타임(אִישׁ שְׂפָתַיִם, "입술의 사람, 말이 가득한 사람")에 더 가깝게 평행하게 한다. 또한 덤, 포어러, 호르스트, 판 젤름즈, NAB 등이 그렇다. 투르-시나이는 설득력이 없게도 로브(רֹב)가 라브(רַב)에 대한 맛소라식 철자 이형이라고 주장한다. 맛소라 본문이 상당히 만족스럽다(참조. JB, NEB). 구상 명사와 평행하는 추상 명사의 다른 경우들에 대해서는 고디스를 보라.

2.b. 문자적으로는 "입술의 사람이 옳다고 증명되어야 하는가?" 아마도 이쉬 슈파타임(אִישׁ שְׂפָתַיִם)은 이쉬 드바림(אִישׁ דְּבָרִים, "말에 능한 화자": 출 4:10)과 대조적으로 "입발림 좋은 말꾼"을 의미한다.

3.a. 이 행에는 의문사가 하나도 없다. 2절에서부터 가져올 수 있을 것이다. 다르게는 3-4절이 평서문일 수 있는데(그레이), 그런 경우라면 야하리슈(יַחֲרִישׁ)는 아마도 서법적으로 해석되어야 할 것이다("너의 쓸데없는 말은 침묵시키려 시도한다"). NJPS는 3-4절을 (표면상으로는 아니지만) 실질상의 가정으로 여긴다: "너의 지껄임이 사람들을 침묵하게 할 수 있을지 모른다…그러나 하나님이 말씀하신다면!"

3.b. 하라쉬(חרשׁ)는 보통 자동사로 "침묵하다"이다(아마도 41:4을 제외하고).

3.c. 맛소라 본문의 **바브** 접속법을 재연한 것으로 제안된 베틸아그(וַתִּלְעַג)로의 수정에 반대한다(참조. *BHK*, *BHS*). 뒤따르는 행동은 사실상 **결과로서 일어나는** 행동이다: 만

일 다른 이들이 침묵한다면, 욥은 신을 모독하는 그의 말을 계속할 수 있다.

4.a. 일반적으로 인정되는 레크티(לֶכְתִּי, "내 인생의 길")로의 수정에 반대하고(비어, 덤, *BHK*) 맛소라 본문의 리크히(לקחי)를 유지한다. 칠십인경 에르고이스(ἔργοις)는 전혀 증거가 아니다. 왜냐하면 그것은 결코 라카트(לכת)의 번역이 아니기 때문이다(도름). 비록 레카흐(לֶקַח)가 라카흐(לקח, "받다")와 명백히 연관되어 있지만, 그것의 용법에는 그것이 **근본적으로** "받은" 지혜라는 것(가령, 호르스트, 포어러처럼)을 암시하는 것이 하나도 없다.

4.b. 포프(참조. 에얼리히, *BHK*, 투르-시나이)는 소발이 욥에게 하는 말로서 하이타(הָיִיתָ, "너는-이었다")로 읽는다. 이 수정은 불필요하다. "주석"을 보라.

4.c. 맛소라 본문의 에이네카(עיניך)는 칠십인경을 따라 에이나브(עֵינָיו, "그의 눈들")로 수정되어서는 안 되며(메르크스, 비어), 에이나이(עֵינַי, "내 눈들")로는 더더욱 아니다(지크프리트, 덤, 테리앙).

6.a. 키-키플라임 레투쉬야(כי־כפלים לתושיה)는 문자적으로는 "왜냐하면 명철/효과적인 일에는 갑절이 있기 때문이다"이다. 따라서 "명철에 이중적인", 즉 모호한(덤), "지혜에는 두 가지 측면이 있다", 나타난 것과 감춰진 것(포프; 비슷한 경우로 NIV), "[지혜의 비밀은] 효과가 두 배다"(NAB). 이것들은 부자연스러운 해석들이다. 확실히 키플라임(כפלים)이 "많은, 다양한"(RSV)을 뜻할 리는 거의 없다. 차라리 키플라임(כִּפְלָאִים)을 "경이로운 일들처럼, 이적들처럼"으로 읽는 것이 더 좋다(참조. 차밈⟨צמים⟩에서 **알렙** 생략, 5:5; 메르크스, 덤, 포어러, 호르스트 등이 그렇다). 혹은 더 바람직하게 펠라임(פְּלָאִים, "경이로운 일들")으로 읽는 것이다(드라이버, *BHK*, 로울리). 그러나 하나님의 비밀은 기적들, 이적들 **같다**고 타당하게 말해질 수 있을 것이다. 키플라임(כפלאים)의 **카프**(כ)는 단언의 **카프**일 가능성(고디스)은 없는 것 같다. 드 빌드는 케풀림(כְּפוּלִים, "접혀진", 따라서 "숨겨진")으로 읽는다. 슬로트키(J. J. Slotki, "Job XI 6," *VT* 35[1985] 229-30)는 키플라임(כפלים)이 첫 번째 키(כי) 절의 첫 번째 단어 자리로부터 두 번째 키(כי)절의 첫 번째 단어 자리로 옮겨져야 하고, 레투쉬야(לתושיה)는 로 투샤야(לו תושיה)로 읽혀져야 한다는 상당히 그럴듯한 추측을 했다. 따라서 키 로 투샤야 베다 키-키플라임 야셰 르카 엘로하(כִּי לוֹ תוּשִׁיָּה וְדַע כִּי־כִפְלַיִם יַשֶּׁה לְךָ אֱלוֹהַּ, "왜냐하면 확실한 지혜가 그의 것이기 때문이다. 그리고 너는 하나님께서 너에게 갑절의 ⟨징벌을⟩ 행하실 것임을 알라").

6.b. 투쉬야(תושיה)는 대체로 "성공적인 일"이지만(6:13에서처럼; 참조. 12:16), 그것은 종종 "지혜"와 구별될 수 없다(참조. 샤칼⟨שׂכל, "이해, 명철"⟩, 그리고 참조. "원문주해" 5:12.a에서 H. A. Brongers). NEB는 "그것의 효력은 경이롭다", NAB는 "두 배로 효과적인". 본인은 그것이 단순히 호크마(חכמה)와 평행하는 것이 아니라 신의 일하는 방법, 즉 자비와 공의의 융합을 가리킨다고 제안한다("주석"을 보라).

6.c. 문자적으로는 "그리고 알라!" 결과의 확실함을 표현하는 명령. 참조. *GKC*, § 110i.

6.d. RSV의 "하나님은 너의 죄에 마땅한 것보다 덜하게 네게 행하신다"(비슷하게 NEB)는 명백하게 야셰(יַשֶּׁה)와 나샤(נשא/נשה, "채권자가 됨")의 동일시에 의존한 것으로 정당화될 수 없다. 야셰(יַשֶּׁה)는 오히려 나샤(נשה, "잊다")에서 파생된 것이다. 따라서 "하나님께서는 너를 위해 네 죄의 일부(부분의 מִן)를 잊혀지게 하신다(=간과하신다)"(드라이버-그레이, 포어러, KB[3]가 그렇다). NAB의 "너로 너의 잘못에 대해 대답하도록 할 것이다"는 불필요하고 불충분한 이슈알라카(יִשְׁאָלְךָ, "네게 물으실 것이다")로의 수정을 채택한다(에얼리히, 도름, E. F. Sutcliffe, "Notes on Job, Textual and Exegetical," *Bib* 30[1949] 66-90[67]; 비슷하게 JB). 이슐라흐카(יְשַׁלְּחֶךָ, "너를 추적하다")로의 수정(테리앙)과 이슈베…메엘로하 카아오네카(יָשׁוּב · מֵאֱלוֹהַּ כַּעֲוֹנֶךָ, "네 죄에 상응하는 것이 하나님께로부터 온다"; 덤; 참조. 비켈, 예샤웨(יְשַׁוֶּה, "그가 복수한다, 너에게 보복한다"))도 똑같이 설득력이 없다. 아우츠마(Houtsma)가 추정한 이쇼(יִשָּׂא, "그가 용서하신다")가 수정들 가운데 가장 끌리는 것으로 좋은 의미를 낸다. 비록 이 행이 난해하기는 하지만, 이제는 덤과 휠셔를 따라 이 행을 삭제하는 경우가 거의 없다(6c절구를 각 괄호 속에 두는 NEB 제외). 케레스코(A. R. Ceresko, "The Chiastic Word Pattern in Hebrew," *CBQ* 38 [1976] 303-11[308])는 A:B::B:A 패턴에 대한 인식이 그 절구의 진정성을 확증한다고 주장한다. 그러나 그러한 "패턴"은 연 경계와 충돌할 것이며, 더욱이 전적으로 우발적인 것으로 보인다.

7.a. 문자적으로는 "찾아내다"(תמצא – 티므차).

7.b. 하카르(חקר, "연구, 조사의 대상").

7.c. 7a절구에서와 같은 티므차(תמצא). 그러나 그 의미는 반(半)-동족어 아람어 마타(מטא, "도달하다")의 경우처럼 약간 다를 것이다(비슷하게 에얼리히, 도름, KB[3], M. Dahood, "Northwest Semitic Philology and Job," in *The Bible in Current Catholic Semitic Thought*[Gruenthaner Memorial Volume, ed. J. L. McKenzie: New York: Herder and Herder, 1962] 55-74[57]). 케레스코는 이것을 환의법(換義法, antanaclasis: 동일한 단어를 한 문장 내에서 의미를 달리하여 반복하는 수사법)의 한 예로 본다("The Function of *Antanaclasis*[*mṣ'* "to fine"//*mṣ'* "to reach, overtake, grasp"] in Hebrew Poetry, Especially in the Book of Qoheleth," *CBQ* 44[1982] 551-69[560-61]). 그러나 단순 반복이 욥기에서 충분히 입증된다(고디스, 508-13를 보라).

7.d. 문자적으로는 "샤다이의 완전함(תכלית – 타흘리트)에까지" – 그러나 염두에 두고 있는 것은 오로지 그의 완전한 **지식**일 뿐이다.

8.a. 가브헤 샤마임(גָּבְהֵי שָׁמַיִם)은 문자적으로는 "하늘의 높은 곳"이다. 그러나 야무카 미슈올(יַמְקָה מִשְּׁאוֹל, "스올보다 깊은")과의 평행은 우리가 그보하 미샤마임(גְּבֹהָה מִשָּׁמַיִם, "하늘보다 더 높은")으로 수정해야 함을 시사한다(불가타, NAB, NEB, JB, 포어러, 고디

스, 호르스트와 대부분이 그렇다). 과거 일부 학자들은 이를 다소 억지로 감탄문으로 번역했다: "하늘의 높음이여! 그대는 무엇을 할 수 있는가?"(데이빗슨). 22:12의 비슷한 형태는 전혀 유추 대상이 아니다(*BHS*는 이에 반대다).

9.a. **케레** 미다(מִדָּה)는 추측컨대 그것이 미다타(מִדָּתָהּ, "그것의 치수")로 읽혀져야 함을 의미하고, 선행사는 호크마(חכמה)이거나(6절), 아니면 보다 개연적으로 타클리트(תכלית)이다(7절). 참조. *GKC*, § 91e. 다르게는 접미사가 없이 미다(מִדָּה, 이는 "부사적 목적격")일 수 있다. "치수에 관한 한".

10.a. 야 할로프(יַחֲלֹף) 대신 많은 학자들이 야하토프(יַחֲטֹף, "붙잡다"; NAB, 고디스)로 혹은 (9:12에서처럼) 야흐토프(יַחְתֹּף, "잡아 채가다"; *BHK*, 드라이버, 드 빌드)로 읽는다. 그러나 이를 지지하여 자주 인용되는 칠십인경 카라스트렙세(*καραστρέψη*)는 야할리프(יחלף) 히필을 충분히 나타낼 수 있을 것이다(호르스트). "간과하다"(포프)는 거의 맞지 않는다.

10.b. 단순 **바브**를 가진 베야쓰기르(ויסגיר)는 그 행위가 선행 동사와 동시에 일어난 것이기 때문이다. NEB의 "그는 그의 지나감을 비밀로 지킬 것이다"는 그럴듯하지 않으며, 불필요하게 그 생각을 9:11의 것과 융합시킨다.

10.c. 카할(קהל) 히필의 법적 해석인 "설명을 요구하다"가 가장 좋다("주석"을 보라). 그러나 일부는 그것을 아랍어 *qâla*("말하다")와 연관시킨다. 따라서 고디스는 "…에 대항하여 말하다, 나무라다", NEB는 "그것을[그의 지나감] 선언하다", 울렌도르프(E. Ullendorff, "The Meaning of קהלת," *VT* 12[1962] 215)도 카할(קהל)을 "책망하다, 주장하다"로 여긴다.

11.a. 로 이트보난(לֹא יִתְבּוֹנָן)은 문자적으로는 "그는 그것을 깊이 생각하지 않을 것이다/않는다"이다. 따라서 드라이버-그레이의 번역은 "그것을 고려함이 없이"다. 즉 그는 즉시 그리고 힘들이지 않고 죄들에 대하여 안다. 비슷하게 이븐 에즈라는 "그는 자세하게 관찰할 필요가 없다"고 본다. 로울리. 그러나 이것은 그 동사에 너무 많은 무게를 두는 것이다. 왜냐하면 10절에서 하나님은 사실상 자신의 지식에 따라 행한다고 단언되었기 때문이다. 아마도 가장 좋은 해석은 그것을 질문으로 여기는 것이다(RSV, "그가 그것을 고려하지 않을까?"; 비슷하게, NJPS, 포프).

다른 해석들로는 다음과 같은 것들이 있다. (i) "그리고 그 자신은 주목되지 않는다"(그렇게는 B. Jacob, "Erklärung einiger Hiob-Stellen. 11:11," *ZAW* 32[1912] 278-87[283]; 포어러)—그러나 오히려 그 죄인들이 주어인 것으로 보인다. (ii) 로(לא) 대신 로(לוֹ, 그것〈악〉에)로 읽음(뢰스, 덤, 도름이 그렇다). 빈(בִּין) 히트폴렐은 결코 라멧(ל)과 결합되지 않는다는 반대(호르스트)는 약하다. (iii) 루(לֻא)를 강조사로 읽음(I. Eitan, "La particule emphatique 'la' dans la Bible," *REJ* 74[1922] 1-16[910]; F. Nötscher, "Zum emphatischen Lamed," *VT* 3[1953] 372-80[375]; G. R. Driver, "Affirmation by Exclamatory Negation," *JANES* 5[1973] 107-14[110]; *BHK*). (iv) 로(לֹא)를 명사 "nothing"으로 해석, 즉 "그것들을 아무것도 아닌 것으로 간주하다"(투르-시나이; 블롬머드, 사 53:3을 M. Dahood, "Hebrew-Ugaritic Lexicography," *Bib* 47[1966] 408에서 이해한 대로 비교함) – 그러나 이것은 그 의미에 맞지 않는다. (iv) 이트보네누(יִתְבּוֹנָנוּ, "그들이 그것을 이해하지 못한다")로 수정(쉬지기엘). (v) 아벤(אוֶן)을 이쉬 아벤(אִישׁ אָוֶן, "사악한 사람")으로 바꾸고, "비록 그(그 악한 사람)가 주목하지 않지만"으로 번역(호르스트; 비슷하게 드 빌드, 그는 9:11과 비교함). 나는 (iii)을 내가 채택한 다음 것으로 꼽고 싶다. NEBmg의 "그가 떨어져 서 있지 않다"는 어떻게 파생된 것인지 모르겠다.

12.a. 나부브(נָבוּב, "텅빈")은 여기서만 은유적으로 사용되었다. 분명히 일라베브(יִלָּבֵב)와 소리가 비슷하기 때문에 선택되었을 것이다(도름). 독일어에는 "홀코프"(Hohlkopf, "머리가 빈")라는 용어가 있다.

12.b. 일라베브(יִלָּבֵב)가 RV의 "헛된 사람은 이해력이 없다"처럼 결여 개념일 리는 거의 없다(드라이버를 보라). 투르-시나이는 처음 네 단어를 베이쉬 니보브 옐라베보 아이르(וְאִישׁ נִבוֹב יְלַבְּבוֹ עַיִר, "사람은 나귀가 낳는 자식이다")로 읽으며, נבוב를 נוב("번성하다")로부터 파생시키고(참조. 폴렐 예노베브〈יְנוֹבֵב〉, 슥 9:17), 레바브(לבב)는 "(싹을) 나게 하다"를 뜻하는 것으로 본다(참조. 미쉬나 히브리어, 아람어 לבלב, 악카드어 *lippu*). 비슷하게, 로젠라우취(H. Rosenrauch, "Critical Notes. II. The Hebrew Equivalent to Accadic *lib*(*lib*)*u*," *JQR* ns 36[1945-46] 81)는 출 9:14과 비교함. 요점은 하나님의 지혜와 비교하면 인간은 나귀의 자손이라는 것일 것이다 – 매우 흥미로운 가능성이지만, 진지하게 다루어지기에는 맛소라 본문에서 너무 멀리 떨어져 있다.

12.c. 페레(פֶּרֶא, "들 나귀"). 섯클리프(E. F. Sutcliffe)는 (페레 아담〈פרא אדם〉 대신) 페레(פֶּרֶד, "종마")로 읽고, "노새가 종마를 나을 때 어리석은 인간이 지혜를 얻을 것이다"로 번역한다(*Bib* 30[1949] 70-71). 이는 *BHS*에 포함될 가치가 있는 것으로 판단된 제안이다. 움베르트(P. Humbert, "En marge du dictionnaire hébraïque," *ZAW* 21[1950] 199-207[201-2])는 이 행을 "빈 머리가 이성을 부여받는가? 인간은 호령하기 위해 태어나는가?"(문자적으로는 들나귀에게서 종마로 태어나다)로 본다.

12.d. 발은 욜리드(יוֹלִד, "낳다")로 모음을 표기했다. 많은 이들은 일라메드(יִלָּמֵד, "가르침을 받다, 길들여지다")로 수정했다(부드, 횔셔, 포어러, JB, NAB). 라마드(למד)는 히필로 사용된 것이 아니라는 것은 이의 사항이 못 된다(포프는 이에 반대다). 그것은 푸알로는 나타나지 않는다.

12.e. 포프는 다후드를 따라 아담(אדם, "사람")을 아다마(אֲדָמָה, "땅, 초원")와 동일시한다("Zacharia 9,1, 'ÊN 'ĀDĀM," *CBQ* 25[1963] 123-24; 같은 저자, "חָדֵל 'Cessation' in Isaiah 38,11," *Bib* 52[1971] 215-16; and KB[3] s.v. אדם IV). 시크레 디아즈도 분명히 독립된 견해로 포프와 동일한 제안을 한다. NIVmg, GNB도 비슷하다.

13.a. 이행을 표시하기 위해 추가됨.

13.b. 하키노타(הכינות)는 비록 완료형이기는 하지만 과거를 가리키는 것으로가 아니라(NEB처럼, "오로지 네가…했다면") 미래 완료로 이해되어야 한다. "만일 네가…한다면, 일단 네가…하면". 참조. Driver, *Tenses*, § 138i(β).

13.c. 이 절 후반부의 엘라이브(אליו)는 "그를 향하여"로 해석되어야 한다. 많은 경우 "네 마음을 [···방향으로] 향하다"를 "네 행동이나 의도를 **바르게** 향하다"(참조. RSV, NEB, JB, NAB), "마음을 강하게 하다, 즉 어려운 결정을 하고, 그것을 고수하다"(테리앙)로 여긴다. 그러나 이 구절은 단독으로 사용되지 않는다(정확하게 말하면, 시 78:8에서도 그렇지 않다).

13.d. "if"절의 일부이고, 그 자체는 귀결절(RSV, "[그러면] 너는 펼칠 것이다"의 경우처럼)이 아님. 파라쉬(פרשׂ, "펴다")의 의미에 대해서는 "주석"을 보라.

14.a. 맛소라 본문의 명령형 아르히케후(הרחיקהו)를 유지시킬 때 우리는 14절을 14절 "if"의 단순 연속으로서가 아니라(NAB, NIV처럼) 삽입 어구로 간주해야 한다(JPS가 보여 주는 것처럼). 도름이 제시하는 것은 타르히케후(תַּרְחִיקֵהוּ, "[만일] 네가 멀리 둔다면")로의 수정이다.

14.b. 문자적으로는 "장막들". 그러나 거주를 뜻하는 명칭들은 종종 복수형이다(참조. 18:21; 21:28; 39:6; M. Dahood, *Ugaritic-Hebrew Philology* 37[Rome: Pontifical Biblical Institute, 1965] § 13.17; 블롬머드). 비록 고대 역본들이 명백히 단수로 읽고 있으나, 아할르카(אָהֳלֶךָ)로의 수정은 (*BHK*처럼) 불필요하다.

15.a. 무차크(מֻצָק)는 일반적으로 야차크(יצק, "붇다; 가령, 용해된 금속")의 호팔 분사로 여겨짐. 그러나 NJPS는 "곤경에 처해 있을 때"를 갖고 있는데, 이는 추크(צוק)로부터 온 것이다. 시크레 디아즈도 비슷함.

16.a. 여기서 "너"(אתה–아타)가 강조되어야 할 이유를 찾기는 어렵다. 따라서 아타(עַתָּה, "이제, 즉 그런 경우에, 그렇다면")로 수정하고픈 유혹을 받는다(발음이 비슷하기에). 메르크스, 포어러, 호르스트가 그렇게 한다. 그러나 그것은 순전히 추측일 뿐(페쉬타에 의해 지지 받지 않음; 드라이버 보라) 수용될 것이 아니다(드라이버, 고디스, 알론조 쉐켈-시크레 디아즈도 그렇게 본다).

17.a. 할레드(חלד: '헬레드'로부터 휴지로 인해 모음 변화–역자주)에 접미사를 추가하는 것은 불필요하다(*BHK*처럼). 칠십인경의 소이 조에(*σοὶ ζωή*, **너의** 생명)를 전제로 둘 필요는 없다.

17.b. 타우파(תָּעֻפָה)는 우프(עוף, "어둡다")의 3인칭 여성 단수 미완료다. 즉 "[비록] 그것이 어둡지만"(그레이, 포어러가; RV 등이 그렇게 봄; 참조. JB, "어둠으로 새벽을 만들 것이다"). 그러나 대부분은 명사 테우파(תְּעֻפָה)로 모음을 바꾼다. 그러면 "(네 인생의) 어둠이 아침같이 될 것이다".

18.a. 바타흐(בטח)를 "눕다"의 의미로 여기자는 제안은 설득력이 있다(렘 12:5; 잠 14:16에서처럼; 참조. KB[3], 116a). 따라서 고디스와 L. Kopf, "Arabische Etymologien und Parallelen zum Bibelwörterbuch," *VT* 8[1958] 161-215[167], 아랍어 *baṭaḥa*("눕다")와 비교함. 그러나 이것은 18-19절에 있는 실제 "눕다"(שׁכב-샤하브, רבץ-라바츠)의 반복을 다소 약화시킨다.

18.b. 하파르타(חָפַרְתָּ)는 표면상으로는 "네가 파헤칠 것이다", 따라서 "찾을 것이다"(참조. 39:29)이다. 그러나 이것은 드문 의미다. 그레이의 해석은 이렇다: "주위를 뒤져 보고, 밤을 위해 쉬러 가기 전에 잘못된 것이 아무것도 없음을 알고, 욥은 안전감을 갖고 자리에 누울 것이다"(이것은 NAB, NIV에 의해서도 분명히 의도되었을 것이다). 그러나 그러한 해석은 무리한 것이다. 차라리 아랍어 *ḫafara*("보호하다")와 어원이 같은 동사 하파르(חפר) III에 대한 에얼리히의 제안(KB[3]에 의해 수용됨)을 채택하여 후파르타(חֻפַּרְתָּ)로 모음을 표기하는 것이 더 좋다. *BHK*, RSV, NEB, NJPS("[참호로] 둘러진, 보호된"), 도름, 테리앙 등이 그렇다. 하파르(חפר II, "부끄럽다, 수치를 느끼다")와의 연결(포어러처럼)은 가능성이 아주 적다. NJB도 그렇다. "너의 문제들 이후에", 문자적으로는 "심지어 네가 당황했을지라도", 베후파르타(וְחֻפַּרְתָּ)로 읽음. 리핀스키(E. Lipiński, "Notes lexicographiques et stylistiques sur le livre de Job," *FolOr* 21[1986] 65-82[71-73])는 여기서 셈어 어근 *ḥpr*("스스로 공급하다")를 본다(참조. 악카드어 *epēru*〈"제공하다"〉, 아랍어 *hÉafara*〈"공급받다"〉). 그러면 "너는 공급받을 것이다"(동사가 재귀형이라면), 아니면 푸알 후파르타(חֻפַּרְתָּ) 혹은 칼 수동 후피르타(חֻפַּרְתָּ)로 읽힘. 그러나 악카드어 *epru*는 충분히 입증되지 않고, *CAD*에 의해서도 인정되고 있지 않다.

19.a. 덤, 휠셔, 포어러, 헤세, NEB에 의해서는 18b절구의 반복으로 여겨져 삭제됨.

19.b. 라빔(רבים)은 물론 똑같은 비중으로 "큰 자들, 위대한 자들"을 의미할 수 있을 것이다(NEB, "위대한 사람들").

19.c. חלה II의 한 의미인 "달다, 감미롭다"로부터이기보다는(BDB, 고디스처럼), חלה("약하다, 아프다"), 피엘 "부드럽게 하다"(KB[3]가 그렇다. 참조. D. R. Ap-Thomas, "Notes on Some Terms Relating to Prayer," *VT* 6[1956] 225-41[239-40]).

20.a. 이 의미에 대해서는 "주석"을 보라. 다르게는 "한숨" 혹은 "슬픔"이라는 의미(집회서 30:12에서처럼; 마찬가지로 KB[3])가 가능한 번역들이지만, 문맥과는 그리 잘 어울리지 않는다.

양식/구조/배경

소발의 연설의 연 구조는 자명하며, RSV의 활판 인쇄가 정확하게 가리킨다.

2-6(6행)

7-12(6행)
13-20(8행)

그러나 각 연이 두 개의 더 작은 단락들("하위-연들", 테리앙)을 가지고 있는 것으로 파악하면 보다 정확하다: 2-4절(3행), 5-6절(3행), 7-9절(3행), 10-12절(3행), 13-16절(4행), 17-20절(4행).

이 3-연 구조는 본 연설의 내용과 부합한다: 2-6절에서 소발은 욥이 결백을 주장한다고 하여 비난한다. 7-12절에서는 하나님의 불가해성을 단언한다. 13-20절에서는 욥에게 바른 행동의 길에 대해 조언하고 그의 조언을 받아들이면 욥에게 희망이 있을 것이라고 제안한다. 이 세 연 안에서의 구분은 좀 덜 명확하게 표시되지만, 그 구분은 첫 번째로 5절에서 욥에게 하는 직접 연설로부터 소원 표현(אולם – 울람, "오…하기를!")으로의 이행과 일치하며, 두 번째로 10절에서 하나님의 불가해성 선언으로부터 하나님은 일정 불변하게 악한 사람들을 벌하신다는 단언(앞 단락과 모순!)으로의 이행과, 그리고 세 번째로 17절에서 조건적 희망 선언에서 욥을 위해 준비된 복된 미래에 대한 부연(敷衍)으로의 이행과 일치한다.

그러나 이 마지막 하위-연 구분(포어러, 헤세에 의해 제시됨)은 완전히 명쾌한 것은 아니어서 놀랍지 않게도 종종 다른 분석들이 제안되는데, 가령 테리앙은 세 번째 연을 세 개의 하위 연들로 나눈다: 13-15절, 16-18절, 19-20절. 다른 이들은 13-20절을 분할되지 않은 한 연으로 본다.

장르상 이 장은 명백하게 **논쟁 언사**임을 여러 가지 특징들이 분명히 한다. 첫째로, 소발은 그의 상대를 말이 많고 의사 진행을 방해한다고 비난한다. 욥의 연설은 내용이 없는데도, 동시에 신 모독(לעג – 라아그, "조롱")을 이룬다(2-3절). 둘째로, 소발은 그의 상대의 말들을 반박하기 위해 인용한다(4절). 셋째로, 그는 욥을 상대하는 그의 소송에 대해 권위를 증인으로 삼는다: 즉 욥의 고난의 이유가 그 안에 숨겨져 있다고 소발이 가정하는, 하나님의 지혜에 관한 전통 교훈(5-6절). 넷째로, 그는 반대-심문 스타일로 욥을 심문하며, 욥이 틀렸다고 하는 데 실패하지 않을 질문들을 한다. (그것들은 정확히 포어러가 상상하는 공판 전(全) 질문들〈Verhörfragen vor Gericht〉이 아니라, 공판 자체의 진행 중에도 대답될 수 없는 질문들이다. 참조. 호르스트, 169.)

이들 연설들에서 종종 그렇듯이 의존된 다른 장르의 요소들은 찬송, 지혜 그리고 예언 요소들이다. 7-8절은 **찬송** 경향을 보이며, 측량할 수 없는 하나님의 지혜를 수사적 질문 형식으로 찬양한다(참조. 그 양식과 내용 모두에 대해서는 시 139:8-9, 그리고 그 형식에 대해서는 사 40:12-14). 가장 명백한 **지혜**-같은 요소는 12절의 격언이다(그것의 정확한 해석에 대해서는 아래의 해설을 보라). 그러나 악인들과 의인들의 대비(특별히 19-20절)도 똑같이 지혜 가르침에 가깝고 "두 길" 교리를(시 1편의 지혜에서와 같은) 반향한다. "네가 만일 마음을 바르게 하면…"이라는 목회적 조언(13-15절) 역시 지혜의 교훈적 기능을 반영한다(참조. 예를 들어, 잠 1:10-15). **예언** 요소들 가운데 가장 두드러진 것은 미래의 행복에 대한 묘사로(15-19절), 그것은 현저하게 구원 신탁을 상기시키지만 또한 인정되어야 할 것으로 시편 언어도 상기시킨다.

핵심 구절들은 분명히 6c절구와 15절이다. 욥의 죄에 대한 소발의 견해의 본질이 6c절구에 담겨 있다: 그것[욥의 죄]은 나타나 보이는 것보다 절대 덜하지 않고 더 나쁘며, 또한 만일 하나님이 그렇게 자비롭지 않으시다면 욥은 그가 지금 겪는 것보다 훨씬 더 심하게 고생할 것이다. 15절이 중심적인 것은 욥에게 주는 소발의 권면을 요약하고 동시에 그의 미래가 그의 현재 상태와 매우 다를 수 있다는 약속들을 제공하기 때문이다.

이 연설의 **분위기**는 우선 욥을 경멸하고 그에게 공격적인 것 같다(2-4절). 그러나 그것은 적어도 욥 자신을 향해 말해지며, 그리고 빌닷의 것(8:11-19)과는 다르게 악인들의 운명에 관한 탐구에 몰두하지 않는다. 꽤 특징적으로, 이 연설 가운데 오직 10-12절만(그리고 결론의 20절)이 욥에게 하는 이인칭 연설로 전달되지 않으며, 그리고 13절에는 욥에게 주는 긍정적이고 낙관적인 충고로의 두드러진 이행이 있고(13-14절), 그의 나중 날들에 일어날 일들에 대한 정성을 들인 즐거운 묘사가 그 뒤에 동반된다(15-19절). 소발의 신학이 친구들의 신학들 가운데 가장 잔인할지라도, 그리고 그가 비록 욥에게 단지 하나님이 – 젊은 날부터 그러한 충고들을 잘 따른 – 욥을 얼마나 심하게 학대하고 있는지를 강조하는 데 이바지할 뿐인 권면을 하고 있을지라도, 소발은 최선의 의도에서 그렇게 한다. 그는 단지 친절하기 위해 잔인하고 있다.

주석

1-20 소발의 이 개시 연설의 주요 취지는 그 중심 문장을 통해 정확히 전달된다: "하나님이 너의 죄의 일부를 묵과하심을 너는 알라"(6c절구). 빌닷에게는 욥의

고난이 상대적으로 사소한 어떤 죄에 의해 야기된 것이어서 곧 제거될 것이며(4:5-6), 또한 욥은 그의 자녀들과 다르게 생명으로부터 잘려 나가지 않았다는 사실에 의해 욥의 본질적 의로움이 확증되는(8:4-6) 반면, 소발에게는 욥의 고난은 **당연한 고난 외에 아무것도 아니다.** 엘리바스나 빌닷 모두 그들 친구의 고난을 특별한 상황에 둔다: 엘리바스는 욥의 거의 흠 없는 삶의 상황에 두고, 빌닷은 욥의 자녀들의 운명의 상황에 둔다. 이 둘 중 어느 관점에서라도 욥의 고난은 제한적이며, 따라서 – 처음 두 친구가 만족할 만큼 – 적당히 경감된다. 소발은 욥의 고통에 대한 그 같은 상황을 전혀 파악하지 않는다. 사실 욥이 고생하고 있다는 것과 고난은 필연적으로 죄의 결과라고 그는 말한다. 욥의 고난을 상황화하고 그 안에서 비율을 찾아보려고 하는 것은 결국 그것을 평범화시키는 것이다. 만일 엘리바스처럼 그것을 욥의 수 년 간의 번영과 비교하면, 이 재난은 단순히 잠시 동안만 아픈 바늘에 꼭 찔림이다. 또 만일 빌닷처럼 욥의 지속되는 생명과 돌이킬 수 없는 그의 자녀들의 죽음의 사실을 비교하면, 욥이 경험하는 모든 불편은 대수로운 것이 아니다. 그것들은 타당성이 있는 관점들이었다. 그러나 소발은 비율보다는 원칙을 향해 있고, 그것 역시 타당성이 있다. 왜냐하면 친구들 각각의 계산에서 근본적인 것은 **욥은 죄인** – 아마도 엘리바스와 빌닷의 책에서는 그렇게 심한 죄인은 아닐지 모르지만, 지금 이 순간에는 그의 죄 때문에 심하게 고생하고 있는 죄인 – 이라는 것이기 때문이다. 그 외의 다른 고려 사항은 모두 욥의 현 상황과 무관하다.

소발은 독자들에게 친구들 가운데 가장 동정심이 없는 것으로 느껴진다. 그러나 그는 다른 요소들을 고려하는 것을 매우 단호하게 거절하고 있기 때문에 사실은 욥에게 가장 가까이 서 있는 것이다. 왜냐하면 욥도 그의 현 상황에 직접적으로 연관되어 말하지 않는 주장은 당장 거부하기 때문이다. 또한 그가 비록 잠시 동안은 소발의 분석에 동의할 수 없다 하더라도, 그는 죄가 주된 – 혹은 차라리 유일한 – 이슈라는 견해에 그와 동의하는 것임에 틀림없기 때문이다.

2 소발은 표면상으로 상대방의 주장이 말들에 불과한 것으로 격하되지만, 그러면서도 함께 자리한 화자로부터 대답을 필요로 하는 전통적인 논쟁 언어로 시작한다. 그러나 소발의 수사법은 특별히 엘리바스(참조. 4:2에 관한 부분)와 빌닷(참조. 8:2에 관한 부분)과 구별되게 그 자체에 특별한 논지를 가지고 있다. 엘리바스는 욥의 슬픔에 참견하기를 꺼려한다고 공언했고, 빌닷은 하나님을 대신하여 욥의 광포한 말에 모욕을 당했다고 선언하는 것 이상 가지 않은 반면, 소발은 욥을 잠잠케 하는 것이 그의 도덕적 의무라고 판단한다. 보다 공격적인 어조의 소발의 연설은

친구들의 연설에서 절정을 이루는 것으로 기획된다: 그는 엘리바스와 빌닷은 하늘을 대항하는 욥의 헛소리를 잠잠케 할 만큼 충분히 말했어야 한다고 넌지시 비춘다. 그럼에도 욥은 지금까지 계속 되받아 대답했기 때문에 보다 강력한 조처가 요구된다. 우리는 4-11장의 양식화된 패턴 – 한 친구의 연설이 욥의 한 연설을 뒤따라 오는 것 – 이 극단적으로 단순한 어떤 문학 구조가 아니라, 그것의 "허위" 단순성의 보호 아래 친구들 편에서 느낄 분노의 절정을 향해 긴장을 증대시키는 것임을 본다.

소발의 첫 번째 평가는 그가 "수많은 말" 외에는 아무것도 듣지 않았다는 것이다. 이는 단순히 그가 그 **사람**의 말을 듣지 않았다, 욥의 말을 넘어 그의 진짜 모습을 간파할 수 없었다는 것을 뜻할 뿐만 아니라, 잠잠하지 않겠다는 욥의 거절 자체를 죄의 증거로 여겼다는 것도 뜻한다. 그는 잠언 10:19의 "말이 많으면(여기서처럼 로브 드바림〈רֹב דְּבָרִים〉) 허물을 면하기 어렵다"는 원칙을 염두에 두고 있을지 모른다(참조. 또한 전 5:2; 여기에는 왕하 18:22; 잠 14:23에서와 같은 말과 행동 사이의 대조가 없다). 소발의 비난을 받는 것은 욥의 첫 번째 연설(6-7장)이나 엘리바스의 연설(4-5장)보다 거의 더 길지 않은 욥의 앞선 연설(9-10장)의 길이가 아니라 그의 계속되는 말하기다. 그것이 바로 "대답"될 필요가 있는 – 혹은 차라리 여기서 적절한 것은 법적 용어이기 때문에 "반박"될 필요가 있는 – 것이요, 틀렸다고 증명될 필요가 있는 것이다.

마찬가지로, 그의 전통적 원칙들에 따르면 소발은 어떤 사람이 그의 유죄의 확증들로 인해 잠잠하지 않으면 그가 법적 사면을 얻는 것(RSV, "명예가 회복되다")을 허용할 수 없다. 그것은 "말 많은 사람이 [틀림없이] 필연적으로 옳은가"의 문제(NAB; 비슷하게 NEB)가 아니라, 누구든지 그의 죄가 확정된 이후에 계속 말을 함으로써 자신을 옳다고 하도록 허락되어야 하는가의 문제다. 그것은 정상 재판과 맞지 않는다. 물론 욥기 연설들의 배경은 법정이 아니지만, 친구들은 부자연스럽지 않게 욥을 대항한 그들의 주장에서 소송의 공식적 표현들과 수사법을 사용하며, 또한 욥은 – 훨씬 더 자연스럽게 – 하나님과 자신의 논쟁을 본질상 법적인 것으로 본다. 왜냐하면 그는 아무런 죄도 범하지 않았고 그를 반대하는 정당한 법적 절차조차 준비되지 않았는데 형을 치르고 있기 때문이다.

3 일반적인 것(2절)에서 구체적인 것(비슷한 수사적 이동이 5:17-18; 7:1-3; 8:20-21에 있다)으로 이동하면서, 소발은 그의 논지를 계속한다: 욥이 친구들에 의해 제공된 논박들로 인해 잠잠하지 않는 것은 너무 괘씸한 것이다. 법적 공방의 전 과정은 한 사람 혹은 다른 사람이 문제를 인정할 때까지 논쟁자들이 말을 계속

하는 것이다. 욥이 만일 엘리바스와 빌닷의 논점들을 인정하지 않고 계속 말했다면, 그는 분명히 그들을 틀렸다고 하면서 **그들을** 잠잠케 하려고 시도하고 있는 것이다. 소발의 불만은 욥이 단순히 말이 너무 많다, 거짓말을 한다 혹은 자기 자신의 주장 외에는 어느 주장도 안 들리게 하려는 시도 가운데 의사 진행을 방해한다는 것이 아니다. 그것은 오히려 그가 법적 논쟁의 규칙들을 따라 공명정대하게 하고 있지 않다는 것이다.

물론 욥의 말이 틀린 것은 단순히 그가 그 친구들의 입장을 받아들이지 않기 때문만은 아니다: 그것은 그 자체로도 틀리다. 그것은 "쓸데없는 말" 혹은 "재잘거림"으로(בד – 바드) – 이 용어는 다른 곳에서 거만한 자랑의 문맥 상황에서 사용된다(사 16:6; 렘 48:30) – 이는 소발의 책에서는 하나님을 향한 욥의 결백을 변호하는 것을 가리키는 바로 그 용어다. 그러나 그것은 더 나아가 하나님에 대한 "조롱"(לעג – 라아그)이다. 왜냐하면 하나님의 심판의 옳음을 받아들이지 않는 것은 하나님의 도덕성에 이의를 제기하는 것이며, 하나님을 경시하는 것이기 때문이다. 그러한 불경은 "꾸짖는 자 없이" 문제되지 않고 통과되지 말아야 한다. 소발은 하나님을 대신하여 곤봉을 들고 하나님의 온전함을 변호할 의무를 하나님께 지고 있다고 믿는다. 하나님을 대항한 욥의 주장들의 온당치 않음은 소발에게 욥을 대항한 그의 말의 온당함을 확신시킨다. 신학적 정확함과 신성모독 회피의 이름으로, 욥의 "친구"는 그가 틀렸다는 것을 증명함으로써 그에게 "창피를 주거나" "망신시키려고" 노력할 그의 법적 상대자가 된다(법적 상황에서의 칼람〈כלם〉의 용법에 대해서는 잠 25:8 참조; 또한 욥 19:3을 보라).

4 만일 아무도 하나님의 대의를 위하지 않으면, 욥은 신의 명예를 계속 조롱할 것이며(3절), 사람들(4a절구)과 하나님(4b절구) 모두에게 옳은 편은 하나님이 아니라 자신이라고 주장할 것이다.

상대방의 말을 인용하는 것은 법적 논쟁 언사의 한 특징이다(참조. 사 40:27; 겔 12:21-22, 26-27; H. W. Wolff, "Das Zitat im Prophetenspruch," in *Gesammelte Studien zum Alten Testament*[Munich: Kösel, 1964] 36-129; A. S. van der Woude, "Micah in Dispute with the PseudoProphets," *VT* 19[1969] 244-60를 보라). 욥은 이런 구체적인 표현들을 사용하지 않았지만, 소발이 욥의 입에 두는 결백의 주장은 – 중요한 한 가지만 예외로 하고 – 욥의 자의식이 9-10장의 연설 결론 부분에 이르렀을 때쯤 다다른 단계에 관한 타당한 요약이다. 그의 탄식인 3장에서는 그의 결백의 문제가 전혀 제기되지 않았고, 엘리바스에 대한 그의 대답인 6-7장에서는 상대적으로 간접적으로 그의 결백의 느낌을 확언했다(6:10, 24, 26, 29-30; 7:20-21). 그러나 9-10장에서는 분명하게 "나는 결백하다… 나는 흠이 없다"(9:20, 21), "당신[하나님]은 나에게 죄가 없다는 것을 아십니다"(10:7; 또한 9:14-19에서도)라고 주장했다.

소발이 욥을 오해하는 곳은 "나의 **교훈**은 깨끗하다"(내 도는 정결하다: 개역 성경)는 말에 있다. "교훈"(לֶקַח – 레카흐)은 지혜 문학에서 흔한 용어이며(잠 1:5; 4:2; 9:9; 16:21, 23; 집 8:8; 참조. 사 29:24), 사실 욥은 엘리바스에 의해 많은 이들을 "가르쳤고", 그 "말"이 낙담한 사람들을 격려한 "스승"으로 묘사되었다(4:3-4). 그러나 이런 괴로운 말들을 하는 욥은 절대로 교사인 척하거나 학자인 척하는 사람이 아니며, 소발이 욥의 연설들을 강의나 이론적 탐구로 정하는 것은 아주 심각한 오해다. "교훈"이라는 이 용어 자체는 소발이 얼마나 적은 공감을 가질 수 있는지를 보여 주기에 충분하다. 인간의 불행을 학구적 점수-따기를 위한 생 자료로 사용하는 직업 신학자에 대해 우리가 독자로서 쉽게 받아들이는 의분은, 욥기의 저자도 욥의 고난을 "교의"로 사용하는 데 있어 소발보다 잘못이 덜하지 않다는 아이러니에 의해 다소 완화되어야 한다(그렇지 않은가?). 왜냐하면 그 역시 주장하고픈 신학적 목적을 가지고 있기 때문이다. 그리고 그의 독자들인 우리도 욥기를 "교훈적"으로 보는 한, 우리의 주의를 그 사람 욥의 종교적, 신체적 곤경으로부터 우리 자신의 신학적 추론들로 편향시켰기 때문이다.

생각컨대, 욥이 "내 교훈은 깨끗하다"라는 그의 첫 번째 확언을 전하는 대상은 – 소발에 따르면 – 그 친구들이다(그러나 NIV는 "하나님에게"를 삽입하면서 다르게 생각한다: "너는 하나님에게 '내 믿음은 흠이 없다'라고 말한다"). 반면에 두 번째 행은 확실하게 하나님에게 말해지는 것으로 제시된다: "나는 당신의 목전에 깨끗하다." 처음 읽으면 이것은 이상한 주장이다. 왜냐하면 포프가 말하듯이, 욥은 "하나님이 그를 옳다고 여기는지 모르기 때문이다. 그의 불평은 하나님이 악인들이 취급되어야 마땅한 방식으로 그를 대하신다는 것이다." 욥은 그의 결백을 하나님이 알아준다는 증거를 전혀 가지고 있지 않다고 보는 면에서 포프가 상당히 정확하기는 하지만, 그래도 욥은 그것을 믿는다. 사실 하나님은 욥이 결백하다는 사실을 **알면서도** 그를 악인처럼 대하신다는 것이 욥의 주장이었다(9:15-21; 10:15b). 소발의 견지에서 보면, 욥이 하나님에게 그렇게 말하는 것은 하나의 독신(瀆神)이다. 그것은 은연중에 하나님에게 엄청난 부정직의 잘못을 씌우는 것이기 때문이다.

5-6 하나님이 만일 욥에게 그에 관하여 그리고 욥에 관하여 진실을 말씀하실

수 있다면, 욥의 결백 주장(4절)은 조용해질 것이다. 하나님은 의로우실 뿐만 아니라 자비로우시다. 그분이 단지 의롭기만 하다면, 욥이 더 심하게 고난당할 것이라는 것을 누가 의심할 수 있겠는가? "모든 사람을 그가 마땅히 받을 바대로 대하라. 그러면 누가 채찍을 모면할 수 있겠는가?"(Use every man after his desert, and who should 'scape whipping)(*Hamlet*, 2.2.561).

욥을 하나님의 자비로 향하게 하는 것은 마지막 친구인 소발에게 남겨진 일인데, 물론 그것은 가장 잔인한 일이다. 왜냐하면 거기에 내포된 의미가 욥은 – 엘리바스와 빌닷이 주장한 대로 – 공평하게 취급되고 있는 것일 뿐만 아니라, 공평 이상으로 대우받고 있다는 것이기 때문이다: 그는 사실 그의 죄가 마땅히 받아야 할 것보다 적게 받으면서 가볍게 벌을 받고 있다(앤더슨).

5 소발은 욥이 신중히 더듬어 나가고 있는 것을 단도 직입적으로 말한다: 하나님이 직접 말씀하셨으면 하는 분명하게 표현된 소원. 3장에서 욥은 어떤 대답도 기대할 수 없지만 그럼에도 불구하고 하늘을 향한 물음들인 수사적 질문들을 했었다(예를 들어, 20절의 "어찌하여 고난당하는 자에게 빛을 주셨는가?"). 7장에서는 완전히 수사적이지만은 않고 비난도 담고 있는 질문들로 하나님에게 보다 솔직하게 말했다("내가 바다이나이까…당신은 내게 감시인을 두게?", "사람이 무엇이라고, 당신은 그를 끔찍이 생각하고…아침마다 그를 시험하나이까?", "당신은 내게서 눈을 돌리지 않기를 어느 때까지 하시려 합니까?" 12, 17, 19절). 9장에서는 하나님이 말씀하실 수밖에 없도록 강요할 법적 논쟁의 고뇌를 생각해 보았고(3, 14, 16, 35절), 10장에서는 "하나님에게 '나를 책망하지 마시오'라고 말할 것이다"(2절)라고 선언했으며, 논쟁적인 주장들을 하나님에게 했다(3-22절). 그러나 그는 어디에서도 하나님이 자기에게 말씀하시는 가능성에 대해서는 심각하게 생각하지 않았다. 그것은 앞으로 올 일로, 13:22에서 그는 하나님에게 자신을 논쟁에 "불러내라"고 요청할 것이며, 23:5에서는 하나님이 자기에게 "대답하시는" 것을 상상하고, 최종적으로 31:35에서는 전능자에게 결백하다는 그의 항의에 "대답하라"고 요구할 것이다(31장).

결국에는 욥이 그의 주장을 멈추고 하나님께 자신에게 대답하시라고 요구할 것이다. 그러나 여기 11장에서는, 비록 소발이 말하는 분이 **하나님**일 수 있기를 바라기는 하지만(고디스가 지적하듯이 "엘로하"가 강조 위치에 있음), 그는 하나님이 실제로 욥에게 말할 것이라고는 한 순간도 상상하지 않는다. 사실상 그럴 필요도 없는 것이, 소발이 자신을 하나님의 대변인으로 지명했기 때문이다.

6 욥을 제자리로 돌려놓을 수 있는 하나님의 비밀 지혜는 다소 공개된 신비다. 왜냐하면 소발이 그것을 알고, 여기서 그것을 욥에게 전달하기 때문이니 말이다. 그것은 하나님은 정의로우실 뿐만 아니라 자비하셔서 그의 자비가 죄인들을 향한 그의 정의의 응보를 완화시키도록 하신다는 것이다. 그러나 자비와 정의 사이의 균형은 사람이 결정할 것은 아니다. 죄를 "봐주고" 마땅히 받을 충분한 벌을 집행하지 않는 것은 하나님의 측량할 수 없는 자유에 놓여 있다(참조. 암 7:1-9; 믹 7:18; 겔 11:3; 20:17; 렘 4:27; 5:10, 18; 30:11; 46:28; 스 9:13). 더 자세한 것은 G. von Rad, *Old Testament Theology*(tr. D. M. G. Stalker: Edinburgh: Oliver and Boyd, 1962) 1:262-64; K. Koch, "Sühne und Sündenvergebung um die Wende von der exilischen zur nachexilischen Zeit," *EvT* 26(1966), 217-39; H. Thyen, *Studien zur Sündenvergebung im Neuen Testament und seinem alttestamentlichen und jüdischen Voraussetzungen*(FRLANT 96; Göttingen: Vandenhoeck und Ruprecht, 1969); J. J. Stamm, *Erlösen und Vergeben im Alten Testament. Eine begriffsgeschichtliche Untersuchung*(Berne: Francke, 1940); H.-P. Stähli, *THWAT*, 2:204; H. Vorländer, "Forgiveness," NIDNTT 1:697-703를 보라.

죄와 벌의 관계가 하나님의 자비에 의해 간섭될 수 있다는 사상은 주로 선지자 전통에 국한되며, 지혜 문헌에서는 분명히 나타나지 않는다는 것을 주목할 만하다. 물론 잠언 19:11에서 지혜로운 사람에 대해 "허물을 용서하는 것(עבר – 아바르)이 자기의 영광이니라"고 말해지지만, 그러한 인식이 신학적 차원으로 옮겨 가지는 않는다. 욥 자신은 그의 가정된 죄를 하나님이 용서해 주셨으면 하는(문자적으로 "지나가게 하다", עבר의 히필) 헛된 바람을 이미 표현하기는 했지만(7:21), 대체적으로 볼 때 소발은 지혜의 정상 범위 바깥에 속하는 전통에 호소하고 있음이 분명하다. 아마도 하나님의 용서의 자비 개념이 지혜 사상가와 맞지 않고 오히려 예언의 선지자와 잘 맞기 때문에 소발은 그것을 하나님의 지혜(חכמה – 호크마, 여기서는 신의 지혜)와 명철(תושיה – 투쉬야)의 "비밀들"(תעלמרת – 타알루모트) 가운데 하나로 묘사하는 것이다. 소발이 "죄"를 용서해 달라는 욥의 간청(7:21)을 거론하여, 그것이 적어도 부분적으로는 **이미 용서되었다**는 확신으로 – 그 자신의 전통이 아니라 선지자적 전통으로부터 – 대답하는 것은 과감한 움직임이다. 그것이 과감한 이유는 그렇게 말할 때 소발은 도덕 질서가 운행되는 방식과 하나님이 행동하시는 방식을 정확히 지적할 수 있는 능력을 지닌 지혜 신학자의 자신 있는 입장을 은연중에 저버리고, 그 안에서는 어디에도 속하지 않은 독립된 자비가 잘 정돈된 인과관계를 교란시키는 하나님의 알 수 없는 "비밀 지혜" 위에서 자신을 표류하게 하기 때문이다.

소발은 욥의 세 친구 중에서 가장 독창적인 신학자이며, 그의 창조자(욥기 저자)는 연설 주기에서 세 번째 및 절정의 위치를 위해 그를 남겨 둔 것인데, 이는 보다 광범위한 그의 신학 구성 때문이다(포어러의 가정처럼 그가 알파벳 순으로 마지막이기 때문이 아니다!). 그러나 보다 독창적이라고 해서 반드시 더 정확하다는 뜻은 아니며, 그가 다다르는 결론의 불합리함은 자명하다(적어도 1:1과 1:8로 시작한 독자들에게는). 하나님의 자비도 그의 정의도 욥의 경우와는 무관하며, 소발이 "하나님은 너의 죄의 일부를 용서하신다"고 하면서 잘못 판단하는 것은 엄밀하게 자신은 헤아릴 수 없는 하나님을 헤아릴 수 있다고 믿는 한에서다. 소발이 욥의 고난의 이유를 하나님의 신비에 위치시키는 것은 옳으며, 그것은 욥에게 심지어 하나님으로부터도 얻을 수 있는 유일한 설명이 될 것이다. 그러나 하나님이 사람을 대하실 때 정의와 자비를 조화시키는 방식이 하나님에게 있는 유일한 신비라고 가정하는 면에서는 틀리며, 따라서 38-41장의 신 연설들을 대신하는 데는 근처에도 오지 못한다.

7-12 그러나 소발은 하나님의 자비가 욥을 그의 죄의 결과들로부터 어디까지 보호했느냐는 주제를 설명하는 것이 아니다. 소발에게 중요한 사실은, 욥의 죄가 크던 작던 간에–물론 욥이 상상하는 것보다는 더 크다–그것이 죄라는 것이다. 또한 자비가 정의를 얼마나 많이 경감시켰든 간에, 정의는 아직도 도덕 세계가 운행되는 원칙이며, 하나님은 근본적으로 응보의 운행자이시다. 소발은 하나님의 헤아릴 수 없는 지혜에 관한 이 **토포스**(5장 "양식/구조/배경"을 보라)를 시작함에 있어(7-12절) 하나님의 지혜의 한 가지 특별한 양상을 염두에 두고 있다: 하나님은 누가 죄가 있으며 없는지를 아신다. 하나님이 모든 것을 절대적으로 아시는가의 문제는 현재의 소발에게는 중요하지 않다–비록 그의 언어가 매우 일반적이지만 말이다. 중요한 것은 하나님은 잘못을 찾아내는 정확한 능력을 갖고 계시다는 것이다. 그것은 일반적인 것들을 벗기고 말하면, 하나님은 욥의 항의에도 불구하고(4절) 그가 죄인이라는 사실을 아신다는 것을 뜻한다.

이 "하나님의 지혜에 대한 찬양의 글"(데이빗슨), 특별히 7-9절은 겉모양이 꼭 전통적인 표현 방식인 것처럼 보이지만, 욥기 내에서는 정확하게 평행하는 본문을 갖고 있지 않다. 신의 지혜를 찬양하는 욥 자신의 "찬송시들"도 오히려 지혜의 타도적이고 파괴적인 측면에 초점을 맞춘다(9:4-10; 12:13-25). 마소라 본문에서 욥에게 돌려지나 아마도 소발에게 할당되어야 하는 28장의 지혜 송가(28장에 관한 **"주**

석"을 보라)에서는 "지혜"가 명백하게 하나님 자신의 지혜로 묘사되지 않으나, 그것은 사람에 의해 발견될 수 없으며(28:12-13), 그리고 알 수 있는 바다나 땅의 세상 너머에 있는 것으로 그려진다(28:14, 21; 참조. 11:8-9). 신의 지혜의 발견 불가능성과 언어적으로 비슷한 것이 23:8-9에 있는데, 거기서는 하나님이 뒤에서도 앞에서도 좌편에서도 우편에서도 발견되실 수 없는 것으로 묘사된다(참조. 23:3).

7-9 욥은 물론 하나님의 지식 전체를 발견하는 데는 조금도 관심이 없다. 그리고 그에게는 그것이 인간의 이해 너머에 있다는 것을 알게 되는 것도 놀랄 만한 일이 아니다. "그 지혜는 하늘처럼 높이 있는데, 너의 범위는 너무 작고, 그것은 지옥처럼 깊은데, 너의 생각은 너무 얕다"(낙스). 하나님의 헤아릴 수 없는 지혜에 대한 이 언설이 갖는 유일한 상관성은 하나님의 지혜는 욥의 죄에 대한 명확한 지식을 담고 있다고 가정되어야 한다는 것이다. 소발 자신은 하나님의 지혜에 대해 욥이 가진 것보다 더 우월한 지식을 가지고 있다고 주장하지 않는다. 그는 단지 하나님의 지식이 광대하기 때문에 그 안에는 욥 자신이 기억하거나 인정하지 않는 죄들을 아는 지식 공간이 있다고 주장한다.

소발이 하나님의 "전지"(全知)에 관한 교리를 설파하고 있다고 주장하는 것은 너무 지나친 것이리라. 물론 하나님의 지식은 인간의 지식 너머에 있고, 충분히 조사될 수가 없다(참조. 5:9, 하나님은 "측량될 수 없는 놀라운 일들을" 행하신다. 거기서는 그것을 측량할 수 있는 가능성이 전혀 없다고(אין חקר – 엔 헤케르) 말해졌는데, 여기서는 헤케르〈חקר〉가 측량의 **대상**을 의미한다). 사람들은 하나님의 지혜에 관한 완전한 지식을 얻기 위해 "할" 수 있는 것이 아무것도 없다. 그들은 하나님의 지혜를 온전히 "알" 수 없다(물론 부분적으로는 알 수 있을지라도). 그러나 그것은 하나님의 지식을 주로 데이터의 축적으로 본다는 뜻이 아니다(물론 그것도 분명히 포함하지만). 일반적으로 욥기에서는 "지식"이 매우 자주 "능력"과 연결되기 때문에 우리는 "지식"은 우선적으로 "노하우"(혹은 실제적 지식, 기술)라고 가정해야 한다(참조. 5:9; 9:4; 12:13; 42:2-3).

소발이 하나님은 알 수 없는 분이라고 단정하고 있다고 보는 것도 맞지 않다. 그가 7-9절에서는 일반 진리를 선언하고 그 다음에 그것의 적용에서 자가당착에 빠지기 시작한다고 말하는 것(테리앙이 그렇다)도 그에게 부당한 것이다. 하나님의 궁극적 신비에 대한 소발의 인식은 그가 지혜 교사로서의 기능을 발휘하여 하나님이 악인들을 향해 어떻게 행하시는지를 안다고 선언하는 것(10-11절)을 방해하지 않는다. 또 소발은 하나님의 본질 혹은 본성을 이해할 수 없다고 단언하고 있는 것이 아니라(포어러가 생각하는 것처럼), 단지 그분의 **지혜**에 대해 그렇다는 것이다.

인간 세상의 차원들은 여기서 사중이다: 하늘, 지하 세계, 바다, 땅(다른 곳에서는 보통 삼중이다. 참조. 포어러, 517-19). 그것들은 세 가지 차원(동, 서, 남, 북과는 다르게)으로 인간의 공간 전체를 대표한다. 그 열거는 창조 내러티브와 똑같지는 않지만 분명히 그것에 근거하고 있다(하늘/궁창, "깊음", 바다, 땅, 창 1장; 참조. 또한 학 2:6, 하늘, 땅, 바다, 마른 땅; 시 135:6, 하늘, 땅, 바다, 깊음; 그리고 하늘, 스올, 바다 목록에 대해서는 참조. 시 139:8-9). 사람이 만일 자기 자신들의 자연 세계에 속하는 이와 같은 끝들에 이를 수 없다면, 하물며 그들 범위 너머에 있는 것에 도달할 수 있을까? 비슷하게 표현된 구절들인 예레미야 23:24; 아모스 9:2-4; 시편 139:8-9은 하나님의 **지혜**와는 무관하고 그의 현존과 인간사에 개입하는 능력과 관계가 있다.

소발에 의해 사용되는 질문 형식은 대답할 수 없는 짤막한 사중 질문을 가진 것으로, 포어러(G. Fohrer, "Form und Funktion in der Hiobdichtung," *ZDMG* 109 [1959] 31-49[37])에게는 법정 **공판-전 심문들**(*Verhörfragen vor Gericht*)처럼, 혹은 적어도 그것을 모방하는 것처럼 보였다. 그러나 이들을 지혜 교사들이 종사했을 학문적 논쟁 질문들로 보는 것이 더 가능성이 큰 것 같다(참조. 호르스트: 전형적 **논쟁 질문**〈*Disputationsfrage*〉). 동시에 그것들의 내용은 수사적 질문 양식이 하나님의 위엄을 찬양하는 데 사용되는 찬송 전승들을 상기시킨다(참조. 시 113:5-6; 139:7).

10-12 하나님의 초인 지식이 갖는 함축 의미는 하나님은 숨은 죄인들에 관해서 조차도 – 욥과 같은 – 진실을 아신다는 것이다. 사람들은 욥에게서 아무런 잘못도 찾지 못할지 모르지만, 하나님이 그를 벌하고 계시다면 그것은 오직 하나님이 – 그의 뛰어난 지혜로 – 무엇인가를 발견하셨음을 증명하는 것이다.

10-11 소발은 어떤 종류의 하나님 "방해", "말림" 혹은 "금지"를 염두에 두고 있는 것인가? 욥은 9:12에서 이미 똑같은 단어를 사용했다(יְשִׁיבֶנּוּ – 예쉬베누, 문자적으로는 "그를 돌려보내다"). 그러나 거기서는 그것이 – 법적 수단으로든 혹은 그 반대로든 – 하나님이 변함없이 전념하시는 분노를 실행에 옮기지 못하게 하는 것의 불가능성과 관계되었다: "그가 만일 갑자기 가져가 버리시겠다면, 누가 그를 금할 수(혹은 말릴 수) 있으랴?" 소발은 욥을 논박하는 것이 아니라 그를 바로잡고 있는 사람으로서, 하나님이 자신이 하는 방식대로 행동하실 권리가 없음을 증명하는 것이 불가능함을 가리키고 있다. 어느 누구도 하나님이 그분의 정당한 심판 행위들을

하지 못하시도록 방해하거나 말릴 수 없음은 그분은 인간의 지식보다 우월한 초인 지식을 근거로 일하시기 때문이다. 그분은 누가 의롭고 누가 "무가치한지"를 아시며, 그 지식에 근거하여 심판하신다. 우리는 응보 과정을 완화시키는 하나님의 자비 개념이 소발의 의식에서 사라진 것 같음을 우연히 보게 된다. 만일 소발이 그것을 상기 받으면, 심지어 자비조차도 사실들을 알아야 한다고 응답할 것이다. 비록 모든 것을 안다고 반드시 모든 것을 용서하는 것이 분명히 아닐지라도, 소발의 책에서는 하나님이 어떤 것이라도 용서하기 위해서는 그는 그럴 만한 가치가 있는 것은 모두 아셔야 필요가 있을 것이다.

소발은 응보 교리에 너무 갇혀 있어서 욥을 고난자로 볼 수 없고 오로지 범죄한 사람으로만 본다. 욥에게 일어나는 일을 묘사하는 그의 언어가 법률적인 것은 그가 욥의 고통에 대한 인식으로부터 그 고통을 신의 심판으로 보는 신학적 해석으로 너무 빨리 옮겨 갔기 때문이다. 그리고 비록 하나님이 "무가치한" 사람들을 보통 어떻게 대하시는지에 대해 상당히 일반적으로 말하지만, 그는 무엇보다도 욥에게 주목하고 있으며, 그의 고난에 대한 하나의 설명을 욥에게 제공하고 있음이 분명하다.

하나님의 지나감(חלף – 할라프)은 그 자체로는 그리 중요한 것이 아니다: 하나님이 죄 범하는 자들을 찾아 사람들 사이를 두루 지나다니시는 것은 – 마치 1-2장의 사탄처럼, 소발은 그의 존재를 인정하지 않지만 1-2장에서도 그는 단지 신이 할당한 일만을 한다 – 그의 일상적인 세상 관할의 일부다. 욥도 하나님에 대해서 이 단어 "지나가다"(חלף)를 사용했지만(9:11), 그 단어에 특별한 의미를 부여했다: 그에게는 그가 대화하기를 열망하는 하나님은 듣거나 대답하기 위해서 절대로 멈추어 서지 않으실 것이다. 그분은 급하게 서둘러 "지나가셔서" 욥은 그가 "볼 수도" "알아볼 수도" 없는 인물을 흘끗 보지도 못한다. 욥의 관점에서 보면, 하나님이 "지나가실" 때, 욥은 그에게 의미 있을 한 관계의 개인적 상실과 박탈을 겪는다. 소발의 관점에서 보면, 하나님이 끊임없는 인간사 조사 과정에서 "지나가실" 때 그는 우주의 도덕 질서가 하나님의 열심으로 충실하게 유지되고 있음을 기뻐한다.

그러한 조사 과정에서 하나님의 멀리-보는 지혜는 누구에게든 설명을 요구할 명분을 가지고 있을 것이다. 죄인에게 해명을 요구할 것은 난폭한 그의 능력이 아니라(호르스트가 제안하는 것 같은: 참조. 9:4) 그의 "지혜"일 것이다(참조. 11:6-9). 법적 과정들이 "지적이고 양심적인 족장"(테리앙)에 필적하는 이 지혜로운 통치자에 의해서 온당하게 준수된다: 그는 먼저 그 죄인을 어떻게 해야 할지 분명해질 때까지(레 24:12과 민 15:34에서 반역자와 안식일을 범하는 사람의 경우들처럼.

그 용어는 누아흐 바미슈마르〈נוח במשמר〉이다) 혹은 잘못이 확증되기 전까지(나병이 의심되는 레 13:4에서처럼〈그 동사는 여기서처럼 סגר이다〉) 그를 “가두어”(סגר – 싸가르) 감금한다.

그런 후에 동일 절차의 한 부분으로(연결어는 단순 **바브**, “그리고”) 사실들을 조사하고 법적 판단을 내리기 위해서(느 5:7; 겔 16:40; 23:46[NAB]에서처럼) 법률 모임을 소집한다(NIV, “의회를 소집하다”).

물론 그것은 모두 은유다. 사실상 하나님 자신이 수사관이요, 검사요, 법률 모임이요, 재판관으로, 그분이 발견한 것에 따라 행동하실 수 있기 전에 어떤 땅의 의회나 긴 법적 절차를 필요로 하지 않는다. 왜냐하면 그분은 혼자 힘으로(“그”〈הוא – 후〉”가 강조 위치에 있음) 악행자를 보면 알아보며, 또한 그분은 허물을 발견할 때마다 그것을 잘 표시하시기 때문이다. 아마도 소발이 하나님이 발견하신 것으로 염두에 두고 있는 특별한 허물은 거짓말이다. 왜냐하면 “무가치한 사람들”(מתי־שוא – 메테 샤브)이라는 용어가 다른 곳에서는 “속이는 자들”(נעלמים – 나알라밈, 시 26:4[5])과 병행되어 사용되기 때문이다(참조. 참조. 시 24:4, “그는 뜻을 거짓된 것〈שוא – 샤베〉에 두지 아니하며// 거짓으로 맹세하지 아니한다”). 그 허물을 마법이나(M. A. Klopfenstein, *Die Lüge nach dem Alten Testament. Ihr Begriff, ihre Bedeutung und ihre Beurteilung*[Zürich: Gotthelf, 1964] 315-16의 경우처럼) 혹은 마법 능력의 오용으로(J. F. A. Sawyer, *THWAT* 2:882-84) 보는 것은 개연성이 적다. 왜냐하면 그러한 죄들은 욥의 상황과 무관하기 때문이다. 이 “무가치함”은 거짓말의 의미 영역에 속함이 분명하다. 함축된 의미는 욥은 그가 그것 때문에 하나님의 형벌을 당하고 있는 자신의 죄가 무엇인지를 아주 잘 알면서 시치미를 떼는 자라는 것이다.

본서에서 처음이 아닌 하나의 귀납적 결론이 그 자체를 위해서가 아니라 욥에게 적용하기 위해서 말해진다(참조. 예를 들어, 8:20; 9:22). 도덕 질서에 대한 하나님의 쉬지 않는 경계성에 대해 찬양하는 이 문장은 기능상 감히 “나는 당신의 목전에 깨끗하다!”(4b절구)고 확언하는 사람을 치는 비난의 말이다. 욥이 보편적인 응보 교리에 이의를 제기할 때, 그는 도덕 질서에 이의를 제기한 것이며, 그렇게 함으로써 “허망한 사람”(שוא – 샤베, “텅 빈 사람”)처럼 자기의 잘못을 나타낸다. 그럼에도 불구하고 소발은 헤세가 지적하듯이 그의 원칙들만큼 비정한 사람은 아니다: 그는 악인들의 **종말**에 대해서가 아니라(가령 8:11-10처럼) 다만 그 종말의 시작에 대해서 말하며, 악인들의 **파멸**이 아니라 그들의 발견에 대해서 말한다. 또한 그가 욥을 의인들의 복의 영역으로 이동하라고 최선을 다해 – 그의 교리가 그에게 허락하는 딱딱한 자원의 상황에서 – 격려하기를 마칠 때까지는(13-19절) 그들의 종말에 대해 한마디도 하지 않는 것을 우리는 볼 수 있다.

[12] 그러나 먼저 격언 같은 한 말로 하나님의 지혜에 대한 소발의 추기(追記)가 끝날 것이다. 그것은 표면상으로 보면 그리 어려운 격언은 아니다: "'허망한' 사람이 지각을 얻을 것이다. 그리고 들나귀 새끼가 사람으로 태어날 것이다" 혹은 보다 나은 것으로 포프를 따라 "…그리고 들 나귀가 길들여진 상태로 태어날 것이다". 양식적으로 볼 때 이 문장은 – 그 행의 두 부분의 관계가 (단순히 "그리고"로 연결되어 있어) 다소 분명하지 않은 또 다른 격언인 5:7의 "사람은 스스로 고난을 낳고, 역병의 아들들이 높이 난다"와 공통점을 가지고 있다. 우리는 여기서 어떤 행위와 그것의 결과보다는, RSV가 하는 것만큼 우리가 잘 나타낼 수 있는 불가능한 일에 대한 두 개의 진술을 가지고 있는 것 같다: "들나귀 새끼가 사람으로 태어날 때라야" – "돼지가 하늘을 날 때라야", 즉 "네 번의 목요일이 낀 주가 지나면"(*dans la semaine des quatre jeudis*) – "어리석은 사람은 지각을 얻을 것이다". 피크는 "허망한 사람은 지각이 없다"는 단순한 동어 반복이라고 이의를 제기했다. 그러나 우리는 그 동사는 일반화된 현재에 관한 진술이 아니라 미래의 지혜 습득을 가리킨다는 것을 강조해야 한다: 들나귀가 길들여진 나귀가 되면 "허망한" 사람이 지각을 얻을 **것이다**.

해당 히브리어의 정확한 의미에 대해서는 다양하게 해석되었지만 한 가지 제안이 전통적인 해석(RSV에서와 같은)보다 더 나은 인상을 준다. 포프의 번역 "들나귀가 길들여져 태어날 것이다"는 일반적으로 인정되듯이 "…사람으로 태어나다"만큼 인상적이지는 않다. 그러나 그가 정확하게 지적한 것이 있는데, 보통 "들나귀 새끼"라고 번역되는 어구(עיר פרא – 아이르 페레)는 전혀 그런 것을 의미할 수 없다는 것이다. 왜냐하면 아이르(עיר)는 항상 길들인 나귀를 가리키는 데 사용되며(예를 들어, 창 32:15; 삿 10:4; 슥 9:9), 또한 그것은 **어린** 동물을 가리키지 않고, 반면에 페레(פרא)는 항상 들나귀를 가리키는 데 쓰이기(예를 들어, 욥 24:5; 사 32:14; 렘 2:24) 때문이라는 것이다. 그는 또한 보통 "사람의 들나귀"라고 번역되는 어구인 페레 아담(פרא אדם)이 고정 어구 같다고 본다. 만일 아담(אָדָם, "사람")이 여기 문맥에서 아다마(אֲדָמָה, "땅, 흙, 초원")로 이해되면(다른 여러 구절들이 그런 것처럼), "사람"은 이 구절에서 사라지고 "초원의 들나귀"가 그 자리를 차지한다. 더 자세한 것에 대해서는 "원문주해" 11:12.e.를 보라.

보다 어려운 문제는 그 격언이 어떻게 이 문맥 상황에 연결되는가이다. 만일 욥이 "허망한" 사람이라면, 그 격언은 그에게 아무런 희망이 없음을 뜻한다. 그러나 그 다음에 바로 이어지는 절들(13-19절)은 그에게 희망이 있다고 소발이 믿고 있음을 보여 준다. 우리가 주목해야 하는 것은 소발이 실제로는 욥을 도덕적으로 "허망한" 사람이라고 부르지 않았다는 것이다. 그는 욥이 어떤 잘못을 범했고, 하나님이 그것에 대해 다른 모든 죄인들을 벌하듯이 그를 벌하고 계시는 것이라고 믿는다(11절). 그러나 그는 또한 욥의 회개의 가능성을 받아들이는 것에서 분명하게 보이듯이(13-14절), 욥에게 한 줄기 희망 이상을 간직하고 있다. 따라서 욥은 완전히 "무가치한", 도덕적으로 "텅 빈" 사람일 리가 없다. 사실을 말하면, 죄인들은 일반적으로 구제할 가능성이 없고, 바른 행동으로 인도하는 그 도덕적 "지각"을 얻을 수 없다고 소발은 말한다. 그러나 욥 너(혹은 당신, 13절에서 "너"가 강조되고 있음을 주목하라)는 그렇게 어리석지 않다. 너는 가르침을 받을 만하고, 내가 너를 가르칠 것이다!

13-20 이제 소발은 욥에게 회개의 복들을 확신시켜 주면서 조건적 조언을 해준다. 엘리바스와 빌닷 모두 이미 비슷한 격려를 해주었다. 그들이 서로 다른 점은 미래의 회복의 약속에 그들이 부여하는 조건들에 있다. 엘리바스는 5:8-26에서 욥에게 아주 섬세하게 접근하기에 감히 그에게 하나님을 "찾아야" 한다고도 말하지 못하고, 다만 욥이 모방할 어떤 모범으로서 그 자신이 하는 것을 증거할 뿐이다: "나는 기도로 하나님을 찾고, 하나님께 내 일을 아뢴다"(5:8). 그가 부정 혹은 긍정 명령을 말할 때조차도("전능자의 징계를 거절하지 말라", "너는 명심하고, 스스로 그것을 알라") 견디기 너무 어려운 조건들—어쨌든 그의 관점에서 볼 때(5:17-27에 관한 "주석"을 보라)—은 욥에게 부과하지 않는다. 반면에 빌닷은 하나님의 은혜에 없어서는 안 될 것으로 두 가지 조건만을 본다: 경건한 기도와 흠 없는 삶(8:5-6: "네가 하나님을 찾으면…네가 정결하고 바르면"). 이제 소발은 욥의 죄 있음에 대해 다른 어느 친구들보다도 더 확신하는 가운데 기도에 대해서 **그리고** 악의 근절에 대해서 분명하게 말한다.

엘리바스와 빌닷이 모두 악인들의 운명과 욥이 그런 사람으로 자신을 증명할 것이라고 바라는 경건한 사람의 운명을 대조한 후, 그들은 각각 욥의 행복에 대해 낙관적 어조로 그들의 말을 마친다(참조. 5:25-26; 8:20-22). 반면에 소발은 이 절들의 전체적 낙관성에도 불구하고, 어떻게든 불길한 경고의 어조로 끝맺는다—마치 악은 반드시 갚아진다는 위협을 추가하지 않으면 덕은 보상받는다는 그의 약속이 정말 효과가 없을 것이라고 두려워하는 것처럼.

13 욥은 그의 확실한 죄 있음에도 불구하고 하나님께 버림받은 자가 아니다. 그조차도 그 역시("너"가 강조 위치에 있다) 하나님의 은혜로의 회복을 얻을 수 있다. 물론 빌닷의 경우처럼(8:5) 소발이 그리는 회복은 "회개에 따른 용서가 아니라 의로움에 대한 보상이다"(8:5에 관한 앤더슨).

우리가 여기서 두 개의 조건(기도로 마음을 돌리는 것, 악을 제거하는 것)을 보든지 혹은 14절을 삽입 어구로 간주하여 13절의 것을 주된 것으로 보든지(부드, 바이저) 그것은 그리 중요하지 않다. 그 구조는 "만일…만일…그러면"(כי־אז – 키-아즈)으로 8:4-6의 것(כי־עתה – 키-아타, "만일…만일…만일…그러면")과 비슷하다. 그러나 여기서 그 첫 번째 "만일"은 분명히 가정형이지만, 두 번째는 6c절구의 관점에서 보면 확실히 "때문에"를 뜻한다.

먼저 욥은 하나님께 "[그의] 마음을 돌려야" 한다. 참된 의로움은 내적 본성에서 비롯되는 것이지 단순히 기도하면서 "손을 뻗는" 외적인 문제가 아니기 때문이다. 종교적 의무에 주의를 돌리는 신중한 행위는 기도의 핵심 요소로 간주되는 "주의" 혹은 "집중"(여기서 사용된 동사 כון으로부터 파생된 카바나〈כַּוָּנָה〉)에 관한 랍비식 가르침을 상기시킨다. 옛날에 경건한 사람들은 "그들의 마음을 하나님에게 돌리도록"(여기서처럼, כון לב) 기도 시작 전에 한 시간 동안 조용히 앉아 있었다고 미쉬나는 말한다(*m. Ber.* 5.1). 더 자세한 것은 G. F. Moore, *Judaism in the First Centuries of the Christian Era, the Age of the Tannaim*(Cambridge, Mass.: Harvard UP, 1930) 2:223-26; C. G. Montefiore and H. Loewe, *A Rabbinic Anthology*(repr. New York: Schocken Books, 1974) 272-94를 보라. 마음을 하나님에게 향하는 것은 사무엘상 7:3에서는 오직 야훼만을 섬긴다는 헌신과 연결되고(참조. 대하 20:33) 시편 78:37에서는 그분에게 신실하게 충성하는 것과 연결된다(참조. 112:7).

다음으로 욥은 손을 뻗어 기도해야 한다. 고대 근동의 도상학으로 판단하면, 전통적인 이 기도 자세는 두 손을 얼굴 높이까지 올리고 손바닥을 바깥으로 해서 서로 가까이 하는 것이었다. 그 자세의 상징적 의미는 주석가들의 확신에 찬 주장들에도 불구하고(그것은 기대, 결백 혹은 무기를 버림의 상징이다 등) 여전히 알려지지 않은 채로 남아 있다. 그것이 원래는 "보다 우세하고 신령한 상대를 마법의 힘으로 제지하여 그것을 쓸모 있는 것으로 바꾸거나 혹은 그것을 피하려는 시도"를 표현했다는 킬의 "사료적" 설명도 똑같이 추론적일 뿐이다(O. Keel, *The Symbolism of the Biblical World: Ancient Near Eastern Iconography and the Book of Psalms*

[New York: Seabury, 1978] 313). 그러나 (지금까지도 중동의 일부 문화에서 잘 알려진) 손바닥을 정면으로 향하게 한 상태로 손을 어깨 높이로 올리고 머리는 한 쪽 방향으로 약간 돌리는 항복의 자세와는 어떤 연관성이 있을지 모른다. R. A. Barakat, *Journal of Popular Culture* 6(1973), 749-87(778 no. 104)를 보라. (이집트 배경에서 나온) 그 자세를 그린 한 정교한 선화(線畵)를 보려면 Keel, fig. 422를 보라. 그리고 (기원전 9-8세기의 것으로 하솔에서 출토된) 비슷한 문양이 새겨진 한 상아 상자 사진에 대해서는 *ISBE* 2:450를 보라. 손으로 하는 이 자세를 가리키는 데 사용된 동사들은 주로 파라쉬(פרש, "뻗다"; 시 143:6; 스 9:5에서처럼)와 나사(נשא, "들어올리다"; 시 28:2; 63:5[4]에서처럼)이다. 그것은 간구의 자세(잠 1:24)인 손을 **내미는** 문제가 아니다(RSV, JB, NAB, NIV처럼). 말을 받는 사람에게 제시되는 것이 손바닥이기 때문에 보통 언급되는 것은 일반적으로 손(יד – 야드)이 아니라 구체적으로 **손바닥**(כף – 카프)이다. (A. Parrot은 그의 "Gestes de la prière dans le monde mésopotamien," *maqqél shâqé dh Hommage à Wilhelm Vischer* [Montpellier: Causse, Graille, Castelnau(1960) 177-80]에서 주로 손을 접은 자세에 대해 다룬다.)

좋은 뜻의 이 조언이 피상적이라는 것은 두말할 필요가 없다. 소발은 욥이 하나님에게 하는 격정의 연설(10장)이 그가 지금 욥에게 요구하고 있는 바로 그 하나님에게 "집중"을 드러내는 것임을 모를 수 있는가?

14 더러운 손을 기도로 하나님에게 내밀 수는 없다(참조. 사 1:15). "만일"의 사용에도 불구하고, 소발은 분명히 욥이 그의 손에 죄악을 가지고 있다고 믿는다. 소발은 욥이 어떻게 해야 그의 죄를 제거할 수 있다고 제안하는가? 제물의 바침이나 보상으로가 아니며, 회개에 의해서도 아니고, 그것을 포기함으로써, 그것으로부터 자신을 멀리함으로써, 그것으로부터 아주 멀리 자신을 둠으로써이다. 이는 지혜 신학의 말이다. 죄는 덮어 버리거나, 씻거나, 용서될 것이 아니라, 피하고, 떠나고, 끊어야 할 것이다(참조. 시 1:1; 잠 1:10-15; 4:14, 24; 5:8; 30:8). 일단 죄를 범하면 그에 따르는 불가피한 미래를 당하는 것 외에 달리 할 수 있는 일이 없다. (죄에 대한 이 독특한 태도가 학계에서 간과된다. 예를 들어, S. Porubčan, *Sin in the Old Testament: A Soteriological Study*[Rome: Herder, 1963]; K. Koch, *TDOT* 4:309-19; R. Knierim, *Die Hauptbegriffe für Sünde im Alten Testament*[Gütersloh: Mohn, 1965]; 같은 저자, *THWAT* 1:541-49.) 욥이 할 수 있는 유일한 일이란 그의 현재의 죄악을 "포기하는"(JB) 것이며, 동양식 접대 세계에 친숙한 은유를

사용하여 말하면 그것을 손님으로 받지 않는 것이다("죄악이 너의 장막에 거하지 않게 하라"). 다른 곳에서는 누군가의 "장막에 거한다"는 말은 그 사람의 소유물(혹은 집)을 사용한다는 것을 뜻하지만(창 9:27; 대상 5:10; 시 78:55; 참조. 욥 18:15), 여기에 의인화된 "죄악"이 욥의 집을 인수한 후 그를 강제로 집 밖으로 쫓아내는 표상이 있는 것 같지는 않다(포어러는 이에 반대다). 이미지는 오히려 예레미야 4:14의 것으로, 거기에 보면 악한 생각이 예루살렘 내에 "머무른다". 욥의 "장막"(단수; "원문주해" 11:14.b을 보라)에 대한 언급이 그가 장막 거주자라는 것을 암시하는 것은 물론 아니다. 그것은 보다 고대의 생활 양식에서 온 하나의 은유다(5:24; 8:22; 19:12; 29:4 등에서처럼).

15 지혜 신학에서 볼 때 악을 제함의 결과는 생명의 의다—그것이 초래하는 보상들과 함께. 세 개의 절로 된 이 문장(13-15절)은 의인들에 대한 긍정적 확신의 어조로 끝난다. 욥은 자신의 결백에 정당한 긍지를 가지고 "그의 머리(문자적으로는, '얼굴')를 들 것이다"(이것은 시 110:7; 삿 8:28에서와 같은, 승리해서 "머리를 드는 것"이 아니라 아마도 삼하 2:22에서처럼 좋은 기분의 표현이다. 참조. F. Stolz, *THWAT* 2:112. 그러한 어구의 가능한 법정 사용에 관해서는 I. L. Seeligmann, "Zur Terminologie für das Gerichtsverfahren im Wortschatz des biblischen Hebräisch," *VTS* 16[1967] 251-78[270-72]를 보라). 그러나 그 표현을 "행복해지다"로 이해하는 고디스가 맞을 수도 있는데, 그러면 마지막 말인 "너는 두려워하지 않을 것이다"와 잘 평행할 것이다(참조. 반대 표현인 "그의 얼굴이 떨어졌다"[창 4:6], 즉 "그가 슬퍼졌다").

이 즐거운 묘사에서 독자들은 하나의 아이러니를 놓칠 수 없을 텐데, 그것이 소발의 의도에서 아무리 멀리 떨어져 있다 하더라도 그렇다. 왜냐하면 그가 욥에게 권하고 있는 모든 것이 프롤로그에 따르면 아주 처음부터(1:1) 욥이 전부 가지고 있는 것이기 때문이다.

16 안전하다고 느끼는 것의 절정 요소는 그것을 불안전의 경험과 대조할 수 있다는 것이라고 소발은 말한다. 욥은 그의 "고난"(עמל – 아말, 육체적·정신적; 참조. 3:10; 7:3)을 단지 지나가 버린 통증으로만 "기억할" 것이다. 그는 그의 기억에서 사라진다는 의미에서가 아니라, 더 이상 그에게 영향을 미칠 아무런 힘도 가지지 않는다는 의미에서 그것을 완전히 "잊을" 것이다. 창세기 41:51에 매우 가까운 평행 본문이 있는데, 거기서 요셉은 첫 번째로 태어난 아들의 이름을 므낫세(מְנַשֶּׁה, "〈하나님이〉 잊게 하신다")라고 할 때, 그 이름은 "하나님이 나의 모든 고난(여기

처럼 עמל)과 나의 아비의 온 집을 나로 잊어버리게 하셨다(נַשַּׁנִי, **낫사니**)"를 뜻한다고 설명한다. 물론 그 아이의 이름을 "잊어버림"이라고 짓는 바로 그 행위 속에서 요셉은 [뭔가를] 기억하고 있다. 여기 본문에서 "기억하다"와 "잊다"의 평행은 완전히 지나가 버린 고통이 사실 모두 잊혀진 것이 아니라–그것을 단순히 억누르면 그런 것처럼–단지 영향력이 없는 것으로 기억된다는, 하나의 심리적 진실에 대한 두드러진 확증이다. 물론 "기억하다"는 "잊지 **않다**"(예를 들어, 시 9:13[12]; 74:18-19, 22-23)와, 그리고 "잊다"는 "기억하지 **않다**"(욥 24:20; 잠 31:7; 사 17:10; 54:4)와 자주 병행되어 나타나지만, 여기서만 이들 정반대의 말들이 **동의** 평행 관계에 있다.

물, 특히 홍수, 파도 혹은 깊은 물은 자주 괴로움을 뜻하는 표상들이다. 그러나 그것들이 "지나가는/넘어가는"(עבר–아바르) 바로 그 시간이 바로 괴로움의 때이다(참조. 시 124:4-5; 42:8[7]; 88:17). 따라서 여기서의 그림은 "홍수"에 관한(NEB, 포어러, 호르스트) 것이 아니다. "지나가고"(עבר, 6:15) 말라 버리는 와디에 관한 것도 아니다(드 빌드가 그렇다). 왜냐하면 "그런 물의 지나가 버림"은 실망스런 일이기 때문이다. 이 곳의 것은 분명히 이미 흘러가 버렸고(NJPS), 시야에 없고, 마음에서 멀며, 돌이킬 수 없이 가 버린 물이다.

17 욥은 자신을 "어두움과 깊은 그늘의 땅, 암흑처럼 어두운 땅"으로 향하는 것으로 묘사했지만(10:21-22), 소발은 그러한 생각을 버리고, 생명의 가장 분명한 상징인 빛의 미래를 투사한다. 그가 지금 사는 삶뿐만 아니라 지속하고 영속하는 그의 인생(חלד–헬레드)이 대낮처럼 밝아질 것이다–아니다, 너무 밝아서 대낮 자체가 비교적 아주 심한 암흑이 될 것이다. 이 문장은 이사야 58:10, "그러면 네 빛이 흑암 중에서 떠올라 네 어둠이 낮과 같이 될 것이다"의 패턴처럼 되어 있지만(참조. 58:8), 그 은유는 훨씬 더 강화된다. 왜냐하면 여기서는 그것이 현재의 어두움이 밝아진다는 문제가 아니라, 오히려 아직도 욥 앞에 놓여 있는 인생의 가장 어두운 국면이 아침의 빛처럼 될 것이다, 즉 그는 영원히 빛에 감싸일 것이라는 문제인 것 같기 때문이다.

18 지속되리라는 확신을 포함하지 않는 현재에는 진정한 안전이 없다: "희망이 있으므로 너는 안전해질 것이다." 희망은 욥기에서 중요한 원리 중 하나이지만, 고난 중에 있는 예배자가 하나님께 구원해 달라고 간구하고 하나님이 행동하시기를–희망 가운데–인내하며 기다리는 시편식 경건의 희망은 아니다(예를 들어, 시 62:6[5]; 71:5). 이것은 정확한 응보로 다스려지는 정의로운 세상의 올바른 질서

에 대한 확신이다: "의인의 소망은 즐거움을 이루어도, 악인의 소망은 끊어지느니라"(잠 10:28).

희망의 그와 같은 개념은 욥의 세 대화 상대자들에 의해 다르게 변조된다. 엘리바스는 "희망"의 근거를 널리 인정되는 욥의 신앙과 올바름에 두었다: "너의 경건이 너의 확신의 근원이 아닌가? 흠 없는 너의 삶이 너에게 희망을 주지 않는가?"(4:6). 엘리바스가 뜻하는 바는 "네가 이미 가지고 있는 의를 확신하라"이다. 빌닷은 보다 조심스런 분위기로 결국 실패할 악인의 희망을 파피루스 갈대와 거미 집 은유로 묘사한다: "신을 인정하지 않는 자의 희망은 그렇게 사라진다"(8:13). 그가 뜻하는 바는 "희망은 의로운 사람이 있는 곳이면 존재한다. 그러나 악함이 있는 곳에는 오직 절망할 일만 있다"이다. 소발은 욥의 현재적 죄 있음을 확신한 가운데 "희망"을 미래적 의에 수반되는 것으로 투사할 수 있을 뿐이다. 만일 조건적으로 욥이 복의 영역에 들어간다면, 그는 "희망이 있기에 안전"할 것이다. 그가 뜻하는 바는 "희망은 너에게 유효하다. 그것은 네가 의로워지는 것에 달려 있다"는 것이다. 더 자세한 것은 W. Zimmerli, *Man and his Hope in the Old Testament*(SBT 2/20: London:SCM, 1971) 16-25 – 앞서 나온 단락의 일부 표현이 빚을 지고 있다. C. Westermann, "Das Hoffen im Alten Testament," in *Forschung am Alten Testament. Gesammelte Studien*(*ThB* 24: Munich: Kaiser, 1964) 219-65; J. van der Ploeg, "L'espérance dans l'AT," *RB* 61(1954) 481-507를 보라.

안전이 가장 잘 확보되는 때인 잠자는 시간에 초점을 맞출 때(참조. 시 4:9[8]) 아마도 소발은 욥이 바로 그 시간에 악몽에 시달린다는 7:13-14에 나오는 욥의 고백을 염두에 두고 있을지 모른다.

19 소발에 관한 한 **안전**은 분명히 축복된 삶의 주된 매력이다. 왜냐하면 그 이미지는 가장 전통적인 종류의 언어로 또 다른 시행에서 계속되기 때문이다. "두렵게 할 자 없이(אין מחריד – 엔 마하리드) 눕는다(רבץ – 라바츠)"와 똑같은 표현이 이사야 17:2; 스바냐 3:13에서 나타나며, "두렵게 할 자 없이"는 레위기 26:6; 신명기 28:26; 예레미야 7:33; 30:10; 46:27; 나훔 2:12; 에스겔 34:28; 39:26에 나타난다(마지막 두 절에는 "안전하게 거한다"〈ישב לבטח – 요세브 라베타흐〉도 있음). 욥기의 시인은 우리에게 "땅에 그와 같은 이가 없고" 소발의 처방을 마지막 항목까지 실행하는 1장의 경건한 욥이 어떻게 그의 안전을 밑뿌리까지 흔들리게 되었는지 생각해 보기를 원하는 것이 분명하다.

안전의 묘사(18-19a절구)와 아첨 받고 복종 받는 존경의 족장 이미지 묘사(19b

절구) 사이에는 어떤 관계가 있는 것인가? 욥과 그의 친구들과 같은 군주 혹은 족장에게 안전이란 단순히 재산이나 신체에 가해지는 공격이 없다는 것뿐만 아니라, 그들이 평소에 인도하는 사람들에게서 존경을 받는 것도 포함한다는 말임이 분명하다. 지금의 욥은 스바 사람과 갈대아 사람들로부터 공격을 당할 뿐만 아니라(1:15, 17) 그의 고통들로 인해 당한 망신으로부터도 고난을 겪고 있다(참조. 그의 이전 입장[29:7-17]과 대조를 이루는 그가 당한 치욕에 대한 30:1-15의 그 자신의 묘사). 명예 없이는, 자신의 지위와 신분에 대한 완전한 이해 없이는 아무런 안전이 없다. 그러므로 "많은 이들이 너의 호의를 구할 것이다", 문자적으로는 "너의 얼굴을 부드럽게, 혹은 보기 좋게 만들 것이다"라는 말은 진정으로 돌이킬 욥에게 마련된 좋은 운명에 대한 소발의 묘사에서 절정을 이룬다. 이 표현은 잠언 19:6에서 발견되며("너그러운 사람에게는 많은 사람들이 은혜를 구한다"), 반면에 시편 45:13[12]의 "두로 사람들이 선물을 바치며 네 은혜를 간청하리라"는 우리에게 동양식 감언은 단순히 언어만의 문제가 아니라, 존경의 표시로 선사품들을 바치는 것도 포함한다는 것을 상기시켜 준다(서양인들에 의해 종종 "증회"〈贈賄〉로 오해된 관습). 이 어구는 하나님의 은혜를 간청하는 데도 사용되는데(예를 들어, 출 32:11; 렘 26:19; 왕상 13:6) 여기서도 선물(제물)을 바치는 것이 때때로 명시적이다(삼상 13:12; 말 1:9). 욥이 회복될 때는 정말로 그의 모든 친척과 지인들이 축하의 표시로 또한 틀림없이 자기-환심 사기의 수단으로 선물들을 가져오면서 그러한 장면이 상연될 것이다(42:11). 어느 누구도 그러한 사람들의 선물을 통해 부자가 되지는 않는다(42:10에서 욥은 바크시시〈*bakshish*, 뇌물은 아니지만 그것 비슷하게 갖다 바치는 것〉 돈의 도착 **전에** 이미 자신의 재산을 이전 것의 두 배로 회복 받았다). 그러나 그것들은 부와 명성의 사람에게는 금상첨화이며 그 이상이다. 그것들은 사회적 가치의 외적이고 가시적인 표시다-그것은 모든 사람이 원하는 것이지만, 욥이 그 사회적 계층의 정상에서 시작했다는 것을 고려하면 누구보다도 그가 바라는 것이다.

20 그러나 소발의 말은 아직 끝나지 않았다. 그의 전체 연설이 욥으로 하여금 현재의 악행을 그만두게 하는 동기로 작용하기 때문에, 소발은 단순히 경건한 사람의 행복에 대한 설명만으로 끝낼 수 없고 어두운 측면도 암시해야 한다: 악인들의 운명(이것은 "두 길" 모티프가 아님〈바이저, 헤세〉). 이 주제는 엘리바스(4:8-11)와 빌닷(7:11-19)에 의해 발전되었고, 후자의 경우에는 명시적으로 의인들의 운명 주제와 대조되었는데, 여기서 간략하게 진술된다. 그렇다고 소발이 빌닷보다 덜 엄

격하다는 뜻은 아니다. 왜냐하면 욥에 대한 그의 태도가 중심 구절인 6절에서 이미 분명하게 표명되었기 때문이다: 욥은 정말로 이미 악인의 운명으로 향하고 있다.

그 운명은 안전의 부재다. 이 연설에서 소발에게는 그들이 당해야 하는 진짜 형벌은 죽음도 이른 죽음도 아니며, 신의 심판도 육체적 질병도 아니다. 그것은 18-19절의 의로운 사람과는 다르게, 그들이 확신을 잃는다는 것이다. 그들의 눈은 쇠약해진다. 바꾸어 말하면, 그들은 자신들이 오랫동안 기다려 왔던 것에 대한 희망을 포기한다(이 숙어에 대해서는 참조. 31:16, 거기서는 "욕구를 억제했다"와 평행한다. 신 28:32, 65; 시 69:4[3]). 탈출이나 도망은 그들에게서 "사라진다": 모든 안전이 사라진 상황에서는 아주 사소한 것조차도 목숨-파괴의 위협을 줄 수 있다(그 표현에 대해서는 참조. 5:4; 렘 25:35; 암 2:14; 시 142:5). 요컨대, 그들의 희망은 아무런 실질적 내용을 가질 수 없다: 그것은 오로지 절망이요, 문자적으로 말하면 "숨쉬기"이다. 그들의 유일한 희망이 죽음, 즉 그들의 마지막 호흡이라는 말은 아니다(RSV, NAB, NIB처럼). 이 숙어가 절망을 가리키는 것으로 31:39에서 다시 나타나고, 아마도 예레미야 15:9(고디스, 드 빌드가 그렇다)에서도 나타난다.

소발의 생각에, 의롭지 않은 자들이 그들의 응보를 받고 그들이 16-19절의 경건한 사람과 아주 강하게 차별되는 것은 **안전**의 가장 중요한 영역에 속한다.

해설

소발의 연설은 한편에서 보면 이전에 다른 두 친구에 의해 광범위하게 발전된 응보 주제에 관한 또 다른 변형 외에 아무것도 아니다. 죄는 그의 벌을 만날 것이고, 바른 행위는 그 상을 받을 것이다(11, 13-16, 20절). 어느 것도 확고한 정의의 손을 막을 수 없다.

그럼에도 불구하고, 소발의 신학적 관점은 상당히 특징적이다. 빌닷이 하나님이 정의를 굽게 하실 수 없다는 것에 호소했고(8:3), 엘리바스가 인간이 조물주 앞에서 완전히 의로울 수 없다는 것에 호소했던(4:17) 곳에서, 소발은 신의 지식을 이해하는 것의 불가능성에 호소한다(11:6-9). 이것이 보다 신비적이고 예언적인 자세같이 보이지만, 그것은 그릇된 인상이다. 왜냐하면 소발은 근본적으로 아카데미의 소산이며, 그만큼 하나님의 본질적 **인식 가능성** 신학을 견지하기 때문이다. "지혜의 비밀들"과 "그의 방식의 신비들"(6절)은 조용하고 경건한 경외의 이유라기보다는 하나님에 관한 한 소여(所與)로, 인간을 대하는 하나님의 방식의 실용 신학을 위해 도출될 수 있고 또 그래야 하는 함축 의미들을 가진다. 쉬운 언어로 하면 하나님은 사람에 대해 발견될 것보다 더 많이 아시며, 그것은 그들의 죄에 대해서도 더 많이 아신다는 것을 뜻한다. 어떤 가시적 이유가 없는데 벌이 있다면, 하나님이 그분의 지혜로 그 이유를 아시는 것이라고 우리는 확신할 수 있다. 더욱이 그것은 어떤 신비적이고, 말로 표현할 수 없으며, 추측할 수도 없는 초월적 이유가 아니라, "오직 하나님께서 그의 입술을 열기만 하면"(6절) 사람이 쉽게 이해할 수 있는 이유일 것이다. 따라서 우리는 하나님이 어떤 사람을 벌하실 때 그 이유를 정확하게 알 수는 없지만, 그분이 그 사람을 **그 어떤 이유로** 벌하고 계시는 것이지, 결단코 이유 없이 혹은 까닭 없이 그러시는 것이 아니라고 확신할 수 있다(소발은 2:3에 나오는 하나님의 고백을 전혀 듣지 않았다!). 이 모두가 하나님은 알 수 있고 사실은 상당히 충분하게 알려져 있다는 것, 그분이 사람을 대하심은 엄격하면서도 단순한 패턴을 따른다는 것 그리고 우리가 그의 활동을 원인에서 결과로 추적할 수 없다면 거꾸로 결과에서 원인으로 그것들을 재구성할 수 있다는 것을 보여 준다. 그것이 소발을 그가 항상 있었던 곳－현인들의 아카데미－에 머물게 하는 것이다. 그러나 엘리바스와 빌닷과는 반대로, 그 자신이 신 인식론에 한 자리를 차지한다. 욥기 저자는 그의 등장 인물을 인생에서 끌어내지 않았는가?

소발의 연설에는 또 다른 신학적 특징이 있다. 그것은 신의 자비의 역할이다. 신의 이 속성은 히브리 고난자들에 의해 그들의 시편 기도에서 아주 빈번하게 호소되었고, 따라서 종종 전체주의적 폭력을 번뇌에 찬 신 갈망의 외침으로 바꾸는 선지자적 고발들의 배경을 이루었는데, 소발의 지혜 신학에서는 그 성격이 잔인하게 바뀌었다. 왜냐하면 자비가 응보 원리에 평형추가 되기는커녕 그것 아래로 포섭되었기 때문이다. 어느 누구도 하나님이 그의 정의를 경감시키려고 그의 자비를 발휘할 것이라고 기대할 수 없을 것은, 그분이 이미 그렇게 하셨기 때문이다! 하나님이 보여 주실 어떤 자비도 응보 법칙이 시작되기 전에 이미 참작되었다. 하나님은 사람들에게서 그들의 죄에 마땅한 것보다 덜 거두시며, 그리고 그분이 벌하시는 곳은 어디에서든 이미 그들 죄의 일부를 간과해 주셨다(6절). 인간의 고난은 (소발에 따르면) 항상 형벌로서, (하나님의) 선한 뜻에 따라 이미 일정 비율이 감하여졌다. 그것이 뜻하는 바는, 욥은 어떠한 경감도 간청할 수 없고, 그의 고난 가운데 다만 그가 마땅히 받아야 할 벌의 일부를 이미 경감해 준 자비에 감사할 수 있을 뿐이라고 말하는 것이다.

끝으로, 소발은 욥의 미래의 처신이 어디에 근거해야 하는지에 관해 그에게 주는 충고로 우리의 주목을 받을 만하다. 엘리바스는 조금 더 섬세해서 감히 욥에게 직접적인 충고를 주지 않고 다만 그 자신이 하는 것에 대해 말했다(5:8). 빌닷은 "하나님에게 기도하고" "전능자의 은혜를 구하라"고 조언할 때(8:5) 다소간 좀더 명시적이고 지시적이었다. 그러나 그렇다고 할지라도 그는 그 조언을 욥의 실제 일상 습관일 것에 관한 묘사로까지 여겨질 가능성이 있는 조건의 형식으로 했다(8:5에 관한 "주석"을 보라). 소발도 비슷하게 "만일"-형식을 택하지만, 그에게는 욥의 죄 있음에 관한 한 의심이 전혀 없음을 충분히 명백하게 한다(6절과 14절의 비교). 욥이 잘못한 것에 대해서는 그가 고생을 당해야 한다. 그것은 속죄되거나, 용서되거나, 기도로 제거할 수 없다. 죄를 제거하고 경건의 삶을 새롭게 착수하는 새로운 출발에 의해서만 욥은 복된 미래를 기대할 수 있다. 소발 자신의 시대에 그에게 공개된 신학적 규범들로 판단해 보아도, 소발은 하나님이 미래에 자비 혹은 용서를 행하실 수 있는 여지를 전혀 남겨 주지 않은 점에서 그분을 부당하게 대했다. 그 점에서 그는 다른 친구들보다 더 심한 신학자다. 비록 고난에 대해서 죄 이외에 다른 설명을 상상할 수 없는 점에서는 그들과 같은 입장에 서 있지만 말이다.

그러나 소발조차도 그의 근시안적 안목에도 불구하고 가르칠 만한 어떤 가치 있는 것을 가진 정통 신학자다. 그의 입장을 이렇게 묘사해 보라: 무엇이든 있는 것은(가령, 고난) 있다. 무엇이든 지나간 것(가령, 죄)은 지나간 것이다. 엎질러진 우유를 두고 – 심지어 엎질러진 피를 두고서라도 – 우는 것은 아무 소용이 없다. 하나님에게로 주의를 집중하고, 손은 기도의 자세로 뻗고, 앞으로 삶에서 죄는 전부 떨쳐 버리는(13-14절), 하나님과 함께 하는 삶을 살 것은 이 순간 이후부터다. 그의 보상 신학이 극단적으로 단순할지라도, 그것은 "하나님은 그를 찾는 자들을 상 주시며"(히 11:6), "의인의 기도는 역사하는 힘이 크니라"(약 5:16)와 같은 진리들에 대한 눈에 띄게 현저한 확인이다. 소발이 욥의 상황과 아무리 멀리 떨어져 있다고 할지라도, 그의 말은 "하나님께 가까이 하라 그러면 그가 너희를 가까이 하시리라"이다(약 4:8) – 이는 단순히 전통적 진리만이 아니라 개인적 확신이다.

7. 욥의 네 번째 연설(12:1-14:22)

참고문헌

Blenkinsopp, J. "The Prophetic Reproach." *JBL* 90(1971) 267-78. **Boecker, H. J.** *Redeformen des Rechtslebens im Alten Testament.* WMANT 14. Neukirchen-Vluyn: Neukirchener Verlag, 1964. ______. "Anklagereden und Verteidigungsreden im Alten Testament: Ein Beitrag zur Formgeschichte alttestamentlicher Prophetenworte." *EvTh* 20(1960) 398-412. **Cohen, A.** "Studies in Hebrew Lexicography." *AJSL* 40(1923-24) 153-85. **Davies, J. A.** "A Note on Job XII 2." *VT* 25(1975) 670-71. **Dahood, M.** "Two Pauline Quotations from the Old Testament." *CBQ* 17(1955) 19-24. ______. "Northwest Semitic Philology and Job." In *The Bible in Current Catholic Thought*, M. J. Gruenthaner Memorial Volume, ed. J. L. McKenzie. New York: Herder and Herder, 1962. 55-74. ______. "Ugaritic *ušn*, Job 12, 10 and 11QPs Plea 3-4." *Bib* 47(1966) 107-8. **De Gugliemo, A.** "Job 12:7-9 and the Knowability of God." *CBQ* 6(1944) 476-82. **Driver, G. R.** "Problems in Job." *AJSL* 53(1935-36) 160-70. ______. "Hebrew Roots and Words." *WO* 1(1947-52) 406-15. ______. "Problems in the Hebrew Text of Job." *VTS* 3(1955) 72-93. ______. "The Resurrection of Marine and Terrestrial Creatures." *JSS* 7(1962) 12-22. ______. "Affirmation by Exclamatory Negation." *JANES* 5(1973) 107-14. **Eitan, I.** "Two Unknown Verbs(איד, חלש)." *JBL* 42(1923) 21-28. ______. *A Contribution to Biblical Lexicography.* New York: Columbia UP, 1924. **Gard, D. H.** "The Concept of the Future Life according to the Greek Translator of the Book of Job." *JBL* 73(1954) 137-43. **Gemser, B.** "The RIB or Controversy Pattern in Hebrew Mentality." *VTS* 3(1955) 120-37. **Gordis, R.** "Quotations as a Literary Usage in Biblical, Oriental and Rabbinic Literature." *HUCA* 22(1949) 157-219.(=*Poets, Prophets and Sages: Essays in Biblical Interpretation.* Bloomington and London: Indiana UP, 1971. 104-59.) **Guillaume, A.** "A Contribution to Biblical Lexicography." *BSOAS* 16 (1954) 1-12. ______. "The Use of חלש in Exod. xvii. 13, Isa. xiv. 12 and Job xiv. 10." *JTS* ns 14(1963) 91-92. **Halpern, B.** "Yhwh's Summary Justice in Job XIV 20." *VT* 28(1978) 472-74. **Harvey, J.** *Le plaidoyer prophétique contre Israël après la rupture de l'alliance.* Studia travaux de recherche. Montreal: Editions Bellarmin, 1967.

Habermann, A. M. "The Tomb of Rachel and the Term נפש"[Heb]. *Tarbiz* 25(1956) 363-68. **Herz, N.** "The Exaggeration of Errors in the Massoretic." *JTS* 15(1914) 258-64. **Jacob, B.** "Erklärung einiger Hiob-Stellen: 12:6; 14:11; 14:16; 14:22." *ZAW* 32(1912) 278-87(284-86). **Joüon, P.** "Notes philologiques sur le texte hébreu de Job 12,21." *Bib* 11(1930) 322-24. **Katz, P.** "Notes on the Septuagint. V. Job xv.2." *JTS* 48(1947) 194. **Limburg, J.** "The Root *RIB* and the Prophetic Lawsuit Speeches." *JBL* 88(1969) 291-304. **Mejia, J.** "El lamed enfático en nuevos textos del Antiguo Testamento." EstBíb 22(1963) 179-90. **Michael, J. H.** "Paul and Job: A Neglected Analogy." *ExpT* 36(1924-25) 67-70. **Milgrom, J.** "The Cultic שגגה and its Influence in Psalms and Job." *JQR* 58(1967) 115-25. **Nielsen, K.** *Yahweh as Prosecutor and Judge: An Investigation of the Prophetic Lawsuit(Rîb-Pattern). JSOTS* 9. Sheffield: *JSOT*, 1978. **Orlinsky, H. M.** "The Hebrew and Greek Texts of Job 14.12." *JQR* 28(1937-38) 57-68. **Reider, J.** "Etymological Studies in Biblical Hebrew." *VT* 2(1952) 113-30. ______. "Etymological Studies in Biblical Hebrew." *VT* 4(1954) 276-95. **Sarna, N. M.** "איתנים. Job 12:19." *JBL* 74(1955) 272-73. **Seeligmann, I. L.** "Zur Terminologie für das Gerichtsverfahren im Wortschatz des biblischen Hebräisch." *VTS* 16 (1967) 251-78. **Skehan, P. W.** "Strophic Patterns in the Book of Job." *CBQ* 23(1961) 125-42(=*Studies in Israelite Poetry and Wisdom*. CBQMS 1. Washington, DC: Catholic Biblical Association, 1971. 96-113). **Thompson, J. G. S. S.** "Sleep: An Aspect of Jewish Anthropology." *VT* 5(1955) 421-33. **Ziegler, J.** *Iob 14, 4-5a als wichtigster Schriftbeweis für die These "Neminem sine sorde et sine peccato esse"(Cyprian, test 3, 54) bei den lateinischen christlichen Schriftstellern.* Bayerische Akademie der Wissenschaften, Phil.-hist. Klasse, Sitzungsberichte, Jahrgang 1985.3. Munich: Verlag der Bayerischen Akademie der Wissenschaften und C. H. Beck. **Zink, J. K.** "Uncleannness and Sin. A Study of Job xiv 4 and Psalm li 7." *VT* 17(1967) 354-61.

본 문

1 욥이 대답하여 가로되
2 너희만 참으로 사람이로구나 너희가 죽으면 지혜도 죽겠구나
3 나도 너희같이 총명이 있어 너희만 못하지 아니하니 그 같은 일을 누가 알지 못하겠느냐

1 Then Job answered and said:
2 Truly you are the last of the wise![a] With you wisdom will die![b]
3 But I have intelligence as much as you: I am not inferior to you. Who does not know such things?[a]

4 하나님께 불러 아뢰어 들으심을 입은 내가 이웃에게 웃음 받는 자가 되었으니 의롭고 순전한 자가 조롱거리가 되었구나

5 평안한 자의 마음은 재앙을 멸시하나 재앙이 실족하는 자를 기다리는구나

6 강도의 장막은 형통하고 하나님을 진노케 하는 자가 평안하니 하나님이 그 손에 후히 주심이니라

7 이제 모든 짐승에게 물어 보라 그것들이 네게 가르치리라 공중의 새에게 물어 보라 그것들이 또한 네게 고하리라

8 땅에게 말하라 네게 가르치리라 바다의 고기도 네게 설명하리라

9 이것들 중에 어느 것이 여호와의 손이 이를 행하신 줄을 알지 못하랴

10 생물들의 혼과 인생들의 영이 다 그의 손에 있느니라

11 입이 식물의 맛을 변별함같이 귀가 말을 분변하지 아니하느냐

12 늙은 자에게는 지혜가 있고 장수하는 자에게는 명철이 있느니라

13 지혜와 권능이 하나님께 있고 모략과 명철도 그에게 속하였나니

14 그가 헐으신즉 다시 세울 수 없고 사람을 가두신즉 놓지 못하느니라

15 그가 물을 그치게 하신즉 곧 마르고 물을 내신즉 곧 땅을 뒤집나니

16 능력과 지혜가 그에게 있고 속은 자와 속이는 자가 다 그에게 속하였으므로

17 모사를 벌거벗겨 끌어가시며 재판장으로 어리석은 자가 되게 하시며

18 열왕의 맨 것을 풀어 그들의 허리를 동이시며

19 제사장들을 벌거벗겨 끌어 가시고 권력이 있는 자를 넘어뜨리시며

20 충성된 자의 말을 없이 하시며 늙은 자의 지식을 빼앗으시며

21 방백들에게 멸시를 쏟으시며 강한 자의 띠를 푸시며

4 For[a] I have become a laughingstock to my friends,[b] I, a man who would call upon God and be answered, I, an innocent man, a blameless man – a laughingstock.

5 "Add insult to injury!"[a] think the secure, "Strike the man down now he is staggering!"[b]

6 Yet the tents of brigands are left in peace, those who provoke God live in safety –[a] those whom God has in his own power![b]

7 And yet [you say]: Ask the cattle, and they will teach[a] you, the birds of the sky, they will tell you.

8 Or speak to the earth,[a] and it will instruct you, the fish of the sea, they will inform you.

9 Which among all these[a] does not know that Yahweh's[b] hand has done this? –

10 He, in whose hand is the life of every living thing, and the breath of every human[a] being.

11 Does not the ear test words as the palate tastes its food?

12 [a]Wisdom is found with the aged, understanding comes with length of days.

13 With him is wisdom and might, counsel[a] and understanding is his.

14 What he destroys will not be built, whom he imprisons will not be freed.

15 He holds back the waters, there is drought;[a] he lets them loose, they overwhelm the earth.

16 With him is strength and wisdom; in his power are the deceiver and the deceived.

17 [a]Counselors he leads away barefoot,[b] judges he drives to folly,[c]

18 He loosens the belt of kings, and binds[b] a rope[c] about their loins.

19 Priests he leads away barefoot,[a] and brings to ruin[b] men long established,[c]

20 depriving reliable men of their speech, taking away the discretion of the elders.

21 Upon nobles he pours disgrace, and loosens the belt[a] of the mighty,[b]

22 어두운 가운데서 은밀한 것을 드러내시며 죽음의 그늘을 광명한 데로 나오게 하시며
23 만국을 커지게도 하시고 다시 멸하기도 하시며 열국으로 광대하게도 하시고 다시 사로잡히게도 하시며
24 만민의 두목들의 총명을 빼앗으시고 그들을 길 없는 거친 들로 유리하게 하시며
25 빛 없이 캄캄한 데를 더듬게 하시며 취한 사람 같이 비틀거리게 하시느니라
13:1 나의 눈이 이것을 다 보았고 나의 귀가 이것을 듣고 통달하였느니라
2 너희 아는 것을 나도 아노니 너희만 못한 내가 아니니라
3 참으로 나는 전능자에게 말씀하려 하며 하나님과 변론하려 하노라
4 너희는 거짓말을 지어내는 자요 다 쓸데 없는 의원이니라
5 너희가 잠잠하고 잠잠하기를 원하노라 이것이 너희의 지혜일 것이니라
6 너희는 나의 변론을 들으며 내 입술의 변명을 들어보라
7 너희가 하나님을 위하여 불의를 말하려느냐 그를 위하여 궤휼을 말하려느냐
8 너희가 하나님의 낯을 좇으려느냐 그를 위하여 쟁론하려느냐
9 하나님이 너희를 감찰하시면 좋겠느냐 너희가 사람을 속임 같이 그를 속이려느냐
10 만일 가만히 낯을 좇을진대 그가 정녕 너희를 책망하시리니
11 그 존귀가 너희를 두렵게 하지 않겠으며 그 위엄이 너희에게 임하지 않겠느냐
12 너희 격언은 재 같은 속담이요 너희의 방어하는 것은 토성이니라
13 너희는 잠잠하고 나를 버려 두어 말하게 하라 무슨 일이 임하든지 내가 당하리라
14 내가 어찌하여 내 살을 내 이로 물고 내 생명을 내 손에 두겠느냐
15 그가 나를 죽이시리니 내가 소망이 없노라 그

22 He uncovers mysteries hid in darkness and brings deathly shade[a] to the light.
23 He makes nations great,[a] and he destroys them; he disperses[b] nations,[c] and he leads[d] them.
24 He deprives a country's leaders[a] of their reason,[b] and leaves them to wander in a trackless waste.
25 They grope in darkness[a] without a light;[b] he leaves them to stagger[c] like drunkards.
13:1 All this[a] I have seen with my own eyes; with my own ears I have heard it and understood.
2 My knowledge is a match for yours; I am not inferior to you.
3 But it is to the Almighty that I would speak; it is with God that I crave to enter dispute.
4 And as for you,[a] you are lying soothers;[b] worthless physicians,[c] all of you.
5 If only you would be utterly silent! That is what would count as wisdom for you.
6 Listen, if you will, to my disputation, attend to the arguments I will utter.
7 Is it on God's behalf that you speak falsehood? Is it for him that you utter lies?
8 Will you favor God's side? Do you propose to argue his case for him?
9 Would it be well for you if he were to examine you? Could you deceive[a] him as a man is deceived?
10 [a]He would be sure to begin proceedings against you if even in secret[b] you were partisan.
11 Will not the fear[a] of him terrify you? Will not the dread of him fall upon you?
12 [a]Your reminders[b] would become[c] maxims[d] of ash, your sayings[e] words of clay.
13 Be silent, let me alone![a] I must speak! Let what may[b] befall[c] me.
14 [a]I will take my flesh in my teeth, and put my life in my hand.
15 [a]He may slay me; I am without[b] hope.[c] Yet

러나 그의 앞에서 내 행위를 변백하리라
16 사곡한 자는 그의 앞에 이르지 못하나니 이것
이 나의 구원이 되리라
17 너희는 들으라 내 말을 들으라 나의 설명을
너희 귀에 담을지니라
18 보라 내가 내 사정을 진술하였거니와 내가 스
스로 의로운 줄 아노라
19 나와 변론할 자가 누구이랴 그러면 내가 잠잠
하고 기운이 끊어지리라
20 오직 내게 이 두 가지 일을 행하지 마옵소서
그리하시면 내가 주의 얼굴을 피하여 숨지 아니
하오리니
21 곧 주의 손을 내게 대지 마옵시며 주의 위엄
으로 나를 두렵게 마옵실 것이니이다
22 그리하시고 주는 나를 부르소서 내가 대답하
리이다 혹 나로 말씀하게 하옵시고 주는 내게 대
답하옵소서
23 나의 불법과 죄가 얼마나 많으니이까 나의 허
물과 죄를 내게 알게 하옵소서
24 주께서 어찌하여 얼굴을 가리우시고 나를 주
의 대적으로 여기시나이까
25 주께서 어찌하여 날리는 낙엽을 놀래시며 마
른 검불을 따르시나이까
26 주께서 나를 대적하사 괴로운 일들을 기록하
시며 나로 나의 어렸을 때에 지은 죄를 받게 하시
오며
27 내 발을 착고에 채우시며 나의 모든 길을 살
피사 내 발자취를 한정하시나이다

28 나는 썩은 물건의 후패함 같으며 좀먹은 의복
같으니이다
14:1 여인에게서 난 사람은 사는 날이 적고 괴로
움이 가득하며
2 그 발생함이 꽃과 같아서 쇠하여지고 그림자
같이 신속하여서 머물지 아니하거늘
3 이와 같은 자를 주께서 눈을 들어 살피시나이
까 나를 주의 앞으로 이끌어서 심문하시나이까

4 누가 깨끗한 것을 더러운 것 가운데서 낼 수 있
으리이까 하나도 없나이다

I will defend my conduct[d] to his face.
16 And[a] this is what I take refuge in: A godless
man dare not approach him.
17 Listen closely to my words; let my declara-
tion be in your ears.
18 You will see that I have drawn up my case.[a]
I know that I am in the right!
19 If[a] any one can make out a case against me,
then[b] I will hold my peace till[c] I breathe my last.
20 Grant me these two favors only, O God,[a] so
that I need not hide myself from you.

21 Withdraw your hand[a] far from me, and let
not fear of you unnerve me.
22 Then summon me, and I will answer; or let
me speak first, and you shall reply to me.

23 How many iniquities and sins are laid to my
charge?[a] Show me my offense and my sin!
24 Why do you hide your face from me? Why
do you count me your enemy?
25 Would you strike with dread a leaf driven by
the wind?[a] Would you pursue a withered straw?
26 You ordain me to suffer bitterness; you make
me inherit the faults of my youth.

27 You set my feet in the stocks; you keep a
watch on all my paths; you take note of my
footprints.
28 And this to one like a worn-out[a] wine-skin,[b]
like a garment eaten by the moth.
14:1 Man, born of woman, is few of days and
full of turmoil.
2 He blossoms[a] like a flower, and he withers;[b]
like a shadow he is gone and will not stay.
3 Is it upon such a one that you fix your eyes?
Is this the one[a] you will bring into dispute with
you?
4 Who can make the unclean[a] into the clean?[b]
No one![c]

5 그 날을 정하셨고 그 달 수도 주께 있으므로 그 제한을 정하여 넘어가지 못하게 하셨사온즉	5 Since man's days are determined, and the number of his months is known to you, and you have set[a] the bound[b] that he cannot pass,
6 그에게서 눈을 돌이켜 그로 쉬게 하사 품꾼같이 그 날을 마치게 하옵소서	6 look away from him and let him be,[a] till he has enjoyed[b] his day – like a hired laborer!
7 나무는 소망이 있나니 찍힐지라도 다시 움이 나서 연한 가지가 끊이지 아니하며	7 For a tree there is hope, that if it is cut down it will sprout again, that its fresh shoots will not fail.
8 그 뿌리가 땅에서 늙고 줄기가 흙에서 죽을지라도	8 Though its root grow old[a] in the ground and its stump begin to die in the dust,
9 물 기운에 움이 돋고 가지가 발하여 새로 심은 것과 같거니와	9 yet at the scent of water it may bud and put forth shoots like a plant new set.
10 사람은 죽으면 소멸되나니 그 기운이 끊어진즉 그가 어디 있느뇨	10 But a man, when he dies, loses every power;[a] he breathes his last, and where[b] is he then?
11 물이 바다에서 줄어지고 하수가 잦아서 마름같이	11 Like the water that has gone from a vanished lake, like a stream that has shrunk and dried up,
12 사람이 누우면 다시 일어나지 못하고 하늘이 없어지기까지 눈을 뜨지 못하며 잠을 깨지 못하느니라	12 man lies down and will not rise again, before the heavens are no more[a] he will not awake,[b] [c]nor be roused out of his sleep.
13 주는 나를 음부에 감추시며 주의 진노가 쉴 때까지 나를 숨기시고 나를 위하여 기한을 정하시고 나를 기억하옵소서	13 If only you would hide me in Sheol, conceal me there till your wrath is passed,[a] set a time when you would call me to mind!
14 사람이 죽으면 어찌 다시 살리이까 나는 나의 싸우는 모든 날 동안을 참고 놓이기를 기다렸겠나이다	14 If a man could die and then live again,[a] I would wait, all the days of my hard service, till my relief should come.
15 주께서는 나를 부르셨겠고 나는 대답하였겠나이다 주께서는 주의 손으로 지으신 것을 아껴 보셨겠나이다	15 You would call, and I would answer you, you would yearn for the work of your hands.
16 그러하온데 이제 주께서 나의 걸음을 세시오니 나의 죄를 살피지 아니하시나이까	16 You would indeed count[a] my steps, but not watch for any sins of mine;
17 내 허물을 주머니에 봉하시고 내 죄악을 싸매시나이다	17 My transgressions would be sealed up in a pouch, and any fault you would cover over.
18 무너지는 산은 정녕 흩어지고 바위는 그 자리에서 옮겨 가고	18 Yet as[a] a mountain slips away[b] and erodes,[c] and a cliff is dislodged from its place,
19 물은 돌을 닳게 하고 넘치는 물은 땅의 티끌을 씻어 버리나이다 이와 같이 주께서는 사람의 소망을 끊으시나이다	19 as water wears away stone and torrents[a] Scour the soil from the land – so you destroy man's hope.
20 주께서 사람을 영영히 이기셔서 떠나게 하시며 그의 얼굴 빛을 변하게 하시고 쫓아 보내시오니	20 You overpower him once for all,[a] and he is gone, you disfigure[b] him and then you banish him.

21 그 아들이 존귀하나 그가 알지 못하며 비천하나 그가 깨닫지 못하나이다

21 His sons may come to honor, but he does not know it; they may sink into obscurity, but he does not perceive it.

22 오직 자기의 살이 아프고 자기의 마음이 슬플 뿐이니이다

22 He feels only his own pain; he grieves only for himself.

원문주해

12:2.a. 암(עם)은 단독으로는 "그 백성"이나 "그 사회"(포프처럼)를 거의 의미할 수 없고, "그 백성의 목소리"(JB, NJPS, GNB), "모든 사람", 바꿔 말하면 "중요한 유일한 백성"(로울리, 고디스), "적법한 백성"(*die rechten Leute*)(KB, KB³, 포어러처럼)은 더더욱 아니다. NEB의 "완전한 사람"은 암(עם)이 아랍어 어근 "완벽하다, 완전하다"와 일치한다는 라이더(J. Reider)의 제안(*VT* 4[1954] 289-30)에 근거한 것이다. 그러나 히브리어에 그 외에 다른 용례가 없으므로 이 견해는 매우 미덥지 않다. 다후드의 "너희가 그 강한 자다"(*עם, 제안된 어근 עמם으로부터; *Psalms I*, 113)는 믿을 수 없다(블롬머드도 그렇다). 하암(הָעָם, "그 백성")으로의 수정은 성공적이지 않다. 왜냐하면 그러면 "지혜를 가진 유일한 백성"을 말하는 이상한 방식일 것이기 때문이다. 대부분의 다른 (추측) 수정들은 그러한 의미를 끌어들이려고 시도하지만, 다른 면에서는 설득력이 없다: 요드임(יֹדְעִים, "아는 사람들"; A. 클로스터만; BH³), 아루밈(עֲרֻמִים, "지혜로운 사람들"). 이 오래된 문제에 대한 거의 확실히 정확한 해결이 데이비스에 의해 주어졌다(J. A. Davies, *VT* 25[1975] 670-71), 그것은 두 번째 문장을 병렬 관계절이라고 보는 것이다. 바꾸어 말하면 "너희들은 지혜가 너희와 함께 죽을 사람들이다"(**바브**가 관계절을 도입하는 용법에 대해서는 참조. 29:12). 본인은 하암(העם)에 내용을 주기 위해서 "마지막 현인들"로 번역했다.

2.b. 투마트(תּוּמַּת, "완전함, 완벽")로 읽자는 투르-시나이와 라이더의 제안(*VT* 4 [1954] 289)은 아주 설득력이 없는 것은 아니다. 참조. 아퀼라의 *τελειώματα σοθίας*, 심마쿠스의 *ἡ τελειότης τῆς σοθίας*.

3.a. 문자적으로는 "누구에게 이 같은 (것들이) 없는가?".

4.a. 연결을 위해 번역에 추가됨. "주석"을 보라.

4.b. 문자적으로는 "**그의** 친구들에게". 동사가 "나는 …이다"이기에 약간 이상하다. 포어러는 확고하게 에흐예(אֶהְיֶה)를 이흐예(יִהְיֶה, "그가…이다")로 수정하여 문법상으로 인칭의 일치를 가져오지만, 의미는 망쳐진다. 왜냐하면 욥이 자신에 대해서 말하고 있는 것임이 분명하기 때문이다. 비슷한 취지에서 이스벨(C. D. Isbell)은 אהיה가 יִהְיֶה의 철자라고 주장했다. 바꾸어 말하면, "이런 것들을"(3c절) 모르는 사람은 "그의 친구들에게 조롱거리가 될 것이다"("Initial ʾAlef-Yod Interchange and Selected Biblical Passages," *JNES*

37[1978] 227-36[233-34]). KJV의 "나는 그의 이웃에게 조롱당하는 **자 같다**"(JPS 비슷함)는 동일 문장에서 "나"와 "그" 모두를 유지시키려는 가치 있는 시도다. 그러나 히브리어는 난해하지 않다. "나는 '그의-이웃에게-조롱거리' 중 한 명이다"(A 'mockery-to-his-neighbor' I am). 이 표준 모티프에 대한 참조문들에 대해서는 "주석"을 보라. RSV, NEB, NIV는 가장 매끄러운 번역인 "나의 친구(들)에게"를 갖고 있다.

5.a. JB가 아주 훌륭하게 그렇게 본다. 문자적으로는 "재난에 조롱".

5.b. 문자적으로는 "발걸음이 비틀거리는 자들에게 강타". 나콘(נָכוֹן)을 나카(נכה)로부터 온 명사 "강타"로 봄(슐텐즈, 도름, 고디스, KB[3] 등이 그렇다. 참조. JB, NEB). נָכוֹן("고정된, 준비된")으로가 아님(RSV, NAB처럼).

6.a. 바투호트(בטחות, "안전"; 강도의 복수)는 실제로는 "장막들"과 평행하지 않는다. 그러나 평행 명사를 찾으려는 라이더의 시도(J. Reider, *VT* 2[1952] 126-27; "사람이 사는 계곡", 아랍 동족어에 근거)는 설득력이 없다(그러나 KB[3]가 그 뒤를 따른다). 마찬가지로 독단적으로 지크프리트와 다른 이들도 이슐라우(ישליו, "편안하다")를 샬롬(שָׁלוֹם, "평화")으로 수정함으로써 정확하지만 진부한 평행 구조를 만들었다.

6.b. 포어러는 이 행을 행간 주로 보고 삭제한다(NAB도 그렇다). NIVmg의 "하나님의 손이 그들에게 가져오는 것에서 안전한"은 불가능한 번역 같다. 고디스의 "그분을 속였던 모든 자들"은 어떤 확신도 전달해 주지 않으며, "속이다"를 뜻하는 엘리자베스 시대의 영어 "to bear someone in hand"라는 관용구에 근거한다. NEBmg는 "그는 그가 원하는 자들에게 그것을 가득히 가져온다"로 번역하며–해당 히브리어는 거의 이것을 의미할 수 없다–이 행을 옮겨 21:17 뒤에 오도록 한다. 윈튼 토마스는 놀랍게도 5-6절 전체를 흥미롭지만 무리하게 번역하는 가스터를 따라서("Some Emendations in the Text of the Bible," in *Semitic Studies in Memory of Immanuel Löw*[ed. A. Scheiber; Budapest: Hungarian Libraries Board, 1947] 284-87[287n.]), 레마르게제 엘(לְמַרְגִּיזֵי אֵל, "하나님을 자극하는 자들에게")을 르모 라그제-엘(לְמוֹ רָגְזֵי־אֵל, "격렬한 소란에도 불구하고")로 바꾸는–엘(אֵל)을 단지 최상급으로 봄–개연성 없는 수정에 찬성한다("Some Further Remarks on Unusual Ways of Expressing the Superlative in Hebrew," *VT* 18[1968] 120-24[121-22]). 좀더 개연성이 있는 해석들에 대해서는 "주석"을 보라.

7.a. 복수의 집합 주어를 가진 단수 동사로(*GKC*, § 145k 보라), 8절의 중복오사로서 삭제될 것(메르크스, 도름, 포어러처럼)이 아니며, 복수형 베토루카(וְתֹרוּךָ)로 수정될 것(NAB처럼)도 아니다.

8.a. 많은 학자들이 수정하는데, 소, 새, 물고기 등과 평행하는 생물을 발견하기 위함이다. 따라서 쉬아흐 라아레츠(שִׂיחַ לארץ)에 대해 우리는 다음을 발견한다: 하야트 헤에레츠(חַיַּת הָאָרֶץ, "땅의 짐승들": 에발트, 포어러, 호르스트, 헤세, KB), 쉐레츠 하아레츠(שֶׁרֶץ הָאָרֶץ, "땅의 파충류 동물들": 힛지히, 피크) 혹은 조할레 에레츠(זוֹחֲלֵי אֶרֶץ, "땅의

기는 것들"; 참조. 신 32:24; 미 7:17; 다른 곳에는 없음; 덤, 도름, NEB, NAB, JB). RSV의 "땅의 식물들"(바이저도 비슷함)은 שיח에서 "관목"을 뜻하는 단어를 본다(30:4, 7에서처럼). 다후드는 ארץ를 "지하 세계"로 보고, 우주의 사중 구분에 대한 암시를 발견한다: 땅, 하늘, 지하 세계, 바다("Northwest Semitic Philology," 58). 설명으로 인용된 우가릿어 구절(*CTA* 3C.19-22〈깁슨 49〉)은 그러한 의미를 입증해 주지 않으며(포프는 이에 반대다), 그리고 지하 세계가 언급되는 것은 여기에 전적으로 어울리지 않을 것이다. 왜냐하면 여기서 가리키고 있는 것은 명백하고 접근 가능한 지식 자료들이기 때문이다. 맛소라 본문이 유지되어야 할 것이다.

9.a. 해당 히브리어는 "이 모든 것들에 의하여"를 뜻할 수 있을 것이다. 즉 "(사람들 가운데) 누가 이 모든 것들(피조물들)을 관찰함으로써 알지 못하겠는가?"(참조. NEB "이는 누가 이 모든 것들로부터 알 수 없겠는가?"). 그러나 짐승들이 전달될 수 있는 지식을 가진 것으로 제시되었기 때문에(7절), 그들을 그들이 전할 내용을 "알고 있는" 것으로 보는 것이 더 적절하다.

9.b. 세 개의 케니코트(Kennicott) 사본과 두 개의 드 로시(de Rossi) 사본은 엘로하(אֱלוֹהַּ, "하나님")를 가지고 있는데, 이 독법을 도름, 포프, JB, NAB가 채택한다.

10.a. 다후드는 이쉬(אִישׁ, "사람")를 우가릿어 *ušn*("선물")과 어원이 같은 것으로 추정되는 새로운 단어 오쉬(אוֹשׁ)로 모음을 변경한다(Dahood, *Bib* 47[1966] 107-108). 이것에는 권할 만한 것이 하나도 없다. 문맥의 상황이 쉽게 평행 가능한 상투어를 요구하기 때문이다. "사람의 모든 육체"라는 표현은 색다르기는 하지만 분명히 인간을 짐승과 구별시켜 준다. "모든 육체"만으로는 짐승도 포함할 수 있다(A. R. Hulst, "*Kol baśar* in der priesterlichen Fluterzählung," *OTS* 12[1958] 28-68를 보라).

12.a. 이 말들이 욥의 입에서 나오는 것의 이상함을 피하기 위해 JPS와 NJPS는 그것들을 하나의 질문으로 번역한다. 그러나 "주석"에서 제안한 해석의 관점에서 보면 불필요한 일이다. 비어, 스티븐슨, 포어러, 로울리와 헤세는 로(לוֹ, "그에게")를 11절 끝자리로부터 12절 시작 부분으로 옮기고 그것을 로(לֹא, "not")로 읽는다("주석"을 보라). 퀸텐즈(W. Quintens)를 따라 예쉬쉼(יְשִׁישִׁים)은 "the Old One"를 뜻하며 오레흐 야밈(ארך ימים)은 "the Long-lived"를 뜻하는 것으로 둘 다 신 명칭들이라는 블롬머드의 견해는 우가릿 본문에 대한 잘못된 해석에 기초한 것으로서 거부되어야 한다(포프를 보라).

13.a. 부드는 정확한 평행 구조를 만들어 내기 위해 에차(עצה)를 오메(עֹם)나 야츠마(יָצְמָה, "힘")로 수정했다. 같은 이유로 드라이버는 "인내, 견딤"을 의미하는 또 다른 에차(עצה)를 여기서 발견했다(G. R. Driver, *WO* 1[1947-52] 410-11; NEB가 그것을 따름, "확고 부동"). 둘 중 어느 제안도 많은 환영을 얻지 못했다.

14.a. 헨(הֵן)은 아마도 "만일"을 뜻하는 아람어 소사가 아니라, 힌네(הִנֵּה, "보라")를 대신하는 히브리어일 것이다. 그러나 여기서의 용법은 가정법이다.

15.a. 문자적으로는 "그들이 바싹 마르다". 그러나 **제지된** 물이 마른다고 말하는 것은 엄밀히 말하면 비논리적이다. 오히려 그것들이 따라 흘러가는 시내들을 말한다. 아무런 수정도 요구되지 않는다(덤은 이에 반대다: וַיֹּבֵשׁ – 바요베쉬, "그리고 그가 〈그 땅을〉 마르게 한다").

17.a. 19a절구와의 유사성으로 인해 많은 학자들이 이 절에 대해 문제를 제기한다. 덤의 요아체 에레츠 예싸켈(יוֹעֲצֵי אֶרֶץ יְסַכֵּל, "땅의 모사들을 그는 바보로 만든다")로의 수정은 17b절구와 좀더 밀접한 평행구문을 만들어 내며([סכל] שׂכל//הלל 평행 구조에 대해서는 사 44:25 참조) 그만큼 폭넓게 수용되었다(예를 들어, 포어러, 포프, 드 빌드, KB, JB). 덤은 칠십인경 알렉산드리아 사본에는 게스(γῆς)가 불레타스(βουλετάς) 뒤에 온다는 사실을 특별히 언급하지만, 그것이 사용된 히브리어 원본(Vorlage: 역본이 사용한 본문)에 관해 밝혀 주는 바는 거의 없다. 왜냐하면 칠십인경도 마찬가지로 몰리크(מוֹלִיךְ)의 번역어를 갖고 있기 때문이다(διάγων – 디아곤). 호르스트는 묘사적으로 좀더 그럴듯한 수정을 제안한다: 밀르케 요아치탐 예숄렐(מַלְכֵי יוֹעֲצתם יְשׁוֹלֵל, "그가 모사들의 충고를 훔쳐간다"). 그러나 이는 의미상 미진한 점이 많다. 우리가 서구인들의 귀에는 지루하게 들릴지 모르는 그러한 반복들이 히브리 운문에서는 무방했다는 점을 용인한다면, 맛소라 본문에는 전혀 문제가 없다. 원칙적으로 비슷한 논증에 대해서는 고디스, 508-13를 보라. 그는 평행하는 두 개의 시행에서 한 어근이 반복되는 43가지의 예들이 모두 필사상의 오류 때문일 수는 없고, 그것들은 분명히 욥기의 운문 스타일의 한 특징을 이룬다는 것을 보여 준다.

17.b. KB와 BDB는 숄랄(שׁוֹלָל)을 "맨발로"로 번역하는 면에서 일치한다. 이는 미 1:8에서 שׁלל에 대한 칠십인경의 아뉘포데토스(ἀνυπόδετος)에 의존하는 것처럼 보인다. 드라이버(G. R. Driver, *AJSL* 53[1935-36] 160)는 또 다른 어근 슐(שׁול, "미치다")을 제안했지만(따라서 NEB, "모사들을 정신 나간 사람들처럼 행동하게 만든다"), 그 단어는 다른 어디서도 확인되지 않으며, 또한 엄격한 평행법을 얻기 위한 지나친 방식이다. 기욤이 아랍어 *tafaltala*("잔걸음으로 걸었다")와 동일시하여 "족쇄에 채워 끌고 갔다"로 해결하는 것(A. Guillaume, *BSOAS* 16[1954] 1-9)은 설득력이 덜하다.

17.c. הלל III. 참조. "원문주해" 4:18.c.

18.a. 맛소라 본문의 무싸르(מוּסַר)는 "교훈, 가르침"이다. 여기서는 모쎄르(מוֹסֵר, "묶는 것〈끈, 띠〉")로 읽혀야 한다.

18.b. 고디스는 바예쏘르(ויאסר)를 바야싸르(וַיָּסַר, "그가 〈그들의 허리에서 띠를〉 제거한다")의 다른 철자로 여긴다. 여기서 에조르(אזור)가 죄수를 묶는 끈이라는 JB의 암시를 따르는 것은 쉽다("주석"을 보라). 블롬머드는 그 동사를 결성의 피엘 바예아쎄르(וַיְאַסֵּר, "그가 풀다")로 읽으려 하며, 실제로 그것은 선행 절과 정확한 평행을 이룬다. 그러나 여기서 독자가 어떻게 "묶다"(אסר)가 "풀다"를 의미한다는 것을 알 것이라 생각되

는지는 의아스럽다.

18.c. 덤, 피크와 몇몇 학자들은 에쑤르(אֵסוּר, "묶는 것")로 수정했다.

19.a. "원문주해" 12:17.b를 보라.

19.b. 쌀라프(סלף)는 아랍어 *salafa*("지나가다")와 비교하여 "비틀다, 굽히다, 뒤집다"(BDB), "비틀다, 나쁜 길로 이끌다, 파괴시키다"(KB[3]), "마르게 하다"(KB)라는 의미다. 따라서 NAB의 "그들의 물이 흘러 지나가게 하다", 19b절구를 21a[q.v.]절구와 연결시킴. 비슷한 번역이 포어러에 의해 제시된다.

19.c. 에탄(איתן, "불변의, 끊임없는")은 대개 물에 대해서 사용된다(암 5:24; 시 74:15). 그러나 "확고부동한" 활(창 49:24), "난공불락의" 거소(민 24:21), "영속하는" 나라(렘 5:15) 등에 대해서도 사용된다. 사르나(N. M. Sarna, *JBL* 74[1955] 272-73)는 기발하게도 여기서 우가릿어 *ytnm*과 유사한 성전 하인 계층의 명칭을 발견했다(참조. 히브리 느디임〈Nethinim〉). 다음도 그렇다: 고디스, NJPS, "성전-하인". 그러나 호르스트가 지적하듯이, 그들은 이 절들에서 등장하기에는 너무 낮은 사회 계층일 것이다.

21.a. 메자흐(מֵזַח) 메지아흐(מזיח, "띠, 허리 띠"). 쥬옹(P. Joüon, "Notes philologiques sur le texte hébreu de Job: 1,5; 9,35; 12,21; 28,1; 28,27; 29,14," *Bib* 11[1930] 322-34 [323])은 "건방짐, 무례함"을 뜻하는 또 다른 메자(מֵזַח)를 판독했다. 따라서 NEB의 "귀족들의 오만을 꺾다".

21.b. 아피크(אפיק)는 다른 곳에서는 "시내, 개울"(예를 들어, 욜 1:20; 시 18:16[15]) 혹은 악어의 속이 빈 뼈나 그 비늘들(욥 40:18; 41:7)을 뜻한다. 따라서 일부는 이 행이 비에 관한 것이며, 잘못 놓인 것으로 생각한다. 그래서 NAB의 "그가 시내 방벽을 허문다"는 이 행을 19b절구와 연결시킨다. 그러나 아파크(אפק, "강하다")라는 어근이 충분히 입증되며(참조. 또한 악카드어 *epēqu*, "크다, 견고하다"), 아피크(אָפִיק)는 흔한 형용사 형태다. 기욤이 생각했고, 포프가 따른 것같이 느디임(נדיבים)과 잘 맞는 평행 구문을 이루게 하기 위해 아랍어 *'afiqa*("아주 훌륭한, 뛰어난")과의 직접적 연관을 볼 필요는 없다. 좋은 뜻으로 한 다음의 수정들도 불필요하기는 마찬가지다: 암미침(אַמִּיצִים, "강한 자들"; 부드), 아뻬림(אַבִּירִים, "강한 자들"; 덤) 그리고 타키핌(תַקִּיפִים, "힘센 자"; 비어).

22.a. 알나베트(עַלְוָת)에 대해서는 "원문주해" 10:21.b를 보라.

23.a. 마스기(משגיא, "크게 만들다")는 아람어에서는 흔한 동사지만, 히브리어로는 여기와 8:11; 36:24에서만 확인된다. 일부 사본들은 샤가(שגה, "잘못된 길로 이끌다"; 16절에 샤가그〈שגג〉의 이형)로부터의 파생을 암시하는 마슈기(משגיא)를 갖고 있다. 칠십인경은 이 행을 생략했다. 아마도 하나님이 민족들을 멸하신다는 생각에 반대해서였을 것이다(Card, *Exegetical Method of the Greek Translator*, 77). 그러나 아퀼라와 심마쿠스는 명백히 여기의 샤가(שגה)를 보는 플라논(πλανῶν)을 가지고 있다. NEB가 이를 따른다.

23.b. 라이더(J. Reider, *VT* 4[1954] 290-91)는 다소 설득력이 없게도 쇼테아흐(שטח)

를 아랍어 *šaṭaḥa*("평평하게 하다, 엎드리게 하다")로 이해했다. 그의 견해를 NEB가 따른다: "그들을 낮추다." 볼은 독창적으로 민 14:16에서 이스라엘 민족이 야훼에 의해 광야에서 "절멸되는" 것에 사용된 샤하트(שחט, "학살하다, 멸절하다")로 수정할 것을 제안했다.

23.c. 명사 고임(גוים, "나라들, 민족들")이 반복된다. 그러나 5개의 사본들은 레우님(לְאֻמִּים, "국민들, 백성들")을 갖고 있다. 덤은 아밈(עַמִּים)으로 수정했고, 도름은 동일한 의미로 라아밈(לְעַמִּים)으로 수정했다. 그러나 우리의 시인은 그러한 반복들을 회피하지 않는다(참조. 고디스, 508-13).

23.d. 바야느헴(וינחם)은 절대로 "데려가다"를 의미하지 않고(RSV, NJPS, 포프처럼; NIV "그들을 흩어지게 하다"), 또 부정적인 함의도 갖고 있지 않은(참조. 에얼리히) 나하(נחה, "이끌다, 인도하다")로부터 왔다. 그래서 많은 이들은 그것이 누아흐(נוח, "쉬다")의 히필 B 즉 "포기하다, 단념하다"라는 의미의 바야니헴(וַיַּנִּחֵם)으로 모음이 표기되어야 한다고 주장한다(NAB, 힛지히, 드라이버-그레이, 고디스 등이 그렇다). 그렇게 되면 이 동사의 뜻이 모호해질 것이다. 왜냐하면 그 동사는 목적어가 "민족들"일 경우에는 "평화롭게 두다"(삿 2:23; 3:1) 혹은 "정착시키다"(사 14:1)를 의미하기 때문이다. 흔히 채택되는 수정은 바이므헴(וַיִּמְחֵם)이다: "그리고 그가 그들을 멸한다"(발, 도름, 포어러, 호르스트, JB). 블롬머드가 두 번째 절구가 첫 번째 절구와 대조적으로 평행한다고 한 것은 아마도 옳을 것이다(그러나 나하⟨נחה⟩가 "낙원으로 인도하다"를 의미한다는 그의 주장은 터무니없음). 그러면 나하(נחה)는 이스라엘이 하나님에 의해 "인도되는" 때처럼(출 13:17; 15:13; 시 77:20[21]; 참조. 시 107:7) 여기서도 긍정적인 함의를 가질 것이고, 샤타흐(שטח)는 "흩어지게 하다, 쫓아 버리다"와 같은 부정적인 함의를 갖게 될 것이다. 참조. RV도 "널리 흩어 버리다…안으로 데리고 오다". 여기서는 수정도 모음 변경도 똑같이 불필요하다. 그러나 만일 샤타흐(שטח)가 부정적이면, 그것은 우리로 하여금 나하(נחה)를 부정적으로, 즉 "데려가다"(추방하여) 혹은 "노예로 만들다"로 읽도록 미리 결정한다고 주장될 수도 있을 것이다(모파트). 바이므헴(וינחם)에 대해 NEB는 "거기서 그들이 머문다"를 갖고 있는데, 아마도 누아흐(נוח) 히필 B "정착시키다"로서일 것이다.

24.a. 로쉬-임-하아레츠(ראש־עם־הארץ, "그 땅의 백성의 우두머리")는 행에 부담스러워 보이며, 대체로 암(עם)은 삭제된다(마찬가지로, 덤, 도름, 그레이, 포어러). "주석"을 보라.

24.b. 문자적으로는 "마음".

25.a. 드라이버는 마싸스 호쉐쓰(מסס חשך)가 "어두움 **속에서** 더듬거리다"보다는 "어두움을 **느끼다**"를 의미해야 한다고 주장했지만, 창 31:34에서는 아무런 지지도 발견할 수 없다.

25.b. "어두움이며, 빛이 없는." 강조를 위해 사용되는 완서법의 예를 위해서는 E.

König, *Stilistik, Rhetorik, Poetik in Bezug auf die biblische Litteratur*(Leipzig: Dietrich, 1900) 45-46; I. Lande, *Formelhafte Wendungen der Umgangssprache im Alten Testement* (Leiden: Brill, 1949) 60-62를 보라.

25.c. 히필 바야트엠(ויתעם)은 문제의 여지가 없다. 그러나 칼 바이트우(וַיִּתְעוּ)로 수정하려는 경향은 납득이 간다. 특별히 종결절의 패턴(참조. 10:22)이 하나님의 작용에 대한 더 이상의 진술을 요구하지 않기 때문이다. 참조. 도름: "여기서 서술되고 있는 것은 더 이상 신의 행위 그 자체가 아니라 그것의 결과다"(비슷하게 호르스트). 칠십인경의 플라네데이에산(πλανηθείησαν)은 분명히 ויתעו를 (니팔로서) 읽은 것이다. 덤, 드라이버-그레이, 호르스트 역시 그렇다(무엇보다도 정확한 평행 구문을 위해). 다후드와 블롬머드 역시 흥미롭게도 여기서 니팔이나 칼을 찾으려 한다–그러나 대명 접미어 **멤**을 대가로 해서다("Northwest Semitic Philology," 58).

13:1.a. 라이티(ראיתי)는 "내가 [그것을] 모두 보았다"를 의미한다. 본문을 일부 사본들처럼 콜-엘레(כָּל־אֵלֶּה, "이 모든 것들")나 콜-조트(כָּל־זֹאת, "이 모든 것")로 수정할 필요는 없다(호르스트, NAB처럼; 참조. 포프). 그럼에도 불구하고 "이 모든 것"이 가장 좋은 번역이다.

4.a. 베울람(ואולם)은 13절의 시작 부분에서와 마찬가지로 크게 반의적이다.

4.b. 이 번역에 대해서는 "주석"을 보라. RSV의 "회칠하다"는 겔 13:10-12의 타팔(תפל/טפל)의 문맥에 의존한다.

4.c. 그 외의 다른 모든 곳에서는 "치료하다"인 라파(רפא)가 여기서는 아랍어와 에디오피아어에서 "수리하다, 꿰매다"를 의미하는 어근들과 어원을 같이 한다고 딜만에 의해 생각되었다(마찬가지로 로울리, NEB). P. Humbert, "Maladie et médicine dans l'AT," *RHPR* 44(1964) 1-29를 보라.

9.a. 하텔(הָתֵל)과 테하텔루(תְּהָתֵלּוּ)는 תלל로부터 온 것이거나, 혹은 התל의 다른 형태다(F. C. Fensham, "The Stem *HTL* in Biblical Hebrew," *VT* 9[1959] 310-11를 보라).

10.a. 고디스는 이 절을 7-9절의 질문의 연속으로 본다. 그는 호에카흐(הוכיח)가 "선언적으로" 사용될 수 있다고 주장하면서 "그분이 너희를 옳다고 선언하실까?"로 번역한다(그는 13:15; 19:5; 창 24:14, 44과 비교한다). 이는 확실하지 않다.

10.b. 고디스는 싸타르(סתר, "절단하다")를 싸타르(סטר, "편들다")의 다른 철자로 본다. 따라서 "만일 너희가 한 편에 편파성을 보인다면"(참조. 삼상 25:20의 סתר). 그러나 "친구들의 하나님 변호에는 은밀한 것이 하나도 없다"는 그의 추론은 이 문장의 미래적 혹은 가정적 측면을 간과한다.

11.a. 스에트(שְׂאֵת)는 대체적으로 나사(נשׂא, "들어올리다")의 부정사 연계형으로 여겨진다. 따라서 "탁월함"(RV), "위엄"(RSV, NEB), "화려함"(NIV). 그것은 창 49:3(오즈〈עז, "권능"〉와 평행을 이루어), 시 62:5[4](RSV "높음, 고귀함"), 합 1:7(RSV "존엄"),

욥 31:23(역시 파하드⟨פחד⟩와 평행을 이루어) 등에서 나타난다. 그러나 이 모든 경우들에서 그것의 의미는 의심되었다. 그것은 욥 41:17[25]에서는 단순히 (리워야단의) "일어남"을 뜻할 것이다(RSV, "그가 일어날 때에"). 우리는 쇼아토(שְׁאָתוֹ, "그의 무서움")로 읽어야 한다는 제안을 택해야 한다(NJPS "그의 위협"; 비슷하게 포프, 고디스).

12.a. 무척이나 난해한 절이다. 여기서 확정된 점은 에페르(אפר, "티끌")와 호메르(חמר, "흙") 사이의 평행이다(4:19; 10:9에서처럼; 그 둘 모두 뒤바뀐 순서로 되어 있음). 미슐레(משלי)는 "금언, (지혜) 교훈" 이외의 다른 것일 수 없다. 이는 가베(גבי)와 가베헴(גביכם)도 발화된 말 즉 "대답" 혹은 단순히 "말들"을 뜻하는 용어들임을 의미한다("원문주해" 13:12.e를 보라).

12.b. 지카론(זכרון)은 "기념물", 기억을 유발하는 것 그리고 "기록물"로 기억될 가치가 있는 것을 가리킨다(출 17:14; 에 6:1). 여기서는 욥에게 그가 이전에 고수했던 교훈들을 기억하라고 요구하는 친구들의 말임에 틀림없다.

12.c. 행의 후반부에 있는 라멧(ל)은 어떤 변화나 혹은 "새로운 상태나 조건으로의 전환"을 가리킨다(BDB, 512a). 이 전환은 행의 전반부와 후반부 모두에 해당된다.

12.d. 마샬(משל, "…처럼 되다")과 연결되어서는 안 된다(AV, JPS, "네 기념물이 재처럼 될 것이다"처럼).

12.e. 가브(גַּב, II "대답")는 가브(גב I "등, 뒤") 등과 동음이의어, 아랍어와 아람어, 시리아어 *g(w)b*("대답")과 어원이 같음. KB[3], NJPS에 의해서 "응답들"로, JB에 의해서는 "보복, 반박"으로 인정됨. 도름, 고디스, 호르스트. 보다 이전의 견해는 그것이 가브(גַּב) I의 의미 중 하나라는 것이었다: 대체로는 "등, 뒤". 그러나 또 "둔덕" "(눈)두덩," "(바퀴의) 테두리". 그리고 여기서는 "(방패의) 양각"(15:26에서처럼) 혹은 "보루, 흉벽"(BDB도 그렇다). 그래서 RV, RSV, NEB, NIV는 "방어물". 그러나 이것은 "금언들"과는 이상한 평행이 될 것이다. 방패들(가죽으로 되었든 잔가지 세공으로 만들어졌든)은 흔히 중심에 금속으로 만들어진 양각을 가졌다(양각과 테두리를 가진 방패 묘사에 대해서는 *ANEP*, pl. 164를 보라). 현재 이미지에서는 방어의 중심인 그것이 흙으로 되어 있을 것이다. NAB의 "너의 구조물은 흙 둔덕들이다"는 분명히 이 단어를 랍비 히브리어의 גבב("모으다")와 연결시킨다. 참조. A. Cohen, "Studies in Hebrew Lexicography," *AJSL* 40(1923-24) 153-85(165). AV의 "너희의 몸들"은 칠십인경의 소마(*σῶμα*)에서 유래되었으며, 아마도 가브(גב)를 구파(גּוּפָה, "몸, 육체")에 연결시킨다.

13.a. 문자적으로는 "나로부터 조용히 해라"(참조. 삼상 7:8; 렘 38:27; 시 28:1), "내게서 조용히 물러나라"를 내포하는 "함축 구문(pregnant construction)"(*GKC*, § 119ff).

13.b. 마(מה, "아무것이든", "무엇이든지"). 참조. 삼하 18:22.

13.c. 아바르 알(עבר על, "…에게 오다")은 나 3:19처럼 불행의 다가옴을 표현함. NAB의 "나는 내 감정을 터트릴 것이다"는 분명히 여기서 헤마(חֵמָה, "분노")를 발견한다

(KB도 그렇다. 참조. 칠십인경의 θυμοῦ–뒤무; 발〈Ball〉도 비교해 보라).

14.a. 시작하는 말 알-마(עַל־מָה, "왜")는 아마도 13절 마지막 말의 중복 오사로 보고 삭제되어야 한다(RSV, NEB, NAB가 그렇다). 비켈, 덤, 포어러(그레이, 호르스트와 반대) 처럼 על מה מה가 "아무것이든지"를 의미한다고 보는 견해에 대해서는 말해질 것이 거의 없고, עַל־מָה를 올람(עוֹלָם)에 부사격 -â가 붙은 "영원히"로 보는 것에 대해서는 더 그렇다(Dahood, "Northwest Semitic Philology," 58).

15.a. 헨(הֵן)은 "보라" 혹은 "만일"일 수도 있다.

15.b. **케티브**가 그렇다. **케레** 로(לוֹ, "그에게")에 대해서는 "주석"을 보라. 로(לא)가 신명 레(לֵא, "승리자": 어근 *l'y*)라는 다후드의 제안(*Psalms I*, 144)은 억지다. 그것이 단언사 "확실히"라는 그의 제안(*CBQ* 17[1955] 24)은 좀더 그럴듯하지만(다음도 그렇다: J. Mejia, "El lamed enfático en nuevos textos del Antiguo Testamento," *Est Bib* 22[1963] 177-90[183]; 앤더슨), 이것은 "동음이의어 개연성" 테스트를 통과하지 못한다(참조. D. F. Payne, "The Old Testament and the Problem of Ambiguity," *ASTI* 5[1966-67] 48-68).

15.c. 아야헬(אֲיַחֵל)을 아힐(אָחִיל, "내가 떨 것이다")로 바꾸는 그랫츠와 에얼리히의 수정은 비록 도름과 포프에 의해 지지되기는 하나 권할 만한 것을 갖고 있지 않다. 이 절은 하나님이 욥을 죽이시면 그가 경험할 느낌을 표현한다(즉, 그는 떨지 않을 것이다)는 도름의 주장은 설득력이 없다.

15.d. 제엘리히만(I. L. Seeligmann)은 호키아흐(הוכיח)가 대체적으로 보면 "방어하다"보다는 "고발하다, 비난하다"를 뜻한다고 제대로 보고서 드라카이(דְּרָכַי, "나의 길들") 대신 드라카브(דְּרָכָיו, "그의 길들")로 읽을 것을 제안했다("Zur Terminologie für das Gerichtsverfahren im Wortschatz des biblischen Hebräisch," *VTS* 16[1967] 251-78[267-68]). 즉, 욥은 자신을 방어하고 있는 것이 아니라 하나님을 비난하고 있는 것일 것이다. 이것은 끌리는 제안이기는 하지만, "내 입장을 변호하다"가 아마도 그 두 용어를 모두 공정하게 다루는 번역일 것이다.

16.a. 감(גַּם, "또한"). "그리고"는 이 구절이 15b절구에서의 그의 행실에 대한 방어와 관련된다는 것을 보여 준다. 그것은 "확실히"를 의미하는 강조사로서의 감(גם; 고디스)은 아니다.

18.a. 미슈파트(מִשְׁפָּט, "사정, 입장, 소송[장]"; 근본 의미는 '정의'–역자주)를 미슈파타이(מִשְׁפָּטִי, "나의 주장")로 수정하는 것(덤, 드라이버)은 불필요하다. 비록 그것이 본문이 뜻하는 바이지만 말이다.

19.a. 문자적으로는 "누가…할 것인가?", "아무도 아니다"라는 대답을 기대함. 19b절구의 아타(עתה)는 이것이 가정의 말임을 분명히 해준다.

19.b. 히브리어 본문에는 베아타(ועתה)가 있는데, "그리고 이제"가 아니라 "그러면, 그런 경우에는"의 의미다. 참조. 14:16에 관한 부분.

19.c. “침묵하다”와 “죽다”라는 두 동사의 관계에 대해서는 “주석”을 보라.

20.a. “오 하나님”은 히브리어 본문에는 없지만, 동사들이 이제는 2인칭 단수임을 가리키기 위해 삽입되었다(모파트, NIV도 그렇게 한다).

21.a. 일부는 카프카(כַּפְּךָ, “당신의 손”)가 엠마트카(אֵמָתְךָ, “당신의 무서움”)와 너무 벌어진 평행이라 생각해서 후자의 모음을 암마트카(אַמָּתְךָ, “당신의 팔”)로 바꾼다(Dahood, *Psalms II*, 331). 그러나 암마(אַמָּה, “전완[팔뚝], 규빗, 엘[ell; 45인치]”)는 오직 길이 측정 치수로만 사용된다. 포프는 아크프카(אַכְפְּךָ, “당신의 누르기”)로 읽음으로써(참조. 33:7) 좀더 가까운 대칭을 얻어내지만, 이미 상당히 충분한 평행이 존재하고 있다: 하나님의 손은 분명히 공포의 대상이며, 아무런 수정도 요구되지 않는다.

23.a. 문자적으로는 “내 것이다”. “주석”을 보라.

25.a. 의미를 위해 “바람에 의해”를 삽입했다. 기욤(A. Guillaume, “A Note on Isaiah xix. 7,” *JTS* ns 14[1963] 382-83)은 니다프(נִדָּף)가 נדף I으로부터 온 “날리는”이 아니라(아랍어 *nadafa*, “치다”) 새로운 נדף II(“바싹 말리다”; 아랍어 *nadifa*, “바싹 말랐다, 물기가 없었다”; *naḍafa*, “고갈되었다” 우물이)라는 끌리는 제안을 한다. “마른 잎”은 레 26:36에서도 나타나며, 건조하고 뜨거운 바람(הבל נדף)은 잠 21:6에 나타난다. 그러나 **날리는** 잎이 **마른** 잎이라는 것은 당연하다. 따라서 동음이의어는 **필요 이상으로**(*praeter necessitatem*) 증가되지 않는다는 어림짐작으로 외에는 어느 것이 의도되었는지 알 도리가 없다. 기욤은 נדף가 실제로는 **타우리야**(*tauriya*) 수사법으로 두 가지 의미를 결합시키는 “모호한” 말이라고 허용함으로써 오히려 자신의 제안을 약화시킨다.

28.a. 관계사 아쉐르(אֲשֶׁר)를 추가하여 “후패한 피부처럼”. 그 다음 절구에서도 마찬가지다(NEB도 그렇다. 대조, NAB “그가 가죽 병처럼 후패해진다”).

28.b. 라카브(רָקָב, “부패, 썩음”)는 전적으로 타당한 것은 아니다. 어느 것이라도 어떻게 “썩음”처럼 “후패할” 수 있을까? 그것은 “썩은 것”(RV, RSV, NJPS)이나 “후패한 말”(JB)을 뜻하지 않는다. 비어, 포어러, 투르-시나이, 드 빌드, 고디스, NEB, NAB와 더불어 로키브(רֹקִב, “〈포도-〉 가죽 부대”)로 수정하는 것이 더 좋다(칠십인경의 ἄσκῷ 및 시리아역처럼). 로코브(רֹקֹב, “부패, 썩음”)는 역시 여기서 나타나는 아쉬(עָשׁ, “좀”)와 평행함이 사실이지만, 정확히 평행 구조로서는 아니다. 로케브(רֹקֵב, “가죽 부대”)는 히브리어 성경의 다른 곳에는 나타나지 않지만, 집 43:20에서 입증되고 있으며 KB에 의해 인정된다(참조. 또한 아람어 루크바〈רֻקְבָא〉 및 시리아어 *rabkā*).

14:2.a. 야차(יָצָא, “나오다”)는 왕상 5:13[4:33]; 사 11:1; 시 104:14 등에서 식물이 나오다로 사용된다. 이츠마흐(יִצְמַח, “튀어 오르다”; 비어) 또는 야치츠(יָצִיץ, “피다”; 롸이트) 등으로의 수정은 불필요하다. 또 다음 절구의 “그림자”와 대조되는 것으로서, 우가릿어 *wḍ*ʾ(“빛나다”)와 동일시하는 것도 그렇다(Dahood, “Northwest Semitic Philology,” 60).

2.b. 말랄(מלל)은 BDB와 KB[3]에 의해서는 "약해지다, 시들다"(각각, מלל III, מלל I)인 반면, KB, RV, 포어러에 의해서는 "잘라내다"(BDB מלל IV; KB[3] מלל II)로 여겨짐.

3.a. 문자적으로는 "당신은 나를…데려올 것입니까?" 많은 학자들은 오티(אֹתִי, "그리고 나를") 대신에 베오토(וְאֹתוֹ, "그리고 그를")로 읽는다. 그것이 논리적으로 더 잘 맞겠지만, 그렇다고 하면 1절에서 "인간"으로 의도된 것이 원칙적으로 욥 자신이고, 따라서 욥은 "그 자신의 비극적 운명과 모든 인간의 것 사이에서 수시로 흔들린다"(고디스)가 된다.

4.a. 블롬머드는 맛소라 본문의 미타메(מִטָּמֵא, "더러운 것으로부터")를 메투마(מְטֻמָּא, "더러운, 부정한")로 읽어 나탄(נתן)이 두 개의 목적격을 가진 하나의 사례를 제공한다: "무언가를 다른 무엇으로 만들다." 그러나 히브리어 본문 그 자체로 충분히 이것을 의미할 수 있다.

4.b. 문자적으로는 "누가 더러운 것으로부터 깨끗한 것을 주겠느냐?" 가능한 다른 번역은 "누가 더러운 것 중에서 깨끗한 것을 찾을 수 있는가?"이다("주석"을 보라).

4.c. 레 에하드(לֵא אֶחָד, "오직 전능하신 분")로 읽는 블롬머드의 독법(다후드의 레 〈לֵא, "전능한 자"〉 제안을 따라; "원문주해" 13:15.b를 보라)은 비록 앤더슨에 의해 고려되기는 하지만 추천할 만한 것이 거의 없다. 불가타의 "홀로 존재하는 자가 당신이 아닙니까?"와 탈굼의 "하나님 외에 어느 누구도 아닌"은 본문-비평적으로는 고려의 가치가 없을 만큼 너무나 명백하게 신학적으로 동기가 된 수정이다.

5.a. 아시타(עָשִׂיתָ, "당신이 만드셨다")는 일부 학자들에 의해 13절의 것과 똑같은 동사인 사타(שַׂתָּ, "당신이 두었다, 정했다")로 수정된다. 그러나 칠십인경, 심마쿠스, 불가타의 번역들이 반드시 이 방향을 가리키지는 않는다.

5.b. **케티브** 후코(חֻקּוֹ, "그의 한계, 경계")가 **케레** 후카브(חֻקָּיו, "그의 한계들")보다 선호되어야 한다. 왜냐하면 가리켜지는 것이 수명 전체이기 때문이다.

6.a. 욥이 하나님께 그를 "단념하시라"고 요구하는(하달〈חֲדַל〉, 명령형) 7:16과 10:20을 고려하면, 여기서 이 형태로 수정하는 것이 바람직해 보인다(도름, 드라이버-그레이, 포어러, 고디스, 포프, RSV, JB, NEB, NAB, NIV). 맛소라 본문의 베예흐달(וְיֶחְדָּל)은 때때로 "그가 편안해지도록"으로 번역되지만(NJPS; 참조. RV, JPS, 호르스트), 이 의미는 평행될 수 없다. 또 "그가 그만두도록"도 (타당한 번역인데) 문맥에 맞지 않을 것이다. 하나님이 인간으로부터 시선을 돌리심은 이 절에서 그로 죽게 만들기 위함이 아니다. 다른 하나의 해석은 맛소라 본문을 유지시키면서 여기서 חדל II의 또 다른 의미인 "비옥하다, 번창하다"를 본다(P. J. Calderone, "ḤDL-II in Poetic Texts," *CBQ* 23[1961] 451-60 [454-55]; "Supplementary Note on ḤDL-II," 24[1962] 412-19; 또한 D. Winton Thomas, "Some Observations on the Hebrew Root חדל," *VTS* 4[1957] 8-16를 보라). 이것은 아드(עַד, "음식")나 요드(יֹד, "생애") 같은 단어의 상정을 요구하며(블롬머드가 그렇다),

"그가 음식으로 살찔 수 있도록" 혹은 "그가 그의 생애를 즐길 수 있도록"을 만들어 낸다. 전자는 현 문맥에서는 신빙성이 없고, 후자는 피상적으로는 다음 절구와 평행한다. 그러나 약간의 수정을 가한 현재의 이절구가 재구성된 이 삼절구보다 훨씬 더 선호되어야 할 것이다. KB³는 "살찌다"의 의미를 용인하지만(그러나 חדל I § 2d와 대조), 아드(עַד, "음식")라는 단어를 이런 문맥 상황에 수용하지는 않는다(그리고 יַד III, "음식"이 그것에 알맞은 위치에 나타나지 않는다).

6.b. 라차(רצה)의 일반적 의미를 유지시킨 것에 대해서는 "주석"을 보라. 라차(רצה) II의 한 의미인 "갚다, 계산하다, 지불하다"는 BDB가 만들어진 이후로 폭넓게 인정되어 왔다(KB를 보라). 도름은 "날"이 "하루에 해야 할 일"을 의미하고, 따라서 이 구절은 "그의 하루 일을 마치다"를 의미한다고 생각한다(그런가?). 고디스는 그 동사가 "세다, 완성하다"(즉, 아마도, 완전히 세다)를 의미한다고 보고, "그의 날을 끝마치다"로 번역한다(참조. 레 26:34과 대하 36:2, 거기서는 땅이 그것의 안식일을 "끝마치다"〈"즐긴다"?〉). 그러나 "완전히 세다"의 의미에서는 "끝마치다"의 목적어가 복수여야 할 것 같다. 그런데 여기서는 단수로 "그의 날"이다. 그럼에도 불구하고, 몇몇 역본들은 "완료하다"(JB; 참조. NJPS), "끝마치다"(NAB) 등으로 번역한다. NEB의 "날마다 시간을 세다"는 라차(רצה) II의 논리적 의미이기는 하지만, 히브리어의 불가능한 번역이다. 그것은 이 동사가 라차(רצה) II일 수 없음을 말해 준다. 보다 이전의 사전들과 역본들 중 일부는 여기서 라차(רצה) I을 그 동사의 이차적 의미인 "성취하다"로 여겼지만(AV, RV; 참조. 사 40:2), 이는 신빙성이 거의 없다.

8.a. 개시 히필(고디스; 참조. *GKC*, § 53e)은 그 다음 동사 야무트(ימות)에 개시의 뉘앙스를 부여한다: "죽기 시작하다".

10.a. "주석"에서 언급되는 이유들로 일부는 바예헬라쉬(וַיֶּחֱלָשׁ, "약하다, 약해지다")를 야할로프(יַחֲלֹף, "나아가다, 지나가다")로 수정하거나(참조. 9:11; 시 90:5; 롸이트, 그랫츠, 부드, 드라이버-그레이 등이 그렇고, 기욤은 יחלש를 יחלף의 다른 서법으로 여기면서, 히브리어에서는 흔히 ש과 פ가 교환 가능하다고 주장한다: "The Use of חלש in Exod. xvii. 13, Isa. xiv. 12, and Job xiv. 10," *JTS* ns 14[1963] 91-92), 혹은 야할로크(יַהֲלֹךְ, "떠나가다")로 수정한다(딜만, 비어, 드라이버-그레이). 에땅은 여기서 아랍어 *ḫlš*("강탈하다"; "Two Unknown Verbs: Etymological Studies. II. חָלַשׁ" *JBL* 42[1923] 22-28[25-28]) 혹은 *halaša*("낫으로 베다"; *A Contribution to Biblical Lexicography*[New York: Columbia UP, 1924] 42-44) 등과 어원이 같은 할라쉬(חלש)의 동음이의어를 발견했다. 드라이버는 그것을 아랍어 *ḫalaša*("갑자기 가져가다")와 연결시켰고(G. R. Driver, "The Resurrection of Marine and Terrestrial Creatures," *JSS* 7[1962] 12-22[16]), 니팔 바예할레쉬(וַיֵּחָלֵשׁ, "가져가 지다")로 읽는다(KB³도 그렇다). 따라서 NEB, "사라지다". 더 자세한 것은 "주석"을 보라.

10.b. 다후드(M. Dahood, "The Conjunction *wn* and Negative *ʾî* in Hebrew," *UF* 14[1982] 51-54[54])는 여기서 (드문) 부정사인 이(אִי, "not")를 발견한다(참조. 22:20, 그리고 KB[3], 37b s.v. אִי III). 이는 아마도 접미사가 붙은 것이고, 따라서 이요(אִיו). 여기서 어떠한 "개선점"을 보는 것은 쉽지 않다.

12.a. 아드-빌티(עַד־בִּלְתִּי)는 상당히 명쾌하다, "않기까지". 그러나 아드-벨로트(עַד־בְּלוֹת, "사라지기까지")로 수정할 유혹을 받는 것은 בלה가 다른 곳에서는 하늘의 사라짐에 대해서 사용되고(시 102:27[26]; 사 51:6), 아퀼라(*κατατριβῇ*)와 칠십인경 알렉산드리아 사본, 데오도티안역, 심마쿠스(*παλαιωθῇ*)가 그것을 이렇게 읽기 때문이다(역시 마찬가지로 가이거, 덤, 도름, 호르스트, 포프, JB, 모파트, *BHK*). 블롬머드는 부정사 소유격 어미를 발견한 대가로 모음을 벨로티(בְּלֹתִי)나 볼티(בָּלְתִי)로 바꾸면서 자음 문자 본문은 유지시켰다.

12.b. 야키추(יָקִיצוּ)는 복수다. 왜냐하면 주어 이쉬(אִישׁ)가 집합 명사로 여겨지기 때문이다. 올린스키(H. M. Orlinsky, "The Hebrew and Greek Texts of Job 14:12," *JQR* 28[1937-38] 57-68[65])와 드라이버(G. R. Driver, "Problems in the Hebrew Text of Job," *VTS* 3[1955] 72-93[77])는 아랍어 *qāḍa*, 악카드어 *kâṣu*와 어원이 같은 동사 쿠츠(קוּץ, II "쪼개어 열다")를 보았고, 이를 가지고 사 7:6에 대해서도 주장한다. 이는 KB, KB[3], 포어러, NEB에 의해 수용된다.

12.c. 올린스키(*JQR* 28[1937-38] 57-68)는 세 번째 절구를 로 야키추(לֹא יָקִיצוּ)에 대한 잘못된 설명 주로 여겼다.

13.a. 앤더슨은 슈브 아프(שׁוּב אַף, 문자적으로는 "코를 돌리다")가 "(욥을) 소생케 하다"를 의미하며, 창 2:7에서 하나님이 인간의 콧구멍(אַפַּיִם) 속으로 생명을 불어넣는 것에 대한 암시라고 생각한다. 그러나 분노와 관련하여 "지나가다"를 의미하는 슈브(שׁוּב)의 용법은 충분히 확립되어 있다. "주석"을 보라.

14.a. 베이흐예(וְיִחְיֶה, "그리고 살다")로 읽은 것. "주석"을 보라.

16.a. 시리아역은 이 동사에 "not"(לֹא – 로)을 추가시킨다. 그레이 및 최근 대부분의 학자들도 비슷하게 하여 두 개의 절구 사이에 형식적인 일치를 얻는다. 그러나 이것은 필요하지 않다. "주석"을 보라. 두 번째 절구의 로(לֹא)는 확실히 단언사는 아니다(다음처럼, G. R. Driver, "Affirmation by Exclamatory Negation," *JANES* 5[1973] 107-14[110]).

18.a. 직유법임을 알려 주는 표시는 19c절을 시작하는 **바브**, 즉 **비교의**(*adaequationis*) **바브**다(GKC, § 161a; 참조. 또한 12절). JB와 NIV는 네 개의 기술 매 앞에 "…처럼"을 두어 비교라는 것을 미리 알려 준다.

18.b. 문자적으로는 "떨어지다"(노펠⟨נוֹפֵל⟩ 분사). 많은 이들은 입뽈(יִבּוֹל, "썩다, 부패하다")이 산에 사용될 수 있을 것인지 의심하고서, 나폴 이폴(נָפוֹל יִפֹּל, 부정사 절대형; "결국에는 떨어질 것이다"⟨도름⟩, "마침내 떨어진다"⟨NAB⟩)로 수정한다. 데오도티안역

과 시리아역도 똑같이 읽고(칠십인경은 그렇지 않음. 자주 말한 바와 같이 그것은 이 절 자체를 생략하고 있기 때문이다), 라가르드, 비어, 도름, 호르스트, 포어러가 그렇다.

18.c. 나밸(נבל)은 일반적으로는 꽃이나 풀이 "시들다"(사 1:30; 28:1, 4; 34:4; 40:7, 8; 렘 8:13; 겔 47:12; 시 1:3; 37:2)이다. 그러나 사 24:4에서는 땅(에레츠〈אֶרֶץ〉와 테벨〈תבל〉)에 대해 사용된다. "무너지다"(RSV; 참조. NJPS, NIV)가 아마도 적절할 것이다. "무로 돌아가다, 실패로 끝나다"(RV)는 덜 적절하다. NEB, JB의 "휩쓸려 가다"는 유발(יֻבַל = יוּבַל, "가져가 지다")로의 모음 수정에 의존한다. 또 다른 수정에 대해서는 "원문주해" 18.b를 보라.

19.a. 의심스럽다. 맛소라 본문의 쎄피헤하(סְפִיחֶיהָ, "그것의 다시 자라는 것들"; 참조. 레 25:5, 11; 왕하 19:29; 사 37:30)는 여기서 전혀 의미가 통하지 않는데, 명사로도 그것의 대명 접미사로도 그렇다. "그것의 넘치는 것들"(RV)은 더 이상은 의미가 없다. 쎄히파(סְחִיפָה, "폭풍우")로의 수정이 거의 보편적으로 받아들여진다. 그러나 그것은 다른 곳에서는 나타나지 않고, 잠 28:3에서는 "비"(מטר - 마타르)가 쏘흐프(סֹחֵף)로 불린다. 또한 그 용어는 아랍어 *saḥîfeh*(도름에 의해 인용되는 대로 "폭풍우, 심하게 내리는 비")와 연관되는 것으로 생각되었다(부드, 볼, 도름, 포어러, 고디스, 드 빌드, KB, KB[3]). "급류"(RSV, NJPS, NIV)와 "홍수"(NAB)는 그러한 폭풍우로 형성된 시냇물을 염두에 두고 있을 것이다. 그러나 그러한 아랍어 단어가 존재하는지는 더 의심스럽다. *saḥîqah*는 *sḥq*("상하게 하다, 부수다, 닳게 하다")라는 동사로부터 "그것이 지나가는 모든 것을 쓸어가 버리는 큰 비"라는 의미로 확인된다. *saḥîfah*는 세 번째 어근 문자가 점 두 개(*q*) 보다는 점 하나(*f*)로 쓰여져야 한다고 주장한 한 아랍어 사전 편찬자를 통해서만 알려진다(Lane, 1319c를 보라). 어근 *sḥf*("벗겨내다")는 비와 아무런 관련성을 갖고 있지 않다. סחף와 어원이 같은 확실한 한 가지 단어는 악카드어 *saḫāpu*로서(von Soden, *AHW* 1004), "없애다, 파괴하다"를 의미하는 일반적인 용어다. 드라이버는 סחף가 비의 닳게 하는 효과에 한정되었음을 알려 주는 증거가 하나도 없다고 제대로 보았다.

20.a. 라네차흐(לנצח, "영원히")보다는 아마도 "완전히"를 의미함. 참조. "원문주해" 4:20.c. "한 번만"으로 번역하라(JB, NAB, NIV). 그것이 4:20과 20:7에서는 동사 "멸망하다"(אבד - 아바드)와 결부되었다. 그러나 여기서는 티트크페후(תתקפהו, "당신이 이기신다")와 연결되어야 한다(블롬머드는 이에 반대다. 그는 바야할로카〈ויהלך〉의 **바브**를 접속법이 아니라 강조 소사로 생각한다). 앤더슨 역시 라네차흐(לנצח)를 "후치사"라고 생각한다. 불가타는 "영원히"를 "그가 간다"와 연결시킨다.

20.b. 분사 메샤네(משנה)는 명백히 하나님을 그것의 주어로 갖는다(그러나 도름은 그 "사람"을 주어로 생각했다. 참조. NEB). 많은 이들은 이를 어색한 구문이라고 여기고서 테샤네(תְּשַׁנֶּה, "당신이 바꾼다")로 수정한다(마찬가지로, 그래츠, 드라이버-그레이, 고디스). 할펀(B. Halpern, "Yhwh's Summary Justice in Job XIV 20," *VT* 28[1978] 472-74)

은 메샤네 파나브(משנה פניו)가 "그(사람)가 반역의 뜻을 품고(일단) 행동한다"를 뜻한다는 설득력 없는 제안을 한다. 평행 구절로 제시된 아마르나(Amarna) 서신의 *panū(tu) šanūtu*는 "반역적인 의도를 가진다"를 의미하지 않으며, 주장된 이 절의 교차 구조도 상상에 머문다.

양식/구조/배경

첫 번째와 두 번째 주기 사이의 문턱에 놓여 있는 욥의 이 연설의 중요성은 그것의 길이에 의해 표시된다. 그것은 지금까지의 모든 연설들 가운데 가장 길며, 앞으로는 29-31장에 나오는 그의 마지막 연설만이 좀더 길 것이다. 이 같은 위치에서 이 연설은 친구들에게 전체적으로 주는 첫 번째 대답으로서, 그리고 이어지는 연설들 주기를 재촉하는 명분으로서의 역할을 한다. 이 연설을 첫 번째 주기보다 두 번째 주기로 연결시켜야 할(대부분의 학자들이 하는 것처럼) 강제적인 이유들은 전혀 없으며, 차라리 그것을(그리고 비슷하게 21장을) 과도적인 것으로 보는 것이 더 바람직하다.

양식의 문제들은 본문의 통일성에 관한 결정들에 의해서 어느 정도 영향을 받는다. 그러므로 이 연설에 대해서 일반적으로 다른 곳에서 서술된 욥의 입장과 표면상으로 관계가 없거나 심지어 모순된다는 것을 이유로 제안된, 때로 매우 중요하기도 한 수많은 절단들을 여기서 지적할 필요가 있다. 가령, 포어러와 헤세는 12:7-11과 12:12-25을 후대에 확장된 것이라는 이유로 생략하며, 그레이는 12:4-12을 그렇게 한다. 덤은 12:4-6과 12:7-10을 이질적인 것으로 보았고, 반면에 지크프리트는 12:4-13:1을 생략했으며, 볼츠는 12:4-10, 13-25과 13:1을 11장의 소발의 연설로 바꾸었다. 로울리, 포프, 앤더슨, 호르스트 같은 보다 최근의 주석가들은 그러한 과격한 절단들을 회의적으로 보는 경향이 있으며, 특별히 고디스는 마소라 본문에 찬성하는 방향으로 강력히 주장한다. 그러나 아래 "주석"이 보여 줄 것처럼, 12장에서 이상하다고 인정되는 이 부분들에 대해 완전히 설득력 있는 해석이 이루어질 수 있다. 그리고 본 연설은 그렇게 심각한 뒤틀림을 겪지 않았다고 주장될 것이다.

이 연설의 **구조**는 그것을 대체로 장 구분에 부응하여 **세** 단락으로 분석한 대부분의 주석가들에게는 명백해 보였다(예를 들어, 로울리, 데이빗슨, 앤더슨이 그렇다). 머피는 비록 13:15을 단락 1과 단락 2 사이의 연결이라고 지적하지만 비슷한 구조를 선보인다. 스케한은 "알파벳 길이"의 세 시를 보았다. 포어러와 헤세는 비록 12:7-25을 절단하지만 그들도 세 단락을 발견한다(12:2-13:12; 13:13-28; 14:1-

22). 그러나 친구들에게 하는 욥의 말로부터 하나님에게 하는 그의 말로의 이행을 본 연설의 주된 분리-선으로 해서 단지 두 개의 주 단락을 보는 것이 훨씬 더 좋다. 그리고 그 선은 13:19과 13:20 사이에 그어져야 한다. 포어러는 사실 그의 첫 단락을 "친구들에게", 그리고 두 번째와 세 번째를 "하나님에게"라고 말한다. 그러나 13:13-18은 하나님에게 말해진 것이 아님이 분명하며(13절에 있는 복수형을 보라), 그리고 만일 첫 번째 단락이 12:2에서 13:18까지 늘어나도록 허용되면 세 번째 단락은 불필요하다. 테리앙은 네 개의 시로 분석한다: (1) 12:2-25, "교리에 반대되는 경험", (2) 13:1-19, "죽음의 위기", (3) 13:20-28, "하나님 현존 기원", (4) 14:1-22, "영생을 위한 기도". 이 분석은 적어도 13:19에서의 단절을 알아보지만, 그 네 단락에 주어진 잘못된 표제들은 차치하고 본 시의 흐름을 충분히 표현하지 않는다.

따라서 이 연설의 **연 구조**는 다음과 같이 이해하는 것이 가장 좋다.

I	1	12:2-6	5 행	(3 + 2)
	2	7-12	6	(3 + 3)
	3	13-15	3	
	4	16-21	6	(3 + 3)
	5	22-25	4	(3 + 1)
	6	13:1-3	3	
	7	4-6	3	
	8	7-9	3	
	9	10-12	3	
	10	13-16	4	(3 + 1)
	11	17-19	3	
		(총 43 행)		
II	1	13:20-22	3	
	2	23-25	3	
	3	26-28	3	
	4	14:1-3	3	
	5	4-6	3	
	6	7-9	3	
	7	10-12	3	

8	13-17	5	(3 + 2)
9	18-22	5	(3 + 2)
	(총 31 행)		

이 연설의 기본 연 패턴은 3행이며(14:1-3, 4-6, 7-9, 10-12 등은 특별히 뚜렷하게 표시되는 예들임), 그것들은 때로 한 행(12:22-25; 13:13-16) 혹은 두 행(12:2-6; 14:13-17, 18-22)으로 확장된다. 그 5-행 연들 중 하나에서는 흔히 종결 표지로 기능하는(12:4), 3행절 형식인 세 번째 행에 의해서 기본 3행 패턴이 제시된다. 적어도 두 경우에는 그 단위가 차이 없는 여섯 행인 것 같다(12:7-12, 16-21).

스케한(Skehan, "Strophic Patterns," 106-8)은 12-13장에서 각각 5행과 6행으로 교차하는 일련의 아홉 연을 확인한다: 12:2-6(5행), 7-12(6), 13-18(5), 19-25(6), 13:1-5(5), 6-11(6), 12-16(5), 17-22(6), 23-27(5). 14장에서는 여섯 연을 구획한다: 1-3(+13:28)(4 행), 4-6(3), 7-9(3), 10-12(3), 13-17(5), 18-22(5). 그러나 12-13장에 대한 그의 패턴은 행들과 반-행들의 여러 재배열들을 대가로 성취되었다: 12장에서 18절은 15절 뒤에 오고, 21b절구(현 주석서와 다르게 이해됨)와 19b절구(역시 다르게 이해됨)가 18절을 뒤따르며, 19a+17b은 16절 뒤에 오고, 24절은 해설이다. 13:28은 14:3 뒤에 오도록 옮겨진다.

웹스터(Webster, "Strophic Patterns," 42-43)는 이 연설에서 현재의 장 구분들에 대충 대응하는 세 개의 시를 본다. 그는 3행 연들과 보다 덜 빈번한 4행 연들을 보는 경향을 보인다. 따라서 12:2-3, 4-6, 7-9, 10-13, 14-16, 17-21, 22-25; 13:1-3, 4-6, 7-9, 10-12, 13-16, 17-19, 20-22, 23-27; 13:28-14:2, 3-6, 7-9, 10-12, 13-17, 18-22.

이 시에는 열 개의 삼절구가 있으며(12:3, 4, 6; 13:27; 14:5, 7, 12, 13, 14, 19), 그들은 때때로 마무리 위치에 온다(12:6; 13:27; 14:12, 19; 아마도 또한 12:4).

대체적으로 그렇듯이(참조. 9-10장에 관한 부분), 여기에 나타나는 **양식** 요소들도 다양하다. 그 양식-요소들이 도출되는 주된 영역은 법적 논쟁, 지혜 논쟁 그리고 찬송이다. **법적 논쟁**은 이 연설에 많은 자료를 제공했고, 13장에서는 거의 배타적이다. 주된 논쟁은 물론 욥과 하나님 사이이지만, 그 주된 논쟁의 증인들로 배정되는 친구들과 욥 사이의 보조적 논쟁도 있다.

13:3에는 하나님과의 논쟁에 들어가겠다는 결정이 있으며, 그것은 13:13에서 반복되고 소송의 난관들에 직면한 원고의 결단(14-15a절구)과 결백에 대한 그의 신념과 공언에 의해(15b-16절) 확장된다. 친구들은 증인들로 활동하라고 소환되며

(17절), 원고는 자신이 법적으로 옳다고 주장하고(18절) 그가 만일 틀렸다고 증명되면 논쟁을 그만두겠다고 약속한다(19절).

13:20-22에서는 법적 상대자에게 직접적으로 말이 전달된다. 먼저 논쟁의 적법한 진행 조건들이 규정된다. 다음으로 23절에서 법적 고소가 선호된다: 원고는 그의 상대자가 그에게 이미 그것에 근거해 법 관할 바깥 제재를 집행하기 시작한 고발들을 진술할 것을 요구한다. 24절의 "왜?" 질문들은 비록 시편식 탄식의 의미들을 가지고는 있지만 법적 비난이다. 피고의 행동에 대한 상대방의 반응의 불균형성을 강조하는 25절 질문도 역시 법적 비난이다. 26-27절에 있는 하나님의 행동들에 대한 진술들은 하나님 편에서 이뤄진 부당한 행위에 대한 또 다른 고발들이다. 28절에서 인간 조건에 관한 탄식 같은 일반화 진술은 25절의 질문과 비슷하게 비난으로서 기능한다.

14:3에서는 하나님의 부당성에 대한 고발을 위해 법적 논쟁 양식이 다시 한 번 사용된다(포어러는 그 고발이 향해지는 하나님을 법적 상대자보다는 재판관으로서 생각한다. 그러나 그 구분은 너무 미묘하다). 마지막으로 14:20에서 고발 양식이 다시 나타난다. 따라서 우리는 14장 전체를 법적 논쟁의 일부로 간주하는 것이 가장 좋다고 추측한다. 실로 14장을 "인간" 종(種)에 대한 본보기로 욥을 박해하는 것은 부당하고 불평등하다는 본질적 비난에 대한 상술로 보는 것은, 탄식과 지혜가 함께 사용된 14장의 만가를 아주 잘 이해하는 것이다.

친구들과의 보조 논쟁이 13:4-12을 차지한다. 우리는 상대방에 대한 모욕의 요소들(4절), 조용히 하고(5절; 5b절구에는 지혜 논쟁의 반영이 있음) 그의 주장을 들으라는(6절, 하나님을 제삼자로 해서) 요구들을 본다. 일련의 수사적 질문들(7-9절)은 욥의 상대방들을 논쟁에서 공평한 증인들로 행동하는 대신 불공평하게 당사자들 중 한쪽만 편든다고 비난한다. 10절의 예언은 편파적인 것을 경계하는 위협으로 사용된다. 11절의 수사적 질문은 또 다른 비난이며, 12절은 또 다른 위협이다(친구들의 부당한 행동의 지혜 측면이 여기서 그들의 연설에 대해 용어들로 강하게 표시된다).

지혜 영역으로부터는 12:2-3에서 **지혜 논쟁 언사**가 사용되는데, 거기서 그의 (법적이 아니라) 학문적 상대자들이 그들의 이전 말들로 조롱되며 화자는 그 자신의 지혜의 우월성을 강조한다. 13:1-2에서도 똑같다.

지혜 교훈은 12:7-12에 잘 나타나는데, 거기서 욥은 이 양식을 사용하여 그에게 한 친구들의 연설 방식을 바꾸어 말하고 풍자한다. 이인칭 단수의 사용은 그 절들이 욥에게 하는 연설들 즉 그가 상상하는 친구들이 **그에게** 말하는 방식에 대한 욥의 묘사임을 가리킨다. 그러한 교훈의 형식 표지들은 명령형 "물어 보아라", "말하라"(7, 8절), 수사적 질문(9, 11절) 그리고 격언(11, 12절) 등이다. 내용의 관점에서 보면, 동물 지혜에 대한 관심, 자연 질서의 "가르침들", 물리적 감각들에 의한 식별의 문제(11절) 그리고 "지혜"를 노인들에게 돌리는 것 등은 "교훈" 양식을 가리키는 또 다른 표지들이다. 지혜 교훈의 또 하나의 예가 14:7-9에서 발견되는데, 거기에 나오는 나무의 생명에 대한 상세한 묘사는 지혜의 "백과사전식" 관심사에 속한다. 이 구절 부근에 자연에서 온 여러 직유들이 나오는 것(11, 18, 19절)도 아마 지혜 교훈의 관례 때문일 것이다.

시편 양식 중에서는 찬송시가 12:13-25에서 강하게 제시된다. 분사 표현법이 비록 정관사는 없지만(9:5-10과 대조) 17절, 19-23절에서 사용된다. 시편 107편에 대한 명백한 의존이 있으나(특히. 15, 21, 22, 24절에서) 각각의 경우에 해당 자료는 하나님의 사회 격변의 행위들 뒤에는 어떠한 도덕적 목적도 식별되지 않는다는 면에서 꽤 다른 용도로 바뀐다. 12:13-25은 찬송 패러디다.

탄원(흔히 양식-비평적으로 "탄식"이라 불림)은 12:4-6의 양식이다. 우리는 자신을 웃음거리로 말하는 화자의 묘사(참조. 시 22:8[7]; 44:14-15[13-14]; 79:4)와 화자를 더 공격하는 원수들의 자기-격려의 말들에 대한 그의 인용(참조. 시 71:11)을 본다. 이것들은 논쟁 언사의 요소들이 아니라(포어러는 이에 반대다), 탄원 양식의 전형적인 요소다. 탄원 양식은 13:24-25 내 비난의 질문들에서도 발견된다.

비록 7-9절에 지혜 가르침의 흔적들이 있고 3절에는 탄원 양식이 있지만, 14장의 대부분은 **만가**(輓歌, *elegy*)라 칭할 수 있을 것이다(호르스트). 그 안에서 하나의 불가능한 일이 오랫동안 길게 간직되는 13-17절의 상술된 **소망**은 상당히 특이하다.

기능의 관점에서 보면, 이 연설은 전체적으로 무엇보다도 친구들에게 말해진(지혜) **논쟁 언사**이며(12:2-13:19), 다음으로 하나님에게 말해진(법적) **논쟁 언사**다(13:20-14:22). 14장의 만가는 인생의 덧없음을 주제로 하는 독립 시로서가 아니라, 죄를 벌하는 하나님의 일이 왜 균형 잡히지 않았는가에 대한 이유로서 기능한다(13:25이 사상적으로 14:3에 의해 취해진다).

이 연설의 **논조**는 친구들에게 하는 말에서의 냉소(12:2)와 분노(13:4)의 말투로부터, 하나님에게 하는 말에서의 대담하고(13:20; 참조. 19절) 비난하는(13:24; 14:3) 말투로 변한다. 14장에서 관심의 초점이 개인 욥에게서 인간 일반으로 옮겨가는 것은 그 내용을 어느 정도 욥으로부터 간격을 두게 하지만, 여기서 말해지는 비애의 범위를 확장하기도 한다. 하나님과 인간으로부터 똑같이 끊어져 고립되고 비통한 개인의 결론의 어조는 욥의 이전 연설들이 마쳐졌던 어조를 닮았다.

핵심 구절은 13:3이다: "참으로 나는 전능자에게 말씀하려 하며 하나님과 변론하려 하노라"–13:20에서 시작되는 실제 논쟁에 의해 상술되는 문장.

주석

12:1-14:22 이 연설이 어떻게 첫 번째와 두 번째 연설 주기 사이에 오는지는 이미 지적되었다(**양식**을 보라). 욥기 내에서 그것의 위치를 평가하는 것에 더하여, 우리는 또한 욥 자신의 다른 연설들과의 관계 속에서 그것의 위치를 지정해야 한다. 그의 드라마의 진행 속에서 그것이 지금 서 있는 곳은, 욥이 여기서 처음으로 하나님께 직접적으로 논쟁을 하자고 요구하고(13:22) 그 논쟁에 의해 해결되어야 하는 질문을 명기한다는 면에서(13:23-24)–"내 죄가 얼마나 됩니까?…당신은 왜 나를 당신의 적으로 여기나이까?"–하나님과의 대화를 향한 그의 행보에 새로운 이정표를 세우는 곳이다.

2-3 욥은 그의 친구들이 모두 그에게 말한 후에 다시 말할 때 특별히 소발만이 아니라 그들 모두를 향한다. 이 연설은 그들의 지혜 일반에 대한 그의 평가로 시작한다. 그들은 자신들을 지혜 전달자들로 제시했지만, 욥에게 가르칠 것은 아무것도 가지고 있지 않다.

2 욥은 이 책에서 처음으로 그의 친구들에 대해 경멸의 태도를 갖는다. 그는 앞서 그들에 대한 실망감을 표현했고(6:15-21), 심지어 그들에게 신의가 없다고 했으며(6:14), 그들의 무정함을 분노하며 통렬하게 비난했다(6:26-27). 그러나 지혜의 독점적 주장에 관해서는 그들을 비난하지 않았다. 물론 그들은 그것을 하지 않았다. 그들은 오직 전통적인 지혜 가르침만을 말했고, 그들이 비록 때때로 개인 경험에 호소했지만(참조. 4:12-19; 5:3, 8, 27), 그들의 입장은 "우리 자신은 어제 태어나서 아무것도 모르니 이전 세대에게 물어보고, 그들 조상들이 발견한 것에 너의 생각을 기울여라"(8:9-9)는 빌닷의 격려로 대표되었다. 그들은 자신들을 한 번도 그들 경주의 마지막인 죽음에 이를 때에 지혜도 사라질 사람들로 나타내지 않았다(Aristophanes *Frogs*, 868-69에서 아이스킬로스가 유리피데스에게 비슷한 비난을 한다). 그러나 욥에게는 그런 것 같고, 욥은 거짓 진지함으로 잠시 동안이나마 다음 주장의 진실을 허락한다: 물어볼 것 없이(אמנם–오므남, 자체로는 꼭 냉소적인 용

어는 아님; 참조. 9:1) 그들은 전적으로 옳고, 그는 전적으로 그름에 틀림없다.

친구들을 지혜가 그들과 함께 **멸할 것이라** 믿는 것으로 나타내는 것이 전적으로 욥에게 들어맞는 것으로 생각되지 않을 수 있다. 왜냐하면 그들이 자신들을 당 시대 지혜의 척도 혹은 구현으로 간주하는 것도 분명히 충분히 나쁘기 때문이다 – 그 지혜의 타당성은 의심의 여지없이 그들보다 오래 존속될 것인데. 그러나 그들이 자신들을 지혜의 구현으로 더 많이 간주할수록 그들의 거드름은 "지혜도 너희와 함께 죽겠구나!"라는 말로서 그만큼 더 잘 흠이 날 수 있다고 답변될 수 있다.

3 욥은 아마도 결코 "마음"(לבב)을 얻지 못할 "머리가 텅 빈 사람"에 관한 소발의 격언(11:12)과 관련하여, 자기는 그들보다 전혀 덜 똑똑하지 않은 사람이라고 항의한다. "마음"(לב – 레브, לבב – 레바브)은 오성(悟性)의 자리다(8:10에서처럼): "아주 많은 경우에 마음에 돌려지는 것은 지적, 합리적 기능들이다 – 즉, 정확히 우리가 머리에 돌리는 것, 더 정확하게는 두뇌에 돌리는 것이다"(H. W. Wolff, *Anthropology. of the Old Testament*[Philadelphia: Fortress, 1974] 46; 또한 F. Stolz, *THWAT* 2:862-63를 보라). 그는 사실 그의 지능이 그들의 것보다 더 높다고 말하는 것이라 할 수 있는데, 왜냐하면 그들은 단지 대부분의 사람들도 아는 아주 평범한 것들을 말하는 데 반해, 그는 평범한 의견과 진지한 대화를 구별할 수 있기 때문이다. 그는 물론 주로 응보 교리를 언급하고 있는 것이다 – 그 교리의 힘은 그것이 가지고 있을 어떤 본질적 사실에 있는 만큼이나 그것의 대중적 수용에 있다. 그는 이 이슈에 관한 한 전통의 영역 바깥으로 나갔고, 아웃사이더로서 자신을 지켜야 한다. 그는 친구들보다 "열등하지 않다". 사실상 그는 그의 더 큰 경험 덕분에 자신을 더 우월하다고 여긴다.

이 시행 "나는 너희보다 못하지 않다"가 13:2b에서 다시 나타나며, 거기서는 그것이 운율 구조상 없어서는 안 된다. 현재 절에 있는 그것을 많은 이들은 감입(嵌入) 반복으로서 다소 흔하지 않은 3-행·절을 만든다고 생각했다. 그러나 13:2b 이후 곧바로 이 연설에서 새로운 단계가 시작되는 것을 볼 때("그러나 나는 전능자와 말할 것이다"), 13:2b은 "수미쌍관"(inclusio) 방식에 의한, 12장을 시작한 행의 의도적 반복임을 알 수 있다. 바꾸어 말하면, 12:3과 13:2 사이에서 욥은 지혜 문제에 있어 그의 친구들과 대등할 뿐만 아니라, 사실 그들보다 우월한 사람이라는 그의 증거를 제시한다.

4-6 이 절들은 담고 있는 내용이나 문맥 상황과 연결되는 면에서 아주 어려운 본문이다. 많은 주석가들(예를 들어, 지크프리트, 덤, 그레이)은 그것들을 위치가

잘못 놓였거나 이차적인 것으로 여긴다. 어느 누구도 그 말들이 욥의 입에 어울린다는 것을 의심하지 않는다. 그러나 욥은 왜 **이 시점에서** 자신이 친구들에게 "웃음거리"라고 불평하며, 또 "하나님을 진노케 하는 자들은 평안하다"고 불평하는가? 주어질 수 있는 대답은 이 행들은 욥이 지혜에 있어 그의 친구들보다 "못하지 않은"(2b절구) **이유**를 제공한다는 것뿐이다.

"못하지 않은"(혹은 열등하지 않은)은 곡언법(曲言法)에 의하면 사실 "더 낫다"(혹은 우월하다)를 뜻한다. 그는 전통 지혜 지식에 있어서 단지 친구들과 대등한 것이 아니라, 그 자신의 경험으로 인해 전통 신학에 반하는 지식 즉 하나님은 의인도 치실 수 있다는 것과, **그리고** – 하나의 추론으로 – 그것의 정반대 즉 악인들의 행위들이 벌을 받지 않을 수 있다는 더 차원 높은 지혜를 얻었다.

4 욥은 하나님에게 맞았다는 면에서 그의 친구들에게 잠재적 웃음거리 혹은 조롱의 대상이 되었다. 이 구절은 그의 친구들이 – 대화의 친구들이든 그가 아는 다른 지인들이든 – 실제로 그를 조롱하고 있다는 것이 아니라, 그의 고통은 그가 하나님에 의해 치욕을 당했고, 따라서 그는 경건한 이들에게 조소의 대상이라는 표시임을 뜻한다. 다른 이들의 고통을 비웃는 이 비열한 – 우리에게 그렇게 비춰짐 – 습성은 신에게서든 사람에게든 저주를 당한 자와 관계를 끊으려는 바람에서 비롯된다. 사람은 고난자를 조소함으로 혹은 조롱함으로써 그 재난으로부터 자신을 멀리하고, 따라서 그것의 해로운 영향으로부터 자신을 보호한다. 그렇게 하는 것은, 이 관점에서 보면 단순히 **남의 불행을 고소해 하는** 독선적(獨善的) **마음**의 무정한 표현이 아니다. 참으로 의로운 사람도 허풍 떠는 악인들이 재앙을 당할 때 "하나님을 피난처로 삼지 않고 자기 부의 풍요로움을 의지했던 저 사람을 보라"(시 52:9[7])고 말하면서 웃을 수 있다. 다른 사람들의 재앙에 대한 비웃음이라는 모티프는 구약에서 흔한 것이며, 특별히 시편과 선지서 문헌에서 그렇다: 예를 들어, 시편 31:12[11]; 35:15; 69:11-13[10-12]("내가 굵은 베로 내 옷을 삼았더니 〈괴로움 혹은 박탈의 상징으로서〉 내가 저희의 말거리가 되었나이다"); 예레미야 20:7-8; 예레미야애가 1:7; 3:14; 욥기 30:1, 9. 보통은 조롱하는 자들 혹은 조소하는 자들이 원수들인데, 여기서처럼 그의 이전 친구들 혹은 친척들이 그의 조롱자가 되면 그 고난자의 불평은 각별히 마음에 와 닿는다. 그와 같은 예를 들면, 시편 55:13-14[12-13]; 88:9[8]; 참조. 또한 9:23에 관한 부분.

이렇게 고난을 당하는 욥은 개인의 자격으로 엄격한 응보 교리의 부적절성을 증명하는 사람이며, 따라서 그는 복잡하지 않은 신학의 단순 신앙인보다 더 지혜롭고

"우월하다". 그 고난자는 우리가 내러티브 서론에서 만난 바로 그 "의롭고" "온전한" 사람이다(여기서는 차디크〈צדיק〉와 타밈〈תמים〉, 1:1에서는 탐〈תם〉과 야샤르〈ישר〉). 그는 도덕적으로 책망할 것이 없고, 종교적으로도 흠이 없으며, 하나님과 상호 교제를 누리고, 하나님에게 부탁하면(그 분사형 코레〈קֹרֵא〉는 반복되는 행위를 가리킴) 틀림없이 응답 받는 사람이다. 우리는 그러한 특징을 욥이 자기 자녀들을 대신해서 부단히 하나님께 간청－그 숙명적인 하늘 의회의 날을 제외하고는 분명히 매일같이 은혜를 맛보았을 간청－하는 것으로 묘사되는 1:5에서 일별했었다. 여기서 우리는 하나님과의 자연스럽고, 초조하지 않으며, 만족스런 관계로서 사람의 "부르고" "응답 받는" 경험 안으로 초대된다. 그러나 물론 그것은 **이전의** 경험이었다. 이제 그는 하나님이 응답하지 **않으셨고** 응답하지 **않으실** 사람이다. 욥은 이제 응답자 없는 발신인이다: "내가 당신께 부르짖으나 당신은 내게 대답하지 않으시고…당신은 내게 잔혹하게 변하였습니다"(30:20-21). 그가 하늘에 "부르짖어도" 거미줄 같은 응보의 운명에서 벗어나도록 그에게 응답해 줄 이가 없을 것이라고 엘리바스는 그에게 충고했다(5:1). 그가 간절히 바라는 것은 다시 한 번 하나님에게 다가가 그분이 자신에게 무엇이라 대답하는지를 알 수 있는 일이다(23:5). 그의 모든 말은 암시적으로 하나님께 하는 부르짖음이요, 그가 이전에 누렸던 대화를 회복하려는 시도이며, 그의 마지막 연설은 "전능자가 내게 대답하기를 원하노라"(31:35)라는 외침에 의해 절정을 이룰 것이다. 하나님이 **그를** 부르시면, 단지 사람에 불과한 그는 감히 하나님에게 대답할 수 없을 것이다(9:3, 14-16, 32). 그러나 어떤 종류의 대화라도 다시 있을 수만 있다면(13:22), 그렇게 짝이 잘 맞지 않는 대화라도 전혀 없는 것보다는 나을 것이다. 심지어 하나님으로부터 "부르는 소리"를 위해 평생을 기다리는 것도 할 만한 가치가 있을 것이다: "내 모든 고역의 날들이 지나가도록 기다리겠나이다…그때 당신은 부르시겠고 나는 당신에게 대답하겠나이다"(14:15). 그러나 실상은 하나님이 그 "소리"를 "듣지" 않으시는(27:9) 악인의 입장에 그가 처해 있다는 것이다. 그리고 심지어 욥과 사람 사이의 일상의 가내 대화조차도 사라졌다: "내가 내 하인을 불러도 내게 아무런 대답도 하지 않는다"(19:16). 하늘과 땅이 똑같이 귀가 닫혔고, 욥은 자기 자신이 부르짖은 메아리 소리만 듣는다.

5 이제 웃음거리가 된다는 것이 무슨 뜻인지 전개된다. 결백한 욥은 "돌이킨" 욥의 한 장래, 그가 평안하고, 자신 있고, 두려움 없을 미래를 그리느라 바쁜 소발처럼(11:15-19; 참조. 또한 8:13-15) 자기 경건의 안전 속에 젖어 있는 자들의 표

적이다. 왜냐하면 그들의 안전은 정확한 응보에 대한 그들의 확신에 근거를 두고 있기 때문이다. 그들은 의롭기 때문에 해를 당할 수 없다. 또한 그들은 어느 고난자라도 즉각적으로 악행자라고 지정함으로써 자신들의 안전을 유지한다. 누군가 물리적 상해를 당하면, 그 사람은 도덕적 비난도 받을 만하다("상처에 모욕 보태기"가 그들의 원칙이다). 또 누군가가 불행으로 비틀거리고 있다면, 그 사람은 비난의 적절한 대상이다(그의 불행이 이미 그를 불경한 사람으로 드러냈으니 사회적 불승인으로 "그를 때려 눕혀라"). 참조. 시편 123:4, "우리의 심령이 너무나 오랫동안 평안한(שאנן – 샤아난, 여기처럼) 자들의 조롱과 교만한 자들의 멸시(בוז – 부즈, 여기처럼)를 당했나이다." 그러나 그 구절에서는 "평안한" 자들이 불의의 압제자들인 반면, 여기서는 그들이 진실로 의로운 사람들이지만, 그럼에도 불구하고 평안치 않은 사람들에게 판단하여 잔소리하는 압제자들이다. 물론 욥이 잘 양육 받은 신학자들에게 그 단어 샤아난(שאנן "평안한, 안전한")을 사용하는 것은 아이러니다. 왜냐하면 그러한 용어는 흔히 그들의 번영으로 안전한 악인들을 나타내기 때문이다(암 6:1; 사 32:9; 슥 1:15).

"실족한다"라는 표현은 불행의 도래 혹은 위험을 당하는 것을 가리킨다(참조. 4:4; 시 37:31; 보다 문자적 의미로는 시 18:37[36]과 잠 25:19; 그것이 도덕적 함의를 가지고 있는지는 확실하지 않으며, 시 26:1에서조차도 그렇다).

6 앞 두 절에서 욥은 그 자신의 경험으로부터 말했다. 이제 그는 자신이 개인적으로 증명할 수 없는 하나의 함축 의미를 도출한다: 그와 같이 경건한 사람은 고난을 당하는데, 불의한 자들은 그들의 침대에서 편히 잔다는 것이다. 그것은 그 자신의 경험에서 나온 논리적 추론이 아니며, 이전에 그런 결론을 내지도 않았다. 그러나 그것은 분명히 심리적으로 상관이 있는 것이다. 왜냐하면 욥이 만일 하나님은 너무 멀리 떨어져 있고 무관심하여 자신이 부당하게 고난을 당하도록 하신다고 느낀다면, 그는 또한 하나님은 악인들의 번영에도 전혀 신경 쓰지 않으신다고 느낄 것임이 분명하기 때문이다(참조. 또한 9:23-24에 관한 부분). 여기서 그들은 특별히 단순 "강도들"이 아니라(RSV, NAB) "약탈자들"이요(JB), 전문 노략꾼들이다(15:21; 렘 6:26; 48:8 등에 나오는 쇼데드〈שדד〉처럼). 욥은 아마도 그에게 재앙을 가져온 약탈자들을 염두에 두고 있을 것이다(스바 사람들과 갈대아 사람들, 1:15, 17), 비록 그들에게 어떤 운명이 임했을지 모르고, 그들의 현재 상태에 관해서는 어림짐작 외에는 아무것도 말할 수 없지만 말이다.

그 다음 행은 많은 논쟁을 일으켰다. 가장 일반적인 견해는 RSV의 "그들의 손

안에 그들의 신을 가져오는 자들"로 대표되며, 그것을 악인에 대한 또 다른 묘사로 이해한다. 아마도 그들은 자신들의 신들을 가지고 다니는 우상 숭배자들이거나(도에덜레인〈Doederlein〉, 앤더슨), 혹은 은유적으로 말해서 그들 자신의 손이 바로 그들의 신인 자들일 것이다(참조. JB, "그들의 두 주먹으로 신을 만들다"). 미가 2:1과 창세기 31:29에는 "그들의 손은 그들의 신으로서 섬긴다" 그리고 "나의 손은 나를 신으로 섬긴다"를 뜻할 수 있는(도름), 똑같지는 않지만 비슷한 표현들이 있다. 비록 많은 이들은 여기서 엘(אֵל) "신"이 아니라 "힘"을 뜻하는 별도의 단어를 보지만 말이다(KB[3]. 참조. BDB). 이와 관련해서 "나의 오른손이 나의 신이다"(*dextra mihi deus*)라는 버질의 어구(*Aeneid* 10.773)가 종종 인용된다. 이런 해석들에 있어 주된 난점은, 이전 행들의 약탈자들이나 하나님을 진노케 하는 자들은 복수인 반면, 이 행의 동사와 명사 접미사는 단수라는 것이다. "그가 그의 손에…가져온다." 그러므로 하나님을 행악자들이 그 수중에 있지만 그들의 악에 대해 아무것도 하지 않는 분으로서 그 동사의 주어로 보는 것이 불가피한 것 같다. 그러면 그들은 "하나님이 그 자신의 손 안으로 데려오신 자들"이며, 따라서 그분이 보호하시는 자들이다(참조. 시크레 디아즈). 이와 비슷한 생각을 하나님은 악한 재판관들의 압제를 무시하신다고 선언했을 때(9:23-24) 욥이 피력했다.

7-12 이 절들은 많은 독자들에게 제자리가 아닌 것으로 극명하게 비춰졌고, 그만큼 포어러와 헤세에 의해 후대에 첨가된 것으로 생략된다. 표면상 연관된 것 같은 생각은 이렇다: 친구들이 독점하고 있는 것으로 주장하는 그들의 지혜(2절에서 욥이 그렇게 말하지만 그는 그들을 잘못 전한다)는 너무나 진부해서 동물들조차도 그것을 안다는 것이다. 그러나 그레이가 말하듯이, 그러한 생각이 이상하게 진술된다: "왜냐하면 욥의 비난은 친구들이 문제의 특별한 지식이 없어서 **가르쳐질 필요가 있는 것이 아니라**(7-8절에서 강조되는 점), 그들은 보편적으로 잘 알려진 것들을 **가르칠 필요가 없다**는 것이기(3c절구) 때문이다.

이 세 개의 절에는 그것들을 의심하게 하는 다른 측면들이 또 있다. (a) 7-8절의 질문들은 친구들 전체가 아니라, 욥의 보통 습관처럼 한 개인에게 말해지고 있다. (b) 지혜가 노인들의 특권이라는 사상(12절)은 욥보다는 친구들에게 더 잘 어울린다(참조. 8:8-10; 15:10). (c) 9절에서 야훼의 이름의 사용은 다이얼로그 전체에 유래가 없는 것이다. (d) 9절 말미에 있는 "이것"이 무엇을 가리키는지는 불분명하다. (e) 구절 전체가 매우 강한 반의 접속사 베울람(ואולם, "그러나 분명히")으로 시작되는데(7절), 욥은 지금 평범한 지식에 대해서가 아니라 그 자신의 우월한 식견과 깊은 경험에 대해 말하고 있는 만큼(4-6절), 그것은 의미가 잘 통하지 않는다.

이러한 난점들은 7-12절이 인용문이라는, 고디스가 강하게 지지하는 견해에 의해 별다른 무리 없이 해결된다("Quotations as a Literary Usage in Biblical, Oriental and Rabbinic Literature," *HUCA* 22[1949] 157-219). 고디스의 주장을 발전시켜서, 본인은 이 절들이 욥이 친구들에게 하는 연설이 아니라 그들이 그에게 말하고 있는 것이라고 혹은 그에게 말할지 모르는 것이라고 상상하는 바에 대한 그의 반어적 진술이라고 제안하고 싶다. 따라서 그것들은 "8:8 이하에서 빌닷에 의해 사용된 옛 전통에 호소하는 것의 풍자적 개작"으로 생각될 수도 있다(N. C. Habel, "Appeal to Ancient Tradition as a Literary Form," *ZAW* 88[1976] 253-72[266]). 그러면 이 절들의 취지는, 친구들은 하나님이 세상을 다루시는 방식을 명백하고 창조 세계 전체에 잘 드러나 있는 것으로 생각하는(7-9절), 그리고 욥과 같은 벼락 신학자의 변덕에 어울리는 새로운 조정을 허락하지 않는 전통적으로 확립된 지식의 문제로 간주하는(12절) 아주 단순한 견해를 가지고 있다는 것이 될 것이다. 성경 본문에 나오는 많은 난점들을 화자의 견해에 반대되는 관점의 반어적 인용이라고 생각함으로써 해결하려는 시도는 분명히 지각 없는 방식이지만-또한 그러한 인용문들을 모두 확인해 보았다는 고디스의 주장도 똑같이 수긍이 가지 않는다-현재 본문에는 그러한 주장을 포용하는 중요한 단서가 하나 있다. 그것은 이인칭 단수 동사들과 대명사들이다. "물어 보아라…그들이 너를 가르치리라…그들이 너에게 말하리라…그들이 너를 가르치리라 …너에게 선포하리라." 이것은 욥이 친구들에게 말을 전하는 것이 아니라, **그들이 그에게** 말하는 방식의 바꾸어 말하기다. 세상을 대하는 하나님의 방식은 본질적으로 동물, 식물, 물고기조차도 알 수 있을 만큼 단순하다고 여기는 것은 바로 **그들이다**. 응보 법칙을 근본적으로 창조계 전체의 생명이 그에 따라 사는 법칙들과 같은 **자연** 법칙으로 간주하는 것도 바로 **그들이다.** 10-11절의 평범한 의견들을 말하는 것도 **그들이다.** 또한 지혜는 노인들에게 있다(12절). 즉 지혜는 전통 학문의 문제이지 정신이 산란하고 죄 많은 사람이 자기 경험 위에 세우는 관념론적 혁신의 문제가 아니라고 주장하는 것도 바로 **그들이다**. 흥미로운 아이러니 하나는, 만일 이 구절들이 자연 계시에 관한 어떤 교리를 가르치는 데 사용된다면(A. De Guglielmo, "Job 12:7-9 and the Knowability of God," *CBQ* 6[1944] 476-82의 경우처럼), 그것들이 이 장에 놓여 있음으로 해서 실제로는 그 교리가 손상을 입고, 정확히 틀렸다고는 아니지만 지극히 단순하다는 낙인을 받는다는 것이다.

7-8 아이러니컬하게 욥은 그 친구들을 인용하는 척한다. "그러나 그럼에도"(ואולם – 베울람, 강한 반의 접속사)라는 도입 소사는 그 뒤를 따라오는 것이 욥이 4-6절에서 표현했던 그 자신의 견해에 상반되는 것임을 분명하게 가리킨다. 그의 친구들이 그의 지능을 모욕했는데(참조. 2-3절), 이제는 그가 그의 말들을 그들의 입에 둠으로써 이의를 제기한다. 너의 상황에는 새로운 것이 전혀 없다(그들이 욥에게 말하고 있다). 그것은 자명하다. 그리고 네가 아직 그것을 모르면 보다 낮은 종의 창조물에게 물어보라. 원한다면 땅에 물어보라. 그러면 그들이 네가 모르는 것 같은 것들을 – 혹은 네가 악의적으로 잊어버린 것들을 – 너에게 말하리라.

물론 친구들은 그러한 말을 한 번도 하지 않았다. 욥에게 준 그들의 조언은 이전 세대에게, 그들의 조상에게 "문의해 보라"(여기서처럼 스알-나〈שְׁאַל־נָא〉; 8:8). 그러면 그들이 그들의 지혜로부터 욥을 "가르쳐 줄 것이다"(ויורך – 요루카; 참조. 여기는 토레카〈תרך〉)이다. 그러나 현재 문제에 대해서는 그런 가르침이 너무 불명확하다 – 왜냐하면 그것은 단지 순전한 응보이기 때문에 – 그래서 욥은 친구들의 조언을 인간 하등 피조물에게 지혜를 물어보라는 것과 일반인 것으로 만듦으로써 그것을 풍자한다.

9 동물들은 당연히 인간보다 못한 지능을 가지고 있다. 따라서 느부갓네살이 이성을 잃고 그의 왕좌에서 쫓겨날 때, 그 포고는 "그의 마음이 사람의 것에서 바뀌어 짐승의 마음이 그에게 주어지게 하라"였다(단 4:13[16]; 참조. 5:21). 그러나 한 선지자가 칼을 뽑은 주의 천사의 존재를 알아보지 못해 나귀에 의해서 비난을 받아야 하는 때처럼(민 22:21-35), 혹은 게으름뱅이가 지혜 교사에 의해서 "개미에게로 가서…그 사는 것을 생각해 보고 지혜를 얻어라"고 지시 받을 때처럼(잠 6:6) 사람이 동물에게서 배울 수도 있다. 참조. 또한 M.-L. Henry, *Das Tier im religösen Bewusstsein des alttestmentlichen Menschen*(Sammlung gemeinverständlicher Vorträge und Schriften aus dem Gebiet der Theologie und Religionsgeschichte 220/221; Tübingen: Mohr, 1958) 특히 44-46.

욥은 친구들이 자기를 자연 세계로부터 가장 기초적인 교훈들을 받을 필요가 있는 정신 장애자나 도덕 범법자처럼 취급한다고 빗대어 말함으로써 그들을 책망한다. 결국에는 하나님이 욥의 주의를 향하게 하시는 것이 자연의 책이 되리라는 것과, 욥은 땅의 괴물 베헤못과 바다 괴물 리워야단과 함께 산양, 매와 같은 동물들을 주목함으로써 그의 궁극적 통찰로 인도되는 것은 심원한 아이러니다 – 욥의 편에서가 아니라 시인의 편에서. 과연 삼라만상은 그 자체 안에 그 존재의 비밀을 담고 있으며, 자연 질서는 도덕 질서의 단짝(soulmate)임이 드러날 것이다(38-41장에 관한 "주석"을 보라). 그러나 욥은 아직은 그렇게 보지 않으며, 지금 그에게는 자연의 지혜는 가장 기초적인 부류에 속하고, 그는 확실히 그것으로부터 배울 것을 전혀 갖고 있지 않다.

모든 창조물이 안다고 하는 그것은 정확히 무엇인가? "하나님의 손이 이를 행하셨다는 것"은 약간 수수께끼 같은 구절이다. 그 절은 이사야 41:20에서도 나타나며 시편 109:27도 상기시키기에 많은 이들은 그것이 현재 절에 삽입된 것으로 가정한다. 이사야 41:20에서는 그것이 구원에 관한 한 신탁을 끝맺는데, 거기서 "이를 행했다"는 돌아올 유배자들을 위한 길의 박두한 준비를 가리킨다. "저들[나의 비난자들]로 이것이 당신의 손인 줄을 알게 하소서. 오 야훼여, 당신이 그것을 행하셨나이다"라는 시편 109:27에서는 그 "이것"이 시인이 마음에 그리는 구원의 행위를 가리키는 것인지(궁켈) 혹은 시인에게 임한 고난을 가리키는 것인지 분명하지 않다. 가령 바이저는 후자의 견해를 취하여 "하나님 자신이 개입해서 그 가난한 사람의 갑작스런 죽음을 초래한 것은 하나님이지, 그 경배자의 책임으로 돌려지는 어둡고 비밀스런 책략들이 아님을 그의 원수들로 깨닫게 해야 한다"고 기록한다(*The Psalms* [OTL: Philadelphia: Westminster, 1962] 691). 이사야 66:2에 있는 "야훼의 손이 이 모든 [일들을](כל־אלה – 콜-엘레, 여기서처럼) 만드셔서 그 모두가 생겨났나이다"라는 구절에서는 분명하게 하늘과 땅의 창조를 가리킨다. 예레미야 14:22, "당신이 이 모든 일을 행하셨나이다"에서는 비의 보냄과 관련된다. 이런 광범위한 상황들은 상식적 수준의 결론, 즉 그 어구는 어떤 한 가지 의미를 가리키는 것이 아니라(가령, 창조) 다목적 표현임을 가리킨다.

여기서 창조된 모든 것들이 가르칠 수 있는 기초 교훈이란 행해지는 모든 일이 하나님에 의해 행해진다는 것이다. 그것이 바로 그들 자신의 존재의 현실에 대한 그들 자신의 말없는 증언이다. 그리고 이것이 바로 욥이 배우기를 거부하는 교훈이다 – 친구들이 그렇게 말한다고 욥은 말한다. 그것은 마치 친구들이 공중에 손을 뻗쳐 자연 세계를 가리키면서 "욥아, 이 모두가 하나님의 일이다. 그리고 너의 고난은 '이 모두'의 자연적이고, 필연적이고, 정연하고, 예정되고, 이해할 수 있으며, 사리에 맞고 일관된 부분 외에 아무것도 아니다"라고 말하는 것 같다고 욥은 말한다. 그러면 욥은 왜 그런 태도에 냉소적인가라고 우리는 물을 수 있다. 그 이유는 그가 마주친 것은 의로운 사람이 웃음거리가 되는 정돈되지 않고, 제멋대로이며, 잔인하기가 그지없는 세상 질서(4절)와 하나님이 정연한 마음을 가진 시계공이 아니라 무너뜨리고, 억누르고, 뒤집고, 빼앗고, 모욕하고, 파괴하는 자로 경험되는 상황이라는(14-25절) 것이다. 친구들은 정원에 있는 모든 것이 아름답고, 창조된 모든 것들이 그 종류대로 깔끔하게 정돈되어 있다고 생각한다(7-8절의 언어에는 창 1장에 있는 우주 질서의 뉘앙스가 있을 수 있다). 욥에게는 자연의 정원이 난장판이며, 자연은(물리적이든 도덕적이든) 이빨과 발톱이 온통 시뻘겋다. 친구들에게는 그 시대의 지혜가 하나의 진부한 표현이요, 어느 때나 통하는 말인 "여호와의 손이 이를 행하셨다"로 녹아 버렸다. 욥에게는 머리를 쥐어 짜낸 신학이 아니라 생 경험이 진정한 지혜다.

이상하게도 욥 역시 "여호와의 손이 이를 행하셨다"에 동의한다. 하지만 "이것"이 무엇인가에 대한 친구들의 생각에는 동의할 수 없다: 그것은 그에게는 우주 도덕 법칙의 냉혹한 작용이 아니라 악의가 가득한 신의 괴팍한 행위다.

야훼의 이름이 여기서 사용되는 것이 갖는 의미는 무엇일까? 그것은 욥기의 시에서는 여기 외에 한 번도 나타나지 않는다. 많은 주석가들은 그것이 아마도 이사야 41:20로부터 온 인용으로서, 어떤 사본 필사자에 의해 여기에 이차적으로 삽입된 것임을 가리키는 표지로 본다. 그러나 그것은 우연히 들어온 것이 아니다. 욥은 그의 친구들의 말을 "인용하고" 있으며, 그들이 종교적으로 상투적인 표현들을 전개하고 있다고 생각한다. 따라서 그것은 인용어**이기는 하지만**, 이사야 41:20로부터 바로 취한 인용이 아님이 분명하며, 거기서도 사용될 만큼 평범한 관용구의 인용이다(참조. 바이저). 그 친구들도 그들의 연설에서 야훼라는 이름을 한 번도 사용하지 않고 있음이 사실이지만, 욥은 다른 문제들에 관한 친구들의 정확한 신학적 입장을 정당하게 취급하는 데 있어 눈에 띄게 신중하지는 않다. 약간 더 놀라운 것은 욥기 시인이 여기서 "야훼"를 거리낌 없이 사용했다는 것이다. 그 이유는 분명히 "야훼의 손"이 고정된 표현이라는 것일 것이다(30번이 넘게 나옴). 반면에 "하나님(엘로힘)의 손"은 매우 드물게 나타난다(삼상 5:11; 대하 30:12; 집 9:1; 욥 19:21은 "하나님[엘로하]의 손"을, 27:11은 "하나님[엘]의 손"을 갖고 있다). 몇몇 사본들은 (하나님을 가리키는 것으로 욥기에서 41번 사용된) 엘로하를 갖고 있다. 따라서 여기의 "야훼"는 시인 자신이 택한 용어가 아니라, 필사상의 오류라고 보는 것도 가능하다.

10 여기서는 논의가 거의 진전되지 않는다. 동물들("모든 산 것")과 사람들(문자적으로는 "인간의 모든 육체")이 모두 하나님의 손 안에 있다는 것은 또 하나의 명백한 진리다. (네페쉬〈נפש, "생명 본원"; RV, NAB, "영혼"〉와 루아흐〈רוח, "숨,

기운"〉 사이에 어떤 특별한 구분이 지어지고 있지 않다. 두 용어 모두 동물들과 인간들에게 타당하게 사용할 수 있다.) 욥이 그의 친구들의 입에 올린 그러한 진술의 함축 의미는 욥에게 일어난 일 모두가 신의 작정에 의한 것이라는 것이다. 욥도 이것을 믿는다. 그러나 자기 피조물들에 대한 하나님의 "통치"에 대해 너무 말재간으로만 말하는 것은 그 통치의 파괴적 **성격**을 무시하는 것이다(14-25절). "온 세상이 그의 손 안에 있네"(He's got the whole world in his hand)가 친구들의 주제가일 것이라고 욥은 말한다. 그러나 문제는 그 손이 열린 손바닥이냐 아니면 움켜진 주먹이냐이다.

11 여기에 격언 형식으로 되어 있고, 7-12절의 것들처럼 욥에 의해 친구들의 말로 돌려지는 또 다른 자명한 진리가 있다(그것은 질문 형식으로는 아니지만 34:3에서 엘리후에 의해 다시 한 번 사용된다). 비슷한 격언이 집회서 36:19[24]에 나타난다. "구개(口蓋)가 사냥한 고기의 종류를 맛으로 알듯이, 총명한 정신은 거짓된 말들을 간파한다." 요점은 "구개가 음식 사이를 구별하여 그것에 맞는 것만 받아들이듯이, 귀도 구별하고 당기는 것만 받아들인다"는 것이다(로울리). 입의 기능은 먹는 것만이 아니라 어떤 것들이 먹을 가치가 있는지를 결정하는 것이다. 따라서 귀의 기능도 메시지들을 받아들이기만 하는 것이 아니라 그것들을 분간한다. 그 격언은 비록 식별력에 관한 주제를 시작하는 것처럼 가장하고는 있지만, 듣는 이로 하여금 말해지는 바에 동의하도록 요구한다. 그것은 "내가 옳다, 아닌가?" 혹은 "이것은 분명한 사실이다, 그렇지 않은가?"를 둘러서 말하는 방식이다. 욥은 그러한 태도에 분개하는데, 그에게 진리란 결코 자명하지 않기 때문이다. 심원하게 참된 것은 피상적 진리를 요동시키고 뒤집는다.

12 이것이 욥의 의견이 아님에는 의심의 여지가 없고, 비록 7-12절 전체가 그를 나타내는 것이 아님을 보지 못했을지라도 많은 학자들에 의해 인정된다(예를 들어, 부드, 그레이, 로울리). 참조. RVmg, "지혜가 노인들에게 있다고 **너희는 말한다**." 욥이 친구들의 것으로 돌리는 이 연설은 그들의 입장에서 무엇이 문제인지를 요약하는 한 문장으로 끝난다: 전통, 노인들의 경험, 전통적인 지혜에의 호소. 현실은 욥을 뒤흔들어 노인의 지혜에 대한 신봉을 버리게 했다. 우리는 그가 고난 받기 전에는 친구들과 동일한 언어로 말했을 것이라고 가정할 수 있다.

여기서 "노인들"이란 아마도 더 젊은 사람들이 그들의 판단에 경의를 표해 복종해야 하는 살아 있는 연장자들이다(참조. 29:8; 15:10). 그러나 그들은 역시 그들의 나이 때문에 빌닷에 의해 이미 호소되었던(8:8-10, "그들의 조상들"과 함께 "이

전 세대들") 살아 있는 이전 세대의 대표자들이다.

어떤 이들은 12절을 하나님의 지혜와 능력에 대한 찬송(12-25절)의 시작으로 보고, 12절을 등장 인물 욥의 말로 여길 때 그것을 13절의 배경으로 본다(참조. GNB, "노인들은 지혜를 가지고 있다. 그러나 하나님은 지혜와 능력을 가지고 계신다"). 이것은 불가능한 견해는 아니다. 그러나 욥으로 하여금 노인들이 지혜를 가지고 있다는 것에 동의하도록 하는 것은, 그가 비록 곧바로 그것은 하나님의 것에 비하면 아무것도 아니라고 주장하기는 하지만 개연성이 높지 않다. 13절을 12절에서 나타난 친구들의 입장에 대한 욥의 **직접적인**(*in propria persona*: 몸소, 스스로) 응답으로 보는 것이 더 좋다. 가능성이 덜한 것으로, 본문을 약간 수정하여("원문주해" 12:12.a.를 보라) 12절을 노인의 지혜에 대한 욥의 강한 부정이며 하나님의 지혜 찬양과 대조를 이룬다고 보는 포어러와 헤세의 견해가 있다.

13-25 이 절들은 인간 세계에 나타난 하나님의 능력에 대한 찬송을 이룬다. 이 시는 욥의 앞선 연설에서 본인이 "자연에 나타난 하나님의 능력 찬양"이라고 부른 것(9:5-10)과 비교된다. 거기서의 주제는 자연 질서에서 호의적인 것 못지 않게 파괴적인 하나님의 능력이었다. 여기서도 하나님의 능력이 주제이지만, 주로 사회 영역에서 대체적으로 타도하고 파괴적인 양상으로 작용하는 것으로서이다. 양식적으로 볼 때 9:5-10과는 차이점들과 유사점들이 있다: 두 곳 모두에는 일반화하는 도입 문장이 있다(12:13; 참조. 9:4). 물론 9장에서는 그것이 앞선 연의 일부 같지만 말이다. 9장에서는 명백히 찬송 스타일임을 가리키는 문법적 표지인 정관사가 붙은 분사형이 분명히 나타났다. 여기에는 하나님의 행위를 가리키는 아홉 개의 분사들이 있지만(17, 19, 20, 21, 22, 23절) 그것들 중 어느 것도 정관사를 가지고 있지 않다. (9:10에서와 같은) "요약 평가" 문장도 없다. 이 찬송의 양식상의 특징들은 엘리바스의 찬가와도 비교될 수 있을 것이다(5:9-16; 더 자세한 것은 9:5-10에 관한 부분을 보라).

이 찬송의 목적 혹은 의미는 곧바로 분명하지는 않다(포어러와 다른 이들은 그것을 이차적인 것이라 생각함). 그것이 단순히 찬양의 찬송일 리 없는 것은, 욥은 하나님을 **찬양할** 요구를 갖고 있지 않기 때문이다. 그것이 하나님의 능력에 대한 단순한 **인정**일 수도 없는 것은, 욥의 편에서는 하나님의 능력이 보통은 **불평**의 대상이기 때문이다(참조. 9:3-4, 17, 34). 오히려 그것의 목적은 욥의 지혜, 즉 하나님의 행위의 **진짜** 성격에 대한 그의 이해를 전달하는 것이다. 그가 직면한 하나님은 전혀 조용한 우주 통치자가 아니라, 그분이 인간들로부터 떨어져 계시든지 그들 삶에 열광적이고 추악하게 간섭하시든지 간에 이해할 수 없고 길들일 수 없는 별난 신이다. 이것은 찬송을 불러내는 – 욥은 신학적 함정의 수사 너머에 있는 신의 드러남에 참으로 경탄하기 때문에 절반은 진지하게, 그리고 공정하게 처신하지 않는 신을 깊이 경멸하기 때문에 절반은 반어적인 찬송으로 – 보다 깊은 지혜요, 보다 높은 지식이다.

이 찬송은 운명의 반전이라는 **토포스**(5장 "양식/구조/배경"을 보라)의 많은 사례들을 보여 준다. 5:9-16의 엘리바스의 찬가와 관련하여 지적되었듯이, 그러한 하나님 찬양은 보통 하나님이 사회 질서를 보다 정의로운 패턴으로 재조정하시는 것을 중심 주제로 한다. 그러한 재조정은 흔히 낮은 자들을 높은 곳에 올리고, 교활한 자들을 자기 꾀에 빠지게 하는 것과 같은(5:11, 13) 대변혁의 격변들을 포함하지만, 그것은 전혀 덜하지 않게 구원적이며(5:15), 그것의 목적은 본질적으로는 이미 동요된 사회 질서의 바로잡음이다. 이 주제에 대한 욥의 변조는 반전 행위들에 배타적으로 몰입하는 것이며, 주목할 만한 것은 이 절들의 어디에서도 그 격변들이 아무런 도덕적 목적도 채우지 않는다는 것이다(참조. 앤더슨). 욥의 관심은 전적으로 기대의 전복에 집중되어 있는데, 그것은 웃음거리인 한 의인의 신학을 말하는 것이 그의 동기이기 때문이다(4절). 그것은 전통 신학과 결별한다는 선언이며, 따라서 그의 하나님 묘사는 그 자신의 경험으로 인하여 그만큼 삐딱하게 구부러져 있다.

그럼에도 불구하고, 하나님의 행위에 대한 아첨 없는 이 설명 전체에 걸쳐 불의에 관해서는 단 하나의 암시도 비춰지지 않는다는 점이 강조될 필요가 있다. 불의에 대해 말하는 것은, 그것이 비록 그가 말하는 것으로부터 당연히 추측할 수 있는 것이기는 하지만 욥의 목적이 아니다. 그의 관심은 오히려 하나님이 엄격한 응보 윤리에 맞게 행하시는 것이 아니라 어떤 무질서의 원칙을 좇아 행하신다는 것을 주장하는 것이다. 물론 그러한 행동에는 무도덕성이 있지만, 욥이 하나님을 비판하는 것의 핵심은 하나님이 비윤리적이시라는 것이 아니라, 그분이 파괴적이고 타도적이시라는 것이다(참조. 9:1-10:22에 관한 부분에서 욥은 "우주적 불의"에 대해 하나님을 비난하는 것이 아니라 하나님으로부터 명예 회복을 얻는 것이 불가능하다고 항의하는 것이라고 주장되었다).

이 절들이 삽입된 것이라는 일부 학자들의 주장(예를 들어, 포어러)은 설득력이 없다. 포어러는 그것들에서 "욥기의 다른 곳에서는 발견되지 않는 일반적인 찬송 사상들"을 발견하지만, 5:8-15 및 9:5-10에 있는 평행 본문들(그는 두 번째 구절을 이차적이라고 판단함)을 그러한 개념에 종지부를 찍는다. 그는 그것들이 12:6과 모순된다고 믿는다. 그러나 거기서의 주장은 하나님이 악을 무시하신다는 것이고, 반면에 여기서의 주장은 그분은 (윤리적 가치들과는 무관하게) 사회 질서에 관여하신다는 것이니 이 둘 사이에는 아무런 모순도 없다. 그는 또한 그것들을 시편 107편과 이사야 44:24-28을 상기시키는 어떤 독립된 찬송의 일부라고 판단한다. 그러나 그는 이 절들에는－시편 107편 및 이사야 44장과 날카롭게 대조적으로－하나님의 활동을 말함에 있어 구원에 관한 것이 하나도 없다는 사실을 간과한다. 이 절들은 오히려 운명의 반전의 긍정적인 면들을 지워 버리는, 전통적 찬송 자료의 의도적 개정으로(아마도 "패러디, 풍자", 앤더슨) 여겨져야 한다.

시편 107편과 연관되는 것들이 아주 밀접하고 많기에 시편 8편이 욥기 7:17-18(q.v.)의 "자료"였던 식으로, 그것을 현재 찬송의 "자료"라고 명명해도 맞을 것 같다. 욥기 찬송의 상당히 다른 분위기에 관한 논평에 대해서는 15, 21, 22, 24절들에 관한 부분을 보라.

이 찬송의 **구조**는 그런 대로 분명하다. 하나님의 지혜에 관한 세 개의 일반 언설이 있고(13, 16, 22절) 각각은 찬송의 한 연을 도입한다. 첫 번째는 6행으로 되어 있고(5-6절의 6행 단락처럼), 두 번째는 12행으로 되어 있으며(7-12절의 12행 단락처럼), 세 번째는 6행에 하나의 2행이 더하여진 종결로 되어 있다(참조. 25절에 관한 부분). 연들의 내용 또한 차별화하는 특징 중 하나다: 가장 한결같은 것은 두 번째 연으로(16-21절), 열 개의 동사들이 하나님을 주어로 하고 일부 사회 지도자들 그룹을 목적어로 한다. 이와는 대조적으로 첫 번째 연은 보다 불확정적 혹은 은유적인 내용을 갖고 있으며, 세 번째는 나라들 전체 및 그 지도자들과 관련된다.

그러나 스케한(P. W. Skehan, "Strophic Patterns," 106-7)은 여기서 주요한 전위(轉位)를 보았다. 그는 아주 비슷한 17a절구와 19a절구가 모두 원문일 수 있다는 것을 받아들일 수 없어서 19a절구를 삭제했다(그의 번역은 실수로 17a절구를 생략한다고 주장함). 그는 18절은 하나님이 "가두신다"는 사상(14a절구)을 발전시킨다는 해석에 근거하여 그것을 15절 뒤에 오도록 옮겼다. 그러나 18절에서 행해진 유일한 투옥은 하나님이 아니라 왕들에 의한 것이다. 다음으로 그는 21b절구가 개울을 가리키는 것으로 간주하여("원문주해" 12:21.b.를 보라), 그것의 위치를 바꾸어 18절 뒤에 오게 하고 물에 대한 하나님의 통제 사상(15절)을 발전시키도록 했다. "결코 부족함이 없는 물"을 묘사하는 것으로 이해되는("원문주해" 12:19.c를 보라) 19b절구가 그 뒤를 따른다. 21a절구와 24b절구는 시편 107편의 되풀이라고 여겨져 생략된다. 그 결과는 10행과 12행(+ 하나)으로 된 두 개의 연으로, 이는 12-14장은 10행과 12행 사이를 교차하는 아홉 연들의 진행을 보여 준다는 그의 개괄적 관점에 잘 들어맞는다. 그 개괄적 관점이 구체적인 절들을 다루는 데 지나치게 영향을 미친 것 같다. 이 이상하고 설득력 없는 재구성은, 그것이 아무런 설명도 없이 도매급으로 NAB에 채택되지 않는다면, 아마 세상에서 잊혀질 수 있도록 허락될 수 있을 것이다.

13 욥은 직접 말하기로 되돌아간다. 친구들은(그는 주장한다) 하나님에 관한 진리는 전통적으로 믿어진 것이라고 강조해 왔다("지혜는 노인들에게서 발견된다", 12절). 그러기는커녕 하나님에 관한 진리는 하나님에게 있다고 그는 말한다. 오직 그분만이 그가 무엇을 하는지 안다. 욥은 물론 하나님에 관해 우월한 지식을 가지고 있다고 주장하지만, 소크라테스처럼 하나님에 대해 그가 아는 바는 실제로는 친구들이 안다고 주장하는 것보다는 **적다**. 왜냐하면 그들은 하나님이 행동하시는 원칙들을 하는 척하지만, 반면에 욥은 하나님이 그에 따라 행동하시는 원칙들은 없다 – 어쨌든 사리에 맞거나 윤리적이라 불릴 수 있는 것은 전혀 없다 – 는 것만 알기 때문이다.

이는 매우 흥미로운 상황이다. 왜냐하면 그것이 신의 연설들 이후에 이 책의 끝에서 욥이 취할 입장과 그렇게 멀리 떨어져 있지 않기 때문이다. 결국에는 하나님은 스스로 원하는 바를 행하시며 자기 자신만의 이유들을 가지신다는 반박할 수 없는 진리가 그에게 남겨질 것이다. 그러나 그것은 괴로운 심정으로도 혹은 믿음으로 받는 수용의 자세로도 말해질 수 있는 진술이다. 또 욥은 이 시점에서는 그러한 사상의 창조적 가치들을 숙고할 준비가 되어 있지 않다. 그는 그 사상이 신비로부터 움츠러들고 조용하게 하나님의 방식을 사람에게 정당화하는 전통 신학과 너무나 조화되지 않는다는 사실로 인해 아직 충격 받은 상태에 있다.

지혜가 무엇을 포함하는지를 정확하게 확정하는 것은 어렵다. 한편으로는, 그것은 오직 하나님만이 소유하시는 가장 높은 지혜, 즉 신성, 그것의 동기들, 일하는 방식에 관한 통찰인 듯하다. 다른 한편으로는, 그것과 "능력"의 연결이 보여 주듯이 실용적인 종류의 지혜인 "생활 지식"(know-how)이기도 하다. 히브리 성경에서는 지혜가 순전히 이론적인 지식으로 이해될 수 없다. 그것은 항상 행동으로 나아가고, 따라서 행동하는 능력과 효과적으로 행동하는 지식이 거의 대조되지 않는다. 여기서의 평행법이 권능보다는 지혜에 강조가 놓여 있음을 제시하는 것으로 볼 수 있지만(호르스트), 오히려 이 절에 있는 네 개의 추상 용어들은 자신의 (불가사의하고 혼란케 하는) 원칙들을 따라서 행동할 수 있는 하나님의 능력을 집합적으로 가리키는 것 같다.

14 이 절과 함께 신의 활동 목록이 시작된다. 욥은 마치 하나님의 능력은 "인간의 모든 노력을 좌절시키고 인간의 모든 제도를 전복시킨다"라고 말하는 것처럼(드라이버), 이것이 인간을 대하시는 하나님의 방식에 관한 진리 전체라고 주장하고 있는 것이 아니다. 특별히 "모두"가 강조된다면, 그러한 진술은 너무 명백한 거짓이라서 우리는 그것이 말해지는 것을 상상할 수 없다. 오히려 이 절들은 하나님이 사람과 관계하시는 **몇몇** 장면들을 묘사하는 것이다. 이 선택에 설득력을 주는 것은 모든 장면들이 하나님을 파괴적으로, 부정적으로 혹은 혼돈을 위하여 일하시는 것으로 보여 준다는 사실이다. 그리고 물론 욥과 그 시인은 이 묘사에 본 주석가가 해야만 하는 자격 부여를 결코 추가하지 않는다. 하나님의 박해 경험을 통해 그가 신의 성격에 대한 더 깊은 통찰에서 친구들 것보다 "못하지 않은" 지식에 도달했다는 욥의 신념이 강화되도록 그러한 목록이 준비될 수 있다는 것만으로 충분하다.

여기에 벽 혹은 성읍과 같이 "파괴되는" 물체와 "속박되는" 사람의 대조가 있을 수도 있다. 하라쓰(הרס, "파괴하다")라는 동사는 때로는 사람에 대해서도 사용되지만(출 15:7; 렘 42:10; 등) 일반적으로 물질적 대상들을 파괴하는 데 사용된다(예를 들어, 삿 5:26, 재단; 삿 14:17, 성읍; 겔 13:14, 담). 그것은 흔히 바나(בנה, "세우다, 짓다")와 짝을 이룬다(렘 45:4; 잠 14:1에서처럼). 싸가르(סגר, "닫아 버리다")도 문처럼 대부분 사물들과 연관되어 사용되지만, 여기서는 분명히 "사람"(איש – 이쉬)과 관련해서다. 그것과 규칙적으로 대조되는 것은 여기서처럼 파타흐(פתח, "열다")다.

이 문장은 그 구조에 있어 9:11-12과 특별히 11:10을 상기시킨다. 11:10에서 소발은 하나님이 악인을 닫아 버리시는 것을 그분의 "지혜"의 한 예로서 사용했다. 양식 면에서 이 문장은 격언적이어서 구체적인 역사적 사건들이 언급되는 것을 그럴듯하지 않게 만든다. 그것이 앤더슨처럼 홍수 및 소돔과 고모라의 멸망이든(참조. 창 7:16 "닫아 버리다"), 혹은 투르-시나이처럼 홍수("가두다, 둘러싸다") 및 바벨탑의 무너짐이든("세워지지 않다"), 혹은 파괴되고 다시 세워지지 않은 여리고의 파괴이든(참조. 알론조 쉐켈) 말이다. 강조되는 것이 하나님의 조치에 대항하는 것의 불가능성이든(호르스트) 혹은 실제로는 어느 누구도 하지 않는다는 단순 사실이든 별로 중요하지 않다.

15 인간 역사의 주는 똑같이 자연의 주다. 그런데 어떤 의미에서 그런가? 그는

생명을 주는 물은 억제하고 파괴적인 격류는 보낸다. 시편 107편의 하나님 찬양과의 대비가 현저하다: 거기서(33-37절)는 **거민들의 사악함 때문에** 그분이 강들을 사막으로, 물 샘들을 마른 땅으로 바꾸신다. 그분은 또 **굶주린 자들에게 거할 곳, 밭, 포도원 등을 제공해 주기 위해서** 사막을 물이 가득한 곳들로, 가뭄의 땅을 물샘들로 바꾸신다. 이 두 활동에서 동기를 떼어내 보라 – 욥이 신의 동기를 의심할 충분한 이유를 갖고 – 그러면 임의적이고 목적 없는 신의 능력 행사가 분명해진다. 비의 보냄을 단조로(즉 우울한 분위기로) 바꾸어 보라 – 그것이 욥의 분위기에 맞는다 – 그러면 비의 보냄은 구원이 아니라 재난을 나타낸다. 물이 너무 없거나 아니면 너무 많거나이다 – 그것이 바로 그 우울한 동양인의 외침이다. 그것은 하나님이 과다하게 복을 주셨다가(1:1-3) 까닭 없이 과도하게 고생하게 만들어 버리신(1:9, 21a; 2:3, 7) 한 사람의 외침이기도 하다. 하나님이 하시는 일에는 지독한 불균형이 있다(참조. 7:17-21). 하나님이 주시는 비의 선물, 일변시키는 신성, 또한 사회적 안정을 회복시키는 신성에 대한 엘리바스의 묘사와의 대비도 주목해 보라(참조. 5:10-11).

16 새로운 하위 연이 13절의 생각의 반복과 함께 시작된다. 지혜(תּוּשִׁיָּה – 투시야에 대해서는 11:6에 관한 부분을 보라)와 권능에 대한 용어들이 이번에는 순서가 뒤바뀌었고, 여기서 초점은 정상 사회 제도들을 해체시키는 하나님의 힘 혹은 능력에 있다. 소발은 하나님의 투시야(תּוּשִׁיָּה)를 인간의 모든 활동에 관한 하나의 비밀 자료 은행처럼 가리켰다. 그러나 욥은 신의 투시야(תּוּשִׁיָּה)에 대해 그 자신이 택한 인식을 가지고 있다: 그것은 인간사에 혼돈을 일으키는 하나님의 기술이다.

인간은 여기서 욥에 의해 엄격하게 두 부류로 나뉜다: 속이는 자와 속는 자. 샤가그(שׁגג) 혹은 샤가(שׁגה)라는 용어는 제의 영역에서는 종종 부지중에 범한 죄를 가리킨다(참조. J. Milgrom, "The Cultic שׁגגה and Its Influence in Psalms and Job," *JQR* 58[1967] 115-25; R. Knierim, *THWAT* 2:867-72). 여기서는 "정직한 사람을 악한 길로 잘못 인도하는(שׁגה) 사람"과 "흠 없는 사람"이 대조되는 잠언 28:10에서와 같이 고의적 잘못을 뜻하는 도덕적 용어임에 틀림없다. 하나님은 도덕적으로 흠 있는 사람과 흠 없는 사람 사이를 분명하게 구분하시지 않는다. 이것이 9:22에서 욥의 주장이었고, "그분은 흠 없는 사람이나 악한 사람이나 똑같이 끝내신다." 마찬가지로 여기서도 그의 요점은 의로운 사람은 웃음거리인데, 강도들의 장막은 평화롭게 남아 있다는 것이다(4-6절). 이것이 바로 그 자신의 불운한 경험에서 새롭게 태어난 욥의 지혜다.

"속는 자와 속이는 자"라는 어구는 "갇힌 자나 자유로운 자"(신 32:36; 왕상 14:10), "작은 자나 큰 자"(욥 3:19; 에 1:5) 등과 같이 전체성을 가리키는 표현들을 상기시킨다. 그러나 여기서는 그 어구가 전체성을 가리키는 것이 아니라(로울리, 포어러는 이에 반대다), 오히려 서로 상반되는 두 윤리 집단을 가리킨다. 여러 주석가들은 도덕적 잘못이 포함되어 있다는 것을 부인하며, 그것은 통치자들이 그 백성들을 부지중에 잘못 인도하는 것이라고 주장한다(가령, 그레이가 그렇다). 이 견해는 이어서 나오는 구체적인 경우들과의 어떤 연관성을 제공하기 위해서 주장된다. 그러나 사실 17-21절에 나오는 사회 지도자들이 "속이는 자들"임을 암시하는 것은 전혀 없고, 현재 절은 오히려 선한 사람과 악한 사람의 구분과 연결된다.

욥의 분석에는 신랄한 뜻이 있다: 사람들은 속는 자이거나 속이는 자다. 그들은 어느 쪽이든 환상에 싸여 있고 진리는 접근 불가능하다. 그것은 전통 신학은 기만 덩어리라는 욥의 믿음과 잘 맞는 관점이다.

17 물론 조언을 주는 사람은 누구든 모사(謀士)일 수 있다. 그러나 여기서 "재판관"들과 병행으로 언급되는 이들은 다윗의 모사(יֹעֵץ - 요아츠) 아히도벨 같은 궁중 관료들인(참조. 삼하 16:23) 전문 모사들임에 분명하다. "모사"의 직무에 관해서는 W. McKane, *Prophets and Wise Men*(SBT 44; London: SCM, 1965)을 보라. 또한 3:14에 관한 부분을 보라. 그리고 이사야 19:11; 열왕기상 12:6; 열왕기하 6:8; 역대하 25:16; 32:3을 참조하라. 왕에 대한 그의 의무는 국가의 안보이기 때문에, 만일 그가 섬기는 국가가 다른 국가에 의해 희생되고 그 자신은 포로 행렬에 끼어 잡혀간다면 그의 직능은 완전한 실패임이 드러나는 것이다. 문헌적 증거와 고고학적 증거가 결합되어 포로를 맨발로 끌어가는 관습을 보여 준다. 이사야 20:2-4; 미가 1:8을 보라(거기서는 포로들이 발가벗겨지기도 한다). 또한 *ANEP*, pls. 205(세 명의 맨발 포로 수금 연주자들), 321(라기스의 거민들)를 참조하라.

지혜로운 자들의 조언의 실패가 재판관들의 현명한 결정을 조롱하는 것과 병행한다. 우리 시대의 관용어는 "판사처럼 분별 있는"이다. 그러나 재판관들이라도 하나님이 명하시면 그들의 맑은 정신을 잃는다. 하나님이 현인들을 조롱하시는 사상은, 비록 구체적으로 재판관들을 가리키는 것은 아니지만, 이사야 44:25에서(역시 찬가 맥락에서) 그리고 19:11, 13에서도 발견된다.

18 왕권을 소멸시킴은 혼돈을 일으키는 하나님의 능력의 또 다른 표시다. 왕들의 "속박"(RSV)은 아마도 속박의 줄(혹은 결박한 끈)이 아니라 권위의 상징인 왕의 의복(BHS) 혹은 "허리띠"(JB)다. 하나님은 왕들이 다른 이들에게 부과한 결박

을 푸신다고 보는 일반적인 견해(그레이, 로울리, NEB, NAB, NIV)는 왕 자신의 권력 상실에 관한 묘사에 적절하지 않다.

두 번째 행의 의미는 확실하지 않지만, 그 묘사를 (17a절구의 모사들에 관한 것처럼) 왕들이 포로로 끌려가는 것에 관한 것으로 보아도 무리는 없겠다. ANEP, pls. 249(다리우스의 베히스툰 비문, 아홉 명의 왕족 반역자들이 손이 뒤로 묶인 채 함께 결박당한 모습을 보여 줌), 305(마리 조개 상강〈象嵌〉, 팔과 허리 둘레가 밧줄로 묶인 벌거벗은 포로들을 보여 줌), 311(아시아인들이 밧줄로 묶인 채 이집트인들에 의해 끌려감), 332(벌거벗겨 결박된 포로들 그림을 담은 므깃도 상아)를 보라. 포로를 밧줄로 묶는 것은 문헌 텍스트들에서도 많이 입증된다: 예를 들어, 사사기 15:13; 그리고 은유적으로 시편 2:3. 에조르(אזור)를 "허리띠"로 해석하는 것은 의심의 여지가 있다. 왜냐하면 그 용어는 일반적으로 의류 물품, 즉 가죽이나 아마포로 만들어진 속옷(왕하 1:8; 렘 13:1)인 "허리 두름 천"("waistcloth", RSV, NAB; "loincloth", NIV)을 의미하기 때문이다. 참조. L. G. Running, *ISBE* 2:403, 그는 그것을 가령 *ANEP*, pls. 1, 2, 8 등에서 그려진 것과 같은, 짧게 말아 올린 스커트로 본다. 그러나 이사야 5:27에서는 그 אזור가 앗시리아 병사의 허리띠인 듯하며, 에스겔 23:15에서는 바벨론 사람의 허리띠 같다. 그것이 여기에 가장 잘 맞는 해석임에는 분명하다. 그러나 그 용어가 실제로 "허리 두름 천"을 의미하는 것이라면, 왕들의 허리에 의복을 묶는 하나님의 행위는 분명히 그들이 이미 왕복을 제거당했고, 다만 기본적인 의류만 걸치고 있음을 의미한다.

대부분의 사회 지도자들 가운데는 전문 종교인들이 있다. 제사장들은 욥기의 다른 곳에서는 언급되지 않으며, 제의 문제들도 다이얼로그에서는 일반적으로 무시된다. "영속적으로 자리잡은" 자들이란 귀족들이나 관료들일 수 있지만, 그 어구는 특별히 첫 행의 제사장들을 기술하는 것일지 모른다. 성직은 일반적으로 세습 제도다(참조. 모파트: "그는 제사장들을 맨발로 끌어가고, 그들의 오래된 성직을 엎어 버린다"). 제사장들은 왕, 모사, 재판관들처럼 **현상**(현 그대로의 상태, *status quo*) 수호자들이며, 그들이 "맨발로" 추방당한다는 것은 그들의 제의 직무가 효력을 상실했음을 의미한다. 이것은 신의 세상 통치의 파괴성을 그려 주는 또 하나의 실례다.

20 "믿을 만한" 사람들이란 아마도 "노인들"과 똑같은 사람들로, 17-19절에서 언급된 무리들보다는 사회적으로 덜 공식적인 위치를 지니지만, 그들 자신의 방식으로 사회 질서를 지탱해 주는 자들이다. 그들은 분별력(טעם – 타암, 문자적으로는 "미각, 감식력", 따라서 "판단력")과 옳은 말(שפה – 사파, 문자적으로는 "입술"; 참

조. 11:2에 관한 부분)을 제공한다.

21 첫 행은 현재 절들에 있는 여러 구절들의 출처인 시편 107편의 40a절구로부터 취해졌다. 시편 107:40b은 욥기 12:24b을 이룬다. 그러나 시편에서는 경멸의 대상이 되는 귀족들이 "주가 속량하신" 사람들을 억압한 자들이다. 그 귀족들은 길없는 황무지로 추방되고 궁핍한 자들이 고통의 자리에서 회복된다(시 107:39-41). 반면에 여기서는 귀족들에게 수치를 주는 것에 있어 하나님의 파괴력을 보여 주는 것 외에는(참조. 특별히, 15절에 관한 부분) 아무런 뜻도 드러나 있지 않다. "멸시"(בוז–부즈)는 하나님 편에서나 인간 구경꾼들 편에서 느끼는 주관적 감정이라기보다는 아마도 객관적으로 면목을 상실하게 함을 가리킨다(5절의 "재난 경멸"은 주관적 느낌이었다). 따라서 그것은 종종 "객관적" 의미를 갖는 "치욕"과 같은 것이다(참조. 8:22에 관한 부분). 또한 M. Görg, *TDOT* 2:60-65를 보라.

"강한" 자들은 그 히브리 단어를 정확하게 이해하면("원문주해" 12:21.b를 보라) 전사(戰士)들일 가능성이 매우 크다. 그들의 "띠"가 "풀리면" 혹은 "느슨해지면" 그들은 싸울 준비–즉 그들의 칼을 허리띠에 차고 그들 왼편에 매단 상태(참조. 삼하 20:8; 삿 3:21)–가 더 이상 되어 있지 않은 것이다. 수치를 당하는 "귀족들"은 군대 통솔자들일 수도 있다. 느비임(נדיבים)은 흔히 아무런 군사적 함의가 없는 맥락에서 사용되지만, 그 용어는 "자원하다"라는 뜻의 동사 나다브(נדב)와 관계가 있는 것 같다(참조. 예를 들어, 삿 5:2, 9, 자원하여 전쟁터로 가는 지도자들과 백성들; 그리고 시 47:10[9]; 83:12[11]; 아 6:12; 사 13:2, 거기에는 군사적 연관성이 있을 수 있다). 물론 군대 통솔자들과 전사들은 국가 안보의 전통적 표지다. 그들이 만일 전투에 지고 침략의 혼돈이 발생하게 되면 그들은 수치를 당한다.

22 추상적인 이 절의 내용은 이 구체적인 사례를 열거하는 이 곳에 그것이 있는 것을 다소 의심스럽게 만든다. 덤, 포어러, 포프는 그것을 행간 주석으로, 호르스트는 "신학적 확장"으로 보아 생략하고, NEB는 그것을 25절 뒤에 오도록 위치를 바꾸는데, 아마도 세부 목록이 그 지점에서 끝났기 때문이다. 만일 그 절이 원문에 속하는 것이라면, 안전을 위해 "깊은 그늘에" 숨겨 두는 인간의 비밀들을 하나님이 밝혀내신다는 것을 가리킬 수 있다. 그리고 그러한 비밀들을 가진 자들은 아마 이전 절들의 모사들과 노인들일 것이다. 그같이 "음흉한" 인물들이 이사야 29:15에 나오는데 그들은 야훼로부터 그들의 계획(עצה–에차, 17절에서와 같은 어근 יעץ)을 "깊이 숨긴다"(어근이 여기와 같은 עמק). 그리고 그들의 행위는 어둠 속에 있다(여기와 같은 어근 חשך).

다소 비슷한 언어가 이 절들과 다른 많은 유사성들을 갖는 시편 107편의 10, 14절에서 발견되는 것은 흥미롭다. 거기서는 "흑암" 혹은 "깊은 그늘"(여기서처럼 호쉐크〈חשך〉와 찰마베트〈צלמות〉)에 앉아 있는 사람들이 지도자들이 아니라 포로들이며, "바깥으로 데려와지는"(여기처럼 יצא) 것은 비밀들이 아니라 갇힌 자들로 야훼의 구원하심에 의해서다. 여기서는 욥기의 저자가 다시 한 번 욥이 조장하고 있는 뒤틀린 의미 같은 것을 만들어 내기 위해 전통 언어의 모양을 바꾸고 있는 것일 수 있다. 그 문제에 관하여 그 가리킴의 대상은 높은 지위에 있는 사람들이 자리에서 쫓겨날 때(17-21절) 패권을 얻게 되는 사회의 하급 계층이라는 덤의 대안적 제안이 일리가 있을지 모른다. 그러나 사용된 히브리어 표현이 그것을 실제로 의미할 수 있는지를 보는 것은 쉬운 일이 아니다.

물론 다른 이들은 이 구절을 15절의 우주 질서 모티프들의 재현으로 해석하는데 아무런 어려움을 느끼지 않는다. "왜냐하면 시인은 우주의 깊은 곳조차도 그분 앞에서는 밝히 드러나는 하나님의 전능과 어두운 곳에서 더듬거리다가 길 없는 사막에서 사라지고 마는 땅의 큰 자들의 무지를 가르는 대조를 보여 주고 싶어하기 때문이다"(테리앙). 그러나 사실 하나님과 사람 사이의 대조가 13-25절 찬송의 주제는 아니다.

아마 가장 좋은 해석은, 여기서 하나님이 드러내시는 것은 인간 지도자들이 숨기고 있는 비밀들이 아니라 그 자신의 깊이이며, 그분이 밖으로 데려오시는 것은 포로들이 아니라 그 자신의 "그늘짐" 즉 하나님의 어두운 측면이라고 보는 것이다. 이것은 신성의 숨겨지거나 주목되지 않는 특징, 즉 그의 혼돈의 파괴성에 대해 상세히 말하는 욥의 현재 목적과 아주 잘 맞는다. 하나님의 지혜("노하우")에 대해 사용되는 "깊음"이나 "숨김"이라는 언어가 이중으로 타당하다: 그것은 욥이 지금까지 말하려고 시도하고 있는 것이며, 또 그것은 바로 직전에 소발이 사용한 언어다 -물론 명백히 다른 목적으로! 소발은 하나님이 그의 지혜의 비밀들(תעלמות -타알루모트, "숨겨진 것들")을 알려 주시기를 바라는 소망을 표현했고, 그 지혜는 사람의 이해보다 훨씬 더 "깊다"(עמקה -아모카, 여기처럼)고 선포했다. 욥은 그런 의미에서는 아니지만 그 단어에 있어서는 동의한다. 욥의 견지에서 보면, 하나님의 지혜(그의 능력 포함)가 감추어져 있는 것은 욥처럼 하나님을 너머 하나님을 통찰할 수 있는 기회를 가진 사람이 거의 없기 때문이다. 하나님은 그 깊은 지혜를 볼 수 있는 눈을 가진 자들에게 혼돈케 하는 그의 행위들을 인간 세상에 일으킴으로써 드러내신다(יגלה -예갈레, 그것을 "폭로하다"). 그의 "깊음"은 원칙적으로 인간의 이해 너머에 있지 않으며, 대부분의 사람들에게 익숙하지는 않더라도 – 적어도 욥에게는 – 그것은 대낮처럼 분명하다.

이러한 해석은 현재 연설의 연 구조에 의해 지지될 수 있을 것이다. 13-25절로 이루어지는 것으로 인정된 단락에는 하나님의 "지혜와 권능"에 관한 두 개의 언설이 있었는데, 첫 번째(13절)는 3행 연을 시작하며(13-15절), 두 번째(16절)는 두 쌍의 3행 연들을 시작했다(16-21절). 13-15절의 초점은 16-21절의 것과 뚜렷하게 다르며, 또한 22-25절의 초점도 마찬가지로 단순히 지도자들에 대한 것보다는 그 나라들에 둔다. 22-25절 역시 3행 연으로, 13-25절의 시 전체를 마무리하는 2행 연구 하나(25절)가 "매달려 있거나" 혹은 덧붙어 있다. 이런 배경에서라면 22절이 13절과 16절이 지향하는 바를 반복하는 것이라는 의미가 통한다: 그것은 하나님의 지혜의 성격을 확언하기도 하고, 또한 그 뒤에 그것을 지지하는 사례들이 뒤따라 나오기도 할 것이다.

이 문장의 주제가 하나님의 지혜라는 마지막 증거는 여기와 아주 유사하고 그 자체로는 하나의 찬가인 다니엘 2:20-22의 내용이다. 거기서 하나님은 "지혜와 권능"(아람어 호크마타〈חכמתא〉와 게부라타〈גבורתא〉, 13절의 것과 동일 단어들)을 가지신 분으로 찬양된다. 그분은 "왕들을 폐하시고 왕들을 세우신다"(참조. 18절에 왕의 폐위). 그분은 "깊은 일들"(עמיקתא – 아미카타=여기서는 아무코트〈עמקות〉)과 "감추인 일들"을 "드러내시며"(גלא – 갈라=여기서는 갈라〈גלה〉). 그분은 "어둠 속에"(בחשוכא – 바하쇼카; 참조. 여기서는 미니-호쉐크〈מני־חשך〉) 무엇이 있는지 아시며, "빛"(נהירא – 네호라; 참조. 여기서는 오르〈אור〉)이 그와 함께 거한다. 다니엘 2장의 상황에서는 지혜로운 히브리인 다니엘에게 그 신비들이 드러나는 것임이 분명하다(2:19, 23). 여기서는 유추적으로 말해서 신비들이 밝혀지는 것을 보는 사람은 욥이다. 다니엘서에서는 그 비밀이 어떤 꿈이 지니는 의미보다 더 신비한 것이 아니다. 여기 욥기에 나오는 계시는 하나님의 성격에 대한 가장 심원한 실제에 속한다 – 즉, 욥이 그렇게 인식하듯이. "어두움"이라는 언어는 소발이 11장에서 하나님의 지혜의 비밀들에 관해 말할 때조차도 사용할 필요가 없었던 것으로, 특별히 욥의 신성관(神性觀)에 적절하다. 대체적으로 히브리 성경에서는 어두움보다는 빛이 하나님과 연관되지만, 하나님을 어두움에 둘러쌓인 것으로 보는 것은 전적으로 욥 혼자만이 아니다. 참조. 출애굽기 19:16; 20:21; 신명기 4:11; 5:19, 20[22, 23](어둠에 쌓인 시내 산); 사무엘하 22:10, 12(=시 18:10, 12[9, 11]); 시편 97:2; 요엘 2:2(?); 스바냐 1:15(신현); 열왕기상 8:12(=대하 6:1)(야훼가 짙은 흑암에 거하신다).

[23] 그러나 하나님의 혼돈-창조력이 그려질 수 있는 또 하나의 형태가 여기서 제시된다. 14절에는 하나님의 번복될 수 없는 두 가지 파괴 행위가 있었다(그분은 멸하시고, 그분은 가두신다). 15절에는 하나님의 두 가지 상호 모순적인 행위들과 그 결과들이 있었다. 17-21절에는 사회 지도자들을 향한 그의 행사를 묘사하는 단순히 나열된 열 개의 동사가 있었다(여덟 혹은 아홉 그룹이 열거된다). 여기에는 두 짝의 상호 모순 행위들이 교차적으로 배열되어 있고, 동일 대상인 민족들 전체와 관련되어 있다. 그분은 그들을 크게(혹은 많게) 하시지만, (그 후에 혹은 마찬가지로) 그것들을 쓸어 없애신다. 그분은 그들을 멀리 흩어 버리시지만, (그 후에 혹은 마찬가지로) 그들을 고국으로 인도하신다. 그 자체만으로 보면, 이 절은 하나님의 운명 반전 행위에 대한 찬가적 묘사의 전형이 될 것이다(참조. 시 107:33-34; 삼상 2:6-7; 눅 1:51-53). 그러나 여기서 그것의 문맥 상황에서 보면 파괴적인 동사들, 즉 "크게 하고" "인도하는" 생명-긍정 행위들로 인해 완화되지 않는 혼돈-창출 행위들이 강조되고 있음이 분명하다.

이 절에서의 초점은 더 이상 사회 지도자들(16-21절)이 아니며 그 흥망성쇠가 어떠한 설명도 용인하지 않고 다만 하나님에게 돌려져야 하는 민족 일반이다. 어떤 목적으로 그들은 수적으로 증가하거나 땅에서 커지는가, 어떤 목적으로 하나님은 방황하는 한 민족을 고국으로 인도하시는가? 뜻이 있는 것은 하나도 없다. 역사에는 아무런 계획도 없고, 만국 구속사나•목적론적 목적 같은 것도 전혀 없다. 열방의 역사 내의 모든 발전의 움직임 뒤에는 냉혹하게 파괴나 분산이 뒤따른다.

이와 다른 번역은 하나님의 활동을 가리키는 네 개의 동사를 모두 부정형으로 만드는 것이다: "그는 민족들을 나쁜 길로 이끌며, 그들을 멸하며, 그들을 흩뜨리고, 그들을 추방한다." 이것은 뒤틀린 이 찬가의 전반적인 분위기를 꽤 잘 전달하겠지만, 여기서 제시된 해석의 좀더 미묘한 뉘앙스 없이 그렇게 할 것이다.

[24] 어떤 이들은 이 문장이 현재 위치보다는 오히려 16-21절과 어울린다고 생각했다. 그 이유는 그것이 사회 지도자들의 몰락을 묘사하기 때문이다. 그러나 그것은 한 민족의 멸망의 원인(호르스트) 혹은 적어도 그에 뒤따르는 한 양상을 제시한다는 면에서 여기에 적절한 것으로 충분히 이해될 수 있다. 민족들의 행보(흩어짐, 어쩌면 "끌려감", 아니면 "잘못된 길로 이끌림")는 그들 지도자들의 움직임(방황, 비틀거림)에 반영된다. 정확하게 말하면, 그들은 "그 땅 백성"(**암 하아레츠**)의 지도자들이며, 유산 가족과 소작농들의 우두머리들로, 아마도 16-21절의 전문 계층들

과 다를 것이다.

시편 107:40이 여기서 다시 한 번 이용된다. 하나님이 그들 위에 치욕을 퍼부으시는 "귀족들"(시 107:40a=욥 12:21a)은 하나님에 의해 길 없는 황무지에서 방황하게 된다. 시편에서는 그들이 분명히 궁핍한 사람들에게 고통을 가하는 잘못을 범한 압제의 고관들이었다. 그러나 여기에는 13-25절의 찬가 전체에서처럼 그들이 혼돈 속으로 흩어지게 되는 이유가 될 만한 사악한 행동에 대한 암시가 전혀 없다. "황무지"를 뜻하는 용어 **토후**는 창조에 선행하는 혼돈을 뜻하는 것으로 사용된 용어들 중 하나다. 물리적 창조 질서의 붕괴가 예레미야 4:23에서는 그 태곳적 혼돈으로의 회귀로 그려지지만, 여기서는 사회 질서의 절멸이 창조 모티프들과 어떠한 관계도 갖지 않는다. 사막 불모지가 신명기 32:10에서도 **토후**로 말해진다. 사회적 현실에서 말하면, 그 같은 질서의 붕괴는 소작농들이 맞지 않는 기후, 거래 또는 정치 때문에 그들의 농지를 포기하고 유목 생활 양식을 채택해야 할 때 발생한다. 그러한 이동은 사회적·경제적 질서의 유실을 두려워하는 정착 농부의 관점에서 보면 목적 없이 이리저리로 "방황하는 것" 혹은 "비틀거리는 것"보다 전혀 나을 것이 없다. 그러나 여기서의 언어는 어떠한 사회적 현실과도 직접적으로 대응하지 않는 것 같다.

25 지도자들의 운명에 대한 상술이 이 시(13-25절)의 종결을 나타낸다. 이 절은 하나님의 파괴 행위에 관한 목록 같은 묘사에 새로운 항목을 추가하지 않으며, 그분의 활동을 표현하는 동사(그러나 "원문주해" 12.25.c를 보라)는 24b절구의 동사와 동일하다. 비슷한 종결이 4:11과 10:22에서 발견된다. 종결은 또한 요약 평가에 의해서(5:16; 6:19; 20:29), 세 번째 행을 추가함으로써(5:5c; 10:17c), 앞서 말한 바의 진실성을 확언함으로써(5:27; 24:25) 또는 간략한 대조에 의해서(8:22; 11:20) 가리켜질 수 있다.

이 시가 끝마쳐지는 어조는 길을 잃은 사람들의 절망적인 곤경의 상태다. 거기에는 인간의 모든 사건에 자신의 "효과적인 활동", 즉 저항할 수 없는 지혜와 능력의 결합을 발휘하시는 하나님과의 강한 대조가 있다.

인간을 대하시는 하나님의 방식에 대한, 논쟁의 여지없이 한쪽으로 치우친 이 묘사의 구석구석에서 그의 파괴적인 행위들이 찬미되었다. 오직 23절에만 그의 긍정적인 행위에 대한 암시들이 있을 텐데("원문주해" 12:23.a, d. 보라), 그것들도 곧바로 부정된다.

13:1-3 이 연은 12:2-3과 하나의 수미쌍관(inclusio)을 이루면서 본 연설이

나아갈 새로운 방향을 소개한다. 앞에서 말해진 "모두"를 언급할 때, 그리고 특별히 "나는 너희보다 못하지 않다"라는 절(=12:3b)을 반복할 때, 욥은 이제 12장의 주제가 끝났음을 가리킨다: 그는 이제 하나님의 방식에 대한 그의 지식이 친구들의 것보다 낫다는 주장을 끝마쳤다.

1 욥이 "보고" "들은"(이 단어-쌍에 대해서는 사 52:15; 겔 40:5; 전 1:8; 반대 순서로는 욥 29:11 참조) 것이 "전부"는 아니다. 그 "자신이 하나님의 세상 통치에 관계된 모든 것을 살펴보았다"(그레이)는 뜻이 아니다. 오히려 욥이 개인적 증거를 가지고 있다고 주장하는 것은 12:14-25에서 열거된 하나님의 파괴 행위들의 사례들이다. 그것들이 그의 감각 기관들에 나타난 것만이 아니라, 그것들의 의미가 욥의 마음에 새겨졌다. 대체적으로 친구들은 그들 자신의 경험보다는(그러나 참조. 4:12-17; 5:3) 현재와 과거 세대의 현인들의 지혜에 호소했지만(5:27; 8:8-10; 15:9-10, 17-18; 20:4), 욥은 그 자신의 관찰들과 그가 판단하는 그것들의 의미 위에 자신의 태도를 취한다. 사실을 말하자면, 욥은 아주 풍부한 경험을 했어야만 지금까지 그가 묘사한 그 많은 재난 사건들을 개인적으로 목격했을 것이다. 그러나 우리는 그에게 약간의 시적 자유를 주어야 할 것이다. 왜냐하면 그의 강조는 주로 전통에 의해 알려지고 공동 찬양에서 고지식하게 복송(復誦)되는 사건들의 내적 의미에 있기 때문이다.

2 "너희가 아는 것 나도 안다" 식의 대부분의 번역들(가령 RSV, NEB처럼)이 주는 인상과는 반대로, 욥의 주장은 그의 지식의 양이 아니라 질과 관계된다. 히브리어를 문자적으로 보면 "내가 아는 너희의 지식에 따르면"으로, 이는 나의 지식이 너희 것과 질적으로 똑같다는 말이다. 왜냐하면 당면 문제가 사실들이 아니라 의미이기 때문이다: 그것은 인간사의 흐름 중에 어떤 신의 의지가 드러나는가의 문제다. 이 점에서 욥은 그들보다 "열등하지" 않다 – 다시 말해, 그의 통찰은 사실 그들의 것보다 우월하다. "…로부터 떨어지다"(נפל מן – 나팔 민)라는 어구는 다른 곳에서는 이런 의미로 나타나지 않는다. 그러나 그것은 에 6:13에서와 같은 나팔 리프네(נפל לפני, "…앞에 떨어지다")와 비슷하다.

3 그러나 결국 욥에게 정말 중요한 문제는 신성에 관한 일반 진리가 아니라 욥이 관여하는 하나님과의 특정한 대면이다. 신의 잔인성에 대한 욥의 폭로는, 그것이 마치 부정 적발 신학부 기자의 폭로인 것처럼, 그 자체로 끝나는 것은 아니었다. 그 일이 착수된 것은 무엇보다도 그의 곤경이 상투적인 응보 공식에 의지하여 호전될 수 없다. 당시대의 지혜는 하나님에 의해 웃음거리가 되어 버린(12:4) 한 의인

에게 제시해 줄 것이 아무것도 없다는 것을 설명하기 위해서였다.

그 자신에 관한 한 그는 강한 반의어 울람(אולם, "그러나 나로서는": NEB)을 사용하면서, 그의 태도에 대해 이론적으로 정당화하는 것을 그만 끝내고 자유롭게 그의 본업에 착수하면 기쁠 것이라고 한다: 즉 하나님과의 분쟁을 끝내는 것. 그가 하고 싶은 일과 그가 짤막하게 할 일(20절)은 하나님을 향해 말하는 것이다 – 물론 독백은 아니다. 왜냐하면 욥의 이상은 부르고 대답 받는 상호 대화이기 때문이다(참조. 12:4에 관한 부분; 그리고 13:22을 보라). 친구들은 그들의 말에도 불구하고 진정한 대화 상대자들이 아니라 유일하게 의미 있는 대화, 즉 욥과 하나님의 대화를 단순히 엿듣는 자들이다.

욥이 원하는 것(아주 강한 동사 하페츠〈חפץ, "열망하다"〉가 사용된다. 참조. 33:22)은 하나님"과"(אל – 엘) "논쟁하는"(הוכיח – 호키아흐) 것이다. "…와"라는 전치사는 그 동사가 그 뒤에 직접 목적어나 혹은 전치사 알(על)이 올 때처럼 "비난하다" 혹은 "꾸짖다"를 뜻하는 것이 아니라, 어떤 사건이나 문제를 "논하다"임을 가리켜 준다. 그 언어는 철저하게 법률적이고 형식적이지만, 이스라엘의 법률 관행이 일반적으로 그렇듯이 욥이 여기서 그리는 법적 절차의 요점은 분쟁의 승소가 아니라 불일치의 해결이다. 그것의 목표는 승리라기보다는 화해다(참조. 앤더슨). 14:15에 나올, 하나님과 완전히 주고받는 상호 관계에 대한 욥의 열망이 여기서 잠깐 동안 예시된다. (전문 용어로서 호키아흐〈הוכיח〉에 관하여 더 자세한 것은 I. L. Seeligmann, "Zur Terminologie für das Gerichtsverfahren im Wortschatz des biblischen Hebräisch," *VTS* 16[1967] 251-75[266-67]를 보라.)

이 지점에서 우리는 욥의 지난 마지막 연설(9-10장) 이후로 그에게 하나의 분명한 입장의 변화가 생겼음을 알게 된다. 거기서는 그가 하나님으로부터 옳다는 증명을 얻을 수 없다는 것을 개탄했고(9:2) 하나님과 자기가 공평한 재판관의 목전에서 공판에 들어갈 희망이 없다고(9:32-33) 그 문맥의 상황에서 인정했다. 그렇기 때문에 이제 그는 하나님에게 자기가 옳다고 증명해 달라고 "법적으로" 강요하려는 생각은 버린 상태다(그는 어쨌든 처음부터 그것을 헛된 주장이라고 여긴다). 그런데 그는 아직도 하나의 "법적" 논쟁을 마음에 담고 있다. 그러나 이번에는 옳음을 증명하지 않고 그것을 부당하게 보류한다고 하나님을 고발하는 대신 하나님에게 자신을 고발하라고, 그가 그분에게 대항한 일을 자신에게 말해 달라고 그는 요구할 것이다(참조. 특별히 23절). 욥은 아직도 자신은 결백하며 하나님과 논쟁하면 그 결과는 그 자신이 옳다는 증명이 될 수밖에 없다고 믿지만(18b절구), 그는 이제 하나님의 도전에 자신을 개방하고 있다. 그것은 귀에 덜 거슬리며, 좀더 자연스럽게 하나님과 새롭게 대화할 수 있다는 희망으로 통하는 입장이다(14:13-15).

그러므로 욥이 9:32-33의 자신과 모순된다거나(참조. 호르스트) 혹은 하나님을 재판에 데려오는 것의 불가능성에 대한 그의 단정적 언설로 돌아가고 있다고(참조. 포어러) 보는 것은 잘못이다. 그는 오히려 자신이 거기서 취한 태도에서 앞으로 계속 움직인 것이다.

4-12 욥은 전능자에게 말하기 시작하기 전에 자신들이 이미 하나님을 대신하여 욥에게 말하고 있는 것이라고 믿는 대화자들인 친구들에게 말할 것이 있다. 사실 그들은 하나님의 대변인들이라고 주장하지 않았다 – 엘리바스가 거기에 가장 접근했던 일이라곤, 그가 있는 곳에서 말을 한 어떤 초자연적 음성을 전하는 것이었는데, 그것조차도 아마 그에게 직접적으로 말하는 것이 아니었다(4:12-17). 그들은 예언의 형식으로 "주께서 이렇게 말씀하신다"라고 말할 만큼 하나님과의 친밀성을 열망하지도 않을 것이다. 그러나 그들은, 그들이 보기에 결국 그들을 욥의 반대편에 서게 하는 하나님의 찬성의 태도와 전혀 다를 것이 없는, 신학적 진리에 찬성하는 입장을 취했다.

욥은 친구들이 이 논쟁에서 자기들이 그의 편에 섰다고 믿는 하나님을 대신하여 자신에게 위증을 한다고(그를 범죄로 고발) 간주한다. 욥은 하나님의 관용에 대한 의심들에도 불구하고, 하나님이 친구들의 행동을 인정하지 않으실 것이고 분명히 욥에게 보인 "편파성"(10절)과 객관성의 부족에 대해 그들을 벌하실 것이라고 믿는다.

4-12절의 아홉 개의 행에서 3행 연들로 된 3행 연구가 쉽게 식별될 수 있다: 중심 연은 전적으로 친구들에게 말해지는 수사적 질문들로 되어 있다. 4절과 12절은 그들의 주제와 구조가 유사한 점에서 보아 명백히 이 단락의 경계들이다(참조. 앤더슨).

4 정확하게 무엇이 친구들에 대한 욥의 비판일까? 이 절의 표상은 분명하지 않다. 만일 시편 119:69("신을 인정치 않는 자들이 나를 거짓말로 칠한다")과 어떤 관계가 있다면, 그들을 "거짓을 바르는 자들"(혹은 거짓의 미장이들)이라고 부르는 것은 우리가 말하는 방식처럼 그의 "명예를 더럽히면서"(NIV; 참조. 또한 집 51:5, "거짓말을 바르는 자들") 그들이 거짓으로 그를 죄 있다고 고발하고 있음을 뜻할 것이다. "거짓"은 그들의 "바르는 행위"에 있다. 반면에 만일 에스겔 13:10-12의 것과 같은 사고가 그 배경에 놓여 있다면, 그것은 부실하게 지어진 담 위에 회칠을

하여 실재가 보일 수 없도록 함으로써 그것이 튼튼하고 안전하다는 거짓 인상을 주는 일꾼의 표상이다. 그러면 친구들은 진실 위에 "거짓을 회칠하고" 있는 것, 즉 아마도 신학적으로 평범한 것들을 반복함으로써 신적 악의의 증거(12:13-25)를 부인하고 있다는 것이 될 것이다. 그러한 표상은 분명히 친구들에 대한 욥의 태도와 일치하는데, 그렇다면 이 절의 후반부에 있는 "쓸모 없는 의원"(혹은 돌팔이 의사) 심상은 이것과 어떻게 병행되는가? 어떤 이들은 라파(רפא, "치료하다")라는 동사가 여기서는 "꿰매다"(혹은 철하다)라는 뜻이며("원문주해" 13:4.c.를 보라), 따라서 "쓸모 없는 것을 꿰매는 자들"은 "거짓을 회칠하는 자들"(NEB, "거짓말 조각들을 꿰매는 것"; 참조. 딜만)과 완전하게 평행한다고 주장했다. 이 곳의 평행 구조를 보는 좀더 설득력 있는 방식은 "바름"을 기름이나 연고로 바르는 것으로 해석하고(쎄케르〈סוך〉라는 동사는 일반적으로 인정되듯이 보통은 그 뜻으로 사용됨) 친구들을 "거짓 위로자들"과 "쓸모 없는 의원들"로 간주하는 것이리라.

만일 친구들의 "반죽"이 약 반죽이라면, 그들이 치료하고 있다고 생각한 질환 혹은 상처는 무엇인가? 친구들은 연고가 아니라 말을 강요하기 때문에, 그것은 욥의 육체적 질병이 아니다. 그 "병"은 하나님의 학대에 대한 욥의 확신이다. 그것은 틀린 판단이며, 지금까지 무고한 고난은 없었다고 주장함으로써 친구들이 이 확신을 "치료하려" 했으나 실패했다.

5 친구들이 욥의 잘못된 신학에 대한 해결책 혹은 "약"으로 본(4절) 그들의 말들은 욥의 눈에 너무나 어리석은 것이어서 차라리 말하지 않는 것이 더 나을 것이다. 그는 아마도 비슷한 격언을 암시적으로 언급하고 있다. "미련한 자가 입이라도 다물면 슬기로운 자로 여겨진다"(잠 17:28; 참조. 또한 집 20:5-6). 하나님에 관해 침묵하는 **부정의 길**(*via negativa*)이 하나님의 어두운 측면을 무시하는 값싼 신학화보다 더 낫다. 하나님에 **관한** 어떤 말보다 더 좋은 것은 하나님**과의** 대화다. 그것이 비록 고통스럽고 쓰라린 논쟁일지언정 말이다(6절).

6 그들은 그의 말을 듣는 것이 더 나을 텐데, 그가 이후 몇 절에서 그들에게 직접적으로 해야 하는 말이 아니라(7-12절) – 그것은 삽입구다 – 그가 하나님에 관해 그리고 하나님에게 해야 하는 말이다(13:13-14:22). 그것은 그가 하나님과 시작하자고 제안하는 그의 "논쟁"(3절의 호키아흐〈הוכיח〉로부터 토카흐티〈תוכחתי〉와 그의 〈법적〉 "쟁론"〈רבות – 리보트〉)을 듣는 문제다. **리브**("논쟁")라는 히브리어는 일상 생활에서 일어나는 모든 싸움(예를 들어, 출 21:8), 혹은 보다 구체적으로 법적 상대자들이 그들의 사건이 공중 판결에 이르기 전에 사적으로 시작한 주장의

교환(예를 들어, 창 31:36), 혹은 가장 공식적으로 원고와 피고가 "판단자"(**모키아흐**) 혹은 재판관이 듣는 자리에서 자신들의 입장을 논증하는 소송 자체일 수 있다. 욥기의 대부분에 걸쳐 욥은 자신을 하나님과의 대결의 "공판-전" 단계에 있는 것으로 상상한다. **리브**에 대해서 더 자세한 것은 G. Liedke, "ריב streiten," *THWAT* 2:771-77; B. Gemser, "The RIB-or Controversy Pattern in Hebrew Mentality," *VTS* 3(1955) 120-37(122-25); J. Harvey, *Le Plaidoyer prophétique contre Israël après la rupture de l'alliance*(Studia travaux de recherche 22; Montreal: Les Editions Bellermin, 1967); J. Blenkinsopp, "The Prophetic Reproach," *JBL* 90(1971) 267-78; J. Limburg, "The Root *RIB* and the Prophetic Lawsuit Speeches," *JBL* 88(1969) 291-304; K. Nielsen, *Yahweh as Prosecutor and Judge: An Investigation of the Prophet Lawsuit*(Rîb-Pattern)(*JSOTS* 9; Sheffield: *JSOT*, 1978); H. Richter, *Studien zu Hiob. Der Aufbau des Hiobbuches, dargestellt an der Gattungen des Rechtslebens*(Berlin: Evangelische Verlagsanstalt, 1959)를 보라.

호르스트에 반하여, 이 절은 잠언 4:10; 7:24; 시편 49:2[1]에서와 같이 잘 입증된 "교사가 사용하는 서문 공식"(*Lehreröffnungsformel*)의 한 예인 것 같지는 않다. 왜냐하면 이 문맥의 상황에서 친구들이 요구받는 것은 욥이 하나님에게 말하는 것을 **들으라는** 것이 아니라 **엿들어 보라는** 것이기 때문이다.

7-12 욥에게 하나님의 방식이 정당하다고 주장하려고 노력하는 이들이 하나님을 잘못 없도록 하게 하기 위하여 거짓말에 호소했다는 것을 발견하면(9절) 하나님도 기뻐하지 않으실 것이다. 욥은 하나님에 대해 친구들보다 더 호의적인 견해를 가지고 있다! 욥의 경험(웃음거리인 의로운 사람, 12:4)을 수용하지 않는 신학은 단지 거짓말일 뿐이며, 하나님에 대해 거짓말이 말해진다는 것은 충격적이지 않을 수 없다. 연달아 나오는 수사적 질문들(7-9, 11절)은 누군가 진리를 위해 거짓을 사용하는 것에 대한 욥의 (반어적) 놀람을 표현한다.

7-12절 전체는 아마 임박한 미래를 가리키는 것으로 여겨져야 한다. 욥의 견지에서 보면 친구들은 이미 하나님에 관한 그들의 연설에서 "거짓말을 하고" 있었다. 그러나 이제 사건이 좀더 심각한 양상으로 전개되려고 한다. 욥이 하나님과 정식 사법 절차로, 엄격하게 말하면 그 절차 중 당사자들이 서로에 대한 반대 주장을 진술하는 "공판-전" 단계로 들어가려고 한다. 일단 그 절차가 시작되면, 친구들의 위치가 바뀔 것이다: 그들은 하나님과 욥 사이를 판결하는 공판에서 증인들이 될 것이다. 그러나 그것은 기소나 변호를 위한 증인들이 아니라 사실들에 대한 증인들을

뜻하는 것이다. 왜냐하면 히브리 법은 그러한 역할을 인정하지 않기 때문이다. 그들이 만일 현재 상태에 머문다면 소송 당사자들 중 한쪽 편을 드는 것일 텐데, 그것은 허용되지 않는 일이다. 또한 그를 대신하여 "거짓말들"을 하는 것일 텐데, 그것은 하나의 범죄다. 법적으로 말하면, 그들은 위증자들이 될 것이다. 그러므로 욥은 친구들에게 그들의 역할이 무엇이 될 것인지 알고 있는지, 그리고 허위적으로 증언하는 것의 결과에 대해 준비하고 있는지를 물으면서 그들에게 도전하고 있다.

7 욥은 친구들이 거짓말을 하고 있는지 묻지 않고, 아예 그들이 그렇게 하고 있다고 믿는다. 왜냐하면 그들이 그의 진실의 경험에 반대하여 서 있기 때문이다. 그가 놀라서 묻는 것은 그들이 하나님을 대신하여 거짓말을 함으로써 그분을 잘 섬긴다고 생각하고 있는지이다. 분명히 하나님은 지금은 비록 그른 위치에 계시지만(욥의 견해에서), 자신이 공정한 논쟁 규칙을 따라 변호되기를 원하실 것이다. "거짓"(עולה – 아블라)과 "기만"(רמיה – 르미야)의 평행법에 대해서는 27:4도 보라.

8 편애하고 편파적인 것은 일상 생활에서 흔한 행동이고, "호의를 보이다, 편들다"(נשׂא פנים – 나사 파님, 문자적으로 "…의 얼굴을 들어올리다")는 흔히 아무런 비판의 뜻 없이 잘 사용된다(창 19:21; 삼상 23:35; 하나님에 대해서는 욥 42:8, 9). 그러나 법적 배경에서는 상황이 다르다. 엄격한 공평무사가 정의의 요구다. 소송 사건에서 큰 자를 존중하는 것이 잘못이듯이(레 19:15), 심지어 가난한 자의 편을 드는 것(נשׂא פנים)도 잘못이다(עול – 아벨, "불법"). 가난한 자들을 편드는 "적극적 차별화"는 구약에서 종종 권고되는 관행이지만 여기서 이슈는 아니다. 야훼 자신은 재판에서 편파적이지 않으시다(신 10:17). 정의의 문제들은 당사자의 인격에 대한 고려 없이 공평하게 확립되어야 한다. 그것은 "인격의 존중"(הכיר פנים – 하키르 파님)으로(신 1:17; 16:19; 잠 24:23; 28:21), 법 영역에서는 나사 파님(נשׂא פנים)에 상응한다(참조. A. S. van der Woude, *THWAT* 2:441; E. Lohse, *TDOT* 6:779-80; M. I. Gruber, "The Many Faces of Hebrew 'נשׂא פנים' lift up the face," *ZAW* 95[1983] 252-60[256]).

이제부터 친구들은 진실-말하기(7절), 불편부당(不偏不黨, 8a절구), 관망자의 종속적 역할 등에 맹세한 편견 없는 증인들의 역할을 해야 한다. 일단 욥과 하나님 간에 논쟁이 진지하게 시작되면, 하나님은 그 자신의 입장을 수행하셔야 한다. 공평해야 하는 증인들이 한쪽 당사자의 입장만을 주장하는 것은 타당하지 않을 것이다.

9 법적 논쟁에서 치우침을 보이는 것 – 심지어 하나님을 위해서라도 – 은 정의의 원칙에 어긋난다. 만일 친구들이 하나님을 위한 주장을 지속하면, 그들은 하나님

이 **그들을** 감찰하시기 시작하는 위험을 무릅쓰는 것이다. 여기에는 이제 욥이 친구들의 목양적 혹은 교훈적 역할을 취해서 그들에게 하나님과 말다툼하는 것의 위험에 대해 경고한다는 아이러니가 있다. 또 여기에는 하나님을 변호하여 말하는 것은, 하나님의 방식에 대해 초연한 관찰자의 태도를 취함으로써 좀더 쉽게 피할 수 있는 신의 감찰에 자신을 노출시킨다는 좀더 깊은 암시도 있다.

자원하여 하나님을 변호하겠다는 친구들의 동기는 정말 무엇일까? 욥은 "편애"나 "인격 존중"(נשא פנים, 8절)의 표현들을 사용함으로써 그들의 강직성에 이의를 제기하는 것 같다. 데이빗슨이 욥에 따르면 친구들은 "단순히 하나님에 대한 맹종으로부터, 하나님의 개념을 우주의 광범위한 사실들로부터 형성하지 않고 미신과 결탁시킨 피상적 종교성으로부터…하나님 편에 서고 그를 반대했다"고 제안한 것은 너무 강하게 말한 것임이 분명하다. 그러나 욥이 분명히 뜻하는 바는 그들이 지나칠 정도로 하나님을 존중하며(욥 자신과는 다르게!), 두려움에서 비롯되었든 아니면 찬양을 위해서든 진리를 무시하며 행동한다는 것이다. 그들의 것은 포어러가 말하는 것처럼 하나님보다는 하나님에 관한 자기들 자신의 가르침에 더 관심을 둔 자기 본위의 경건이며, 사심 없지 않은 경건이라는 비판에 열려 있다. 사탄이 욥에게 반대하여 장담했던 것(1:9-10)을 여기서 욥이 친구들에 대해 주장하고 있다.

마음의 비밀스런 동기는 하나님의 감찰(חקר – 하카르)에 개방되어 있다. 따라서 "우리가 우리 하나님의 이름을 잊었거나, 다른 신에게 우리의 손을 내밀었다면, 하나님이 이것을 감찰하지(חקר) 않으시겠느냐?"(시 44:21[20]; 참조. 또한 시 139:1, 23, "마음을 살피다"; 렘 17:10, 야훼가 모든 사람을 그 행위에 따라서 보답하려고 마음을 살피신다). 그러한 조사는 비껴갈 수 없다. 그러한 조사자는 "속여질" 수 없다(תלל – 탈랄, 창 31:7; 출 8:25[29]; 렘 9:4[5]). 그 결과는 오로지 친구들의 면목 상실일 것이다. "하나님이 감찰하시면 너희에게 좋겠느냐?"(혹은 하나님이 너희를 감찰하시면 좋겠느냐)는 "그것이 너희에게 잘 되겠느냐?", "너희가 무엇을 얻겠느냐?"를 뜻한다(참조. 10:3에 관한 부분).

10 경고가 계속되며, 그와 함께 법률 언어가 지속된다. 하나님과 그의 인격 존중에 치우친 친구들의 편파성이 비밀스럽게 숨겨져 있을지라도, 만물을 내다보며 불법을 감찰하는 재판관은 그들에 대한 "(법적) 절차를 시작할" 것이다. 호키아흐(הוכיח)는 단순히 "비난"일 수도 있지만(RSV, NIV), 이 문맥 상황에서는 보다 전문적인 의미일 것이다.

물론 친구들은 욥의 경고에 주의를 기울이지 않을 것이다. 왜냐하면 그들은 편파성의 문제가 있다고 믿지 않기 때문이다: 하나님은 전적으로 옳고 욥은 전적으로 그르다. 아이러니는 결국 옳은 것은 욥이고 그른 것은 친구들이 될 것이라는 것이다. 하나님의 진노는 하나님에 대해 옳은 것을 말하지 않은 그들에게 발해질 것이다(42:7).

11 그러나 욥은 친구들의 방식을 좇아 그것은 친구들과 하나님의 대결이 되지 않을 것이며, 잠깐만이라도 느끼는 하나님의 진노가 그들의 마음에서 자기 중심적 경건과 함께 모든 편파적 사고를 몰아내기에 충분할 것이라는 완전히 둘러 말하는 것은 아닌 소망을 표현한다. 하나님에 대한 "두려움"(פחד – 파하드), 즉 그의 도래가 불러일으키는 신령한 공포는 자주 하나님이 재판관으로서 악행자들(사 2:10, 19, 21; 렘 49:5; 시 119:120; 참조. 36:2[1]) 혹은 그의 대적들(출 15:16; 창 35:5)을 방문하시는 것과 연결된다. 그 용어에 대해서는 H.-P. Stähli, *THWAT* 2:411-13를 보라.

많은 저자들이 친구들에게 하는 욥의 이 말에서 묘한 역설을 보았다. 스티븐슨(*Critical Notes*, 52)은 "만일 하나님이 그들의 논쟁에 개입하시면, 그분은 친구들을 힐난하실 것이며, 따라서 암시적으로는 욥을 정당화하실 것이다. 반면에…하나님이 만일 욥의 편을 들어 친구들에 반대하시면, 그분은 자신에 대한 욥의 힐난을 인정하시는 것이다"라고 했다. 피크는 이렇게 평했다. "욥은 하나님의 행동의 불의에 대해 아주 담대히 공격하면서도, 그분이 자신에 대한 허위 변호를 참을 수 없어 하신다고 믿을 만큼 그분의 의에 대한 뿌리깊은 확신을 갖고 있어야 함은 욥 안에 있는 감정의 충돌을 보여 줄 만큼 두드러진다."

그러나 여기서 논평된 바대로 본문에서 드러난 것은 하나님에 의한 개입은 욥과 친구들 **사이에** 끼여드는 것이 아니라는 것이다. 욥은 하나님이 그에 대해서는 자신에게 반대하고 있는 바를 말해 줄 것이라고 희망하며, 친구들에 관해서는 하나님의 개입으로 그들이 욥이 주장하는 주제와 동떨어진 문제들에 좌우되었음이 드러날 것이라고 믿는다. 친구들이 받을 판결은 서투른 논쟁이 아니라 잘못된 신앙에 대한 것이 될 것이다. 그것이 42장에서 정말로 일어나는 일로, 거기서는 반대로 욥이 칭찬을 받는데, 그것은 그가 말한 것 때문이 아니라 그의 말의 방향 때문이라고 우리는 감지할 수 있다. 욥이 하나님에게 직접 말한다는 사실은 그가 신을 인정하는 사람이라는 증거다(이 시점에서조차 그가 인정하듯이; 16절을 보라).

하나님의 의의 문제에 관해서는 여기에 분명히 역설을 보여 주는 요소들이 있다. 그러나 욥의 강조는 그를 대하시는 하나님의 방식의 불공평이 아니라 그것의 잔인성, 적대성, 노여움, 불균형성에 있음을 우리는 알아야 한다. 물론 그러한 행동이 결백한 사람을 부당하게 다루는 방식이 아니라면 도대체 무엇이냐고 우리가 묻는 것도 당연하다. 그러나 신의 **불공평**은 욥이 지금 말하는 주제가 아니다. 적어도 그렇게 많은 말들로 말이다. 따라서 그의 이전 하나님 비판과, 하나님은 친구들의 치우침을 벌할 만큼 공평하실 것이라는 현재 주장 사이에는 명백한 충돌이 전혀 없다. 욥의 생각에 그보다 더 현저한 충돌은 하나님이 과연 바른 세상의 통치에 신경을 쓰는가의 문제에 관한 것이다. 만일 그들의 범죄성으로 하나님을 자극하는 자들이 신의 진노를 받지 않고 그럭저럭 안전하게 살아간다면(12:6), 욥은 왜 친구들의 법적 비행들이 반드시 하나님에게 벌을 받을 것이라고 가정하는가? 그것은 친구들이 불순한 동기로 자신들을 하나님의 옹호자들로 세우면 하나님 자신의 명예가 좀더 직접적으로 관계되기 때문인가?

12 친구들을 향한 욥의 직접적 주목(4-12절)은 이 문장으로 끝난다. 친구들의 주장 전체를 "재로 된 속담들", "흙으로 된 말들"이라고 험담하는 것은 분명히 그렇다고 욥이 믿는 바이지만, 그것이 여기서 그의 요점은 아니다. 그의 현재 관심은 좀더 정밀하다: 그는 이제 그의 하나님과의 불화를 법적 토대 위에 둘 것이며, 그들이 계속하여 하나님 편을 들면 거짓 증인들로서 하나님의 진노를 일으킬 위험에 있다는 것을 그들에게 경고하는 것이다. 즉 상황은 친구들을 희생시켜 만든 일반화된 아이러니보다 훨씬 더 구체적이며, 여기서 중요한 전환을 취한 욥의 연설들의 원동력과 직접적으로 관계되어 있다(참조. 3절에 관한 부분).

그가 여기서 친구들에게 경고하는 내용은 그들의 치우침이 비밀스러울지라도(9b절구) 그들에게 일어날 일이다: 하나님은 그들에 대한 법적 절차를 시작하실 것이고, 그들의 지혜로운 격언들은 신의 분노 앞에서 점토와 재가 될 것이다. 즉 쓸모없이 되어 버릴 것이다. 재는 장례 상황이 아니라면 분명히 – 덧없는 것이라기보다(포어러; 참조. 도름) – 가볍고, 피상적이고, 박약하고, 하찮은 것을 상징한다(참조. 사 44:20; 창 18:27). 피크의 상상의 비약은 아무리 매력적이라도 거의 주석은 아니다: "그들의 전통적 금언들은…한때 사람들이 손을 쬐었던 타오르는 확신들의 남은 재요, 폐기된 유물이다." 친구들의 주장의 박약함은 조금 뒤에 만날 표상, 즉 욥이 그의 말들이 바위에 새겨졌으면 하고 상상하는 표상과 두드러진 대조를 이룬다(19:24). 흙은 여러 은유적 함의들을 가지고 있지만, 여기서는 4:19에서처럼 부서지기 쉬운 도기의 물질로 여겨진다. 그것은 쉽게 그리고 되돌릴 수 없게 파괴되는 것이다. 그것이 바로 하나님이 그 친구들의 주장들을 "감찰하기로"(9절) 결정하시면, 친구들의 "상기시켜 주는 말들" -12:7-12, 8:11-14 및 11:12의 금언들 혹은 4:7의 "기억하라" 등은 욥에게 한 말들-의 운명이 될 것이다.

13-19 욥은 아직 하나님에게 말할 준비가 되어 있지 않다. 이 연은 친구들에게 말해지지만("잠잠해라", 13절; "들어라", 17절), 그 주제는 더 이상 친구들(4-12절에서 그랬던 것같이)이 아니다. 그것이 바로 그가 곧 착수할(13:20-14:22) 하나님께 하는 그의 새로운 연설의 의미다. 그는 이전 연설들에서 두 번 하나님에게 말했다(7:7-21; 10:1-22). 7장에서는 자신에게 주목하는 일을 그만두라고 하나님에게 호소했고, 9장과 10장에서는 하나님과의 논쟁의 대화에 대한 빼앗긴 희망을 표현하는 것이기는 하지만, 마찬가지로 하나님의 감시에서 벗어나게 해 달라고 간청했는데, 반면에 여기서는 신중하게 하나님을 논쟁에 응하라고 소환한다(22절). 그것은 위험한 일이다(14절) -혹은 오히려 가망이 없고 자멸적인 것이다(15절). 그러나 절망은 그 자체의 용기를 낳으며, 욥은 정의가 그와 함께 있다고 확신한다(18절).

이 연은 두 개의 하위-연들로 나뉘며(13-15, 16-19절), 그들 각각은 친구들에게 건네진 하나의 명령문으로 시작된다("조용해라", "들어라").

13 욥은 주제에서 벗어나 친구들에게 거짓 증인들이 되는 위험에 대해 경고한 후(4-12절), 이제 그가 3절에서 있던 자리로 되돌아간다: "나는 전능자에게 말할 것이다." 친구들은 그가 "말할" 때, 즉 법적 논쟁에서 정식으로 하나님에게 말할 때 비록 그가 신성모독을 하고 있다고 믿을지라도 그를 방해하지 말아야 한다. 그 자신도 하나님과 법적 쟁론에 들어가는 것의 위험성을 인정한다.

14 그러나 그는 모든 것을 감행할 것이다. 그는 잃을 것이 없고 얻을 것만 있다. 그는 모험에 관한 두 개의 다소 모호한 격언 표현들을 사용하며, 그 중 두 번째는 적어도 다른 곳에서 확인된다. 사사기 12:3; 사무엘상 19:5; 28:21(참조. 시 119:109) 등에서 "나는 나의 생명을 나의 손에 둔다"는 말은 오직 "나는 내 목숨을 걸었다", "나는 무방비로 위험 속으로 갔다"를 의미할 수 있다. 비록 포프가 마리(Mari) 편지에서 "목에 손을 대다"(*napištam lapātum*)라는 악카드어 어구를 예증으로 들지만, 이 문맥에서 **네페쉬**(נפשׁ, "생명")가 "목"을 뜻하는 것은 아닐 것이다. 목을 손으로 만지는 행위는 교살이나 목을 베는 것을 상징했으며, 어느 경우라도 맹세할 때 맹세자의 생명이 위험에 처할 수 있음을 승인하는 것을 가리킨다. 그러나 여기서는 맹세-하기가 없으며, 욥은 그의 생명을 좋은 행동의 보증으로 제시하는 것이 아니다. 이 숙어는 그리스 문헌 Athenaeus, *Deipnosophistae* 13. 569c에서도 발견된다(참조. 또한 훨셔의 한 이집트 문헌 인용). 알론조 쉐켈은 그것이 스페인어로도,

특별히 『돈키호테』에서 발견되는 형식으로 알려짐을 특별히 언급한다: "그녀의 영혼이 그녀의 손〈바닥〉에)"(*su alma en su palma*).

자신의 생명을 자신의 손에 두는 것은 분명히 위험한 일이다: 사람의 손은 귀중한 물건을 오랫동안 보호하기에는 안전한 곳이 아니다! 그 첫 번째 격언 표현인 자신의 살을 자신의 이빨로 가져가는 것도 똑같은 의미를 가짐에 틀림없고, "살"은 "생명"과, "이"는 "손"과 평행한다. 이빨은 작은 물건들을 잠시 동안 물고 있을 수 있지만, 큰 것은 잠깐이라도 물고 있을 수 없다. 비록 "살"(몸)과 "생명"(생명-본원, 영혼)은 보통은 서로 구별되지만, 우리의 본문에서처럼 그 각각이 사람 전체를 가리키고, 따라서 동일 의미를 갖고 평행으로 사용될 수 있는 것은 분명히 허용 가능하다(참조. 14:22; 시 63:2[1]; 84:3[2]; 참조. N. P. Bratsiotis, *TDOT* 2:325-26).

그 격언들에 대한 다른 해석들도 무수히 많다. 도름은 들짐승이 특별히 위협당할 때(참조. 슐로트만, 딜만), 그 먹이를 가지고 달아나는 것처럼 욥이 자기 살을 이빨에 물고 가는 것으로 상상한다(참조. 29:1,7 "내가 그 이빨 사이에 물고 있는 것을 빼앗았다"; 렘 38:2, "너는 전리품처럼 너의 생명을 취할 것이다"). 로울리는 고기를 입에 물고 싸우는, 그래서 그것을 잃을 위험이 있는 동물을 생각한다. 부텐비저(Buttenwieser)는 "그가 자기 생명을 턱 사이에 끼고 달아났다"라는 한 아랍어 격언과 비교했는데, 이것이 좀더 잘 들어맞는 것 같다. 헤르츠는 그 표현이 자기 생명을 특별히 돌보는 것을 의미한다고 생각했고(N. Herz, "Egyptian Words and Idioms in the Book of Job," *OLZ*[1913] 343-36[344-45]; "The Exaggeration of Errors in the Massoretic, *JTS* 15[1914] 258-64[263]), 동물들은 "다른 동물이 앗아갈까 두려워서 먹이를 이빨에 끼고 가져가기" 때문에 첫 번째 행도 같은 의미라고 보았다. 그러나 이것이 어떻게 "나는 왜 나의 몸과 영혼을 특별히 돌보아야 하는가? 나는 그것들을 잃어도 상관없다"라는 의미를 산출할 수 있는지는 이해하기가 어렵다. 이 표상들이 욥은 아주 큰 위험을 무릅쓰고 있는 것임을 뜻한다고 할지라도 적절하지 않을 것은, 그의 요점은 그가 모험을 하더라도 자신을 돌보리라는 것이 아니라, 그의 의지는 정말로 무모하게 그의 목숨을 건다는 것이기 때문이다. 라쉬는 욥이 자신을 잠잠하도록 강요하는 것이라는 의미로 해석했는데, 그것은 부적절하다(비슷하게 투르-시나이: "내가 왜 내 혀를 내 이빨로 붙들어야 하는가?"). 가장 개연성이 적은 것으로, 성스러운 물건들, 가령 죽은 이의 사지들로부터 힘을 얻기 위해서 손으로 그것들을 잡는 이방 관습이 여기서 언급되는 것이라는 하버만의 제안이 있

다: A. M. Habermann, "The Tomb of Rachel and the Term נפש[Heb.]," *Tarb* 25 (1956) 363-68. 19:20절의 "이빨의 피부(혹은 잇몸)"라는 표현과도 아무런 연관성이 없는 것 같다.

만일 마소라 본문에서 이 절의 시작 부분에 나오는 "왜?"가 유지되어야 한다면 ("원문주해" 13:14.a를 보라), 그 물음은 욥이 왜 그렇게 위험한 모험을 시작하려는가에 대한 욥 편에서의 진의를 표현하는 것이 아니라, 친구들이 제시할 것 같은 이의를 제기하는 수사적 질문으로서 즉 "내가 왜…하는가라고 너희가 물을지 모른다"라는 의미로 가장 잘 설명된다. 고디스는 이것을 "간접 인용"의 한 예라고 부른다. 그 답은 15절에서 주어진다. 다른 한편, 그 "왜?" 질문이 제거되면 욥은 하나님에 반하여 하는 그의 일이 위험할지라도 자신이 무엇을 하고 있는지 아주 잘 안다고 말하고 있는 것이다.

15 이 유명한 절에서 주된 난점은 로(לא)가 부정어 "아니다"로 읽혀야 하는가, 아니면 "그에게"로 읽혀야 하는가이다. 자음 본문(**케티브**)은 "아니다"이지만, 맛소라 모음 표기(**케레**)는 "그에게"이다. 따라서 그것은 "나는 바라지 않으리라"인가, 아니면 "나는 그 안에서(=에게) 바**라리라**"인가? 고디스는 미쉬나(2세기 전후)의 한 구절에서 이 두 번역이 모두 가능한 것으로 인정되었음을 알아본다: *Soṭah* 5.5: "그 문제-내가 그를 믿는 것인가, 믿지 않는 것인가는 아직 해결되지 않았다." 다만 해석자의 문맥에 대한 이해만이 해답을 결정할 수 있다.

(a) 만일 우리가 맛소라의 **케레** 모음 표기를 받아들이고(도름, 호르스트, 앤더슨, 포어러, AV, RV, NAV, NIV처럼), 욥이 희망을 가지고 있다거나 혹은 그가 하나님을 기다릴 것이라고(그 동사의 또 다른 가능한 의미) 해석하면, 우리는 그가 하나님이 무엇을 하시리라고 기대하는 것이냐고 물어야 한다. 그런데 하나님이 그를 죽이시면, 그분이 언제 그를 옳다고 하실 것인가? 죽은 뒤에? 그 때는 욥은 모를 것이다. 만일 욥이 의식이 살아 있는 내세를 상상하지 않는다면 말이다. 그러나 그것은 이스라엘 의 사상과 조화되지 않을 것이다. 심지어 그가 지하 세계로부터의 풀려남을 실제로 상상하는 14:14-15에서도 그는 이미 그 가능성을 부인했다(참조. 14:7-12). 아마도 히브리어를 쥐어짜서 "그분이 결국 나를 죽이시더라도, 나는 **그 때까지** 그분이 나를 옳다고 해주실 것이라고 계속 바라리라"를 의미하도록 할 수도 있을 것이다. 이런 방향의 해석에 대한 장애는 문맥 상황이 욥 편에서의 희망이 아니라 오히려 하나님에게로의 그의 접근을 둘러싼 헛됨과 위험을 강조한다는 사실이다. 그가 보는 모든 긍정적 "구원"은 하나님의 정의로부터가 아니라 그 자신의 결백

과 용기에서 일어난다(16절). 그가 친구들에 관한 한은 그것을 가정했지만(9-10절), 그 자신의 경우에는 그것을 기대하지 않는다. 또한 그 다음 부분이 보통 "그러나", "그럼에도" 같은 반의적이거나 제한적인 의미를 지니는 아크(אַךְ)로 시작된다는 난점이 있다. 옳다는 증명을 얻기 위해 그의 주장을 계속하리라는 욥의 결심은 하나님이 그를 옳다고 해주실 것이라는 확신과 어떻게 대조를 이룰 수 있는가? RV는 이 문제를 아주 잘 드러낸다: "그분이 나를 죽이더라도, 나는 그를 기다리리라: 그럼에도 불구하고 나는 그 앞에서 나의 길을 변백하리라." 여기서 "그럼에도 불구하고"는 무의미하다.

본문을 "긍정적인" 의미로 읽는 또 다른 길이 있다: "보라, 그분이 나를 죽이리라-나는 그분이 [그렇게 하리라고] 기다린다. 그럼에도 불구하고 나는…방어할 것이다"(델리취가 그렇다. RVmg). 그러나 이 해석은 거의 지지를 받지 못했다.

(b) 다른 한편, 우리가 자음 본문(**케티브**)을 따르고, 욥은 희망을 갖지 **않을** 것, 혹은 기다리지 **않을** 것임을 뜻하는 것으로 보면, 그는 하나님이 그를 죽이시는 순간에도 자기 주장을 계속하기를 주저하지 않을 것임을 뜻하는 것으로 생각할 수 있다(NEB가 그렇다). 스티븐슨은 욥이 그의 도전을 굽히지 않을 생각이며, 수반되는 모든 위험들에도 불구하고 그것을 "기다리거나" "미루지" 않을 것이라는 뜻으로 보았다. 그러나 더 그럴듯한 것은 RSV의 "보라, 그분은 나를 죽일 것이다. 나는 아무런 희망이 없다. 그러나 나는 그의 면전에 나의 길을 변백하리라"처럼 그 문장이 보다 끊겨 있는 혹은 단절되어 있는 것으로 보는 것이다. 그렇지만 그 번역에는 정말같이 들리지 않는 한 구절이 있다: "그분은 나를 죽**일 것이다.**" 욥은 그것을 어떻게 알까?

욥은 지금까지는 하나님이 자신을 죽여서 그분은 고통에서 벗어나게 하지 않았다는 것을 불평의 이유로 삼았다(참조. 3:20-23; 6:9). 그러면 하나님이 그를 정말 죽이실 것이라는 확신은 어디에서 올 수 있는 것일까? 어떤 이들은 욥이 하나님을 보기만 해도 그가 쓰러져 죽을 것이라고 믿는 것이라 생각했지만(참조. 출 33:20; 삿 6:22-23; 13:22; 포어러, 호르스트가 그렇다), 욥이 바라는 법적 대면이 그의 신 상대자를 **보는 것**을 포함할 것이라는 암시는 없으며, 또 욥의 사상-세계 내에서는 하나님을 **봄**이 반드시 치명적이리라는 것도 명백하지 않다. 시편 시인은 하나님의 얼굴을 보기 원하는 열망을 표현할 수 있고(시 42:3[2]; 참조. 사 1:12; 신 16:16; 출 24:10), 거기에는 아무런 위험도 포함되어 있지 않다. 욥이 정말 하나님은 그를 죽이실 것이라고 확신한다면, 그것은 그의 절망감의 표현일 수 있거나(사실

바로 다음 말이 "나는 희망이 없다"가 될 것이다), 혹은 더 좋게는 하나님을 영원히 악의가 가득한 것으로 간주하는 그의 비통함의 표시일 수 있을 것이다. 욥이 실제로 자신의 현재의 위태로운 상황을 바꿀 수 있는 어떤 행동을 하려고 작정하고 있는 이 순간에는, 신의 적의는 그의 생명과 그의 작은 야망을 끊어 버리는 것으로 나타날 것이다. 욥이 참으로 절망적이고 죽음 외에는 아무것도 바라지 않는 다른 때는 그의 하늘 학대자가 그의 생명을 유지시키시고, 그럼으로써 그의 고통을 길게 하신다. 그러나 그 동사 이크틀레니(יקטלני)는 "그가 나를 반드시 죽**일 것이다**"가 아니라 "그가 나를 죽**일지 모른다**"로 번역되어야 할 것이다(NJPS가 그렇다. 동사의 그와 같은 〈서〉법적 용법에 대해서는 4:20에 관한 부분 참조). 욥은 단지 하나님은 자신을 죽임으로써 그 논쟁을 미리 처리하실지 모른다는 가능성을 참작하고 있는 것일 수 있다. 하나님에 관한 한 어느 것도 예언될 수 없기 때문에, 욥은 성공하리라는 진짜 희망을 가지고 있지 않다. 그는 그럼에도 불구하고 변함없이 자신의 주장을 계속하려고 한다.

첫 번째 동사가 어떻게 번역되든지, 이 행을 욥의 절망의 표현으로 간주하는 설득력 있는 주장이 제기될 수 있다. "그분이 나를 죽이더라도, 나는 그분을 신뢰할 것이다"라는 AV의 전통적인 번역은 문맥의 상황과 조화되지 않으니 유감스럽게도 제외되어야 한다. 피크가 말하듯이, "그것은 자체로는 매우 아름답고, 욥이 분명히 말했을 내용이요, 그가 하나님을 본 후에 말했을 내용이다. 그러나 그것이 대단히 부적절한 것은, 그것은 욥기에서 널리 알려지지 않고, 따라서 그만큼 욥의 진짜 태도에 관해 허위 인상을 일으킨 단편들 중에 하나이기 때문이다." 욥은 자신에 대한 믿음과 비교하면 하나님에 대한 믿음은 그렇게 많이 갖고 있지 않다. 그러나 하나님에 사로잡혀 있는 사람이 도대체 어떻게 반종교적이라고 불릴 수 있을까? 욥에게 신앙은 그가 하나님을 믿는지의 문제가 아니라, 하나님이 그를 믿는지의 문제다.

욥의 "길"이란 데레크(דרך)가 지혜 문학에서 흔히 뜻하듯이 그의 결백한 "행실"이요(NAB, JB), "삶의 양식"이다(참조. 17:9; 31:4; 잠 3:6; 4:18-19). 호키아흐(הוכיח)라는 동사(3절에서와 같이)는 "논쟁하다"(10절의) 혹은 "소송을 시작하다"보다는 "변호하다, 항변하다"를 뜻하는 것임에 틀림없다. 그러나 데레크(דרך)가 "정당한 이유, 주장"을 뜻할 가능성도 있으며(따라서 NEB, NJPS; 참조. 사 40:27, 미슈파트〈משפט, "옳음"〉와 평행), 그런 경우 호키아흐(הוכיח)는 "주장하다"를 뜻한다.

16 욥은 자신이 무릅쓰는 위험들을 충분히 의식하고 있고, 그 결과에 대해 매우

절망적이기 때문에 – 물론 자기가 옳은 길을 가고 있다고 확신하지만 – 그가 이 시점에서 "구원"에 관해 말하는 것을 듣는 것은 이상하다. 여기서 욥의 "구원"이 하나님일 리는 없다(RVmg, 피터스, 고디스는 이에 반대다). 왜냐하면 "경건치 않은 자가 감히 하나님 앞에 나아갈 수 없다는 사실이, 하나님이 욥의 구원이 되는 이유가 아니기 때문이다"(도름). 그 "구원"은 분명히 이 행의 후반부에서 확언되는 것에 있을 것이다. 악한 사람은 기꺼이 하나님에게 나아가지 않을 것이다. 욥의 담대함은 틀림없이 그의 결백을 주장한다. 그러면 그것이 어떻게 그의 "구원"이 될 것인가? 무엇으로부터의 구원인가? 현 문맥의 상황에서 보면 죽음으로부터가 아니다. 왜냐하면 하나님은 죽음을 다루는 분으로 응보 원칙들을 고집하지 않으시며(참조. 12:4-6), 어쨌든 욥은 아무런 희망을 갖고 있지 않기 때문이다(15절). 또한 하나님으로부터도 아닌 것은, 하나님은 지금 욥과 충돌 상황에 있고, 욥은 하나님이 갑작스럽게 자기를 그분으로부터 "구원"하실 것이라고 기대할 이유를 갖고 있지 않기 때문이다. 그러므로 그가 두려워해야 하는 유일한 인격은 자신이다. 그가 만일 용기를 잃고 자신을 믿기를 중단하면, 그의 논거는 무너지고 하나님이 이기실 것이다. 그가 "구원"을 얻을 필요가 있는 것은 자기-의심으로부터, 그의 주장의 옳음에 대한 신념의 상실로부터다. 이제 그러한 의심으로부터 그를 지켜 줄 혹은 "구원해" 줄 것은 그가 올라선 바로 하나님에게 다가가는 그 노정이다. 하나님과의 논쟁은 그의 결백에 대한 – 그 자신의 과거의 기억과 자의식을 넘어선 – 객관적 검증이다.

그것이 지나치게 심리적인 해석인 것 같으면, 우리는 그 용어가 "위로"일 경우라도 – 6:10에서처럼 – 명백히 비슷한 의미가 될 것임을 고려해 보기만 하면 된다. 구원은 효과적인 위로 외에 아무것도 아니다. 여기서 "구원"은 "구원의 근원"이고 "지지"요, 혹은 위의 번역에서처럼 "이것이 바로 내가 위안을 얻는 것이다". NEB의 "이것이 적어도 나의 성공을 보장한다"와 NIV의 "이것이 결국 나의 구원으로 될 것이다"는 모두 너무 긍정적인 어조를 가지고 있다. 욥은 아무것도 기대하지 않고, 아무것도 바라지 않지만, 자신은 바른 노정 위에 있다고, 하나님과의 이 논쟁이 비록 위험하고(14절) 가망이 없을지라도(15a절구) 옳은 것이라고 확신하고 싶어한다. 이것은 "하나님의 의에 대한 욥의 확신의 주목할 만한 표현"(피크)은 아니다. 그의 확신은 하나님의 정의에 있지 않다. 왜냐하면 하나님의 정의에 대한 그 자신의 깊은 회의감(물론 공공연한 부인은 결코 아니지만)을 수정할 이유를 그는 갖지 않기 때문이다. 그것은 오히려 자기 자신과 그 자신의 온전함에 있다. 이것은 분명히 프로메테우스의 태도이지만, 자기의 창조물을 이유 없이 비방하는 것이 하나님에게 무슨 명예가 되겠는가?

어떤 이들은 16a절구의 표현이 바울에 의해 차용되어 빌립보서 1:19에서 사용되었다고 생각했다(J. H. Michael, "Paul and Job: A Neglected Analogy," *ExpT* 36 [1924-25] 67-70; 그 뒤를 호르스트가 따름).

17-19 욥은 이제 그 자신의 명분, 즉 그것의 정당함에 대한 확신을 표현한다. 그는 한 번도 그것을 의심하지 않았다. 그것은 그의 "피난처" 혹은 "구원"이다(16b절구). "욥에게 새로운 확신이 갑작스럽게 밀려왔다"는 말(하벨)이 아니다. 그는 하나님에게서 무죄 방면을 받을 어떤 새로운 희망도 갖고 있지 않고, 하나님을 법정으로 끌고 가는 것의 불가능성은 사라지지 않았다.

17 이 구절은 딜만, 비켈, 포어러에 의해서 부분적으로는 21:2을 중복하고, 친구들에게 하는 연설을 잘못 연속시키는 설명 주로 생각하여 생략한다. 그러나 그것은 13-16절과 평행하는 새로운 연을 소개하고, 친구들에게 하는 욥의 요구를 "잠잠하라"에서 "들어라"로 확장시키며, 20절에서 시작할 그와 하나님의 논쟁의 증인들로서 그들의 주의를 불러일으키는 것으로 더 잘 여겨질 수 있다.

18 욥은 이미 그의 마음속에서 그의 입장을 "작성했다" 혹은 그의 요점을 "정리했다". 이 용어는 아마 전투 대열을 "정렬시키다"라는 그것의 군사적 의미로 은유적으로 사용된다(ערך – 아라크, 삿 20:22; 삼상 17:8). 그리고 법적 상황에서 그것은 6:4; 23:4; 37:19에서도 나온다(참조. 또한 32:14; 33:5). 군사적 은유들은 무리도 아니게 법적 언어에서 흔하다. 자신의 열정에도 불구하고 질서정연하게 일 처리를 하는 것이 법적 논쟁(משפט – 미쉬파트, 그 결정이라기보다는 그 소송 자체; 23:4도 그렇다)에 유리하다는 것을 욥은 안다. 그러나 "준비" 혹은 "정돈"보다 더 중요한 것은, 그가 반복하여 말하지 않을 수 없는 근본적인 확신이다: "나는 내가 옳다는 것을 아노라." 차다크(צדק)라는 동사는 법적 상황에서 "옳다고 주장되다, 무죄 선고를 받다"를 뜻할 수 있지만(9:2; 11:2; 40:8에서 그렇다), 문맥은 욥이 무죄 방면의 희망이 아니라(참조. 15b절구) 그의 결백의 확신(15a절구)을 표현하고 있음을 분명히 한다. "그가 만일 그의 소송을 마침내 법정으로 가져올 수 있다면 하나님이 그를 무죄로 선고하실 것이다"(하벨)라고 말해지는 것이 아니다. 그것은 마지막 끝에 옳다고 증명 받는 것 혹은 무죄를 선고 받는 것이라기보다(RSV, NEB, NJPS, NIV) 처음부터 실제로 옳다는 것의 문제다(RV, NAB, JB처럼).

19 "나와 변론할 자가 누구인가?"라는 외침은 법적 논쟁을 시작하는 공식 표현이었을 수 있다. 참조. 이사야 50:8에서도 비슷한 도전이 발견된다: "누가 나의 상

대냐?" 그러나 여기 욥기에서는 그 의미가 분명히 다르다. 왜냐하면 욥은 지금 "잠잠히 숨쉬기"로 자신의 소송을 수행하겠다고 제안하는 것이 아니기 때문이다! 또한 그 어구는 아무도 나와 변론할 수 없다는 것을 뜻하는 "누가 나와 변론하랴?"라는 수사적 질문일 수도 없다. 왜냐하면 그는 하나님이 이미 자신과 변론 중에 계심을 인정하기 때문이다. 그가 침묵을 지키겠다고 약속하는 행의 두 번째 부분은 분명히 그 소송이 끝난 이후의 시간을 가리킨다. 욥은 그 때가 되기 전에는 객관적 법정에 의해 죄가 있는 것으로 밝혀지는 것 외에는 어느 것으로도 "잠잠해"지지 않을 것이다.

문맥에서 이 절 전체의 의미는 다만 욥은 아무도, 심지어 하나님조차도 그에게 죄의 판결을 내리실 수 있다고 믿지 않는다는 것과, 만일 그럴 경우에는 그가 자기 주장을 버리고 사실에 굴복하고 죽겠다는 것일 수 있을 뿐이다. 그 문장이 어떤 의미를 가져야 한다면 리브(ריב)라는 동사는 분명히 "성공적으로 논쟁하다", "주장을 전개하다"(참조. NAB "반론을 제기하다"), "논쟁에서 패배시키다"를 뜻한다. 그러나 그러한 뜻은 리드케(G. Liedke)가 탁월하게 명료한 그의 논문에서 지적하듯이(*THWAT* 2:771-77) 다른 곳에서는 항상 소송 전체나 혹은 그것의 특정 부분들을 가리키나 절대로 그것의 결말과 관련된 것을 가리키는 것이 아닌(그에 대해서는 쉐페트〈שפט〉와 딘〈דין〉이 사용된다), 리브(ריב)의 독특한 한 의미처럼 보인다는 것이 인정되어야 한다. 현재 용법은 분명 리브(ריב)의 일반 의미의 연장이다.

욥이 만일 그 대결에서 지면, 그는 영원히 침묵할 것이다. "침묵하다"와 "죽다" 두 동사가 같은 토대 위에 있지 않은 것은, 욥은 자기 능력 안에서 침묵할 수 있지만, 그가 죽느냐 그렇지 않느냐에 대해서는 말할 것이 없기 때문이다(사실 그에 따르면, 하나님은 그의 고난을 늘리기 위해서 그의 생명을 무자비하게 연장하시고 있다). 욥의 반응은 오히려 그의 죽음의(그것이 무엇이든) 날까지 침묵하는 것, 침묵하고 그렇게(즉, 그 상태로) 죽는 것, 남은 생애 동안 무덤에서처럼 침묵하는 것이 될 것이다. 항상 물리적 죽음에 대해서, 그리고 대개 사람에 대해서 "끝나다, 소멸하다"의 뜻으로 쓰이는 가바(גוע)에 대해서는 3:11; 10:18; 14:10; 27:5; 29:18; 34:15; 36:12을 참조하라.

아이러니는 책의 결론에서 욥이 그의 하늘 질문자에게 패배될 때 자신의 약속을 지키고, 그의 손을 입에 갖다대고 그의 소송을 더 이상 계속하지 않겠다고 약속하지만(40:4-5), 그의 예상과는 다르게 그는 죽지 않는다는 점이다: 그는 충만한 건강과 생명력으로 회복된다.

13:20-14:22 13:3, 13-19의 대단한 준비 작업과 이어질 법률 형식들에 대한 강조 이후, 이 연설의 나머지 부분에서 전혀 체계적인 것을 발견하지 못하고(18a절구와 대조) 욥의 이전 연설들과 비교하여 별달리 새로운 문제를 보지 못하는 것은 상당히 뜻밖의 일로 다가온다. 시인이 욥으로 하여금 법률 형식을 사용하게 할 때 우리가 나타나는 것을 보기를 기대했을 것의 한 예는 확장된 결백 선언인 31장에서 나타난다. 참조. 또한 38-41장에 나오는 하나님의 체계적인 주장들.

그러면 우리는 욥의 담력이 여기서 그에게 도움이 되지 않았다거나 혹은 그는 자신이 공언한 의도를 이행하는 것을 잊고 있다고 가정해야 하는가? 거의 그렇지 않다. 계속적으로 하나님에게 말을 하는(하나님에게 하는 말임을 가리키는 39개의 문법 표지들이 있다. 참조. 10:1-22에 관한 부분) 이 연설 이후 그의 마지막 결론의 연설 전까지 욥은 하나님에게 한 번도 말을 하지 않으며, 마지막에서도 다만 간략하게(30:20-23) 그리고 하나님에게 하는 그의 대답에서(40:4-5; 42:1-6)라는 사실은 분명히 의미가 있다. 그는 그 재판관은 접근 불가능하다고 외치겠지만(23:3), 그에게 다시는 말하지 않을 것이다. 이 사실은 오직 13:20-14:22은 자기가 원하는 전부를 말한다는 것을 뜻한다. 이 연설은 아무리 평범해 보여도 욥의 정식 법적 탄원이다.

그것의 취지는 이중적이다. 그것의 첫 번째 관심은 하나님에게 욥이 지금 그것으로 벌받고 있는 가정된 죄들에 대해 설명해 달라고 요구하는 것이다(13:20-28의 주된 주제). 두 번째는 하나님에게 그를 무시하라고 하는데, 하나님과의 새롭게 된 친교를 바라는 열망의 솔직한 표현을 담고 있는 역설적인 탄원이다(14:1-22, 특별히. 13-17절). 첫 번째 것은 법적 문제로서 쉽게 인정된다. 두 번째는 그렇게 분명하지는 않지만, 균형의 원칙에 호소할 때는 그것은 하나님이 욥에게서 "시선을 다른 곳으로 돌리시는 것"(14:6)을 넓은 의미의 정의의 문제로 그리고 있으며, 그것이 하나님과의 새로워진 관계를 상상할 때는 그러한 것으로서의 법적 절차의 본뜻에 이른다: 분열되고 논쟁 중인 당사자들의 화해.

하나님에게 하는 말이 진행되어 감에 따라 법적 겉치장은 닳아서 엷어진다. 욥은 자신이 당하는 고난의 의미에 대해 더 많이 생각하면 할수록 그만큼 더 그것을 정의의 과실이라는 말로 표현하고 싶고 법적 시정을 구하고 싶어한다. 그리고 그는 그에게 행해진 부정에 대해 구경꾼들에게 상세하게 설명할 때보다(13:4-19에서처럼) 절대로 더 소송을 원하는 것이 아니다. 그러나 욥이 그의 하늘 상대자에게 하는 말에 더 깊이 관여하면 할수록, 그의 언어와 어조는 그만큼 더 개인적이 되고 덜 형식적이 된다. 그리고 이 연설은 도전장을 내는 것으로가 아니라 인간의 운명을 슬퍼하는 흐느낌으로 끝나는데, 그 흐느낌은 신의 정의를 문제 삼기보다는 오히려 신의 자비를 열망한다. 그가 자신의 주장의 옳음에 대해 아무리 확신이 크다 하더라도(참조. 13:18b), 자신이 이 논쟁을 이길 것으로는 한 번도(포어러와 다른 이들에게는 **유감이지만**) 생각하지 않았다. 그의 옳음을 변호하는 연설이 (결백에 대한) 확신에서 (승리에 대한) 절망으로 알아볼 수 없을 만큼 미세하게 바뀐다. 그는 이 연설에서 그의 입장을 수정하지 않지만, 그것을 철저하게 그것의 이중 차원으로 푼다.

하나님에게 하는 이 말이 욥의 네 번째 연설 내에서 지니는 중요성을 암시라도 하는 주석가들이 매우 적다는 사실은 주목할 만한 일이다. 많은 이들이 13:20을 이 연설 전체 내에서 중요한 분기점으로 보지도 않으며, 어떤 이들은 13:20-14:22을 아예 하나님에게 하는 말로도 보지 않는다. 가령 하벨은 14장을 "필멸성에 대한 욥의 독백[*sic*]"이라 부른다.

20-21 법적 논쟁의 조건으로서 "두 가지 일"의 명문화는 우리가 법적 연설에서 기대하는 것 같은 형식적인 분위기를 갖는다. 욥은 사실 "나에게 두 가지를 하지 **말라**"고 말하고, 그 다음에 그것들 중 첫 번째를 "내게서 당신의 손을 거두어 주시오"라고 긍정문으로 표현한다. 이것은 형식적으로는 일치하지 않지만, 그 의미는 충분히 명료하다고 볼 수 있다. 왜냐하면 21절의 두 부분이 모두 본질적으로 하나님의 부정적 행위들을 염두에 두고 있기 때문이다.

욥은 이미 9:34에서 하나님에 대한 두려움이 그를 무기력하게 하지 않도록(여기와 같은 어구) 하나님의 막대기가 거두어지기를 바라는 소망을 표현했지만 중요한 차이점이 있다. 거기서는 당사자들 사이에 서서 혹은 그들 위에 서서 공정한 논쟁을 보장할 수 있는 "중재자" 혹은 조정자에 대한 사실에 반대되는 소망을 말했다. 그 버림받은 소망이 이제 하나님 자신에게 전달되는 정의의 간청이 되었다. 욥은 많은 말들로 그렇게 말하지 않지만, 소송 사건에서 당사자들 중 한 편이 다른 편에 의해 위협받는다면 분명한 불공평이 있는 것이다. "진실은 오직 상호간에 자유의 분위기에서만 자랄 수 있다"(바이저). 아마 하나님에게 그를 위협하는 것을 중단하라는 21절의 욥의 요구는 법적 논쟁에 있어서 관용적인 어구일 것이다. 엘리후가 33:7에서 욥에게 그는 그를 부당하게 압박할 의도가 전혀 없다고 확신시킬 때 거의 똑같은 단어들을 사용한다.

하나님이 정확하게 무엇을 하시고 무엇을 하지 않으시기를 욥이 바라는 것인가?

그분이 지금 그에게 가하고 있는 고난을 중단하시기를 요구하는 것인가(헤세, 호르스트가 그렇게 봄)? 하나님의 "손"은 정말 욥을 친 그것이지만(1:11; 2:5; 19:21), 그의 소송의 조건인 그의 고난을 제거하라는 것이 욥이 말하는 주장일 리는 거의 없다. 왜냐하면 욥은 사실 그의 연설을 그의 조건에 조금도 수정하지 않은 채 계속할 것이기 때문이다. 대답은 하나님의 "손"은 욥이 현재 당하고 있는 것보다 훨씬 더 심한 고난의 도구로 상상될 수 있고(참조. 6:9, "그의 손을 들어 나를 끊게 하라"), 여기서 그것은 분명히 하나님과 논쟁에 들어가려는 욥의 무모함에 대한 벌을 뜻하는 것으로 여겨진다는 사실에 놓여 있다. 그는 이 논쟁이 안전하게 운영될 것이라는 보장과 이후로는 어떠한 비방도 없으리라는 보증을 원한다.

욥이 하나님으로부터 "피하지" 않기를 이들 요구들이 충족되는 것에 달려 있는 것으로 삼는 것은 이상하게 여겨질지 모른다. 앤더슨이 말하듯이, "욥은 결코 하나님에게서 피하지 않았으며 그렇게 할 의향도 전혀 없다". 따라서 틀림없는 요점은, 욥은 지금 하나님으로부터 피하고 있다는 것이 아니라, 만일 하나님이 더 심하게 그를 치시면 자신을 방어하겠다는 그의 의지가 무너질 수 있고 그의 모든 뜻과 상반되게 숨을 곳을 찾아 도망하는 자신을 발견할 수 있음을 그가 깨닫는다는 것이다. 그는 하나님으로부터 피하는 것이 불가능하다는 것도 분명히 알지만(참조. 7:12; 10:7; 14:6), 지금 위험으로부터 피하는 본능에 관해 말하고 있는 것이다. 그것은 긴 안목으로 보면, 욥이 그렇게 많이 신경 쓰지 않는 자기-보존의 본능이다. 그러나 그것은 무엇보다도 우선적으로는 단순히 하나의 반사 작용인 본능이다.

22 법적으로 말하면, 그와 같은 논쟁에서 누가 원고이고 누가 피고인지는 큰 차이를 만들지 않는다. 하나님은 욥에게 형벌을 가함으로써 이미 원고의 역할을 효과적으로 취하셨다. 그리고 욥도 하나님에게 비난과 고소를 말할 때 원고의 역할을 채택했다(7:11-12, 17-19, 21; 10:3-7, 18-19). 이 책에서 "부르기"와 "대답하기"의 언어가 항상 법적 고발과 변호에 대해서만 사용되는 것은 아니다(참조. 12:4에 관한 부분). 14:15에서는 그것이 욥이 열망하는 허물없는 사람간의 상호 이해적 대화다. 이것은 그 법적 논쟁이 욥의 관점에서는 마치 정의가 그의 주된 목적인 양 그 자체로 끝이 아님을 우리에게 상기시킨다. 그것은 아니며, 정의에 관한 논쟁은 단지 더 나은 목적 즉 화해의 목적을 위한 한 수단이다. 그런데 법적 논쟁조차도 전혀 접촉이 없는 것보다 낫다.

물론 사실은 하나님이 원고로서 "부르지" 않으신다—아직은 아니다. 따라서 이제 말해질 말들이 허공에 발하는 말들이 아니라 대답을 이끌어내는 말들이 될 것이라는 조건에서 욥이 "먼저 말해야" 한다. 9:16에서는 상황이 달랐음을 우리는 지적할 수 있을 수 있다. 왜냐하면 거기서 욥은 자신이 발하는 어떤 소환에 하나님이 응하신다고 할지라도, 자신이 제시하는 주장과 불평들에 어떤 주의를 기울여 주실 것이라 생각하지 않았기 때문이다. 여기에는 하나의 모순이 있지만, 오로지 욥이 설파하는 것과 그가 행하는 것 사이에 모순일 뿐이다. 그는 하나님이 듣고 계실지 의심하지만 말을 계속하며, 그는 자기를 향한 하나님의 뜻을 신뢰하지 않지만 그럼에도 불구하고 계속하여 하나님 앞에 자기를 개방한다. 이는 엄격히 말하면 비논리적이지만 전적으로 감탄할 만한 인간적 태도다.

법적 연설 용어들에 대해서는 H.-J. Boecker, *Redeformen des Rechtslebens im Alten Testament*(WMANT 14; Neukirchen-Vluyn: Neukirchener Verlag, 1964) 58 n. 1 참조; 9:3, 15, 16 참조.

23 물론 하나님은 이 시점에서 욥의 연설에 끼어들어 원고의 역할을 하지는 않으신다. 그러나 뒤따르는 것이 "하나님이 잠잠하고 계시기 때문에, 욥은 즉각적으로 두 번째 수단[22절의], 즉 그가 공격하는 방법을 취하기로 결정한다"(테리앙)라는 근거에서 뒤따르는 것은 아니다. 또한 그것은 정확히 "22a절구에서 고소 내용들을 말하라는 욥의 요구에 하나님이 응하시지 않기 때문에, 욥이 계속 말하는 것"(그레이)도 아니다. 법적인 것들에 대한 이 모든 말은 일종의 연막이다. 사실은 두 당사자가 모두 각각 원고요 피고이며, 그 법적 논쟁이 시작되어야 하는 명백하게 정확한 지점은 하나도 없다. 욥은 우연히 지금 말하고 있는 것이며, 따라서 그는 자연히 자기 쪽의 입장을 제시하는 것일 수 있다. 하나님은 아직 말씀하시지 않았고, 말씀하실 기미도 보이지 않기에, 그가 먼저 말하는 것이 가장 적당한가라는 물음은 아예 처음부터 다소 학문적이었다.

욥이 말하는 것은 정식 법적 표현의 외양을 갖는다(그레이는 이에 반대다). 논쟁에 참여한 한 편 혹은 다른 편이 주장된 잘못들에 대한 해명 혹은 설명을 요구할 수 있다. 우리의 본문과 아주 밀접하게 평행하는 두 본문에서 야훼는 이스라엘에게 "너의 조상들이 내게서 무슨 잘못을 보았기에 나로부터 떠났느냐?"라고 물으시며(렘 2:5), 야곱은 라반에게 "내 허물이 무엇이고, 무엇이 나의 죄이기에(여기서 사용된 두 용어, 마 피스이 마 하타티〈מה־פשעי מה חטאתי〉) 당신은 맹렬히 내 뒤를 추격하나이까?"라고 묻는다(창 31:36). 이 두 예 가운데 어느 것도 정식 소송의 상황에 속하지 않으며, 두 경우 모두에 화자는 당연히 피고보다는 원고로 간주될 것이다(대조. H.-J. Boecker, "Anklagereden und Verteidigungsreden im Alten Testament. Ein Beitrag zur Formgeschichte alttestamentlicher Prophetenworte," *EvTh* 20 [1960] 398-412[405]). 우리는 또 그러한 질문들이 반드시 직접적으로 대답되도록 의도된 것은 아님을 유념해야 한다. 그것들은 때때로 순전히 수사적인 물음들로, 어떤 잘못도 행해지지 않았음을 암시한다(렘 2:5은 바로 이 경우다). 심지어 좀더 법적인 욥기의 상황에서도(심지어 여기서도 그 상황은 사실 은유적일 것이다) "나의 죄가 얼마나 많습니까?"라는 물음은 당연히 일종의 결백 선언일 것이다. 욥은 그의 죄 목록을 요구하지만, 그 목록이 어떤 항목을 담으리라고는 믿지 않는다. 그러면 그의 질문은 진짜 정보를 구하고 있는 것인가, 아니면 한 수사적 형식인가?

그 물음에 대한 대답은 히브리어가 "내가 얼마나 많은 죄를 범했나이까?"를 뜻하느냐, 아니면 "얼마나 많은 죄가 나의 책임으로 돌려지나이까?"를 뜻하느냐에 달려 있다. 만일 전자라면, 그것은 수사적 질문이다. 후자라면, 그는 많은 항목을 담고 있지만 그것들 모두가 허위 비난들인 세부 목록표를 요구하는 것이다. 우리가 확신할 수 있는 한 가지는 욥이 "나의 허물과 죄가 얼마나 많습니까?"라고 물을 때, 그는 한 순간이라도 어떤 잘못을 인정하는 것이 아니라는 것이다. 그레이("욥은 비록 '완전하더라도' 그가 죄를 범했음을 부인하지 않는다"), 고디스("욥은 아무런 잘못이 없는 척하지 않는다") 그리고 앤더슨("욥은 결코 자신에게 죄가 없는 체하지 않는다") 등에 반대하여, 1:1, 8의 내러티브 프롤로그의 관점과 일치하여, 그는 완전히 결백하다는 것이 그의 주장임을 깨닫는 것이 매우 중요하다고 나는 주장한다. 이 관점에 명백한 예외들은 쉽게 설명될 수 있다: "그의 젊은 날의 허물들"(26절)은 그가 책임질 수 있는 나이에 이르기 전에 범해져 그에게 책임이 없는 잘못들이거나 혹은 이미 속죄가 되었기에(참조. 1:5) 지금 고려될 수 없는 죄들이다. 참조. 또한 10:6; 14:17에 관한 부분.

엄격히 말하면, 이 절의 첫 부분은 죄의 **양**과 관련되고(כמה – 카마, "얼마나 많이"; 그리고 명사들은 복수로 되어 있음), 두 번째 부분은 죄의 **성격**과 관련된다(명사들이 단수로 되어 있음). 여기에는 내용보다 형식을 더 가진 수사학적 구별이 있겠지만, 질문은 논쟁이 "공판-전" 단계였던 10:2에서보다는 여기서 더 명확하다. 다른 문맥들에서 아본(עון, "허물"), 하타(חטאה, "죄"), 페샤(פשע, "반역, 위반") 사이에 입증될 수 있는 차이점들은 아마 여기서는 중요하지 않을 것이다.

욥의 고통은 대체로 그가 그 때문에 고생하고 있는 죄에 대해 전혀 모른다는 사실에 있다. 그 상황은 우리 시대에 카프카의 소설 『심판』에서 훌륭하게 묘사된다. 또한 욥기에서 특별히 부조리의 흔적들에 주의하는 다음도 보라: Dermot Cox, *The*

Triumph of Impotence: Job and the Tradition of the Absurd(Rome: Universitè Gregoriana Editrice, 1978). 욥이 지금 무엇이 진행되고 있는지를 이해할 수 없는 것은 불안을 유발하는 경험으로 분명히 정신적 피로와 쇠약의 가장자리로 몰고 간다. 그의 상황은 완전한 부조리다. 보통의 논리 법칙들이 적용되지 않으며, 무의미하고 분석되지 않는 과잉의 데이터를 두뇌가 손상 없이 수용할 수 없다. 비록 가공적인 것이겠지만 죄의 목록을 만들면 아마도 이 부조리의 무대 속으로 어떤 질서가 도입될 수 있을 것이다. 카프카의 조셉 K는 그러한 목록을 손에 쥐면 자신을 아주 부유하다고 생각할 것이다.

24 이것은 우리가 시편에서 흔히 만나는 비난의 "왜?"-질문이다(히브리어로는 여기에 라마⟨למה, "왜?"⟩가 하나만 있다). 그것의 관심은 이유를 끌어내는 것이 아니라, 상황을 바꾸려는 소망을 가지고 말을 듣는 자를 비난하는 것이다. 참조. 시편 10:1; 22:2[1]; 74:1; 그리고 하나님의 무활동을 한탄하는 시편들에 대해서는 C. C. Broyles, "The Conflict of Faith and Experience in the Psalms: A Form-Critical and Theological Study"(JSOTS 52; Sheffield: JSOT, 1989)를 보라. 하나님 얼굴의 숨김은 그것이 보여질 수 없도록 얼굴을 가리는 것이 아니라, 하나님이 볼 수 없도록 자신의 시야를 가리는 것을 뜻한다(A. S. van der Woude, *THWAT* 2:452). 그 표상은 포어러가 지적하듯이 진노의 표현이거나(34:29; 신 31:17-18; 32:20; 사 8:17; 54:8; 59:2; 64:6[7]; 렘 33:5; 겔 39:23-24; 믹 3:4; 시 27:9) 태만의 상징일 수 있으나(시 13:2[1]; 44:25[24]), 또한 하나님이 우호적이거나 친절하지 않겠다는 거절의 표시일 수도 있다(참조. 시 30:8[7]; 69:18[17]; 102:3[2]). 욥은 스스로를 하나님의 "원수"요(24b절구), 하나님으로 인해 놀라고, 고발되고, 감금되는 것으로(25-27) 느낀다는 점에서 첫 번째와 세 번째 의미가 여기에 적절하다. 또한 S. E. Balentine, "The Hidden God: The Hiding of the Face of God in the Old Testament"(Oxford: OUP, 1983)를 보라.

이 시점에 나타나는 욥의 질문은, 마치 욥이 자신을 향한 고소들을 들으려고 기다렸으나 하나님으로부터 아무런 말을 듣지 못해서 이 항의를 터뜨린 것처럼, 23절 이후 잠깐 멈춤을 가리키는 것으로 생각되었다. 그러나 요점은 그의 도전에 응하지 않는 하나님의 거절이 아니라, 전체적으로 욥을 거칠게 다루시는 그분의 태도라고 보는 것(피크)이 더 그럴듯하다.

욥이 여기서는 하나님이 그의 얼굴을 숨기신다고 불평하고, 반면에 7:19에서는 하나님이 자기를 지나치게 면밀히 감시하신다고 불평하고 "당신의 주시를 나로부터 거두지 않으렵니까?"라고 외쳤으니 어떤 사고의 모순이 아니냐고 생각할 수 있으나 그렇지 않다. 왜냐하면 정밀 조사에 의해서든 무관심에 의해서든, 하나님은 두 곳 모두에서 "원수"의 역할을 수행하고 계시기 때문이다. 7장에서는 욥을 바다나 바다 괴물로 대함으로써(7:12), 여기서는 25-27절의 적대 행위들에 의해서. 여기에 소리가 비슷한 단어들인 "욥"(אִיֹּב, 이욥)과 "원수"(אֹיֵב, 오엡)를 두고, 마치 하나님은 욥의 신원을 단지 사람일 뿐인 이욥 대신 오엡으로 잘못 파악하고, 그를 자신에 대한 개인적인 위협으로 대하는 것 같은 단어 유희가 있다고 보는 것도 가능하다(참조. 테리앙).

24b절구와 27a-b절구는 엘리후에 의해 33:10-11에서 욥의 말들로 인용된다.

25 이것은 하나님의 원수가 되는 것이 욥의 관점에서 어떻게 느껴지는가이다. 욥 자신은 육체적으로, 정신적으로 무력하다. 그의 기운은 모두 사라졌다. 그것의 생명의 근원에서 잘려 생기를 잃고, 연약하고 박약한 두 개의 식물 이미지가 자신의 상태에 대한 그의 인식을 포착한다. 가장 박약한 자연 물질들 가운데 하나인 바람에 날릴 만큼 가벼운 낙엽 심상은 레위기 26:36에서는 다소 다른 용례로 나타난다: "낙엽 소리가 그들을 쫓을(여기서처럼 라다프〈רדף〉) 것이다." 마른 지푸라기는 보다 흔한 표상으로 쉽게 날릴 수 있는 것(시 83:14[13]; 사 40:24; 렘 13:24), 쉽게 태울 수 있는 것(출 15:7; 사 5:24; 33:11; 47:14; 욜 2:5; 옵 18; 나 1:10; 말 3:19[4:1]), 약한 것(욥 41:28-29[20-21]) 혹은 하찮고 부서지는 것(사 41:2)을 가리킨다. 이와는 반대로 의인은 그 잎이 마르지 않는 나무 같으리라고(시 1:3) 기대했을 것이다.

하나님은 그의 편에서 힘으로 행하신다. 아라츠(ערץ, "무자비하게, 난폭하게 행동하다")는 시편 시인들을 대적해서 일어나 그들의 목숨을 찾는 그들의 악한 원수들에 대해 명사형 아리츠(עריץ)로 사용된다(시 37:35; 54:5[3]; 86:14). 그 동사 자체는 "무섭게 하다"를 뜻한다(물론 "두려워하다"도 뜻함). 라다프(רדף)는 "추격하다"로, 특별히 대적의 목적으로서이며, 따라서 "괴롭히다, 박해하다"도 된다(예를 들어, 시 69:27[26]; 119:86, 161). 욥기의 다른 곳에서는 친구들이 "하나님처럼"(19:22) 그를 "박해하고"(19:22, 28), 그의 명예가 "추격된다"(30:15 수정).

하나님이 그렇게 약한 피조물을 대항하여 초인적인 힘을 휘두르신다는 것은 터무니없고 괴상하다. 거기에는 현기증이 날 만한 균형 상실이 있다(참조. 7:12에 관한 부분). 그것은 심지어 하나님 편에서의 자존의 결핍도 드러낸다. 또 이미 생명을 박탈당한 것을 괴롭히는 것, 이미 바람에 흩날리는 것을 뒤쫓는 것은 웃기는 일이다. 쉬운 말로 하면, 욥은 이미 죽은 것이나 마찬가지다. 욥에 대한 벌로 하나님이 하실 수 있는 최고의 것은 그를 완전히 죽이시는 것인데, 그것은 조금도 힘들일 필요가 없이 이룰 일이다.

26 7:12, 17에서처럼 "왜냐하면"(כי)으로 시작하는 이 문장은 그 질문이 제기된 이유들을 상술한다. 하나님의 괴롭힘(ערץ – 아라츠, 25절)은 그가 그에게 "쓴 것들을 쓰는 것", "형벌"[을 가하는 것](NEB)에 있다. 그 이미지는 법적 묘사를 계속하는 것으로, 비록 저주들을 용해시키는 "쓴 물"에 대한 암시(민 5:23-24)가 있다고 보는 것이 전적으로 불가능하지는 않지만, 쓴 약을 처방하는 의원의 심상이라기보다는(힛지히) 형을 정하는 재판관의 심상이다(카타브〈כתב, "쓰다, 적다"〉가 "정하다, 규정하다"를 뜻하는 것으로서의 쓰임에 대해서는 사 10:1 참조. 그것이 "명하다"와 병행되어 나옴; 참조. 또한 L. Kopf, "Arabische Etymologien und Parallelen zum Bibelwörterbuch," *VT* 8[1958] 160-215[180]). 비록 병든 말들을 위한 처방들을 담은 우가릿 텍스트들뿐만 아니라, 진단과 표준 처방들을 담은 이집트 의학 텍스트들이 알려져 있지만(포프), 히브리 텍스트들 가운데는 개인 환자들을 위한 의학 처방전의 증거가 전혀 없다. 여기서의 상황은 치료나 치유의 암시가 전혀 없는 사법적 징벌이다. 그것은 그것을 겪는 욥의 경험에서는 분명히 쓰다. 그것이 하나님의 뜻에서도 쓴지는 이 시점에서는 그가 판단하지 않는 문제다.

사람이 젊을 때 지은 죄는 책임질 수 있는 나이 이전에 범해진 것들이기 때문에, 생각건대 도덕적으로 책잡힐 수 없는 죄들이다. 그럼에도 불구하고 그것들은 과실들이며, 아주 엄격한 정의에 따르면 벌을 받을 만하다. 그러므로 한 시편 시인이 하나님에게 그의 자비를 생각하시고 그 시인의 젊을 때 지은 죄를 기억하지 말라고 요구할 수 있다(시 25:7). 물론 그 어구 자체에는 "젊은 시절의 죄"가 사람이 완전히 책임이 있는 죄가 아니라는 것을 가리키는 것이 전혀 없다. 그러나 그가 꾸준히 결백하다고 항의하는 상황에서, 비록 오래된 과거의 일이지만 자신을 제대로 책망할 수 있는 잘못들을 인정하는 것은 의외로 놀라울 것이다.

그럼에도 불구하고, 가장 중요한 요점은 불균형의 문제다. "성인은 그런 사소한 죄들에 책임이 없다. 젊은 시절의 잘못들이 정말 있었다고 가정한다면, 그것들 때문에 욥을 학대하는 것은 하나님 편에서의 증오를 나타내는 것이리라"(도름). 마지막 어구는 우리에게 욥은 정확하게는 그러한 죄들을 고백하고 있는 것이 아님을 알게 한다. 그는 하나님이 그의 젊은 시절의 죄들 때문에 벌하고 계시는지 모르지만, 성인이 되어서는 그가 기억할 수 있는 죄가 전혀 없기에 그의 어린 시절에 속하는 것으로서 하나님이 잊으실 수 없는 어떤 어두운 비밀이 그에게 있는 것임에 틀림없다고 추정하는 것이다. 그가 그의 자녀들이 범할 수 있다고 가정하는 죄들(1:5)이 그가 여기서 염두에 두고 있는 종류의 죄들인지는 확실하지 않다. 그러나 만일 그렇다면, 프롤로그의 욥은 확실히 그 자신의 어린 시절의 잘못들에 대해서도 속죄의 제물을 드릴 만큼 주도면밀했을 것이다. 아직 기억되지 않거나 용서받지 않는 것이 있는지 욥은 궁금해한다.

"물려받다"(ירשׁ – 야라쉬, 히필)는 "…의 결과를 물려받다"이다(그 드문 은유적 용법에 대해서는 호 9:6; 잠 15:6 참조). 어린이가 어른의 아버지였고(혹은 세 살 적 일 여든까지 가며), 그가 그의 유년 시절로부터 "물려받은" 것은 전혀 축복이 아니라 유업인 하나님의 복수였다(시 127:3과 대조하라; 또한 욥 20:29; 27:13; 31:2; 42:15을 보라).

27 여기서 묘사되는 것은 법적으로 정해진 형벌이 아니라, 세력 있는 사람이 소송 중에 있는 그의 상대자에게 가하는 압제의 행동 같은 것이다. 그러한 사람은 재판 없이도 그의 상대자를 체포하거나 가둘 수 있지만, 당면 문제를 해결할 정식 재판을 기대하면서다. 하나님은 25절의 "압제자"(עריץ – 아리츠)처럼 행동하고 계신다.

싸드(סד)는 일반적으로 두 개의 나무토막 틈에 구멍을 파서 죄인의 두 발목을 그 구멍에 넣어 조이는 "차꼬"로 생각된다. 그러한 차꼬의 고대 견본은 존재하지 않지만, 도름은 21세기 아라비아에서 차꼬를 사용하여 전쟁 포로들을 구금하는 것을 언급하며, 호르스트는 그보다 앞선 중동의 예들을 인용한다(다음으로부터 J. L. Burckhardt, *Notes on the Bedouins and Wahabys*[London: H. Colburn and R. Bentley, 1830] 2:146; J. Barth, "Zu den Papyri von Elephantine[ed. Sachau]," *OLZ* 15[1912] 10-11). 그 용어는 히브리어로는 현재 행의 대부분이 중복되는 33:11을 제외하고는 다른 곳에서 나타나지 않는다. 그러나 시리아어(행 16:24에서 로마 차꼬들을 가리키는 것에 사용된다)와 아람어(*b. Pes.* 28a "차꼬-제작자가 자기 자신의 차꼬에 앉아 있다")로는 입증된다.

예레미야 20:2-3, 29:36 그리고 역대하 16:10(מהפכת – 마페케트) 등의 "차꼬"는 아마 약간 다른 형벌 도구로, 그 동사 어근 הפך("구부리다")에 의해 암시되듯이 아마도 죄수를 구부린 상태로 유지시키는 형틀일 것이다(KB[3]; 참조. H. A. Fehr, *Das Recht im Bilde*[Erelenbach-Zurich: E. Rentsch, 1923] 110, pls. 139, 143). 만일 치노크(צינק)가 "칼"(죄인의 목과 손을 판자에 끼우는 형틀로서의 칼, 렘 29:26; 따라서 NAB; RSV, "목줄")이라면 차꼬와 비슷한 장치들이 의미되었을 수 있다.

만일 욥의 발이 차꼬에 꼭 조여 있다면, 그는 하나님이 관찰할 수 있는 "길"을 만드시지 않는다는 것을 아는 데는 그렇게 예리한 지각을 필요로 하지 않는다. 따라서 어떤 이들은 그 "차꼬"는 오히려 약간의 움직임을 허용하는 족쇄일 것이라고 주장했다(참조. NIV "족쇄"; 피크도 비슷함). 그러면 하나님의 불균형적인 잔인성은 고통의 어려움 없이는 욥이 움직일 수 없게 만들고, 그가 마치 탈주를 시도하려는 죄수인 양 그의 동태를 면밀히 경계함으로써 혼냄에 모욕까지 더하는 것에 있게 될 것이다. 그러나 싸드(סד)가 이런 종류의 족쇄를 가리킨다는 증거는 없다. 철이나 혹은 동으로 된 족쇄들은 헤벨(חֶבֶל) 혹은 느호쉐트(נְחֹשֶׁת)라 불린다(시 105:18; 149:8; 삿 16:21; 삼하 3:24; 대하 25:7).

다른 주석가들은 이 절의 두 번째 행을 첫 번째 행과 모순된다고 생각하여 생략한다(자스트로, 포어러, NEB가 그렇다). 그러나 같은 단어들로 사용된 표현이 33:11에 나타난다(거기서 포어러와 자스트로는 아무런 난점을 보지 않고, NEB는 "내가 하는 모든 일을 주시한다"라고 번역한다). 그것들에 대한 반대 의견은 주로 그것들이 히브리 시에서 다소 흔하지 않은 삼절구를 만든다는 것이다. (그러나 이 절이 이 장의 마지막이라면〈아래 28절에 관한 부분을 보라〉 삼절구도 꽤 자연스러울 것이다.)

또 다른 이들은 "그가 내 발을 회반죽에 둔다"라고 한 탈굼을 따라 싸드(סד, "차꼬")를 시드(סיד, "석회")로 수정한다. 포어러는 욥의 발이 석회로 입혀져 있어 그의 발자국들이 더 쉽게 추적될 수 있는 것이라고 상상한다. 개연성 없는 이 제안은 싸맘(סמם, "칠하다, 채색하다")이라는 동사의 가정도 수반한다(따라서 KB, KB^3).

또 다른 해결은 욥의 "길"을 단순히 그의 삶의 방식 혹은 행동 양식으로 이해하는 것이다(참조. 포프; 칠십인경에는 "나의 길들"이 아니라 "나의 일들"이라 되어 있다). 그러나 아마도 가장 좋은 해결은 27절의 행위들을 연속된 것으로가 아니라 하나님이 다양한 시점에 행하시는 여러 행위들의 모음으로 간주하는 것이다. 어느 수감자도 여러 날 혹은 여러 주 동안 계속하여 차꼬에 채워져 있지는 않다. 때때로 그들은 차꼬에서 풀려난다. 그러나 아직은 폐쇄 구역 내에 갇혀 있고, 그들의 발걸음이 "감시된다". 이 절은 전체적으로 볼 때 뒤섞인 자기 모순 은유를 제시한다. 그러나 움직임을 면밀히 감시당하는 것은 자유로운 움직임을 전혀 갖지 못하는 것처럼 느껴질 것이기 때문에, 그 모순이 아주 크지는 않다.

마지막 행은 문자적으로는 "당신은 내 발 뿌리에 표시를 새긴다"이다. 하카

(חקה)는 하카크(חקק, "새겨 넣다, 새기다")의 드물게 사용되는 이형(異形)이며, 히트파엘은 여기서 "당신 자신을 위하여 새기다"를 의미한다(*GKC*, § 54f). 많은 이들이 이것을 노예-임자가 자기 노예의 발바닥에 자기 이름을 낙인찍는 가정된 관습에 대한 가리킴으로 보았다(NEB, "그의 발의 장심에 노예 표시를 두는 것"; 비슷하게 NIV, KB[3], 투르-시나이, 포프, 고디스, 드 빌드; 그 해석은 J. A. Dathe에게까지 거슬러 올라감). 그러나 우리가 노예-낙인찍기에 대해 갖는 유일한 증거는 손(사 44:5; 49:16)과 이마에 하는 것이며, 그러한 소인을 그렇게 눈에 띄지 않는 곳에 한다는 것은 다소 어리석은 것 같다. 투르-시나이의 설명은 신빙성이 없다. "그 새겨진 표시가 달아난 노예의 발걸음으로 남겨져서 그가 그들에게 추적될 수 있도록 그 주인의 이름이 그 발바닥에 새겨[졌다]". 투르-시나이가 E. Ben-Dor, *QDAP* 18(1947) pl. 27로부터 재현한 두 개의 사진은 발바닥 모양의 장식으로 테두리가 둘러쌓인(아닌가?) 단지 손잡이들 위에만 그 주인의 이름을 보여 주는데(아닌가?), 이는 어떤 증거 가치를 갖기에는 노예 관행에서 먼 것이다.

발의 "뿌리"는 (다른 곳에서는 볼 수 없는 표현으로) 다르게는 발이 남기는 자취, 즉 발이 땅에 밀어넣는 자국으로 이해되었다. 그러면 그 동사는 "나의 발자국들을 당신이 살피신다"와 같은 번역처럼(도름; 비슷하게 테리앙, 시크레 디아즈, 호르스트, NAB, GNB) "표시하다, 자신을 위해 적어 두다"를 의미할 것이다. 이것이 가장 좋은 해결 같다.

이 구절에 대한 불가능하지 않은 또 다른 의미는 알(על)을 "…위에"가 아니라 "…에 관해서는, …에 대하여는"을 뜻하는 것으로 취하여(BDB, 349a), "당신은 내 발바닥에 관하여 선을 긋는다"일 수 있다(델리취가 그렇다. 참조. RV, RSV의 "경계를 두다", NJPS의 "둘러싸는"). 상당히 그럴듯하지 않은 또 하나의 해석은 레겔(רגל, "발")을 무릎 아래 부분을 모두 포함하는 것으로 이해하여 "발"의 "뿌리"를 발목으로 해석하는 것이다. 자스트로가 그렇다: "나의 발목을 밀치는 차꼬." 그러나 이 번역은 싸드(סד)가 여성형이기를 요구할 텐데, 그것이 여성형 같지는 않다.

이 삼절구는 하나님에 의한 욥의 조사와 그의 활동에 대한 구속을 묘사한다. 그 같이 주도면밀한 구속 행위들은 법적인 함축 의미들을 가진다: 하나님은 고발 내용을 공식화함으로써 그의 구속을 더욱 철저히 밀고 나가야 한다. 그렇지 않으면 그는 깡패(עריץ – 아리츠)처럼 행동하시는 것이다.

28 이 절은 앞에 나오는 것과의 연관성을 보기는 어렵고, 14:1-2과 보다 자연스럽게 연결됨이 분명하다. 이 절은 "그"가 누구인지에 대한 아무런 지시도 없이 "그

리고 그는"(והוא – 베후)으로 시작된다. 일부는 이 절이 14:1 시작 부분에서 (아담〈אדם〉으로) 언급된 "인간"을 말하는 것이라고 제안한다(고디스). RSV, NJPS, NIV는 이 절의 시작 부분에 "사람"을 삽입하며, 테리앙은 "선취 대명사"(pronominal anticipation)에 대해 말한다. 그러나 그러한 특징은 예증하기가 어렵다(8:16에서 보여 준 고디스의 사례는 이 구절에 대한 그의 해석에만 적절하다).

이런 이유로 많은 주석가들은 이 구절이 그것의 원래 위치인 14장으로부터 우연히 실수로 옮겨진 것이라고 결정하는데, 대부분은 그것의 원 위치를 2b절구 뒤로 보고(예를 들어, 지크프리트, 도름, 포프, 호르스트, NEB), 다른 이들은 2a절구(메르크스), 1절(스티븐슨), 3절(비켈; 참조. 비어, NAB, 모파트), 6절(키산느) 뒤에 위치시키거나 아예 삭제해 버린다(부드, 휠셔).

그러나 모든 증거가 그와 똑같은 방향을 가리키지는 않는다. 이 연설의 이 지점에서의 연 구조는 매우 규칙적이다: 13:20-22, 23-25; 14:1-3, 4-6, 7-9, 10-12은 논박할 수 없는 3행 연구들이며, 따라서 13:26-28 또한 3행 연구여야 하고, 28절은 어떤 다른 3행 연구로 접목되지 말아야 하는 것이 의미가 맞을 것이다(참조. 또한 테리앙). 또한 이 절이 14:2 뒤에 오는 것이 정말로 타당한가에 대한 의문도 있다. 왜냐하면 거기서의 주제는 인생의 덧없음인데, 여기서는 인간 존재의 박약함이기 때문이다. 일반적으로 인정하듯이 이 절로부터 그 외의 다른 의미가 그것의 현 문맥에서 나올 수 없다면, 제기된 것들은 강력한 이의들이 아닐 것이다.

고디스는 흥미롭게도 26-27절을 긴 삽입어구로 보고, 이 절을 25절의 결론으로 보아야 한다고 제안했다. 즉 "당신은 말라 비틀어지는…한 잎을 겁주려 하십니까?" 이는 우리에게 현재 절의 "그" 혹은 "그것"이 "욥"이나 "인간"이 아니라 25절의 잎 혹은 지푸라기라는 실마리를 준다. 그러나 연 구조는 26-27절을 삽입어구로 보기보다는 23-25절과 26-27절을 평행하는 것으로 보도록 조장한다. 각 연은 그 첫 번째 두 절에서는 욥과의 관계 속에서 하나님에 대해 말하고, 그 마지막 절에서는 욥을 연약하고 박약한 어떤 것처럼 괴롭힘당하는 것으로 묘사한다. 앞 연은 "내가 그렇게 약한데 당신은 왜 나를 당신의 원수로 생각하시나이까?"를 뜻한다. 두 번째 연은 "내가 그렇게 닳아 빠지고 무가치한데 당신은 왜 나를 그렇게도 면밀히 주시하시나이까?"를 뜻한다.

하나님의 체포와 면밀한 조사의 이 특정한 대상은 분명히 신의 주목을 받을 가치도 없다. 그것은 닳아 없어지며(13:28a, b), 물론 수선될 수는 있지만(참조. 수 9:4에서도 발라〈בלה, "닳다"〉가 포도주 담는 가죽 부대에 대해 사용된다), 아주 믿을 수 없고(마 9:17) 오래 가지 않을 가죽 같다. 사람이 "닳는다"는 용어에 대해서는 창세기 18:12; 이사야 50:9; 시편 32:3; 49:15[14]; 예레미야애가 3:4 참조. 혹은 상을 바꾸어, 그것은 이미 좀으로 구멍난 의복 같다(좀의 파괴성에 관한 표상에 대해서는 참조. 4:9에 관한 부분). 포어러는 두 번째 행을 이사야 50:9; 51:8; 호세아 5:12; 시편 39:12[11]에서 볼 수 있는 시편-스타일 표현법에서 파생된 것으로 본다.

14:1-3 여기서 구체적으로 욥에게서(13:20-28에서처럼) 일반적인 인간에게로 초점이 바뀐다. 물론 욥은 아직도 자신에 대해 말하고 있는 것이다. 그러나 처음은 아니지만 그 자신의 경험을 모든 인간이라는 좀더 넓은 캔버스에 투사시켰다(참조. 13:20; 7:1-10). 이 연의 요점은 사람은 그들의 하찮음으로 인해 욥이 지금 받고 있는 것 같은 신의 감독을 받을 만하지 않다는 것이다.

1 시작하는 말 아담(אדם)이 차지하는 부각된 위치가 보여 주듯이, 욥은 이제 인간 일반에 대해서 말할 것이다. 인생은 너무나 덧없어서 하나님이 그것을 조사하고 판단하시는 데 그렇게 많은 노력을 바치는 것은 위엄 없는 것처럼 보인다. 욥의 사고에 있어서는 즉각적인 죽음에 대한 욥의 열망과 인생이 지독하게도 짧다는 그의 불평 사이에 아무런 충돌이나 모순이 없다(앤더슨는 이에 반대다). 그 자신으로서는 조속한 죽음이 그의 견딜 수 없는 처지로부터 벗어날 수 있는 가장 바람직한 것 같다(참조. 3:20-23; 6:8-9; 7:21b; 9:21). 그러나 어쨌든 그 자신을 포함해서 인간의 수명은 완전히 살더라도 너무 짧아서 하나님이 그에게 부으시는 관심의 양은 균형이 전혀 맞지 않는 것 같다(참조. 7:7-10, 16b-19; 10:20-22).

인생의 무상함에 대해 한탄할 때 인생의 고단함과 무목적성에 강조를 두었던 7:1-3과는 달리, 여기서의 강조는 엄격하게 불평 그 자체의 원인으로서가 아니라 (결국 덧없음으로 여겨지는 것은 임의적이거나 적어도 상대적인 문제다) 3절의 질문, 즉 "이와 같은 자를 살피시겠다는 겁니까?"의 배경으로서 인생의 덧없음에 있다.

히브리 성경에서 "여자에게서 난"이라는 표현은 욥기에 유일하다(또한 15:14; 25:4; 집 10:18; 1QS 11.21; 1QH 13.17; 18.12-13, 16, 23-24; 마 11:11; 눅 7:28을 보라). 아마도 그것은 비록 구약에서 여자들이 약하다고는 거의 언급되지 않지만(참조. 전사들이 여자들이 되는 렘 50:37; 51:30; 사 19:16, 이집트인들이 여자들처럼 떤다) 약함의 함의를 갖고 있다. 여기에는 동사 아나쉬(אנש, "약하다")와 잇샤(אשה, "여자")를 연결하는 어떤 민속 어원이 작용하고 있을지 모른다. 그것은 확실히 이 문맥의 요점에서 벗어나는 부정(不淨)의 함의는 가지고 있는 것 같지 않다. 부정의 개념이 가까운 문맥 상황에 있는 15:14과 25:4에서조차도 여전히 여자에게서 태어남이 의미하는 것은 연약함 같다. 출산을 포함하여, 여자들의 특정한 때의 의식적 부정은 비교적으로 비-제의적 사상계에 속하는 욥의 대화들 바깥에 놓여 있을 것이다. 드 빌드는 최근에 "여자에게서 난"은 단지 "필멸의"를 의미하며, 이것이 그것을 인용한 신약 구절들에서 그리고 집회서 10:18에서의 실정임은 분명하고, 모든 경우에 대해서도 상황이 같을지 모른다고 제안했다.

인생은 날들(days)로는 가난하지만, 혼란(turmoil)으로는 부자다. 욥의 경구는 거의 "날과 부와 명예가 가득한"이라는 표준 표현(대상 29:28)의 역전이다. "날들로 가득한"이라는 전통적 표현(창 25:8; 35:29) -42:17에서 욥 자신에 대해 말해질 것이다! -은 예의상으로 쉽게 부정될 수 있고(야곱, 130세에: "짧고도 험악함이 나의 인생의 날들이었나이다", 창 47:9), 그리고 여기서는 인간 조건에 대한 깊은 우울로부터 그렇게 될 수 있다. 로게즈(רגז)가 의미하는 "혼란"(RV, RSV, NAV, NJPS, NIV처럼 단순히 "문제"가 아니라)은 "감정의 격동이요 재난의 맹습"(포어러)이다. 참조. 또한 3:17, 26에 관한 부분. 욥은 불안함(7:4)과 치욕(10:15)으로 가득하고, 그것들로 "물렸다"(שׂבע -샤베아). 그를 공허하게 하고, 말려 버리고, 연약하게 하는 것은 바로 이 충만함이다.

2 인생의 덧없음에 대한 두 개의 전통 이미지가 뒤따라 나온다. "꽃처럼 일시적인 것은 없으며, 그림자처럼 순식간에 사라지는 것은 없다"(도름). 짧게 사는 것으로서의 꽃 표상에 대해서는 시편 103:15-16; 이사야 28:1, 4; 40:6-8; 야고보서 1:10, 11; 베드로전서 1:24을 참조하라(풀: 왕하 19:26; 시 37:2; 90:6; 102:12[11]; 129:6). 그려지는 상은 일반적으로 봄에 새롭게 자라난 후 여름의 뜨거운 동풍이 오기 전에 때 이르게 끝나 버리는 것에 대한 것이다. 그러나 여기서 말랄(מלל)이라는 동사는 "시들다"가 아니라 "잘라내다"를 의미할 수도 있다("원문주해" 14:2b를 보라). 그러면 그려지는 것은 5월 혹은 6월에 곡식 거두는 자의 낫에 곡식과 함께 잘려지는 봄꽃의 심상이다. 빠른 것으로서의 그림자 표상에 대해서는 8:9; 시편 102:12[11]; 109:23; 144:4; 집회서 6:12; 역대하 29:15 참조. 쇼펜하우어는 이 절을 정확하게 단순 언어의 강한 인상성의 표본으로 찬미했다(*Parerga und Paralipomena*, in *Arthur Schopenhauers sämtliche Werke*, ed. P. Deussen [Munich: R. Piper, 1913] 5:570-71).

3 그 같은 인간의 약함과 일시성은 철저하고 길게 늘어나는 하나님의 심문과

대조된다. 그 놀랄 만한 불균형이 도입 소사 아프(אַף, "진실로, 정말로"; 강조 절을 이끈다, *GKC*, § 153)에 의해 강조된다. 비슷한 사상의 흐름이 7:17-19에 있다. 여기서 "눈을 연다"는 것(פקח עין – 파카흐 아인)은 주목한다는 것이다. 다른 곳에서 하나님의 돌보심을 구하는 간청으로 경험되는 것(사 37:17; 렘 32:19)이 여기서는 그에게 부정적으로 향해진다(포어러): 아주 면밀한 주목은 오직 인간의 해를 위함이다 – 특별히 욥의 해를 위함이다.

하나님에 의한 그렇게 철저한 주목은 오로지 사람에게서 흠을 찾아내어 그들을 법적으로 유죄의 자리에 둘 수 있기 위해서만 행해진다. 이 곳의 요점은 10:12-14의 것을 닮았다. 하나님이 사람들을 끌어들이시는 "논쟁"(משפט – 미슈파트)은 어떤 미래의 심판이 아니라, 때때로 발생하며 자기 대적자를 재판으로 "끌어들이는" 혹은 끌어내는 원고 하나님이 시작하시는 사람과 하나님 사이의 충돌이다(참조. 13:27). 그러한 재판들(욥의 것은 그런 재판들의 모델이다)은 원고에 의한 피고의 공판-전 "체포"의 형식 같은 형벌로 **시작된다**. 그의 인격이 누명을 썼다고 보는 지금 욥 자신은 분명히 하나님과의 재판을 원한다. 그러나 그는 자가당착에 빠지지 않으면서 하나님이 사람과 괴팍스럽게 법적 논쟁에 들어가시는 발상 전체를 인간과 하나님의 상대적 힘과 균형이 맞지 않고 타당하지 않은 것으로 간주한다. 한 시편 시인은 하나님의 선하심을 강조하기 위해서 인생의 덧없음과 그분의 위대함을 비교할 수 있었으나(시 103:15-17), 욥은 보다 단단한 재료로 – 혹은 더 정확하게 말해서 보다 섬세한 물질로 – 만들어졌다.

4 이 절의 여기 문맥과의 연관성을 보기는 어렵지만 그것을 삭제할 만한 충분한 이유도 없다(비켈, 부드, 드라이버-그레이, 포프, NEB, 호르스트는 이 절을 삭제한다). 그것은 "한 경건한 독자가 난외에 기록한 한숨인데 잘못하여 본문 속으로 들어온 것"(피크)일 가능성은 거의 없다. 해당 문제들이란: (1) 1-6절의 나머지 부분에서 하나님에게 그의 응시를 사람에게서 돌려 달라고 간청하는 이유는 인생의 "부정함"이 아니라 그것의 **덧없음**이다. 이들은 욥의 말보다는 친구들의 말같이 들린다(참조. 4:17). (3) 두 번째 행이 비정상적으로 짧은데, 이는 본문의 훼손을 암시할지 모른다.

그러나 이 문제들은 해결될 수 있는 것들이다. 인간의 부정함에 대한 언급 자체는 하나님에게 "보시지 말라"고 요구하는 **이유**가 아니다. 요점은 인간은 수명이 짧고 그러한 미물의 죄는 거의 우주 질서나 신의 명예를 위협할 만한 규모가 될 수 없으니 하나님은 무리 없이 인간의 죄를 무시하실 수 있다는 것이다. 그 사고 방향은 7:19-21과 정확하게 같다. 그러나 거기서는 욥이 자신에 대해서만 배타적으로 말했고, 여기서는 사람에 대해 전체적으로 말한 점이 다르다. 거기서 그는 "당신은 얼마나 지나야 내게서 시선을 돌리시렵니까(여기서처럼 샤아〈שעה〉)? 내가 죄를 짓는다 하여, 그것이 당신에게 얼마나 해가 되나이까? 곧 있으면 나는 죽을 것이고 더 이상 아무것도 문제가 되지 않을 텐데 당신은 왜 내가 지었을 것이라 생각되는 죄를 그냥 간과해 주지 않으시나이까?"라고 물었다. 여기서는 "사람이 죄를 범한다는 것은 우리 모두 압니다. 그러나 왜 그들을 감시하고 그들이 잘못했다 하여 그들을 학대하시나이까? 그들은 모두 금새 죽을 것인데, 그런 일 가지고 왜 그렇게 야단법석을 떠시나이까?"라고 말한다.

물론 이 주장에는 약간의 논리적 난점이 있다. 만일 사람들이 전체적으로 "부정하다"면, 욥 자신도 "부정하지" 않을까? 설마 그가 그것을 인정하는 것은 아닌가? 원칙적으로는 그는 항상 자신이 죄를 범할 수 있음을 인정했다("내가 만일 죄를 범하면", 7:20). 다만 실제에 있어서 그의 현재 고난이 그에 대한 벌이 될 수 있는 어떤 죄에 대해서도 그가 유죄라는 것을 인정하지 않는 것이다. 그리고 사람에 관한 그의 요점은 모든 사람이 항상 죄인이라는 것에 달려 있는 것이 아니다. 그것은 그의 도덕적 오류 가능성이 육체적 연약함과 덧없음의 상관물인 인간의 잠재적 죄성과 관계가 있다. 어떤 면에서는 욥은 "사람이 그의 창조주 앞에서 깨끗할 수 있겠는가?"(4:17)라는 엘리바스의 말에 반대하지 않을 것이다. 그는 인간이 전체적으로 하나님과 비교하면 의롭지 않다는 점에는 동의하지만, 그렇기 때문에 그, 즉 욥이 죄인이라는 결론은 부인한다.

욥에게는 "원죄" 혹은 물려받은 죄라는 개념이 없다(W. Eichrodt, *Theology of the Old Testament*[tr. J. A. Baker; London: SCM, 1967] 2:410는 이에 반대다; 그리고 기독교 교리를 옹호하여 이 구절을-욥기에서 다른 것보다 훨씬 자주-인용한 초대 교회 교부들; 더 자세한 것은 J. Ziegler, *Iob 14,4-5a als wichtigster Schriftbeweis für die These Neminem sine sorde et sine peccato esse*[*Cyprian, test 3, 54*] *bei den lateinischen christlichen Schriftstellern*[Bayerische Akademie der Wissenschaften, Phil.-hist. Klasse, Sitzungberichte, Jahrgang 1985.3; Munich: Verlag der Bayerischen Akademie der Wissenschaften und C. H. Beck, 1985]를 보라). 욥은 실용적으로 실제로 문제가 된 것에 대해서만 말한다. 어떤 이들은 "깨끗한 것을 더러운 것으로부터"라는 표현을 죄로 오염된 부모의 자식에게서 "깨끗함"은 불가능하다는 것을 가리키는 것으로 보았다. 그러나 여기에는 잉태, 출산 혹은 여자와

연결된 부정을 가리키는 암시가 전혀 없다(도름, 로울리는 이에 반대다). 왜냐하면 그 표현은 "누가 더러운 것에서 깨끗한 것을 가져올 것인가?"가 아니라 "누가…줄 것인가?"이며, 이 어구는 인간성이 다를 수 있기를 바라는, 그리고 "정결한 존재"의 한 예가 (일반적으로 말하면) "불결한" 대부분에서 식별될 수 있기를 바라는 가망 없는 소원을 표현하는 것이기(*GKC*, § 151b) 때문이다(참조. NAB, "오염되지 않은 사람이 발견될 수 있을까?"). 호르스트는 유비적으로 신명기 15:7을 인용한다. "너희 형제들 중 하나로부터 가난한 한 사람"(אביון מאחד אחיך – 에브욘 메아하드 아헤이카), 즉 "너희 형제들이라는 분류 가운데서 가난한 한 사람."

욥기에서는 제의가 거의 언급되지 않기 때문에, 욥기 대화부에서 그리고 특별히 욥의 입에서 제의적 용어가 사용되는 것("정결한" 그리고 "부정한", 각각 타메〈טמא〉와 타오르〈טהור〉)은 주목할 만한 것이다. 여기에 징크(J. K. Zink)가 주장하는 것 같은 제의적 불결함에 대한 관심이 있다고 말하기는 어렵다("Uncleanness and Sin: A Study of Job xiv 4 and Psalm li 7," *VT* 17(1967) 354-61). 그 용어들이 제의적 정결함이 아니라 도덕적 "깨끗함", 즉 의로움에 대해 은유적으로 사용되고 있음을 문맥이 분명히 한다(טהר는 욥기의 다른 곳에서 금〈28:19〉, 구름 낀 하늘을 맑게 하는 바람〈37:21〉, 윤리적 "깨끗함"〈4:17; 17:9〉 등에 대해 사용된다. טמא는 욥기 다른 곳에서는 사용되지 않는다).

두 번째 행이 짧은 이유에 대해서는 확정적으로 말할 수 없다. 반면에 그 결과는 분명히 그 소원을 이룰 수 있는 사람이 없다는 인상 깊은 진술이다.

5-6 5절의 세 개의 행은 6절의 요구에 대한 세 가지 이유로 보는 것이 가장 잘 맞는다. 첫 단어 임(אם)은 가정의 "만일"이 아니라 "때문에"를 뜻하는 "만일, 사실이 그렇다면"이다. 인생의 정해진 기간에 대한 이 삼중 묘사의 중점은 인생이 특정한 길이로 고정되었다는 것이 아니며, 하나님 자신이 그것을 고정시켰다는 것도 아니라, 하나님은 그것이 얼마나 짧은 기간인지를 매우 잘 아신다는 것이다. 이것은 너무나 자명한 일반 논급이어서 명쾌하게 말해지지 않았다. 대신 말해진 것은 정해진 기간이 연장되는 것의 불가능성이다. 사람이 살 날 수는 "결정되었고"(חרוץ – 하루츠), 강조는 신의 결정을 취소할 수 없다는 것에 있다(호르스트; 참조. 사 10:22; 욜 4:14[3:14]; 단 9:26, 27; 11:36 등에 있는 하라츠〈חרץ〉). 마찬가지로 인생의 달들은 하나님에게 "알려져" 있다. 문자적으로는 "당신과 함께 있다"(אתך-이타크). 당신의 지식 혹은 기억 속에 있다. 애트(את, "…와 함께")의 그런 의미에 대해서는 이사야 59:12; 잠언 2:1; 창세기 40:14(BDB, 86 § 3b). 날과 달이 함께

더해져 총계에 이르며, 그것이 인간의 "한계"다(חק – 호크, "미리 정해진 것"). 그 단어는 13절에서는 정해진 기한에 대해 사용되고, 다른 곳에서는 바다의 정해진 경계(26:10; 38:10; 렘 5:22; 잠 8:29), 하늘(시 148:6) 그리고 이스라엘의 땅(미 7:11) 등에 대해 사용된다. "정해진 경계"(חק)를 "넘어간다"(עבר)는 것은 "법령을 위반하다"를 뜻하는 법적 표현같이 들린다(정확한 어구는 사실 히브리 성경에서 확인되지 않는다). 신이 규정한 사람의 고정된 수명을 "넘어가는"(עבר) 것은 신의 법을 "어김"(עבר)과 같은 것이라는 견해를 가지고 약간 생각해 볼 수도 있겠다. 여기에는 한 개인의 수명이 예정되었다는 사상은 없고, 다만 인간의 주어진 수명이 (몇 년이 정해졌든) 보잘것없는 기간이라는 것이다.

욥은 그에게 남은 날들에서 약간의 쉼을 얻을 수 있도록 하나님에게 자기를 "단념하라"(חדל – 하달), 그를 혼자 내버려 두라고 요청했다(7:16; 10:20). 그 생각은 분명히 전통적인 탄식 양식이다. 시편 39:14[13], "내가 떠나 없어지기 전에 웃을 수 있도록(בלג – 발라그, 9:27; 10:20에서처럼), 내게서 눈길을 돌리소서(שעה – 샤아, 여기서처럼)". 물론 여기서 욥에 의해 고통을 주며 달갑지 않은 것으로 경험되는 하나님의 끊임없는 주시의 표면적 대상은 욥 개인이 아니라 인간이다. 많은 이들은 "기쁨"의 표현이 매우 침울한 상황에 사용되는 관례를 알아보지 못하여 여기서 라차(רצה)에 대해 "즐기다"라는 뜻 외에 다른 의미를 찾으려고 했다("원문주해" 14:6.b.를 보라). 그러나 여서기의 요점은 욥과 같은 위치에 있는 사람에게 남은 작은 "만족" 혹은 "위로"(10:20)는 날품팔이꾼에게 없어서는 안 될 일감과 비슷하다는 것이다. 자기 일을 "즐기는" "고용 일꾼"에 대해 누가 들어보았겠는가? 그 단어 속에는 욥이 마치 내게 남은 날들에서 내가 가질 수 있는 모든 즐거움 – 만일 있다면! – 을 나는 움켜쥘 것이라고 말하는 것 같은 반어적 의미가 있다. 물론 일단 하나님이 눈길을 사람 – 다시 말해 욥 – "으로부터"(מעליו – 메알라브) 돌리시면, 하나님의 정밀 감독이라는 짓누르는 짐이 제거되는 것은 또 하나의 경감이 될 것이다.

그 견해는 품꾼이 자기 일이 끝나는 하루의 끝에만 그의 "날"을 즐긴다는 의견(그레이, 로울리)을 타당하게 보지 않는다. 그것은 "날"이라는 단어에 부여하는 부자연스런 의미가 될 것이다. 참조. 또한 델리취는 한(Hahn)을 제대로 인용한다: "[욥]은 사람이 그 아래서 한숨을 돌리는 보통의 질병들 외에 또 다른 고통을 가하지 않음으로써 하나님께서 사람에게 슬픔 가운데 일해야 하고 이마에 땀이 맺힌 채 자기 빵을 먹지만 아직 어떤 고난이 없는 하루 일꾼의 상대적 쉼을 선사해 주시기를 열망한다."

7-12 각기 3행으로 된 두 개의 연이 나무의 "희망"과 죽음 이후의 생에 대한 사람의 "희망"을 대조한다. 시절(詩節 혹은 "연")과 응답 시절의 형식 관계에 대해서는(또한 14:13-22에서처럼) J. Krašovec, *Antithetic Structures in Biblical Hebrew Poetry*(*VTS* 35; Leiden: Brill, 1984) 112-15를 참조하라. 뛰어나게 아름다운 이 작은 시는 앞에 나온 것과 뒤따르는 것 모두와 연관성을 가지고 있다. 그것은 6절에서 하나님에게 "눈길을 돌려 달라"고 한 간청의 근거인, 인생은 범할 수 없는 고정된 한계를 가지고 있다는 5절의 사상에 대한 상술을 제공한다. 그것은 또 상황이 달랐기를, 그리고 스올이 돌아올 수 없는 곳이라기보다 신의 진노를 피할 수 있는 안전한 곳일 수 있기를 바라는 13-17절의 가망 없는 소원으로 이어진다.

7 인생에 비추어 말하면, 나무는 그 희망이 소생이나 되살아남에 대한 것이라면(19절을 보라. "그렇게 당신은 사람의 희망을 박살내시나이다"), 욥의 인생이나(17:15; 19:10; 그리고 참조. 7:6에 관한 부분; 대조 4:6; 8:13; 11:18, 20) 인생 일반에 희귀한 "희망"(תקוה – 티크바)을 가지고 있다고 말해질 수 있다. 벳츠타인(J. G. Wetzstein, Franz Delitzsch에 의해 인용, p. 175)은 트랜스요르단과 다메섹 근방에서 오래된 무화과나무, 호두나무, 석류나무뿐만 아니라 더 이상 좋은 열매를 내지 않는 포도나무 줄기를 잘라 버리는 한 관습에 대해 말했는데, 어쩌면 여기에 그런 관습에 대한 어떤 암시가 있을지도 모른다. 잘려진 밑동 줄기는 수분을 공급받으면 그 다음해에 새로운 싹을 내고 이후에 좋은 작물을 맺는다. 또 플리니(Plny)는 줄기가 잘린 후에도 그 생명을 유지하는 것으로서 월계수에 대해서 말한다(*Hist. nat.* 15.30). 나무에게는 죽음이 새 생명을 가져온다 – 적어도 그것은 나무의 희망이다. 오래된 그루터기(참조. 사 6:13; 11:1)는 새 싹을 나게 할 수 있고(חלף – 할라프, 히필; 참조. 29:20; 시 90:5-6; 아마도 사 9:9[10]; 40:31; 집 46:12), 강해지고 "약해지지"(חדל – 하달, 6절에서는 "단념하다") 않을 것이다.

이 세 개의 절구로 된 행은 또 다른 세 개의 절구로 된 행으로 끝나는 7-12절 단락을 시작한다.

8-9 아마도 쓰러진 나무 심상이 계속되고 있다. 여기의 나무는 단지 시들고 오래되어 죽는 것으로서 7절의 것과 다른 나무라고 볼 수도 있다. 기즈오(גזעו)는 "그것의 그루터기"보다는 "그것의 줄기"일 수 있다. 그러나 그보다 더 그럴듯한 것은 베어진 후 자연 과정에 따라 부패하고 시들기 시작하는 나무의 심상이다. 심지어 그런 죽음의 상태라 할지라도 물을 조금 "내뿜거나" 혹은 약간의 물만 있으면 그것은 되살아난다. 물론 물의 레아흐(ריח, "기운, 냄새")란 사사기 16:9에서 삼 밧

줄이 불 "냄새를 맡고"(동사로서 루아흐〈רוח〉) 끊어진다고 말해지는 것처럼 은유적 표현이다. 다시 살아난 나무는 마치 새로운 묘목이 새롭게 심긴 것처럼 싹을 낸다(עשה – 아사; 참조. 15:27).

로울리는 다음처럼 말할 때 분명히 너무 멀리 간다: "욥은 암시적으로 왜 사람은 나무에게 허락되는 것을 거절당해야 하는가라고 묻는 것이다" – 이는 마치 욥이 인간의 운명도 죽음 이후에도 존속되어야 한다고 암시하는 것을 보는 것 같다. 참조. 피크: "우리는 시인이 나무의 꺾이지 않는 생명력에 대한 이 언급을 욥의 입에 올린 것은, 나무에게 허락되는 것이 인간에게는 거절될 수 있다는 생각의 당치 않음을 미묘하게 암시해 주려는 뜻이었다고 생각해도 무방하다." 왜냐하면 욥은 인간에게는 아무런 내세가 없다고 항의하고 있다는 것이 아니라, 인간에게는 그런 희망이 없기 때문에 하나님은 그들의 작은 잘못들을 무시해야 한다고 주장하고 계신다는 것이기 때문이다.

10 나무의 운명과 대조되는 것이 사람의 운명이다: 죽음으로 쓰러지는(7절의 이미지를 사용) 사람은 아무런 희망이 없고 "약하다". 사용된 동사는 "엎드리다"가 아니라(참조. RSV, NIV, "낮춰지다") "약하다"를 뜻하는 할라쉬(חלשׁ)이며(참조. 욥 4:10[3:10], 할라쉬〈חלשׁ〉 깁보르〈גִּבּוֹר〉와 대비됨), 또한 어떤 이들은 사람이 "죽고" 그 다음에 그가 "약하다"는 말을 이상하게 여겼다. 고디스는 그것을 동사가 의미상 순서가 바뀌는 **도치법**(*hysteron proton*)으로 생각한다. 그러면 "사람은 죽고 연약해진다"는 말은 "사람이 연약해지고 죽는다"를 의미한다. 다른 이들은 할라쉬(חלשׁ)에 대해 "잡아채 가다" 혹은 "사라지다" 같은 다른 의미를 제시했고("원문주해" 14:10.a.를 보라), 또 다른 이들은 그 동사를 "가 버리다" 혹은 "쫓겨가다"라는 의미를 만들어 내도록 수정한다. 이런 제안들은 할라쉬(חלשׁ)가 잘린 후에도 계속되는 나무의 생명력과 대조되는 죽음 이후의 인간의 기력 상실을 가리키는 것이며, 강조는 "죽는다"는 동사가 아니라 이 동사에 있다는 것이 인정될 때 무시될 수 있다. 다후드는 마찬가지로 "시인은 허약자들과 힘을 잃은 자들이 거하는 곳으로 스올 모티프를 환기시키고 있다"고 해설한다("The Conjunction *wn* and Negative *ʾî* in Hebrew," *UF* 14[1982] 51-54[54]). 따라서 우리는 다음과 같이 번역해야 한다: "사람은 죽을 때 모든 힘을 잃는다." "사람"을 뜻하는 첫 단어 게베르(גבר)는 비록 남자를 가리키는 다른 용어들과 구별되는 "강한 남자"를 뜻하는 것은 아니지만("원문주해" 4:17.a.를 보라), 그것의 어근 גבר("강하다")로부터 인간 남성이 종국에 얻게 되는 약함과 대조되는 뉘앙스들을 갖는다. "그의 마지막 숨을 쉬다, 숨을 거두

다"(גוע – 가바)에 대해서는 13:19에 관한 부분을 참조하라.

그 물음 "그 후 그는 어디에 있는가?"는 "아무도 모른다!"라는 대답을 고대하는 전도서의 물음 "누가 사람의 영혼이 위로 올라가는지 아는가?" 식으로, "아무데도 없다"라고 대답될 "수사적" 질문이 아니다. 그것은 듣는 사람의 마음에 극도의 약함과 피로의 장소요(3:17; 시 88:5[4]; 참조. 죽은 사람을 뜻하는 완곡 어구인 이집트 표현 *wrd 'ib*, "마음이 지친[자]"), 게다가 새 생명으로의 귀환이 불가능한 곳(참조. 10:21; 16:22)인 스올 이미지를 불러일으키기 위해 의도된 질문이다.

11-12 이 절들은 증발하거나 빠지는 물과 죽음의 먼지 속으로 가라앉는 인간을 비교한다. 호수의 물("바다"〈ים – 얌〉일 뿐만 아니라 "호수"; BDB, 411 § 3, 4)은 여름의 열기에 사라질 수 있고, 시내는 "바싹 마를 수" 있다(חרב – 하라브, 홍수 물, 창 8:13; 깊은 물, 사 44:27; 갈대 바다, 시 106:9; 그리고 야베쉬〈יבש, 물〉, 창 8:7; 왕상 17:7〈נחל – 나할, "개울"〉; 렘 50:38; 욥 1:20〈אפיקי ים – 아프케 얌, "개천"〉). 그것은 다시는 보이지 않는다. 인간이 바로 그렇다.

그 비교는 일반적으로 생각되는 것같이 호수 혹은 시내와 인간 사이의 비교가 아니다. 왜냐하면 피크와 로울리가 알아보듯이 말라 버린 시내와 호수들은 일반적으로 비가 오면 다시 가득해지고, 그들의 가뭄은 인간의 운명처럼 영구적이지 않기 때문이다.

꽤 다른 해석이 도름, 테리앙 그리고 호르스트에 의해 제시된다(또한 JB). 즉 그 이미지는 12b절구에 나오는 하늘의 사라짐 이미지처럼 불가능한 상황을 제시하는 것이다. 바다의(그것의 보통 의미로서의) 물이 사라질 수 있고 커다란 강(נהר – 나하르, 나일 강과 유프라테스 강에 사용됨)이 바싹 마를 수 있지만, 그 때에라도 인간은 일단 무덤에서 쉬고 있으면 결코 일어나지 않을 것이다. 그러나 이 매력적인 해석은 12절의 시작하는 단어 "그리고"에 의해서 배제된다. 그것은 오직 비교의 "그리고"일 뿐일 수 있기 때문이다(*waw adaequationis*; *GKC*, § 161a를 보라). 그것은 나무와 10절 처음에 나오는 인간 사이의 비교/대조를 나타내기 위해 사용되었다.

이 절은 이사야 19:5과 똑같다(니슈투〈נשתו, "말라 버리다"〉는 여기서 아즐루〈אזלו, "가 버렸다"〉로 바뀜). 이 구절은 어쩌면 이사야서에서 온 것이지만, 다른 배경에서 사용된다. 거기서는 하나님의 애굽 심판 과정에 있었던 나하르(נהר, "강")라고도 얌(ים, "바다")이라고도 불리는(사 27:1과 나 3:8에서처럼) 나일 강의 말라 버림과 관계가 있었다. 여기에는 나일 강에 대한 구체적인 언급이 없는 것 같으며, 그리고 우리가 여기서 가지고 있는 것 같은 좀더 격언 같은 시 형식이 그만큼 더 원문일 가능성이 높다. 포어러는 11절의 첫 번째 행만이 여기에 적절하다고 생각하며, 그것을 땅의 시내들 속으로 사라져 버린 지하 세계의 대양으로 돌린다. 두 논지 모두 설득력이 없다.

하늘이 그대로 있는 한 사람은 계속 죽어 있다는데, 이는 영속성을 뜻하는 흔한 표상이다(신 11:21; 렘 31:35-36; 시 72:5, 7, 17; 89:30[29], 38[37]; 148:6). 사실 구약 문학에는 우주적 파멸 혹은 소실로 세상에 종말이 온다는 전통이 있다(사 34:4, 별들이 쇠잔해지고, 하늘이 두루마리처럼 말린다. 51:6, 하늘이 연기처럼 사라지고, 땅이 닳아 없어진다. 시 102:26-27[25-26], 하늘이 사라지고, 땅의 기초가 옷처럼 닳아 없어진다. 참조. 히 1:10-12). 그러나 이것이 진짜 신앙을 나타내는지는 의심스럽고(에녹1서 45:4-5; 51:1-2에서처럼), 오히려 마치 "하늘과 땅이 존재하기를 멈출지라도, 하나님과 그의 구원은 그렇지 않으리라"고 말하는 것처럼 하나님의 영원성에 대한 과장의 말이 아닌가 싶다. 어느 경우라도, 현재 구절에는 우주의 멸망에 대한 사상이 있을 수 없다. 왜냐하면 여기서의 요점은 전적으로 인간 죽음의 종국이기 때문이다.

이 구절에서 죽음에 대해 사용된 마지막 용어 "잠자다"는 어떤 일시적인 상태를 의미하는 것으로 오해되지 말아야 한다. 이 이미지가 나타날 때는 절대 그렇지 않다(참조. "영면"〈永眠〉, 렘 51:39, 57). J. G. S.S. Thompson, "Sleep: An Aspect of Jewish Anthropology," *VT* 5(1955) 421-33; T. H. McAlpine, *Sleep, Divine and Human, in the Old Testament*(*JSOTS* 38; Sheffield: *JSOT*, 1987)를 보라.

13-17 욥은 잠시 동안 그가 인간을 대신하여 말한다는 상상을 그만두고(아담〈אדם, 1절〉 혹은 게벨〈גבר, 10절〉 혹은 이쉬〈איש, 12절〉) 오로지 자신에 대해 말한다. 여기에는 추론보다는 감정, 아주 명백한 현실보다는 불가능한 꿈이 있다. 지극히 개인적인 13:20-28의 대화에서 그랬던 것처럼, 이 절들에서도 그것은 "나를 숨겨 주시오", "나를 감춰 주시오", "나에게 기한을 정해 주시오", "나를 기억하소서" 등이 될 것이다.

13 죽음의 잠에서 깨어날 가능성에 대한 욥의 부정은 그가 바로 가까이에서 상황이 다를 수 있기를 바라는 강렬한 열망을 표현한다고 해서 약화되지 않는다. 스올이 하나님의 진노로부터 피할 수 있는 곳일 수 있기를, 그리고 사람이 그 곳에서 일어나 하나님과의 새로워진 친밀한 교제를 누릴 수 있기를 바라는 이 특별한 소원이 비록 가망 없는 것일지라도, 그것을 말할 때 하나의 급진적인 이동이 이루어진다. 왜냐하면 이 순간 이전에는 욥이 한 번도 그를 향한 하나님의 진노와 적의의

현재 성향이 보다 우호적인–적극적으로 열망하는 것이라고는 말할 수 없지만(15절)–태도로 바뀔 가능성을 상상하지 않았기 때문이다. 우리는 앞에서(참조. 9:4에 관한 부분) 불가능한 소원을 표출하는 것이 전혀 말의 낭비가 아니라 말하는 사람에게 정말로 가치 있는 것을 표현하는 방법임을 살펴보았다.

구약의 다른 구절들에서는 하나님이 백성을 원수들의 위험으로부터 "숨기신다"(사 49:2; 시 27:5; 31:21[20]; 진노가 지날 때까지 숨는 것에 대해서는 사 26:20; 암 9:3 참조). 여기서 욥은 하나님이 사람을 하나님 자신으로부터 숨기시는 모습을 상상한다. 그가 지금 경험하고 있는 그 하나님을 넘어선 새로운 하나님 사상은 하나님은 그분이 그런 것 같은 전부가 아니며, 미래는 반드시 단순한 과거의 연장만은 아니라는 가능성에 대한 용인이다. 욥은 9:13에서 하나님은 태초 이래로 그의 태도였던 그의 분노를 결코 "되돌리지"(שׁוּב–슈브, 히필, 여기서의 칼 שׁוּב와 그렇게 다르지 않음) 않으실 것이라 확신했었다. 여기서 그 확신을 부인하지는 않지만 그의 불가능한 꿈 속으로 하나님의 분노가 끝날 수 있을 미래에 대한 묘사를 도입시킴으로써 자신이 변화를 고려할 공간을 개척한다. 하나님의 분노가 "지나가고" "달래진"(שׁוּב, 문자적으로는 "돌아가다"; 창 27:44-45; 사 5:25, 분노가) 때를 상상하는 일은 가능하다. 욥은 그의 이전 연설에서 사용했던(9:5, 13) 하나님의 "분노"라는 단어를 사용하지 않았다. 그러나 우리는 이 절에 의해서 13:25-27에서 그려진 하나님의 적의와, 12:13-25에서 자세히 말해진 사회 질서의 대변동이 9-10장에서 하나님의 행동을 지배했던 똑같은 열정에 의해 자극되었다고 추측하도록 의도되었음이 분명할 것이다(참조. 9:13에 관한 부분).

욥은 단순히 자신을 저주하는 3장의 절망과 5-6장의 죽음과 하나님의 부재 요구로부터 모순되기는 하지만 하나님이 진노 없는 평온함 속에 그를 친절하게 "기억할 수" 있는 미래에 대한 소망을 향해 먼 길을 왔다. 욥의 연설들에는 친구들의 정적인 교조주의와 뚜렷하게 대조되는 역동성이 있다.

이전에 욥은 하나님이 자신을 대할 때 그에 관한 기본적이고 근본적인 한 가지 사실을 간과하셨다는 뜻을 가지고, 하나님에게 그의 생명이 한낱 한 번 호흡에 불과함을 "기억해" 달라고 요청했다(7:7). 또 그는 그분에게 욥의 생명을 보존하는 돌봄으로 욥을 흙으로부터 창조한 초기의 모습과 그를 공격함으로 그의 창조를 원상태로 돌리려 하는 그의 현재 모습 사이의 불균형을 "기억하라" 혹은 인지하라고 요청했다(10:9). 여기서는 불가능한 그의 꿈으로 그는 그것들보다 더 친밀한 "기억", 즉 순전한 사람으로서가 아니고, 또 신의 피조물로도 아니며, 비참한 고난자로서도 아니라, 단순히 사람 욥의 있는 그대로의 모습으로서 "나를 기억해 줄 것"을 상상한다. 다만 "망각의 땅"(시 88:13[12])이 어느 "정해진 때"(חק – 호크, 5c절구에서처럼, 그러나 거기서는 생명 기간의 때이고 여기서는 정해진 시간의 때)에 "기억"의 땅이 될 수만 있다면! 하나님과 사람 사이의 관계의 재개를 의미하는 뜻으로서의 자하르(זכר)에 대해서는 W. Schottroff, *Gedenken im Alten Orient und im Alten Testament: Die Wurzel zākar im semitischen Sprachkreis*(WMANT 15: Neukirchen-Vluyn: Neukirchener Verlag, 1964, ^{2}1967)를 보라.

욥은 하나님의 진노가 "사라질" 수 있다는 사상을 어디에서 얻는가? 그가 "영원히 지속되는 분노는 없다"고 생각하고 있는 것일 수 없는 것은(호르스트와 대조), 그는 이미 확정된 "신의 진노"에 대해서 말했기 때문이다(9:13). "그의 노염은 잠깐이요, 그의 은총은 평생이로라"(시 30:6[5])라는 시편의 단언에 대한 어떤 암시가 있을 수 있을까? 참조. 이사야 54:8, "내가 넘치는 진노로 내 얼굴을 네게서 잠시 가렸으나 영원한 자비로 너를 긍휼히 여기리라." 바이저와 포어러는 하나님의 진노의 표현인 홍수(물론 "진노"라는 용어가 사용되지는 않았음)가 하나님이 노아를 "기억하심"으로써 끝나는(창 8:1) 홍수 이야기에 대한 어떤 암시를 감지한다. 좀더 개연적으로는 그 사상은 단지 욥의 현재 경험에서 발생한 것이다. 진노한 하나님의 단순 부재가 그가 상상할 수 있는 첫 번째 선택이었고(7:19; 10:20b), 두 번째는 그의 "기억하는" 하나님으로의 변화다.

14 첫 번째 행은 "사람이 죽으면, 그가 다시 살리이까?"라고 번역되는데(RSV, AV; 참조. NEB, NJPS, NIV), 이는 두드러지게 어울리지 않는 것 같다. 그것은 좋게 보면 그것의 불가능성에 대한 확신을 표현하는–불가능한 미래에 대한 욥의 상상 중간에 끼어든–감탄사다. 부정적으로 보면, 원래 19절(도름) 혹은 12a절구(스튜어나겔) 뒤에 속하는 잘못 놓인 시행이거나 혹은 10a절구를 본뜬 설명 주다(에얼리히, 스티븐슨, 포어러). 후자의 제안들은 결코 설득적이지 않다: 그 두드러진 질문이 "그는 결코 그의 잠에서 깨워지지 않을 것이다"라고 불필요하게 대답되도록 하는 것(NEB)은 "당신은 사람의 희망을 박살냅니다"라는 명확한 진술(19절) 뒤에 앞선 연들을 구성했던 근본적인 생각을 반복하는 것과 같이 설득력이 약하다.

여기서의 "죽는 것"과 "사는 것" 모두를 욥이 기꺼이 "사면"을 기다릴 조건을 표명하는 "만일"-절에 속하는 것으로 보는 것이 훨씬 더 만족스럽다. 만일 그가 죽은 후에 다시 살 수 있고, 결국에 자기를 향한 하나님의 자비로운 관심(공정한 재판의 기대가 **아님**, 하벨은 이에 반대다)을 확신할 수 있다면, 그는 그 과정을 기꺼이 받아들일 것이다. 따라서 테리앙은 "사람이 만일 한 번 죽은 후에 다시 살 수 있다면…", NAB는 "사람이 죽었을 때, 그가 다시 살 수 있다면…"이라고 번역한다. 불행하게도 히브리어가 실제로 이것을 뜻하는지는 확실하지 않다. 정말 하이흐예(הֲיִחְיֶה, "그가 살까?")를 베이흐예(וְיִחְיֶה, "그리고 살 것이다")로 약간만 수정하면(덤이 그렇지만, 그는 이 절구를 13절과 연결시킨다) 바라는 그 의미가 나온다. 칠십인경은 이 질문을 가지고 있지 않은데, 그것이 번역자들이 히브리어로 읽지 않았음(덤처럼)을 의미하지는 않는다. 왜냐하면 그들의 긍정 표현은 히브리어에 대한 교리적 수정일 수 있기 때문이다(참조. D. H. Gard, "The Concept of the Future Life according to the Greek Translator of the Book of Job," *JBL* 73[1954] 137-43 [137-38]). 아퀼라와 데오도티안은 그 의문 관사를 확실히 읽는다.

욥이 견디기로 준비하고 있는 "힘든 임무"(צבא – 차바)란 그가 지하 세계의 어두운 생활 속에서 보낼 시간이다. 차바(צבא, 참조. 7:1에 관한 부분)는 아마도 불편하거나 피곤한 임무를 받은 군인과 관련된 군대 뉘앙스를 가지고 있을 것이고(참조. 모파트의 "나의 피곤한 초소"), "구제, 해방"(חליפה – 할리파, 문자적으로는 "교체")이라는 용어는 어쩌면 구체적으로 나의 임무를 교체해 주는 자인 "내 교대병"(NJPS)을 의미할 것이다. 물론 그러한 (구체적) "교대병"은 그가 욥에게 (추상적) "구제와 해방"을 가져다 주는 한에서만 그 은유의 가치를 지닐 것이다(참조. 10:17에서 차바⟨צבא⟩와 할리파⟨חליפה⟩가 함께 사용됨). 그 "임무"를 자기의 "고역"으로부터 벗어나기를 바라는 고용 노동자의 노무로 보는 것(NAB)도 가능성이 덜하지 않다. 어느 경우라도, 여기서 강조는 실제로 싸우거나 일하는 것이 아니라, 스올은 그런 곳이 아니기 때문에 오히려 마음에 들지 않는 할당 몫(혹은 운명)을 견디는 것에 있다.

욥이 야할(יחל – "바라다")이라는 동사를 사용한 지난번에 그는 그의 소송에 어떤 바람직한 결과에 대한 희망의 전적 부재를 표현하고 있었다(13:14). 여기서도 아무것도 변하지 않았다. 그가 희망 속에 기다리는 자신의 모습을 상상할 수 있는 것은 오로지 불가능한 그의 꿈의 상황에서다. 오직 얼굴을 돌린 신과의 새롭게 된 친밀한 교제에 대한 어떤 보증이 있어야만 "희망"이 간직될 수 있다. 물론 그러한 보증은 전혀 없으며, 가능성은 시체가 죽은 자들 가운데서 돌아오는 것만큼 멀다!

포어러는 욥이 추구하는 하나님의 진노로부터의 보호는 분명히 이생에서의 일이며, 그가 고대하는 "해방"은 그가 아직 살아 있을 때 그의 고난으로부터의 놓임이라고 강력히 주장한다. 스올에 있는 자들은 하나님의 진노에서 벗어나 있어서, 그들이 하나님의 진노에서 숨겨지는 것은 불필요한 일이기 때문에 "죽는다는 것"은 다만 은유적일 수 있을 뿐이다. 그러나 이것은 잘못된 해석 같다. 왜냐하면 욥은 그의 현재 고난으로부터의 구제 같은 것을 추구할 수 없을 만큼 절망적이기 때문이다. 그가 그의 진짜 소망을 말할 수 있는 것은 오로지 불가능한 비전의 틀 안에서다. 그리고 그것은 이미 죽은 자들을 "숨기는" 문제가 아니다. 왜냐하면 욥에게 죽는 것과 죽은 상태로 머무는 것은 그가 매우 환영하는 숨는 행위를 이루기 때문이다.

15 죽음 이후의 삶에 대한 이 사상은 아무리 실현 불가능한 것일지라도 이집트의 영향이거나 신정론에 대한 철학적 사색의 결과가 아니라, 좀더 타당하게 "하나님의 사랑에 대한 영적 인식에 의해 직접적으로 영감된 것"으로서 설명될 수 있다. "[욥의] 덧없이 지나가는 통찰은 불멸성에 대한 것이 아니다. 그것은 본질적으로 종교적인 탐구의 열매다…다시 한 번 그 고난자는 명상의 단계에서 사랑의 대화의 단계로 일어난다"(테리앙). 참으로 열망할 가치가 있는 것은 – 미미하게라도 가능하기만 하면 – 상호적인 "부름"과 "응답"이 있는 하나님과의 회복된 교제일 것이다. 부름과 응답이라는 법적 언어(9:15-16; 13:22a)는 완전히 불필요하게 되었고, 사용된 언어는 전적으로 인격적 관계의 것이요, 사실 욥이 "하나님께 간구하고 응답받는 사람"(12:4, q.v.; 참조. 또한 19:16; 30:20)으로 하나님과 누렸던 **그** 관계의 언어다. 그 관계를 깬 것은 하나님이시기 때문에 그것이 재개되기 위해서는 그분의 주도가 필요할 것이다. 그러므로 이 본문에서는 부르는 쪽이 하나님이요, 대답하는 쪽이 욥이다.

그와 같이 새로워진 관계에서는 욥을 자신의 진노로부터 숨겼던 신(13절)이 그 분노가 누그러진 다음에 그를 기억하고 그를 찾을 것이다[참조. 에 2:1; 그리고 아히칼(Ahiqar)의 전설로부터: "나중에 에살핫돈 왕이 아히칼을 기억하고 그의 조언을 열망하며 그에 대해 가슴 아파할 때까지"(A. E. Cowley, *Aramaic Papyri of the Fifth Century* b.c.〈Oxford: Clarendon Press, 1923〉 222, line 64; 참조. 53)]. 사전에도 불구하고, 카싸프(כסף, "바라다, 열망하다"; 또한 시 17:12; 84:3[2]; 창 31:30)를 셈어 어근 "창백하다"(포프에 따르면, 은〈כסף – 케쎄프〉의 색깔처럼)와 연결시킬 이유는 없다. "당신 손의 작품"(마아세 카페카〈מעשה כפיך〉: 마소라 텍스트, "야데하", **카프**나 **야드**나 모두 손을 뜻해서 주석가가 그렇게 무심코 행한 사소한 실수로 보임 – 역자주)이라는 어구는 10:3에 나오는 비슷한 어구(יגיע כפיך – 예기아 카페카)와 10:8-12에 나오는 그것의 상술을 암시한다. 그것은 하나님의 창조자요 생명 유지자로서의 보호와 관심을 표현한다.

이 모든 바람은 실재하지 않는 것에 근거하고 있다. 사람은 회생하지 않으며, 하나님도 자기 손의 작품을 찾지 않으실 것이다. 7:21에서 욥은 그의 죽음 이후 하나님이 그를 "찾으실"(שׁחר – 샤하르) 가능성이 있으나, "나는 더 이상 존재하지 않을 것이기 때문에" 그를 발견하지 못할 것에 대해 상상했다. 그것이 아직 욥의 믿음이며, 욥이 죽은 이후에 하나님이 그에 대해 느끼실지 모르는 관심은 어느 것이라도 아무 소용이 없을 것이다.

16-17 이 곳의 시작하는 말 키-아타(כִּי־עַתָּה, "지금 당장은")의 가장 용이한 해석이 현재와 관련해서이기 때문에, 이 절들은 흔히 현재 상황을 언급하는 것으로 여겨졌다(딜만, 델리취, 덤, 비어, 드라이버-그레이, 포어러; RV, NEB, JPS). 이 견해로라면 "당신은 나의 죄를 살피지 않으신다"(16b절구)가 문제다. 왜냐하면 그것은 정확히 욥의 불평이기 때문이다(10:14에서도 샤마르〈שׁמר, "살피다"〉가 하타〈חטא, "죄"〉와 연결된다. 참조. 또한 7:20; 13:26). 따라서 그것은 하아보르(חֲעֲבֹר, "지나가다")로 고쳐져야 했다(확실치 않은 칠십인경의 도움을 받아; 비슷하게 덤, 비어), 그러지 않으면 그 절은 의문 관사 없는 질문으로 읽혀져야 한다(포어러).

16-17절을 13-15절의 "꿈"의 연속으로 보는 것이 훨씬 더 좋다(메르크스, 부드, 호르스트, 포프, 고디스, RSV, NAV, NIV). 그러면 욥의 현재 연설은 강한 대조 소사 베울람(וְאוּלָם, "그러나 이제는"; 18절)에 의해 각각 5행으로 나뉘는(13-17, 18-19절) 두 개의 확장 연들로 끝난다. 오직 16a절구만이 현재를 가리키는 것으로 보는 것이 가장 개연성이 높다(도름, 테리앙, JB처럼).

하나님이 어떤 사람의 걸음을 세신다는 말은 그 사람의 행동에 대해 가능한 한 가장 가까이에서 살피신다는 의미로(참조. 31:4, 37; 34:21), 욥이 지금 겪고 있으며 그리고 자신은 거기서 잘 벗어난 것으로 생각하는 관심 같은 것이다(7:17-19; 10:6, 14; 그리고 특별히 13:27, "당신은 나의 모든 길을 지켜봅니다"). 그러나 하나님과의 새로운 사귐에 관한 이 꿈에서는 욥은 자신이 그러한 살핌을 받아들일 준비가 되어 있다고 공언하는데, 왜냐하면 정탐 신은 **어떤 경우에도**(*ex hypothesi*) 그에게 호의적일 것이며 욥에게서 우선적으로 허물들을 찾지 않을 것이기 때문이다. 그 시편 저자는 하나님의 살핌을 인간에 대한 하나님의 존중의 표시로 보았다(시 8:4). 부정적 결과만 없다면 욥도 그렇다. 사람 걸음의 셈은 포어러가 알아보듯이 결코 하나님의 자비의 표시가 아니며, 여기서의 요점은 만일 하나님의 진노의 부재가 상상될 수 있다면 신 편으로부터 오는 모든 종류의 위험을 침착하게 바라볼 수 있다는 것이다.

그러한 상황에서라면 욥이 범했을지 모르는 어떤 죄라도(그는 아무것도 인정하고 있지 않다!〈테리앙는 이에 반대다〉) 안전하게 자물쇠로 잠가져서 그를 대항한 증거로 사용되지 않을 것이다. 다른 곳에서는 이스라엘의 원수들의 죄가 보응의 날을 위해 하나님의 창고에 "봉해진다"(חתם – 하탐, 여기서처럼)고 말해지며(신 32:34-35), 에브라임의 죄악이 "봉함되고"(צרר – 차라르, 참조. 이 곳의 츠로르〈צרור, "자루"〉) 그의 죄는 미래의 심판을 위해 "감춰진다" 혹은 "저장된다"(צפן – 차판; 호 13:12). 여기서는 그 의미가 상당히 다르다: 욥이 지었을 수 있는 모든 죄들이 결코 보이지 않도록 "봉해진다". 그 표상은 단순히 자루에 넣어 묶어 버리는 동전 같은 물체들에 대한 것이 아니라(참조. 잠 7:20; 학 1:6; 창 43:35의 돈 צרור, 따라서 포어러, 호르스트〉), "봉인되는"(חתם) "자루" 혹은 "보따리"에 관한 것이다. 그 용어는 보통 글 문서에 붙이는 봉인을 뜻하므로(참조. 왕상 21:8; 사 8:16; 29:11; 렘 32:10, 11, 14, 44; 스 3:12; 8:8, 10; 단 12:4, 9; 느 10:1, 2[9:38; 10:1]), 여기서 욥의 죄목을 열거하는 접어서 매고(צרור는 때때로 냅킨 고리 모양으로 된 매듭을 가리킬 것이다) 그 매듭 위에 밀납으로 봉인되는 (파피루스) 문서를 생각하는 것이 가장 좋다. 투르-시나이는 E. G. Kraeling's *The Brooklyn Museum Aramaic Papyri*(New Haven, 1953), pl. 21로부터 한 그림을 재현하여 그러한 문서를 보여 준다. 그 죄들을 회계의 형식으로 사용된 듯한 수단인 자루 속 조약돌들로 상상하는 것은 훨씬 개연성이 적은 것 같다. 포프는 그러한 것에 대한 증거를 길게 다루지만(A. L. Oppenheim, "On an Operational Device in Mesopotamian Bureaucracy," *JNES* 18[1959] 121-28를 보라), 거기에는 아무런 **봉인함**도 포함되지 않기 때문에 현재 그림과 조화되는 것 같지는 않다. 그것은 정말(계산) 돌맹이들이 모아진 것으로 그려지는 "생명 보따리" 이미지(삼상 25:29) 뒤에 놓여 있는 것 같다(참조. O. Eissfeldt, "Der Beutel der Lebendig: Alttestamentliche Erzählungs-und Dichtungsmotive im Lichte neuere Nuzi-Texte," *Berichte über die Verhandlungen der Sächsischen Akademie der Wissenschaften zu Leipzig*, Phil.-hist. Klasse, Band 105, Heft 6[Berlin: Akademie-Verlag, 1960]).

"덮어 버리다"라는 용어는 문자적으로는 "회반죽을 바르다"(תפל – 타팔)로 이미 13:4에서 나타났으며, 아마도 진실을 감추는 것에 대한 은유로서일 것이다. 여기서는 그것이 분명 은폐와 관련이 있지만(문서의 "봉인"처럼), 진실보다는 생존과 하나님과의 사귐이 이슈다. 욥에게 온당하게 말하면, 그는 자기가 어떤 잘못을 범했다고 믿지 않으며, 따라서 그가 고려하는 "숨김"은 전혀 진실 모욕이 아닐 것이다. 그것은 단지 현재 욥의 잘못의 문제에 고정된 것 같은 하나님의 주시를 다른 곳으로 돌리는 데 이바지할 뿐일 것이다. 투르-시나이는 타팔(תפל)이 인장이 새겨지도록 하면서 부드럽고 따뜻한 밀랍으로 "칠하기"를 의미한다고 생각한다. 그렇지만 그 동사가 그런 의미를 가지고 있는지 우리가 확실히 알 수는 없다. 그리고 왜 17b절구에서 그 행의 첫 부분에 있는 것과 다른 은유가 사용되지 않는지 알 수 없다.

물론 지금 상태로는 하나님은 욥에게서 어떤 죄가 있음을 발견하기 위해 그의 걸음을 세시며, 그가 그 일들로 고생을 하게 하려고 그의 가정된 죄악들을 저장하신다.

18-19 이 절들에서는 다른 음악이 들린다. 13-17절의 꿈-세상과는 다르게 현실 세계에서는(대조 소사 베울람〈ואולם〉이 단절을 알림) 사람에게 **희망이 전혀 없다**(19c절구). 우리는 생각에 있어서 자연 생명이 소생될 수 있는 것으로 비춰지는 7절, 그리고 사람 생명이 나무의 것 같다면 기대될 수 있는 것에 대한 생각으로 욥이 잠시 동안이나마 자신을 위로했던 13절로 되돌아가게 된다.

자연 세계로부터 온 네 그림의 기능은 무엇인가? 도름은 그것들이 "인간의 죽음 이후 운명을 시적으로 상징화하기 위해서 무한정의 시간이 흐르기 전에는 일어날 수 없는 현상들"을 그린다고 생각한다(호르스트도 비슷함). 한(Hahn)은 여기서 자연 세계에서 가능한 광대한 변화들과 인간 운명에서의 변화 불가능성 사이의 대조를 발견한다. 덤은 산, 돌, 땅의 파괴와 인간의 파괴 사이의 단순 비교에 대해 생각한다. 하벨은 그 이미지들이 우주의 현실은 그것이 아무리 견고하게 보이더라도 나무보다는 무너지는 산처럼, 새 생명보다는 쇠퇴로 향한다는 것을 의미한다고 본다. 그런데 그것들이 상징하는 것은 인간의 **운명**이라기보다는 인간의 **희망**이 아닌가?

무엇보다도 이 절들은 물리적 현실에 관해서 말하는 것이 아니라 오히려 인간의 희망에 관해서 말하고 있다는 것이 주장되어야 한다. 그것들이 만일 자연계 질서에 관한 말이라면 7절과 충돌할 것이다. 두 번째로, 그 사중 이미지로 시야에 들어오는 것은 움직이지 않을 것처럼 보이는 것의 **점진적** 파괴로, 아무리 견고해 보이는 것이라 해도 끈질긴 마멸 작용을 저지할 수는 없다는 함축 의미를 갖는다. 이것이 또한 인간의 희망의 경우다. 비록 인간이 모든 가망성에 반하여 내세의 생명을 바랄지라도, 그들의 희망이 산 높이로 솟아오르고, 바위처럼 단단해지고 땅처럼 안정된다 할지라도, 하나님은 그것들을 긴 시간 죽은 채로 두는 단순 현실로서 그 희망을 부식시켜 버리신다. 그들이 가질 수 있는 나무 같은 소생의 희망은 결코 변함없는 인간 죽음의 현실로 인해 마멸된다.

산은 점진적으로라도 "무너지지" 않는다(대조 RV, RSV). 그 심상은 분명히 산허리의 풍화됨이다. 산은 물론 움직일 수 없고 흔들 수 없는 것의 상징이지만(그러나 참조. 9:5; 시 46:3[2]), 그들조차도 시간이 지나면 마멸될 수 있다. 떨어지는 "바위"란 아마도 결국 자연력에 의해 제거되는 절벽에 표출된 암석 노두(露頭)일 것이다. 돌을 닳게 하는 물 표상은 성경의 다른 곳에서는 찾아볼 수가 없다(잠 19:13 참조. 27:15). 그러나 Lucretius 5.306-307, 313-15와 비교해 보라("우리는 바위 덩어리들이 유한 시간의 거대한 힘을 견디기에는 너무 약하여 높은 산들로부터 찢겨져 굴러 내려오는 것을 보지 않는가?"). 19b절구의 마지막 심상은 명백히 밭 혹은 강둑으로부터 점차로 침식되어 쓸려 나가는 흙에 관한 것이다.

20 죽음은 이제 생명을 바라는 사람의 희망을 이기는 하나님의 승리로 묘사된다. 바꾸어 말하면, 죽음은 아마 원칙적으로는 지연되거나 피해질 수 있는 단순한 자연적 과정이 아니다. 사람의 죽음을 일으키는 것은 신의 직접적 행위이며, 죽음을 초래하는 것은 하나님의 지배성과 파괴성의 속성들이다(참조. 12:13-24). 죽음을 다루는 것은 잉태의 순간부터 사람을 다루시는 하나님의 적대적 관계의 발전에서 단지 마지막 항목일 뿐이다(참조. 10:8-14). 결국 하나님은 필연적으로 인간을 "이기고"(תקף – 타파프; 참조. 15:24), 인간은 "가는 것"(הלך – 할라크) – 죽음에 대한 많은 완곡 표현들 가운데 하나(참조. 19:10; 시 39:14[13]; 아마도 창 15:2) – 외에 다른 선택이 없다. 인간의 아름다움을 노령과 죽음의 파괴로 손상시키는 장본인도 하나님이시다(משנה פניו – 메샤네 파나브, 문자적으로는 "〈당신은〉 그의 얼굴을 바꾼다", 즉 더 나쁘게; 잠 31:5에서 피엘 샤나〈שנה〉는 그런 의미; 참조. 집 13:25). 고디스는 이븐 에즈라를 따라 그것이 구체적으로 **사후 경직**(*rigor mortis*)을 가리키는 것이라 생각하지만, 본문의 언어는 그만큼 구체적이지 않다. 인생의 마지막 국면은 죽음 자체가 아니라 죽음이 생명의 땅으로부터 사람을 배제시킴에 대해 의미하는 바다. 인간 피조물에 대한 하나님의 마지막 공격은 "추방"이다(שלח – 샬라흐, 피엘, 문자적으로는 "멀리 보내다"). "가다"와 "보내다"라는 언어는 가장 단순한 것에 속한다. 하나님이 일단 그의 치명적 위력을 발동하시면 현실은 희망의 분명한 박살과 인간 개인과 하나님 사이에 새로운 교제의 영원 불가능성이다. 여기 욥의 언어에는 뭔가를 기대하는 기미가 전혀 없다. 욥은 "그 점잖은 굿나이트 태도를" 취할 의도가 전혀 없다. 그는 마지막까지 "빛의 소멸에 대해 격노할" 것이다(딜란 토마스).

21 "스올로 쫓겨난 죽은 사람들은 더 이상 그들이 땅에 살아 있다면 그들에게

가장 직접적으로 관계될 일들에 대해 아는 바가 없다"(그레이). 욥은 순전히 자신이 아니라 인간을 동정한다. 왜냐하면 그 자신은 그의 자녀들이 어떻게 되었는지 알고 있으며, 그 점에 관한 한 불확실성을 갖고 죽지는 않을 것이기 때문이다. 그러나 인간 일반에게는 죽음이란 그들에게 가장 소중한 사람들과의 접촉을 박탈하는 것이요, 그들이 무사한지 그렇지 않은지에 대한 지식을 허락하지 않는 것이다. "죽은 이들은 아무것도 모른다"(전 9:5). "스올에는 어떤 지식도 없다"(9:10). 잃어버리는 것은 그 후손들이 많으냐 적으냐에 대한 것이 아니라 그들이 위대한 사람(כבד–카바드, "존경받다")이 되는가, 아니면 비천한 사람(צער–차아르)이 되는가에 대한 지식이다(참조. 렘 30:19; F. Peries, "A Miscellany of Lexical and Textual Notes on the Bible," *JQR* 2[1911-12] 97-132[118]는 이에 반대다).

22 하나님에게 "압도된" 자들(20a절구)은 설령 그들 가족의 운명에 대해 알 수 있다 하더라도, 그들 자신의 고난에 너무 여념이 없어 그들에 대해 걱정할 의지나 능력을 갖지 않을 것이다. 죽은 이들에게 감각이 있다고 하는 것은 구약에 유래가 없는 것이며(포프에 의해 논급되는 18:13과 사 66:24은 다만 죽은 사람의 시체와 관계됨), 또한 포어러는 "통증"과 "슬픔"을 너무 문자적으로 해석하여 실제 느낌들로 보지 말고(아마도) 죽은 사람의 경험을 비추어 말하는 일종의 인정 지각 부여(anthropopathism: 사람의 감정이나 지각을 신, 물체, 동물같이 사람이 아닌 것에 돌리는 것)로 보아야 한다고 제안한다. 우리는 또 "죽음"과 "삶" 사이를 날카롭게 구분하는 것은 구약에 항상 타당한 것은 아니라고 제안할 수도 있다. 왜냐하면 죽음에 사로잡혀 있는, 즉 신적 "살인자"에 압도되었지만 실제로는 아직 죽지 않은 사람은 생명보다는 죽음의 영역에 있으나, 그럼에도 불구하고 고통을 경험할 수 있기 때문이다. 그것이 그러한 감각들을 물리적으로 죽은 사람에게 돌리는 것을 더 용이하게 해준다. 스올 생활의 성격에 관한 믿음의 표현은 우리가 여기에 갖고 있지 않은 것이다(피크, 로울리 그리고 다른 이들은 이에 반대다).

"육체"(בשר–바사르)와 "생명, 생명력, 영혼"(נפש–네페쉬, "자아")이라는 용어들에 너무 많은 강조점을 두지는 말아야 한다. 그 용어들은 대조될 수도 있지만(창 9:4), 그 둘 다 만족스럽게 전인(全人)을 의미**할 수 있다**(참조. 12:10; 시 63:2[1]; 84:3[2]). 비록 "육체"는 고통에, "영혼, 영"은 슬픔에 더 적절하기는 하겠지만, 고통과 슬픔을 경험하는 것은 통일체로서의 사람이다.

이보다 세세한 주석들은 설득력이 없다. 딜만은 여기서 영혼과 몸의 고통을 그들이 죽음의 순간에 서로에게서 분리되는 것으로 보았다. 투르-시나이는 "다만 그의 영혼이 자기를 두고(עליו – 알라브)"가 분명히 "다만 그가 아직 살아 있는 동안에"를 의미한다고 생각했다. 그러나 이 곳의 알(על, "upon")은 그 감정의 주체이고 그것이 **자신에게** 작용하는 것으로 느끼는 그 사람을 강조하는 "동정의" 알(על)이다(BDB, 753b; 참조. 또한 10:1).

이 연설은 욥의 이전 두 연설이 그랬던 것처럼 죽음과 지하 세계에 관한 기록으로 끝난다. 그것들이 발휘한 힘이 무엇이든지 간에 말로 표현하는 행위 속에 스스로 약화되었고, 또한 각각의 경우에 욥은 그의 감정의 밑바닥으로 되돌아간다. 그는 자신에게 남아 있는 에너지를 모두 잃는다. 친구들은 그들의 결점들에도 불구하고, 그들의 잘못들로 그를 기운 찬 분노와 논쟁으로 몰아부치며, 그가 당하는 신의 잔인성에 대한 인식을 욥 안에서 사라지지 않게 한다.

해설

이 연에서는 아주 새롭고 극적인 것이 발생했다. 그것은 연설의 첫 번째와 두 번째 주기 사이 분기점에 자리잡고서 욥의 감정 진행의 절정을 알려 주고, 본 작품 구성의 미래 전개를 가리키는 이정표를 세운다.

이 연설에서의 극적 발전이란 가능하면 빨리 그의 고통에서 벗어나기를 바라는 그의 열망(6:8-9) 이후에, 하나님에게 책임을 추궁하는 것의 – 불가능성이라고까지는 말할 수 없겠지만 – 위험성을 인정한(9:3, 14, 16) 이후에, 그가 하나님과 소송에 들어가면 그분이 반드시 그르시다는 것이 밝혀질 것이라는 확신(9:29) 이후에, 그가 하나님에게 접근하면 안전한 운영을 보장해 달라는 요구(9:34-35) 이후에, 그는 여기서 감히 상상도 할 수 없는 일을 하며 그 자신도 상상하지 않았다는 것처럼 행한다. 이 연설의 핵심 부분인 여기서 그는 하나님에게 자신을 향한 그의 혹독함을 정당화할 수 있는 근거를 대시라고 분명하게 요구한다. 그들 중 누가 원고이며 누가 피고인지는 중요하지 않다(13:22). 욥이 추구하는 것은 하나님에게 가정된 욥의 죄에 대한 목록을 제공해야 하는 의무가 놓여지는 정식 사법 절차다(13:23). 이는 한 번 발해지면 철회될 수 없는 발언이다. 욥은 이제 어떤 위험을 무릅쓰고서라도 하나님과 대결할 것에 헌신했다.

욥은 이 법적 싸움에서 어떤 결과를 기대하는가? 그에게는 아무런 환상도 희망도 없다. 그가 확신하는 한 가지는, 그의 무모함이 그의 죽음으로 끝날 것이라는 것이다(13:15). 그는 자신의 목숨을 간청하거나 자비를 구걸하기 위해서가 아니라 자신의 오명을 벗기기 위해서 법정에 간 것이다. 그는 하나님의 선하심에 대한 믿음을 갖고 있지 않으며, 그의 정의에도 그렇다. 그러나 그는 그 자신의 주장의 옳음에 대해서는 아주 강하게 믿기 때문에 그의 죽음 전이든지 그 후이든지 결국에는 그가 옳다고 입증될 것임을 의심할 수 없다(13:18). 그는 하나님의 승리는 분명히 아니요, 심지어 그 자신의 승리도 아니라, 진리의 승리를 추구한다.

물론 소송이니 소환이니 하는 이 모든 말은 은유다. 그렇다고 좀더 분명한 어떤 진리를 꾸미는 장식 언어는 아니다. 은유 언어는 감각의 언어다. 원고와 피고, 소송, 죄, 증언, 진술서, 소환장 등의 용어는 하나님과 논쟁에 들어가는 것이 어떤 느낌인지를 알려 준다. 욥의 뒤에는 하나님을 경외하고(1:1), 경건한 기도 가운데 하나님께 간구하면 응답 받고(12:4), 신과 좋은 관계를 가진 일생이 있다. 그 같은 조화가 한순간에 박살났고, 그는 자신의 세상에 있는 불협화음을 구현하기 위해 새롭고 좀더 거슬리는 언어를 배워야 했다. 이제 그것은 강요와 분할의 언어, 논쟁과 패배의 언어가 되어야 한다. 가장 냉혹한 아이러니는 그 옛날의 조화를 가리키는 부름과 대답이라는 전형적 표현이 소송의 세력 갈등을 뜻하는 전문 용어가 된다는 것이다("부르시오, 그러면 내가 대답하리라", 13:22). 그가 개인 상호성의 언어로 알았던 것이 고립과 분쟁, 피고에 대항하는 원고, 원고에 대항하는 피고의 언어로 변성되었다.

이것이 욥의 네 번째 연설의 중심이다. 그리고 본 드라마에서 이 변화는 그 자체로 충분히 뜻이 풍부하다. 그러나 그것의 의미의 범위를 확장하는 또 다른 두 가지 요소가 있다.

첫 번째는 친구들과 관련된다. 그들 각자가 한 마디씩 한 지금은 욥이 그들에게, 그리고 우리에게 그가 그들의 말을 어떻게 받아들였는지를 말할 때다. 우리가 현재까지 그로부터 알게 된 것은 그가 그들의 충성을 멸시한다는 것(6:14, 20)과 그는 그들에 의해 무시되었다고 느낀다는 것이다(6:26). 우리는 그가 최소한 한 부분에서는 그들에게 동의하지만(9:2), 대체적으로는 그들을 무시하는 것을 보았다. 그들이 그에게 말하는 동안, 그는 독백을 하거나 혹은 하나님에게 말하는 경향이 있었다. 그런데 여기서는 정반대로 그가 그들에게 직접적으로 말하며(12:2-3과 13:1-12), 그에게 해준 그들의 말들을 풍자한다(12:7-12). 그의 어조는 단정적이며, 냉소적이고, 논쟁적이다. 그는 여기서 그들에 대한 그의 느낌에 대해 말하지 않고(6:14, 20에서처럼) 지적 수준에서 그들과 자신을 대조시킨다. 자신의 지혜는 그들의 것보다 못하지 않다고 말할 때(12:2; 13:2), 그는 자신의 지혜가 더 낫다는 것을 뜻한다. 그는 그들을 친구들로 보는 생각을 포기했고, 그들을 대화 상대자들이요, 신학 세미나의 동료들로 취급하고 있다. 하나님에게 맞서기로 결정한 이 시점에서, 그가 그들에게 향하는 것은 결속 때문이 아니라 해명을 위해서라고 말하고, 그의 더 큰 현실 경험 때문에 자신을 그들보다 우월하다고 여길 수 있기까지 하는 것은 그의 더 큰 정신적 안정의 증거다. 마침내 그는 심지어 그들에게 호의적이 되고, 그들에게 좋은 조언을 제의하고(13:9), 이제 자신과 하나님 사이에 하나의 법적 절차가 진행중이며 그들의 위치가 바뀌었다는 점을 자세히 설명하기에 알맞을 수 있다. 그들은 더 이상 자신들이 하늘을 대신하여 욥을 대항해서 말한다고 착각할 수 없다. 이제 그들은 논쟁 중에 있는 당사자들의 어느 편에도 편파적이지 않아야 하는 증인들이 되었기에, 신학적 이론이 아니라 오직 사실들만 증언할 수 있다. 물론 그들은 항상 지혜를 혹독한 시련 속에서 형성되기보다는 노인들로부터 물려받는 것이라고 믿었기에 사실들에 관한 한 빈약한 지식을 갖고 있다. 따라서 어기면 그들의 어리석음이 노출되거나 혹은 더 심한 경우 꼴사나운 협력 관계로 신과 충돌한다는 상황으로 인해, 그들의 가장 좋은 행동 방향은 잠잠해지는 것이다(13:5, 13).

친구들은 이 책의 드라마 속 등장 인물들이며, 그들의 역할이 어떻게 전개되는지 보는 것은 – 그들에게 생기는 내면적인 변화들을 통해서가 아니라, 욥의 정신적 · 종교적 발전의 전진과 보조를 맞추어 – 재미있다고는 말할 수 없지만 유익하다. 그러나 그보다 더 있다: 그들은 욥에게 재난이 없었더라면 그가 가졌을 모습의 초상들인 욥의 또 다른 자아이기도 하다. 그들과 분투하면서 욥은 과거의 욥과 분투하고 있는 것이다. 또한 그들의 지성보다 더 나은 자신의 것을 단언할 때 욥은 그만큼 더 자신의 새로워진 종교적 지향에 전념하고 있는 것이다.

이 연설에서 비중 있는 또 다른 요소는 14장에 나오는 인간의 상황에 대한 욥의 만가에서 발견될 수 있다. 그가 자신의 불행한 상태를 인간의 보편적인 운명 패러다임에 비추어 생각한 것은 이번이 처음은 아니지만(참조. 또한 3:20-23; 7:1-2, 17-18), 이것은 인생 그 자체에 관해 말해질 수 있는 것에 비추어 그 자신의 경험의 의미에 대한 그의 가장 광범위한 묵상이다. 그는 이 장의 중심인 13-17절에서만 자신에게 초점을 맞춘다. 시작과 끝에서는 그의 생각이 "여자에게서 태어난 사람"(14:1)에 대한 것이다. 죽음 너머에는 아무런 생명이 있을 수 없으며, 사람보다는 나무에게 희망이 더 많다는 그의 가정(14:7)에는 새로운 것도 비전통적인 것도 없다. 사람이 신의 진노로부터 피할 수 있는 피난처 같은 곳이요, 지정된 기한이 지나면 부르고 응답하는 하나님과의 새로워진 친밀한 관계(14:7) 속으로 되살아나는 곳인 죽음에 관해 바라는 모든 대사는 단지 불가능한 꿈이요, 또한 욥은 그것을 안다. 인간의 경험은 "당신은 인간의 희망을 파괴시킵니다"(14:19)라는 사실을 반복적으로 보여 줄 뿐이다. 불가능한 꿈들이 실현되는 놀라운 습성을 가진다는 것은 욥 혹은 시인조차도 인정하지 않는 바다. 또한 그것들이 결코 실현되지 않는다 할지라도, 그것들은 꿈꾸는 자들을 위해 뼈대와 모양을 만들어 줄 수 있다는 것도 그렇다. 이 불가능한 꿈이 욥을 위해 해줄 것이란 그로 하여금 지금 여기서 진노한 신을 대항하여 행동하도록 밀어붙이는 것이다. 그가 자신의 꿈은 가능한 것이라고 믿었다면 그는 형편이 더 좋았을까?

8. 엘리바스의 두 번째 연설(15:1-35)

참고문헌

Dahood, M. "Northwest Semitic Philology and Job." In *The Bible in Current Catholic Thought*, M. J. Gruenthaner Memorial Volume, ed. J. L. McKenzie. New York: Herder and Herder, 1962. 55-74. ______. "The Value of Ugaritic for Textual Criticism." *Bib* 40(1959) 160-70. ______. "Hebrew-Ugaritic Lexicography I." *Bib* 44(1963) 289-303. ______. "Hebrew-Ugaritic Lexicography VII." *Bib* 50(1969) 337-56. **Driver, G. R.** "Misreadings in the Old Testament." *WO* 1(1947-52) 234-38. ______. "Problems in the Hebrew Text of Job." *VTSup* 3(1955) 72-93. **Heater, H.** *A Septuagint Translation Technique in the Book of Job.* CBQMS 11. Washington, DC: Catholic Biblical Association, 1982. **Hoffmann, G.** "Ergänzungen und Berichtigungen zu Hiob." *ZAW* 49(1931) 141-45. **Köhler, L.** "Miscellen. 6. Die Septuagintavorlage yon Hi 15:28." *ZAW* 31(1911) 155-56. **Lipiński, E.** "Notes lexicographiques et stylistiques sur le livre de Job." *FolOr* 21(1980) 65-82. **Reider, J.** "Etymological Studies in Biblical Hebrew." *VT* 2(1952) 113-30.

본 문

1 데만 사람 엘리바스가 대답하여 가로되
2 지혜로운 자가 어찌 헛된 지식으로 대답하겠느냐 어찌 동풍으로 그 품에 채우겠느냐
3 어찌 유조치 아니한 이야기, 무익한 말로 변론하겠느냐
4 참으로 네가 하나님 경외하는 일을 폐하여 하나님 앞에 묵도하기를 그치게 하는구나
5 네 죄악이 네 입을 가르치나니 네가 간사한 자의 혀를 택하였구나
6 너를 정죄한 것은 내가 아니요 네 입이라 네 입술이 너를 쳐서 증거하느니라
7 네가 제일 처음 난 사람이냐 산들이 있기 전에 네가 출생하였느냐
8 하나님의 모의를 네가 들었느냐 지혜를 홀로

1 Then Eliphaz the Temanite answered and said:
2 Would a wise man answer with violent notions, would he fill[a] his belly with the east wind?
3 Will he argue with useless[a] talk, with words that are nothing worth?
4 You do worse:[a] you abandon[b] proper reverence, and slight[c] meditation before God!
5 It is your sin that inspires your words,[a] so that you adopt the language of the crafty,[b]
6 It is your own mouth that condemns you, not I: your own lips testify against you.
7 Were you the first human ever born? Or were you brought into the world before the hills?
8 Are you a listener at God's secret council? Are

가졌느냐
9 너의 아는 것이 무엇이기로 우리가 알지 못하겠느냐 너의 깨달은 것이 무엇이기로 우리에게는 없겠느냐
10 우리 중에는 머리가 세기도 하고 연로하기도 하여 네 부친보다 나이 많은 자가 있느니라
11 하나님의 위로와 네게 온유하게 하시는 말씀을 네가 어찌 작다 하느냐
12 어찌하여 네가 마음에 끌리며 네 눈을 번쩍여
13 네 영으로 하나님을 반대하고 네 입으로 말들을 내느냐
14 사람이 무엇이관대 깨끗하겠느냐 여인에게서 난 자가 무엇이관대 의롭겠느냐
15 하나님은 그 거룩한 자들을 믿지 아니하시나니 하늘이라도 그의 보시기에 부정하거든
16 하물며 악을 짓기를 물 마심같이 하는 가증하고 부패한 사람이겠느냐
17 내가 네게 보이리니 나를 들으라 내가 본 것을 설명하리라
18 이는 곧 지혜로운 자들이 그 열조에게서 받아 숨기지 아니하고 전하여 온 것이라
19 이 땅은 그들에게만 주셨으므로 외인은 그들 중에 왕래하지 못하였었느니라
20 그 말에 이르기를 악인은 그 일평생에 고통을 당하며 강포자의 햇수는 작정되었으므로
21 그 귀에는 놀라운 소리가 들리고 그 형통할 때에 멸망시키는 자가 그에게 임하리니
22 그가 어두운 데서 나오기를 바라지 못하고 칼날의 기다림이 되느니라
23 그는 유리하며 식물을 구하여 이르기를 어디 있느냐 하며 흑암한 날이 가까운 줄을 스스로 아느니라
24 환난과 고통이 그를 두렵게 하며 싸움을 준비한 왕처럼 그를 쳐서 이기리니
25 이는 그 손을 들어 하나님을 대적하며 교만하

you the only one with wisdom?
9 What do you know that we do not? What understanding have you that we do not share?
10 Among us is one who is gray-haired and aged, older indeed than your father!
11 Are God's encouragements too little for you, and speech that deals gently[a] with you?
12 Why let your thoughts carry you away,[a] why let your eyes fail you,[b]
13 that you turn your anger against God, and pour out such words from your mouth?
14 What is humankind, that it could be blameless, one born of woman, that such a one could be innocent?
15 If God puts no trust in his holy ones,[a] and the heavens themselves are not clean in his eyes,
16 how much less can humanity be, that is loathsome and foul,[a] that drinks wrongdoing like water?
17 I will show you, if you will listen to me: what I have seen, I will recount –
18 it is what the sages have reported, what their fathers have divulged,[a]
19 those to whom alone the land was given, when no stranger passed among them.
20 The wicked is in torment all his days, the ruthless one through all the years[a] stored up for him.
21 The sound of the Terrors is in his ears, in the midst of peace he imagines the Destroyer's attack.
22 He cannot hope to escape[a] the darkness: he is marked down[b] for the sword.
23 He is cast out as food for vultures;[a] he knows that his ruin[b] is certain.[c]
24 The day of darkness terrifies him,[a] distress and anguish overwhelm him, [b]like a king[c] poised to attack.[d]
25 For he has raised his arm against God, and

여 전능자를 배반함이니라
26 그는 목을 굳게 하고 두터운 방패로 하나님을 치려고 달려가나니
27 그 얼굴에는 살이 찌고 허리에는 기름이 엉기었고
28 그는 황무한 성읍, 사람이 살지 아니하는 집, 돌 무더기가 될 곳에 거하였음이니라
29 그는 부요하지 못하고 재산이 항상 있지 못하며 그 산업이 땅에서 증식하지 못할 것이며
30 흑암한 데를 떠나지 못하리니 불꽃이 그 가지를 말릴 것이라 하나님의 입김에 그가 떠나리라
31 그는 스스로 속아 허망한 것을 믿지 말 것은 허망한 것이 그의 보응이 될 것임이라
32 그의 날이 이르기 전에 그 일이 이룰 것인즉 그 가지가 푸르지 못하리니
33 포도 열매가 익기 전에 떨어짐 같고 감람 꽃이 곧 떨어짐 같으리라
34 사곡한 무리는 결실이 없고 뇌물을 받는 자의 장막은 불탈 것이라
35 그들은 악한 생각을 배고 불의를 낳으며 마음에 궤휼을 예비한다 하였느니라

has played the hero against the Almighty,
26 defiantly[a] running against him behind his stout bossed shield.[b]
27 Though his face is covered with fat, and his loins are gross[a] with blubber,
28 he will dwell in ruined towns, in houses that are deserted, in. destined to be heaps of rubble.
29 He will have no riches, and his wealth will not endure, his possessions[a] will not spread over the land.[b]
30 [He will not escape from the darkness;][a] a flame will wither his shoots, and his blossom will be swept away by the wind.[b]
31 Let him not trust in his height,[a] deceiving himself, for his branch[b] will be as nothing.
32 It will wither[a] before its time, and his branches will not be green.
33 He will be like a vine dropping its grapes while still unripe, like an olive tree shedding its blossom.
34 For the band of the godless is unfruitful and fire consumes the tents of bribery.
35 They conceive mischief and breed disaster; their womb has produced deceit.

원문주해

2.a. 앤더슨은 말레(מלא)가 결여 개념으로 사용되고 있다고 제안한다. 즉 "그의 배로부터 동풍을 비우다." 그런 경우라면 엘리바스의 언어는 조잡한 것으로 바뀐 것이다!

3.a. 리핀스키(E. Lipiński, "Notes lexicographiques et stylistiques sur le livre de Job," *FolOr* 21[1980] 65-82[73-74])는 여기의 싸칸(סכן)은 전 10:9과 후기 성경 히브리어에서와 같은 싸칸(סכן II, "위험을 초래하다")이라고 주장하고, "말로 모험을 무릅쓰지 않는다"로 번역한다. 그러나 평행 구조는 그것에 반대다.

4.a. 아프(אף)는 강조사로 "참으로"라는 뜻이다.

4.b. 파라르(פרר, "부수다, 꺾다")는 만족스러운 번역이다. 그러나 드라이버는 아랍어와 시리아어에 동족어를 갖는 다른 어근 פרר("쫓아내다, 추방하다")를 발견한다. 따라서 NEB, "네가 네 마음에서 하나님 경외를 몰아낸다".

4.c. 문자적으로는 "줄이다, 감소시키다"(גרע – 가라), 즉 중요하지 않은 것으로 여기다.

5.a. 해당 히브리어는 "네 입이 네 허물을 가르친다"를 의미할 수 있지만, 알라프(אלף) 피엘은 "가르치다"가 의미할 "드러내다, 나타내다"를 거의 뜻할 수 없다. 다후드(*Bib* 44 [1963] 294), 블롬머드 그리고 앤더슨은 알라프(אלף) 히필 "천 배로 늘리다"(시 144:13)와 비교하면서, "네 입이 네 허물을 늘린다"로 번역한다.

5.b. 5a절구와의 평행 구문을 만들기 위해 블롬머드와 앤더슨은 "네 혀가 기만을 택한다"로 번역하지만, 이것은 피크(פיך)에 중복-기능 접미사를 가정하고, 아루밈(ערומים)을 추상명사로 여기면서, 라숀(לָשׁוֹן)으로의 모음 전환을 수반한다 – 그 둘 중 어느 것도 불가능하지 않지만, 전체적으로 보면 가능성이 거의 없다. 아루밈(ערומים)에 대해서는 시크레디아즈도 추상명사로 다룬다.

11.a. 라아트(לאט, "친절하게, 부드럽게"). 동사 라아트(לאט, "은밀하다")와는 관계가 없다. KJV, "네게 무슨 비밀이 있느냐?".

12.a. 이카하하(יקחך, "너를 데려가다"). 투르-시나이, 포프 그리고 블롬머드는 매력적이게도 접미사가 여격이라고 제안한다. 즉 "무엇이 너에게서 네 생각을 가져갔는가?"(לב – 레브="감정"[JB]이 아니라 "이성"). 이 구절은 호 4:11에서도 나타남. 그리고 참조. 아 4:9의 לבב. 이에 대한 반론들은 마(מה)가 첫 절구에서는 "무엇?", 두 번째 절구에서는 "왜?"를 의미하는 것 같지 않다는 점과, 또한 평행 구문은 "네 마음"과 "네 눈들"이 모두 주어임을 암시한다는 점이다(참조. I. Eitan, *A Contribution to Biblical Lexicography*[New York: Columbia UP, 1924] 21). 드라이버는 칠십인경의 에톨메센(ἐτόλμησεν, "감히 했다")과 비교하면서, 아랍어 *waqiḥa*("대담하다, 과감하다")와 동족 어근인 יקה(요키하카 ⟨יֹקִהֲךָ⟩로 읽음)를 제안했는데(*WO* 1[1947-52] 235) 이는 설득력이 없다. 따라서 NEB, "무엇이 너로 그렇게 대담하게 하는가?" 또한 J. Barr, *Comparative Philology and the Text of the Old Testament*(Oxford:Claredon Press, 1968) 17-19를 보라.

12.b. 라잠(רזם)은 여기에만 나오며, 명백한 동족어가 없다. רמז로 문자 전환하면 아랍어 *ramaza*, 아람어 רמז("신호하다")와 동족어인 후기 성경 히브리어 "암시하다"가 된다. 따라서 아마도 "눈짓하다, 눈길로 나타내다"(참조. 그래브, 66-67). 예루문(יְרוּמוּן "콧대 높다, 건방지다")으로의 수정(참조. 잠 6:17; 30:13; 라이스케, 부드; 참조. *BHK*)은 가능성이 덜하다 – 칠십인경은 정말 그렇게 읽는다. 아랍어 *razama*("점차 줄어들다, 약해지다")에 근거한 투르-시나이의 설명(포프가 그 뒤를 따름)이 아마도 여기 문맥에 가장 잘 맞을 것이다. 참조. NJPS, "너의 눈들이 어떻게 너를 실망시켰기에, 네가 분노를 터뜨릴 수 있었는가…."

15.a. 비크도쇼(בִקְדשׁוֹ)를 비크도샤브(בִקְדֹשָׁיו)로 읽었음.

16.a. 알라흐(אלח)는 드라이버에 따르면 "사치로 타락한, 부패한"을 뜻한다("Some Hebrew Words," *JTS* 29[1927-28] 390-96).

18.a. 동사의 **멤**을 강조의 대명 접사로 이해하여(포프, 블롬머드, 고디스) 키하둠 아보

탐(כְּחֵדוּם אבותם)으로 읽었음. 어쩌면 **멤**은 "그들(현인들)로부터"에 상응하는 접미사이고, כחד는 예외적으로 מן보다 직접 목적어와 결합된 것일 수 있다(참조. *GKC*, § 117x). 에얼리히는 31:16의 마나(מנע)와 비교했다. 아마도 이것이 RSV가 읽은 방식일 것이다. 다른 이들은 키하두 메헴 아보탐(כחדו מֵהֶם אבותם)으로 읽거나(비켈, 쉬지기엘, 호르스트) – 이는 확실히 문법적으로는 옳다 – 혹은 단순히 문제의 **멤**을 생략한다(덤). 맛소라 본문이 불가능한 것은 아니다: "그들의 조상들로부터"는 "그들이 보고했다"(יגידו – 야기두)와 결합되어, "그들의 조상들의 전통에 따라"(도름; 참조. NIV, 그리고 시크레 디아즈) 혹은 "그들의 조상들의 시대로부터"(NAB) 등을 의미할 수도 있다. 그러나 이것은 매우 어색하다.

20.a. 미쓰파르 샤님(מספר שנים, 문자적으로는 "해들의 수")은 분명히 "[펼쳐진] 모든 해들"이다(RSV; 참조. NEB). "정해진 해들"(NAB; 참조. JB, NJPS)은 샤네 미쓰파르(שני מספר)일 것이다(참조. 16:22; 민 9:20; 따라서 드라이버-그레이, 도름). 미쓰파르(מספר) 안에 있는 집합 개념으로 인해 아쉐르(אֲשֶׁר)가 복수 니츠푸누(נצפנו) 앞에 있는 것으로 이해되어야 한다.

22.a. 로 야아민 슈브(לא יאמין שוב) 대신에 덤은 30절을 시작하는 것과 동일한 구절인 로 야수르(לא יָסוּר)로 읽었다. 그의 견해를 피크와 그리고 내키지 않게 그레이가 따른다. 드 빌드는 복잡하게 재구성한다.

22.b. **케티브** 차푸(צָפוּ, "정탐했다")는 아마도 칼 수동 분사인 **케레** 차푸이(צָפוּי)의 또 다른(더 오래된?) 형태일 것이다. 고디스도 그렇게 본다. 에발트, *BHK*, 포어러, 헤세, 드 빌드의 경우처럼 차푼(צָפוּן, "소중히 간직했다")이나 초파(צוֹפֶה, "그가 찾는다": 발, 로울리; NAB, "그가 계속 칼을 찾고 있다") 등으로 수정할 필요는 없다.

23.a. 이 절구는 번역은 가능하지만 의미가 매우 어색하다: "그가 빵을 찾아 돌아다닌다. 어디에 [그것이 있는가]?" 대부분의 주석가들과 역본들은 איה를 아예(אַיֵּה, "어디에?")가 아니라 아야(אַיָּה, "솔개, 독수리")로 본 칠십인경을 따랐다(미카엘리스, 메르크스, 덤; NEB, JB, NAB, NIV 등이 그렇다). 이는 랄레헴(לַלֶּחֶם, "빵을 찾아")을 를레헴(לְלֶחֶם, "…의 빵을 찾아")으로 모음을 수정하게 한다(칠십인경, εἰς σῖτα γυψίν – 에이스 시타 귀프신). 동사 노데드(נֹדֵד, "방랑하는")가 NAB, NIV, 포어러, 포프에 의해 유지되지만, NEB의 호팔 누다드(נֻדַּד, "내던져지다")로의 모음 재조정이 선호되어야 한다. 왜냐하면 이것이 악한 자의 극적 불안을 더 잘 전달하기 때문이다. 마찬가지로 도름도 ידד("던지다", 참조. ידה, "던지다")의 니팔 분사 노다드(נֹדָד, "내던져진")로 모음을 잘 바꾸었다. 노탄(נִתָּן, "넘겨지다"; 지크프리트)으로나 무아드(מוּעָד, "지목되다"; 비어; 참조. 칠십인경 κατατέτακται)로의 수정은 요구되지 않는다. 노아드(נוֹעָד, "예정되다"; 덤, 휠셔를 따른 JB)는 가능성이 없다. 왜냐하면 יעד가 니팔에서는 항상 재귀적이지 절대 수동은 아니기 때문이다.

23.b. 브야도(בידו, "그의 손안에")를 피도(פִּידוֹ, "그의 파멸")로 수정했음(참조. 12:5; 라이트, 피크, 도름, 호르스트, 포어러, 포프, 로울리, 드 빌드). 브야도(בידו)가 바야도(בְּיָדוֹ, "그를 위해")의 표음일 가능성(고디스)은 없는 것 같다. 나혼(נָכוֹן, "준비된")을 나하르(נֵכָר, "재난"; 덤)로, בידו를 라에드(לְאֵיד, "재난을 위해"; 비어)로 수정하는 것은 지금은 역사적인 관심에만 속한다.

23.c. 이 절구의 마지막 두 단어 욤-호셰크(יום־חשך)를 24절의 첫 부분으로 옮겼다. 왜냐하면 그것들이 23b절구를 너무 길게 만들기 때문이다(JB, NEB, NAB 역시 칠십인경의 헤메라 데 아우톤 스코테이네 스트로베세이⟨ἡμέρα δὲ αὐτὸν σκοτεινὴ στροβήσει⟩를 따라 그렇게 한다. 덤, 포어러, 테리앙, 로울리, 포프, 시크레 디아즈, 드 빌드도 그렇다). 호르스트는 두 단어를 피도(פידו)에 대한 설명 주로 보고 삭제한다.

24.a. 복수 예바아투후(יבעתהו)를 단수 예바아테후(יְבַעֲתֻהוּ, "그를 무섭게 하다")로 읽었음(*BHK*, NEB, NAB가 그렇고, 또 칠십인경이 그렇다).

24.b. 덤에 의해서는 26절에 대한 설명 주로 여겨져 삭제됨(포어러도 마찬가지). NAB는 26절 뒤로 이동시키고, NEB는 이 절구를 각 괄호 속에 둔다.

24.c. 크멜레크(כמלך, "왕처럼")를 키므할레크(כְּמְהַלֵּךְ, "진군하는 병사 혹은 아마도 노상 강도처럼")로 수정하는 것(G. Hoffmann, "Ergänzungen und Berichtigungen zu Hiob," *ZAW* 49[1931] 144)은 수용될 수 없다. 그러나 "왕"의 이미지는 약간 이상하다.

24.d. 키도르(כִּידוֹר)는 여기에만 나옴. 아마도 시리아어 *kudrā*("먹이 새", KB[3]) 혹은 아랍어 *kadara* VII("급강하하다", 매뿐만 아니라 비도)와 관련이 있을 것이다. 라이더(*VT* 2[1952] 127)는 동일 아랍어 어근으로부터 "근심, 불안"을 제안한다. "포위 공격"(NJPS)은 이 구절을 악한 자의 불안이 아니라 악한 자에게 적용되도록 한다.

26.a. 문자적으로는 "목으로", RSV는 "완고하게", NJPS, NIV는 "도전적으로", JB는 "무모하게", NEB는 "정면으로", NAB는 "단호히". 나의 번역이 확실한 것은 아니다. 잘 알려진 표현 "뻣뻣한 목으로"는 말을 듣지 않음과 불순종을 가리키는 것으로 상당히 다르다. 의미상 가장 가까운 것은 시 75:6[5]의 "거만한 목(צואר עָתָק – 차바르 아타크)으로 말하지 말지어다"로, 그것은 "자만하지 말라", "너의 뿔을 높이 들지 말라"와 평행한다. 여기서 가베 마기나브(גבי מגניו, "그의 방패의 양각 돌기들")와 비슷한 군용 장비 물품을 보는 투르-시나이의 직관은 옳다. 그러나 그의 해결 "쇠사슬 갑옷"이 맞는지는 의심스러움 이상이다. 그것은 중세의 군장에서는 목의 보호막이었고, 이후 쇠사슬로 연결된 갑옷으로 발전되었다. 우리는 그러한 장비를 뜻하는 그 같은 용어의 고대 증거를 갖고 있지 않다. 그러나 포프가 그의 견해를 따르며, 앤더슨도 그러하다. "목-갑옷과 두껍게-양각된 방패를 들고, 완전 무장 상태로 그를 향해 돌격하는." 크아리츠(כְּעָרִיץ, "성난 사람처럼"; 참조. 비어, *BHK*)로나 크깁보르(כְּגִבּוֹר, "전사처럼"; 그래츠, "대적처럼", 에얼리히)로의 수정은 쓸데없다.

26.b. 문자적으로는 "그의 방패들의 양각 돌기의 두꺼움으로". 그러나 그는 당연히 하나의 방패만 갖고 있을 뿐이다.

27.a. 윈튼 토마스(D. Winton Thomas, "Translating Heb. *ʿāsāh*," *BiTrans* 17[1966] 190-93)에 따르면, 이것은 עשה의 "덮다"라는 의미다(아랍어 *gašā*처럼).

29.a. 민람(מִנְלָם)은 **단 한 번 사용된 말**로, 현재는 대체로 아랍어 *manāl*("소유, 획득")과 어원이 같은 것으로 여겨지며(사아디아, 조렐, KB[3], 포프, 고디스, 다후드, "Northwest Semitic Philology," 60-61, NIV), 그 모음은 메놀람(מְנֹלָם)으로 바꾸어 앞에 나온 악한 자의 무리를 가리키는 복수 접미사로 이해하거나(26절의 마기나브〈מגניו〉처럼), 아니면 가능성이 더 적은 경우로 그것을 대명 접사 **멤**으로 이해한다(포프, 블롬머드). 가능성이 덜한 다른 해결책들로 다음과 같이 읽는 것이 있다: (i) 찰모(צַלְמוֹ) 혹은 칠로(צִלּוֹ, "그의 그림자"), 아니면 칠람(צִלָּם, "그들의 그림자": 칠십인경 *σκιάν*을 따름: JB, NAB, 후츠마, 도름, 테리앙), (ii) 쉬발림(שִׁבֳּלִם = שִׁבֳּלִים, "곡식의 이삭": 딜만, 드라이버-그레이), (iii) 메릴람(מְלִלָם, 역시 "곡식의 이삭": 신 23:26[25]에서 단 한 번 사용됨, 힛지히), (iv) 아찰림(אֲצָלִים, "[그들의] 뿌리들": 불가타 *radicem suam*을 따르는 벨하우젠: 그러므로 RSV, NEB, "땅의 어떤 뿌리도 내리지 않다"), (v) 하발림(חֲבָלִים, "측량-줄": 드 빌드).

29.b. 다후드("Northwest Semitic Philology," 60-61)는 나타(נטה)가 "펼치다"뿐만 아니라 "내려가다"로도 충분히 입증되고(BDB, 640a), 에레츠(ארץ)는 "지하 세계"로 해석하여(*Bib* 40[1959] 164-66; *Psalms I*, 106; KB[3], 88a도 몇몇 구절에서 이 의미를 인정함), "그의 재산이 지하 세계로 내려가지 않을 것이다"로 번역한다. 이 번역은 30a절구가 스올의 어두움을 가리키게 함으로써 그것에 의미를 부여하는 이점을 갖는다(이에 대해서는 "주석"을 보라). 다후드는 부자의 재산이 그들과 함께 스올로 내려가지 않는 시 49:18[17]과 비교했다. 그러나 이것은 땅 위에서 악한 자의 재물의 존속이 논점인 여기서는 전혀 맞지 않는다. 참조. 또한 그래브, 67-69.

30.a. 이 절구는 NEB, NAB, 포프(아마도), 드라이버-그레이, 도름, 포어러, 호르스트 등에 의해 생략된다. "주석"을 보라.

30.b. 이는 난해한 구절로 문자적으로는 "그가 그의 입의 숨으로 쫓아 낼 것이다"(참조. KJV, RV). 그 입은 비록 26절 이후로 하나님이 언급되지는 않았지만, 아마도 하나님의 입, 그러면 상당히 색다른 연결로 된 것이다. 베야쑤르(ויסור)는 매우 약하여, 일반적으로 סער("〈폭풍우처럼〉 몰아내다")의 한 동사형인 포엘 비쏘에르(וִיסֹעֵר, "그리고 쫓아 낼 것이다": 참조. NIV, JB), 혹은 니팔 베이싸에르(וְיִסָּעֵר, "그리고 쫓겨날 것이다": 비어, 부드, 드라이버-그레이), 아니면 포알 비쏘아르(וִיסֹעַר, "그리고 쫓겨날 것이다": KB[3], 드 빌드, 덤, 도름, 포어러, 호르스트: 참조. NEB) 등으로 수정된다. 비어(*BHK*)는 후기 성경 시대의 어근 נשר("넘어지다")로부터 파생시킨 바이쇼르(וַיִּשּׁוֹר)로 읽었다(참조. 칠십인경 ἐκπέσοι). 그러나 칠십인경은 맛소라 본문을 정확히 읽었을 텐데, 그것을 33절의 이미지

와 조화시킨 것일 것이다(H. Heater, *A Septuagint Translation Technique in the Book of Job*[CBQMS 11; Washington, DC: Catholic Biblical Association, 1982] 61-62를 보라). 맛소라 본문은 NAB의 "사라질 것이다", NJPS의 "지나갈 것이다" 등에 의해 유지되며, 브루아흐-피브(ברוח־פיו)는 NJPS, NIV, 고디스, 포프에 의해 유지된다. 고디스는 야쑤르(יָסוּר)가 명사 "가지"라고 제안한다(즉, 줄기로부터 "갈라지는" 부분). 그러나 그의 번역을 성취하기 위해서는 테야베쉬(תיבש)의 모음이 티바쉬(תִּיבַשׁ)로 바뀌어야 할 것이며, **베트**가 샬하베트(שלהבת) 앞에 접두되어야 할 것이다.

피브(פיו, "그의 입")는 피르호(פִּרְחוֹ, "그의 꽃")로 가장 잘 수정된다(드라이버-그레이, 도름, 포어러, 호르스트, 시크레 디아즈, 드 빌드, RSV, JB, NEB, NAB, GNB, 사 5:24; 18:5의 파카흐〈פֶּכַח〉의 칠십인경 번역어 한도스〈ἄνθος〉를 따름). 피르요(פִּרְיוֹ, "그의 열매")로의 수정(덤, 포프)은 덜 매력적이다. 루아흐(רוח, "숨") 대신 라바흐(רֵוַח, "확장")로 읽고 "그는 그 육중한 입으로부터[즉, 지하 세계의 입] 달아날 수도 없을 것이다"로 번역하는 다후드의 생각(Dahood, *Bib* 50[1969] 343)은 "어둠"과 "화염"이 지하 세계를 가리키는 용어라는 그의 견해와 일치하며(18:13에 대한 "주석"을 참조하라), 또한 이 절의 첫 단어인 로(לא) 역시 이 절구에 부정형으로 기능한다는 것(비록 두 번째 절구에 대해서는 그렇지 않지만)을 당연시한다.

31.a. 바쇼(בשו)를 도름은 베시오(בְּשִׂיאוֹ, "그의 키를, 높음을")로 수정한다(20:6에서는 시〈שִׂיא, 악한 자〉에 대해 사용). 그의 뒤를 테리앙, JB, NEB, "그의 높은 위치" 등이 따른다. 이것은 שו와 שוא 사이에 그 절이 요구하는 것 같은 상이성을 만들어 낼 것이다. 다른 이들은 바아쉬루토(בַּעֲשִׁירוּתוֹ, "그의 부를"; 비어) 혹은 베소 니트오(בְּשׂוֹא נִטְעוֹ, "그의 식물의 〈열매〉 결실을"; 소〈שׂוֹא〉는 נשא의 드문 부정사; 비어, *BHK*; 드 빌드) 등을 제안한다.

31.b. 테무라토(תמורתו, "그의 교환, 보답"; 보상으로 얻는 행위나 물건)는 상업적 은유 같고(32절의 תמלא로 보강될 것이 아님), 따라서 악한 자를 식물로 묘사하는 부분에는 어울리지 않는다. 일부는 테루마토(תְּרוּמָתוֹ, "그의 소출, 소득, 생산")로 제안하지만(참조. *BHK*, 드 빌드), 테루마(תרומה)는 일반적으로 제의와 연결되고, "생산"을 가리키는 일반 용어는 아니다. 보다 대중적인 것은 팀모라토(תִּמֹּרָתוֹ) 혹은 티모라토(תִּמֹרָתוֹ, "그의 종려나무")로 읽는 것이다(비어, 부드, 드라이버-그레이, 투르-시나이, 포프, NEB). 그러나 악한 자는 식물이기에 그는 종려나무를 "가질" 수 없고, 같은 이유로 "그의 종려나무"를 그 다음 절의 시작 부분으로 옮기는 것(드라이버-그레이, 로울리, 포프, NEB 등처럼)도 이치에 닿지 않는다. 훨씬 더 나은 경우는 도름이 하는 즈모라토(זְמוֹרָתוֹ, "그의 가지")로의 수정이다(따라서 JB의 "그의 큰 가지", NAB의 "그의 줄기"). NAB는 첫 번째 절구를 생략하고 두 번째 절구는 29a절구 뒤에 오도록 옮김으로써 여러 [연결] 매듭들을 끊어 버린다.

32.a. 여기서 적절하지 않은 상업적 은유인 티말레(תְּמַלֵּא, "완전히 갚아질 것이다")의 티말(תְּמַל, "그것은 시들 것이다")로의 다소 확실한 수정(칠십인경의 프다레세타이〈*φθαρήσεται*〉, 도름, 포어러, 호르스트, 로울리, 포프, NEB, NAB, JB, GNB 등이 그렇다). 고디스는 맛소라 본문의 단어를 מלל의 어형 변이 형태라고 보고 지지한다. 그것의 주어는 앞 행의 마지막 단어인 즈모라토(זמורתו)가 될 것이다.

양식/구조/배경

이 연설의 **구조**는 자명하게 두 부분으로 되어 있다. 처음 부분에서는 욥에게 직접적으로 말해진다(2-16절). 두 번째 부분에서는(17-35) 비록 욥에게 듣기를 요구하는 시작 문장 외에는(17절) 그에게 말해지지 않지만 분명히 욥의 교훈을 위한 것으로 악인과 그의 운명에 관한 묘사가 있다—욥은 그런 사람이 아니고, 따라서 확신을 가질 충분한 이유를 가지고 있다는 것이 요점이다. 이 연설과 서술의 요소들은 그 순서로 친구들의 모든 연설에 공통적이다(아마도 결함이 있는 세 번째 주기 연설들은 제외). 그러나 첫 번째 주기에서는 욥에게 하는 결론의 연설이 있는 반면(5:19-17; 8:20-22; 11:13-19), 두 번째 주기에서는 각 연설이 악인의 운명에 관한 묘사로 끝난다. 두 번째 주기의 이 같은 구조적 새로움은 친구들의 태도에 관한 묘사가 더 간소해졌음을 알리는 표시일지 모르나, 악인들에 대한 묘사가 세 친구의 입에서 각기 다른 기능을 한다는 점은 간과되지 말아야 한다: 그것은 엘리바스에게는 욥의 모습이 아닌 것에 대한 묘사다. 빌닷에게는(18장) 욥이 그럴 수도 있는 것에 대한 묘사다. 소발에게는(20장) 욥이 피해야 하는 것의 묘사다.

연 구조는 다음과 같이 분석될 수 있다.

	1	15:2-3	2행
	2	4-6	3
	3	7-10	4
	4	11-13	3
	5	14-16	3
II	1	17-19	3
	2	20-22	3
	3	23-26	4
	4	27-29	3
	5	30-32	3
	6	33-35	3

이 시의 기본 연 패턴은 3행 연이다(4-6, 11-13, 14-16, 27-29절 등은 특별히 분명하게 표시된 예들이다). 이것이 두 번 4행 연으로 확장된다(7-10절, 3행으로 된 6개의 수사적 질문들에 하나의 확언이 매달려 있음; 그리고 23-26절, 네 번째 행이 세 번째 행의 문제를 발전시킴으로써 연을 확장함). 처음 2행 연인 2-3절은 아마도 다른 연설들의 첫 부분에 비교될 수 있을 것이다(8:2-3; 6:2-3; 4:2-3; 20:2-3). 비록 여기와 다른 곳에서 모두 첫 부분을 5행 연들로 보는 것이 더 나을 수도 있겠지만 말이다.

여기서 제시된 연 구조는 포어러가 식별한 것과 비슷한데, 그는 23-25절을 한 연으로 만들고 31절은 삭제하면서 29-32절을 또 다른 연으로 만든다. 이 배열은 내용과 아주 잘 부합하지는 않는다. 왜냐하면 26절은 25절과 더 자연스럽게 어울리고, 29절은 28절과 그렇기 때문이다.

스케한은 3행으로 된 하나의 연과 1행으로 된 하나의 연과 함께 5행으로 된 여섯 연을 발견한다(2-6, 7-11, 12-16, 17-19, 20-24, 25-29, 30-34, 35절; 비슷하게 NAB). 그러나 그는 29a절구와 31b절구가 29b절구 뒤에 오도록 위치를 바꾼다. 반면에 웹스터는 현재 분석에는 근본적으로 동의하지만, 2-6, 20-23, 24-26, 27-30, 31-35절들을 연들로 본다. 테리앙도 대부분을 대개 2행 연구가 뒤따르는 3행 연구로 구성된, 5행으로 된 연들로 본다. 따라서 2-6, 7-11, 12-16, 17-21, 22-26, 27-30(4행), 31-35절.

이 시에 나타나는 **양식** 요소들은 대부분이 예외적으로 한 영역에서 유래한다: 지혜 영역.

지혜 논쟁 언사 양식은 욥의 행동에 대한 비난의 기능을 가진 지혜로운 사람은 어떻게 행동해야 하는가에 관한 수사적 질문들에서(2-3, 12-13절) 분명히 나타난다(수사적 질문들은 법적 논쟁에서도 그러한 기능을 한다). 여섯 개의 수사적 질문으로 된 두 번째 세트인 7-9절에서는 욥이 친구들의 지혜보다 우월한 것을 가졌다고 주장한 것에 대해 그를 비난한다.

지혜 교훈 양식은 14절의 수사적 질문 "사람이 무엇이라고 깨끗할 수 있겠는가?"에서 나타나며, 그것은 기능상 다른 물음들과 같은 비난이 아니라 그것이 구체화하는 명제에 듣는 이의 동의를 요청하는 지혜 언설이다. 교훈 성격의 직접적 언설들은 인간의 "부패"에 관한 15-16절에서 보이며(**아 마이오레 아드 미누스**[*a maiore ad minus*, **일반적인 것에서 구체적인 것으로**] 논법), 무엇보다도 악인의 불안한 삶과 궁극적 운명에 대한 묘사에서(20-35절) 보인다. 이 서술의 기능은 욥을 비난하는 것이 아니라(욥의 고난을 신을 인정치 않는 사람의 것으로 묘사한다고 생각하는 포어러는 이에 반대다), 최근에 시작되었지만 아마도 단지 일시적인 욥의 고난의 경험을 악인들의 연속적인 정신적 고통과 대조하는 것이다. 지혜 교훈에 속하는 또 다른 요소는 교사의 개인 경험의 고지다(17절; 참조. 4:8; 5:3).

전체적으로 이 연설의 **기능**은 격려라고 말해질 수 있을 것이다. 엘리바스는 욥의 고난 이전의 행동에 대해서는 아무런 비판을 하지 않고, 다만 이 대화 속에서 그가 말한 것에 대해서만 그에 반대하는 입장을 취한다(5절; "주석"을 보라). 그는 욥이 근본적으로는 결백하다고 믿기 때문에 그를 책망하지는 않는다(6a절구). 그러나 욥 자신의 말들은 그를 잘못된 자리에 둔다(6절). 엘리바스는 그 자신의 간섭을 욥을 "온화하게 다루는 연설"로 바라보며, 자신을 "하나님의 격려"를 전달하는 것으로 본다(11절). 인간은 하나님 앞에서 도덕적으로 깨끗할 수 없다는 주장(14-16절)은 욥을 해명해 주려고 의도한다: 가장 좋은 사람들도 때로 죄를 짓게 마련이다. 이런 견해로 읽으면, 20-35절의 악인들에 대한 서술은 본질적으로는 욥에게 주는 격려일 수 있을 뿐이다. 왜냐하면 악인의 경험은 욥 자신의 경험과 너무나 동떨어져 있기 때문이다.

이 연설의 **논조**는 그 기능과 일치하여 동정적이지만 단호하다. 욥은 지혜롭지 못하게(2-3절), 자만스럽게(7-9절) 그리고 공격적으로(12-13절) 말했으며, 그의 경건에 어울리지 않는 태도를 취했다(4-5절). 그는 하나님 앞에서 적절한 공손한 태도를 저버렸다(4절). 그는 인간성에 대한 근본 진리를 무시하며(14-16절) 그만큼 분명한 바로잡음을 필요로 한다. 이 연설에는 욥이 자신을 초인적 지혜의 소유자인 제일 첫 번째 인간으로 착각하지 않았는가의 질문들 속에 약간의 빈정거림이 있지만(7-8절), 그 과도한 빈정거림 자체가 그것의 날을 무디게 하며, 엘리바스는 본질적으로 욥을 공격하거나 창피를 주려고 한다기보다는 그가 정신 차리도록 그에게 찬물 벼락을 주고 있는 것 같다.

핵심 구절은 20절로 정할 수 있겠다: "악인은 그의 일평생에 고통으로 몸부림친다" – 여기서 중심 어구는 **그의 일평생에.** 그런 사고는 4:6의 정반대이지만, 욥에게 자기 결백에 대한 확신을 가지라고 격려하는 동일 기능을 갖는다.

주석

1-35 이 책의 전개에서 두 번째와 세 번째 연설 주기들이 개진되어야 하는 어

떤 고유한 이유가 있는가? 친구들은 주장할 새로운 논점들을 가지고 있지 않기 때문에 그들의 연설들 자체는 불필요하다. 그러나 욥은 여전히 벗어나 탐험 중이기에 아직 거쳐야 할 많은 문제가 있고, 친구들의 신학의 부동성은 그의 끊임없는 태도 및 관점 전환에 필요한 배경이다. 그러나 드러난 이야기 줄거리에 관한 한 각각의 친구가 자기 의견을 말한 지금 대화가 더 지속되는 것은 다소 뜻밖이다. 욥은 그의 이전 연설에서 그들에게 조용히 하고 하나님과 자신의 논쟁에 증인들로 방청하라고 요구했다(13:13, 17). 따라서 그들이 욥에게 말을 계속하는 것은 그들 편에서의 일종의 방해 행위로 여겨질 수 있다(물론 그들의 관점에서는 욥의 지나친 언어에 의해 그들에게 부과된 긴급한 필요임에 분명하다). 이에 반하여 헤세는 욥은 그 자신의 말을 필요로 하는 경우에만 침묵을 요구한 것이라고 생각한다. 그렇게 판단하면, 엘리바스는 분명히 그의 입을 다시 여는 것을 정당하다고 느낄 것이다.

두 번째 주기에서는 친구들이 좀더 거친 어조를 택한다는 것 외에는 아무런 논점이 없다. 그러나 그들의 기본 태도와 신학적 입장은 변함이 없다. 여기서 말하는 엘리바스는 4-5장에서와 동일한 엘리바스라는 것을 아는 것이 정말 중요한데, 그 이유는 그런 문맥 상황 바깥에서는 15장이 그것의 실제 모습과 매우 다르게 비춰질 수 있기 때문이다. 가령 포어러는 엘리바스가 이 장에서 욥을 향한 친절한 이전의 태도를 버리고, 이제는 그에게 밝은 미래에 관한 어떠한 연설도 하지 않으며, 다만 악인의 운명에 관한 무시무시한 이야기로 그를 위협한다고 주장한다. 그러나 엘리바스가 욥을 위로하는 말을 반복하고 그 앞에 행복한 미래를 내미는 22장은 엘리바스에게 아무런 생각의 변화나 마음의 변화가 없었음을 보여 준다.

2 항상 그렇듯이, 엘리바스가 하나의 질문으로 시작한다(참조. 4:1; 22:1; 또한 8:2; 18:2에서 빌닷; 11:1에서 소발). 그 질문은 양식 관점에서 보면 대체적으로 논쟁 언사의 서론이다. 엘리바스의 어조는 4장에서처럼 변증적이지 않으며 회유적이지도 않다. 그렇다고 조소적이거나 무례하지도 않다. 그는 단지 욥이 지혜를, 친구들의 것보다 우월한 지혜를 가졌다고 하는 주장(12:3; 13:2)에 관하여 욥에게 이의를 제기하는 것뿐이다 – 남자 대 남자로 터놓고라고 우리는 가정할 수 있다. 그것은 욥이 바로 앞서서 친구들에게 한 말(12:-13:2)의 핵심이었음을 우리는 기억한다. 욥의 말을 "바람의 지식"이라고 말할 때, 엘리바스는 그것을 그와 욥이 자신들을 분류하는(참조. 또한 18절 그리고 참조. 8절의 "지혜") "지혜로운 사람"에게서 기대되는 냉정한 현명함 같은 것이 아니라 광포하고 폭력적인 것으로 물리친다. "바람"은 여기서 내용이 없고, 박약하고, 일시적인 것을 상징하지 않고(로울리, 호

르스트, 포어러 그리고 대부분 역본들은 이에 반대한다), 8:2에서처럼 격렬한 것을 상징한다. 그 다음 절구에서 "동풍"과의 대구가 (또한 호 12:2[1]에서처럼) 그 점을 분명하게 한다. 엘리바스는 욥의 연설의 상당 부분에 동의하는 것이 분명하기에 그것을 "내용 없는" 것이라고는 거의 말할 수 없다. 그러나 그는 그것이 온건(穩健)하지 않다고는 비판할 수 있다.

동풍(קדים –카딤)이란 욥의 가족과 소유의 파멸을 절정에 이르게 한(1:19) 사막에서 불어오는 격렬한 열풍 시로코(sirocco) 혹은 캄신(Khamsin)이다. 엘리바스가 욥은 그런 뜨겁고(출 14:21; 호 13:15; 욘 4:8) 격렬한(욥 27:21; 렘 18:17) 바람이 자신에게 불어닥치도록 했다고 암시하는 것은 가치 없는 것일 수 있으나, 그것은 현인의 격에 너무 어울리지 않는 욥의 절제 없는 격정에 대한 그의 판단과, 욥의 말들이 건전한 신학에 미치는 해로움에 대한 그의 격분을 잘 표현한다. 욥이 바람으로 "그의 배를 채웠다"는 말은 그가 사리분별의 자리인 그의 마음으로부터 분별 있게 말하지 않고 그의 감정들로부터 너무 많이 말한다는 것을 암시한다. (그 표현이 32:18에서는 약간 다르다.)

엘리바스가 욥의 연설에 제기하는 진짜 반대는 4, 14-16절에서 명백해질 것이다. 현재 이슈는 그가 "지혜로운 사람"–물론 이것은 욥이 이전 연설에서 그렇다고 주장한 바이다–처럼 행동했느냐는 것이다.

3 욥의 말에 대한 엘리바스의 반대는 신기하게도 그 말들이 "유익하지"(סכן – 싸칸, 오직 욥기에서만 22:2; 34:9; 35:3〈"원문주해" 15:3.a를 보라〉; 그리고는 יעל 히필) 않다는 것이다. 그레이는 하나님을 대항한 그의 말들이 그의 입장을 확립하는 데 도움이 되지 않았기 때문에 그것들이 "무익하다"고 생각했다. 보다 정확하게는 엘리바스는 정식 법적 논쟁으로가 아닌 상태로 하나님과 논쟁하는(הוכיח – 호키아흐, 13:3, 15에서 욥이 사용한 동사) 것이 "무익하다"고 생각하는 것일 수 있다. 그것은 욥이 반대하지 않는 생각이지만, 그럼에도 불구하고 그는 논쟁한다! "무익함"은 능률 전문가인 행정관의 어휘에 속한다. "엘리바스는 욥이 박식하지만 사상 없는 학자로서가 아니라 그 자신의 산 죽음의 증인으로서 말한다는 사실을 고려하지 않는다"(테리앙). 그의 언어를 규정하는 것은 유용성이 아니라 열정이다.

4 욥의 연설에서는 그것이 말해지는 정신보다 그것의 말투에 더 문제가 있다. 그러한 폭력성은 지혜로운 사람의 표시가 아니며, 훨씬 더한 것은 그것이 하나님에 대한 부적당한 태도를 드러낸다는 엘리바스의 비난이다. 욥의 연설은 하나님을 충분히 존중하지 않는다. 문자적으로 말하면, "너는 두려움 혹은 경외(יראה –이르아)

를 깬다 혹은 범한다(פרר – 파라르)." "경외"는 대부분 주석가들의 생각과는 다르게 단순히 지혜의 "핵심 부분"이요(시 111:10; 잠 9:10; 욥 28:28에서는 "아도나이 경외"가 지혜**이다**), 종종 대략적으로 "종교"를 뜻하는 표현인 "여호와 경외" 혹은 "하나님 경외"의 생략형이 아니다. 엘리바스가 "경외"라는 단어만 사용하는 경우에는(4:6, 22:4) 특별히 하나님을 향한 경외를 염두에 두고 있는 것 같다. 그것과 대구를 이루는 것이 하나님 앞에서의 "묵상"이다. 시하(שִׂיחָה)는 보통 "큰소리로 하는 묵상"을 뜻하며, 때때로 불평을 동반하지만(7:11<"원문주해" 7:11.b을 보라>; 7:13; 9:27; 10:1의 시아흐<שִׂיחַ>처럼), 여기서는 단순히 신학적 연구와 반성의 과정 중에서다(시 77:13[12]; 104:34; 119:15, 23, 27, 48, 78에서처럼). 그 용어는 경건한 현인의 묵상 활동을 말할 것이다. 하나님에 대한 욥의 비판, 특별히 그에 대항한 그의 소송(13:3, 19-24)은 하나님에게 마땅히 돌려야 할 존경의 포기요 참된 경건인의 인내하며 묵상하는 자세의 거절이거나 적어도 경시(גרע – 가라, "감소하다")다. 두 번째 행에 대한 NEB의 번역인 "그의 존전에서 말할 유일한 권리를 강탈한다"는 욥이 하나님 앞에서 다른 사람들의 "묵상"을 받아들이지 않음을 암시하는데, 그런 뜻일 리는 거의 없다.

욥의 연설에 엘리바스의 반응을 시작케 한 어떤 특색이 있는가? 바이저는 그것을 욥이 하나님의 정의를 문제 삼은 사실이라고 생각하며, 람파터는 하나님의 "악마 같은" 특질들에 대한 묘사(12:13-25)가 하나님을 중상한 것이라고 생각하고, 리히터는 하나님과 소송에 들어가겠다는 욥의 결심이 가치 없다고 생각한다(*Studien zu Hiob: Der Aufbau des Hiobbuches, dargestellt an den Gattungen des Rechtlebens* [Berlin: Evangelische Verlangsanstalt, 1959] 81-82). 호르스트는 본문이 이들 가능성들에 열려 있다고 말하지만, 엘리바스는 욥이 말한 많은 부분과 의견을 달리하기가 어려울 것이기 때문에, 엘리바스를 모욕한 것은 욥이 하나님과 소송에 들어가겠다는 대담성인 것 같다. 이것이 분명히 13a절구에서 엘리바스의 마음에 있는 것 같은 것이다.

엘리바스는 4:5-6에서 그랬던 것과 똑같이 욥이 그 자신의 높은 기준에 걸맞게 살지 않는다고 비난한다. 그가 종교를 버렸다고 하거나 혹은 내적 감정에서든 외적 준수에서든 적극적으로 반종교적으로 되었다고 비난하고 있다는 말(그레이)이 아니다. 또 엘리바스의 비난은, 마치 "욥의 행동과 원칙의 경향이 사람들 가운데서 헌신과 종교를 분명히 감소시키고 제거하는" 것인 양(데이빗슨), 혹은 마치 엘리바스가 "욥의 위험한 사상들을 사회에 위협으로 낙인찍고" 있는 것인 양(로울리), 욥은 종교 그 자체(포어러)를 혹은 다른 사람의 종교(참조. GNB, "만일 네 뜻대로라면, 아무도 하나님을 두려워하지 않을 것이다")를 손상시키고 있다는 것도 아니다. 엘리바스는 비록 욥의 입에서 들은 것으로 조금도 충격 받지 않은 것은 아니지만, 근본적으로 욥에게 동정적이며 그의 본질적 선함을 여전히 확신한다.

5 뉘앙스를 제대로 파악하면 이 문장은 아직 욥을 긍정하며 그의 말을 봐준다. 욥은 눈을 활짝 열고 일부러 이런 사악한 종류의 연설에 착수한 것이 아니다. 오히려 의로운 사람인 그조차도 완전히 피할 수 없는 죄가 그의 분노를 야기했고, 그의 말(문자적으로는 "입")을 규정한다(NEB, NJPS: "자극한다, 부추긴다"〈JB, NIV〉; 문자적으로는 "가르친다"). 그 결과(**바브** 계속법)는 그가 자신에게 자연스럽지 않은 언어 방식을 택한다는 것이다: "간사한" 자들(ערומים – 아루밈)의 언어(문자적으로는 "혀"). 이들은 "지혜로운" 사람들의 부류에 속하지만(사실 잠언에서는 그 용어가 항상 좋은 의미로 사용된다) 경건한 현인들과는 다르게 그들의 지혜를 악한 목적을 위해 사용한다(참조. 5:12; 창 3:1). 12-14장의 욥의 연설에서 무엇이 "간사"했는가? 이것이 단순히 욥에 대한 불특정 비방이 아니라면, 그 가리킴은 12:13-25에서 하나님의 활동은 본질적으로 파괴적이라고 한 욥의 주장일 수 있다. 전통적으로 옳다고 여겨진 하나님에 관한 언어를 사용하여 전혀 전통적이지 않은 논지를 – 하나님에게 불리하게 – 펴는 것은 마땅히 "간사하다"고 불릴 수 있을 것이다. 욥의 죄란 욥은 (그가 인정하지 않을 죄에 대해) 지금 벌을 받고 있기 때문에 자신이 하나님을 이렇게 노골적으로 묘사하는 것이라는 의견으로 그러한 간사함을 "부추긴다"는 것이리라.

6 엘리바스는 욥을 죄인으로 입증할 의향이 없다는 것이 그의 근본적인 태도다. 그는 욥을 "정죄하거나" 그의 잘못을 드러내기를(רשע, 히필) 결코 바라지 않는다. 그의 동기는 욥을 격려하는 것이다(참조. 4:6). 그러나 욥의 연설은 하나님에게 무례하며, 따라서 그것은 본질적으로는 결백한 사람인 욥을 잘못된 자리에 둔다. 그것은 욥이 입을 열 때 자신도 모르게 그가 애초부터 죄인이었음을 나타내고, 따라서 그는 그에게 일어나고 있는 일을 마땅히 받을 만하다는 말이 아니다. 오히려 엘리바스는 의로운 그의 친구가 거친 말들로 자신을 위험에 빠뜨리는 것을 보고 당황하는 것이다. 욥이 자신이 말하는 것을 들을 수만 있다면, 그는 이것은 전혀 경건한 사람이 처신할 방식이 아님을 깨달을 것이다!

욥 자신이 사건의 그 같은 전환을 예견했다는 것은 아이러니다. 그는 9:20에서 그가 하나님과의 정식 소송에 관해 두려워하는 것은 "내가 비록 결백하지만 내 자신의 입이 나를 정죄할 것이며, 내가 비록 흠이 없지만 그것은 나를 죄 있다고 증명할 것이다"라는 것이라고 말했다. 그는 하나님의 위엄에 겁먹고 잘못 발음할 것이라고 생각하고 있었던 것이다. 여기서 엘리바스는 욥이 이미 그 자신의 최고 행동 기준들에 어긋났으며, 비록 (은유적인) 법정의 냉정한 환경에서일지라도 자신을 하나님의 대적자로 세우는 것은 자신이 잘못했음을 드러낸 것이라고 말한다.

2-6절에 나오는 엘리바스의 말에 대해 여기서 제공된 독법은 대부분의 주석가들보다 엘리바스에 대해 좀더 관대하다는 것이 눈에 띌 것이다. 가령 로울리는 이 절들을 이렇게 요약한다: "엘리바스는 욥의 말들이 분별 없고 불경하며, 그것들은 단지 [하나님이] 그에게 하신 비난들의 적절성을 증명해 준다고 단언한다"(p. 133). 그러나 이는 엘리바스가 4-5장 이후로 그의 근본 태도를 바꾸었다고 가정하는 것이다. 데이빗슨은 "[욥이] 말한 것 같은 언어는 그의 마음속 깊은 곳에 자리한 악에 의해서만 영감 받을 수 있었으며, 그의 사악함에 대해 더 이상 다른 것이 필요 없는 충분한 증거였다…엘리바스의 비난은 하나님이 자기를 부당하게 다루신다는 욥의 불평과 그 자신의 결백에 대한 욥의 주장들이…그의 사악함을 덮기 위해 내놓은 간사한 가식들이었다는 것이다"라고 기록했다. 그렇기는커녕 엘리바스는 그렇게 생각을 만들어 낼 사람이 아니다. 그는 온건을 믿는다. 그는 지금까지 욥의 최후에 있을, 심지어는 머지 않아 있을 욥의 회복에 관해 아무런 걱정을 하지 않지만, 그의 친구의 최근 말들은 솔직히 말하면 죄가 있다.

7-**10** 엘리바스는 친구들의 지혜에 대한 욥의 비난에 응답한다(12:2-3; 13:1-2; 그리고 12:7-12에서 친구들의 입에 올려진 말들). 욥 자신이 그의 대화자들에게 그랬던 만큼 엘리바스는 더 이상 욥에게 다정다감하지 않다. 욥은 우월한 지혜를 가졌다고 주장했다. 엘리바스는 욥 혼자만 지혜롭다는 모든 함축 의미를 거부하며(8b절구), 욥의 지혜가 그 친구들의 것보다 더 높을 가능성을 물리친다(9절).

7 여기에는 냉소가 있지만, 그것은 신랄하지는 않다. 엘리바스는 온건한 사람이며, 그는 욥에게 오랫동안 축적된 지혜와 비교하여 그가 어떤 종류의 지혜를 스스로 얻을 수 있는지 불친절하지 않게 묻는다(참조. 10절). 그는 분명히 지금까지는 자신을 최초의 인간(the First Man) - 창세기의 아담이 아니라 초인의 지혜를 부여받은 신화적 인물 - 으로 상상할 만큼 자신을 망각하지는 않았다. 첫 번째 인간 신화(실제적으로는 구약에서 한 번도 이야기되지 않음)는 에스겔 28:11-19의 두로 왕에 대한 묘사와 또한 아마도 잠언 8장의 지혜 묘사의 원천을 이루었다. 그것은 세상 이전에 그의 창조, 그의 완전한 지혜와 미, 하나님 의회에 그의 참여에 관하여,

그리고 아마도 그가 신 지혜를 훔침에 관하여 분명하게 말했다. 그 인물 **첫 번째 인간**(*ʾādām haqqadmôn*)은 묵시 문학과 랍비 문학에서 중요한 역할을 했다. H. Gunkel, *Schöpfung und Chaos in Urzeit und Endzeit: Eine religionsgeschichtliche Untersuchung über Gen 1 und Ap. Joh 12*(Göttingen: Vandenhoeck und Ruprecht, 1895); H. Schmidt, *Die Erzählung von Paradies und Sündenfall*(Tübingen: J. C. B. Mohr[Paul Siebeck], 1931) 287, 352, 489-90; I. Engnell, "Die Urmenschvorstellung und das Alte Testament," *SEÅ* 22-23(1957-58) 265-89; R. Gordis, "The Significance of the Paradise Myth," *AJSL* 52(1936) 86-94; S. Mowinckel, "Urmensch und Königsideologie," *ST* 2(1949) 71-89; 같은 저자, *He That Cometh*(tr. G. W. Anderson; Oxford: Blackwell, 1956) esp. 422-24; H. L. Strack and P. Billerbeck, *Kommentar zum Neuen Testament aus Talmud und Midrasch*(München: C. H. Beck, 1926) 3:477-78; 참조. 또한 R. N. Whybray, *The Heavenly Counsellor in Isaiah xl 13-14: A Study of the Sources of the Theology of Deutero-Isaiah*(Cambridge: CUP, 1971) 54-56를 보라.

최초의 인간은 그 신화에 따르면 분명히 신적 존재로부터 "태어났다". 사용된 동사로 볼 때 엘리바스는 "태어난" 것이 아니라 만들어진 창세기 1, 2장의 아담을 가리키는 것일 수 없다. "언덕들에 앞서 생겨난"도 이 인물의 신화적 배경을 가리킨다. 그 어구는 그것이 지혜에 대해 사용되는 잠언 8:25b로부터 온 것이다. 문학적 의존성의 방향이 잠언으로부터 욥기로라는 데는 거의 의심이 있을 수 없고, 이것은 욥기의 (상대적) 연대 결정에 약간의 가치가 있는 일이다. 그러나 (여기서처럼) 최초의 사람과의 연결은 지혜 인물과의 연결보다 틀림없이 더 오래된 것이다. "언덕들에 앞서"에 대해서는 시편 90:2 참조(하나님의 영원성과 관련하여).

8 해당 히브리어는 창조가 계획되고 있던 그 옛날에 "네가 들었느냐?"(피크), 아니면 지금 "네가 듣느냐?"를 의미할 수 있다. 어느 경우라도 그 첫 인간은 우리가 1:6-12; 2:1-6에서(참조. 또는 왕하 22) 만난 것과 같은 신적 존재들의 모임인 하늘 의회(סוד – 쏘드)에 입장할 수 있는 권리를 가지고 있다고 가정된다. 예언 상황에서 말하면, 참된 선지자는 신적 의회의 심의에 내밀히 관여하고, 반면에 거짓 선지자들은 거기에 출석을 주장한다고 이해된다(렘 23:18, 22; 참조. 암 3:7). 그러나 여기서의 문제는 욥이 자신에게 선지자적 외양을 부여하고 있는가가 아니라 (4:12-17에서 엘리바스가 그랬던 것처럼!), 그가 아마도 하늘 모임에 참석하여 그의 지혜를 얻은 그 첫 번째 인간의 역할을 사칭하고 있는가의 여부다. 신 의회에

관해서는 1:6에 대한 부분을 보라.

두 번째 행이 하늘로부터 지혜의 **훔침**을 가리키는지는(포어러, 투르-시나이처럼) 확실하지 않다. 가라(גרע)라는 동사는 다른 것들을 덜다라는 의미에서 감소된다는 것이라기보다는 정확히는 "축소시키다"(참조. 4절), 따라서 "제한하다"를 뜻한다(그러나 KB[3]를 보라). 원형적인 한 인간이 인간에게 가져다 주려고 신들에게서 불을 훔치는 프로메테우스 신화와 예수가 하나님과의 동등은 취할 것으로 여기지 않는다는 빌립보서 2:6의 성구가 비교되었다. 그러나 현재 문맥의 상황은 지혜의 훔침 사상을 위한 여지를 가지고 있지 않다. 그것의 관심은 오로지 참된 지혜를 자신에게 "제한하는" 것으로 묘사되는 우월 지식에 대한 욥의 주장에 있다.

9 "냉소적인 상상의 이 고원한 비약으로부터 돌아와서, 엘리바스는 욥에게 어떤 면에서 그의 지식이 그들의 것을 능가하는지 묻는다"(피크). 초인의 지혜를 소유하기는커녕 욥은 통찰력에서 친구들보다 낫지도 않다. 욥은 12:2-6에서 그의 우월한 지식의 내용을 분명하게 하려고 애썼는데, 엘리바스가 "네가 아는 것이 무엇이기에 우리의 지식보다 더 나으냐?"라고 진지하게 묻는 것은 다소 이상하다: 욥이 분명히 하려고 애썼던 것은 응보 교리가 항상 옳지는 않다는 것이다. 엘리바스는 "네가 무엇을 알 수 있는가…?", 즉 어떻게 외로운 한 개인이 인간 지식의 최첨단 업적들을 뒤로 밀어내고 도움을 받지 않기를 바랄 수 있느냐고 묻는다. 엘리바스에게 지혜란 근본적으로 의견의 일치, 즉 수 세대를 걸쳐 축적된 일치의 문제다. 그것은 -10절에 더 적절한 것으로, 사람이 긴 삶의 과정을 통해 점진적으로 성취하는 지식 덩어리다. 엘리바스에게는 욥에 대한 개인적 적의가 있다 하더라도 거의 없다는 것이 분명해진다. 그는 오히려 욥이 그의 시대의 지적 가치들에 제기하는 위협에 직면한 것이다. 7-9절의 수사적 질문들은 욥과의 논쟁에 들어가기 시작하는 것이 아니라, 바로 그 형식으로 신학 사상에서 욥이 주장하는 진보는 허용할 수 없고 불가능하다는 것을 선언한다. 수사적 질문들로서 그것들은 청자가 화자에 찬성하며, 즉각적으로 진리를 따라 행하기 위해서는 그는 다만 진리가 어디에 놓여 있는지만을 상기 받으면 된다고 가정한다. 현실 그대로를 지키려는 그 같은 전사와 논쟁하는 것은 헛된 일이다.

10 "머리가 흰"과 "나이든"을 뜻하는 단어들은 단수다. 따라서 그것들을 집합 명사로 여기는 것이 가능한 반면(RSV, NAB, NIV가 그렇다), 엘리바스는 9장에서 그랬던 것처럼 아직도 한 그룹으로서의 세 친구에 대해 말하고 있는 것이라고 보는 것이 훨씬 더 개연성이 크다. 가장 그럴듯한 것은 엘리바스가 특별히 자신을 가리

키고 있다고 해석하는 것이다(덤, 그레이, 포프). 그가 제일 먼저 말한 사람이라는 사실은 그가 나이가 가장 많다는 것을 암시할 수 있다. 엘리바스는 80대이고 글자 그대로 욥의 아버지보다 나이가 많을 수 있는가를 진지하게 계산할 필요는 없다(포어러, 드 빌드). 단지 10여 년만 연배가 높아도 이 동양적 과장에 충분할 것이다.

엘리바스는 그가 뜻하는 바를 직접적으로 말하지 않는다: 그의 나이를 언급하는 요점은 그가 필연적으로 욥보다 더 지혜롭다는 것이 분명함을 단언하는 것이다. 엘리바스는 여러 말로 그렇게 말하지 않는 섬세함을 가지고 있다. 물론 욥도 "내가 더 낫다"라고 뜻할 때 "나는 못하지 않다"(12:3; 13:2)라고 말함으로써 예의를 존중했다. 또한 욥이 그가 듣는 것으로 놀랄 이유가 없는 것은, 그는 이미 친구들이 바로 이 태도를 가지고 있다고 생각했기 때문이다: "늙은 자에게는 지혜가 있고 장수하는 자에게는 명철이 있느니라"(12:12). 지혜가 오랜 세월의 유산이라는 것은 독특한 믿음이 아니라 당연한 결론이다(참조. 8:8-9).

피크는 엘리바스가 "백발의 노인이 시간의 경과에 의해서가 아니라 지나간 세월이 묶여진 것 같은 단 하룻밤에 그렇게 될 수 있는 것처럼, 지혜에 중요한 것은 산 날들의 길이가 아니라 그 날들이 살아진 강도다…그가 비록 여러 면에서 원숙했을지 모르지만, [엘리바스의] 평온한 생애는 훨씬 더 젊은 욥을 가르친 것과 같은 비극적 단절을 알지 못했다"라는 사실을 망각한다고 외친다. 시인은 이 논쟁에서 당연히 욥의 편에 서 있다. 그는 신학적 풍조에 역행하고 있음을 아주 잘 의식하고 있음이 분명하다.

11-13 엘리바스는 7-10절에서 친구들에 대한 욥의 반응을 다루었다(그는 그들의 것보다 더 나은 지혜를 가지고 있다고 주장한다). 이제 11-13절에서 그는 하나님에 대한 욥의 반응을 다룬다(그는 하나님 편으로부터의 긍정적인 것을 거부하고 성난 주장을 고집한다).

11 엘리바스는 분명히 자기 자신의 이전 연설을 가리키는 것이다(4-5장). 그는 단지 친구나 혹은 현인 모임의 한 동료 멤버로서가 아니라 경험이 풍부한 신학자로서 하나님 편에서 말했다. 대부분의 주석가들은 그 "하나님의 위로"를 특별히 엘리바스가 4:17에서 이야기한 초자연적으로 들은 말들이라고 생각한다. 그러한 말들은 비록 표면상으로는 인간의 의로움에 대한 신의 비난이지만, 쉽사리 격려로 파악될 수 있다. 왜냐하면 그 말들은 모든 인간, 심지어 가장 의로운 사람도 때때로 죄를 범하게 마련이며, 따라서 함축적으로 의로운 사람은 한 차례의 고난으로부터 파괴적인 결론들을 끌어내지 말아야 한다는 것을 설명하기 때문이다. 그러나 엘리바스

는 단지 4:17만이 아니라 그의 연설 전체를 "신의 위로"로 여기고 있는 것일 수 있다. 왜냐하면 모든 말은 욥이 근본적으로 의롭고 따라서 곧 그의 고난에서 벗어날 것을 기대할 수 있다는 믿음에 근거한 "위로"이며, 또 그가 가르치는 것은 오직 전통 신학이기 때문에 모든 말은 "하나님에게서 온 신성한" 것이기 때문이다. 테리앙은 엘리바스가 "거드름 피우는 웅변가"로 여기서 "반항자 욥이 비난받는 것과 동일한 자만의 잘못"(8절)에 빠진다고 지적한다. 정말로 교조주의는 만일 그것이 정통파에 속하면 일반적으로 건방지다고 생각되지 않는다. 욥은 발언의 기회를 얻기 위해 소리질러야 한다. 따라서 그는 거만한 선동자로 생각되지 않을 수 없다.

엘리바스의 첫 번째 연설은 그것의 주저하는 도입(4:2), 비-직접적 조언(5:8), 악인의 운명에 대한 극적 묘사—욥은 그것을 당하고 있는 것이 아니다(4:8-11; 5:2-5)—그리고 하나님에게 벌받는 의인의 행복에 대한 애정 어린 묘사(5:17-26) 등을 갖고 있어 충분히 타당하게 "너를 온유하게 대하는 말"이라고 불릴 수 있다. 욥이 만일 엘리바스의 접근을 수용할 수 있다면, 그것이 "너무 작은" 것 즉 그에게 불충분한 것이 아니라면, 그는 틀림없이 그의 고통으로부터 즉각적으로는 아니지만 궁극적으로 구원을 받을 것이라는 소망 가운데 그 고통과 함께 사는 것을 배울 수 있을 것이고, 그의 고통은 끌 수 없는 하나님의 분노의 표시라는 마비시키는 생각을 그의 마음에서 내던져 버릴 수 있을 것이다. 욥이 그의 결백의 문제에 관해 매우 흑백 논리적인 것은 큰 유감이다.

호르스트와 다른 이들은 엘리바스가 그 자신의 것과 함께 다른 친구들의 연설들을 "격려"로 포함시키고 있다고 생각한다. 그러나 엘리바스는 모든 점에서 그들의 관점을 공유하지 않기 때문에 그가 다른 친구들의 견해들을 어떻게 생각하는지 아는 것은 어렵다.

12-13 말하는 것은 아직도 온건한 사람이다. 엘리바스의 경험에서는 그 어느 것도 욥의 의견이나 그의 행동을 옳다고 인정하지 않으며, 따라서 욥은 조화되지 않는 사람임에 틀림없다. 여기서 마음은 감정의 자리가 아니라 "정신"이며, 엘리바스는 과격한 생각들이 "[욥을] 채어가" 그를 경건한 자의 길로부터 딴 곳으로 돌렸다고 확실히 믿는다. 욥의 문제는 감정적인 것만큼 합리적인 것이며, 그는 그가 이미 확실히 알고 있는 것인 시대의 지혜를 다시 가르침 받을 필요가 있다(참조. 4:7; 5:27; 15:17-18). 욥은 하나님이 자신을 원수로 여긴다고 생각할지 모르지만 그의 항의와 논쟁으로 하나님을 **그의** 원수로 대하고 있다는 사실을 깨닫도록 해줘야 한다. 욥의 분노와 하나님을 향한 비난의 말들 뒤에 자리잡고 있는 것은 통찰력의 부

족이다(12b절구). 우리는 엘리바스가 욥을 나쁜 신앙이나 단순한 격정에 대해서가 아니라 관념론적(혹은 믿음의) 결점에 대해 비난하고 있음을 본다.

에얼리히는 13절의 첫 번째 행이 전도서 12:7에서처럼 "너는 너의 영혼을 하나님에게 되돌린다"라고 번역되어야 한다고 생각했다. 그러나 도름이 "욥이 말하는 말들은 죽어 가는 영혼의 마지막 탄식이 아니라, 그의 마음 상태의 표명이다"라고 옳게 지적한다.

14 온건한 엘리바스는 욥이 자신의 고난에 지나치게 반응했다고 판단한다. 모든 사람은 어느 정도 불의하며 그만큼 어느 정도의 벌을 마땅히 받을 수 있음을 수용하는 대신, 욥은 무분별하게 완전히 결백하다는 자기 주장만 고집했다. 엘리바스는 아직 그가 4:17에서 보고한 하늘에서 들린 말들의 입장을 취하고 있다. 비록 그 말들을 글자 그대로 인용하지는 않지만, 그는 분명하게 그것들과 어느 인간도 완전히 죄가 없지 않다는 그것들의 의미를 암시적으로 언급한다. 그것은 4:17에서는 "하나님 앞에서 의롭고, 그의 창조주 앞에서 깨끗하겠는가"였다. 여기에는 "하나님 앞에서"가 전적으로 함축되어 있다("하나님"이 아마도 15절의 표현되지 않은 주어라는 사실에 의해 가리켜지는 것처럼). 자카(זכה, "순결하다, 깨끗하다")는 윤리적 용어이며, 지혜 상황에서 가장 빈번하게 나오고(참조. 25:4; 잠 20:9; 시 51:6[4]; 73:13; 119:9), 법 영역에서는 차데크(צדק, "올바른")가 그것에 상응한다(그러나 자카〈זכה〉가 본래는 법률적 표현이라고 제안되었다: L. R. Fisher, An Amarna Age Prodigal, *JSS* 3[1958] 11-22, 특히 15). 또한 8:6; 11:4에 있는 형용사 자크(זך)와 그 동사가 9:30에서 그것의 문자적 의미 "깨끗하게 하다"로 쓰인 것을 보라. "여자에게서 난"은 오직 인간의 필멸성을 가리킨다(14:1에서처럼). 여자 혹은 출산 자체가 불결함의 원인이라는 암시는 전혀 없다(도름은 이에 반대다: 로울리, "여자에 대한 동양적인 경시 판단"; 피크도 비슷함).

4:17-19에서처럼 필멸성과 도덕적 결점 사이의 연관성이 그냥 가정된다. 물론 그들은 상관어일 필요는 없다. 엘리바스는 욥의 삶의 방식에 대해 구체적이든 일반적이든 아무런 비난도 하지 않는다는 것이 주목할 만하다. 그는 구체적으로 욥의 잘못이 아니라 인간에게 공통적인 잘못들에 대해 말한다.

15 4:18의 생각이 여기서 반복된다. 물론 이제는 "그의 종들" 대신에 "그의 거룩한 자들"이고, "그의 종들"이 아니라 "하늘"이 평행 구조 속에 있다. "거룩한 이들"에 대해서는 5:1에 관한 부분을 참조하라. 여기서 충분히 발전된 하늘 존재들의 태고의 반역과 추락 신화에 대한 암시를 볼 이유는 거의 없지만, 아마도 창세기 6:1-4

내러티브가 그 전승의 배경일 것이다(4:18에 관한 부분을 보라; 그리고 참조. P. Humbert, "Démesure et chute dans l Ancien Testament," in *Maqqél shâqédh: La branche d'amandier. Hommage à Wilhelm Vischer*[Montpellier: Causse, Graille, Castelnau, 1960] 63-82[75-76]).

물론 "하늘"은 물리적 하늘일 수 있고(따라서 도름, 포어러), 따라서 그것의 "깨끗함"(זכה)은 상징이 아니라 글자 그대로를 뜻할 수 있다(참조. 출 24:10, 하나님의 발 아래로 길이 있었고, "그 밝기가 하늘과 같았다"). 그런 경우 하늘의 물리적 깨끗함은 인간의 윤리적 불결함과 대비될 것이다 – 비논리적이기는 하지만 화자가 인간성과 죄성을 동등시하는 사람이라면 불가능하지 않은 연결이다. 그러나 여기서의 하늘은 아마도 "거룩한 이들"처럼 도덕적으로 불완전하고 깨끗하지 않은 존재들, 하늘의 "무리" 혹은 "군대"로 여겨지는 하늘의 천체들을 뜻하는 것으로 보는 것이 더 나은 것 같다. 아주 밀접하게 유사한 25:5에서 윤리적으로 순결하지 못한 것이 감각을 가진 존재들로 상상되는 달과 별들이라는 것을 우리는 본다.

16 하늘의 존재들이 도덕적으로 불완전하다면, 인간이야말로 얼마나 더 그렇겠는가!(אף כי – 아프 키, **황차**〈況且, *a fortiori*〉 논법 도입함). 이쉬(איש, "사람")는 특정한 사람 욥이 아니라, 인류 가운데서 아무나이다. "고의적으로 불의에 빠지는 욥이 악인의 운명을 피하기는 불가능하다"(그레이), 혹은 "가증하고"(נתעב – 니타브) "더러운"(נאלח – 네엘라) 자는 구체적으로 욥이라는 말이(고디스, 포프) 아니다. 왜냐하면 알라(אלח)가 나타나는 유일한 다른 곳인 시편 14:3(=53:4)에서 "더러운" 것으로 낙인찍히는 것이 인간 일반이기 때문이다(참조. 시 14:1; 53:2, תעב – 타아브, "혐오스럽게 행동하다"). 그 동사 타아브(תעב)에 대해서는 P. Humbert, "Le substantif *tōʿēbā* et le verbe *tʿb* dans l AT," *ZAW* 72(1960) 217-37를 보라.

"(어떤 것을) 물처럼 마시다"는 자명한 표현으로 34:7에서 다시 나타나며, 거기서는 욥이 "조롱하기를 물 마시듯 들이킨다"라고 엘리후가 말한다. 그 격언 문구가 거기서 욥에게 적용된다고 해서 여기서도 욥에 대해 말해지는 것이어야 할 이유는 없다. 추측컨대 물을 마신다는 표현은 "통제할 수 없는 욕망으로" 단숨에 마시고(테리앙), 좀더 독한 액체는 보다 조심스럽게 마신다는 것(덤, 로울리)을 묘사하지 않으며, 갈증이 심해 물을 간절히 바랄 때의 마심도 아니라, 오히려 인간이 죄를 범하는 것은 "아담의 에일"(혹은 아담의 맥주)을 마시는 것만큼 자연스럽다는 것을 암시한다(아담의 에일이란 술이 아니라 물을 뜻하는 것으로, 그 배경은 아담의 때에는 양조업이 없었으니 물이 아담에게 유일한 음료라는 것이다 – 역자주).

그러나 이것은 인간의 불가피한 도덕적 약함에 대해 너무 지나치게 말하는 것이 아닌가? 그것이 그들을 "가증하고 더럽게" 하는가, 또 그들이 "물같이 악을 마신다"는 것이 모든 사람에게 맞는 말인가? 특별히 현인들 모임의 한 일원으로서 악인들과 뚜렷이 구별되는 의인들이 있다고 믿고 또 여기 이후 곧바로 악인의 불운한 숙명을 의인의 것과 구별된 운명으로 묘사할 그가 어떻게 인간(자신 포함)을 모욕할 수 있는가? 헤세는 그가 입으로는 인간에 대해 일반적으로 말하고 머리로는 욥에 대해 특정하게 생각하다가 그런 말에 이르렀을 것이라고 생각한다. 그러나 이는 욥에 대한 엘리바스의 고정되고 표명된 태도와 충돌한다. 그보다는 엘리바스는 여기서 자신이 인간을 보는 신의 관점이라 상상하는 것을 말하고 있다고 보는 것이 훨씬 더 개연성이 높다: 심지어 하늘 존재들에게서도 잘못을 찾아내는 완전히 의로운 하나님의 관점에서 보면 인간은 참으로 매스꺼울 것임에 틀림없다. 그러나 그 같은 절대 기준이 항상 적용되어야 하는 것은 아니며, 그것은 오랫동안 인정된 선한 사람과 악한 사람 사이의 구별을 말소시키지 않는다.

물론 욥은 그 밖의 사람들과 함께 **죄를 짓지 않을 수 없는 상태에**(*non posse non peccare*) 속해 있다. 이것이 반드시 타고난 결점이 아닌 것은, 엘리바스의 견해로는 모든 개인은 자기 자신의 잘못에 책임이 있기 때문이다. 이것은 인간의 육체적 약함의 – 결과가 아니라 – 단지 상보 관계에 있는 상관물이다. 엘리바스의 이 단언이 욥을 얼마나 많이 변명해 주고 있는지 강조될 필요가 있다. 욥이 죄를 범했음은 분명하다. 그러나 그렇다면 나머지 인간도 마찬가지다(참조. 시 143:2). 그가 예외적인 잘못으로 하나님에게 발각된 것에 당황하지 않게 하라. 그가 인간의 공통적인 운명을 받아들이게 하라 – 그리고 욥은 확실히 그 가운데 끼지 않은 끈덕지게 악한 자들을 위해 준비된 파멸(17-35절)에 대해 감사하면서 생각해 보도록 하라.

17-35 이 연설의 두 번째 부분은 악인의 운명을 다루는 **토포스**(5장 "양식/구조/배경"을 보라)로 되어 있다. 여기서 엘리바스는 동일한 목적으로 5:12-14에 그 자신에 의해 그리고 8:8-19에서 빌닷에 의해 사용되는 것과 같은 전승 자료를 사용한다. 그러나 엘리바스가 무슨 목적으로 이 그림을 그리고 있는지 유념해 보는 것이 중요하다. 그의 첫 번째 연설에서 그가 취한 자세뿐만 아니라 이 연설의 첫 번째 절반(2-16절)에 비추어 볼 때, 엘리바스가 욥은 이제 여기서 묘사되는 운명에서 벗어날 가능성이 거의 없음을 뜻할 수 있다는 생각(그레이)은 도저히 있을 법하지 않다. 그것은 단순한 경고(바이저)도 아니며, 위협(포어러)은 더더욱 아니다. "교훈"(헤세)도 아닌 것은, 그런 교훈이 무슨 목적에 이바지하겠는가? 전혀 아니며, 그

것은 욥의 인생사가 되지 **않을** 것에 대한 기술이다. 그의 평생에 고통으로 몸부림치고(20절), 하나님을 대적하여 자기 손을 뻗고(25절), 그 마음이 해악과 궤휼을 품는(35절) 사람은 욥이 아니라 악인이다. 확실히 엘리바스는 재치의 장인이 아니어서(참조. 5:25에 관한 부분) 틀에 박힌 표현들을 태평스럽게 내뱉을 때 욥에게 맞춘 것으로 여겨질 수 있는 것들을 자기도 모르게 흘려 버린다(21b, 22a절구). 그러나 그것은 그의 의도가 아니다(그는 우회적이지 않다). 그의 뜻은 오로지 그가 욥 자신의 운명으로 예견하는 것 중 하나의 부정적 이미지를 드러내 보임으로써 욥을 격려하는 것이다.

17 이 **토포스**(5장 "양식/구조/배경"을 보라)는 내용과 양식에 있어서 같은 주제에 대한 빌닷의 **토포스**(8:11-22)의 서론(8:8-10)과 비슷한, 오래된 지혜에 호소하는 정교한 서론으로(17-19절) 시작한다. 참조. 또한 4:7-8, 12. 그것은 **"교사의 시작 문구"**(*Lehreröffungsformel*)다(참조. 13:6). 4:8, 12-17 그리고 5:3, 27 등에서처럼 엘리바스는 다시 한 번 자신의 경험, 즉 그가 "본" 것에 호소한다(그가 환상 가운데 본 것〈테리앙〉이 아니다. 비록 "보다"를 뜻하는 것으로 사용된 하자〈חזה〉는 흔히 예언적 환상에 대해 사용되지만). 그러나 그의 첫 번째 연설에서 명백하듯이, 그가 개인적으로 경험한 것은 (그 밤에 들은 것같이) 그가 배운 것과 구별되지 않는다(4:8과 5:3의 격언식 발언의 경우처럼). 같은 맥락에서 도덕 세계의 작용을 조사했다는 "우리"(5:25)는 조상들과 현 세대의 현인들 모두다. 지식의 두 출처가 무엇인지는 동격 관계의 두 개의 절 "내가 본 것"과 "현인들이 전하는 것"(18절)에 의해서 형식적으로 표현된다. 조상들이 발견한 것을 자신의 것이라고 할 때 그는 정직함을 결여하고 있는 것이 아니다. 그는 진리를 공동체적이고 충분히 성숙한 지혜 속에서 발견하며, 갑자기 일어난 지식 주장들은 신뢰하지 않는다(참조. 8b-9절).

욥은 친구들 편에서 침묵(13:13)과 그의 말을 "들어주기"(13:17)를 요구했다. 엘리바스는 정반대로 욥이야말로 듣는 사람의 자리에 있고, 전통 지혜가 그 맞은편에 있어야 할 사람이라고 생각한다.

18 엘리바스의 경험은 전통 지혜와 완전히 일치한다. 그는 자신의 영혼을 전통에 팔았고, 그렇게 함이 너무 확실하여 그것을 거스르는 경험은 절대로 갖지 않을 것이다. 그는 그것의 관점에서 모든 것을 인식할 것이기에, 그에게 일어나는 모든 것은 지혜의 범주로 해석될 수 있을 것이다. 그는 자신과 욥이 (비공식적으로) 속해 있는 살아 있는 "현인"(חכמים – 하키밈) 공동체로부터, 그리고 여기서 "그들의

조상들"이라 불리는 이전 세대(들)의 현인들로부터 지지 받는다. 그들은 반드시 그들의 물리적 조상들은 아니며, 그들의 바로 이전 세대의 선생들도 아니다. "조상들"은 현인의 전통에 있는 모든 이를 포함한다(참조. 그 유명한 랍비 문헌 『피르케 아보트』〈*Pirqe Abot*〉, "조상들이 전해 준 말"). 그 전승의 두 단계가 또다시 집회서 8:9에서 보인다: "그들이 그들 조상에게서 직접 배웠으니 오래된 사상을 무시하지 말라."

그는 조상들이 그것을 "드러냈다"(문자적으로는 "그것을 숨기지 않다")고 말하지만, 지혜 가르침에 관해서는 특별히 신비로운 것은 없다. 그 용어는 단지 앞에 나온 단조로운 동사 "전했다"(יגידו – 야기두)를 세련되게 바꾼 변형이다. 비슷한 구절인 이사야 3:9에서는 "숨기지 않았다"가 훨씬 더 중요한 의미를 지닌다.

19 그 땅을 조상들에게 주는 것과, 이전 세대에는 그 땅에 외인들이 없었음을 가리키는 말들을 가진 이 절은, 어떤 이들에게는 데만 사람 엘리바스의 관점을 유지하기보다는 한 유대 서기관의 관심을 반영하는 것으로 비춰졌다. 드 빌드는 그것을 삭제하고 싶어하고, NEB는 그것을(그리고 18절을) 이차적으로 추가된 것으로 보고 각괄호로 묶는다. 다른 이들은 저자의 집중력이 떨어져 엘리바스에게 사실상 적절하지 않은 말들을 그의 입에 두었다고 생각한다. 이런 견해들에 반대하여, 유대 조상의 어느 특정한 역사적 시점에 한 유대인 작가(저자 혹은 필사자)가 이 행의 두 번째 부분을 정말로 말한 것일 리는 없다고 단언될 수 있다. 왜냐하면 성경 전통은 족장 시대로부터 포로-후기 시대까지 이스라엘 민족이 그 땅을 다른 종족들과 함께 썼다는 것에 만장일치이기 때문이다. 확실히 욥기의 연대를 설정하는 데 이 절을 이용하는 것은 불가능하다(덤과 다른 이들은 이에 반대다).

데만 민족에 기원을 둔 데만 전승들에 대해서는, 지금은 우리의 손에 미치지 않는 어떤 구체적인 언급이 되고 있을지 모르나, 그 의미가 분명하다. 그 조상들은 그 땅의 첫 점유자들로서 최초의 자연 그대로의 지혜, 즉 내적으로 일관되고 그들 공동체의 사회 골격으로서 완전한 지혜를 가지고 있었다. 들어온 어떤 외인들이 사회 구조에 참견하지 않았던 것처럼, 어떤 붕괴시키는 혹은 왜곡시키는 외부적 영향도 삶에 대한 그들 인식의 포괄 양식을 교란시키지 않았다. 엘리바스의 말 속에는 그가 지금 가르치는 지혜의 **원천**(*fons et origo*)으로서 이상적인 원시 시대를 향한 호소가 있다. 그 호소와 함께 신식인 것과 이질적인 것 – 정의에 의하면 열등한 것 – 에 대한 오만한 경멸이 간다. 이런 태도는 우리가 엘리바스에 대해 상상하는 보수적이고 전통적인 현인 및 족장 상과 매우 잘 부합한다.

자르(זר, "외인")에 대해서는 L. A. Snijders, "The Meaning of זר in the OT," *OTS* 10(1954) 1-154; idem, *TDOT* 4:52-58; R. Martin-Achard, *THWAT* 1:520-22를 보라. 물론 그것이 여기서 "비-이스라엘인"을 의미할 필요는 없다. 스니지더스는 이 곳의 자르(זר)를 조상으로부터 물려받은 전통을 공유하지 않는 사람이라고 한다.

요엘 4:17[3:17]은 우리의 구절과 흥미로운 유사성을 지닌다. 그것은 목가적인 과거에 대해 여기서 사용된 것과 똑같은 용어들로(포프), 예루살렘이 거룩하고 그 사이를 지나가는(여기처럼 아바르⟨עבר⟩) 외인들이 없는 목가적인 미래를 묘사한다. 아마도 이 두 구절 모두에서 인종 차별은 그것의 단순성으로 인해 상대적으로 묵과될 수 있을 것이다.

20-35 악인의 운명에 대한 이 **토포스**(5장 "양식/구조/배경"을 보라)는 엘리바스가 과잉 지지하는 고대로부터 전해 내려온 지혜다. 이 서술의 주제는 빌닷의 8:11-19에서와 같이 악인들의 때 아닌 그러나 불가피한 **종말**이 아니라(참조. 18:7-21; 20:4-29), 그가 공포와 불안정으로 가득한 것으로 그리는 악인들의 **인생 경험** 전체다. 그렇게 말할 때, 엘리바스는 그의 친구들보다 약간 더 날카로운 종류의 지혜 신학을 표명한다. 왜냐하면 사악한 사람들이 흔히 번영하고 오래 살고, 따라서 정확한 응보 원리에 대한 단순한 모든 설명을 문제 삼는 일상 경험이 불의한 사람은 불행한 종말을 당한다는 틀에 박힌 전통적 서술에 항상 반대 이유가 될 수 있기 때문이다. 엘리바스는 악인의 내적 삶에 관한 진실을 우리에게 말해 준다고 공언함으로써 한층 더 깊게 간다: 다시 말하면, 그 모든 외적 번영에도 불구하고 사악한 사람은 자신의 불의로 인해 이미 내적으로 고난을 당하고 있으며 응보 원칙이 작용하고 있다. 정말로 그것은 악인에게 그의 인생 전체 내내 그것의 자국을 새긴다. 분명히 여기에는 일말의 진리 이상이 있지만, 포괄적인 진술로서는 솔직히 말해 시시하다. 무엇이라도 상관없다. 엘리바스의 요점은 단지 욥과 그의 일시적인 고난을 악인의 평생 고통과 구별하는 것이다. 그는 이전 연설에서 욥에게 밝은 미래를 기대하라고 격려하는 뜻에서 의인들이 누릴 수 있는 확신과 안전을 강조했다. 여기서는 욥에게 그의 불행은 아주 다른 종류의 것임을 믿으라고 격려하는 뜻에서 악인들의 불행을 묘사한다. 욥이 자신이 지금 겪고 있는 고난들과 악인들의 것들을 쉽게 동일시할 수 있는 것은 아이러니컬하고 부적절하다. 그는 그렇게 하기로 되어 있지 않으며, 그의 경험과 악한 존재의 경험 간에 중요한 차이는 그런 고난이 지속될 시간의 길이다.

연 구조는 식별하기가 쉽지 않다. 아마도 29-32절에서 4절로 확장되는 한 경우만 빼고 기본 3절로 된 연이 계속된다. 따라서 20-22, 23-25, 26-28, 29-32, 33-35절(포어러도 31절을 생략하지만 비슷하다). 테리앙은 17-35절을 둘러싸는 네 개의 주요 연을 본다: 17-21, 22-26, 27-30, 31-35절. 세 번째만 예외로 각각 5절로 되어 있고, 또 세 번째만 예외로 각각 3절+2 식으로 하위-연으로 나뉜다. 따라서 17-19, 20-21, 22-24, 25-26, 27-28, 29-30, 31-33, 34-35. 27-28절의 독립 하위-연을 얻으려면 28절의 첫 단어를 수정하는 것이 요구된다.

20 이 확장된 서술의 주제는 "악인"(רשע – 라샤, 8:22; 11:20에서처럼), "압제자"다. 그가 약탈자이든 포악자든(עריץ – 아리츠, 6:23에서처럼; 13:25 q.v.에서는 하나님에 대해 사용) 그들은 동일 인물이며, 고자세의 포악자나 약탈자의 특징들이 악인 일반에게 적용된다(호르스트 견해는 이에 반대다. 그는 여기서 고려되는 것이 악인 일반이 아니라 "압제자"라는 구체적인 유형이라고 생각한다). 용어들은 엘리바스가 욥에 대해 말하고 있을 리 없음을 분명히 한다(포어러와 다른 이들은 이에 반대다). 왜냐하면 욥의 죄가 무엇이든지 간에 엘리바스의 눈에는 욥이 "깡패"(עריץ – 아리츠)라 불릴 수 없기 때문이다. 여기서 그려지는 사람의 유형은 손을 들어 하나님을 대항하고(25-26절), 분쟁과 불의를 꾸미고 궤휼을 만들어 내는(35절), "신을 인정치 않는 사람"(34절) 가운데 하나다.

그 "고통"(חלל, 히트파엘; 참조. 에 4:4)은 21절에서 명시될 정신적 괴로움이다. 두 번째 행에서 강조는 그 년 수가 아무리 많을지라도 포악자의 인생 내내 끊이지 않는 고통의 연속에 있다("원문주해" 15:20.a.를 보라).

21 그 고통은 정신적인 것으로, 악인은 마땅히 벌받을 것을 잘 알고 있기 때문에 무사하지 못할 것에 대해 갖는 두려움이다. 그것은 양심의 가책(도름)이 아니다. "공포들"(פחדים – 페하딤)이란 단순히 추상명사 "공포"의 복수(複數)가 아니라, 18:14에 나오는 "공포의 왕"(מלך בלהות – 멜렉 발라오트)에 의해 지배받는 지하세계에 사는 것들로, 의인화된 복수(復讐)의 혼령들이다. 그들이 다가오는 소리는 물리적인 소리가 아니다. 악인은 그의 내부의 귀로 그들의 소리를 듣는다. 파괴자(the Destroyer, שודד – 쇼데드)는 공포들과 평행하며, 비록 때때로 인간이 초자연적 복수의 대리인일 수 있겠지만, 그는 인간 공격자는 아니다. 그 파괴자는 악마적인 신이다.

두 번째 행에서 본문은 "그가 평안할 때 그 파괴자가 그에게 다가온다(=그를 공격한다)"라고 표면적으로 말한다. 그러나 이는 문맥의 상황과 아주 잘 맞지 않는데,

왜냐하면 우선적인 관심은 외적 공격이라기보다는 내적 고통이기 때문이다. "그를 공격하는 파괴자"(שׁוֹדֵד יְבוֹאֶנּוּ – 쇼데드 예보에누)는 첫 번째 절구의 "공포들"과 평행을 이루는 것으로 여겨져야 하며, "평안할 때에"(בַּשָּׁלוֹם – 바샬롬)는 의미상 이 행의 두 절반 부분 모두에 속한다. 이 구절을 완전히 확장시키면 이렇게 읽힐 수 있을 것이다: "모든 일이 외면적으로 잘 되고 있을 때 그의 마음의 귀에 공포들, 즉 그를 공격하러 다가오는 파괴자의 소리가 들린다."

이 묘사와 욥이 자신의 경험에 대해 말한 것 사이에 밀접히 상응하는 점들이 약간 있다. 3:25에서 욥은 그가 두려워하는 것(문자적으로는 "내가 두려워하는 그 두려움〈פַּחַד – 파하드〉")이 그에게 다가온다, 그가 무서워하는 것이 그에게 "다가온다"(יָבֹא לִי – 야보 리; 참조. 여기서는 יְבוֹאֶנּוּ – 예보아누)고 말한다. 그러나 이것은 엘리바스가 시인에 의해 욥의 말을 인용하면서 그 말을 욥은 악인의 운명을 예증한다는 증거로 사용한다는 것을 뜻하지 않는다. 왜냐하면 악인들이 그들의 죄악으로 인해 신경적 두려움의 상태로 산다는 사상은 평범한 격언 사상이며, 여기서 새로운 것이 아니기 때문이다. 참조. 잠언 28:1, "악인(רָשָׁע – 라샤)은 따라오는 사람이 없는데 달아난다". 참조. 또한 지혜서 17:3; 신명기 28:66. 3:25에서 욥의 불평은 그가 마치 죄인인 **것처럼** 불안의 상태로 살도록 강요당하고 있다는 것이다.

22 문자적으로는 첫 번째 행은 "그는 어두움에서 돌아오리라 기대하지 않는다"라고 읽힌다(참조. RSV). "돌아오다[가다]"(שׁוּב – 슈브)라는 말은 그가 이미 어둠 **속에** 있음을 제시하는데, 이는 그를 괴롭히는 내적 고난에 대한 이례적이지 않은 은유일 것이다(참조. 시 112:4). 어둠 속에 있다는 말은 분명히 이미 죽은 것이나 마찬가지임을 뜻한다. 왜냐하면 "태양을 보는 것"이 살아 있는 것이기 때문이다(전 7:11; 참조. 사 53:11 수정해서). 슈브(שׁוּב, "돌아오다〈가다〉")가 사역의 의미로(히필) 쓰이는 몇 가지 예가 있는데, 그런 경우에 그 의미는 "…로부터 돌아오게 하다"보다는 "…로부터 떨어져 있게 하다"(혹은 …을 가까이 하지 않게 하다)인 듯하다(아마도 33:30이 그렇다. 시 35:17의 "구출하다"). 이에 더하여, 30절에 나오는 현재 행과 아주 비슷한 절이 "그는 어둠을 **피하지**(슈브〈שׁוּב〉라기보다는 쑤르〈סוּר〉) 않을 것이다"를 뜻한다는 사실로 어떤 이들은 여기서도 "어두움"은 악인들에 의해 **피해지지** 않는 것이고, 그러므로 그것은 죽음의 어둠이라고 생각한다(호르스트가 그렇다. 참조. 10:21-22). 참조. JB, "어두움으로부터 달아날 가망이 없다." NEB, "어두운 죽음으로부터 벗어나기를 바랄 수 없다." 또한 어떤 이들은 "칼"과 "어두움"의 대구를 보고 "어두움"은 분명히 죽음을 의미한다고 생각한다(포어러

가 그렇다). "그는 어두움에서 달아날 것을 단념한다"라는 번역(NAB, NIV)은 그 "어두움"이 그가 기다리는 것인지 혹은 그가 현재 경험하고 있는 것인지를 미해결 상태로 둔다: 아마도 이것이 그것을 떠나는 가장 좋은 길인 것 같다.

악인은 참으로 "가망이 없다". 의로운 시편 시인이 "생명의 땅에서 야훼의 선하심을 보기를 기대하는(הֶאֱמַנְתִּי – 헤에만티)"(시 27:13) 것과는 다르게, 그는 그의 운명을 벗어날 것을 "기대하지"(לֹא יַאֲמִין – 로 야아민) 않는다. 그는 칼, 즉 난폭한 종말을 위해 "정탐된다"(צָפֻה – 차파) 혹은 "표시된다"(NEB, G. R. Driver, *VTSup* 3[1955] 78를 따라서). 이 두 번째 절구는 첫 번째처럼 그의 두려움을 표현한다. 그가 반드시 횡사를 맞이할 것은 아니다. 그러나 그는 매일 "어딘가에서 한 칼이 그를 죽이려 기다리고 있다"(GNB)고 상상한다.

23 두 번째 행에서 악인들의 불안이 분명히 묘사되고 있는 것처럼, 첫 번째 행에서도 아직 묘사되고 있는 것 같다. 실제로는 아무도 아직 "그를 내쫓지 않았다". 그는 표면상으로는 아직 "평안 가운데"(21b절구) 있다. 그러나 그는 썩은 고기가 독수리의 밥이 되게 버려지는 것처럼, 이미 자신이 그의 집의 안전으로부터 "내쫓겼다"고 느낀다. 그는 마치 그의 생이 끝난 것처럼, 마치 그가 아무짝에도 쓸모 없는, 묻을 가치조차도 없는 쓰레기인 것처럼 산다. 포어러는 마소라 텍스트의 모음 표기를 유지하면서, 맹금에게 추격당하는 작은 동물처럼 불안 가득히 달아나는(נֹדֵד – 노데드) 그의 모습을 그린다. 그러나 포어러에 반하여, 우리가 여기서 가지는 것은 행악자의 "외적 고난"이 아니라, 그의 존재 상황에 대한 그 자신의 인식인 것 같다.

"독수리"는 정확히 말하면 매 과(科)의 솔개, 즉 밀부스(*milvus*)다. 드 빌드는 두 종류를 말한다: 날씬하고 길이가 70cm이며 날개와 가슴에 하얀 반점이 있는 갈색 새인 **밀루스 밀부스**(*milus milvus*)와 꼬리가 더 작고 흑갈색인 **밀부스 미그란스**(*milvus migrans*). 그들은 썩은 고기, 작은 동물, 파충류, 개구리, 큰 곤충들을 먹이로 한다. 그들의 시야가 넓음이 탈무드에 나오는 "바벨론에 있는 한 솔개가 이스라엘 땅에 있는 썩은 고기를 보았다"라는 속담(*Ḥullin* 63b)에 의해 암시된다.

불안과 걱정 내내 그 악인에게 끊임없이 떠오르는 생각이 하나 있다: 그의 "파멸"(פִּיד – 피드; 또한 12:5; 31:29)은 그가 가진 유일하게 확실한 것이며, 그의 미래에 단 하나의 고정점이다. 나콘(נָכוֹן, "확실한")이라는 단어는 종종 "준비된" 혹은 임박한의 의미를 가지는데(18:12; 시 38:18[17]; 출 19:11, 15; 34:2), 여기서도 그런 의미를 가질 것이다.

24 악인을 무섭게 하는 "어둠의 날"은 그를 기다리는 그의 죽음의 날이다. 그는

이미 어둠 속에서 살지만(22a절구), 그럼에도 불구하고 살고 있으며, 따라서 죽음을 무서워한다. 그 날은 아모스 5:18-20; 요엘 2:2; 스바냐 1:15에서 말하는 종말론적 어둠의 날(도름처럼)은 분명히 아니다.

욥은 14:20에서 사람들과 그들의 희망을 "이기는"(여기서처럼 타파프〈תקף〉) 혹은 그들을 "압도하는" 장본인이 하나님이라고 말했다. 여기서는 현인들의 보다 합리적인 교훈이 나타난다. 즉 결국 악인의 몰락의 원인으로 드러나는 것은 악인 자신의 두려움과 불안이라는 것이다. 21절에 나온 공포의 악령들과 그 파괴자 같은 신화적 언어에도 불구하고, 똑같은 비중으로 악한 사람은 자신의 정신 작용에 의해 죽게 되는 것이라고 말해질 수 있다. 불안(차르〈צר〉와 메주카〈מצוקה〉, 습 1:15에서도 함께 나오며 둘 다 제한의 은유들)은 공격 무장을 한 대장("왕")의 중대한 역할을 한다.

25 악인의 불안의 근원은 그의 죄악이 단지 그의 동료-인간들에게만이 아니라 하나님에게도 공격이 되었다는 자신의 의식이다. "왜냐하면"은 20-24절에 나온 그의 두려움에 대한 이유를 소개한다. "손을 들어 대항하다"(**히.** "손을 펴 대항하다")는 전사의 이미지다. 그것은 종종 애굽의 대적에 맞서 야훼가 이스라엘을 애굽으로부터 인도하여 내는 것에 사용되는 판에 박힌 문구 "펴신 손으로"에서처럼(출 6:6; 신 4:34; 5:15; 시 136:12 등), 심판을 행하는 야훼에 대해서 쓰인다(사 5:25; 23:11; 겔 6:14; 14:9, 13; 16:27; 25:7, 13, 16; 35:3; 습 1:4; 2:13; 11:13의 "그 손을 펴다"와 대조된다). 이 표현은 하나님에 대한 인간의 대적으로는 어디에서도 나타나지 않는다. 엘리바스가 말하는 것은 과장된 언어다.

악인들이 하는 것처럼 하나님에게 대항하는 것은 무모한 영웅주의다. 그 동사는 (התגבר – 히트가벨, 히트파엘) "영웅 시늉을 한다, 전사의 역할을 한다"를 의미한다 (참조. התנבא – 히트나베, "선지자 노릇을 하다"). 이사야 42:13에서는 야훼가 그의 대적자들을 대항하여 "자신을 강하게 나타내고", 집회서 31:25에서는 포도주에 관한 한 "영웅 노릇을 하지" 말라고 경고된다(참조. 또한 욥 36:9). 악인이 자신의 보잘것없는 수준을 너무나 망각하고서 공격하는 것이 바로 "전능자"(샤다이)다.

어떤 이들은 여기서 하나님에게 논쟁에 나오시라고 실제로 도전한 욥의 태도를 엘리바스 편에서 분명히 암시하고 있다고 본다(포어러, 포프가 그렇다). 그러나 엘리바스가 여기서 악인 – 욥은 분명히 **아닌** – 의 인생 경험에 관여하고 있음은 근본적이다. 어떤 산 사람과의 유사성도 순전히 우연의 일치다. 혹은 적어도 엘리바스가 그의 진심을 말하는 것이라면, 비록 자기의 옛 친구가 악인 중 하나처럼 행동하는 것을 보는 것은 충격이지만, 그럼에도 불구하고 그는 그러한 행동이 욥의 불행 자체처럼 단지 일시적인 탈선이라고 굳게 믿는다.

"왜냐하면"-절들이(25-27절) 앞서는 것(24절)과 연결되는지 혹은 뒤따르는 것(28절)과 연결되는지는 결정하기가 쉽지 않다. 그러나 전체적 의미는 동일하다. 이 장의 연 패턴은 적어도 25절은 앞서 말한 내용과 조화됨을 나타낸다. 그러면 26절은 그 내용의 유사성 때문에 25절과 가장 잘 조화되는 것 같다. 그리고 그것은 27절이 그 이유가 되는(כִּי -키) 사실로서 거의 새로운 연을 시작하는 것일 수 없다(포어러는 이에 반대다). 23-26절은 아마도 이 연설에서 흔한 3절 대신 4절 패턴으로 된 확장 연으로 여겨져야 한다. 반면에 호르스트는 25-28절을 독립 연으로 생각한다.

지크프리트, 덤 그리고 비어는 25-28절(25-28b절구)을 이차적으로 추가된 것으로 생각했고, 사실 29절은 아주 자연스럽게 24절 뒤에 올 수 있다. 그러나 악인의 악행이 실제로는 하나님에 대한 도전이라는 이 절들의 서술은 전혀 이례적인 것이 아니며(참조. 8:13; 21:14-15) 그대로 보존되어야 한다.

[26] 대적자를 향해 달려가는(문자적으로는 "목을 들고 그에게 달려가다") 공격 전사 묘사가 계속된다. 일부 랍비들과 그 뒤를 따라 에얼리히는 악한 사람에게 돌진하는 것이 **하나님**이라고 생각했다(참조. NAB, "그분이 그에게 엄하게 돌격할 것이다"). 그러나 이 절과 앞서는 것의 유사성은 악인을 주어로 보는 것이 보다 자연스러운 것으로 한다. 더욱이 자초한(24절) 혹은 반(半)-자연적인(30, 34절) 이유들을 가진 악인의 파멸에 하나님 자신이 개입하신다는 것은 이 서술의 다른 곳에서는 나타나지 않는다. "목"을 쑥 내밀어 하나님을 대항하는 것은 오만의 행위다. 어떠한 방패도, 심지어 그것의 "양각 부분"이 두껍고 단단할지라도(참조. 13:12에 관한 부분; 양각 방패에 대해서는 *Iliad* 4.448, 7.266-67), 죄인에게 공격당한 신으로부터 보호를 제공할 수는 없다. 그 방패의 무게 때문에 그것이 공격 무기로 그려진다는 것은 의심스러운 것 같다(포어러는 이에 반대다. NEB, "그의 양각된 방패의 육중한 무게로 떠받치고 머리를 숙이고 그에게 돌격하다"). 방패보다 더 효과적인 무기들이 분명히 있을 것이다. 그렇다고 그것이 로마식 귀갑(龜甲, *testudo*)처럼 머리 위로 올려 보호하는 방패 막도 아닌 것 같다(호르스트는 이에 반대다). 어쩌면 "익살스런 묘사"(앤더슨)일지도 모른다. 그러나 "하나님에 대한 정면 공격 덕택에 그가 현재 겪고 있는 운명을 마땅히 당해야 하는" 욥에 대한 은밀한 묘사(하벨)는 아니다.

27 악인의 살찜은 그가 싸우기에 부적당하다는 표시, 따라서 하나님에 대한 그의 도전의 어리석음에 대한 또 다른 증거(로울리)가 아니다. 비록 사무엘상 17장에 뚱뚱함과 같은 것에 대해 아무것도 말해지지 않지만, 골리앗과 같은 거인 전사 이야기에 대한 어떤 암시가 있을지 모르며(고디스가 그렇게 본다), 그 전사의 이미지가 26절 끝 부분에서 버려졌을 수도 있다. 악인의 비만은 오히려 힘과 건강의 표시다(포어러). 구약에서 살찜이나 매끄러움은 분명히 오만한 자에게 돌려지며(신 32:15; 시 73:4, 7; 렘 5:28), "마음의 살찜"은 사악함(시 119:70) 혹은 무능함(사 6:10)이다(참조. G. Münderlein, *TDOT* 4:396-97). 그러나 살찜이 여기서 방종과 사치의 결과로 비춰지고 있는지는 분명하지 않다("자기 탐욕으로 살찌는 거만한 이기주의자"〈도름〉, 혹은 "그에게는 먹고 마시는 것이 가장 중요한 실제 유물론자"〈드 빌드〉). 오히려 그것은 좋은 자양의 결과다(살찜이 전혀 흠이 아니게 나오는 느 9:25에서처럼).

그러므로 악인이 살이 너무 찐다는 말은 전혀 비판의 말이 아니다. 그것은 오히려 그가 건강과 번영을 향유함에도 불구하고, 마침내 황폐한 성읍에 거하는 자로 끝난다(28절)는 것이다. 처음 단어 키(כִּי)는 "왜냐하면"이 아니라 "비록…일지라도"이다(참조. NEB, NIV).

정확하게 말하면, 그는 "그의 얼굴을 그의 살로 덮었다". 키싸(כִּסָּה)는 "숨겼다"를 뜻할 수 있으나, 여기에는 외관상으로 어떤 부적절한 은폐도 보이지 않는다. 오히려 사람이 옷으로 자기 몸을 덮듯이 그가 살로 그의 얼굴을 덮었다는 말이다(그 동사가 옷으로 덮는 것을 뜻하는 경우는 거의 없으며, 아마도 욘 3:6이 유일하다. 그 이유는 "옷을 입다"라는 뜻의 특별한 동사가 있기 때문이다). 그가 입는 것은 번영의 상징이다. 그가 "건강에 좋은" 지방을 얻음과 관련해서 어떤 의도적인 것이 있음이 그 피엘 동사로 인해 암시된다. 따라서 두 번째 절구에서도 그는 그의 허리(즉, 허리 부위, כסל – 케셀) 둘레를 살찌게 "했다".

투르-시나이는 24-27절에서 색다르게도 거인 같은 인물로 과거에 하나님에 대항하여 싸웠고, 이 절들에서 악한 사람 묘사의 모델이 되는 어떤 신화적 전사에 대한 암시들을 본다. 그는 24b절구를 "그는 영웅적인 왕처럼 싸움에 대비한다"라고 번역하며, 27절에서는 그 거인은 바다 괴물 리워야단의 한 패이기 때문에, 그는 리워야단을 도우려 바다를 가로질러 헤엄쳐 갈 때 바다로부터 자신을 보호하기 위해 그의 얼굴을 지방으로 칠하고 그의 엉덩이에 기름을 바른다. 투르-시나이를 따르는 학자는 없지만, 테리앙도 분명히 독자적으로 여기서 하나님과 한 신화적 전사 간의 싸웅 신화의 단편들을 보았다. 그의 출발점은 25절에 있는 "영웅 역할을 하다"라는 단어이며, 그는 현재 절에서 "지방 덩어리"(פימה – 피마, **단 한 번만 기록에 남은 어구**)를 뜻하는 단어에서 묘성(כימה – 키마)을 케쎌(כסל)에서 오리온(כסיל – 크씰)을 본 시리아역 번역에 이끌린다. 오리온은 고대 세계에서 흔히 바보(כְסִיל – 크씰, "바보")이기도 한 거인으로 여겨졌다. 그 다음에 "그의 기름"(חלבו – 핼르보)은 향이나 화장품에 사용되는 수지를 뜻하는 용어 헬브나(חלבנה)를 감춘다. 고대 전사들이 무서운 인상을 주려고 그들의 얼굴을 꾸몄다는 것은 누구나 안다. 그러므로 27절은 다음과 같이 된다: "그는 자기 얼굴을 전사의 가면으로 덮었고, 오리온 위에 묘성(?)을 했기 때문에…." 이 해석은 주석상의 성공이라 불릴 수는 없으나, 노력이 부족하기 때문은 아니다. 악인에 대한 전형적인 현재의 묘사가 특정한 군주의 역사 혹은 전설 이야기로부터 몇몇 특징을 차용하고 있다고 보는 것(호르스트)은 불가능하지 않다. 그러나 우리는 그러한 이야기를 재구성할 위치에 있지 않다.

28 27절이 육체적으로 말해 현재 악인의 건강 상태를 묘사한다면, 이 절은 그를 기다리는 외롭고 저주받은 미래의 묘사로서 가장 잘 이해된다. 이 **토포스**(5장 "양식/구조/배경"을 보라)에서 첫 번째 두 연(20-22, 23-26절)이 악인의 끔찍한 **현재** 상태를 이야기했다면(그의 내면적 고통을 강조) 마지막 세 연(27-29, 30-32, 33-35절)은 그의 끔찍한 **미래**상을 이야기한다(그의 외적 파멸을 강조). 적어도 이스라엘 전통에서는 거룩한 전쟁의 포고(헤렘) 아래 놓인 성읍들은 영구히 저주를 받은 것이다(신 13:17[16]; 수 6:26; 참조. 왕상 16:34). 그러나 그 사상이 반드시 여기에 반영되어 있지는 않다. 왜냐하면 악마와 들짐승들의 거주지로 고상한 사람들에 의해 피해지는 곳으로서의 황폐한 성읍 개념은 고대 세계에서 흔한 것이며 현재 구절을 설명하기에 적절한 것이기 때문이다. 바벨론에 대해 그렇게 묘사하는 것에 대해서는 이사야 13:19-22과 34:9-17(보즈라)을 보라. 그런 폐허를 지나가는 자들은 "기겁하여" 그 곳에 떨어진 파멸과 그들을 분리시키는 표시로 쉿 하고 말한다(왕상 9:8; 렘 19:8; 애 2:15). 왜 번영하는 불경한 사람은 그런 환경에서 살아야 하는가? 이 절들 모두에서 그에게 임하는 운명은 다소 불가사의하다. 여기서의 의미는 아마도 사람들이 자신이 하나님에게 저주받은 것이라 인정할 때 그는 사람들의 사회로부터 내쫓긴다는 것일 것이다. 정신적으로 말해서, 그는 다만 반만 살아서 "유령" 도시들 외에는 그 어디에서도 피난처를 찾을 수 없다. 그것들은 반드시 신의 심판 때문만은 아니고 어떤 이유로든 파괴되고(문자적으로는 "말살되다") 폐허이기 때문에 사람들이 그 곳에 살지 않으며, 그리고 다시는 세워지지 않을 것이기 때

문에 단지 돌무더기만 될 "운명"(문자적으로는 "준비가 된", עתד, 히트파엘)인 성읍들이다.

다른 해석들은 가능성이 더 적다. 도름은 "그 폭군이 다른 사람들의 자리를 차지하기 위해 자기 주변 지역들을 파괴하고 불모지로 만들었다"라고 믿었다. 그러면 이 절은 그의 벌이라기보다는 그의 범죄를 묘사하는 것이 될 것이다(참조. GNB, "그는 성읍들을 점령하고 소유자들이 달아난 집들을 차지한 사람이다"). 그러나 폭군이라면 아직 폐허 상태인 도시에서(합 1:6은 사실 진짜 평행문은 아니며, 욥 20:19도 마찬가지다), 더욱이 돌무더기가 될 곳에서 자진해서 살지는 않을 것이다. 이것이 만일 그의 죄라면, 우리는 그가 자신을 위해 다른 사람들의 집을 재건했다고 말해질 것으로 기대할 것이다. 다른 이들(예를 들어, 포어러, 그레이, 피크)은 그는 하나님의 저주를 받고, 따라서 위험 지대인 황폐한 성읍들을 재건한다고 생각한다(참조. 수 6:26). 이것은 하나님에 대한 그의 무관심(그레이), 악마들과 신의 명령들에 맞선 그의 자신감(포어러)을 나타내는 표시다. 드 빌드는 마리(Mary)의 왕 시므리-림(Zimri-Lim)에게 보내는 한 서한에서 그가 무너진 집을 재건하는 것을 금하는 한 신탁을 인용하며(*ANET*, 624a), 호르스트는 하란(Harran)과 데마(Teima)에서의 나보니두스(Nabonidus) 왕의 건축 활동에 대한 어떤 암시가 있을 수 있다고 생각한다(참조. *ANET*, 312-15). 그러나 우리의 본문에는 재건에 관한 것은 전혀 없으며, 다만 폐허가 된 성읍들에 거하는 것에 관한 것만 있다-이는 범죄가 아니라 형벌이 주제라는 가능성을 매우 높여 준다(3:14에는 폐허가 된 성읍들의 재건에 대한 암시가 있지만, 거기서 그것은 전혀 범죄가 아니다). 마찬가지로 그 악인과 그를 따르는 자들이 지나가는 이들을 습격하기 위해서 폐허가 된 성읍들에 숨었다는 이븐 에즈라의 제안도 그 전체 해석의 무게를 본문에서 언급되지 않는 행동에 둔다. 어떤 이들은 폐허가 될 것은 그 자신의 성읍과 집이라고 생각한다(NEB가 그렇다). 그러나 초점은 파멸 행위가 아니라(가령 30절에서 그런 것처럼), 그의 폐허 가운데 거함이다.

29 그 악인의 살찜(27절)은 그의 번영의 결과였고, 그의 운명은 그의 부를 잃는 것이며, 그것과 함께 그의 건강을 잃는 것이다. 물론 욥은 1장의 재난에서 그의 모든 부를 잃었지만, 엘리바스는 한 순간도 욥이 그의 인생의 끝에 이르렀다고는 상상하지 않는다. 부의 상실에 대한 이 언급이 아슬아슬하기는 하지만, 엘리바스의 생각에는 욥의 미래는 악인의 운명과 정반대다. 그것은 안전과 복으로 가득한 미래다(5:19-26). 악인의 운명은 그의 재물을 잃는 것이 될 것이다(로-예샤르〈לא־יעשר〉

는 "부자가 되지 않다"를 뜻하지 않는다. JB는 이에 반대다). 악인의 부의 기능이란 그의 생명력을 보장하는 것이기 때문에, "부"로 번역된 단어(חיל – 힐)도 똑같은 비중으로 "힘"으로 번역될 수 있다. 그의 재산이 더 이상 땅에서 "증가하지"(נטה – 나타) 않는다는 세 번째 행의 생각은 그 악인이 유목민이며(욥처럼), 그의 재산이 넓은 땅에 걸쳐 분포하는 가축 떼에 놓여 있음을 전제한다.

30 이 새로운 연에서 생명이 짧은 초목 이미지가 다시 나온다(RSV 및 그 외는 이미 29b절구에서 그것을 보았다. 그러나 "원문주해" 15:29.b.를 보라). 그것은 진부한 이미지이며(참조. 8:11-12, 16-19; 18:16), 분명히 일시적인 지역에 거하는 자들에게보다는 중동 거민들에게 좀더 의미가 있다. 그것의 현재 위치에서는 전적으로 만족스런 이미지는 아니다. 왜냐하면 지금까지 엘리바스의 서술의 진의는 **악인이 아무리 오래 살지라도**, 그는 드러나지 않는 괴로움 속에 산다는 것이기 때문이다. 우리는 이제 강조가 갑자기 악인의 인생의 **짧음**에 있는 것 같음을 본다. 우리는 아마도 그 초목들은 우선적으로 악인의 인생의 짧음이 아니라 그것의 비실재성을 부각하는 것이라 말해야 할 것이다. 그러나 "가지들"(יונקת – 요네케트)과 "싹"(פרח – 페라흐)에 대해 말할 때도 은유가 완전히 적절하지는 않다. 왜냐하면 그 행악자는 마땅히 그의 죄를 처음 꽃 피우는 것이 아니라, 이미 상습적인 죄인일 것이기 때문이다. "(새로 나온) 가지들"은 어리고 부드러운 것을 나타낸다(8:16; 14:7; 겔 17:22; 호 14:7[6]; 시 80:12[11]). 마찬가지로 "싹"은 과일에 앞서는 꽃 앞에 나온다(사 18:5). 그 이미지는 명백히 악인의 갑작스런 사멸이라는 주제에 더 잘 맞으며(참조. 사 40:24), 그것의 여기서의 사용은 독창적인 것이라기보다는 관례적이다.

"말려 버리는" 혹은 "시들게 하는"(יבש – 야베쉬) 그 "불꽃"은 하늘에서 오는 불(번개; 그레이처럼) 혹은 신의 벌로서 보내진 별난 불기둥(샬헤베트⟨שלהבת⟩가 겔 21:3[20:47]에서 그런 것처럼; 포어러가 그렇다)이 아니며, 그루터기를 삼키는 불(사 5:24)도 아니고, 아마도 아주 뜨거운 태양이다. 그 "바람"(רוח – 루아흐)도 아마 "[하나님의] 입에서 나오는 바람"이 아니며("원문주해" 15:30.b.를 보라), 파괴적인 사막 바람이기는 하지만 아주 자연적인 것이다. 여기에는 비록 가해지는 징벌이 분명히 하나님의 심판을 그 뒤에 갖고 있지만, 어떤 특별한 신적 간섭이 말해지지는 않는다.

22a절구의 몇 단어를 반복하는 첫 번째 행은 초목 이미지와 아무런 관계가 없다. 혼합 은유가 불가능한 것은 아니다. 그러나 그것들을 "엘리바스의 화려한 연설을

다소 우습게 만들려고 저자가 의도한 것이라"고 가정하는 것(앤더슨)은 지나치게 세밀한 것일 수 있다. 우리는 이 표현을 마치 이 연설을 끝맺는 두 연 위에 "어두움에 예정되었음"이라는 낙인을 찍는 것인 양, 어둠 주제의 의미 있는 반복으로 볼 수 있을 것이다. 아니면－좀더 나은 것으로－그 행을 잘못된 반복으로 삭제할 수 있을 것이다.

31 이 절은 초목 은유와 아무런 관계가 없고, 맥없는 도덕 일반화인 것 같다. 문자적으로는 "그로 하여금 자신을 속여 허무를 신뢰하지 못하게 할 것은 허무가 그의 보응이 될 것임이니라"(RSV). 따라서 많은 이들(예를 들어, 덤, 포어러, 호르스트, NAB)이 그것을 완전히 삭제한다. 경고 형식("그가 신뢰하지 않게 하라")도 확장된 은유적 서술로서는 다소 제자리에 있는 것 같지 않다. 그러나 아마도 "고조된 대화 활기로라면 불가능하지 않을 것이다"(바이저). 도름 및 다른 이들이 초목 이미지의 연속을 찾으려는 것은 아마도 옳은 것이며, **번역**에서 주어진 번역문은 비록 임시적이지만 마소라 텍스트보다도 원문을 더 가까이 나타낼지 모른다. 악인은 열기로 인해 땅에서 빠르게 솟아오르지만 물이 없어 내구력이 없고 튼튼한 가지들을 발육시키지 못하는 초목(혹은 나무)으로 묘사될 수 있을 것이다. 왜냐하면(32절) 그것은 금새 시들기 때문이다. 그는 그 잎이 마르지 않고 오래 사는 사람인 시편 1편의 의로운 사람과는 정반대다.

32 우리는 이제 신을 두려워하지 않는 사람이 아직 때가 아닌데(욥 22:16; 참조. 잠 10:27 등) 그의 한창 때에 끊어진다는(시 55:24[23]; 102:25[24]), 그의 갑작스럽고 때 이른 종말 주제로 옮겨왔다. 그는 울창한 초목으로 부자연스럽도록 놀랍게 솟아오르지만, 아직 성장의 시절에 태양에 시들고 노랗게 변해 버린다. 그의 가지들은 푸른빛을 띠지(רענן－라아난, "신선한, 무성한") 않을 것이다. 32절에서는 어떤 특정한 나무나 초목이 염두에 없다. 반면에 33절에서는 두 개의 구체적인 초목들이 예로서 사용될 것이다.

33 이제 식물 이미지가 다르게 발전된다: 악인은 그 열매를 완전히 익히지 않으며 부자연스럽게 행하는(חמס－하마쓰) 초목 같다. 아직 익지 않은 포도(렘 31:29; 겔 18:2에서처럼, בסר－보쎄르, "신 포도")를 떨어뜨리는 것은 오로지 병든 혹은 비정상적인 포도나무일 것이다. 보통은 덜 준비된 포도일수록 따기가(혹은 떨어지기가) 더 어렵다. 만일 두 번째 절구에서도 같은 의미의 이미지라면, 그것은 그 싹을 모두 떨어뜨려 열매로 자랄 것이 하나도 남아 있지 않은 감람나무의 표상일 것이다. 감람나무들은 격년으로 그렇게 한다고 말해진다(벳츠타인; 그러나 바우어

의 이의를 보라: L. Bauer, "Einiger Stellen des Alten Testaments bei Kautzsch: 4. Aufl. im Licht des heiligen Landes," *Theologische Studien und Kritiken* 100[1927-28] 426-38[434-35]). 톰슨(W. M. Thomson, *The Land and the Book*[London: T. Nelson, 1890] 54-55)은 "감람나무는 과실 나무 중 꽃을 가장 많이 피운다. 사실상 그 꽃들의 무게에 눌려 그것이 구부러진다…그 나무는 수백만 개의 꽃을 날린다"라고 말한다. 그러나 요점은 풍부한 싹들이 아니며, 떨어지는 그것들의 양도 아니라, 나무가 그 싹들을 떨군다는 효과다.

그러한 포도나무와 감람나무는 자연 주기 과정에 자신들에게 갑작스럽고 때에 맞지 않는 종말을 초래했다. 포도나무는 그것의 열매들을 떨어뜨림으로써 그것들에게 "폭력을 행한다"(חמס – 하마쓰)라고 말해진다(참조. 잠 8:36의 חמס). 참조. 이사야 18:5, 익지 않은 포도가 그 나무 자체에 의해서가 아니라 파괴적인 간섭으로 제거된다. 악행자의 끝은 그의 계획 중 아무것도 결과를 맺지 않은 상태로, 그의 생명의 주기 한가운데서 끊어지는 것이다.

34-35 초목의 생명으로부터 온 은유는 이 **토포스**(5장 "양식/구조/배경"을 보라)의 마지막 두 행을 위해 버려진다. 이제 그 행악자는 열매를 내는 그것의 자연스런 결과를 성취하지 못하고 생명-중간에 자멸되는 초목으로서가 아니라, 자손을 내는 목적을 이루지 못하는 불임의 사람들로서 그려지는 행악자들 그룹에 한 일원으로 비춰진다. 혹은 그들이 실제로 불임이 아니라면, 그들은 그 자녀들이 사는 자신들의 거주지가 불에 삼켜지는 것을 보며, 그들은 마치 그들이 불임인 것만큼이나 분명히 자손이 없다. 다르게 보면, 비록 악인들이 문자적으로 말해 불임이라고 할지라도, 그들이 또 다른 의미에서 절대로 불임이 아닌 것은 그들은 해악과 궤휼을 "잉태하고" "임신하고" 그 다음에 "낳기" 때문이다. 그들의 것은 전적으로 부정적인 것으로, 사랑스럽지 않고 후손을 내지 못하는 자손(혹은 결과)이다. 불임과 다산이라는 심각하게 충돌하는 이 두 가지 은유의 사용은 매우 인상적이며, 악인에 관한 이 **토포스**의 결말로 만족스럽게 기여한다.

하나님을 인정하지 않는 "일단" 혹은 "무리"(RSV, NIV)는 그의 가족이 아니라, 신을 두려워하지 않는 것으로 여겨질 수 있는 사람들의 그룹이다 – 비록 그들이 사회적 그룹으로 행하거나 모이지 않을지라도. 에다(עדה)는 시편 22:17[16]; 86:14; 106:17에서 그 집단 내의 그런 그룹들 혹은 존재들에 대해 사용된다. 시편 1:5에서 "의인의 모임(עדה)"은 특별히 평행하는 것인데, 왜냐하면 그것은 자체를 모임으로 구성하는 것이 아니라 오히려 개념적 분류이기 때문이다.

"불임의"라고 번역된 용어(גלמוד – 갈무드, 또한 3:7; 30:3; 사 49:21에서)가 엄격하게 그것을 의미하는지, 아니면 오히려 (같은 어원의 아랍어처럼) (땅이) "황폐한" 혹은 "돌이 많은"을 뜻하는지는 확실하지 않다. 그것이 만일 불임을 가리킨다면, 비록 35절의 여성 은유들이 후자를 암시할지라도 그 "신을 인정하지 않는 무리"가 불임의 남자 혹은 불임의 여자로 제시되는 것인지 확실하지 않다. 이 이미지의 요점이 이전 절들에서 그랬던 것처럼(27-32절) 신을 두려워하지 않는 사람은 그의 때 이전에 끊어진다는 것일 수는 거의 없다. 요점은 오히려 그는 그가 죽기 전이라 할지라도 명백히 (불임의) 저주 아래 있다는 것이다. 이 **토포스**(5장 "양식/구조/배경"을 보라)의 시작 부분에서 악인은 그의 평생에 고통으로 몸부림친다는 묘사가 나오며 여기에 그것과의 유사성이 있는데, 거기서도 강조는 전적으로 그의 인생의 질에 있었지 때에 맞지 않게든 그 반대든 그의 종말에 있지 않았다.

"신을 인정치 않는 무리"와 평행하여 "증회의 장막들"이 있다. 물론 여기서 "증회"는 정의를 굽게 하려는 시도들을 가리킨다. 뇌물은 그 자체로는 단지 하나의 선물이며, 그린버그(M. Greenberg)가 지적하듯이 "선물을 주는 것은 완전히 합법적인 출세 수단이었고"(잠 18:16), 심지어는 적대자들을 진정시키는 것으로 추천되었기 때문에(21:14), "선물과 뇌물 사이의 차이는 때때로 극히 미묘했음이 틀림없었을 것이다"(*IDB* 3:465; 참조. 또한 욥 6:22). 그러나 법정 상황에서는 선물은 공정한 재판 과정을 굽게 하는 것으로서 금지된다(출 23:8; 신 16:19; 참조. 삼상 8:3; 잠 17:23). 그 환경에서 뇌물을 주고받는 사람은 "죄인"(חטא – 하타, 시 26:10)이며 "악인"(רשע – 라샤, 잠 17:23)이다. 여기서의 생각은 그런 사람들이 뇌물의 결과로 부자가 되었다는 것이 아니라(그레이, 호르스트, 포어러는 이에 반대다), 단지 그러한 부정 행각이 악함의 한 보기 혹은 예라는 것이다. 이 대표적인 악인들의 "장막들"(형식적 고풍화 표현; 참조. 5:24; 8:22; 11:14; 12:6)을 파괴하는 불은 직접적인 신의 형벌로 볼 것이 아니라(그것은 1:16에서처럼 "하나님의 불" 번개가 아니다), 순전히 자연적인 현상으로 보아야 한다(22:20에서처럼; 20:26은 다른 것 같다). 물론 그들 집의 파괴는 이 절 첫 부분에서 언급된 그들의 불임처럼 신의 불만과 심판의 표시다. 그들이 불에 잃는 것은 그들의 부가 우선이 아니라 그들의 자손이다. 왜냐하면 문맥 속에서 이 절구는 악인은 그의 생애 가운데 그 가계(家系)가 끊어진다는 것과, 그 자신은 그의 생애 가운데 그의 악함이 마땅히 받을 고통을 겪는다는 것(20절의 주제)을 묘사하고 있기 때문이다.

생식력을 불임이고 자식 없는 이들에게 돌리는 것은 처음에는 적절치 못한 은유

혼합으로 여겨질 수 있다. 그러나 그 요점은 비록 악인이 자연 후손 없이 죽을 운명일지라도, 그는 기괴하고 형편없는 새끼를 깐다는 것이다. 35절의 시작 어구인 "그들은 해독을 배고 악을 낳는다"는 그 두 개의 "생생한" 부정사 절대형 사용이 암시하듯이(*GKC*, § 113ff), 그리고 시편 7:15[14]과 이사야 59:4에 이형들을 가진 그것의 외양이 확증하듯이 분명히 하나의 격언 표현이다. 하라(הרה, "임신하다")와 얄라드(ילד, "낳다")라는 동사들은 문자적으로는 어미에게 타당하게 사용된다(비록 얄라드〈ילד〉는 약 20번 정도 아비의 "낳음"에 대해 사용되지만). 그러나 여기서는 그것들이 분명히 악한 **사람들의** (은유적) 행위다. 그들의 "배"(בטן – 베텐)는 역시 "마음"(RSV)이 아니라 은유적으로 말해 그 안에서 태아가 "준비되는"(כון 히필, 이와 연관되어서는 달리 사용되지 않음) 그들의 자궁이다(NEB, NIV; 또한 3:10에서처럼). 출산(ילד)이 임신 전에 언급되는 것은 "임신하다"와 "낳다"가 격언-같은 표현에 속하기 때문이다.

악인의 후손에 대해 사용되는 명사들, 즉 "분쟁"(עמל – 아말; 참조. 4:8), "불의"(און – 아벤; 참조. 4:8) 그리고 "궤휼"(מרמה – 미르마) 등은 여기서 구별되지 말아야 한다. 임신된 아이나 태어난 아이는 하나이고 같다. 악인이 낳는 것은 그 자신의 파멸이라는 생각이 있을 수 있다. 이것이 유사 본문인 시편 7:15[14]에서도 암시될지 모른다(비록 사 59:4에서는 아니지만). 거기서 계속되는 이미지는 자기가 판 구덩이에 떨어지는 악인에 대한 것이다. 만일 그렇다면, 그것은 엘리바스가 4:8에서 사용한 표상, 즉 악(און)을 밭 갈고 분쟁(עמל)을 뿌리는 자는 그대로 거둔다는 것과 연결될 것이다(참조. 5:6-7, 인간은 재앙〈און〉과 고난〈עמל〉을 낳는다). 악인이 낳은 화는 단지 다른 사람에게 가해지는 화가 아니라, 궁극적으로 그 자신을 치는 화다. 결국 그것이 엘리바스의 현재 서술의 취지다: 악인은 그의 평생에 끊임없는 고통 – 자초한 – 속에 산다. 욥의 고난 역시 그 자신 외에 그 누구의 탓도 아니다(인간은 자기 자신의 고난을 낳기 때문에, 5:7). 그러나 그는 악인 중에 한 명이 아니며, 그의 현재 고통은 틀림없이 일시적인 것일 뿐이다(참조. 4:5a).

바이저는 많은 이들을 대변하는 입장에서 엘리바스가 "더 이상 위로의 말을 위한 여지를" 갖고 있지 않은 것을 중요하다고 생각하고 악인의 운명에 대한 엘리바스의 묘사를 욥에게 주는 경고 같은 것으로 판단한다. 그러나 엘리바스가 이 연설에서도 욥의 편에 서 있음을 인정하고자 하면 다만 그의 첫 번째와 **그리고** 세 번째 연설(5:17-27; 22:21-30)의 "행복한" 결말을 보기만 해도 충분하다.

해설

이 연설의 해석의 근본 열쇠는 20-35절의 악인에 관한 묘사가 욥이 **아닌** 모습에 대한 묘사라는 인식이다. 그것은 전체적으로 이 연설을 엘리바스의 첫 번째(4-5장) 및 세 번째 연설(22장)과 본질적으로 일치되게 욥에게 주는 격려로 보는 길을 연다. 엘리바스의 관점에서 보면, 욥의 현재의 경솔하고, 솔직히 말하면 죄 많은 말들은 일단 차치하고, 욥은 근본적으로는 엘리바스가 그의 결백을 높게 평가하는 의로운 사람이다. 욥은 하나님에 의해 당하는 현재의 고난으로부터 두려워할 것이 전혀 없다. 왜냐하면 그것은 단지 번영하는 경건한 삶의 질서에 따르는 부수적 현상이기 때문이다. 악인이 그의 평생에 당하는 정신적 고통(20-22절)은 욥의 경험이 아니며, "칼날의 표적이 되고"(22절), "독수리 먹이로 던져지며"(23절), 그들의 "꽃이 바람에 흩날려 가는" 그들의 마지막도 그의 것이 전혀 아니다.

그럼에도 불구하고 욥에게는 두 가지 잘못이 있다–지적인 것과 도덕적인 것. 지적 잘못은 가장 올바른 사람조차도 하나님이 보시면 흠이 있다는 것을 인정하지 않음이다(14-16절). 욥이 주장하는 것 같은 완전한 결백은 자신에게서 신의 벌을 받을 어떤 이유도 인정할 수 없는 결백으로서 인간의 능력 안에 있지 않다. 또 욥은 그 신학 집단의 한 일원으로서 자신과 그것의 관계를 알고 인정해야 한다. 실상 그는 일반인보다 더 재능이 있다고 상상하며(9절) 가정된 새로운 통찰에 열광하여 그의 계급의 심사숙고로 합의된 관습을 저버리는(4절) 지적 자만의 죄의 희생자다.

욥의 도덕적 잘못은 그에게 닥친 고난을 인내하며 꿋꿋하게 견디지 않는 것이다. 그에게 그의 고난을 가져온 잘못은 그의 현재 행동으로 지금 범하고 있는 과실과 비교하면 하찮을 정도다. 하나님에 대해 그렇게 편중적이고 비뚤어지게 말하는 것은 자신(6절)과 하나님(13절) 모두에게 잘못이다. 욥 언어의 생기는 그 자체의 유죄 판결 같다(12-13절). 참으로 지혜로운 사람은 말에 있어 신중하고 침착하다. 그것은 엘리바스의 관점에서는 욥이 하나님에 대해 말하는 내용이 모두 전적으로 틀리다는 말은 아니다. 왜냐하면 가령 욥은 12:13-25에서 전통적인 경건의 언어를 인용하지 않았는가? 엘리바스를 괴롭히고 이 단호한 응답을 야기하는 것은 신의 적의의 증거들 외에는 아무것도 원하지 않는 욥의 연설들의 뒤틀린 설계이며 아카데미의 가치들을 거부하는 절제하지 않는 말투다.

그는 그 자신의 식견에 따라서 그 사람 욥을 물리치지는 않는다. 그러나 그가 볼 수 없는 것은 그 사람 욥은 이치를 따져야 하는 인간이 아니라, 감정이 상해 악다구니를 퍼붓는 사람으로 그에게는 인내하라는 요구가 부정직하라는 요청이나 마찬가지라는 점이다: 욥이 말 없이 괴로워하는 것은 그에 대한 신의 판단에 동의하는 것일 텐데, 욥은 자신의 온전함을 희생시켜야만 그렇게 할 수 있을 것이다. 프롤로그에 의해 우리에게 주어진 관점으로부터 우리는 이 악전고투에서 욥의 편에 설 수 있을 뿐이다.

9. 욥의 다섯 번째 연설(16:1-17:16)

참고문헌

Arnold, W. R. "The Interpretation of קנים מידו לו." *AJSL* 21(1904-1905) 167-72. **Curtis, J. B.** "On Job's Witness in Heaven." *JBL* 102(1983) 549-62. **Dahood, M.** "North-west Semitic Philology and Job." In *The Bible in Current Catholic Thought*, M. J. Gruenthaner Memorial Volume, ed. J. L. McKenzie. New York: Herder & Herder, 1962. 55-74. ______. "Hebrew-Ugaritic Lexicography IV." *Bib* 47(1966) 403-19. ______. "Hebrew-Ugaritic Lexicography V." *Bib* 48(1967) 421-38. **Driver, G. R.** "Studies in the Vocabulary of the Old Testament VI." *JTS* 34(1933) 375-85. ______. "Problems in the Hebrew Text of Job." *VTSup* 3(1955) 72-93. **Finkelstein, J. J.** "Hebrew חבר and Semitic *ḪBR*." *JBL* 75(1956) 328-31. **Gordis, R.** "A Rhetorical Use of Interrogative Sentences in Biblical Hebrew." *AJSL* 49(1933) 212-17. ______. "'My Mother and My Sister' - A Note on Job 17,14 and the Name AḤ'AV"[Heb]. *Leš* 36(1971-72) 71-72. **Greenfield, J. C.** "Lexicographical Notes." *HUCA* 29(1958) 203-28. **Hempel, J.** "Jahwegleichnisse der israelitischen Propheten." *ZAW* 42(1924) 74-104(=BZAW 81[1961] 1-29). **Jacob, B.** "Erklärung einiger Hiob-Stellen. 17:6." *ZAW* 32(1912) 278-87(286). **Loretz, O.** "*ḤBR* in Jb 16,4." *CBQ* 23(1961) 293-94. **Perles, F.** "A Miscellany of Lexical and Textual Notes on the Bible." *JQR* 2(1911-12) 97-132. **Rin, S.** "Ugaritic-Old Testament Affinities." *BZ* 7(1963) 22-33. **Sarna, N. M.** "Some Instances of the Enclitic *-m* in Job." *JJS* 6(1955) 108-10. **Speiser, E. A.** "The Semantic Range of *dalāpu*." *JCS* 5(1951) 64-66. **Tromp, N.J.** *Primitive Conceptions of Death and the Nether World in the Old Testament*. BibOr 21. Rome: Pontifical Biblical Institute, 1969. **Vella, P.** "Il redentore di Giobbe(Nota a *Giob*. 16,20)." *RivB* 13(1965) 161-68. **Winton Thomas, D.** "מָאֹן in Jeremiah IV.5: A Military Term." *JJS* 3(1952) 47-52.

본 문

1 욥이 대답하여 가로되	**1** Then Job answered and said:
2 이런 말은 내가 많이 들었나니 너희는 다 번뇌	**2** I have heard many such things; torturer-com-

케 하는 안위자로구나

3 허망한 말이 어찌 끝이 있으랴 네가 무엇에 격동되어 이같이 대답하는고

4 나도 너희처럼 말할 수 있나니 가령 너희 마음이 내 마음 자리에 있다 하자 나도 말을 지어 너희를 치며 너희를 향하여 머리를 흔들 수 있느니라

5 그래도 입으로 너희를 강하게 하며 입술의 위로로 너희의 근심을 풀었으리라

6 내가 말하여도 내 근심이 풀리지 아니하나니 잠잠한들 어찌 평안하랴

7 이제 주께서 나를 곤고케 하시고 나의 무리를 패괴케 하셨나이다

8 주께서 나를 시들게 하셨으니 이는 나를 향하여 증거를 삼으심이라 나의 파리한 모양이 일어나서 대면하여 나의 죄를 증거하나이다

9 그는 진노하사 나를 찢고 군박하시며 나를 향하여 이를 갈고 대적이 되어 뾰족한 눈으로 나를 보시고

10 무리들은 나를 향하여 입을 벌리며 나를 천대하여 뺨을 치며 함께 모여 나를 대적하는구나

11 하나님이 나를 경건치 않은 자에게 붙이시며 악인의 손에 던지셨구나

12 내가 평안하더니 그가 나를 꺾으시며 내 목을 잡아 던져 나를 부숴뜨리시며 나를 세워 과녁을 삼으시고

13 그 살로 나를 사방으로 쏘아 인정 없이 내 허리를 뚫고 내 쓸개로 땅에 흘러나오게 하시는구나

14 그가 나를 꺾고 다시 꺾고 용사같이 내게 달려드시니

15 내가 굵은 베를 꿰어매어 내 피부에 덮고 내 뿔을 티끌에 더럽혔구나

16 내 얼굴은 울음으로 붉었고 내 눈꺼풀에는 죽음의 그늘이 있구나

17 그러나 내 손에는 포학이 없고 나의 기도는 정결하니라

18 땅아 내 피를 가리우지 말라 나의 부르짖음으로 쉴 곳이 없게 되기를 원하노라

forters[a] you all are!

3 Will there be no end to windy words? What so agitates[a] you that you must reply?

4 I also could speak as you do, if you were in my place. I could harangue[a] you, and shake my head at you.

5 But no! I would strengthen you with my encouragements, the consolations of my lips would soothe[a] your pain.

6 Yet if I speak, my pain is not soothed; if I am silent, it will not[a] leave me.

7 But now: He[a] has worn me out; he has appalled the whole company of my acquaintance.[b]

8 He has shriveled me up[a] – it is a witness against me. My gauntness[b] rises up to testify against me.

9 His anger[a] has torn me, and his hatred assaults me;[b] he gnashes his teeth at me. My enemy[c] whets his eye[d] against me.

10 Men laugh in open mockery of me, they strike my cheeks in insult,[a] and band together against me.[b]

11 God has abandoned me to evil men,[a] he has thrust[b] me into the clutches of the wicked.

12 I was untroubled, but he shattered[a] me; he seized me by the neck and dashed me to pieces. He made me his target;

13 his bowmen[a] surrounded me. He pierced my kidneys; he was pitiless; he spilled my gall on the ground.

14 He battered me down, breach upon breach;[a] he rushed against me like a champion.

15 I have sewn sackcloth to[a] my skin; I have buried my glory[b] in the dust.

16 My face is red from weeping, and on my eyelids is the darkness of death.[a]

17 [a]For in my palms is "non-violence," and my prayer[b] is undefiled.

18 O earth, cover not my blood, and let my outcry[a] find no rest.[b]

19 지금 나의 증인이 하늘에 계시고 나의 보인이 높은 데 계시니라

20 나의 친구는 나를 조롱하나 내 눈은 하나님을 향하여 눈물을 흘리고

21 사람과 하나님 사이에와 인자와 그 이웃 사이에 변백하시기를 원하노니

22 수 년이 지나면 나는 돌아오지 못할 길로 갈 것임이니라

17:1 나의 기운이 쇠하였으며 나의 날이 다하였고 무덤이 나를 위하여 예비되었구나

2 나를 조롱하는 자들이 오히려 나와 함께 있으므로 내 눈이 그들의 격동함을 항상 보는구나

3 청컨대 보증물을 주시고 친히 나의 보주가 되옵소서 주 외에 나로 더불어 손을 칠 자가 누구리이까

4 주께서 그들의 마음을 가리워 깨닫지 못하게 하셨사오니 그들을 높이지 아니하시리이다

5 친구를 지적하여 해를 받게 한 자의 자식들은 눈이 멀지니라

6 하나님이 나로 백성의 이야기거리가 되게 하시니 그들이 내 얼굴에 침을 뱉는구나

7 내 눈은 근심으로 하여 어두워지고 나의 온 지체는 그림자 같구나

8 정직자는 이를 인하여 놀라고 무죄자는 사곡한 자를 인하여 분을 내나니

9 그러므로 의인은 그 길을 독실히 행하고 손이 깨끗한 자는 점점 힘을 얻느니라

10 너희는 다 다시 올지니라 내가 너희 중에서 지혜자를 찾을 수 없느니라

11 나의 날이 지나갔고 내 경영, 내 마음의 사모하는 바가 다 끊어졌구나

12 그들은 밤으로 낮을 삼고 빛이 어두운데 가깝다 하는구나

13 내 소망이 음부로 내 집을 삼음에 있어서 침상을 흑암에 베풀고

14 무덤더러 너는 내 아비라 구더기더러 너는 내 어미, 내 자매라 할진대

15 나의 소망이 어디 있으며 나의 소망을 누가 보겠느냐

16 흙 속에서 쉴 때에는 소망이 음부 문으로 내려갈 뿐이니라

19 Even now my witness is in heaven, my advocate is on high.

20 It is my cry[a] that is my spokesman:[b] sleeplessly I wait[c] for God's reply.

21 It will argue a mortal's case before God as a man[a] argues for his friend.[b]

22 For when a few years[a] have come I shall take the road of no return.

17:1 My spirit is crushed,[a] my days[b] have been snuffed out,[c] the graveyard[d] awaits me.

2 Is there not[a] mockery[b] around me? Are not my eyes weary[c] from men's antagonism?[d]

3 Keep my pledge[a] close by you[b] [O God]: for there is no one who will stand surety[c] for me.

4 You have shut their minds to reason: therefore you will win no honor[a] on that account.

5 [a][They are like] a man bidding[a] his friends to a feast[b] while his children are starving.

6 He has set me up as a byword[a] of peoples: I have become something to spit at.[b]

7 My eyes have grown dim with grief: and my limbs[a] have wasted[b] to[c] a shadow.

8 At this the upright are appalled: the innocent[a] are roused against the ungodly.

9 The righteous[a] maintain their way:[b] those whose hands are clean grow stronger still.

10 But, attack[a] me again, all of you![b] I would not find a single wise man among you.

11 [a]My days have passed:[b] broken are my plans,[c] the desires[d] of my heart –

12 [a]which had turned night into day,[b] brought light nearer than[c] darkness.

13 If[a] I look for[b] Sheol to be my home, if I have spread my couch in the darkness,

14 if I have cried to the Pit,[a] "You are my father!," and to the worm, "My mother!," "My sister!,"

15 where then is my hope? and as for happiness,[a] who can see any for me?

16 Will they descend[a] with me[b] to Sheol? Shall we go down[c] together into the dust?

원문주해

16:2.a. 문자적으로는 "화의 위로자들". 고디스는 아말(עמל)을 그것이 15:35에서 아벤(און)과 평행하기 때문에 "무가치"라고 생각한다. 그러나 거기서 아벤(און)은 "무"가 아니라(물리적) "손상"을 의미한다. 윈튼 토마스는 나함(נחם)의 "일차적 의미"가 "숨쉬려고 하다"이기 때문에(참조. 아랍어 *nahama*, "숨을 헐떡거리나 혹은 거칠게 숨쉬다 〈말이〉"), 이 어구는 "문제로부터의 휴식들" 즉 화를 만드는 자들로부터의 벗어남을 뜻한다고 주장했다(D. Winton Thomas, "A Note on the Hebrew Root נחם," *ExpT* 44[1932-33] 191-92). 이에 반하여 친구들은 그를 "위로하기"(נחם의 피엘) 위해 왔다는 사실이 있다(2:11; 참조. 42:11).

3.a. 고디스는 마라츠(מרץ)를 그럴듯하지 않게도 "강제하다, 강요하다"로 번역한다. 참조. "원문주해" 6:25.a.

4.a. 핑켈슈타인(J. J. Finkelstein, "Hebrew and Semitic *ḤBR*," *JBL* 75[1956] 328-31)이 우가릿어 *ḫbr*와 어원이 같은 동사 하바르(חבר II, "소리를 내다")를 제안한 것을 따른 것(참조. 또한 신 18:11; 시 58:6[5]; 잠 21:9; 25:24). 악카드어 *ḫabaru*와 비교하는 로레츠도 비슷하다(O. Loretz, "*ḤBR* in Jb 16,4," *CBQ* 23[1961] 293-94). 또한 NEB, 아마도 NJPS, 포프, 테리앙도 그렇다. 가능성이 덜한 것으로 아랍어 *ḥabara*와 어원이 같고 말에 대해 사용되었지만, 오직 후기 아랍어에서만 사용된 하바르(חבר II)의 한 의미인 "아름답게 만들다"(그러면 그것은 여기서만 나타나는 것)를 제안하는 것이다(그레이). KB³, 포어러, 호르스트, 드 빌드가 그것을 따른다. 전통적인 해석은 하바르(חבר)를 "결합하다", 즉 "말들을 함께 연결하다, 작문하다"로 보는 것이다. 고디스, 시크레 디아즈가 그렇다. 가장 매력적인 수정은 아크비라(אַכְבִּירָה, "내가 늘릴 것이다")이다(도름). 참조. 35:16에 밀린 야크비르(מִלִּין יַכְבִּר, "그가 말을 늘리다")를 참조하라.

5.a. 야흐소크(יחשׂך)에 대해 목적어가 하나도 없지만, 그것은 실제로 "억누르다, 억제하다, 삼가다"를 의미한다. 따라서 많은 이들이 칠십인경의 우 페이소마이(*οὐ φείσομαι*)를 따라 로 에흐셰크(לֹא אֶחְשֹׂךְ, "내가 억제하지 않을 것이다")로 수정한다(메르크스, 비켈, 부드, 도름, 로울리, 헤세, 드 빌드). 반면에 다른 이들은 부정어를 삽입하는 데 동의하지만, "모자라지 않을 것이다"로 번역한다(포어러). 드라이버 역시 그 동사를 자동사로 보았지만(KB³도 그렇다) 부정어는 읽지 않았다(G. R. Driver, "Studies in the Vocabulary of the Old Testament VI," *JTS* 34[1933] 375-85[380]) 에얼리히, 고디스 그리고 시크레 디아즈는 니드(ניד)를 주어로, 스파타이(שׂפתי)를 목적어로 해석하고, "동정이 내 입술을" 거친 말들로부터(혹은 거친 말들을 하지 않도록) "억제할 것이다"라고 번역한다(참조. 잠 10:19; 17:27에서는 "입술"과 "말들"이 하사크〈חשׂך〉의 목적어). 이 모두가 그럴듯한 제안들이지만, 다음을 주장할 수 있다: 결정 요인이 되어야 하는 것은 그 다음 행에 있는

하사크(חשך)의 용법으로, 거기서는 그것이 상당히 분명하게 니팔로 "완화되다, 진정되다"를 의미하며(참조. 21:30 "면해지다"), 따라서 그 동사의 함축 목적어는 "너의 고통"이다(호르스트; 참조. 포프). 아하제크(אֲחַזֵּק, "내가 강하게 할 것이다"; 덤)나 예하제크켐(יְחַזֶּקְכֶם, "너를 강하게 할 것이다"; 휠셔, 참조. *BHK*)으로의 수정은 버려질 수 있다.

6.a. 마(מה)는 도름과 포프 등에 의해서 아랍어 *ma*("not")와 같은 것으로 여겨진다(참조. 왕상 12:16). 그러나 수사적으로 사용되는 의문사도 동일한 의미에 이른다. 따라서 마(מה)를 부정 소사로 가정하는 것은 불필요하다.

7.a. 주어는 하나님이지 다음과 같은 것들이 아니다: "내 고통"(이븐 에즈라, 피터스; 참조. 불가타의 *oppressit me dolor meus*), 엘리바스(메르크스), "질투의 혹은 악의의 그 사람"(도름과 NEB〈"거짓 동정을 가진 내 친구"〉, 하쉬모타〈השמות〉의 모음을 아랍어 *šamita*와 어원이 같은 것으로 가정된 어근 שמת〈"타인의 불행에 기뻐하다"〉에서 파생된 명사 하쉬모트〈הַשְּׁמוֹת〉로 바꾸어서; 참조. 또한 F. Perles, "A Miscellany of Lexical and Textual Notes on the Bible," *JQR* 2[1911-12] 97-132[110]). JB는 "악의가 나를 혼란케 한다"로 번역할 때 분명히 도름을 따른다. NAB는 히슈보맘므티(הִשְׁתּוֹמַמְתִּי, "내가 아연하다"; שמם의 히트포엘)로 읽는다. 드 빌드는 메샤마티(מְשַׁמָּתִי, "나의 파멸")로 수정하여 헬르아니(הלאני)의 주어가 되게 하는데, 그러면 그것 역시 여성형 헬에타니(הֶלְאַתְנִי)로 수정되어야 한다. 만일 두 번째 동사가 3인칭 형태로 수정되어야 한다면("주석"을 보라), 그것은 헤샴(הֵשַׁם)이 되어야 하거나(포어러), 아니면 만일 콜-아다티(כל־עדתי)가 그 다음 행으로 옮겨져야 한다면 하시마니(הֱשִׁמַּנִי)가 되어야 한다("원문주해" 7.b를 보라).

7.b. 문자적으로는 "나의 일단". JB의 "모두가 나를 괴롭힌다"는 에다(עדה)를 주어로 간주하고 추측컨대 하쉬모타(השמות)의 주어로서 라아티(רָעָתִי, "나의 재난, 화")로 수정한다. 드라이버-그레이, 휠셔, 포프도 그렇다. 수정들 가운데 다음과 같은 것들이 언급될 수 있겠다: 킹(E. G. King, "Some Notes on the Text of Job," *JTS* 15[1914] 74-82[74-76])은 니츠데티(נִצְדֵּיתִי, "나는 쇠약해지다")로 읽었다. 드 빌드는 불행을 의미하는 다른 단어(그리고 메샤마티〈משמתי〉와 평행하는) – 아바티(עַוָּתִי) – 로 수정한다. 호르스트는 비우타브(בִעוּתָיו, "그의〈하나님의〉 공포들")로 읽는다. 시크레 디아즈는 여기서 에다(עֵדָה, II "증거"; 창 21:30; 수 24:27처럼; KB[3])를 발견하고, 엘리바스를 그 동사의 주어로 여긴다: "당신은 내 증거를 침묵케 한다." 그러나 욥이 그것을 인정할까? NEB가 따르는 도름은 아다토(עֲדָתוֹ, "그의 일단"), 즉 욥의 친구-대적자들 무리로 읽었다(NEB, "그와 그의 벗들"). 이 명사는 종종 8절의 티크므테니(תקמטני)의 주어로 간주된다(JB, NEB, NAB, 덤, 도름, 로울리, 호르스트, 포프, 드 빌드).

8.a. 카마트(קמט)는 이 곳과 22:16에만 나옴. 마땅히는 "붙들다, 움켜잡다"(참조. 아랍어, 아람어)이지만 "주름잡히다, 쭈그러들다"도 가능하다(랍비 히브리어, 시리아역; 참조. 드라이버, 고디스). 따라서 AV는 "나를 주름들로 채웠다", 포프는 "쭈글쭈글해졌다"

로 본다. 그러나 BDB, KB[3]는 이 의미를 인정하지 않는다. 아퀼라는 "당신이 나를 주름지게 했다"(*ἐρρωτίδωσάς με* – 에로티도사스 메).

8.b. 카하쉬(כחש)는 일반적으로 "거짓말하다, 속이다"이다. 그러나 이 동사는 시 109:24에서는 "야위다"를 뜻한다. 여기서는 "야윔"이 RV, RSV, NJPS, NIV, 고디스, 포프, 호르스트, 포어러, 드 빌드에 의해 채택한다. 케하쉬(כְּחָשִׁי)로의 모음 재조정(델리취, 도름)은 아마도 "나를 비방하는 자"를 뜻할 수 있는(7절의 거짓 친구) "나의 거짓말쟁이"를 만들어 낼 것이다(참조. 사 30:9에서의 복수형). 심마쿠스(*καταψευδόμενος*)와 불가타(*falsiloquus*)는 그 단어를 실제로 그렇게 해석했으나, 그리 놀랄 일은 아니며, 강한 지지로 이어지지도 않는다.

9.a. 아포(אפו)가 명백히 주어다(암 1:11에서 그것이 타라프〈טרף〉에 대해 그런 것처럼). אף가 구체적인 의미인 "코, 주둥이"를 가질 가능성은 없으며(에얼리히, 앤더슨은 이에 반대다) – 왜냐하면 주둥이는 당연히 찢는 일에 사용되지 않기 때문이다 – 그리고 베쉬나브(בשניו)의 **베트**가 이중-역할을 할 가능성도 거의 없다.

9.b. 사탐(שׂטם, "증오하다": RSV). 많은 이들은 증오가 두려움에 선행되어야 한다는 면에서 이것이 여기에 조리가 맞지 않는다고 생각한다. 따라서 많은 이들이 바이슈므테니(וַיַּשְׁמִטֵנִי, "그리고 그가 나를")를 그의 입으로부터 땅으로 "떨어뜨렸다"로 수정한다(아마도 칠십인경이 그렇다. *κατέβαλέν με* – 카타발렌 메; 참조. 시리아역; 횔셔, 호르스트, 드 빌드). 그것은 그 이미지를 유지시켜 주지만, 어울리지 않게도 탈출 개념을 시사한다. 두 개의 평행 본문이 사탐(שׂטם)은 행위로 표현되는 지속적인 증오를 가리키는 것임을 분명히 해준다(단순히 "품었다" 혹은 "간직했다"가 아님, BDB와 KB는 이에 반대다): 창 49:23에서는 그것이 "…궁수가 그에게 활을 쏘았다"라는 말 바로 뒤에 사용된다. 그리고 암 1:11에서는 그 동사가 사용되지는 않지만 동일 사상이 나타난다: "그의 분노가…맹렬했고(יטרף · אפו) 그는 그의 분노를 끝없이 품었다"(맛소라 본문은 그의 분노가 품었다). "박해하다"(RV, NJPS)가 약간 애매하기는 하지만 더 정확하다. 반면에 그것이 **도치법**(*hysteron proteron*)의 한 경우라는 고디스의 제안은 불필요하다(참조. 또한 14:10에 관한 부분).

9.c. 차라이(צָרַי, "나의 원수들들")로 바꾸고, 이어지는 동사들과 접미사들을 그에 따라 복수형으로 바꾸는 것은, 비록 심마쿠스(*οἱ ἐναντίον μου*)와 시리아역에 의해 입증되기는 하지만, 그렇게 할 것이 아니다(덤, 스티븐슨, 드 빌드; NEB, JB, NAB 등이 그렇게 한다). 다후드는 추르(צוּר) 대신 초르(צֹר, "돌-칼", 접미 *-i*)는 3인칭으로 보고, 차리(צָרִי)를 "그의 칼날"이라 생각했다(*Psalms I*, 46; 참조. Ball, 추레 에이나브〈צָרֵי עֵינָיו, "그의 눈매들"〉).

9.d. 문자적으로는 "그의 눈들을 갈다, 날카롭게 하다". 라타쉬(לטש)는 시 7:13[12]에서는 칼을 가는 것을, 시 52:4[2]에서는 삭도를 가는 것에 사용됨. 우리의 관용어 "노려

보다(look daggers at)"(NEB)는 지금은 거의 쓰이지 않는 은유다. JB의 "내 위에 그들의 눈을 갈다"는 욥이 숫돌임을 암시하고, NAB가 에이나브(עֵינָיו, "그들의 눈")를 생략하고, 일르투 알라이(יִלְטוּ עָלָי, "내 위에 군림하다")로 수정한 것은 권할 것이 전혀 없다.

10.a. NEB는 왜 "그들이 칼로 내 뺨을 벤다"를 갖고 있는지 이유가 분명하지 않다.

10.b. "그들이 나를 대항해 집결한다"(יחד עלי יתמלאון)는 구절은 아마도 군사 은유로(D. Winton Thomas, "מלאו in Jeremiah IV.5: A Military Term," *JJS* 3[1952] 47-52; 참조. NAB, "그들이 모두 나를 대적해 모집된다"), 시편에서 나타나지는 않지만 "함께"(יחד) 모의한다는 언어는 31:14[13]; 83:6[5]에서 발견되며(참조. 2:2), 41:8[7]에는 "함께" 속삭인다, 특별히 88:18[17]에서는 "함께" "…을 향해 몰려오다"(נקף 니팔)라는 언어가 발견된다. 그리고 수많은 대적들의 무리에 대한 암시는 물론 빈번하다(예를 들어, 시 3:7[6]; 17:11; 22:13, 17[12, 16]; 31:22[21]; 56:6). 그러한 묘사들은 고난자의 감정에 대한 묘사만큼 실제적이지만, 반드시 객관적 현실에 대한 진술은 아니다.

11.a. 아빌(עֲוִיל)은 "소년"이다(19:18; 21:11; 울〈עול, "젖먹이다, 젖 빨다"〉로부터). 아발(עָוֶל, "행악자")로 수정해야 할 것(27:7에서는 라샤〈רשע〉와 평행)이 명백하다. 왜냐하면 그 단어의 이형으로 עויל이 있었을 것 같지 않기 때문이다(고디스는 이에 반대다).

11.b. רטה("짜내다, 비틀다")로부터의 이르테니(יִרְטֵנִי)라기보다는 아마도 ירט("밀다, 쑤셔 넣다")로부터의 이르테니(יִרְטֵנִי, KB[3]; 참조. BDB) – 혹은 아마도 피엘 완료 에르타니(יֵרְטַנִי; *BHK*), 아니면 피엘 미완료 예야르테니(יְיָרְטֵנִי; 브로킹턴, 106).

12.a. 파라르(פרר, "부수다")로부터(BDB, 도름). 파라르(פרר II)의 한 의미 "흔들다"의 존재는 비록 KB[3]에 의해 인정되기는 하지만(호르스트, 포어러도 그렇다) 의심스럽다.

13.a. 렘 50:29을 염두에 두고, 우리는 라바브(רַבָּיו)를 "그의 활들"이 아니라(칠십인경, 불가타, 탈굼, 페쉬타; KB, NEB, NAB, JB; 도름, 호르스트, 포어러) "그의 궁수들"로 보아야 한다(BDB, NJPS, NIV; 고디스, 포프, 앤더슨).

14.a. 다후드(*Psalms I*, 308)는 페레츠 알-프네-파-로츠(פֶּרֶץ עַל־פְּנֵי־פָ־רוּץ, "〈그가 나를〉 갈기갈기 〈찢는다〉 // 전사처럼 내게 달려든다")로 읽었고, 여기서 강조 소사 **파**를 보았다. 아르툼(K. Aartum)이 제대로 이 제안의 독단성에 이의를 제기했다: "Textüberlieferung und vermeintliche Belege der Konjunktion p^v im Alten Testament," *UF* 10[1978] 1-13[9-10]).

15.a. NEB의 "나는 베옷을 꿰매어 결합해 내 몸을 덮었다"보다 좀더 극적인 이미지다. "주석"을 보라.

15.b. NJPS도 그렇다. 문자적으로는 "나는 내 이마를 먼지 속에 파묻었다". 이에 상응하는 영어 특유의 관용구는 없으며, 케렌(קֶרֶן, "뿔")을 "이마"로 바꾸지 말아야 할 것이다(JB, NAB, NIV). NEB의 "나는 내 앞머리(forelock)를 먼지 속에 묻었다"는 드라이버에 의해 전해진 아놀드의 제안에 의존하는데(W. R. Arnold, "The Interpretation of מידו לו

קרנים," *AJSL* 21[1904-1905] 167-72[170]). 그는 어원이 같은 아랍어 명사가 앞머리를 의미할 수 있다는 것을 발견했고, 베두인들 사이에서 "뿔"이 긴 옆-수염(sidelocks)을 가리킬 수 있다고 했다. עלל이 "더럽혔다"를 의미한다는 보다 이전의 견해(라쉬를 따라, AV, RVmg)는 이제는 포기되고 그 대신 "끼워 넣다, 삽입하다"(아람어와 시리아어 동족어들) 혹은 아마도 "낮추다, 담그다"가 선호된다(S. Rin, "Ugaritic-Old Testament Affinities," *BZ* 7[1963] 22-33[23]; J. Gray, *The Legacy of Canaan*[*VTS* 5, Leiden: E. J. Brill, 1957] 195).

16.a. 찰마베트(צַלְמָוֶת)에 대해서는 "원문주해" 10:21.b를 보라.

17.a. 덤과 드 빌드는 이 절을 14절 뒤로 옮긴다. 그러나 14절 및 선행 절들과의 강한 연관성조차도("주석"을 보라) 그 전위를 정당화하지 않는다.

17.b. 테필라티(תפלתי)가 덤에 의해서는 네티바티(נְתִיבָתִי, "나의 길") 혹은 이므라티(אִמְרָתִי, "나의 말")로 수정된다. "주석"을 보라.

18.a. 엄밀히 말하면 울부짖는 것은 피다. 따라서 일부는 자아카토(זַעֲקָתוֹ, "그것의 부르짖음")로 수정한다(*BHK*, *BHS*, 드 빌드). 그러나 그 변화는 불필요하다.

18.b. "장소"(מקום–마콤)는 분명히 쉬는 곳이나 멈추는 곳을 의미한다. 그러나 이 용법들 중 어느 하나와 평행시키기는 어렵다. 마콤(מקום)이 "무덤"을 뜻하는 것(Dahood, "Northwest Semitic Philology, 61-62; 로울리, 포프, 블롬머드가 뒤따름)은 불가능하다. 왜냐하면 그러한 구체적인 의미에 대한 증거가 오역되었기 때문이다(Grabbe, 69-72를 보라). "내 울부짖음을 위한 여지가 전혀 없게 하라"가 그 단어들에 대한 좀더 자연스런 해석이 될 것이지만(참조. RVmg, "더 이상 장소가 없다"), 이것은 문맥과 맞지 않는다.

20.a. 레아(רֵעַ III)로부터 파생시켜 레아이(רֵעָי)로 봄. 레아(רֵעַ III)는 BDB를 따르면 "목적, 목표", KB를 따르면 "의지, 의도, 생각"이지만, 동일한 어근 רעה III에서 파생된 레우트(רְעוּת, "열망, 분투": 전 1:14; 2:11, 17, 26 등)에 상응하는 것으로서 더 잘 설명됨. 이 의미가 시 139:2, 17에 나오는 레아(רֵעַ)의 경우들에 "생각"(RSV)보다 더 잘 맞는다. 포프는 "내 생각들의 해석자"로 번역함으로써 올바른 선두 역할을 하지만, "생각"은 그 문맥에 잘 맞지 않는다. 거의 같은 만큼 매력적인 것은, רוע에서 파생된 레아(רֵעַ II, "아우성")로 한 도름의 번역이다(그 명사는 36:33; 출 32:17; 미 4:9에 나타난다). 따라서 JB의 "내 자신의 탄식이 하나님에게 나의 변호자다"(또한 키세인). 대부분의 역본과 주석가들은 여기서 רעי를 "나의 친구들"(רֵעַ I)로 보는데, 그들은 거의 욥의 "중재자들" 혹은 "해석자들"이 될 수 없다("원문주해" 20.b를 보라). 커티스(J. B. Curtis, "On Job's Witness in Heaven," *JBL* 102[1983] 549-62[554])는 욥의 목자가 가장 높은 신이 아니라 개인 신이기 때문에, 멜리치 로이 알-엘로하(מְלִיצִי רֹעִי אֶל־אֱלוֹהַ, "〈내 중재자는〉 나의 목자〈이니〉")로 모음을 표기하여 시 23:1의 패러디가 되게 한다. 그러나 그러면 이것은 이 책에서 처음으로 "개인 신" 개념을 소개하는 놀라운 방식이 될 것이다.

20.b. 맛소라 본문의 멜리차이(מְלִיצַי, "내 대변자들") 대신에 멜리치(מְלִיצִי, "나의 대변자")로 읽었음(맛소라는 아마도 그 단어가 리츠〈ליץ〉로부터 온 것이고, 따라서 복수형의 그 친구들에 맞는 "조롱자들"이라는 해석에 기인한 독법). 멜리츠(מֵלִיץ, "대변자")는 충분히 입증되었고(주석과 KB[3]를 보라), 틀림없이 ליץ("멸시하다")와 다른 어근을 갖는다(BDB, KB[3]는 이에 반대다). 더 자세한 것은 N. H. Richardson, "Some Notes on ליץ and Its Derivatives," *VT* 5(1955) 163-79; idem, "Two Addenda to 'Some Notes on ליץ and Its Derivatives,'" *VT* 5(1955) 434-36를 보라. 투르-시나이, 어윈, 포프, 고디스, JB, NAB, NIV, NJPS 등이 이 해석을 채택한다. "내 친구들"(רעי)을 "멸시자들"로 언급하는 것은 여기서 어울리지 않으며, 그러한 언급은 다만 삽입이나 대비로서 이해될 수 있을 뿐이다. RSV의 "내 친구들이 나를 멸시한다"는 불가능하지 않지만, "대변자" 상이 해당 문맥에 더 잘 맞는다. 가령 다음으로의 수정들은 확실히 틀린 것들이다: 마차(מָצָא, "도달했다": מָטָה=מצא 도름), 혹은 이마체 리 레이(יִמְצָא לִי רֵעִי, "나의 친구가 나를 대신해 나타날 것이다"; 덤, 포어러), 혹은 이마체 레이(יִמְצָא רֵעִי, "나의 탄원이 도달할 것이다"; NEB; 참조. 칠십인경, "내 요청이 여호와께 도달할 수 있기를"), 혹은 밀리뻬 야차 레이(רֵעִי מִלִּבִּי יָצָא, "내 심장으로부터 내 부르짖음이 나간다"; 드 빌드).

20.c. 달라프(דלף)는 비록 전 10:18에서는 분명히 "새다"이지만, 이 곳과 시 119:28에서는 악카드어 *dalāpu*("잠 못 이루다")와 가장 잘 연관된다(KB, KB[3], 호르스트, 포어러, G. R. Driver, "Studies in the Vocabulary of the Old Testament," *JTS* 34[1933] 375-85 [384-85]; 아마도 참조. 또한 우가릿어 *dlp*, "다 써 버리다, 소모하다"). 악카드어에 대해 정확한 것에 대해서는 E. A. Speiser, "The Semantic Range of *dalāpu*," *JCS* 5(1951) 64-66를 보라. 그린필드(J. C., Greenfield, "Lexicographical Notes I," *HUCA* 29[1958] 203-28 [207-10])는 여기 달라프(דלף)에 대한 이러한 연관성을 거부하고, *bBek* 44a에서 눈물 흘리는 눈들을 가리키는 그것의 용법과 후기 성경 히브리어, 아람어, 시리아어에서의 זלף("붓다, 뿌리다")를 비교한다. 커티스(*JBL* 102[1983] 555-59)는 달라프(דלף)의 "쉬지 못하다, 잠 못 이루다"라는 의미를 지지하지만, 딜르포 오에니(דִּלְּפֹה עֵינָי, "나를 지켜보는 자가 그를 괴롭힌다")로 읽기를 원한다(남성 접미사 *-oh*를 가진 דלף 피엘, עין은 동사로서는 삼상 18:9의 **케레**와 호 10:10이 제시하는 것처럼 "지켜보다"). 이 제안은 전체가 억지다. 벨라(J. Vella, "Il redentore di Giobbe[Nota a *Giob.* 16,20]," *RivB* 13[1965] 161-68)는 하아인(הָעַיִן, 혹은 멜리치 야레아 엘-엘로하 델레프 드포(יָרֵעַ אֶל־אֱלוֹהַּ דֶּלֶף דַּף מְלִיצִי, "내 변호자가 하나님을 해할 것이며, 그의 눈이 눈물을 흘릴 것이다")로 읽는데, 가능성이 전혀 없는 해석이다(명사 델레프〈דֶּלֶף〉는 어쨌든 "물의 떨어짐"이 아니라 "새는 지붕"을 의미하는 것 같다).

21.a. 소수 사본들의 우벤(וּבֵין, "그리고 사이에")으로 읽는 독법(*BHK*, *BHS* 등 많이 그렇다)은 거부되어야 한다(그러나 참조. J. Bart, "Some Notes on *ben* 'between' in Classical Hebrew," *JSS* 23[1978] 1-22[12]). "주석"을 보라. 비교의 "그리고"(*waw adaequationis*)에 대해서는 *GKC*, § 161a를 보라. 그리고 참조. 12:11; 14:12; 대조 5:7(*q.v.*). 페쉬타, 불가타, 탈굼은 **바브**를 그렇게 해석했다(그들은 *BHK*와는 대조적으로 וכבן[ו]으로 읽지 않았다).

21.b. 드 빌드의 레에후(רעהו)를 오세후(עֹשֵׂהוּ, "그의 조물주")로 수정하는 것은 동의 평행법을 만들기 위한 노력이지만, 그것은 전치사의 정확한 의미를 간과한다.

22.a. 슈노트 미쓰파르(שְׁנוֹת מִסְפָּר)는 문자적으로는 "수의 해들"이다. 이 관용구는 흔한 것이며(="소수의 사람들," 창 34:20; 신 4:27; 렘 44:28; 대상 16:19; 시 105:12; 겔 12:16), 따라서 아마도 그 연결 구절은 JB의 "내 인생의 해들이 계수된다"에서처럼(참조. NAB) 따로 분리되지 말아야 할 것이다. 미쓰파르(מספר)를 미쓰페드(מִסְפֵּד, "한탄하는, 곡하는")로 수정하는 것(라가르드, 비켈)은 한탄이 **수 년 간** 지속된다는 점만 빼면 매력적이다("주석"을 보라). 그러므로 비켈, 호프만, 피크는 쇼노트(שֹׁנוֹת, "〈여성〉〈한탄을〉 되풀이하는 자들"), 즉 통곡하는 여인들로 읽지만, 그런 표현은 유사 본문을 찾을 수 없고, 통곡하는 여인들의 도착 전에(22a절구) 스올로 내려가는 여정이 시작된다는 것(22b절구)은 이의가 제기될 수 있다–그러나 또한 그에 대한 응답으로 스올로의 여정은 정확히는 매장 전에 발생하지 않는다고 주장될 수 있다. 미싸페르(מְסֻפָּר, "수 없는 해들, 셀 수 없는 해들")로 읽는 다후드의 제안(*Bib* 48[1967] 429; 블롬머드, 포프도 그렇다) 역시 스올에서 지낸 해들이 그 곳으로의 여행 전에 언급된다는 난점을 가진다.

17:1.a. 좀더 평범한 문장을 만들기 위해서 덤은 히블라 루호 야마이(חִבְּלָה רוּחוֹ יָמַי, "그의 분노가 나의 날들을 파괴했다")로 읽었다. 훨셔, KB^3도 그렇다. 그러나 그것은 로울리가 지적하듯이 맛소라 본문에 대한 개선은 아니다.

1.b. 임미(עִמִּי, 즉 "내 영이 내 안에서 부서진다"; *BHK*, 포어러)가 아니다. 이는 그 행에서 2+2+2 패턴을 없애려는 시도다.

1.c. 일부 사본들은 같은 의미를 지닌 니드아쿠(נדעכו)를 가지고 있다. **어려운 독법**(*lectio difficilior*)이 선호되어야 한다. 덤은 네에즈부 크바림 리(נֶעֶזְבוּ קברים לי, "그 무덤이 내게 남겨지다")로 읽었다(*BHK*, 포어러도 그렇다). 그러나 그 무덤이 그에게 "버려진다"고 말하는 것(드라이버)은 의미가 빈약하다. 클로스터만, JB, 드 빌드는 코브림 리 니즈아쿠(קֹבְרִים לִי נִזְעָקוּ, "무덤 파는 자들이 나를 위해 모였다")를 선호한다. 그러나 זעק 니팔은 군사적 정황에서만 "모이다" 즉 "소집되다"를 뜻한다(수 8:16; 삿 6:34, 35; 18:23; 삼상 14:20).

1.d. 크바림(קְבָרִים, 문자적으로는 "무덤들")은 아마도 무덤들(복수)이 발견되는 장소로서의 묘지일 것이다. 이것은 강조의 복수, 즉 "장엄한 무덤"이라기보다는 확장의 복수일 것이다(*GKC*, § 124c). 단수 형태에 대명 접사 -m을 가정할 필요는 없다(포프처럼). 다른 이들은 모음을 코브림(קֹבְרִים, "무덤 파는 자들")으로 바꾼다("원문주해" 17:1.c를

보라).

2.a. 임-로(אִם־לֹא)는 강조의 긍정 소사 역할을 한다(*GKC*, § 149b).

2.b. 하툴림(הֲתֻלִים)은 추상명사로 "조롱"이라는 뜻이다. 투르-시나이와 NEB는 함므로탐(המרותם)에 붙은 복수 접미사 때문에 호틀림(הֹתְלִים, "조롱자들")으로 읽었다(탈굼처럼). 그러나 고디스는 크바림(קְבָרִים) 자체가 **카툴** 분사로서 "조롱자들"을 뜻한다고 주장한다(זָכוּר – 자쿠르, "기억하는 〈자들〉처럼). 트롬프(N. Tromp, *Primitive Conceptiota of Death and the Nether World in the Old Testament*[BibOr 21 ; Rome : Pontifical Biblical Institute, 1969] 54-55)는 하틸렘(הַתִּלֶם, "두 개의 언덕"; 스올의 가장자리에서 땅의 경계를 이룸, *The Palace of Baal*[CTA 4] 4.8.4[Gibson, 66]에서처럼 ; 참조. Ezra Pound, *Canto* 16 : "And before the hell mouth ; dry plain/and two mountains", *The Cantos of Ezra Pound*[London : Faber & Faber, 1954] 72)으로 읽었고, 그 뒤를 Dahood, *Psalms I*, 279가 따른다. 포프도 비슷하게 보지만, 명사를 복수로 여긴다.

2.c. 맛소라 본문의 탈란 에이니(תָּלַן עֵינִי, "내 눈들이 머물다") 대신 틸에나 에이나이(תִּלְאֶנָה=תִּלְאֶן עֵינַי, "내 눈들이 피곤하다")로 읽었음(휠셔, 드라이버[*VTSup* 3(1955) 78], 포어러, *BHK*, 드 빌드). 린(לִין)은 "밤을 지내다", 즉 "머물다"이지만, 그 의미는 부자연스럽다. 부드는 티클레나 에이나이(תִּכְלֶינָה=תִּכְלֶן עֵינַי, "내 눈들이 약해지다")로 읽는다(11:20처럼). NAB의 "내 눈들이 희미해진다"도 그렇고, 아마도 NEB의 "내 날이 어두워진다"도 그럴 것이다(그러나 브로킹턴은 전제로 삼은 본문이 텔르에나〈תֵּלְאֶנָה〉라고 말한다. 참조. *BHK*).

2.d. 함므로탐(הַמְּרוֹתָם, "그들의 적대, 순종하지 않는 행위"), 함마라(הַמָּרָה, "불평, 불만")로부터. 드라이버는 아랍어 *hamratun*("성난 말들")과 *hammârun*("말 많은 노인")과 어원이 같은 함마라(הַמָּרָה)의 한 의미를 가정하고 "너의 잇단 역정의 불평들"이라고 번역했다(*VTSup* 3[1955] 78). NEB의 "그들의 냉소들"도 그렇다. 트롬프(*Death and the Nether World*, 54-55)는 함미로템(הֲמִרֹתֶם, "쌍을 이룬 깊은 진창")으로 읽었다. 포프는 지하 세계의 특징으로 "역청-구덩이"(참조. 9:31).

3.a. 맛소라 본문의 오르베니(עָרְבֵנִי, "내게 맹세하다"; 라이스케를 따라 대부분이 그렇게 봄) 대신 에르보니(עֶרְבֹנִי, "나의 맹세")로 읽었음.

3.b. 문자적으로는 "내 맹세를 네게 두다".

3.c. 문자적으로는 "누가 나의 손으로 쳐질 것인가?" 손을 부딪히는(תקע) 행위는 보증인이 된다는 계약의 승인이었다(잠 11:15 ; 17:18 ; 22:26). 그 니팔은(여기서만 이 의미로 쓰임) 분명히 **허용의 니팔**(*niphal tolerativum*)이다. 따라서 "누가 자신을(=그의 손을) 내 손과 부딪히도록(거래의 체결로) 허락할 것인가?"(고디스가 그 니팔에 대해 설명하는 것처럼 "담보물을 **주다**"가 아님). 이트카(יִתָּקַע, "부딪힐 것이다")로의 수정(포어러)은 불필요하다. 이 수사적 질문은 "아무도…하지 않을 것이다"라는 대답을 기대한다.

그리고 이 질문은 명령 시마(שִׂימָה)의 이유로서 작용한다.

4.a. 테로멤(תְּרֹמֵם)은 시 75:11[10]; 느 9:5; 시 66:17(수정된 본문) 등에서처럼 수동의 필렐(KB가 그렇다) "높여질 것이다"로, 혹은 아마도 폴랄(테로맘〈תְּרֹמָם〉으로 읽음, 고디스도 그렇다)로 해석되어야 한다. 그러나 대부분의 학자들은 그것을 "당신이 (그들을) 높일 것이다"라는 능동의 폴렐로 여기는데, 아마도 테로므멤(תְּרֹמְמֵם)과 같은 축약형으로서일 것이다(*GKC*, § 72cc; 호르스트). 일부는 실제로 테로므멤(תְּרֹמְמֵם)으로 수정하거나, 그 모음을 히필 테리멤(תָּרֵמֵם)으로 바꾼다(메르크스, *BHK*, KB). 도름은 "그들의 손이 들려지지 (않다)"를 제안했으나(휠셔, 테리앙, JB도 그렇다), 손을 들어 거래를 체결하는 것의 증거가 없는 상황에서 그 수정은 너무 불안정하다. NAB의 야비누(יָבִינוּ, "그들이 이해하지 〈못한다〉")로의 수정은 임의적이다.

5.a-a. 야기드(יַגִּיד)는 문자적으로는 "전하다, 알리다"이며, 쉽사리 "요구하다"를 의미할 수는 없다(가령, 도름, 고디스, 호르스트처럼). 그러나 그 절에 격언적 성격이 있다면 아마도 가능할 것이다. "비난하다"가 렘 20:10에 의해 지지되지만, 사람이 "한 몫(혹은 지분) 때문에 친구들을 비난하는" 것은 흔한 일일 리가 없다(참조. NIV; RSV의 "그들의 재산의 한 몫을 얻기 위해 그의 친구들을 고발하다"). 그러면 이것이 하나의 격언이었을 수 있을까? 그리고 확실히 욥은 그를 의롭지 않다고 "비난하는" 자들이 그의 재산에서 무언가 이익을 얻어내려는 소망으로 그렇게 행하는 것이라고 심각하게 말하지 않는 것인가? 드 빌드는 חלק III("파괴하다")로부터(KB[3]; 우가릿어 *ḥlq*와 동족어; 참조. Dahood, *Bib* 47[1966] 405) 또 하나의 명사 헬레크(חֵלֶק, "파괴")를 제안한다. 따라서 "그의 친구들을 비난하는 자는 파멸로 (간다)." 그러나 히브리어에서 이 어근의 입증은 불확실하다.

5.b. 비슷하게 모파트, 피크, 도름, 호르스트, 포어러, 고디스. 할라크(חלק)는 음식의 한 "부분"이지만(레 6:10[17]; 신 18:8; 합 1:16), 그것이 좀더 일반적 의미인 "소유"로 여겨져도 그 격언의 의미는 거의 같을 것이다. 일부는 그 모음을 레할레크(לְחַלֵּק, "…에게 한 부분〈혹은 몫〉을 주다")로 바꾼다(부드, 휠셔, 피크, KB[3]). 잠 7:12에서와 같은 헬레크(חֵלֶק III ,"아첨"; BDB; I, KB[3])와의 연결은 지지될 수 없다(KJV는 이에 반대다. "그의 친구들에게 아첨을 하는 자"). "원문주해" 5.a-a를 보라.

6.a. 부정사 연계형 리므숄(לִמְשֹׁל)이 아니라, 대부분의 경우처럼 명사의 연계형인 리므샬(לִמְשַׁל)로 읽었음.

6.b. 문자적으로는 "얼굴에 침 뱉는 자", 즉 사람들이 그 얼굴에 침 뱉는 자. 토페트(תֹּפֶת)가 수치의 상징인 토페트(Topheth)라는 지명에서 파생된 것이라고 보는 것(블롬머드)은 의심 이상이다. NJPS는 "나는 옛적에(לפנים, 아이들을 삼켰던; 렘 7:31) 토펫(Tophet)처럼 되었다"라고 제안하지만, 욥기와의 관련성은 그리 분명하지 않다. KJV의 "타브레트"(tabret, 북의 일종; "이전에는 내가 타브레트 같았다")는 그 단어를 토프(תֹּף, "북")와 같은 것으로 여긴 것이다(라쉬를 따라). 블롬머드는 아밈(עַמִּים)을 "나의 친족"

으로, 르파님(לְפָנִים)을 "나의 조상들에게"로 보았는데, 이는 설득력이 있다기보다는 독창적이다. 다른 이들은 모페트(מֹפֵת, "징조")로 읽는다(펄즈, 부드, 테리앙은 불가타 *exemplum*로부터의 지지를 주장함; 참조. 신 28:46; 시 71:7). 그러나 30:9-10에 나오는 평행 본문이 현재 본문을 확실하게 해준다(도름).

7.a. 예추라이(יְצֻרַי)는 오직 여기서만 명백히 יצר("모양, 꼴")로부터 온 것으로, 대부분은 "사지"로 해석하고(BDB, RSV, NEB), 델레카트(L. Delekat, "Zum hebräischen Wörterbuch," *VT* 14[1964] 7-66[49])는 "모양"으로 해석한다(참조. NIV, "내 전체 골격"; 참조. NAB). 다른 이들은 페쉬타의 "나의 생각들, 상상들"을 따른다(참조. 예체르〈יֵצֶר〉, 창 6:5; 8:21; 신 31:21). 호프만, 부드가 그렇다. 테리앙은 그의 병이 그로 하여금 그의 사고의 끈을 풀어 버리게 한다고 제안한다("내 모든 생각들이 그림자처럼 사라진다"). 이런 제안들은 아마도 지나치게 세밀한 것일 것이다. 그리고 "눈"과의 평행 구조는 우리가 여기서 신체 부분을 가리키는 단어를 필요로 한다는 것을 제안한다.

7.b. 2절의 수정된 본문에서처럼 칼라(כלה)의 분사 칼림(כָּלִים, "쇠약해지는")으로 읽음. 참조. 또한 33:21(살); 시 71:9(힘); 73:26(살과 마음); 143:7(영); 잠 5:11(살과 몸). 유비강, 도름, 포어러, NEB, NAB 등이 그렇다. 사르나(N. M. Sarna, "Some Instances of the Enclitic -*m* in Job," *JJS* 6[1955] 108-10[110])는 모음을 칼룸(כָּלֻם, "그들이 쇠약해졌다")으로 바꾸고 대명 접사 **멤**을 추가함으로써 똑같은 의미를 얻어냈다(블롬머드가 따른다).

7.c. 문자적으로는 "그림자처럼".

8.a. 히브리어는 단수이지만, 8a절구에서와 동일한 사람들이 언급된다.

9.a. 히브리어는 단수이지만, 8a절구에서와 동일한 사람들이 언급된다. "주석"을 보라.

9.b. 다후드(Dahood, *Psalms I*, 2)를 따라 블롬머드는 다르코(דרכו)를 오메츠(אמץ, "힘")에 평행하는 "그의 힘"으로 여긴다(포프도 마찬가지다).

10.a. 문자적으로는 "돌아오라"(תשבו ובאו – 타슈브 우보우, 3인칭 간접 명령). שוב는 뒤따르는 동사와 더불어 반복을 의미한다(예를 들어, 창 26:18). 참조. *GKC*, § 120d-e; BDB, 998a§ 8.

10.b. 쿨람(כֻּלָּם, "그들 모두"). 의견의 일치 부족이 쿨르켐(כֻּלְּכֶם, "너희 모두")으로 수정할 계기는 아니다(다섯 개의 사본들, *BHK*, 고디스처럼). 비록 믹 1:2과 말 3:9이 정확한 평행 본문들은 아니지만(참조. *GKC*, § 135r), 원칙은 충분히 명백하다.

11.a. 매우 난해한 절이어서 수많은 수정을 겪는다. 삼절구는 (맛소라 본문의 구두점대로라면) 비교적 이례적이다. 특별히 세 번째 절구가 동사를 갖지 않을 때 그렇다. 그러나 매우 유사한 절이 1-5절을 시작한다. 거기서도 세 번째 절구에 동사가 없으며, 전체적 의미가 비슷하다.

11.b. 고디스는 아부르(עברו)를 타동사로 여긴다. "내 날들이 내 소망들을 지나쳤다"

("앞질렀다"), 즉 내 삶이 내 소망들보다 더 오래 지속되었다. 독창적인 제안이기는 하지만, 그 이미지는 유사한 경우가 없으며, 또한 그것은 עבר에 의해서도 충분한 지지를 받지 못한다("지나서 넘어가다"의 의미로는 상당히 드물고, 이런 은유적 의미로 사용된 경우는 전혀 없다).

11.c. 지마(זמה)가 그 외의 다른 곳에서 "악한 계획, 음모"를 의미한다는 것은 실제적인 난점이 아니다. 왜냐하면 메지마(מזמה) 역시 "악한 계획"과 "재량, 분별" 혹은 (야훼의) 목적을 모두 의미하기 때문이다. 호르스트의 메지모타이(מְזִמּוֹתַי)로의 수정은 불필요하다. 포어러는 베지마(בְזִמָּה, "부끄러움에, 수치로")로 읽지만, 지마(זמה)는 거의 그것을 의미하지 않는다. 흥미로운 것은 그 용어가 후기 히브리어, 아람어, 시리아어에서 "묶다, 특별히 재갈을 물리다"라는 뜻을 가진 지마(זמם)에서 파생된 "나의 끈들"(혹은 굴레, 구속; 참조. NJPS "절단된 나의 힘줄들")을 의미한다고 보는 투르-시나이의 제안이다(이븐 에즈라를 따름). 왜냐하면 그러면 이것이 "내 마음의 끈들"과 평행을 이룰 수 있기 때문이다("원문주해" 11.d를 보라). 그러나 어느 언어에서도 이 명사 지마(זמה)가 "끈"을 뜻한 증거는 없다. 이 זמם에서 유래된 명사들은 "재갈"을 뜻한다(즈무〈זמום〉, 즈마〈זְמָם〉). 드 빌드는 아람어 지마(זמה, "속삭이다")에 관심을 갖고, 지마(זמה)가 "신음하기"를 의미한다고 주장하고(그로부터 칠십인경의 *ἐμ Βρόμῳ*–엠 브로모), 베지모타이(בְזִמֹּתַי, "나의 신음 소리와 함께〈내 날들이 간다〉")로 읽는다. NEB의 "내 날들이 메아리처럼 사라진다" 역시 모든 큰 소리를 뜻하는 칠십인경의 브로모스(*Βρόμος*)에 의존한 것이다. 이 번역들은 설득력이 없다. JB의 "내 날들이 지나갔다, 내가 계획했던 것과는 달리 멀리"는 (특징 없이 산문체다!) 아마도 미지모타이(מִזִּמֹּתַי)와 같은 독법을 전제하며, 그리고 다른 많은 역본들처럼 이 절에서 이절구를 만들어 내려고 노력한다. 예메(יְמֵי)를 그것의 절대형에서 분리된 연계형으로 읽는 블롬머드의 번역 "내 계획의 날들이 지나갔다"(참조. 또한 그의 "The Broken Construct Chain, Further Examples," *Bib* 55[1974] 549-52[549-50])는 다소 호기심어린 것이다(29:18; 사 27:9; 호 8:2; 14:3 등과의 명백한 유사성들에도 불구하고).

11.d. 모라쉬(מוֹרָשׁ)는 ירשׁ로부터의 "소유"가 아니라(KJVmg, RVmg, BDB), *ארשׁ로부터의 "열망"(KB; RSV, NAB, NIV)이다. 칠십인경의 아르드라(*ἄρθρα*, "마디들, 관절들, 사지들")를 일부 학자들은 아람어 ארשא, 시리아어 *marša*("밧줄")와의 결합으로 생긴 것으로 가정한다(히브리어 메타르〈מֵיתָר〉, 렘 10:20에서 נתק와 함께). 따라서 NEB의 "심장-힘줄들", JB의 "내 마음의 모든 섬유 조직", NJPS의 "내 심장의 힘줄들", 다시 말해 심장의 힘줄과 혈관들(참조. 사아디아). 부드는 실제로 메트레(מֵיתְרֵי)로 수정했다(참조. *BHK*). 이 해석은 만일 그 동사를 동사 니트쿠(נתקו)를 그 어구와 연결시키는 충분한 이유가 있다면 더 매력적이 될 것이다. 어떤 경우로든 칠십인경을 이런 이유들로 설명하는 것은 문제가 있다.

12.a. 칠십인경에는 이 절이 없으며, 데오도티안역으로부터 보충된다. 아마도 칠십인경은 우리가 그런 것처럼 사고의 연관성이 난해하다고 발견해서 생략했을 것이다.

12.b. 다른 곳에서는 숙어인 שׂים+ל라는 숙어는 A를 B(ל)로 바꿈을 뜻한다(BDB, 964, § 5를 보라). NEB의 "낮이 밤으로 바뀐다"는 비록 일견에는 욥의 탄식에 더 적절해 보일지라도 정당화될 수 없다. 여기에는 사 5:20의 유사 구절에 의해 암시되는 도덕적 사악함에 대한 어떠한 암시도 없다.

12.c. "…의 얼굴로부터 가까이에"(קרוב מפני – 카로브 미프네)라는 숙어는 평행 본문이 없으며 다소 불확실하다. 고디스는 카로브(קרוב)가 "훌륭한, 칭송할 만한"을 뜻한다고 생각하지만(시크레 디아즈가 이를 따른다), 그러기에는 그 형용어구가 약할 것이며, 인용된 유사점들도 불확실하다.

13.a. 여기서 "if"는 "…때문에"를 뜻한다. 도름은 임(אם)을 의문사로 생각한다("내가 다시금 바랄 수 있는가? 〈분명히 아니다. 왜냐하면〉 스올이 나의 집이기 〈때문이다〉"). 그러나 임(אם)의 그러한 용법은 비록 확인되지 않는 것은 아니지만 드문 경우다(*GKC*, § 150f는 분명한 용례들은 "사실상 이중 질문의 첫 번째 부분을 억제하기 때문"이라고 주장한다). 6:12은 도름의 견해와는 달리 전혀 평행 본문이 아니다. 왜냐하면 거기서 우리는 이중 임(אם)을 갖기 때문이다. 고디스는 임(אם)을 아랍어 *'nna*와 같은 강조 소사라고 주장한다(나는 6:13에 대해서는 그의 견해를 수용했지만, 8:4; 14:5에 대해서는 아니다). 그러나 우리가 아카베(אקוה)에 대한 그의 기이한 견해도 함께 수용하지 않는다면("원문주해" 13.b를 보라), 그것은 긍정사도 강조사도 될 수 없다. 임(אם)은 강조사로서는 보통 **부정형**이기 때문이다(BDB, 50a § 2; *GKC*, § 149b). 그러므로 포어러, 호르스트, 드 빌드는 "나는 바랄 것이 전혀 없다" 혹은 "내가 무엇을 바라리요?"라고 번역한다. 그러나 욥이 가진 **사실상의 기대**(קוה, 11절)와 **실제 소망의 불가능성**(תקוה, 13절)을 대조하는 것이 더 나은 것 같다.

13.b. 고디스는 옐린과 투르-시나이를 따라 아카베(אקוה)를 קו("줄")로부터의 파생명사로 여기고 "내 집을 스올로 정했다"로 번역하는데, 이는 분명히 "만일 내가 소망한다면…내 소망은 어디에 있는가?"의 명백한 상투성을 피하기 위해서다. 비슷하게 NEB의 "만일 내가 내 집을 지으려고 스올의 치수를 잰다면". "주석"이 그러한 조치가 불필요한지에 대한 충분한 이유를 제시한다.

14.a. 샤하트(שחת)는 의인화된 추상 개념 "타락, 부패"(RV, NAB, NIV)보다는 구체적인 대상으로 여겨져야 한다. 왜냐하면 그것은 "벌레"와 평행하기 때문이다(RSV, NEB). 그것은 שחת("파괴하다")보다는 שוח("가라앉다")로부터 유래하는 것 같다(BDB, KB). 그러나 물론 히브리 화자는 그것을 쉽사리 후자 동사와 연관시켰을 것이다. 앤더슨은 트롬프를 따라(*Death and the Nether World*, 69-71) 옛 번역 "부패"를 복구시키려 한다.

15.a. 문자적으로는 "나의 소망". 많은 이들은 티크바티(תקותי)의 반복을 그럴듯하지

않게 보았다. 칠십인경이 두 번째 티크바티(תקותי)에 대해 타 아가다(τὰ ἀγαθά)를 갖고 있다는 것과 16절의 복수 동사 테라드나(תרדנה)가 15절에서 **두 개의** 지시어를 암시적으로 언급한다는 점을 고려해 볼 때, 토바티(טוֹבָתִי, "나의 안녕, 행복")로의 수정(메르크스, 덤, 도름, 드라이버, 포어러, 호르스트, JB, NAB)을 거부하기는 어렵다(참조. 9:25의 토바〈טובה〉). 라이트의 타아바티(תַאֲוָתִי)는 가능성이 훨씬 덜하다. 기욤은 다소 개연성이 없게도 이 단어에 아랍어의 한 의미를 부여하고 "나의 확고한 경건"이라고 번역한다(A. Guillaume, "The Arabic Background of the Book of Job," *Promise and Fullfilment*, ed. F. F. Bruce[Edinburgh: T. & T. Clark, 1963] 113). 따라서 NEB도 그렇다. 만일 맛소라 본문이 유지된다면, 첫 번째 "소망"은 심리적인 것이고 두 번째 것은 동사 예슈레나(ישורנה, "볼 것이다")에 알맞는 것으로, 좀더 구체적으로 소망의 대상이다.

16.a. 아마도 가장 가능성이 높게는 15절의 티크바티(תקותי)와 토보티(טובתי)를 주어로 갖는 여성 복수 동사. 다후드는 포프, 시크레 디아즈가 그를 따르는데, 활성 눈(נ)을 가진 3인칭 단수로 테레다나(תֵרֵדַנָּה)로 모음을 표기했다. 이 장치는 주로 15절에서의 수정을 피하기 위해서 이용된다.

16.b. 바데(בדי)는 있는 그대로는 스올의 "기둥들"일 뿐인데, 그것은 거의 그것의 "문들"(NIV) 혹은 심지어 그것들의 "빗장들"(RSV)을 가리키는 자연스런 방식이 아니다. 칠십인경의 에 네트 에무(ἤ νετ' ἐμοῦ)는 대부분의 학자들에게 하이마티(הַעִמָּטִי, "그들이 나와 함께 〈내려갈〉 것인가")로 수정할 것을 제시한다(덤, 드라이버, 포어러; JB[?], NEB[?], NAB[NAB에 대한 "원문주해"에도 불구하고, 374]). 베야트(בְּיַת)를 악카드어 *ina idi*에 상응하는 것으로 보는 도름의 하브야디(הֲבְיָדִי, "그것은 내 옆에 있는 것인가?") 는 덜 매력적이다. 그것은 비데(בִּידֵי, "…의 손 안으로")의 축약형이라는 다후드의 견해("Northwest Semitic Philology and Job," 62-63; 그 뒤를 블롬머드가 따름)는 권할 것이 거의 없다. 왜냐하면 스올의 위력을 특별히 염두에 두고 있지 않기 때문이다.

16.c. 맛소라 본문의 나하트(נַחַת, "쉼, 안식"; 참조. RV)를 상당히 보편적으로 행해지는 바와 같이 네하트(נֵחַת, "우리가 내려갈 것이다")로 모음을 수정한 것이다.

양식/구조/배경

욥의 이 다섯 번째 연설의 **구조**는 다른 연설들에서만큼 명확하지 않다. 흔히 그런 것처럼, **연설**의 방향이 구조 이해에 도움이 되는 실마리다.

16:2-5에서 욥은 분명히 친구들에게 말하며("너희"), 16:7-14에서는 아무에게 향하지도 않지만 하나님에 대해서 그리고 욥을 치는 그의 공격에 대해서 말하고("그" 그리고 "나"), 16:18에서는 땅에게 말하며, 16:19-22에서는 주로 그의 증거에 대해서 말하고("그것"), 17:1-5에서는 하나님에게 말하는 것 같고(3-4절에 "당

신"), 17:6-10에서는 친구들에게(10절에 "너희"), 17:11-16에서는 그 누구에게도 아닌 것 같다. 따라서 우리는 다음과 같이 구조를 제시할 수 있다.

A. 친구들에게	16:2-6
B. 자신에게	16:7-17
C. 땅에게	16:18(?-22)
C´. 하나님에게	17:1-5
A´. 친구들에게	17:6-10
B´. 자신에게	17:11-16

포어러는 단순히 내용에 근거하여 세 개의 주된 마디를 발견한다. (1) 친구들의 거부(16:2-6), (2) 하나님과의 논쟁(16:7-22), (3) 그의 운명에 대한 탄식(17:1-16). 그러나 그것보다는 구조가 더 복잡한 것 같다. 하벨은 다음의 구조를 본다.

A. 서론	16:1-5
B. 하나님을 원수라고 불평함	16:6-17
C. 희망과 절망의 외침	16:18-17:1
B´. 친구들에 대한 불평	17:2-10
C´. 절망과 희망의 외침	17:11-16

17:2-10 전체가 친구들과 연관되는지 확실하지 않은 것은 17:2, 4의 조롱자들은 친구들이 아니며, 4절은 하나님에게 말해지기 때문이다. 하벨은 16:18-21의 "희망"을 16:11-16과 연결시키는 면에서는 분명히 옳지만, 그는 희망과 절망의 대상이 각각의 경우에 동일하게 욥이 옳음을 증명해 준다는 것을 충분히 명확하게 강조하지는 않는다.

연 **구조**는 분명하다.

연	1	16:2-6	6행
	2	16:7-11	5(10절, 삼절구)
	3	16:12-14	4
	4	16:15-17	3
	5	16:18-22	5
	6	17:1-5	5(1절, 삼절구)
	7	17:6-10	5
	8	17:11-16	6(11절, 삼절구)

따라서 이 연설은 기본적으로 5-행 연을 드러낸다. 1연은 사실 6절이 그것에 매달려 있기에 5행+1이다. 3연은 마소라 텍스트 시형에 따르면 12절과 13절이 이절구인 3행으로 된 연으로 나타난다. 그러나 12c절구와 13a절구를 궁수(들)의 단일 이미지로 한 행을 이루는 것으로 보는 것이 더 좋은 것 같다. 8연은 1연처럼 17:16이 17:15에 연결된 5+1이다.

당연히 다른 연 구분들이 가능하다. 웹스터(Webster, "Strophic Patterns," 45-46)는 연 구분을 다음과 같이 한다: 16:2-17의 "시"로 16:2-5, 6-9(3개의 삼절구), 10-14, 15-17; "탄식"으로 16:18-21, 16:22-17:2, 17:3-7, 8-12, 13-16. 이에 반대하여 17:12과 17:13 사이의 구분은 다소 약하고, 17:10의 친구들에 대한 공격은 17:8-12의 연과 잘 맞지 않는다고 주장될 수 있다. 스케한(Skehan, "Strophic Patterns," 108-9)은 16:2-4b, 4c-6, 7-9b, 9c-12b, 12c-14, 15-17, 18-21, 16:22-17:2, 17:3-6(5b절을 생략하고 5a, 6절을 각각 삼절구로 함), 7-9, 10-12, 13-16의 연들을 본다—따라서 첫 번째 주기에서 엘리바스에게 하는 욥의 "대답"에 대해(6-8장) 그가 보는 것과 같이 주로 3행 연들이다. 이것은 스케한의 분석 중 가장 설득력 있는 것이 아니다. 왜냐하면 16:9b과 9c 사이, 그리고 16:12b과 12c 사이를 분리하는 것은 받아들이기 어려운 것 같고, 16:22을 시작하는 연결사 키(כִּי, "왜냐하면")는 16:21과 22의 분리에 반대하기 때문이다. 스케한의 12연을 무너뜨려 6개로 하는(16:2-6, 7-12b, 12c-17, 16:18-17:2, 3-9, 10-16) NAB의 결정이 좀더 만족스럽다.

전체적으로 이 연설의 **양식**은 또다시 **논쟁 언사**다. 이 연설에서 친구들의 주장에 대한 욥의 반대는 매우 분명하다. 이 연설에서 사용된 **양식**들은 다양하다(거의 배타적으로 지혜에서 양식들을 끌어낸 이전 15장의 엘리바스의 연설과 대조됨). 여기서 우리는 지혜 논쟁, 법적 논쟁, 탄식, 제의 등의 영역으로부터 온 자료들을 보게 된다.

지혜 논쟁으로부터는 시작 연(16:2-6)의 일부가 온다—놀라울 것이 아닌 것은 그것이 바로 이 책의 연설 주기들의 양식이기 때문이다. 상대방을 조롱하는 영역에는(이것은 법적 논쟁에도 잘 맞을 것이다) 새로운 것이 전혀 말해지지 않았다는 화자의 주장이 있다(16:2a; 참조. 9:2a; 12:3c). 화자가 그의 적대자들처럼 똑같이 할 수 있다는 주장(16:4)은, 그가 그렇게 하기를 택하지 않기 때문에 그는 그들보다 더 유력한 논거를 가지고 있음을 암시하는 것으로 아카데미 논쟁 분위기를 풍긴다. 17:5의 격언은 의미가 모호하지만 지혜-지향 양식의 또 다른 사례다.

법률 영역은 16:18-21의 중요한 절들에 형식적 배경을 제공한다. 살해당한 사람이 피의 복수를 요구하는 외침(16:18)은 물론 사법적이지 않은 정의의 뿌리깊은 양식에 속한다. 그러나 19-21절에서 욥의 결백 선언을 재촉하는 "변호인" 이미지는 소송 묘사 언어로 제시된다.

그러나 이 연설의 월등히 더 많은 부분의 자료는 **탄식** 양식으로부터 온다. 여기서 두 가지 주요한 탄식 유형은 "나"-탄식과 "원수"-탄식이다. 전자의 경우 화자는 자신의 고통(16:6, 15-16), 자신의 생명력 결핍(17:7, 11-12), 그의 절망(16:22; 17:1, 13-16) 등을 탄식한다. 후자의 경우 그는 여기서 압제자(16:7-8), 성난 짐승(16:9), 반역자(16:11), 싸움꾼(16:12), 궁수(16:12c-13a) 그리고 칼잡이(16:13b-14) 등으로 묘사되는 그의 원수의 공격에 항의한다. 그의 항의의 두 번째 목표는 그를 신의 형벌 아래 있는 사람으로 모독하는 인간 조롱자들이다(16:10; 17:2, 4-5, 6). 이 모티프들은 탄식 시편들에 흔하다. 그런 시편들에서처럼, 탄식은 어떤 종류의 것이든 탄원 혹은 하나님 자신으로 이해되어야 하는 고난의 원인에 대한 비난으로 작용한다.

제의 영역은 깨끗한 손과 정결한 기도에 대한 언급에서(16:17) 암시되는 결백 선언의 자료를 제공한다.

이 연설의 기능은 욥의 이전 연설에서(12-14장) 행해진 소송 요구에 대해 하나님으로부터 즉각적인 반응을 촉구하는 것이다. 욥의 주장의 발전 궤도에 이 연설이 하나님에 대한 그의 불평에 새로운 것을 더하지는 않지만–13:22에서 한 그의 소환에 신으로부터 아무런 응답이 없는 상황에서–대답의 절박함을 강조하는 데 이바지한다. "나는 잠 못 이루며 하나님의 응답을 기다린다"고 그는 말한다(16:20b). 그는 하나님 앞에 제시할 것이 더 이상 없다. 13장에서 한 정의를 향한 그의 법적 외침은 하늘 앞에서 말해졌고, 따라서 이제 하늘이 말하는 것을 들어야 할 차례를 기다린다고 가정될 수 있다: "나의 대변인은 나의 외침이며…그것이 하나님 앞에서 한 인간의 실상을 말해 줄 것이다"(16:20-21).

그러므로 이 연설의 중심 구절은 자신이 옳다는 증명을 얻기 위해서 할 수 있는 모든 것을 했고, 자신의 "증인은 하늘에 있다"(16:19)고 욥의 확신을 확언하는 16:19-21이다.

이 연설의 **논조**는 욥의 이전 연설인 12-14장의 것과 유사하다. 시작 부분에 나오는 덜 호전적이고 덜 이지적이기는 하지만 친구들을 향한 냉소(16:2-5)와 임박한 죽음이 가깝다는 절망적인 확신(17:11-16)이 똑같다. 연설의 중간은 극도의 피로(16:7), 열정의 사라짐(16:8), 울음(16:16), 생명력의 소실(17:1), 희망의 파괴

(17:11) 같은 자기 연민의 표현을 드러낸다. 하나님의 사나운 행동에 항의하는 "탄식들"은 이상하리만큼 욥 편에서 예민한 생명력의 느낌을 드러낸다. 마치 그의 고난을 숙고할 때는 맥이 풀리지만, 그의 고난이 어떻게 왔는지 그리고 그것은 그것을 야기한 하나님에 대해 무엇을 증명하는지를 생각할 때면 분노로 새로운 기력을 얻는 것 같다. 이 연설에서 특징적인 것들은 다음과 같다: 그의 죽음은 꼭 복수되어야 한다는 땅에게 말하는 저항의 외침(16:18), 욥의 분위기는 절대로 고정된 우울함이 아님을 보여 주는 설득력이 큰 외침 그리고 강조의 말(גם־עתה הנה – 감 아타 힌네, "지금이라도 보라…")이 앞에 나오고, 그의 탄원은 하늘에 굳건히 자리잡았다는 완고한 확신. 12-14장과는 다르게 이 연설의 주제는 끝까지 욥 자신이지 절대로 인간 일반의 고난이 아니다. 여기에는 만가조의 것은 아무것도 없고 다만 격렬한 언어가 넘친다.

주석

16:1-17:16 욥의 이 다섯 번째 연은 이 책에 지금까지 나온 연설들 가운데 가장 연결되지 않은 것이다. 그의 이전 연설들은 그가 법정 언어로 하나님에게 그에 대한 고발 내용들을 보이라고 정식으로 요구했던(13:23) 12-14장에서 절정을 이루었다. 그 시점으로부터 내내 욥은 새롭게 말할 것을 가지고 있지 않고, 특별히 하나님의 응답을 기다린다. 욥의 나머지 연설들(여기 16-17장; 또한 19장; 21장; 23-24장; 26-31장)은 이전 연설들에서 이미 예시된 많은 주제들을 채우지만, 논리적이거나 극적인 중요한 발전을 진전시키지는 않는다. 그 연설들이 지닌 이 같은 요약적이고 상세한 성격이 아마도 그것들의 두드러지게 부족한 일관성에 대한 이유가 될지 모른다.

이 연설은 다섯 개의 주된 부분으로 이루어진 것 같다. (1) 16:2-6에서는 욥이 친구들의 말을 비판하며 그들에게 말한다. (2) 16:7-17에서는 독백을 시작하는데, 먼저 하나님의 공격을 탄식한다. (3) 16:18-22에서는 옳다는 증명을 얻을 가능성을 마음에 그린다. (4) 17:1-10의 탄식(이는 하나님에게 하는 말인 3-4절을 포함하는 것 같음)은 친구들과 관련된다. (5) 17:11-16에서는 탄식이 결백을 증명하지 못하고 끝나는 그의 죽음과 관련된다.

2-6 친구들이 앞에서 말한 연설들을 거부하는 이 시작 부분에서 지배적인 모티프는 지금쯤 우리가 기대하게 된 것으로, "말"과 그 말들의 효력 없음에 대한 것

이다. 욥의 이전 연설에서는 처음 부분에 나온 상대방에 대한 비방이 좀더 냉소적이고, 공격적이며, 그의 지혜가 더 낫다는 욥의 주장과 결합되었었다(12:2-4). 이곳의 어조는 훨씬 덜 호전적이며, 분명한 것은 12:2-4에서의 보다 지적인 대결과 대조되어 어떻게도 할 수 없다는 욥의 **느낌**이다(6절). 욥이 잠시 동안 친구들의 입장에 있다면 어떤 모습일까 상상해 보는 것(4절)은 감정을 향한 내적 변화의 표시다. 그도 그들이 지금 자신을 대하고 있는 방식과 전혀 다르지 않게 그들을 대할 것이라고 인정할 때, 그는 성난 냉소로부터 실망으로 내려앉는다(참조. 6:15-21).

2 욥은 적어도 이 연설의 시작 부분에서는 엘리바스에게 분명하게 직접적으로 대답한다. 욥기 내에서 앞선 연설에 대한 직접적 언급을 발견하는 것은 드문 일이다. 그리고 우리는 욥의 연설이 엘리바스의 연설을 반박하는 데 기울어진 정도를 과장하지 말아야 한다. 앤더슨은 이 연설 구조에서 엘리바스의 연설의 구조와의 의도적 모순을 발견하지만, 그의 분석이 전적으로 설득력 있는 것은 아니다. 적어도 이 절에서는 욥이 자주 들었던(즉 이 대화가 시작되기 전에) "이것들"이란 엘리바스가 15:20-35에서 열심히 설명한 악인의 운명에 대한 전통적인 설명인 것 같다.

엘리바스와 친구들은 모두 문자적으로 말하면 "화, 번뇌(עמל – 아말)의 위로자들", 즉 위로를 행하기보다는 번뇌만 늘리는 위로자들이다(로울리). 엘리바스의 마지막 말에 나오는 단어인 "분쟁"(עמל)과 가깝지만 그에 대한 어떤 중요한 암시가 있는 것 같지는 않다. 왜냐하면 거기서는 그것이 도덕적 의미를 지녔고("잘못") 여기서는 정신적 고통을 뜻하기 때문이다(참조. 3:10). 엘리바스는 사실 자신을 (신의) 위로의 통로로 묘사했고(15:11), 프롤로그는 친구들을 전체적으로 "위안자들, 위로자들"이라고 칭했었다(2:11; 참조. 7:13; 21:34; 42:11). 욥은 위로자들에게서 그들이 자기 입장에 서 주기를 기대한다. 그들이 만일 신학적으로 그와 반대 입장에 서면 어떻게 동정심(함께 **느낌**)이 있을 수 있을까? 좀더 명백한 한 법적 상황에서 욥은 친구들이 하나님 편에 선다고 그들을 비웃었지만(13:8), 그러한 법적 뉘앙스가 부재한 여기서는 그들이 그의 편이 되어 주기를 – 전적으로 부당하게는 아님 – 기대한다. 관점을 공유하지 않고 그 위에 판단하며 앉는 자칭 위로자는 사실 위로 없는 위로자이거나, 혹은 고난자의 괴로움을 증가시키는 위로자, 위로자의 고문관이다. 구체적으로 말하면, 그들이 욥의 고난에서 죄의 증거를 발견하는 한은 그들은 다만 그의 고통을 증대시킨 것이다. 그 생각은 13:4의 것과 매우 유사하며, 그 행의 외양도 비슷하다: 거기서는 "너희는 다 쓸데없는 의원이라", 여기서는 "너희는 다 번뇌케 하는 위로자들이라". 그 반향은 아마도 의도된 것이다.

3 엘리바스는 앞에서 욥의 격렬한 말을 뜻하는 "헛된 지식"에 대해 욥을 책망했다(15:2). 욥이 엘리바스의 연설을 "허망한 말"이라고 한 것은 그것들이 내용이 없고 따라서 아무런 효과가 없다는 의미에서다. 진정한 위로의 말들은 좀더 내용이 있다. 엘리바스가 말할 것이 거의 없는데도 다시 말하기로 한 것은 욥에게는 다소 놀라운 일이다. 반어적인 방식으로 욥은 엘리바스가 자신의 입을 열도록 하는 어떤 내적 동요 혹은 약간 신경 과민의 불만을 경험하고 있음에 틀림없다고 생각한다. 그를 "격동케 하는" 혹은 "그를 아프게 하는"(מרץ – 마라츠) 것은 도대체 무엇인가?

이 독법이 비록 매력적이기는 하지만, 욥이 이인칭 단수를 사용하여 그의 친구들 중 단지 한 사람에게만 말하는 것은 흔치 않은 일이다. 따라서 이 문장을 2절에서 복수로 말을 받은("너희는 모두") 친구들의 입에 욥이 올린 말로 보는 것이 더 좋다. 이것은 정확하게 그들이 **그에게** 말하는 것이라고 우리가 상상할 수 있는 말이다: (너의) 허망한 말에, 너의 격렬한 발언에 끝이 있느냐? 그 수사적 질문에 "아니다!"라는 대답이 기대된다. 혹은 그 질문을 다르게 하면, "욥아, 무엇이 네 머리 속에 들어갔고, 무슨 병이 너를 감염시켰기에 너는 계속 대꾸해야 하는가?"이다. 이인칭 단수의 사용이 친구들이 욥에게 하는 가상 연설을 표시하는 이전 경우에 대해서는 12:7-8에 관한 부분을 보라. 친구들이 이제는 욥의 성난 말들은 분명히 어떤 질병에서 생기는 것이라고 상상하는 것은 훨씬 더 나은 아이러니다(물론 등장 인물들의 입장에서가 아니라 저자의 입장에서). 왜냐하면 그것이 분명히 사실이기 때문이다!

부정적 대답이 기대되는 수사적 질문 양식에 대해서는 고디스의 주석과 그의 글 "A Rhetorical Use of Interrogative Sentences in Biblical Hebrew," *AJSL* 49(1933) 212-17를 보라.

4 처음은 아니지만 욥은 자신을 친구들과 비교한다 – 자기에게 유리하게. 7:11에서 "나 또한"(여기서처럼 גם־אני – 감-아니) 나의 말을 억제할 수 없다. 12:3에서 "나에게도"(גם־לי – 감-리) 적어도 그들의 것만큼 높은 지성이 있다. 13:2에서 "나 또한"(גם־אני) 그들의 것과 동등한 혹은 오히려 더 나은 통찰력을 가지고 있다. 이는 자만이나 교만의 주장이 아니다: 그것은 도움 – 지성적, 도덕적 혹은 정신적인 도움 – 을 구했으나 결국 친구들에게서 자신 안에 이미 가지고 있는 것 외에 다른 도움을 발견하지 못해 낙망한 사람의 외침이다. 그들이 제공할 수 있는 것은 진부한 신조어다. 그것은 제공할 가치가 없는 것이, 욥 자신은 이미 틀에 박힌 위로 양

식들에 익숙해 있기 때문이다. 만일 그들의 입장이 바뀐다면, 그는 그가 듣고 있는 것과 똑같은 얄팍한 격려와 피상적인 비판의 혼합을 아주 쉽게 제공할 수 있을 것이다. 그는 자기도 그러한 말들을 **할 것이라고** 말하는 것이 아님은(NJPS와 대조), 그러면 그는 자신이 지금 받고 있는 대우에 대해 거의 불평할 수 없을 것이기 때문이다(고디스).

머리를 "흔듦"은 동정의 애도(2:11)와 조롱(왕하 19:21=사 37:22; 시 22:8[7]; 44:15[14]; 109:25; 집 12:18; 13:7; 마 27:39) 모두에 쓰이는 몸짓이며, 뿐만 아니라 괴로움을 당하는 대상으로부터 거리를 두는 표현이다(애 2:15; 렘 18:16; 참조. 비웃는 몸짓, 이에 대해서는 12:4에 관한 부분을 보라). 욥은 다의성을 이용한다: 친구들의 관점에서 보면 그들의 몸짓은 그들의 말처럼 동정의 뜻이었지만, 욥의 관점에서 보면 그 똑같은 몸짓과 그 말들이 경멸의 표현들이다. 위로자들은 고문관들이다(3절). 그리고 그 이유는 오로지 그들이 전체적으로 그리고 개인적으로 그의 고난을 신의 형벌로 해석하기를 고집하기 때문이다.

5 그가 행**할 수** 있는 것이 그가 행**할** 것은 아니다. 어떤 고난 받는 자에게 위로를 가져다 줄 상황에서라면 그는 장광설을 늘어놓기(아마 4절에 하바르〈חבר〉의 의미) 위해서가 아니라–친구들이 그러는 것처럼–"강하게 하고" "위로하는" 건설적인 목적을 위해서 그의 말을 사용할 것이다. 엘리바스는 사실 연약한 손에 힘을 주고 약한 무릎을 강하게 하는 욥의 능력을 인정했었다(4:3-4). "강하게 하는 것"(אמץ–아마츠)은 위로하는 것의 본질이다(비록 그 단어가 현재 무슨 뜻으로 사용되는지에 대해서 우리에게 말해 주는 것은 아니지만, 우리는 "위로하다"의 어원이 라틴어 **포르티스**〈*fortis*, "강한"〉에서 왔다는 것을 생각할 수 있다). 또한 그것이 바로 그 힘이 바위의 힘이 아니요, 그 살이 분명히 청동이 아니며, 자신 안에 전혀 힘을 갖고 있지 않은(6:11-13), 이 무력한 사람이 필요로 하는 것이다.

어떤 이들은 여기서의 어조가 아직 반어적이라고 생각했다(피크, 그레이, 로울리, 헤세가 그렇다). 가령 그레이는 "욥이 만일 반어법에서 그의 본의를 말하는 것으로 돌아서고 있다면, 그는 **입**과 **입술**을 강조하지 않을 것이다"라고 말한다. 이런 이유로 그는 "그러나 나는 나의 입으로 너를 강하게 하리라"라는 RV의 번역(참조. 또한 NIV)을 "사실상 수정이고 잘못된 수정"이라고 하여 거부한다. 그러나 그는 욥이나 친구들이 제공할 수 있는 것으로 생각될 수 있는 유일한 위로는 언어적인 것이며, 또한 말해진 말들이 도움을 주는 것이냐 아니면 해를 끼치는 것이냐가 판단의 기준이라는 사실을 간과한다. 여기에는 "입술로" 한 말과 "마음에서" 한 말들 사이에 아무런 대조가 없다(포어러는 이에 반대다). 말의 힘에 대해서는 4:4에 관한 부분을 참조하라. 그러므로 우리는 이 절의 동사들을 "…**할 수 있을 것이다**"(could)로가 아니라(RSV, JB, NAB, GNB), "강하게 **할 것이다**", "위로**할 것이다**"(would)로 번역해야 한다.

6 그러나 이 말에 말(talk of talk), 말하기에 관한 이 말들은 도대체 무슨 목적을 위함인가? 욥의 경험은 말이나 침묵 모두 똑같이 그의 고난을 덜어 줄 수 없다는 것이다. 그는 침묵과 말을 가지고 실험해 보았다. 그는 입을 억제하고(2:10) 또 입을 열었었다(3:1). 그는 마음이 괴로워서 말했지만(7:11), 마찬가지로 그 자신의 입이 하나님 면전에서 자기를 정죄하기 때문에 침묵하기도 했다(9:20). 그는 또 친구들의 침묵(2:13)과 그들의 말을 경험했다. 그리고 그들의 말로부터 그는 이제 그들의 침묵이 동정의 침묵이 아니라 그의 죄의 막대함에 놀란 경악의 침묵이었음을 안다. 그들의 침묵과 말은 똑같이 쓸데없고, 똑같이 판단적이며, 똑같이 방향이 잘못되었다.

일부 비평가들은 사고의 연결이 어렵다고 보았다. 이 구절이 전적으로 욥에 대한 공격적인 행위들에 관한 것인 뒤따르는 것보다는(7-14절) 말하기 주제를 가진 앞서는 것과 함께 취해져야 함에는 거의 의심의 여지가 있을 수 없다. 그러나 물론 이 구절은 욥이 친구들의 말과 침묵만이 아니라 그 자신의 말과 침묵도 거절하기 때문에 4-5절의 주장과는 조화되지 않는다. 그가 자신이 친구들의 입장에 있다면 어떻게 말할 것인지에 대한 묘사를 계속하고 있다고 보는 것은, 마치 "내가 말하여도 나의 고통(=동정)이 억눌러지지(혹은 누그러지지) 않을 텐데, 내가 침묵해야 [그리고 들어야] 하면, 내가 어떻게 그것이 나를 떠나게 할까?"라고 말하는 것이다(이는 한글 개역 성경과 같은 뉘앙스다: "내가 말하여도 내 근심이 풀리지 아니하나니 잠잠한들 어찌 평안하랴" - 역자주). 그러나 그럴 가능성은 상당히 적다(덤, 에얼리히, 포어러는 이에 반대다). 왜냐하면 현재 그의 실제 고통이 무엇인지가 아주 명백한 때에 욥으로 하여금 "나의 고통"으로 그가 가정적 상황에서 가질 동정을 뜻하게 하는 것은 이상하기 때문이다(크에브〈כאב, "고통, 슬픔"〉에 대해서는 2:13에 관한 부분 참조).

물론 욥은 만족시키기에 어려운 상태에 있다. 그는 위로를 원하지만, 동시에 그것을 쓸데없다고 한다. 문제는 그의 고난을 보는 그의 관점에 대한 가장 결연한 지지조차도, 욥이 하늘을 향해 공격하는 일에 주는 전심전력의 협력조차도 하나님에 의해 결백하다고 선언되고 그와 함께 그의 고통과 가정된 죄의 짐이 덜어지는, 그의 참된 필요를 채워 주지는 않으리라는 것이다. 친구들이 욥의 상황을 참으로 호전시키기 위해 할 수 있는 것이라고는 아무것도 없다.

또한 그 말하기와 침묵이 하나님을 향해 있다고 보는 것도 전혀 가능하지 않다. 그레이는 이렇게 본다: "내가 하나님이 나를 다루심에 대한 나의 생각을 그분에게 그리고 그분에 대해 말해도, 그분은 여전히 내 호소에 귀를 기울이지 않으시고, 내 상황은 조금도 호전되지 않는 것이 사실이다. 그러나 내가 침묵할 때 나 역시 그렇지 않다. 그러므로 나는 그분을 향한 내 항의를 반복할 것이다." 이 독법은 이어지는 절들과의 연결점을 만들지만, 현재 절에는 욥이 결코 인간 대화만을 염두에 두고 있지 않다고 생각할 아무런 이유가 없다.

7-17 우리는 이 연에서 욥을 치는 하나님의 공격 행위에 관한 강렬한 말을 만난다. 친구들 및 욥과 관계된 시작 절들로부터(2-6절) 이 주요 주제로의 이행은 "그러나 이제"(אַךְ־עַתָּה – 아크-아타)라는 말로 표시된다. 2-6절의 빈정대고 분노한 어조가 많은 종류의 대적자, 즉 들짐승(9-10절), 반역자(11절), 싸움꾼(12절), 궁수(12c-13a절구), 칼잡이(13b-14절) 등에 의해 범해지는 공격 목록을 작성함으로써 하나님의 학대의 거대함을 관철시키려 생각하는 억압받고 박해받은 사람의 탄식에 완전히 자리를 내준다. 로버트 알터는 여기서 내러티브 흐름의 서술에 주의를 기울였다: "…대구법 시론에 따르면 거의 정확히 동등한 의미의 것들이지만, 좀더 자세히 관찰하면 하나에서 그 다음으로 지각할 수 없을 정도로 미세하게 연결되는, 논리적으로 차별적인 행위들로 증명되는 연결된 행위들의 연속. 따라서 시간적으로 경과된다는 느낌이, 일련의 정지 사진들이 망막에서 한 사진이 그 다음 사진으로 이어지는 것 같은 인상을 만들 만한 속도로 지나가며 각각의 고정된 순간이 시각적 연속으로 융합되어 시간의 흐름을 만들어 내는, 영화에서 창출되는 움직임의 환상과 유사한 방식으로 발생한다"(Robert Alter, "From Line to Story in Biblical Verse," *Poetics Today* 4[1983] 615-37[626]).

7-8 이 절들은 많은 난점들을 갖고 있다. "그가/그것이 나를 쇠약케 했다"의 삼인칭으로부터 "당신은 황폐케 했다", "당신은 나를 쭈그러들게 했다"의 이인칭으로, 또다시 "그가 나를 찢었다"(9절)로 가는 이행은 의심스럽다. 비록 히브리 성경에서 그러한 인칭 변화들이 많이 입증되지만, 고디스가 그런 현상을 "성경 히브리어에서 실제적으로 흔한 경우"라고 말하는 것은 지나친 것이다. 한 필사자가 이 절들은 하나님에게 직접 말해졌어야 한다고 가정하여, 여기서 본문 손상이 있었든 그렇지 않든 간에 이 구절들은 누군가에게 건네는 연설이 아니라 우리 자신도 끝까지

3인칭 동사들을 사용하여 아주 자연스럽게 제시할 것 같은 하나의 서술이다.

7절의 앞 절반은 짧고 8절은 길기 때문에, 우리는 때때로 이 절들을 따라 재구분과 수정들을 보게 된다: "그러나 이제 그가 나를 쇠약케 했고 나를 처량하게 하였다. 나의 재난(아다티〈עדתי, "나의 일행"〉 대신에 라아티〈רעתי〉)이 나를 쭈그러들게 했다. 그것은 나를 반대하는 증거로 일어났다. 나의 야윔이 내 운명을 증거한다(혹은 나의 야윔으로 내 운명을 안다)"(포프). 꽤 신중한 이 개정은 추천할 것이 많지만, 이 장 초두에 주어진 번역에서는 마소라 텍스트를 따른 번역이 유지되었다.

비록 첫 번째 동사가 지정된 주어를 갖고 있지 않지만, 주어는 분명히 하나님인 것 같음은 "쇠약케 하는"(לאה-라아), 즉 약하고 지치게 하는 행위(참조. 17:1에 관한 부분)가 이어지는 절들에서 열거되는 특정한 공격들의 축적된 결과로 작용하기 때문이다. 어떤 이들은 불가타를 따라서 "나의 고통"을 주어로 생각했지만(예를 들어, 시크레 디아즈), 두 번째 동사가 수정되었든 그렇지 않든 하나님을 주어로 한다는 사실 때문에 그것은 불가능하다.

하나님이 "패망시킨" 혹은 "유린한"(שמם-샤멤, 히필) 욥의 "일행"(עדה-에다)이란 그의 자녀들과 종들을 모두 포함하는 그의 식솔일 것이다(예를 들어, 고디스가 그렇다. 참조. NJPS, "당신은 나의 집안 전체를 파괴했나이다"; NIV, "당신은 나의 전 식솔을 무너뜨렸나이다"). 다이얼로그가 프롤로그의 사건을 전제로 삼고 있음에는 의심의 여지가 있을 수 없으며(참조. 8:4), 또 그 단어 "일행"이 15:34에서는 신을 인정치 않는 (관념적인) 사람들의 무리를 가리켰지만, 여기서 그 단어에 훨씬 더 구체적인 언외의 의미를 부여하는 것은 상당히 타당하다. 여기의 "일행"을 함께 대화하는 자들이든 혹은 좀더 넓은 범위의 지인들이든(19:13), 그에게 가해진 고난을 보고 "경악하게 된"(שמם, 히필이 뜻할 수 있듯이; 참조. 겔 32:10; 렘 49:20; 50:45) 욥의 친구들로 보는 것이 아마도 가장 자연스럽다. 그러면 8절과 생각이 일치할 것이다. 7절에서는 하나님이 그를 너무나 쇠약케 해서 그의 지인들이 신적 불만을 가리키는 이 신호에 경악한다. 8절에서는 하나님이 그를 너무나 수척케 해서 그의 여윔이 그의 죄악을 입증하는 자명한 증거가 된다.

8절은 일부 불확실한 부분들에도 불구하고(가령 RSV, JB, NEB, NAB 등의 다양한 번역들에 반영되는), 하나님에게 책임이 있는 욥의 야윈 상태-욥을 제외한 모두에게-가 욥은 지독한 죄인이라는 증거로서 작용하고 있음을 뜻하는 것 같다. 그의 "야윔"은 정확한 응보 교리가 작용하는 한 그의 결백에 대한 반증이다. 욥의 파리함은 우리가 다른 곳에서는 듣지 않는 것으로, 임상학적으로 그의 피부병의 결과라고는 말할 수 없다. 그것은 그의 정신적 고통의 표시이며, 아마도 그의 교우들이 관찰할 수 있는 것이라기보다는 욥이 느끼는 어떤 것이다. 이런 생각은 살찜이 번영을 의미하며, 번영은 신의 만족을 의미하고(참조. 21:23-24; 15:27), 수척함은 말라 버리고 생명 없는 것을 의미하는 관념 복합체에 속한다는 것이다. 말라 버리는 것의 심리적 의미는 앞에서 바람에 날리는 잎과 말라빠진 지푸라기 이미지로(13:25), 그리고 대조적으로 그 뿌리가 썩음에도 불구하고 물 냄새에 새로운 생명을 터뜨리는 나무의 표상으로(14:7-9) 표현되었다.

욥의 신체적 외양이 그의 악행에 대한 증거라면, 그는 친구들의 비판에 어찌할 수 없다. 그의 온전함에 대한 그 자신의 내적 확신 외에 다른 것이 고려되면 그의 명분은 사라진다. 하나님, 그의 친구들, 그의 말, 그의 고난 그리고 심지어 그 자신의 몸이 모두 그를 반대하는 증인들이다.

거짓 증인들이 "일어나는 것"(קום – 쿰), 단지 일반적 의미에서 적대감으로 대항하여 "일어서는 것"이 아니라 아마도 구체적으로 재판 과정에서 발언하기 위해 일어서는 것에 대해서는 시편 27:12; 35:11; 신명기 19:16(옹호자의 "일어섬"에 대해서는 참조. 욥 19:25)을 참조하라. "불리하게 증언하는 것"(ענה ב – 아나 브)에 대해서는 15:6을 참조하라.

9 그에 대한 하나님의 공격은 들짐승의 공격이었다. 인간 대적자를 짐승들로 묘사하는 것은 시편 탄식의 관례이며(예를 들어, 시 7:3; 10:9; 17:12; 22:13-14[12-13]), 비교의 요점은 그들의 초인적 힘과 죽음을 초래하는 공격이다. 처음은 아닌 것으로 욥은 하나님에게 적용하기 위해 원수를 묘사하는 제의 언어를 도입한다(참조. 10:16). 그를 치는 이 공격(9-10장의 두드러진 주제; 참조. 특별히 9:5, 13)의 동기는 하나님의 분노로, 그는 사자나 늑대가 먹이를 찢듯이 그를 찢으며(신 33:20; 창 49:27 등), 그의 공격을 그치지 않고(שׂטם – 사탐, 참조. 창 49:23), 먹이에게 곧 삼킨다는 확실한 위협으로 그의 이를 갈며(분노하여 이를 가는 것은 다른 곳에서는 동물에게 돌려지지 않는다. 참조. 시 35:16; 37:12; 112:10; 렘 2:16; 행 7:54), 죽이려는 의도의 날카로운 눈초리로 노려본다. 하나님의 진노에 관한 신수(神獸) 언어는 드물지만, 호세아 5:14; 6:1에서 볼 수 있다(여기서처럼, טרף – 타라프, "찢다"). 참조. J. Hempel, "Jahwegleichnisse der israelitischen Propheten," *ZAW* 42(1924) 74-104(=BZAW 81[1961] 1-29).

어떤 이들은 세 번째 행을 10절 시작 부분에 옮겨 10절에 두 개의 2행 연구를 만들고 싶어한다. 이 제안은 "나의 대적자"를 "나의 대적자들"로 수정하는 것과 같이 가는데, 그런 수정은 거부되어야 한다("원문주해" 16:9.c를 보라).

10 이제 잠시 동안 하나님의 적의가 아니라 인간들의 적의가 열거된다. 그들은 "불경한" 혹은 "나의 원수들"이라고 한정되지 않지만, 그것이 바로 그들의 정체다(참조. 24:2, 비슷하게 한정성을 결여하고 있음). 사실상 주제의 변화는 없다. 왜냐하면 인간의 적의는 신의 공격의 직접적 결과이기 때문이다. 하나님은 욥을 죄인으로 지정하셨고, 따라서 의로운 사람은 누구나 욥을 대적함으로써 하나님 편을 드는 것을 종교적 의무로 여긴다(참조. 12:4의 "웃음거리" 사상). 욥이 사용하는 언어는 지극히 평범한 것에 속한다: 그것은 욥이 그의 동료들의 손에 무엇을 당하고 있는지 문자적으로 정확하게 말하지 않는다. 욥에 대한 다른 이들의 태도가 무엇이었는지 정확히 결정하는 것은 쉽지 않지만(참조. 16:20; 17:6; 19:13-19; 30:1, 9-14) -그리고 사실 어느 경우라도 우리가 접할 수 있는 유일한 진리는 등장 인물 욥의 느낌에 대한 시인의 묘사다-그는 전통적인 시편의 탄식 언어를 그것의 적용성에 대한 정확한 고려 없이 사용하고 있음이 분명한 듯하다.

"벌린" 입(그것에 대해 여기처럼 파아르〈פער〉와 파차〈פצה〉가 사용된다)은 삼킬 준비가 된 들짐승의 모습일 수 있지만(시 22:14[13]), 보다 빈번하게는 아마 단순히 입을 활짝 벌리고 웃는 모습으로 조롱하는 행위다(시 35:21; 애 2:16; 3:46; 사 57:4). 여기서는 후자가 더 맞는 것 같다(참조. NIV, "그들의 입을 열어 나를 조롱한다"; JB, "벌린 턱을 열다"; NAB, "나를 찢으려 그들의 이빨을 드러내다"). 뺨을 치는 행위가 인간의 조소의 행위인 것처럼, 그것도 인간의 행위다(9절의 동물 은유에 반하여). 비록 르히(לחי)가 "뺨"뿐만 아니라 "턱"을 뜻할 수 있지만, 그 모욕은 주먹으로 턱을 치는 것이 아니라 얼굴을 찰싹 때리는 것이다(앤더슨이 생각하는 것처럼). 참조. 시편 3:8[7]; 애가 3:30; 미가 4:14[5:1]; 이사야 50:6; 열왕기상 22:24; 마태복음 26:67. 델리취는 뺨을 때리는 것 자체가 모욕이기 때문에 "천대하며"는 분명히 그 행위에 뒤따르는 욕설을 가리킨다고 평했다.

많은 주석가들이 9c-11절은 **다수의 인간** 대적자들을 묘사하는 반면(이 관점에서는 9c절구에서 흔히 "나의 대적자들"로 읽힌다. 참조. "원문주해" 16:9.c), 9a-b절구와 12-14절은 오로지 하나님에 대해 말한다는 이유로 9c-11절을 후대에 추가된 것으로 삭제하고 싶어했다(덤, 드라이버-그레이, 휠셔, 호르스트, 포어러, 헤세, 드 빌드). 그러나 시인이 신의 적대의 테두리 내에 인간 대적자들의 행위를, 인간 대적자들이 하나님의 사자들로 여겨져서가 아니라(고디스), 하나님이 욥을 고생하게 하는 것으로 그를 낮추신 것이 욥의 주변 사람들에게 그의 몰락을 조롱할 계기를 주기 때문에 의도적으로 삽입했다고 보는 것도 똑같이 가능하다.

11 시편의 탄식의 언어가 지속된다. 시편 31:9[8]에서는 시인이 하나님께서 원수의 손에 "그를 넘기지"(여기서처럼 싸가르〈סגר〉 히필) 않으신 것에 대해 하나님께 감사하고, 예레미야애가 2:7에서는 주님이 예루살렘 왕궁의 성벽을 원수의 손에 "넘겨주셨다"(סגר, 히필; 참조. 또한 시 78:48, 50, 62). 욥을 그들 손아귀에 잡고 있는 경건치 않은 자들이란 물론 친구들이 아니다. 왜냐하면 그들이 아무리 욥의 의로움을 모욕하고 신성에 관한 진리를 알아보지 못한다 하더라도(참조. 12장) 그들은 신을 인정하지 않는 자들이라고 불릴 수 없기 때문이다. 그러나 그 경건치 않은 자들을 글자 그대도 욥을 그 손아귀에 잡고 있는 범죄자들 혹은 압제자들로 볼 수도 없다. 그들은 오히려 그를 신의 불만족의 희생자로 공개적으로 조롱하는 사람들이다. 욥은 그러한 인간적 부당함은 순전히 인간적 동기에서 일어나는 것이 아니라, 단지 하나님이 괴팍하게 그를 틀린 자리에 두시는 것의 반영이라는 생각을 한 번도 자기 의식에서 떠나 보내지 않는다. 그를 다른 이들의 손에서 오는 온갖 굴욕에 개방시킨 것은 바로 하나님 자신의 그를 대하심이다.

12a-b 새로운 연의 시작에서 욥은 생각에 있어 하나님의 적대 행위가 그를 치기 전 그의 상태로 되돌아간다. 12-14절 전체에 걸쳐 한 가지 일관된 이미지, 즉 전사로서의 하나님 이미지가 있다. 고독하고 의심 없는 한 사람을 치려고 군 병력 전체를 끌어오는 신에게는 대단하게 영웅적인 것이라곤 없다. 그것이 (있다면) 무엇이든지 간에 욥의 죄와 하나님의 복수 사이의 터무니없는 불균형 모티프가 여기서 또다시 표면으로 올라온다.

"잠잠하다", "평온하다"(שלו – 샬레브)는 때때로 정치-군사적 상황에서 나타난다(대상 4:40; 슥 7:7; 땅 혹은 성읍이; 다르게는 단 4:1[4]). 담긴 생각은 사사기 18:7, 27을 암시하는데, 거기서는 라이스에 사는 사람들이 단 지파에 의해 공격을 당하기 전에 "평안하고(שקט – 샤카트) 의심 없는" 상태에 있었다고 말해진다. "분쇄했다", "산산이 부수었다"라는 동사들은 중복(필펠) 형들로, 아마도 반복이나 격렬함의 효과를 갖는다. 파라르(פרר, "부수다, 분쇄하다")는 시편 74:13에서 전투 상황에 사용된다(참조. 사 24:19). 그리고 파차츠(פצץ)는 하박국 3:6에서 마찬가지로 쓰인다(부스러뜨리는 방망이〈혹은 망치〉, 렘 23:29). 물론 "붙잡다"(אחז – 아하즈)는 전쟁 묘사들에서 흔한 용어이며(삿 1:6; 12:6 등), "목"(ערף – 오레프)은 달아나는 적에게 가장 취약한 부분이다(참조. 창 49:8, "너의 손이 너의 원수들의 목을 잡을 것이다"; 출 23:27; 시 18:41[40]).

드라이버는 12a-b절구의 이미지는 들짐승 이미지로 되돌아가는 것이며(9절에서 처럼), 그 두 중복 동사들에 대해서 동족 아랍어가 "물어 찢혔다" 그리고 "할퀴었다"(동물이 하는 것처럼)의 의미를 내도록 요구한다고 믿었다(*VTSup* 3[1955] 78). 그래서 NEB에서는 비록 반대 순서로이기는 하지만 이 뜻으로 번역되었다. 그러나 군대 이미지가 이 세 절 전체에 일관되다고 보는 것이 더 바람직하다. 포어러와 헤세는 "네 어린것들을 잡아서(אחז – 아하즈) 바위에 메치는(נפץ – 나파츠; 참조. 여기서는 파차츠〈פצץ〉) 자는 복 있으리라"는 시편 137:9에 대한 어떤 암시를 보았다. 그러나 이것도 전쟁 이미지를 결여한다. 왜냐하면 아이들에 대한 그 행위는 비록 전쟁 상황에서 행해질지라도 그 자체로는 전투가 아니기 때문이다.

12c-13 여기서는 보다 구체적인 전쟁 이미지, 즉 궁술 이미지가 전개되는 두 개의 2행 연구가 나온다. 욥은 하나님에 의해 그의 궁수들이 조준하고 날리는 표적으로 "지정된다"(참조. 또한 7:20). 욥이 하나님의 "표적"(מטרה – 마타라)이라는 말은 그 공격이 실전이 아니라 다만 연습이라는(요나단의 궁술의 경우처럼, 삼상 20:20; 참조. GNB, "나를 활쏘기 연습용으로 사용하다") 뜻이 아니다. 과녁을 "세우다"(קום – 쿰)는 분명히 어떤 것 혹은 누군가를 표적으로 정하는 것을 뜻한다(참조. 애 3:12, 과녁으로 "삼다"〈נצב – 나차브〉). 하나님은 전장 지휘관으로서(참조. 또한 19:12) 그의 궁수들에게 그들의 사격을 욥에게 집중하도록 명령하신다. 그러면 그들은 그를 둘러싸는데, 서로 필적하는 군대의 교전보다는 사격 분대 같은 모습이다. 피크는 다음과 같이 극적으로 묘사하는데, 안타깝게도 그것은 "과녁"이 오직 연습 표적을 뜻한다는 가정에 서 있다: "욥을 과녁으로 삼은 후 하나님은 그를 향해 활을 쏘신다. 처음에는 화살을 그 주변으로 쌩 날아가게 하면서 그를 긴장시키고 화살이 모두 그 표적을 맞힌다고 두려워하게 한다. 그런 후에 그를 가지고 장난치는 것을 멈추고 이제 모든 화살을 그의 중추부로 날려보내되 그가 땅을 그것들로 뒤덮을 때까지 하신다."

궁수들의 공격의 결과는 – 그들은 하나님의 지시에 따르기 때문에 하나님 자신이 13절 동사들의 주어다 – 그 중추부를 치는 것이다. 사냥꾼의 화살이 수사슴의 간을 찌르듯이(פלח – 팔라흐; 잠 7:23) 또 하나님의 화살들이 그 탄식자의 신장(כליות – 킬요트)을 꿰뚫듯이(애 3:13), 여기서도 그의 화살들이 욥의 신장을 관통한다(פלח כליות – 팔라흐 킬요트). 콩팥은 인체에서 가장 예민하고 중추적인 부분이며 동시에 정서와 감정의 자리다(참조. BDB). 그에 대한 하나님의 공격은 단순히 치명적일 뿐만 아니라 욥의 감정을 향해 있다. 이는 정말 "가장 무정한 처사"이며, 이 서술 뒤에

"그는 동정심을 전혀 갖지 않았다"(לא יחמול - 로 야흐몰)라는 구절이 오는 것은 전적으로 타당하다. "아끼다"라는 동사는 분명히 화살을 아끼거나 혹은 절약한다는 전문적 의미로 사용되었다(참조. 렘 50:14). 따라서 여기에는 반어적인 이중 의미(兩意, double entendre)가 있음에 틀림없다: 화살을 하나도 아끼지(sparing) 않고 욥을 향해 그의 궁수들의 화살통을 비우라고 명령할 때, 하나님은 욥도 "아끼지"(sparing, 혹은 "살려 주지") 않고 계셨다. 참조. 또한 6:10에서 그것은 욥을 "아끼지"(חמל - 하말) 않는 고통이며, 그가 그것을 당하는 것으로부터 자신을 아끼지 않는 고통이다. 콩팥에 평행하는 것은 간의 분비액인 "담즙"(מררה - 므레라)으로, 하나님은 그의 화살로 쓸개를 뚫어 버려 그것을 땅에 "흩뜨리신다" 혹은 "쏟아내신다". 이 기관도 역시 하나의 상징적 의미를 갖는 것은, "담즙"은 항상 쓴 것으로 알려지기 때문이다(그 단어는 מרר〈"쓰다"〉라는 어근에서 파생되었다). 만일 감정과 감성이 공격을 당하면, 쏟아지는 것은 쓰라림이다.

14 마지막 군대 이미지는 한 성읍을 공격함에 있어 최종 단계에 관한 것이다: 성벽 돌파와 적군의 돌격. 멀리서 그를 공격하는 사수대(射手隊) 이후에(12c절에서는 궁수의 관점에서, 13b-c절에서는 과녁의 관점에서) 그를 직접 치려고 더 가까이 오는 그의 대적의 접근이 나온다. 욥은 포위된 성읍이요, 하나님은 그의 방어망을 뚫으려 하는 돌격 대원이다. 이 이미지에 대해서는 30:14; 시편 80:13[12]; 89:41[40]; 아모스 4:1; 열왕기상 11:27; 이사야 5:5; 느헤미야 3:35[4:3]을 참조하라. 하나님은 먼저 저항할 수 없는 군대처럼 행하여 그 성벽에 구멍을 뚫으신다(그 표현에 대해서는 렘 4:20의 "패망에 패망이" 참조). 그런 후에 그는 한 개별 적군에게 돌진하는 골리앗이나 "힘센 장수"처럼(גבור - 깃보르; 참조. 삼상 2:4; 렘 46:12; 호 10:13) 단독 전투에 용사처럼 행한다(실물 교재에 대해서는 *The Bible and the Ancient Near East*〈tr. J. McHugh: Garden City, N.Y.: Doubleday, 1971〉 122-35에 있는 R. de Vaux, Les combats singuliers dans l'Ancien Testament, *Bib* 40[1954] 495-508[=Single Combat in the Old Testament를 보라). 그 성읍의 약탈은 한 사람의 패배를 그 목표로 삼는다. 욥은 그 성읍이며, 또 그 성읍의 외로운 거민이다. 이 미지의 흐름은 침략자의 전진 돌격을 반영한다. 엘리바스는 투사로서 하나님을 향해 "돌격하는"(רוץ - 루츠) 불경한 사람을 묘사했었다. 욥이 그 묘사를 의도적으로 뒤집고 있든 그렇지 않든, 그는 여기서 그 자신의 경우는 정반대임을 단언한다: 공격은 모두 하나님 편으로부터 오며, "돌격하는"(רוץ) 것은 바로 하나님이시다. 하나님이 "힘센 용사"(גבור)라 불리는 다른 모든 구절에서는, 그의 구원의 능력이 찬

송되고 있다(사 42:13; 렘 20:11; 습 3:17; 시 24:8; 78:65). 여기서는 이스라엘의 경건이 충격적으로 뒤집혀 그분(하나님)이 바로 시편의 원수, 경건한 자에게 행한 해악을 자랑으로 삼는 힘센 인간의 특징을 가진다(시 52:3[1]; 참조. 124:4, 거기서 "용사"는 구체적으로는 궁수다).

15 욥은 이제 그를 치는 하나님과 인간들의 공격을 묘사하는 은유들의 연속으로부터(7-14절) 6절에서 주어지고 있었던 그의 현재 상태의 묘사로 돌아간다. 주제는 이제 그를 치는 공격의 직접적인 결과들이 아니라 그들이 그에게 하게 하는 탄식의 필요성이다. 부당한 공격들에 대한 그의 반응은 저항하는 것이 아니었다, 혹은 마찬가지로 자신을 방어하는 것이 아니었다. 그러나 앞으로 그는 말과 눈물로 자기의 무시된 권리를 주장할 것이다(참조. 18, 20-21절).

뿔이 먼지 속에 놓이는 언어는 물론 은유적이다. 베옷을 "피부 위에 꿰맨다"는 언어도 마찬가지다. 사실 욥기의 산문 내러티브는 그가 베옷을 입는 것에 대해서는 한 번도 말하지 않는다. 그러나 그의 자녀들의 죽음이 있기에 그가 가장 전통적인 이 애도의 상징을 입고 있지 않았다고 가정하는 것은 타당치 않을 것이다. 그 베옷이 곡물 자루 모양의 큰 천 조각이었는지(참조. 베옷으로 "덮어지다" 혹은 "입혀지다"에 대한 참조 본문들, 왕하 19:1-2; 대상 21:16; 스 4:2-3; 시 69:12[11]; 사 37:1-2), 아니면 허리에만 걸치는 형식의 작은 의복이었는지(참조. 베옷으로 허리를 두름에 대한 참조문들, 삼하 3:31; 사 15:3; 22:12; 렘 4:8)는 의견이 다양하다. 베옷이 꿰매어진다고 언급하는 다른 본문들은 없으며, 사실 그렇게 간단한 의복을 만드는 데는 꿰맬 일이 많은 것 같지 않고, 애도자가 자기 자신의 애도를 위해 베옷을 꿰맴으로 자신을 나타낼 것은 더욱 아닌 것 같다. 다음의 둘 중 하나인 것 같다. 욥은 결코 그 자신이 죽기 전에는 그것을 벗을 것을 생각하지 않는 면에서(야곱처럼, 창 37:34-35), 은유적으로 말해 그의 베옷에 자신을 꿰매었음을 뜻하는 것이거나, 혹은 좀더 인상적인 은유로 그가 그 의복을 슬픔과 그것의 상징들이 되도록 그의 몸에서 영구히 분리될 수 없게 정말 자기 피부에 꿰매었음을 뜻한다. 분명히 이 어구는 키니에 윌슨이 거기서 욥의 병으로 가정되는 펠라그라로 인해 유발된 고난자의 거칠고 험한 피부에 대한 가리킴을 보았을 때 생각했던 것과 같은, 어떤 구체적 현실을 가리키지 않는다(J. V. Kinnier Wilson, "Leprosy in Ancient Mesopotamia," *RA* 60[1966] 47-58[56]).

이 애도 의식은 정확히 자기 비하 의식이다. 애도자는 죽은 이와 심리적 유사성을 표현하는 가운데 자기 자신의 절대적 가치 상실을 나타내고 싶어하며(참조. 1:

20에 관한 부분), 따라서 인간적 장식이 아니라 물건을 구걸하기에 알맞은 가장 싸구려 질로 된 옷을 자신에게 입힌다. 욥의 애도는 물론 자기의 죽은 자식들만을 위한 것이 아니며 아마도 훨씬 더 자신 자신을 위한 것이다. 왜냐하면 그는 죽음 자체에서 기대될 만한 것과 유사한 관계의 단절과 능력의 소멸을 겪었고, 자주 표현된 그의 죽음에 대한 열망은 견딜 수 없는 고통으로부터 해방되기를 원하는 자살 소망이 아니라 이미 매우 약화시키는 힘으로 그를 장악해 버린 스올의 영역으로 완전히 옮겨 가고 싶은 갈망이었기 때문이다.

자기 비하의 옷차림과 평행하여 "그의 뿔을 먼지 속에 쑤셔 넣는" 완전히 은유적인 행위가 있다. 그 표상은 어쩌면 머리를 떨구고 뿔을 땅 속에 처박는 상처 입은 황소일 수도 있으나(포프, 드 빌드), 오히려 강력한 힘, 자만 혹은 지위의 메타포인 황소나 들소의 것과 같은 뿔을 높이는 보다 흔한 표상의 정반대로서일 것이다(삼상 2:1; 시 75:5-6[4-5]; 89:18[17], 25[24]; 92:11[10]; 112:9; 148:14). 그 반대는 보통 뿔이 잘리는 것(렘 48:25; 시 75:11[10]) 혹은 쓰러뜨려지는 것(슥 2:4[1:21])으로 표현된다. 그런데 여기서의 상징성은 더 멀리 간다. 그것은 단순히 공동체 내에서 모범적인 의인으로서의 욥의 지위가 전복되었다는 것만이 아니라, 그의 지위가 그의 실추 및 애도자들의 머리 위에 티끌이 놓이는(2:12; 그리고 참조. 애 3:29, "입이 티끌에") 애도 상황 둘 다를 가리키는 티끌과 하나가 되었다는 것이다.

16 욥의 울음은 비록 진짜 울음임에 틀림없지만, 여기서는 우선적으로 그의 슬픔을 나타내는 은유적 표현이다(더 자세한 것은 T. Collins, "The Physiology of Tears in the Old Testament: Part I," *CBQ* 33[1971] 18-38[36]를 보라). 그의 붉은 볼은 육안으로 구별될 수 없는 것이지만 그것들이 의미하는 슬픔은 오해될 수 없다. 마찬가지로, 그의 눈꺼풀에 드리운 죽음의 어둠도 내적 눈으로만 인식될 수 있다. 이들 정신적 현실에 상응하는 물리적 상관물이 있지만, 본질적인 사실은 그에 대한 신의 (혹은 신이 고안한) 공격이 그를 죽음의 영향권 안에 두어 그것의 깊은 어두움이 이미 그의 눈꺼풀을 내리누른다는 욥의 느낌이다.

이 절에 대한 좀더 자연주의적인 해석들이 흔하게 제시된다: 가령, 데이빗슨은 비자발적인 울음은 많은 이들에 의해 욥이 겪고 있는 피부병으로 확인되는 상피병의 한 증상으로 말해진다는 점에 주목한다(참조. 2:7에 관한 부분). 그리고 영역본들은 "죽음의 어둠"(צלמות – 찰마베트; 참조. 3:5; 10:21; 12:22에 관한 부분)이라는 용어에서 "죽음"을 삭제하는 경향이 있는데, 아마도 죽음이 물리적으로 가시적인 것이 아니기 때문이다. 그리고 사실적으로 말하면 어두워지는 것이 눈꺼풀이 아니라 눈이기 때문에 "나의 눈꺼풀"(עפעפי – 아프아파이)을 "나의 눈"으로 번역하는 경향이 있다(NIV, "깊은 그늘이 내 눈을 울린다"). 그러나 이들 독법들이 아무리 타당할지라도, 그것의 상징성은 더 깊다. 죽음의 어두움으로 눈꺼풀이 그늘로 뒤덮이는 사람에게 일어나는 일이란 단순히 그가 좋은 광경을 보지 않는다는 것이 아니라 이제는 더 이상 편안하게 "빛을 볼 수" 없다는, 즉 살 수 없다는 것이다. 그는 이미 자신이 향하고 있는 깊은 어둠의 땅의 암흑(10:21-22)을 경험하기 시작하고 있다.

17 여기서 중요한 점은 접속사 알(על)을 어떻게 번역해야 하는가이다. 주석가들과 근대 역본들은 욥이 겪고 있는 것은 그런 고난을 당할 아무런 도덕적 이유가 없다는 것과 대조를 이루는 것을 뜻하는 "비록 [내 손에는 폭력이 없지만]"이라고 번역하는 데 동의한다. 그러나 이 흔한 접속사를 "왜냐하면" 외에 다른 어떤 것으로 취하는 설득력 있는 평행 본문은 전혀 없다(참조. 10:7; 34:6에 관한 부분). 다시 말해 우리는 여기에 욥이 슬픔에 사로잡힌 **이유**를 가지고 있는 것이다: 그것은 그의 자녀들의 사망이나 그 자신의 고통이 아니라 그가 결백하다는 사실이다. 대조는 우는 것과 결백 사이가 아니라, 신의 공격(7-14절의)과 결백 사이이다. 그의 울음은 그의 결백을 인정하지 않는 하나님의 거절로부터 기인한다. 이사야 53:9의 "그는 비-폭력을 행하였고(על לא־חמס עשה – 알 로-하마쓰 아사) 그의 입에는 궤휼이 없기 때문에"와의 흥미로운 유사성은 한 본문이 다른 본문에 의존하는 경우로 설명될 것이 아니라, 아마도 제의에서 그리고 어쩌면 시련의 의식에서 행해지는(참조. 또한 대상 12:17[18][?]) 의식적 결백 선언에 공통적으로 의존한다는 문제로 설명되어야 한다.

손(바닥)(כפים – 카핌)은 만일 깨끗하다면 흔히 결백을 의미하는 것으로 생각된다(참조. 9:30; 31:7; 시 7:4[3]; 창 20:5; 대조 사 59:3). 의로운 사람은 깨끗한 손과 정결한 마음을 가지고 있고(시 24:4), 그 손을 결백으로 씻으며(시 26:6; 73:13), 그 손의 깨끗함으로 구원받는다(욥 22:30). 폭력(חמס – 하마쓰)은 사람 손의 일이기 때문에 그 손 "위에" 혹은 "안에" 있을 수 있으며(사 59:6; 욘 3:8), 그 반대의 경우 즉 폭력의 부재 혹은 오히려 "비-폭력"도 그렇다. "비"와 "폭력"의 두 단어가 하이픈으로 연결된 것, 그리고 에인(אין)이 아니라 부정의 로(לא)의 사용은 폭력의 정반대는 단순히 폭력의 부재가 아니라 건설적인 실체, 추구할 수 있는 목표로 여겨짐을 보여 준다. 이사야 53장의 야훼의 종은 "비-폭력을 행사했다"(עשה לא־חמס). 반면에 욥은 그의 손에 비-폭력(비-)의 흔적을 지닌다. 물론 폭력이 악행의 유일한 형식은 아니지만, 그것은 온갖 종류의 악을 강력하게 상징한다. 하마쓰(חמס)는 정확하게는 단순히 물리적 폭력 행위만이 아니라 "하나님이 세우거나 지키시는 질서의 포기요"(G. von Rad, *Old Testament Theology*[tr. D. M. G. Stalker; Edinburgh: Oliver and Boyd, 1962] 1:170; 참조. H. J. Stoebe, *THWAT* 1:583-87), "탐욕과 증오의 동기를 갖고서 흔히 물리적 폭력과 만행을 사용하는 파렴치한 타인의 권리에 대한 침해다"(H. Haag, *TDOT* 4:478-87[482]).

이전 세대의 일부 비평가들은 "나의 기도"가 폭력의 부재와 병행되는 것을 이상하다고 생각했고(예로 그레이가 그렇다), "나의 길"로 수정할 것을 제안했다("원문 주해" 16:17.b). 그러나 문제의 요점은 주로 욥의 슬픔과 그의 결백 사이의 대조가 아니라 하나님의 그를 대하심과 그의 결백 사이의 대조이기 때문에, 그가 그의 종교적 정결함을 그의 불편의 주된 부분으로 삼는 것은 타당하다.

욥의 결백하다는 항의는, 욥은 아직은 정결하고(여기처럼, זך-자크) 정직하지 않다는 15:4-5에서의 엘리바스의 비난과 8:6에서의 빌닷의 가정에 대한 암묵적인 반응이다. 그러나 욥의 언어가 그의 친구들의 비판으로 인해 생성된 것이라고 상상하는 것은 잘못일 것이다. 이 면에서 그들은 단지 욥의 고난에 대해 그가 제일 먼저 생각해 낸 해석을 구체적으로 표현할 뿐이다: 즉 그의 고난은 그의 결백의 반증이다(8절). 반어적인 것은 비-폭력 실천가인 그가 적대적인 하나님에 의해 위험에 처하게 되었고(9, 12-14절), 손이 깨끗하고 순결한 경건인으로서 하나님에 의해 악인들의 타락한 손에 넘겨졌다는(10-11절) 것이다.

18-22 하나님에게 자기를 치는 상세 목록을 알려 달라는 법적 도전(13:20-23)은 아직 충족되지 않았다. 욥은 그 접근법을 포기하지는 않지만, 여기서는 시정을 얻기 위한 시도에서 새로운 노선의 주장을 택한다. 틀림없이 치명적인 것으로 판명될 결과가 뒤따르는 하나님의 공격을 당했다는 면에서(7-14절), 그는 자신을 대신하여 하늘의 한 "옹호자"에 의해 피의 복수가—하나님에게!—행해지기를 간절히 바란다. 본문에서 해결을 요하는 하나의 난점은 18a절구는 욥의 죽음을 그의 결백 증명에 앞서는 것으로 그리고 있는 것 같은 반면, 22절은 욥이 자신이 죽기 전에 결백 증명을 요구하며, 그의 죽음의 가까움이 그 증명이 절박한 이유라고 가정한다는 것이다.

18 욥은 아직 죽지 않았지만 우리가 이미 들었던 대로(7:7, 21b; 10:20-22; 참조. 14:1-2) 그가 현재 겪고 있는 고난들이 치명적인 것으로 드러날 것이라고 생각한다. 지금까지의 사건의 진행은 그에게 죽음의 이 편에서 결백 증명을 받을 희망

을 거의 주지 않는다. 그는 하나님으로부터 결백하다는 증명을 얻는 문제를 처음 말했을 때(9:2) 곧바로 그 일이 가망 없다고 결론을 내렸다(9:3, 14-16, 19-20). 그럼에도 불구하고 그는 그것에 착수하기로 결심했고, 하나님에게 무슨 죄들이기에 형벌이 가해지고 있는지 말해 달라고 정식으로 요구했다(13:23). 그러나 하늘은 침묵했고, 어쩌면 일어날 수 있는 하나님과의 화해에 대한 희망은 불가능한 꿈이다(14:13-17). 욥의 임박한 죽음은 그가 자신이 결백하다는 증명을 볼 모든 희망을 끝장내 버릴 것이다. 그럼에도 불구하고 그의 무고한 죽음은 명예 회복을 요구할 것이다. 하늘과 땅이 "사람의 행위의 방심 없는 파수꾼들이요 고대 언약들의 수호자들로"(앤더슨; 참조. 사 1:2) 그의 결백을 확증하는 데 이용되어야 한다 – 비록 사후에라도(렘 6:19과 미 1:2에서는 다른 상황에서 땅에게 말해진다.)

이 독법에서 욥의 관심이 오로지 죽음 이전의 결백 선언이며 그의 죽음의 임박이 결백 선언 재촉의 절박함의 이유라고 하는 22절이 약간의 난점이다 – 그것이 만일 앞선 절들과 바르게 연결된다면. 그러나 18b절구는 욥의 죽음을 전제하기 때문에 이 땅에서의 결백 선언을 바라는 외침일 수 없다(포어러는 이에 반대다): 욥의 피는 그것이 보복될 수 있기 전에 쏟아져야 한다! 이 난점에 대한 해결은 이렇다: 그 절박함은 결백 선언 자체에 대한 것이 아니라 복수의 절차를 시작할 것에 대한 것이다. 욥은 땅에 **지금** 외쳐야 하고, 그 자신의 결백의 증거가 하늘에 있음을 **지금** 주장해야 한다. 왜냐하면 그는 곧 죽을 것이고, 그러면 영원히 너무 늦을 것이기 때문이다. 스올에서 아무것도 모를 것이고 오로지 자신의 고통만 느끼며 자기에 대해서만 슬퍼할(14:22) 욥에게 죽은 이후의 명예 회복은 보잘것없는 위로가 될 것이다. 그러나 욥이 무고하게 죽으면 그 자신의 정의감이 너무나 모욕을 당하는 것이기에 – 사실 우주의 도덕 질서가 너무나 위협을 당하는 것이기에 – 정의는 조속히 충족되어야 한다.

땅에게 "나의 피를 덮지 말라"고 외치는 것의 배경에 자리잡은 생각은 무고한 사람의 쏟아진 피는 적어도 그것이 덮여지지 않는 한 하나님에게 소리쳐 복수를 요구한다는 것이다(창 4:10; 37:26; 사 26:21). 에스겔 24:7-8에서는 예루살렘에서(폭력과 살인으로) 흘려진 피가 먼지로 덮일 수 있는 땅 위가 아니라 흡수되지 않는 바위 위에 놓였다는 이유로 예루살렘의 죄악이 결국 심판을 받을 것으로 남아 있다. 이 언어 뒤에는 피의 능력에 대한 역동적 관점의 흔적이 있을지 모른다. 그러나 그것을 은유로 설명하는 것도 가능하다. 살인의 증거가 명백한 한 대답되어야 할 사건이 있고 체포되어야 할 범인이 있는 것이다. 욥은 땅에서 태어났고(참조.

1:21) 거기에 누울 사람으로(7:21), 그가 땅에게 하나님이 행하신 그의 살인의 은폐를 허락하지 말라고 요구할 때 인간 존재의 근본에 도달한다. 동료(혹은 일가)에 의해 복수되지 않은 흘려진 피는 물론 당연히 하나님에게 복수를 요구한다(창 4:10). 그러나 여기서는 복수를 해줄 자는 절대로 하나님 자신이 아니라-왜냐하면 하나님이 바로 살인자이기 때문에-그의 사건을 하늘 법정 앞에 가져갈 한 인물이다(19절을 보라). "피"에 관해서는 B. Kedar-Kopfstein, *TDOT* 3:234-50과 거기에 인용된 문헌을 보라.

여기의 "부르짖음"은 구원을 요구하는 외침이 아니라(포어러는 이에 반대다) 18a절구에 복수를 요구하는 호소를 설명해 주는 것이다(차아크〈צעק〉라는 동사는 비슷하게 아벨의 피의 복수 호소에 사용된다, 창 4:10). 츠아카/즈아카(צעקה/זעקה)는 흔히 도움의 호소를 뜻하고, 예를 들어 하박국 1:2과 예레미야 20:8에서처럼 종종 "폭력"(חמס-하마쓰, 참조. 17절)으로 인한 도움의 호소를 의미하지만, 여기서는 욥은 그의 고난으로부터의 어떤 구원을 기대하지 않고 오로지 사후 결백 선언의 필요성에만 집중한다. 결백 선언을 얻을 때까지 "피의 부르짖음으로 세상을 떠돌게 하라"(모파트)는 그의 탄원이 쉬지 않기를 바란다. "부르짖음"에 대해서는 G. Hasel, *TDOT* 4:112-22; R. Albertz, *THWAT* 2:568-75를 참조하라.

19 욥은 "지금조차도"(גם-עתה-감-아타) 하늘에 그의 인격에 대한 "증인"이 있다고 말할 때 자기의 결백 선언이 그의 죽음에 수반될 필요는 없음을 뜻하고 있는 것이 분명하다. 하늘은 그의 결백에 관한 사실을 이미 알며, 원하기만 하면 지금 여기서 그의 결백을 입증할 수 있을 것이다. 이 "증인"은 누구인가, 혹은 무엇인가? "증인"은 데이빗슨이 말하듯이 "단지 욥의 결백을 아는 사람이 아니라 그것을 증명하고 그것이 인정되는 것을 확인할 자를 뜻한다." 하늘에서 누가 그러한 역할을 하는가?

많은 이들은 하나님이라고 대답할 것이다. 결국에는 "증인"으로 나타날 분이 하나님이라는 것에는 모두 동의한다(참조. 42:7-8). 그런데 지금 욥이 생각하는 바가 그것인가? 만일 그렇다면 하나님이 파렴치한 그의 공격자이며, 동시에 그 공격자에 대한 궁극적 복수자라는 미묘한 생각을 욥이 표현하고 있는 것이리라. 이 관점에서 보면 하나님이 하나님을 향해 "증인"으로 일어서실 것이며 그분이 정당하게 대하지 않을 욥을 위해 원수를 갚으실 것이다(비슷하게 도름, 로울리, 포어러). 따라서 "욥은 그가 지금까지 그의 파괴적 행위를 묘사한 원수 하나님에 대항하여 똑같은 하나님에게 이번에는 경건한 자들의 증인과 보증인으로서 호소한다"(헤세)고 말해질 수도 있다. 그러나 우리가 그러한 역설들을 허용할 수 있을지라도, "욥 안에서 이런 확신이 어디에서 오는가?"라고 물을 수 있다. 앞에서 욥에게서 들은 바는 모두 욥에게는 하나님이 그에게 가하신 피해를 보상해 줄 그의 의지에 대해 놀라울 정도로 확신이 결핍되어 있음을 보여 주었고, 그의 현재 연설의 그 어느 것도 그가 그것에 대해 다시 생각하게 되었음을 암시하지 않는다. 그 증인의 역할이 하나님과 인간 사이를 **중재하는 것** 같다는 21절의 내용은 그 "증인"을 하나님으로 보는 것을 한층 더 뒤흔든다.

그러나 그 증인이 하나님이 아니라면 하늘의 다른 어떤 존재일 수 있다고 믿는 것도 역시 어렵다. 엘리바스는 응보의 인과 고리에서 욥을 구해 줄 수 있는 어떤 천상의 존재가 있을 수 있다는 생각을 비웃었고(5:1), 욥 자신은 아마도 엘리바스가 옳다고 믿을 것이다. 이 주제에 관해 한층 더 중요한 문장은 하나님과 인간 사이에 서서 그들 모두를 화해로 이끌 중재자가 없다는 (사실에 반한 소원의 형식으로 된) 욥 자신의 분명한 진술이다(9:33). 그러한 역할은 여기 증인의 기능과 똑같지는 않지만 아주 비슷하며, 욥이 이제는 그러한 존재가 있다고 자신을 믿게 할 만한 천상의 관료에 관한 새로운 계시를 얻은 것도 아니다. 커티스의 주장과는 다르게(J. B. Curtis, "On Job's Witness in Heaven," *JBL* 102(1983) 549-62), 여기에는 최고신에 대항하여 욥의 소송 사건을 수행해 줄 개인 신에 대한 암시가 전혀 없다(또한 "원문주해" 16:20.a를 보라).

사실은 하늘에는 개인적 "증인"이 **전혀 없다**는 것이다(따라서 그렇게 제안될 수 있다). "지금은" 하늘에 있고 대화가 시작되기 전에는 없었던 것이란, 결백하다는 욥 자신의 항의와 하나님께 자신에 대해 해명하시라고 요구하는 그의 정식 진술이다. (JB의 "내 자신의 탄식이 하나님 앞에서 나의 지지자다"는 같은 선상에 있다. 그러나 하나님 앞에 그의 증인으로 일어서는 것은 정확히 그의 **탄식**이 아니라 오히려 결백하다는 그의 확언이다.) 욥은 자신을 하늘로 향하게 함으로써, 비록 아직은 응답 받지 못했고 그의 생애에 어떤 응답도 기대하지 않지만, 그의 결백에 관한 진실이 하늘 법정에 언질되었음을 확실하게 했다. 그것은 거기에 제출되었고, 욥의 인격에 대한 그의 영구한 증인으로 머문다. 그가 흘린 피와 하나님에 의한 그의 살해는, 재판이 열릴 때 그가 오심의 희생이 되었다는 최종 증거 자료가 될 것이다. 또한 19:25의 "옹호자"에 관한 부분을 보라.

20 본문은 히브리어로는 난해하지만 그럼에도 불구하고 하나의 일관된 의미가 분간될 수 있을 것이다. 하늘의 "증인" 주제가 계속되는데, 다만 이제는 그 증인이

대변인으로서 "설명자" 혹은 "매개자"라 불린다(מליץ – 말리츠, 창 42:23; 대하 32:31; 사 43:27; 잠 10:2에서처럼; 특별히 욥 33:23에서는 대변인이 천상의 존재다). 이 대변인은 욥의 주장을 대표하고 하나님으로부터 욥의 결백 선언을 재촉한다. 그러면 이 대변인은 누구인가? 하나님 자신은 이 사건이나 욥의 의의 문제에는 전혀 관심이 없고, 또한 하나님을 대신하여 일할 수 있는 천상의 중재자 혹은 심판도 없다(9:33). 욥을 대변할 수 있는 것은 오로지 여기서 레아이(רעי)의 의미인 듯한 욥 자신의 부르짖음이요 그의 "절박한 말"이며(도름), 그것이 바로 듣는 데 관심 있는 사람이 있든 없든 하늘 영역에서 일어나고 있는 일이다. 이제 그를 변론하는 것은 정의를 요구한 그의 외침이요, 13장의 그의 법적 호소다. 그것은 그가 죽기까지 들려지지 않을, 18절의 복수에의 호소가 아니다. 욥은 죽기 전이든 후든 결백 선언의 희망을 갖고 있지 않으나, 그렇다고 그가 그것에 대한 권리를 갖고 있지 않다거나 그것을 요청하기를 중단할 것을 뜻하지는 않는다.

그의 권리를 얻을 때까지 욥은 잠 못 이루고 고대하며 기다린다. 그는 애원하느라 하나님에게 "눈물을 쏟아 놓는" 것이 아니며, 지금조차도 그가 당하는 고통 때문에 우는 것이 아니다(16절). 오히려 그는 자신이 마땅히 받아야 할 인정이 오기를 계속 주시하고 대기한다 – 비록 그것을 얻을 가망이 없다고 믿을지라도! 종의 눈이 주인의 손을, 여종의 눈이 주모의 손을 주시함같이(123:2), 욥은 하나님을 주시한다 – 긍휼이 아니라 공평을 바라며.

21 욥의 울음이 하나님 존전에 들어감의 목적과 결과(브요카흐〈ויוכח〉는 최종 **바브**를 가지고 있다)는 인간 영역에서 사람이 자기 입장을 변백할 수 있는 것처럼 그것이 신의 영역에서 한 사람의 입장을 계속 변백하리라는 것이다. 욥은 하늘에 들어갈 수 없고, 무력으로 하나님을 자신과의 법적 논쟁에 끌어들일 수 없으며, 그분을 찾거나 그분의 보좌에 나아갈 수도 없지만(23:3), 그분의 증언을 기록해 두어 – 물론 철필과 연으로는(19:23-24) 아니다 – 그것이 그를 위해 그의 입장을 변호하게 할 수 있다("변백하다"에 대해서는 13:3에 관한 부분을 참조하라). 그에게는 하나님이 들으실 것이라는 확신이 없지만(9:16; 대조. 19:25), 하나님에게 한 도전의 말들은 이미 말해졌고 이제 철회될 수 없다. 그 말들은 자체적인 독립 존재성 같은 것을 가지고 있다. 그들은 실재이며, 욥 자신이 존재하든 그렇지 않든 존재한다. 그리고 그들은 비록 하나님과의 직접 대면의 빈약한 대용이기는 하지만 그의 주장을 앞으로 가져갈 것이다.

이 절을 이렇게 해석하는 것이 가까운 문맥의 상황에 나오는(19-20절) "대변인"

표상을 발전시키며, 이 절 구문을 가장 타당하게 다루는 것이다. 그 대변인은 "하나님과의 논쟁에서"(문자적으로는 "하나님과"〈עִם־אֱלוֹהַּ – 임-엘로하〉) "한 사람 즉 욥을 대신하여"(לְגֶבֶר – 레게베드) "변백한다"(יוֹכַח – 요카흐). 그 변백은 어떤 "사람"(בֶּן־אָדָם – 벤-아담)이 "자기 친구를 대신하여"(לְרֵעֵהוּ – 르레에후) 하는 변백과 비슷하다(비교의 "그리고"; "원문주해" 16:21.a을 보라). 참조. NIV, "사람을 대신하여 그(나의 중보자)는 사람이 자기 친구를 위해 간청하듯이 하나님에게 간청한다"; JB, "이것이 내가 하나님 앞에 설 때에 사람이 자기 동료를 위해 간청할 것처럼 나를 위해 간청하게 하라"; 비슷하게 포프. 이 절의 처음 절반 부분에는 세 명의 당사자, 즉 그 사람, 그의 지지자 그리고 대적자가 있고, 두 번째에는 두 명 즉 그 사람과 그의 지지자가 있다. 그러나 많은 이들은 거기의 논쟁을 그 사람과 그의 "이웃"(레에후〈רֵעֵהוּ〉는 "친구" 또는 "동료인"을 의미할 수 있음) 사이의 것으로 보았다(RV, RSV, NEB, NAB, NJPS, 덤, 드라이버-그레이, 도름, 호르스트, 바이저, 포어러, 로울리, 고디스, 헤세, 테리앙, 시크레 디아즈 그리고 알론조 쉐켈 등이 그렇다). 이것은 받아들이기 어려운 독법이다. 왜냐하면 사람과 그의 이웃 간의 일을 결정하는 것은 천상의 지지자가 아니며(그 정체가 무엇이든지), 또 "그의 이웃을 위하여"는 이 시행의 첫 번째 절반에 있는 "사람을 위해"와 좀더 자연스럽게 병행하기 때문이다. 문제의 "이웃"을 친구들 가운데 한 명(피크에 따르면 엘리바스) 혹은 집합적으로 친구들 전체(그레이)로 보는 견해는 똑같은 이유로, 그리고 욥은 하나님에게처럼 친구들과 법적 논쟁에 관여하고 있는 것이 아니라는 사실로 인해 실패한다.

19절의 하늘 증인을 하나님이라고 믿는 이들은 여기서 욥이 하나님 자신을 대항하여 그의 입장을 변호해 줄 하나님에게 신뢰를 두는 모습을 보도록 강요되는데, 로울리는 이를 "과감한 생각"이라 말하지만, 오히려 있음직 하지 않게 역설적인 생각이다. 포어러는 욥이 "하나님에게 그 자신의 성격과 정의의 수호자로서의 그의 참된 의무를 생각해 보시라고 요구한다"고 믿으면서, 예레미야 31:20과 호세아 11:8-9이 하나님에 관한 유사한 언설들을 제공한다고 제안한다. 그러나 그 두 경우 모두에서 하나님이 자기 안에서 느끼는 요구들의 충돌에 대한 그분 자신의 표현으로 긴장이 그려진다. 그것은 이 곳의 상황과 아주 다른 것이다. 왜냐하면 욥이 만일 자기의 소송 사건의 수행을 자신에게 적대적이라고 일관되게 묘사했던 하나님에게 맡겨야 한다면, 그는 그 일을 즉시로 포기할 것이기 때문이다. 그것은 그가 하기에 불가능한 일이다.

22 욥이 자기의 "부르짖음"을 기록으로 남겨야 한 것(20절)은 그의 임박한 죽음

때문이다. 그렇지 않고 그것이 더 길게 남았다면 하나님에 의해 대답될 법적 소송이 없었을 것이고, 또 그가 죽은 후 하늘로 올라갈 복수의 외침(18절)도 없었을 것이다. "수 년"이라고 말하게 하는 긴박성은 복수를 바라는 욥의 조바심이 아니요, 그가 명예를 회복하기 위해 할 수 있는 일은 무엇이라도 그의 죽음 전에 남은 짧은 시간 안에 행해져야 할 것이라는 그의 확신이다.

욥은 다른 곳에서는 그의 날은 아무런 소망도 남기지 않고 그 끝에 이르렀으며(7:6), 그의 날들은 단지 한 숨에 불과하고(7:16), 그는 곧 먼지 속에 누울 것이며(7:21), 그의 날은 급사보다도 더 신속히 달아나 버렸고(9:25), 그 날들이 거의 없으며(10:20), 자신의 인생은 사실상 끝났다고 여기는 인상을 우리에게 주었는데, 여기서 그의 인생이 "몇 년"(문자적으로는 "수 년") 남았다고 말하는 것을 듣는 것은 이상하다. 수정은 만족스럽지 않고, 우리는 다만 욥이 자신의 질병을 분명히 치명적이지만 곧바로 죽음을 초래하는 것은 아니라고 생각하고 있음을 받아들여야 한다(데이빗슨).

그가 돌아오지 않을 길이란 물론 스올로 가는 길이며, 아마도 시체가 매장지로 옮겨지는 그 길로 생각된다. 유사한 어구가 타무스(Tammuz)에게 바치는 바벨론의 한 찬송시에 나온다: "돌아옴 없는 길"(*uruḫ lā tāri*: H. Zimmern, *Sumerisch-babylonische Tamūz-Lieder*[Leipzig: Teubner, 1907] 204, no. 1, line 12). 참조. 지하세계에 대한 바벨론식 표현 "돌아옴 없는 땅"(*irṣit lā tāri*, *ANET*, 106)과 욥기 7:9-10; 10:21을 보라.

17:1-16 욥은 자신의 주장이 옳다는 것에 대한 확신이 있지만, 그가 살아서 자신의 결백이 입증될 것이라고는 기대하지 않는다. 이전 모든 연설들에서처럼 그는 결국 죽음의 정관으로 옮겨 가는데, 그것이 그의 미래에 유일하게 확실한 것이며, 그는 그것이 가까이 왔음을 느끼기 때문이다. 이 장 전체는 "희망"과 "절망"의 대비를 중심 주제로 한다: 1절에서는 희망의 부재가 죽음의 임박함의 언어로 표현되며, 13-16절에서는 그것의 부재가 죽음에 가깝다는 그의 느낌으로 설명된다. 이 지배적인 절망감의 표현들과 섞여 친구들과 거룩한 척하는 의인들 일반에 대한 다소 신랄한 비판이 있다. 사고의 흐름이 여러 부분에서 모호하며, 여러 구절들의 정확한 의미가 수수께끼로 남아 있다.

1 16:22을 욥이 아직 살 몇 년이 있다고 생각하는 것이라고 바르게 이해하면, 여기서 욥은 자신을 글자 그대로 물리적으로 죽음의 순간에 있는 것으로 여기지 않는 것이다. 그러나 치료 불가능한 것 같고 조만간 죽음에 이를 뿐인 그의 물리적

고통은 별 문제로 하고, 심리적으로 그는 죽음에 사로잡혀 있다. 왜냐하면 그의 결백 항의가 아무리 큰소리로 외쳐진다고 해도, 모든 외적 현실－하나님, 그의 친구들, 인간 전체, 지혜의 가르침, 심지어 그 자신의 신체 모양(16:8)－은 그의 죄의 증인들로 그의 반대편에 서 있고, 또한 그가 어쩔 수 없이 관련된 그 불공평한 대립이 그의 정신적 에너지를 너무 고갈시켜서 그는 산 죽음을 경험하고 있기 때문이다. 그의 생명력이 글자 그대로 고갈되지 않은 것은 그의 무덤이 아직 파지지 않은 것과 같지만, 그에게 끊임없이 밀어닥치는 현실이 그는 이미 죽었다는 인식인 때에 그 진부한 문자적 진의가 무슨 문제가 되겠는가?

그의 영(רוח－루아흐)은 "짓밟혔다"(חבל－하발, 푸알, 문자적으로는 "파괴되었다"). 이것은 RSV, NAB, NIV의 "내 영혼이 부서졌다"가 암시하는 것같이 그가 단순히 희망을 잃었다는 것을 뜻하지 않는다. 오히려 루아흐(רוח)는 인간에게 에너지를 부여하는 활력을 표현하는 생명력이요 기운이다(R. Albertz and C. Westermann, *THWAT* 2:726-53[735]). 그런 루아흐(רוח)는 "침체될" 수 있고(שפל－샤팔, 사 57:15〈"겸손한"이 아님〉), "짓밟히고"(דכא－다카, 사 57:15〈"잘못을 뉘우치는"이 아님〉), "맞고"(נכאה－느케아, 잠 15:13; 17:22; 18:14), "부서지고"(שבר－시베르, 사 65:14; 시 51:19[17]; 잠 15:4), "희미해지거나" 혹은 "쇠약해질"(כהה－케헤, 사 61:3; 겔 21:12[7]) 수 있다. 현재의 용법은 은유적으로 생명력 박멸로 표현되는 기력 상실을 의미하는 이 어군과 조화된다. 본질적으로 약하고 짓밟혀 죽을 수 있는 것으로서의 생명 표상은 앞에서 4:19; 5:4; 6:9(דכא－다카: 참조. 또한 19:2; 34:25)과 9:17(שוף－슈프) 등에 나왔다. 날들이 "꺼져 버린다"는 심상도 같은 취지다(자아크〈זעך〉는 오직 여기서만 사용되고, 다아크〈דעך〉의 한 이형이 18:5, 6; 21:17; 잠 13:9; 20:20; 24:20에서 악인의 빛이 소멸되는 것에 사용되며, 사 43:17에서는 원수들의 소멸과 "심지처럼 꺼짐"에 대해 사용되고, 욥 6:17에서는 색다르게도 물이 말라 버림을 가리킨다). 어두움이 죽음의 어둠의 전조로서 그에게 다가오고 있다(참조. 16:16에 관한 부분, 그리고 빛과 어두움이 함께 나오는 이미지에 관해서는 3:4-6, 9, 16, 20, 23; 5:14; 10:21-22; 11:17; 15:22, 23, 30 참조).

2 그를 둘러싼 조롱을 보는 것이 그의 영의 낙망의 이유가 된다. 욥이 구체적으로는 그를 위선자로 혹평하는 것이고 그의 의를 부정하는 것인 조롱을 견뎌야 하는 것은 기운을 쇠약케 하는 경험이다. 그는 구체적으로 대화의 친구들을 가리키지 않고, 이전에 그의 친구들이라 믿었던 모두를 가리킨다(12:4에서처럼). 또한 그가 당하는 조롱이 반드시 거친 형식으로 표현된다고 가정되지도 말아야 한다(그러나 참

조. 30:1-15). 그는 자기가 보다 행복한 시절에 악인들이기에 고난을 당한 것으로 본 사람들을 경멸했던 것처럼, 경건한 무리들이 틀림없이 자신를 경멸하고 있음을 당연시한다. 그가 약한 사람들과 비틀거리는 사람들을 도운 것(4:3-4)이 정말이지만, 현인들 가운데 한 사람으로 그도 분명히 자신이 지금 그 효력에 괴로움을 당하고 있는 – 다른 이들이 보기에 – 응보의 처벌에 대한 똑같은 신념을 공유했을 것이다.

그를 둘러싼 "조롱"과 "적대"에 대한 그의 언급은 탄식하는 시편 시인의 언어다. 이와 다르게 지혜 신앙에서는 "조롱자" 혹은 "멸시자"는 바른 행위를 경멸하는 악인들이다(잠 1:22; 9:7; 14:6; 시 1:1 등; 소발도 욥을 그렇게 대한다, 11:3). 그러나 탄식의 언어에서 보면 조롱은 대개 의인들의 고난에 대한 악인들의 반응이다(시 22:8[7]; 35:15-16; 참조. 욥 12:4 *q.v.*). 계속되는 울음의 결과인 쇠약함 사상도 그 본원을 탄식에 갖고 있다(יגע – 야가, 시 6:7[6]; 69:4[3]; 참조. 또한 욥 16:7〈여기처럼 לאה – 라아〉).

3 그 주변에 있는 이들이 모두 그가 정당하게 벌을 받고 있다고 주장하는 조롱자들이라면, 그가 결백을 항변할 수 있는 유일한 방향은 하늘을 향하는 것이다. 비록 그가 하나님의 이름을 사용하지 않고, 또 이 절들이 이 연설에서 아마도 하나님에게 향한 유일한 말일지라도(그러나 16:7-8에 관한 부분을 보라), 3-4절은 정말로 하나님을 향해 있는 것 같다. 그가 자신의 결백을 확실하게 하는 길은 만일 그가 유죄로 판명되면 상실될 "담보"를 제공하는 것이다.

담보(עֵרָבוֹן – 에라본, 또는 하볼〈חֲבֹל〉, 아보트〈עֲבוֹט〉, 혹은 아브티트〈עַבְטִיט〉)란 차용자가 채권자에게 그의 빚을 갚겠다는 보증으로 맡기는 반지나 의복 같은 개인 소유물이었다(참조. 창 38:17, 18, 20; 신 24:10-14; 출 22:25-26[26-27]). 사람도 "보증"이 되어 타인의 채무에 법적 책임을 질 수 있었다. 그런 보증인은 채무가 이행되지 않으면 노동력으로 그 빚을 갚는 자식일 수 있고, 혹은 형제(참조. 창 43:9; 44:32, 유다가 베냐민 목숨의 보증인이다), 혹은 독지가(참조. 잠 6:1; 11:15; 17:18; 20:16; 22:26; 27:13, 다른 사람의 보증인이 되지 말라고 경고된다)일 수 있다. G. A. Barrois, Debt, Surety, *IDB* 1:809-10; 4:446; A. Abeles, Der Burge nach biblischem Recht, *MGWJ* 66(1922) 279-94; 67(1923) 35-53를 보라.

욥은 빚지지 않았지만 하나님에 의해 공격당했다(16:7-14) – 이는 언뜻 보면 유죄의 증거다. 그는 땅이나 하늘이나 그의 편을 들어 그의 결백의 보증으로 자신을 바칠 이가 아무도 없는 곤궁한 처지에 있다. 오직 그 자신과 그의 결백 선언(참조.

16:17a)만이 담보가 될 수 있다(도름이 생각하는 것과 다르게 그의 담보는 그의 고난이 아니다). 왜냐하면 그 밖에 어느 누구도 자신을 "보증"으로 허락하지 않을 것이기에, 혹은 욥을 대신하여 담보를 제공하지 않을 것이기 때문이다(3b절구). 그러므로 그는 하나님에게 그를 그 자신의 담보로 받아 달라고 요구해야 한다-거의 가망 없는 일이지만, 욥에게는 대안이 없다.

물론 16:19, 21에서 자신의 반대편에 가담하는 하나님, 즉 용사 하나님과 충돌하는 자비의 하나님에 대한 암시를 본 사람들은 여기서 하나님에게 욥의 보증인이 되어 달라는 호소를 발견하려고 한다(NEB, "당신이 내 보증이 되어 주옵소서"; NJPS; 비슷하게 포어러, 로울리 등). 그러나 욥이 자신이 경험한 적대적인 하나님이 그런 보호의 역할을 할 것을 바라는 것은 어둠 속에서 휘파람을 부는 것일 것이다. 욥이 살아 있든 그렇지 않든 그의 결백 진술서가 하늘 법정에서 그의 입장을 변호하도록 허락해 달라고 요구하는 것은 충분히 모험적인 것이다(참조. 16:21-22). 따라서 JB의 번역을 따라야 한다: "당신은[자신은] 나 자신의 보증을 받아들여야 합니다." 여기서 담보 모티프 뒤에 있는 논점은 욥이 결백하다는 최종 선언이라는 점이 강조될 필요가 있다(호르스트는 이에 반대다). 그것을 그로부터 하나님의 진노를 일시적이나마 제거하는 보석금 같은 것으로 보지 말아야 한다. 왜냐하면 욥은 비록 지금 여기서 신의 질식시킴과 공격에서 벗어나고 싶어하지만(7:16b, 19; 9:34; 10:20b; 13:21; 14:21b) 그의 명예가 회복되는 것을-그가 살아서 그런 사건을 목도할 것이라는 희망을 전혀 갖고 있지 않을지라도-훨씬 더 많이 열망하기 때문이다(9:2; 10:2; 13:15b, 23).

4 아무도 욥의 편에 서지 않고 모두가 그를 그의 운명에 맡겨 버리는 이유는 그를 아는 모든 이(단지 대화하는 세 친구만이 아니라)가 그들의 판단력을 잃었기 때문이다. 그것은 전적으로 그들의 잘못일 수만은 없다. 왜냐하면 그들이 욥은 오심받은 무고한 사람이라는 진실을 받아들일 수 없다면, 그 이유는 오로지 적대적인 하나님이 욥이 기대할 수 있었을 자연스런 동정으로부터 그를 고의적으로 격리시키셨다는 것일 수 있기 때문이다. 6:15-21에서 그는 친구들이 동료애와 충성이 없다고 비난했지만 이제는 친구로서의 그들의 실패에 대한 이유를 찾았다고 믿는다: 그들의 판단력이 하나님에 의해 굽어졌다. 마소라 텍스트의 "당신은 이해력으로부터 그들의 마음을 은폐시켰다"는 "당신은 그들의 마음으로부터 이해력을 은폐시켰다"에 대한 환치법의 사용이다. 사용된 모티프는 하나님이 눈을 멀게 하시거나 혹은 그 마음을 굳게 하시는 것 혹은 사람들에게서 자연 감각을 빼앗아 버리시는 것이다

(참조. 사 6:10; 44:18; 욥 39:17). 욥의 지인들에게 결핍된 이해력은 욥의 참된 결백에 관한 것이다. 그에 대한 반대 증거에도 불구하고, 욥은 그것을 인정하고 긍정하는 것을 그의 친구들이 소유한 것보다 훨씬 더 높은 지혜의 표시라고 불렀다(12:3; 13:2).

하나님이 사람들의 정신을 이해하지 못하도록 막는 것이 어떻게 하나님이 "그들로 하여금" 욥을 "이기지 못하게"(RSV 등) 하실 이유(עַל־כֵּן – 알-켄, "그러므로")가 되는지 분명하지 않다. 왜 하나님은 다른 이들이 욥의 의를 인정하지 못하게 하면서도(아마도 정확한 응보 교리에 대한 그들의 애착을 통해서) 욥을 불의하다고 비웃는 그들의 조롱이 실패하게 하시는가? 또 하나님이 전자를 행하신 사실이 왜 그가 후자를 해야 하는 이유가 되어야 하는가? 오는 모든 이들에게 하나님의 최종 변호에 대한 동기 없는 확신의 표현이 이 시점에 욥의 입에서 나오는 것은 적당한 것 같지 않다고 말해져야 한다. 그리고 "그들로 승하지 혹은 기뻐하지 않게 하소서"라는 동사 자체도 그를 "둘러싼" 자들(2절)과 관련해서 보면 맞지 않는 것 같다. 세 친구들과의 논쟁의 결과와 관련해서 보아도 완전히 타당하지 않을 것이다. 이런 이유로 그 어구(לֹא תְרֹמֵם – 로 테로멤, "당신〈하나님〉은 높여지지 않을 것이다"〈혹은 않는다〉)를 뜻하는 것으로 보는 것, 바꾸어 말하면 하나님의 명예는 "지각 없는" 조롱자 무리와 연대하여 욥을 공격한다고 하여 높아지지 않는다고 보는 것이 더 좋은 것 같다.

5 이 애매한 구절의 가장 좋은 해석은 그것을 식료품 저장실이 텅 비어 있어 자기 자식들은 굶고 있는데 친구들을 연회에 초대하는 허세 부리는 사람에 대한 유명한 격언으로 보는 것이다. 그런데 그 격언이 향해지는 "그"는 누구인가? 욥을 조롱하는 모든 이들은 정확한 상황 지식을 가지고 있다고 주장하지만, 그들의 지성이 닫혔기 때문에 그들의 지적 찬장은 텅 비어 있다. 그러나 하나님이 정작 헌신적으로 도우셔야 할 "자녀들"(즉, 욥!)은 그들이 가장 필요로 하는 것 즉 희망이 부족한데, 그의 "친구들" 즉 응보 교리 편에 가담하는 모든 이들을 욥에 대한 의로운 분노에 탐닉하라고 부르시는 허세가로 제시되는 것이라고 보는 것(비슷하게 부드, 키산, 포어러)도 가능하다. "눈이 약해지다"라는 표현에 대해서는 11:20에 관한 부분을 참조하라.

6 이 절은 2절의 주제로 돌아가고, 그 다음 절은 1절의 주제를 재개한다. 하나님의 도움에 대해 욥이 가질 수 있었을 정당한 기대와 방임되어 조롱에 노출되는 현실 사이에는 어떤 대비가 있을 수 있다(포어러가 그렇게 본다). 욥의 고통을 제

시하기 위해 다시 한 번 탄식 양식이 사용된다. 시편의 탄식자는 자신을 악인들 사이의 웃음거리(משל – 므숄), 성문 어귀에 앉아 빈둥대는 이들의 화제 거리, 주태백이들의 조롱 짓거리 대상으로 묘사한다(시 69:12-13[11-12]; 참조. 44:15[14], 공동체의 탄식, "웃음거리"가 "머리를 흔듦"과 평행한다[참조. 욥 16:4에 관한 부분]). "욥은 이웃 사람들 축에 끼게 되고, 그의 고난 이야기가 그들에게 대역 죄인으로 소문나 그들은 '욥처럼 큰 죄인'이라는 표현을 쓴다"(그레이). 비슷한 표현들에 대해서는 30:9; 신명기 28:37; 열왕기상 9:7; 역대하 7:20; 예레미야 24:9을 참조하라. 그의 오명은 그를 아는 사람들을 넘어 "백성들"(עמים – 아밈)에게로 퍼진다. 참조. NEB의 "모든 땅에서 웃음거리". 사람 얼굴에 혹은 아마도 단순히 사람 앞에서 침을 뱉는 것은 분명히 가장 심한 경멸의 표현이었다(30:10; 신 25:9; 사 50:6; 마 26:67; 27:30; 막 10:34; 14:65; 15:19). 다름 아닌 하나님이 욥에게 고난을 가하심으로써 그에게 이런 운명을 만들어 냈다. 비록 "그가 두었다"라는 동사에 대해 어떤 주어도 표현되지 않았고, 일부는 그것을 "나는…되었다"를 뜻하는 비인칭 동사로 여기지만(참조. JB, NEB, NAB) 하나님을 주어로 보는 것이 가장 좋다.

7 16:16에서는 욥의 눈꺼풀이 죽음의 어둠으로 그늘졌었다. 이 곳의 표상은 내적 스트레스(카아스〈כעש〉는 5:2과 10:17에서처럼 "분노"가 아니라 6:2에서처럼 "심신의 고통"이다)의 결과에 따른 자연적인 물리적 힘의 쇠퇴다. 다른 곳에서는 눈은 나이가 들어서(창 27:1; 신 34:7) 침침해진다(כהה – 카하; 오히려 아마도 "약해지다, 무표정이 되다"[KB[3]]). 그러나 그 동사는 폭력으로 멀게 된 눈에 대해서도 사용된다(슥 11:17). 이것은 여전히 탄식의 언어다(참조. 시 6:8[7], "내 눈이 근심〈עשש – 아쉐쉬〉으로 인하여 쇠한다〈כעס – 카아쓰〉"=31:10[9]). 그의 눈의 약함은 그의 사지의 약함, 그것이 거의 실체가 없음과 같다(참조. 또한 1절에 관한 부분). 그것들이 그림자가 되었다(혹은 아마도 "…로 쇠하여 버렸다", NEB)고 하는데, 그림자는 흔히 덧없음에 사용되지만(8:9; 14:2; Ps 102:12[11]; 109:23; 144:4; 전 6:12) 부자연스럽지 않게 비현실성 혹은 비실재성을 표상하는 이미지다. 우리는 16:8에서 그의 수척함에 대한 언급을 만났다. 흥미로운 한 가지 가능성은 이 행이 앞선 행의 생각을 전달하게 하여 "모든 모습이 네게는 그림자 같다"라는 번역이다(NJPS): "그의 눈이 너무 침침해서 그가 보는 사물들이 그림자처럼 눈앞에서 아른거린다"(피크). 더 자세한 것은 "원문주해" 17:7.a를 보라.

8 많은 주석가들은 8-10절(혹은 8-9절)을 욥과 전혀 맞지 않고 또 탄식하는 생

각의 연속을 방해하기 때문에 위치가 잘못된 것으로 본다(11절이 7절 뒤에 곧바로 오는 것이 얼마나 잘 어울리는지 보라). 덤, 피크, 그레이, 포어러, 헤세, 드 빌드 등이 그렇다. 그들은 자신들이 식별하는 것에서는 옳지만, 그들이 제시하는 것에서는(삭제 혹은 다른 곳으로 이동시킴) 틀리다. 욥의 입에 어울리지 않는 말들이라도 만일 그가 상대방을 인용하고 있거나 그가 반어적으로 말하고 있는 것이라면 여전히 그의 말일 수 있다. 놀랍게도 여기서 아이러니를 알아보는 학자들은 매우 적다(에얼리히, 앤더슨, 하벨). 아주 미묘한 아이러니가 있음이 사실이다: 경건한 자들의 표적인 "불경한" 사람은 욥의 흠 없는 결백의 반어적 전도이며, 반면에 "정직한" 사람과 "죄 없는" 사람은 반어적 용어들이 아니다: 이중 아이러니는 이들이 적절한 용어들이라는 것이다. 이런 호칭을 지닌 자들은 고상한 사람들로, 그들의 결점은 그들의 마음이 아니라 그들의 머리에 있다. 욥은 그들의 경건에 대해서는 아무것도 반대하지 않지만, 그들의 지성의 결핍은 멸시한다(10절).

정직하고 죄 없는 사람들이 경악하는 것은 욥의 현재 상황이다("이것"). 그들은 이사야 52:14에서 여호와의 종의 고난에 경악하는 "무리"처럼 하나님의 심판을 증명하는 재난에 대해 인습적인 경건의 반응인 소름끼침을 경험한다(샤멤〈שׁמם〉에 대해서는 16:7에 관한 부분 참조; 그리고 F. Stolz, *THWAT* 2:970-74를 보라). 우리는 아직도 6절의 "웃음거리"와 침 뱉음의 세계에 있다. 여기서의 차이점은 이제는 그 조롱자들이 누구인지 분명하다는 것이다: 그들은 단순히 사람들 일반 혹은 "민족들"이 아니라 의로운 사람들이다. 단순히 "정직하다고 주장하는" 자칭 의인들이 아니라(GNB), 응보 관계에 한 번도 이의를 제기하지 않고 욥의 것과 같은 "충격적인" 참극들에 의존하여 그들의 도덕적 세계를 손상되지 않게 지키는 진짜로 "정직한" 사람들이다(NEB, JB). 그들은 도덕 체계가 잘 작동하고 있다고 확신하기 위해 자극제로 다른 이들의 죄와 심판을 필요로 한다. 그들은 의로운 분노로 불경한 사람들에게 "분개한다". 이 동사(התערר – 히트아레르)는 불의를 행하는 자들이 번영하는 것을 목도할 때 신자들이 그들의 마음속에서 느끼는 분노를 뜻하지 않으며(도름, 그는 시 37:1, 7, 8; 잠 24:19에 나오는 히트하레〈התחרה〉를 비교함) 악이 그들의 원수를 덮칠 때 의인들이 경험하는 "환희"도 아니고(히트아레르〈התערר〉가 31:29에서 뜻하는 것), 마땅한 재앙이 불경한 자에게 임할 때 옳은 편에 있다는 흥분을 뜻한다.

이 절의 관점은 욥의 대적자들의 관점이다. 따라서 욥은 그들의 용어로 "경건하지 않은 자"로 불리는 사람이다(חנף – 하네프, 8:13; 13:16; 15:34에서처럼). 그런데 "정직한 사람"은 복수인 반면(ישרים –예샤림), "죄 없는 사람"은 단수인데(נקי –나키), 그 이유는 "죄 없는 사람"은 그 "경건하지 않은" 사람 욥과 관련이 있기 때문이다.

9 대부분의 역본들과 주석가들은 8절과 9절 사이에 대조가 있다고 가정한다(RSV, "정직한 사람들은 놀란다…그러나 의로운 사람은 그의 길을 굳게 지킨다"; 참조. NAB, NIV). 만일 이것이 8절의 정직한 자들(복수)과 9절의 의로운 사람(단수) 사이의 대조라면, 바로 욥이 만인의 불인정에도 불구하고 "그의 길을 굳게 지키는" 즉 그의 온전함을 지키는 사람일 것이다. 이것이 가능성 없는 해석인 것은 이미 8절에서 욥을 반대하는 자들에 대해 단수가 사용되었기 때문이고, 또한 (보다 효과적으로) 욥이 활력과 에너지 상실을 비탄해하는 바로 그 연설에서(16:7-8; 17:1, 7을 보라) 자신이 "힘을 얻는다"고 말할 것 같지 않기 때문이다. 아마도 RSV 및 유사 번역들에서 의도된 대조는 의로운 사람들이 욥을 보고 경험하는 순간적인 충격과 신중하게 바른 행동을 유지하는 것 사이의 대조일 수도 있다. 그러나 그것도 역시 만족스럽지 않은 해석인 것은, 그들이 느끼는 "경악"은 그들의 생활 양식을 조금도 위협하지 않고 오히려 그것을 굳게 하기 때문이다.

그러므로 우리는 9절이 8절에서 시작된 의인에 대한 묘사를 계속하고 있다고 가정해야 한다. 그런 의인은 아마도 보다 조심스럽게 욥의 것에 맞먹는 재난을 자신에게 초래할 수 있는 죄를 경계함으로써(참조. 시 39:2[1], "나는 내 혀로 범죄하지 않도록 내 길을 지킬〈שמר –샤마르〉 것이다") 그의 길을 지킨다(אחז –아하즈). 즉 그의 정직한 생활 방식을 유지한다. 그것은 하나님의 길이 아니라(23:11에서처럼) 의인 자신이 선택한 길 같다. 불경한 사람의 고난의 광경은 그들을 동요시키기는커녕 그들의 의로움을 지키는 데 있어서 그들을 "강하게" 하는 데 이바지할 뿐이다. 욥은 그의 고난으로 쇠약해지지만(1, 7절), 의로운 사람들은 그것으로 인해 강해진다! 여기에는 악인의 운명으로 인해 참된 의미로 더욱 경건에 자극을 받는 의인의 정직함에 대해서가 아니라, 고난자는 누구든지 불경한 사람일 것이라는 그들의 확신에 문제를 제기하지 않는 그들의 지성에 대한 아이러니가 있다. 그러나 사실에 반하는 이론을 그렇게 단호하게 주장하는 것은 그 자체로 악, 즉 지적 부정직이 아닐까? 욥은 여기서 실제로 그렇게 말하지 않는다. 다른 곳에서 인간–친구들이 대표함–에 대한 그의 불평은 대체적으로 그들의 신의 없음(6:15), 쓸모 없음(13:4) 그리고 그 자신의 것보다 못한 통찰(12:3)에 근거했었다. 그러나 13:4, 7-8에서는 그들을, 그리고 그들의 지적 입장을 취하는 모든 이들을 거짓으로 하나님 편에 선다고 비난했다. 그러한 생각이 여기서도 그 배경에 자리잡고 있을 것이다.

욥은 이 절에서 자신의 입장을 말하고 있는 것이 아님을 단언하는 것이 중요하다. 가령, 데이빗슨은 다르게 생각했다: "그가 표현하는 것은 그 자신의 감정이요 결단이며, 이 구절은 아마도 욥기에서 가장 놀랍고 숭고한 것이다…어떠한 신비나 잘못이 그의 의의 길에서 그를 넘어뜨리지 않을 것이다. 인간의 정신은 사람과 하나님 모두에 상관없이 의의 길을 굳게 지킨다는 결단을 선언할 때 도덕적 숭고함의 극치에 오른다." 델리취도 "비록 잠시 동안이지만 갑자기 불붙어 이 책의 비극적 어두움 위로 치솟아 오르는 로켓"이라는 멋진 표현으로 같은 말을 했다. 그것들은 욥의 입에서 나오기에는 너무나 놀라운 말들이어서, 우리는 무리를 무릅쓰고 그가 그것들을 정말로 뜻하는 것인지 의심해 볼 정도다.

10 이 연은 하나의 연설로 끝난다. 비록 주석가들은 거의 하나같이 이 절을 친구들에게 향한 것으로 보지만, 그것을 욥의 고난에서 그의 죄의 증거를 본 의인 전체에 대한 도전으로 간주하는 것이 문맥과 더 잘 맞는다. 물론 그들의 수에 있어서는 세 친구다. 그들은 욥을 도덕적으로 판단하는 데 있어 힘을 얻을지 모르지만(9절), 그것은 그들 신학의 경박함의 증거일 것이다. 이 일에 있어서 참된 지혜는 욥이 말했듯이 그의 사건은 규범 신학이 틀렸음을 증명한다는 것을 보는 것이다. 그것을 보았기에 그는 친구들의 것보다 우월한 지혜를 가지고 있는 것이고(12:3), 또한 그들 – 그리고 그 외의 모든 사람 – 은 그것을 보지 못했기에 그들의 판단력은 분명히 하나님에 의해 굽어졌을 것이다(17:4). 의인들은 전력을 다하여 그를 공격할지 모른다(그를 대항해 "오다"). 그러나 그들은 다만 그들의 통찰력의 부족을 드러낼 것이다("나는 너희 중에서 지혜로운 자를 못 찾을 것이다").

그에 대한 그들의 공격을 새롭게 하라는 요구에 있어(문자적으로는 "돌아오라": "원문주해" 17:10.a를 보라) 말은 도전적이지만 분위기는 절망적이다. 왜냐하면 사람들이 욥의 방식으로 상황을 볼 가능성이나 하나님이 공개적으로 그를 옳다고 하여 다른 이들로 욥이 결국 옳았다는 것을 인정하시게 할 가능성이 거의 없기 때문이다. 그래도 그것은 자기 결백과 자기의 우월한 통찰에 대한 욥의 확신을 억제하지 않는다. "나는 너희 중에서 지혜로운 자를 못 찾을 것이다"라고 말하는 것은 자신을 교사 혹은 다른 이들의 신학적 지각력의 시험관의 위치에 두는 것이다. 물론 이 요구("나를 공격하라")는 조건의 수사적 제시다("너희가 공격하면", 즉 너희가 얼마나 많이 공격하더라도; GNB의 역동적인 대응 번역은 이것을 정확히 보았다: "그들 모두가 온다 해도…").

11 절망의 분위기로 빠지는 이것은 10절의 공격성과의 모순은 아니다. 왜냐하면 우리는 이제 욥의 절망이 어디에 있는지에 대해 보다 분명한 인식에 이르렀기 때문이다. 그는 그의 절망감으로 관심 갖는 것을 아예 포기할 만큼 쇠약해진 것은 아니다. 그는 아직 그 자신의 결백과 도덕 세계의 작용에 대해 자신의 경험으로 얻은 우월한 통찰을 강렬하게 믿는다. 그는 그의 친구들을 향해 냉소적이고 거들먹거릴 수 있고(16:2-5), 전통적으로 경건한 이들을 향해 오만할 수 있다(17:8-10). 그러나 그와 동시에 그는 절망 가운데 있다. 왜냐하면 자신이 죽음의 손아귀에 사로잡혀 있다는 것을 알고 그의 결백이 죽음의 이편에서 해명될 것이라는 희망을 전혀 갖고 있지 않기 때문이다.

그는 자기의 생명을 이미 끝난 것으로 간주한다(7:6; 17:1에서처럼; "그는 아직 살아갈 날들을 갖고 있다"고 하는 포어러는 이에 반대다). 아바르(עבר)는 시간과 관련되어서는 "지나다, 끝나다"를 뜻할 것이다(창 50:4; 왕상 18:29; 암 8:5). 미래에 대한 그의 계획은 부서졌거나, 아니면 끊어졌다(נתק – 나타크, 줄을 끊음에 혹은 뿌리째 뽑아 버림에 대해 사용됨, 삿 16:9; 겔 17:9). 이 연의 주제인 희망의 상실이 세워졌다.

12 히브리어 본문은 RSV가 주를 달 듯이 분명치 않은데, 단어들 자체가 어렵기 때문이 아니라 이 시행 전체의 관계가 분명하지 않기 때문이다. RSV는 RV, JB, NJPS, GNB, NIV, NAB와 함께 이 절이 욥의 고난에 대한 친구들의 태도를 나타낸다고 생각한다: 그는 곧 그의 고난의 어둠으로부터 생명의 빛을 향해 일어설 것이다. JB는 이 절 전체를 그들의 말을 인용한 것으로 본다: "그들이 말하기를 밤은 낮에게 자리를 내주고 빛은 어둠을 쫓아내려 가까이에 있다." RSV는 NJPS와 함께 첫 번째 절구를 그들의 태도의 묘사로(그들은 밤을 낮으로 만든다), 두 번째는 그들의 말로 ("'빛이 어두움에 가까이 왔다'고 그들은 말한다"). NIV는 NAB와 함께 "빛이 가깝다"는 말만 가정의 인용으로 본다("어둠에 마주쳐 그들은 '빛이 가깝다'고 말한다").

사실 친구들은 대체적으로 욥에게 그의 불행이 곧 끝날 것이라고 혹은 끝날지 모른다고 믿도록 격려했고, 소발은 실제로 욥의 인생이 대낮보다 더 밝아질 것이며, 그것의 어두움조차도 아침 빛같이 될 것이라고 말했다(11:17). 그러나 욥은 자신을 격려한다고 친구들을 비난하는 것이 아니라, 다만 자신의 결백을 인정하지 못한다고 비난한다. 그리고 어쨌든 이 장에서 가상의 방관자들은 친구들이 아니라 그의 고난의 진짜 이유를 모르고(4절) 그것을 조롱하는(2절) 고결한 사람들이다. 그들은 욥의 불경에 경악하고(8절), 욥에게 격려를 제공하는 데는 조금도 관심이 없다. 따라서 이 절이 다른 이들의 관점을 나타낼 리는 없다.

더 좋은 것은 이 절은 11절의 "계획"과 "갈망"을 부연한다고 보는 것이다(도름, 고디스, 하벨도 비슷함). 즉 밤이 낮에게 자리를 내주는 것에 의지하는 자연스런 인간의 모든 희망들이다. 그런 모든 계획들이 "박살났다"(11절). 욥은 빛을 보리라는, 즉 살 희망을 포기했다. 그의 희망은 보이지 않고 존재하지 않는다(15절). 그것이 그의 날들이 지나갔다는 것이 뜻하는 바이다(11절): 낮에게 절대 굴복하지 않을 밤이 지금 그를 둘러싸고 있다(참조. 그의 잉태의 날에 관한 그의 소원, 3:6, 9).

도름은 독창적으로 밤의 낮으로의 바뀜은 욥의 탄식의 일부였고, 11절의 열망들은 그의 생각을 떠나지 않고 그를 잠 못 이루게 하여 그의 밤들을 사실상 낮으로 만드는, 현재의 실현되지 않은 그의 바람들이라고 주장했다. 그러나 어둠이 12절에서는 잠자기에 바람직한 시간이고, 13절에서는 죽음의 상징이 되는 것은 터무니없다. 보다 설득력이 있는 것으로 12b절구를 "빛은 오직 어두움 뒤에 온다"를 뜻하는 것으로 보는 호르스트의 해석이 있는데(참조. 10:22, 빛이 어둠 같다), 이는 12a절구에 대한 관용어법에 어긋나는 독법을 수반한다: "밤이 나에게는 낮으로 정해졌다"(참조. "원문주해" 17:12.b).

13-15 이 시행들은 "만일"의 조건 절들로 시작되는 하나의 긴 문장과 같다(비록 임〈אם〉이 첫 번째에만 있지만). RSV, NEB, NIV이 그렇게 본다. 덤, 도름 및 다른 이들은 "내가 만일 스올을 바란다면…나의 희망은 어디에 있는가?"는 너무 평범한 말이라고 이의를 제기한다. 그러나 요점은 욥이 정말로 그에게서 **희망**(15절에서의 희망)을 박탈하는－임박한 죽음에 대한－**기대**(13절에서의 희망)를 가지고 있다는 것이다.

욥에게 있어 정상적인 인간의 희망은 사회적 중요성에서 발생한다. 그의 이전 삶에서 존경받고 인정받은 지도자로서의 그의 공동체 내의 지위(29:7-17)는 그에게 그의 날을 모래처럼 늘리고, 마지막에는 그의 가족들이 둘러싼 가운데 "그의 보금자리에서" 평화롭게 죽는(29:18-20) 장수와 번영의 미래를 바랄 이유를 주었다. 이제 그는 그의 가족과 지위를 모두 잃었다: 그가 상상할 수 있는 유일한 친교 대상은 지하 세계의 세력들과 그 곳에 사는 이들이며(부패가 그의 아비요, 벌레가 그의 어미요 자매라), 또한 그는 그의 거주지가 이미 스올로 정해진 사람으로서 이 세상에 더 이상 견고한 설 곳을 갖고 있지 않다. 이런 이유들로 그는 어떤 희망도 가질 수 없다.

13 스올을 집으로 보는 사상은 분명히 오래되고 널리 유포된 것이다(참조. 또한 30:23, "산 자들 모두를 위해 정해진 집" 그리고 시 49:12[11], 전 12:5). 뼈들을 때로 집 모양으로 된 유골 단지에 이차적으로 매장하는 팔레스타인의 관습은 이 사상을 반영하고 지지한다(E. M. Meyers, "Secondary Burials in Palestine," *BA* 33 [1970] 2-29를 보라). 예루살렘에서 출토된 그 같은 한 유골 단지에는(L. Y. Rahmani, "Jerusalem's Tomb Monuments on Jewish Ossuaries," *IEJ* 18[1968] 220-25 [222] and plate. 23) 실제로 "스올"(*š'wl*)이라는 비명이 새겨져 있다. 침상을 스올에 펴는 것은 시편 139:8을 상기시킨다. 그 표상은 하루의 마지막 혹은 이 경우에는 인생의 마지막 행위다. 라파드(רפד)라는 동사는 정확히 말하면 쿠션들로 "받치다"를 뜻하며(참조. 아 2:5), 아마도 몸을 말아 올린 혹은 태아의 자세를 암시한다(잠자는 자세에 대한 증거는 충분하지 않다. T. H. McAlpine, *Sleep, Divine and Human, in the Old Testament*[*JSOTSup* 38: Sheffield: *JSOT*, 1987] 85-106를 보라).

14 욥이 고대해야 하는 것은 심지어 그의 현재 상황보다도 더 나쁜 것이다. 그는 여기 땅에서 가족과의 결속을 잃었다. 스올에서는 그들과 재결합되지 않고(야곱의 말과 대조, "내가 슬퍼하며 스올로 내려가 내 아들에게로 가리라", 창 37:35), 무덤과 그것의 벌레들로 된 무시한 새 집단 속으로 들어갈 것이다(호르스트). 그는 의인화된 스올인 "부패"를 그의 아비라 부른다—죽음과의 가까운 관계(E. Jenni, *THWAT* 1:6) 및 그에 대한 그것의 위력의 표시로. "너는 내…(아비, 아들 등)이다"는 형식 문구는 법적 울림을 갖고 있다. 참조. 호세아 2:4[2]의 이혼 형식문 "그녀는 내 아내가 아니며, 나는 그녀의 남편이 아니다", 시편 2:7의 적출 형식문 "너는 내 아들이라", 그것의 대응으로 시편 89:27[26]의 "당신은 내 아버지라". 근원-인정 형식문에 가장 가까운 평행 문구는 예레미야 2:27에 있는데, 거기서 이스라엘이 한 나무에게 "너는 내 아비라" 그리고 돌에게 "네가 나를 낳았다"라고 말한다(참조. 또한 잠 7:4, "지혜에게 너는 '내 누이'라 말하고 명철에게 너는 내 친구라 부르라"). 이 형식문은 항상 새롭게 얻어진 지위를 의미하는 데 사용된다. 욥은 그의 미래 가족들을 인정하게 되었다. "구덩이"는 스올(33:18, 22, 24, 30; 시 16:10; 욘 2:7[6]) 혹은 아마도 스올의 땅 안에 있는 무덤 구덩이(참조. 잠 9:18)를 가리키는 흔한 용어다. 그 구덩이를 자기의 아버지라 부르는 것은 그것이 그에 대해 갖는 권위를 암시할지 모르지만(앤더슨), 집, 침대, 어미, 자매의 상황에서는 그가 스올의 세계에 소속되었고, 더욱이 그것과 동질적이며, 그것의 본질을 공유한다는 욥

의 느낌을 가리키는 것이 좀더 자연스럽다. "어미"와 "자매"는 주로 가족 관계를 나타내지만, 또한 연인이 자기가 사랑하는 이를 "나의 누이, 나의 신부"–흔한 셈족 표현–라고 부르는 아가 4:9-10, 12에서처럼(M. Pope, *Song of Songs*[ab; Garden City, N.Y.: Doubleday, 1977] 480-81를 보라) 애정을 의미하기도 한다.

15 만일 그의 **기대**(אקוה–아카베, 13절)가 전적으로 벌레들과의 연합에 대한 것이라면, 그것은 어떤 종류의 **희망**(תקוה–티크바, 15절)인가? 욥은 단순히 그의 생명이 끝나 가고 있다고 절망하고 있는 것이 아님을 상기하는 것이 중요하다. 그에게 죽음의 쏨이란 죽음이 그로 하여금 그 자신의 명예 회복을 목도하지 못하게 할 것이고, 그로 하여금 그것을 실현시키는 데 일조하지 못하도록 무력화시킬 것이라는 것이다. 그리고 "행복"이나 "안녕" 혹은 "유익"(טובה–토바)에 관해 말하면, 그것은 이 연설에서 그에게 명예 회복으로 이루어져 있다. 그는 물론 자신이 잃은 재산과 죽은 아이들을 두고 슬퍼하지만, 부와 가족의 행복은 무엇보다도 그가 경건하다는 증명(서)들이었다. 이제 더 이상 상상될 수(שור–슈르, "보다, 주목하다") 없는 것은 의인으로서의 그의 명예 회복이다. 7:7에서 그는 다시는 좋은 것(טוב)을 경험하거나 "보지" 못할 것이라고, 9:25에서는 그의 인생이 "좋은 것"(טוב)을 한 번도 보지 못했다고 말했다. 여기서는 그의 명예가 회복되는 것을 어느 누구도 보지 않을 것이라고 생각한다. 땅에게 그를 위해 복수해 달라고 요구하는 외치는 기력(16:18)과 그의 결백의 맹세는, 지금도 하늘에서 그를 변호하고 있다는 그의 확신(16:19)은 다소 수그러졌다. 그러나 그는 그런 힘을 잠시 동안 지녔음을 부인하지 않는다. 여기서 수사적 질문들을 사용하는 것 자체가 그의 편에서의 어떤 바람과 그 바람을 전적으로 그의 마음에서 제거할 수 없는 무력을 암시한다.

16 그는 시편 49:18[17]에서 예증된 전통적 경구에 호소한다: "사람이 죽을 때는 아무것도 가져가지 않고, 사람의 영화(혹은 소유물〈כבוד–크보드〉)가 그를 따라 내려가지 않을 것이다." 희망과 안녕은 오직 산 자의 땅인 윗 세상에 속하며, 스올 세계와는 아무런 관련이 없다. "이 희망이 스올에 있는 그의 집에서 그를 도울 것이라는 암시"(하벨)는 전혀 없다. 왜냐하면 그가 비록 14:13-17에서 표현하지만, 스올이 피난처가 될 수 있다는 소망을 그는 불가능한 꿈으로 거부하기 때문이다. 그렇다고 이것이 그가 하나님만을 바라보도록 길을 열어 주는 자족의 완전 상실의 순간(바이저)도 아니다. 왜냐하면 그는 하나님에 의해 완전히 버려졌고, 하나님에 의해 그의 권리를 박탈당한 것으로 자신을 보기 때문이다.

스올의 먼지는 충분히 전통적인 이미지다(7:21; 20:11; 21:26; 시 22:16[15],

30[29]; 30:10[9]; 사 26:19; 단 12:2). 그것은 시들어 버리는 그의 존재에 관한 것이 지배적인 사상(16:8)인 여기에 특별히 잘 맞는다. 그가 느끼는 메마름은 그를 이미 지하 세계의 먼지와 같은 것으로 만든다.

그의 이전 연설들에서처럼 끝맺는 어조는 죽음이다(7:21b; 10:21-22; 14:20-22). 그러나 그것은 그가 너무 심하게 고생하고 있어서 곧 죽을 것이라고 믿기 때문이 아니며, 그가 그의 친구들로부터 기대할 권리를 가진 도움을 얻지 못했기 때문도 아니라, 그가 요구하는 결백 선언의 기미가 전혀 없고, 하나님에 대한 그의 법적 호소(13:20-22)가 하늘 법정에 들어갔다는 암시도 전혀 없기 때문이다. 그를 쇠약케 하고, 그의 기운을 짓누르며(1절), 그의 사지를 쇠약하게 만들고(7절), 그의 희망을 끊어 버린 것(11절)은 그의 권리에 대한 영구한 무시다.

해설

욥의 이 연설은 부름과 응답 받음 사이, 하나님에게 그의 결백을 증명하라는 단도직입적인 소환(12-14장)과 그는 실제로 청허(聽許)되었다는 확신(38-41장) 사이의 중간 지대에서 온다. 중요한 것은 모두 욥의 이전 연설들이 가졌던 하나님에 대한 불만 목록에 포함되었기 때문에 사실상 새롭게 말할 것이 없다는 것이다. 그러나 말해져야 할 것이 말해졌고, 그가 오랫동안 미적지근하게 숙고했던 행위를 돌이킬 수 없이 행했기 때문에, 욥은 새로운 상황에 처해 있는 것이다. 이제는 하나님에 대한 소환이 발해졌고, 또한 이제 하나님 자신은 응답하시지 않지만 그를 대신해서 엘리바스가 다시 말하여, 첫 번째 연설 주기가 확립한 절차를 재개하는 쉽게 상상될 수 있는 결과만 낸 상황에서 무엇이 말해질 수 있을까?

말해질 수 있는 한 가지는, 아마도 욥이 지금까지 말한 것 중 가장 적극적인 것으로 그의 결백 항의와 명예 회복의 요구가 이제 하늘에서 그의 "증인"으로 서 있다는 것이다(물론 항의와 요구는 같은 것이다. 왜냐하면 그 자신의 결백을 확신하는 사람만이 하나님으로부터 옳다는 증명을 요구할 용기를 가질 수 있기 때문이다). 나는 하나님에게 공의를 간청한다고 드러내 말하는 것과, 그것들은 그것을 말한 사람을 하늘 법정에서 변호하는 말들이라는 인식으로 사는 것은 다른 문제다. "지금이라도 내 증인은 하늘에 있고, 내 변호인이 높은 곳에 있다"라는 단호한 진술(16:19)은 욥의 사건이 고등 영역으로 옮겨졌음을 알려 준다. 그것은 그의 손을 떠났고, 그의 부르짖음 자체는 그 자체의 존재성을 얻어 "사람이 친구를 옹호하듯이 하나님 앞에서 한 사람의 입장을 변백[하고 있다]"(16:21). 그 부르짖음은 이제 정식으로 표명된 이상, 하나님에게 아직 끝내지 않은 일이 있음을 지속적으로 상기시키는 것이 되었다. 비록 욥은 "잠 못 이루며 하나님의 대답"을 기다리지만(16:20), 이제는 그가 죽으면 그의 사건이 하늘의 협의 사항에서 배제될 것이라는 두려움을 전혀 갖지 않는다. 그의 부르짖음이 그의 대변인이 되었기 때문이다(16:20).

그가 고통으로 죽기 전에 남은 시간이 짧다는 압박감이 많이 경감되었다. 여기서 그가 자신의 죽음을 날이나 주가 아니라 – 우리가 이전에 기대했던 것처럼(7:6, 21; 10:20) – "해"의 문제로 직시하는 것은 아마도 중요한 의의가 있을 것이다. 실로 그는 죽기 전 결백 선언을 **열망하기는** 하지만 **기대하지는** 않는다. 오히려 그는 자신이 하나님의 살인 계획의 희생자로 죽을 것이라고 믿는다. 그러나 그는 그것조차도 그의 외침을 억누르지 못하게 할 작정이다. 따라서 그는 아직 살아 있을 때, 땅에게 그의 피가 쏟아질 때 그것을 덮지 말고 그의 결백 선언이 확정될 때까지 쉬지 말고 복수의 소리를 외치라고 요구한다(16:18).

이제 주사위는 던져졌고 그 자신은 더 이상 그 결정을 가지고 씨름할 필요가 없는 상황에서, 그 자신의 고난에 대한 두 가지 흥미로운 객관적 특징이 이 연설에 나타난다. 그는 자신의 고통으로부터 약간 거리를 둘 수 있게 된다. 이 연설의 시작에서 욥은 친구들의 입장에 있는 자신의 모습을 상상할 만큼 자신의 고통을 잊는다. 그는 역할이 바뀌었으면 상황이 어떨까라고 스스로에게 묻는다. 그것은 의사가 우울증 환자에게서 건강이 회복되는 신호로 보고 기뻐할 대리 상상 행위다: 환자는 아무리 잠깐 동안이라도 그의 침상을 정신과 의사의 의자와 바꾼다. 훨씬 더 좋은 것은 욥은 자신이 그의 치료 "위로자들"보다 더 만족스럽게 하고 있다고 상상할 수 있다는 것이다. **그들은** "괴롭게 하는 위로자들"(16:2)로, 조언하는 데 있어 너무나 지시적이어서 그의 말을 전혀 들을 수 없고, 들어도 그의 모든 부르짖음을 순전히 "성난 말들로" 잘못 들으며, 외치고자 하는 그의 강렬한 욕구를 하나의 병리적 증상 즉 "흥분" 혹은 "병", 깨끗하게 쏟아내도록 장려되는 것이 아니라 억제되어야 하는 병적 다변증(多辯症)으로 본다. 그로서는 그들이 배운 지시적인 조언의 공식들과 기술들을 안다: "나 또한 너희가 내 입장에 있다면 너희처럼 말할 수 있을 것이다"(16:4). 그러나 아니다! 입장이 바뀌어도 그는 "나의 격려로 너희를 강하게 할" 것이고, 그의 입술의 위로가 그들의 고통을 달래 줄 것이다(16:5). 이는 갑작스럽게 나타난 그 옛날의 욥, 말로 넘어진 자를 일으키고 연약한 무릎을 강하게 해준 욥의 모습이다(4:4). 그리고 잠시 동안이나마 그는 자신이 아직도 같은 능력을 가지고 있는 같은 사람임을 안다. 고난은 잠시 동안 그의 공상 전체를 차지하는 것으로부터 물리쳐졌다. 잠시 동안이나마 프롤로그의 욥이 그의 도플갱어(Doppelgänger, 〈함께 하는〉 생령)로서 그와 함께 무대를 밟는다.

또 다른 객관적 시점에 욥은 전통적으로 의로운 자들의 관점에서 자신을 바라본다. 이 연설에서조차도 그의 고난을 신의 불만의 표시로 본 자들은 그에 의해 "조롱자들", 즉 탄식하는 고난자를 조롱하는 "불경한" 자들로 조소되었다(17:2; 참조. 12:4). 그러나 17:8-9에서 그는 그의 불행에 경악하고 그에 대한 분노로 "격발하는" 자들이 정말로 "경건한" 자들일 수 있음을 인정한다. 하지만 곧고 좁은 것을 고수하려는 그들의 단호한 결단은 그들이 욥의 끔찍한 심판이라고 보는 것에 의해 강화될 뿐인 그런 사람들이다. 욥은 그를 죄인으로 멸시하는 자들의 경건을 부인하지는 않는다. 그는 전통 신학은 그의 경우를 이해하기에는 너무 좁다는 것을 그들이 인정하지 않기에 사실 분별력을 잃었다고 생각하지만(17:4a, 10), 그의 대적자들(그들 가운데 그의 "고문 위로자들"이 있다)이 모두 악마의 편에 속해 있는 것이 아니라는 것을 달갑지 않게 인정한다. 참으로 올바른 자들이 참으로 죄 없는 사람의 고난에 의해서 죄에 대한 그들의 의로운 분노가 일어나는 것을 보는 것은 아이러니며, 그 아이러니는 특별한 소외의 고통, 즉 경건한 이들과의 교제와 그들의 위로로부터 고립되는 고통을 욥에게 가져온다. 그러나 동시에 그는 자신을 압도하고 있던, 바르고 좋은 모든 것은 그의 편에 있고 반대편에 있는 것은 모두 해롭고 잘못되고 분별없는 것이라는 도덕적 단수주의로부터 잠시 동안이나마 자신을 떼어 자유롭게 했다. 경건한 자들도 그를 결백한 사람이 아니라 벌 받을 만한 고난자로 본다는 것을 인정할 때, 그는 그 바깥에 있는 현실을 수용했고, 또한 그것만이 자기 경험으로 인해 심하게 갇혀 버린 사람에게 유익할 수 있다. 그의 치료는 그것이 올 때 훨씬 더 포괄적이지만, 그럼에도 불구하고 다르지 않은 다음 인식을 통해서 올 것이다: 인간 외부의 우주적 실재 전체에 대한 흔들리지 않는 응시만이 종교적으로, 신학적으로 용납 가능한 고난의 의미를 식별할 수 있다(38-41장에 관한 부분을 보라).

10. 빌닷의 두 번째 연설(18:1-21)

참고문헌

Burns, J. B. "The Identity of Death's First-Born(Job xviii 13)." *VT* 37(1987) 362-64. **Dahood, M.** "Some Northwest-Semitic Words in Job." *Bib* 38(1957) 306-20. ______. "The Root עזב II in Job." *JBL* 78(1959) 303-309. **Driver, G. R.** "Some Hebrew Medical Expressions." *ZAW* 65(1953) 255-62. ______. "Reflections on Recent Articles. II. Hebr. *môqēš*, 'Striker.'" *JBL* 73(1954) 125-36, esp. 131-36. ______. "Problems in the Hebrew Text of Job." *VTS* 3(1955) 72-93. **Irwin, W. A.** "Job's Redeemer." *JBL* 81(1962) 217-29. **Moran, W. L.** "**taqtul* - Third Masculine Singular?" *Bib* 45(1964) 80-82. **Reider, J.** "Some Notes to the Text of the Scriptures. 11. Job 18,3." *HUCA* 3(1926) 113-14. **Sarna, N. M.** "The Mythological Background of Job 18." *JBL* 82 (1963) 315-18. **Williamson, H. G. M.** "A Reconsideration of עזב II in Biblical Hebrew." *ZAW* 97(1985) 74-85.

본 문

1 수아 사람 빌닷이 대답하여 가로되
2 너희가 어느 때까지 말을 찾겠느냐 깨달으라 그 후에야 우리가 말하리라
3 어찌하여 우리를 짐승으로 여기며 부정하게 보느냐
4 너 분하여 스스로 찢는 자야 너를 위하여 땅이 버림을 당하겠느냐 바위가 그 자리에서 옮기겠느냐
5 악인의 빛은 꺼지고 그 불꽃은 빛나지 않을 것이요
6 그 장막 안의 빛은 어두워지고 그 위의 등불은 꺼질 것이요
7 그 강한 걸음이 곤하여지고 그 베푼 꾀에 스스로 빠질 것이니
8 이는 그 발이 스스로 그물에 들어가고 얽는 줄을 밟음이며
9 그 발뒤꿈치는 창애에 치이고 그 몸은 올무에

1 Then Bildad the Shuhite answered and said:
2 [a]How long before[b] you will end[c] your speeches? You must reflect: only then can we talk.
3 Why are we regarded as cattle, thought of as stupid[a] by you?[b]
4 You[a] may tear yourself to pieces in your rage,[b] but is the earth to be unpeopled[c] on your account? are the rocks to be dislodged?
5 Truly, the laimp of the wicked will be snuffed out, the flame of his fire will shine no more.
6 The light in his tent will be darkened, the lamp above him[a] be quenched.
7 His vigorous stride[a] will be hobbled, his own counsel will hurl him down.[b]
8 For he is thrust headlong[a] into a net, he walks over a lattice.
9 A trap grips him by the heel, a snare closes

얽힐 것이며
10 그를 동일 줄이 땅에 숨겼고 그를 빠뜨릴 함정이 길에 베풀렸으며
11 무서운 것이 사방에서 그를 놀래고 그 뒤를 쫓아올 것이며
12 그 힘은 기근을 인하여 쇠하고 그 곁에는 재앙이 기다릴 것이며
13 그의 백체가 먹히리니 곧 사망의 장자가 그 지체를 먹을 것이며
14 그가 그 의뢰하던 장막에서 뽑혀서 무서움의 왕에게로 잡혀 가고
15 그에게 속하지 않은 자가 그 장막에 거하리니 유황이 그 처소에 뿌려질 것이며
16 아래서는 그 뿌리가 마르고 위에서는 그 가지가 찍힐 것이며
17 그의 기념이 땅에서 없어지고 그의 이름이 거리에서 전함이 없을 것이며
18 그는 광명 중에서 흑암으로 몰려 들어가며 세상에서 쫓겨날 것이며
19 그는 그 백성 가운데서 아들도 없고 손자도 없을 것이며 그의 거하던 곳에는 한 사람도 남은 자가 없을 것이라
20 그의 날을 인하여 뒤에 오는 자가 앞선 자의 두려워 하던 것같이 놀라리라
21 불의한 자의 집이 이러하고 하나님을 알지 못하는 자의 처소도 그러하니라

tight on him.
10 A noose lies hidden for him on the ground, a gin across his path.
11 On every side terrors affright him, they harry[a] him at his heels.
12 [a]Calamity[b] is hungry[c] for him, Disaster waits only for him to stumble.[d]
13 [a]By Disease[b] his skin is devoured,[c] the firstborn of Death consumes his limbs.
14 [a]He is torn from the shelter of his tent,[b] and haled[c] before the King of Terrors.
15 Fire[a] lodges in his tent, over his dwelling is scattered brimstone.
16 Beneath, his roots dry up, above, his branches wither.[a]
17 His memory perishes from the farmlands; he leaves no name in the grazing lands.
18 He is driven[a] from light into darkness; he is expelled[b] from the world.
19 He leaves no posterity, no progeny[a] among his own kinsfolk, not a survivor wherever he sojourned.
20 They of the west[a] are appalled at his fate; they of the east are seized with horror.
21 Such indeed is the dwelling[a] of the evildoer, such the place of one who knows not God.

원문주해

2.a. 칠십인경은 단수 동사들을 가지고 있다. 그러나 그것의 히브리어 본문(Vorlage)이 맛소라 본문에 얼마나 가까운지는 확실하지 않다. "얼마나 오래 있어야 네가(단수) (말하기를) 멈출 것인가. 이제 우리가 말을 할 수 있도록 그만해라"(그레이를 보라). 11QtgJob도 역시 첫 번째 동사에 대해 단수형을 갖고 있다. 그리고 논의되는 다른 형태들은 단편적인 본문으로 인하여 유실되어 없다. 테리앙은 복수형 테시문(תשׂימון)을 타빈 브아하르(תבין ואחר)에서 **바브**의 중복 오사(타비누 브아하르〈תבינו ואחר〉로)로 그 후 나중에 2-3절에서 시제를 일치시키는 교정에 의해 발생한 것으로 설명한다.

2.b. 아드-아나 테시문(עד־אנה תשׂימון)이 "네가 두기 **전에** 얼마나 오래…?"를 의미할 수 있는가? 델리취와 피크는 이것이 부정어 로(לא)를 필요로 할 것이라고 생각했다.

NJPS는 이 난점을 인지하고서 "얼마나 오래? 말을 그쳐라!"로 번역하고, 고디스는 아드-아나(עד־אנה) 뒤의 **파섹**이 잠깐 멈춤을 알리는 맛소라 휴지 표기일 가능성을 둔다. 의심의 여지없이 이 구절은 그 외의 다른 모든 곳에서는 동반되는 휴지 없이 나타난다(고디스). 그러나 똑같은 의미를 가진 아드 마타이(עד־מתי)가 그것 홀로 감탄사로 발견된다(시 6:4[3]; 90:13).

2.c. 키느체(קנצי)는 **단 한 번 사용된** 케네츠(קֶנֶץ)의 복수 연계형으로(절대형이 아니라; 참조. *GKC*, § 130a) 흔히 "덫, 그물"로 설명된다(참조. 아랍어 *qanaṣa*, "포획하다, 덫으로 잡다"). BDB, RV, JPS, 고디스가 그렇다. 이것은 논쟁 중에 결함을 감추기 위해 말을 찾는다는 의미에서(참조. 그레이), 혹은 논점을 찾으려는 치밀하고 인위적인 시도를 하거나 아니면 가능성이 덜한 것으로 말로 덫을 놓는다(포프), 즉 언어 유희를 한다(하벨) 등의 의미에서 "말을 사냥하다"를 뜻할 수 있다(참조. RSV). 어원이 같은 것으로 가정된 악카드어 *qinṣu*("굴레를 씌우다, 고삐를 달다"; 게세니우스-불)는 JB의 "너는 그런 말들을 제어하는 것을 절대 배우지 않을 것이냐?", 그리고 신기하게도 NEB의 "너는 언제 너의 혀에 고삐를 달려는가?"의 근거였다(비슷하게 휠셔, 도름, 테리앙, 드 빌드). 그러나 드라이버는 *qinṣu*가 존재하지 않음을 지적했다(G. R. Driver, "Problems in the Hebrew Text of Job," *VTSup* 3[1955] 72-93[79]; 참조. *CAD*). 악카드어에 *qinnazu*("때리다")는 단어가 있지만(델리취, 따라서 투르-시나이), 알맞은 의미는 전혀 나타나지 않는다. 여기서 선호되는 제안은 키느체(קנצי)를 키제(קִצֵּי, "끝들")의 이형으로 간주하는 것이다(KB^3에 따르면, 이는 n을 삽입함으로써 자음 중복을 해결하는 아람어 방식이다). 중세 유대 주석가들, NAB("말들을 끝내다"), NJPS, NIV, 호르스트, 포어러, 앤더슨이 그렇게 본다. 11QtgJob의 읽기 [תשוא סוף למל[ין이 사실상 논증을 마무리한다(참조. E. G. Clarke, "Reflections on Some Obscure Hebrew Words in the Biblical Job in the Light of 11QTgJob," *Studies in Philology in Honour of Ronald James Williams*[ed. G. E. Kadish and G. E. Freeman; Toronto: Beuben, 1982] 17-30[20-21]).

3.a. 니트미누(נטמינו)는 언뜻 보면 טמא("더럽다")의 한 형태로 "더럽다[고 여겨지다]" 같이 보인다(불가타, RV, 포어러가 그렇다). 이는 동물의 우매함이라는 표상과 잘 어울리지 않는다(그러나 참조. 그래브, 72-74). 대부분은 그 형태를 טמם(아람어, 후기 성경, 히브리어 〈눈, 귀 등이〉 "막히다", 즉 "우둔해지다")로부터 파생시킨다. 실제로 세 개의 사본은 네타모누(נטמּנו, "우리는 어리석다")를 갖고 있다. 칠십인경은 분명히 דמם의 한 형태인 "침묵하다"로 읽었다. 그러나 이것은 "네 눈에"와 잘 어울리지 않는다. 그 어근이 טמן("숨다")이라는 블롬머드의 제안("우리가 네 시야로부터 숨어야 하는가?")은 가능성이 훨씬 적다. 왜냐하면 그것은 우매함이라는 심상과 전혀 연결되지 않기 때문이다. 도름의 추정인 니드미누 카바아르(נִדְמִינוּ כַּבְּעִר, "〈우리가 왜 네 눈에〉 짐승과 비교〈되어야 하는가〉?"; 테리앙, JB〈?〉, 드 빌드〈보다 정확히 בְּעִיר로 읽음〉)는 불필요하다. 비슷하게

NAB의 "네가 보기에는 그들과 같은 것들"은 니드메누(נִדְמֵינוּ, "우리가 비유된다")로 읽은 것이다. 쿰란 탈굼에 대해서는 E. C. Clarke를 보라(위의 "원문주해" 18:2.c를 보라).

3.b. 베에이네카(בְּעֵינֶיךָ, "너의〈단수〉 눈들 안에")로 읽었음. 2절에 대한 "주석"을 보라.

4.a. 문자적으로는 "[오] 자기 분노로 자신을 찢는 사람"이다. 2인칭 연설 내의 3인칭 절에 대해서는 욥 2-3절을 참조하라.

4.b. 포어러는 이 행을 사고의 연속을 깨뜨린다고 해서 생략한다. 다른 이들은 그것 앞에서 연결 행이 소실되었다고 생각했고(드라이버-그레이, 횔셔), 그 틈을 5:2(폴츠, 투르-시나이)이나 17:8-10a(덤) 같은 행으로 채웠다.

4.c. 문자적으로는 "저버려지다". 여기에 아자브(עזב, I "배열하다, 재배열하다")가 나타난다는 다후드의 제안(M. Dahood, "The Root עזב II in Job," *JBL* 78[1959] 303-9 [306]; 이를 앤더슨이, 그리고 아마도 NJPS "땅의 질서가 붕괴될 것인가"가 뒤따른다)은 언뜻 보면 매력적이다. 왜냐하면 그것은 질서 개념을 제시하기 때문이다. 그러나 "땅을 다시 정렬하는 것"에 의해 구체적으로 어떤 표상이 의도될 수 있는지는 확실하지 않다. 훨씬 더 거부하기 어려운 것은 히브리어에는 עזב II가 전혀 없을 강한 개연성이다(H. G. M. Williamson, "A Reconsideration of עזב II in Biblical Hebrew," *ZAW* 97[1985] 74-85를 보라). 칠십인경은 흥미로운 의역을 갖고 있다: "그래서 어쨌다는 건가? 네가 죽으면 하늘 아래 땅에서 사람들이 절멸될 것인가?" 그러나 이슈는 오히려 "만일 네가 네 길을 응보의 원리 위에 둔다면"이다.

6.a. 알라이브(עליו)를 문자 그대로 "그의 위에"로 해석했음. NIV는 그것을 탁자-등으로 바꾼다("그의 곁에 있는 등"; RVmg도 그렇다). NAB는 "그를 무시하고"를 갖고 있는데, 그것은 알(על)의 매우 의심스러운 의미다(BDB, 754 § II.f.[f]는 단지 두 가지 경우만을 인정한다. 그리고 가정된 그 둘 가운데 한 경우인 10:7에 대해서는 "주석"을 보라). NEB의 "그의 등이 차차 사라지고 그를 저버린다", NJPS의 "그의 등이 그를 저버린다"는 알(על)이 등 자체를 가리키는 것으로 여긴다.

7.a. 문자적으로는 "그의 힘의 발걸음"이며, 오노(אונו)를 아벤(אָוֶן, "힘, 부")으로부터 파생시킴. NJPS의 "그의 사악한 걸음"은 그것을 און I("문제, 사악, 악의")로부터 파생시킨다. 드라이버는 야차르 츠아다브 오노(יֵצַר צעדיו אונו, "그의 사악이 그의 발걸음을 둘러싸다")라고 읽는다("Mistranslations," *ExpT* 5[1945-46] 192-93). 그러므로 아마도 "그의 사악으로 그의 걸음이 비틀거린다", 곧 야추루(יָצוּרוּ)로 읽음(브로킹턴, 107).

7.b. 맛소라 본문의 베타숼리케후(ותשליכהו, "그리고 그를 〈아래로〉 던질 것이다")를 (이 의미로는 드물다, 참조. BDB, 1021§ 1.e) 칠십인경을 따라 자음을 전환해서 베타크쉴레후(וַתַּכְשִׁילֵהוּ, "그리고 그로 비틀거리게 할 것이다")로 수정함(드라이버-그레이, 도름, 횔셔, 포어러, 테리앙). 번역에 큰 영향은 없다.

8.a. NEB, NAB, *BHS*, 호르스트와 더불어, 문자적으로는 "그의 발에"를 의미하는 베라글라브(ברגליו)가 "즉시"를 뜻하는 관용어라는(참조. 삿 5:15; 민 20:19; 신 2:28) 게를레만의 제안을 따랐음(G. Gerleman, "ברגליו as an Idiomatic Phrase," *JSS* 4[1959] 59). 그러나 시 25:15의 "그가 나의 발(רגלי – 라글라이)을 그물(רשת – 레쉐트)에서 구하신다"는 여기서 문자적 의미가 전적으로 타당하지 않은 것이 아님을 시사한다는 것을 인정해야 한다.

11.a. 문자적으로는 "흩뜨리다"(פוץ, 히필). 목적어가 오직 여기서만 단수 개인이라는 것이 난점이다(BDB의 "그리고 그를 몰아낸다"는 쉽게 옹호될 수 없다). *BHK*는 바하다푸후(וַהֲדָפֻהוּ, "그들이 밀다, 몰다")라는 수정을 언급했다. 다른 제안들로는 헤이추후(הֱאִצֻהוּ, "그들이 그를 몰아내다"; אוץ로부터) 그리고 헤치쿠후(הֱצִיקֻהוּ, "그들이 압박한다"; צוק I으로부터) 등이 있다. 고디스는 피츠(פיץ)를 פצץ("부수다")의 이형이라 생각한다. 그러나 그 의미는 그리 적당하지 않다. 호르스트는 이것이 פזז("유연하다, 신속하다")의 이형이고, 히필로는 아마도 "쫓아 버리다"일 것이라고 생각하지만, 이것은 그렇게 설득적이지 않다. 두려운 가운데 원하지 않게 하는 배뇨는 잘 알려진 경험이므로 그것은 "그의 발 위에 방뇨하다"를 의미한다는(참조. 겔 7:17; 21:12[7]) 에얼리히의 제안은 그럴듯하지 않다. 드라이버는 아랍어 *fâḏa*와 어원이 같은 히브리어 פיץ의 한 의미 "물을 만들다"를 상정하면서 그 견해를 지지했다(G. R. Driver, "Some Hebrew Medical Expressions," *ZAW* 65[1953] 255-62[259-60]). 이것이 NEB로 편입되었다. "그리고 그로 그의 발 위에 방뇨하게 하다"(시대 정신〈Zeitgeist〉에 양보라고 드 빌드는 말함). 그래브(Grabbe, "Comparative Philology," 74-76)는 아랍어 *fāḏa*("넘쳐흐르다")로부터 유사한 의미가 파생될 수 있다고 생각한다. 내가 반대하는 이유는 이 개념의 저속성이 아니라, 공격당한 자의 반작용이 아니라 원수들의 공격에 초점이 있는 문맥 상황에서 그것이 가지는 상대적 부적당함이다.

12.a. NAB는 이 행을 7a절구의 중복오사로 보고 생략한다(!).

12.b. 온(אוֹן, "힘")보다는 (7절에서처럼) 아반(און)으로 해석했음. JPS, 모파트, NIV가 그렇다. 이와 다르게는 "그의 힘이 주리다"(RSV "굶주림에-찌든"), NJPS의 "그의 자손이 굶주리다"(투르-시나이, 고디스가 그렇다, 그들은 "힘"이 창 49:3에서는 "자손"을 의미한다고 논증하는데, 이는 전통적인 유대 해석이기는 하지만 악한 사람 자신이 주목받고 있는 이 곳에는 어울리지 않는다).

수정들 가운데 가장 단순한 것은 도름의 베오노(בְּאֹנוֹ)이다. 즉 "그의 부의 한가운데서 [그가 주리다, 배고프다]"(테리앙도 그렇다. 그리고 *BHS*는 아마도 이렇게 읽혀야 한다고 생각한다). *BHK*의 제안인 이르아브 아벤 로(יִרְעַב אָוֶן לוֹ, "〈그의〉 문제가 그를 향해 굶주려 있다"; 참조. 렘 42:14)는 명백히 드라이버-그레이가 넌지시 말한 제안인 이르아브 로 오노(ירעב לו אונו)를 택한다. JB의 "굶주림이 그의 벗이 된다"(אִתּוֹ – 이토; 라흐쉐를 따름)는 약하다.

새로운 접근 방향이 다후드에 의해 시작되었는데, 그는 "그 굶주린 자(the Hungry One)는 모트(Mot)의 또 다른 표준 명칭이라고 주장한다(*Psalms I*, 203). 그의 견해를 포프와 하벨이 따른다. 포프는 또한 오노(אנו)가 그(다후드)의 אנה III("만나다")로부터 온 것이고, 더불어 접미사가 붙은 것이라는 다후드의 견해도 따른다(*Psalms I*, 237). 따라서 "그 굶주린 자가 그를 마주 선다"(포프). 다후드와 포프는 그들이 예히(יהי)를 어떻게 해석하는지 말하지 않으며, 또한 하벨의 "그 굶주린 자가 그의 힘이 될 것이다"는 명백한 의미를 갖지 않는다(하벨은 이것을 풍자라고 말하지만, 죽음〈Death〉이 약한 것으로 묘사되는 것인가?). 죽음이 그 다음 두 절에서 서술되는 것이 사실이지만, 여기서 재난과 재앙이 의인화되지 말아야 할 이유는 전혀 없다.

12.c. NEB의 "그의 힘에도 불구하고 그는 두려움으로 마비된다"는 다른 곳에서는 수용되지 않은 새로운 어근 רעב("마법에 걸리다")에 대한(참조. 아랍어 *ra'aba*, "주문을 발했다. 무섭게 했다") 드라이버의 제안에서 기인한다(*ZAW* 65[1953] 260; 기욤, "Paronomasia in the Old Testament," *JSS* 9[1964] 282-90[289]도 그렇다). 델리취에 의해 인용된 벳츠타인은 시리아의 베두인들 사이에서 일어나는 마비시키는 공포 현상에 대해 생생한 묘사를 한다: "만일…어떤 크고 피할 수 없는 위험이나 불운의 생각이 아랍 사람을 압도하게 되면, 모든 정신적·육체적 힘이 갑자기 그에게서 사라져서 그는 힘없고 무방비한 상태로 쓰러진다. 유럽 의사들과 현지의 의사들이 공히 아라비아에서는 **로브**(*ro'b*)가 죽인다고 나에게 확실히 말했고, 나는 그 일들을 직접 목격했다. 그것이 흔히 만성 마비를 동반한 수족 경화를 일으키기 때문에, 모든 종류의 마비가 *ro'b*라 불린다." 유일한 문제는 우리의 히브리어 본문이 이것을 뜻할 수 있는가의 여부다.

12.d. "주석"에서 인용된 평행 본문들은 찰르오(צלעו)가 צלע("비틀거림")으로부터 파생된 것임을 확실시하지만(RSV가 그렇다. 참조. JPS, NIV), 그 용어는 아마도 "비틀거리다"보다는 "길을 잃다, 방황하다"를 의미할 것이다(G. R. Driver, "Theological and Philological Problems in the Old Testament," *JTS* 47[1946] 156-66[162]). 그러나 오랜 한 유대 전통은 여기서 "아내"를 뜻하는 것으로 사용된 첼라(צֵלָע, "갈빗대")를 보았다(참조. 창 2:21-22). 그러므로 NJPS의 "재앙이 그의 아내를 기다린다"(비슷하게 투르-시나이, 고디스)는 주의를 악한 자 자체로부터 벗어나게 하는 가능성이 매우 적은 것이다. 다른 이들은 "갈빗대"를 "옆구리, 측면"으로 여기고(비록 그것이 사람의 "옆구리"를 의미한 곳은 하나도 없음에도), "재난이 그의 옆에서 준비되어 있다"라고 번역한다(NAB; 참조. JB, GNB, 도름, 테리앙, 포프, 시크레 디아즈, 하벨). 그러나 이것은 권할 것이 없다. 앤더슨은 "그의 포동포동한 몸이 야위고, 그의 갈빗대들은 밖으로 삐죽 나온다"라는 인상적인 묘사를 하지만, 이것이 도대체 어떻게 히브리어로부터 파생되는지는 보여질 수 없다.

13.a. 이 행은 NAB에 의해 13b절구의 중복오사로 여겨져 생략된다.

13.b. 그 모음을 라이트, 드라이버-그레이, 도름, 테리앙, 포어러, 드 빌드, RSV, NEB, JB 등처럼 비드바이(בִּדְוַי, "병으로, 병에 의해")로, 그리고 에아헬(יֵאָכֵל, "먹히다")로 바꾼 것. 맛소라 본문의 바데 오로(בַּדֵּי עורו)는 문자적으로는 "그의 피부(혹은 가죽)의 부분들"인데, NIV에 의해서 그렇게 문자적으로 번역된다(RV, JPS의 "그의 몸의 부분들"은 거의 맞을 수가 없다). 정말 고통스러운 것이기는 하지만 그 다음 절에서 그 사람을 스올로 데려갈 만큼 철저하지는 않다. NJPS의 "그의 피부 아래 힘줄들"은 아마도 궤를 운반하는 데 사용되는 바딤(בדים, "막대기들")을 염두에 두고 있을 것이지만, 그 병은 설득력이 없을 만큼 구체적으로 들리며, 특별히 이 절의 나머지 부분에서도 그것이 또다시 "힘줄"이라면 더더욱 그렇다.

포프와 하벨이 모두 받아들이는 한 흥미로운 추측(N. M. Sarna, "The Mythological Background of Job 18," *JBL* 82[1963] 315-18[317])은 בדי와 바다브(בדיו) 둘 다 "그의 두 손으로"로 만든다. 그러나 엄격한 반복은 히브리어보다는 우가릿어의 성격에 더 맞으며, "죽음의 장자"(Firstborn Death) 번역과 관련된 문제들이 있다("주석"을 보라).

13.c. 애아켈(יֵאָכֵל)로 읽은 것(참조. *BHS*).

14.a. NAB는 14a절구와 15a절구의 위치를 바꾼다.

14.b. 문자적으로는 "그의 발, 즉 그의 주거로부터". 유사한 병치가 사 32:18에 있다: "거주지들, 안전들". 이 평행은 미브타호(מבטחו)가 속격이라는 블롬머드 85의 제안(하벨이 그 뒤를 따름)을 불필요한 것으로 만든다.

14.c. 베타츠이데후(ותצעדהו)는 3인칭 여성 단수 같은데(15절의 티슈콘〈תשכון〉처럼) 여성 주어가 없는 것 같다. NJPS가 매력적인 번역을 제공한다: "공포가 그를 왕에게로 끌고 간다." 이는 아마도 발라오트(בלהות)를 강의 복수로(*GKC*, § 124e) 그리고 단수 동사의 **의미상**(*ad sensum*)의 주어로 해석하는 것이다(페쉬타도 마찬가지). 이것은 15절의 여성형을 설명해 주기도 하겠지만, 르멜레크(למלך, 무관사)가 너무 단조로운 것 같다(NJPS 자체는 난외 주를 제공할 필요를 느끼고 "즉 지하세 계의"라고 주를 달며, 반면에 NEB는 "죽음의 공포들이 그를 그들의 왕에게로 호송한다"라고 주를 단다). 어윈은(W. A. Irwin, "Job's Redeemer," *JBL* 81[1962] 217-29[222])은 그 여성형이 에레쉬키갈(Ereshkigal) 같은 지하 세계의 **여왕**을 가리키는 것이라고 생각했다. 그러나 그러한 지위의 사람은 거의 호송 일을 하지 않을 것이다. 사르나는 이 이례적인 형태들은 *t*- 접두사를 가진 드문 남성형이며, 그 주어는 죽음의 장자라고 추측했다(N. M. Sarna, *JBL* 82[1963] 318). 그러나 모란은 가나안어에 타크툴(**taqtul*) 남성 단수에 대한 충분한 지지가 있다는 것을 부인했다. 그리고 이것을 3인칭 남성 복수 타크툴루(**taqtulū*) 형태의 한 예로 여기면서(참조. W. M. Moran, "New Evidence on Canaanite **taqtulū(na)*," *JCS* 5[1951] 33-35; 그리고 지금은 M. Dahood, *Psalms III*, 387를 보라), 부정의 복수로 혹은 지하 세계의 거주자들을 주어로 갖는 베타츠이두후(וְתַצְעִידוּהוּ, "그들이 그를 끌고 간다")를 제안했다

("*taqtul*-Third Masculine Singular?" *Bib* 45[1964] 80-82, 특히 82 n. 1). 이에 대해 판 다이크는 ***타크툴**(*taqtul*) 형태가 뚜렷한 것 같은 우가릿 문헌과 구약으로부터 여러 예증들로 대응했다(H. J. van Dijk, "Does Third Masculine Singular **taqtul* Exist in Hebrew?", *VT* 19[1969] 440-47). 확실히 복수형 **타크툴루**(**taqtulū*)가 더 잘 입증되는데, 그것이 아마도 베타츠이두후(וַתַּצְעִידוּהוּ, "그리고 그들이 그를 끌고 간다"; 모란, 블롬머드)에 우선권을 준다.

고디스와 시크레 디아즈는 그 여성 단수를 비인칭으로 취하는 것에 대한 지지로 *GKC*, § 144b를 가리키지만, 그 평행 증거는 강하지 않다. 도름은 설득력이 없게도 이 곳과 15절의 형태들을 2인칭 단수로 취했다: "네가[즉, 누구든] 그를 데리고 가다…네가 그의 장막에 거하다"(따라서 NEBmg). 드라이버는 그 주어를 앞서 기술된 파멸이라고 생각했지만(마찬가지로 헤세, 판 젤름즈), 야츠이두후(יַצְעִדֻהוּ, "그들이 그를 호송하다")로의 수정을 기꺼이 받아들였다. 다른 이들은 부정(否定)적으로 사용된 3인칭 남성 복수로 간단히 수정한다(덤, 호르스트). 포어러는 스티어(Stier)를 따라 미브타호토 츠이데후(מבטחותו צעדהו, "그의 안전으로부터, 그의 걸음들이 [간다]")로 읽는다.

15.a. 맛소라 본문의 미블리-로(מִבְּלִי־לוֹ)는 "그의 것이 아닌 무엇"(RV, RSV; 참조. BDB, 116a)으로 이해할 수 있으며, 또한 בלי는 욥기에서 상당히 흔하다(4:11, 20; 6:6; 8:11; 24:7, 8, 10; 30:8; 31:19, 39; 33:9; 34:6; 35:16; 36:12; 38:2, 41; 39:16; 41:25; 42:3). 그러나 만일 유황이 그의 집 위에 뿌려진다면, 어느 누구도 심지어 낯선 자도 그 안에서 살 것 같지 않다. 따라서 "유황"과 평행하는 것이 아마도 기대된다. 드라이버(G. R. Driver, "Problems in the Hebrew Text of Job," *VTSup* 3[1955] 72-93[79])는 독창적이게도 히브리어 마블렐(מַבְלִיל)이나 혹은 비슷한 것(בלל, "섞다"로부터)을 가정하고, 앗시리아의 축신 의식에서 때때로 향료와 썩여 혼합 약초들이 사용되는 것을 지적하면서 "혼합 약소들"을 세안했나(따라서 NEB, "마법의 풀이 그의 상막 주변에 뿌려져 있다"). 그러나 대부분은 다후드가 악카드어 *nablu*, 우가릿어 *nblat*(복수) 등과 어원이 같은 히브리어 마벨(מַבֵּל, "불")을 제안함으로써("Some Northwest-Semitic Words in Job," *Bib* 38[1957] 306-20[312-14]) 그 난점이 해결되었다는 데 동의한다(포프, 하벨, 시크레 디아즈, *BHS*[*frt*]에서 게를레만, NAB, NIV 등도 그렇다). 가능한 또 다른 경우에 대해서는 20:23에 관한 부분을 보라. 그 동족 명사들은 **멤** 접두사를 가지고 있지 않다는 그래브의 반론(*Comparative Philology*, 76-77)은 그리 심각한 것이 아니다. 불과 유황은 자연 그대로의 쌍이다(창 19:24; 시 11:6; 겔 38:22). 그 이상의 다후드의 제안들인 (푸알) 토슈칸(תְּשֻׁכַּן, "놓여지다")으로 읽는 것, 그리고 그 다음 동사 יזרה 앞에서 강조의 **라멧**(ל)을 읽는 것 등은 반드시 따라야 할 것은 아니다. 고디스도 마불(מַבּוּל, "〈불의〉 홍수")로 읽기를 제안할 때 비슷한 결론에 이르렀다(참조. 악카드어 *nabālu*, "파괴"). 불은 "거주하지" 않는다는 드 빌드의 불만과 "거하다"는 "흩뿌려지다"에 그리 만족스러운 평행

이 아니라는 로울리의 반론은 무시될 수 있을 것이다. 상당히 끌리는 제안은 여기서 릴리트(לִילִית), 즉 황폐한 곳을 돌아다니는 밤-귀신 릴리스(Lilith, 사 34:14)를 발견하는 좀 더 이전의 것으로, 그것은 티슈콘(תִּשְׁכּן)의 여성형에 대한 설명도 될 것이다(보이트, 비어, 포어러, 테리앙, 횔셔, 로울리, 드 빌드; JB, "릴리스가 그의 지붕 아래에 그녀의 처소를 만든다").

16.a. 말랄(מלל)에 관해서는 14:2에 관한 부분 참조.

18.a. 복수 동사의 주어는 분명히 그 악령들이다. 하나님을 주어로 만들려고 단수로 수정하는 것(덤, 볼)은 아주 틀린 것이며, 마찬가지로 운율을 위해 행의 후반부에 엘로하(אלוה)를 삽입하는 것도 그렇다(*BHK*).

18.b. נדד 히필 "쫓아 버리다, 유리하게 하다". 다후드(하벨이 그를 따름)는 악카드어와 우가릿어 동족어들을 갖는(또한 시 31:18[17]에서의 의미인) נדה의 한 의미 "내던지다"를 가정한다(*Psalms I*, 190; 31:18에서도 마찬가지). 그러나 그 이미지는 추격 혹은 추적의 것이다.

19.a. "손자"가 아님(NAB; 참조. RV, JPS). KJV의 "조카"는 "아들의 아들"을 의미한다.

20.a. 아하로님(אחרנים, 문자적으로는 "뒤따르는 자들")은 카드모님(קדמנים, "앞선 자들")과 대조를 이룬다. 과거의 주석가들은 흔히 이것들을 "이후 세대"와 "선조들"(즉, 현재의 스올 거주자들[부드])로 이해했다. AV, RV, NAB, JPS, NJPS, 투르-시나이, 고디스가 그렇다. 그러나 그에 대한 기억이 완전히 근절된다면 이후 세대가 그에 관해 무엇을 알 수 있을까? 이 용어법은 "서쪽" 바다를 뜻하는 하얌 하아하론(הים האחרון, 신 11:24 등), 그리고 "동쪽" 바다를 뜻하는 하얌 하카드모니(הים הקדמוני, 사해; 겔 47:18 등) 등의 표현들을 따라 만들어진 것 같다.

21.a. 문자적으로는 "거주지들"(מִשְׁכְּנוֹת – 미슈크노트, 또한 21:28에서처럼), 그러나 분명히 마콤(מקום, "장소")과 평행하는 단일 거주지. 아마도 "공간 확장"의 복수형일 것이다(*GKC*, § 124b). 다후드(Dahood, *Psalms III*, 384)는 거주지들이 형식상으로는 복수로, 의미상으로는 단수로 나오는 수많은 경우들을 언급했는데, 예를 들면 시 43:3; 84:2[1]; 132:5, 7(49:12[11]은 그리 신빙성이 크지 않음) 등에서의 미슈크노트(מִשְׁכְּנוֹת)다.

양식/구조/배경

이 연설의 구조는 뚜렷하게 두 부분으로 되어 있다: 욥에게 직접적으로 말해진 서론(2-4절)과 악인의 운명에 관한 지혜 형식의 교훈(5-21절). 이 두 부분 사이에는 뚜렷한 연결 고리가 없어 그것의 전체 의도가 다소 모호하다(2-21절에 관한 "주석"을 보라).

연 구조는 전반적으로 쉽게 식별된다. 특별히 2-4절과 8-10절의 3-행 연들은 분명하게 표시된다. 이 사실은 이 연설 전체에 걸쳐 3행 구조들을 찾아보게 하고, 그러면 그것이 분명해진다. 그러나 11-13절과 18-20절의 것들은 부가적인 한 행을 가지고 있다. 11-13절에 매달린 14절은 악인에 대한 서술을 끝맺고, 또한 11-13절과 그리고 같은 문제를 다루는 15-17절 사이의 교량이며, 21절은 요약 평가 형식으로 된 마무리 부속 절이다. 그 연들은 다음과 같이 개관될 수 있다.

2-4	(3 행)	욥에 대한 연설
5-7	(3 행)	악인의 종말
8-10	(3 행)	그는 덫에 걸린다
11-14	(4 행)	그는 지하 세계로 끌려간다
15-17	(3 행)	땅에서는 그의 기억이 사라진다
18-21	(4 행)	그의 이야기 요약, 평가

포어러도 아주 비슷한 연 구조를 보지만, 11-13, 14-16, 17-19, 20-21(2행 연) 등으로 구분한다. 이것은 14절은 이어지는 것이 아니라 마땅히 악인의 몰락 서술에(11-13절) 속한다는 반대에 부딪힌다. 16절과 17절도 하나에 속한다. 왜냐하면 그의 기억이 사라지는 이유(17절)가 그의 후손이 멸해지는 것(16절)이기 때문이다. 웹스터는 11-13, 14-17절로 구분함으로써 위에 제안된 분석과 다르다(Strophic Patterns, 47). 스케한은 12a절구와 13a절구를 중복오사라 하여 삭제함으로써 11-14절을 3행으로 줄인다(참조. NAB). 호르스트는 7절을 "덫" 구절인 8-10절과 연결시켜서 전혀 다른 결과를 갖는다. 그러나 그 덫을 악인 자신이 만든 함정으로 이해하는 것은 주석학적으로 틀린 것 같다. 11-12절(공포, 재난) 그리고 13-14절(질병, 공포의 왕) 사이를 가르는 호르스트의 구분도 설득력이 없다. 테리앙은 전체적으로 네 개의 5행 연을 발견한다, 2-6(3+2), 7-11(3+2), 12-18(2+3), 17-21(2+3): 그러나 이 시에서 가장 설득력 있는 분기점(4절과 5절 사이)이 하나의 연 내에 포함될 수 있다고 보기는 어렵다.

장르상 이 연설은 전체적으로 악인 운명에 관한 긴 **교훈**을 포함하는 **논쟁 언사**이다. 논쟁 언사로부터 온 요소들이 뼈대를 이루지만, 그것들은 주로 그 양식의 서론 스타일 때문에 2-4절에 국한되며, 거기에는 다른 화자는 말하기를 멈춰야 한다는 것(2절; 참조. 8:2; 16:3)과 그가 현재 화자의 이해력을 모욕하고 있음(3절; 참조. 12:2-3)을 암시하는 수사적 질문들이 있다. 또한 상대방에게 지능을 사용하라는 훈계도 있다(2b절구; 참조. 12:7; 8:8). 이런 요소들은 주로 논쟁에서 상대방의 언어 운용과 관계 있는 것이지, 화자들 간의 논쟁의 핵심 내용과 관련된 것은 아니다.

악인의 운명에 대한 **토포스**(5장 "양식/구조/배경"을 보라)는 **교훈**의 특징을 가지며, 그와 가장 가까운 대응은 지혜와 시편 문학에 있다. 그 **토포스** 전체는 잠언 10:24a의 "악인이 두려워하는 것이 그에게 닥칠 것이다"와 같은 격언 문장들의 상술로 볼 수 있다. 참조. 11:5b; 12:13; 13:9b; 14:11; 21:12; 22:5; 24:16b, 20. 악인의 운명 **내러티브**는 특별히 시편의 특징이다(예를 들어, 시 7:15-17[14-16]; 10:2-11; 49:14-15[13-14]; 64:2-10[1-10]; 참조. 37:35-36; 109:6-20; 그리고 의인의 이야기와 대조해 보라, 예를 들어, 32:3-5; 34:5-7[4-6]; 35:11-14; 39:2-4[1-3]; 116:1-4). 격언 같은 자료들과 모티프들 가운데는 다음과 같은 것들이 있다: 악인의 "등불"(5, 6절; 참조. 잠 13:9; 20:20), 자기 자신의 꾀에 넘어감(7b절구; 참조. 5:12-13; 잠 26:27; 28:10; 시 7:15-16[14-15]; 10:2; 35:8; 57:7[6]), "뿌리와 가지"(16절; 참조. 집 10:16; 23:25; 40:15; 주로 선지서에서 나타나지만 확실히 격언적이다), "자손과 후손"(19절; 참조. 집 41:5; 47:22). 그러나 꺼진 불, 덫 그리고 특별히 공포들 이미지들은 다른 곳에서보다 훨씬 더 세밀하다.

전체적으로 이 연설의 **기능**은 아래서 논증될 것인데, 악인의 운명을 묘사함으로써 욥이 그의 인생을 고치도록 **장려하는 것**이다.

(이 연설의) **논조**는 5-21절의 교훈을 어떻게 이해하는가에 달려 있다. 만일 그것이 욥을 악인으로 묘사하는 것이라 생각되면, 그것은 필연적으로 여기서 제안되는 해석과 상당히 다를 것이다. 그러나 그것이 욥을 피할 수 있는 운명으로부터 떠나게 하려는 뜻으로 의도된 전적 교훈이라 할지라도, 서론은 단순한 조급함이 아닌 논조를 세운다. 욥은 생각하기 전에 말하고(2절), 설상가상으로 친구들을 무지한 자들로 간주한다(3절). 그것은 빌닷이 당연히 더 이상 견딜 수 없는 태도다. 그러나 더욱 심각한 것은 그가 욥을 자신을 갈가리 찢으면서 자연 질서가 전복되기를 요구하는 자로 여기는 그의 인식이다. 이것은 빌닷의 마음을 심히 불안케 하는 것이며, 그의 불안은 그의 연설의 노여움에 반영된다.

중심 구절은 분명히 4절이다: 그것은 화자의 심리적 태도를 드러내며, 이 연설이 왜 거의 전적으로 전통 교리에 대한 설명으로 되었는지를 설명한다. 그것은 빌닷이 산들을 그들의 제자리에 지키는 것(4c절구), 다시 말해 응보라는 도덕 질서의 확고함을 주장함으로써 **이전 상태**(*status quo ante*)를 지키는 데 의존하기 때문이다.

주석

2-21 이 연설에서 첫 번째 되는 해석 질문은 빌닷이 욥을 여기서 그려지는 운명을 필연적으로 당할 악인들 가운데 한 명으로 보는가, 아니면 여기에 그려지는 그림은 정확히 욥이 **아닌** 모습에 대한 것인가이다. 머피는 많은 주석가들을 대표하여 간단하게 기록한다: "물론 함축 의미는 욥이 악한 사람이라는 것이다"(R. E. Murphy, *Wisdom Literature*, 32). 그는 "그 취지는 빌닷의 이전 연설과 다르지 않다"고 한다(참조. 8:8-19). 그리고 계속하여 말하길, "그러나 **이제는** 심판이 욥에게 내려졌다"고 허용한다. 그레이 역시 빌닷의 말의 구체적 적용이 충분히 분명하게 암시된다고 믿었다: "욥은 번영하지 않고, 욥은 악하다"(158; 헤세도 비슷함). 하벨도 "빌닷의 분위기도 적극적이지만 방어적인 것으로부터 부정적이고 비난적인 것으로 바뀌었다…그의 악인 묘사는 욥이 기대할 운명에 대한 무조건적 포고다"라고 한다(282-83). 데이빗슨은 여느 경우처럼 그것을 잘 표현했다: "빌닷의 연설의 모든 문장은 네가 바로 그라는 비난을 전달한다."

여기서 제시된 해석은 다르다. 그것은 빌닷은 그의 결백이 인정되어야 한다는 욥의 주장에서-그의 죄의 명백한 증거에도 불구하고-그가 항상 그 속에서 자신의 안전을 발견했던 안정된 도덕 질서에 대한 모욕을 느꼈다는 것이다. 따라서 그는 욥뿐만 아니라 자신을 위해서 "우주의 질서는 변함없이 흔들리지 않으며, 행악자는 결국 천벌을 받을 것이라는"(고디스, 187) 진리를 되풀이할 필요가 있다. 분명히 유사점들이 있다는 것을 인정하는 데 당혹스러워하지 않을 것이지만, 그는 욥이 여기서 묘사되는 사람이라고 말할 작정은 아니다. 그의 주된 목적은 이미 그의 첫 번째 연설에서 세워졌듯이 욥으로 하여금 "정결하고 정직한" 삶으로 하나님을 "찾도록" 격려하는 것이다. 그가 그것을 하기에 너무 늦었다고 그에게 침착하게 알려 주고 있는 것일 리 없다. 욥이 말한 몇 마디는 비록 지혜롭지 못하고 하늘에 적대적이지만 욥이 아직 살아 있다는 단순 사실보다 중요할 수는 없다. 그것이 빌닷에게는 구할 수 있는 죄인과 운이 다한 죄인 사이의 차이점이다(참조. 8:4-6에 관한 부분). 그것이 바로 정의를 굽게 하지 않으시는 하나님의 뜻의 일부다(8:3). 그가 만일 결정적인 죄보다 덜한 것으로 욥을 "끊어" 버린다면 욥이 분명히 범한 죄에 대해 욥을 벌하지 않는 것 못지 않게 그는 부당한 것이리라.

2-4 상대방의 주장에 맞서는 통상적인 서론이 이 연설을 시작하지만, 본문적이고 언어적인 문제들이 만족스런 해석에 커다란 장애물을 제공한다. 빌닷은 욥에

게만 말을 할 것으로 우리가 기대할 것이다. 왜냐하면 그것이 모든 친구들의 연설의 방향이기 때문이다. 그 대신 우리는 그가 2-3절에서 복수형 "너희"를 사용하며("너희가 둔다", "너희가 이해한다", "너희의 눈"), 3절에서만 단수형으로 욥에게 말하고 있음을 발견한다.

이 어려운 문제에 대해 다양한 해석들이 제안된다.

(i) 빌닷이 2-3절에서 말하고 있는 것은 욥이 아니라 다른 친구들이다(포어러). 그러나 이것이 맞을 수 없는 것은 3절에서 "너희의 눈에 짐승처럼 여겨지는" "우리"는 분명히 그 친구들이고, 따라서 그 친구들이 또 "너희"일 수는 없기 때문이다. "너희"는 엘리바스와 소발을, 그리고 "우리"는 친구들 모두를 뜻하는 것으로 인해서 "너희는 우리가 부정하다고 생각하느냐"라고 번역하는 것(포어러)은 히브리어를 매우 강압적으로 취하는 방식이다.

(ii) 빌닷이 2절에서는 친구들에게 말하지만 3절에서는 욥에게 말한다(머피가 그렇다, *Wisdom Literature*, 32:2은 빌닷의 "그의 동료들에게 주는 권고", 4절은 그의 "욥에 대한 격분"). 이것은 가능하다. 그러나 3절에서 "너희의 눈"을 "너의 눈"으로 수정하는 것을 수반하며, 2절에서 친구들에게 무슨 비난이 가해지고 있는지가 해결되어야 한다.

(iii) 빌닷은 2절에서 친구들에게, 3절에서는 "청중"에게 말한다(도름; 참조. 시크레디아즈). 무슨 청중이 있는가?

(iv) 빌닷은 2절에서 욥이 친구들에게 한 말을 "인용하고" 있다. 따라서 투르-시나이는 "너희가 언제까지 말에 채찍질을 할 것이냐?"라고 번역하는데, 그 의미는 "너희가 언제까지 말하자면 채찍으로 말을 재촉해 나가겠느냐? 부드럽게! 네가 이해할 때까지 우리 말하지 말자"이다. 3절에서 빌닷의 응답은 동물들을 채찍으로 모는 표상과 연결되어 "무슨 이유로 우리가 동물로 간주되는가?"라고 말한다. 이 독법의 난점들 가운데 다음이 있다. (1) 한 연설이 상대방의 말의 "인용"으로 **시작되는** 것은 욥기에서 찾을 수 없다. (2) 동물과의 비교의 요점은 그들의 매질이 아니라 그들의 어리석음이다. (3) "너희의 눈"의 수정이 여전히 3절에서 요구된다. 비록 투르-시나이의 제안을 느슨하게만 받아들이면, 즉 2절은 욥의 말을 "인용한다"는 것만 받아들여도 여전히 "언제까지"(עַד־אָנָה-아드-아나)는 빌닷의 말 같다는 것(8:2; 그러나 욥 자신도 19:2에서 그것을 사용한다)과, 3절이 어떻게 2절의 "인용"에 대한 즉각적인 대답을 이루는지 알기 어렵다는 작은 문제가 있다.

(v) 2절은 욥이 말하는 19장 시작 부분으로 옮겨져야 한다(드 빌드). 이것은 필사적인 해결이다.

(vi) 빌닷은 욥에게 한 개인으로서가 아니라 불경한 부류의 대표로서 말한다(에발트, 포프; 참조. GNB, "욥아, 너 같은 부류의 사람들은 도대체 조용할 수 없느냐?"). 그러면 4절에서 왜 단수로 바뀌는가?

(vii) 욥은 자신을 의로운 고난자 부류로 본다(데이빗슨). 그런 부류가 있는가?

(viii) 빌닷은 "욥이 사용한 복수형 언어(12:2; 19:2)를 흉내내면서 그의 냉소를 강조한다"(하벨). 이는 약한 듯하다.

(ix) 복수형은 예의상 욥에게만 사용된다(시크레 디아즈). 그러면 4절의 단수형은 무엇을 뜻하나?

(x) 복수형은 한 사람에게 말하는 연설에 사용될 수 있을 것이다(고디스). 그러나 인용된 평행 본문(아 5:1)이 적절한지는 매우 의심스럽다.

(xi) 세 개의 복수형은 단수형으로 수정되어야 한다. 분명히 임의적인 이 해답(칠십인경과 쿰란 탈굼으로부터의 가능한 지지에 대해서는 "원문주해" 18:2.a를 보라)은 **달리 더 좋은 것이 없어서** 채택된 것일 수 있으나, 사실 여러 주석가들이 그것을 받아들인다(덤, 드라이버, 피크, 테리앙; 참조. *BHK*). 대부분의 영역본들이 암시적으로 그렇게 하는데, 그들은 단수와 복수의 "you" 사이를 구별하지 않기 때문이다. 본문의 가정된 문제가 왜 발생했는지를 알기가 매우 어렵다는 것이 인정되어야 한다(그러나 "원문주해" 18:2.a를 보라).

결국 결정 요인이 되어야 하는 것은 현재 표현의 세부 사항으로부터 어떤 의미가 짜내질 수 있는가가 아니라, 책의 흐름이 우리로 하여금 무엇을 기대하게 하는가이다. 대개는 세부 사항과 흐름이 조화롭게 읽힐 수 있지만, 그들이 여기서처럼 양립할 수 없이 상충할 때는 아마도 흐름이 우선일 것이다. 순전히 언어적인 난점들에 대해서는 "원문주해"를 보라.

2 빌닷의 시작하는 말은 그의 첫 번째 연설의 시작하는 질문만큼 성내는 것처럼 들린다: "네가 어느 때까지 그렇게 말하려느냐? 네 입의 말은 거센 바람이다"(8:2). 그러나 그의 물음 뒤에 놓여 있는 것은 욥을 참을 수 없음이 아니며, 친구들의 지능에 대한 욥의 경멸(3절)에 대해 갖는 분개도 아니고, 오히려 우주의 도덕적 기초를 의심하는 욥의 태도에 대해 그가 느끼는 분노다. 욥이 말을 그치기를 바라는 이 소망은 8장에서 표명되었던 "하나님이 정의를 굽게 할 수 있느냐?"(8:3)라는 걱정과 똑같은 "땅이 너 때문에 버림받을까?"라는 3절의 걱정에서 비롯한다.

욥은 그의 지난번 연설을 말의 효력 없음에 대한 불평으로 시작했고, 본질 없는 "허망한 말"을 끝낼 것을 요구했다(16:3). 빌닷은 그와 반대로 말들로부터 걱정할 것을 많이 갖고 있다. 왜냐하면 욥의 말은 그의 우주 질서 관념을 전복시킬 우려가 있기 때문이다. 그의 반응은 욥을 단지 신분에 걸맞지 않는 행동, 즉 현인에게 안 어울리는 "광포한" 말들을 하는 것 때문에 책망했던(15:2) 엘리바스의 반응보다도 더 과민하다(15:2).

욥은 친구들의 지혜보다 나은 것을 가지고 있다고 주장했다(12:3; 13:2). 그는 전통적인 응보 신학을 아주 잘 "깨달았다"(בין – 빈). 그러나 그것을 밀고 넘어가면서 자신의 재난을 설명하려고 시도했다. 엘리바스는 친구들이 깨닫지 못하는 것을 "깨닫는다"(בין)는 욥의 주장을 그 나름대로 문제 삼았고(15:9), 이제 빌닷 역시 행해져야 할 필요가 있는 "깨달음"은 모두 욥 편에 있음이 분명하다고 주장한다. 사람의 경험을 교리의 빛에 비추어 해석해 보지 않은 것은 지능 부족이다. 욥이 그 일을 하기 전까지는 대화의 희망이 없다: 먼저 그가 "깨달아야"(בין) 하고 그 다음에 그들이 대화할 수 있다. 만일 대화의 전제 조건이 의견의 일치라면 무엇에 관한 대화인가! 우리가 의아해하는 것도 무리가 아니다. 욥의 미래에 관한 대화, 그가 재난에서 벗어날 수 있는 일에 관한 대화, 즉 8:5-6에서 욥에게 한 빌닷의 조언의 방향을 따르는 대화? 빌닷은 행해질 필요가 있는 토론은 모두 친구들 편에 있고 욥에게 더 좋은 지혜의 태도는 침묵일 것이라고 믿을 만큼 훈육적이지 않다. 그것은 13:5에서 그들에게 한 욥의 무례한 말이었고, 빌닷은 매우 점잖게 대화를("말하자", נדבר – 네다베르) 욥의 회복의 길로 본다. 그는 이 주제에 관해 말은 침묵보다 좋을 것이 없다는 욥의 지난번 의견을 주목하지 않았다: "내가 말해도 내 고통이 누그러지지 않는다. 내가 침묵해도 그것이 나를 떠나지 않을 것이다"(16:6).

3 빌닷은 하나님의 방식에 대해 더 우월한 지식을 가지고 있다는 욥의 주장은 친구들의 신학을 인간 이하의 수준으로 격하시키는 것이라고 느낀다. 욥은 정말로 친구들이 자신의 지능을 동물 이하의 것으로 여긴다고 말했었다(12:7). 그리고 우리는 여기서 다소 아름답지 않은 모욕의 교환을 본다. 그러나 빌닷의 진짜 문제는 그와 그의 친구들이 그들의 지능이 욥에 의해 동물의 것과 비교된다고 느끼는 것이 아니라(참조. 시 32:9; 73:22), 그는 자신의 신학이 모르는 어떤 것을 욥이 아는 것 같아 두려워한다는 것이다.

4 만일 도덕 세계의 응보 질서가 버려져야 한다면, 자신을 위해 그렇게 되어야 한다고 욥이 요구하는 것처럼 우주의 정상 질서도 그것과 함께 버려져야 한다. 단지 우주 질서와 도덕 질서 사이에 유사점이 있다는 말이 아니다. 오히려 도덕적 응보 원칙은 세계 질서의 본질적인 부분이라는 것이다. 욥이 자기 자신을 위해(למענך – 레마안카), 즉 결백하다는 그의 주장을 뒷받침하기 위해 응보를 공격하는 것은 우주 질서에 대한 공격이며 혼돈이 밀어닥치라는 초대다. 하늘에 의해 보증되는 정의 없이는 땅의 기초가 흔들린다(알론조 쉐켈, 시 82:5 인용; 참조. 11:3).

빌닷은 문법적으로 3인칭을 사용함으로써 욥과 거리를 두고 욥을 "분노 가운데 자신을 찢는 한 사람"으로 부름으로써 그를 객관화하면서, 욥의 고난의 책임을 딱 잘라서 그것이 속한 곳인 바로 욥의 어깨 위에 둔다. 욥은 다름 아닌 하나님의 분노가 그를 "찢은"(16:9, 여기서처럼, טרף – 타라프) 것처럼 말했다. 그러기는커녕 그의 고난의 원인은 욥에 대한 하나님의 분노가 아니라 하나님에 대한 욥의 분노(바이저)라고 빌닷은 말한다. 정확히 이해하면, 욥의 상처는 자초된 것이다! **그는** 자신을 짐승처럼 대해, 하나님이 그에게 내리신 결정에 복종하기를 거부함으로써 자신을 할퀴고 물어뜯으면서도 고집스럽게 **친구들을** 인간 이하의 지능을 가진 짐승들로 여긴다.

빌닷은 그 자신의 불안을 거의 감추지 않는 비꼬는 말로 격언 같은 두 개의 질문을 한다. "땅이 너 때문에 버림을 당해야 하는가?"라는 질문(עזב – 아자브, 그 주민을 비움으로써 도시나 땅을 "저버린다". 이에 대해서는 레 26:43; 사 6:12; 7:12; 습 2:4 등을 보라)은 욥이 요구하는 도덕 질서의 재조정이 땅에 사람을 제거하고 하나님이 부여하신 사람 사는 영역으로서의 그것의 특징을 파괴하는 것에 상응하는 혼돈의 격변일 것임을 암시한다. 하나님은 세상이 혼돈되도록 창조하지 않으셨고, 사람이 살도록 만드셨다(사 45:18). 욥은 자신의 중요성으로 너무 가득하여 신의 설계의 전복을 요구한다(38:2은 우리에게 욥이 하는 최악은 신의 설계를 전복시키는 것이 아니라 **어둡게 하는 것**임을 확실하게 할 것이다). 로젠뮬러는 지나치게 독선적이 된 사람에 대해 사용하는 한 아랍 격언을 인용한다: "그 때문에 우주가 비워지지는 않으리라." 사람들이 땅에 고정된 장소를 가지고 있는 것처럼, 물리적 질서의 요소들도 마찬가지로 그렇다: 욥이 도덕 질서를 자신에게 맞도록 재배열하지 않을 것은 바위들이 제자리를 바꾸지 않을 것과 같다. 빌닷은 놀랍지 않게 물리적이든 인간의 것이든 세상에 대해 완전히 정적인 견해를 가지고 있다. 좀더 탄력적인 신학을 가진 다른 사상가라면 자연 세계에 대해 영구히 끊임없이 변하는 것으로 보는 역동적인 견해를 가질 수 있을 것이다(참조. 전 1:5-7).

빌닷의 연설에는 욥이 사용한 표현들과 유사한 것들이 있다: 말이 끝을 가진다는 사상(18:2; 참조. 16:3), 짐승 이미지(18:3; 참조. 12:7), "찢는" 행위(18:4; 참조. 16:9) 그리고 이제 바위가 자기 자리에서 옮겨짐(14:18, 여기서처럼 צור יעתק ממקמו – 추르 예타크 밈메코모, 첫 번째 두 단어의 순서가 뒤바뀜). 그러한 간텍스트적 관계들은 반드시 등장 인물 빌닷이 의도적으로 욥의 말을 언급하여 그것을 풍자하고 있음을 의미하지는 않는다. 시인은 정말로 우리에게 동일 표현이 다른 화자들의 입에서 어떻게 다르게 들릴 수 있는지를 생각해 보도록 요청하지만, 그 여러 가지 경우들 사이의 관계는 일부 주석들에 나타나는 "반박", "반론", "변용", "암시"(감추어진 혹은 드러난), "패러디" 혹은 "풍자" 같은 용어들에 의해 제시되는 것들보다는 더 미묘할 것이다.

빌닷의 전제가 응보 교리는 근본적으로 신이 세운 세계 질서에 속하며, 비록 욥의 삶의 존속은 그가 그의 자녀들보다는 덜 극악한 죄인임을 증명하지만(8:3-4) 아무튼 욥의 고난은 그가 죄인임을 증명한다는 상황이기에, 빌닷의 다음 행보는 욥이 의도적으로 무시하고 있는 것 같은 교리를 반복하여 욥이 바른 결론에 이르도록 하는 것일 수 있을 뿐이다.

5-21 빌닷의 악인 묘사에는 어느 정도의 불확정성이 있다. 순전히 격려의 말도 아니고 악인으로서의 욥의 운명에 대한 격한 예언도 아니었던 8장에서도 마찬가지였다. 그러나 거기서는 적어도 격언 같은 개략뿐만 아니라("하나님은 흠 없는 사람을 거절하지 않으실 것이다") 욥에 대한 구체적인 약속으로("그는 또다시 너의 입을 웃음으로 채우실 것이다") 끝맺는 확신의 어조가 있었다(8:20-22). 여기서는 비록 그러한 분명한 확신은 없지만, 욥의 상황에 대한 빌닷의 처음 진단을 바꿀 만한 것이 전혀 발생하지 않았다고 가정해도 무리가 아니다: 욥은 죄를 범했다. 그에 관해서는 의심의 여지가 없다. 그러나 엄격한 응보 교리의 미는 거기에는 독단적인 것이 전혀 없다는 것(따라서 욥은 그가 받아야 할 것보다 한 순간도 더 길게 고생하지 않을 것이다)과 그것은 사람의 아픔뿐만 아니라 그의 유익을 위해 작용한다는(따라서 행실을 고치는 것은 반드시 축복으로 통한다) 것이다. 요컨대, 욥은 악인에 대한 이 묘사가 자신에게 해당될지 그렇지 않을지를 선택할 수 있다. 이 묘사가 결여하고 있는 결정성은 욥이 만들어 낼 것이다. 욥의 현 상황에 매우 분명하게 적용될 수 있는 것 같은 구절들이 있지만(특별히 11, 13, 15b, 19절), 욥은 자신이 이 운명에 갇혀 있다고 믿을 이유가 전혀 없다. 빌닷이 욥을 묘사하고 있다고 생각하는 독자들과 욥의 정반대를 그리고 있다고 생각하는 독자들은 둘 다 틀리다: 그가 제시하는 것은 피할 수 있는 가능성이기 때문이다. (칠십인경 번역자들은 빌닷이 단지 악인의 파멸에 대한 경건한 소망을 말하고 있다고 생각했지만, 그것도 틀리다. G. Gerleman, *Studies in the Septuagint: I. Book of Job*[Lunds Universitets Årsskrift: N.F. Avd. 1. Bd 43. Nr 2; Lund: Gleerup, 1946] 50-52)를 보라.

15:20-35에서 악인의 운명에 대한 엘리바스의 묘사와 대조적으로, 이 **토포스**(5장 "양식/구조/배경"을 보라)는 악인의 불안정과 공포라는 필생의 경험이 아니라 필연적으로 그를 기다리는 최종 운명에 집중한다: 참으로 악한 사람은 반드시 끊어

질 것이고, 죽음의 덫에 걸릴 것이며, 지하 세계에서 멸할 것이다. 묘사의 흐름은 덫에 걸리는 최종 경험으로부터 죽음 이후 악인의 운명으로 간다. 이 두 요소의 추축(樞軸)은 그가 자기 장막에서 뽑혀 지하 세계의 주인 앞에 끌려가는 14절이다.

바이저는 이 묘사 내내 하나님이 언급되지 않음을 주목했다. 그의 이름은 이 장의 마지막 단어로만 나타난다: "하나님을 모르는 자의 처지가 그렇다"(18:21). 이것이 그럴 수밖에 없는 것은, 빌닷의 눈에 위기에 처한 것은 자동 조절 기계 장치로서의 세상 질서이기 때문이다. 하나님은 확실히 그것의 재가로서 그 뒤에 서 계시며, 그리고 그가 애당초 그 질서를 세웠지만 그것의 작용은 불변이고, 그것이 바로 정상에서 벗어난 신학자 욥이 알 필요가 있는 것이다.

이 **토포스**(5장 "양식/구조/배경"을 보라)의 양식과 내용은 뚜렷하게 지혜에 속한다. 그 안에는 전통적인 사상들과 평범한 표현들이 많고, 전체가 "온통 금언적이고 격언적인 경구들로 박혀 있다"(데이빗슨). 그러나 여러 지점에서 시적 상상력이 새어 나오고, 초점의 강도는 그 묘사가 잊혀지지 않는 것으로 만든다.

3행 연 패턴이 지배적이다. 21절은 분명히 그 패턴 바깥에 있는 요약 절이며, 14절은 악인의 산 경험과 사후 경험 사이를 가르는 추축이다. 그 연들은 다음과 같다.

5-7		핵심 은유 : 등불
8-10		: 덫
11-13		: 질병
14	추축	
15-17		: 마름
18-20		: 전멸
21	요약	

5-6 "악인의 빛은 꺼지리라"는 것보다 더 상투적인 표현은 없을 것이다. 21:17; 잠언 13:9b; 20:20; 24:20을 보라. 그리고 "생명"을 가리키는 "빛"에 대해서는 3:20에 관한 부분을 보라. 화로 위 불(אש – 에쉬)처럼 집에서 타는 등불(אור – 오르)은 "그 소유자의 재산이 아직은 손상되지 않았다는 상징들이다"(그레이). 그러나 상징성은 당연히 더 깊게 간다: 어둠은 지하 세계의 충만한 상황인 죽음의 징후다(10:21-22). 엘리바스가 말했듯이 악인은 "그 어둠을 피할 것을 바랄 수 없다"(15:22). 그는 이미 그 영향 아래 살고 있기 때문이다. "악인이 사는 곳의 빛이 어두움이 되면, 그 곳 거민들이 아직 살아 있을지라도 그 곳은 죽음의 영역이 된다"

(하벨). 슐텐즈가 인용한 한 아랍 격언은 이렇게 말한다: "불운한 운명이 나의 빛을 꺼 버렸다".

"장막"에 대한 언급은 유목 존재 양식을 가리키지 않으며, 따라서 유목인의 장막 안 등불은 다소 사치품이라는 테리앙의 말은 요점을 벗어난다. 그것은 보다 오래된 생활 양식으로부터 온 기품 있는 용어다(14, 15절에서처럼; 참조. 5:24; 11:14; 15:34에 관한 부분). "장막" 은유와 함께 지붕에 매달린 등불 이미지가 온다("그 위에"; 참조. 또한 29:3). 비록 구약 시대의 등불에 대한 폭넓은 연구를 한 학자는 천장에 매달린 등불이 존재했음이 불가능하지 않다고 생각하지만(R. H. Smith, "The Household Lamps of Palestine in Old Testament Times," *BA* 27[1964] 1-31), 사실상 그에 대한 고고학적 증거는 전혀 없다(어떻게 있을 수 있겠는가?). 때때로 전도서 12:6의 은줄과 금 그릇은 비록 질 높은 것이지만 매 달린 등불을 언급하는 것으로 생각되었다(L. E. Toombs, *IDB* 3:64). 집에 있는 등불들은 흔히 벽감(壁龕)에 놓였을 것이다: 대부분의 등불은 그릇 안에 두지 않으면 그 바닥이 탁자 위에 서지 않을 만큼 평평하지 않았다. 가정용 등대에 대해서는 열왕기하 4:10이 문학적 언급일 수 있지만 고고학적으로는 확인되지 않는다.

7 악인의 안녕의 파멸을 가리키는 또 다른 이미지는 걸음의 단축이다. 작은 걸음은 걸려 넘어지게 하는 경향이 있다. (그러나 두 개의 서로 다른 이미지가 집합적으로 악인의 힘과 영리함이 모두 그들의 유용성을 끝내 버릴 것임을 의미하는 것일 수 있다. 호르스트가 그렇게 본다).

이 이미지의 배경은 젊은 기력에 넘치는 사람의 거리낌없고 자신만만한 움직임과 대조되는 노년의 기력의 쇠함, 노인의 절름거리는 걸음걸이일지 모르지만("그의 강건한 발걸음이 질질 끌림이 된다", 앤더슨), 함축된 의미는 악인은 빨리 늙을 것이라거나 질병으로 불구가 될 것이라는 뜻이 아니다. 그것은 무엇보다도 5-6절에 나오는 등불과 불을 끄는 이미지처럼 쇠퇴와 궁극적 쓰러짐의 심상이다. 좁음의 상징성은 문제와 위험이고, 반면에 넓음은 구원을 의미한다. 영의 "좁아짐"(צר – 차르)에 대해서는 7:11 참조. 힘이 "좁아지는"(혹은 제한되는, 미약해지는〈개역〉) 것에 대해서는 잠언 24:10을 참조하라. 넓음에 대해서는 시편 18:20[19], 37[36], 그리고 J. F. A. Sawyer, "Spaciousness(An Important Feature of Language about Salvation in the Old Testament)," *ASTI* 6(1967-68) 20-34를 보라.

그 밖에 다른 곳에서도 좁은 걸음걸이와 걸려 넘어짐 사이에 연관성이 있다: 시편 18:37[36], "내 걸음을 넓게 하셔서 내 발목이 미끄러지지 않았나이다"(혹은 실족치 않게 하셨나이다〈개역〉), 잠언 4:12, "걸어갈 때에 네 걸음이 좁아지지 않을 것이며(여기처럼 צרר – 차라르), 달려가도 걸려 넘어지지 않을 것이다"(כשׁל – 카샬, 일부 학자들에 의해 여기서도 읽힌다. "원문주해" 18:7.b 보라). 그러나 악인의 "계획"(עצה – 에차)이 그를 "쓰러뜨린다"(שׁלך – 샬라크, 히필)는 생각에 대해서는 여기서 구체적인 이미지를 찾을 수 없다. 악인들은 전형적으로 "계획들"을 가지고 있는데(עצה; 참조. 5:13; 10:3; 21:16; 22:18; 참조. 시 1:1; 33:10; 106:43), 그것들은 그들의 "교활함"과 연결되고(참조. 5:13; 시 83:4[3]), 얄궂게도 종종 그들 자신의 파멸의 원인으로 드러난다(5:12-14에 관한 부분을 보라).

[8]-[10] 이 상세한 덫 은유에서 여섯 개의 다른 단어들이 마치 그것의 피할 수 없음을 표현하려는 것처럼 사용되는데, 요점은 악인은 – 어떤 수단으로든 – **죽음의** 덫에 걸린다는 것이다. 이 **토포스**(5장 "양식/구조/배경"을 보라)의 전체 이슈는 악인은 죽음과 충돌 과정에 놓인다는 것이다. 그것은 그가 다른 사람을 위해 놓은 덫에 걸린다는 말(포어러, 하벨)이 아니며, 하나님이 아니라 그가 자신의 몰락의 원인이라는 말(테리앙)도 아니고, 또 "세상은 바른 길을 벗어나는 발들을 붙잡을 덫들로 가득하다"는 것(피크)도 아니라, "모든 일들이 그의 파멸을 서두르고, 세상의 도덕 질서란 그가 어디로 가든지 그것이 그를 잡는 올무가 된다"(데이빗슨)는 말이다. 그 이미지는 메소포타미아와 이집트에서 그려지는 것같이 사자나 들소 같은 큰 사냥감에 대한 용맹스런 사냥으로부터가 아니라, 보통의 사람들이 특별히 새 같은 사냥감의 올무로 사용하는 장치들로부터 온다.

[8] 시작하는 말 "왜냐하면"은 설명사다. 악인의 행복하고 번영하는 상태가 끝나는 방법들에 대한 세부 내용이 뒤따른다. "왜냐하면"(כִּי – 키)은 정확히 말하면 7절과 연결되지 않는다(도름는 이에 반대다). 거기에는 덫 이미지가 없었기 때문이다.

그가 걸려 들어가는 그물(רשׁת – 레쉐트)은 새나 동물을 잡는 데 사용된다. 그것은 땅 위에 떠 있고 먹이가 그 안으로 들어가면 접혀진다(시 9:16[15]; 31:5[4]; 35:7-8; 57:7[6]; 140:6[5]; 그리고 특별히 잠 1:17; 호 7:12; 사자 포획에 대해서는 겔 19:8을 보라; 그리고 악어는 32:3을 보라). 덫을 놓는 또 다른 방법은 구덩이를 파고 그 위에 나뭇가지와 흙으로 만든 격자 혹은 올가미(שׂבכה – 스바카)를 올려놓는 것이다(왕하 1:2, 창문 격자). 집회서 9:13에서는 죽음의 위험에 처한 사람은 "그물(רשׁת) 위를" "걷는다"(התהלך – 히트할레크, 여기처럼)고 말해진다.

이 절은 악인이 자기에게 자신의 응보를 초래한다는 것이 아니라(물론 빌닷은 그것을 믿음이 분명하다), 그가 무엇을 하든지 올무에 에워싸임을 말한다. "떠밀리다"(שׁלח – 샬라흐, 푸알)라는 동사는 사냥꾼들이 소리치고, 가지를 때리면서 먹이에게 공포를 일으켜 쉽게 그물로 잡거나 화살과 창으로 죽일 수 있는 좁은 곳으로 몰아넣는 사냥몰이 방식을 가리킬 것이다(L. E. Toombs, *IDB* 2:662-63를 보라). 또한 *Årsberättelse 1945-1946: Bulletin de la Société Royale des Lettres de Lund 1945-1946*(Lund: Gleerup, 1946) 79-90에 G. Gerleman, Contributions to the Old Testament Terminology of the Chase를 보라. 그리고 J. Zandee, *Death as an Enemy according to Ancient Egyptian Conceptions*(Studies in the History of Religions; Supplements to Numen 5; Leiden: E. J. Brill, 1960) 226-34에 있는 죽은 자들이 그물에 걸림을 가리키는 많은 경우들을 참조하라(물론 이들의 경우는 특별히 사후의 일이다).

9-10 "덫"(פח – 파)은 일반적으로 새-올무에 대해 사용되며(암 3:5; 시 91:3; 124:7; 잠 7:23; 전 9:12; 호 9:8에서처럼), 그것이 "부러질" 수 있는 것으로 보아(시 124:7) 아마도 나무로 만들어진다. 그러나 새 사냥꾼의 덫은 새나 사람의 뒤꿈치를 잡지 않는다. 따라서 우리는 이 곳의 단어는 "덫"을 가리키는 일반 용어라고 가정할 수 있다(참조. G. R. Driver, "Reflections on Recent Articles. II. Hebr. *môqēš*, Striker," *JBL* 73[1954] 125-36[131]). "올무"(צמים – 차밈, 여기서만 나타남)는 먹이를 단단히 쥐는 덫인 듯하다[만일 그것이 "함께 묶다"라는 동사에서 온 것이고, 또한 그것이 걸려든 먹이"를"(על, "upon") 쥔다는 사실을 주목하면(하자크 〈חזק〉라는 동사는 대체로 전치사 베트〈ב〉를 갖는다)]. 이것 혹은 그 뒤에 나오는 "올가미"는 "먹이가 미끼를 물면 그 목 주위로 당겨지는" 현대 이집트의 올가미와 같은 것일 것이다(드라이버, *JBL* 73[1954] 133).

"올가미"는 먹이를 불시에 사로잡는 줄(חבל – 헤벨)이다(그런 올가미는 악인에 의해 설치된다, 시 140:6; 시 119:61에서는 "악인의 줄"이 시인을 에워싼다. 잠 5:22에서는 악인은 그 자신의 죄의 줄에 걸린다). "함정"(מלכדת – 말코데트, 그 어근은 흔하지만 이 형태로는 여기서만 나타난다)도 똑같이 붙잡는 어떤 것이다.

악인을 잡으려 놓은 올무들에 대한 이 묘사는 악인을 끊임없이 위험에 둘러쌓이는 것으로 드러내는 효과를 갖는다. 살아 있는 동안 그는 기뻐 날뛰는 인생을 살지만, 언제 어느 때라도 그 덫들 중 하나가 튀어올라 그의 생은 끝날 것이다. 가스터는 죽음의 그물 개념에 관해 약간의 비교 자료를 제공한다: "힌두 신앙에서는 죽음의 신 야마(Yama)가 그물을 갖추고 나타나며, 이란 사람들 가운데는 악령 아스토리호투쉬(Astoridhotush)가 이런 모습으로 나다닌다. 한 만데안(Mandean) 문헌은 똑같은 방식으로 '죽음의 굴레와 함정'에 대해 말한다"(T. H. Gaster, *Myth, Legend and Custom in the Old Testament*[London:Duckworth, 1969] 745).

11 "앞의 [세] 절은 그가 어떻게 올무들이 있는 줄 모르고 그 위를 걷는지를 묘사했다. 이제 그는 그의 상태를 깨닫는다"(데이빗슨). 그가 경험하는 이 공포들은 엘리바스가 나쁜 양심으로 괴롭힘당하는 악인들에게 돌렸던 무서운 상상의 산물들이 아니다(15:21). 그것들은 오히려 죽음의 침범의 명백한 징후들, 즉 굶주림과 질병이다(12-13절). 죽음 이편에서 인간들을 치는 공포들은, 그 자신은 "공포들(14절에서처럼 발라호트〈בלהות〉)의 왕"인 지하 세계 주인의 앞잡이들일 뿐이다. 그들은 악인들에 의해 살해되거나 강탈당한 자들에 대해 원수를 갚는 복수의 영들(포어러)이 아니며, 악인의 양심을 괴롭히는 가책(도름)도 아니다.

12 히브리어 본문의 난점들에도 불구하고, 그 의미는 11절의 생생한 의인화의 후속인 것 같다. 재난과 재앙은 아마 악인을 둘러싸는 "공포"의 두 종류로 그려진다. 그를 두렵게 하고 괴롭게 했던 11절 공포들처럼, 그들은 그를 입으로 삼키려 하거나, 아니면 저항이 가장 적은 상태로 그를 덮칠 수 있는 순간, 즉 그가 넘어지는 순간만을 기다리는 들짐승들로 묘사된다. 그 언어는 탄식의 패턴을 따라 구성된다: "나는 넘어질(צלע-첼라, 여기처럼) 준비(נכון-나콘, 여기처럼)가 되어 있다"(시 38:18[17]). 거기서는 막 넘어지려고 하는 것이 죄 없는 사람인데, 반면에 여기서는 악령들이 악인이 넘어지기를 기다리고 있다. 참조. 또한 시편 35:15, "내가 넘어지자(צלע) 저희가 기뻐하며 모여들었다." 그리고 특별히 예레미야 20:10, 선지자가 "사방에(여기처럼 싸비브〈סביב〉) 공포로" 둘러싸이고, 그는 그의 옛 벗들이 "나의 넘어짐을(צלע) 기다리고" 있다고 믿는다. 이 구절들에서 악인은 의인의 적들인데, 여기서는 악인들도 그들의 적들을 가진다: 즉 죽음의 사자들. 그들은 신의 수행원들처럼 쌍으로 간다(참조. "환난"과 "고통", 15:24; 시 23:6; 25:21; 43:3; 89:15[14]; 그리고 아마 합 3:5[역병과 전염병]; H. L. Ginsberg, "Baal's Two Messengers," *BASOR* 95[1944] 25-30를 보라).

말해지지 않는 것은 악인이 굶주린다는 것이다(참조. 테리앙; RSV, "굶주림으로 그의 힘이 빠진다"). 왜냐하면 강한 사람에게는 그것이 그리 큰 재앙이 아니기 때문이다. 죽음의 세력이 길가에 숨어 그를 기다리다가 갑자기 그를 덮치는 것은 그의 건강이 좋고 재산이 많은 한창 때다. 다소 정적인 덫 이미지가 활동적인 맹렬한 동물 이미지로 바뀌었다. 덫들은 동물들을 잡기 위한 도구일 것이나, 이 초자연적이고 악마적인 동물 세력은 그 자체로 악인들에게 올무다.

13 이것은 질병보다는 죽음의 묘사다. 그것은 "죽음의 장자가 그의 사지를 갉아 먹는"(JB) 혹은 "그의 피부를 먹어 버리는"(NIV) 문제가 아니라, 죽음으로 악인의 몸에 가해진 완전한 파멸의 문제다. 초점은 쇠퇴시키는 질병의 점진 과정이 아니라(예를 들어, "먹어 들어가다, 부식하다"), 저항할 수 없는 압도적인 결과에 있다("다 먹어치운다"). 물론 악한 사람들이 모두 숙병으로 죽는 것은 아니며, 빌닷은 그들이 그렇다고 주장하고 싶은 것이 아니다. 구체적인 원인이 무엇이든지 간에 결과는 동일하다. 악인의 등불은 꺼진다(5절). "피부"와 "사지"는 똑같이 몸 전체를 가리키는 용어들이며, 따라서 피부에서 사지로 차례로 영향을 미치는 어떤 특정한 질병도 염두에 두고 있지 않다. 포어러와 헤세는 그런 징조를 나타내는 질병은 분명히 나병일 것이며, 빌닷은 냉혹하게 욥의 정확한 의학적 상황을 언급하고 있는 것이라고 생각했다. 이는 단순히 악인을 묘사하는 빌닷의 의도를 오해할 뿐만 아니라, 악인에게 미치는 죽음의 영향의 보편성을 무시한다.

죽음(Death)의 장자는 누구인가? 혹은 장자는 죽음 자신의 호칭 중 하나인가? 두 가지 번역이 모두 가능하다. 이전 학자들은 죽음(Death)의 장자를 어떤 특정한 질병 혹은 고통으로 생각했다. 기아(힛지히)나 역병(도름, 바벨로니아의 역신〈疫神〉 남타루〈Namtaru〉가 정확하게 장자가 아니지만 적어도 지하 세계의 고관이라는 것에 주목함), 혹은 가장 치명적인 질병 형태(그레이, "열병"을 뜻하는 아랍어 *bint el-maniyya*, "운명의 딸"을 비교함).

그러나 우리의 전체 이해가 U. Cassuto, *The Goddess Anath*[Hebrew](Jerusalem: Bialik Institute, 1951) 49(=*The Goddess Anath: Canaanite Epics of the Patriarchal Age*[tr. I. Abrahams; Jerusalem: Magnes Press, 1971] 63)를 따라, 우가릿 신화를 사용하여 우리의 본문을 설명한 사르나의 논문에 의해(N. M. Sarna, "The Mythological Background of Job 18," *JBL* 82[1963] 315-18) 상당히 증대되었다(참조. 또한 N. Tromp, *Primitive Conceptions of Death and the Nether Worm in the Old Testament*[BibOr 21; Rome: Pontifical Biblical Institute, 1969] 162-65). 모트(Mot; **히.** מָוֶת, 마베트, "죽음, 사망")는 가나안 신화에서 지하 세계의 통치자다. "구덩이가 (그가) 앉는 보좌요, 오물이 그의 유산의 땅이라"(*CTA* 5.2.16-17[Gibson, 70]; 4.8.13-14[Gibson, 66]). 그러한 인물이 틀림없이 14절에 나오는 "공포의 왕"에 의해 의미되는 것이다. 모트(죽음)의 장자는 우가릿 문헌에서는 언급되지 않지만, 메소포타미아 신화에서 지하 세계의 여왕 에레쉬키갈(Ereshkigal)의 아들이요 지하 세계의 고관인 남투르가 지녔던 것과 똑같은 위치를 차지하는 그런 인물이

가나안 신화에도 있었다고 믿는 것은 부당하지 않다. 모트의 장자는 그리스 신화의 헤르메스 프쉬코폼포스(Hermes Psychopompos)처럼 영혼을 스올로 몰고 가 그들을 스올의 지배자 앞으로 대령시키는 기능을 가지고 있을 것이다. 그러나 여기서 죽음(Death)의 장자의 기능은 악인들을 땅에서 지하 세계로 옮기는 방법으로 그들의 몸을 다 먹어치우는 것이다.

보다 최근에 죽음(Death) 자신이 장자라는 주장이 제기되었는데(W. L. Michel, *The Ugaritic Texts and the Mythological Expressions in the Book of Job*, PhD Diss. University of Wisconsin, 1970; 포프, 하벨), 우가릿 문헌들에서는 모트가 "엘의 아들"이라 불리기 때문이다. 그가 실제로 엘의 장자인지 우리는 모르지만, "장자"는 본질적으로 그에게 적절할 직함이다. 모트에 대해 사용된 언어가 여기에 잘 어울릴 것은, 그의 게걸스런 식욕이 잘 알려져 있기 때문이다(참조. 또한 사 5:14; 합 2:5): 한 입술은 땅에 닿고, 다른 입술은 하늘에 닿고, 그의 혀는 별들에 이른다(*CTA* 5.2.2-3[Gibson, 69]). 그는 이렇게 말한다: "나의 식욕은 광야(에 있는) 사자들의 식욕이다." "'흙'을 먹는 것이 정말 나의 욕구라면, 그러면 나는 정말로 (그것을) 한 움큼씩 먹어야 한다"(*CTA* 5.1.14-15, 18-20[Gibson, 68]). 이전에 한 번역가는 모트가 "진흙"을 한 움큼씩 먹는 것으로 했다(G. R. Driver, *Canaanite Myths and Legends*[Edinburgh: T. & T. Clark, 1956] 103) – 아마도 지하 세계에서 가장 흔하게 구할 수 있는 양식으로. 그러나 만일 깁슨의 개정이 옳아서(그것은 드라이버의 나중 생각을 담았을 것이다), 그것이 "흙"으로 만들어진 "사람들"을 먹는 것에 대한 가리킴이라면 우리 본문과의 비교가 더 가까워진다. 심지어 다소 색다른 단어들인 비드바이(בדוי, "질병으로")로 수정되는 바데이(בדי)와 보통 "그의 사지"로 번역되는 바다브(בדיו)는 둘 다 "양손으로"라는 단어의 단축된 철자라고 제안될 수도 있다("원문주해" 18:13.b를 보라). 즉, "그[죽음]는 그[악인]의 피부를 양손으로 먹어치운다. 죽음의 장자(First-Born Death)가 양손으로 먹어치운다"(하벨). 사람 고기를 원하는 모트의 갈망에 대한 또 다른 증거는 모트가 그의 먹이를 찾아 땅 위를 헤매는 자신에 대해 말하는 *CTA* 6.2.17-19(Gibson, 76)에 나타날지 모른다: "나의 식욕은 인간들이 부족했다. 나의 식욕은 땅의 무리들이 (모자랐다)." 적어도 깁슨의 번역에서는 그가 그렇지만, 드라이버가 첫 판에서 제안한 번역(*Canaanite Myths and Legends*[Edinburgh: T. & T. Clark, 1956] 111)도 가능성이 덜한 것 같지 않다: 모트가 바알을 찾아 땅을 헤맬 때, 어디를 가든지 당연히 죽음의 신이기 때문에 "사람들 가운데서 생명이, 땅의 무리의 생명이 끊어졌다." 물론 그것은 죽음(Death)이 생명을 먹어치운다는 말이지만, 우가릿 문헌들에서 모트가 사람 고기를 먹는 것으로 제시되는지, 따라서 인용된 문헌들이 우리의 본문 구절에 대한 특정한 배경인지는 의심스럽다.

여기 18:13에서 평행 구문은 만일 먹이를 찾아 세상으로 나가는 죽음(Death)의 두 부하로 "질병"과 "죽음의 장자"가 평행하는 것이라면 가장 잘 맞는다. 그들은 약간은 더 구체적이지만 12절의 재난과 재앙처럼 똑같이 들짐승들로 묘사되는 악령들이다. 묘사의 극적 흐름에 따라도 죽음(Death) 자체는 지하 세계의 왕좌에 앉아 있고 그의 졸개들이 그들의 먹이를 완전히 해치우기 전까지는 자신의 모습을 나타내지 말아야 한다. 오직 13절 끝에서 악인은 생명을 떠나 지하 세계로 가는데, 이는 14절 처음 절반에서 다른 용어들로 다시 표현되는 사건이다.

우가릿 문헌들은 유혹적이지만, 그렇다고 항상 곧바로 주석적으로 타당한 해결들로 통하는 것은 아니다. 이 경우에는 죽음(Death)은 의인화되며, 그리고 아마 모두 죽음의 자손이고 마지막에(절정의 위치에) 언급된 것은 분명히 그의 장자인 다양한 악령들이 들짐승들로 그려지고 있음이 분명한 것 같다. 그러나 게걸스럽게 먹는 그 존재가 정확히 죽음(Death)은 아니며, 우리는 굶주린 자라는 명칭이 12절에서 그에 대해 사용됨을 보지 못한다. 그 장자와 모트 자신을 동일시하는 것을 거부하고 메소포타미아의 역병의 신 남타르(Namtar)와의 비교를 시도하는 다음도 보라: J. B. Burns, "The Identity of Death's First-Born(Job xviii 13)," *VT* 27(1987) 362-64.

14 이 강력한 이미지들은 그 사람이 자기 집에서 나포되어 지하 세계의 왕 앞에 끌려오는 묘사에서 절정에 이른다. 그의 적들은 이제 (비인간의) 덫으로 그려지지 않고, (동물 모양의) 짐승들로도 아니며, 악한 세력의 (인간) 대행자들로 그려진다. 그들이 문을 두드리는 것은 많은 나라에서 비밀 경찰의 신호로 쉽게 인식될 것이다. "장막"은 여러 가지 은유적 의미를 갖는다: 그것은 정확히 사람의 성이 아니라면 사람의 쉼터로, 그가 안전을 느낄 권리를 가진 곳이다. 그것은 손님을 초대하고(참조. 11:14) 죽음(Death)의 사자들 같은 반갑지 않은 방문객들을 거절할 권리를 가진 그의 소유물이다. 그것은 그의 안녕과 안전한 삶의 상징이다. (여기서 그것은 그로부터 그가 비틀려 나온 그의 몸을 상징하지 않는다. 앤더슨는 이에 반대다.) 장막은 안전**이다**. 그가 그의 장막을 "신뢰하는" 것으로 비판받지는 않는다(마치 그가 하나님을 신뢰했으면 더 좋았을 것처럼). 그 사람이 그의 운명으로 서둘러 갈수록 시인은 그만큼 더 동정적이 된다. "거주", "집"을 뜻하는 오래되었기에 고상한

단어로서의 "장막"에 대해서는 6절에 관한 부분을 보라.

그의 장막으로부터 "잡아 떼이는"(נתק – 나타크) 혹은 "잡아 뽑히는"(NAB) 것은 인간에 대해서 사용될 수 있는 언어다. 그러나 끊기는 밧줄의 근본 은유는 여전히 남아 있다(사 16:9, 삼 줄이 불에 닿을 때; 전 4:12, 삼겹 줄은 쉽게 끊어지지 않음; 사 33:20, 시온의 장막 줄은 하나도 꺾이지 않을 것이다〈참조. 렘 10:20〉; 5:27, 어떤 들매 끈도 끊어지지 않는다). 17:11에서 끊어짐은 욥의 마음의 소원이었다. 그 동사는 사람에 대해서는 방어자들을 성읍으로 끌어내어 그들의 안전으로부터 분리시키는 데 사용된다(수 8:16; 삿 20:32). 악인은 안전에 있어 핵심이었고, 그와 그의 집 그리고 그의 행복은 삼겹 줄이었다. 그러나 일단 그를 데려오라고 하면, 그는 잡아떼어져야 한다. 이와 관련된 한 이미지는 사자들을 보내어 귀빈을 파티에 모시고 오는 것일 것이다(참조. 에 6:14, "왕의 사신들이 도착하여 하만을 에스더가 준비한 연회로 데려왔다"; 참조. 또한 눅 14:23). 죽음의 사자들이 악인의 집에 도착할 때, 한 번 비틀면 그는 떠난다.

그들은 그를 지하 세계의 왕 앞에 "끌고 간다". 이 동사는 때로 군대 상황에서 사용되지만(사 5:4; 시 68:8[7]; 합 3:12, 모두 하나님의 행진과 관련하여, 따라서 NAB, NJPS, NIV에서는 "그를 행군시키다"), 그것의 명사는 모든 종류의 상황에 적용되는 "걸음"을 뜻하기 때문에 특정하게 군대 의미를 고집하는 것은 잘못일 것이다. 그러나 그 동사의 사역형("그를 걷게 했다")은 이것이 자발적인 나들이가 아니라 악인이 해야만 하는 강요되고 싫어하는 여행, 즉 지하 세계로 내려가 그 곳 주인의 손에 넘어가는 여정임을 보여 주기에 충분하다.

"공포의 왕"에 관하여: 이 거창한 어구에 참견하는 것은 죄일지 모르지만, 그의 졸개들이며 파괴 수행자들인 "공포들"은 마치 그들의 제물들에게 공포를 불러일으키는 것이 그들의 주된 일인 것 같은 정신적 의미의 공포들이 아니라, 그들 자체가 바로 인간을 죽음의 수중에 끌어들이는 재앙들이다. 일반적으로 "공포들"로 번역되는 발라호트(בלהות)라는 용어에 주로 심리적 혹은 감정적 의미를 부여할 타당한 이유는 없다. 에스겔 26:21; 27:36; 28:19에서 그것은 분명히 절정의 재앙을 가리키며(RSV "무서운 종말"), 다른 모든 본문에서도 주관적 경험보다는 객관적 재앙이 훨씬 타당하다(사 17:14; 시 73:19〈악인들이 בלהות에 의해 완전한 종말에 이른다〉; 욥 27:20〈평행어 סופה – 쑤파, "폭풍"〉; 30:15). 재앙은 끔찍한 것으로 경험되기 때문에, 그 경험을 객관화하고 그것의 객관적 원인을 주관적 결과에 알맞게 사용되는 용어로 부르는 것은 전혀 잘못이 아니다("기쁨"〈joy〉이 감정이지만, "하나의 기쁨"〈a joy, 기쁨을 주는 것〉은 "아름다운 것"일 수 있듯이 말이다). "공포의 왕"을 지하 세계의 신인 가나안의 모트와 동등한 것으로 보는 것에 대해서는 13절을 보라. 그 "공포들"은 11-13절에서 언급되었던 의인화된 존재들이다. 그 왕은 바빌로니아에서는 네르갈(Nergal)로, 그리스인들 사이에서는 하데스(Hades)로, 버질에게는 무시무시한 왕이요(*rex tremendus, Georgics* 4. 469), 지옥의 왕인(*rex infernus, Aeneid* 6. 106) 플루토(Pluto)로 알려진다. 구약에서는 지하 세계 거민들의 "목자", 즉 지배자로 나타난다(시 49:15[14]). 수메르 문헌에서는 네르갈(Nergal)이 "공포의 땅의 왕"으로(*CT* 24. 36. 52; 47. 10), 그의 왕국은 "무서운 집"으로 불린다(E. Ebeling, *Tod und Leben nach den Vorstellungen der Babylonier*[Berlin: de Gruyter, 1931] 166. 14).

15 이 새로운 연에서 주의는 악인 자신과 스올에서 그의 운명을 만나는 길로부터 그의 안녕을 상징했던 "장막"으로 바뀐다. 그는 그 곳에서 "뽑혔다"(14절). 그러면 지금은 누가 그것을 차지하고 있는가? 그의 후손이 아니요, 친척도 아니며, 심지어 낯선 사람도 아니라, 그에게 쉼을 허락했던 그 집이 다시는 사람이나 동물들의 안식처가 되지 못하게 할 어떤 비인간 세력이다. 이제 "불"이 그의 주거를 정했기 때문에, 어느 누구도 거기에 접근할 수 없다. 하벨은 그 불이 소돔과 고모라의 경우처럼(창 19:24) 위에서 보내진 파괴의 비가 아니라 죽음(Death)의 또 다른 대행자로서 아래서 분출하는 불이라고 주장하기를 원한다. 그는 다단과 아비람 무리를 삼켜 버린 불(시 106:17-18)을 그런 지옥 불의 한 예로 보지만, 민수기 16:35의 이야기는 그 불이 "야훼로부터" 왔다고 구체적으로 말하며, 그 시편은 다른 심상을 가지고 있다고 가정하기가 어렵다. 또한 여기서는 그것이 유황과 대구를 이루므로 현재 이미지에서는 위로부터 오는 불임이 분명하다. 그럼에도 불구하고 여기서의 요점은 불의 기원이 아니라(하나님은 21절 마지막 말에서만 예외로 하고 이 묘사 전체에서 언급되지 않는다), 그것이 악인의 지속되는 삶에 무엇을 행하는가이다. 만일 그가 바랄 수 있었던 유일한 불사(不死)가 그의 가족의 계보와 가족 소유의 존속이라면, 그 불이 그것을 끝장낸다.

유황("타는-돌")은 한때 황을 뜻하는 일반적인 이름이었지만, 지금은 주로 그것의 가연성과 관련해서 사용된다. 그것은 대기 중에서 쉽게 연소되며, 유독하고 질식시키는 이산화황 가스를 만들어 낸다. 지중해 동부 주변에서는 사해 계곡과 같이 화산 활동이 있는 지역들에서 그것이 발견된다(참조. D. R. Bowes, *Zondervan Pictorial Encyclopedia of the Bible*[ed. M. C. Tenney; Grand Rapids: Zondervan,

1975] 1:655). 불과 유황은 함께 불가피하게 신의 진노에 돌려지는 기이한 자연 재앙을 묘사한다(시 11:6; 사 30:33; 겔 38:22; 참조. 사 34:9). 유황에 의해서 영향을 받은 땅은 불모다(신 29:23). "불"을 이 절의 처음 절반 부분의 위치로 옮기면 ("원문주해" 18:15.a를 보라) 고대 세계에서 잘 알려진 것과 같은 황의 살균 특성에 대한 어떠한 암시도 배제된다(Pliny, *Natural History* 35.50; Homer, *Odyssey*, 22. 481, 823, 거기서는 시체로 더럽혀진 방의 정화에 그것이 사용됨). 비록 유황이 "뿌려진다"(יזרה – 예조레)고 말해질지라도, 이는 마치 사람의 행위처럼 들리는데(도름), 인접한 문맥의 상황은 이 해석을 덜 받아들일 만한 것으로 만든다(에얼리히, 횔셔, 바이저, 포어러, 호르스트, 테리앙, 드 빌드는 이에 반대다).

초자연적 파괴라는 언어가 사용된다고 해서 반드시 빌닷은 악인에게 신에 의해 보내진 재앙이 떨어지는 것을 그리고 있음을 뜻하지는 않는다. 왜냐하면 현실적으로는 그러한 운명을 당한 악인이 많을 리가 없기 때문이다. 이것은 그가 악인의 자손에게 일어나기를 바라고 믿는 것의 극적 표현이다.

16 뿌리와 가지(겔 17:9; 말 3:19[4:1]; 집 10:16; 23:25; 40:15) 혹은 뿌리와 열매(암 2:9; 호 9:16; 참조. 저주에 걸린 시돈 왕 에쉬무나살[Eshmunazar] [*ANET*, 662b])의 완전한 파멸은 일반적이고 속담 같은 이미지다(그 표현의 좋은 의미로의 쓰임에 대해서는 욥 29:19; 왕하 19:30; 사 27:6; 37:31; 렘 17:8; 시 1:3을 참조하라). 어떤 이들은 이 절이 부적당하게 악인을 아직 살아 있는 것으로 그린다 하여 삭제했지만(부드, 드 빌드), 여기서 파괴되는 것은 악인 자신이 아니라 – 그 일은 그가 스올로 내려갔을 때 이미 일어났다 – 그의 가족과 그의 소유다(19절에는 비슷한 사상이 좀더 산문체로 나온다). 그의 뿌리와 가지란 그가 생산해 낸 것들, 즉 자손 및 그의 존재의 물질적 증거 모두이며, 그 자신이 "뽑혀져 갈" 때(14절) 그로부터 "파생된" 모든 것도 반드시 사라진다는 것이고, "위"와 "아래"는 전체를 포괄하는 극단들이다(양극제유법〈merismus〉: 양극을 말함으로써 전체를 표현하는 수사). 15절의 불 이미지가 이 절에서도 연속된다고 볼 수 있고, 이제 그 불은 그의 거주지에 "살면서" 그의 삶 주위에 왕성하고 활기 있었던 모든 것을 시들게 해 버린다. "시들다"와 "마른다"는 점진적인 과정처럼 들릴지 모르지만, 염두에 두고 있는 것은 "가지와 뿌리의 즉각적이고 동시적인 파괴다"(그레이).

17 완전 전멸은 악인의 운명이다. 그가 죽을 때 그의 이름이 잊혀진다는 말이 아니며, 하나님이 어떻게든 다른 사람들의 의식에서 그에 대한 기억을 삭제하신다는 말도 아니다(H. Eising이 제안하는 것과 같이 *TDOT* 4:76). 그 "기억"(זכר – 제

케르)은 그것보다 훨씬 더 구체적이고, 그것은 사람이 죽은 후에 남는 기념물과 그것이 기념하는 존재에 부여하는 증거에 있다. 자신들의 업적 이야기를 담은 비문을 새기는 통치자들은 그들의 업적을 기리는 그들의 "기념물" 혹은 기억이 오래 지속되도록 확실하게 하는 것이다(참조. 삼하 18:18; 사 56:5). 그것이 실패하면 사람 공적에 대한 기록된 이야기가 "기억"으로 남을 것이다(느 5:19; 6:14, 13:14, 22, 29, 31에서 "기억하다"가 그의 책에 기록된 위업을 가리키듯이). 사람을 기념하는 보다 흔한 다른 방법은 자기 자신을(그리고 이름을) 자기 자식 안에 영속화시키는 것이다. 이는 그 자손들이 죽은 조상을 기억하거나 그의 이름을 존경한다는 말이 아니라–물론 그들이 그렇게 하지만 말이다–그들이 그의 개인 이름을 지니고 있기 때문이든 혹은 단순히 그들의 현 존재가 그의 이전 존재에 대한 증거이기 때문이든, 그들은 그의 존재를 영구히 "생각나게 하는 사람"이라는 말이다. 예를 들어, 역연혼(逆緣婚)은 죽은 사람을 위해 법적 자손 혈통을 만들어 냄으로써 그의 "이름"을 "세우거나" 혹은 영구화하는 것이라고 설명된다(신 25:7). 사람의 "기념물"(זכר)을 파괴하는 것은 그의 사후 존재를 파괴하는 것이며(그것이 이미 흐릿하다 할지라도), 따라서 한 사람을 그가 마치 전혀 존재하지 않았던 것처럼 여기는 것이다. 이런 이유에서 원수의 "기념물" 혹은 "언급"(זכר)을 없애 버리는 것은 그를 파괴하는 수단이다(출 17:14; 신 25:19; 32:26; 사 26:14; 시 9:7[6]; 34:17[16]; 109:15; 112:6). 좀더 자세한 것은 B. S. Childs, *Memory and Tradition in Israel* (London: SCM, 1962) esp. 70-73; W. Schottroff, *Gedenken im Alten Orient und im Alten Testament*(WMANT 50; Neukirchen-Vluyn: Neukirchener Verlag, 1964) esp. 287-92를 보라.

현재의 경우에는 그것은 악인의 "기억" 혹은 "이름"을 전멸하는 그의 후손과 그의 소유의 파괴다. 그들은 그가 죽을 때 자동으로 멸하는 것이 아니지만, 그의 사악함의 영향은 그를 너머 그의 가족 전체에 미친다. 그들의 멸종은 그의 전멸을 의미한다. 그에 대한 기억이나 언급은 "땅"(ארץ–에레츠)으로부터 그리고 "개방 장소"(חוץ–후츠)로부터, 즉 한편으로는 사람이 사는 경작된 땅과 다른 한편으로는 방목 가축 떼를 위한 초원 지대로부터 사라진다(5:10에서 에레츠〈ארץ〉와 후츠〈חוץ〉의 쌍은 그렇게 정확하지 않다).

빌닷은 욥 자신의 상황에 올 수 있는 한 가까이 왔다. 욥은 그의 사망 전에 이미 그의 자손의 상실을 경험했다. 그러므로 여기서 그려지는 이미 죽은 사람보다도 더 심하게 고생한다. 욥 자신은 죽음의 비통함을 자신의 후손에게 일어나는 일들에 대한 무지로 묘사했었다: "그의 자녀들이 존귀하게 될지라도 그는 모르며, 그들이 비천하게 될지라도 그는 알지 못한다"(14:21). 죽기 전에 자기 후손이 파멸되었음을 아는 것은 훨씬 더 큰 괴로움이다. 그럼에도 불구하고, 욥과 악인을 동일시하는 것이 빌닷의 의도는 아니며, 이것은 단순히 "욥의 사별에 대한 분명한 지시로 잔혹하기 그지없는 뻔한 풍유"(앤더슨)가 아니다. 욥은 어떤 죄 때문에 고생하고 있음이 분명하며, 따라서 그의 경험의 상당 부분은 전형적인 악의 것과 비슷하겠지만, 그의 운명이 모든 면에서 동일할 것인지는 아직 미결의 문제다. 욥은 이 묘사를 그가 원하는 대로 처리할 것이다: 모자가 맞으면 그것을 쓸 수 있지만, 그는 아직 죽지 않았고(죽었으면 변화 가능성이 불가능한 악함을 뜻함) 인생을 개선할 길이 아직은 열려 있다(참조. 8:5-6).

18-**20** 이 연의 흐름은 지난 연(15-17절)을 요약하고 있지만, 초점은 그 사람 자신이지 "그의 장막", "그의 뿌리", "그의 가지", "그에 대한 기억", "그의 이름" 등이 아니다. 18절은 14절에 대응하고(악인의 실제 죽음), 19절은 16-17절에 대응하며(후손이 없음), 반면에 20절은 이 시의 결론으로 향하면서 지금까지의 시 전체의 관점을 넘어서 관찰자 세상의 관점에서 악인의 운명을 묘사한다. 마지막으로 내레이터(시인) 자신의 관점이 21절에서 드러날 것이다.

18 이 곳의 은유는 가장 단순한 것에 속한다: 빛은 생명이요(3:20〈생명과 빛이 평행〉; 33:20 "생명의 빛"; 참조. 시 56:14[13]), 어두움은 죽음이며(10:21-22 "어둠과 깊은 그늘의 땅"; 17:13〈스올이 어둠과 평행〉; 참조. 또한 19:8), 그리고 이 둘이 유일한 존재 가능 상태들이다. 이 이미지는 시작 부분에 빛을 불어 끄는 묘사와 연결된다(5절). 의인도 죽지만, 그들은 생명 바깥으로 "쫓기지" 않는다(הדף-하다프, 가나안 사람들이 가나안에서[신 6:19], 또한 한 관원이 그 직위로부터[사 22:19] 쫓겨나는 것처럼). 누가 그 "쫓아냄"을 행하는 것인가? 하나님은 아니다(덤이 생각했던 것처럼; 참조. 포프). 적어도 직접적으로는 아니다. 왜냐하면 빌닷이 여기서 부연하고 있는 것은 응보 법칙의 냉혹한 작용이기 때문이다. 인간(호르스트)도 아니다. 이는 마치 인류 자체가 죄인을 그 가운데서 내쫓는 것 같다(데이빗슨). 정확히는 11-13절에서 우리 앞에 그려졌던 죽음(Death)의 사자들이다(여기서 수동태로 번역된 동사들은 실제로는 능동 복수들이다). 그 악마들을 벗어날 희망으로 그 악한 사람이 도망칠 때(11b절구), 그는 어둠의 방향으로 달려가고 있음을 전혀 깨닫지 못했다. 동물이 덫으로 쫓겨 몰리는 것처럼(아마 8-10절의 덫 이미지로부터 울린 반향) 그의 도망은 정확히 그의 사냥꾼들이 원하는 것이다: 그가

자신을 서둘러 가게 하는 것은 자신의 파멸을 향해서다. 그를 산 존재들의 세상(תבל – 테벨)으로부터 "내쫓는"(נדד – 나다드; NEB, NIV의 "추방하다"는 인간의 행위같이 들린다) 것은 바로 그 악마들이다.

19 이제 빌닷은 그가 이전에 은유적으로 말했던 것(16절)을 분명한 용어들로 말한다: 그 악인의 자녀들은 그가 그들에게 초래한 운명을 당한다. "후손과 자손"이라는 표현은 히브리어로는 두운체다(נין, נכד **닌, 네케드**, 항상 함께 사용됨: 창 21:23; 사 14:22; 집 41:5; 47:22). 우리는 "seed or breed"(NJPS), "son nor scion"(모파트), "chit nor child"(볼), "kith or kin"(포프), "breed nor brood"(투르-시나이) 등으로 말할 수 있다(영어 두운을 살리고, 같은 뜻을 갖는 말들이기에 각각 번역하지 않음 – 역자주). 그러나 그의 가족이 전체적으로 근절되었다 할지라도(עם – 암, "친척, 가족, 민족"), 어쩌면 그의 혈통 가운데서 운 좋은 이가 폐허가 된 가옥으로부터 살아 남은 생존자(שריד – 사리드)로서 달아나, 이전에 그 가족에게 거류 외국인들로 (체류하던 מגוריו – 메구라브, "그의 장소〈들〉"에서) 손님의 권한과 피난처를 제공했던 다른 집안 속에서 안전을 찾았을지도 모른다. 그렇지 않다. 그 악인 자신처럼 그 악인의 일가는 그 마지막 한 사람까지 그가 자신을 어느 곳에 숨기려 생각하든 상관없이 파괴를 위해 추적된다. 왜냐하면 악인에 관한 근원적 진리, 즉 5-19절의 묘사 전체가 향하고 있는 종국인 그의 전멸은 죽음 이후 그에게 준-생존을 만들어 줄 수 있는 그에 대한 모든 기억의 전멸을 동반하기 때문이다. 빌닷은 8장에서와 똑같은 결론 지점에 도달했지만, 덜 기억될 만한 것도 아니고 덜 감동적이지도 않은 아주 새로운 이미지 망을 통해서다. 거기서는 악인이 정원에 그 가지를 뻗치는 무성한 초목이었다. 그러나 "그것이 일단 그 곳에서 뽑혀지면, 그 곳은 '내가 너를 한 번도 보지 못했다'라고 말하며 그것과의 관계를 인정하지 않는다"(8:18). 여기서 악인은 마치 한 번도 존재하지 않았던 것처럼 똑같이 잊혀지고, 똑같이 부정되고, 똑같이 전멸된다.

20 이 절과 그 다음 절 모두 결론의 말이지만, 서로 다른 관점으로부터다. 여기서는 빌닷이 악인의 운명에 관한 묘사로부터 물러나 그것이 관찰자들에게 미치는 영향을 상상해 본다. 그 소식이 전해지는 곳이면 어디든지 사람들이 "경악한다"(שמם – 샤멤)고 하는데, 이는 나쁜 소식을 들을 때의 반응을 가리키는 상투적인 용어다(참조. 16:7, 하나님이 욥의 지인들 전체 무리를 "놀라게" 하셨다; 17:8, 정직한 자들이 욥의 재난에 "경악한다"; 21:5, 욥이 친구들에게 "자기를 보고 놀라라"고 요구한다). 참조. 또한 D. R. Hillers, "A Convention in Hebrew Literature: The

Reaction to Bad News," *ZAW* 77(1965) 86-90. 악인은 하벨이 말하듯이 "사람 눈에 띄지 않게 사라지지 않는다". 인류가 나뉘는 두 그룹(혹은 아마도 양극제유법〈merismus〉으로 모든 인간을 가리키는 두 그룹)인 동방인과 서방인이 똑같이 그 소식을 듣는다. 참조. 시편 50:1, "해뜨는 데부터 해지는 데까지"; 113:3; 말 1:11; 마 8:11, "동쪽과 서쪽에서 많은 이들이 올 것이다"(온 땅으로부터). 악인의 "날"(יום–욤)을 본다는 것은 그의 재난 혹은 사망의 날을 본다는 것이다(참조. 삼상 26:10; 시 37:13, 주께서 악인의 "날"이 다가오고 있음을 보신다; 137:7, 예루살렘의 날은 그것이 파괴되는 날이다; 렘 50:27; 겔 21:30[24], 34[29]). 사람의 "날"은 다른 상황들에서는 그의 탄생의 날을 뜻할 수도 있다(참조. 욥 3:1에 관한 부분; E. Jenni, *THWAT* 1:714). 그의 운명을 보는 사람들이 느끼는 공포를 묘사할 때, 여기에 쓰인 히브리어 표현 방식(출 15:14, 삼하 1:9 등에서처럼)은 "공포가 그들을 장악했다"가 아니라 "그들이 공포를 붙잡았다"이다(21:6; 사 13:8에서처럼; 환치법〈hypallage〉).

21 빌닷은 연설의 관점을 자신의 관점으로부터(2-4절에서 거리낌없이) 연설의 대부분에서(5-19절) 객관적이고 거리를 둔 내레이터의 관점으로 변화시켰고, 이제는 관망자의 관점을 지나(20절) 그 자신의 개인적 입장으로 되돌아간다(이들은 관찰자들의 말들이 아니다. 탈굼, 발, NJPS는 이에 반대다). 문장 양식은 "정녕"으로 시작되며(אך–아크, 강조사; 참조. 16:7; 시 58:12[11]) 또 다른 포괄적인 언설로(5절) 시작했던 이 시의 결론을 이루는 "요약 평가"다(5:27; 8:19; 20:29처럼; 참조. 또한 8:13).

빌닷은 요약에서 이것이 악인 자신의 운명이라고 직접적으로 말하지 않고 그의 "거주"(משכנות–미쉬크노트; "원문주해" 18:21.a를 보라) 혹은 "장소"(מקום–마콤)의 운명이라고 한다. 이는 그가 외적인 것들(外物)에 얼마나 몰두하고 있는지를 보여 주는 것이라고 앤더슨은 말하며, 반면에 에얼리히는 그 용어들은 문자적으로 이해될 수 없고 악인 자신과 그의 운명을 의미한 것이라고 생각했다. 그러기는커녕 그것은 그가 거주에 집중하는 것의 합리성 혹은 객관적 타당성을 얻으려는 노력의 표시다: 지하 세계에서 악인에게 일어나는 일은 관찰이 아니라 믿음의 문제다. 죽음(Death)을 위해 사람을 덫에 걸리게 하는 보이지 않는 힘들은 그 상상의 필요조건들이지만, 구체적 현실인 그의 집은 악인의 운명에 관한 그 외의 모든 것을 유효하게 하는 반박할 수 없는 사실이다. 파괴된 것을 보라. 가족의 전멸을 목격하라. 그러면 응보 교리에 대한 논박할 수 없는 확증을 얻는다. 빌닷은 가장 특징이 없고 최소로 구체적인 단어인 "장소"를 가지고 악인의 인생에서 모든 의미를 빼앗았다: 그가 그의 인생의 날들을 보낸 곳은 결국 집이 아니요, 장막도 아니며, 거처도 아니라, 단지 한 "장소"에 지나지 않는다.

빌닷은 직접적이든 간접적이든 욥 자신의 개인적 상황을 언급하는 것인가? 그의 묘사 전체에는 악인의 운명과 욥의 운명 사이에 평행하는 것들이 정말로 있으며(참조. 13, 15, 19, 20절) 그런 평행 본문들이 우연의 일치일 리는 없다. 그러나 대부분의 주석가들에 반하여, 욥의 경험이 죄인의 심판의 특질들을 가지고 있다는 점을 상기시키는 것은 빌닷의 의도가 아니라고 주장될 수 있다. 그것은 그의 출발점이며, 그리고 욥 자신은 그것이 눈에 보이는 상황이라는 것에 전적으로 동의한다(가령 16:8, "나의 여윔이 일어나 나에게 불리하게 증언하다"). 빌닷의 의도는 그보다 덜 구체적일 뿐만 아니라 덜 잔인하다: 그는 욥의 미래를 예언하기보다는 그가 그의 인생을 수정하지 않으면 결과가 어떻게 될 것인지에 대해 경고한다. 그는 욥의 현재를 묘사하기보다는 욥이 그 자신의 역사를 빌닷의 『미스터 악당의 인생과 시대』(*Life and Times of Mr. Badman*)와 나란히 비교하며 읽어 봄으로써 그의 경험들이 가지고 있을 의미에 대해 스스로 판단해 보라고 요구한다.

물론 빌닷에게는 도덕과 종교가 함께 간다: 악인이란 "하나님을 모르는 사람" 외에 다름 아니다. 이는 소박한 프롤로그의 가정이기도 하지만(참조. 1:1), 거기서는 욥이 모든 부분에서 흠이 없다고 보증된다. 빌닷의 의도가 무엇이든 간에, 독자는 (그리고 욥도 덜 확실하지 않게) 빌닷이 묘사하지 **않은** 사람이 욥이라는 것을 안다.

하나님을 "알지" 못하는 것은 물론 고대 세계에서는 거의 만나지지 않는 이론적인 입장으로서의 참된 무신론의 표징이 아니라, "불충분한 경건의 증거"(포어러)다. "하나님에 대한 지식"은 특징적인 선지자적 표현이지(호 4:1, 6; 5:4; 8:2; 렘 2:8; 4:22; 9:2[3], 5[6]), 지혜에 전형적인 것이 아님이 사실이다. 아마도 그 표현의 배경에 대한 무수한 제안들은 다만 그것이 이스라엘 전통의 모든 지류들에 공통적이었음을 증명할 뿐이다(참조. 예를 들어, 삼상 2:12). 그것의 시작 배경은 다음과 같이 생각된다: 제사장 배경에서 J. Begrich, *Die priesterliche Tora*(BZAW 66 [1936] 68-72), H. W. Wolff, "Wissen um Gott als Urform von Theologie," *EvTh* 12[1952-53] 533-54, J. L. McKenzie, "Knowledge of God in Hosea," *JBL* 74[1955] 22-32, W. Schottroff, *THWAT* 1:696; 혼인 관계로부터 E. Baumann, "*yada*ʿ und seiner Derivate," *ZAW* 28[1908] 22:110-43; W. Eichrodt, "The Holy One in Your

Midst: The Theology of Hosea," *Int* 15[1961] 259-73, esp. 264; 그리고 조약 용어로부터 H. B. Huffmon, "The Treaty Background of Hebrew *yāda*ʿ," *BASOR* 181 [1966] 31-37. "하나님을 모른다"는 표현에 대해서는 G. J. Botterweck, *THWAT* 4:500를 보라.

해설

빌닷의 연설은 물론 새로운 것이 없지만 얼마나 유려하게 말해지는가! 열정이 있고(4절), 조심스런 화풍이 있고(8-10절), 극적 상상력이 있으며(11-14절), 속도가 있다. 저자는 욥의 상대자들에게 가장 좋은 시구들을 부여할 것을 생각하지 않음이 사실이지만, 그렇다고 그들의 시를 그들 신학처럼 딱딱하게 만들지는 않는다.

물론 신학이 중요한 것이다. 그런데 그것은 색깔 없는 신학이며, 지극히 단순한 응보 신학이다. 빌닷의 지리적 세계에 동방인과 서방인만이 살듯이(20절), 그의 도덕 세계는 의인과 악인 두 진영으로 나뉜다. 그러한 단순성에 빠지지 않도록 경고하는 데 욥의 경우가 충분할 것이라고 누구든 상상했을 것은, 응보 교리적 사고에 따라 욥이 아무리 그가 지금 경험하는 상태를 당할 만큼 심각한 죄를 범했다 할지라도, 그를 오래 전부터 안 사람은 어느 누구도 그가 경탄할 만큼 경건한 사람이었음을 의심할 수 없을 것임이 분명하기 때문이다. 가장 엄격한 응보 교리 옹호자라도 인간들이 전적으로 선하거나 아니면 전적으로 악하다고 주장해야 하는 것은 아니다. 보통 사람(Mr. and Mrs. Average)의 뒤섞인 운명은 그들의 부분 선과 부분 악에 의해서 가장 잘 설명된다고 주장하면 응보 신학의 목적에 더 도움이 되지 않을까?

빌닷의 악인에 관한 묘사에 가장 두드러진 것은 그것의 비현실적 외양이다. 여기서 묘사한 것을 그는 언제 마지막으로 보았는가? 그의 묘사는 그가 일어났으면 하는 것에 대한 환상 같은 것이 아닌가? 이것, 즉 아무도 그것을 직접 목격하지 않았다는 사실이 전통적인 것을 교리로 만드는 것인가? 그들 가옥에 불과 유황이 비처럼 내리는 큰 죄인들을 세상이 정말로 잊는가? 오히려 그들은 민간 전승과 전설의 소재가 되지 않는가? 의인들은 자신들을 기억하게 하고 그들의 존재를 영속화시킬 가망이 악인보다 더 많은가? 벤 시라가 과거의 유명인들을 찬양하면서 다음을 인정했을 때 그는 핵심을 찌른 것이 아닐까? "다른 이들에 대해서는 아무런 기억이 없다. 그들이 끝났을 때 그들은 끝났기 때문이다. 그들은 마치 살지 않았던 것 같다.

그들과 그들의 자녀들"(44:9 NAB)은 경건한 사람들이지만 잊혀졌다! 그것이 현실에 더 가까운 것 아닐까?

빌닷이 하나의 환상을 투영하고 있는 이유는 그것이 바로 그가 필요로 하는 세상의 존재 방식이기 때문이다. 확실히 일부 증거가 때때로 나타나 이 환상을 정말인 양 꾸미는데, 순간적인 참사의 이야기를 가진 욥의 경우가 그런 증거 자료가 될 가능성이 있다–만일 욥이 그의 죽는 날까지 무시하기 어려운 확신을 가지고 결국 그의 결백을 주장할 것이라는 사실은 말할 것도 없고, 세상 모두가 욥은 의로운 사람이라는 사실이 없다면 말이다. 그러나 빌닷 자신의 심리적 만족에 질서가 근원적인 만큼 빌닷은 정확한 응보 교리와 흑백 도덕성을 필요로 한다(더 자세한 것은 8장에 관한 "해설"을 보라). 내가 이것을 어떻게 아는가? 그가 4절에서 사용한 이미지에 의해서. 욥에게서 그는 다만 (근거가 충분한) 신학적 회의로 괴로워하고 교리와 경험 사이에서 싸우며 "자신을 갈가리 찢는" 한 사람을 볼 수 있을 뿐이다. 그것이 바로 지적 충돌이 빌닷에게 주는 느낌이다: 그것은 정신적 자기 학대로서, 심히 파괴적이며, 직관적으로 혐오스럽고, 무엇보다도 전적으로 불필요한 것이다. 그는 또 전통 신학을 다시 생각해 보라는 욥의 요구에서 다만 그 자신을 몹시 불안케 하는 세상 질서에 대한 도전을 볼 수 있을 뿐이다: "땅이 너로 인하여 무인지경이 되어야 하냐? 바위들이 자기 자리를 떠나도록 해야 하냐?" 그가 욥이 그를 초대하는 사상의 격변을 직면할 수 없는 것은 전쟁이나 지진으로 야기되는 인간의 멸절을 생각할 수 없음과 같다. 이제 우리는 모두 산들에게 "일어나 너를 바다에 던지라" (마 21:21 JB)고 침착하게 말할 수 없는 사람들의 문제가 무엇인지 않다. 믿음 그리고 질서의 필요는 좋은 룸메이트가 되지 못한다. 빌닷은 믿음의 사람이 아니라 교리의 사람이며, 그는 모험하지 않을 것이다. 그는 사실 자신이 없다. 그는 "어제의 아이이며, 아무것도 모른다"(8:9).

그 상황에서 욥에 대한 그의 태도는 상당히 점잖다. 그에게는 "하나님이 너에게 요구하시는 바가 너의 죄가 마땅히 받을 것보다 경함을 알라"(11:6 RSV)는 소발의 말이 어울리지 않는다. 빌닷은 한 번도 욥이 죄인이라고 직접적으로 말하지 않으며, 그리고 앞선 페이지들에서 그의 두 번째 연설이 첫 번째 것에 비추어 제대로 해석되었다면, 욥에 대한 그의 간절한 소원은 그가 제정신을 차리고, 하나님과의 논쟁을 그만두고, 인생을 고쳐 행복하게 살게 되는 것이다(8:6-7, 21). 응보 교리자가 동화 같은 행복이나 공상 과학 소설 같은 몰살 외에 아무런 미래도 상상할 수 없는 것에는 시적 심판 같은 것이 있다. 땅에서 가장 흠 없는 사람인 욥이 그의 편에서의 최소한의 잘못도 없이 거의 전형적인 죄인의 운명을 당할 위기에 처한 것이 현실인 때에, 빌닷이 자신은 욥에게 악인의 운명은 그가 선택하여 피할 수 있는 것이라고 선언함으로써 호의를 베풀고 있다고 생각하는 것에도 반어적인 면이 있다.

11. 욥의 여섯 번째 연설(19:1-29)

참고문헌

Baker, A. "The Strange Case of Job's Chisel." *CBQ* 31(1969) 370-79. **Blumenthal, D. R.** "A Play on Words in the Nineteenth Chapter of Job." *VT* 16(1966) 497-501. **Burkitt, F. C.** "On *celtis* 'A Chisel': A Study in Textual Tradition." *JTS* 17(1916) 389-97. ______. "On *celtis* 'A Chisel': A Further Note." *JTS* 22(1921) 380-81. **Conder, C. R.** "Notes on Biblical Antiquities: 3. Writing with Lead." *PEFQS*(1905) 155-58. **Dahood, M.** "Hebrew-Ugaritic Lexicography IX." *Bib* 52(1971) 337-56. **Driver, G. R.** "Problems in the Hebrew Text of Job." *VTSup* 3(1955) 72-93. ______. "Ugaritic and Hebrew Words." In *Ugaritiea VI.* Mission de Ras Shamra 17. Paris: Mission Archéologique de Ras Shamra, 1969. 181-86. **Fisher, L. R.** "*šdyn* in Job xix 29." *VT* 11(1961) 342-43. **Galling, K.** "Die Grabinschrift Hiobs." *WO* 2(1954-59) 3-6. **Gehman, H. S.** "סֵפֶר, an Inscription, in the Book of Job." *JBL* 63(1944) 303-307. **Guillaume, A.** "The Arabic Background of the Book of Job." In *Promise and Fulfilment: Essays Presented to Professor S. H. Hooke.* Ed. F. F. Bruce. Edinburgh: T. & T. Clark, 1963. 106-27. **Kutsch, E.** "Text und Textgeschichte in Hiob XIX: Zu Problemen in *V* 14-15, 20, 23-24." *VT* 32(1982) 464-84. **Penar, T.** "Job 19,19 in the Light of Ben Sira 6,11." *Bib* 48(1967) 293-95. **Smith, W. T.** "New Rendering of Job xix.23-27." *ExpT* 3(1891-92) 60. **Stamm, J. J.** "Versuch zur Erklärung von Hiob 19,24." *TZ* 4(1948) 331-38. ______. "Zu Hiob 19,24." *ZAW* 65(1953) 302. **Sutcliffe, E. F.** "Further Notes on Job, Textual and Exegetical." *Bib* 31(1950) 365-78. **Winckler, H.** "סללה? Threni 1,15; Hiob 19,12; 30,12." *Altorientalische Forschungen.* Leipzig: E. Pfeiffer, 1903. 242-44.

25-27절에 관한 참고문헌

Barré, M. L. "A Note on Job xix 25." *VT* 29(1969) 107-9. **Beaucamp, E.** "Le goël de Jb 19,25." *LTP* 33(1977) 309-10. **Brates Cravero, L.** "La esperanza en el Iibro de Job." In *XXX Semana Bíblica Española*(Madrid, 1972) 21-34. **Bruston, C.** "Pour l'exégèse de Job 19,25-29." *ZAW* 26(1906) 143-46. **Clines, D. J. A.** "Belief, Desire and Wish in Job 19:23-27. Clues for the Identity of Job's 'Redeemer'." In "*Wünschet Jerusalem Frieden": Collected Communications to the XIIth Congress of the International Organization for the Study of the Old Testament, Jerusalem 1986.* Beiträge zur Erforschung des Alten Testaments und des antiken Judentums 13. Ed. M. Augustin and K.-D. Schunk. Frankfurt a.M.: Peter Lang, 1988. 363-70. **Davidson, A. B.** "Job xix.25-29." *ExpT* 9(1897-98) 192. **Driver, G. R.** "Problems of the Hebrew Text and Language." In *Alttestamentliche Studien: Friedrich Nötscher zum sechzigsten Geburtstag.* Ed. H. Junker and J. Botterweck. Bonn: Hanstein, 1950. 46-61("I. Scenes in Court," pp. 46-47). **Droste, O.** "Hiob 19,23-27." *ZAW* 4(1884) 107-11. **Garcia Cordero, M.** "La tesis de la sanción moral y la esperanza de la resurrección en el libro de Job." In *La encílica Humani Generis.* XII Semaña Bíblica Española. Madrid: Libreria Cientifica Medinaceli, 1952. 571-94. ______. "La esperanza de la resurrección corporal en Job." *Ciencia Tomista* 80(1953) 1-23. **Gaster, T. H.** "Short Notes: Job xix 26." *VT* 4(1954) 73-79(78). **Hölscher, G.** "Hiob 19:25-27 und Jubil 23:30-31." *ZAW* 12(1935) 277-83. **Hudal, A.** "Textkritische und exegetische Bemerkungen zu Job 19:25-27." *BZ*(1916-17) 214-35. **Kuhl, C.** "Neuere Literaturkritik des Buches Hiob." ThR 21(1953) 163-205, 257-317. **Lévêque, J.** *Job et son Dieu: Essai d'exégèse et de théologie biblique.* Paris: Gabalda, 1970. 2:467-89. **Martin-Achard, R.** *From Death to Life. A Study of the Development of the Doctrine of the Resurrection in the Old Testament.* Tr. J.P. Smith. Edinburgh: Oliver & Boyd, 1960. 166-80(=*De la mort à la résurrection d'après l'Ancien Testament.* Neuchâtel, 1956). **Meek, T. J.** "Job xix 25-27." *VT* 6(1956) 100-103. **Mornbert, J. I.** "On Job xix.25-27." *JBL*(1882) 27-39. ______. "Job xix.25-27." *JBL*(1883) 154-55. **Mowinckel, S.** "Hiobs gō'ēl und Zeuge im Himmel." BZAW 41(Marti Festschrift), 1925. 207-12. **Neubauer, A.** "Job xix.25-27." *The Athenaeum* 3000(June 27, 1885) 823. **Prado, J.** "La perspectiva escatológica en Job 19,25-27." *Est Bib* 25(1966) 143-53. **Rose, V.** "Etude sur Job XIX, 25-27." *RB* 5(1896) 39-55. **Speer, J.** "Zur Exegese von Hiob 19,25-27." *ZAW* 25(1905) 47-140. **Sutcliffe, E. F.** "Further Notes on Job, Textual and Exegetical." *Bib* 31(1950) 365-78(377-78). **Tournay, R.** "Relectures bibliques concernant la vie future et l'angélologie." *RB* 69(1962) 481-505(489-95). **Waterman, L.** "Note on Job 19:23-27: Job's Triumph of Faith." *JBL* 69(1950) 379-80. **Zink, J. K.** "Impatient Job: An Interpretation of Job 19:25-27." *JBL* 84(1965) 147-52.

본 문

1 욥이 대답하여 가로되	1 And Job answered and said:
2 너희가 내 마음을 번뇌케 하며 말로 꺾기를 어느 때까지 하겠느냐	2 How long do you mean to[a] torment me? How long will you try to[b] crush me with your words?
3 너희가 열 번이나 나를 꾸짖고 나를 학대하고도 부끄러워 아니하는구나	3 Ten times now you have tried to humiliate me; you have shamelessly attacked[a] me.
4 내가 과연 허물이 있었다 할지라도 그 허물이 내게만 있는 것이니	4 Even if it be true that I have sinned, my fault should harm me only.
5 너희가 참으로 나를 향하여 자긍하며 내게 수치 될 행위가 있다고 증명하려면 하려니와	5 But since you must get the better[a] of me, using my suffering in evidence against me,[b]
6 하나님이 나를 굴하게 하시고 자기 그물로 나를 에워싸신 줄은 알아야 할지니라	6 understand that it is God who has put me in the wrong; he it is who has thrown up siege-works around me.[a]
7 내가 포학을 당한다고 부르짖으나 응답이 없고 간구할지라도 신원함이 없구나	7 If[a] I cry out "Violence.!," I am not answered: I shout for help, but there is no justice.
8 그가 내 길을 막아 지나지 못하게 하시고 내 첩경에 흑암을 두셨으며	8 He has barred my way so that I cannot pass;[a] he has veiled[b] my path in darkness.
9 나의 영광을 벗기시며 나의 면류관을 머리에서 취하시고	9 He has stripped me of my honor, taken the crown from my head.
10 사면으로 나를 헐으시니 나는 죽었구나 내 소망을 나무 뽑듯 뽑으시고	10 From every side he has ruined me, and I have perished: he has torn my hope[a] up by the roots.
11 나를 향하여 진노하시고 원수같이 보시는구나	11 He has kindled[a] his anger against me, he counts me his enemy.[b]
12 그 군대가 일제히 나아와서 길을 수축하고 나를 치며 내 장막을 둘러 진 쳤구나	12 His troops have advanced in force, they have built a rampart against me, they have laid siege to my tent on every side.
13 나의 형제들로 나를 멀리 떠나게 하시니 나를 아는 모든 사람이 내게 외인이 되었구나	13 My kinsfolk he has put[a] far from me; my acquaintances are wholly estranged.[b]
14 내 친척은 나를 버리며 가까운 친구는 나를 잊었구나	14 my clansmen and my intimates have forsaken me; my retainers[a] have forgotten me.
15 내 집에 우거한 자와 내 계집종들은 나를 외인으로 여기니 내가 그들 앞에서 타국 사람이 되었구나	15 The serving girls[a] treat me as a stranger; I have become to them[b] an alien.
16 내가 내 종을 불러도 대답지 아니하니 내 입으로 그에게 청하여야 하겠구나	16 My own servant I summon, but he will not answer, not even if I beg him for pity's sake.[a]
17 내 숨을 내 아내가 싫어하며 내 동포들도 혐의하는구나	17 My very life[a] is repulsive[b] to my wife, I have become loathsome[c] to my brothers.
18 어린 아이들이라도 나를 업신여기고 내가 일	18 Even young children[a] reject me; when I rise,[b]

어나면 나를 조롱하는구나
19 나의 가까운 친구들이 나를 미워하며 나의 사랑하는 사람들이 돌이켜 나의 대적이 되었구나
20 내 피부와 살이 뼈에 붙었고 남은 것은 겨우 잇꺼풀뿐이로구나
21 나의 친구야 너희는 나를 불쌍히 여기라 나를 불쌍히 여기라 하나님의 손이 나를 치셨구나
22 너희가 어찌하여 하나님처럼 나를 핍박하느냐 내 살을 먹고도 부족하냐
23 나의 말이 곧 기록되었으면, 책에 쓰여졌으면,
24 철필과 연으로 영영히 돌에 새겨졌으면 좋겠노라
25 내가 알기에는 나의 구속자가 살아 계시니 후일에 그가 땅 위에 서실 것이라
26 나의 이 가죽, 이것이 썩은 후에 내가 육체 밖에서 하나님을 보리라
27 내가 친히 그를 보리니 내 눈으로 그를 보기를 외인처럼 하지 않을 것이라 내 마음이 초급하구나
28 너희가 만일 이르기를 우리가 그를 어떻게 칠꼬 하며 또 이르기를 일의 뿌리가 그에게 있다 할진대
29 너희는 칼을 두려워할지니라 분노는 칼의 형벌을 부르나니 너희가 심판이 있는 줄을 알게 되리라

they turn their backs[c] on me.
19 All my intimates loathe me, those I have loved have turned against[a] me.
20 [a]My bones hang from my skin and my flesh; [b]I am left with only the skin of my teeth.
21 Spare me! do spare me! you are my friends! for the hand of Eloah has struck me.
22 Why must you persecute me like God?[a] Will you never be finished with your calumnies?[b]
23 O that[a] my declarations could be written, O that they could be inscribed[b] on a monument,[c]
24 with an iron chisel and with lead[a] graven into the rock in perpetuity![b]
25 But I know that my champion lives[a] [b]and that he will rise[c] last[d] to speak for me on earth,[e]
26 [a]even after my skin[b] has thus[c] been stripped[d] from me. Yet, to behold[e] Eloah while still in my flesh—that is my desire,
27 to see him for myself,[a] to see[b] him with my own eyes, not as a stranger,[c] [d]My inmost being is consumed with longing!
28 When you say, How[a] we will persecute him![b] and, The root of the trouble[c] lies[d] in him,[e]
29 you should tremble at the sword yourselves (for yours[a] is an anger[b] worthy[c] of the sword), [d]and realize[e] there is a judgment[f] to come.[g]

원문주해

2.a. 미완료를 서법적으로 해석함(참조. *GKC*, § 107m).

2.b. 역시 서법 미완료.

3.a. 하카르(הכר)는 여기서만 나타난다. 이전에 아랍어 *hakara*와 연결시킨 것들은 "놀라게 했다"를 제시했지만, 이것은 문맥과 거의 맞지 않는다. 세 개의 히브리어 사본들은 타흐크루(תהכרו)를 갖고 있다. 달리는 입증된 바 없는 히브리어 하카르(חכר, "학대하다"; 참조. 아랍어 *ḥaqara*, 악카드어 *ḫakāu*, "산산이 부수다")가 가정될 수 있다(덤, 드라이버, 도름, 포어러, 로울리, 드 빌드, KB[3], RV, RSV, JB, NIV〈"공격하다"〉). 이것은 만족스러운 의미이며, 수정들은 불필요하다. 에이탄과 고디스는 아랍어 *ḥaqara*("학대하다")와 비교

한다(NJPS "학대하다"). 이는 실제로 밀접한 평행 구문을 이루지만, 반드시 바람직한 것을 만드는 것은 아니다.

5.a. 고디스는 불필요하게도 여기와 렘 48:26, 42, 그리고 다른 몇몇 본문들에서 아랍어 *jadala*("싸우다")와 어원이 같은 히브리어 גדל을 가정한다.

5.b. "내게 퍼부어진 비난들을 정당화하려고 애쓰다"(NEB)가 아니다. 왜냐하면 "비난"은 욥의 상황이지 다른 사람들의 말이 아니기 때문이다.

6.a. 대부분의 학자들은 그 명사를 "그물"로 해석하여 므추도(מצודו)를 치드(צ־ד, "사냥하다")와 연결시켰다(BDB, KB[3]). 7-12절의 빛에서 볼 때 좀더 적절한 것은 포위된 성읍 주위에 던져진 공성 보루 이미지 같으며(고디스, 하벨, NJPS가 그렇게 본다), 이는 전 9:14에서 입증되는 מצוד의 한 의미다. 공성 보루를 뜻하는 일반적인 단어는 메추라(מְצוּרָה)인데, 그것이 아마도 여기서 약간 수정하여 읽혀져야 할 것이다.

7.a. 9:11에서처럼. "보라"(RV, RSV, JPS)가 아님.

8.a. NEB는 "부수어 버리다".

8.b. 기욤(그리고 그 앞에 라이스케)은 아랍어 *ḥasak*("가시 울타리")와 어원이 같은 명사 하샤크(חָשָׂךְ)를 가정했다("The Arabic Background," 114). 따라서 NEB, "내 앞의 길에 울타리를 쳤다". 평행 구조는 좀더 깔끔하지만(참조. 또한 호 2:8[6], 가시 울타리로 길을 막음) 그 의미는 덜 풍부하다(시크레 디아즈).

10.a. NEB, "내 장막-밧줄", 7:6에서 티크바(תקוה)가 뜻하는 것과 같은 대로. 그러나 장막-밧줄을 "나무처럼" 뽑아 낸다는 것은 사리에 맞지 않다. 왜냐하면 장막-밧줄들은 은유적으로 말해서 그 결과가 얼마나 파괴적인가에 상관없이 아주 쉽게 뽑히기 때문이다(참조. 4:21). 그리고 장막-밧줄은 항상 단번에 뽑히는데, 반면에 나무들은 좀처럼 그렇지 않다. 나무는 아마도 "장막 밧줄처럼" 뽑을 수 있을 것이다. 그러나 그 반대는 아니다.

11.a. 바이하르(וַיִּחַר)로의 수정(드라이버-그레이, 포어러, 시크레 디아즈)은 불필요하다. "주석"을 보라.

11.b. 맛소라 본문의 "그의 원수들처럼"보다는 크차로(כְּצָרוֹ, "그의 원수처럼")로 읽었음(도름, 로울리, 포프, 드 빌드도 그렇다. 그러나 바이저는 복수형이 원수들에 대항한 야훼의 행위의 제의적 낭송에서 유래한 전통적인 요소로서 원문일 것이라고 제안한다. 포어러는 복수는 태곳적 혼돈의 괴물들을 가리킬 것이라 생각한다. 고디스는 배분사, 즉 "그의 대적들 가운데 하나로"로서 복수형을 옹호한다.

13.a. 7-12절의 하나님의 행동과 13-19절의 욥의 지인들의 행동 사이의 연결 고리를 형성하는 것으로서 맛소라 본문의 단수가 유지되어야 할 것이다(하벨도 그렇다). 그러나 다수는 히르히쿠(הִרְחִיקוּ, "그들이 멀리 있다")로 수정한다(덤, 휠셔, 호르스트, 포어러, 고디스, 드 빌드, 시크레 디아즈, NEB, NAB, JB).

13.b. 혹은 아마도 "내게서 멀리 가 버렸다". 참조. KB[3]의 "돌아서다". L. A. Snijders,

"The Meaning of זָר in the Old Testament," *OTS* 10(1954) 1-154(9).

14.a. 가레 베티(גָרֵי בֵיתִי, "가계 종자〈從者〉들")를 지나치게 긴 15절로부터 너무 짧은 14절로 옮긴 것. KJV, RV, NJPS, NIV를 제외한 대부분의 역본들과 *BHS*가 그렇다. 이 변화는 또한 "내 지인들"(מְיֻדָּעִים – 메유다임)을 "그만두었다"(חָדְלוּ – 하들루)의 두 번째 주어가 되게 한다. 이 이동은 "내 하녀(들)" 앞에 "그리고"가 없는 11QtgJob에 의해 지지되는 것 같다. 마찬가지로 E. Kutsch, "Text und Textgeschichte in Hiob XIX: Zu Problemen in *V* 14-15, 20, 23-24," *VT* 32(1982) 464-84(466-67).

15.a. 쿠치(E. Kutsch)는 11QtgJob의 단수 אמתי("내 계집종")를 근거로 맛소라 본문이 16절에서 어느 성(性)이든 대표적인 종을 뜻하는 그(남자) 종에 대해서처럼 원래는 단수형을 가졌다고 제안한다. 그러나 욥이 (복수의) 계집종들과 (단수의) 한 개인 남종을 가리킨다는 것은 완전히 이해할 수 있다.

15.b. 여성 복수 명사를 가리키는 남성 복수 접미사. 참조. *GKC*, § 135o.

16.a. 문자적으로는 "내 입으로 내가 그에게 간청한다". 이 행의 전・후반부가 등위 관계이거나(RSV, JB처럼) 혹은 종속 관계일 것이며, 양보의 "though"가 함축되어 있을 것이다(NEB, NIV).

17.a. 루아흐(רוּחַ)는 인간 생명력의 본원으로서 "숨"을 의미할 수 있다(BDB, 924b). 실제로 알버츠와 베스터만은 이것을 "바람"이라는 의미와 함께 그것의 근본 의미들 중 하나로 부르며(*THWAT* 2:734), 대부분이 그것을 여기서 그렇게 번역한다. 그러나 "주석"을 보라. 일부는 레히(רֵיחִי, "나의 냄새, 악취")로 수정할 것을 제안한다(참조. *BHK*; KB^3, 256b, NJPS, Wernberg-Møller〈"원문주해" 19:17.b를 보라〉). 고디스는 에얼리히로부터 받은 암시를 따라 루히(רוּחִי)가 "나의 열정, 열망"을 뜻한다고 생각했지만, 유사 본문이 없다. 더 자세한 것은 "주석"을 보라.

17.b. 주르(זור II, "악취를 풍기다")로부터(BDB, KB^{3}와 대부분의 역본 및 주석들) 오직 여기서만 입증됨. 스니지더스(L. A. Snijders, *OTS* 10[1954] 14-16)는 드라이버와 RV를 따라 이 동사의 존재를 부인하고, 그것을 14, 27절에서와 같은 זור I, "낯설다"와 연결시킨다(또한 하벨처럼). P. Wernberg-Møller("A Note on זור 'to stink,'" *VT* 4[1954] 322-25)는 자기 남편이 자신에게 역겹게 된 한 아내에 대해서 "그녀의 코 속으로 *ḏiyār*의 냄새가 들어왔다"라고 말해지는 아랍의 한 시를 언급하는데, 여기서 *ḏiyār*는 "낙타의 똥"이거나 혹은 악취 나는 어떤 것으로서, 히브리어 주르(זור II)와 어원이 같은 말이다(이는 물론 그녀의 남편이 문자 그대로 악취가 난다는 뜻이 아니다. "주석"을 보라). 하난(חנן II, "역겹다")과의 평행 구조가 주르(זור, "악취를 풍기다")의 존재를 지지한다.

17.c. חנן I("애원하다")라기보다는(16절에서처럼; RV, "나의 애원, 간청") חנן II("역겹다"; 히브리어로는 여기서만 확인됨).

18.a. 고디스가 13-17절의 다른 명사들과 조화시키기 위해 제안하는 "나의 자녀들"

(עֲוִילַי–아빌라이)이 아님.

18.b. 가정의 "if"절 대신에 일인칭 명령형(cohortative). 참조. 16:6; *GKC*, § 159e.

18.c. NEB, 포어러, 드 빌드, KB, KB[3]와 더불어 아랍어 *dabara*("뒤에 있다")와 어원이 같은 דבר(KB[3]에서의 I, "돌아서다, 등 돌리다")로부터 파생되었음을 수용함(참조. 시 76:6[5]; 아 5:6). 따라서 Eitan, 33-34; 같은 저자, "Studies in Hebrew Roots," *JQR* 14 (1923-24) 32-52(38-41); 또한 G. R. Driver, "Studies in the Vocabulary of the Old Testament I," *JTS* 31(1930) 275-84(284 각주 3); T. Penar, "Job 19,19 in the Light of Ben Sira 6,11," *Bib* 48(1967) 293-95(294 각주 2). 이는 **베트**를 "…로부터"로 해석하는 것을 포함하는데(KB[3], 101a § 13이 그것을 인정함), 그것이 그 주장을 문헌학적으로 상당히 약화시킨다. 그러나 의미는 득을 본다!

19.a. 피나르(Penar, *Bib* 48[1967] 293-95)는 베트(ב)가 "…로부터"를 의미하며, 따라서 "적대하다, 대적하다"라기보다는 "…로부터 돌아서다"라고 주장했다. 사르나(N. M. Sarna, "The Interchange of the Prepositions *Beth* and *Min* in Biblical Hebrew," *JBL* 78[1959] 310-16)와 다후드(Dahood, *Psalms III*, 391-93)에도 불구하고, 그 증거는 강하지 않다. 참조. "원문주해" 7:14.a.

20.a. "주석"에서 제안된 것과 다른 몇몇 해석들이 여기서 논급될 것이다.

흔히 20a절구는 여윔을 묘사하는 것으로 생각된다(드라이버-그레이, 로울리, 포어러, 고디스가 그렇다). 이는 주석에서 상세히 다루어지고 있는 시 22:18[17] 등의 독특한 이미지들과 현재 본문 이미지의 성급한 혼동에서 기인하는 결과다. NEB의 "내 뼈들이 내 피부를 뚫고 불쑥 나온다"는 그 이미지에 관한 어림짐작의 지독한 한 사례다. NIV의 "나는 단지 가죽과 뼈 외에 아무것도 아니다"도 더 나을 것이 없다. 그것은 다브카(דבקה)를 번역하는 데 완전히 실패한다. 마찬가지로 경솔하게 블루멘탈(D. Blumenthal, "A Play on Words in the Nineteenth Chapter of Job," *VT* 16[1966] 497-501)은 보통의 영어 용법은 피부와 살이 뼈에 붙는 것이라고 말하는 것이지 그 반대가 아니라고(!) 특별히 언급하면서, "내 피부와 내 살이 내 뼈에 붙어 있다"고 번역했다. 시리아역도 똑같은 전위(傳位)를 했다. 몇몇은 "살"과 "뼈"가 흔히 친족을 의미한다는 점을 지적했고(예를 들어, 에얼리히, 그리고 참조. 2:4-6에 관한 부분), 판 젤름스는 다음과 같은 흥미로운 제안을 했다: 이 절을 "나는 내적으로 내 친족들에게 집착했지만, 그들은 내게 아무것도 주지 않았다", 다시 말하면 브오리(בעורי)를 추가된 설명의 주로 여겨 생략하고, 아츠미(עצמי)를 "나 자신, 내 안에"로, 그리고 "이빨 속의 피부"는 양치기가 쫓아올 때 들짐승이 물고 달아날 수 있는 동물의 아주 작은 부분, 즉 실제로는 아무것도 아닌 것으로 해석하는 것이다. 이것은 선행 절들과 밀접하게 연결되는 "주석"에서 제안된 것 말고는 다른 모든 제안들보다 장점을 가지고 있지만, 이 행의 후반부에 대한 해석은 설득력이 없고, 함께 쓰인 "살"과 "뼈"를 은유적으로 **서로 다른** 의미들로("나" 그리고 "그들") 발견하는 것은 이상할 것이다. 은유적 용법으로는 그들은 같은 의미다(창 2:23; 29:14; 삿 9:2; 삼하 5:1; 19:13, 14[12, 13]; 대상 11:1). 브릭스 형제는 시 102:9에 있는 동일한 구절에 대해 뼈들이 발열로 인해 타고, 따라서 습기가 부족하기에 뼈들이 살에 달라붙는 것이라는 재치 있는 생각을 가졌지만(C. A. and E. G. Briggs, *A Critical and Exegetical Commentary on the Book of Psalms*[Edinburgh: T. & T. Clark, 1909] 2:319), 그들은 뼈들이 보통의 상황에서는 무엇을 하는지 묻지 않았다. 쉬지기엘은 이 구절에서 일종의 마비인 살의 탄력 상실을 알아챘지만, 그것은 아마도 그 상황에 맞을 만큼 충분히 심각하지는 않을 것이다. 바사르(בשׂר)는 일반적 의미인 "살"이 아니라 "혀"를 의미하며, 또한 에챔(עצם)은 일반적 의미인 "뼈"가 아니라 "구개골"을 의미한다. 따라서 "내 구개골이 내 혀에 붙다"라고 하는 투르-시나이의 제안은 권할 만한 것이 거의 없다. 특별히 그 달라붙음은 정반대 방식으로 될 것이기 때문이다. 잔젠의 좀더 실존적인 해석, 즉 욥은 "보다 큰 (인간과 신의) 공동체로부터 버림받아…그의 구현된 자아 안에서 적어도 영혼과 육신 – 혹은 뼈와 살 – 을 모두 지키려고 노력하는 언약 성실로 위로와 교제를 구한다"는 해석에도 개연성이 부족하다. 그는 "내가 내 피부와 내 살에 성실하게 붙어 있다"라고 번역한다.

셈어 문헌학에 의존하는 한 가지 접근은 섯클리프의 것으로(E. F. Sutcliffe, "Further Notes on Job, Textual and Exegetical," *Bib* 31[1950] 365-78[375-77]), 뼈와 살이 붙어 있는 것은 아주 일반적인 것이라고 보고서(사실은 그와 메르크스, 지크프리트가 그렇게 하는 유일한 저자들임), 바사르(בשׂר)가 난외에 주로서 בעורי와 함께 설명된 아랍어 *bašarat*처럼 "피부"를 의미한다고 주장한다. 따라서 "내 뼈가 내 살에 붙어 있다". 드라이버도 그렇다. "Problems in the Hebrew Text of Job," *VTSup* 3(1955) 72-93(80); "Ugaritic and Hebrew Words," *Ugaritica VI*(Mission de Ras Shamra 17; Paris: Mission Archéologique de Ras Shamra, 1969) 181-86(185). 아랍어 동족어의 이 의미가 다음에 의해 의존되었다. E. F. C. Rosenmüller, *Scholia in Vetus Testamentum*(Leipzig: Barth, 1823) 4/3: 1585, F. Delitzsch, *Biblical Commentary on the Psalms*(London: Hodder & Stoughton, 1889) 3:80, 그리고 T. Witton Davies, *The Psalms*(CB; Edinburgh: T. C. and E. C. Jack, 1906) 2:164, 시 102:6[5]을 설명할 때, 그리고 Kimchi뿐만 아니라 Gesenius-Buhl(120). 그러나 W. Nowack, *Die Psalmen*(3rd ed.; Gotha: Perthes, 1888) 419에 의해서는 거부되었다.

가장 중요치 않은 수정은 בעור־בשׂרי("내 피부의 살에")이다(*BHS*, 호르스트). 이는 놀라울 정도로 장황한 구절로, 실제로 레 13:2-4, 11, 38-39, 43 등에서 입증된다. 그러나 그 곳의 문맥은 다소 전문적이지 전혀 시적인 상황이 아니다. 따라서 그 수정은 가능성이 거의 없다.

수정들 가운데 아마도 가장 수용 가능한 것은 평행 본문인 시 102:6에 없는 어구 ו בעורי("내 피부에 그리고")를 생략하는 것이다(에얼리히, 횔셔, 스티븐슨, 투르-시나이가 그렇다). 그러나 그렇게 하면 확연히 진부한 표현만이 남는다. 다른 이들은 ובשׂרי("그리고 내 살")을 삭제한다(비켈, 부드, 피크, 드라이버-그레이, *BHK*, 포어러, 헤세, 시크레 디아즈, NEB, NAB, Kutsch, *VT* 32[1982] 464-84).

미카엘리스와 메르크스도 칠십인경의 엔 데르마티 무 에사페산 하이 사르케스 무(*ἐν δέρματί μου ἐσάπησαν αἱ σάρκες μου*, "나의 살이〈복수〉 내 피부 안에서 썩었다")를 특별히 언급하면서 베오리 베사리 라카바(בעורי בשׂרי רָקְבָה, "내 피부 안에서 내 살이 썩어 갔다")를 제안했다[덤(가능성이 적게 베사라이〈בשָׂרַי〉로 읽음), 도름, 키산느(רָקַב, 남성으로 읽음), 부드, 지크프리트, 포프, 쉬지기엘(רָקַב, "썩음"으로 읽음), 드 빌드(בשׂרי בעורי רקב로 읽음), JB("내 피부 아래서 내 살은 썩기 시작한다")도 그렇다]-이는 의학적으로 정당화되기 어렵다고 시크레 디아즈는 평한다.

20.b. 다른 해석들은 다음과 같고, 일부는 정말 이상하다. (i) 맛소라 본문은 있는 그대로 두고 말라트(מלט)는 "모면하다"로 해석하며, 이빨의 피부를 잇몸으로 해석한다(NIVmg "오직 나의 잇몸들만"). 일부 학자들은 "잇몸"을 뜻하는 독일어 **찬플라이쉬**(*Zahnfleisch*, 문자적으로는 "치아-살")에 끌렸는데, 그것은 그의 살의 나머지가 없어졌다(라쉬, 딜만), 혹은 문둥병으로 공격당하지 않은 유일한 건강한 부분은 그의 잇몸이다(델리취, 바이저) 등을 뜻한다. 피터스는 입술이 치아의 피부이며(참조. 불가타 *et derelicta sunt tantummodo labia circum dentes meos*, "오로지 내 치아 주변의 입술만이 남아 있다"), 욥이 뜻한 바는 "내게는 말할 가능성을 빼고는 아무것도 남아 있지 않다"라고 생각했다. 르낭과 부텐비저는 치아는 피부를 갖지 않는다는 점에 주의하고, "나는 내 치아의 피부를 가지고 달아날 것이다(일인칭 명령)"가 아니라, "4개의 목요일을 가진 한 주가 지나면"으로(이 표현은 결코 일어나지 않을 일에 대한 불어 숙어다-역자주) 해석했다. 테리앙은 성인의 치아에 피부가 없기는 하지만, 어린아이의 젖니는 유사-피부 조직으로 덮여 있다는 점에 주목하고, 이 피부가 결백의 상징일 수 있고, 욥은 "내가 나의 온전함이 손상되지 않고 도망할 수만 있다면(일인칭 명령)"을 뜻하는 것이 아닐까 생각했다.

(ii) 다른 동사 말라트(מלט)를 가정함. (a) 미카엘리스, 휠셔, 포어러, 페드리지, KB^3 처럼, 아랍어 *malaṭa*와 어원이 같은(그리고 참조. מלט, "털이 없다") "털이 빠지다", 따라서 "나는 내 이빨의 피부 위에 털이 없다"를 의미하는데, 그것은 입술 혹은 볼이 수척해졌다, 아니면 그가 그의 콧수염이나 턱수염을 잃었다 혹은 뽑아 버렸다는 것을 뜻한다고 가정된다(참조. 이 주해의 마지막에 인용되는 심마쿠스). 이것은 가능성이 상당히 없다. 최근에 쿠취(E. Kutsch)는 이빨의 피부는 잇몸이며, 또한 잇몸이 털어 빠진다는 것은 이빨을 잃었다는 것이라고 세세하게 논증했다("Text und Textgeschichte in Hiob XIX," *VT* 32[1982] 464-84[473-81]). 그는 이것이 문맥에 알맞는지의 여부를 잠시라도 고려하지 않는다. 대안적으로, (b) 악카드어 *marāṭu*("문지르다"), 아랍어 *maraṭa*("털을 뽑아내다, 자라다"), 시리아어 *mraṭ*("뽑아내다"), 에디오피아어 *malaṭa*("털을 뽑아내다")와 어원이

같은 מלט의 한 의미 "문지르다, 물다"가 드라이버에 의해 가정되었고(*VTSup* 3[1955] 80-81), 게를레만이 *BHS*에서 그 뒤를 따른다(그러나 거기서는 그 동족어들 중 세 개로부터 모음 구별 표식들이 실수로 생략되었다). (c) 또 다른 하나는 מלט의 한 어근이 명사 맬레트(מֶלֶט, "모르타르, 시멘트")에서 확인되는 "붙다, 달라붙다"를 의미하는 것으로 가정될 수 있다(따라서 행의 전반부에 나타나는 다바크〈דבק〉와 평행; 되덜라인이 그렇게 보며, 그는 만일 피부가 욥의 치아를 제 자리에 붙들고 있지 않았다면 떨어져 나갔을 것이라고 설명한다 – 이는 치과 기술에서는 알려진 바가 없는 현상이다). 투르-시나이는 "나는 내 이빨의 피부에 마치 시멘트로 된 것처럼 (나의 혀로) 붙어 있다. 따라서 나는 더 이상 말할 수 없다"라고 제안한다. 그러나 붙어 있는 것은 욥 자신이 아니라 다만 그의 혀다. 더욱이 렘 43:9에 나타나는 מלט의 경우에 그것은 "점토 흙"이 아니라 "시멘트"를 의미한다는 것은 의심스러운 것 이상이다(KB^3; Kutsch, *VT* 32[1982] 476). 그리고 사실 욥은 말을 계속하는 데 있어 어려움을 거의 갖지 않은 것 같다.

(iii) 오르(עור)의 셈어 동족어를 찾으면서, 드라이버는 행의 후반부에 있는 오르(עור)가 "피부"가 아니라 아랍어 *garu*(*n*)("경구개 바닥, 턱 밑")과 어원이 같은 제2의 오르(עור)라고 제안했다(*VTSup* 3[1955] 80-81). 따라서 NEB의 "나는 내 이로 아랫입술을 씹는다"를 드라이버는 "격렬한 혹은 심한 마음의 동요, 불안"의 표시라고 설명했다. 이것은 욥이 직면하기에는 상당히 가벼운 문제 같다는 사실은 차치하고, 그 비교 셈어 증거가 타당한지 매우 의심스럽다. 왜냐하면 어근 *mrṭ*가 "씹다"를 의미하는 것 같음은 오로지 아랍어에서뿐이며, "아랫입술"은 그 가정된 동족 아랍 용어가 실제로 의미하는 바가 아니기 때문이다. 블루멘탈(Blumenthal, *VT* 16[1966] 499)은 동일 아랍어 어근을 이용하여 "내게는 나의 두개골(만) 남겨져 있다", 즉 "내 이빨이 놓여져 있는 뼈만 남았다"라고 번역한다. 그러나 이것은 그 아랍어의 의미를 멋대로 확장한 것이며, 그 결과적 의미는 터무니없는 것 같다: 욥은 자신을 도대체 어떤 종류의 생물로 묘사하고 있다는 것인가?

(iv) 본문을 수정함. (a) 비켈, 부드, 피크, 드라이버-그레이, *BHK*, NAB는 마치 들짐승이 습격한 염소나 양의 한 부분을 물고 달아나는 것처럼 베쉬나이 브사리 바에트말르타(בשני בשרי ואתמלטה, "그리고 나는 내 이빨에 내 살을 물고 달아났다")로 읽었다(흔히 13:14이 비교되고 있지만 그것의 의미는 상당히 다르다). (b) 덤은 바이트말르투 쉬나이(וַיִּתְמַלְּטוּ שִׁנַּי, "그리고 내 이빨이 떨어져 나갔다")로 읽었는데(이를 모파트가 따르고 있다), 그것은 문맥에 맞는 것으로 거의 생각될 수 없다. 포프는 오르(עור)를 "잇몸"으로 유지시키면서 "내 이빨이 내 잇몸으로부터 떨어졌다"로 번역한다. 13세기 혹은 14세기의 한 랍비 주석도 동일한 시각을 가졌다(*A Commentary on the Book of Job*, ed. W. A. Wright, tr. S. A. Hirsch[London: Williams & Norgate, 1905] 56, 130). (c) 도름은 שני בעור("내 이빨의 피부로") 대신에 베쉰나이(בְּשִׁנַּי, "나의 이빨로")로 읽었고, עצמי("내 뼈")를 행의 후반부로 이동시켰으며, "나는 내 이빨로 내 뼈를 씹었다"로 번역했는데, 그

뜻은 그의 뼈들이 피부 아래로 보인다는 것이다. 이것은 분명히 굶주림으로 들리지만, 앞서 주장되었듯이 그것은 이 행의 논점이 아니다. (d) 메르크스에게는, 그것이 무엇을 뜻하든 간에, 욥이 그의 뼈들을 그의 이빨에 갖고 달아난 것이다: 바에트말르타 베쉬나이 아차마이(ואתמלטה בשני עֲצָמָי). (e) 키산느는 히트말르투 베쉽 바아츠미(הִתְמַלְּטוּ בְשִׁים ועצמי, "그리고 내 뼈들이 날카롭게 튀어나온다", 문자적으로는 이빨처럼)로 읽었다. 따라서 추측컨대 JB, "내 뼈들이 이빨처럼 돌출하다". (f) 드 빌드는 무모하게 아츠모타이 테말레나 베이르 샤다이(עַצְמוֹתַי תְמַלֶּאנָה בְעִיר שַׁדָּי, "그리고 내 뼈들이 전능자의 진노로 가득하다")로 수정한다(그것은 그의 친구들에 의한 버림받음에 대한 이 묘사에서 논점이 아니다). (g) 바에트말르타 오르 베샤나이(ואתמלטה עור בשני, "나는 내 피부를 내 이빨로 털이 없게 했다"), 즉 "내가 배고파서 내 몸의 털을 먹었다"로 읽는 제안을 할 수 있다. 이는 정확히 심마쿠스가 갖고 있는 바다: 엑세틸론 토 데르마 무 오두신 에모이스(*ἐξέτιλλον τὸ δέρμα μου ὀδοῦσιν ἐμοῖς*, "나는 내 이빨로 내 피부를 벗겨내었다"). 이것을 가지고 우리는 토레이의 번역으로 된(C. C. Torrey, "The Zokar and Kalamu Inscriptions," *JAOS* 35[1915-17] 353-69[365]) 페니키아의 킬라무바(Kilamuwa) 비문과 비교해 볼 수 있다: "그리고 나는 왕들 가운데서 마치 내 턱수염을 먹고 있는 것처럼, 아니면 심지어 내 손을 먹고 있는 것처럼 있었다"(제6-7행)(비슷하게 M. Dahood, "Textual Problems in Isaiah," *CBQ* 22[1960] 400-409[404-5]). 보다 최근의 로젠탈(F. Rosenthal, *ANET*, 654b)과 깁슨(J. C. L. Gibson, *Textbook of Syrian Semitic Inscriptions*[Oxford: Clarendon, 1982] 3:34)의 번역들에서는 그 문장이 "턱수염을 태워 버리는 불처럼 혹은 손을 태워 버리는 불처럼 그 왕들의 수중에 있었다"(깁슨)라고 번역되는 것이 사실이지만, 이 번역은 충분히 설득적이지 않다. 자신의 살을 먹는 이미지에 대해서는(비록 반드시 굶주림 때문은 아닐지라도) 22절; 사 49:26 참조. 렘 19:9은 분명히 포위 공격으로 인한 굶주림을 묘사한다. 그럼에도 불구하고 굶주림이 이 절에서 주제인지는 매우 의심스럽다는 점이 강조될 필요가 있다.

22.a. 크모-엘(כמו־אל, "하나님처럼")을 크모-고엘(כמו־גאל, "보복자처럼")로 수정하거나(A. Neubauer, "Job xix.25-27," *Athenaneum* 3000[June 27, 1885] 823) 또는 크모-아일(כמו־אַיִל, "수사슴처럼")로 수정하는 것(라이스케, *BHK prps*)은 도름이 말하는 것처럼 "순전한 독단"이다.

22.b. 문자적으로는 "너희는 나의 살로 만족하지 않을 것이냐?" "주석"을 보라.

23.a. 어구 미 이텐(מי יתן)의 일부 문법적 측면들이 종겔링(B. Jongeling)에 의해 논의된다("L'expression *my ytn* dans l'Ancien Testament," *VT* 24[1974] 32-40). 참조. C. J. Labuschagne, *THWAT* 2:133-34.

23.b. 호르스트는 베유하쿠(ויחקו, "그들이 새겨져야 한다")가 24절과 더 잘 맞는다고 생각하면서, 그것을 그리로 옮기고 이 절에서는 두 번째 미-이텐(מי־יתן)을 삭제한다. 덤

도 두 번째 미-이텐(מִי־יִתֵּן)을 삭제하고 밀라이(מִלַּי)를 행의 후반부로 이동시키면서 "나의 말들이 그의 책에 표시되어야 한다(בספרו יחקו – 바시프로 유하쿠로 읽음)"라고 번역한다. 비어(*BHK*)는 한 동사가 두 번째 미-이텐(מִי־יִתֵּן) 뒤에서 사라졌다고 생각했다. 논리적으로 그것이 속한 절을 시작하는 동사의 앞에 놓인 바쎄페르(בספר)의 위치는 물론 실수가 아니며, 그 **바브**도 강조의 **바브**가 아니다(블롬머드). "단어의 배열은 지극히 멋지다. 바쎄페르(בַּסֵּפֶר)는 **전치법에 의해서**(*per hyperbaton*) 확실히 부각된다"(델리취; K. Galling, "Die Grabinschrift Hiobs," *WO* 2[1954-59] 3-6[5]).

23.c. 쎄페르(ספר)를 악카드어 *siparru*("구리")와 아랍어 *sufr, sifr*과 같은 뜻으로 해석해야 한다는 매력적인 제안이 제시된다(펄즈 II, 70; 도름, 횔셔, 시크레 디아즈, 테리앙, 리히터, 89 등이 그렇다). 다른 가능한 경우들은 동사 하카크(חקק)가 사용되는 사 30:8과, "통치자의 지팡이"(שבט ספר)가 구리로 만들어진 지팡이일 것인 삿 5:14이다. 기록하는 데 있어 구리 혹은 청동판들을 사용한 것은 고대 세계에서는 거의 입증된 바가 없지만, 다음과 같이 서로 다른 시대들로부터 알려진다: 주전 10세기(G. R. Driver, *Semitic Writing*[London: OUP, rev. edn., 1954] 92-93에 의해 언급된 비블러스[Byblus]로부터 여섯 개; 문헌과 한 문헌의 번역: H. Donner and W. Röllig, *Kanaanäische und aramäische Inschriften*[Wiesbaden; Harrassowitz, 1962-64] 1:1; 2:5; 참조. W. F. Albright, "A Hebrew Letter from the twelfth century B.C.," *BASOR* 73[1939] 9-13; M. Martin, "A Preliminary Reportafter Re-Examination of the Byblian Inscriptions," *Or* 30[1961] 46-78[46-63], 주후 2세기(마카베오상서 8:22; 14:18, 동판 위에 기록된 문자들), 그리고 주후 1세기(유명한 쿰란 구리 두루마리; 참조. J. M. Allegro, *The Treasure of the Copper Scroll*[London: Routledge & Kegan Paul, 1960]). 가정된 쎄페르(ספר, "구리")가 히브리어로 입증하는 것이 약하다는 점을 고려하면, 그 단어를 "비명"이나 혹은 그 비명이 새겨진 비석이나 기념물을 뜻하는 것으로 보는 것이 더 바람직하다(참조. H. S. Gehman, "סֵפֶר, an Inscription, in the Book of Job," *JBL* 63[1944] 303-7; J. A. Soggin, "Osservazioni a due derivati della radice *spr* in ebraico," *BeO* 7[1965] 279-82). 쎄페르(ספר, "비명")에 대해서는 페니키아 아히람(Ahiram)의 비명, 제2행(J. C. L. Gibson, *Textbook of Syrian Semitic Inscriptions*[Oxford: Clarendon, 1971, 1975, 1982] 3:14; *ANET*, 661b에서는 다르게 번역됨), 킬라무바(Kilamuwa)의 비명(i 15)(Gibson, 1:34-35; *ANET*, 655a), 그리고 세피르(Sefire)의 아람어 비명, i C 17; ii C 2(Gibson, 2:32-33, 44-45) 참조. 출 17:14과 사 30:8도 동일한 의미를 가질 것이다(KB^3가 그렇다). 바씨프로 유하쿠(בספרו יחקו, "그것들이 그의 책에 기록될 수 있기를")로 읽자는 덤의 제안은 무시할 수 있지만(참조. 14:17), 그는 욥이 왜 이것을 불가능한 소망이라고 보는지 제대로 질문한다. 돌에 글자를 새기는 것은 기술적으로 불가능하거나 심지어 어려운 일도 아니지만, 욥에게 그것은 논리적으로 불가능한 것이며, 따라서 불가능한 꿈과 같은 것이다. בספר의

관사는 물론 비명에 쓰일 비석, 아니면 달리 비명 자체를 나타낸다(*GKC*, § 126s).

24.a. 여기서 주어진 번역은 베에트(בעט)의 **베트**가 오파레트(עפרת)에도 걸쳐 있다는 점을 함축한다(König, *Syntax*, § 319mβ ; 블롬머드). בעפרת로의 수정(비어)은 불필요하다. 오페레트(עפרת, "납")는 히브리어로는 상당히 잘 확인된다(그리고 참조. 악카드어 *abāru*). 휠셔가 자신의 주석 첫 판에서 그것은 마그네사이트, 즉 부드러운 백색 석회암이라고 했던 견해는 제2판에서는 포기되었고, JB의 "새김 도구"는 불가타의 독법 *celte*에서(아마도, "끌") 유래하지만, 이제 그것은 *certe*에 대한 오류임이 드러났다. A. Baker, "The Strange Case of Job's Chisel," *CBQ* 31(1969) 370-79를 보라.

렘 17:1에 나오는 유사 표현은 부드로 하여금(*TZ* 4[1948] 331-38에서의 J. J. Stamm의 지지는 *ZAW* 65[1953] 302에서 철회되었음) 여기서 베치포렌(בְּצִפֹּרֶן, "철필로")으로 수정하게 했다(렘 17:1은 브치포렌 샤미르〈בצפרן שמיר, "금강석 끝으로"〉를 갖고 있는데, 그러면 아마도 עט는 대충하는 작업에, צפרן은 세밀한 작업에 사용되었을 것). 그러나 그 평행 관계는 צפרן שמיר 같은 어구의 대용을 지지할 수 있을 뿐이지, צפרן 홀로는 아니다.

24.b. 데오도시안 *εἰς μαρτύριον*과 불가타 *in testimonium*은 라아드(לעד, "영원히")를 르에드(לְעֵד, "증거를 위해")로 읽었고, 그것은 문맥과 아주 잘 맞는다. 메르크스와 덤이 그 뒤를 따를 뿐만 아니라 바이저도 그러한데, 그는 욥이 오래 전부터 하나님에 의해 결백하다고 선언되기를 소망했기 때문에 그의 결백을 비명에 새겨 **항구적** 증거로 삼는 일에는 관심이 없다고 말한다. 그러나 "영원히"는 욥의 명예 회복 전에 지나갈 시간과 대조되는 것이 아니라, 그의 임박한 죽음과 대조된다. 따라서 그러한 수정이 맛소라 본문보다는 더 나은 의미를 주기는 하지만, 맛소라 본문에도 아무런 문제가 없으며, 그 수정은 비록 고대 역본들에 의해 지지되기는 하지만 다소간 임의적인 것 같다.

25.a. 바레(M. C. Barré, "A Note on Job xix 25," *VT* 29[1969] 107-9)는 여기서 우리는 קום // חיה, "일어서다 // "살다"의 단어-쌍을 갖고 있다고 가정함으로써, 그리고 나아가 "나는 나의 구속자가 생명/건강을 회복시킬 수 있다는 것과, 그리고 (나의) 보증자가 티끌로부터 일으킬 수 있음을 안다"로 번역함으로써 잘못된 길을 택한다. 그 제안은 다음과 같은 있음직 하지 않은 것들을 포함한다: *g'lyḥy*가 *g'ly*와 *yḥy* 사이에 "공유된" 하나의 자음을 가지고 있다(불완전하게 기록된 חיה의 피엘 "살게 하다"로 해석됨). 야쿰(יקום)은 야켐(יקם)으로 읽혀져야 한다(불완전하게 기록된 קום의 히필 "일으키다"). 그리고 알(על)은 "…로부터"를 의미한다.

25.b. 고디스처럼 여기서 양보적인 의미를 수용할 이유는 거의 없다: "그가 땅 위에 일어날 마지막일지라도."

25.c. 다후드는 야쿰(יקום, "그가 설 것이다") 대신에 스올에 대한 야훼의 승리 모티브로 이콤(יִקֹּם, "그가 복수할 것이다")을 제안했다("Hebrew-Ugaritic Lexicography IX,"

Bib 52[1971] 337-56[346]). 그러한 모음 재조정은 이미 비켈에 의해 제안되었다. 누바우어(Neubauer)의 베아하론 콜 아파르 야키츠(וְאַחֲרוֹן כָּל עָפָר יָקִיץ)로의 수정은 임의적이다(*Athenaeum* 3000[1885] 823).

25.d. 가능성이 덜한 것으로 미쉬나와 탈무드의 단어인 아하라이(אַחֲרָאִי, "보증, 보증인, 후원자, 후견인")에 호소될 수도 있다(S. Mowinckel, "Hiobs *gō'ēl* und Zeuge im Himmel," BZAW 41[1925] 207-12[211], 아하로니〈אַחֲרוֹנִי〉로 읽음; 비어[*BHK*]; 포프). 이 제안은 "입증된 것도 개연성이 있는 것도 아니다"(그레이).

25.e. 드라이버는 "티끌 위에서"가 단순히 "법정에서"를 의미한다고 생각했다. "왜냐하면 재판은 타작마당이나 성문에서 이루어졌는데, 그 둘 다 먼지가 많은 곳들이기 때문이다"(*VTSup* 3[1955] 47). 따라서 NEB의 "법정에서 말하기 위해 마지막으로 일어서다"라는 논리는 결함이 있다: 어떤 장소에 먼지가 많다고 하여 "먼지"가 그 장소를 의미할 이유가 전혀 없는 것은 "비"가 "영국"을 의미할 이유가 없는 것과 같다. 리델보스는 "티끌 위에서"는 결코 "땅 위에서"를 뜻하지 않는다고 주장하기 위해서 41:25[33]의 상당히 명백한 증거를 거절하고, 그것은 여기서 "스올의 먼지 위에서"를 뜻한다고 주장한다("עָפָר als Staub des Totenortes," *OTS* 5[1948] 174-78).

26.a. 가장 단순하고, 그래서 가장 세련된 수정들 중에(레베끄가 말하듯이, p. 477) 섯클리프의 것이 있는데("Further Notes on Job, Textual and Exegetical," *Bib* 31[1950] 365-78[377-78]), 그는 맛소라 본문의 단어들을 재배열하여 다음과 같이 읽었다: 베오리 니크푸 미브사리 베아하르 조트 에헤제 엘로하(ועורי נקפו מבשרי ואחר זאת אחזה אלוה, "그리고 내 피부가 내 살로부터 벗겨질 것이고, 그 후에라도 나는 하나님을 볼 것이다"). 투그내(R. Tournay)는 ומבשרי를 절의 앞으로 가져옴으로써 그것을 향상시켰다. "그리고 내 피부가 내 살로부터 벗겨진다면"("Relectures bibliques concernant la vie future et l'angélologie," *RB* 69[1962] 481-505[489-95]; 레베끄도 그렇다, 477-486).

비어는 베아후르 에디 니즈카프 이티(וְאָחַר עֵדִי נִזְקָף אִתִּי, "그리고 나는 나의 증인이 내 옆에 바로 서 있는 것을 보리라"〈חור: 다른 곳에서는 히브리어로가 아니라 아람어와 악카드어 동족어들로〉를 제안했고(참조. *BHK*), 드라이버(G. R. Driver, *VTSup* 3[1955] 47)는 미바쓰리(מבסרי=מְבַשְּׂרִי, "나의 논박자") 즉 나를 위해 논박하는 자로 읽혀야 하는 것을 추가하면서(그 동사는 다른 곳에서는 히브리어로서가 아니라 아람어 동족어로서) 이것을 따른다. 따라서 NEB, "나는 내 옆에 서 있는 나의 증인을 알아볼 것이고, 나의 변호자, 심지어 하나님 자신도 볼 것이다." 이 불확실한 수정은 히브리어에서 확인되지 않는 두 동사를 가정함으로써 더욱 약화되어 시인이 말한 것일 가능성을 갖지 않는다. 그러나 NEBmg는 대담하게도 맛소라 본문이 "말이 안 된다(unintelligible)!"라고 말한다.

덤은 יקום을 25절로부터 옮기면서 다음과 같이 읽는다: 베야쿰 아헤르 에디 베자카프 제 오토(ויקום אַחֵר עֵדִי וְזָקַף זֶה אֹתוֹ, "그리고 또 다른 이가 나의 증인으로 일어날 것이며, 그의 신호를 들어올릴 것이다"), 즉 욥의 시체 위로 그의 살해가 보복될 것임을 알리는 신호를. 이것은 "무시되어도" 괜찮을 수정이다(A. B. Davidson, "Job xix. 25-29," *ExpT* 9[1897-98] 192). 도름은 니즈카프티(נִזְקַפְתִּי, "내가 일어설 것이다")로 읽고 아하르 오리(אחר עורי)를 마치 커튼 뒤에서 보는 것처럼 "내 피부 뒤에서"로 번역하여 욥이 바라볼 위치로서 "내 살로부터"와 평행하게 한다. 고디스는 이 해석을 인정하는 것처럼 "나의 피부 깊은 곳에서"로 번역한다. 드 빌드는 훨씬 덜 수긍이 가게도 베아하르 조트 이크라 샤다이(וְאַחַר זאת יִקְרָא שַׁדַּי, "그리고 그 후에 전능자가 〈나를〉 부르실 것이다")를 제안한다. 스케한("Strophic Patterns," 109)은 26a절구는 "조잡하고, 의미 없고, 명백한 중복오사"이며, 주로 앞의 절반-행에 대해서 그렇다고 확신했다. 그래서 그는 27a, b, 26b, 27c의 순서로 재배열했다(NAB에서 제시되는 것처럼).

26.b. JB의 "내가 깨어난 후에"(비슷하게 NIVmg, 잔젠)는 오리(עוֹרִי)를 עור("깨어나다")의 부정사형 우리(עוּרִי)로 여긴다(테리앙도 그렇다). 블루멘탈(D. R. Blumenthal, "A Play on Words in the Nineteenth Chapter of Job," *VT* 16[1966] 497-501)은 "망신, 학대"를 뜻하는 한 아랍어 동족어로 새로운 히브리어 עור를 고안해 냈다. 따라서 "내 학대의 기간이 끝날 때에".

26.c. 조트(זאת)를 부사로 취함(이와 유사한 경우는 전혀 없음). 아니면 니카프(נִקַּף)를 읽든 그렇지 않든 카조트(כָּזֹאת, "이렇게, 그러므로")로 수정함. 부드, 포어러, 시크레디아즈가 그렇다.

26.d. 라흐쉐는 즈카파니 이토(זְקָפַנִי אִתּוֹ, "그가 나를 그의 곁으로 일으킬 것이다")라고 읽는다. 테리앙과 JB가 이것을 따른다. 고디스는 나카프(נקף II, "돌다, 돌리다")로부터 파생시키고, 따라서 "구별하다"로 보고 "이것이 구별되었다"로 번역한다. 잔젠은 니크푸(נִקְּפוּ)를 נקף II("돌다, 돌리다")에서 파생시키고, 1:5과 비교하면서 "일들이 (혹은 사태가) 이것으로(זאת) 돌아올 것이다"로 번역한다. 그러나 우리는 "날들"과 같은 주어를 필요로 할 것이고(참조. 또한 사 29:1), 또한 그 완료형은 어떻게 설명될 수 있는가? 가스터는 זקף를 악카드어 *zaqāpu*와 같은 "결백을 입증하다"로 설명하면서, 베아하르 에디 니즈카프 이티(וְאַחַר עֵדִי נִזְקַף אִתִּי, "〈?〉그리고 내 증거가 입증된 이후에")로 읽는다(T. H. Gaster, "Short Notes: Job xix 26," *VT* 4[1954] 73-79[78]).

26.e. 워터만은 욥이 비록 죽은 이후에야 그의 결백이 입증될 것이지만 하나님이 지금 그의 옆에 계시고 이미 그의 결백 입증자라는 것을 "본다"라는 뜻으로 에헤제(אחזה)를 현재형으로 해석해야 한다고 제안한다("Notes on Job 19:23-27: Job's Trumph of Faith," *JBL* 69[1950] 379-80). 이것은 주로 브흐스톤(C. Bruston)을 따른다("Pour l'exégèse de Job 19,25-29," *ZAW* 26[1906] 143-46). 고디스도 비슷하다: 욥은 "신비한 환상을 체험하고 있다". 뇟쳐는 이것이 "신비적으로(혹은 초자연적으로)" 하나님을 본 것이 아니라고 하지만, 그 용어의 법적 의미도 완전히 무시한다(F. Nötscher, *"Das Angesicht Gottes schauen" nach biblischer und babylonischer Auffassung*[Würzburg: Becker, 1924] 158-59). 키산느의 흥미로운 번역은 내세에 "하나님 보기"라는 개념 전체가 단지 아주 불가능한 꿈이라는 것임을 암시한다(참조. 14:13-17): "그리고 내 피부가 벗겨진 이후에, 그러나 나는 그분을 보았다. 내 살 없이 내가 하나님을 본다면, 내가 볼 그분이 내 옆에 있을 것이다" – 즉 26절은 조건절이다. 이것은 여기서 신앙의 도약을 발견하는 해석들보다는 욥의 전체적인 태도에 더 잘 부합한다. 그러나 그것은 히브리어를 다소 어색하게 읽은 것이다. 따라서 25b-26절은 이생에서의 대면을 향한 욥의 열망을 표현하는 것으로 읽는 것이 더 바람직해 보인다.

27.a. 리(לִי)는 물론 "내 편에, 내 옆에"를 의미할 수 있을 것이다(참조. 시 66:10[9]; 118:6-7; RSV, JB, 덤, 그레이, 레베끄[477 n.4], 포프 등이 그렇게 본다). 물론 욥은 하나님이 자기의 결백을 입증해 주시고, 따라서 "그의 편에" 있는 것을 보고 싶어하지만, 여기서의 요점은 "나", 강조, "나의 눈들" 그리고 "낯선 이가 아니라" 등이 분명히 해주듯이 얼굴을 맞댄 직접적 만남에 대한 그의 열망이다. 따라서 "스스로"(RV) 혹은 "혼자서"(NAB, NIV).

27.b. "완료"형 ראו는 마찬가지로 지속형(permansive: 상태의 지속을 뜻하는 히브리어 동사)이 될 수 있으며, 그러면 에헤제(אחזה)와 정확히 평행한다. 이르우(יִרְאוּ)로의 수정(부드, 횔셔, 포어러)은 필요치 않다.

27.c. 다음도 비슷하다. NEB, "어느 누구도 아닌 나 자신", NAB, NJPS, NIV. 문법적으로 가능한 다른 하나는 드라이버-그레이의 "그리고 내 눈들이 도로 가까워지는(unestranged)(것을) 볼 것이다"처럼, "낯선 이"(זר – 자르)를 동사의 목적어로 해석하는 것이다. JB도 그렇다. "이 눈들이 그를 볼 것이며 그가 멀리 있지 않음을 발견할 것이다." 그레이는 욥의 관심은 "다른 누군가에게 일어나지 않을 것에[낯선 이가 보지 않을 것이다] 있지 않고, 그 자신에게 일어날 일 즉 그가 하나님 – 다시 한 번 그의 친구로서의 하나님 – 을 볼 것이라는 것에 있다고 강력히 주장한다. 이것은 상당히 맞는 말이지만, 본문의 논점은 욥의 죽음 이후 결백 선언되는 것과 그의 죽음 전에 자신이 직접 하나님을 보는 것 사이의 차이점이다. 스니지더스(L. A. Snijders)는 "낯선 이"에 대해 좀더 실체적인 의미를 발견한다: 욥은 "*zār*, 즉 공동체로부터 그리고 하나님으로부터 돌아선 자, 아웃사이더로 취급되었다…(그는) 하나님 존전에 '입회된 자', 친구로서 거할 것이다"("The Meaning of זר in the Old Testament," *OTS* 10[1954] 1-154[70-71]).

27.d. 많은 이들은 이 단어들 뒤에 절반-행 정도가 소실되었다고 생각한다(횔셔, 포어러, 포프가 그렇다). 포프는 그것을 "절름발이 결론"이라고 생각하지만, 고디스는 "욥의 무아지경 환상에 슬픈 결론"이라고 생각한다. 미크는 설득력이 덜하게 욥이 "하나님과의 얼굴을 맞댄 대면에 대한 전망으로 너무 놀라 감정적으로 완전히 탈진되었다"고 생각했다(T. J. Meek, "Job xix 25-27," *VT* 6[1956] 100-103[103]). NEB는 이 행을 28-29절의

도입으로 여기며("내 마음이 낙담하였다. 너희가…말했을 때에": 비슷하게 GNB), 그것은 그 절반-행을 어떻게 다루어야 하는 문제를 해결해 준다. 그러나 강한 감정 표현이 하나님에 대한 욥의 열망보다도 친구들의 적대성에 결부된다면 이상할 것이다. 킹(E. G. King, "Some Notes on the Text of Job," *JTS* 15[1914] 74-81[76-78])은 칼라(כלה)가 "바라다, 소망하다"를 의미한다고 – 비록 탈굼 아람어 כלי는 흔하지만, 히브리어로는 다른 어느 곳에서도 입증되지 않는 의미 – 가정하고서(참조. 불가타 *reposita est haec spes in sinu meo*), "나는 내 마음을 완전히 믿는다"라고 번역했다.

28.a. מה 감탄사(BDB, 553b § 2.b).

28.b. 시크레 디아즈는 다소 설득력이 없게도 로(לו)가 하나님을 가리키며, 욥은 그를 공격하는 것은 하나님을 공격하는 것이라고 제안한다.

28.c. 문자적으로는 "문제"(דבר – 다바르)다. 참조. 왕상 15:5, 우리아의 "일": 삼상 4:16, "그 일이(전투) 어떻게 진행되었는가?" 도름의 견해와는 다르게(출 18:16; 24:14 인용), 이것은 특별히 법적 사용이 아니다.

28.d. 문자적으로는 "발견되다". "우리가 발견할 것이다"(덤, 피크, 횔셔, 드 빌드)는 문법적으로는 가능하지만, 만일 그렇다면 아마도 "발견하다"보다 어조가 더 강한, 가령 "샅샅이 뒤지다, 탐색하다(search out)"같은 동사가 사용되었을 것이다(그레이).

28.e. 대부분(포프는 아님)은 비(בי, "내 안에")를 보(בו, "그 안에")로 수정한다(대략 100개의 히브리어 사본들과 고대 역본들도 그렇다). 그렇지만 그 의미는 수정하지 않고도 얻을 수 있다. 그것은 단지 관점의 문제다. 다후드("Qoheleth and Northwest Semitic Philology," *Bib* 43[1962] 349-65[353])와 블롬머드는 여기서 3인칭의 *-î* 접미사를 발견하지만, 이는 그럴듯하지 않은 것 이상이다.

29.a. 히브리어에서는 표현되지 않음. 참조. NJPS, "왜냐하면 [너희의] 격노는 칼 맞을 만한 죄악이기 때문이다." 고디스, "왜냐하면 너의 것들은 칼 받을 만한 범죄들이기 때문이다." 거의 자명한 것 같은 이 해석은 라쉬에게까지 거슬러 올라간다. 그 누구보다도 도름은 이것을 어색하다고 생각했고, 맛소라 본문을 "비문법적이고 번역이 불가능한" 것으로 보는 발(Ball)에게 공감했다.

29.b. 헤마(חמה)는 빈번하게 헴마(הֵמָּה, "이 행위들〈혹은 비방들〉〈은 칼 맞을 만한 죄들이다〉")로 수정된다(딜만, 부드, 드라이버-그레이, 포어러, 고디스). 그러나 이것은 다소 미약하다. 헤마 아발림 야보(חמה עֲוָלִים יָבוֹא, "진노가 행악자들에게 임한다": 지크프리트, 횔셔, 드 빌드; 참조. 칠십인경 θυμὸς γὰρ ἐπ' ἀνόμους ἐπελεύσεται; 메르크스 חמה עונות תבוא, "진노가 죄들에 임한다"), 혹은 마지막 단어를 타하리브(תַּחֲרִב)로 다르게 읽어서 "격노가 행악자들을 멸할 것이다"(덤; 포프: "진노가 죄악을 멸할 것이다"), 혹은 헤마 바아보노트 티하르(חמה בַּעֲוֹנוֹת תִּחַר, "진노가 악행들을 향하여 불붙을 것이다": 도름) 등과 같은 좀더 과격한 수정들은 자천하지 않는다. JB의 "악한 행위들로 인해 촉발된 한

분노의 행위가 있다"(혹은 한 분노의 일이 악한 행위들로 인해 폭발되었다)는 추측컨대 도름의 독법을 수용했다. 그러나 그의 해석을 엄밀하게 따른 것은 아니다. RSV의 "진노가 칼의 징벌을 가져온다"(NIV도 비슷함)는 맛소라 본문대로 읽은 것이다. NEB의 "모든 죄악을 쓸어 버리는 칼"은 이해하기 어렵다. 특히 그것은 함마(חַמָּה, "열, 태양")로 읽었기 때문이다(브로킹턴도 그렇다). 시크레 디아즈는 "분노"가 "유죄 판결"을 의미한다고 보고, 하마트 아보노트(חֲמַת עונות, "죄의 판결")를 제안한다. 그러나 이것에 대해서는 평행하는 본문이 전혀 없는 것 같다. 이에 대한 대안으로 그는 게를레만이 36:18에 대해 하는 것처럼, חמה를 하메(חֵמָה, "보다, 보살피다")로 읽는 해석을 제안한다.

29.c. 이 관용구에 대해서는 "주석"을 보라.

29.d. 휠셔에 따르면, 이 행은 행간에 추가된 설명 주다.

29.e. 문자적으로는 "너희가 깨달을 수 있도록". "주석"을 보라.

29.f. 맛소라 본문 샤딘(שַׁדִּין), **케레** 샤둔(שַׁדּוּן)은 난해하다. 비록 관계대명사 세(-שֶׁ, 때로는 여기서처럼 사〈שַׁ〉, "which")는 욥기 내의 다른 곳에서는 나타나지 않지만, 그것이 가장 간결한 해결을 제공한다. דין은 딘(דִּין, "심판") 아니면 다얀(דַּיָּן, "재판관")으로 읽힐 수 있다(NEB, 드라이버-그레이〈참조. *BHK*〉, GNB). 하나님은 여기서 결코 개인 보복자로 나타나지 않기 때문에 전자가 더 바람직하다. 일부는 예쉬(יֵשׁ, "there is")를 삽입한다(부드). 다른 이들은 여기서 신명인 샤다이(שַׁדַּי, 딜만, 비어) 혹은 그 이름의 이형인 *Šdyn*(L. R. Fisher, "*šdyn* in Job xix 29," *VT* 11[1961] 342-43; 포프가 "Shaddayan"으로 그 뒤를 따름), 아니면 눈(נ)이 추가된 형태를 보았다(N. Walker, "A New Interpretation of the Divine Name 'Shaddai'," *ZAW* 72[1960] 64-66). 다얀(דַּיָּן)으로 읽는 것에 대해서는 똑같은 반론이 적용된다.

29.g. 함축됨.

양식/구조/배경

욥의 이 다섯 번째 연설은 색다르다. 연설의 방향을 분석하면 처음과 끝에서뿐만 아니라(2-6, 28-29절) 연설 중간에(21-22) 친구들에게 말해지는데, 이는 이전에 없었던 패턴이다. 또한 여기서는 3장 이후 처음으로 하나님에게 말해지지 않는다. 주된 단락은 다음과 같이 개괄될 수 있다.

A. 2-6 친구들에게 하는 연설
  B. 7-20 불평
A´. 21-22 친구들에게 하는 연설
  B´. 23-27 소망, 믿음, 열망

A´´. 28-29 친구들에게 하는 연설

친구들에게 하는 연설들이 다른 단락들의 내용과 잘 융화된다. 2-6절에서 말해지는 그를 향한 친구들의 "학대"에 대한 욥의 항의의 이유는 그 연설의 마지막 절(6절)에 있으며, 그 후에 그 이유(하나님이 그를 잘못 대하셨다. 욥 자신의 몰락의 원인은 욥이 아니다)가 7-12절과 13-20절에서 발전된다. 친구들에게 하는 두 번째 연설은 그들에게 자신을 그만 학대하라는 요청으로, 주제상 2-6절의 서론과 연결되며, 그들이 그만두어야 할 이유가 23-27절에서 제시된다(욥은 결백하며 언젠가는 그것이 선포될 것이다). 친구들에게 하는 세 번째 연설인 결론 부분은 "학대" 주제를 다시 거론하면서 욥이 마땅히 받을 것을 받는다는 친구들의 주장을 다시 전개하고, 최종 변호에 대한 그의 확신의 어조를 그들이 마땅히 받을 것, 즉 욥의 결백 선언의 정반대를 그들에게 줄 다가올 심판에 대한 욥의 마지막 경고로 확장시킨다.

연 구조는 일정한 패턴을 보이지 않지만 연 사이의 연결점들이 강하게 표시된다. 위에서 제시된 연설 분석은 6절과 7절, 20절과 21, 22, 23절, 그리고 27절과 28절 사이에 분리가 있다고 판단한다. 남아 있는 한 가지 중요 단락인 7-20절은 주제와 은유의 사용을 근거로 분명하게 두 부분으로 나뉜다: 7-12절은 많은 은유를 가지고 하나님의 공격을 묘사하고, 반면에 13-20절은 결론의 20절만 예외로 어떤 은유도 사용하지 않으면서 친구들과 친척들로부터 당하는 욥의 추방을 묘사한다. 따라서 우리는 여섯 개의 연을 구분할 수 있겠다.

1.	2-6	5행
2.	7-12	6행, 마지막으로서 삼절구
3.	13-20	8행
4.	21-22	2행
5.	23-27	5행, 두 개의 삼절구와 결론의 1행 절
6.	28-29	2행, 마지막으로서 삼절구

25-27절의 행 구분은, 여기서 그 내용과 평행법에 근거하여 두 개의 삼절구와 하나의 1행 절로 분석되었지만, 의문에 개방된 한 가지 요소다.

호르스트의 연 구조 분석은 21-22절을 따로 구분하지 않는 것을 제외하고는 위에서 제시된 것과 동일하다. 스케한의 분석도 13-17절, 18-22절로 구분하는 것을 빼고는 비슷하다("Strophic Patterns", 109). 포어러의 연 분석(2-4, 5-8, 9-12, 13-16, 17-20, 21-24, 25-27, 28-29절)은 연설 분석을 완전히 무시하고, 6절과 22절에 놓인 경계들을 지나쳐 간다. 23-24절을 25-27절로 뒤따르는 것과 분리시키는 것은 너무 설득력이 없다. 왜냐하면 그가 말하듯이 23-24절은 욥의 죽음 이후 장면을 그리고 있음이 사실이지만, 아마도 25-26a절구에서도 사정은 마찬가지이기 때문이다. 일곱 개의 연으로 구분하는(2-6, 7-9, 10-12, 13-16, 17-19, 20-24, 25-29절) 웹스터의 분석("Strophic Patterns", 47-48)은 7-9절과 10-12절 사이의 차이 부족과 20절에서 마지막까지 누가 말을 듣는지에 대한 무시에서 흠을 찾을 수 있을 것이다. 테리앙은 2-6, 7-12, 13-18, 19-24, 25-29절로 구획하면서 설득력 없게 요약의 19절을 그에 앞서는 것으로부터 분리시키고, 23-24절을 분명히 그것들과 연결되어 있는 그 다음 절들로부터(25-27절) 분리시킨다. 하벨은 다소 이상하게도 약간의 구문상의 어려움을 대가로 해서 6절을 그 다음 연에 연결시킨다.

하벨은 중요한 언설인 23-27절이 친구들에게 전해지는 두 개의 2행 연구들로 둘러쌓여 있는 21-29절에서 교차대구법의 흔적을 지적했다. 하벨의 분석을 약간 수정하면 다음과 같은 패턴이 제시될 수 있겠다.

A	충고	21	나를 불쌍히 여겨라!
B	고발	22	왜 하나님처럼 나를 학대하느냐?
C	소원	23-24	내 말이 기록될 수만 있다면!
D	확신	25-26a	나는 나의 **고엘**(구속자)이 살아 있음을 믿는다.
C´	바람	26b-27	내 육체로부터 내가 하나님을 보리라.
B´	고발	28	너희는 우리가 그를 어떻게 학대할까라고 말한다!
A´	충고	29	너희를 향한 칼을 두려워하라.

물론 23-24절의 소원은 26b-27절의 바람과 동일하지는 않다.

장르상 이 연설은 전체적으로 다른 배경에서 온 여러 강조 형식들이 사용되는 또 다른 **논쟁 언사**다. 이 연설에 나타나는 **양식들**은 우선적으로 아마도 지혜 배경보다는 법 영역에서 온 **논쟁 언사** 자체로부터 온다. 우리는 다른 화자들이 그만 말해야 함을 의미하는 수사적 질문들("언제까지?", "왜?"), 이해를 촉구하는 요청들("알라", 6절), 비난을 중단하는 호의를 베푸는 것("나를 봐 달라〈혹은 나를 용서하라〉", 21절), 지시하기("두려워하라", 29절) 등을 발견한다. 잘못이 "열 번" 행해졌다는 비난(3절)은 창세기 31:7, 41의 논쟁 상황에서도 발견된다. 대체적으로 2-6절의 언어는 고발자들에게 대답하여 그의 결백을 항변하는 피고의 특징을 갖는다(Murphy, *Wisdom Literature*, 33). 그들에 대한 비난으로 그들의 말을 인용한 것을 포함하며(28절), 그들에게 임박한 심판을 상기시키는(29절), 친구들에게 주는 마지막 경고는 분명히 논쟁 언사에 속한다.

이 연설의 상당히 많은 자료가 **탄식** 양식으로부터 온다. 16-17장에서처럼 "원수"-탄식 및 "나"-탄식 모두 광범위하게 사용되는데, 전자는 6-13a절구에서, 후자는 13b-20절에서 그렇다. 전자의 경우 화자는 지배적인 공격 은유 아래 그의 적을 하나님으로 묘사한다: 그 적은 그를 악하다고 잘못 판단하고(6a절), 정의에 대한 그의 부르짖음에 응답하기를 거부하며(7절), 그가 가는 길을 막고(8절), 이방 통치자가 적대국의 왕자에게 하듯이 그를 모욕하며(9절), 그를 뿔처럼 뽑아 버리고(10절), 단독 전투에서 그와 교전하며(11절), 그를 도성처럼 포위한다(6b, 12절). 후자의 경우 탄식자는 거의 배타적으로 친구들과 친지들이 그를 버림을 묘사하되, 현실적으로 묘사된 여러 구체적인 예들을 들고(13-18절), 결론으로 요약의 말이 있으며(19절), 그 뒤에 심리적 현실을 표현하는 신체적 은유가 온다(20절). "나"-탄식에 나오는 고난들은 매우 분명하게 "적"이 일으킨 것으로 표현된다(13절, "그가 그들을 나로부터 멀리 두셨다"). 이 탄식 자료의 대부분에 대해 시편에서 유사한 것들이 쉽게 찾아질 수 있다. 여기 탄식의 기능은 간접적인 호소나 고발이 아니라 "하나님이 나를 잘못된 자리에 두셨다"(6a절구)는 주장의 설명 혹은 상술이다. 그 탄식들을 욥의 법적 상황을 보조적으로 설명하는 내러티브로 읽는 이런 방식은 "공성보루"(攻城堡壘, siegeworks)라는 핵심 은유가 첫 번째 연 6절에 도입되는 것으로 인해 장려된다. 다시 말해, 두 개의 "공성보루"로 감싸여 있는 단락("siegeworks" envelope, 6b, 12b-c절구) 안에는 욥이 "나를 잘못된 자리에 둠"이라 부르는 공격 행위를 뜻하는 은유 다발이 포함되어 있다. 비슷하게 두 개의 "일가-지인"으로 감싸여 있는 단락("kinsfolk-acquaintances" envelope, 13, 19절) 안에는 하나님에 의해 "잘못된 자리에 놓임"의 결과를 보여 주는 일단의 스냅 사진들이 담겨 있다.

23-27절에는 소원, 확신, 바람이 하나씩 있다. **소원**(실현 불가능한 것)은 욥의 자기 증언이 그가 옳다고 증명될 때까지 그의 증인이 되도록 산허리에 새겨지는 것이다(23-24절). **확신**은 마치 법적 증언같이 들리는데("나는…안다"), 비록 그가 죽은 이후의 일이라 할지라도 결국 그가 승소하리라는 것이다(25-26a절구). 그의 **바람**(내적 감정을 묘사하는 27c절구에서처럼 좀더 탄식의 언어로 되어 있음)이란 앞의 확신에도 불구하고 결백 선언에 대한 그의 요구를 지금 여기서 하나님에게 제시할 수 있는 것이다(26b-27절). 좀더 자세한 것은 D. J. A. Clines, "Belief, Desire and Wish in Job 19:23-27: Clues for the Identity of Job's Redeemer," *Wünschet*

Jerusalem Frieden: Collected Communications to the XIIth Congress of the International Organization for the Study of the Old Testament, Jerusalem 1986(Beiträge zur Erforschung des Alten Testaments und des antiken Judentums 13; ed. M. Augustin and K.-D. Schunk; Frankfurt a.M.: Peter Lang, 1988) 363-70를 보라.

이 연설의 **기능**은 욥에게서 흔히 그랬던 것보다 더 그 **양식**에 가깝다. 그것은 우선적으로, 2-6, 21-22, 28-29절에서 명백하게 말을 전해 듣는 친구들을 향해 있는 것 같고, 또한 그것은 욥의 표면상 죄는 하나님이 그에게 지운 것이며(6a절구), 그 자신은 완전히 결백하고 결국 옳다고 증명될 것임(25-26a절구)을 친구들에게 설명하는 기능을 갖는다. 이 장의 기능에 관한 더 상세한 내용은 **해설**에서 주어진다.

따라서 이 연설의 **핵심 구절**은 분명히 25-27절이다. 물론 그 확신이 주된 이유이기 때문은 아니다-그것은 단지 되풀이된 바람의 배경일 뿐이다.

이 연설의 **논조**는 16-17장의 욥의 이전 연설과 현저하게 유사하지만 한 가지 두드러진 차이점을 갖는다. 거기에는 이전 경우처럼 연설의 끝 무렵에 친구들에 대해 여기보다 더 격렬한 냉소 위로 그 그림자를 드리우는 죽음을 향한 침몰이 있었다. 여기에는 욥의 연설들 가운데 처음으로 그같이 끝나는 어조가 없다. 심지어 26a절구에서 욥이 자기 피부가 벗겨지는 것을 그리고 있을지라도, 사멸의 그 순간은 욥 드라마의 마지막 막일 리 없다. 왜냐하면 그의 죽음 이후에 그의 사건은 하늘 법정에서 완전히 유리한 판결을 얻을 때까지 끊임없이 거론될 것이기 때문이다. 또한 그 결론의 어조는, 그 머리 위에 **그들에** 대한 죽음의 심판의 위협을 가지고 있는, 친구들에 대한 걱정을 일으킬 여유가 있을 만큼 침착하고 활기가 있다. 이 연설에서 친구들에게 한 그의 연설을 뒤돌아보면, 우리는 우리 영역본들에서 항상 드러나지는 않는 완고한 맞고소의 어조를 발견한다. 가령, 2-3절에서 욥은 그의 대화자들이 그에게 가하는 고문 아래서 비틀거리지 않고, 그들과 그들의 의도를 잔인하고 동기가 악하다고 폭로하고 있다. 마찬가지로 많은 역본들에서는 단순히 불쌍히 여겨 달라는 간청으로 읽히는 21-22절도 최소한 친구들에게 침묵하라는 퉁명스런 요구이며, 심지어는 그들을 희생시키는 신랄한 아이러니다("너희는 나의 '친구들'이다", 21a절구).

그럼에도 불구하고, 이 연설에서 울리는 또 다른 어조가 있다. 하나님의 공격(7-12절)과 인간 동료들의 그를 버림(13-20절)을 묘사하는 그 두 연은 7-12절이 까닭없는 공격의 이미지 위에 이미지를 던짐으로써, 13-20절은 고통스런 친밀감 퇴거의 실례 위에 실례를 쌓음으로써, 욥기에서 욥의 상실감을 가장 강렬하게 전달한다. 정신적으로 그는 뼈도 없고 척추도 없어, 그의 뼈가 그의 살에 붙어 있는 골격 없는 살 더미가 되었다(20절에 관한 "주석"을 보라). 물리적으로 그는 신의 증오로 인해 산 채로 가죽이 벗겨져 그의 이빨의 피부 외에 더 이상의 피부가 남지 않았다. 그러나 이들은 우리가 16-17장에서 만났던 소진, 메마름, 활력 상실의 이미지들이 아니다. 비록 그의 가장 깊은 속의 자아가 열망으로 소진되며(27c절구), 그의 에너지의 마지막 한 온스까지 사용될지라도 굽히지 않고 계속하여 바랄 그 영혼과 조화라도 되듯이, 그 은유들은 유연하며 정제되지 않았다. 25-26a절구의 확신과 26c-27b절구의 약화되지 않는 열망은 이전 절들에서 보인 어떤 깊은 낙담으로부터의 급진적이고 동기 없는 분위기 전환을 나타내지 않는다. 오히려 우리는 쌍방이 서로 대치 국면에 있고 아직은 수가 막혀 있지만 이제는 이전보다 더 대등한 고투 상황에 있는, 신의 적의의 현실과 인간의 자기 확신의 현실을 본다.

주석

2-29 이 멋지고 강렬한 시에서 친구들의 존재가 욥에 의해 강하게 느껴진다. 그들은 물론 우리가 기대한 서론에서(2-6절) 욥의 연설을 듣지만, 중요한 절들인 21-22절과 28-29절에서도 연설을 듣는다.

2 빌닷이 인내가 부족한 유일한 대화자는 아니다. 욥은 빌닷과 똑같은 표현으로 시작한다: "언제까지?"(עַד־אָנָה – 아드-아나; 18:2; 참조. 8:2). 그것은 반드시 그가 그에게 "직격탄"을 날리거나(도름) 그를 "조롱하면서"(테리앙) 빌닷을 "인용하고" 있음을 뜻하지는 않는다. 그것은 단지 시인이 우리로 하여금 이 **귀머거리 논쟁**(*conversation des sourds*), 즉 참여자들이 그 전제들에 합의할 수 없는 한 결코 결론에 도달할 수 없는 이 논쟁에서 양편 모두의 기질들이 조급함으로 인해 어떻게 소모되는지를 알아보도록 권하고 있음을 뜻할 뿐이다. 욥이 빌닷에게 단수로 말하지 않고 그의 연설을 친구들 전체에게 향하도록 하고 있음은 의미가 있는 것이다.

여기서 욥의 분위기는 무엇일까? 그것이 우리가 그 동사들을 번역하는 방식에 큰 영향을 미친다. 덤은 여기서 "다른 화자들에 대한 이전 절들과는 매우 다르고, 가장 고통스런 악전고투에서 욥이 싸우고 있음을 증거하는 감정 상한 어조"를 보았다. 반면에 테리앙은 욥의 대답에서 지금까지는 표현되지 않은 폭력성을 발견했고, 하벨은 여기서 "새로운 피치의 강도"를 본다. 어느 것이 맞는 것인가? 이 연설의 다른 구절들은 욥이 여기서 분노로서보다는 덜 슬픔으로 말하고 있음을 강하게 제시한다. 특별히 "너희는 나를 학대하고 부끄럽지 않느냐?"(3절), 4절의 자신, 5절의 비난, 28-29절의 위협을 유념해 보라. "친구들아, 나를 불쌍히 여기라"는 욥의 호소(21절)는 연설 전체의 맥락에서 보면 무력한 고난자의 간청이라기보다는 당당하지만 비통한 사람의 빈정댐 같다. 무엇보다도 욥이 25절에서 그의 결백은 결국 인정될 것이라는 완전히 새로운 확신과 뿐만 아니라 그의 연설이 처음으로 죽음을 주제로 끝나지 않고 친구들에 대한 위협으로 끝나는 사실은 그의 대화자들을 향한 상대적으로 공격적인 태도가 이 장 전체에 베어 있음을 암시한다. 이 독법이 타당하다면, 우리는 2절의 "괴롭힘"과 "꺾음"을 그가 그 자신의 경험으로 인정하는 것으로가 아니라 친구들이 그에게 행하려 하고 있는 것에 대한 욥의 인식으로 이해해야 한다. 즉 친구들은 (객관적으로) 괴롭히려 **하고 있고**, 그를 꺾으려 **하고 있지만**, 그는 사실 (주관적으로) 그들로 인해 꺾이고 있지 않다. 비슷하게 예레미야애가 1:5, 12; 3:33(ענה – 아나, "치다"); 이사야 51:23에서 야가(יגה – "치다, 괴롭히다")의 초점은 주관적 경험보다는 (객관적) 행위에 있다(적어도 렘 20:18에 나오는 명사형 야곤〈יגון〉이 "슬픔"보다 "괴롭힘"이 더 타당한 것처럼). 다카(דכא, "꺾다, 짓밟다, 분쇄하다")라는 동사는 일반적으로 심리적 의미를 가지고 있지 않고, 예를 들면 시편 시인들에 대한 대적들의 행동에 사용되거나(시 94:5; 143:3) 혹은 적대 세력들에 대한 하나님의 행위에 대해 사용된다(예를 들어, 시 89:11[10]). 그 은유는 타작에 대한 것이다(H. F. Fuhs, *TDOT* 3:195-208[202]를 보라). 따라서 그것의 여기서의 의미가 심리적으로 말해 욥이 짓밟혔다고 **느낀다**는 것일 가능성은 적다(가령, 로울리는 이에 반대다: "그의 친구들의 쓰라리고 무정한 말들에 욥은 얼마나 짓밟혔다고 느끼는가"). 오히려 그는 친구들이 ("위로하고" "힘 주는" 진짜 친구들처럼 하지 않고) 그와 그의 주장들을 그들의 논증들로 "분쇄시키려고" 하면서 자기를 원수 대하듯이 한다고 생각한다는 것이다. 물론 그 "논증들"(מלים – 밀림, 단순히 "말들"이 아님)은 전적으로 그의 결백 혹은 그 반대에 관한 문제에 대해서다. 그의 결백 주장에 대한 반대 혹은 응보 교리의 반복은 어떠한 것이라도 그를 꺾으려 하거나 "분쇄시키려는" 그에 대한 적대 행위다. 욥이 더욱 격렬해짐에 따라, 비록 그는 그들에 대해 점점 더 실망하지만, 그들은 그만큼 덜 그의 관점에서 상황을 볼 수 있다. 그의 태도와 관련하여 절대로 있을 것 같지 않은 일은 그가 그들의 화술의 설득력에 곧 굴복하리라는 것이다(포어러는 이에 반대다).

3 여기에 나오는 "열 번"은 2절에 나온 "언제까지?"에 해당한다. "십은 사람 손에 손가락들의 수로부터 온 것으로 인간의 가능성의 수이며"(델리취), 완전 수치다

(또한 민 14:22; 참조. 창 31:7; 레 26:26). 욥이 죄인이라는 주장으로 그들은 그에게 굴욕을 주려고(כלם－칼람) 시도했지만, 단지 "시도만 했다". 왜냐하면 그가 인정하지 않는 한 그는 굴욕당하는 것이 아니기 때문이다. 사람은 패배하면 적 앞에서 굴욕감을 느낀다(시 35:5; 40:15[14]). 따라서 "창피하게 하다"(בוש－보쉬)라는 동사처럼 "굴욕을 주다"는 굴욕을 주는 이의 의도에 초점을 둔 객관적 의미를 지닐 수 있다(이런 의미의 בוש와 평행하는 본문들, 사 45:16; 50:7; 렘 22:22). 칼람(כלם)이 에스라 9:6; 역대하 30:15; 예레미야 6:15에서는 보다 정서적인 혹은 주관적인 의미로 나타나지만, 이것이 여기서의 의미는 분명히 아니다. 그 친구들은 실제로 욥을 논박했거나 혹은 당황케 했거나 혹은 굴욕을 주었다.

"굴욕을 주다"는 아주 흔하게 "창피를 주다"와 병행되기 때문에(11번; E. Jenni, *THWAT* 1:270를 보라), 그것이 "수치스러워하지 않다"와 평행하는 여기의 경우는 색다른 것이다. 욥에게 굴욕을 주려고 시도할 때, 친구들은 **사실상** 그를 망신시키려고 시도하고 있었다. 그러나 그에게 (객관적으로) 굴욕을 주려는 그런 시도는 너무나 수치스러운 것이어서, 욥은 그들이 (주관적으로) 수치심을 느낄 것으로 기대한다고 말한다. 수치를 느껴야 하는 사람은 굴욕을 주는 자들이며, 특별히 결백한 사람에게 굴욕을 주려고 하는 자들이다. 그런데 실상은 그 친구들이 그들의 잘못을 깨닫지 못하고, 그들은 자신들이 욥에게 아주 크게 부당한 짓을 하고 있다는 것을 인정하지 않으며, 따라서 그들은 자신들이 욥을 학대하는 것(חכר－하카르; "원문 주해" 19:3.a를 보라)을 수치스러워하지 않는다. 욥이 정확히 원하는 것은 그들이 자신들이 하고 있는 짓을 부끄러워하는 것이 아니라, 이의 제기를 그만하고 그의 확언을 받아들이는 것이다.

4 논쟁이 많이 된 이 절에 관해 우리가 확신할 수 있는 한 가지는 욥이 어떤 죄를 혹은 최소한 그의 현재 상태의 원인이라 할 수 있는 어떤 것도 인정하고 있지 않다는 것이다(13:12 "나의 젊은 시절의 죄들"에 관해서는 약간의 어려움이 있을 수 있다). 그는 9:21; 10:7 그리고 16:17에서 자신의 결백에 대한 그의 확신을 분명하게 선언했으며, 여기서 그것을 포기하고 있지 않다. 그러면 이것은 하나님에게 말해진 "내가 죄를 지었다고 한들 당신에게 무슨 해가 되오리까?"라는 7:20과 같이 가정의 말일 수 있을 뿐이다(로울리도 그렇게 봄). 거기서의 요점은 하나님의 그를 괴롭히시는 것이 그가 어쩌면 지었을 수 있는 죄와 전혀 균형이 맞지 않는다는 것이었는데, 그 생각이 현재 구절에 가장 잘 부합할 것이다. 여기서는 친구들이 그에게 굴욕을 주어야 하는 압박감을 느꼈는데, 이는 완전히 균형을 상실한 반응이다.

욥은 어떻게도 그들에게 해를 주지 않았는데, 그들이 왜 그에게 해를 주려고 하는가? 내가 만일 죄를 지었다고 해도 나의 죄는 그들의 개인 공간, 그들의 손님-방들을 침범하지 않았고, "나의 죄가 머무르는 것은 내 자신과 함께이다"라고 그는 말한다. "나와 함께"(אתי – 이티)가 강조의 위치에 있다. 만일 그것이 "머무르면"(לון – 룬) 그것은 유숙객처럼 그와 함께 체류한다(참조. 11:14; 악한 생각이 도시의 "마음"에 "머무는" 것에 대해서는 렘 4:14 참조; 의가 도시에 "거하는" 것에 대해서는 사 1:21 참조). 그것은 친구들에게 해를 주지 않고, 오로지 욥에게만 해를 준다. 그러므로 그들은 마치 그들이 욥의 가정적 죄의 희생자들인 양 반응하지 말아야 한다.

다른 해석들은 다음과 같다: 나의 허물은 내 자신의 일이다(도름). 그것은 너희가 참견할 일이 아니다. 그러나 친구들이 그를 위로해 주기를 욥이 바란다면, 그들은 당연히 그의 죄를 그들의 일로 여기지 않을 수 없다. 왜냐하면 그것이 바로 그들이 그와 대화를 하는 이유의 전부이기 때문이다. 어떤 이들은 엄격히 한 인간과 그의 하나님 간의 문제에 친구들이 끼어드는 것을 욥이 거부하고 있다고 말한다(앤더슨; 참조. 하벨). 그것이 만일 그의 입장이라면 그는 오래 전에 이 대화를 중단했어야 한다. 친구들이 취한 방향에 그가 매우 심하게 분개하더라도, 그는 한 순간도 그의 사건을 개인의 문제로 생각하지 않는다. 그의 죄의 증거가 공개적 기록의 문제이고 그의 잿더미를 방문하는 모든 이에게 보여지는 때에 어떻게 그럴 수 있겠는가? 다른 이들은 이 절이 "나는 그것을 알고 있어야 한다[그러나 나는 그렇지 않다]"를 뜻하는 것으로 보는데(참조. 포프), 그것은 "머무르다"에 대한 억지 의미 같다. 포프는 그것을 마치 하나님이 그를 "파멸시키신" 것이라는 6절의 주장을 욥이 예시하고 있는 것인 양, "그 허물이 나와 함께 머무르는가(혹은 허물이 내게 있는가)?"를 뜻한다고 제안한다. 그러나 마찬가지로 "머물다"는 "기원"을 가리키기에는 맞지 않는 단어다(비록 우리가 영어로 "잘못이 내게 **놓여** 있는가?"〈Does the fault *lie* with me〉라고는 말하지만).

또 다른 접근은 "허물"(שגה – 샤가, 명사 메슈가〈משוגה〉)이라는 단어에서 어떤 의미를 찾으려는 시도로, 그 단어는 마치 내가 경하게 죄를 지었음을 나는 기꺼이 인정한다고 말하는 것같이 온건한 단어이며, 그 죄에 따른 벌이 내게 절실히 느껴진다("나와 머문다"). 그러나 그것이 나의 현재 고난에 비례하는 **큰** 죄를 내가 범했다고 너희가 주장할 근거가 전혀 아니라고 주장한다(그레이). 명사 슈가가(שגגה)는 보통 "고압적으로" 행해진 의도적인 죄들과 구별되어 부지중에 범하는 죄에 대해 사용되는 것이 사실이지만(민 15:29-30), 동사 샤가(שגה)는 부지중에 죄를 범한다는 특정한 의미를 가지고 있을 뿐만 아니라(레 4:13) 보다 일반적으로 사용되기도 한다. 사무엘상 26:21; 시편 119:21, 118에서 그렇다. 참조. R. Knierim (*THWAT* 2:869-72) and J. Milgrom(The Cultic שגגה and Its Influence in Psalms and Job, *JQR* 58[1967-68] 115-25), 이는 슈가가(שגגה)를 부주의한 죄이거나 부지중의 죄로 정의한다("그 범죄자는 그 법을 알지만 불의로 그것을 범하거나 혹은 그가 잘못했다는 사실을 모르고 짐짓 행한다").

5 그가 그들에게 아무런 해도 끼치지 않았는데도 그 친구들은 욥을 원수처럼 대한다(4절). 그래서 그들은 그의 고난이 그의 죄의 증거라고 주장함으로써(5b절구) 그에게 적이 되기로 작정했음이 분명하기 때문에(5b절구), 그들은 자신들이 틀렸다는 것과 욥을 둘러싸는 죄의 분위기는 그 자신이 만든 것이 아니라 하나님이 그에게 부여하셨으며(6a절구), 그 결과 그가 죄의 연루를 벗어날 수 없다는 것(6b절구)을 알아야 할 필요가 있다. 이 절들의 논증은 그렇게 흐른다.

욥의 관점에서 보면 친구들은 사실 그에게 자신들을 "뽐내고"(RSV; גדל - 가달, 히필), 즉 "불법적이고, 주제넘고, 오만하게 [자신들을] 내세우고" 있다(R. Mosis, *TDOT* 2:405; 7:17에서는 다르게). 그들은 오로지 그를 죄인으로 간주하기를 계속함으로써 그렇게 하며, 그 과정에서 자신들을 도덕적, 지적으로 욥보다 우월한 자들로 만든다. 그 언어는 압제자들에게 대항하는 시편의 탄식들을 대표한다(시 35:26; 38:17[16]; 41:10[9], "발뒤꿈치"가 빠지면; 55:13[12]; 참조. 렘 1:9). 이것이 그들의 태도라는 데는 의심의 여지가 없으며, 따라서 히브리어 본문의 시작하는 말 "만일"(אם - 임)은 조건의 의미로 간주될 수 없고 "때문에"를 뜻한다(논증의 "만일"). 물론 욥은 그들이 자신보다 **정말로** 우월하다는 것을 인정하지 않으며, 따라서 우리는 이렇게 번역해야 한다: "너희는 나를 이기려고 했고, 이기려고 한다." 그들의 우월함은 욥이 그 자신의 죄의 장본인이라는 틀린 전제에 놓여 있다. 이에 대해 6절은 욥을 죄인처럼 보이게 한 것은 하나님이라고 응답한다. 우월의 주제는 12:2-13:2에서 이미 전개되었다(특별히 12:3; 13:2). 비록 그 언어가 세미나 룸의 지적인 남성다움같이 들리고, 어쩌면 그 엄격하게 논쟁적인 말들에 저자의 말놀이 요소가 들어 있지만, 여기에 있는 것은 생사에 관한 문제들이다. 하나님에 대해 말하면 그는 그를 위하는 친구들의 노력으로 영광을 받지 않는다: 그분은 욥이 결국 의로운 사람이라는 가능성에 그들의 생각을 닫아 버리는 사람들(17:4)에 의해서 "높여지지"(רמם - 라몸) 않는다.

욥의 "불명예"(RV, NAB; חרפה - 헤르파)란 그가 자신이 처해 있다고 보는 치욕의 상황, 즉 죄인으로 취급될 때 오는 "굴욕"(RSV, NIV), 그가 경험하는 고난의 실제 상황이다. 친구들은 그 고난을 "그를 대항하는 반박"으로 사용하며, 그들은 명백한 논거를 가지고 있다(참조. 16:8에서 욥의 인정).

6 욥이 자기를 (부당하게) 잘못된 자리에 둔 것이 그 자신의 어떤 죄가 아니라 다름 아닌 하나님이라고 믿는 것은 뉴스 거리가 아니다 – 비록 그가 이런 말들을 한 번도 사용하지 않았을지라도. 그러나 이것은 하나님이 가혹한 육체적 손상(7-12절)과 그가 아는 모든 사람의 애정을 멀리하게 하심(13-19절)을 비난하는 그의 광범한 고발들에 대한 큰 표제다. 이는 하나님은 그를 "학대하셨다"(NJPS, NIV처럼), 그를 "불공평하게 대하셨다"(NAB) 혹은 그의 "박해자"가 되셨다(JB)는 것을 그가 뜻한다는 말이 아니다 – 비록 그것도 사실이지만. 그가 특별히 뜻하는 바는 그를 고생하게 함으로써 결백으로 이름난 그의 평판을 하나님이 무너뜨리셨고 도덕적 혹은 법적 의미로 그를 죄인으로 낙인찍으셨다는 것이다(참조. RSV, NEB, "나를 잘못된 자리에 두었다"). 빌닷도 똑같은 단어 아바트(עות, "왜곡하다, 부당하게 대하다, 잘못했다고 선언하다")를 사용했지만 다른 의미에서 그랬다. 따라서 그 동사가 빌닷에 대한 대답으로 의도적으로 선택되었다거나(도름) 혹은 우리가 여기서 욥이 오랫동안 숙고했던 점에 대한 때 늦은 대답을 가지고 있다(테리앙)고 말하는 것은 거의 옳지 않다. 8:3에서 빌닷은 하나님이 정의 혹은 바른 질서(צדק – 차데크)를 "굽게 하신다"는 가능성을 부인했고(참조. 또한 34:12), 또한 모든 결백한 사람을 죄 있다고 선언하는 것은 분명히 정의의 왜곡이다. 그러나 욥은 정확히 그것을 말하고 있는 것이 아니며, 따라서 빌닷에게 대답하고 있는 것으로 여겨질 수 없다. 그는 단순히 하나님이 그의 나쁜 평판을 일으킨 장본인이라고 뜻한다(로울리와 다른 이들은 이에 반대다: "욥은 그의 경우에는 하나님이 [정의를] 굽게 하셨다는 것을 엄숙히 선언한다"). 친구들에게는 윤리학의 문제인 것이 그에게는 하나님에 관한 물음이다. 포위 공격 상황에서의 길을 비틂 혹은 굽힘에 대한 또 다른 암시가 있는지는(애 3:9와 비교하는 하벨처럼) 확실하지 않다.

그 다음 은유는 다소 뜻밖이지만, 그것은 다음 연의 이미지를 소개하는 것으로 설명될 수 있다. 공성보루들은 포위군들에게, 특별히 궁수들에게 보호막을 제공하고, 그 성에서 빠져 나가는 것을 불가능하게 하는, 포위된 성읍을 에워싸는 흙벽의 형태를 가졌다. 참조. J. W. Wevers, *IDB* 4:804; Y. Yadin, *The Art of Warfare in Biblical Lands*(London: Weidenfeld and Nicolson, 1963) 18, 98. 이 은유는 욥이 걸려 있는 빠져 나갈 수 없는 논리에 적용된다: 그가 옳다는 증명을 얻을 가능성이 없는 것은 포위된 성읍이 그 주변에 쌓인 벽들을 뚫을 수 없는 것과 같다. 욥은 캐취-22원칙(catch-22: 작가 J. Heller의 소설 제목에서 온 것으로, 모순에 얽매여 꼼짝 못하는 상황-역자주)의 가장 초대의 희생자들 가운데 하나다: 그가 만일 그의 고난을 받아들이면, 그는 죄인임이 입증된다. 그가 만일 그것을 받아들이지 않으면, 그는 하나님의 정의를 문제 삼음으로써 자신을 죄인으로 만든다. 그는 사실상 10:15a-b에서 이것을 말했다.

대부분의 주석가들과 역본들이 여기서 발견하는 그물 은유(RSV, "그의 그물로 나를 둘러막았다")는 비록 빌닷의 확장 이미지(18:8-10)와 어떤 피상적인 연관성을 가지고 있을지 모르지만 전혀 제자리가 아니다.

이 연설에는 아픔이 있지만, 우리가 오로지 16장에서 처음 듣기 시작한 것과 같은 종류의 확신도 있다. 이 힘차고 변명하지 않는 "깨달아라!"(דעו־אפו - 데우--에포, 문자적으로는 "그런즉 〈너희는〉 알라")는 다른 곳에서는 "그런즉 너희는 알라 곧 여호와께서 아합의 집에 대하여 하신 말씀은 하나도 땅에 떨어지지 아니하리라"와 (왕하 10:10) 같은 문장을 이끈다. 그것은 25절의 "나는 내 지지자가 살아 있음을 안다"는 확신과-이는 친구들도 알아야 하는 것이다-29절의 "심판이 있는 것을 너희가 알게 되리라"는 분명히 적대적인 말과 함께 울려 퍼진다.

7-12 상당히 많은 이미지들이 연속적으로 나오는데 모두 공격 이미지들이다. 흉한들에게 공격당하고 행인에게 도움을 요청할 수도 없는 불운한 시민(7절), 길은 막히고 어둠이 그에게 엄습해 오는 여행객(8절), 이방 통치자에게 의해 굴욕을 당하는 왕자(9절), 땅에서 뽑히는 나무(10절), 단독 전투를 강요받는 용사(11절), 포위하는 적들에 의해 둘러싸인 왕 혹은 도성(12절). 예레미야애가 3:7-9과 아주 유사한 점들이 있다. 거기서도 탄식자는 하나님에 의해 "벽으로 둘러싸여"(여기의 8절에서처럼, גדר - 가다르) 달아날 수 없다고 느끼며, 그가 "외치고"(여기 7절의 차아크〈צעק〉와 동의어인 자아크〈זעק〉) "소리치지만"(여기 7절에서처럼, שוע - 샤바) 그의 기도는 봉쇄되었고, 그는 하나님이 그의 "길"(여기 8절의 오라흐〈ארח〉와 동의어인 데레크〈דרך〉)을 "막았고"(여기 8절처럼, גדר) 그의 "길들"(여기 8절에서처럼, נתיבות - 티보트)을 "굽게 했다"(여기 6절에서처럼, עוה - 아바)고 느낀다. 예레미야애가 3장의 이미지에 고정된 것이 없는 것은 여기에 없는 것과 같고, 여기서도 하나님은 야수(10절)로, 궁수(11절)로 그려진다. 이 이미지들은 두 시인 모두에게 이용 가능했던 흔한 자료에 속함이 분명하다.

7 이 곳의 이미지는 도시 생활의 위험들로부터 온다. "외침"(צעק - 차아크)은

무엇보다도 습격당한 자의 구원 요청의 외침이다. 이스라엘에서 그것의 내용은 오늘날 우리의 "도와주세요"처럼 "폭력이다!"(חמס – 하마쓰)이다(참조. 렘 20:8; 합 1:2; 신 22:24, 27; 욥 35:12; 명사 차아카〈צעקה〉로, 27:9; 34:28; 동일 의미를 가진 자아크〈זעק〉에 대해서는 참조. 31:38; 35:9). 그러나 여기서는 16:18에서처럼(거기서는 צעקה), 구원 요청의 외침이 아니라 변호를 원하는 외침이다. 하나님이 "그를 잘못된 자리에 두시는 것"(6절)의 문제는 그가 그를 잘못된 자리에 **계속 둔다**는 것이다. 욥의 항변은 이제 정식 스타일로 되었지만(13:20-23), 지금까지는 무시되었다. 학대받는 사람은 그의 사회로부터 도움을 기대할 권리를 가지고 있으나–그것은 그들이 그에게 베푸는 호의가 아니다–욥이 하나님에 의해 학대받을 때는 그가 이전에 표현했던 상호성의 결여를 겪는다: 부름은 있지만 응답이 없다(참조. 9:16; 12:4; 13:22; 14:15; 그리고 16절에 인간 영역에서 똑같은 반응 없음을 보라). 은유가 거리 영역에서 법정 영역으로 이동했다. 그러나 욥의 "소리침"(שוע – 샤바)에도 불구하고, 하나님의 법정에서는 아무런 법적 판결(משפט – 미슈파트, 엄격한 의미로)이 내려오지 않는다–이는 공의(משפט, 폭넓은 의미로)가 없음을 뜻한다. 정확하게는 욥이 무조건적으로 하나님이 부당하시다고 말하는 것이 아니다. 그의 관심은 하나님의 성격보다는 그 자신에게, 그리고 공의를 늦추는 부당함보다는 그가 아직 공의를 허락 받지 못했다는 사실에 있다.

8 길을 담으로 봉하는 은유는 구체적인 일상 현실을 가리키지 않는다. 담들의 사용은 이 이미지가 동물들을 좁을 길로 몰아넣는 사냥으로부터 온 것이 아님을 암시한다(다음은 이에 반대다. G. Gerleman, "Contributions to the Old Testament Terminology of the Chase," *Årsberättelse 1945-46. Bulletin de la Société Royale des Lettres de Lund 1945-46*[Lund: Gleerup, 1946] 89). "담"(גדר – 가달)은 보통 포도원(사 5:5) 혹은 양우리(גדרה – 게데라, 민 32:16; 삼상 24:3[4])를 에워싸며, 길은 양쪽에 담을 가질지 모른다(민 22:24). 그러나 보통의 상황에서는 어느 누구도 길을 **가로질러** 담을 세우지 않을 것이다. 호세아 2:8[6]에서는 예외적인 은유로 야훼가 그의 신실하지 않은 아내가 그 애인들을 좇아가지 못하도록 그녀의 길을 가로질러 담을 세운다(גדר גדרה). 현재의 문맥에서는 그것은 욥의 정당한 뜻들을 의도적으로 좌절시키는 행위다. 참조. 예레미야애가 3:9에서 야훼는 쪼갠 돌들로 탄식자의 길을 막는다. 그의 길은 그의 생활의 일상 과정인데(참조. 13:27; 시 139:3), 그것이 진행되지 못하도록 방해된다. 3:23에 나오는 길 위에서 둘러싸이는 사람 이미지가 아주 비슷하다. 비록 거기서는 강조가 하나님의 책임보다는 욥의 감정

에 놓여 있지만 말이다.

길을 가는 그 여행객은 그의 앞길이 막혀 있음을 보고, 동시에 그 길이 어둠으로 덮이고(문자적으로는 "그가 내 길 위에 어둠을 내렸다") 있기 때문에 다른 어떤 방도가 없음을 알아챈다. 따라서 어둠은 그 은유를 확장시키는 기능을 하지만, 그러면서도 그 자체의 상징적 의미 즉 죽음이 그의 생을 어둡게 했다는 의미도 전달한다(참조. 가장 가깝게 18:18; 또한 사람의 길 위에 비치는 빛 이미지에 대해서는 22:28; 잠 4:18을 보라).

델리취는 그 이미지를 좁고 어두운 공간에 갇힌 수감자에 대한 것이라고 생각했지만(참조. 애 3:7), 수감자들은 "길" 위에 있지 않다. 하벨은 여기서 하나님이 욥의 자유 거동을 막으려고 봉쇄를 설치하시는 포위 공격 이미지를 보지만(참조. 6b절구), 그렇게 되면 "어둠"의 연관성이 분명하지 않다.

9 이제는 굴욕을 주는 행위로서 높은 지위에 있는 사람의 화려한 옷을 벗기는 이미지다(설득력이 덜한 것으로 하벨은 포위 공격 은유가 계속되고 있어서 욥이 왕처럼 포위된 도성 안에 갇혀 있고 그의 지배 자격을 빼앗긴 것이라고 주장한다. 참조. 믹 4:14[5:1]). 욥의 영광(כבוד – 카보드)은 그가 의복처럼 입은(29:14) 그의 의다. 그런데 재난을 당하고 대신 베옷을 입고 있음으로써(16:15) 욥은 세상 모두가 아는 행악자로 지목되었다. 그는 8:22의 대적들처럼 "부끄러움으로 옷으로 입혀"졌다.

"면류관"(עטרת – 아테레트)은 마찬가지로 의인으로서의 그의 평판 혹은 영광이다. 참조. 시편 8:6[5], "그를 영광과 존귀로 관 씌우셨다(עטר – 아타르)." 이 은유들이 욥을 왕족으로 바꾸지는 않는다(테리앙은 이에 반대다. 비록 카꾸오는 이 구절을 언급하지 않지만 테리앙은 A. Caquot, "Traits royaux dans le personnage de Job," *maqqél shâqédh. La branche d'amandier. Hommage á Wilhelm Vischer*[Montpellier: Causse, Graille, Castelnau, 1960] 32-45를 언급함). 그것들은 그를 군주**처럼** 묘사하지만, 그것은 사람들 가운데서 도덕성으로 이름난 군자다. 그런 언어의 다른 은유적 용례에 대해서는 예레미야애가 5:16을 참조하라. 그리고 문자적 용례에 대해서는 예레미야 13:18을 보라: "너의 면류관이 너의 머리에서 내려왔다." 욥에게는 인정되지 않는 결백이란 참다운 결백이 아니다. 그렇다고 그가 외면성에 집착한다는 뜻이 아니라, 선함과 경건함을 단순히 내적 성질의 문제로 생각할 수 없는, 도덕 가치의 사회적 차원에 대한 인식을 가지고 있다는 뜻이다. 이 책의 에필로그도 똑같은 관심을 표명한다.

10 나타츠(נתץ)는 집(사 22:10), 성벽(렘 39:8), 제단(삿 2:2) 등을 파괴하는 데 사용되기에, 여기서의 첫 번째 표상은 무너지는 건물이다. 파괴는 "사방에서"(סביב – 싸비브) 오는데, 그것이 반드시 포위된 성읍 은유가 재개되고 있음을 의미하지는 않는다(바이저, 포어러, 하벨은 이에 반대다). 그가 말하려는 뜻은 "하나님이 자신의 온전함을 지키려는 욥의 모든 노력들을 대답 없는 항의들로 부스러뜨리신다"(하벨)는 것이다. 결과적으로 "죽는" 혹은 "멸하는"(הלך – 할라크, 일반적으로는 "가다", 그러나 구체적으로는 "멸하다, 죽다", BDB, 234a가 인정하듯이; 14:20에서도 마찬가지) 것은 건물이 아니라 욥 자신이다.

두 번째 표상은 훨씬 더 결정적인 파괴다. 우리는 파괴된 것을 새 것처럼 다시 세우는 것에 대해서(3:14) 그리고 잘린 나무에 남아 있는 소망에 대해서(14:7-9) 이미 들었다. 그러나 뿌리 채 뽑히는 나무에게는(이 이미지에 대해서는 참조. 31:8; 시 52:7[5]) 14:19에서 하나님이 인간들의 희망을 파괴하듯이 희망이 영원히 파괴된다. 하나님이 근절시켜 버리신 욥의 희망은 구원의 희망이 아니라–그것은 오래 전에 포기했다–죽음 이편에서의 결백 선언에 대한 것이다. 욥은 결국에는 자신이 옳다고 증명될 것이라고 믿지만(25절), 그가 정말 원하는 것은 자신이 살아있는 동안에 하나님이 그의 결백을 선언하시는 것을 "보는 것"이다(26절). 그는 그것을 열망하지만 더 이상 그것에 희망을 걸지는 않는다(17:15).

11 이제 우리는 구체적으로 12절의 군대 이미지를 예비하는 적대 언어를 발견한다. "누구의 분노가 타올랐다"라는 흔한 표현(예를 들어, 32:5, "노를 발했다": 개역)을 생생하게 변형하여, 욥은 그것이 하나님의 의도적인 행위임을 보다 분명하게 나타내기 위해서 "그의 노를 불같이 뜨겁게 했다(חרה – 하라, 히필)"(하나님의 진노에 대해서는 9:5, 13; 16:9을 보라)라고 말한다. 누군가를 자신의 원수로 여기는 것은 전쟁 언어로부터가 아니라(피크, 로울리 등은 이에 반대다) 개인적 관계 언어로부터 온다. 사람은 자기의 글자 그대로의 적을 원수로 "간주하지"(חשב – 하샤브) 않고, 제대로 말하면 현재 그렇지 않은 혹은 이전에 그렇지 않았던 사람을 원수로 "간주한다"(참조. 13:24; 18:3; 19:15; 33:10; 창 31:15; 민 18:27, 30; 느 13:13은 다르다). 예레미야애가 2:5에서는 이스라엘에게 원수(אויב – 오예브)처럼 된 것이 하나님이고, 여기서는 그가 욥을 원수처럼 여긴다–그렇게 큰 차이는 없다.

12 이 구절의 마지막 단어가 이 묘사에 담긴 아이러니에 대한 실마리를 준다. 이 하늘 군대 집결의 목표는 쓸쓸한 욥의 **장막**이다! 이 은유들의 축적으로 하나님이 욥을 다루심의 불균형 주제에 이르렀다(참조. 이미 7:12, 17-20; 10:16-17; 13:

25). "하나님의 거창한 공격은 신적 과잉의 쓴 예이다"(하벨).

하나님의 "군대"(גדודים – 게두딤)는 재앙을 가져오는 의인화된 세력들이나 질병의 사신들(포어러)로 지정될 필요가 없다. 그들은 단순히 전사 및 공격자로서의 하나님 메타포에서 유래한다. 16:12-14에서는 하나님의 공격이 고립된 용사에 대한 공격으로 묘사되었던 반면, 여기서는 욥이 파성퇴를 옮기기 위해 성문까지 누벽을 쌓는 포위-군대에 둘러싸인 한 성처럼 그려진다(실물 교재로는 가령 Y. Yadin, *The Art of Warfare in Biblical Lands*[London: Weidenfeld and Nicolson, 1963] 314-15를 보라). 비슷하지만 인간 대적자들에게 사용되는 이미지가 30:12에서 나타난다. "누벽" 혹은 "토루"(סללה – 쏠라가 통상 용어다. 여기서는 "그들이 그들의 길을 수축했다"〈ויסלו דרכם – 바야솔루 다르캄〉) 일반적으로 입증되는 전쟁의 한 부분이다(삼하 20:15; 왕하 19:32[=사 37:33]; 렘 6:6; 겔 4:2; 17:17; 21:27[22]; 26:8; 단 11:15).

이 절의 마지막 단어 "나의 장막"이 너무나 기대되지 않은 것이어서(가령 로울리, "장막을 공격하는 데는 누벽이 거의 필요하지 않을 것이다"), 일부 주석가들은 분명히 어떤 착오가 있을 것이라고 느꼈다. 우리는 "그들이 나를 향해 누벽을 쌓았다"는 표현이 30:12에서 다른 형태로 다시 나타난다는 사실을 주목하면서, 여기서 그것을 삭제해야 할까(아우츠마, 포어러, 헤세, 모파트, NEB처럼)? 아니면 장막 이미지에 더 적절한 한 행이 문제의 어구 바로 뒤에서(덤, 횔셔) 혹은 장막에 대한 언급 뒤에서(메르크스) 소실되었다고 가정해야 할까? 아니면 여기서 베두인족의 *razwas*에 대한 암시적 언급(H. Winckler, "סלה? Threni 1,15. Hiob 19,12; 30, 12," *Altorientalische Forschungen*[Leipzig: E. Pfeiffer, 1902] 3/1:242-44)을 보아야 할까? 물론 불균형이 요점이라는 것을 우리가 알아채면 이 제안들 중 어느 것도 필요치 않다. 여기에는 매우 섬뜩한 해학이 있다.

7-12절의 다채로운 이미지를 번역할 때 현재 시제가 사용되어야 하는지 과거 시제가 사용되어야 하는지를 말하기는 어렵다. 영역본들은 대체적으로 8-9절에서는 과거 시제, 10절에서는 현재, 11절에서는 과거, 11b-12절에서는 현재 동사들을 사용하면서 과거와 현재 사이를 오간다. 비록 10, 11, 12절의 **와우** 연속형들은 우리 앞에 있는 것이 내러티브 형식임을 암시하지만, 히브리어의 완료 및 미완료 "시제들"은 그 자체로는 시간을 가리키지 않는다. 아마도 7절을 그 시작하는 말 "…할지라도"(הן – 헨, "정말…할지라도", "언제…하든지 간에")와 함께, 이어 나오는 것에 대한 표제로 여기는 것이 가장 좋을 것이다. 그러면 8-12절은 이 책에서 제시된 번

역에서처럼 영어의 과거 시제로 분류될 수 있을 것이다. 이어지는 다음 연에서는 (13-20절) 초점이 보다 분명히 현재 상태에 있지만(13절 제외하고), 거기서도 영어의 과거 시제는 고발 목록을 제시하는 것으로서 자천할 것을 가지고 있을지 모른다.

13-20 7-12절의 전적인 은유적 연설로부터 13-19절의 전적인 구체적 연설로의 갑작스런 변화는 숨이 막힐 정도다. 7-12절에는 기교가 있었고 격정이 있었다. 그러나 갑자기 13-19절에서는 기교와 상투성에도 불구하고, 우리는 한 고립된 인간의 외침, 완전히 글자 그대로의 사실처럼 믿을 수 있는 외침 소리를 듣는다. 7-12절에는 물리적 폭력에 관한 이미지들만 있다. 13-19절에서는 아무도 손, 무기 혹은 목소리를 들어올리지 않는다: 물리적인 것이 하나도 없고, 폭력적인 것이 하나도 없다. 아니면 있는가? 욥은 우리가 애정과 존경의 억제가 일종의 폭력이라고 해석하기를 원하는 것인가? 그리고 그는 하나님의 폭력이 그에게 나타나는 주된 형태는 그의 관계의 소원시킴과 친밀감의 거부라고 말하는 것인가? 7-12절에는 구체적인 것이 하나도 없었고, 따라서 무엇이든 아무거나 가리킬 수 있었다. 여기 13-19절에서는 모든 것이 구체적이며, 매 행이 그의 관계들의 붕괴에 대한 통감된 고통으로 채워진다.

7-12절은 하나님의 손이 욥에게 가한 물리적 고난들을 가리키고, 13-19절은 단지 그의 악취(17a절구), 그의 메스꺼운 모습 그리고 그의 중요성의 분명한 상실 등을 가진(18절), 그의 물리적 상태의 결과라고 말하기가 쉬울 것이다. 그것이 틀리지는 않지만, 욥에게는 모든 것이 그를 향한 신의 폭력이라는 한 가지 큰 일이다: 인간의 친밀성과 존경의 상실은 여기서 그에게 신의 적대의 날카로운 끝일 뿐이며, 원인과 결과에 대해 말하는 것 혹은 그를 둘러싼 여러 공모자들에게 비난을 나누어 돌리는 것은 쓸데없는 일이 되었다.

그는 그의 관계의 테두리를 둘러볼 때, 친족과 지인으로부터(13-14절) 집안의 종들을 거쳐(15-16절) 그의 아내와 형제들을 향해(17절) 안으로 이동하고, 그리고 다시 이웃의 자녀들을 지나(18절) 그의 지인들과 가까운 자들의 무리 전체를 향해(19절) 바깥으로 움직인다. 욥은 그 어느 곳에서도 인간의 고립감을 여기보다 더 강렬하게 묘사하지는 않는다(람파터).

13 욥의 사람들과의 친밀한 교제 상실들에 대한 유감스런 전체 목록이 하나님의 책임 탓으로 돌려진다: “그분”이 바로 욥의 친척들을 멀리하게 한 장본인이다. 그 행위가 그를 가까이 하는 것이 좋지 않을 뿐만 아니라 실제적으로 위험한 사람으로

만들어 버린, 하나님이 욥에게 가하신 고난으로 발생한 간접 행위였다는 것은 중요하지 않다. 일차적 원인이 가까이 앞에 있을 때는 이차적인 원인들은 배경 뒤로 사라지며, 또한 이슈가 책임의 문제일 때는 마땅히 그래야 한다. 그리고 하나님이 행동하신 방식은 공동체 파괴자로서다. 욥은 하나님을 그가 "완전한" 사람의 전형이 되어 특별히 공동체의 이익을 위해서 행하는 것 같은 조화로운 인간 관계들을 파괴하는 괴팍함을 보인다고 명백하게 비난하지 않는 것이 사실이다(W. Brueggemann, "A Neglected Sapiential Word Pair," *ZAW* 89[1977] 234-58[255]를 보라). 그러나 욥의 말의 취지는 불명료하지 않다.

여기서 욥의 "친족"(אחים–아힘, 문자적으로는 형제들)이란 17절에서 "내 어미의 아들들"로 나타나는 그의 혈육 형제들이 아니라, 그 용어가 정확하다면 그의 "지파"(משפחה–미슈파하, 참조. 32:1)의 일원들 혹은 좀더 일반적으로 "친척들"이다. 이 절들의 대부분의 언어는 탄식 시편들에서 찾아질 수 있다. 친족이 멀리(רחק–라호크) 있다는 사상에 대해서는 시편 38:12[11](רחוק–라호크); 88:9[8], 19[18], "당신이 내 친구들을 멀리 떼어놓았다"; 잠언 19:7을 보라. 그리고 탄식자가 그의 형제들에게 "외인"인 것에 대해서는 시편 69:9[8]을 보라. 여기서 욥의 "지인들"(ידעים–예다임, 참조. 42:11)은 그에게 외인들(זור–주르)처럼 되었다.

14 친구들과 친척들을 가리키는 이 용어들은 아마도 우리가 이제는 더 이상 접근할 수 없는 정확한 의미들을 가졌을 것이다. 그의 "씨족"(קרובים–크로빔, 문자적으로는 "가까운 이들")은 아마도 13절의 "일가"와 동의어일 것이며(레 21:2-3에서는 그들이 아주 가까운 가족으로 정의되는 것 같다. 참조. 25:25; 민 27:11), "허물 없는 사람들"(מידעים–메유다임, 문자적으로는 "아는 사람들")은 13절의(그리고 참조. 왕하 10:11) "지인들"과 똑같은 의미일 것이다. 이제는 그 고난자로부터 거리를 두고 서 있는 그 "가까운 사람들" 혹은 "아는 사람들"이 시편 38:12[11]; 88:9[8]에서도 발견되며, 반면에 31:12[11]에서는 시인이 자신의 끔찍한 고난 가운데 그를 "아는 이들에게" 공포의 대상이 된다(참조. 또한 시 55:14[13]). 욥 주변에 살던 사람들은 그의 재앙이 시작될 때 그냥 사라져 버림으로써(חדל–하달, "그치다, 중단하다"; 참조. 14:7, 나무의 가지들; 7:16; 10:20, 욥을 혼자 내버려 둠) 그를 "저버렸고", 그들에게 지위와 특권을 부여하는 환대의 빚을 그에게 지고 있었던 자들 즉 거류 타국인들(גר–게르, 여기서는 גרי ביתי–가레 베티, "내 집에 거하는 자들") 역시 마찬가지다. 거류 타국인들은 본토인과 타국인 사이의 중간 위치를 차지했다. 그들은 자신들이 거하는 영토의 사람들과 혈육으로 관계되지 않았

기 때문에 본토인 가운데 영향력 있는 사람의 후원을 필요로 한다(D. Kellermann, *TDOT* 2:439-49[443]를 보라). 그들은 RSV, JB 등이 제안하는 것과 달리 그의 유숙객들이 아니다(31:32은 다르다). 그들은 제도적으로는 그의 가구(בית – 베이트)에 속하지만, 그들에게 할당된 지역에 거주한다(참조. 창 23:4; 출 2:22; 12:19; 20:10; 참조. 또한 욥 18:19에 관한 부분). 이 "클라이언트들" 혹은 "종속인들"(이 용어들은 엄격하게는 "거류 타국인"과 전혀 평행하지 않는다)의 책무는 친구들의 것보다 덜 직접적이지만 구속력이 덜한 것은 아니다.

15 "이제는 상황이 완전히 뒤바뀌어 그 가구에 자신들의 자리를 욥에게 빚지고 있었던 바로 그 사람들이 그를 그 가족의 외인으로 쳐다본다"(그레이). "섬기는 여자들"(אמה – 아마)은 하녀이든 첩이든 여성 노예들 혹은 종들이다(젭센은 아마〈אמה〉를 "얽매인 여자"로 정의했다. A. Jepsen, "Amah und Schiphchah," *VT*[1958] 293-97; 축첩에 대해서는 E. Neufeld, *Ancient Hebrew Marriage Laws*[London: Longman, Green & Co., 1944] 121-29를 보라). 31:13은 아마(אמה)가 에베드(עבד, "종, 노예")의 여성 동의어임을 보여 준다. "외인"(זר – 자르)의 정확한 의미는 그것의 사회적 환경에서 정해져야 한다. 그것[환경]이 가족이든, 국가이든, 제사장 무리이든 혹은 독실한 신자 집단이든 말이다(L. A. Snijders, *TDOT* 4:52-58[57]). 여기서는 분명히 가족에게 외인이다(또한 13, 27절; 15:19을 보라). 그러나 "타국인"(נכרי – 나크리)은 일반적으로 다른 인종에 속하는 사람이다(신 17:15; 삿 19:12; 왕상 11:1; 참조. R. Martin-Achard, *THWAT* 2:66-68). 따라서 "타국인"은 여기서 "외인"을 강조하는 것이다.

16 여기에도 정상 질서의 반전이 있다. 일반적으로 종들은 그들 주인 혹은 여주인의 미세한 암시를 행동으로 옮기기 위해 그들의 몸짓에 주의를 기울여야 하는 것으로 생각된다(시 123:2, "종의 눈이 상전의 손을 살핌같이"). 그러나 욥의 개인적 시중꾼, 즉 종복(עבד – 에베드; 단수형은 그가 특별한 지위를 가지고 있음을 알려 준다. 참조. 창 15:2-3; 24:2; 39:19)은 너무 태만하여 욥은 그의 요구를 매번 말로 해야만 한다("나의 입으로"〈במו־פי – 베모-피〉가 강조 위치에 있다). 그보다 더한 것은, 욥이 그의 종에게 그가 당연히 요구할 권리를 가지고 있는 것을 "간청"(חנן – 하난, 히트파엘)해야 한다. 그런데 이것조차도 효과가 없다. 이는 욥의 성미에 맞지 않다. 그는 자신의 권리들을 고집하는 당당한 사람이기 때문이다. 그는 심지어 자신이 받을 자격이 있는 정의를 하나님에게 청해야 한다는 생각에도(여기처럼 חנן) 화를 냈고, 그리고 거절했다.

그러나 종에게 간청해야 하는 치욕조차도 최악이 아니다. 욥은 사실 그의 종들을 향해 참신하게 평등의 태도를 취한다: "우리가 태어나기 전에 우리를 지으신 분이 한 분이 아니냐?"라는 물음(31:15)은 그의 종들에 대해 공평을 보장하는(31:13) 동기 부여로 사용된다. 욥은 사실 "하급 계층들"에게, 1884년에 "사람 몰락의 그림자는 곧 있으면 높은 지위에 있는 자들의 안색으로부터 종들의 얼굴 위로 던져지며, 거기서는 어떤 고상함이나 기탄 없이 나타난다"라고 말한 그의 주석가 데이빗슨(A. B. Davidson)보다 덜 오만했을지 모른다. 욥을 괴롭게 하는 것은 사회 질서의 전도 자체가 아니라, 그것이 그의 결백에 대해 말하는 바와 그 자신의 개인적 가치에 관해 말하는 바다. 욥에게 최악의 일은 말하고 대답하는 상호 관계, 즉 욥을 둘러싼 사회 관계 망으로부터 생겼고, 욥의 인생의 매 시간에 그의 가치와 그리고 그의 가족과 공동체에 그가 없어서는 안 됨을 드러냈던 인간적인 교류의 상실이다. 7절에서 이미 부상한 "부르고" "대답하는" 이 주제의 중요성에 대해서는 12:4에 관한 부분을 보라. 그리고 5:1; 9:16; 13:22; 14:15; 23:5; 30:20을 참조하라. 한 악카드어 의학 문헌은 우리가 병리적 불안 상태라 부를 한 증상으로서 "끊임없이 명령을 하지만 아무도 따르지 않고, 부르지만 아무도 대답하지 않는다"고 느끼는 한 가장의 상태를 인용한다(E. K. Ritter and J. V. Kinnier Wilson, "Prescription for an Anxiety State: A Study of *BAM* 234," *Anatolian Studies* 30[1980] 23-30). 그러나 욥이 묘사하는 것은 현실이지 단순한 불안이 아니다.

욥의 친구들과 식솔들, 심지어 그의 시종조차 모두 그의 재난의 순간에 신학자들이 되었다. 그들 모두가 그의 고난에서 하나님의 손(가락)을 보았고, 각자 그를 대항하는 하나님 편에 섰다.

17 대부분의 주석가들은 욥이 여기서 아마 그의 병으로 생겼을 그의 입내가 그의 아내를(그리고 분명히 그의 혈육 형제들을) 불쾌하게 하여 물리친다고 불평하고 있다고 확신한다. 만일 이것이 정확한 해석이라면, 그의 가까운 사람들이 불쾌하게 되는 수단이 아니라 그 결과(그들이 그를 버림)가 강조되어야 할 것이다. 왜냐하면 이 연에서 지금까지는 그와 가까운 사람들이 정확히 왜 그와의 관계를 부인하는가에 대한 구체적인 말이 없었기 때문이다. 지금까지는 그로부터 사람들을 소원시킨 것은 그의 고난의 심함으로 드러난 신의 불만의 증거였던 것 같다. 그렇다면 주된 문제를 그의 악취 나는 숨이라고 보는 것은 다소 환상을 깨는 것이 될 것이다. 우리는 이것이 본문이 뜻하는 바인지를 의심할 수 있다. 특별히 루아흐(רוח)를 달콤한 혹은 불쾌한 숨으로 보는 개념에 평행하는 것이 전혀 없기 때문이다.

루히(רוּחִי, 문자적으로는 "나의 영, 생명력, 숨")는 일부 역본들이 제안하는 것처럼 숨이나 그 냄새를 구체적으로 가리키는 것이 아닐 것이다(예를 들어, NEB의 "내 아내에게 내 숨은 악취가 난다", 그리고 거의 역동적 대응 번역인 GNB의 "내 아내는 내 숨의 냄새를 견딜 수 없다"). 예전의 몇몇 주석가들은 루히(רוּחִי)를 네페쉬(נַפְשִׁי, "나의 생명")와, 따라서 "나 자신"과 사실상 같은 것이라고 생각했다(어쩌면 6:4에 있는 루히〈רוּחִי〉와 비교할 수 있겠지만, "나의 영이〈=내가?〉 그들의 독을 마신다", 거기서나 10:12; 17:1에서는 욥의 "생명력, 생기"가 더 맞는 것 같다). 그렇다면 욥은 어떤 물리적 이유에서가 아니라 그의 명백한 죄성 때문에 그의 아내와 형제들에게 "불쾌할" 것이다("불쾌한"은 은유적 표현이 될 것이고). 그러나 오히려 루아흐(רוּחַ)는 그의 가장 가까운 친척들이 혐오감을 느끼는 그의 "인생", 즉 계속되는 그의 존재로 해석해야 한다. 왜냐하면 그가 살아 있는 한 그들은 그와의 연고로 인한 죄를 겪어야 할 것이기 때문이다. 만일 조금 아는 사람들은 욥을 그저 저버렸을 뿐인데, 그의 아내 형제들은 그가 죽기를 바란다면 이 절들의 긴장은 적절히 고조시킬 것이다. 우리는 그의 아내의 "하나님을 저주하고 죽어라"는 말(2:9)이 전적으로 이타적인 것이었다고 생각할 필요는 없다.

"자살에 관한 논쟁"으로 알려진 이집트 문헌("A Dispute over Suicide," *ANET*, 405-7)의 몇 구절과 하나의 비교를 해볼 수 있을 것이다. 죽음을 거부하는 그의 영혼에게 전하면서, 자살하려는 그 사람이 그가 만일 그 영혼의 조언을 따르면 그의 "이름이 악취를 풍길 것이다"라고 말한다 – 새똥의 악취보다 심하고, 태양이 뜨거운 고기잡이 날 생선을 다루는 사람보다 더하고, 악어의 고약한 냄새보다 더하며, 거짓 간통 고발이 가해진 유부녀보다 더 심하고, 그 아비의 저의 자식이라 소문난 소년보다 더하다(행 87-104). 따라서 존재의 계속은 역겨운 냄새라 말해진다.

욥의 "형제들"은 글자 그대로 하면 "나의 배의 아들들"이다(בֶּטֶן – 베텐, "자궁"이 더 흔함, 그러나 신 28:53; 시 143:11; 믹 6:7에서는 아비에 대해서 사용됨). 많은 이들은 프롤로그에서 욥의 아들들은 모두 죽었다는 문제를 가볍게 쓸어 버리면서 그 어구가 "내 자신의 아들들"을 의미한다고 주장했다(NJPS; 참조. 고디스). 도름은 "그가 과장법을 사용하고 있기 때문에 시인은 이 언급을 프롤로그와 조화시키려고 애쓰지 않는다"라고 기록한다(비슷하게 덤, 포프, 하벨). 그러나 이 책의 어느 곳에도 시인 편에서의 평행 착오가 없다. 친구들은 그들의 수사학이 그들을 욥의 경험의 현실들과 모순되는 생각 없는 일반 진술들로 끌고 가도록 허락될지 모르나(예를 들어, 5:25; 8:7; 18:19), 욥 자신은 특별히 29장에서 그의 과거를 상술할 때 완전히 부당한 언급들은 그의 입에 담지 않을 것이다(그리고 그의 자녀들의 죽음은 다이얼로그에서 언급**된다**. 8:4; 참조. 29:5). 어떤 이들은 비록 이 책에는 첩들에 대한 직접적 언급이 전혀 없지만(그러나 참조. 15절에 관한 부분), 첩들의 자식들을 뜻하는 것이라고 생각했다. 손자들은 더욱 아닐 것은, 1장에서 욥의 자녀들은 결혼하지 않은 것 같기 때문이다. 또 베텐(בטן)을 동족 아랍어 *baṭn*("씨족")으로부터 이해해야 한다는 제안(벳츠타인; W. 로버슨 스미스, *Kinship and Marriage in Early Arabia*[new ed.; ed. S. A. Cook; London: A. and C. Black, 1903] 34; 횔셔, 드 빌드)은 히브리어 평행어의 결핍으로 실패한다. 그 히브리어가 3인칭 접미사를 가지고 "**그녀의** 자궁"을 뜻한다는 생각에는 가능성이 전혀 없다(M. Dahood, *Or* 32[1963] 498-500; *Psalms I*, 11; 블롬머드). 가장 좋은 해결책은 분명히 "나의 자궁의 아들들"을 욥과 같은 자궁에서 태어난 아들들, 즉 그의 씨 다른 형제들로 보는 것이다(피크, 드라이버-그레이, 포어러, 로울리가 그렇다; 다른 곳에서는 그것이 "나의 형제[들], 내 어미의 아들[들]"로 구체적으로 말해진다〈창 43:29; 삿 8:19〉).

18 이 절은 17절로 그 절정에 이른 연속에 매달린 부속 절이다. 감정적, 물리적으로 매우 가까운 사람들에 의해 거부당하는 것은 그가 경험하는 소외 전체에서 가장 잔인한 부분이다. "보통 아직은 사회적 편견이 없는"(하벨), 그러나 그 잔인성이 괴로울 정도로 노골적인 아이들조차도 본능적으로 그리고 응보 교리가 어른들에게 제공하는 정당화의 구실 없이 그를 거부한다는 것은 그가 인간의 동정으로부터 정말로 소외되었음을 통감시키는 데 이바지할 뿐이다. 그 아이들(עויילים – 아빌림, 여기와 21:11에서만)이 길거리 아이들인지(하벨) 혹은 욥 자신의 가계의 어린이들인지는 알기가 어렵다. 그들이 그를 "멸시하는"(RSV, NEB) 혹은 그를 "경멸하는"(NJPS) 것을 그는 견딜 수 없다(원문은 can stand로 긍정문, 그러나 문맥상으로는 cannot stand, 따라서 저자의 실수로 여기고 부정문으로 번역함 – 역자주). 그가 지금 마주치는 어린 인간의 "거부"(מאס – 마아쓰스)와 비교하면, "그의 군대를 거느린 왕으로 있었던" 때에 무가치하게 여겨지는 것의 치욕(29:25)은 아무것도 아니다. 욥기 전체에서 마아쓰(מאס)의 보다 강한 의미에 대해서는 5:17, "전능자의 징계를 거절하지 말라"; 7:16, "나는 [나의 인생]을 거부했다"; 8:20; 9:21; 10:3을 참조하라.

욥은 언제 "일어나는가"(קום – 쿰)? 30:28에서는 사람들이 모인 곳에서 도움을 요청하려 일어서고, 1:20에서는 그가 사자들로부터 소식을 들었던 앉은 자세로부터 일어나며, 7:4에서는 잠에서 일어선다. 여기서는 그것이 다가가 말을 걸기 위해 앉은 자세로부터 일어서는 것이라면 의미가 가장 잘 통한다. 아이들이 "그가 일어나 절름거리며 걸어가려고 할 때 그가 만드는 우스꽝스러운 꼴을 보고 웃는 것"(피크; 참조. 그레이, 포어러, 바이저)은 아니다. 그것은 본질적으로 심리적인 묘사인 것을 지나치게 구체화한 것이다.

만일 여기서 취해진 문헌학적 판단, 즉 아이들이 그에게 "욕을 한다"(RSV), 그를 "비웃는다"(NIV) 혹은 "항상 조롱의 준비가 되어 있다"(JB) 등이 아니라 욥에게 "등을 돌린다"는 것이 옳다면, 욥이 전달하는 지배적인 인상은 그를 둘러싸고 있는 침묵에 대한 것이다. 예전에 그가 성문으로 나갈 때 젊은이들의 말없는 물러섬(29:7)은 환영하는 존경의 표시였다. 왜냐하면 그것은 다만 풍성한 말의 교환(29:11-13)의 전조였기 때문이다. 이제 아이들의 침묵은 존경이 아니라 다만 그의 따돌림을 의미할 뿐이다.

19 거부에 관한 목록이 요약하는 행, 요약 평가로 끝난다. 그의 "허물 없이 가까운 사람들"("내 의회의 사람들")과 "사랑하는 이들"은 아마도 대충 우리가 "친구들과 친척들"로 보는 그룹과 동일할 것이다(참조. 13-14절, 일가와 씨족이 지인과 가까운 사람들과 구별되는 것으로 나옴; 그리고 참조. 에 5:10; 6:13). 누구의 "의회"(סוד – 쏘드)란 "터놓고 말하고 서로 비밀을 교환하는 무리 혹은 집단"이다(드라이버). 참조. 예레미야 6:11; 15:17; 시편 89:8[7]; 111:1; 그리고 55:14-15[13-14], 거기서 쏘드(סוד)는 주고받은 "조언".

20 이 유명한 난문은 이 책 전체 가운데 가장 문제가 되는 절들 가운데 하나다. 첫 번째 난점은, 동료 인간들로부터 고립된 것에 대해 일곱 절이나 말한 후에 욥이 갑자기 자기의 육체적 고통에 대해 걱정하는 것이 이상하다는 것이다(이 연설 전체의 어디에서도 그렇지 않은데; 참조. 17절에 관한 부분). 두 번째로, 그의 뼈가 "그의 살에 붙어 있다"고 불평하는 것이 묘하다. 왜냐하면 해부학적으로는 그것이 매우 만족스런 상황 같기 때문이다. 세 번째로 이 절의 첫 번째 절반이 너무 긴 것 같다(보통의 세 개가 아니라 네 개의 강조 단어들). 넷째로, 그가 "달아났다"(מלט – 말라트, 히트파엘)라고 말하는 것이 이상한데, 그것은 그가 자신의 경험이었다고 주장할 가능성이 가장 적은 것 같기 때문이다.

더욱이 이 문장에는 약간의 전통성과 속담 언어가 있다. 뼈(עצמי – 아츠미)가 살(בשרי – 브사리)에 붙는(דבק – 다바크) 것에 대해서는 같은 단어들이 나타나는 시편 103:6[5]과 비교해야 한다. 평행하는 본문이 없는 "내 이빨의 피부"에 대해서는 이는 피부로 덮이지 않는 몸(손톱, 발톱 빼고)의 한 부분이라는 것을 알아야 한다. 그래서 우리는 여기에 속담 같은 반어적 표현을 가지고 있는 것이 아닌지를 생각해 볼 수 있다.

이 절의 첫 번째 절반 부분에서 중요한 단어는 다바크(דבק, "붙다, 부착하다")다. 그것은 절대로 두 물건이 서로 결합하는 것을 뜻하지 않고 항상 **하나**가 **다른 것**에 달라붙거나 매달리는 것, 혹은 다른 것에 즉 약한 것이 강한 것에 혹은 덜 중요한 것이 더 중요한 것에 의존하는 것을 뜻한다. 따라서 허리 두름 천이 허리에(렘 13:11), 작은 고기가 용 비늘에(겔 29:4), 문둥병이 게하시에게(왕하 5:27), 역병, 질병 혹은 기근이 불순종하는 자들에게(신 28:21, 60; 렘 42:16), 점이 손에(욥 31:7), 악행자의 행위가 시편 시인에게(시 101:3), 룻이 나오미에게(룻 1:14) 혹은 보아스의 여종들에게(2:8, 21, 23), 이스라엘이 야훼에게(신 10:20; 11:22; 13:5[4]; 30:20; 수 22:5; 23:8), 히스기야가 야훼에게(왕하 18:6), 혀가 구개에(욥 29:10; 시 22:16[15][턱?]; 137:6; 애 4:4; 겔 3:26), 세겜의 **네페쉬**가 디나에게(창 34:3), 솔로몬이 그의 이방 아내들에게(왕상 11:2) 그리고 남자가 그의 아내에게(창 2:24, 이 보편 규칙에는 예외가 없다!) "달라붙는다". 가능한 예외들은 악어의 살 주름들이 그저 "달라붙는"(דבקו - 다베쿠, 표현된 목적어가 없다) 41:15[23], 비슷하게 그의 등을 구성하는 방패 줄이 달라붙는 41:9[17](그러나 이것은 수동형〈푸알〉) 그리고 땅 덩어리들이 달라붙는 38:38(역시 푸알) 등이다. 그러나 그 개념은 당연히 "서로에게 [의존적으로] 달라붙다"일 수 있을 것이다. 다바크(דבק)의 의미에 대한 흥미로운 단어 유희가 사무엘하 23:10에서 행해지는데, 거기서 용사 엘르아살이 "그의 손이 지쳐 칼에 붙기까지" 블레셋 사람을 계속 친다. 보통은 손이 칼에가 아니라, 칼이 사람 손에 "붙지만", 그 용사의 광적인 혹은 초자연적으로 고조된 상태에서는 손이 칼에 붙은 것으로 생각될 수 있다!

여기 우리 본문에도 똑같은 종류의 정상 전도가 있다. 건강한 몸에서는 살과 피부가 몸의 골격인 뼈에 "붙거나" 혹은 매달린다. 그러나 뼈가 약하고, 활기가 없고, 병들고, 썩으면 살과 피부가 뼈를 지탱하는데, 마치 사람 몸이 테오도르 뢰쓰케(Theodore Roethke)의 "몸매가 참 아름다운 여자"와 아주 달리 정해진 형체 없는 고기 덩어리가 된 것과 같다. 따라서 욥의 불평은 "나의 뼈가 내 살과 내 피부에 붙는다"는 것이다(עצמי - 아츠미는 2:5; 창 29:14; 애 4:7에서처럼 집합명사다). (나의 해석이 E. W. Hengstenberg, *The Book of Psalms*[Edinburgh: T. & T. Clark, 1853] 3:216 on Ps 102:6[5]에서 한 문장으로 제시되었다: "뼈의 약함과 쇠함의 상태가 분명하게 묘사되는데, 그것은 심한 아픔과 장기간의 고통으로 초래되고, 그 때 그것들은 힘과 강인한 이동력을 잃고…살에 달라붙고 매달린다". 나는 욥의 텍스트에 대해 내 앞에 딜만과 그리고 부분적으로 피터스가 있었다고 본다). BDB는 다바크(דבק)는 항목에 항상 "달라붙다, 부착하다, 가까이 있다" 같은 단어들만 사용하지, 여기서 소개된 **의존** 개념은 없다. KB와 KB^3에서의 "…에 매달리다"(hangen an)와 같은 독일 번역들은 의존 개념을 제시할지 모르지만, 반드시 그렇지는 않다(G. Wallis, *TDOT* 3:79-84, 그리고 E. Jenni, *THWAT* 2:431-32는 그런 개념을 제시하지 않는다). "썩은" 혹은 "부패한"(רקב – 라케브) 뼈 개념은 잠언 12:4; 14:30; 하박국 3:16에서 입증된다. 시편 31:11[10]에서는 시인의 뼈들이 "쇠하여지고"(עשש – 아쉐쉬), 32:3에서는 "닳아빠진다"(בלה – 발라). 그 반대는 뼈가 "강해지는" 것(사 58:11, חלץ – 할라츠) 혹은 "풀처럼 무성해지는(פרח – 파라흐) 것"이다(사 66:14).

사람 몸을 지탱할 수 없고 오히려 살보다 더 약한 이 썩은 뼈 이미지는 살과 뼈에 대한 다른 이미지들과 많이 다르다. 그것은 고난자가 불쑥 나온(33:21) 자기 뼈들을 셀 수 있는(시 22:18[17]) 피골의 상접함이라기보다는 활력 쇠퇴의 이미지다. 굶주린 유목민들의 가슴뼈들을 보여 주는 이집트 사카라(Saqqara)에서 출토된 석회 부조를 비교해 보라. *ANEP*, pl. 102; O. Keel, *The Symbolism of the Biblical World*(New York: Seabury, 1978), fig. 88. 참조. 또한 바빌로니아의 "나는 지혜의 주를 찬양하리라"(*Ludlul bēl nēmeqi* 2. 93)에 나오는 고난자의 자기 묘사인 "내 뼈들이 분리된 것 같고[람버트: "흩어졌다"] [다만] 내 피부로 덮여 있다"(*ANET*, 598a; W. G. Lambert, *Babylonian Wisdom Literature*[Oxford: Clarendon, 1960] 44-45), 혹은 피부가 뼈 위에서 오그라든다고 하는 예레미야애가 4:8; 피골의 상접함의 "수척함"에 대해서는 욥기 16:8; 시편 109:24을 참조하라. 또 다른 것은 뼈들이 "태워진다"는 표상으로(열로, 욥 30:30; 화로처럼, 시 102:4[3]; 위에서 내려온 불로, 애 1:13; 그들 안에 닫힌 불로, 렘 20:9), 이는 아마도 발열보다는 통증의 표상이다. 또다시 다른 것은 뼈들이 "마른다"는 생각으로(겔 37:11; 그리고 참조. "마른 뼈"에 관한 그 장 전체), 이는 "원기 왕성하고"(욥 20:11), 그들의 골수가 촉촉하고(21:24), 그런 면에서 그들의 뼈가 "윤택하고"(잠 15:30) 따라서 건강한 상태와 구별된다.

"뼈들"과 연관된 은유 망에 대한 이 개관은 우리로 하여금 모든 주석가들에 반대하여 욥은 여기서 어느 특정한 물리적 질병을 언급하고 있는 것이 아니라고 제안할 수 있게 한다. 그러한 것은 글자 그대로는 거의 취할 수 없는 "내 이빨의 피부"라는 표현과 병치되어 있는 사실로부터 이미 분명했어야 한다. 우리는 신체에 관한 언어가 정신 상태에 대한 은유적 표현인 여러 곳을 이미 알아보았다. 가령, 16:16에서 그의 얼굴이 울어서 문자 그대로 붉어졌음을 뜻한다고 믿는 이들이 많지만, 16:13이 욥이 쓸개 파열로 고생한 것을 뜻한다고 생각하는 사람은 아무도 없다. 우리는 그러한 언어는 주로 심리적 현실의 은유적 언어라고 주장했는데, 여기서도 동일하게 주장될 수 있을 것이다. 그의 뼈들의 쇠약해짐은 그의 질병의 물리적 증상이 아니라 이 시의 다른 많은 곳에서 부상했던 약함과 쇠함에 대한 저항할 수 없는 느낌의 표현이다(6:12-13; 13:25, 28; 16:7-8; 17:7).

이것은 현재 절이 앞선 절들과 어떻게 연결되는지를 설명한다. 그의 친구들과 친척들의 부재 그리고 인간 친밀성의 박탈은 그의 질병의 어떤 재발을 야기한 것이 아니라 그의 정신을 약화시키고 그의 기력을 고갈시켰다. 정신적인 고립감이 골격의 내면적 구조 손상으로 경험되었다. 우리의 표현으로 하자면, 그는 "무더기로 몰락했다". 아마도 놀랍지 않게 살에 달라붙은 뼈를 가진 시편 102:6[5]의 시인은 욥과 똑같은 버림의 경험을 가졌을 것이다. 그는 사막의 올빼미 같고 용마루 위에 외로운 참새 한 마리 같다(7-8[6-7] NAB). 이 비교는 그 언어가 일반적인 것이고, 욥의 특정한 물리적 고통을 표현하기 위해 새롭게 만들어진 것이 아님을 보여 준다.

위의 해석은 이 "주석" 시작 부분에서 언급된 세 가지 난점을 해결한다. 첫째로, 버림의 주제에서 그의 질병의 주제로의 갑작스런 단절은 없다. 20절은 버림받는 경험에 대한 그의 신체적이 아닌 **심리적** 반응이다. 둘째로, "달라붙다"라는 동사의 문제가 해결되었다. 셋째로, 이 절 첫 번째 절반이 길다는 문제는 처리될 수 있다. 다른 어느 것과 다르게, 현재의 해석은 "살"과 "피부"(혹은 가죽) 모두 한 의미로 본다. 왜냐하면 뼈가 "살"로 지탱되든 혹은 "피부"로 지탱되든 본질적으로 같은 표상이기 때문이다. 그렇다고 두 명사가 모두 시인의 텍스트에 속했다고 말하는 것은 아니지만, 그것이 왜 원래는 그 중 하나만 있었는데 또 하나가 그 행에 추가되었는지를 설명해 준다. 평행 본문인 시편 102:6[5]에서 사용된 것이 "피부"가 아니라 "살"이기 때문에, "피부"는 아마도 여기서 삭제되어야 하는 단어다.

남은 난점들은 "모면"과 "내 이빨의 가죽으로"이다. 욥이 그로부터 "모면한"(מלט - 말라트, 히트파엘) 유일한 것은 그가 아직 당하지 않은 것, 즉 죽음뿐이다. 만일 그 표현이 미미하게라도 "내 뼈가 내 가죽과 살에 붙어 있다"는 표현과 유사한 의미, 즉 그는 기력을 빼앗겼다고 느낀다는 의미를 가진다면, "모면"은 전혀 가질 가치가 없다는 것을, 그것은 진짜 모면이 전혀 아님을(진짜이지만 간신히 한 모면을 가리키는 흔한 영어 용법과는 다르게) 뜻함이 분명하다. 욥은 죽음에서는 살아 남았지만 그가 죽은 것이나 마찬가지 상태에 있음을 말한다. 따라서 그 "모면"은 반어적이고, 그것이 전혀 벗어남이 아닌 것은 피로스의 승리(Pyrrhic victory, 승리를 무색케 할 만큼 희생이나 대가가 큰 승리)가 승리가 아닌 것과 같다. "나는 모든 것을 잃었지만, 살아서 벗어났다"(테리앙)가 아니라, 오히려 "내가 이룬 유일한 탈출은 모든 것을 잃었다는 것이다." 그의 이빨의 가죽과 "함께"("…로써"가 아님, RSV, NIV) 구출될 때, 그는 이미 산 채로 가죽이 벗겨졌고, 그의 몸의 피부가 제거된 상태이기 때문에, 그에게 남아 있는 가죽이라고는 그의 이빨의 가죽뿐이다(물론 잔젠도 알아채듯이 그것도 존재하는 것이 아니다). 이 이미지는 미가 3:3에서 도살자들처럼 백성의 몸에서 가죽을 "벗기거나"(פשט – 파샤트) "찢어내는"(גזל – 가잘) 포악한 통치자들에게 사용된다(위클리프는 이렇게 표현한다. "Thus, as god seiþ of tyrau*nt*is, þei taken here skyn fro þe bak, & eten & drynkyn men*nus* blood"〈따라서 하나님이 폭군들에 대해 말했듯이, 그들은 그 등에서 가죽을 벗기고, 먹고, 인간들의 피를 마셨다〉, Of Prelates, chap. 9, *The English Works of Wyclif*[London: Trübner and Co., 1880] 73). 영어에서 "산 채로 (혹은 빨리) 가죽을 벗기는" 것은 피부를 손상시켜 벗겨낼 수 있도록 두들겨 패는 형벌이지만(Leyland, c. 1205에서 제일 처음으로 확인됨) 여기서는 아마도 들짐승, 도살자, 요리사 모두가 가죽 벗기기 은유에 기여하는 미가 3:2-3의 것이 더 맞는 것 같다. 욥의 존재는 산 송장인데, 현재 문맥의 상황에서는 물론 그의 물리적 고통 때문이 아니라 버림받았다는 그의 느낌 때문이다. 이 절에 대한 다른 해석들은 "원문주해" 19:20.a.에 열거되어 있다.

21-22 여기서는 현저하게 새로운 어조가 들리면서, 욥이 친구들에게 자기를 "불쌍히 여기라"(חנן – 하난)고 요구하는데, 이는 "우리가 앞에서 듣지 못한 어투"다(델리취). 그는 이전에 한 번도 그들의 연민을 요구하지 않았다. 그가 갑자기 애원의 분위기로 빠지고 그것도 단지 두 절에서만 그렇고, 그 다음에 바로 우리가 지금까지 들었던 것처럼 친구들에게 하는 공격적인 말이 따르는 것(28-29절)은 참으로 놀랍다(6:28-29은 그런 호소가 아니다. "주석"을 보라). 왜냐하면 그는 사실상 그들의 배반(6:15), 그들의 냉담(6:27), 그들의 우둔(12:2-3; 13:2), 그들의 무익(13:4), 그들의 거짓(13:7), 그들의 편파(13:7-9), 그들의 고문(16:2) 그리고 그를 멸하려는 그들의 시도(19:2) 등에 대해서 그들을 심하게 비난했기 때문에, 만일 그가 친구들을 설복시키고 사람들의 마음을 움직이려고 했다면 모든 일을 완전히

잘못한 것일 것이기 때문이다.

이 분위기 전환을 대부분의 학자들이 어떻게 보는지를 그레이의 평이 대표한다: "하나님에 의해 무자비하게 공격당하고 다른 사람들에 의해, 심지어 그에게 가장 가까운 사람들에 의해서도 버림받은 욥은 어떤 도움을 간절히 바라는 가운데 다른 이들과는 달리 적어도 물리적으로 아직 그에게 가까이 있는 세 친구의 동정에 호소한다: 그 순간 동안은 논쟁에 관한 모든 생각이 버려진다. 그는 더 이상 그들을 납득시키려 하거나 혹은 그들에게 공정하라고 요구하지 않는다. 그는 그들에게 **인정을 베풀라**고 부탁한다." 이것은 욥과 너무 성격이 맞지 않는 것 같아 우리의 첫 반응은 이 말들이 도대체 대화하는 그 세 친구에게 전달될 수 있는지 의아해할 정도다. 13절에서부터 앞선 절들은 모든 부류의 친구와 친척에 의한 그의 거부를 묘사했다. 따라서 여기서 그가 자신을 그들의 친밀함으로 회복시켜 달라고 **그들에게** 간청하는 것으로 보는 것은 언뜻 보면 그럴듯하다(참조. 17:10, "너희"가 그 세 친구를 가리키지 않는 또 다른 곳). 그러나 사실 그것은 13-19절에 나오는 지인들일 리가 없다. 왜냐하면 그들은 "학대"(רדף – 라다프)라 불릴 수 있는 어떤 일도 하지 않았기 때문이다. 학대자들과 그들의 희생자들 사이에는 일종의 결부가 있지만, 욥은 그의 지인들로부터 그 같은 관계를 경험한 것이 아니라 오히려 말없는 배척을 경험한 것이다. 더욱이 "학대"는 28절에서 명시적으로 세 친구에게 돌려진다 – 오로지 그들일 수만 있다. 이 세 사람은 레임(רעים, "친구들")이라 불리는데, 이는 13-19절에서 그의 다른 지인들과 친척들에게 사용되지 않는 용어로, 2:11; 32:3; 35:4; 42:7, 10에서 그의 세 대화자들에 대해 사용된다(그러나 다시 말하면, 다만 산문에서 그리고 엘리후의 연설에서 한 번이다).

그가 말을 건네고 있는 것이 그의 대화 참여자들이라고 한다면, 욥은 무엇을 말하는 것인가? 하벨은 본인 외에 "동정"에 대한 욥의 외침을 그 표면적 의미로 취할 수 없다고 느끼는 유일한 주석가다. 그는 욥의 말들을 반어적으로 본다: "친구들에게 불쌍히 여겨 달라고 하는 욥의 호소는 날카롭게 냉소적인 가시다…욥은 조롱하는 투로 그들의 동정을 구걸한다." 동정을 요구하는 그의 호소의 이유를 "엘로하의 손이 나를 쳤다"는 사실로 만드는 데는 정말 반어적인 어떤 것이 있다. 왜냐하면 그 친구들이 그들의 동정을 억제하는 것에 정당함을 느끼는 이유가 정확히 그들은 하나님을 욥의 고난의 기원으로 간주하기 때문이다. 그러나 그것은 동정에의 호소 그 자체가 반어적이라는 말은 아니다. 우선적으로 "자비를 베풀라, 불쌍히 여기라"는 말은 듣는 사람 편에서 동정과 연민의 분위기를 보이라는 요구가 아니라 객관적인 자비 혹은 호의 행위에 대한 요구라는 것을 인정해야 한다(참조. 창 33:5; 삼하 12:22; 시 102:14[13]; 119:29의 חנן – 하난). 욥이 여기서 그의 친구들에게 의로운 사람이라는 그의 자기 평가를 받아 주는 호의를 베풀어 달라고 요구하고 있는 것일 리는 없다(포어러는 이에 반대다). 물론 그것이 그의 궁극적 목표이기는 하지만 말이다. 그가 지금 그들에게 요구할 수 있는 가장 큰 호의는 계속 말을 함으로써 그를 괴롭히거나 학대하는 일을 그만두는 것이다(H. J. Stoebe, *THWAT* 1:592도 그렇게 본다). 그는 그들의 동정보다는 그들의 침묵을 원한다. 동사의 반복은 정말로 그의 영혼의 격통에 대한 묘사다(덤). 참조. 시편 123:3에 똑같은 동사가 반복되며, 하나님에게 말해짐. 그리고 그가 하나님에게 자비를 구하는 생각을 버린 상황에서(9:14) 그의 친구들에게 하는 연설에서 이 표현을 사용하는 데는 신랄한 무언가가 있다: 그렇게 했으면 정의에 대한 그의 주장을 포기한 것일 테고, 압도적인 하나님의 능력에 부딪혀 그의 온전함을 저버린 것일 테다. 그러나 그의 종이 정상적인 인간적 반응에 대한 그의 요구를(또다시 חנן) 들어주었으면 그가 고마워했을 것처럼(16절), 그의 친구들로부터 오는 아주 작은 호의에도 고마워할 것이다. 그래도, 즉 그들이 말로 그를 학대하기를 멈춘다 할지라도, 그의 주된 고난은 치료되지 않고 남아 있을 것이다: 그는 아직도 냉혹하게 광포한 하나님의 폭력을 당하고 있다. 불쌍히 여겨 달라는 그 외침을 이렇게 이해하면 21-22절이 이 연설의 첫 부분(2-3절)과 연결된다. 그것은 또 엘로하의 손이 자기를 "친"(נגע – 나가, 1:11, 19; 2:5; 4:5; 5:19에서처럼; 그것은 물론 단순한 "접촉"이 아님〈RSV, NEB처럼〉) 것이 왜 그의 호소의 이유가 되는지도 설명해 주며, 그리고 그것은 어떤 사람이라도 욥이 더 고생하게 할 필요가 전혀 없음을 뜻한다. "하나님의 손"은 그분의 능력을 의미한다(참조. 악카드어 표현 *qāt ili*, "하나님의 손", 질병을 가리킴). 그리고 참조. 시 32:4; 39:11[10]; 삼상 5:6; 6:3, 5, 모두 병과 관련됨(참조. A. S. van der Woude, *THWAT* 1:671). 파괴적이고 무시무시한 것으로서의 하나님의 손에 대해서는 6:9; 10:7; 13:21 참조.

악한 자들에 의한 의인의 핍박(רדף – 라다프)은 시편에 흔한 주제로, 때로는 언어 폭력을, 때로는 물리적 공격을 의미한다(시 7:2[1], 6[5]; 31:16[15]; 35:3; 69:27[26]; 71:11; 109:16; 119:84, 86, 157, 161; 142:7[6]; 143:3; 참조. 렘 15:15; 17:18; 20:11). 여기서 우리는 그 양식성에서 두 걸음 물러나 있다. 왜냐하면 박해자의 역할이 먼저 하나님에게로(그분이 침략자로 행하는 13:25에서처럼) 그리고 두 번째로는 잔인한 하나님의 모방자들이 된 그 친구들에게로 옮겨졌기 때문이다(그들은 포어러가 생각하는 것과 달리 사신들로 묘사되지 않음). 그들은 자기들로서는 "있는 그대로를 말함"으로써 자기들이 복수자의 역할을 하고 있다고 믿는데, 마치 그의 원수들을 그의 광풍으로 쫓는 하나님 같고(시 83:16[15]) 혹은 의인의 원수들을 어둡고 미끄러운 길로 몰아내는 주의 천사 같다(시 35:6). 그들은 "괴롭힌다"라는 단어를 거부하지는 않을 것이지만(28절 보라), 그들이 자신들을 부끄러워할지 그렇지 않을지(참조. 3절)는 욥의 결백의 문제에 달려 있다. 그는 그들이 하나님의 일을 떠맡아 신의 재판 권한을 불법 행사한다거나(델리취), 혹은 그들이 자신들을 거의 신으로 생각하는 그 순간에 그들은 괴물들이 된다(테리앙)고 말하는 것은 아닌 것 같다.

"너희는 내 살로 결코 만족하지 않을 것이냐?"(JB)라는 마지막 절은 단지 동물을 게걸스럽게 먹는 야수들을 가리키는 은유들일 수 있으나(고디스, 포프), 동물들은 "괴롭히지" 않기 때문에 다른 은유적 의미가 첨가된다고 보는 것이 더 그럴듯하다. 악카드어와 아랍어에서 누군가의 "부분을 먹다"라는 표현은 참소하다 혹은 비난하다를 의미할 수 있다(참조. G. Gerleman, *THWAT* 1:140). 다니엘 3:8; 6:25[24]에는 그러한 의미의 성경 아람어로 사용된 "…의 조각들(קרציהון – 카르체온)을 먹다"는 표현이 있고, 시편 27:2의 "…의 살을 먹다"는 "비방하다"를 의미할 수 있다(RSV가 그렇다. 그리고 참조. NJPS, BDB와 KB^{3}는 이런 의미를 인정하지 않는다). 전도서 4:5은 더 어렵다. 이것이 현재 문맥에 더할 나위 없이 잘 맞는 것은, 그가 견딜 수 없는 것은 친구들이 끊임없이 자신을 죄인으로 비난하는 것이고, 그 면에서 그들은 하나님처럼 행하고 있는 것이기 때문이다. 히브리어의 글자 그대로 말해 "[그의] 살로 만족하지" 않는다는 것은 그들이 그의 죄를 강력히 주장하는 것을 멈출 수 없다는 것을 뜻한다 – 이것이 21절에 나오는 자비 호소의 정확한 취지이며, 2-3절의 그의 질책들에서 최우선적인 이슈다. 게걸스럽게 먹힘에 대한 더 구체적인 이미지가 또 올 것임은 두말할 필요가 없다. 이 장에서 "살" 모티프를 찾아내는 것(하벨처럼)은 지나치다. 왜냐하면 "살"은 20, 22, 26절들에서 매우 상이한 것들을 의미하기 때문이다.

23-**27** 욥의 불가능한 소망이란 그의 결백 증언이 그의 죽음을 지나 지속될 어떤 영구적인 매개체에 새겨질 수 있기를 바라는 소망이다. 왜냐하면 그는 죽기 전에 옳다고 선언될 희망을 갖고 있지 않고, 그의 항의가 하늘 의사록에 기록되어 있다고는 믿지만 그것은 단지 은유로만 깊게 남아 있기 때문이다. 만일 그의 말이 땅에 불멸로 보존된다는 것을 알면 그는 그의 사건이 언젠가는 판결될 것이라고 훨씬 더

확신할 수 있을 것이다.

욥의 자기 증언이 기록되어야 하는 것은 누가 보기 위함인가? 후손을 위함은 아니며, 아마 전혀 아닐 것이다—그렇게 보면 마치 그의 친구들의 중상에도 불구하고 나중 세대가 그의 결백함을 인정할 것이라는 소망을 그가 가지고 있기라도 한 것 같다(포어러, 테리앙 등은 이에 반대다). 그의 결백에 대한 하나님의 선언이 없으면 인간의 평가는 아무런 가치가 없기 때문에 욥이 그 보증을 열망하는 대상은 오직 한 사람이다. 여기서 욥의 생각은 비상하고 유래 없는 믿음의 도약이 아니다. 그의 입장은 그의 이전 연설에서와 다르지 않다: 거기서는 그가 지금도 그의 결백 증언이 그의 증인으로 그리고 변호인으로 하늘에 있다고 말했다(16:19). 결백 선언을 향한 그의 부르짖음이 그의 대변인이며, 그는 잠 못 이루는 고대함으로써 하나님의 대답을 기다린다(16:20). 그러나 그는 죽기 전에 옳다고 선언될 것으로 기대하지 않으며, 따라서 땅에게 하나님의 손에 의한 자신의 죽음이 보복되지 않고 지나가도록 허용하지 말고 오히려 그의 피가 그의 결백 선언을 위해 계속 부르짖을 수 있도록 해 달라고 요구했다(16:18). 그런데 여기서도 그렇다: 그의 결백 선언이 그의 변호인으로 하늘에 "살아 있으며"(25a절구), 그의 간절한 열망(27c절구)은 그가 아직 살아 있을 때(26b-27) 그의 사건을 재판하기 위해서 하나님이 법정 안으로 들어가시는 것을 "보는" 것이다. 그러나 솔직히 말하면, 그는 죽기 전에 명예가 회복될 것이라고 기대하지 않으며, 따라서 그가 "결국에는" 결백하다고 판결될 것이라고 확신함에도 불구하고(26절) 자신의 사건 기록이 영구적인 서류에 적히기를 바라는 소망을 표현한다(23-24절). 그가 여기서 상상하는 기록된 말들은 16:18에서 그의 살인 사건을 숨기기를 거부하는 땅의 것과 비슷한 기능을 할 것이다. 땅과 비문은 똑같이 그의 사건을 사라지지 않게 지킬 것이다.

그러므로 이 연에서 중심은 23-24절의 불가능한 소원이 아니고, 그의 죽음 이후에일지라도 결국은 그가 옳다고 선언될 것이라는 확신도 아니며, 다만 "[그의] 살로부터" 즉 그가 아직 살아 있는 동안에 욥이 전적으로 옳다는 선언으로 끝날 법적 논쟁의 두 당사자로 하나님을 마주 대할 것이라는 반복된 열망이다.

23 그의 사건 기록이 그보다 오래 살아 남기 바라는 욥의 소망은 "오…했으면?"으로 시작하는 모든 소원들처럼(מִי־יִתֵּן–미-이텐, 문자적으로는 "누가…해줄까?": Cox, 33-35를 보라) 불가능한 소망이다. 그것은 6:8-9에서는 그의 존재의 무익함의 표시로서 하나님이 자신을 죽여 주시기를, 13:5에서는 그의 친구들이 잠잠해지기를, 14:13에서는 하나님의 진노가 지나갈 때까지 하나님이 자신을 스올에 감추어

주시기를, 23:3에서는 하나님과 개인적으로 자신의 사건을 논할 수 있도록 하나님이 계신 곳을 발견할 수 있기를, 29:2에서는 그가 “지나간 시절인” 예전의 삶으로 되돌아갈 수 있기를, 31:35에서는 응답할 수 있는 법적 상대자를 갖기를 바라는 소망들을 이끌었다(14:4과 31:31은 다르다. 그 표현은 이 책의 다른 곳에서는 11:5에서 소발에 의해서만 사용된다). 물론 그의 말들이 “기록되는” 것은 불가능한 소망은 아니지만, 그렇다고 두루마리나 양피지 위에 기록되는 것을 뜻함은 아니다(가령 피크는 이에 반대다. 그는 욥이 먼저는 그것들이 책에 기록되기를 바라고, 그 다음에는 보다 영구적인 기록을 열망하는 것으로 수정한다고 생각했다). 그의 결백 증명이 너무 오래 지체될 것 같아서 자신에 대한 그의 증언은 보다 항구적인 형태를 가질 필요가 있을 것이다. 따라서 일반 용어 “기록하다”(כתב –카타브)의 의미가 “새기다”(חקק –하카크) 및 “새겨 넣다”(חצב –하차브)라는 용어들로 구체화된다.

무엇이 그의 말들(מליו –밀라브)인가? 바로 뒤에 오는 말들(25-27절)은 당연히 아니다. 그것은 마치 이것이 이 책의 정점, 믿음의 단언인 것 같다(여러 이유들 가운데 하나로, 그러한 “비명”은 “그리고”로 시작할 가능성이 거의 없다). 또한 욥기 자체도 아니다(스트라한과 대조: “그러나 얼마나 멋지게 그의 생각이 실현되었는가! 증언을 ‘바위에’ 새긴다는 그의 터무니없는 공상은 만족될 수 없었지만, 그는 그의 **아폴로기아**(*apologia*: 변명, 변백)를 히브리 천재 시인의 걸작인 ‘한 책에’… 갖고 있다”). 이 연의 언어는 전체적으로 법률적이다. 따라서 여기서도 그 “말들”은 13:3, 6, 13, 17, 18에서 언급되었고 13:23-24에서 다소간 직접적으로 말해지는 욥의 증언들이다.

쎄페르(ספר)는 가죽이나 파피루스 위에 기록되는 문서를 가리키는 표준어이기 때문에, 그리고 “새기다”(חקק –하카크)는 때때로 그러한 매체 위에 기록하는 데 사용되기 때문에(사 30:8, 한 쎄페르〈ספר〉 “위에”〈על〉 기록; 겔 23:14, 벽 위의 그림들; 물론 그런 예들은 그 동사를 은유적인 의미로 사용할 수 있다), 23b절구의 히브리어는 어쩌면 “두루마리에 새김”을 의미할 수도 있다(참조. NIV; RSV, “책”). 그러나 그러한 재료들은 욥의 영구적인 기록 요청에 거의 소용이 없을 것이고, 특별히 24절의 “철”과 “바위”를 염두에 두면 여기서 단단한 물질인 구리(“원문주해” 19:23.c.를 보라), 아니면 “석주에”(포프), “비문으로”(NEB), “기념물에”(JB; 참조. 고디스) 등과 같이 영구적인 기록을 뜻하는 일반 용어를 보는 것이 가장 좋다. KJV의 “책으로 인쇄된”이라는 과학 기술 전문어는 조금은 시대 착오적이다!

24 여기에는 비문이 바위 위에 철로 된 도구로 새겨지는 복합 이미지가 있다.

에트(עט)라는 용어는 잉크로 쓰는 갈대 펜 혹은 붓에 대해 사용되지만(시 45:1[2]; 렘 8:8) 돌에 사용하는 철필 혹은 정에도 사용된다(렘 17:1, 유다의 죄가 "철필"로 기록된다). 그 "납"의 기능이 무엇인지를 알아내기는 더 어렵다. 일부 학자들은 그 정이 철과 납의 합금으로 만들어졌다고 생각했지만, 납이 철의 견고성을 증가시킬 것이라고 믿기는 어렵다. 도름은 그 합금이 조판에만 사용된 것이 아니라 돌을 자르기 전 활자의 윤곽을 표시하는 데도 사용되었다고 생각했다. 그러나 정을 뜻하는 용어가 "새겨 넣다"(חצב – 하차브)라는 동사와 결합된 것이라고 보는 것이 더 맞을 것 같다. 다른 이들은 연판(鉛版, *μολύβδινοι χάρται* 혹은 *tabulae plumbae*)이 그리스 로마 고대인들에게서(참조. Josephus, *Apion* 1.307; Pausanias 9.31.4; Pliny, *Nat. Hist.*. 13.669; Tacitus, *Ann.* 2.69) 그리고 히타이트인들 가운데서(G. R. Driver, *Semitic Writing*[new ed.; London: OUP, 1976] 84 n. 11,241) 사용되는 것을 지적한다. 그러나 그러면 본문은 "그리고 납"이 아니라 "납 위에 철필로"라고 읽히도록 바뀌어야 할 것이다(모파트, NIV가 그렇다). 그러한 연판들은 빈번하게 저주문들에 사용된다(참조. A. Deissmann, *Light from the Ancient East*[tr. L. R. M. Strachan; London: Hodder and Stoughton, 1910] 304-5). 라쉬에 의해 처음으로 제시된, 새겨진 활자를 채우는 데 납이 사용되었다는 설명에 대한 지지가 광범위하다(딜만, 델리취, 덤도 그렇다). 콘더(C. R. Conder, "Notes on Biblical Antiquities," *PEFQS*[1905] 155-58[156])는 활자들이 파내진 후 붉은 납 도료로 칠해졌다고 생각했고, 그 예로서 새겨진 문자들이 붉은 색으로 칠해진(M. Lidzbarski, *Ephemeris für semitische Epigraphik*[Giessen: Töpelmann, 1908] 49에 따르면) 기원전 5세기의 페니키아 비문을 언급했다(지금은 no. 15 in H. Donner and W. Röllig, *Kanaanäische und aramäische Inschriften*[Wiesbaden: Harrassowitz, 1962-64] 1:3; 2:23-24). 그러나 이 기술에 대해서는 오직 한 가지 사례만 알려져 있다: 베히스툰(Behistun)에 있는 다리우스 왕의 비문에는(텍스트 및 번역: R. G. Kent, *Old Persian*[New Haven: American Oriental Society, 1953] 116-34) 그 왕의 머리 위에 작은 비문으로 새겨진 그 왕의 이름들이 옛날에는 설형문자로, 아마도 그 이름들이 햇빛을 받으면 번쩍이도록 하기 위해 납으로 상감되었다(E. Weidner, "Ausgrabungen und Forschungsreisen," *AfO* 15[1945-51] 146-50[147]; J. J. Stamm, "Zu Hiob 19, 24," *ZAW* 65[1953] 302; Galling, *WO* 2[1954-59] 3-6). 드 빌드는 심지어 욥기의 시인이 다리우스의 비명을 염두에 두고 있었다고 제안한다. 그러나 그 비문은 거기를 지나는 길보다 200피트 더 높은 곳에 위치하고 있고, 또한 오직 왕의 이름들만 이런 식으로 대우받은 것 같기에 이 특정한 비문에 관한 사실들이 잘 알려져 있었을 것이라는 생각은 거의 틀린 것 같다. 그러나 만일에 그러한 관습이 정말로 존재했다면, 그것은 아마 이 절에 대한 가장 설득력 있는 해석을 제공할 것이다(따라서 NEB, "철필로 새기고 납으로 채우다"). 제시된 한 가지 수정에 대해서는 "원문주해" 19:24.a.를 보라.

욥의 말들을 새기는 정확한 기술이 무엇이든지 간에, 사람의 말들을 새기는 생각의 배경은 도대체 무엇인가? 갈링(K. Galling)은 여기서 욥의 이름이 아니라 그의 탄원을 담고 바위에 새겨지는 묘비명을 보았다(Die Grabinschrift Hiobs, *WO* 2 [1954-59] 3-6). 그러나 결백 증명을 요구하는 욥의 탄원은 우연히 지나가는 사람들이 아니라 하나님에게 말해진 것이다. 그리고 차라리 신전에 세워지는 소원 성취의 비명이 이 이미지의 개념적 배경이라는 바이저의 제안이 보다 설득력이 있다. 참조. 시편 102:19[18], 야훼의 구원이 미래 세대를 위해서 기록됨(כתב – 카타브). 그렇다고 욥이나 그 시인이 제의 배경을 염두에 두고 있다는 말은 아니다. 왜냐하면 여기서의 비문은 분명히 자연 그대로의 바위에 새겨지는 것이기 때문이다. 오히려 그 이미지는 아마도 사람의 말이 하나님 존전에 영구적으로 기록으로 남아 있는 어떤 구체적인 현실을 전제로 할 것이라는 말이다. 이스라엘의 신전들에는 그러한 소원 성취의 비명들이 존재하지 않았다고 할지라도(리히터가 주장하듯이), 시편 102:19[18]은 우리가 기댈 수 있는 은유적 구성을 제공한다. 리히터 자신은 사람이 마지막 심판 때에 유리한 판결을 비는 이집트에서 온 문서 기도문들에 대해 생각한다(pp. 28. 90). 그러나 물론 우리는 거기서 돌에 **새겨진** 비문들을 다루고 있는 것이 아니다. 이집트, 시리아, 페르시아에서 확인되는 것처럼 왕실 비문들(보통 선전적인 성격을 지님)을 절벽에 새기는 고대 근동의 관습이 그 구체적인 배경이라는 주장은 가능성으로만 남아 있다(참조. F. H. Weissbach, *Die Denkmäler und Inschriften an der Mündung des Nahr el-Kelb*[Wissenschaftliche Veröffentlichungen des Deutsch-Türkischen Denkmalschutz-Kommandos 6; Berlin: de Gruyter, 1922]; F. Sarre and E. Herzfeld, *Iranische Felsreliefs*[Berlin: Wasmuth, 1910]).

25-27 유명하고 많이 논쟁이 된 이 구절들에 대해 여기서 제시된 해석의 핵심은 욥이 **아는** 혹은 믿는 것과 그가 **열망하는** 것 사이의 구분이다. 이는 우리가 욥의 연설들 내내 식별할 수 있었던 구분이며, 그가 여기서 앞에서 말한 것과 단절하고 미지의 것으로 믿음의 큰 도약을 하는 것으로 보는 것은 이론적으로는 가능하지만, 우리가 이미 그로부터 들은 내용에 비추어 이 말들을 읽는 것이 좀더 설득력이

있다. 욥이 **아는** 것 혹은 믿는 바는 하나님이 그의 원수다(6:4; 10:8-14; 13:24; 16:7-14; 19:7-12), 그는 결코 선을 보지 못할 것이다(7:7), 그는 곧 죽을 것이다(7:21; 10:20; 16:22), 그는 하나님에 의해 죽임을 당할 것이다(12:15; 16:18), 비록 그가 그 때문에 고생하고 있다고 할 수 있는 어떤 잘못에 대해서도 죄가 없지만(6:10c, 29; 9:15, 17, 20, 21; 12:4; 13:18) 그는 하나님으로부터 결백 증명을 얻어낼 희망을 가질 수 없다(9:2-3, 20, 28-33; 13:15; 19:7), 하나님에 의해 인정되지는 않지만 그분이 아는 그 자신의 결백이 그가 확신을 가질 수 있는 유일한 것이다(13:16; 16:19-21) 등이다. 반면에 욥이 열망하는 것은 곧바로 죽었으면 하는 그의 최초의 갈망(6:8-9)과 이어서 모든 바람이 그저 소용없다는 그의 염려(9-10장)를 극복한 지금은 그가 죽기 전에 결백 증명을 얻을 희망으로 하나님과의 논쟁에 들어가는 것이다(13:3, 22). 그의 결백 선언이 하늘 법정에서 그의 증인, 변호인, 대변인, 보증으로 하나님 앞에서 그를 변호할 준비가 되어 있는 지금(16:19-20a, 21; 17:3), 하나님이 응하시는 것이 욥의 유일한 열망이다. 그의 가장 강하고 적극적인 열망이 16:17에서 표현되었다: "나는 잠 못 이루며 하나님의 대답을 기다린다."

여기서도 그의 열망은 정확히 똑같다: 그것은 그가 아직 살아 있는 동안(문자적으로는 "내 살로부터") 그의 법정 사건에서 하나님을 응답자로 "보는" 것이다. 그가 그의 열망에 대해서 말하는 다음에도 같은 말로 될 것이다: 그가 바랄 것은 하나님을 어디에서 찾을 수 있는지 알아서, 그의 재판석으로 나아가 자기 사건을 그 앞에 내려놓아 그에게 마땅한 결백 증명을 얻는 것이다(23:3-7). 그 희망은 요동하지 않는다.

여기서도 그가 알거나 믿는 바는 그가 앞에서 말한 그리고 앞으로 다시 말할 것과 동일하지만, 여기서 말하는 것에는 중요한 진전이 있다. 그가 결국에는 옳다고 선언될 것이라는 확신을 그는 지금까지는 한 번도 표현하지 않았다. 물론 결백 선언에 대한 그의 억제할 수 없는 열망과 하나님과의 법적 논쟁에 그가 관여하는 것은 자신의 주장이 반드시 옳다는 확신을 드러내지만, 아직까지는 한 번도 직접적으로 그가 결국에는 자신이 열망하는 것을 받을 것임을 "안다"고 말하지 않았다. 일단 자신의 사건을 하나님과 변백하기로 결정한 후(13:3), 그는 "나는 내가 옳다는 것을 안다"고 강하게 말한다(13:18). "이것이 바로 내가 피난처로 삼는 바이다: 신을 인정하지 않는 사람은 그에게 다가가지 않는다"(13:16). 그는 또한 결백에 대한 그의 증언이 사람이 친구를 위해서 변백하듯이 하나님 앞에서 그의 입장을 변백하기를 쉬지 않을 것임을 믿는다(16:21). 그러나 그는 한 번도 자신이 결국 그의 소송에서 성공할 것임을 믿는다고 말하지 않았다: 그것이 바로 여기서의 약진이다. 그것이 또한 그가 23장에서도 여전히 믿고 있는 바이다: "그가 나를 시험하실 때, 내가 금같이 나오리라"(23:10). 그러한 확신을 말하는 것은 그에게 큰 발전이지만, 완전히 새로운 생각은 아니며, 그가 공개적으로 옳다고 선언되리라는 확신과 똑같은 것이 아니다–그가 죽으면 어떻게 그렇게 될 수 있겠는가? 그것은 그가 오랫동안 느낀 무죄 확신에서 솟아나며, 그것의 실현은 전적으로 그 확신의 진실성에 달려 있다. 그는 미래의 어떤 구원 혹은 자비 행위에 관해서는 아무런 믿음을 갖고 있지 않고, 다만 필연적이고 최종적인 그의 무죄 인정에 관해서만 믿음을 갖고 있다. 그를 죄 없다고 선언하는 사람은(만일 사람이라면) 그러한 선언을 가능하게 하는 그의 결백 사실보다는 덜 중요하다.

이제 그 말들을 좀더 자세히 보자. 시작하는 말 "그러나"(**바브**)는 물론 23-24절과의 대조를 뜻하는데 정확히 어떤 의미에서인가? 그는 23-24절에서 땅에 그의 결백에 대한 영구적인 기록이 있을 수 있기를 바라지만, 그것은 어렵거나 불가능할 것이라는 사실은 차치하고, 하늘에 그의 증인이 있기 때문에 불필요하다. 욥의 "나는 안다"(ידעתי–야다티)는 표현은 대개 법정 상황에서 "나는 굳게 믿는다" 혹은 "나는 확신한다"(하벨)를 뜻한다. 그는 "안다". 그가 옳다는 것(13:18)을, 하나님이 그를 죄 없다고 여기지 않을 것임(9:28)을, 하나님의 뜻은 그를 죄인으로 지목한 것임(10:13)을, 하나님이 그를 죽이실 것임(30:20)을, 하나님은 모든 것을 하실 수 있음(42:20)을, 하나님은 정의를 굽게 하지 않으신다는 것을 혹은 하나님으로 하여금 누군가를 지지하시게 강요하는 것이 불가능함을(9:2)(13:2은 다르다). 욥이 뭔가를 "안다"는 사실은 그것이 틀림없다는 것을 입증하는 것이 아님이 나중에 드러날 것이다. 그러나 이것들은 모두 욥의 근본적인 확신들로, 우리가 다음에 "살아 있는" "지지자"에 관해 들을 때 욥은 마찬가지로 하나님이 자기를 죄 없다고 여기지 않으시리라는 것과 신의 적대가 욥의 인생 이야기라는 것을 확신하고 있음을 우리는 잊을 수 없다.

그러면 욥의 "지지자"(גאל, **고엘**, 보통 "구속자"로 번역됨; 포프, "결백 증명자")는 누구인가(혹은 무엇인가)? **고엘**은 어떤 특정 시기에 어떤 사람의 가장 가까운 친족으로서 형제, 삼촌, 조카 혹은 다른 친족이든, 그 사람의 가족 재산을 그 가족의 재산으로 계속 유지시키기 위해 되사는 책임을 지닐 수 있었다(레 25:25-34; 렘 32:6-15). 친족을 도로 사 노예가 되지 않게 함(레 25:47-54), 과부와 결혼하여 그녀의 죽은 남편을 위해 후사를 공급함(룻 3:12; 4:1-6), 살해된 친척의 피를 복수함(민 35:12, 19-27; 신 19:6, 11-12; 수 20:2-5, 9; 참조. 삼하 14:11). 그 어느 곳에도 소송 사건에서의 **고엘**의 역할에 관한 법률 혹은 이야기는 없다. 그러나 그 용어가 은유적 법적 상황에서 야훼에게 적용됨(잠 23:11; 렘 50:34; 애 3:58; 시 119:154)은 거기서도 **고엘**이 자기 친족을 대신하여 활동하리라는 것을 암시한다. 좀더 자세한 것은 H. Ringgren, *TDOT* 2:350-55; A. R. Johnson, "The Primary Meaning of √גאל," *VTS* 1(1953) 67-77; N. H. Snaith, "The Hebrew Root G'L(I)," *ALUOS 3*(1961-62) 60-67(65-67); E. Beaucamp, "Le goël de Jb 19, 25," *LTP* 33 (1977) 309-10; J. J. Stamm, *THWAT* 1:383-94를 보라.

그러면 "살아 있고" 마지막에 욥의 결백을 확립하는 데 도움을 줄 욥의 **고엘**은 누구인가? 링그렌이 간결하게 말하듯이, 하나님은 거의 아니다: "여기서의 소송은 하나님과의 논쟁 상황이기 때문에, 사고의 흐름이 느슨하다고 가정되지 않는 한, 하나님 자신이 그의 변호인 및 법적 변호사로 나타나리라는 가능성은 거의 없는 것 같다"(Ringgren, *TDOT* 2:355). 이 구절과 16:18-21 사이의 유사점들을 보면, 이곳의 **고엘**은 거기의 "증인"(עד – 에드), "변호자"(שהד – 사헤드), "대변인"(מליץ – 멜리츠)과 같은 것 같다. 거기서는 욥의 "부르짖음"(רע – 레아)이 명시적으로 그의 "대변인"과 동일시되고, 따라서 함축적으로 "증인" 및 "변호인"과 동일시된다. 다시 말해, 하늘에는 욥을 대리할 인격적 존재가 하나도 없다. 오로지 하나님을 향해 말해진 그의 외치는 소리만이 그를 대신하여 말한다. 만일 16장에서 그의 "부르짖음"이 증인, 변호자, 대변인으로 의인화된다면, 비록 대담한 메타포이기는 하지만 그것이 여기서 그의 "친족" 혹은 "지지자"가 되어야 함은 전적으로 타당하다("구속자"는 부적당하게 신적 내포들을 가지고 있을 뿐만 아니라, 많은 경우에 **고엘**의 기능들에 맞지 않는다). 따라서 이 확언은 16:19의 "보라, 지금조차도 내 증인이 하늘에 있다"는 단언과 다른 것이 아니다. 여기서 사실 욥의 "친족" 혹은 "지지자"가 하늘에 있다고 말해지지는 않는다. 그것은 온당한 가정이지만, 그것은 오직 16장에 있는 그 평행 본문으로부터, 그리고 아마도 욥의 옳음이 "땅 위에서" 선언되는 25b절구와의 함축 대조로부터 추론될 수 있다.

16장에서는 그가 좀더 배타적으로 법적 용어들을 사용했는데, 왜 여기서는 그의 인격 진술(이는 그의 "부르짖음"의 내용)을 자기의 **고엘**이라고 부르는가? 그 이유는 문맥의 상황에서 보면 분명하다. 이 장은 그가 그의 친지들과 지인들로부터 버림받음을 가장 길게 상술한 곳이다(13-19절). 그들 중 어느 누구도 그와 상관하고 싫어하지 않으며, 그는 자신을 옹호해 줄 개인적 **고엘**을 모두 잃은 상태다. 하나님은 그의 원수이고, 그에게는 자신 외에 의지할 사람이 없다. 그는 17:3에서 그가 그 자신의 보증이 되어야 했던 것처럼 자신의 **고엘**이 되어야 한다. 그는 정말 그의 결백 항변을 그 자체의 존재성을 지니고 있고, 지금은 하나님과의 대면 가능성이 더 높은 하늘 영역에 머무는 하나의 존재로 대상화시킨다. 그러나 그것은 욥 자신이 말했고, 하나님에게 소송을 걸었고, 그리고 그 자신의 결백 진술서를 제출했다는 사실을 가리키는 표상 외에 다름 아니다. 욥에게 어떤 일이 일어날지라도, 이것은 사실로 남아 있다. 그의 말들은 말해지지 않을 수 없고, 그것들은 그의 친족-지지자로서 참으로 그를 대변하기를 계속한다.

그 다음에 욥은 왜 그렇게 대인적인 언어를 사용하여 그의 외침이 "살아 있다"고 말하는가? 우리는 먼저 "살아 있는"(חַי – 하이)이라는 형용사와 "살다, 살아 있다"(חָיָה – 하야)라는 동사가, 비록 생물 존재들에 사용되는 것이 가장 흔한 의미이지만, 반드시 그렇게만 사용되지 않는다는 점을 지적한다. 물은 흔히 "살아 있다"고 불리며(창 26:19; 레 14:5, 6, 51, 52; 15:3; 민 19:17; 아 4:15; 렘 2:13; 17:13; 슥 14:8)), "날" 고기도 그렇다(삼상 2:15). 하나님의 "일"이 "살게 될" 수 있고(합 3:2), 도시의 돌들(느 3:34[4:2]) 혹은 도시 전체(대상 11:8) 혹은 곡물(호 14:8[7])이 그렇게 될 수 있다. 그러나 그것이 전적으로 상관 있는 것은 아니다. 왜냐하면 여기의 것은 "살다"의 특별 용례가 아니기 때문이다. 욥의 외침은 살아 있는 존재, 즉 친족-지지자로 의인화된다. 따라서 친족이 "살아 있다"고 말하는 것은 전적으로 타당하기 때문이다. "살아 있다"는 용어가 쓰인 진짜 이유는 욥이 곧 죽을 것이며(참조. 10절; 그레이도 그렇다) 그가 옳다고 선언될 가능성을 갖기 위해서는 자신에 대해 그가 죽은 후에도 살아 남을 어떤 증언을 그가 필요로 한다는 욥의 확신 때문이다. 더욱이 "살아 있다"는 "존재한다"(יֵשׁ – 에쉬)보다 더하다. 그것은 그 지지자가 욥을 대신하여 행동할 준비가 되어 있음을 가리킨다. 우연히도 한 우가릿 시구에서 엘(El)이 "나는 가장 강력한 바알이 살아 있고(*ḥy*), 땅의 군주가 존재하고 있다는 것을 안다(*yd*ʿ)"고 말한다(*CTA* 6.3.8-9〈Gibson, 76-77〉). 여기에는 우리의 본문과 외면적인 유사성이 있고, 최근에 많은 주석가들이 그것을 인용하지만, 어느 누구도 그것이 욥기 해석과 관련될 수 있는 상관성을 보여 주지는 않았다.

그 다음 절에서는 법적 언어가 사용되고 있음이 분명한 것 같다. 욥의 "지지자"가 "마지막으로" "일어날" 것이다(참조. G. R. Driver, "Problems of the Hebrew Text and Language: I. Scenes in Court," *Alttestamentliche Studien: Friedrich Nöt-*

scher · gewidmet[BBB 1; ed. H. Junker and J. Botterweck; Bonn: Hanstein, 1950] 46-61[46-47]을 따라, NEB, "그는 법정에서 마지막으로 일어서서 말할 것이다"). 소송 사건에서 "마지막으로"(אחרון – 아하론) 일어서는 편이 아마 논쟁의 승자다. 우리는 이런 용법과 실제로 유사한 예를 가지고 있지 않으며, 또한 이 책에서 하나님과의 논쟁에서 글자 그대로 마지막 말을 하는 것은 욥 자신임이 사실이다(42:2-6). 그러나 만일 두 논쟁자 중 하나가 다른 이의 주장에 동의할 때까지 계속 논쟁하는 것이 **리브**(*rîb*, 논쟁)의 절차라고 우리가 제대로 가정했다면, 용인하는 결론의 말이 "최종" 사실 변론은 분명히 아니며, 그리고 "마지막으로" 말한 화자가 그 날의 승자라면(욥기에서 하나님처럼), 욥은 여기서 **그의** 지지자가 마지막 말을 할 것이라고 믿는 것이다. "일어나다"(קום – 쿰)라는 동사는 법적 배경에서 매우 잘 입증된다: 16:8에서는 욥의 수척함이 그의 반대 증인으로 "일어선다"(시 27:12; 35:11; 신 19:16에서는 거짓 증인들; 시 76:20[9]; 94:16; 그리고 아마도 욥 31:14; 사 2:19에서는 재판관). "땅(혹은 먼지) 위에"(על־עפר – 알-아파르)는 더 어려운 말이다: 그것은 욥이 거기에 위치하고 있는 먼지를 뜻할 수도 있겠지만(7:21; 17:16에서처럼; 참조. 20:11; 21:26; 또한 덤; 그리고 잔젠: "티끌로 – 몰락한 – 욥에 대한 생생한 언급"), 하지만 "땅 위에"를 뜻할 가능성이 더 높다(참조. 41:25[33]에 "땅 위", 리워야단에 비교될 수 있는 것이 "땅 위에" 하나도 없다. 그리고 참조. 28:2; 30:6, "먼지"가 "땅"과 같은 뜻으로 쓰임).

욥은 정말로 자신이 결백하다고 선언될 것이라고 믿을까? 그의 변호인이 마지막 말을 할 것이며, 그의 소송을 이길 것이라고 믿지만, 그러한 결백 선언을 실행하는 일과 관련해서 그는 하나님이 어떤 일을 하실 것이라고 믿는 것인가? 그는 사후 명예 회복이 어떤 형식을 가질 수 있을 것이라고 상상하는 것일까? 설령 하나님이 회오리바람 가운데서 그가 결백하다고 선포하신다고 한들, 만일 그가 죽고 그의 자녀들도 죽고, 그의 소유도 파괴된 상태로 있다면, 어느 누가 욥은 결국 결백한 사람이었다고 믿을 수 있겠는가? "그가 죽은 이후에 하는 결백 선언은 불충분하고 쓰라린 위로일 것이요"(J. K. Zink, "Impatient Job: An Interpretation of Job 19:25-27," *JBL* 84[1965] 147-52[151]), 너무 작고 늦은 것이리라. 그렇다면 욥의 이 확신이 전혀 쓸데없는 것인가? 그렇지 않다. 그러나 우리가 그것은 그가 정말로 자신의 결백이 증명될 것이라는 확신이라기보다는 그가 결백하다는 확신이라는 것을 알아보는 경우라야 그렇지 않다. 또한 분명히 **하늘에서의** 결백 선언은 욥의 목표가 아니다. 비록 하나님이 욥의 결백을 증명할 분이심이 분명하지만, 결백 선언이 조금이라도 가치가 있다면 욥의 의는 사람들 가운데 "이 땅에서" 인정되어야 한다. 왜냐하면 그가 하나님으로 인해 명예를 훼손당한 것은 사람들이 보는 앞에서이기 때문이다.

그 다음 절은 원형이 손상되었음이 거의 확실하며, 문자적으로는 "그리고 그들이 나의 피부(혹은 가죽)(남성) 이것을(여성) 벗겨낸(혹은 두들겨 팬; 혹은 잘라낸) 후에"이다. 나카프(נקף)라는 동사는 다른 곳에서는 이사야 10:34에만 나타나며 거기서는 숲에 있는 잡목을 잘라냄(? 혹은 다듬기)을 가리키고, 또한 그 파생 명사 노케프(נֹקֶף)는 이사야 17:6; 24:13에서만 나오는데 올리브나무에서 올리브를 흔들어 떨어뜨리는 것을 가리킨다. KB[3]는 이 구절에 대해 "가죽을 벗기다"를 제안한다. 여기의 주어는 분명히 수동형에 상응하는 "알려지지 않은 사람들"이다(*GKC*, § 144g). "이것"(여성형)은 수수께끼 같다. 그것은 거의 "이렇게, 그렇게"를 뜻할 수는 없다(비록 33:12은 부분적인 유추를 제공하지만). 그러나 그것을 약간만 수정하여 카조트(כָּזֹאת, "이렇게, 그렇게")로 하면 비록 확실하지는 않지만 꽤 만족스런 의미를 얻게 된다: "내 피부가 나로부터 그렇게 벗겨진 후에라도"(참조. NJPS, "내 피부가 벗겨진 후에"; RSV, "그리고 내 피부가 그렇게 멸해진 후에"; 비슷하게 NIV; 포프, "피부가 벗겨진 [후에]"). 그가 만일 그의 질병을 피부 위에 상처를 퍼뜨림으로써 그의 피부를 소실시키는 것이라고 본다면, 이것을 피부의 "벗김" 혹은 "제거"라고 부르는 것은 매우 자연스럽다(참조. 7:5; 30:30의 언어). 그러나 그는 무덤에서의 그의 가죽(몸 전체를 상징)의 소멸을 언급하고 있는 것일 수도 있다. 그 경우라면 비록 "벌레들"을 가리키는 히브리어 단어가 없지만, "벌레들이 이 몸을 파멸시킨다"는 KJV의 번역이 요점에서 그렇게 빗나간 것은 아닐 것이다. 우리가 이 절의 세부 사항을 어떻게 이해하든지 간에, 그 절은 욥이 죽은 후에나 그의 사건이 해결될 것이라고 그가 기대하고 있음을 꽤 분명하게 나타낸다.

욥의 **기대**와 예리한 대조를 이루는 것이 그의 **열망**이다: 그는 자기가 아직 살아 있을 때 결백이 증명되는 것을 보기 원한다. "나의 육체로부터"(מִבְּשָׂרִי – 미브사리)는 누구나 추측컨대 "내가 아직 살아 있는 동안에"를 말하는 다소 색다른 방식이다. 그러나 유일한 다른 번역인 "내 육체 없이"(RSVmg), 즉 "나의 죽음 이후에"는 욥이 빈번히 표현한 열망과 충돌할 뿐만 아니라, 욥이 몸이 없다면 그가 어떻게 "볼" 수 있겠느냐는 문제를 제기한다. 전통적으로 "내가 볼 것이라"고 번역된 "미완료" 동사 에헤제(אחזה)는 "나의 열망은 하나님을 보는 것이다"라는 단순 예언보다는 의지 혹은 열망을 표현하는 서법 미완료(*GKC*, § 107m-n) 혹은 일인칭 명령형(cohortative: 간청, 의지, 소원, 의도, 열망 등을 표현; *GKC*, § 48b-e)으로 보아야 할 것이다. 따라서 NJPS, “나는 아직 내 육체 가운데 있을 때에 하나님을 [꼭] 보리라.” 비슷하게 Zink, *JBL* 84(1965) 149; 투르-시나이: “나는 [나의] 하나님을 보고 싶다.” 하벨: “나는 엘로하를 [꼭] 보리라.” 포어러: “나는 하나님을 [꼭] 보리라”(27절; 그러나 26절: “나는 하나님을 볼 것이다”). 욥은 하나님을 “보고” 싶다는 것을 이전 어디에서도 그렇게 많은 말로 하지 않았지만, 그의 언어는 여러 부분에서 얼굴과 얼굴을 마주한 대화에 대한 열망을 암시했다: 가령, 그와 공판에 들어가고 싶은 열망(9:32), 욥과 하나님 사이를 중재할 수 있는 중개인이 없음에 대한 그의 슬픔(9:33), 전능자에게 말하려는 그의 소원(13:3), 특별히 “[하나님] 면전에서” 그의 행위를 변호하겠다는 포부(13:15), 자신을 “[하나님] 면전으로부터” 숨기지 않겠다는 약속(13:20) 그리고 하나님이 “[그의] 얼굴을 숨기신다”는 그의 불평(13:24). 그가 모호하지 않은 단어 “보다”(חזה – 하자)를 끄집어 낸 이상, 그는 그것을 보다 공개적으로 확장하여 다시 말할 수 있으며, 23장에서 그가 하나님의 “보좌”에 이르는 길을 발견할 수 있기를 바라면서(23:3) 하나님을 지각할(בין – 빈) 수 없고, 볼(חזה – 하자) 수 없고, 볼(ראה – 라아) 수 없는 사실을 슬퍼한다. 그러나 그러한 것이 그의 열망이다. 소송 메타포는 하나님을 “봄”의 이 언어를 설명하기에 전적으로 충분하다(그것은 포어러처럼 신현의 문제는 아니다. A. Jepsen, *TDOT* 4:289). 그러나 하나님을 보는 것이 위험하다는 널리 퍼져 있는 신앙에도 불구하고(출 33:20; 삿 13:22) 몇몇 구약의 구절들은 그것을 바람직한 사건으로 말한다(예를 들어, 시 11:7, 정직한 자는 그의 얼굴을 본다. 17:15; 63:3[2]; 참조. 또한 출 24:10).

그 다음 행은 그가 다름 아닌 하나님과 교섭하고 싶어함을 가장 강조된 방식으로 말한다(강조의 “나는”, “나 자신을 위해”, “나의 눈” 그리고 “어느 외인도 아님” 등을 주목하라). 비록 그 “친족-지지자”가 인격적인 존재요, 여기서 주장되는 것같이 단순히 욥의 간청의 의인화가 아닐지라도, 그러한 존재는 즉시 배경 뒤로 사라진다. 그 지지자는 그 자신 안에 어떠한 의미도 갖고 있지 않으며, 다만 욥의 주장을 하나님 앞에 있도록 유지시키는 기능만을 한다. 그것이 어쨌든 결백 선언이라면 하나님이 하는 것이어야 한다. 그리고 물론 다른 이(“외인”)가 아니라 욥이 하나님이 자신을 옳다고 선언하시는 것을 목격해야 한다면, 욥 자신이 살아 있어야 한다. 따라서 27a절구는 25-26a절구의 욥의 “믿음”이 아니라 분명히 26b절구의 그의 열망에 속한다. “외인”(זר – 자르)은 욥 자신 외에 누구든 의미한다(참조. 15절에 관한 부분). 그의 가족을 포함해서 모두가 그에게 외인들이 되었다.

마지막으로, 27c절구는 이 열망을 표현하는 감정을 다소 수수께끼같이 전달한다.

"나의 신장이 내 가슴에서 끝났다"라는 앤더슨의 포기하는 듯한 번역은 그 어려움의 정도를 보여 준다. 그러나 만일 신장은 인체의 가장 민감한 부분이요(참조. 16:13에 관한 부분) 감정과 정서의 자리로서 감정 일반을 표상하며(시 73:21; 잠 23:16), "끝나다"(כלה – 칼라)는 특별히 갈망으로 쇠잔해짐을 뜻하고(시 84:3[2]; 119:81에서 네페쉬⟨נפש, "영혼, 기운"⟩의 경우처럼) 그리고 "나의 가슴에"는 단순히 "내 안에서"(물론 이 뜻의 보다 흔한 것은 베키르비⟨בקרבי⟩, 렘 23:9; 삼상 25:37)를 의미한다고 허용한다면, 욥은 그의 감정의 격함으로 인해 감정적으로 지치고 정신적으로 고갈되었음을 뜻하는 것이다(참조. NAB, "나의 가장 깊은 곳에 자리잡은 존재가 열망으로 인해 소멸되어 버렸다"). 이것은 그의 지배적인 경험이지 "신비한 경험 찬양에 뒤따르는 깊은 낙담"이 아니다(R. Gordis, *The Book of God and Man: A Study of Job*[Chicago: University of Chicago, 1965] 207; 참조. 잔젠).

앞선 주석은 "지금까지의 이야기"에 근거해서 진행되었다는 것과, 그리고 "마치 처음인 것 같은" 한 독법을 제시했다는 것이 아마도 말해질 필요가 있을 것이다. 이 책의 마지막 부분이 여기서도 반향하도록 허용되는 또 다른 독법은 등장 인물 욥에게 의도된 의미 위에 저자의 새로운 의미 층을 추가한다. 욥의 말이 그가 의도하는 것 외에 다른 의미를 갖는 것은 비록 신랄한 것은 아니지만 어쨌든 하나의 아이러니다. 사실 욥이 비록 하나님은 자신을 결코 옳다고 선언해 주실 것이라고 생각하지 않을지라도, 하나님은 정말로 그를 옳다고 해주시고 그것도 땅 위에서 그렇게 하시는 분이 된다는(42:10, 12) 것이다. 하나님을 "보고" 싶어하는 욥의 갈망은 문자 그대로 실현되며(42:5), 또한 여기서는 서로 충돌하는 이 절들이 담고 있는 지식과 열망이 결국 동일한 것으로 드러난다. 욥은 아예 소망을 갖고 있지 않기에 그의 소망이 실현된다고 보지 않는다. 그러나 그는 소망이 없지만 간절히 바라는 그의 말들이 상상할 수 없는 정확함으로 실현되는 것을 본다.

본 주석에서 이 시점까지는 대체적으로 반대 해석들은 언급되지 않았다. 개관을 원하면, J. Speer, "Zur Exegese von Hiob 19,25-27," *ZAW* 25(1905) 49-107와 *From Moses to Qumran: Studies in the Old Testament*(London: Lutterworth, 1963) 141-83(180-81)에 있는 H. H. Rowley, "The Book of Job and Its Meaning"을 보라. 그들 중 가장 선호되는 일부 해석들이 여기서 다음과 같이 개관될 수 있겠다.

1. 이 절들은 오랫동안 부활 교리를 가르치는 것으로 여겨졌다. 영향력 있는 KJV의 26절 번역, "비록 나의 피부 벌레들이 이 몸을 멸할지라도, 나는 나의 육체 가운데 하나님을 볼 것이다"는 제롬의 불가타에서 그 실마리를 얻었다: "왜냐하면 나의

구속자가 살아 있으며 마지막 날에 내가 땅에서 일으켜질 것임을 내가 알기 때문이다. 또한 나는 내 피부로 다시 덮일 것이고, 내 육체로 나의 하나님을 볼 것이며, 그분을 다른 무엇이 아니라 내 자신이 볼 것이요 나의 눈이 볼 것이라. 이 소망이 내 가슴에 확고하다." 비슷한 주석을 이미 *I Clement* 26. 3이 제시하며, 오리겐도 유사하다. *Commentary on Matthew*, 17.29(마 22:23에 대해서). 그 해석의 역사에 대해서는 J. Speer, "Zur Exegese von Hiob 19,25-27," *ZAW* 25(1905) 49-107; A. Hudal, "Die Auslegung von Job 19,25-27 in der katholischen Exegese," *Der Katholik* 95(1916) 331-45를 보라. 그리고 더 앞선 것으로는 H. P. C. Henke, *Narratio critica de interpretatione loci Jobi c. XIX vers. XXV-XXVII in antiqua ecclesia* (Helmstedt: Schnoor, 1783); G. L. Eyrich, *Tentamen historicum circa diversas de spe et expectantione quam Jobus 19,25 sibi facit opiniones et sententias*(Würzburg, 1791)를 보라.

욥이 부활에 대한 믿음을 표현한다는 생각은 지금도 옹호자들을 갖는다(Lévêque, 480 n. 10에 있는 목록을 보라). 가령 영은 "육체의 부활에 대한 이 장려한 선언"이라고 적었고(E. J. Young, *An Introduction to the Old Testament*[London: Tyndale, 1949] 317), 아처는 "내 육체의 관점으로부터 내가 하나님을 볼 것이다"라고 번역한다(G. L. Archer, *A Survey of Old Testament Introduction*[Chicago: Moody, 1964] 449). 최근에 잔젠도 오직 그 관점만이 이 연설들의 많은 개념적인 수사학적 세부 사항들을 정당하게 취급한다고 주장하면서 전통적인 견해에 대한 지적 옹호를 제시했다. 다후드는 미브사리(מבשרי)를 메부사리(מְבֻשָּׂרִי)로 모음을 수정하고 "그분에 의해 육체를 다시 입고 [나는 하나님을 볼 것이다]"로 번역함으로써 이 고대의 해석에 다소 그럴듯한 새 생명을 불어넣었으며, 이를 "내세를 위한 새로운 몸의 창조" 교리라고 그는 말한다(M. Dahood, *Psalms II*, 196). 놀랍게도, 포프는 이 문헌학적 신기함에 조심스럽게 끌리는 것 같다. 앤더슨은 특별히 다후드를 언급하지 않으면서 "고대 이스라엘 신앙에 내세에 대한 관심을 보여 주는 최근의 많은 연구"를 지적하고, 여기서 "죽음 이후에 참된 인간으로서 하나님과 좋은 만남을 가질 것에 대한 것이지만", "개인의 육체적 부활 신앙의 완전 선언에는 모자라는" 소망을 발견한다.

이 부활 견해에 대한 다소 별난 조정이 라흐쉐(1975년)에 의해 제시되었고, 테리앙이 다소 그 뒤를 따른다: 라흐쉐는 욥이 그의 결백을 인정받게 한 후 아마 곧 다시 스올로 가라앉는 순간적인 맞춤 부활을 생각한다. 테리앙도 해당 히브리어는 육체를 벗어난 영혼이 아니라 "그 존재가 영원을 위해서가 아니라 그의 창조주와 그의 만남의 특정한 순간을 위해서 육체의 생명력을 부여받은…똑같은 개인으로 정말 살아날" 욥을 묘사한다고 생각한다. 하벨도 분명히 비슷한 생각을 가지고 있다: "욥은 보편적 부활 사상이 아니라, 비록 그 봄이 사후 사건일지라도 어떤 환상적, 신비적 혹은 은유적 방식으로가 아니라 물리적으로…그가 자신의 신 대적자를 얼굴을 맞대고, 개인적으로 '그의 육체로부터' 볼 것이라는 급진적 소망을 제시하고 있다." 이는 아마도 그레이와 그렇게 많이 다르지 않지만, 그는 "물리적"이라는 용어는 사용하지 않는다: "여기에는 아직 죽음 이후에 **존속되는** 복된 인생에 대한 믿음은 없다…죽음 이후 욥에게는 그가 그의 온전함을 지키는 것이 망상이 아니었음을 아는 일이 순간적으로 주어질 것이다."

육체 부활의 견해에 반대해서는 그 견해는 이 책이 죽음의 궁극성에 대해 앞에서 말한 모든 내용(7:9; 10:21; 14:10, 12)과 모순된다는 것을 지적하는 것으로 족하며, 그리고 만일 이것이 죽음 너머의 존재에 대한 새로운 계시 같은 것이라고 주장되는 경우라면, 욥기의 나머지 부분에서는 그것이 완전히 무시된다는 사실을 지적할 필요가 있다(참조. 21:23-26; 30:23). 초대 교부들 가운데서도 이미 크리소스톰이 14:12을 인용하여 부활 신앙적 해석을 반박했다(*PG*, 57:396).

2. 현재의 지배적인 견해는, 욥은 사후이지만 육체를 벗어난 상태에서 하나님과의 만남을 기대하는 것이라고 말해질 수 있다(참조. RSV, 전치사 민〈מן〉을 결여 개념 **민**으로 취하여 "나의 육체 없이 내가 하나님을 볼 것이다"). 따라서 에발트: "죽은 사람의 영혼이 그 자신의 명예 회복을 보아야 한다…영혼의 불멸성 사상이 분명하게 나타난다…나는 지금의 내 눈으로가 아니라 영혼의 눈으로…볼 것이다". 그리고 덤: "욥은 다소간 사무엘처럼(삼상 28) 영혼으로서 땅으로부터 일어날 것이다." 딜만, 람파터 그리고 바이저도 비슷하며, 이 중 바이저는 욥에게는 하나님을 본다는 사실이 그 방식보다 더 중요하다고 기록한다. "그것은 보지 않고 믿는 신앙이다." 횔셔는 이스라엘인이 어떻게 그의 죽음 이후 "본다"고 상상될 수 있는가에 관한 물음에 의로운 자들의 뼈가 땅에 묻혀 있지만, 그럼에도 불구하고 하나님이 그들의 원수들을 물리치심을 "보는" **희년서** 23:19-31을 가리킴으로써 대답하려고 시도했다(G. Hölscher, "Hiob 19,25-27 und Jubil 23,30-31," *ZAW* 53[1935] 277-83; 또한 G. J. Streeder, "G. Hölschers Exegese von Job 19,25-27," *NTT* 22[1939] 98-104를 보라). 횔셔에게는 욥기에서 죽음은 죽은 이들이 땅 위 후손들에 대해 아무런 지식을 갖지 않지만 그럼에도 불구하고 알고 느낄 수 있는 어떤 능력을 가지는 일

종의 수면으로 제시된다(3:13-18; 14:12). 그러나 희년서 본문은 욥기의 모든 곳에서 나타나는 것보다 발전된 내세 사상에 의존한다는 것을 쉽게 알 수 있으며, 따라서 사후 존재로 하나님을 만난다는 사상은 욥기에 어울리지 않았을 것이라고 가정될 수 있을 것이다.

3. 세 번째 접근은 욥의 회복을 그의 죽음 전에 일어날 일로 보는 것이다. 가령 린드블롬은 욥이 여기서 단지 그의 치료와 번영으로의 회복을 그리고 있는 것이라고 생각했다(C. J. Lindblom, "Ich weiss, dass mein Erlöser lebt: Zum Verständnis der Stelle Hi 19, 25-27," *Studia Theologica*(Riga)[1940] 65-77). 비슷하게 발은 "그의 질병이 그 치명적인 과정으로 치닫기 전에 의로운 응보의 하나님이 나타나 그의 현재 삶에 개탄스러운 잘못들을 바로잡을 것이다"라고 했다. 포어러는 "나의 육체 없이"를 단지 욥의 수척함의 표시로 여기면서 이 견해를 지지하는 것 같다(T. J. Meek: of the putrefaction of his flesh by his disease[Job xix 25-27, *VT* 6(1956) 100-103]).

여기서 난점은 이것이 그의 운명이 될 것임을 욥이 "안다"고 가정하는 것이 전혀 타당하지 않다는 것이다. 또한 그가 만일 자신이 죽은 후 회복될 것임을 "안다"고 하면, 그가 아직도 (23:17에서처럼) 죽음을 숙고할 이유는 전혀 없다. 포어러는 실제로 회복을 "욥의 소망과 소원"이라고 말하지만(p. 320), 그의 번역에서는(p. 307) 욥이 그것을 "안다"고 말하게 한다–그런데 그것은 크게 다른 문제다.

위에서 말한 해석들은 모두 그 "구속자"(**고엘**)를 하나님으로 가정했다. 예를 들어, 덤, 드라이버-그레이, 도름, 로울리, 드 빌드가 그렇다. 이 관점을 위해 예증으로 든 주장들을 하벨이 명쾌하게 분석했고(그리고 설득력 있게 반박했다. pp. 305-6) 그 가운데 다음이 있다. (a) 욥이 자신을 대신해서 일어설 것으로 기대하는 **고엘**은 그가 볼 것으로 기대하는 하나님과 동일 인물이다. (b) 특별히 시편과 이사야 40-66장에서는 하나님이 고난당한 자의 "고엘"로 그려진다(예를 들어, 시 78:35; 사 49:7, 26; 따라서 도름, 레베끄, 479). (c) 이 책의 "타협 없는 일신론"은 하나님과 욥 사이를 매개하는 어떠한 "친족"을 가정하는 것을 방해한다(고디스). (d) "마지막"(אחרון)은 이사야 44:6; 48:12의 "마지막"(혹은 궁극)처럼 하나님에 대한 호칭으로 이해되어야 한다(Dahood, *Bib* 52[1971] 346). 이 점들에 반대하여 다음과 같은 것들이 주장될 수 있다. (a) 욥이 욥기 전체에서 묘사하는 하나님은 그의 "증인" 혹은 "친족"으로 활동하지 않았다. 그리고 16:19-20의 "증인"은 욥을 위해 하나님**으로부터** 정의를 얻어내고 있음이 아주 분명하다. (b) 하나님을 구속자로 가리키는 다른 곳의 암시들은 요점을 벗어난다. "이 곳의 상황은 제의가 아니라 법정이며, 필요한 것은 하나님에 의해서가 아니라 하나님으로부터의 구원이다"(하벨). 만일 이 주석서에서 취한 견해 즉 욥 자신의 부르짖음이 그의 대변인이요 친족이라는 견해가 받아들여지면, 하나님과 욥 사이에 끼어드는 중개자를 요구할 필요가 없을 것이다. (d) "그 마지막"을 하나님에 대한 구약의 표준 호칭이라고 가정할 이유가 없다.

하나님을 **고엘**로 보는 것에 반대하는 주된 논증은 이렇다. "그것은 욥의 사상 패턴에서 완전한 전도를 뜻할 것이다…욥은 하나님을 일관되게 그의 지지자가 아니라 공격자, 그의 친구가 아니라 원수, 법정에서 그의 변호인이 아니라 대적자, 그의 치료자가 아니라 사냥꾼, 그의 구원자가 아니라 정탐꾼, 공평한 재판관이 아니라 협박하는 공포로 묘사했다"(하벨). 그는 그의 연설들 바로 마지막에서도 여전히 하나님을 "나의 대적"이라 부르고 있다(31:35).

하벨 그 자신으로서는 모빙켈(S. Mowinckel, "Hiobs *gōʾēl* und Zeuge im Himmel," *BZAW* 41[1925] 207-12)과 어윈(A. Irwin, "Job's Redeemer," *JBL* 81[1962] 217-29; 참조. 또한 T. J. Meek, "Job xix 25-27," *VT* 6[1956] 100-103; E. G. Kraeling, *The Book of the Ways of God*[London: SPCK, 1938] 89; 테리앙, 포프)이 택한 노선을 따라, 그 **고엘**은 천상의 존재이지만 바벨론 종교의 개인 신 같은 존재가 아니라 사탄의 상대 변호자 같은 존재라고 본다. 엘리후는 분명히 어떤 사람의 치료를 위해 하나님에게 간청할 수 있는(33:23-25) 혹은 하벨을 따라 그의 의로움을 보증할 수 있는 매개의 "천사"(מלאך – 말아크), "대변인"(מליץ – 말리츠)의 존재를 그린다(참조. 또한 슥 3:1-5; 창 48:16). 그러나 엘리후의 관점이 반드시 욥의 관점은 아니다: 엘리바스는 욥의 사건을 떠맡을 어떤 천사가 있다는 것을 부인했으며(5:1), 욥 자신은 (사실에 반대되는 소원으로) 그와 하나님 사이에 중재자가 없음을 애석해 했다(9:33). 특별히 16:19-20의 주석을 염두에 두면, 욥의 지지자를 어떤 천상의 존재가 아니라 그 자신의 결백 선언으로 보는 것이 더 좋다.

여기서 개괄된 받아들이기 어려운 해석들은 대부분 (i) 일어날 것으로 욥이 **믿는** 것(결백 선언 전에 그의 죽음, 그러나 그 후에 결백 선언)과 그가 일어나기를 **바라는** 것(죽음 이편에서 하나님과 얼굴을 마주한 대면) 사이에 대조가 있다는 인식, 그리고 (ii) 하늘 영역에서 욥을 위해 변론하는 것은 그 자신의 결백 주장 외에 다름 아니라는 인식에 의해 일소된다.

이 말들에 대한 그렇게도 많은 해석들이 있는 상황에서 본문에 대한 이런저런 추측의 수정들은 **군더더기** 같다. 그러나 본문의 명백한 불명료함과 거의 확실한 훼손성이 그러한 해석들을 끌어들이는 것이며, 보다 암시적인 것들은 – 그리고 보다 이상한 것들은 – "원문주해"에서 살펴진다. 그 결과가 여기서 제시된 것과 명백히 모순될 때는 대체로 그 수정들에 대한 반대 의견들을 반복하지 않았다.

28-29 친구들에게 전하는 마지막 문장들은 언뜻 보기에는 그 어조와 내용 모두에서 지나칠 정도로 이상하다(어떤 이들은 그것들은 다소 이해가 불가능하다고 본다. "쓸데없는 말 무더기"라고 포프는 말한다). 25-27절에 보인 의기양양한 확신의 어조 뒤에 여기서 이렇게 날카롭고 거만한 말투를 듣는 것은 – 많은 이들이 그렇게 보듯이 – 놀라운 것이다. 테리앙은 다이얼로그의 욥은 프롤로그와 에필로그의 성자가 결코 아니며, 여호와 앞에서 자신을 굴복시키는 겸손한 피조물(42:1-6)도 아님을 상기하면서, 욥의 태도를 "이해되지 않는 고난의 심리에는 충실하지만" 확실히 도덕적으로나 신학적으로는 만족스럽지 않다고 본다. 그 내용에 관해서는 무엇보다도 악행을 벌하는 심판이 있다고 주장하는 욥을 발견하는 것이 충격적이다. 포프는 29절이 "욥보다는 친구들의 주장의 기미가 있어 보인다"라고 부당하지 않게 말한다. 욥은 그의 이전의 모든 연설에서는 죽음과 스올의 어조로 끝났다는 또 다른 상이함이 있다(3:20-26; 7:21b; 9:18-22; 14:20-22; 17:13-16).

그러나 욥의 말과 그 상황을 좀더 자세히 주목하면 그런 이상한 점들이 대부분 없어진다. 첫째로, 우리는 25-27절의 기조는 하나님에 대한 무조건적인 희망이라거나 혹은 행복 가득한 미래상의 기대가 아니라, 그의 주장의 정당함에 대한 되풀이되는 확신 및 하나님이 그에게 행하셨다고 욥이 믿는 잘못들을 가지고 하나님과 대결하려는 조급한 열망이었다는 것을 기억한다. 여기 28-29절에 나타나는 격분의 어조는 25-27절에 나온 자기 확신의 성마른 어조와 그렇게 많이 다르지 않다.

둘째로, "학대하다, 뒤쫓다"(רדף – 라다프)라는 단어는 많은 것을 전달한다. 위의 21-22절에 관한 부분에서 지적되었듯이, 이 단어는 이 연설에서 하나님의 포악성을 모방하는 자들로 친구들에게 적용된다. 반면에 그 배경에는 전형적으로 의인들을 "학대하는" 자들이 바로 악인들이라는 생각이 놓여 있다. "뒤쫓는 혹은 학대하는" 자들은 자신들의 입장을 확신해야 한다. 왜냐하면 그들이 그렇게 행할 때 자신들을 범죄자들로 선언하는 것이기 때문이며, 그리고 그들이 하나님 편에 있고 그분을 위해 복수를 수행하고 있다고 주장할지라도 오로지 하나님의 잔인성만 경험하고 있는 사람으로부터 그것이 그들에게 죄 없다는 증명을 줄 가능성은 거의 없기 때문이다.

친구들에 의한 욥의 "학대"는 구체적으로 무엇을 뜻하는가? 그들은 그에게 물리적인 폭력을 가하고 있지 않기 때문에, 그가 언급하는 것은 그들의 거짓 고발일 수 있을 뿐이다(21-22절에 관한 부분을 보라). 그들은 각자 자기 순서에 그들의 고발을 했고, 여기서 욥은 이런 거짓 증언의 반복을 집어치우고 그에게뿐만 아니라 자신들에게 호의를 베풀라고 경고한다(21-22절에서 그들에게 간청한 것처럼). 따라서 이 절들은 친구들에게 더 이상의 말을 금하라고 요청하고, 그렇게 함으로써 자신들에게 악행자의 역할(무고한 자에 대한 위증자들)을 부여하고 있다는 것을 경고하며, 또한 만일 그들이 이 역할을 계속하면 심판을 피할 것을 바랄 수 없다는 것을 상기시키는 이 연설의 맺는 말로 이해될 수 있게 된다.

거짓 고발이란 "문제의 뿌리는 그에게 있다", 즉 욥이 그 자신의 고난의 원인이라고 보는 것이다. 28a절구의 박해는 28b절구의 판단에 따른 것이다. 그러나 사실은 욥이 바로 이 연설에서 말했듯이 "바로 하나님이 [그를] 잘못된 자리에 두셨다"(6절)는 것이다. 그것은 친구들에게 말한 서론(2-6절)의 절정이었고, 이 연설은 이제 마지막에서 다시 그 문제로 돌아간다.

여기의 "분노"(חמה – 하마쓰)는 욥에 대한 그들의 적대적인 "학대"로 표현된 그 친구들 자신의 분노일 것임이 분명하다(21:20에서처럼 하나님의 분노가 아니라). 우리는 이미 엘리바스에게서 "분노"(כעש – 카아쓰)가 어떻게 죽일 수 있는지를 들었지만(5:2), 여기서는 상황이 조금 다르다: 무고한 자를 학대하는 분노는 죽임을 당할 범죄다(아노보트 헤레브〈עונות חרב, "칼의 죄"〉는 헤트-마베트〈חטא־מות, "죽임당할 죄"; 신 22:26〉를 따라 만들어졌음이 분명하다. 참조. 아본 펠릴림〈פלילי(ם) עון, "마땅히 심판 받을 죄", 문자적으로는 "재판관들의 죄": 욥 31:11, 28). 물론 이것은 분노에 관한 문자적 사실이 아니다. 그러나 자기 "이웃"(혹은 רע – 레아, "친구")에 대해 거짓 증거하는 일은 아마도 사형이 따르는 것으로(A. Phillips, *Ancient Israel's Criminal Law*[Oxford: Blackwell, 1970] 23-27) 십계명에 의해 금해지고, 또한 종종 진실을 말하도록 하기 위해 증인들에게 저주의 말들이 올려지는 것(잠 29:24; 삿 17:2; 참조. 또한 잠 14:25; 19:5, 9; 21:28)을 우리는 기억한다. 따라서 욥을 반대하는 그들의 주장의 행로를 좇아가는 것은 위험천만한 일이다. 그들이 만일 자신들이 무엇을 하고 있는지를 안다면 그들은 자신들의 생명을 걱정할 것이다. 우리가 일단 이 책의 끝까지 읽으면, "분노"가 어떤 다른 방향으로부터 친구들의 파멸의 원인이 될 수 있는지를 알 것이다. 왜냐하면 42:7에서 여호와의 "분노"(אף – 아프)가 친구들을 향해 불붙고, 따라서 비켜질 필요가 있기 때문이다. 그러나 여기서는 욥은 자신이 결국 죄 없는 사람으로 입증될 것임을 믿을지라도(25절), 아직은 그가 당하고 있는 신의 진노가 친구들에게 불붙을 것이라고 상상할 정도로 멀리 나아가지 않는다.

마지막 절이 가장 어렵다. 문자적으로는 "너희로 심판이 있음을 알게 하기 위하여"(마지막 단어에 대해서는 "원문주해" 29.f를 보라). 구문이 이상해 보인다. 심판이 그들을 덮칠 것임을 그들이 알기 "위하여"(למען – 레마안) 도대체 어떻게 그들이 욥과 논쟁하기를 "두려워"할 수 있다는 말인가? 오히려 그 반대가 아닐까? 그들은 두려워서 욥을 학대하지 못하기 "위하여" 심판이 있다는 것을 알아야 한다? BDB는 때때로(이 구절은 언급되지 않음) "수사적인 구절들에서는 하나의 행위가 사실은 고의적이지 않은데도 그것이 마치 의도된 것인 양 반어적으로 제시된다"고 주를 단다(참조. 사 30:1; 44:9; 렘 7:18; 27:10, 거기서 RSV는 למען을 "결과"로 번역할 필요가 있다고 본다). 따라서 여기서 NEB와 NIV는 "그러면 너희가 알 것이다"로 한다. 왜냐하면 구문이 뜻을 전달하기가 어렵기 때문이다.

복수 혹은 응보에 대한 욥의 호소는 더욱 까다로운 문제다. 왜냐하면 우리가 그는 응보 교리가 근본적으로 비현실적이라고 믿는다고 이미 인정했기 때문이다. 그는 "심판의 때"와 심판의 날이 전능자에 의해 지켜지지 않는다고 아직 항의해야 할 것이지만(24:1), 우리는 그가 "[하나님은] 흠 없는 사람이나 악한 사람이나 똑같이 끝낸다", 그는 "무고한 자의 재난을 비웃는다" 그리고 그는 "[그] 재판관들의 눈을 가린다"(9:23-24)라고 불평하는 것을 이미 들었다. 그러나 도덕 세계에 대한 욥의 입장은 사실 상당히 정교하게 뉘앙스가 주어진다. 가령 9:23-24에는 도덕 질서 사상에 대한 단정적인 거절은 없으나, 하나님이 그 자신의 규범을 따라 행하기를 반복적으로 거절하시는 것에 대한 항의가 있으며, 또한 "만일 그가 아니라면, 도대체 그것은 누구인가?"라는 마지막 행은 확립된 철학이라기보다는 고뇌의 외침을 듣고 있다고 우리가 생각하게 할 만큼 자기 회의의 흔적을 충분히 담고 있다. 반면에 주제상 현재 절과 훨씬 더 가까운 구절인 13:7-11에서는 친구들 편에서의 편파가 반드시 그들의 벌로 이어질 것이라고 욥은 가정한다 – 그가 하나님에게 **그분이** 욥을 대한 방식을 해명하라고 요구하고 있는 시점인데도 말이다! 여기 19장에서도 비록 그가 살아서 그것을 보지 못할지라도, 결국에는 정의가 승리할 것이라는 강한 확신을 표현했다. 따라서 그는 하나님은 근본적으로 부당하시고 악이 항상 승리한다고 믿는 것이 아니라, 그는 하나님에 대해 너무나 나쁜 경험을 가지고 있어서 자신에게보다 하나님에게 더 믿음을 가질 수 없는 것이다. 만일 친구들이 그를 "학대하기를" 계속하면 그들은 반드시 고난을 당할 것이라는 이 확신은 그의 "지지자"가 살아 있다는 확신과 같은 종류의 것이다: 결국에는 욥의 지지자의 호소에 의해서 혹은 친구들의 사악함에 의해서 움직여야 할 것은 다름 아닌 하나님이다. 그러나 미래의 정의는 하나님 자신의 인격보다는 그 주장들 각각의 시비곡직에 달려 있다.

해설

욥은 소환장 발행과 그의 사건이 소환되는 것 사이에 대기실에서 자신이 이제까지 한 것과 자신이 이제 서 있는 곳의 의미를 반성해 볼 시간을 갖는다. 여기에는 만감이 있지만, 그것은 우리가 이전에 엿들었던 걸러지지 않은 생 외침이 아니다. 그것은 이제 하나님의 손에 그리고 그의 친구들의 손에 의해서 그에게 일어난 일에 대해 좀더 질서 잡힌 탐구로 나타난다. 그것은 또한 그가 원하는 것과 기대하는 바에 대한 보다 잘 구성된 진술이다.

이렇게 낮추어진 강도의 수준과 짝을 이루는 것은, 욥이 그의 첫 독백(3장) 이후로 여기서 처음으로 하나님에게 말하지 않는다는 사실이다. 그리고 그는 마지막 연설에 이르기 전까지는(30:20-23) 그렇게 하지 않을 것이다. 물론 그가 말하는 것은 아직은 모두 하나님의 경청을 위한 것이다. 그러나 그는 13장에서 하나님에 대해 정식으로 고발한 이후로 하나님 앞에 내놓을 새로운 문제를 갖고 있지 않다. 왜냐하면 하나님이 응답하셔야 할 차례이기 때문이다. 그를 치는 하나님의 폭력에 대한 그의 가장 생생한 묘사들조차도(6b-12절) 3인칭으로 전달된다. 이제 그것들은 그의 공격자를 향한 저항의 외침이 아니라, 그의 고난의 부당함을 확정하는 축적된 증거다.

이 연설에서 하나님의 존재가 덜 나타나는 만큼, 친구들의 존재는 더 강하게 밀어닥친다. 시작, 중간, 끝에서 친구들에게 직접적으로 말이 전달되는 것이 이 연설의 특징이며, 연설 전체는 욥이 친구들에게 요구하는 것을 지지하고 상술하는 것으로 읽힐 수 있다. 요컨대, 그가 그들로부터 요구하는 바는 그의 무고함에 반하는 그들의 연설들을 중지하는 것이다. 그가 그의 소송 사건에서 다다른 점에 대한 반성은 그로 하여금 그의 결백의 문제를 가지고 하나님 앞에 홀로 서 있음을 더욱 강하게 확신하도록 했다. 친구들이 그의 죄를 계속 가정하고 주장하는 것은 이제 단순히 멋없는 것이 아니라 쓸데없다. 그들은 "열 번이나" 그에게 "굴욕을 주려고 했지만"(3절), 다름 아닌 하나님이 "그를 잘못된 자리에 두셨다"는 것(6a절구)을,

그리고 "문제의 뿌리"는 욥이 아니라 하나님에게 있다는 것(28b절구)을 그들이 "깨달아야" 하는 때가 왔다. 그것을 이해하면, 그들은 말하기를 아예 그만둘 것이다. 왜냐하면 그들이 하는 모든 말이 욥의 죄의 전제 위에 세워져 있기 때문이다. 욥을 "치고"(22, 28절), "괴롭히고", "짓밟고"(2절), "창피하게 하고", "학대하려는"(3절) 그들의 시도는 그의 양도할 수 없는 결백의 바위와 부딪히며, 또한 그들은 그들의 입장을 지킴으로써 그에게 가하는 것만큼 큰 상해를 자신들에게 가하고 있는 것이다. 왜냐하면 그들은 자신들을 그들에게 유익한 것을 안다면 심판을 두려워하는 거짓 증인들로 만들었기 때문이다(29절). 욥에 대한 그들의 고발을 중단하면 욥을 면하게 해줌과 동시에 자신들에게 친절을 베푸는 것이 될 것이다(21-22절).

욥의 연설의 좀더 강력한 부분들은 친구들과 욥의 싸움에서 증거 기능을 한다. 무엇보다도 7-20절은 그의 고통스런 경험에 대한 묘사로 혹은 그것을 일으킨 장본인에 대한 고발로 읽힐 수 있으나, 그들의 본문 배치는 그것들을 훨씬 더 분명하게 친구들과의 논쟁의 일부가 되게 한다. 왜냐하면 7-12절에 나오는 하나님의 폭력의 이미지들은, 친구들이 "알아야" 하는 것의 핵심으로 그들에게 전달되는 "나를 잘못된 자리에 둔 것은 바로 하나님이다"(6절)라는 일반 진술의 부연으로 존재하기 때문이다. 7-12절은 욥이 그의 상처들을 핥거나 혹은 그것들로 하나님을 또다시 비난하는 상황이 아니라, 그의 죄의 **명백한** 증거에 대해 하나님을 책잡음으로써 친구들에게 자신의 결백을 항변하는 상황이다. 이러한 독법은 "포위 공격" 메타포가 6절에 도입됨으로써 확정되는데, 그것은 정확히 친구들에게 말해지는 것이다. "포위 공격" 이미지는 12절에서 다시 나타날 것이기 때문에, 시인은 6b-12절로 된 하나의 감싸인 구조(envelope)를 만들었고, 그 전체는 "바로 하나님이 나를 잘못된 자리에 두셨다"는 표제의 상술이다.

13-20절은 "그가 나의 친척을 나로부터 아주 멀리 두셨다"라는 13절 첫 번째 동사에 의해서 이전 연과 연결된다. 이는 13-20절 연 전체가 논리적으로 7-12절에 매달린 것으로, 그 절들처럼 하나님의 비난받을 이유에 대한 부연으로 이해해야 됨을 가리킨다.

이 연설의 마지막이요 가장 강력한 부분(23-27절)은 마치 23-27절의 욥의 소원, 확신 그리고 열망이 그와 친구들 간의 논쟁의 맥락에서 읽혀야 할 것인 양 친구들에게 하는 두 연설 안에 둘러싸여 있다(21-22, 28-29절; 이 행들의 배치에 대해서는 "양식/구조/배경" 부분을 보라). 본문의 전승 역사와 기독교 교리의 역사 가운데 시인이 기대할 수 없었던 이유에서 이 절들은 사실상 한 번도 그들의 의도된 맥락에서 읽히지 않았고, 그들의 자리에서 잘려져 미지를 향한 엉뚱한 믿음의 도약의 증거가 되었다. 그것들의 문맥 상황에서 이지적으로 주된 강조는 첫째로 언젠가 인정될 것이라고 그가 확신하며, 둘째로 안전을 위해 바위에 새겨질 수 있기를 바라며, 그러나 셋째로 무엇보다도 지금 여기서 인정되기를 열망하는 욥의 결백에 있다. 감정적으로 주된 강조는 너무 강렬해서 그를 쇠약케 하고(27c절구), 꼭 행복한 미래를 위해서가 아니라 정의에 대한 그의 대답 없는 요구를 가지고 하나님을 맞서기 위한 하나님과의 직접 대면을 향한 그의 열망에 놓여 있다. 그러나 이것들은 엄격하게 하나님과 욥 사이의 문제가 아니다. 친구들에게 하는 연설들 사이에 끼어 있는 23-27절의 욥의 말들은—비록 친구들에게 직접적으로 말해지는 것으로 그려지지는 않을지라도—특별히 그들을 위해 작용한다. 욥의 결백 확신은 그의 기분을 좋게 하기 위해 말하는 독백이 아니며, 우스 땅에서는 들리지 않지만 부활을 믿는 자들에게는 크고 분명하게 들려오는, 그의 책의 나중 독자들을 위한 장파 방송은 더욱 아니다. 그가 "나는 나의 지지자가 살아 있음을 안다"라고 말하는 것은 친구들의 유익을 위함이요 그들의 생각이 잘못되었음을 납득시키기 위함이다. 또한 "아직 내 육체 가운데 머무는 동안에 엘로하를 보는 것—그것이 바로 나의 열망이다"라고 확언하는 것도 그 자신의 위로를 위해서가 아니라 하나님이 그를 벌하시는 것 외에 무엇이든 할 수 있다는 것을(혹은 하나님은 결코 그를 벌하실 수 없다는 것을) 그들이 믿지 않기 때문이다.

극적 관점으로부터 보면, 이 연설에는 끝없이 변하는 이 사람 욥에 대한 묘사를 진척시키는 두 가지 새로운 점이 있다. 첫 번째는, 아마도 보다 중요하고 분명히 가장 충격적인 것으로, 그의 연설을 이전의 다른 모든 연설들처럼 죽음의 주제로가 아니라 친구들의 공격을 그들 자신들에게로 되돌리는 격렬하고 냉소적인 반전으로 끝맺는다는 것이다: "너희 자신이 그 칼에 떨어야 한다"(29a절구). 신의 법정에 들어가기 전 대기실에서 기다리면서, 욥은 그 자신의 결백이 단순히 그의 간청과 그의 변호일 뿐만 아니라 그가 자신을 흠잡는 사람들을 공격할 수 있는 보루가 될 때까지 그것을 연구했다.

두 번째로 새로운 점은 그의 "지지자가 살아 있다"는 확신의 표현에 있다. 하나님 자신도 아니요 어떤 천상의 존재도 아니고 (여기서처럼) 결백과 관련된 욥 자신의 항의들로 이해된 이것은 흔히 생각되는 것 같은 믿음의 외침이 아니다. 그러나 그것은 믿음의 외침**이다**—즉 그의 결백이 모든 이들에 의해 부정되고 있는 상황에서 자신에 대한 믿음이요, 어쩌면 하나님을 향한 가장 경건한 경건보다도 더한 순결한 믿음의 행위다. "나는 내 지지자가 살아 있음을 안다"는 욥의 확신은 그의 연설의 핵심은 아니지만, 그것은 그의 메타포들 중에 가장 대담한 것들 가운데 자리 잡고 있으며, 하늘조차도 결국 그가 부당하게 고난당하는 죄 없는 사람이라는 사실을 받아들여야 한다는 그의 완전한 확신을 처음으로 드러낸다.

12. 소발의 두 번째 연설(20:1-29)

참고문헌

Chajes, H. P. "Note lessicali a proposito della nuova edizione del Gesenius-Buhl." *Giornale della Società Asiatica Iraliana* 19(1906) 175-86. **Dahood, M.** "Some Northwest-Semitic Words in Job." *Bib* 38(1957) 306-20. ______. "The Root עזב II in Job." *JBL* 78(1959) 306-7. ______. "Northwest Semitic Philology and Job." *The Bible in Current Catholic Thought*, ed. J. L. McKenzie. New York: Herder and Herder, 1962. 55-74. **Delcor, M.** "De l'origine de quelques termes relatifs au vin en hébreu biblique et dans les langues voisines." *Acres du premier congrès international de linguistique sémitique et chamito-sémitique: Paris 16-19 juillet 1969*, ed. A. Caquot and D. Cohen. The Hague: Mouton, 1974. 228-30. **Driver, G. R.** "Hebrew Notes on the 'Wisdom of Jesus ben Sirach.'" *JBL* 53(1934) 273-90. ______. "Hebrew Studies." *JRAS*(1948) 164-76. ______. "Glosses in the Hebrew Text of the Old Testament." *L'Ancien Testament et l'Orient: Eludes présentées aux VI*^{es} *Journées Bibliques de Louvain(11-13 septembre 1954)*. Orientalia et Biblica Lovaniensia 1. Louvain: Publications Universitaires, 1957. 123-61. ______. "Problems in the Hebrew Text of Job." *VTSup* 3(1955) 72-93. **Gordis, R.** "A Rhetorical Use of Interrogative Sentences in Biblical Hebrew." *AJSL* 49(1933) 212-17. **Guillaume, A.** "The Arabic Background of the Book of Job." *Promise and Fulfilment: Essays Presented to Professor S. H. Hooke*, ed. F. F. Bruce. Edinburgh: T. & T. Clark, 1963. 106-27. ______. "Notes on the Roots ריע, ירע, and רעע in Hebrew." *JTS* ns 15(1964) 293-95. **Holbert, J. C.** "'The skies will uncover his iniquity': Satire in the Second Speech of Zophar(Job xx)." *VT* 31(1981) 171-79. **Joüon, P.** "Eludes de morphologie hébraïque." *Bib* 1(1920) 353-71. **Kelly, B. H.** "Truth in Contradiction: A Study of Job 20 and 21." *Int* 15(1961) 147-56. **Loretz, O.** "Hebräisch *tjrwš* und *jrš* in Mi 6,15 und Hi 20,15." *UF* 9(1977) 353-54. **Pardee, D.** "*m*^{e}*rôrăt-p*^{e}*tanîm* 'Venom' in Job 20:14." *ZAW* 91(1979) 401-16. **Rabin, C.** "Eytmological Miscellanea." *ScrHieros* 8(1961) 384-400. **Reider, J.** "Contributions to the Biblical Text." *HUCA* 24(1952-53) 85-106. **Williamson, H. G. M.** "A Reconsideration of עזב II in Biblical Hebrew." *ZAW* 97(1985) 74-85. **Winton Thomas, D.**

"The Root ידע in Hebrew, II." *JTS* 36(1935) 409-12. ______. "The Text of Jesaia II 6 and the Word שפק." *ZAW* 75(1963) 88-90.

본 문

1 나아마 사람 소발이 대답하여 가로되

1 Then Zophar the Naamathite answered and said:

2 그러므로 내 생각이 내게 대답하나니 이는 내 중심이 초급함이니라

2 [a]Truly,[b] my troubled thoughts compel me to give answer,[c] because[d] of the feeling[e] within me.

3 내가 나를 부끄럽게 하는 책망을 들었으므로 나의 슬기로운 마음이 내게 대답하는구나

3 I have had to hear[a] a word of instruction[b] that defamed me; but an impulse[c] from my understanding[d] prompts my reply.[e]

4 네가 알지 못하느냐 예로부터 사람이 이 세상에 있어 옴으로

4 Do you not[a] know that[b] since ancient times, since man was first set[c] on earth,

5 악인의 이기는 자랑도 잠시요 사곡한 자의 즐거움도 잠깐이니라

5 the triumph cry of the wicked has been of the briefest, the rejoicing of the godless has lasted but a moment?[a]

6 그 높기가 하늘에 닿고 그 머리가 구름에 미칠지라도

6 Though his height[a] may reach the heavens, his head touching the clouds,

7 자기의 똥처럼 영원히 망할 것이라 그를 본 자가 이르기를 그가 어디 있느냐 하리라

7 he perishes forever like his fire-fuel,[a] and those who once saw him say, "Where is he now?"

8 그는 꿈같이 지나가니 다시 찾을 수 없을 것이요 밤에 보이던 환상처럼 쫓겨 가리니

8 Like a dream he takes wing and will never be found,[a] banished[b] like a vision of the night.

9 그를 본 눈이 다시 그를 보지 못할 것이요 그의 처소도 다시 그를 보지 못할 것이며

9 [a]The eye that saw him will glimpse[b] him no more; his dwelling will not again behold[c] him.

10 그의 자녀들이 가난한 자에게 은혜를 구하겠고 그도 얻은 재물을 자기 손으로 도로 줄 것이며

10 [a][His children must beg[b] the poor for mercy, when his hands have relinquished their strength.][a]

11 그 기골이 청년같이 강장하나 그 기세가 그와 함께 흙에 누우리라

11 Youthful vigor may fill his bones, but it[a] lies down in the dust with him.

12 그는 비록 악을 달게 여겨 혀 밑에 감추며

12 Though evil tastes sweet in his mouth and he rolls it under his tongue,

13 아껴서 버리지 아니하고 입에 물고 있을지라도

13 loath to let it go, making it linger on his palate,

14 그 식물이 창자 속에서 변하며 뱃속에서 독사의 쓸개가 되느니라

14 yet it turns sour[a] in his stomach; it is the venom of asps that is within him.

15 그가 재물을 삼켰을지라도 다시 토할 것은 하나님이 그 배에서 도로 나오게 하심이니

15 [a]The wealth he swallowed he must vomit up; God makes him disgorge[b] it from his belly.

16 그가 독사의 독을 빨며 뱀의 혀에 죽을 것이라

16 It was the poison of asps that he sucked; the snake's tongue will slay him.

17 그는 강 곧 꿀과 엉긴 젖이 흐르는 강을 보지 못할 것이요
18 수고하여 얻은 것을 도로 주고 삼키지 못할 것이며 매매하여 얻은 재물로 즐거워하지 못하리니
19 이는 그가 가난한 자를 학대하고 버림이요 자기가 세우지 않은 집을 빼앗음이니라

20 그는 마음에 족한 줄을 알지 못하니 그 기뻐하는 것을 하나도 보존치 못하겠고
21 남긴 것이 없이 몰수히 먹으니 그런즉 그 형통함이 오래지 못할 것이라
22 풍족할 때에도 곤액이 이르리니 모든 고통하는 자의 손이 그에게 닿으리라

23 그가 배를 불리려 할 때에 하나님이 맹렬한 진노를 내리시리니 밥 먹을 때에 그의 위에 비같이 쏟으시리라
24 그가 철병기를 피할 때에는 놋활이 쏘아 꿸 것이요
25 몸에서 그 살을 빼어낸즉 번쩍번쩍하는 촉이 그 쓸개에서 나오고 큰 두려움이 그에게 임하느니라
26 모든 캄캄한 것이 그의 보물을 위하여 쌓이고 사람이 피우지 않은 불이 그를 멸하며 그 장막에 남은 것을 사르리라
27 하늘이 그의 죄악을 드러낼 것이요 땅이 일어나 그를 칠 것인즉
28 그 가산이 패하여 하나님의 진노하시는 날에 흘러가리니
29 이는 악인이 하나님께 받을 분깃이요 하나님이 그에게 정하신 산업이니라

17 He will enjoy[a] no[b] streams of oil,[c] torrents flowing with honey and cream.
18 He disgorges[a] the gains[b] he cannot keep swallowed,[c] and takes no pleasure[d] from the fruit of his commerce.[e]
19 For he has defrauded and disregarded[a] the poor, and seized by force houses he did not build.[b]

20 He has known no contentment[a] in his belly, he has let nothing that he desired[b] escape him,
21 [a]There is nothing left[b] after he has eaten; therefore[c] his prosperity cannot endure.
22 When in full abundance,[a] he suddenly is thrown into distress,[b] all the strength[c] of misfortune[d] assails him.

23 [a]If [God] would[b] fill the wicked's[c] belly to the full, he will send his burning wrath against him, rain[d] it down on him[e] as his food.[f]
24 Though[a] he flee[b] from a weapon of iron, an arrow of bronze will pierce him through.
25 When[a] he pulls[b] it out of his back,[c] the arrowhead[d] from his liver,[e] terrors come[f] upon him,

26 the depth of darkness lies in wait[a] for his treasures.[b] A fire unfanned[c] consumes[d] him, it feeds[e] on any survivor left in his tent.
27 Heaven declares his guilt; earth rises to denounce him.
28 A flood[a] sweeps away[b] his house, torrents[c] on the day of [God's] wrath.
29 Such is the fate God[a] allots to the wicked,[b] such the inheritance appointed[c] him by God.

원문주해

2.a. NAB는 좀더 정확한 평행 구조를 만들기 위해 2a절구와 3a절구의 위치를 바꾼다.

2.b. 라켄(לָכֵן)은 그것의 보통 의미 "그러므로"를 뜻할 리가 거의 없다. 왜냐하면 그것은 선행하는 것을 가리키지 않는데, 심지어 "선행하는 것과 관련해서"도 아니기 때문이다(휠셔, 포어러). KB[3]는 삼상 28:2에서처럼(렘 2:33은 그리 설득적이지 않음) "진실로, 참

으로[truly]"라는 의미를 허용하는데, 이것이 여기에 가장 적절해 보인다(고디스 "정말로〈indeed〉"; NJPS, 하벨, "정말로〈in truth〉"). JB의 "이것을 내 생각이 간절히 바란다…"는 그리 그럴듯한 번역이 아니다. 로 켄(לֹא כֵן, "그렇지 않다!")으로의 수정(칠십인경 *οὐχ οὕτως*, 그러나 그들은 욥기와 일부 다른 책들에서 לכן을 명백히 항상 그렇게 다루었다)은 이 행과 별로 어울리지 않는다.

2.c. 예쉬부니(יְשִׁיבוּנִי)는 "내게 대답하다"를 뜻하는 것으로 기대될 수도 있을 것이다(참조. RV, RSV). 그러나 피크가 알아보듯이 소발이 자신의 생각과 대화한다는 개념은 다소 인위적이다. 분명한 해결책은 비록 문법서들, 사전들 혹은 대부분의 주석가들에 의해 인정되는 것 같지는 않지만(델리취에 의해서는 아주 명백히 부인된다), 그 히필을 이중 사역형으로 "나로 대답을 **하게 하다**"(*cause* me to *make* answer)로 해석하는 것이다(비슷하게 KJV, NEB, NJPS, NIV).

2.d. 문자적으로는 동사가 이어져야 함을 암시하는 "그리고-때문에". 따라서 횔셔는 우바아부라(וּבַעֲבוּרָהּ, "그리고 그것들이 내 안에서 생각하는 것 때문에")로 읽는다. 덤, 드라이버-그레이, 비어(*BHK*), 포어러, 드 빌드, NEB는 바아부르(בעבור) 뒤에 조트(זאת, "이것")를 삽입한다. NAB는 우바아부로(וּבַעֲבוּרוֹ, "그리고 그것 때문에")로 읽는다. 다른 이들은 그 단어가 너무 어렵다고 보고 수정해야 한다고 느낀다. 덤의 제안, 야르히부니(יַרְהִיבוּנִי, "그것들이 나를 교란한다")는 광범위하게 환영을 받았다(드라이버-그레이, 드 빌드가 따름). 키산느는 야쉬무니(יַשְׁמִמוּנִי, "나를 놀라게 하다")를 제안했다.

2.e. 호쉬(חוּשִׁי)는 חוש("서두르다")의 부정사로 이해되곤 했다. 따라서 "나의 재촉함"(참조. RV, RSV) 혹은 "나의 내적 동요"(BDB). NEB는 약간 다르게 "이것이 내가 서둘러 말하려는 이유다". 참조. JB, "내가 성급함에 사로잡혔다 해도 전혀 놀랄 일이 아니다." 현재는 좀더 일반적으로 그것이 다른 곳에서는 오로지 전 2:24에만 나오는, חוש II, "느끼다"(특별히 고통)라고 여겨진다. KB[3]가 그렇다. 야호쇼(יָחוּשׁוּ, "그것들이〈나의 생각들〉 고통스럽다")로 읽음. 고디스는 전적으로 만족스러운 듯한 맛소라 본문을 "내 느낌, 고통"으로 해석하며 유지시킨다. בעבור의 **바브**는 당연히 보충 설명적(epexegtic)일 수 있을 것이다(도름은 설명적〈explanatory〉이라 말함). 이와 달리 라하쉬 르비(רָחַשׁ לִבִּי, "내 마음이 동요한다"; 시 45:2[1]에서처럼)로의 억지 추측 수정도 이루어진다(비어, 포어러, NAB, "나는 교란되었다"; 매우 유사한 NIV의 "나는 몹시 교란되었기 때문이다"는 추측컨대 맛소라 본문을 따라 읽는다).

만일 חוש가 "느끼다"를 의미한다면, 그것이 "고통을 느끼다"를 의미하는지의 여부는 아직 해결되지 않은 질문이다. 전 2:25에서는 한 가지 분명한 의미는 "기쁨을 느끼다"이며, 우리는 아마도 악카드어 *ḫašāšu*("기쁨을 느끼다")와 비교해야 할 것이다. 그러나 후기 성경 히브리어에서는 그것이 "고통을 느끼다, 교란되다"이며, 그리고 그 의미는 전 2:25에 대해서도 결코 배제될 수 없는 것이다(A. Lauha, *Kohelet*[BKAT 19; Neukirchen:

Neukirchener Verlag, 1978] 58이 그렇게 보며, 이는 F. Ellermeier, *ZAW* 75[1963] 197-217를 따르는 것이다. 그러나 그와 정반대인 다음을 유념하라. R. Braun, *Kohelet und die frühhellenistische Popularphilosophie*[BZAW 130; Berlin: de Gruyter, 1973] 110-11).

3.a. 서법적인 사용 "나는 들어야 한다", 델리취에 의해 특별히 언급됨.

3.b. 무싸르(מוסר)를 "바로잡음, 꾸짖음, 책망"으로 하는 표준역에도 불구하고(여기서의 경우는 "비난," RSV, 고디스; "책망," NEB; "견책," RV, NJPS; "꾸짖음," NAB, NIV; "체크," KJV, 이 마지막은 "꾸짖음"을 뜻하는 사어로, "체크"의 모든 의미들이 궁극적으로 그런 것처럼, 체스에서 말하는 "체크"로부터), 이 용어가 누군가를 반박하거나 그들을 바로잡는다는 의미를 갖는다는 증거는 거의 없다. 그것은 오히려 일반적으로 교훈, 가르침, 교육을 뜻하는 용어로서, 물론 바로잡음이나 경고를 포함하지만 반드시 그렇지는 않다(시크레 디아즈는 "una lección", 라비시는 "una lezione", "un insegnamento magistrale" 등으로 제대로 번역한다).

3.c. 도름의 단어: 문자적으로는 "바람, 영"(רוח – 아흐). 그러나 "나의 이해로부터의 영"(NJPS; 참조. NAB)은 이해하기가 어렵다. "나의 이해 너머의 영"(NEB)은 거의 의도되었을 리가 없다. 왜냐하면 소발에게는 초자연적 계시들이 주어진 것이 아니기 때문이다. 드라이버는 그것을 "나의 이해로부터 나에게 대답하[고 있는] 한 영, 즉 내 이해 안에서 그리고 내 이해로부터 말하는 더 높은 영"이라고 생각했다. 그러나 이것은 혼란스럽다.

3.d. 다후드의 마브니티(מַבְנִיתִי, "내 골격")로의 모음 재조정("Northwest Semitic Philology," 63)은 포프가 따르지만 권할 만한 것을 갖지 않는다. 그러나 그것은 그의 이전 수정 베노타이(בֵּינוֹתַי, "내 안에서"; *Bib* 38[1957] 315-16)보다는 더 바람직하다. 덤, 테리앙, 드 빌드는 **민**(מן)을 결여 개념(privative)으로 해석하면서 "지성 없는 바람"으로 번역한다. 테리앙은 칠십인경에서(*πνεῦμα ἐκ τῆς συνέσεως* – 프뉴마 에크 테스 쉬네세오스, "이해로부터의 한 영") 지지를 구한다. 그러나 비록 칠십인경에는 대명사가 없더라도, 그것은 확실히 그 **민**을 결여 개념으로 간주하지 않았다.

3.e. 야아네니(יענני)는 히필로서 "나로 대답하게 한다"로 해석되어야 한다(참조. 2절의 ישיבוני – 예쉬부니). RSV의 "내게 대답하다"(NEB, "내게 그 대답들을 주다", 드라이버-그레이, 포프)보다는 NJPS, NIV, 도름, 포어러, 고디스, 하벨이 그렇다. 덤의 타아네니(תַעֲנֵנִי, "네가 내게 대답하다")로의 수정(지성이 없는 바람으로; "원문주해" 20:3.d를 보라)은 비록 드 빌드가 따르지만 단지 욥기를 다시 쓴 것일 뿐이다.

4.a. 히브리어에는 없지만 영역본들이 인정하는 것처럼 꽤나 분명하게 요구됨. 고디스는 "화자의 확신이 넘치는 곳에서는, 부정적인 것이 불필요하게 된다"라고 설명하며, 삼상 2:27과 렘 31:20으로부터의 평행문들은 틀림없이 설득력이 있다(왕하 6:32은 다르다). 그의 "A Rhetorical Use of Interrogative Sentences in Biblical Hebrew," *AJSL* 49 (1933) 212-17를 보라(포어러가 그것을 따름). 할로(הֲלֹא)로의 수정(덤)은 불필요하며,

메르크스의 야다티(יָדַעְתִּי, "나는 안다")로의 수정은 더욱 그렇다.

4.b. 히브리어에서는 "that"(כִּי)이 5절의 시작 부분까지도 나타나지 않는데, 이는 충분히 잘 입증된 하나의 문학 특성이며 놀랄 것이 아니다. 고디스는 그것을 "기대"라고 부르며 창 1:4과, 그리고 더 낫게는 신 31:29의 "나는 안다, 내가 죽은 후에 너희가 사악하게 행할 것임을"과 비교한다(참조. 또한 사 40:21). 욥에게 그가 태고 시대로부터 전해진 뭔가를 아는지의 여부를 묻는 것은 분명히 터무니없을 것이다. NEB, JB, NIV는 "that"의 위치를 앞으로 보냄으로써 그 난점을 성공적으로 해쳐 나간다. 그러나 RV, RSV, NAB는 그렇지 못하다.

4.c. שִׂים은 지정되지는 않았지만 그럼에도 불구하고 명백한 주어를 가진 분명히 흔하지 않은 부정사 형태다(보통의 경우는 숨〈שׂוּם〉) – 아니면 아마도 칼 수동일 것이다(P. Joüon, "Etudes de morphologie hébraïque," *Bib* 1[1920] 362-63; Dahood, "Northwest Semitic Philology," 64; 블롬머드).

5.a. 아데-라가(עֲדֵי־רָגַע)는 문자적으로는 "한 순간까지", 즉 그것이 잠시 동안만 존속될 것이다. 그러나 여기서는 아드(עַד)가 "…동안"일 수도 있다(참조. J. Barr, "Hebrew עַד, Especially at Job i.18 and Neh. vii.3," *JSS* 27[1982] 177-88[184]).

6.a. 시(שִׂיא)는 일반적으로 **단 한 번 사용된 단어**로 여겨진다(그러나 15:31에서도 나타날 가능성이 있다). 그것은 분명히 나사(נשׂא, "들어올리다")로부터 온 것이며, 따라서 구체적으로 "자만"이 아니라(휠셔, NAB, NIV) 아마도 "높음", "우뚝 솟음"(BDB)일 것이다. 기욤은 정확한 평행을 만들어 내기 위해 아랍어 *šawā*("머리, 두개골")와 비교했다("Arabic Background," 114-15). 라빈은 아랍어 *šā'a*("소원")와 비교했고, "그의 열망"으로 번역했다(C. Rabin, "Etymological Miscellanea," *ScrHieros* 8[1961] 399).

7.a. 게랄로(גללו)는 확실히 겔(גֵּל, "똥, 똥덩어리")로부터 온다. 여기에는 악카드어 *gallu*("악령")과 같은 어원의 단어가 있다는 도름의 가정(그래서 아마도 JB, "유령처럼")은 틀리다. 왜냐하면 악령들은 죽지 않기 때문이다(도름은 "그는, 귀신[혹은 유령]처럼, 영원히 사라진다"라고 번역하나, 악카드어 *gallu*는 귀신이 아니며, *CAD*의 항목에서 증거하듯이 사라질 존재도 분명히 아니다). 에발트는 "그의 위대함을 따라"로 읽었다. 참조. 아랍어 *ja'lal*("위대함"; 고디스도 마찬가지). 킹(E. G. King, "Some Notes on the Text of Job," *JTS* 15[1914] 74-81[78-79])은 일반적인 해석의 천박함에 놀라 גלל을 "굴리다, **따라서** 신뢰하다"(시 22:9[8]처럼)로 해석할 것을 제안했다. 따라서 "그가 신뢰하는 동안, 즉 자기-확신으로 스스로를 세우는 동안에".

8.a. 부정(不定) 복수 주어.

8.b. 문자적으로는 "그가 쫓겨났다". 드 빌드는 비다드(וִידַּד, "그리고 그가 도망한다")로 읽지만, 이 형태는 모호하고, 그 제안은 불필요하다.

9.a. 덤은 다음의 세 가지 이유로 이 절을 삭제했다: 9a절구가 7b절구의 생각을 반복한

다. 9b절구는 3:10의 인용이다. 그리고 이 절이 칠십인경 원본에 의해 생략되었다. 모파트가 아마도 그를 따랐을 것이다. 이것들은 불충분한 이유들이다. 특별히 칠십인경은 이 절 주변에서 여러 절들을 생략했기 때문이다.

9.b. 문자적으로는 "그를 흘끗 보았던 눈이 다시 그러지 않을 것이다"이다. 만일 샤자프(שׁזף)가 실제로 "흘끗 보다"를 의미한다면(BDB "보다, 바라보다") – 그 외의 다른 곳으로는 28:7; 아 1:6에만 나타난다 – 요점은 분명히 그를 흘끗 보기만 했던 자들이 다시는 그를 보지 않으리라는 것이 아니라(NEB, NJPS처럼), 그를 **보았던** 자들이 다시는 그를 흘끗 보기조차도 못하리라는 것이다.

9.c. 남성형 예슈레누(יְשׁוּרֶנּוּ)로의 수정(덤, 드라이버, 휠셔, NAB)은 아마도 불필요하다. 왜냐하면 마콤(מקום, "장소")은 창 18:24; 삼하 17:12에서도, 그리고 아마도 욥 28:6에서도 여성형이기 때문이다. NEB와 NJPS는 투르-시나이와 더불어 ממקומו를 "그의 장소에서"로 이해하면서, 아인(עין, "눈")을 그 여성 동사의 주어로 해석한다. 그러나 맛소라 본문의 표현법은 관례적인 것이다(7:10; 시 103:16; 참조. 욥 8:18). 사르나(N. M. Sarna, "The Mythological Background of Job 18," *JBL* 82[1963] 315-18[318])는 그 동사가 사실은 *t*- 전치 남성형이라고 주장했다(따라서 *taqtul* 형태). 그러나 이러한 형태가 히브리어에 존재했는지는 의심스럽다(참조. "원문주해" 18:14.c). 이상하게도 7:10에 나오는 매우 유사한 구절인 베로-야키레누 오드 므코모(ולא־יכירנו עוד מקומו, "그리고 그의 장소가 다시는 그를 알지 않을 것이다")에서(참조. 시 103:16), מקום이 남성인 반면에 우리는 그것이 여기서는 예외적으로 여성형이라고 가정할 수 있을 뿐이다.

10.a-a. 드 빌드가 하나의 판독을 제시한다: 바다이브 예라우 베이들루 베야다브 타셰브나 오난(בַּדָּיו יֵרָעוּ וְיִדְּלוּ וידיו תשׁבנה אוֹנָן, "그의 사지가 여위고 약해지며, 그의 양손이 힘을 잃는다"). 그것은 맛소라 본문보다는 문맥의 상황에 훨씬 더 잘 어울리지만, 이것이 원문이었다고 믿기는 어렵다.

10.b. 두 가지 주요 가능성에 대해서는 "주석"을 보라. 여기서 우리가 라차츠(רצץ, "짓밟다, 박살내다")를 보고(니팔 에로추⟨יֵרֹצּוּ⟩로 읽는 고대 역본들, 부드, BDB처럼), 따라서 "그의 자녀들이 가난한 자들[처럼] 짓밟힌다"가 될 가능성은 거의 없다. 이와 반대로 야로추(יָרֹצּוּ, "가난한 자들이 그 자녀들을 짓밟는다"; 로젠뮐러).

11.a. 알루밈(עלומים, 추상명사 복수형)은 3인칭 여성 단수 동사를 취할 수 있다(참조. 시 103:5; *GKC*, § 145k). NJPS, "그의 뼈들이…먼지 가운데 누워 있다"와 대조하라.

14.a. "귀결절을 이끄는 완료형은 그 자체로 변화의 갑작스러움을 표현한다"(드라이버; 참조. Driver, *Hebrew Tenses*, 204 § 135γ). 그가 지적하듯이, 영어의 **현재형**이 때때로 동일한 목적으로 사용된다. "If thou say so, villain, thou *kill'st* thy mistress"(그대가 그렇게 말하면, 악한 자여, 그대는 그대의 여주인을 죽이는 것이요: *Antony and Cleopatra* 2.5.26).

15.a. 포어러와 드 빌드는 뱀의 독에 대한 두 절이 함께 놓이게 이 절을 16절 뒤에 오도록 옮긴다. 앤더슨은 12-18절에서 15절을 중심점으로 하고 14절과 16절이 동일한 자료를 가지고 서로 균형을 이루는 동심원적인 구조를 발견한다. 그러나 그는 12절과 18절, 혹은 13절과 19절이 어떻게 평행을 이루는지는 설명하지 않는다. 실상은 15절이 18절과 매우 밀접하게 평행한다.

15.b. 야라쉬(ירשׁ, 히필, 대체로 "소유하다" 혹은 "빼앗다": BDB). 그러나 KB^3는 하웁트(P. Haupt, "Critical Notes on Micah," *AJSL* 26[1909-10] 201-52[215, 223])와 다른 이들을 따라 미 6:15에서 ירשׁ II의 한 의미 "밟다, 내리누르다"를 인정한다. 투르-시나이와 델코흐(M. Delcor, "De l'origine de quelques termes relatifs au vin en hébreu biblique et dans les langues voisines," *Actes du premier congrès international de linguistique sémitique et chamito-sémitique: Paris 16-19 juillet 1969*, ed. A. Caquot and D. Cohen[Janua Linguarum. Series Practica 159: The Hague: Mouton, 1974] 223-33[228-30])는 여기서 동일한 어근을 본다. 로레츠는 ירשׁ II의 존재를 부정했는데 아마도 그가 옳다(O. Loretz, "Hebräisch *tjrwš* und *jrš* in Mi 6,15 und Hi 20,15," *UF* 9[1977] 353-54).

17.a. 라아 베(ראה ב)는 때로 "즐거움으로 바라보다"를 의미하는 것으로 항상 인정되었지만(BDB, KB^3), 블롬머드는 어떤 경우에는 "즐기다"가 더 정확한 의미라고 제대로 지적했다(여기 본문에 대한 NJPS, NIV처럼). NEB의 "그가 크림의 흐르는 것들을 들이키지 못하다"는 아마도 라아(ראה)를 라바(רוה, "물리다, 질리다")와 같은 의미로 해석하는 것 같다. JB의 "그는 기름으로 흐르는 시내를 더 이상 알지 못할 것이다"는 라아(ראה)의 가장 기본적인 의미로 해석한다.

17.b. 부정어와 함께 사용된 3인칭 간접 명령 알-에레(אל־ירא)는 문자적으로는 "그로 즐기지 않게 하라"이며, 때때로 강한 부정 즉 "어떤 일이 일어날 수 없거나 일어나서는 안 된다는 확신"을 표현하는 데 사용된다(GKC, § 109e). 참조. 5:22.

17.c. 플라고트 나하레 나할레 드바쉬(פלגות נהרי נחלי דבשׁ, "streams of rivers of brooks of honey")는 대부분의 학자들에게 받아들이기 어려운 연계형들의 긴 연속으로 여겨졌다. 두 개의 인접한 연계형을 동격 관계로 갖는 것을 지지하는 경우들이 있지만(사 37:22; 삼상 28:7; *GKC*, § 130e), 여기 본문은 일반적으로 나하레(נהרי) 대신 이츠하르(יִצְהָר, "기름")로 읽어서 "기름의 흐름들"이 되도록 수정된다(드라이버-그레이, 도름, 포어러, 포프, 드 빌드, JB, NAB 등이 그렇다). 우리는 이츠하르(יצהר)가 צהר("흐르다")로부터 유래하는 것처럼(참조. 또한 צהל) נהר("흐르다")라는 어근에서 파생된 명사 *נהר("기름")을 갖는다는, 그리고 블롬머드, 고디스, 시크레 디아즈가 그 뒤를 따르는 샤예즈의 제안에 대해(H. P. Chajes, "Note lessicali a proposito della nova edizione del Gesenius-Buhl," *Giornale della Società Asiatica Italiana* 19[1906] 175-86[181-82]) 말할 것이 있다. 히브리어에는 기름을 뜻하는 것으로 이미 샤만(שמן)과 이츠아르(יצהר)가 있는 만큼,

그 제안은 매우 설득력이 있는 것이 아니다. NEB는 나하레(נהרי) 대신 NEB가 분명히 "젖"을 뜻한다고 생각하는(참조. 칠십인경 ἄμελξις, "젖 짜기") 도헨(דֹהֶן)으로 읽는데 (브로킹턴, 107), 그것은 히브리어로는 입증되지 않는 단어다.

18.a. 메쉬브(משיב, 문자적으로는 "돌아오게 하는"). 현 문맥의 상황에서는 말해지고 있는 것이 여전히 은유의 음식이며(참조. בלע – 발라, "삼키다"; עלס – 알라쓰, "먹다, 마시다, 즐기다"), 그가 음식이 "돌아오게" 할 수 있는 유일한 길은 그것을 도로 토해내는 것으로, 이는 15a절구에서와 똑같은 표상이다. 덤의 마샤크(מָשַׁךְ, "그가 〈그의 노동을〉 증대시키다, 확대시키다")로의 수정은 궁색하다. 드 빌드의 메쉬브 예기오(מֵשִׁיב יְגִיעוֹ, "그의 일의 소득")는 지지되지 않는다. JB의 "그의 소득을 보고 그 기쁜 얼굴이 사라졌다"는 이해되지 않는다.

18.b. 야가(יגע)는 오직 여기서만, 그러나 분명하게 노동의 산물로서의 "소득"을 말한다(어근은 יגע, "수고하다"). 많은 학자들은 아마도 중자 탈락으로 생략된 접미사를 추가시켜 예가오(יְגָעוֹ, "그의 수고": *BHK*, 포어러, 시크레 디아즈) 혹은 예기오(יְגִעוֹ, 도름, 횔셔, 드 빌드: 예기오〈יְגִיעוֹ〉), 야고(יָגְעוֹ, 브로킹턴) 등으로 읽을 것을 제안한다.

18.c. 문자적으로는 "그는 (그의) 소득을 토해내고, 그것을 삼키지 않는다". 그러나 만일 그가 그것을 삼키지 않는다면, 그가 그것을 어떻게 토해낼 수 있다는 것인가? 그것은 아마도 그가 그것이 토해진 음식이기 때문에 다시 삼키지 않는다는 것이거나, 아니면 더 나은 경우로 그는 애당초 성공적으로 삼키지 못한다, 그는 그의 음식을 소화하지 못한다는 것을 의미할 것이다. 물론 만일 메쉬브(משיב)가 "토하다"를 의미하지 않는다면, NIV의 "그가 얻기 위해 수고했던 것을 그는 먹지 않은 채로 되돌려 주어야 한다"와 같이 사실상 아무런 난점이 없을 것이다 – 다만 이 연의 이미지는 일관되게 그가 실제로 먹는 일과 삼키는 일에 관한 것이라는 점만 제외하고(그레이는 15절과의 모순을 인정한다). 우리는 그가 그의 음식을 토해낸다는 의미로 "삼키지" 않는다고 말해야 할 것이다.

18.d. BDB와 KB에 의해 "기뻐하다"로 해석되는 알라쓰(עלס)에 관하여(그 밖에는 오로지 39:13, 타조가 날개 치는 것에 대해서, 그리고 잠 7:18, 사랑으로 즐기는 것에 대해서), 우리는 עלס I의 한 의미(아랍어 *ʿalasa* "먹다, 마시다"와 동족어)인 "맛보다, 즐기다(*geniessen*)"를 עלס II의 한 의미(아랍어 *ʿaliza*)인 "쉬지 못하다, 잠 못 이루다"(39:13에 대해)와 구별해야 할 것이다(KB^{3}가 그렇다). 고디스는 즐김의 개념을 "*a*행 이후 용두사미 격이요 평행법의 완전 결핍으로" 본다. 그는 야알로쓰(יעלס)가 성경 히브리어에는 실제로 나타나지 않고 미쉬나 히브리어에 나타나는 "일오쓰(יִלְעֹס, "그가 씹는다")에 대한 필사상의 음위 전환"이라고 단언한다. 이 제안은 곱으로 불확실하다. 로 야알로쓰(לא יעלס)는 접두된 **바브**를 갖고 있다. 많은 이들이 그것을 삭제하지만(참조. *BHK*), 그것은 연기된 **바브**의 한 사례일 수 있다(참조. 23:12, 25:5; Driver, *Tenses*, § 124).

18.e. 문자적으로는 "힘 혹은 그의 무역의 번창함에 따라"(כחיל תמורתו – 크헬 테무라

토). 만일 **카프**가 정확하다면, 그것은 분명히 그의 (비)향유가 그의 번영과 비례하지 않다는 것을 뜻한다. 많은 사본들은 *BHK* 등이 읽도록 권하는 베헬(בְחיל)이라 번역한다. 즉 그는 그의 부를 즐기지 않는다. תמורה는 "거래, 거래로 얻어진 것", 따라서 "무역"이다(도름, NIV). 그러나 19절은 그에게 이 같은 궁핍을 초래하는 것은 정규적인 사업 활동이 아님을 시사한다. 고디스는 בחיל로 읽으면서 보헬(בֹּחֵל, "몹시 싫어하다")로 모음을 표기하고, "그의 소득을 토해낼 것이다"로 번역한다(NEB도 그렇다). 그러나 혐오와 구토는 아주 똑같은 개념은 아니다. NEB의 "소화하지 못했다"는 그것의 독법 카흐 르타모토(כַּח לִתמותוֹ)만큼이나 이해하기가 어렵다. JB는 어떻게 해서 "상업이 번창할 때의 편안한 모습"이라 번역하는지 알려진 바가 없다.

19.a. 아자브(עזב, "소홀히 했다, 무시했다")는 일반적으로 의심스러운 것으로 여겨졌는데, 주된 이유는 그것이 지나치게 일반적이고 점강적인 것 같기 때문이다(그레이; 그러나 "주석"을 보라). 에얼리히는 미쉬나의 마아지바(מַעֲזִיבָה)에 근거하여 새로운 단어 오제브(עֹזֶב, "오두막")를 제안한다. 그러나 그 단어는 정확히 말하면 "아래 층 천장을 덮고 위 층 바닥을 까는 포장인 바닥 깔기에 사용되는 돌 부스러기, 점토 등으로 된 콘크리트(결합물)"다(레비) – 이것은 "오두막"과 같은 것일 리가 거의 없다. 다후드는 רצץ("짓뭉개다")가 갈대-오두막 파괴에 사용되기에 더할 나위 없는 동사라고 말하면서(참조. 사 42:3의 קָנֶה רצוץ, "뭉개진 갈대") 이 견해를 인정했다("The Root עזב II in Job," *JBL* 78 [1959] 306-7). JB, "왜냐하면 그가 전에 가난한 자들의 오두막을 파괴했기 때문이다." 테리앙도 그렇다. 그러나 그 의미는 로울리의 말대로 모험적이다. 라이더(J. Reider, "Contributions to the Biblical Text," *HUCA* 24[1952-53] 86-106[103-4])는 성경 이후 히브리어 עזיבה같이 가난한 자들의 "남은 것들", 즉 레 19:10에서 부자들이 가난한 자들을 위해 남겨 두어야 하는 것들을 뜻하는 에제브(עֱזֶב)로 읽었다.

키산느는 아마도 그가 BDB의 עזב II("되돌려 주다, 수리하다")로부터 파생시켰을 새로운 단어 עזב("오두막집")을 제안했다. 칠십인경이 오이쿠스(*οἴκους*, "집들")를 갖고 있음이 사실이지만, 이 עזב II의 존재는 이제 단념되어야 한다(H. G. M. Williamson, "A Reconsideration of עזב II in Biblical Hebrew," *ZAW* 97[1985] 74-85를 보라). 드라이버는 עזב에서 아랍어 *ʾaddạba*("벌했다, 괴롭혔다")를 보았고 רצץ를 그에 대한 설명의 행간 주로 여겼다(G. R. Driver, "Glosses in the Hebrew Text of the Old Testament," *L'Ancien Testament et l'Orient: Etudes présentées aux VI*[es] *Journées Bibliques de Louvain(11-13 septembre 1954)*[Orientalia et Biblica Lovaniensia 1; Louvain: Publications Universitaires, 1957] 123-61[138]). 투르-시나이는 옐린을 따라 그 단어를 똑같은 어근으로부터 파생시켰다. 그래서 아마도 NJPS의 "고문했다".

수정들 가운데서 다음이 언급될 수 있을 것이다: 즈로아(זְרֹעַ, "〈가난한 자들의〉 팔을 〈뭉개 버렸다〉"; 비어; 참조. *BHK*; 포어러, 드 빌드; 참조. 22:9; 38:15; 렘 48:25; 겔

30:21-22, 24; 시 10:15; 37:17, 그러나 이 중 하나도 רצץ와 함께 쓰이지 않음). 그러나 에체브(עֶצֶב, "고통"; 호프만, 덤, 휠셔)는 "고통으로 얻어진 소득"을 의미하는 것으로 보이지는 않는다. 그리고 독창적인 베오즈(בְּעֹז, "힘으로, 폭력으로"; 도름).

19.b. 문자적으로는 "한 집, 그리고 그는 그것을 짓지 않았다". 바이트(בית, "〈한〉 집")는 집합적으로 "집들"을 뜻하도록 의도된 것임이 분명하다(JB, NEB, NIV가 그렇다). 앤더슨은 여기서 바이트(בית)는 건물이 아니라 "땅"을 뜻한다고 주장한다(참조. NAB, "조상 땅"). 그러나 바나(בנה, "세우다, 짓다")는 그렇지 않음을 암시해 준다. 마지막 절은 일부에 의해 "그리고 그것을 짓기를 계속하지 않는다"를 뜻하는 것으로 해석된다. 즉 가난해짐으로 인해서(18절이 그것을 의미한다면) 그는 자신의 용도에 맞도록 그것을 개조하거나 증축하거나 다르게 할 수 없다는 것이다(델리취, 드라이버가 그렇다). 사실 그것이 미완료형 이브네(יבנה) - 표면적으로는 "짓다" - 가 완료형으로 된 준-가정형 가잘(גזל) 뒤에 옴으로써 암시하는 바다(참조. Driver, *Tenses*, § 85). 그러나 그것은 전혀 범죄가 아니며, 심지어 그가 강탈한 집을 개조했다고 하더라도 그가 그것을 강탈한 이유가 될 수는 없을 것이다. NJPS는 행의 후반부를 하나의 협박으로 보아 "그는 자신이 힘으로 취한 집을 세우지 않을 것이다"로 번역하는데, 이것은 다른 이의 집을 빼앗는 것이 이 행의 첫 부분 동사들에 대한 설명이라는, 누군가의 집을 취함이 행 전반부의 동사들을 해명해 준다는 견해를 망친다. 덤은 "그가 그것을 짓지 않았다"가 관계절임을 분명히 하기 위해서 이베네후(יבנהו)를 바나후(בְּנָהוּ, "그가 그것을 지었다")로 수정하고 로(לא, "not")에 접두된 **바브**를 삭제했다.

20.a. 샬레브(שלו)는 정확하게는 "조용한, 편안한"을 뜻하는 형용사다. BDB는 여기서 그것이 추상명사인 것 같음을 인정하지만, 대부분은 통상적인 명사 샬르베(שַׁלְוָה, "편함"; KB[3], 드라이버-그레이, 포어러, 드 빌드), 혹은 동일한 의미를 가진 샬루(שָׁלוּ; 참조. 시 30:7[6]; *BHS* [*frt*]) 등으로 읽는다. 사 59:8에 유사한 구절인 로 야다 샬롬(לא ידע שלום, "그는 평안을 알지 않았다")은 우리가 여기서 명사를 갖고 있음을 강력히 시사해 준다. 윈튼 토마스는 ידע에서 어근 ידע II, "조용하다, 편안하다"(아랍어 *wadu'a*, "누그러졌다, 조용해졌다")를 보았고, 따라서 שלו를 그 드문 동사를 설명하는 주로 보고 삭제했다(D. Winton Thomas, "The Root ידע in Hebrew, II," *JTS* 36[1935] 409-12; 그 뒤를 따라 G R. Driver, "Glosses in the Hebrew Text of the Old Testament," 137). 이것은 가능성이 꽤 있지만(ידע II 제안에 대한 긍정적 평가에 대해서는 J. A. Emerton, "A Consideration of Some Alleged Meanings of ידע in Hebrew," *JSS* 15[1970] 145-80를 보라) 강제적이지는 않다. 왜냐하면 본문이 그 자체로 이해 가능하기 때문이다. *BHS*는 샬루 벤-비트노(שָׁלוּ בֶן־בִּטְנוֹ, "그의 형제〈문자적으로는 '그의 자궁의 아들'〉의 번영〈에 대해 그는 관심이 전혀 없다〉"; 참조. 19:17)를 제안한다. 그러나 주제는 오히려 악인의 내적 상태인 것 같다(드 빌드). NJPS의 "그는 그의 자녀들과의 어떤 평화도 알지 못할 것이다"는 שלום으로

의 수정처럼 들리지만, 아마도 שׂלו("만족, 평온")으로의 시도일 것이다. 베텐(בטן)은 결코 "자녀들"을 뜻하지 않는다, 비록 브네-베텐(בְּנֵי־בטן)은 뜻할 수 있겠지만 말이다(참조. 19:17). 덤의 추정인 로 샬라브 베마트모노(לֹא שָׁלֵו בְּמַטְמֹנוֹ, "그는 자기가 숨긴 보물에서 아무런 평온을 갖지 않는다")는 단지 칠십인경의 역-번역이며 고려될 필요가 없다.

20.b. 타무드(חָמוּד, 칼 수동 분사 "바래졌던, 바랐던")는 일반적으로는 시 39:12의 "그에게 소중한 것"처럼 바랐던 대상을 의미하며, 여기서도 이것이 가능하다: "그는 자신이 기뻐하는 어떠한 것도 구하지 못할 것이다"(RSV). 그러면 여기의 **베트**는 부분사다(*GKC* § 119m; BDB, 88b § I.2.b). "열망하는 것의 일부". 참조. הרג ב, "…의 일부를 죽이다"(시 78:31), הכה ב, "…의 일부를 살해하다". NIV의 "그는 그의 재물로 자기를 구할 수 없다"는 추측컨대 나프쇼(נַפְשׁוֹ, "그 자신"; 킴히처럼)를 목적어로 해석한다. 그러나 그 구절은 키(כי) 절이며, 따라서 그의 재물이 지속되지 않을 이유들 중 하나가 되어야지(21절; 알 켄〈על כן〉 주목), 그 자체가 그의 불운에 대한 진술은 아니다. 사르나는 **베트**와 **민**은 흔히 상호 대체 가능하다고 주장하면서 "그가 가장 소중히 한 소유 가운데서 그는 아무것도 구하지 못할 것이다"로 번역했다(N. M. Sarna, "The Interchange of the Prepositions *Beth* and *Min* in Biblical Hebrew," *JBL* 78[1959] 310-16[315-16]). 그러나 이것은 NIV의 번역과 동일한 구문 비평을 받는다. 똑같은 행들에 대해 NJPS는 "그는 자신이 소중히 하는 것들 중 하나를 보존하지 못할 것이다"라고 번역한다. NAB는 바하무다브(בַּחֲמוּדָיו, "그의 소유물 중에서"; 복수)로 수정한다.

만일 그 동사가 이말레트(יִמָּלֵט, "그는 구원받을 것이다")로 모음이 표기된다면(부드, 드라이버-그레이, 횔셔), JB 같은 해석이 가능해진다. "이제 그가 축적한 것(NAB, 보물들)이 그를 구원하지 않을 것이다", 문자적으로는 "그는 그가 축적한 것에 의해 구원받지 않을 것이다." NEB의 "그는 그 자신의 욕망을 벗어날 수 없다"는 이 모음 표기를 수용한다고 주장하지만(브로킹턴, 108), 그들이 **베트**를 "…로부터"로 간주하지 않는다면 그들이 히브리어 본문을 어떻게 해석하는 것인지 알기 어렵다.

다른 하나의 접근이 도름에 의해 취해졌는데, 그는 하무드(חָמוּד)는 "욕구된 것"이 아니라 "식욕"을 의미한다고 주장했다(하벨이 뒤따름). 따라서 "그의 식욕에 의해 그는 아무것도 벗어나도록 허용하지 않는다" – 이는 만족스런 의미를 준다. 불행하게도, 도름은 그 수동 분사가 어떻게 이것을 뜻할 수 있는지에 대해서는 설명하지 않았다. 드 빌드는 베힘무도(בְּחִמּוּדוֹ, 후기 히브리어 힘무드〈חִמּוּד, "욕구하다"〉)로 수정함으로써 동일한 의미를 얻어낸다.

21.a. 덤은 행간 주로 보고 생략한다. NAB는 임의로 21b절구를 19절 뒤로, 21a절구를 22a절구 뒤로 이동시킨다.

21.b. 문자적으로는 "생존자", 다른 곳에서는 사람들에 대해서만 사용됨. 따라서 NJPS, "그것을 즐길 아무런 생존자도 없이". 그러나 그것은 알-켄(על־כן)을 무시하는 대가로서다.

21.c. 고디스는 이 알-켄(על־כן)을 단순히 강조사라고 생각하지만, 훨씬 더 명백하게는 판결문을 도입하는 "그러므로"이다. 그의 번역 "정말로" 때문에 고디스는 20b-21a절구를 악인의 심판에 대한 또 다른 진술들로 잘못 본다.

22.a. 문자적으로는 "그의 충만의 가득함 속에". 쎄페크(ספק, "충만")는 구약에서 여기에서만 나오며, 그 동사는 드문 것이지만 집회서에서는 여러 차례 나타난다(참조. D. Winton Thomas, "The Text of Jesaia II 6 and the Word שׂפק," *ZAW* 75[1963] 88-90).

22.b. 문자적으로는 "그에게 좁음이 있다".

22.c. 야드(יד)는 "힘, 능력"으로 이해되어야 한다(BDB, 390a § 2). "강타"(도름)는 지나치게 구체적이다.

22.d. 아멜(עָמֵל)은 3:20에서처럼 "노동자, 고난자"다. 따라서 고디스는 "마음 상한 모든 고난자가 그를 공격할 것이다"라고 본다. 그러나 칠십인경과 불가타는 여기서 추상명사 아말(עָמָל)로 읽었고, 대부분의 주석가들과 현대 역본들도 그렇게 한다. 왜냐하면 악한 자가 자신이 속여 빼앗은 자들의 손에 의해 파멸된다는 묘사를 믿기가 어렵기 때문이다. 맛소라 본문의 모음 표기는 아마도 맛소라 학자들로 하여금 아멜(עמל)을 사람과 관계된 것으로 여기게 하는 야드(יד)의 존재 때문일 것이다(부드).

23.a. 이 행은 다음에 의해 삭제된다: 칠십인경, 메르크스, 비켈, 덤(22a절구에 대한 주석으로), 드라이버-그레이, 횔셔, 포어러, 드 빌드, JB, NEB, NAB(20절의 중복 오사로).

23.b. 예히(יהי)는 3인칭 명령형이며, 일부는 이를 보존시키려 한다. 다음이 그렇다: 드라이버-그레이, "그의 배가 채워져야 한다"; NJPS, "그것이 그의 배를 채우게 하라"; 앤더슨, 드라이버가 제대로 주장한다: 엄밀하게 말하면 "יהי는 *may it be*…를 의미할 수 있을 뿐이며, 만일 그것이 원본이라면, 시인의 감정이 그로 하여금 불경한 자들의 운명이 그렇게 되었으면 하는 **소원**을 표현하도록 이끈다는 것을 가리킨다". 우리는 또한 3인칭 명령 베야므테르(וימטר, "원문주해" 20:23.d를 보라), 그리고 예샬라흐(ישלח) 역시 똑같이 충분히 3인칭 명령일 수 있다고 주해한다. 그러나 그러한 생각이 우리로 하여금 세 개의 독립된 3인칭 명령절을 보도록 이끌지는 않는다. 두 번째 것(그리고 그것과 일종의 평행을 이루는 세 번째도)은 분명히 첫 번째 것에 의존한다. 왜냐하면 첫 번째 것이 독립적이지 않기 때문이다. 따라서 "그의 배를 가득 채우고, 하나님이…보내시고 그리고…비를 내리시는 일이 일어나게 하라". 또 다른 가능성은 3인칭 명령 יהי가 조건문의 조건절을 알리는 표시라는 것이다(*GKC*, § 109h-i를 보라). 따라서 "만일 그[하나님]가 그[악인]의 배를 가득 채울 작정이라면[ל가진 היה, 참조. BDB, 227b § 5.b], [그가 행할 일로] 그는…보낼 것이다". 어쩌면 악인의 배를 채우려고 하는 것은 악인이다(참조. 도름, "그가 그의 배를 채우는 일에 전념할 때"; NIV, "그가 그의 배를 채웠을 때"). 그것이 어떻게 해석되든지, 해당 히브리어는 다루기가 어렵다(17절에서 부정어와 함께 사용된 3인칭

명령이 훨씬 더 쉬웠다). 많은 이들은 단순히 יהי가 이흐예(יִהְיֶה, "그것이…일 것이다")와 같은 의미라고 가정한다. 따라서 고디스, "그의 배를 가득 채우기 위해, 그 일이 발생할 것이다".

23.c. 명쾌함을 위해 "그 악인의"가 추가됨.

23.d. 야므테르(ימטר)는 3인칭 명령으로, NJPS가 유지시킨다. "그로(Him)…풀게 하고 그리고…비를 내리게 하라." 그러나 대부분의 학자들은 단순 직설법 베야므티르(וַיַּמְטֵר)로 읽는다. 3인칭 명령은 아마도 예히(יהי)와 조화시키기 위해 잘못 도입된 것이다. 더 자세한 것은 "원문주해" 20:23.b을 보라.

23.e. 알레모(עלימו)의 접미사는 시형이며, 일반적으로 복수다. 그러나 그것은 때때로 단수로 입증되며(*GKC*, § 103f, 각주를 보라), 여기서 분명히 그렇다. 도름은 앗시리아어 *ulmu*와 어원이 같은 히브리어 올렘(עֹלֶם)을 가정하면서 알르마브(עֻלְמָיו, "그의 화살들")로 읽었다(JB "빗발치는 화살", 테리앙). 그러나 *ulmu*는 예전에는 단지 예리한 어떤 무기의 이름으로 설명되었는데(참조. 무스-아르놀트), 이제는 "도끼"로 알려진다(폰 조덴). 따라서 그 제안은 버려져야 한다. 다른 이들은 알라브(עָלָיו)로 수정하는데(덤, NAB), 이는 엄밀히 보자면 불필요하다.

23.f. 맛소라 본문의 빌레후모(בלחומו)는 아마도 "그의 살 위에, 그의 살을 향해"로 번역되어야 할 것이고, 레훔(לחום)은 그 외의 다른 곳에서는 습 1:17에서만 나타난다(참조. 아랍어 *laḥm*). 그러나 "그의 살 위에"뿐만 아니라 "그 위에"(עלימו)도 갖는 것은 이상한 것 같다. 특히 "살"이 어떠한 특정한 의미도 갖지 않는 것 같기 때문이다(그것은 시크레디아즈가 말하는 것처럼 "그의 배"와 평행 구문에 있을 리는 거의 없다). "그의 시체 위에"는 하나의 가능성이지만(탈굼이 그렇다, בשלדיו), 사후의 심판 사상은 생소한 것 같다. 그 단어는 하론 아포(חרון אפו)와 평행하여 "그의 분노"를 뜻한다는 고디스의 견해는 지지되지 않는다. 드라이버는 아랍어 *laḥama* I("쳤다, 때렸다")로부터 온 *liḥamu*[*n*]("난타")와 어원이 같은 לְחוּם II의 한 의미를 가정하고, 칠십인경이 이것을 그들의 호뒤나스(*ὀδύνας*, "고통들")로 해석했다고 제안한다(G. R. Driver, *VTSup* 3[1955] 72-93[81]); 따라서 NEB "그에게 무자비한 타격을 쏟아 붓다"; NIV도 비슷함.

벨라흐모(בְלַחְמוֹ, "그의 음식처럼")로 간단하게 수정하면 훌륭한 의미가 제공되며 그만큼 많은 이들에 의해 채택된다(딜만, 부드, 피크, 드라이버-그레이, 하벨, RVmg, RSV). 다른 수정들 가운데 우리는 다음과 같은 것들을 발견한다: 하발림(חֲבָלִים, "고통들"; 참조. 칠십인경 *ὀδύνας*–오뒤나스; 메르크스, 휠셔, 포어러, 드 빌드), 발라오트(בַלָּהוֹת, "공포들"; 비켈, 발, 그 외에는 *ὀδύναι*–오뒤나이로 번역됨), 알라브 하마토(עליו חֲמָתוֹ, "그에게, 그의 분노를", 이후에 마불 하마토⟨מַבֻּל חמתו, "그에게 그의 분노의 홍수를"⟩로 확장됨; 덤, 바이저), 알라브 마벨 함모(עליו מַבֵּל חַמּוֹ, "그에게 그의 진노의 불을"; M. Dahood, "Some Northwest-Semitic Words in Job," *Bib* 38[1957] 306-20[314-15]; 블롬머드와 포프가 그 뒤를 따른다). 여기서 מבל은 악카드어 *nablu*, 우가릿어 *nblat*("불")와 같으며(18:15에서도 마찬가지, "원문주해" 18:15.a를 보라), 함모(חַמּוֹ)는 분명히 접미사가 딸린 חמם("뜨겁다, 화가 나 있다")의 부정사다(그러나 그 형태는 6:17에서처럼 베후모〈בְּחֻמּוֹ〉이어야 할 것임). 시 11:6에서는 주께서 악한 자들에게 불(אֵשׁ)과 유황 덩어리들을 비처럼 부으시기에, 그 견해는 합당하지만 설득력이 있지는 않다. NAB는 클레 라흐모(כְּלֵי לַחְמוֹ, "전쟁의 날리는 무기들", 문자적으로는 "전쟁 무기들")를 제안하는데, 그것은 아마도 드물고 확실치 않은 그 라헴(לָחֶם)일 것이다(삿 5:8에만 나타남; 참조. BDB 535b; *BHK*에 의해서는 인정되지 않음). 비슷하게 NJPS, "그의 무기들".

24.a. 이 문장의 공식성("주석"을 참조하라)은 이것이 조건절임을 분명히 한다(JB, NAB, NIV, 고디스). 단순 평행 구문은 (RSV처럼) 너무 단조롭다.

24.b. 드라이버는 바라흐(ברח)가 "찌르다"와 평행하지 않기 때문에 여기서 그것의 일상 의미인 "달아나다"를 가질 리가 없다고 주장했다. 그는 아랍어 *baraḫa*("상처 입혔다"), *barḫu*[*n*]("칼로 침")과 어원이 같은 ברח II를 제안했다. 그는 또한 그 어근을 27:22; 41:20에서도 발견한다. 따라서 NEB, "그가 상처 입었다." 이는 평행법에 대한 극단적으로 기계적인 태도를 보여 준다.

25.a. 처음 두 절구를 단일 행위로 해석하는 것이 가장 좋은 것 같으며, 그 뒤에 25c절의 공포의 도래와, 그리고 (평행으로) 26a절구의 어두움이 온다. NJPS와 고디스가 어느 정도 비슷하게 보고 있다. 휠셔는 25a절구(ממררתו까지)를 행간 주로 보는데, 그것과 24절은 행악자에 대한 하나님의 심판이라는 사고의 흐름을 끊는다.

25.b. 샬라프(שלף)는 의미가 훌륭하게 통하는데도 매우 보편적으로 쉘라흐(שֶׁלַח, "날리는 무기, 무기")로 수정되고, 바예체(ויצא)와 순서를 바꾸어 "창이 그의 등으로부터 나오다"가 되게 한다(덤, 도름["a shaft"], 포어러, 로울리, 포프, *BHK*, NAB["the dart"], JB["an arrow"]). 그들은 지지로 칠십인경을 주장한다: διεξέλθοι δὲ διὰ σώματος αὐτοῦ βέλος – 디엑셀도이 데 디아 소마토스 아우투 벨로스, "화살이 그의 몸을 뚫고 나오게 하라". 맛소라 텍스트의 만족스런 본문은 차치하고, 이 번역은 24절과 25절 사이의 연결을 파괴한다(덤에 따르면, "독단적이다"). 왜냐하면 만일 화살이 그 악인이 도망갈 때 그에게 맞으면, 즉 그 등에 맞으면 그것은 그의 등을 "뚫고 나올" 수 없기 때문이다(NEB, NAB, JB처럼). NJPS는 그것이 칼집으로부터 칼날의 빼을 가리킨다고 생각한다("휘두르며 그의 몸을 관통한, 그 칼날은…"). 그러나 24절의 화살이 아직 어울리는 때에 여기서 새로운 무기를 도입하는 것은 역시 근거가 박약하다. 하벨의 "앞으로 날아가 그의 등을 관통하는, 그 번쩍이는 화살은…"이라는 번역은 이미지는 유지시키지만, "발사했다"(즉, 쏘았다) 혹은 "앞으로 날아가는" 등은 샬라프(שלף)에 대한 약간의 억지 같다.

휠셔는 샬라프 야차(שָׁלַף יָצָא, "칼이[참조. 시리아어 *šᵉlāfā*] 나온다")로 읽었다. 드라이버도 히브리어 쉘레프(שֶׁלֶף)를 가정하면서(브로킹턴, 108) 그렇게 한다(*VTSup* 3[1955]

82). 따라서 NEB, “그 끝”. 드라이버는 ויצא שׁלף가 그 순서로 되어 있는 것은 연기된 **바브**의 한 예라고 생각한다.

25.c. 미게바(מגוה, “등으로부터”)는 거의 보편적으로 미게보(מִגֵּוֹה, “그의 등으로부터”)로 모음이 다시 표기된다. 왜냐하면 게바(גֵּוָה)라는 형태가 그 밖의 다른 어디에도 나타나지 않기 때문이다. KB[3]는 쿰란 시온 찬송시에서처럼(11QPs[a]Zion, 7) 또 다른 가이(גַּי, “배, 장기”; 아람어 차용어)를 제시한다. 이는 의미에는 아무런 차이를 만들지 않는다. 드 빌드는 믹그비오(מִגְּוִיו, “그의 시체로부터”)를 가능하다고 생각하지만, 입증된 형태는 그이야토(גְּוִיָּתוֹ)다.

25.d. 바라크(ברק, 문자적으로는 “빛나는, 번쩍이는 물체”)는 일반적으로는 번개를 의미하는 데 쓰이지만, 금속 무기의 번쩍임에 대해서도 여러 번 사용된다(신 32:41에서는 칼; 나 3:3; 합 3:11에서는 창; 겔 21:15[10], 20[15], 33[28]에서는 번쩍이도록 닦여진 칼; 참조. 슥 9:14에서는 번개처럼 앞으로 나가는 화살). NAB에서는 “그의 간으로부터 화살촉”을 14b절구의 중복오사로 보고 생략한다.

25.e. 문자적으로는 “쓸개”.

25.f. 야할로크(יהלך, “〈그가〉 간다”)는 일부 사본들에 의해서는 선행하는 것에, 다른 사본들에 의해서는 뒤따르는 단어들에 연결된다. 그것을 에밈(אמים)의 동사로 해석하는 것이 바람직한 것 같다(*GKC*, § 145o처럼 복수 주어를 가진 단수 동사). 일부는 부득이하게 복수형 야할르쿠(יַהַלְכוּ, “그들이 간다”)로 수정한다(*BHK*, 횔셔, 오러, NAB). 다른 이들은 할라크(הלך, “가다”)는 “공격하다”를 의미할 적절한 동사가 아니고, 그것은 오히려 보(בוא, “오다”)라고 불평하는데(참조. 22절에 관한 부분), 그들은 합 3:11에서 그것들의 적대성보다는 그것들의 비행(飛行)이 고려 중에, 하나님의 화살들이 “간다”(הלך)는 점을 관찰하기를 소홀히 하는 것이다. 덤은 욥에게 “적대적으로 된” 이들이 욥의 친한 친구들인(!) 19:19과, 비느하스의 아내가 그녀에게 “적대적으로 된” 그녀의 고통들을 발견하는 삼상 4:19을 비교하면서, 에하프쿠(יֵהָפְכוּ, “〈공포들이 그에게〉 적대적으로 된다”)로 읽기를 원했다. 욥의 “공포들”(בלהות)이 그에게 “적대적으로 되는” 욥 30:15과 비교했으면 덤은 더 좋은 결과를 얻었을 것이다.

다른 이들은 야할로크(יהלך)를 선행하는 것과 연결시키고(NEB), 그런 후에 아마도 NEB처럼 “그에게 공포들” 부분을 생략하는데, 이는 그 단어들은 “한 동정적인 서기관 혹은 독자가 말한 ‘그에게 얼마나 끔찍한가!’를 뜻하는 감탄사”로 난외로 보내질 수 있는 것이라고 하는 드라이버의 억측을 따른다(*VTSup* 3[1955] 82). 도름도 우리가 “칼의-섬광이 그의 간에서 나온다(יהלך)”로 번역해야 한다고 생각했다. 그러나 그렇게 하면 “그에 대한 공포들”에 동사가 없게 된다. 그는 이플루(יִפְּלוּ, “떨어지다”)를 보충했고, 그것은 충분히 관용어법에 맞지만(창 15:12; 출 15:16; 수 2:9; 시 55:5[4]), 그럼에도 불구하고 임의적이다. JB, NAB, 드 빌드가 그를 따른다.

26.a. 타문(טמון, "숨겨져 있다"). 이 동사는 흔히 숨겨져 있는, 따라서 누군가가 그 속으로 떨어지기를 기다리고 있는 덫들에 대해 사용된다(18:10; 시 9:16[15]; 31:5[4]; 35:7, 8; 64:6[5]; 140:6[5]; 렘 18:22). 그 다음 단어 츠푸나브(צפוניו) 역시 "숨기다"라는 동사로부터 온다는 것이 이상하다. 따라서 많은 이들이 본문을 의심쩍게 여긴다. 그러나 히브리어 본문은 비록 명쾌하지는 않지만 뜻은 분명하다: "숨겨져 있는 것을, 즉 그의 재물을, 어두움이 숨어 있다, 즉 기다리고 있다(NIV)"(참조. JB, "모든 어두운 것이 매복하고 그를 기다린다").

26.b. 차판(צפן, "숨기다")은 흔히 "소중히 간직하다"를 뜻한다(지식, 잠 10:14; 아비의 계명들, 2:1; 하나님의 선하심, 시 31:20[19]; 응보, 욥 21:19). 시 17:14에서는 악한 자들은 그들의 배를 하나님이 그들을 위해 "소중히 간직한"(아마도 여기서처럼 칼 수동분사 츠푸느카⟨צְפוּנְךָ⟩로 읽음) 것들로 채워야 한다(위의 23a절구와 밀접하게 평행하는 본문). 차판(צפן)은 욥 15:22을 따라 수정되어서는 안 될 것이다("원문주해" 15:22.b를 보라). 따라서 시 83:4[3]에서 하나님의 차포님(צפונים)이 "그가 소중히 간직한 것들" 곧 그의 성도들이 아니라면, 그것의 의미는 분명히 "그의 아끼는 것들"일 것이다. 그러므로 일부는 여기서 고려 중인 것은 악인의 자녀들일 것이라 생각한다(에얼리히도 그렇다). 확실히 26c절의 사리드(שריד, "생존자")는 사람 같지만, 여기서는 "재물"이라는 번역이 더 자연스럽다.

일부는 타문(טמון)을 삭제하고 리츠푸나브(לצפוניו)를 로 차푼(לוֹ צָפוּן, "그를 위해 간직되다")으로 수정하는 반면(휠셔, 도름, 로울리, 드 빌드), 덤, 부드, 포어러, 시크레 디아즈, NAB는 צפון을 이형으로 여긴다. 이들 제안들은 불필요하다.

26.c. 에쉬(אשׁ, "불")가 여성이기에 누파하(נֻפָּחָה)가 기대될 것이다(덤, *BHK*처럼; 참조. *BHS*[*prp*] 휠셔). 똑같이 만족스럽게, 그 동사는 비인칭으로 해석될 수 있을 것이다(포어러, *GKC*, § 145u를 인용함; G. R. Driver, "Hebrew Studies," *JRAS*[1948] 164-75[169]). 혹은 렘 48:45; 시 104:4에서 명백한 것처럼 에쉬(אשׁ)가 남성일 수도 있다. "(사람에 의해) 붙지 않은 불" 혹은 "사람에 의해 불붙여지지 않은"(JB)이라는 관용어에 대해서는 참조. 34:20, "어느(사람의) 손으로도 제거되지 않는". 비슷하게 애 4:6. 그것은 꼭 "부채질을 **필요로** 하지 않는 불"(NEB; 비슷하게 NAB)은 아니다. 드라이버는 이전에 히브리어 파하(פחח=앗시리아어 *paḫū*, "⟨불길을⟩ 잠재우다")로부터 파생되는 니프하(נִפְּחָה, "꺼진")로 읽으려고 생각했으나, 이 어근은 악카드어 사전에서는 입증되는 것 같지 않다(폰 조덴).

26.d. 토클레후(תאֹכְלֵהוּ)로 모음을 표기함(드라이버를 보라). 고디스는 이것을 피엘의 한 형태로 생각한다.

26.e. 예라(ירע)는 가장 자연스럽게는 רעה("풀을 뜯어먹다")로부터 오며, 따라서 אכל("먹다")와 평행하는 것으로 해석된다. 그 형태는 3인칭 명령형이지만, 현대 역본들은 그

것을 재현하려고 시도하지 않는다. 일부는 남성 동사가 여성 주어를 갖는 것을 피하면서 예라(יֵרַע) 니팔로 읽거나(딜만, 부드), 혹은 예라에(יֵרָעֶה)로 읽지만(*BHK*[*prp*]), "수동형으로는 자연스럽게 읽혀지지 않는다"(드라이버). רעע로부터 파생되는 예라(יֵרַע, 3인칭 명령) 혹은 예로아(יֵרֹעַ, 미완료, "고된 생활을 하다")는 가능성이 훨씬 덜하다(포어러, 아마도 *BHS*, 포프). 야로아(יָרֹעַ, "깨뜨리다": רעע II로부터)도 나을 것이 없다(드 빌드에 의해 제시됨). 덤의 수정 예오르 소데드(יֵעֹר שֹׁדֵד, "그 파괴자가 [15:21] 〈그의 장막을 대적해〉 일어서다")는 권할 것을 갖고 있지 않다. NEB는 마지막 구절을 "그의 장막에 살아남은 자는 누구든 화 있으라[어근 רעע I]!"로 번역하고서 그것을 각 괄호 속에 둔다. NAB는 이 구절 전체를 21a절구의 중복오사로 보고 생략한다(!). 윈튼 토마스는 ירע를 ידע로 읽었는데, 실제로 여러 사본들이 그것을 가지고 있다. 그리고 그 안에서 그의 ידע II, "굴욕을 당하다"를 보았다. 그는 שׂריד를 주어로 해석하여 "그의 장막의 모든 생존자가 굴욕과 치욕을 당한다"로 번역했다("The Root ידע in Hebrew, II," *JTS* 36[1935] 409-12[411]). 이 제안은 성 변화의 문제를 극복하기 위해 제시된 것이지만, 평행 구조를 파괴한다. 기욤("Notes on the Roots ריע, ירע, and רעע in Hebrew," *JTS* ns 15[1964] 293-95)은 그 단어를 ירע("겁먹다")와 연결시켰고(BDB "떨다"), "그의 장막의 생존자가 겁에 질렸다"로 번역했다. 그러나 우리는 공포보다 더 철저한 것을 기대한다.

28.a. 예불(יבול)은 보통 땅의 "소산"이다(예를 들어, 레 26:4; 삿 6:4). 그것은 이 문맥에는 잘 어울리지 않는다. 왜냐하면 "집"은 어떤 의미로든 "소산"을 가질 수 없고, 또한 "소유, 재산"(RSV) 같은 번역들은 쉽게 정당화될 수 없기 때문이다. 에얼리히, 도름, 비어와 대부분의 후대의 주석가들(그리고 NEB, NAB, JB, NJPS, NIV)은 나발(נָבָל, "시내, 홍수")로 읽었다(사 30:25; 44:4에서 BDB에 의해 인정됨; 참조. 렘 17:18에 유발〈יוּבַל, "시내"〉; 단 8:2에 우발〈אוּבַל, "강"〉; KB[3]는 집 50:8과 시 18:5[4]과 우리의 본문을 수정해서 포함시킨다). 우리는 *abālu*("가져가다")에서 파생된 악카드어 *biblu*, *bubbulu*("홍수")와 비교해 볼 수도 있다.

28.b. 예갤(יגל)은 갈라(גלה)의 3인칭 명령으로 "그것이 추방되게 하라"(RSV "가져가지다"). 그러나 만일 예불(יבול)이 "시내, 홍수"를 의미한다는 것이 받아들여지면("원문주해" 20:28.a) 우리는 여기서 גלל("구르다")에서 파생된 야골(יָגֹל, "굴러갈 것이다")로 읽어야 한다(대부분의 최근 주석가들과 번역자들은 그렇게 본다).

28.c. 과거에는 니가로트(נגרות)는 גרר의 여성 복수 니팔 분사로서 "끌려가는 (것들)"로(참조. RSV) 혹은 נגר로부터 "부어진"으로 여겨졌다(RV "흘러 갈 것이다"). 이것은 이제는 거의 보편적으로 첫 번째 절구의 "하천, 홍수"와 평행을 이루는 복수 명사 니게레트(נִגֶּרֶת, "급류": KB[3])로 혹은 명사로 사용된 분사로 인정된다(참조. נזלים – 노즐림, "흐르는 것들", 즉 "샘들").

29.a. 메엘로힘(מאלהים, "하나님으로부터")은 첫 번째 절구를 너무 길게 하는 것 같아

보이며, 따라서 때때로 삭제된다(포프; 참조. 고디스).

29.b. 아담(אדם, "사람")은 불필요해 보이며, 일부는 삭제한다. 가령, 덤은 그것은 רשע를 레샤(רֶשַׁע, "악")가 아니라 라샤(רָשָׁע, "행악자")로 읽혀야 한다는 것을 가리키는 설명주라고 제안한다. 그러나 그것을 전자라고 생각하는 사람이 있었을 가능성은 없을 것 같다.

29.c. 이므로(אמרו, "그의 정함[기업]", 문자적으로는 "말")는 난해하다. 오메르(אֹמֶר; BDB)나 에메르(אֵמֶר; KB[3])는 시 77:9[8]에서는 "약속", 시 68:12[11]에서는 "명령" 그리고 욥 22:28에서는 아마도 "계획"이지만, 이들이 "정함"과 동일한 것들은 아니다. 포프는 "그 표현에는 전혀 문제가 없다". "그의" 명령은 악인의 명령, 즉 그가 하나님께로부터 받은 명령이라고 확고하게 말한다. 그리고 드라이버는 "그의 정함의 기업"을 "그가 정한 기업"으로 보는 데 아무런 어려움을 보지 못한다(참조. *GKC*, § 135n). 그러나 고디스는 그것을 당치 않은 것이라고 생각한다. 그럼에도 불구하고 אמר는 적절한 단어 같지 않다. 그러나 설득력 있는 수정은 제시되지 않았다. 비어(*BHK*)는 모레(מֹרֵא)=모레(מֹרֶה, "반역자들, 대적자들")임을 제안한다(테리앙도 마찬가지). 그랫츠, 아리츠(עָרִיץ, "무자비한 자"; 참조. 27:13). 에얼리히, 마므레(מַמְרֶה, "반역") 혹은 마마로(מַמְרוֹ, "그의 반역"), 그러나 이 단어는 입증된 바가 없다. 덤, 오노(אוֹנוֹ, "그의 사악함"; 아마도 אונו는 그것을 "그의 부"로 해석하는 칠십인경에 의해 *ὑπαρχόντων αὐτοῦ*—휘파르콘톤 아우투, "그의 소유, 재산"으로 제시됨). 라이더, 이쉬 메리(אִישׁ מְרִי, "반역의 사람"; *HUCA* 24[1952-53] 104; 포어러, 드 빌드가 그 뒤를 따름). 그 어느 것도 "그의 말"은 "그의 인격"을 뜻한다는(아람어 מימרי가 7:8; 19:18; 27:3의 탈굼에서 "내 말"을 뜻할 수 있듯이) 도름의 주장보다 더 설득력이 있는 것은 없으며, 여기서 아랍어 *'amrum*("사람")을 보는 에땅의 제안도, 여기서 "악한 방백, 부유한 행악자"라는 의미로(21:28에 나디브〈נדיב〉처럼) 아랍어 *'amîr*("방백")을 발견하는 고디스의 것도 그렇지 않다. 그는 אמרו의 **바브**를 "원래는 주격이었던 석화된 접미사"로 설명해야 하는데, 그것은 신뢰를 악용하는 것이다.

양식/구조/배경

소발의 두 번째 연설의 **구조**는 매우 단순하다: 간략한 서론(2-3절) 뒤에 악인의 파멸이라는 단일 주제에 관한 형식.

담론 혹은 **토포스**(5장 "양식/구조/배경"을 보라)가 나오며(4-28절), 끝으로 하나의 요약 평가가 뒤따른다(29절). 여느 때처럼, 대체로 욥에게 직접 말해지지 않는 하나의 서론으로 시작하고(2-3절), 소발은 이 연설의 본론의 시작 절에서만 2인칭으로 욥에게 말을 건넨다("너는…알지 못하느냐?", 4a절구). 서론은 욥의 관점에서 보면 소외시키고 있으며, 그것은 독자에게 소발이 자기 자신의 감정만을 말한다는 면에서 대화의 추이에 그가 상당히 당황했음을 가리켜 준다. 그러나 두 번째 주기의 친구들의 연설의 특징이듯이 비록 이 연설이 욥에게 전하는 추가된 또 다른 말 없이 끝날지라도(첫 번째 주기의 5:19-27; 8:21-22; 11:13-19과 대조해 보라), 4a절구에 있는 욥에게 하는 직접 연설로 우리는 이 연설이 전체적으로 욥에게 하는 말이라는 것을 의심하지 않게 된다.

연 구조 역시 평이하다. 2-행 "주제문"(signature; 저자는 음악에서 악보의 맨 앞에 오는 음조·박자 지시 기호인 "시그니처"를 염두에 두고 있는 것 같다 – 역자주) 인 서론 이후(2-3절), 우리는 각각 8행, 12행 그리고 7행으로 된 4-11, 12-23, 24-29절로 이루어진 세 개의 긴 연들을 만나며, 그 중 가장 긴 연은 하나의 삼절구로 끝나고(23절), 마지막 연은 하나의 부속 절을 갖고 있다(29절). 중심 연인 12-23절은 이전 연에서는 나타나지 않고 그 다음 연에서는 암시되기만 하는, 음식 이미지의 통일된 배열로 구별된다. 그 삼절구(23절)도 종결 구의 기능을 갖는다(참조. 왓슨, 183). 우리는 각각 4행으로 된 좀더 작은 하위연들을 식별할 수 있을 것이다. 따라서 4-7, 8-11, 12-15, 16-19, 20-23, 24-26절(25-26절의 두 개의 뚜렷한 삼절구는 세 개의 이절구로 더 잘 이해됨) 그리고 27-29절(3행). 포어러는 구조를 비슷하게 분석하지만, 그는 여기서 말한 상위 연들은 보지 않으며 16절과 15절의 위치를 바꾼다. 15절과 19절로 끝나는 하위연들은 종결 표지를 갖고 있을 것이다: 15b절구는 하나님에 대한 색다른 언급을 갖고 있다. 19절은 16-18절에 매달린 "왜냐하면" 부속 절이다.

하벨은 "가득"이라는 용어가 세 연 모두에 있기를 원하기 때문에 그의 연 구분(12-22, 23-29절)은 약간 나르나. 그러나 23절을 그 다음 부분과 연결시키는 것은 음식 이미지를 그렇지 않으면 그것이 나타나지 않는 연으로 옮긴다. 웹스터("Strophic Structures," 48)는 8개의 연을 발견한다, 2-3, 4-7, 8-11, 12-16, 17-19, 20-22, 23-25, 26-29절. 그러나 14절과 16절의 비슷한 소재에도 불구하고 16절을 같은 연에 둘 필요는 없으며, 23절이 기다리고 있는 공포들 가운데 하나로 24-29절에 동화될 필요도 없다. 왜냐하면 22절도 그 주제를 갖고 있기 때문이다. 스케한이 보는 바("Strophic Patterns," 110)는 2-3, 4-9, 11-16, 17-22, 23-28, 29절(10절은 중복어구로 보아 생략), 즉 6, 6, 6, 7행 그리고 1행 부속 절이다. 비슷한 반론이 하벨과 웹스터에 대해 적용된다. 테리앙의 연 구분은 2-5, 6-11(10절 생략), 12-16, 17-20(19절 뒤에 10절 포함), 21-25b, 25c-29절, 즉 4행을 가진 첫 번째 연을 제외하고는 각 연이 정확히 다섯 개의 행을 가진다. 10절을 제거하여 19절을 뒤따르게 하는 것은 비록 어떠한 외적 증거로 지지되지는 않을지라도 터무니없는 것이 아니다. 그러나 20절과 21절 사이의 구분은 설득력이 없다. 왜냐하면 20-21a절구는 21b절구가 귀결절인 세 개의 조건절인 것 같고, 25c-26절은 25a절구로 시작한 문장의 결론으로서 더 잘 읽히기 때문이다.

물론 이 연설의 **장르는 논쟁 언사**다. 이 연설의 대부분(4-29절)은 하벨의 선구적인 양식 분석을 따라(N. C. Habel, "Appeal to Ancient Tradition as a Literary Form," *Society of Biblical Literature. 1973 Seminar Papers*[ed. G. MacRae; Cambridge, Mass.: SBL, 1973] 1:34-54; 그 뒤에 Murphy, *Wisdom Literature*, 33) **고대 전통에의 호소**라고 명명되었다(참조. 8:8-13; 12:7-12). 그러나 4-29절에 포함된 모든 자료를 그 호소 양식에 고유한 것으로 보는 것이 바람직한지는 분명하지 않다. 왜냐하면 그 자료의 대부분이 쉽게 **지혜 교훈**으로 여겨질 수 있기 때문이다. 고대 전통에의 호소를 그것이 불러내는 전승 자료에 대한 장르 설명으로보다는 자체의 시작하는 말을 가진("이제…물어 보라", "너는 예로부터…임을 알지 못하느냐?") 구성 장치로 여기는 것이 더 바람직할 것이다. 이 연설의 한 주해 역시 고유호소 이후 인용된 첫 번째 말들은 "전통 인용문"이며 그 전통이 적용되는 그 다음 자료의 주제를 이룬다는 하벨의 (불합리하지는 않은) 견해와 충돌하기가 쉽다. 왜냐하면 여기 5절의 경우에 불경한 자의 즐거움은 "잠깐이다"라는 이 절의 취지가 이 시의 나머지 부분의 으뜸되는 강조는 아니며, 강조는 먼저 악인의 사라짐, 그 다음에 그의 인생의 헛됨 그리고 마지막으로 그의 파멸의 불가피성에 있다는 것을 제안할 좋은 이유가 있는 것 같기 때문이다(참조. 4-11절에 관한 부분 그리고 2-29절에 관한 부분). 우리가 4-28절을 어떻게 지정하든, 그 연설은 29절에서 **요약 평가**로 끝나는 것이 분명하다(참조. 18:21; 27:13).

지혜 교훈은 대부분 매우 상투적이며, 비록 사고의 몇몇 주된 흐름이 식별될 수 있지만 일관되게 짜여 있지는 않다. 포어러는 악인의 운명에 대한 묘사가 일관된 구성을 이루지 않고, 연의 흐름이 임의적이며 통일되지 않다는 강한 인상을 준다고 생각했다. 그는 공통점이 없는 지혜의 말들이 조화로운 전체로 모양 잡히지 않은 채 사용되는 것 같다고 말한다. 이것이 가령 음식물을 토해 내는 언뜻 보기에 상충하는 이미지들이 사용되는 것 같은 14-16절에 확실히 들어맞는 것 같다. 그러나 좀 더 자세히 읽으면 여기서조차 이미지들의 조화를 발견할 수 있을 것이다("주석"을 보라). 이 절들의 대다수의 표현들은 잠언 혹은 시편의 지혜 교훈으로부터 평행문을 찾을 수 있을 것이다. 심지어 오로지 선지서에서만 평행문이 찾아지는, 피할 수 없는 파멸 이야기의 경우조차도(24-25절) 우리는 그 기원이 민간 지혜에 있다고 생각할 수 있다. 그러나 27절은 전혀 다른 장르에서 온 구절로 **법적 논쟁**을 상기시킨다.

서론(2-3절)은 비록 상대자에게 말이 전달되지 않고, 화자가 전적으로 그가 이 논쟁에서 들은 것에 대한 자기 자신의 감정 및 응답하겠다는 그 자신의 결정에만 머무는 특이한 특징을 가지고 있지만(참조. 각각 32:6 그리고 32:17-20) 고유 **논쟁 언사**에 속한다.

이 연설의 **기능**은 2-29절에 관한 **주석**에서 제시되듯이 욥을 권면하여 그가 여기서 묘사되는 악인의 운명을 당하는 것을 피하게 해줄 삶의 변화로 이끄는 것이다.

그것의 **논조**는 서론에서만 명백한데, 그것은 유달리 화자를 자신이 들은 것으로 마음이 교란된(그 표현이 19:2-3의 욥의 표현보다 더 강하다), 다시 말해 그 자신이 안전을 위해 의지하는 세계관에 대한 욥의 공격으로 인해 개인적으로 위협을 느낀 것으로 제시한다. 과도한 묘사와 또한 그것의 심함(15, 18절) –그것이 27절에서 도달하는 우주적 차원은 확실히 그렇다– 은 화자의 동요를 알려 준다. 이 연설은 그것의 표면상의 주제에 관해 말하는 것보다는 성난 교리주의자에 관해 더 많이 말한다.

핵심 구절은 시의 구조에서 분명하듯이 4-5절이다. 그러나 (4-11절에 관한 "주석"에서 주장되듯이) 악인의 성공의 **덧없음**이 정확히 이 연설의 주된 강조는 아닌 것 같다.

주석

2-29 소발의 두 번째 연설은 구성이 깔끔하다. 상투적인 서론(2-3절) 이후에 악인의 운명에 관한 그의 전승 자료가 세 단락으로 나뉜다. (a) 악인의 멸망이 얼마나 철저한가(4-11절)! (b) 악행으로부터는 영구 불변하는 이득이란 없다(12-23절). (c) 악인의 피할 수 없는 종말(24-29절). 소발은 두 번째 주기의 이 연설에서 비록 다른 목적과 효과를 위해서이기는 하지만 다른 친구들처럼 자신을 거의 배타적으로 악인의 운명에 관한 묘사에 제한한다. 엘리바스에게는(15장) 악인의 운명이 욥이 아닌 것에 대한 묘사이고, 빌닷에게는(18장) 욥이 그럴 수 있는 바에 대한 묘사인 반면, 소발에게는 급진적 변화가 없으면 욥이 피하지 못할 것에 대한 묘사다. 여느 때처럼 우리는 소발이 욥이 방금 말한 것에 명시적으로 반응하는 것을 보지

않는다. 그러나 이전의 여러 화자들의 표현들을 상기시키는 것들이 꽤 많이 있다. 하벨은 "반어적인 가시 철조망들이 소발의 묘사를 장식한다"고 믿지만, 인용된 예들은 그렇다고 설득하는 데 실패한다.

거의 전적으로 은유적인 이 묘사 전체에 걸쳐 단 하나의 절만이 악인의 악행에 대한 세부 내용을 제공한다: 19절에서 우리는 그가 가난한 사람들을 짓밟았고 다른 사람들의 집을 갈취했음을 안다(그러나 참조. 또한 15a절구). 이는 소발이 특별히 욥에 대해 말하고 있지 않다는 확실한 증거다. 그것은 또한 악의 종류는 이것보다는 더 많기 때문에 이 연설에서 우리가 읽는 것은 하나의 **토포스**, 즉 단 한 명이지만 전형적인 개인에 대한 예증이 되는 묘사라는 것을 알려 주는 표시다.

2 심리적 괴로움에 관한 소발의 시작하는 말들은 우리가 아는 한 아마도 논쟁 언어로부터 온 완전히 상투적인 표현들일 것이다. 마치 우리가 단지 한 주제만을 뜻하는 데 "관심"이라 말할 때, 혹은 우리가 X가 생각한다고 뜻하면서 그가 "느낀다"고 말할 때, 혹은 우리가 단지 이지적으로 당황했는데 "걱정한다"라고 말할 때와 같다. 그러나 그것들이 상당히 전통적일지라도, 시인이 그것들을 이 시점에서 사용하는 것은 흥미롭다. 왜냐하면 그것들이 우리에게 – 비록 우회적으로이기는 하지만 – 소발이 동요되었다는 인상을 전해 주기 때문이다. 동사 앞에 강조 위치에 있는 명사로, 그의 시작하는 말인 "나의 괴로운 생각(혹은 심정)"(שְׂעִפַּי – 스이파이; NEB "마음의 괴로움")은 빌닷이 18:4에서 좀더 비스듬히 표현했던 것과 똑같은 방향 상실감을 뚜렷하게 전달해 준다(그 용어는 4:13에서도 밤의 환상으로 번거로워진 생각에도 사용됨; 또한 시 94:19; 139:23). 마찬가지로, 그의 생각이 그로 하여금 대답하게(שׁוב – 슈브, 히필) 강요한다고 말하는 것은 그가 자신을 완전히 제어하고 있지 않음을 의미한다. 그것은 그가 "내 안에 있는 감정"[아마, 괴로운 감정; "원문주해" 20:2.e를 보라]을 그의 이유로 제시할 때 그가 터놓고 인정하는 것 외에 다름 아니다.

소발을 요동시킨 것은, 빌닷에게 지진 같은 느낌을 주었던 것처럼(18:4), 만일 욥이 옳다면 소발이 지지하는 것이 모두 틀리다는 것이다. 욥이 그의 고난의 불균형성과 하나님의 잔인성에 절규하고 있을 때는(9-20장), 소발이 눈을 하늘을 향해 굴리면서 거짓 절망의 모습으로 끝없는 불행의 이야기를 갖는 것이 도대체 무죄 방면을 얻는 길인지 물을 수 있었다(11:2). 그러나 욥이 좀더 침착하고 보다 반성적인 분위기로 하나님과의 일대일 대면을 감당할 각오가 되었다고 공언했고 – 혹은 보다 적절하고 아주 확신 있게 – 하나님을 향해 그의 결백을 주장한 지금은 소발이 몹시 당황했다. "그의 격렬함은 그의 두려움의 척도다"(테리앙). 그는 이제 욥이 진정으로 응보 교리의 세계-질서를 뒤엎으려고 한다는 것을 안다.

3 욥은 그가 죄 있다고 하는 친구들의 주장을 명예 훼손 혹은 중상(כלם-칼람, 19:3)으로 보았고, 이제는 소발이 "내 중상의 교훈"(מוסר כלמתי – 무싸르 클리마티)으로, 즉 이사야 53:5의 "우리의 평화의 징계"(מוסר שלומנו – 무사르 숄로메누)가 우리를 고치는 징계를 뜻하는 동격의 속격인 것처럼(고디스), 중상하는 교훈으로 인해 똑같은 정도로 모욕당함을 느낀다고 항의한다. 지혜 어휘 무싸르(מוסר)라는 용어는 첫째로 징계를 의미하지만(때로는 육체적 징계; 참조. 5:17; 잠 22:15), 더 흔하게는 "교훈"을 뜻한다(잠 1:2, 7 등에서 "지혜"와 평행). 욥의 연설을 "교훈"이라고 부를 때 소발은 11:4에서 욥의 말들을 "교리"라고 불렀던 것처럼 그것들을 이지적으로 처리하며, 뿐만 아니라 욥이 우월한 위치를 차지했다고 하여 그를 비난한다("교훈"을 주는 것은 항상 아비, 교사 혹은 하나님이다. 동등한 사람들은 서로를 "훈계하거나" "교육하지" 않는다. 참조. 4:3). 중상은 욥이 그의 친구들에게 "교훈"을 준다는 그의 무례함에 있고(참조. 12:2-3; 13:1-2에 더 나은 지혜를 가졌다는 그의 주장들), 또한 아마도 그들이 바로 심판을 두려워해야 할 필요가 있는 거짓 증인들이라는 특별 암시(19:29)에도 있다.

욥의 신 신학에 대한 소발의 반응은 이성에의 호소다. 그에게 이 장의 말들을 공급하는 "그의 명철로부터의 자극"이란 그가 경박하게 순수 이성의 산물이라고 상상하는 어떤 것이다. 그에게 유감스럽게도, 그의 바로 다음 말(4a절구)이 그의 "이성"이 공급받는 출처를 보여 준다: 그것은 그 자신의 진정한 독창적 사상으로 오염되지 않고 희석되지 않은 고대인들의 지혜다. "모든 것이 산산이 부서졌고 자신을 짓밟히고 쇠약해졌다고 느끼는 고난의 욥과는 달리, 소발은 그의 합리적인 지혜 가르침의 천연 토양에 뿌리박고 있으면서 그것으로부터 힘을 빨아들인다"(포어러).

4-11 이 부분은 어느 정도 독립된 단락이라 할 수 있는 것은, 부분적으로는 그것이 11b절구로 종결점에 이르기 때문이며("흙 가운데 눕다") 부분적으로는 12절에서 새롭게 지속된 음식 메타포가 시작되기 때문이다. 그러나 이 연의 요점은 정확히 무엇일까? 로울리는 그것을 "악인 승리의 덧없음"이라는 이름을 달고, 하벨은 "악인의 빠른 몰락", 포어러는 "행악자의 때 이른 완전 몰락"(4-7절) 그리고 "행악자의 겉모양뿐인 성공"(8-11절), 테리앙은 "악인의 사라짐"(*évanescence*)(6-9, 11절), 쉬지기엘은 "신 없는 자의 짤막한 성공, 심지어 가장 위대한 자라도"(1-6절) 그리고 "부와 건강의 갑작스런 상실"(7-12절). 하나의 연이 단 하나의 주된 사상을

발전시킨다고 기대하는 것은 아마도 불합리하지 않겠지만, 우리는 확실히 무엇이 여기서의 주된 메타포인지를 물을 수 있을 것이다. 만일 우리가 묻는다면, 우리는 "덧없음"이 아니라 "부재" 혹은 "사라짐"의 시각 이미지에 주목하게 될 것인데, 그것이 분명히 7-9절 내내 가장 지속적인 이미지이기 때문이다. 악인은 불의 연료처럼(7a절구), 다시는 찾아질 수 없는 꿈처럼(8절), 친구들과 가족의 시야에서 영원히 사라지는 사람처럼(7b, 9절) 존재하기를 멈춘다. 이러한 소실은 인생에서 악인의 현저하게 높음에도 불구하고 발생한다: 그가 하늘처럼 높을지라도(6절) —시각은유. 따라서 그러한 소실은 그것의 정반대인 견실함, 즉 공간 차지의 출현 맞은편에 세워진다. 그러한 시각적 대조가 그 다음에 시간적으로 묘사된다: 지금 너희가 그를 보고, 지금 너희가 보지 못한다. 악인의 현저함이 악인의 눈에 보이지 않음으로 바뀐다. 철저한 변화는 흔히 갑작스런 변화로 제시되고, 악인의 두 번째 상태(눈에 띄지 않는 상태)가 첫 번째(현저한 상태)보다 오래 지속되기에, 첫 번째 상태가 짧은 것으로 제시될 수 있다(5절). 그러면 악인의 승리의 짧음에 대한 선언이 이 연에서 제일 주목을 끄는 확언으로서 간주될 수 있고, 또 만일 4-11절이 산문체 단락이라면 5절이 주된 논지로 타당하게 간주될 수 있을 것이다. 그러나 여기서 우리는 그것을 이 연의 진짜 문제, 즉 전멸로서의 악인의 운명에 대한 극적 서문으로 볼 수도 있다. 마지막 절은 다른 은유로 6-7절에서 제시된 것과 똑같은 대조를 다시 한 번 나타낸다: 거기서는 비록 그가 눈에 보이지만 사라지며, 여기서는(11절) 그가 비록 강하지만 약해진다.

4 이 수사적 질문은 그것이 시작하는 연뿐만 아니라(4-11절) 소발의 연설 나머지에 대해서도(4-29절) 표제가 된다. 소발이 말해야 하는 모든 것은 전통 지혜로서 그는 그것이 아담만큼 오래된 것인 체하며, 욥이 아직도 그것을 배우지 못한 것에 대해 빈정거리는 투로 놀라워한다. 그는 권위의 근거로 빌닷처럼(8:8-9) 그리고 엘리바스처럼(15:18-19) 과거에 호소한다. 15:7에서는 욥이 자신을 첫 번째 인간으로 상상한다고 하여 비난당했고, 여기서는 인간이 땅에 세워진 이래로 알려진 것을 모른다는 것 때문에 비난받는데 이것은 아이러니가 아닌가?

소발이 "너는 아느냐(알지 못하냐)?"(ידעת —야다타)라고 질문하는 것은 아마도 자기 입장의 변호자가 아직 살아 있다는 욥의 확신에 대한(ידעתי —야다티, "나는 안다") 정면 거절은 아닐 것이다. 우리가 진짜 대답을 대하고 있다고 믿기에는 소발의 연설과 앞선 것 사이에 접촉점이 너무 적다(더 자세한 것은 19:2에 관한 부분을 보라). 그러나 그래도 역시 대조가 있으며, 두 인물 사이의 차이점을 강조한다. 욥은 비록 그것이 틀릴지라도 자신이 아는 것을(이 표현에 대해서는 참조. 19:25-27에 관한 부분) 경험과 확신으로 안다. 소발은 그가 아는 바를 가르침 받았기 때문에 안다.

이 문장의 관용 어법은 흔한 이스라엘식 수사법이며, 그것과 가장 가까운 유사 표현이 지혜 문학이 아니라 신명기 4:32로부터 온, 아주 오래 전부터를 뜻하는 "하나님이 땅 위에 사람을 창조한 날로부터…지나간 모든 날들에게 이제 물어 보라"(שְׁאַל־נָא – 스알-나, 욥 8:8; 12:7에서처럼)에 있음을 보는 것은 흥미롭다. "두다"(שִׂים – 심)라는 동사는 여기서 아마도 하나님이 아담을 동산에 "두심"(창 2:8)을 반영한다. 소발이 전하는 지식은 "영원으로부터"(מִנִּי־עַד – 미니-아드)인데, 신기하게도 아드(עַד)가 48번의 다른 곳에서는 미래에 대해 사용되는데(E. Jenni, *THWAT* 2:207-9; 그러나 아마도 합 3:6은 과거에 대해서일 수 있다) 여기서는 과거에 대해 사용된다. 아마도 여기에는 지혜의 고대성뿐만 아니라 그것의 영구한 타당성에 대한 암시가 있을 것이다.

5 소발은 먼저 고대의 지혜가 무엇을 가르쳐 주어야 하는지를 주제에 따라 말한다. 6-11절에서는 악인의 존재의 짧음보다는 그의 사라짐에 더 강조를 두고, 그 진실의 사례들을 묘사할 것이다. 물론 그의 뜻은 악인의 혹은 "사곡한 자"(חָנֵף – 하네프; 참조. 8:13에 관한 부분)의 성공은 그의 죽음으로 갑작스럽게 끝난다는 것이지만, 그는 보다 구체적으로 "기쁨의 외침"(רְנָנָה – 르나나, 3:7; 시 100:2; 63:6[5]에서처럼)과 잠시만 지속되는 "즐거움"(שִׂמְחָה – 심하, 삼상 18:6; 왕상 1:40에서처럼)에 대해 말함으로써 그것을 약간 극적으로 표현한다. 사실 어떤 이들은 미카로브(מִקָּרוֹב, 문자적으로 "가까이로부터")가 그의 즐거움이 "(시간적으로) 최근으로부터"를 뜻하며, 그 결과 행악자의 승리의 전 범위가 말하자면 한 순간 이전"부터" 그 다음 "순간""까지"(עֲדֵי – 아데이)라고 생각한다(포어러가 그렇다). 그러나 우리가 그 **민**을 비교급으로 보고 "가장 짧은"으로 번역할지라도(BDB) 우리는 비슷한 사상을 본다. 참조. 8:13-15(빌닷, 그러나 그의 요점은 다소 "갑작스런 전도"에 관한 것임); 15:31-33(엘리바스, 그러나 그의 요점은 다소 "때 아닌 종말"에 관한 것임); 시편 37:2, 9, 10, 35-36; 73:18-20.

소발은 악인이 좋아서 소리치거나 노래부를 어떤 것을 가지며 정말로 번영할 수 있겠지만 악인의 행복에 대한 바른 관점은 그것이 얼마나 덧없는가를 인식하는 것임을 인정한다. 이는 악인은 "그의 평생에 고통을 당한다는" 엘리바스의 주장보다도(15:20) 혹은 그는 올가미로 둘러싸여 있다는 빌닷의 주장보다도(18:8-10) 훨씬 더 논쟁의 여지가 적다. 왜냐하면 악인에 관한 소발의 진의는 악인 안에 있는 심리적 현실(엘리바스의 경우처럼)이나 악인을 둘러싸는 형이상학적 현실(빌닷의 경우처럼)에 상응하는 것이 아니라, 오로지 관찰자 자신의 시간 판단에 부합하기 때문이다: 만일 예부터 내려온 지혜만큼 기다릴 수 있다면, 악인이 아무리 오래 번영한다고 하더라도 그것은 잠시 동안임을 알 것이다. 왜냐하면 이것은 자로 측정되는 것이 아니라 저울에 측량되는 종류의 시간이기 때문이다. 일단 악인의 번영의 기간 측정에서 크로노미터가 제거되면, 테리앙이 말하는 것처럼 "응보 교리는 계속적인 확증의 대상이다"라는 것을 알기가 쉬워진다. 앤더슨은 가장 흥미롭게도 사곡한 자의 현재 경험이 전혀 비극적이지 않을 수 있다는 소발의 인정이 소발로 하여금 "하나님의 정의에 대한 확신이 관찰에 근거한 것이 아니라 믿음과 소망의 문제라는 욥의 입장에 더 가까이" 가게 한다고 제안한다. 그러나 이것은 소발에게 지나치게 너그러운 것이라 볼 수 있다. 왜냐하면 소발은 믿음이 아니라 지식을 가지고 있고, 그의 지지로 소망이 아니라 오래된 지혜에 의존하기 때문이다. 소발은 유물론자가 아니다. 그는 시간을 시계에 따라 측정하지 않는다. 그러나 구체적인 사회 현실을 무시하는 비현실적 관념론이 유물론보다 더 바람직한 것일까?

6-7 이 장에서 악인은 주로 가난한 자들의 재산을 빼앗는 사회악의 앞잡이로 제시된다(19절). 그는 특별히 비도덕적이거나 비종교적이지 않다. 그러나 다른 사람들을 지배하는 데 있어 그의 사회적 파워가 그 자신-그리고 다른 이들에 의해서-과 신처럼 느껴진다. 따라서 시인이 그를 하늘을 공격하는 것으로 묘사하는 것은 무리가 아니다. 악인은 자신 안에 그러한 야심이 있다고 인정하지는 않을 것이지만, 단지 영리함 혹은 성공함에 대해서는 틀림없이 자랑할 것이다. 그러나 소발의 묘사는 다른 사람의 생계를 대가로 하는 영리함이나 성공은 불가피한 파멸을 부를 지나친 교만이라는 뜻이다.

시편 37:35-36에 "레바논의 백향목처럼 치솟다가[?]" 갑자기 보이지 않는다는 악인에 대한 비슷한 기술이 여기의 배경 이미지도 단지 거대한 나무에 관한 것이라고 암시할지 모른다. 그러나 "하늘"과 "구름"이라는 단어들이 다르며, 우리로 하여금 하늘 공격의 신화론적 배경을 살펴보도록 한다(사 14:12-20에서 확인되는 것처럼; 겔 28:2-19에서는 다르게). 악인의 교만의 "높음"이라는 전통 언어에 대해서는 시 편 73:8-9; 오바댜 4절 참조.

악인은 크게랄로(כגללו), 문자적으로는 "그의 똥처럼" 멸한다고 하는데, 많은 역본들은 그것을 "그 자신의 똥"이라고 생각한다(KJV, RV, RSV, NEB, JPS, NIV). 그

추잡함은 (어떤 기준에 의하면) 전혀 문제가 아닌데, 그 표상은 이상하다. 왜냐하면 인간 배설물은 그렇게 쉽게 썩지 않기 때문이다. 그 가리킴은 부패하는 시체의 악취에 맞먹는 그것의 역겨운 냄새일 수 있다. 그러나 우리는 오히려 완전 파멸을 뜻하는 어떤 그림을 기대했을 것이다. 그런데 우리가 만일 그 똥을 연료에 사용되는 동물의 똥으로 보면 그런 것이 쉽게 공급된다(참조. NAB, "그의 불의 연료처럼"). 델리취의 주석에서 벳츠타인은 지난 세기의 시리아 농민들의 **겔르**(우리 본문의 것과 동일 단어)의 사용에 대한 흥미로운 기술을 한다: 갓 배출된 것이라도 냄새가 없는 소똥이 들판에서 거두어져 자른 밀짚과 섞여 둥근 덩어리로 만들어진다. 그 덩어리들은 여름 내내 완전히 말라 25피트 높이의 반구형으로 세워진 후 겨울 연료로 점차적으로 소모된다. 이 절에 대한 벳츠타인의 주석은 모호하고 아마도 틀렸을 것이다. 그것은 단지 짧은 시간 동안에 완전히 소멸되는 연료라는 표상이다.

"그를 본 자들"이라는 어구에 대해서는 7:8의 "그를 본 그의 눈"을 참조하라. 그리고 "그가 어디에 있는가"에 대해서는 14:10; 이사야 33:18을 참조하라. 그 의미는 아주 잘 보이던(그의 머리가 하늘에 닿음) 악행자의 박약함 속으로 사라지는 것으로, 8-9절에서 지속되는 주제다. 약간 전통적인 지혜류의 이야기가 여기서 전제된다: 악인의 지인들이 그의 집을 지나가며 그를 찾지만 그를 발견하지 못한다. 그런 장면은 시편 37:35-36에서 좀더 발전된다. 14:10에서는 욥이 동일한 질문을 사용하여 모든 인간의 절망적인 운명을 묘사했었다. 소발이 그것을 단지 악인에 대해서만 사용할 때 그와 충돌하는 것일 리 없다. 왜냐하면 그 역시 죽음 이후에는 삶이 없다고 믿는 것이 분명하기 때문이다. 그 유사성은 다만 악인의 운명도 결국에는 다른 모든 이의 운명과 다르지 않다는 아이러니를 강조할 뿐이다.

8 여기서도 언어가 전통적인 것은, 시편과 선지서 텍스트들 모두 원수를 꿈의 환영들로 묘사하기 때문이다(시 73:20; 사 29:7). 그러한 명칭은 꿈의 영상들이 깨는 순간 사라지는 것처럼 빠르게 행악자들이 근절될 것임을 뜻할 뿐만 아니라, 그들은 전혀 실재성을 가지고 있지 않고 대낮의 환한 빛에서는 단지 겉모양뿐으로만 나타난다는 것을 뜻한다. 악인은 19절의 가난하고 재산을 빼앗긴 자들에게 단순한 환영으로 다가오지 않음이 분명하다. 왜냐하면 그는 그 무엇보다도 그들의 삶을 지배하는 구체적 현실이기 때문이다. 그러나 장구한 세월의 지혜를 얻을 수 있는 지혜로운 사람에게는(4절) 그는 굶주림을 면하는 데 그렇게 많은 시간을 보낼 필요가 없기 때문에, 악인들은 단지 그의 상상력의 허상들일 뿐이며, 그들의 번영은 눈을 비벼 깨어나는 간단한 조치로 제거될 수 있는 응보 교리의 일시적인 오점일 뿐이다.

"밤의 환상"(חזיון לילה – 헤즈욘 라일라)은 비록 4:13에서는 깨어 있는 상태에서 본 환상인 것 같지만, 여기서는 분명히 꿈이다. "날아가 버리다"(עוף – 우프)가 죽는 것을 뜻하는 것으로 사용되는 것에 대해서는 시편 90:10 참조. "발견되지" 않는 것은 7절(그리고 참조. 또한 7:21) 뒤에 놓여 있는 이야기를 암시한다.

9 생각이 앞의 7b절구로 연결된다(그것은 포어러나 헤세의 주장과 달리, 꿈-환상 속에서 그를 본 눈이 아침이 오면 더 이상 그를 보지 않는다는 말이 아니다). 어떤 사람을 아는 눈이 그를 더 이상 보지 않는다는 전통적 표현에 대해서는 7:8a(욥); 시편 37:10을 참조하라. 그리고 어떤 이의 처소가 그를 더 이상 알지 않는 것에 대해서는 7:10b; 8:18; 시편 103:16b을 참조하라.

이 절들에는 7장의 욥의 연설을 가리키는 반복되는 언급들이 있다는 하벨의 주장을 받아들이기는 어렵다. 그는 악인의 "꿈처럼"(8절) 사라짐은 "하나님이 그를 악몽으로 무섭게 한다는 욥의 불평을 상기시키고"(7:14), "보는 자들"에 대한 언급(7절)은 "되풀이되는 감시 모티프에 대한 암시"를 지닌(7:8에 하나님의 "살피는 눈") 소발의 신랄한 조롱이며, 악인을 "먼지 속에 눕는" 것으로 묘사하는 것(11절)은 7:21에서 욥이 자신은 곧 먼지 속에 누울 것이라고 인정하기 때문에 욥을 죄인으로 낙인찍는 방식이라고 주장한다. 이들 언어적 평행들 중 어느 것도 그러한 무게를 감당할 수 없다.

10 이 다루기 힘든 절에 대해 참으로 만족스러운 해석은 존재하지 않는다. 악인의 "자녀들"에 대한 언급 자체가 그 자신의 멸절을 다루는 연에는 어울리지 않는 것 같으며, 특별히 한 가지 이유는 그 자녀들이 아무리 가난하게 될지라도 어쨌든 계속 살아 있고, 그럼으로써 일면 그의 이름을 영속시키기 때문이다. 이것은 우리가 지금까지 듣고 있는 악인의 전멸은 아니다. 많은 비평가들은 이 절이 위치가 잘못되었다고 해석해서, 도름과 테리앙은 그것을 19절 뒤에 오도록 위치를 바꾸며, 다른 이들(NEB, 모파트)은 그것을 11절 뒤에 둔다. 덤이 지적했듯이 그래도 아직 문제들이 남아 있다. 만일 본문이 보상하도록 강요받는 악인의 자녀들이 훔친 재산을 돌려주는 것을 말하는 것이라면, 이것이 왜 그렇게 나쁜 것이라 여겨져야 하겠는가? 따라서 사고 연결 결핍과 주제 모두 이 절을 의심스러운 것으로 만들며, 제안된 추측의 교정들 어느 것도 만족스럽지 않다. 여기 번역에 각(角)괄호는 그 절이 적합하지 않은 것 같다는 뜻이다. 덤과 NAB는 그것을 그저 생략해 버린다.

두 개의 다른 해석 방향이 제안되었다. (a) 라차(רצה)를 대체적으로 성경 후기의 의미인 "(부채를) 갚다, 만회하다"(레비; 그러나 성경 히브리어에서도 "지불하다")로 해석하면, 우리는 "그의 자녀들이 가난한 자들에게 배상할 것이다"(도름) 혹은 "가난한 자들에게 보상할 것이다"(NIV; 참조. JB)라고 번역할 수 있을 것이다. 그런 경우 이 절의 후반부는 그들이 그가 그의 부를 훔친 자들에게 "그의 부를 돌려 준다"는 의미가 되어야 할 것이다. 그러나 본문은 "**그의** 손(들)"이 그것을 되돌려 준다고 말한다. 그러므로 에데헴(יְדֵיהֶם "그들의 손들"; 참조. *BHK*, NEB) 혹은 옐라다브(יְלָדָיו, "그의 자녀들"; 휠셔, JB; 그 동사의 성도 야쉬부〈יְשִׁיבוּ〉로 수정될 것이 요구된다) 등으로 수정. 고디스는 마소라 본문의 야다브(ידיו, "그의 손들")는 실제로 "그의 자손"을 뜻할 수 있다고 생각하지만, 그가 제시하는 평행 본문들은 설득력이 없다. 우리는 지금까지 악인의 부의 출처에 대해서는 아무것도 듣지 않았다는 것(또한 19절도 우리에게 정확하게 말하지 않는다)과, 또한 그의 자녀들이 그의 부정 이득을 되돌려 주게 하는 것은 7-9절이 묘사한 파괴와 동일 지평에 있는 것 같지 않다는 것이 이 관점이 지닌 약간의 난점이다.

(b) 우리가 라차(רצה)를 "…에게 호의를 구하다"로 보고(RSV), 그 악행자의 자녀들은 가난한 자들 중에 가장 가난한 자들로, 가난한 사람들에게 그들의 빵을 구걸하는 상태로 몰락했다고 제안한다고 해도(NEB, "가난한 자들에게 구걸하다", NJPS, "가난한 자들의 환심을 사다"; 드라이버-그레이, 포어러) 더 그럴듯한 의미가 생기지 않는다. 그들의 그러한 상태는 어쩌면 "그가" 가난한 자들의 재산을 그들에게 돌려주어야 했고, 따라서 그의 자녀들이 물려받을 것이 하나도 남지 않았기 때문일 수도 있다(포어러가 그렇다). 이 관점은 이전 관점의 난점에다가 그 행악자 자신이 살아 있는 동안에 그가 가난한 자들의 소유물을 돌려주는 것으로 그리는("**그의** 손들") 있음직하지 않은 일을 추가한다. 이 해석의 좀 약한 버전은 이 절의 전 후반부를 병행구로 취하여 자녀들의 행위와 그 아비의 행위를 모두 묘사하는 것으로 해석하는 것이다(참조. NJPS). 그러면 왜 그런 순서로인가?

만일 이 절에 어떤 의미가 있어야 한다면, 아버지의 행위가 아들의 행위보다 앞서야 하는 것 같다(시크레 디아즈도 우리가 여기에 **도치법**〈*hysteron proteron*〉의 한 경우를 가지고 있다고 본다). 나는 아버지의 손(들)이 그들의 "힘"(온〈און〉이 일반적으로 뜻하듯이; 마소라 텍스트의 "그의 힘", 물론 그 손의 힘은 그 사람의 힘이기 때문에)을 "포기하다"(BDB가 여기의 슈브〈שוב〉 히필을 번역하듯이)라고 제안하겠다. 이것은 최소한 11절과 잘 맞는다. 그러면 이제 비록 단순 연결형 **바브**가 사용되고 있지만, 죽음으로 인한 아버지의 힘의 상실이 자녀들의 결핍된 상태의 원인임에 틀림없다. 그의 재산은 여기서 전혀 고려되고 있지 않다. 그들이 영락한 상태에 있는 것은 단지 그가 때 이르게 멸했기 때문이다.

11 악인의 **때 이른** 죽음 사상이 이 연에 추가되는데, 그렇지 않았으면 이 연은 단순히 땅에서 그의 사라짐과만 관련되었을 것이다: 그는 사라진다. 그것도 그의 때 이전에. 첫 번째 절은 양보적으로 해석하여 "비록 그의 뼈들이 활력으로 가득하지만"이어야 한다. 소발의 신학은 악인은 응보가 그를 덮치기 때문에 그의 날들을 다 살지 못한다는 점을 강조한다(참조. 시 55:24[23], "저희 날의 반도 살지 못한다"; 참조. 102:25[24]). 비록 6절이 허용하는 것처럼 정의 실행에는 약간의 지체가 있을지 모르지만, 그의 운명은 죽음이다(이 표현은 17:13-16을 상기시키는데, 거기서는 욥의 소망이 스올로 그가 편 침상으로 내려가지 **않는다**). 테리앙은 이상하게도 소발이 "악인의 정력을 기괴하게 의인화하여 그것이 애인처럼 그와 함께 무덤으로 내려가게 한다"라고 생각한다. 그러나 알루밈(עלומים)이 정력을 의미하지 않는 것(참조. 33:25; 시 89:46[45]; 사 54:4)은 샤카브(שכב)가 일반적으로 "성적으로 함께 눕다"를 뜻하지 않음과 같다. עלם의 아랍 동족어가 그 히브리어의 의미를 결정할 수는 없다.

이 연은 다르게는 죄가 그 자체의 응보를 가져온다는 것을 보여 주는 것으로 해석되었다. 하나님이 "사람 자신의 악을 이용하여 그의 몰락을 초래하심"(앤더슨; 참조. 로울리, "자기-수반 죄의 대가"). 사실 그것이 음식이 그의 위에서 "변한다"는 것의 의미이지만(14a절구), "영속하는 이득이 없음"이라는 지배적인 주제가 18, 21절에 의해서 보다 분명하게 가리켜진다.

12-23 이 두 번째 연의 특징은 계속되는 먹기 메타포다: 입(12절), 혀(12절), 구개(13절), 위(14절), 내장(14절), 배(15, 20, 23절) 등이 나온다. 맛을 봄(12절), 삼킴(15절), 게우기와 토함(15절), 빨기(16절), 토함(18절), 삼키지 못함(18절), 먹기(21절)가 있다. 단맛(12절), 기름, 꿀, 크림(17절), 음식(23절)이 있다. 무엇보다도 풍족함의 가득함(22절)과 잔뜩 배부름(23절)이 있다. 놀랍지 않게 그 메타포가 여러 가지 방식으로 사용된다.

주된 주제는 죄인은 그의 악행으로부터 지속되는 이득을 전혀 얻지 못한다는 것 같다. 이는 악행자의 궁극적 소멸이라는 이 전 연(4-11절)의 주된 표상으로 연결된다. 그가 먹는 음식은 그의 생명이 아니라 그의 죽음을 초래한다. 우선 그 표상은 입에는 달지만 위를 뒤틀리게 하여 토해내지는(12-15절), 그 결과 생명 유지 음식으로 기능하지 않는 음식에 관한 것이다. 그 표상의 또 다른 설명으로, 그가 먹는 음식은 사실 치명적인 독으로 그가 진짜 음식을 즐기지 못하게 하고 그로 하여금 그것을 토해내게 한다(16-19절). 이 표상의 세 번째 효과로, 그는 폭식가처럼 가용 음식을 모두 삼켜 버려서 더 이상 남아 있는 음식이 없고, 따라서 그의 식욕 때문에 그는 기아 상태에 이른다(20-22절). 이 표상의 또 다른 차원은 하나님이 그로 하여금 그의 음식을 토해내게 하신다(15b절구). 그리고 그가 자기를 지탱시키고 있다고 믿는 음식은 사실은 그를 부풀게 하는 하나님의 진노다(23절). 이 지배적 메타포의 다양한 전개 내내 그의 먹는 것으로부터는 아무런 영속적 이득이 없다는 사상이 있다(18b절구).

12-14 12-13절은 두 개의 조건절이고 14절이 주절인 이 긴 문장에서 행악자의 사악함이 위에서 쓰게 변하는 입에 단 음식으로 그려진다. 그 감칠맛 나는 소량이 입, 혀, 구개에 달콤하다. 그것은 완전히 전통적인 유혹하는 죄의 표상이다. 참조. 잠 9:17, "훔친 물이 달고, 몰래 먹은 빵이 맛 좋다"; 20:7, "속여서 얻은 빵이 달다"; 창 3:6. 그러나 여기에는 단 음식으로부터 최대한의 만족을 끌어내기 위해 가능한 한 오랫동안 그것을 입에 물고 있는 좀더 발전된 사상이 있다.

"달다"를 뜻하는 용어(מתוק – 마토크; 여기서는 동사 마토크〈מתק〉, 히필 자동사)는 단 것들뿐만 아니라(꿀, 삿 14:14; 시 19:11) 물에 적용할 수 있으며(출 15:25), 또한 여기서는 구체적으로 달다가 아니라 단순히 "좋은, 유쾌한"을 뜻할 수 있다. 그 향락적인 행악자는 그의 죄를 그의 혀 아래 "숨긴다". 물론 이 표상에서는 그것을 감추기 위해서가 아니라 그것을 맛보기 위해서다(참조. 아 4:11, "네 혀 밑에 꿀과 젖"). 그는 그의 쾌락을 놓기를 싫어한다: 그 히브리어의 문자적 의미는 "그가 그것을 아끼다"(חמל – 하말, 6:10; 16:13; 27:22에서처럼)로, 오직 여기서만 이 전이된 의미로 사용되며, 아마도 반어적으로 자신의 악행에 대한 악행자의 방어적인 태도를 암시한다. 음식 한 모금을 "버린다"(עזב – 아자브)는 것도 엉뚱한 발상으로, 일반적으로 사람들이 저버리거나 저버리지 않는 지혜, 율법 혹은 하나님처럼 가치 있는 어떤 것임을 암시한다. 음식을 구개에 머물게 함은 문자적으로 보면 그것을 "붙들고 있는"(מנע – 마나) 것으로, 구개가 시기적으로 그리고 이기적으로 그 한 모금을 삼켜지지 않도록 붙들고 있다는 것이다.

그러나 악한 행위들은 "그것들이 범해질 때 아무리 유쾌한 느낌이 동반된다 해도, 나중에 드러나는 고유한 파괴력을 가지고 있다"(하벨). 비록 잠언 25:27이 꿀을 너무 많이 먹는 것은 좋지 않다고 경고하지만, 문제는 단맛 자체가 아니다. 행악자의 음식이 삼켜질 때 그것의 본성이 드러난다. 우리가 신 우유에 대해 말하는 것처럼, 그의 맛있는 음식이 "변하여"(הפך – 하파크, 니팔) 그는 식중독을 당한다(그 표현은 그것이 독사의 독"으로" 바뀐다는 말이 아님〈고디스, NJPS처럼〉. 왜냐하면 이 절의 후반부가 독립절이기 때문에). 그의 위 내에서(겔 3:3; 7:19; 욘 2:1, 2 [1:17; 2:1]에 매임[מעים]처럼; KJV, RV, 포프처럼 "내장"이 아님) 그의 악이 은유적으로 독사의 독이 된다(15절은 다소 다르게 그가 내내 먹은 것이 뱀의 독이라고 말할 것이다). 파디는 "쓰다"는 뜻의 어근 מרר로부터 므로라(מררה)가 어떻게 먼저는 간의 쓴 분비물인 "담즙"이고, 그리고 두 번째로 뱀이 뿜는 독으로서 고대인들에 의해 뱀의 담즙으로 생각된 뱀의 독액인지를 보여 주었다(D. Pardee, "*m*^{e}*rôrāt -p*^{e}*tanîm* Venom in Job 20:14," *ZAW* 91[1979] 401-16). 뱀에 관해서는 16절에 관한 부분을 보라.

이 묘사는 24-25절 다음으로 소발의 다소 미온적인 연설에서 가장 흥미로운 부분이지만, 이것조차도 지나치게 상투적이다. 참조. 잠언 23:31-32, 포도주는 부드럽게 내려가지만 결국에는 뱀처럼 물고 독사처럼 찌른다. 20:17, 속여서 얻은 음식은 입에 달지만 나중에는 입에 자갈이다. 그리고 신명기 32:32-33, 주의 대적들의 포도 송이는 독 포도요 독액(מררה – 므로라, 여기서처럼) 송이며, 그들의 포도주는 뱀의 독(로쉬 – רוש=ראש, 16절에서처럼)이요 독사(פתן – 페텐, 여기서처럼)의 독액(ראש)이라. 참조. 또한 계시록 10:10, 두루마리가 입에는 꿀이나 위에는 쓰다. 물론 뱀의 독은 치명적인 것으로 보인다(민 21:6; 신 32:24; 암 5:19).

15 일단 위가 담즙으로 가득 찬 다음 단계는 토하는 것이다. 그것은 동일 이미지의 확장이다. 그러나 그 은유를 계속할 때 시인은 그 이미지의 음식이 무엇인지를 분명한 언어로 말한다: 그것은 행악자가 삼킨 "재산"(חיל – 하일)이며, 비록 시인이 19절까지는 명시적으로 그렇게 말하지는 않지만, 그것은 다른 사람의 재산일 수 있을 뿐이다. 공술 같은 것은 없으며, 어느 누구도 다른 사람의 희생 없이는 부자가 되지 않는다. 이집트의 『아메네모프의 교훈』(*Instruction of Amenemope*)은 경고한다: "가난한 사람의 재산을 탐내지 마라…그것은 목에 걸리는 것이요, 목에서 토하게 한다"(chap. 11; *ANET*, 423a). 여기서 하나님을 토제 집행관으로 발견하는 것은 이상한데, 그 이유는 그것이 예레미야 51:44에도 나타나니, 그 비유가 조잡해서가("소발에게 어울리듯이"라고 피크는 말한다) 아니라, 일반적으로 지혜 가르침에서는 하나님이 개인적으로 복수를 실행하지 않으시기 때문이다. 소발은 단지 쓰고 유독한 음식이 그것을 토해낼 정도로 위를 자극하도록 하나님이 세상을 질서 있게 하신다고 말하는 것일 수 있다. 그런 경우라면 하나님은 직접적으로는 아무 일도 하지 않고(그리고 신의 토제에 대해 말하는 것은 그릇된 것일 것이다), 다만 자연

적인 도덕 질서가 그 경로를 가도록 허락하시는 것이리라. 이는 11:13-20의 소발처럼 들린다고 말해져야 한다. 덧붙여 말하면, 칠십인경은 하나님이 사람으로 토하게 한다는 개념을 너무 나쁘게 보아서 한 "천사"가 그것을 하게 했거나 혹은 구토를 악행자의 "집"으로부터의 "추방"으로 바꾸거나 혹은 그 둘 다를 택했다(Gard, *Exegetical Method of the Greek Translator*, 26를 보라).

그레이와 포프는 그 토제가 그 사람에게서 독을 제거시키고 결국 그에게 좋게 해주는 것이라는 생각에 마음이 편치 않아, 이 절을 아예 12-14절 이미지에서 잘라낸다. 그러나 그 독은 부당하게 획득한 재산**이며**, 그 독을 제하는 것은 그 재산을 제한다는 것이다. 상한 음식이 위와 맞지 않듯이 죄는 인간의 체질에 맞지 않는다.

16 이 절이 14절에 무엇을 추가하는지 보기는 어려우며, 좀더 완고한 어떤 주석가들은 그것을 삭제한다(부드, 드라이버-그레이, 횔셔). 그것은 정말로 악행자가 그 독으로 죽는다고 말한다 – 이는 14절이 기껏해야 암시적으로만 남겨 둔 것이다. 그러나 그가 언제 그 독을 "빤다"는 것인가? 대부분의 번역들이 비추는 것같이 12-15절의 먹고 토한 **이후**는 아니다. 12-17절에서 말하는 그의 입에 달콤한 고기가 사실은 독이었고, 그가 맛있는 음식을 완미하고 있다고 생각했지만, 사실은 그의 체내로 점점 더 많은 독을 흡수하고 있다는 것일 수 있을 뿐이다. 따라서 12-13절에서 우리의 번역은 "그가 빤 것은 독이었다"(참조. JB). 이 표상은 14절에 대한 일반적인 해석, 즉 그의 음식이 그의 위에서 독으로 **변한다**는 것과 아주 잘 맞지는 않는다. 왜냐하면 16절은 그것이 내내 독이었다고 말하는 것 같기 때문이다. 그러나 14b 절구가 위에서 일어나는 일이 아니라 위가 입과 다른 것으로서 무엇이 해로운 음식인지를 알아보는 것을 묘사하는 것이라면, 그 두 이미지는 모순되지 않으며, 16절은 우리에게 위가 토하는 것이 정상이었다고 말해 준다. 그것은 또한 우리에게 토함이 아무것도 해결해 주지 않음을 말해 준다. 왜냐하면 치명적인 독이 이미 작용하고 있기 때문이다. 분명한 언어로 말하자면, 돈을 버는 것은 돈을 버는 자들에게 파괴적이며, 그리고 단순히 그들이 그들로부터 돈을 버는 자들에게만이 아니다. 좀더 신학적으로 말하면, 죄의 결과는 가차없지만 자연적인 이치를 따라 전개된다.

동물학적 견지에서 보면, 이 곳과 14절에 나타나는 페텐(פתן)은 정확하게는 팔레스타인에서 발견되지 않는 독사인 이집트 코브라가 아니라 그냥 큰 뱀이다. 에프에(אפעה)는 대체로 카펫 바이퍼(the Carpet Viper)로 여겨진다(F. S. Bodenheimer, *IDB* 2:246-56[254], 삽화와 함께). 어느 뱀도 혀로 찌르거나 죽이지 않고, 앞니 혹은 독아를 통해 배출되는 독으로 한다. 그럼에도 불구하고 독사의 쏜살같은 혀(사실 그것이 후각 기관이기 때문에 끊임없이 움직임)는 부당하지 않게 독이 전달되는 경로로 여겨졌다. 참조. 독사의 것처럼 날카로운 혀에 대해서는 시편 140:4[3], 그리고 발작적으로 분출하는 살무사의 독처럼 드러누워 있는 혀에 대해서는 1QH 5.27(번역, T. H. Gaster, *The Scriptures of the Dead Sea Sect*[London: Secker and Warburg, 1957] 153)을 참조하라.

17 아직 음식 표상이지만 새로운 방향으로 간다. 왜냐하면 여기서는 악행자가 먹는 것이 유독한 음식이 아니라 그가 먹는 것으로 죽었기 때문에 앞으로 다시는 먹지 못할 몸에 좋은 음식이기 때문이다. 그가 앞으로 "즐기지"(ראה ב – 라아 브, "원문주해" 20:17.a 보라) 못할 것은 전형적인 팔레스타인 음식이다: 기름, 꿀 그리고 크림(乳脂)은 가나안 땅의 풍요의 표준적인 상징들이다. 올리브 기름("원문주해" 20:17.c 보라)은 글자 그대로 기름 압축기로부터 "시내를" 이루어 흘러 넘쳤다[참조. 24:11; 29:6, 바위에 깎은 압축기가 기름 시내(여기 플라가⟨פלגה⟩처럼 펠레그⟨פלג⟩)를 쏟아낸다. 욜 2:24, 독들이 포도주와 기름으로 넘친다]. 요리에서의 기름 사용에 대한 더 많은 언급이 없는 것이 이상하다. 왜냐하면 우리는 광범위한 사용을 추정할 수 있기 때문이다. 그러나 참조. 민수기 11:8; 유딧서 10:5. 꿀과 응유의 "급류"(נחל – 나할)라는 말은 이제까지 한 번도 없었다. 따라서 우리는 그것 역시 과장으로 보기 위해 기름의 "시내"라는 우리의 독법을 재조정해야 한다. 꿀은 구약에서 일반적으로 길들인 벌의 꿀이 아니라 야생 꿀(삿 14:8; 삼상 14:25-26) 혹은 걸죽한 포도 혹은 대추야자 시럽(아랍어. *dibs*)이다(J. F. Ross, *IDB* 2:639). 유지 혹은 응유(חמאה – 헴아)는 버터(KJV, JB)가 아니라, 오늘날 레벤(leben)이라 불리고 요구르트와 비슷한 발효 유제품으로, "이전 공급에서 덩어리가 남아 있는 염소 가죽에 새 우유를 넣고 저어서 조제된다"(J. F. Ross, *IDB* 1:749). 그것은 아브라함이 그의 방문객들에게(창 18:8), 야엘이 시세라에게(삿 5:25), 바실래가 다윗의 군대에게(삼하 17:29) 먹으라고 준 것이다. 이사야 7:14에서는 아마도 응유와 꿀이 기본 음식물이지만, 보다 흔하게는 젖과 꿀이 풍요의 상징으로, 특별히 땅이 그것들로 흘러 넘친다면 그렇다(출 3:8, 17; 13:5; 33:3; 레 20:24 그리고 자주). 바알 신화에 나오는 유명한 한 구절에서는 엘(El)이 바알이 소생하고 땅의 생산력이 다시 깨어나는 꿈을 꾼다. 그는 "하늘이 기름을 내렸고, 골짜기들(*nḥl*, 이 곳의 나할⟨נחל⟩처럼)이 꿀로 넘쳤음"을 본다(*CTA* 6.3.12-13[Gibson, 67]). 포어러는 이상하게도 우리 본문의 이미지들이 더 오래된 유목 시대의 서술에 속하며 우가릿 텍스트와 아무런 관련이 없다고 주장한다. 그러나 물론 풍요에 대한 이 묘사들이 우선

적으로 팔레스타인 농경 생활에 대한 비정착민들의 동경을 나타내지만, 그 이미지들은 유목민이 아니라 농부의 경험에서 비롯된다.

18 이 연은 이 요약절로 끝나며, 거기에 19절이 부속절을 이룬다. 18a절구는 15절의 이미지를 반복하고, 반면에 18b절구는 17절 주제를 재개한다. 간략하게 말하면, 그 행악자는 그의 이익을 토해내야 하기 때문에 결코 그것의 즐거움을 경험하지 못한다. 그의 재산의 출처에 대해서는 아직 명시적인 말이 전혀 없다(15절에 암시와 많은 역본들의 이 곳의 번역들에도 불구하고, 가령 NEB, 그가 다른 사람들에게서 빼앗았고 그들에게 되돌려 주어야 함을 의미하는, "그는 그의 재물을 삼킴 없이 그것들을 되돌려 주어야 한다"). 강조는 오로지 그에게 소중한 소유를 잃는 것이 그의 관점에서 어떻게 느껴지는가에 있다. 그는 누구에게도 아무것도 돌려 주지 않는다. 그리고 비록 그의 이득은 다른 이들에게는 손실이었음을 우리가 나중에 알 것이지만, 그의 손실로부터는 아무도 혜택을 보지 않는다. 심지어 선의의 선물조차도 그의 인격의 독으로 인해 오염된다.

19 여기서 마침내 은유들이 없어지며, 우리는 악인의 실제 악행에 대해 구체적인 것들을 알게 된다. 그렇다. 이들 죄들은 단지 본보기이며, 일면 이 묘사조차도 어떤 사람을 악인 중 하나로 낙인찍을 수 있는 전체 악들에 대해 은유적으로 기능한다. 그러나 소발에게 사악함의 전형으로 가장 쉽게 다가오는 죄가 사회적이고 경제적인 범죄라는 것은 혼동의 여지없이 중요한 것이다. 하나님에 대한 죄가 아니고, 제의적 잘못이나 국가법의 위반이 아니라, 아마 법적으로는 아무런 문제가 없는 가난한 자들의 착취가 죄들 중 으뜸 가는 죄다. "혜택 받지 못한 이들에 대한 태도와 행동이 욥에게 온전함과 의로움의 근본 척도다"(하벨). 그들의 필요를 조금도 돌아보지 않는 거절은 엘리바스가 나중에 그것 때문에 욥을 비난할 부지중의 죄가 될 것이며(22:5-9), 그리고 더 나중에는 욥의 가장 격렬한 자기 변호의 주제가 될 것이다(29:12-17; 31:13-23).

그러면 악인이 정확하게 무엇을 행했는가? 라차츠(רצץ)는 비록 "짓밟다"라는 일반 단어이지만, 여기서는 전혀 메타포가 아니라 "속여서 빼앗다, 횡령하다"를 뜻하는 법 영역에서 온 준 전문 용어인 것 같다(대조 NEB의 "괴롭혔다", NIV의 "억압했다", RSV, NJPS의 "박살냈다"). 참조. 사무엘이 어느 누구의 소나 나귀를 취했음을 부정하는 사무엘상 12:3-4(또한 신 28:33; 암 4:1; 호 5:11에서처럼 아사크〈עשק, "강탈하다"〉와 평행). 역대하 16:10에서 아사 왕이 선견자 하나니를 투옥시키고 또한 사람들 중 일부를, 아마도 하나님의 지지자들을 라차츠(רצץ) 한다 – 역시 그 단어는 "억압했다"(NAB) 혹은 "잔학한 행위를 가했다"(RSV)보다는 더 구체적인 의미를 가질 것이다. 물론 "속여 빼앗다"는 말은 수많은 죄들을 포함할 수 있는데, 그것들 모두가 꼭 객관적으로 불법적인 행위들은 아니다. 구매자가 공정한 가격이라고 생각하는 것이 판매자로서는 자기를 속여 빼앗는 것이라고 당연히 믿을 수 있는 것은 그가 경제적 필요에 의해서 그의 상품이나 노동력을 싸게 팔도록 강요되기 때문이다. 이 묘사 속의 악인은 분명히 경제적 파워의 위치에 있고, "가난한 이들"(דלים – 달림)의 반대편에 서 있다. 시장에서 만나는 사람들이 경제적으로 동등한 사람들이 아니라 부자와 가난한 자들인 때는 "자유" 시장이란 있을 수 없다.

다음으로, 악인은 가난한 자들을 "저버렸다"(עזב – 아자브). 이것도 언뜻 보기에는 모호한 용어 같다(NEB의 "괴롭혔다", NJPS의 "고문했다"). 따라서 고디스는 **도치법**(*hysteron proteron*)이 사용되고 있어 "더 중요한 [그리고 여기서는 좀더 구체적인] 것이 화자 혹은 저자의 의식 속으로 밀고 들어오기 때문에 두 개의 연속 행위들의 순서가 뒤집힌다"고 제안한다(참조. 출 24:7; 에 9:27). 그는 "그가 가난한 이들을 저버리고 정말 짓밟았다"라고 번역한다(그러나 그의 번역에서는 그가 "억압하고 고문했다"). 그것은 틀린 것은 아니지만, 이스라엘이 레위인들을 "저버리지"(עזב) 말도록 명령받는 신명기 12:19; 14:27과 비교해 보면 그것은 "경시"(BDB처럼) 혹은 논제의 사회 그룹의 합당한 요구의 무시임이 드러난다. 여기서 그것은 아마도 정의를 요구하는, 구체적으로는 이 절 다음 절반에서 말해지는 재산 권리의 문제에 있어서 가난한 자들의 외침의 무시일 것이다.

아직 좀더 구체적으로, 아마도 "보다 정확한 평행법"의 원칙에 따라(D. J. A. Clines, "The Parallelism of Greater Precision: Notes from Isaiah 40 for a Theory of Hebrew Poetry," *New Directions in Biblical Poetry*, ed. E. R. Follis[*JSOTS* 40; Sheffield: *JSOT*, 1987] 77-100), 악인의 죄악은 "그가 짓지 않은 집"(문자적으로는 "그리고 그가 그것을 짓지 않았다"), 즉 다른 누가 지은 집을 "빼앗는 것"이다. 이 폭력 행위(גזל – 가잘, "잡아채다, 폭력으로 점유하다")가 그 가해자들에 의해 반드시 그렇게 보여지는 것은 아니며, 그들에게 그것은 단순히 서류 거래일 뿐일 수 있다. 가령 "임대 자본가들" 혹은 고리 대금 업자들 같은 부자들(B. Lang, "The Social Organization of Peasant Poverty in Biblical Israel," *JSOT* 24[1982] 47-63를 보라)은 자신들을 단순히 합의 계약을 이행하고 전적으로 공명정대하게 행하고 있다고 간주할 수 있다. 그들이 비록 그들에게 다른 사람들을 지배하는 파워를 주는 재산 혹은 돈을 물려받은 것이고, 그것들을 증대하는 일을 아직 시작하지 않았다 하더라도, 그들의 파워의 사용은 불가피하게 그들이 지배하는 사람들에 의해 폭력적인 박탈로(גזל) 경험되는 손실로 이어진다. 사람은 단순히 정해진 경제 체계에 따라 행함으로써 악인들 가운데 한 명이 될 수 있다(29:12-16; 31:16-21의 욥 자신과 대조). 반 사회 행동으로서의 גזל에 대해서는 J. Schüpphaus, *TDOT* 2:456-58를 보라. 그리고 잠언 28:24과 22:22 참조. 거기서는 뜻이 깊게도 가난한 자들이 가난하다는 이유로 폭력적으로 강탈당할(גזל) 위험에 처해 있다. 이는 부자들이 가난한 자들을 강탈하는 것이 은행을 터는 것보다 더 수익이 높다고 생각할 만큼 어리석다는 뜻이 아니라, 가난한 자들은 항상 경제 시스템의 희생자들이라는 말이다. 가지지 못한 자들로부터 심지어 그들이 가지고 있는 것조차 가져가진다.

20-21 이 두 절에서는 시작하는 "왜냐하면"(כי – 키) 절이 앞을 내다보고, 21절의 "그러므로"(על־כן – 알-켄)에 의해 연결된다(앞에 온 것을 되돌아보는 19절의 키〈כי〉와 대조). 사이에 있는 두 절구(20b, 21a)는 "그러므로"에 대한 추가적인 이유들로 해석하는 것이 가장 좋다. 음식 이미지가 계속되지만, 여기서 새로운 양상이 전개된다: 여기서 그것은 식탐이며, 핵심 용어들은 "만족하지 않는", "배", "간절히 바란"(20절), "먹다", "생산물"(טוב – 투브, 21절), "배부르다", "넉넉함"(22절), "채우다", "배", "쏟아 붇다", "음식"(23절) 등이다. 이 연의 앞 부분에서 강조는 단 음식이 변하여 시어지고, 먹은 것이 토해질 때의 기대의 전복과 어긋남에 있었다. 여기서는 악인의 모두 삼켜 버리는 탐욕이 그 자체를 먹고, 따라서 자멸한다. 악인의 행동이 바로 그의 파멸의 원인이다.

음식은 완전히 소모될 수 있는 유한 자원이다. 따라서 자기 증식에 대한 악인의 갈망도 그것이 억제되지 않으면 궁극적으로 아무것도 남지 않을 때까지 그것이 먹어치운 모든 것의 소비에 이른다. 그는 만족할 수 없기에 결코 만족을 느끼지 못한다(포어러). 그는 자기 배에서 어떠한 "평안" 혹은 만족(שלו – 샬레브)도 알지 못한다. "평안함(혹은 만족, 샬바〈שלוה〉) 있는 마른 떡 한 조각이 다툼의 잔치 가득한 집보다 낫다"는 잠언 17:1은 먹기에 있어 평안의 가치에 대한 객관적으로 외면화된 관점을 제시한다. 여기서는 장애가 전적으로 내적인 것이며, 모자람이 아니라 물림을 통해서다. 지혜서는 좀더 전형적으로 악인을 굶주리는 것으로 특징화한다(잠 13:25, "악인의 배는 주림을 당하느니라"). 여기서는 행악자의 탐욕이 그의 모자람의 원인이다.

20a절구의 후반부는 종종 그의 탐욕에 대한 심판의 선언으로 여겨진다. 예를 들어, RSV의 "그는 그가 좋아하는 것을 하나도 모으지 못할 것이다". 그러나 이 절들

의 구조는 세 개의 절구(20-21a절)가 21b절구("그러므로…")의 심판에 대한 이유를 제공하는 것으로 가장 잘 이해된다(포어러, 포프도 그렇다). 이렇게 보면, 현재 표현은 그가 폭식가나 음식 청소부처럼 자기 식욕이 원하는 모든 것을 먹어치운다는 것을 뜻한다. 마치 그의 음식이 그가 자기 탐욕의 영향으로부터 벗어나게 하거나 구해 주지(מלט – 말라트, 피엘이 일반적으로 뜻하듯이) 않는 사냥 동물이나 인간들인 것처럼, "그는 자신이 바라는 것이 하나도 자신을 피해 가지 못하게 했다". 그 결과는, 이 식객이 먹기를 마쳤을 때 찬장에 남아 있는 음식이 하나도 없다는 것이거나, 혹은 그것이 문자적으로 그리고 좀더 의인화되어 말해지듯이 "그의 먹기에서 살아 남은 생존자가 없다"는 것이다. 사리드(שׂריד)는 다른 곳에서는 항상 전투나 재난의 인간 생존자들에 대해 사용된다(예를 들어, 18:19; 27:15; 신 2:34; 그리고 참조. 아래 26절). 이 절들은 거대한 행악자가 사람을 음식처럼 잡아먹는 아주 우스꽝스런 그림을 그려 준다.

그의 재산(טוב – 투브) 혹은 아마도 구체적으로 보면 음식 은유가 아직 지배적이니까 그 땅의 식용 "소산물"(창 45:18; 스 9:12; 느 9:35)은 존속하지 않는다. 문자적으로는 "견고하게 머물지"(חול – 훌, 다른 곳에서는 시 10:5에서) 않는다. 왜냐하면 하나님이 그에게 복수하시기 때문이 아니라(비록 그가 그렇게 하지만), 탐욕스런 그 행악자가 그의 손에 들어온 모든 것을 삼켜 버렸기 때문이다.

우리는 15절과 19절에서 악행자의 죄가 실제 폭식이 아니라 다른 사람들의 소유에 대한 탐욕이라고 새어나오는 12-19절 음식 메타포에 비추어 보아, 비록 아무것도 명시적으로 그렇다고 말하지 않지만, 여기서도 경우가 똑같다고 확신할 수 있을 것이다.

22 악인이 다른 이들로부터 빼앗는 것은 그 소유자로 부자가 아니라 가난하게 만든다(바이저). 여기에 다시 반전 이미지가 나타난다: 그가 가장 만족한 순간에, "그의 족함이 넘칠 때에"(언어 자체는 과장 언어다. 어느 단어라도 그 자체로 충분할 것이다), 그는 갑자기 "궁핍해진다"(צרר – 차라르; "좁음"과 "넓음"의 상징성에 대해서는 36:16에 관한 부분을 보라) 혹은 빈곤해진다. 그것은 문자적으로 "그에게 좁음이 있다"는 무디고 퉁명한 표현으로, 궁핍이 마치 그에게 전달되는 소포처럼 객관화된다. 그 용어가 걱정과 고통의 사람 마음 상태를 내포하는지(도름)는 알기 어렵다. 확실히 이것은 악인이 점차적으로 땅의 모든 자원을 먹어치우는 20-21절의 것보다는 더 극적인 표상이다. 여기서는 그가 정말 배부를 때에 (갑자기) 벌을 받는다. 곤궁의 "최대 힘"(NIV)이 용사처럼 그를 공격한다(בוא – 보, 3:24; 5:21;

15:21에서처럼 군대 의미로 "[대항해] 오다", "공격하다"[BDB, 98b § 2b]). "곤궁"(עמל – 아멜)은 그의 재물과 풍족함의 반대로서 악인의 운명이다. 아멜(עמל)은 일반적으로, 아마도 절대로 곤궁의 감정적 느낌이 아니라, 전형적으로 힘들게 일하는 혹은 억압받은 객관적 상황(각각 욥 3:10, 4:8[암시적으로]; 5:6, 7; 7:3; 11:16; 16:2과 함께 전 2:10; 신 26:7을 보라) 또는 억압하는 객관적 행위다(4:8; 15:35; 시 10:7; 사 59:4[*THWAT* 2:332-35에 슈베르트너의 항목에는 이 강조점이 빠져 있다]). 잠언 31:7에서는 그것이 "가난"과 직접적으로 평행하며, 그리고 여기서도 그것은 그의 풍부한 자산의 박탈을 의미한다.

23 악인은 자기 탐욕을 만족시키고 있다고 생각한다. 그러나 그는 하나님의 진노로 채워지기까지는 만족이 정말로 무엇인지를 모를 것이다. 그가 이제까지 손을 댄 모든 음식보다 그것이 더 많이 무제한 공급으로 있다. 여기에는 살찐 폭식가를 강제로 더 먹이게 하는 사상(하나님의 진노가 그에게 "보내지고", 그는 그것을 섭취하는 것 외에 다른 선택이 없다)과, 하나님이 "음식"(לחם – 레헴, 참조. 여기서는 레훔 לחום〉 혹은 수정하여 לחם)을 백성들에게 "내려 준"(מטר – 마타르, 히필, 여기처럼)(출 16:4; 시 78:24; 참조. 27절) 만나 이야기의 풍자에 모두 섬뜩한 해악이 있다. 그 배경은 홍수 때처럼(창 6:11) 하늘의 혼돈의 물의 쏟아짐이나 소돔과 고모라에 불과 유황의 내림(창 19:24; 참조. 시 11:6)이 아니다(포어러는 이에 반대다).

포어러는 여기 하나님의 진노의 "보냄" 묘사에서 하나님의 복수를 대행하고, "악한 천사 종류의 실체로 가고 있는" 거의 인격적인 한 인물을 본다. 그것이 너무 지나친 것이라 할지라도, 여기에는 분명히 행악자가 이긴저긴 방식으로 보답 받고, 다른 사람들의 것들로 자신을 가득 채운 것에 대한 벌로서 하나님의 진노로 가득 채워지는 응보의 법칙이 기계적이고 스스로 이루는 원칙이 아니라 하나님의 고의적인 행위라는 사상이 있다(참조. 또한 15b절구). 하나님이 도덕 질서의 증진자임은 너무나 자명하기 때문에 이름으로 거론될 필요가 없다: "그분이" 악행자에게 불타는 분노를 보내신다. 하나님의 행위가 똑같이 두드러진 비슷한 사상에 대해서는 악인에게 하는 저주인 시편 17:14 참조.: "그들의 배(בטן – 베텐)가 당신이 그들을 위해 비축해 둔 것들로 가득하게(מלא – 말레) 하소서".

24-29 이 세 번째 연은 악인의 종말의 불가피성을 그것의 주된 주제로 갖는다. 그것이 그 군대 이야기(24-25b절)의 의미다: 그가 한 무기를 피한다 할지라도, 그는 치명적인 것으로 드러날 또 다른 것에 넘어질 것이다. 그 다음에 그가 공포와

어둠으로 경험하는 죽음 자체의 도래에 대한 묘사가 있다. 그의 죽음이 좀더 객관적으로 신의 분노에 의해 소멸되는 것으로 묘사되고(26절), 그 다음에 우주적인 법적 절차 이미지로 그가 사형 선고에 대해 아무런 방어를 갖고 있지 않다는 점이 전달된다(27절). 26절의 소멸하는 불에 평행하는 것이 그와 그의 집을 "쓸어가 버리는" 범람하는 물이다(28절). 마지막으로 하나의 요약 평가(29절)가 악인의 파멸을 그 자신의 창조물(참조. "기업")로 그리고 신의 심판(참조. "분깃")으로 보는 두 개의 지류를 하나로 모은다.

여기서의 이미지는 거의 배타적으로 폭력적이다. 27절의 법정 이미지들은 차치하고, 24절의 전장 이미지가 있고, 자기 몸에서 화살을 뽑지만 그 과정에서 오로지 자기 생명의 중추부를 잃은 부상당한 사람에 집중하는 클로즈업(25절)과 불 덩어리(26b-c절구), 홍수(28절) 등이 있다. 언어는 상투적이며, 그리고 24-25절의 전투 이미지들은 빼고 – 이것도 구약의 다른 곳에 유사한 묘사들처럼 그렇게 흥미롭게 발전되지는 않는다 – 그 묘사들이 다소 건조하다. 그러나 축적의 효과는 인상적이지 않지 않으며, 그것은 응보에 대한 자기 신앙을 그렇게 소름끼치는 상상물들로 채우는 것을 필요하다고 보는 한 신학자의 심리에 대한 고찰을 초래한다.

24 여기에는 하나의 도망길이 냉혹하게도 더 나쁘거나 더 확실한 종말로 통하는 파멸의 불가피성이라는 드물지 않은 사상이 있다. 참조. 다음 순서로 나오는 이사야 24:18: 공포 소리로부터의 도망, 구덩이에 빠짐, 구덩이에서 나옴, 덫에 걸림; 그리고 아모스 5:19: 사자로부터 달아남, 곰을 만남, 집으로 들어감, 뱀이 물음(참조. 또한 9:1-4). 이 사상은 비록 선지서들에서도 만나지지만 분명히 통속 지혜의 일부다(횔셔도 그렇게 본다). 현재 본문의 기술(記述)은 인용된 것들보다는 덜 생생하다: 그가 철 병기를 피하면, 청동 화살이 그를 관통한다. 우리는 소발이 그의 연설 이미지를 사용하는 것에서조차도 전통주의자임을 기억한다(참조. 4절). 만일 그 의미가 다음이라면 그것은 매우 생기가 없을 것이다: 그가 철 병기에서 달아나면 청동 무기로 베일 것이다. 비록 네쉐크(נשק)가 무기를 뜻하는 일반 용어이지만(겔 39:9-10처럼, 거기서는 그 유형들이 열거됨), "철 병기"는 특별히 칼로 해석되어도 무방하다(고디스가 그렇다). 만일 그렇다고 하면, 좀더 흥미롭게도 악인이 가까운 거리에서의 (칼에 의한) 파멸을 모면하면 멀리에서 (화살로) 따라 잡힐 것이라는 것이 요점이다. 히브리어는 사실 시편 18:35[34]에서처럼 "청동 활"(קשת – 케쉐트)이라고 말하지만, 활에서 나온 화살만이 "관통할"(חלף – 할라프, "뚫고 지나가다", 따라서 관통하다, 삿 5:26에 장막 말뚝처럼) 수 있기 때문에, "활"은 제유법으

로(부분으로 전체) 혹은 그러한 수사법으로(사 13:18에서처럼) 사용되고 있음이 분명하다(놀랍게도 JB, NAB, NJPS는 아직도 "활"로 번역하고 있다). 더욱이 청동 활은 유연성이나 탄력성이 없기 때문에 무기가 될 수 없을 것이다(G. R. Driver, *VTSup* 3[1955] 82; Y. Yadin, *The Art of Warfare in Biblical Lands*[London: Weidenfeld and Nicolson, 1963] 6-9). 고대로부터 알려진 유일한 청동 활은 성전에 바쳐진 선사품들로 실용 목적이 아니며(K. Galling, *Biblisches Reallexikon*[2nd ed.; Tübingen: Mohr, 1977] 50), 또한 금속 외피 혹은 장식을 가진 활의 증거도 없다(횔셔처럼, R. de Vaux, *Ancient Israel: Its Life and Institutions*[tr. J. McHugh; London: Darton, Longman and Todd, 1961] 243). 심지어 화살들도 금속이 아니라 갈대나 나무로 만들어졌을 것이며, 우리는 "끝이 청동으로 된"으로 이해해야 한다(NEB, NIV처럼). 어쩌면 청동이 뿔과 함께 "혼합" 활 제조에 강화 성분으로 사용되었을지 모른다. 그러나 문제의 청동은 단순히 화살 끝이라고 보는 것이 더 맞을 것이다. 쿠호이어(B. Couroyer, "L arc d airain," *RB* 72[1965] 508-14)는 "청동 활"은 단지 강한 활을 뜻한다고 주장했다. 그러나 이 활이 분명히 금속(철) 무기인 것과 대구를 이룬다는 사실로 인해 그 설명은 일고의 가치가 없게 된다.

소발은 "전능자를 욥에게 독화살을 쏘는 궁수로서 그리는 욥의 이전 묘사(6:4; 16:13)를 비꼬듯이 암시하는 것"이라는 하벨의 제안을 따를 필요는 없다. 9절에서 암시에 대한 개괄적인 논평을 보라.

25-26 마소라 텍스트에서 두 개의 삼절구로 나타나는 이 절들은 아마도 세 개의 이절구로 재구분되어야 한다(테리앙, NIV도 그렇게 본다). 왜냐하면 번역상 불확실한 것들이 많음에도 불구하고, 25a절구에 "그의 등으로부터"(מגוה – 미게바)는 25b절구의 "그의 쓸개로부터"(ממררתו – 밈므로라타이)와 26b절구의 "불이 먹는다"는 26c절구의 "그것이 삼킨다"와 평행을 이루고 있음이 분명하다. 그러면 25c절구의 "그에게 다가오는" "공포들"은 그를 해하기 위해 "숨겨진" 혹은 "숨는" "어둠"과 평행을 이루는 것 같다.

우리가 만일 마소라 텍스트를 유지한다면 25a-b절구 이미지는 24절의 발전임이 꽤 분명하다. 거기서는 악인이 심판으로부터 달아나지만 화살에 따라 잡히는데, 그 화살은 분명 그의 등에 맞았을 것이다. 그가 그것을 그의 몸으로부터 혹은 보다 정확하게는 그의 쓸개(מררה – 므로라)로부터 빼내려고(שלף – 샬라프, 병기를 상처로부터 뽑아내는 것을 가리키는 정확한 용어, 삿 3:22) 시도하지만 결과는 치명상으로 쓸개즙이 땅에 쏟아지는 것이다(쓸개 혹은 간을 쏘는 화살 이미지는 16:13에서와 똑같다). 일면 그는 자신을 죽인다. 신의 화살을 뽑아내려고 시도하다가 그는 자기 생명의 중추부를 쏟아낸다. 그가 자신에게 행해진 것과 그가 자신에게 행하는 것을 보고 있을 때 "공포들이"(אמים – 에밈) 그에게 다가온다. 이들은 복수로(9:34; 13:21; 33:7의 단수로 보다 추상적인 "공포"와 대조), 사망의 졸개들과 사신들인 18:11의 "공포들"(בלהות – 발라오트)과 똑같다. 어둠의 깊음, "누그러지지 않는 어둠"(NEB), "완전한"(NJPS) 혹은 "전적"(NIV) 어둠, 문자적으로는 "모든 힘"(22절에 כל־יד – 콜-야드)처럼 "모든 어둠"(כל־חשך – 콜-호쉐크)이 그가 숨긴(צפן – 차판), 즉 그의 탐욕으로 축적한 것을 숨어(טמן – 타만, "원문주해" 20:26.a 보라) 기다리고 있다. 이것들은 모두 스올이 그의 모든 활동에 대한 유일한 순이익이며, 그리고 시적 정의로서 그가 숨긴 것을 삼키기 위해 숨어 있다는 것을 말한다. 죽음의 "공포들"과 스올의 "어두움"은 평행을 이룬다.

이미지가 다시 변한다: 전쟁과 스올 이미지들 이후에 불이 또 다른 전멸 상징으로서 무대에 들어선다. 이것은 초자연적 불로, 사람의 손으로 붙어지는(נפח – 나파흐, 41:12[20]) 불이 아니라 야훼로부터 나와 고라 집안을 파멸한 불과 같이(민 16:35) 신적 기원을 가진 불이다. 하나님은 소발의 연설 여러 시점에서 악인의 파멸에 직접적 혹은 간접적으로 관여하신다(15, 23, 28b, 29절). 26a절구에서 사망의 어둠이 그의 물질 소유물을 가져간다. 여기 26c절구에서는 하늘의 불이 그가 가지고 있을 수 있는 모든 자손들(사리드〈שׂריד〉는 여느 때와 같이 인간 "생존자들"을 뜻한다[NEB, NJPS가 그렇게 본다]; 위의 21절과 대조해 보라. 그리고 RSV, NIV의 "남은 것")을 삼켜 버린다(אכל – 아칼, "먹다"; 1:16에서는 하늘에서 내려온 불이). 이 불(1:16에서처럼)은 정확하게 번개는 아니며 보다 초자연적인 불이요, 하나님의 분노에 의해 붙는 불인 만큼(신 32:22; 렘 15:14; 17:4) 하나님의 진노의 불이다(대조. 15:34; 22:20). 하나님의 분노가 그의 재산(26a절구), 그의 인격(26b) 그리고 그의 식솔(26c)을 파괴했다(하벨).

배는 행악자의 존재의 핵심이요 그의 중심이다. 따라서 파괴의 화살이 그 곳을 치는 것은 적절하다. 그는 그의 배를 채우려고 했고(15절) 그의 배에 만족을 한 번도 알지 못했다(20절). 그러므로 하나님이 그의 배를 가득 채우기 위해서, 혹은 이미지를 바꾸어 말하면 그의 치명적인 화살로 그의 쓸개를 관통시키기 위해서 그에게 그의 진노를 보내신다. 쓸개(מררה – 므로라)는 12-19절 그리고 20-29절로 된 두 연 모두에서 그의 파멸을 입증한다. 14절에서는 그가 그의 맛있는 음식이 그 안에서 "쓸개" 혹은 뱀의 독에 의해서 쓰게 됨을 발견하고, 여기서는 중추 기관인 쓸개가 꿰뚫리고 파괴된다. 그는 그의 인생 내내 단 것을 쓴 것으로 바꾸고 있다. 그의 존재 양식을 통제한 시게 하는 기관이 파열하면 그의 죽음이 뒤따른다. 무는 자가 물린다(속담, "혹 떼러 갔다가 혹 붙여 온다"고도 번역됨).

또 소비자가 소비된다. 먹기 위해 산 사람이 먹힘으로 죽는 것은 재미있는 아이러니다. 그 자신은 불에 "삼켜진다"(אכל – 아칼). 그의 자손들은 "뜯겨 먹힌다"(רעה – 라아).

27 우리가 이 연설의 절정에 다가감에 따라 이미지는 우주적이 된다. 이제는 초점이 악인의 소화 체계의 내적 세부 사항에 있지 않고, 응보의 정의로부터 그의 극적이지만 효과 없는 탈출의 외적 사실들에도 있지 않고, 가장 공적인 실재들로 모든 악행을 목격한 하늘과 땅에 있다. 고대 세계의 가장 공적인 문서들인 국가 간의 조약들에서는 계보 신들이나 제의 신들 가운데로 하늘과 땅이 빈번하게 증인들로 불려진다(예를 들어, 람세스 2세의 이집트-히타이트 조약, *ANET*, 201a; 무르실리스의 히타이트-아무루 조약, *ANET*, 205a). 그런 관습이 선지자들에 의해 신성한 선언을 위해 채택된 것 같지만(사 1:2; 참조. 믹 6:1, 산들; 참조. D. R. Hillers, *Treaty-Curses and the Old Testament Prophets*[Rome: Pontifical Biblical Institute, 1964] 4; 그리고 참고문헌 있는 균형 잡힌 서술에 대해서는 P. A. Riemann, *IDBS*, 192-97[196a]), 그것은 또한 법적 공식들에 의해 영향 받지 않은, 우주를 증인으로 불러내는 있을 수 있는 수사학적 움직임으로 이해할 수 있다(참조. 신 32:1). 현 문맥 상황에는 특정하게 언약 혹은 조약 뉘앙스는 없지만 일반화된 법적 배경이 있다. 함축된 의미는 그 행악자의 범죄가 너무나 규모가 커서 하늘과 땅이 그것들을 주목해야만 했다는 것이다. 그런 후에 그들은 그들이 보고 들은 것을 증거하도록 불려질 수 있다(참조. 시 19:2-3[1-2], 하늘이 하나님의 영광을 "자세히 말하고" 한 날이 그 다음 날에게 배운 "지식을 보여 준다"). 하늘과 땅은 또 영구적인 증인들 역할을 한다(다음처럼 돌 기념비, 창 31:48; 전통 시가, 신 31:19, 21; 법-두루마리, 신 31:26; 제단, 수 22:26-28, 34; 달, 시 89:38[37]; 『아메네모페의 교훈』〈*Instruction of Amenemope* 4:19, *ANET*, 422a〉에 그를 대항하는 악인의 죄를 입증하라는 달에게의 호소는 달의 신 토트〈Thoth〉가 신들의 법정 변호사라는 공식 자격을 가지고 있다는 면에서 약간 다르다). 하늘은 행악자에 대해 목격한 것과 그가 숨기고 싶어한 것(언어가 26a절구와 그가 "감춘 보물들"과 연결된다)을 하나님의 법정 앞에서 "폭로한다". 갈라(גלה)는 심원한 비밀들(12:22), 비밀 장소들(렘 49:10), 비밀들(잠 11:13; 25:9), 한 도시의 토대(믹 1:6) 등을 "드러낸다"는 것이며,

그 대상이 죄인 경우에 그것은 청각 요소를 가리키고(호 7:1; 애 2:14; 잠 26:26; 겔 21:29[24]; 사 26:21), 감추인 죄가 논의되는 법적 상황이 항상 가정된다(H.-J. Zobel, *TDOT* 2:476-88[480]). 증인이 "일어선다"(קוּם - 쿰, 히트폴렐; 보다 흔하게는 칼로)는 사상도 똑같은 법 상황에 속한다. 법정에서 증인들이 혹은 재판관이 일어서는 것에 대한 언급들에 대해서는 19:25-27에 관한 부분을 보라. 이 우주적 두 실재가 판결을 위해 법적으로 요구되는 최소한을 제공한다. 왜냐하면 그 옛 법이 말하듯이 "사람의 모든 악에 관하여 또한 모든 죄에 관해서는 한 증인으로만 정할 것이 아니니기"(신 19:15) 때문이다.

적어도 부드 이래로 주석가들은 "땅"이 그의 피를 "덮지" 말아야 한다는 16:18의 욥의 호소와 그의 "증인"이 "하늘"에 있다는 16:19 그리고 그의 지지자가 법정에서 그를 대신하여 말하기 위해 "일어설" 것이라는 19:25의 욥의 확신을 소발이 풍자하고 있는 것이라는 추측을 쉽게 여겼다. 최근에는 홀버트(C. Holbert, "The skies will uncover his iniquity: Satire in the Second Speech of Zophar[Job xx]," *VT* 31 [1981] 171-79)가 욥에 대한 풍자가 이 연설 전체에 실마리라고 주장했다: "풍자 기교가 처음부터 끝까지 똑같다. 소발은 악인의 운명에 대한 일반적 **탄식**(*Klage*)처럼 들리는 것에 대해 말한다. 그러나 이 연설은 분명히 욥의 이전 연설 모두로부터 차용된 악인 묘사들로 가득하다"(p. 178). 그러나 만일 욥이 지금 고생하고 있고 또 만일 전통 신학이 악인들은 고생한다고 믿는다면, 언어상 중복이 있을 것은 당연하다. 결정 요인이 되어야 하는 것은 각 화자의 전체 취지이며, 우리는 악인을 묘사하는 소발의 목적이 무엇인지를 안다고 너무 쉽게 추정할 수 없다. 또한 세부적으로 볼 때 만일 욥의 연설들을 직접 언급하고 있다면, 언어가 기대하는 것만큼 그렇게 가깝지 않다. 왜냐하면 여기서는 악인의 죄악을 폭로하는 것이 **하늘**인데 16:18에서는 **땅**이 욥의 **피**를 덮지 말도록 요구되며, 그리고 여기서는 악인에 대항하여 일어서는 것이 땅 자체인데 16:19(그리고 19:25)에서는 욥의 증인이 하늘에서 일어설 것이기 때문이다.

28 이 절의 전통적인 번역들은 그것을 다소 용두사미처럼 들리게 했는데, 가령 RSV는 악행자의 가산이 단지 가져가지고 떠나가는 것으로 한다. 따라서 일부 주석가들은 27절과 28절의 위치가 바뀌어야 한다고 생각했다(부드, 도름, 드라이버-그레이〈아마도〉, 모파트). 그러나 현재의 지배적 관점은 여기서 26절의 불과 함께 악인의 "집"을 전멸시키는 파괴적인 홍수에 대한 가리킴을 보는 것이다("원문주해" 20:26.e를 보라). 그것을 가져가는 "수류"(水流, יְבַל - 야발)는 이사야 30:25과 44:

4 그리고 집회서 50:8에서는 이득이 되는 시내이지만, 그것은 또한 시편 18:5[4]에서는(수정 본문 헤블레〈חבלי, 밧줄〉를 NAB처럼 나블레〈נחלי, "급류"〉에 병행하는 것으로, 이블레〈יְבַלֵי〉로 읽음) 지하 세계의 수류(水流)다. 급류는 팔레스타인에 불어난 강물처럼 흙 혹은 점토로 지어진 악인의 물리적 거주지(בית – 바이트)를 쓸어가 버리지만, 그들은 또한 물론 상징적으로 그의 "집" 즉 그 자신의 몸("흙 집", 4:19)과 그의 후손을 파괴하는 제어 불가능한 지하 세계의 물이다.

하나님의 진노의 날(문자적으로는 "그의" 진노이나, 23절에서처럼 하나님이 암시된다)은 때때로 한 나라에 대한 하나님 진노의 종말론적 날이지만(겔 7:19; 22:24; 렘 1:12; 2:21, 22), 또한 여기서처럼 한 개인에 대한 응보의 날이기도 하다(21:30; 잠 11:4). 하나님의 진노는 이사야 30:28에서는 넘치는 시내로 묘사되며, 또한 그것은 종종 넘쳐흐름을 뜻하는 동사들의 주어다(예를 들어, 호 5:10, 물처럼). 23절에서는 하나님의 진노가 음식 대용으로 그 사람에게 "보내졌고", 그는 자기 탐욕에 빠져 그의 입으로 들어올 것은 무엇이든 기쁘게 받아들이지만 신의 분노로 자신이 불어나는 것을 보고 놀란다. 여기서는 하나님의 진노가 그 악행자와 그의 집을 "쓸어가 버리는" 외부의 힘이다. 악인의 종말이 점차적으로 증가하는 초인적 용어들로 그려졌다. 5-11절에서는 그의 종말이 **어떻게** 일어나는지에 대해 아무런 암시가 없다. 우리는 단지 그가 멸할 때 그가 영원히 멸한다는 것만 들었다. 12-19절에서는 우리가 그 작인에 관한 것을 좀더 들었다: 그는 그 자신의 탐욕으로 종말에 이르고, 그가 좋아하는 음식들은 그의 위에서 쓰게 변하며 밖으로 토해진다. 그러나 동시에 우리는 이 명백하게 자연적인 과정의 신적 작인에 대해 듣는다: "하나님"이 그로 그의 음식을 게워내게 하신다(15b절구). 20-28절에도 그가 모든 것을 삼키고 아마도 먹을 것이 남지 않아 굶주린다는 면에서 자연적인 작인이 있다. 동시에 우리는 그의 파멸에서 하나님의 역할에 대해 보다 뚜렷하게 듣는다: 그의 종말은 하나님이 그에게 먼저는 기만적으로 그를 "채우시는" 가짜 음식이고, 그 다음에는 그와 그의 소유를 삼키는 사람 손에 의해 붙지 않은 불이며, 마지막으로 그와 그가 가진 모든 것을 쓸어가 버리는 홍수인 그의 진노를 보냄으로 발생한다. 이 시는 외적으로 인식할 수 있는 현실로부터 악행자의 죽음의 이유와 과정의 문제들로 점진적으로 이동해 왔다.

29 소발의 연설은 18:21에 빌닷의 연설처럼 하나의 요약 평가로 끝난다(참조. 그 표현에 대해서는 27:13, 그러나 그것은 묘사의 끝이 아니라 시작 부분에 있다. 참조. 또한 시 109:20). 악행자에게 할당되는 분깃(חלק – 헬레크)과 기업(נחלה –

나할라)은 물론 지파 생활에서 온 은유들로, "분깃"은 공동체에 의해 한 개인에게 할당된 농지를 가리키고(참조. M. Tsevat, *TDOT* 4:449), "기업"은 똑같은 땅인데 그 가족의 세대들을 통해 본 가산을 가리킨다(참조. 민 26:53-54; 33:54). 비록 "분깃"이 정의상 전체의 한 부분이지만, 그 가족에게는 그것이 그 가족의 물질적 조건 전체를 대표하는 땅으로부터 생계를 벌어 준다. 그런 의미에게 그것(분깃)은 하나님에 의해 할당되는 것인, 한 인생의 종말 혹은 운명을 포함하는 인생 전체의 현실에 대한 생각으로의 은유 전환이다(다음도 그렇다, 27:13; 31:2; 사 17:14; 전 3:22; 5:17[18], 18[19]; 9:9). 반면에 "기업"이라는 용어는 인생을 통시적으로 전수되고 생성 과정에 있는 어떤 것으로 본다. 이 은유에서 보면 한 사람의 운명은 하나님으로부터 곧바로 파생되지 않고, 이 은유에서 그 사람의 지배적인 삶의 질을 뜻하는 그의 조상에 의해 결정된다. 하나님이 인과관계를 세우셨기 때문에 사람의 "기업"은 궁극적으로는 "하나님으로부터" 오지만, 보다 직접적으로는 자기 자신, 곧 늙어 감에 따라 더 젊은 자아를 "물려받는" 자아에 의해 결정된다(참조. 가령 "내 젊음의 잘못을 물려받다", 13:26).

18장에 나오는 빌닷의 연설과 같이, 소발의 연설은 "하나님"이라는 단어와 함께 끝난다. 소발은 빌닷과는 다르게 악인의 운명 묘사에서 하나님을 그렇게 엄격하게 배제하지 않았다고 볼 수 있는데, 왜냐하면 두 번째 연의 중간 부분 즉 이 시의 중앙에서 응보 과정에 있어 하나님의 역할이 명료하며(15b절구), 그리고 23절과 28절에서는 비록 그의 이름이 사용되지는 않지만 악인에게 파멸을 초래하는 것이 틀림없이 하나님의 분노이기 때문이다. 그 은유들의 암호가 풀릴 때, 우리는 아마도 소발로부터 하나님은 악인들에게 그들이 이미 하지 않는 것은 아무것도 하지 않는다는 것을 이해할 수 있을 것이다. 하나님의 역할은 도덕 질서를 세우고 그것이 작동하도록 보증하시는 것이다.

테리앙은 악행자가 여기서 아담, 즉 태초의 반역자 아담(אדם)과 비교된다고 하는 흥미를 자아내는 말을 한다(신화에 대한 암시에 대해서는 15:7-8 참조). 하벨은 한술 더 떠 여기의 아담에 대한 언급을 사람(אדם – 아담)이 처음 땅 위에 올려진 4절과 연결되는 수미쌍관(inclusio)으로 본다. 이 시의 다른 요소들은 아담 이미지에 속할지 모른다: 머리가 하늘에 닿는 사람의 교만(6절), 맛으로는 좋지만 배에는 독인 음식(12-14절), 마치 눈에 보기 좋은 창세기 3:6의 죽음을 초래한 과실처럼, 그리고 풍요를 가져온 강들로부터 그의 분리(17절).

해설

소발은 이 연설에서 악인의 운명을 그리는 것 외에 아무것도 하지 않았다. 그가 이 묘사로 무엇을 뜻하는지는 쉽게 식별되지 않는다. 그는 그의 친구들의 조언인 질책을 받아들이기를 욥이 거부했다고 느꼈고(3a절구), 또한 친구들이 심판을 받기 마련이라고 선언한 욥의 마지막 말(19:28-29)에 아마 당황했을 것이다. 그러나 그러한 화남은 소발이 욥을 여기서 그 파멸을 묘사하는 악한 자들 중 하나로 선언하는 것에 대한 정당한 이유가 되지 못할 것이다. 왜냐하면 욥은 사악함을 즐기고(12-13절) 그 이득으로 생계를 이어가는(18-19절) 불경하고 교만한 자들(6절) 가운데 한 사람이 아님이 명백하기 때문이다. 시인은 무슨 목적으로 소발로 하여금 욥의 사악함은 전형적이며, 욥은 그의 계층 중 가장 극악한 자들의 피할 수 없는 파멸을 당할 것임을 욥에게 알려 주게 하는 것일까? 소발의 의미는 무엇일까?

만일 우리가 그의 이전 연설에서의 그의 입장에 따라-그리고 전적으로 타당한 절차 같은 분명한 입장이 여기에 없는 상황에서-판단하면, 소발은 욥이 죄인이며 그가 지금 당하는 것과 그리고 그가 당하는 것보다 틀림없이 더 많이(11:6c) 마땅히 받을 만하다고 믿는다. 그가 만일 그의 인생 방식을 수정하지 않으면 악인의 운명과 똑같은 것이 그에게 펼쳐지는 미래를 만날 것이다: 희망의 상실과 안전의 부재는 피할 수 없는 파멸로 통할 것이다(11:20). 그러나 욥은 아주 다른 삶, 즉 안전을 가져올 경건의 삶에 대한 가능성을 가지고 있다(11:15, 18-19).

이것 역시 현재 묘사에서 욥이 악인들과 관계되는 방식이다. 욥이 만일 그의 현재 고난이 증거하는 악을 그의 인생에서 제거하기를 거절하면, 그의 운명은 악인의 기업이 될 것이다(29절). 그렇지만 그의 운명이 어디에 놓이는지 결정하는 것은 욥에게 달려 있다. 그리고 소발은 도움을 주려는 진심 어린 노력으로, 욥이 서둘러 악인과의 동일시를 보이는 모든 그림자로부터 자신을 벗어나게 할 소망에서 악인의 운명에 대해 그가 하는 가장 냉혹한 그림을 그려 준다.

이 연설에서 소발의 가장 특징적인 수사학적 방법은 아마 그의 인생관과 밀접하게 일치할 수사법인 단계적 사실 표명이었다. 그것은 가령 14절과 16절에서 두드러진데, 거기서 그는 우리에게 먼저 악인은 그의 배에 뱀의 독을 가지고 있다고 말했고 그리고 나중에서야 그 독이 어떻게 그 곳에 갔는지를 드러냈다. 또한 15절과 19절에서 우리는 먼저 재물을 삼키는 것이 악인의 특징이라고 들었는데, 나중에서야 그 재물이 다른 이들의 재물임을 알았다. 23절에서 우리는 12절 이후로 우리가 숙고해 온 악인의 음식이 어떤 의미로는 줄곧 하나님의 진노였음을 알았다. 또 15b절구에서 우리는 위에 신 음식을 토하는, 겉으로 보기에 자연스런 과정이 결국은 신이 일으킨 것이었음을 발견했다.

이것이 도덕 질서에 대한 소발의 인식이다: 행위와 사건은 그것들의 의미를 소매에 달고 다니지 않고, 오직 점진적으로 혹은 오직 지혜로운 자의 안식(眼識)에 의해서만 그것들의 참된 색깔을 나타내도록 설득될 수 있다. 사곡함은 사람을 하늘같이 높이 올리고(6절), 그를 젊은 기운으로 왕성하게 하며(11절), 입에 달고(12절), 배터지게 그에게 먹을 것을 공급해 줄지(22절) 모르지만, 진실은 하나님이 언젠가 그 사곡함을 심판하실 것이라는 사실이 아니라, 바로 이 혜택들이 벌써 정반대 의미로 물들었다는 것이다. 이는 그것들 안에 그들 자신의 파멸의 씨앗을 지니고 있다는 말이 아니라, 바르게 인식하면 그것들 자체가 부정적인 것들이라는 말이다. 따라서 악인이 탐욕스럽게 그의 배를 그의 눈이 요구하는 모든 것으로 채울 때, 그는 단지 그의 현저한 소비로서 그의 부를 자랑하고 있을 뿐만 아니라 동시에 그의 부를 모두 사라지기까지 먹어치우고 있는 것이다. 그리고 혀에서 완미되는 악의 달콤함은 그 음식이 일단 위에 떨어지면 갑자기 쓴 것이 되는 것이 아니다. 제대로 이해하면 그 달콤함 자체가 독사의 독이다. 그것은 "선한 것도 악한 것도 없고, 오직 생각이 그렇게 만든다"(there is nothing either good or bad, but thinking makes it so)는 말이 아니라(*Hamlet* 2.2.259), 지혜는 일반적으로 선하게 여겨지는 것에서 악을 보고, 그리고 아마도 그 반대로도 본다는 것이다.

이 사상들은 욥을 위해 전개되지 않는다. 왜냐하면 소발 안에 있는 사변적 철학자가 말하기 시작한 후 그를 계속해서 몰아가는 것은 그의 사고를 욥에게 적용하는 것에 관한 실용적 물음이 아니라 그것의 내적 논리이기 때문이다. 욥은 사곡함, 특별히 음식 비유를 받는 사곡함이 그 자체의 대가라고 경고 받을 필요가 없다. 왜냐하면 그는 "한숨"이 그의 음식인 상황에 처해 있고(3:24), 그는 지금 아무것도 꾸미고 있지 않기 때문이다. 소발의 거대한 형이상학적 체계는 현실과 약간 떨어져 있다. 그런데 그가 19절에서 구체적인 수준으로 내려가 신을 두려워하지 않는 사람의 한 가지 전형적인 죄, 즉 경제적 관련 영역의 한 죄를 명기하는 것은 다소 의외로 다가온다.